U0514955

荆楚文庫

（道光）黄岡縣志

（清）俞昌烈 修
（清）謝 葵 劉秉忠 纂

荆楚文庫編纂出版委員會
武漢大學出版社

〔道光〕黄岡縣志

DAOGUANG HUANGGANG XIANZHI

圖書在版編目(CIP)數據

〔道光〕黄岡縣志/〔清〕俞昌烈修;(清)謝蒸,劉秉忠纂.

—武漢:武漢大學出版社,2021.4

ISBN 978-7-307-22002-7

Ⅰ.道…

Ⅱ.①俞…　②謝…　③劉…

Ⅲ.黄岡—地方志—清代

Ⅳ.K296.33

中國版本圖書館 CIP 數據核字(2020)第 239901 號

責任編輯:程牧原

整體設計:范漢成　曾顯惠　思　蒙

責任校對:李孟瀟

出版發行:武漢大學出版社(中國・武漢)

地址:武昌珞珈山

電話:(027)87215822　　郵政編碼:430072

録排:武漢恒清圖文菲林輸出工作室

印刷:湖北新華印務有限公司

開本:787mm×1092mm　1/16

印張:50.25　插頁:6

版次:2021 年 4 月第 1 版　2021 年 4 月第 1 次印刷

定價:240.00 元

《荆楚文庫·方志編》編纂組

組　長：劉偉成　陽海清（執行）

副組長：劉傑民（執行）　王濤　謝春枝　范志毅（執行）

參編人員（以姓氏筆畫爲序）：

王濤　李云超　宋澤宇　范志毅　柳巍　馬盛南　陳建勛

梅琳　張晨　張雅俐　陽海清　彭余焕　彭筱溦　賀定安

劉傑民　謝春枝　嚴繼東

編　審：周榮

顧　問：沈乃文　李國慶　吴格

出版説明

湖北乃九省通衢，北學南學交會融通之地，文明昌盛，歷代文獻豐厚。守望傳統，編纂荆楚文獻，湖北淵源有自。清同治年間設立官書局，以整理鄉邦文獻爲旨趣。光緒年間張之洞督鄂後，以崇文書局推進典籍集成，湖北鄉賢身體力行之，編纂《湖北文徵》，集元明清三代湖北先哲遺作，收兩千七百餘作者文八千餘篇，洋洋六百萬言。盧氏兄弟輯録湖北先賢之作而成《湖北先正遺書》。至當代，武漢多所大學、圖書館在鄉邦典籍整理方面亦多所用力。爲傳承和弘揚優秀傳統文化，湖北省委、省政府決定編纂大型歷史文獻叢書《荆楚文庫》。

《荆楚文庫》以『搶救、保護、整理、出版』湖北文獻爲宗旨，分三編集藏。

甲、文獻編。收録歷代鄂籍人士著述，長期寓居湖北人士著述，省外人士探究湖北著述。包括傳世文獻、出土文獻和民間文獻。

乙、方志編。收録歷代省志、府縣志等。

丙、研究編。收録今人研究評述荆楚人物、史地、風物的學術著作和工具書及圖册。

文獻編、方志編録籍以一九四九年爲下限。

研究編簡體横排，文獻編繁體横排，方志編影印或點校出版。

《荆楚文庫》編纂出版委員會

二〇一五年十一月

前言

《〔道光〕黄岡縣志》二十四卷首一卷，清俞昌烈修，清謝荚、劉秉忠纂，清道光二十八年（一八四八）刻本。牌記鐫：『道光戊申鐫 黄岡縣志 本衙藏版』。

俞昌烈，字鴻甫，順天宛平（今北京豐台）人，監生，道光二十五年（一八四五）官黄岡知縣。謝荚，名道塏，字楊夫，邑人，舉人，歷任安徽霍山、婺源知县，泗州同知等官職。劉秉忠，監生，議敘鹽運司知事。

邑志始於明萬曆，由知縣茅瑞徵所修。清道光前有三修，即康熙十二年（一六七三）董元俊志、乾隆二十四年（一七五九）蔡韶清志、乾隆五十四年（一七八九）王正常志。道光十一年（一八三一），前縣令李錦源重修邑志而未竣。昌烈到任三年，得其殘稿，以之爲基礎修成志書。時資金有限，昌烈集邑人群力，採訪纂輯，道光二十八年（一八四八）四月開局，五閱月而書成。

是志體例依乾隆志，分十綱：地理、建置、賦役、學校、職官、選舉、人物、藝文、雜志、外志，共六十五門。卷首設輿圖，職員含道光十一年（一八三一）稿本纂修者名單。較之前志，略作改動。如『地理』下『星野』改爲『分野』；『賦役』下合併數門，並將舊附於『蠲卹』的漏澤院、義園舊改附於『墓域』；『職官』下『名宦』改爲『循良』；『選舉』細分各科，不以一表之名籠統概括；『藝文』中詳列體裁，一目了然。

正文內容，『地理』『建置』『賦役』『學校』『選舉』五志，增添道光十一年（一八三一）之後諸事。『建置』下『廂鎮』『營汛』及是時在官者，俱照是時情況實録。『選舉』中舊志所遺者，或照康熙、雍正府志輯入，或憑考據補入。『人物』一志，『文苑』『宦蹟』二門補採乾隆五十四年（一七八九）之前者，其餘有增有減，其緣由見凡例詳述。『列女』一門及『雜志』『外志』二志，則爲集錦源重修稿本及此次修志所採彙輯而成。『藝文』一志，補入舊志所遺及搜自各家刊本者，均『依體編次，無論幕紳及流寓之人，只擇其有關風土、有功名教者録之』。

是志體例在前志基礎上加以改進，綱目清晰，一邑風土人情之記載，内容詳實，足供後來者觀覽。

據《中國地方志聯合目録》，國圖、上海、南大、湖北、湖南等藏有該志。本次據上海圖書館藏道光二十八年（一八四八）刻本影印。（彭筱溦）

目録

卷之十九　藝文志

卷之二十　藝文志

卷之二十一　藝文志

卷之二十二　藝文志

卷之二十三　雜志

道光戊申鐫

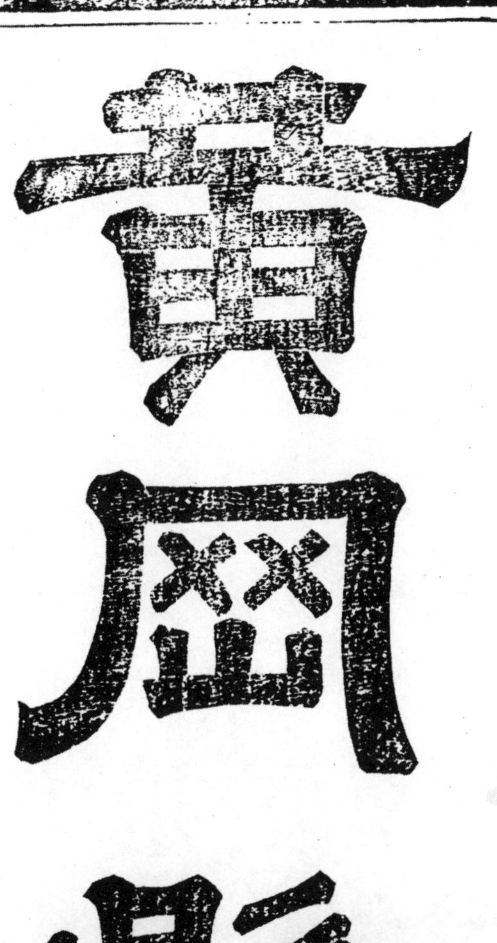

本衙藏版

黃岡縣志序

昔牧之元之先後守黃子瞻謫黃實黃岡地也自賢哲棲遲而山川亦勃發其清淑之氣至明代則王稚欽以才雄奚明仲由節顯謝伯明用勛望重邱南正樊以齊因忠讜著

國朝劉克猷起掇巍科楚士言甲第者自此盛焉然其壤濱長江自古為干戈用武之地民雖勤嗇少積聚昭代涵濡休養二百餘載稍稍稱完富而塗當衝要供億絡繹令長恆惴惴以稱職為難邑大令俞君鴻甫開

敏而彊固才足以周其務信足以孚其民政既通矣乃與都人士訪及邑乘皆云道光十一年曾有重輯稾本梓未及竟而罷今稾本猶在也鴻甫曰是亦為政之一端也可聽其散佚乎聞前此經費猶少有存者剞劂或

不足某當獨任之曷梓諸衆曰唯乃取稾本質於予請裁訂且乞序予攷黃岡邑乘惟前明茅志最善當時纂言記事出呂節之王行甫之手二子皆邑人又皆儁才有通識今全書雖佚而各論猶散見後來續志中大抵

述土田租賦徭役增減沿革之故陳閭閻疾苦載民風奢儉往往低徊諷歎使讀之者反覆深思得張弛損益之意於言外何者見聞切而序述得其要故號為良史也今茲所刻義法悉準舊志惟自乾隆時修輯之後迄

今近百年增入近事加詳核焉夫
國家寬大之
恩度越前代矣民蒙其庥視為固然抑知此百年來賢長吏孜孜講求治術豈無流風善政足以澤萌隸而追往績者歟不網羅之簡策中異時守土者將何所考鏡歟宜鴻甫汲汲於續纂而板行也若乃侈川麓之壯偉詡文獻之紛綸則猶詞賦家騁姸抽秘之長技非所語於經緯治道者嘉鴻甫是舉因其請樂為之序且明著夫邑志有體固在此不在彼

道光二十八年歲次戊申七月既望
賜進士出身前翰林院編脩分守湖北漢黄德道陞授甘肅按察使司按察使長洲陶樑撰

黄岡縣志序

邑志之於郡志其體相襲也而懼相蒙負郭之邑尤所不免故載筆者義例恒主于分於分者至體也合者至政也夫積比閭族黨之勢而爲鄉積鄉之勢而爲邑四境具矣

於後有户口有賦役有農田水利有風俗有庠序于是乎有政積邑之勢而爲郡其户口賦役農田水利風俗庠序視邑之浩博且數倍焉於而邑户口之增減即郡所準以增減者也邑賦役之上下即郡所準以上下者也邑農田水利興替即郡所準以與替者也邑風俗庠序之盛衰即郡所準爲盛衰者也是故一邑治而郡治成于一邑矣屬邑皆治而郡之治不待外求矣故曰合者至政也邑之政莫詳于志觀邑之政者觀于志焉可

矣黄岡于郡爲附郭邑地枕長江自三國至宋元恒爲戰爭區明以来人文甲楚中郡言才藪必曰黄岡焉於頗衝繁難理致至志乘惟乾隆時所纂者尚有梓本道光十一年重加增輯未蔵事而罹其草本亦多殘

缺歲戊申邑大令俞君鴻甫來政事精敏更于閭閻利病所修舉釐革矣不愜民心者常慨然謂志不梓行百年來吏治民風闕焉不紀滋非士者何所借鏡文獻之地豈宜如斯乃集邑人士謀之僉曰前此經費僅存六百餘金耳

鴻甫曰經費不敷有司之責也乃即殘缺未成之藁招邑人士且續且補請予校之且徵序即授梓焉予雖曾忝史官今已勞勞簿領中人矣豈足襄佐蒐討發明義類乎哉顧念邑之政與郡之政合者也鴻甫于是舉勇決如此抑猶自資借鏡將使後之為令者披圖按籍以經畫之校覈調劑之權衡焉以使邑人士見夫文章忠孝炳耀竹冊益相與績學砥行紹前修于弗替焉又使余以藉邑之治以徵予治從容坐嘯不勞而理凡數美者皆于是乎舉發之欣

喜距躍遂不辭而為之序

賜同進士出身翰林院檢討廣西正考官

知黄州府事壽陽祁寯藻譔

黃岡縣志敘

昌烈承乏此邦三載於茲矣自愧躬多涼德水旱頻仍救弊補偏維日不足而邑人士頗不以俗吏相目一時壇工城工廨工羣力羣才勵勤集事

公暇徵文考獻邑乘二十卷則皆漫漶不可識魯魚亥豕校筆尤難蓋此書自乾隆二十四年修輯以後迄今近百年滄桑野沿革風俗物產無可增損外如驛郵

封靡之蕃被皇仁學校科貢之振興文教以及孝友文苑宦績循良著述日繁英賢輩出不有以授輯之增補之其何以光先烈而勸後來是守土

者之責亦邦人士興替之所見端也於是折柬相招羣賢畢至實有告予者曰岡邑之志前邑侯李君蓉艭曾欲賡續纂事未竣而稿多殘逸時秉筆者某也賢某也賢其殘

本故在朱茂才彥藻家余乃喟然曰事莫難於創始而亦莫於圖終今既稿有可稽豈或不足亦易辨也邑人士復羣起而和之採訪若躡蹻屩纂輯者握鉛槧秉筆若累

糧扣從計自四月開局五閱月而蔵事余更請

道憲陶公

郡憲祁公加裁定焉從後捷之梓夫邑之有志豈第以矜淹博侈傳

誦云爾哉凡政教設施張弛緩急將於是資權輿焉是故覽疆域之廣狹則幽遐之疾苦宜知矣審原隰之肥磽則菑畬之勸課宜勤矣按戶口之登耗則生聚不容緩矣綜賦

稅之升降則苛擾有必除矣眡川渠隄堰之修廢則吏能之敏惰分矣考風俗好尚之淳漓則化導之得失見矣察絃誦簪紱之盛衰則甄育之任非旁貸矣稽廉潔惠利之彰績

則慕傚之心惟恐後矣鑒良者抵鏡驅車若守轍邑志於政治猶鏡之辨妍媸轍之示周行也且今世長吏來必皆久於其地周歷四境若也多從容披籍而遠近利病無遁情

由是數之政治其所修復與所更張無乖乎曩昔之規畫無戾乎今日之事勢斯不亦取資便而收效捷乎語曰不習為吏視已成事又曰前事之不忘後事之師也甚矣夫志

之於邑甚重也茲邦自宋元勝國以來才彥雲起學士大夫幾於家倚相而人屈宋山川清淑窅遠風流不泯其蒐討之不詳昌烈獨有見於志乘闕繫治術最鉅且急相距百年不可聽其曠而無述也又詎得藉口於簿書期會時事錯迕任其抱殘守缺耶遂以此意著於簡端

道光戊申九秋月

敕授承德郎

軍功賞戴藍翎黃岡縣知縣宛平

俞昌烈謹撰

道光十一年纂脩職名

倡脩

黃岡縣知縣李錦源

纂脩

前翰林院庶吉士原任黃岡縣知縣陸烱

黃州府儒學訓導王德新

內閣中書張履恒

候選訓導朱兆斗

前四川平武縣知縣靖厚欽

彙脩

前署襄陽府教授胡玉森　監生劉秉忠

府學增生胡華瀾

經理

候選訓導黃自宸　州同黃宗珵

貢生許希曾　監生王巘

採訪

東弦湖南候補知縣劉成柏　縣學生員劉秉悊

武舉孫聯元　同知王鵬翥

布政使司經歷范斌　監生陳樹森

縣學生員王勝初

還和　候選通判　朱映奎　州　同　朱映昌
貢　生　馬重鈿　縣學生員　樊東陽
永寧　縣學生員　林之蘭　府學生員　熊象升
州　同　林之棠　縣學生員　丁杰
監　生　何鍾林
慕義　試用教諭　龔炳　縣學生員　王運宸
縣學生員　靖厚錡
上伍　揀選知縣　周華桂　縣學生員　陶鶴書
縣學廩生　鄒家俊　舉　人　洪恩溢
下伍　揀選知縣　胡必楠　縣學生員　程煥彩

貢　生　胡華蓋　監　生　王景岡
庶安　監　生　汪兆年　縣學生員　汪兆懷
縣學廩生　徐仁　武　舉　蕭兆寅
孝廉方正　胡飛雄
中和　舉　人　汪氣濟　武　舉　劉定國
揀選知縣　嚴家珩　武　生　盧啟翰
厢坊　縣學廩生　汪士倫　縣學廩生　奚先恕
世襲雲騎尉　鄒承勳　從九品　汪銘庠
縣學生員　王兆卿　監　生　王大定

道光二十八年纂修職名

鑒定

分守漢黃德道陞任山西按察使司按察使前翰林院編修　陶樑
署漢黃德道候補道　姚華佐
分守漢黃德道前翰林院編修　趙鏞

裁定

知黃州府事前翰林院檢討　祁宿藻
署黃州知府事候補府　張應泰
黃州府糧捕通判　張鴻謨

督修

知黃岡縣事軍功賞戴藍翎　俞昌烈

監修

黃州府儒學教授　王兆春
黃州府儒學訓導　楊長庥
黃岡縣儒學教諭　劉炳
黃岡縣儒學訓導　李正心

總閱

刑部主事　王柏心
候選復設教諭　鄧瑺
原任貴州大定府知府　萬承宗

纂脩　加知州銜前安徽婺源縣知縣謝葵
候選訓導胡華潤
議敘鹽運司知事劉秉忠
彙脩總校
黃岡縣學生員朱彥藻
校對
候選訓導方鏞
舉人姜炳文
黃岡縣學廩生胡錫渠

黃岡縣志　卷之首　職名　四

黃岡縣學廩生鄒家俊
黃岡縣學廩生許汝梅
黃岡縣學生員邵希清
黃岡縣學生員鍾臨書
黃岡縣學生員靖家清
校刊
黃岡縣學生員林之蘭
黃岡縣學生員王名焜
黃岡縣學生員王大坊
候選訓導汪銘序

經理
候選從九品王嶽
從九品黃宗璐
布政使司經歷范斌
州同陳鴻琳
採訪
（東弦）在籍候補湖南知縣劉成柏
黃岡縣學廩生劉錫珪
監生王鈞
（還和）候選通判朱映奎

黃岡縣志　卷之首　職名　五

監生馬文炳
黃岡縣學生員樊東陽
（永寧）在籍候補四川知縣史宇衡
議敘中書科中書林在田
黃岡縣學生員丁杰
黃岡縣學生員何樹鵠
（蔡義）黃州府學生員王大玉
（上伍）布政使司經歷鄉雲龍
安徽候補府經歷謝清臣
布政使司經歷洪恩澤

下伍 候選教諭 李閎善
黃岡縣學生員 胡華海
監生 王景岡
庶安 黃岡縣學生員 汪兆懷
黃岡縣學生員 汪鑾
候選訓導 鍾應鸞
布政使司經歷 郭錦鴻
從九品 胡國安
布政使司理問 陳履亨
監生 陳蓮

中和 揀選知縣 林壬
黃岡縣學廩生 游鉞
監生 盧雲曙
黃州府學廩生 游鴻運
監生 劉光前
廂坊 黃岡縣學廩生 奚先恕
賞奏廳 戴光鏞
黃岡縣學生員 嚴坊
黃岡縣學廩生 張鴻
黃岡縣學生員 王兆卿

下監生 李茂林

監梓
署黃岡縣縣丞 呂錫綸
黃岡縣典史 魯鴻儁

黄岡縣志目録

原序

茅瑞徵

黄入國朝版籍二百餘年矣而志故有闕有以邑軼事問主者安所置對而山川之險易風土之淳澆田賦之登耗即主者蕩然不得其要領譬如亂絲棼挐萬端無復條貫而欲經緯裁割以幾於治不戛戛其難哉嗟夫此予今志所爲作也邑之有志以悉四境弛張佐遺忘耳當不得以擬史顧國史摩班馬之壘馳騁千古體宏而略邑志附輶軒之義綜覈一方體詳而盡不以絲麻棄彼菅蒯蓋互相發焉黄亦古一都會原隰墳衍鱗錯綺分風氣人文粲乎大備而上下百年缺如罔紀即後有鋭志信史何所考據其將遂鄙棄視之耶或

謂兹事體大古亦有云闕疑且殆夫前後之相沿亦旣闕二百餘年矣若更袖手轉待後人疑殆滋甚傳曰惡其害已而去其籍今之侵蝕競於豪右蘭絲亂於猾胥若者計皆無便於志乃窮源探委破羣宵之膽耀於光明如挈五指而頓裘領此志安可緩哉或又謂臧否人物何以不如嗣宗之慎而家驤人璧多嗛孝慈之腹志之難言久矣予獨以爲二百年來高賢踵武而直任其名實浮沉靡以異於儕俗將善良何所觀而中庸何所勉維楚有史稱名檮杌意主以創小人而近世兼以牖君子所爲揚榷逸光磨礪末俗繄志是賴獨奈何以斧衮之嫌不奮筆清議也予旣治黄無狀得借筆端維風萬一庶免於戾即言之不文而竊以一日簡牘仰資國史采擇不猶愈於隨人觀場漫無鑒裁者乎志凡十卷其折衷總志及郡志者十之三而博稽文獻及出之蠹簡斷碣者十之七稿經三易而於建置錢穀特詳以治邑要領具在是棼而理之將有取焉今而後主者有所置對矣

原序

董元俊

黃岡古名勝地人文藪澤載在邑乘有年余旣承之玆土文獻是徵攷古證今安容他諉盖黃自赤壁兩賦後惟是沿革之僅詳而紀載之弗備求爲聯絡風土條貫今昔厥維艱哉語云不習爲吏視已成事邑之有志又安可闕乎會

詔令天下輯脩通志邑耆儒士子蒐得舊乘殘帙廼故明邑宰茅公瑞徵所纂著也自啟禎之末葉兵火散闕典籍莫得而稽焉予會計之暇每撫卷而嘆曰一邑猶一家也邑之有志猶家之有簿籍也而闕畧不脩散失莫紀典守之謂何於是禮名儒延博雅之士相與參考舊志或訪之故老或得諸傳聞或籀篆蠹餘或伏笥孔壁總爲搜葺遺闕網羅前代勒成是編其事則增於昔其條則遵乎式大約綱舉目張一以傳信俾不朽也將以垂令玆土者勿負乎家有簿籍之常云爾然余更有進焉夫雨暘弗書而水旱之備踈也秋一不登嗷嗷待哺者幾何矣鄰壤相錯而干掫之不遑及也人才蔚起科甲雲蒸碩士名公項背相望而絃誦之風猶遜醇古雀鼠之習未化紛囂學道則愛人易使豈徒諉之前聞俟之後之君子乎晦明風雨古猶今也山川形勢古猶今也農工商賈古猶今也彼碑峴首鑄金像者獨何人乎即何得以時異勢殊而謂吾之不得行所志也彼家人父母又何居焉然則今

之脩志亦如治其家事而已矣敢曰文章不朽盛事南狐今之良史哉凡以昜都人士考邦憲遡祖德法懿行服先疇警頹俗勤職業如此以

王之道也夫康熙十二年歲次癸丑秋八月譔

原序　　劉燈

自識內達直省至於都邑莫不有志以徵文而考獻獻以輔
世文以翼經而其事皆關於聖人
聖天子廣厲學宮郡邑立孔子廟春秋釋奠又
諭各直省建立書院郡以下得踵而行所以教養之以同其
政俗其法甚備然而廣谷大川異制其間察風土審興革而
紀其忠孝節義卓行懿德使人有所感發而興起則一統志
益詳而由其俗皆可以納之於中而裁以聖人之教其書本
直省通志直省志本郡邑志然則邑志所繫亦重矣黃岡志
前古無攷明令茅侯輯之距今百七十年矣康熙中前令董

侯重輯未竟乾隆二十年余奉
命承乏茲邑閱其山川稽其戶賦以知其風土興革而一時
人文蔚盛甲於全郡因詢邑志得茅氏本事簡文約惜其沿
革風俗有漏有舛而百七十年間文獻無徵意尤嗛焉蓋已
慨然有增修志而時未遑也始謁先師廟卑隘且就圮無以
崇聖祀彰教化亟集邑士議倡捐若干益鳩工庀材踰年後
舉而其志則俟徐圖凡以治有本末其爲之勢有先後也夫
學宮與書院表裏而書院開來邑乘彰往義尤並重二者其
爲費愈繁而任亦以滋鉅邑有河東書院本郡書院宋後興
廢不時前守請以爲邑書院歲入少經費無所出余以志之
難獨力成也而書院膳修膏火經理尤亟會虞山錢公蒞郡
下車慨然曰此守土責也吾爲邑力成之更集邑士議醵金
若干以其半爲書院延師授徒遠近畢集一歲至補弟子員
三十餘人亦稱盛矣其半貯爲志費局未開而余課最去引
見遠調漢陽則余之不得畢力於斯役也豈非時爲之耶顧錢
公自月之與通守張公暨嗣邑任者諏吉聘名儒搜遐討佚
於是邑諸廢俱舉焉公晉階去今太守王公更董其事手自
裁訂期於盡善而止而志遂爲他州邑所不及記曰善終者
如始并二公先後成之區區者且阻於力之不暇而議亦旋
寢然則邑志之成不可謂非幸矣固不獨風土興革瞭若列

眉而本一邑之文獻忠孝節義卓行懿德之彰彰具於是者
而以聖人之道約而裁之則所以爲
天子仰宣德意以覲型來喆而考其政俗之同者其不以此
也歟邑人既樂事舉猶以經始之勤而士夫之共勤以有成
不可以無書也徵序於余而爲述之如此

原序

蔡韶清

邑之有志以紀實也以垂教也夫山川未改而建置不無沿革土田賦税或以時更典籍猶有存者可考而知之

國家律令之所布官司之所守固非可輕爲變易所在涖兹土者覘其風俗之利弊習尚之淳漓相與維持而調護之則又非言説所得而盡者惟是忠臣孝子仁人義士與夫閭巷閨門烈女貞婦自州縣官上之大吏其大吏上之

朝廷而風厲奬勸之則志之得書宜也其間有久遠未備而近今可據者則志之得書亦宜然或過爲存之則既非仰體

聖天子考文徵獻所以訓示斯民之至意及傳之愈久而後

之議增修者愈有所徘徊顧忌而不敢輕去之則所望於邑中之賢士大夫採訪必公而一時執筆者體裁必歸於畫一顧可不慎乎哉清自三月受事黄岡是時值開館設局修復縣志蓋前郡憲錢公暨前署令陳君肇爲之而孝感胡太史實司其任加以邑中之賢士大夫佐之慮無不詳且至矣若夫網羅鄉邑之遺佚斟酌去取之是非清在職所不得辭而綜其成者則方今郡憲王公尤桉核不遺餘力也所謂紀實者在是而垂教者亦在是又得新署令王君竣剖劂之任不洵乎與諸君子相與有成哉夫黄岡爲自昔名賢棲遲咏歌之地而山水靈秀篤生哲人文采風流有足稱者其登巍科而躋膴仕又代不乏人也考其書以知其人知必有奮然興起者矣而况生長於斯者維桑與梓必恭敬止其嚮往又當何如耶自三月至十月書始告成而清爲之序如此覽者得以詳焉

茅志修校職名

知縣 茅瑞徵 裁定　學生 呂元音　鄉官 王同軌
監生 王追淳　學生 曹士謨 同輯　學生 程 煉
曹之建　江之鏊　劉文思
王封東 同校　劉宗祥 書序

董志修校職名

知縣 董元俊 總裁　鄉官 孫錫蕃　楊允貞
胡思樊　姚之年　黃中實
學生 袁黃琮　張光璧　李遐齡 編輯
教諭 趙之鏊 監修　貢生 王承祜　詹大衢

王材任 校定　學生 杜魁楚　王材升
王封叙　陳維岳　邱 峙
顧本恭 同校

劉志修校職名

知縣 劉 熤 倡修　陳文樞　蔡韶清
王鳳儀 仝編　教諭 聶朝勳　訓導 王世任 監梓
編修 胡紹冉　鄉官 孫祚灝　張念祖
周棟隆　杜乘時 纂修　汪依仁
萬廷望　靖式文　陳師晉
謝國詔　副榜 孫廷璋　歲貢 楊瑞棕
監生 操 鵬　監生 龔必顯　廪生 程開泰
廪生 王如冉　增生 樊廣祚　生員 鍾千祥 採訪
舉人 王封岱　進士 范朝綱　進士 曹紹烈

舉人 張宗鯉 經理　生員 張宗震　葉聯登 校對

王志編校職名

知縣 王正常 續編　訓導 黎光清　教諭 李敦杜
訓導 蕭 琴 校刊　典史 謝鴻恩 監梓

凡例

一此次開局雖曰續修纂輯正非易易查董志實無刊本茅志亦少流傳惟乾隆二十四年邑侯劉燿訂本尚存五十四年續修僅增藝文數篇科貢節孝照冊續補餘皆仍舊道光辛卯開局除星野形勢風俗物產稍有增損外各條內有增多者有續入者有補遺者有更正者惜刊刻未成旋以歲饑撤局此次於地理建置賦役學校選舉五志只增辛卯後諸事而藝文有錄自舊志所遺者有搜自各家刊本者文苑宦蹟有補採在乾隆五十四年以前者惟列女一項暨外志雜志則合辛卯及

今所采彙輯成帙既非范襲班書亦非衆竊璞注也

一舊志分門者八劉志更爲十綱今仍其舊惟職官志內名宦更爲循良盖以入名宦祠必奉

俞旨恐致淆混也又藝文志內增撰著篇目一條所以激發後學也他則未敢妄有損益

一志古曰圖經言圖之重也今仍以新舊各圖冠於卷首

一郡邑沿革舊志有未備者悉爲考核精詳至於疆域仍如其舊而山川古蹟則多補入者

一岡邑附郭志則僅書一邑之事如建置秩官藝文屬縣者縷晰條分屬府者註詳府志免致混淆

一凡建置在官者俱照現在詳書顛末其津梁堤坊紳士捐修者皆志姓名至募衆共成者未能專美不具列

一凡廂鎮營汛俱照現在縣冊營冊分定故與舊志稍有異同

一戶口田賦惟遵賦役全書原委次第條分晝一舊志則詳注其下以便稽考漏澤院義園舊附於蠲卹之後殊屬不倫今改附墓域

一學校依府志專立一綱備載 廟學修建

欽定禮典樂章及書籍崇儒重道樂育人材及於學田附以書院

一選舉舊係列表閒有遺漏混淆今改從省志之例按科分各爲一項年代無考者彙於後

一例選舊志祗載出仕及分省候補在部候選者有由捐輸議敘職銜者概不載入今仍其舊至吏員考職舊志遺載今照康熙雍正年間府冊補入

一科目辟貢及貲選之官前志遺佚當補者必實有考據之書若族譜乃一家私言殊難憑信且有官爵誥傳宦蹟誇耀似不應於百餘年後劈空增入既不信今更難傳後是以概從闕畧

一封贈向來只載正途其捐職援 例者不入道光二十

五年奉部議准議叙職銜在
恩詔給封二年期內捐請者加與
覃恩字樣是以概行入志以廣
皇仁

一劉志儒林增二人余心純秦繼宗今增入萬年茂一人蓋其講學不落元虛以立誠為本而潛思超悟於程朱之理實有心得者其餘則不敢濫也

一文苑宦蹟兩門除舊志所存續增不少在乾隆以前搜輯者或則名山著述代有傳人或則潔己愛民共聞與頌近今所採恐難媲美前賢然善善從長非蕭艾之紛

淆實蓬麻之扶直也

一舊志宦蹟首列任果按傳中所謂南安蓋今甘肅鞏昌府地周太祖輔魏廢帝都長安號為西魏鞏昌近長安故歸附易又近蜀故率鄉兵助征甚便黃岡雖亦有南安之名然此時則梁與東魏互取之果安得率之遠歸西魏乎今刪去

一孝友為門內之行外人固不盡知傳聞亦不皆失實節採本畧為刪潤未容去取以傷仁人孝子之心割股一條尤為愚孝舊志士人勿載此番彙聚兼取正以激勸孝思也

一隱逸篤行兩門百年以來豈無積道德而能文章者惟此種既非科目之昭然又非宦蹟之顯著是以僉從公議除舊志所載概不續入篤行有王姓一人係從省志採入

一方伎一條在志中無關輕重然好奇嗜古之士亦足廣其見聞今續入者皆千人共見之伎均非杜撰空談徒資笑柄

一懿行嘉言與年俱進無遽論定也故生存者不立傳

一烈女孝婦已經
旌表者照冊入志其例應
旌而窮僻之鄉為子孫未知舉報者附記於後至近今所採

入衆事繁只載明守節年歲有無子嗣並現年卒年若干不能逐一詳叙其有未經開明者則照學冊縣冊彙載其名猶冀後考

一節婦不及母家官爵名字者從夫之義也貞女則載之示有所歸也而節孝子孫有科目職銜者仍録之以彰其報

一藝文依體編次無論幕紳及流寓之人只擇其有關風土有功名教者錄之而生存者不與焉惟地方官藻飾山川并留心風土者不在此例

一舊志有摭聞所以彰文雅之餘事存勸懲之微意近今所採或補自省志或採自諸書仍注所出餘則不敢濫入

一分門各小序惟新增撰著篇目一門序係新構餘均仍王菊門學博辛卯舊作不没其長亦不攘其美也

一自五月開局以後洪水泛漲漂蕩民居原派校對校刊不無内顧之憂以致來往不時亥豕魯魚在所不免閱者諒之

縣境全圖

邑人謝漢宗繪

黄岡縣

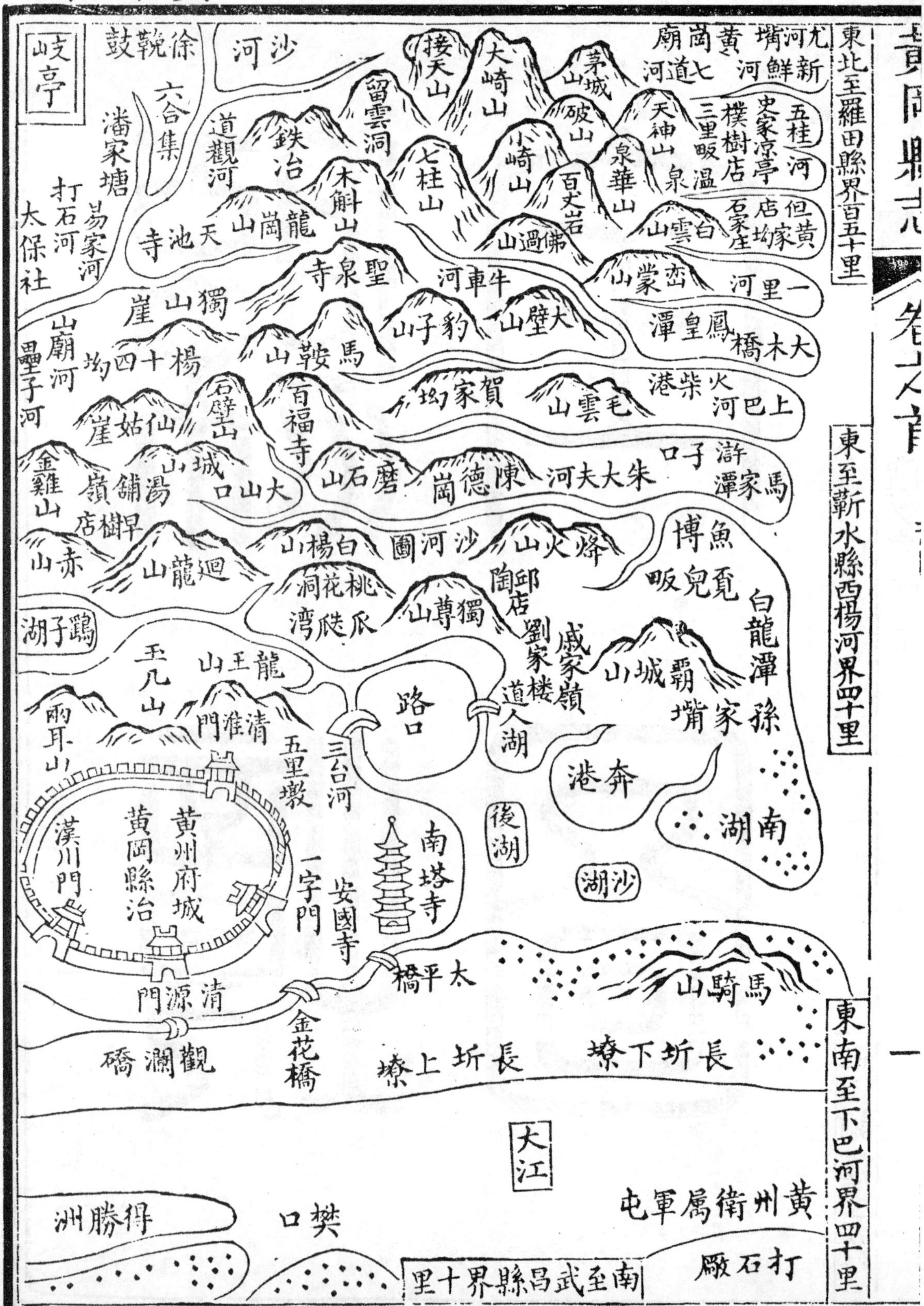

東北至羅田縣界百五十里
東至蘄水縣西楊河界四十里
東南至下巴河界四十里
南至武昌縣界十里

岐亭
徐鞔鼓
沙河
六合集
潘家塘
打石河
易家河
太保社
道觀河
鉄冶
留雲洞
接天山
大崎山
茅城山
黄岡廟
七道河
尤河堉
新鮮河
破山
天神山
五桂河
史家凉亭
樸樹店
三里畈
温泉
小崎山
七桂山
木斛山
泉華山
百丈岩
但家坳
黄石家店
白雲山
佛過山
龍岡山
天池寺
聖泉寺
牛車河
峦嶂山
一里河
獨山崖
豹子山
大壁山
鳳皇潭
大木橋
山廟河
楊十四坳
馬鞍山
壘子河
石壁山
百福寺
賀家坳
毛雲山
火柴港
上巴河
仙姑崖
金雞山
城山
湯舖嶺
早樹店
大山口
磨石山
陳德岡
朱大夫河
子口
滸馬家潭
赤山
迴龍山
白楊山
沙河圖
烽火山
魚博
邱陶店
覓兒畈
桃花洞
獨尊山
仄陡湾
鷄子湖
劉家楼
戚家嶺
白龍潭
龍王山
玉几山
霸城山
孫家堉
路口
道人湖
兩耳山
清淮門
五里墩
三台河
奔港
黄州府城
黄岡縣治
漢川門
後湖
南塔寺
一字門
安國寺
沙湖
南湖
太平橋
馬騎山
清源門
金花橋
觀瀾橋
長圻上塝
長圻下塝
大江
得勝洲
樊口
黄州衛屬軍屯
打石廠

治總圖

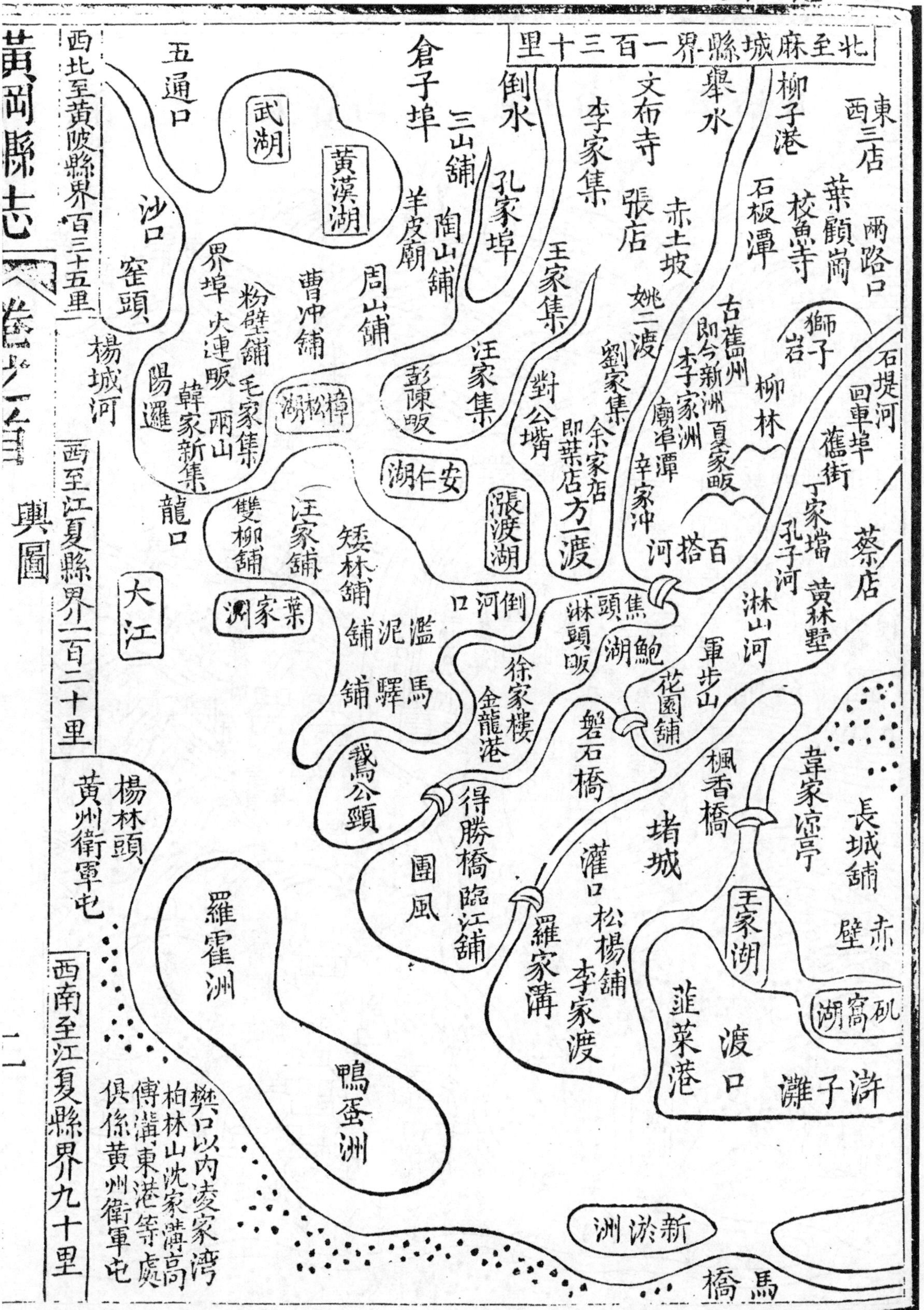

北至麻城縣界一百三十里

東西三店
兩路口
菓顧崗
校魚寺
柳子港
石板潭
舉水
文布寺
李家集
張店
赤土坡
倒水
孔家埠
倉子埠
三山舖
陶山舖
羊皮廟
周山舖
曹冲舖
五通口
武湖
黄漢湖
西北至黄陂縣界百三十五里
沙口
窑頭
界埠
火連畈
粉壁舖
毛家集
韓家新集
兩山
陽邏
楊城河
龍口
樟松湖
彭陳畈
汪家集
王家集
對公壋
姚二渡
劉家集
余家店
即葉店
方二渡
古舊州即今新洲
李家洲
夏家畈
廟凖潭
辛家冲
百搭河
獅子岩
柳林
石堤河
回車埠
舊街
丁家壋
孔子河
黄林壄
蔡店
安仁湖
漲渡湖
雙柳舖
汪家舖
矮林舖
葉家洲
大江
西至江夏縣界一百二十里
倒河口
濫泥舖
馬驛舖
焦頭湖
淋頭畈
鮑湖
淋山河
軍步山
花園舖
徐家樓
金龍港
鵞公頸
磐石橋
楓香橋
韋家涼亭
長城舖
得勝橋
臨江舖
團風
堵城
灌口
松楊舖
羅家溝
李家渡
王家湖
赤壁
砚窩湖
韮菜港
渡口
滸子灘
楊林頭
黄州衛軍屯
羅霍洲
鴨蛋洲
西南至江夏縣界九十里
樊口以內凌家灣柏林山沈家溝高傅溝東港等處俱係黄州衛軍屯
新淤洲
馬橋

黄岡縣志　卷之首　輿圖　二

黄岡

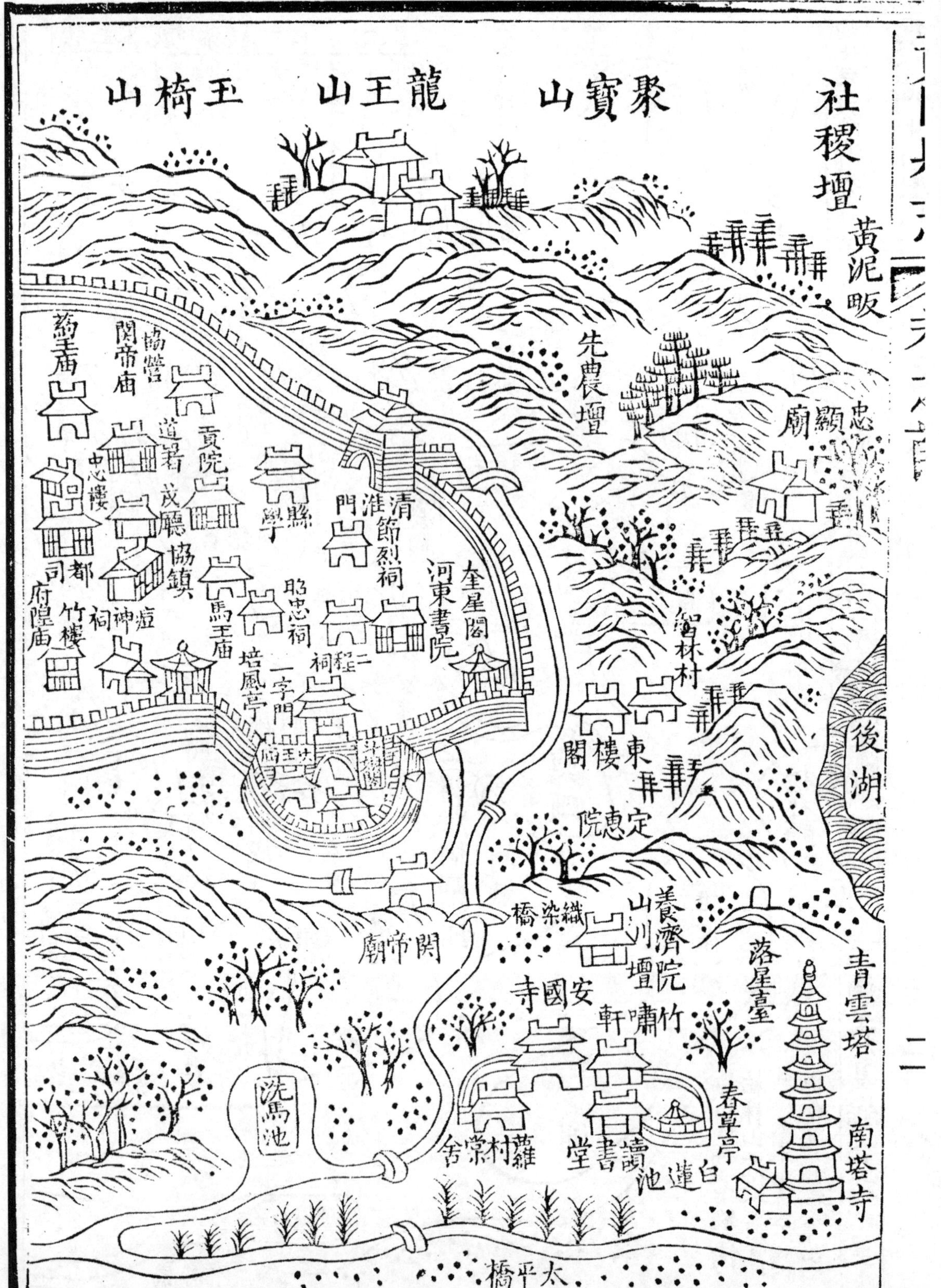
玉椅山
龍王山
聚寶山
社稷壇
黄泥畈
先農壇
忠顯廟
藥王廟
關帝廟
協營
貢院
道署
中心樓
戎廳
縣學
清節烈祠
淮門
協鎮
都司
府隍廟
竹樓
瘟神祠
馬王廟
昭忠祠
河東書院
奎星閣
二程祠
培風亭
一字門
紹林村
東樓閣
後湖
定惠院
關帝廟
織染橋
養濟院
山川壇
落星臺
安國寺
竹嘯軒
青雲塔
春草亭
蘿村棠舍
讀書堂
白蓮池
南塔寺
洗馬池
太平橋

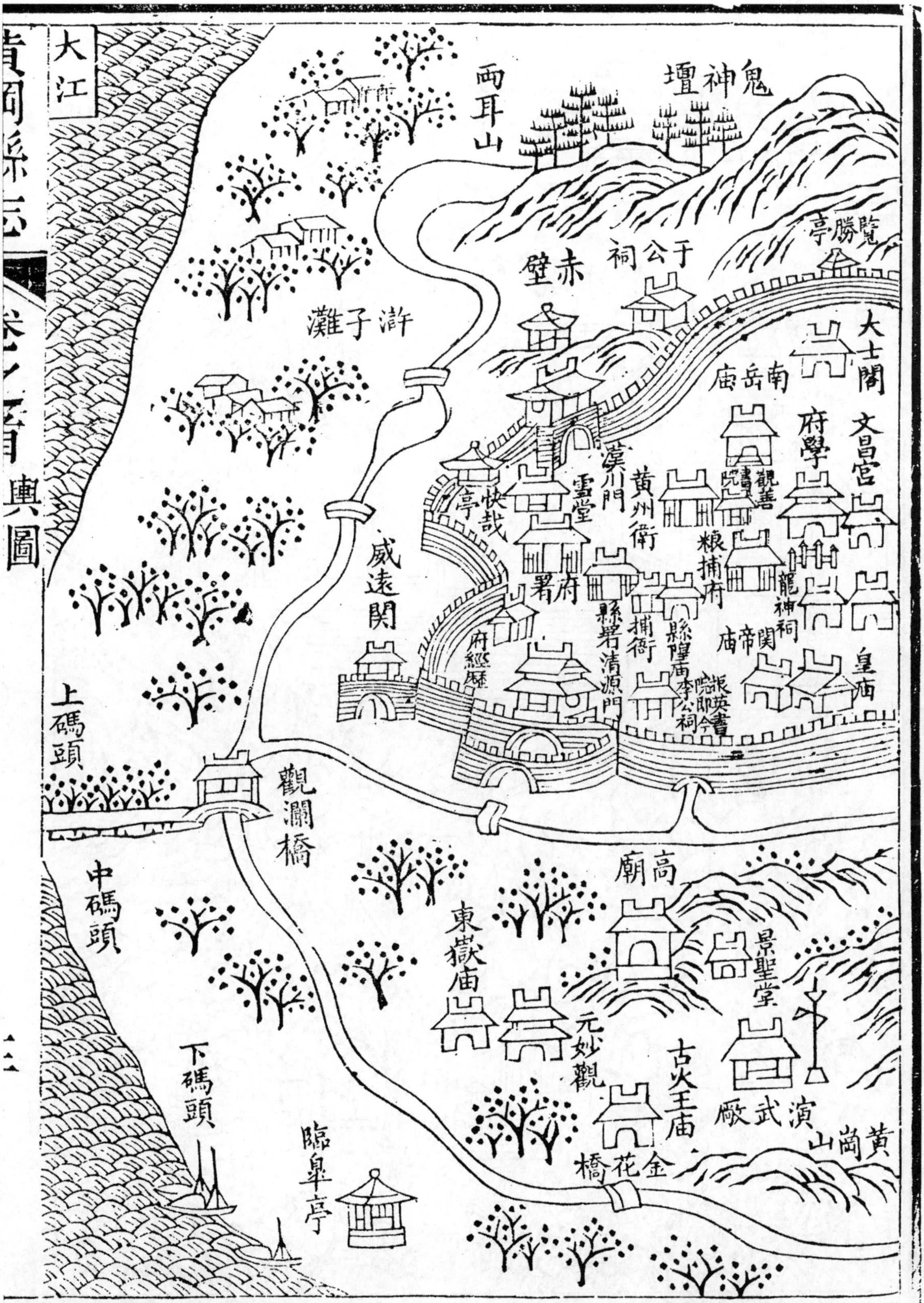

縣城

黃岡縣志　卷之首　輿圖

大江
西耳山
鬼神壇
覽勝亭
于公祠
赤壁
滸子灘
大士閣
南岳廟
文昌宮
府學
觀善書院
漢川門
黃州衛
靈堂
快哉亭
糧捕府
府署
龍神祠
威遠關
縣署
捕衛
關帝廟
皇廟
府經歷
縣隍廟
清源門
李公祠
振英書院
上碼頭
觀瀾橋
高廟
中碼頭
東嶽廟
景聖堂
元妙觀
古火王廟
演武廠
黃岡山
下碼頭
臨皋亭
金花橋

東坡

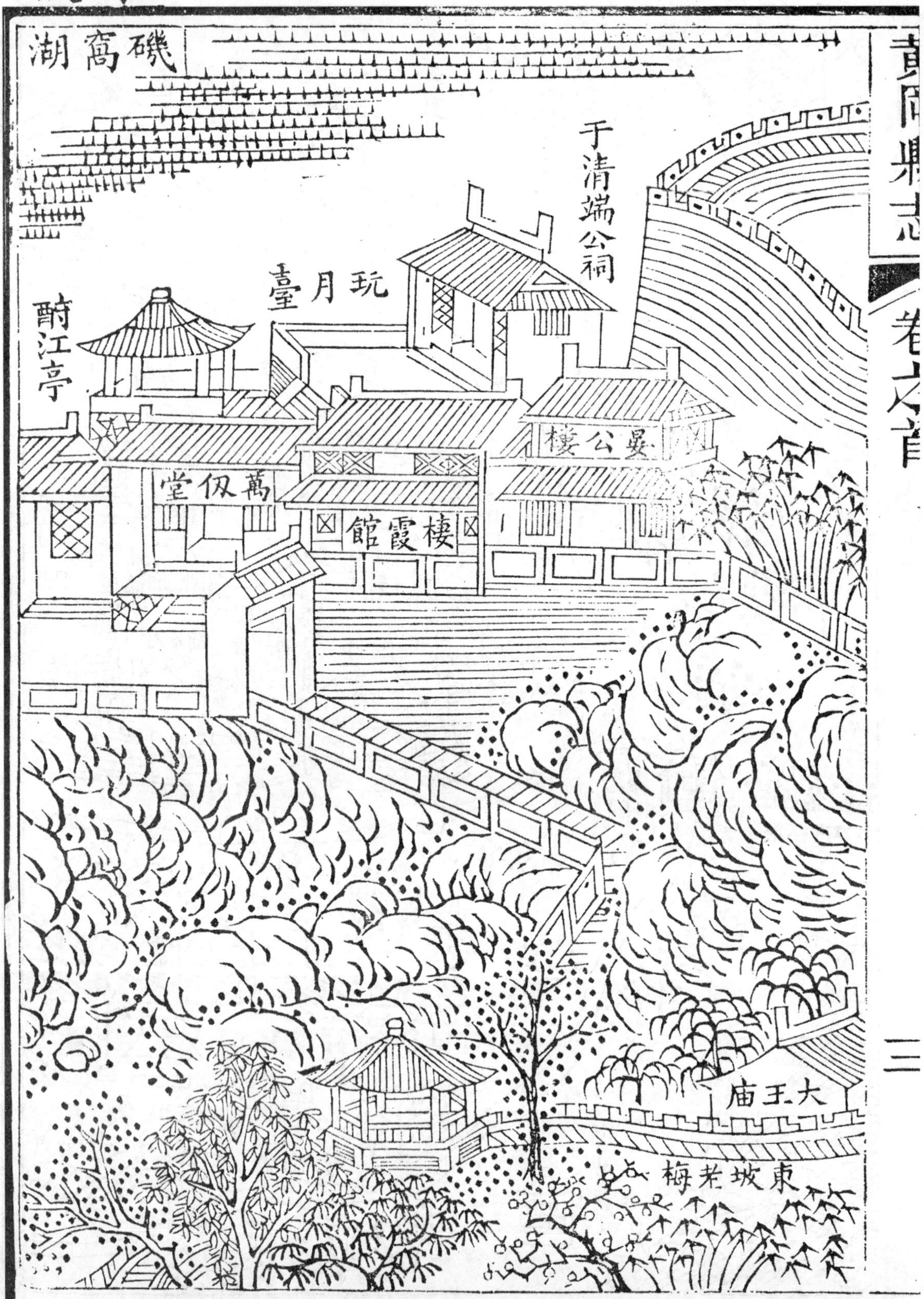

赤壁

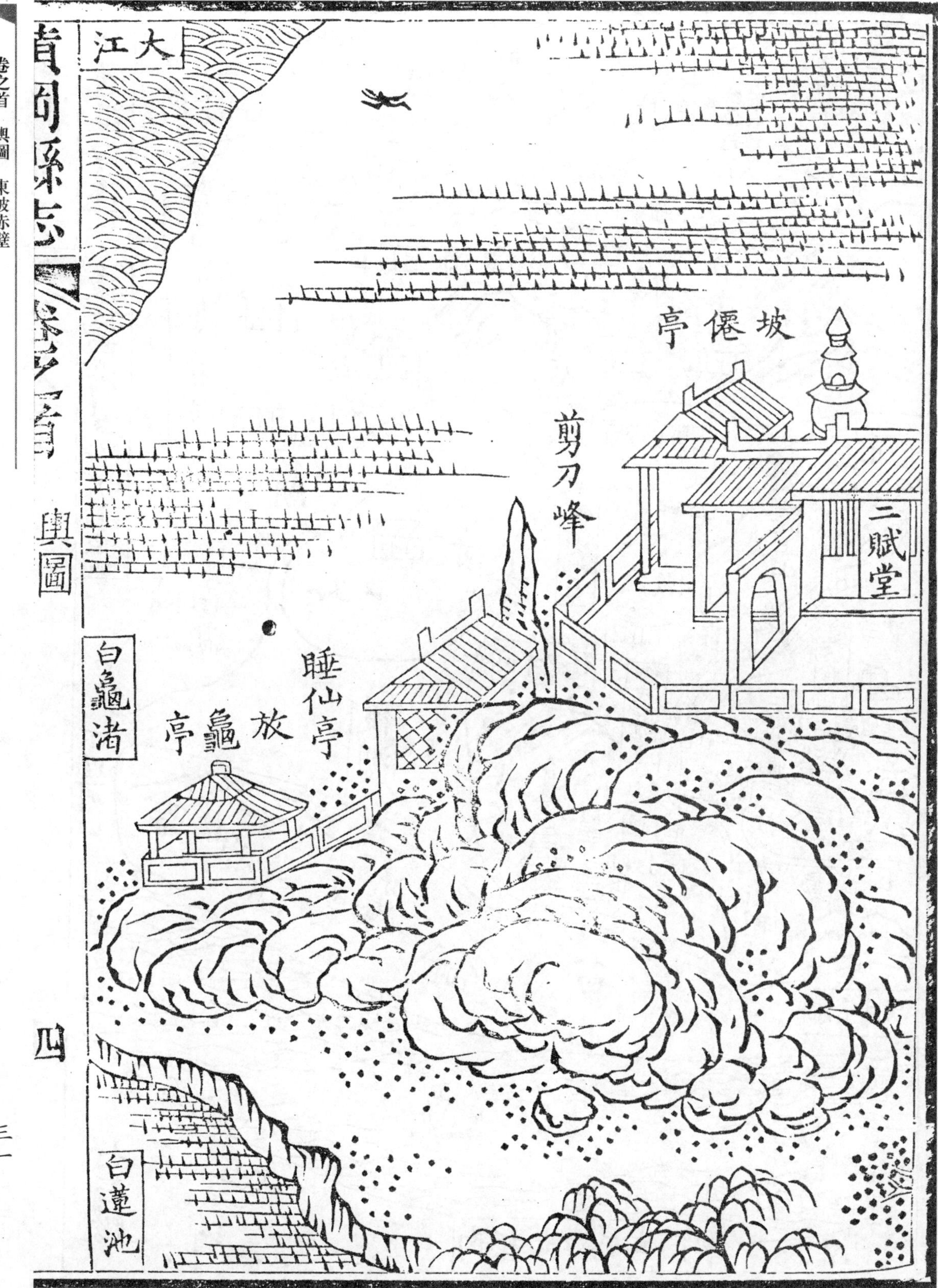

補衙

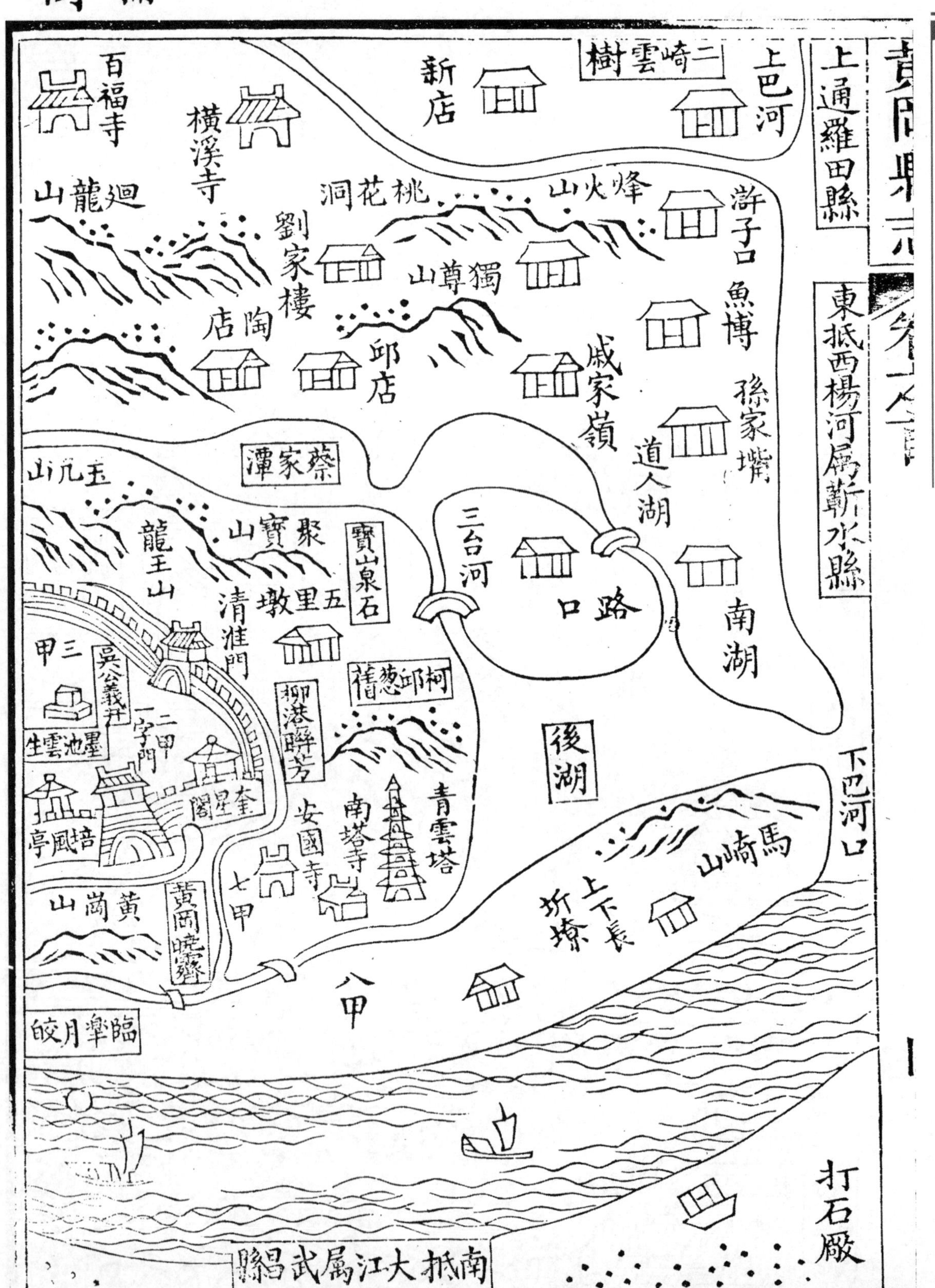

黃岡縣志
上通羅田縣
東抵西楊河屬蘄水縣
二崎雲樹
百福寺
橫溪寺
新店
上巴河
迴龍山
桃花洞
烽火山
滸子口
劉家樓
獨尊山
魚博
陶店
邱店
戚家嶺
蔡家潭
道人湖
玉几山
聚寶山
三台河
龍王山
寶山泉石
五里墩
清淮門
路口
南湖
三甲
吳公義井
後湖
墨池雲生
一字門
二甲
奎星閣
培風亭
安國寺
南塔寺
青雲塔
下巴河口
馬崎山
黃崗山
七甲
八甲
臨皋月皎
打石廠
南抵大江屬武昌縣

汛圖

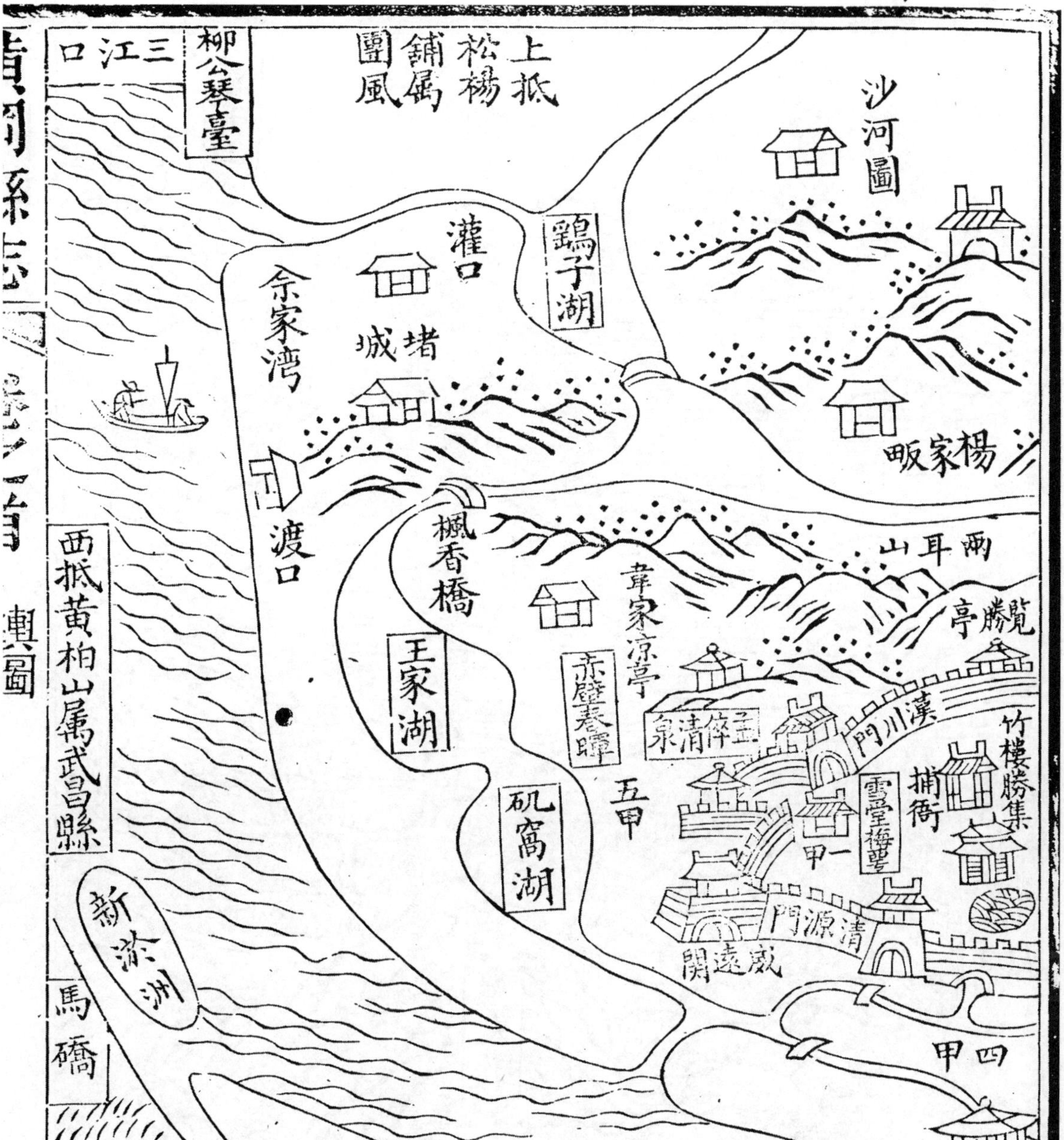

三江口
柳公琴臺
上抵松楊鋪屬團風
沙河圖
鴉丫湖
灌口
佘家灣
堵城
楊家畈
渡口
楓香橋
兩耳山
覽勝亭
韋家涼亭
王家湖
赤壁春曉
玉浮清泉
漢川門
竹樓勝集
捕衙
雪堂梅雪
五甲
一甲
矶窩湖
清源門
威遠閘
四甲
西抵黃柏山屬武昌縣
新淤洲
馬礄
蘆洲芳草
高傅溝
東港
凌家灣
樊口輕帆

呂陽

城圖

韋家涼亭

鄒城寺

王家湖

團風圖

北左抵道冠河屬但店
山廟河
東抵廻龍山屬捕衙
城山
楊西坳
湯舖嶺
東樹店
金雞山
蔡店
赤山
花園鋪
南抵灌口佘家湾等區屬捕衙
來龍庙
天符庙
松楊鋪
火王庙
團風鎮
臨江鋪
李家渡
羅家溝
大江
鴨蛋洲
羅霍洲
姜家洲

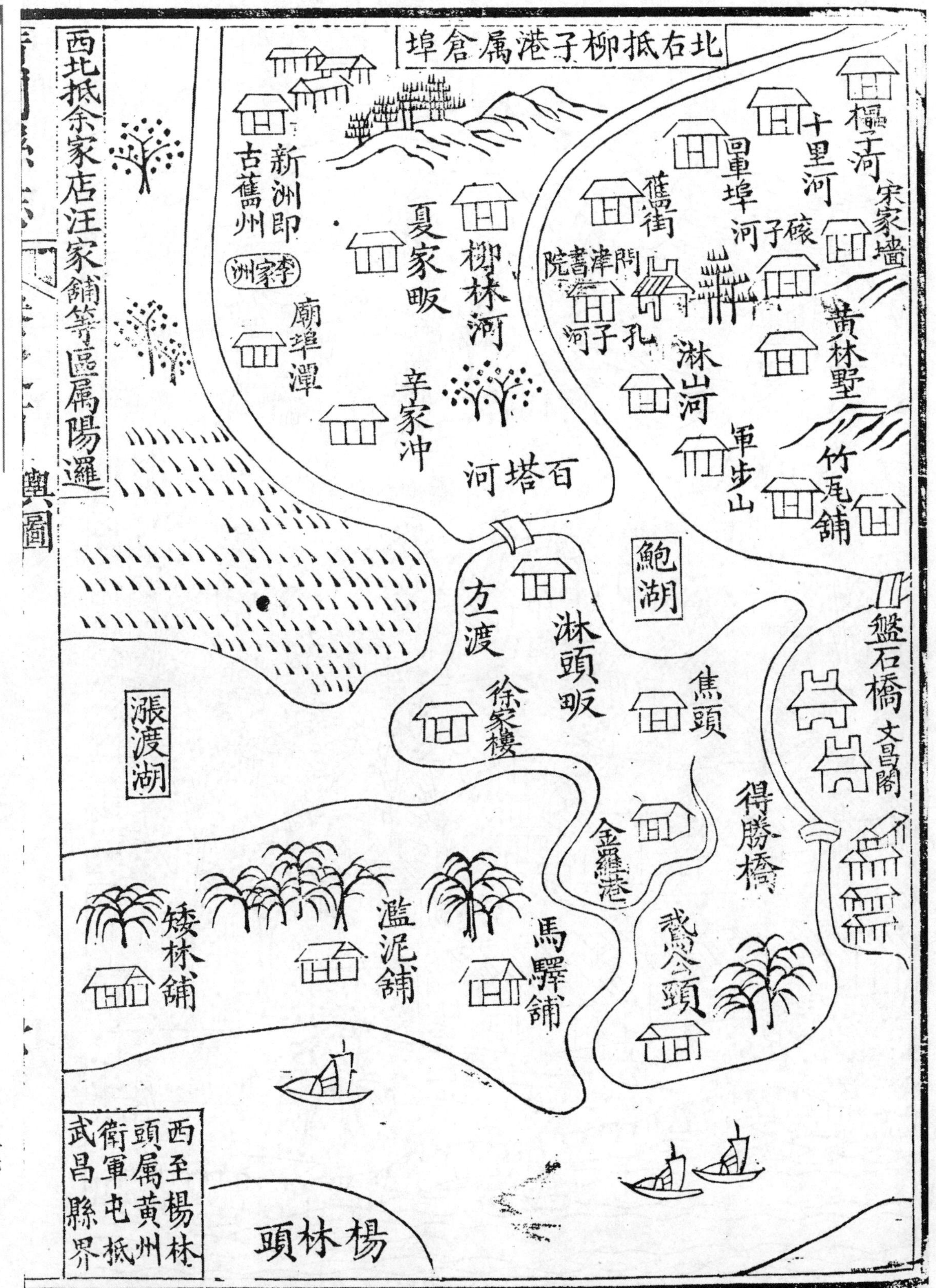
北右抵柳子港屬倉埠
西北抵余家店汪家舖等處屬陽邏
新洲即古舊州
李家洲
夏家畈
柳林河
廟埠潭
辛家沖
百塔河
十里河
畢埠河
舊街
問津書院
孔子河
宋家壋
黃林墅
軍步山
竹瓦舖
鮑湖
方渡
淋頭畈
徐家樓
焦頭
盤石橋
文昌閣
得勝橋
金羅港
漲渡湖
矮林舖
濫泥舖
馬驛舖
西至楊林頭屬黃州衛軍屯抵武昌縣界
楊林頭

四顧雲臺
鳳岜堂夕照
城南烟樹
化樂晓鐘
黄岡縣志
卷之首
七

州圖

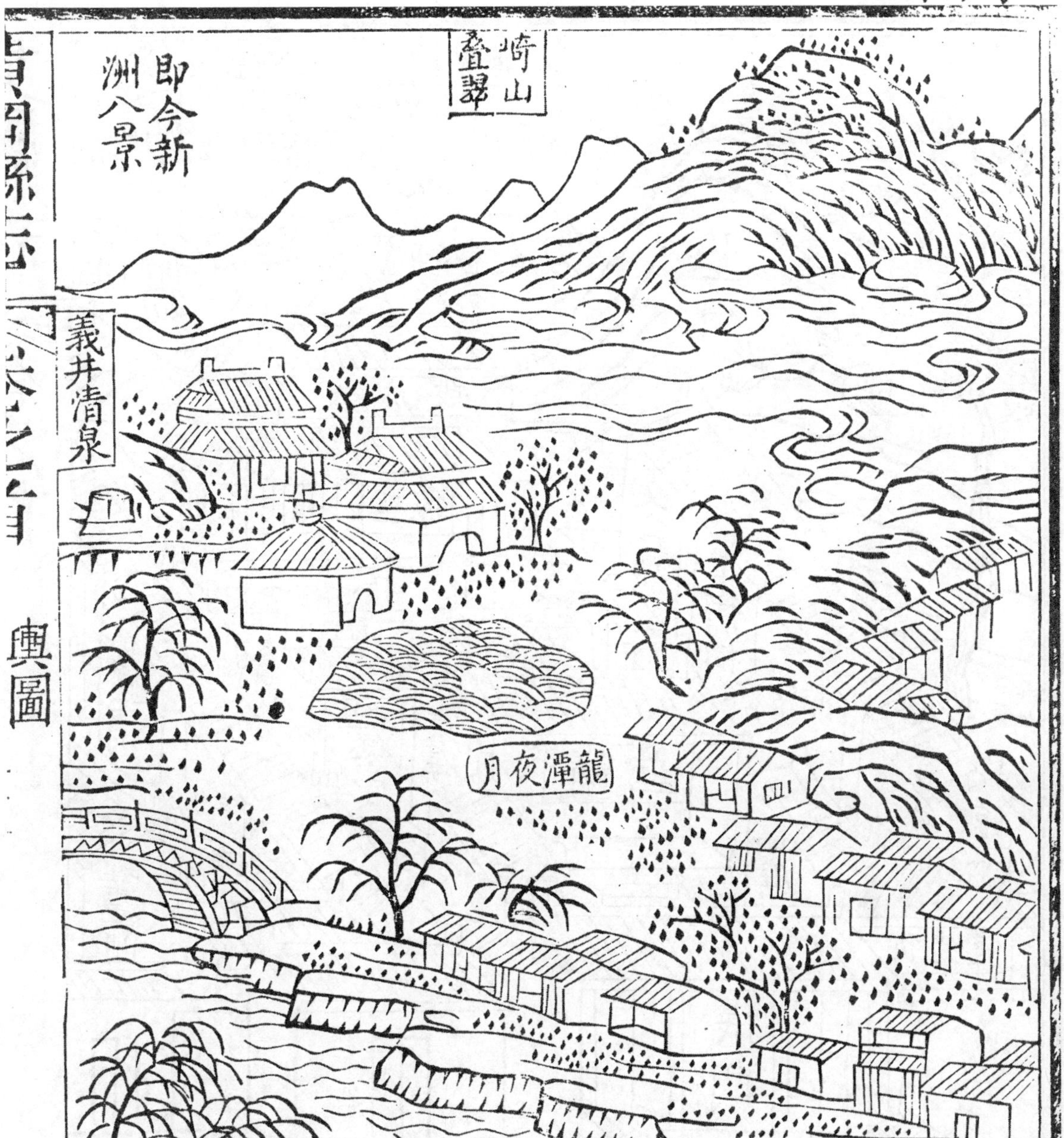

崎山疊翠

即今新洲八景

義井清泉

龍潭夜月

魚浦秋風

問津

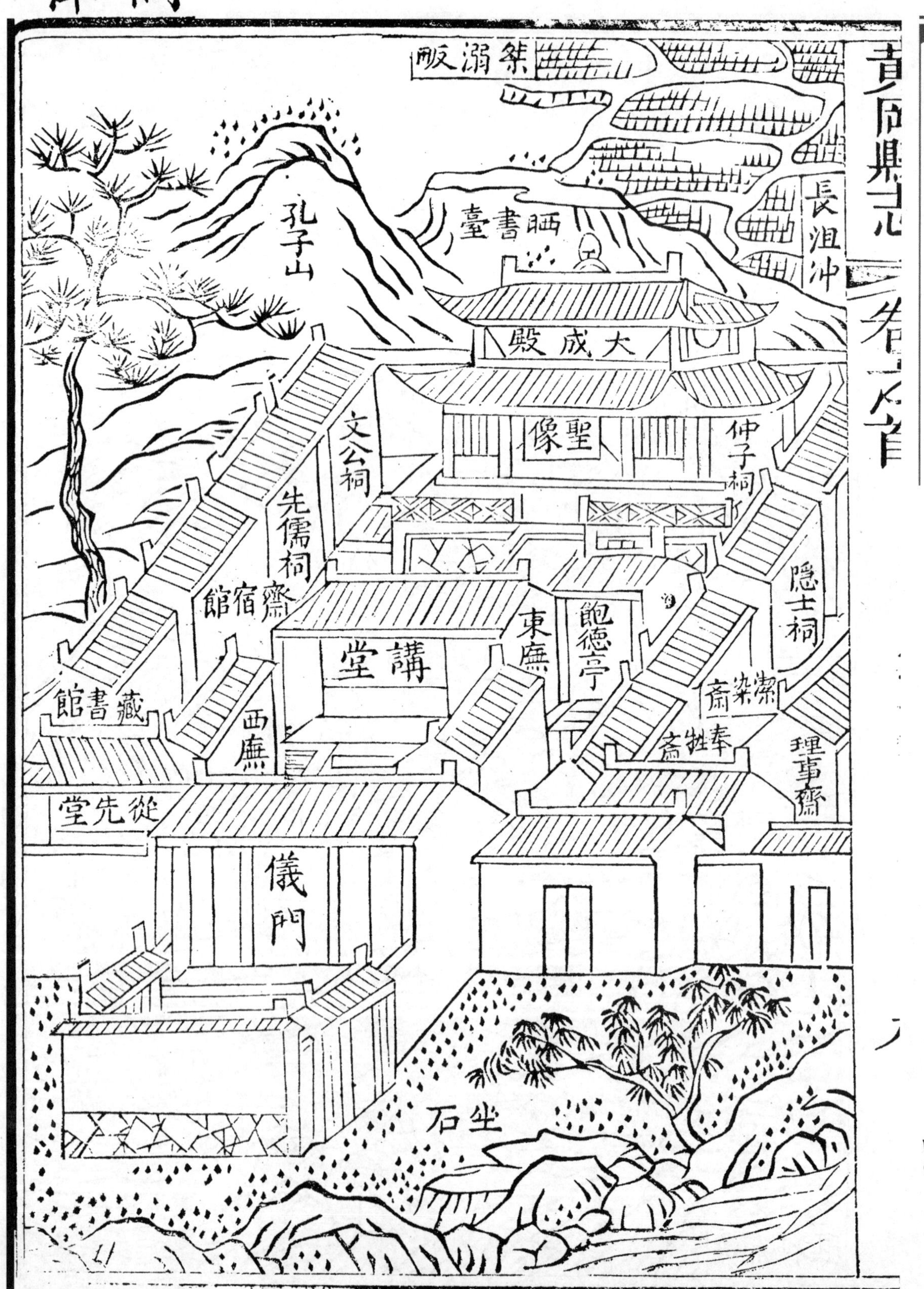

黄岡縣志
桀溺畈
晒書臺
孔子山
長沮冲
大成殿
聖像
文公祠
仲子祠
先儒祠
齋宿館
講堂
東廡
飽德亭
隐士祠
潔粢齋
奉牲齋
西廡
藏書館
從先堂
理事齋
儀門
坐石

書院

陽邏

河東係新洲屬團風
下通鵞公頸屬團風
東河
西河
錢家堡
劉家集
姚二渡
對公嘴
余家店即葉店
汪家集
萬家汊
安仁湖
灘湖
張渡湖
雨山
毛家集
火連畈
樟松湖
游家汊
青蓮寺
龍川廟
陽邏營房
閬苑橋
大士閣
龍口
雙林鋪
城林鋪
下抵矮林鋪屬團風
大江
黄岡縣志
卷之首
九

東北抵李家集屬倉埠
上通黃安縣界
張家集
王家集
張店
陶家河
彭陳畈
畢家舖
曹沖舖
北至周山舖孔家埠等區屬倉埠汛
柴泊湖
粉壁舖
烟墩山
蓬萊寺
半邊山
香炉山
第一宮
龍柳夫廟
陽邏汛
界埠
武湖
武磯
黃陂縣界
漢陽縣界

但店

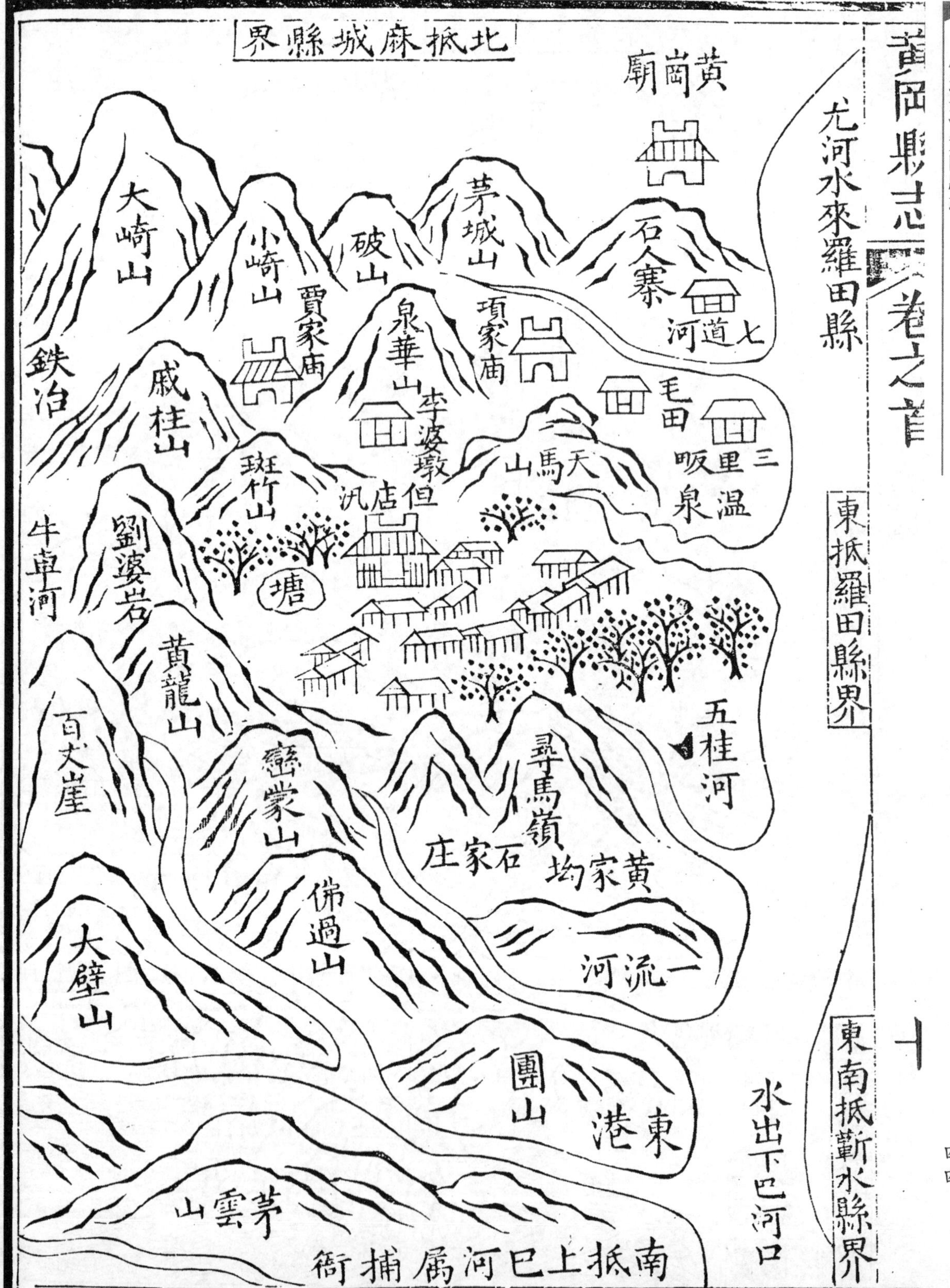
北抵麻城縣界
黄崗廟
尤河水來羅田縣
大崎山
小崎山
破山
茅城山
石人寨
七道河
賈家廟
泉華山
項家廟
鉄冶
戚桂山
李婆墩
毛田
三里畈
温泉
斑竹山
天馬山
但店汛
牛阜河
劉婆岩
塘
東抵羅田縣界
黄龍山
五桂河
百丈崖
巒蒙山
尋馬嶺
石家庄
黄家均
佛過山
一流河
大壁山
團山
東港
水出下巴河口
東南抵蘄水縣界
茅雲山
南抵上巴河屬捕衙

汛圖

上通麻城縣宋埠界
西抵三店等區屬倉埠
潘家塘
徐門鼓
回車書院
沙河
接天山
留雲洞
六合集
龍崗山
上下易家河
道冠河
天池寺
獨山崖
賀家坳
打石河
馬鞍山
鸞公堡
聖泉山
上謝店
豹子山
石壁山
下抵新洲屬團風
下謝店
陳家凹
磨石山
水出山廟河下屬團風

北以汪田姓為界
東北有花地五塊竹園一所又東有菜園一所
觀音殿
齋房
位子仲
華祖殿
齋房
帝主殿
祠賢鄉
護聖宮
東抵王蔡二姓水田為界
小河水由大崎山後自東而西合流

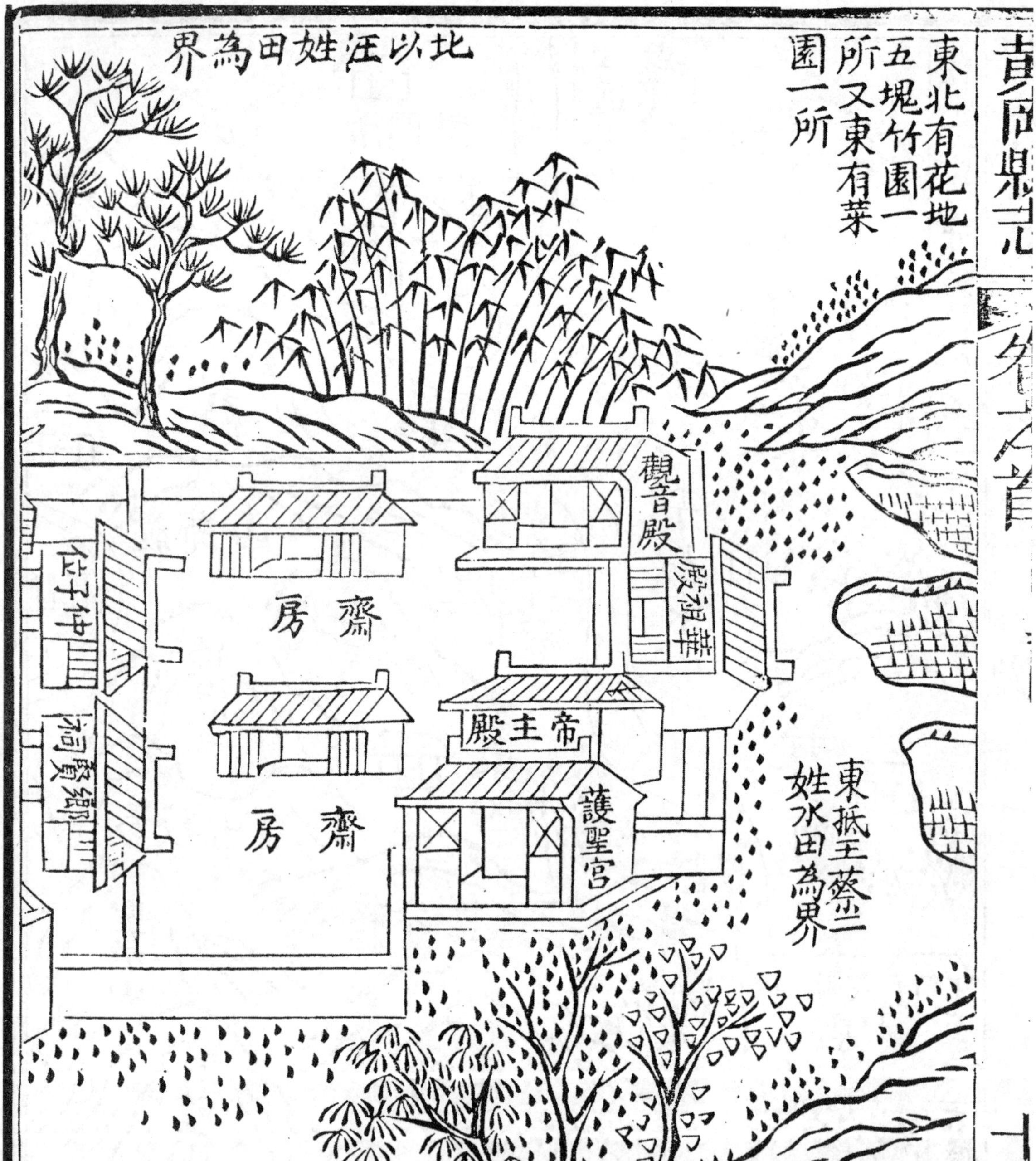

沙河水南去由道冠河下達出團風

西以花地抵人行路為界

大成殿

李子位

齋宿所

儀門

南以書院田抵河為界

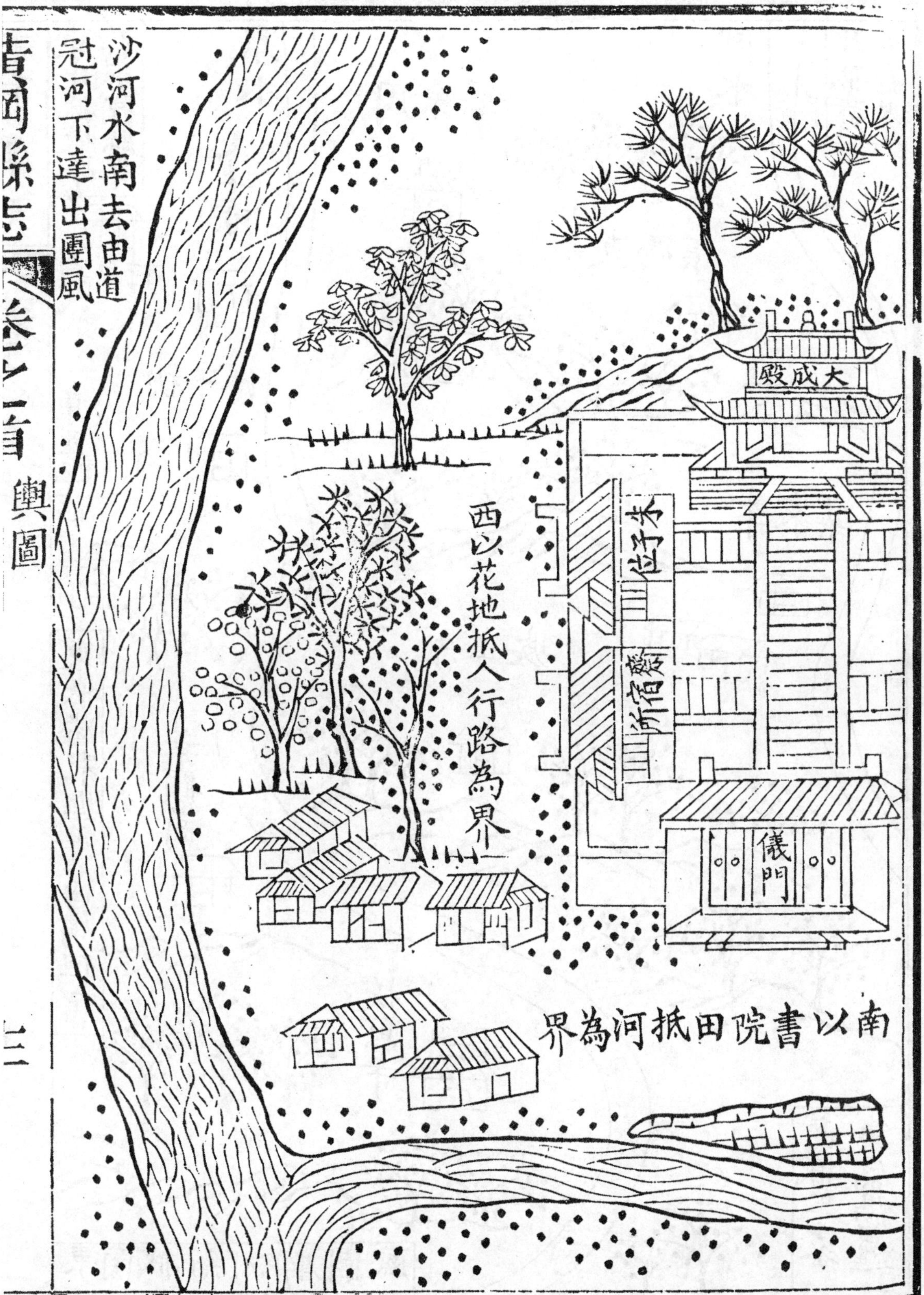

倉埠

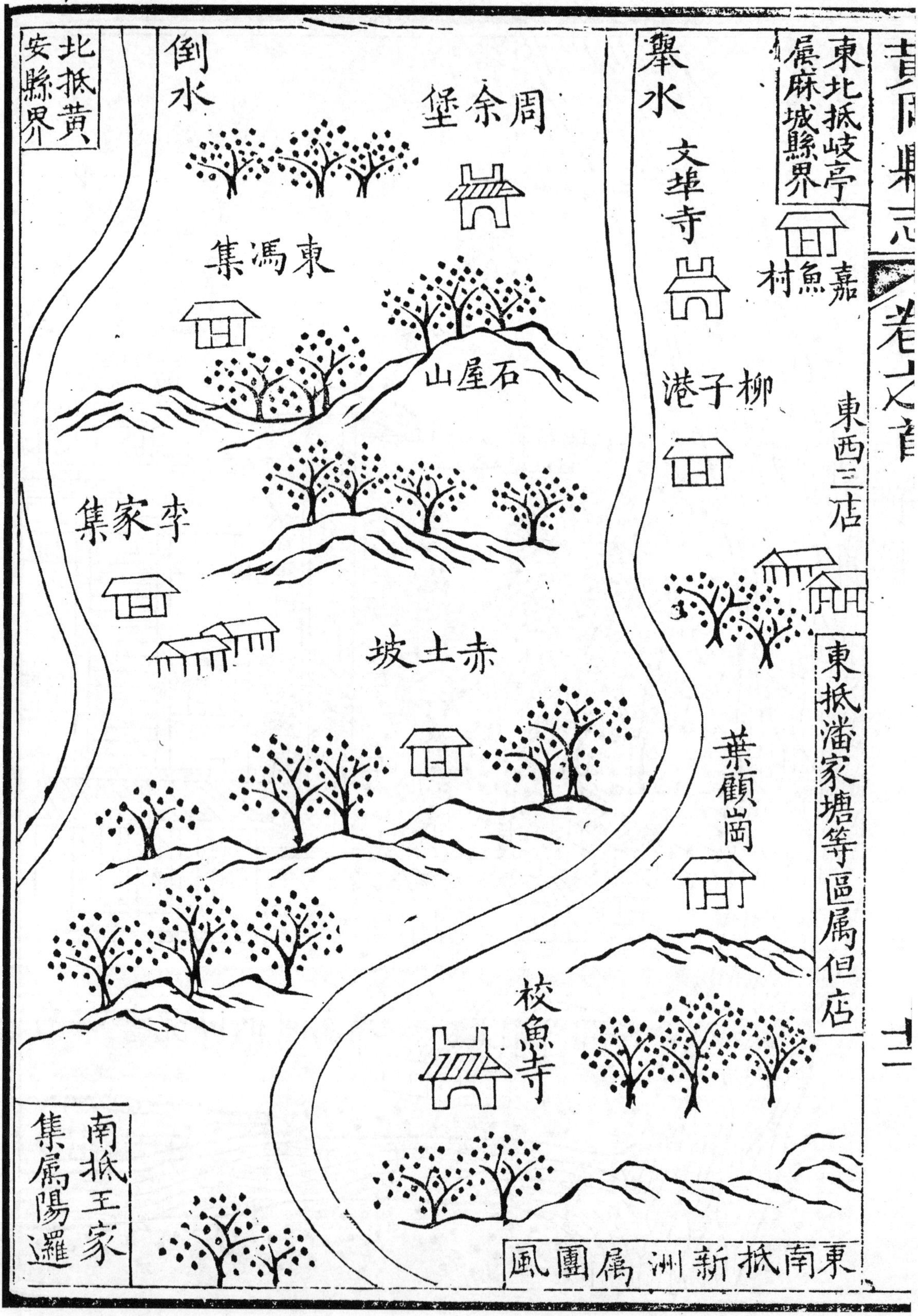

黄岡縣志 卷之首

北抵黄安縣界

倒水

周余堡

東北抵岐亭屬麻城縣界

舉水

文華寺

嘉魚村

東馮集

石屋山

柳子港

東西三店

李家集

赤土坡

東抵淄家塘等區屬但店

葉顧崗

校魚寺

南抵王家集屬陽邏

東南抵新洲屬團風

十三

汛圖

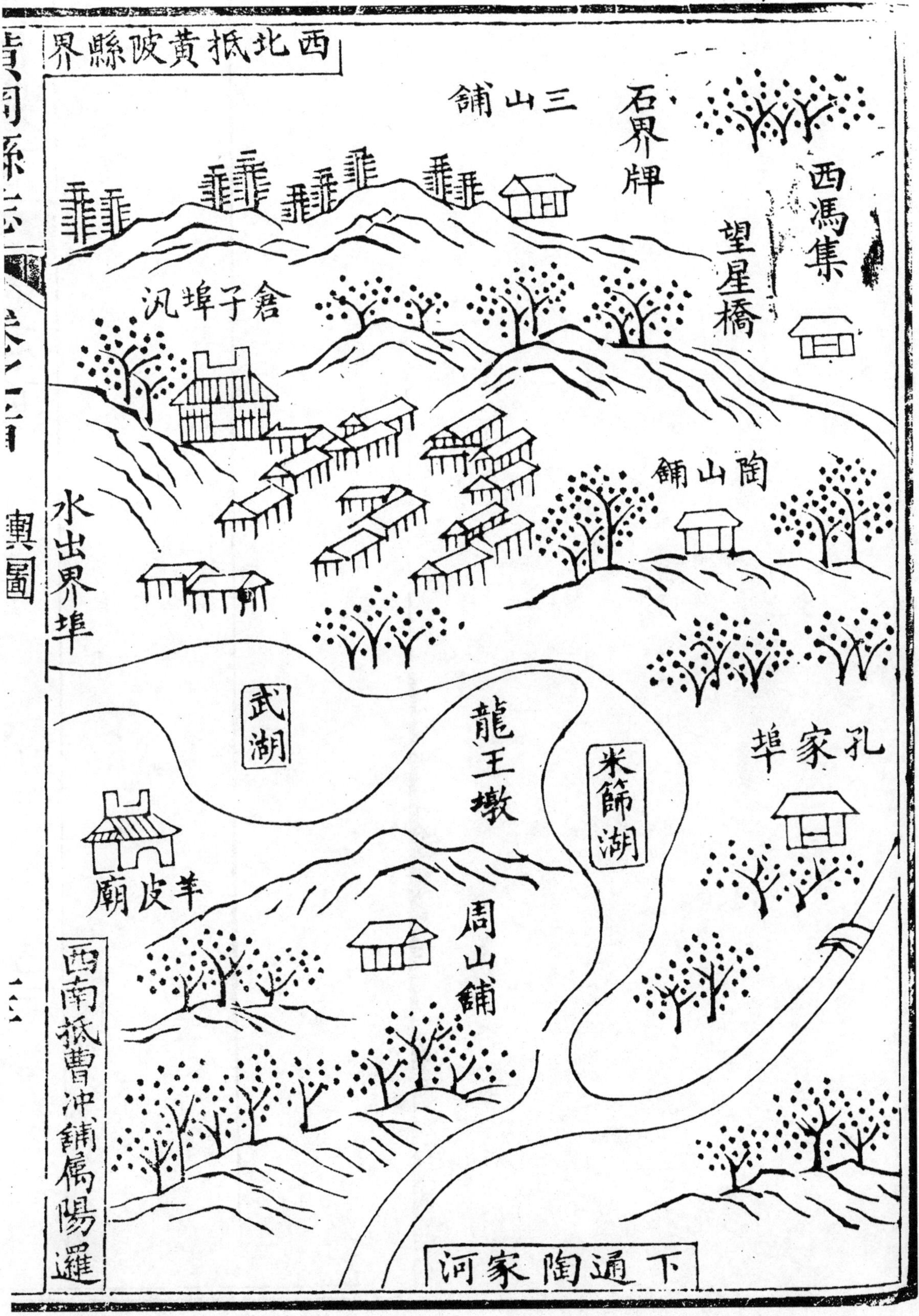

西北抵黄陂縣界
三山舖
石界牌
西馮集
望星橋
倉子埠汛
陶山舖
水出界埠
武湖
龍王墩
米飾湖
孔家埠
羊皮廟
周山舖
西南抵曹冲舖僞陽邏
下通陶家河

黄岡縣志　卷之首　圖　　十三

黃岡縣志卷之一

知黃岡縣事宛平俞昌烈編輯

地理志

沿革

禹畫九野主名山川故後世兗州可移而濟河之兗州不可移梁州可易而華陽黑水之梁州不可易此其善志也黃岡在九州彈丸耳以地介北南自魏晉迄齊梁割并紛如名稱互異幾不可紀記而取水經及注考之則曰過邾縣南曰逕邾縣故城南曰逕西陵故城南曰左逕赤鼻山南曰東逕西陽郡南邑境犁然在目從而證諸史傳譬以貌取人服改矣而面目故可識云

表

世	州道路省	郡府 附藩封	縣
唐虞夏商	禹貢荆州之域		
周	荆州 戰國時為楚	弦國 子爵春秋時為楚併	邾 楚宣王滅邾徙其君於此故以邾名水經云江水逕邾縣故城南
秦	淮南 史記一曰南楚	南郡	邾 廣輿記秦曰邾邑舊志秦漢之際漢高帝二年項羽封吳芮為衡山王都此
漢	荆州	江夏郡 漢高帝置	西陵縣 郡治
			西陽縣 晉書地理志漢縣古弦子國 水經云江水逕西陽郡治南郡治即西陽縣蓋主後漢升縣為郡云又云江之右岸有鄂縣故城按鄂縣楚漢置即今武昌縣故府志謂今治東南三十里是其治遺址
			邾縣 水經又東過邾縣南
後漢	荆州	江夏郡	西陵縣
			西陽縣
			邾縣

按一統志舊通志武昌府志皆云漢江夏郡治沙羨今武昌府之嘉魚蒲圻咸寧崇陽漢陽府之漢陽漢川地考兩漢書江夏郡先書西陵最後乃書沙羨後漢書郡國志凡縣名先書郡所治可見漢江夏郡治非沙羨實西陵今漢陽府之黃陂黃州府之黃岡黃安麻城德安府之雲夢皆漢西陵縣地至吳孫權築城磐山陸渙所治今漢陽地魏文聘為江夏太守治石陽今黃陂地嘉平中王基城上昶徙江夏郡治之在今德安府界是魏吳各有江夏郡晉平吳仍魏舊治於安陸劉宋末移於江南之夏口城今江夏縣地西陵兩漢俱江夏郡治故詳之

	三國 魏 吳	晉	太康十年 永平元年	東晉 成帝咸和元年	咸康四年
	豫州 按通典劉先主沒地悉屬吳而荆州南北雙立吳荆州治南郡魏荆州治宛弋陽郡屬焉宛今河南南陽府	豫州			以西陽爲豫州治 西陽郡 邾城 舊志咸康四年於舊邾城置豫州表系宋志晉毛寶爲豫州刺史治邾城尋爲石虎將張貉度所陷州縣遂廢按舊邾城殆楚居邾子處在今治西北十里非距百二十里之邾縣
西陽郡 分江夏立治西陽按水經漢巳有西陽郡然兩漢志俱不載或三國時置也	弋陽郡 晉志魏文帝分汝南立治西陽所統即漢西陽郡地而益以期思弋陽二縣期思今河南光山弋陽今河南光州	弋陽郡	西陽國 惠帝時分弋陽立進封羕爲西陽王	羕廢爲弋陽縣王國改郡	
	西陽縣 郡治 西陵縣 邾縣 三國時黃祖使甘寧爲邾長吳赤烏四年陸遜嘗以三萬八戍邾城之其遺址尚在是時縣屬吳	縣仍前 武帝立次子羕爲西陽縣公			

宋 武帝永初元年	文帝元嘉二十五年	孝武帝孝建元年	三年	大明五年	明帝泰始五年	齊 高帝建元四年	武帝永明二年	永明三年
豫州	以豫州蠻民立十八縣曰建昌南川長風赤亭魯亭陽城彭波遷溪東邱東安西安南安房田浠水高坡直水蘄水清石旋有并省	郢州 分荆江二州立治夏口以豫州之西陽屬焉			豫州 尋又還郢州屬	郢州		司州 改宋置南義陽郡置
西陽郡			立第二子劉子尚爲西陽	王改西陽王子尚爲豫章王		西陽郡 治西陵明帝嘗監郢州之西陽郡事封第十子蕭子明爲西陽郡王明帝建武中除改封武帝十七子子文尋除		齊興郡 置永泰間入魏 齊安郡 南齊置治南安
西陽縣	西陵縣 南安縣 邾縣改 建昌縣 縣治今黃安地	以討薛索兒功封蕭道成西陽縣侯				西陵縣 郡治	西陽縣 武帝嘗爲西陽縣子	南安縣 省志表自齊至

今孝感黃陂地尋徙

周無南安名俱系以齊安

廢帝永元二年魏取齊淮西地梁普通七年收復

梁（梁書無地理志今據各紀傳及（魏地形志）系之）

郢州

西陽郡 簡文帝大寶初封皇子大鈞為西陽王前太清中武陵王紀封第二子圓正為西陽王

西陽縣

西陵縣（省志自齊梁不列表疑省入西陽也）

魏（地形志）多云蕭衍置魏因之

南司州 增置治安陸

北江州 魏志增置治鹿城闕今黃安地

齊安郡 一立於梁豐

梁安郡 設治建昌今黃安地

齊安郡 立於宋置之保城北史封樊子鵠為西陽郡公

南安縣

梁安縣 建昌改（魏志）名梁興

北齊 梁地入東魏孝靜帝之武定七年也明年即高齊天保元年

巴州 隋志後齊置統西陽郡

衡州 隋志後齊時置

北江州 隋志後齊置湘州後改北江州

西陽郡

齊安郡 武成帝封第四子高廓為齊安王

梁安郡

西陽縣

南安縣

梁安縣

陳 大建五年取江

巴州 廢

西陽郡 至德元年封第

西陽縣

北地

二十三子陳叔穆為西陽王

衡州 廢

北江州（府志云）亦廢並廢梁置北西陽縣置定州今麻城縣地以西陽齊安二郡屬之後改亭州

齊安郡

南安縣

周 大象五年地入於周

弋州 隋志周置統西陽郡

衡州 復

西陽郡 宣帝時奉宇文溫為西陽公

齊安郡 以平陳功封李徹為齊安郡公

西陽縣

南安縣

北江州

梁安郡

梁安縣

按（隋書）光山有黃州梁廢（省志）周改南司州曰黃州今黃陂縣地

隋 開皇初

荊州 弋州及北江州廢

黃州 開皇三年改衡州名黃州西陽齊安梁安等郡俱廢

黃岡縣 省西陽入南安為黃州郡治又析梁安置廉城縣省志表作鹿城開皇十八年改南安曰黃岡

木蘭縣（通鑑注）南義陽治鹿城闕隋為黃州木蘭縣亦開皇十八年改梁安

時代	道路	州郡	縣
大業初		永安郡置治郏縣故城	
唐武德初		永安郡封太祖子孝基爲永安王	
武德三年		黄州置總管府治黄岡	黄岡縣省木蘭入焉又析置堡城縣省志作陽城縣今麻城地武德七年省是時黄岡兼有今麻城黄安黄陂地
天寶元年乾元初	淮南西道	齊安郡	黄岡縣
		黄州	黄岡縣
中和初			徙縣治於郏故城即永安城今治西北十里俗呼女王城地
五代楊吳南唐		黄州	黄岡縣
周顯德五年地入於周		黄州	黄岡縣
宋	淮南西路	黄州玉海郡國名參司封格黄州亦曰齊安郡有齊安郡公趙仲郃鄰王之後	黄岡縣徙治江濱去今治東南二里玉海亦稱郏城

時代	道路	州郡	縣
		以黄州刺史封又齊安郡王趙士㒟紹興中封	
元至元初	河南江北行中書省	黄蘄州宣慰司	黄岡縣
二十三年	湖廣行中書省	黄州路	黄岡縣
二十九年	河南江北行省	黄州路	黄岡縣
明洪武元年	湖廣布政使司武昌道	黄州府領三縣後以蘄州一州四縣隷焉	黄岡縣徙今治
嘉靖四十二年			割上中和鄉並麻城黄陂兩縣地增置黄安縣
國朝	湖廣湖北布政使司漢黄德道	黄州府	黄岡縣

黄岡之名建自隋唐虞夏商在禹貢荆州之域周爲弦子國春秋傳注弦在弋陽軑縣東南今河南光州西南有弦城湖廣蘄水有軑縣故城皆魏晋時弋陽郡境後并於楚楚宣王滅邾。春秋有二邾楚所滅即戰國改號鄒者在今山東鄒縣其一爲小邾在今山東嶧縣遷邾子於此曰邾城見廣輿記城在今治西北十里俗呼女王城本隋置永安郡之永安城府志注訛爲女陽城水經所謂邾縣故城或以爲黄國非黄國在漢弋陽縣今河南光州秦爲邾邑屬南郡秦楚之際漢高帝二年項羽立吳芮爲衡山王都邾漢分秦南郡爲江夏郡治西陵按廣輿記及省志表漢西陵縣跨今黄岡麻城黄安黄陂地在江北府志辨在江南疑非西陽漢西陽縣水經江水左逕赤鼻山又東逕西陽郡南郡治即西陽縣是也又云江之右岸有鄂縣故城府志鄂縣即今武昌縣今治東南三十里孫家觜巴水所經有西陽河始其遺址與晋梁所置西陽縣與此别邾縣

屬焉按舊志據明一統志漢邾縣即水經所云又東過邾縣南在今治西北百二十里俗名新州又名舊州者北周改南司州爲黃州於保城在今黃陂地至隋改衡州爲黃州治南安即漢邾縣地故名新州自唐遷州治於永安城此又名舊州一謂邾音近州治有兩邾迭分新舊邾訛呼州耳後漢末升西陽爲郡治西陽縣三國時魏爲重鎮文帝時即漢西陽郡地益以期思今河南光山弋陽今河南光州二縣立弋陽郡治西陽邾西陵爲屬縣後屬吳吳使陸遜戍邾城之西晉惠帝分弋陽爲西陽國進封西陽公羕爲王南渡後羕以罪廢國除仍爲西陽郡寰宇記謂故西陽在光州光山縣西二十里晉永嘉後始移西陽置邾城上流五里按此已非漢西陽宋志西陽漢舊縣後屬弋陽至晉又有西陽城在弋陽西南故水經淮水注黃水東逕晉西陽城又東北逕弋陽郡亦猶邾之不一地云東晉成帝咸康四年於舊邾城

黃岡縣志　卷之一　沿革　九

置豫州治焉舊邾城去今治西北十里尋爲石虎所陷州遂廢劉宋仍爲西陽郡弋陽郡則治期思元嘉二十五年以豫郡蠻民立十八縣改邾縣爲南安增置建昌縣今黃安孝建初以豫州之西陽屬郢州今武昌府太始五年改屬豫州尋還郢州齊於南安立齊安郡隸司州省志表系今孝感黃陂地西陽郡仍隸郢州南安省志表自齊至周無南安縣名系以齊安西陽並爲郡治永光二年魏取齊淮西地梁普通七年收復郡縣俱仍齊舊又改建昌縣爲梁安一作高齊改非設梁安郡立北江州治鹿城關今黃安地太清三年地入東魏省志作西魏魏州郡悉因梁高齊天保元年於西陽郡立巴州於齊安郡立衡

州陳太建五年地入於陳巴衡州俱廢府志北江州亦廢以西陽齊安二郡屬定州定州廢北西陽縣所置今麻城地餘無所改十年地入北周北周復立衡州領齊安郡立弋州領西陽郡隋開皇三年弋州及齊安西陽郡並廢省西陽縣入南安改衡州曰黃州舊志黃州之名自此昉考隋前已有是名詳表中特不在此地耳治南安縣又析梁安置廉城縣省志表作鹿城十八年改梁安曰木蘭南安曰黃岡黃岡名始此省廉城入焉大業初改黃州曰永安郡治黃岡唐武德三年改永安郡復曰黃州省木蘭入黃岡又析置堡城縣七年省天寶初改黃州曰齊安郡乾元初仍曰黃州並治黃岡隸淮南西道已前縣治悉在漢邾縣今呼新州地中

黃岡縣志　卷之一　沿革　十

和初徙治於舊邾即邾縣故城今呼女王城地五代梁唐時屬楊吳晉漢時屬南唐後歸周是時黃岡兼有今黃安麻城黃陂地宋初徙治江濱府志注在今治東南二里隸淮南西路元初爲黃州宣慰司治隸河南省至元十八年改陽邏堡隸鄂州今武昌府尋復舊二十一年省宣慰司二十三年以黃州隸湖廣行省二十九年復隸河南江北行中書省明初爲黃州府黃岡縣徙今治隸湖廣布政使司嘉靖四十二年割上中和鄉並麻城黃陂地置黃安縣黃岡轄里八十有二

國朝因之康熙三年屬湖北布政使司

邾縣有二一爲邾縣故城府志謂在今治西北十里之永

安城楚宣王遷邾君居此故名水經云江水逕邾縣故城南是也一爲邾縣漢置府志謂在今治西北百二十里之新州吳芮爲衡山王都此水經云江水又東過邾縣南是也考自劉宋改邾縣名南安蕭齊於南安立齊安郡高齊於齊安郡立州日衡州以邾縣當衡山王所都名舊志沿水經注附顧景星論并邾子所寓吳芮所都皆邾縣故城以形勢論之邾縣地當光黄閒枕山帶河險要而固三國吳因重戍以拒魏晉邾縣故地西南瀕江東北平衍無可憑護東晉立州置治毛寶挾萬人守輒爲石虎將所陷宜漢初置縣不於此而於彼也通

鑑質實謂王吳芮地在黄州府西北百二十里足證府志之可信水經注文以故城統釋耳至邾之爲邾爲小邾路史有云邾并於魯鄒滅於楚尤不待辨而知非小邾矣

西陽漢初置縣隸江夏郡後分江夏立西陽郡郡治卽西陽縣見水經地理通釋黄州魏爲重鎭黄初時豫州刺史滿寵備西陽是也故城在黄岡縣東南一百三十里此據縣舊治在今新州而言前志謂在今西陽河宋志魏立弋陽郡屬豫州晉惠帝又分郡爲西陽國旋復爲郡爲豫州治宋孝建初屬郢州太始閒又屬豫州尋還郢州寰宇記謂故西陽在光州光山縣西二十里晉永嘉後移置邾城上流五里按水經江水東逕西陽又云江之右岸有鄂縣故城當在今治東南三十里光山之西陽見之水經淮水注云黄水東逕晉西陽城又東北逕弋陽郡此地名相同猶隋書謂光山有黄州郡梁廢與石茨圻之亦有西陵縣耳

南安今縣新州陽城今麻城地建昌今黄安地俱劉宋元嘉以蠻民立縣名木蘭今黄陂地隋縣名自宋迄隋唐沿革詳表中

巴州廉城堡城沿革見表中

永安郡見古蹟

齊安郡府志南北分疆時地各不同建置先後亦異蕭齊因劉宋所置南安縣立齊安郡見南齊書北魏於劉宋所置保城縣立齊安郡蕭梁析齊所置建寧郡置梁豐

縣立齊安郡皆見北魏書北魏之齊安郡至高齊改爲安昌郡惟梁時旣立梁豐之齊安又仍南安之齊安似可疑以當時南北州郡皆邊人歸附因而授之初不責其職貢後觀聽免侵盜耳故新蔡郡有七邊城郡有四重複甚多不僅齊安一時有二也其地之可考則保城之齊安今黄陂是隋志可考南安之齊安今縣舊州是水經注舉水南過齊安郡西可證建寧之齊安在今黄安麻城閒魏書梁置沙州於白沙關領建寧齊安二郡可證但南安之齊安立之最先至隋始廢及唐天寶時復以表郡故其名獨彰耳按唐書黄陂縣北有白沙關省志黄安縣表系梁置沙州

黄州黄岡縣後齊置衡州陳廢後周又置隋開皇三年改曰黄州十八年改南安曰黄岡大業初别置永安郡唐天寶初改齊安郡至乾元復爲黄州並治黄岡縣中和初遷治永安城在今治西北十里宋遷治江濱在今治東南二里明初徙今治

分野

分野之説著在周官保章學者或疑之然精祲相感驗於春秋國語及諸史傳往往若桴應然豈盡寥邈耶楚主鶉尾其分淳燿文明而岡邑特聚其英華善乎前志之言曰食於地德以承天休乃重其所守是司土者所宜兢兢也

漢天文志楚郡翼軫分野今之南郡江夏零陵桂陽武陵長沙及漢中汝南諸郡盡楚分也翼二十星軫四星居中又有兩星爲左右轄長沙一星在旁翼爲羽翮主遠客軫爲車主風府舊志翼赤道十九度黄道十九度少

軫赤道十七度黄道十六度太魏陳卓云自張十七度至軫十一度爲鶉尾於辰在巳楚之分野屬荆州蔡邕云起張十二度至軫六度皇甫謐云起張八度至軫十二度偕一行云起張十五度中翼十二度終軫九度

晉天文志南郡入翼十度江夏入翼十二度

明天文志張十六度至軫九度鶉尾之次也湖廣之武昌興國州荆州府歸夷陵今改宜昌府荆門三州黄州府蘄州襄陽德安二府安陸今德安屬縣沔陽二州皆翼軫分

湖廣總志漢川漢陽武昌樊口入黄州括二郡全境以至德安之安陸雲夢應城孝感今改屬漢陽府其地爲江夏郡入

翼十二度

星經玉衡星主荆州又從北斗魁紀之魁第二星曰璇爲法星屬楚春秋緯大别以東至於雷澤九江屬北斗第五星入衡按此則黄岡當屬衡

宋天文志三台六星爲天階太乙攝以上下上台上星主豫兖下星主荆揚按此則黄岡亦屬上台下星

又天市垣東西垣各列十一星東垣曰宋南海燕東海徐吳越齊中山九河趙魏西垣曰韓楚梁巴蜀秦周鄭晉河間河中按此則黄岡亦屬天市西垣第二星

天文志五車五星在畢東北其西北星曰天庫主太白秦

也東北星曰天獄主辰星燕趙也東南星曰天倉主歲星魯衛也中央星曰司空主鎮星楚也西南星曰卿星主熒惑楚魏也按此則黄岡亦屬西南卿星

疆域 形勢附

詩曰無此疆爾界陳常于時夏又曰彼岨矣岐有夷之行休哉同風之世畛域欲其化阨塞欲其逼也而易曰設險守國周官曰制畿疆藩阻固又何拘拘若是天下未有不審異而能致其同者也郡限封邑區守各申其警以輯人民以衛社稷所謂蕩蕩平平者在是矣

縣附府東西廣一百九十五里南北袤一百四十里舊編戶九十四里明嘉靖四十二年割西北十二里入黄安今八十二里

東至本府蘄水縣境四十里以下巴河爲界踰界至蘄

水縣治七十里

西至本省漢陽府黄陂縣境一百五十五里以倉子埠爲界踰界至黄陂治六十里按東至西一百九十五里

南至本省武昌府武昌縣境以十里大江爲界踰界至武昌縣治一里

北至本府麻城縣境一百三十里以沙河爲界踰界至麻城縣治五十里按南至北一百四十里

東北至本府麻城縣境一百五十里以清山口黄崗廟爲界由上巴河歷蘄水團陂至羅田縣一百八十里

西南至本省武昌府江夏縣境一百二十里以陽邏抱

尾洲及江岸爲界按東北至西南二百七十里

東南踰江至武昌府武昌縣境三十里以打石廠爲界

西北至本府黄安縣境一百六十里以細嶺石界牌爲

界踰界至黄安縣治八十里按東南至西北一百九十里

東南至本府蘄州治水路一百八十里陸路二百一十

里　至本府廣濟縣治二百六十里　至本府黄梅縣

治三百七十里竝隔蘄水界下巴河

至省水路由大江一百八十里陸路舊由陽邏渡江一

百八十里今由社樹渡江一百八十里由馬橋渡江一

百五十里

陸路由麻城至

京師二千八百里水路由大江泝淮河至

京師四千七百里

形勢

齊安志遥接巴蜀襟帶江漢淮楚之交

唐李勣制濵帶江淮

唐刺史修文宣王廟記前界大江後倚崇阜

舊志北望光蔡南盡樊山東抵浠水西南控大江

宋王禹偁謝表地連雲夢城瞰大江

蘇軾赤壁賦山川相繆鬱乎蒼蒼

三國形勢考邾城爲吳重鎮府志吳魏相攻互爲重地滿

寵預西陽之備而吳主撤師陸遜重邾城之守而魏人

息志東晉初陶侃鎮武昌衆議分守而侃不許後庾亮

使毛寶守之卒爲石虎將所陷蓋時有險易勢有緩急

當時五水羣蠻叢聚於此制御失宜往往引之入寇江

左覘之隱若一敵國云

宋史陽邏堡治西百二十里府志南宋時夏貴以十萬人守及爲

伯顔所破而蘄陽九江如拉枯朽洵重鎮哉

舊府志鎖鑰金城三楚重鎮

府志隋唐以來巒地咸就疆索江淮用兵蘄黄爲要南宋

之季蒙古之師多道光蔡窺五關而長江之險遂與敵

共則此地所以遮蔽江漢咽喉淮汝爲南北要衝也

舊志三江口控扼上游尤樞要地

楚故畧介淮楚之會曹魏爲重鎮金人渡淮岳飛請親至

蘄黄以議攻守蓋輿區也舊設憲臣專督江防與洞庭

上下相掎角云

山川

大凡都邑之所會萃必山環支榦以奠其居水分脈絡以宣其氣故旱麓歌濟濟河流美活活焉長民者封而崇之利而導之而端居敷理之神又有以消其騫崩震騰之沴然後下蒙其福上集其休也茲邑山水清遠甲於他邦披圖攬勝所待於胸貯邱壑者

山

東北山脈來自天柱江南霍山西南至麻城爲龜峰山麻城東六十里又廻繞爲黄檗山龜峰東北三十里卽春秋柏舉地縣舉水發源於此起伏入邑北境永寧鄉爲大崎山

自大崎山東南爲小崎山爲破山東爲天馬山雲龍山北東爲青峰巖又東爲石人寨縮金寨七道河水由三里畈至雙河口經此入羅田油河油一作尤尤河蕭距羅田縣城三十里

自破山東南别爲和尚巖南爲白雲山團山西爲泉華山戚佳山西北别爲茅成山林家山東爲尋馬嶺爲但店五柱河水至此會於油河

自泉華山東别爲劉婆巖南爲黄龍山又南爲佛過山舊名鑿佛爲靜明山巒蒙山陳家河溢流河水至此會巴水

自大崎山而南迤邐爲接天山其西北水流入道觀河其東南水流入牛車河

自戚佳山西爲鐵門關爲鐵冶南爲天池寺龍門坳龍岡山在接天山西南别爲獨山巖東别爲百丈巖沙缽腦聖泉山豹子腦大碧山碧舊作壁夏鋪河與牛車河之水至此合由東港河入巴水

自龍岡山西爲馬鞍山黄龍巖張真嶺南爲鷺公堡東爲石壁山茅雲山石子山東南爲磨石山螺螄港水至此由火燒港土名駝背柳樹入巴水朱大夫河水至魚博入巴水

水

自鷺公堡而南亘陳家㘭爲仙姑巖爲城山爲維摩堂東爲樂養山土名樂予西爲金雞山赤山

自維摩堂南折而東爲白楊山南爲廻龍山由白楊山而東爲桃花洞烽火山西南爲古聞山南爲獨峙山自此透迤而南東爲覇城山東之南爲馬騎山三台河水至此會巴水入江

近城東北爲聚寶山龍王山西北爲赤鼻山迤東爲柯山石牛山正北爲玉几山城南爲黄岡山悉爲郡城拱護

西北之山脈自黄安縣西北一百里天臺山來入縣境紫潭河東爲石屋山爲鳳凰寨紫潭河西爲龍王山二十里迤望星橋一名望仙爲三山又南十里爲陶山爲頂子山

又南二十里爲淘金山其北別爲安寧山爲馬鞍山淨瓶山爲松湖雨山又西南爲半辦山龍窩山逕界埠爲武磯山香爐山爲閣木山爲麻墩山迴接龍橋爲鳳凰山爲大士閣磯凡亘十里瀕江至龍口爲珠山是爲十里長山

黄岡山　在城南平岡南亘舊便民倉至洗馬池脈發天柱舊志云土色黄縣名因之前志縣之得名從舊州南安縣所改不自此始也按黄州黄岡縣之名前志既據顧景星邾城論駁通志黄州邾國地後爲黄國境之說又據縣從南安縣所改駁黄岡山土色黄縣名因之之說是矣但後周已立黄州於保城至隋開皇三年改後周衡州爲黄州改南安爲黄岡黄之得名究竟不知何因存疑俟考

柯山　城東南定惠院前詳古蹟

朱廟山　城東十里

聚寶山　城北里許産小石光瑩類瑪瑙日映之紅黄燦然因名上有浮翠亭後有泉甘美名寶山泉詳古蹟

兩耳山　聚寶山旁狀如兩耳

龍王山　兩耳山東南上祀龍王有廟形家以爲府城落脈要處民間竊葬郡中輙受犯害查禁不可稍寬

玉几山　龍王山南緊[illegible]城北形如玉几又名玉[illegible]

赤鼻山　在城西北江濱屹立如壁其色赤亦名赤壁唐杜牧刺黄時已有詩玉屏山在其後雙峰峙護實郡城北障山背爲紅霞岫楚紀作赤鼻齊安拾遺以之當三國吳周瑜破魏武軍之赤壁誤考江漢間言赤壁者有五一在漢陽荊州記寰宇記皆以爲漢陽縣西六十里臨嶂山南峯謂之烏林亦謂之赤壁並水經注吳黄蓋敗魏武於烏林處今在沔陽東南二百餘里者是赤壁與烏林合而爲一一在漢川縣西八十里有赤壁唐元和志云古今地書多云此是曹操敗處一在嘉魚縣東北江濱水經注江水右逕赤壁山北昔周瑜與黄蓋敗魏武大軍所也其新志以元和志言赤壁與烏林相對又謂在縣西南則以古蒲磯山爲赤壁一在江夏縣東南七十里亦有赤壁一名赤磯一名赤圻元和志在蒲圻縣西一百二十里明一統志謂在武昌府城東南九十里圖經云在今嘉魚縣西七十里以上四並黄州而五按周瑜自柴桑至武昌縣樊口而後過於赤壁則赤壁當臨大江在樊口之上今樊口固古樊口也今赤鼻山在樊口對岸何待進軍而後遇之赤壁之不在黄州可知又赤壁初戰操軍不利引次江北而後有烏林之敗二戰初不同日烏林省志在沔陽東南二百餘里即地屬漢陽縣西與赤壁原兩地亦不得以臨嶂山當之赤壁之不在漢陽又可知至漢川古汉川地三國志操自江陵追先主至巴邱遂至赤壁敗歸南郡赤壁在巴邱之上大江之中與漢川尤乖謬惟江夏嘉魚之說近是水經述江水源流至今巴陵之下云江水左逕止烏林南注云又逕赤壁山北又赤壁在百人山南百人山省志在今漢陽縣西南八十里可知赤壁在其對岸總之諸說如荊州記郡縣志寰宇記方輿紀勝各據聞見不一其地大都因巖岸赤色遂呼爲名與黄州同耳酈道元魏人去三國尚近考驗必得其真從而稽其形勢以爲在江夏者又不若以爲在嘉魚者尤確或因黄州江南岸有樊口又城西北五十里瀕江之團風鎮亦名古烏林遂以黄州赤鼻當三國赤壁非且蘇賦云此非曹孟德之困於周郎者乎大江東去詞云人道是周郎赤壁又嘗云黄州守居之數百步爲赤壁或言即周瑜破曹公處不知是否皆疑詞也東坡賦遊寄懷之赤壁豈吳魏鏖兵之赤壁乎餘詳古蹟

烏龍山　在城東三十里

霸城山　城東三十五里

馬騎山　城東南四十里長圻瞭下巴河對岸俱東茲鄉

獨峙山　城東六十里一名獨尊山一峯矗起旁有培塿

古聞山　城北五十里

吐蕋山　石色晶瑩

磨石山

風箏山俱城北六十里

烽火山城北稍東六十里

白楊山城北六十里山側有桃花洞明秦解元繼宗著書處

樂養山城東北五十里一名樂予

迴龍山城北五十里上有東嶽廟歲時遠近居人祈禱無間

小歧山迴龍山後上有寺

石子山城東北七十里俱還和鄉

金雞山城北五十里詳古蹟

赤山城北五十里

城山城東北七十里有十勝境見古蹟

洗馀山城東北八十里上有仙人棋跡

金鋪山城北六十五里俱慕義鄉

佛過山城東北八十里永寧鄉有石佛龍井居人廟祀之雩應

白雲山城東北一百二十里府舊志云山下有古寺及尹駱塔相傳尹駱二女造不知何代

烏石山城東北一百二十里

泉華山城東北一百二十里山勢陡峻泉飛若練

豹子山城東北一百五十里

斑竹山

天馬山以形名

雲龍山常有雲氣如龍

大崎山城北一百六十里治內之山莫高於此來自龜峰爲郡治之祖山詳古蹟

小崎山大崎山東北十里與麻城縣分界處詳古蹟

天神山與小崎山相對俱永寧鄉

將軍山小崎北十里峰甚峻有巨人足跡

鳳凰山城北一百二十里舊傳有鳳凰止此後人搆臺其上名鳳凰臺

龍岡山城北一百二十里蜿蜒如龍旁有木斛山春夏雨作陵谷一拆隙相傳蛟起或言掘地得龍骨故云

木斛山

煙墩山城北一百二十里宋築墩今久晴而煙卽雨

雨壇山城北一百二十里築壇禱雨立應前爲周家熊山

神蜂山城北一百三十里元末鄉人在此築堡禦流賊賊攻甚急有神撒土成蜂賊驚散因建廟祀神並武聖宮嘉慶二十五年鄉士梅長昆又倡修文昌宮於其上置田並祀

道觀河北虎山詳寺觀

尖峰山城北一百二十五里其峰峭削環有土城中廟數楹竹木清蔭士人多息游其間

香鑪山城北一百三十里同車書院南形圓三足頂上古樹一盤曲若香縷俱上伍重鄉

會龍山城北九十里峻極上有寺

馬鞍山城北稍東九十里山當孔道

五雲山城北八十里有井脈通大江井水隨江漲落以爲淺深

雨華山城北八十里

麻母山詳後麻母山洞

孔子山 城北九十里詳古蹟問津書院

赤鄉山 城西北七十里相傳有赤鄉仙經此

蓮華山 一名峰城北一百五里以形名峭拔冠諸峰出雲雨山半有明季人避流冦寨

騰雲山 城北一百五里順治間旱有道流在此設壇誦經祈雨立時雲騰雨注因名旋建寺其上

大屋山 城北一百一十五里

道士山 城北一百一十里高與馬鞍並上有明季避冦嶚砦

龍頭山 城北一百一十里俱下伍重鄉

石屋山 城北稍東一百四十里遠望如屋其旁嶢崖峻石有石洞石門山南皆石路名石板冲

馬臺山 一名馬頭城北一百四十里有石崖麻城交界處

並阜山 城西百里縣舉水倒水合流處兩峰並峙明隱士汪國棨居此俱庶安鄉

官山 城北百四十里前明居人建寨避賊址猶存

也名山 城北百四十里明儒郭慶故里王丈成訪郭至此名之

雨台山 城北百四十里凶頂胃雲雨立至

象山 以形名城北百四十里

樟松山 城西北一百一十里古產樟松因名下有樟松湖北岸去一里許有萬松山

萬松山

大乘山 城北一百一十里近城林鋪詳古蹟

華山 城北一百二十里近陽邏鎮

王墓山 城北一百一十五里詳古蹟

蓬萊山 在陽邏鎮濵大江上有觀音閣

武磯山 近陽邏鎮俯瞰大江上有古嶽廟柳夫人祠詳古蹟

香爐山 城西一百二十五里中和鄉詳古蹟

半瓣山 城西一百二十五里出寶石

安寧山 城西一百二十五里

淘金山 城西一百四十里有穴三四深數丈相傳古淘金處

上干山 舊志城西北二百里一名上官山上有古廟並龍井實在黃安界內別有官山屬縣俱中和鄉

觀音巖 有二一在中和鄉紫潭河石巖如屋左近有釣魚石臺一在下伍重鄉巖石壁立現觀音像如刻成

百丈巖 在永寧鄉

青峰巖 在小崎山側

黃龍巖 下伍重鄉極險峻上有寺

獅子巖 城北一百二十里下伍重鄉以形名詳古蹟

虎巖 城北一百二十里以形名

響水巖 下伍重鄉高數十仭懸泉如練聲聞數里

羊角峰 下伍重鄉高亞馬鞍山秀卓過之

桐梓崗 城東二里許

望城崗 城東三十里

龍井崗 上伍重鄉崗前後有井九旱不涸相傳龍藏其中

楓樹崗 下伍重鄉崗多楓樹一最古者大數圍高六七丈枝葉覆地畝許爲往來所憩

長嶺 城東三十五里

陽陰嶺 城東三十里一名羊耳嶺

橫坡嶺在還和鄉

祈祥嶺在城北一百五十里道觀河關隘

鷄爬嶺在還和鄉迴龍山對峙

鼓兒墩 蓮子墩俱下伍重鄉以形名

龍邱詳古蹟

東坡今城內十三坡十八坡東南皆其故址詳古蹟雪堂

西坡今府衛治皆其地別有南坡見古蹟

黃泥坂城東闕外府舊志云黃岡山北接一字門西之山頂邇軍儲倉即古之黃泥坂詳古蹟

徐公洞在赤壁山下今形迹茫昧詳古蹟

桃花洞在白陽山見前

麻姑山洞在下伍重鄉相傳麻姑寄錬處中方二丈有石牀竈

留雲洞在大崎山

風洞在馬鞍山北羊角峰南底深不可測投以石風聲甚壯塵砂外颺

節渡石在縣東南江中

鳥立石在縣東羅星湖中

馬牙石以形名

蝦蟆石磨石山側以石擊之鏗然有聲俱還和鄉

馬蹈石永寗鄉黃麻坳下石徑崎嶇有仙人乘馬過此蹄迹猶存

仙羊石下伍重鄉石徑丈有羊渡迹雨後更覺顯然

仙人石下伍鄉大屋山路旁石光澤有仙人脚迹一尺六寸

飛石下伍鄉普安堂上方員徑二丈餘風雨飛來壓寺後壁僧迫禱於神又風雨飛落寺前懸巖尺許石笋上至今不墜

馬跡石下伍重鄉弓馬河畔石徑四五尺有馬足跡大倍常馬深逾三寸

飛來石在縣西板橋寺宋太平興國中因雷雨有石壓寺故名又大崎山南亦有之

道人石在大崎山西畔以形名

臥牛石在中和鄉長河中

牛蹈石在中和鄉紫潭河中上有牛足跡

細嶺石在縣北中和上鄉黃陂縣界

茶房石 大足石一作磯灣石兩石凸出陽邏江邊舟行礙泊

烏龜石一在城東五里一近陽邏鎮下臨江岸石生成龜形陽邏地形如蛇儼然神蛇逐龜之勢

觀音磯在陽邏大士閣下

龍蟠磯在縣東南江中去武昌縣江岸不遠江水隸黃岡此爲甌脫其上有觀音閣

川

江　源自岷山今四川松潘衛徼外東下逕大別山在今漢陽府城東北半里一名魯山與漢水合漢水本漾水出今陝西寧羌州嶓冢山東至漢中府南鄭縣爲漢水至五通口入縣界一作武通口即武湖口與黃陂縣分界處三十里逕陽邏堡十里逕龍口港縣北一百一十里二十里逕雙流峽四十里逕團風鎮舉水及道觀河之水入焉又東四十里逕三江口又東三十里逕城西北赤壁磯又四十里逕巴河口巴水自東北注之入蘄水縣界

舉水　源出麻城縣東六十里龜峰山稍北黃蘗山距麻城縣治九十里兩山之間即春秋吳楚戰於柏舉地西南流上逕虎頭關陰山阪南逕閻家河亦名桃花河折而西會白塔河西南逕高岸河稍西滙麻溪白臯二河又西南會浮橋河又西南過宋埠市至岐亭河又西南逕黃安東北境入縣界嘉魚村一名牙魚坑柳子港縣北一百二十五里水發至此高舉里許故名舉水南逕赤土坡又南逕秤鉤灣經流逕舊州即舊城市今稱新州爲舊州長河三店橫河之水入焉南過姚二渡南爲廟埠潭爲黃舍潭又南爲石頭潭縣北九十里董福灣支流自暘家河口南爲汲水港又南爲小西河至細河口與經流合白塔河之水自東入焉南逕辛家衝又南逕赤脚山爲方一渡又南穆家逕倒河之

水自西來會名倒河口合流南至徐家樓下之張家灣支流東注史壩橋河入江今逕經流南注鵝公頸古稱大舉口南入於江今舉水自柳子港下東徙南逕宋家渡荷葉淀入舊州長河

倒水　源自麻城縣西北九十里羚羊山白沙關寰宇記在麻城縣西九十里黃岡縣北一百二十里魏書世宗紀景明四年鎮南將軍元英大破梁將吳子揚於白沙逕黃安縣南之雙山河至紫潭河東南入縣界南流爲石板潭南逕馮家集李家集又南逕孔家埠孫站埠一名賛埠桑樹背又東逕漲渡湖感化河之水入焉河在縣西北百五十里特倒水之别出舊以爲發源於羅山者誤河分二流南至龍口爲龍口河入江東至倒河口入於舉水按省志黃安縣紫潭河東南入黃岡縣界即爲感化河由賛埠滙漲渡湖入江稍可運筏夏秋水漲間可運百斛舟且謂以此爲倒水誤不知何據

道觀河　源自大崎山西南流爲高家河折而北爲倒灌河即道觀河也以地有道士觀名復折而西南至兩河口沙河之水會焉南過楓香墅馬鞍山河之水會焉南過舊街又南至柳林水分爲二東南流者爲黃家河西南流者爲柘林河俱會於雙河口西流爲白塔河入舉水南流注鮑湖孔子河淋山河縣北八十里之水皆入焉自史壩橋塞皆經磐石橋達赤山橋由三台河至下巴河入江

沙河　源於麻城之鐵線嶺入縣界爲沙河南流逕陶黃

寨又南爲孫家河又南至兩河口入於道觀河

馬鞍山河　考定源出馬鞍山東北水漸流入上巴河西南水自山折而東入三廟河復折而東南入舊街河復折而南入柳林河柘林河達白塔河出鵝公頸入江無逆入道觀河者舊志載流爲傅家河磙子河自史壩橋塞亦止南經磐石橋赤山橋達三台河至下巴河入江

巴水　源出羅田縣東北一百五十里鹽堆山下爲瀧湫河九子新昌螺走等河經滕家堡西油河背爲縣之東界河或云河源出蘄水縣板石橋河東即蘄水地南逕但家店但一作段又南爲陳家河一里河之水入焉一里一作澁流

又南爲上巳河又南爲馬家潭城東八十里遷和鄉又南至魚博朱大夫河之水入焉河明刑部郎中朱愬所濬城北六十里遷和鄉又南逕孫家嘴爲西陽河訛呼新洋河南逕馬騎山三台河之水入焉又南至下巴河入於江

三台河　源自迴龍山歷瓜陂灣會鴿子湖水漲自羅家溝入湖水落湖水東出三台河西出羅家溝弁港城東四十里之水逕黃婆汊過玉帶橋即三台河橋由沙逕台南湖白灘湖水入於下巴河

界埠河一名街埠　源自鄖口鄖德安潁水出口過黃陂縣至縣倉子埠入界南逕汪湖嚴家堰三水港北勁堤鴉鵲巷過泥埠又南逕界埠水口入江又南逕陽邏堡之武磯北爲

陽城河又西至大港入於江舊云漢水分流經此繞五通口入江明萬歷間始決新河口爲達江處

上新河　在城西原無河康熙間知縣鍾萼捐錢三十萬挑濬成河引磯窩湖水從此入江棲泊舟楫以避風濤但湖水無源春冬江水消涸河身常成陸地黃郡爲水陸要衝而泊舟無所遂至賈客檣帆去之弗顧舊志

按縣屬江面上下距二百一十里南岸稍可泊船之處自江夏青山武昌樊口曠隔百里而遙北岸縣屬陽邏既有武磯之險團風大馬頭一帶近今崩坍不測前興國州知州陶停船被害餘舟沉溺無算三江口三水合流洄漩勢急行舟憚之惟至郡城外水稍平緩而亦苦岸崩陡峻與團風無異聞經前縣鍾君審度形勢捐開新河西北引湖水繞城而南東進金花橋由塔溝入羅星湖出巴河往來商艘既得棲泊猝值風濤亦資趨避利民孔多矣嗣泥沙閼塞未籌疏通遂至迹湮僅存溝形由此商船弗來而郡會日荒矣行船遇風而洪波無避矣乾隆八年郡守爲公前縣邵君疏濬隍渠已圖及此無如相繼去任乾隆五十年歲大祲郡守錢公以工代賑捐廉開白蓮池一段會撤任歇工嘉慶二十四年郡守吳公倡縣率屬紳士刊說勸輸培龍疏水並加修

南塔除築楓香橋西埂外業將新河舊道開掘寬深各丈餘時因經費不敷方極力籌畫未訖功而又升襄陽道去事以中輟道光八年守憲周公巡視及之憫居民之多瘠貧由商船之少棲泊緩修塔之舉急開河之成親著條議凡不開河之弊與開河之利並輸欵計工杜侵課實無不既詳且盡議將成又以艱回浙而罷大凡事人定而勝天機難得而易失今爲黃民計籌費而合力舉之洵未有急於此者

磯窩湖城西北二里在舊城後故名今城之東總名後湖其分隸以納賦後湖者東南距城二里爲青天湖一名蜻蜓羅星湖亦名

西湖湖東爲東湖北爲白灘湖古塘湖又東爲赤冶湖南爲蒲湖東别爲它口湖爲道人湖並祭湖

沙湖城東三十里蘇子瞻欲買田處一名螺螄店

白塘湖在縣東一十五里接沙湖

滆湖城東四十里入蘄水界湖課縣徵

王九塘合土卯湖城東四十里以上五湖在東弦鄉

零殘湖本彙徵各鄉業甲零殘稅銀爲零殘湖課舊志以名湖云在還和鄉並非

團風湖口城北五十里久崩入江

鮑湖城北六十里以上二湖在慕義鄉

舊州長河湖城北一百二十里

窑坊安仁湖城西北一百二十五里庶安鄉

樟松湖城西北一百一十里

漲渡湖城西北九十里近湖有七並屬樟松湖

黃漢湖城西一百三十里一名武湖爲黃陂縣界近湖下有柴埠湖屬焉

竹根潭城北九十里通團風口注大江

龍潭城北一百一十里慕義鄉舊州長河側一在下伍重鄉詳見水利

響鼓潭在上伍重鄉下伍重鄉乃有此潭

烏龍潭庶安鄉

石板潭庶安鄉

七丈潭庶安鄉

李家潭城東一十五里

祭家潭城東二十五里附近趙家潭並在東弦鄉

白龍潭城東四十里東弦鄉

馬家潭還和鄉

石頭潭城北九十里亦通大江

紅石潭城北百四十里庶安鄉亦名石頭潭

柳港在縣城北小流水洪武初鑿今城濠

長港在縣南由樊口入計長九十里北屬縣多軍人

顏子港孔子河北三里

烏龍港城北一百二十五里庶安鄉

紫荆港庶安鄉

太平港城北一百六十里以太平橋名卽塔石港

徐家港

曾貴港

羊兒港在鷄爬嶺下

童家港

蓮花港黃麻兩界間以上俱中和上鄉

雙水港城北一百五十里近黃陂界

韭菜港城西三十里三江口下

龍口港城北一百一十里通樟松湖北達大江

鄉子港城北一百二十五里源出路灌口入麻城界注岐亭河入境

螺螄港 還和鄉

火燒港 還和鄉港岸有駝背柳居人祀之以神

長蘄陂 城南二里舊立館驛爲過客遊憩之所輿地紀勝名東館

夏陂 城西南二里詳古蹟

大壯洲 城西大江中卽得勝洲或謂崢嶸洲非是按大江支港直走樊口於形家言少礙若得勝新生二洲已塞樊口則形全古諺云烏沙塞樊口黄州出狀元

姜家洲 團風鎮大江中又名江家洲俗名鴨蛋洲又名雅澹洲舊名舉洲亦名新生洲今崩坍

佗鶻洲 與舉洲相次俗名羅湖洲

木鵞洲 雙柳鋪大江中卽崢嶸洲詳古蹟

葉家洲 城西九十里汪家鋪

夾堤河溝 長三里許雍正九年洪水開通舉水爲史河支流居民賴之

古蹟

悠悠哉思古之幽情令人望而遥集也湯盤孔鼎岐陽之鼓見者摩挲不忍釋甘棠勿翦勿伐思其人尚愛其樹況其他乎黄自唐宋以來名流相繼於此其流風餘韻熠然被於亭臺泉石間者至今艷稱如昨日事外此靈蹤奇跡往往震耀聽觀亦有可紀者焉至若俚傳俗記大雅弗尚與其過而廢之也無若過而存之

邾縣故城 今城北一十里按地道記楚滅邾徙其君居此水經注晉咸和中庾翼爲西陽太守分江夏立宋書州郡志晉咸康四年毛寶爲南豫州刺史治邾城按此時以西陽爲豫州治唐括地志在黄州東南一百二十里盖立乎舊州以指故邾也通典邾城臨江與武昌相對宋寰宇記黄州唐中和五年移於舊邾城併見古蹟

沿革及兵事內明顧景星邾城蚕發詩有水砦自前朝湫隘屢曲折邾君昔徙此苦遭強楚滅之句

邾縣城 今城西北一百二十里稱新州卽舊州地按漢書高帝三年項羽封吳芮爲衡山王都邾漢因置縣

三國黄祖使甘寧爲邾長吳赤烏四年陸遜嘗以三萬人戍邾城之遺址尚存地理通釋今蘄黄三州有大山綿亘八百里俗呼爲西山邾城在山之南所云西山今不知何指明一統志邾城在府城西北一百二十里本漢邾縣亦稱邾城劉宋之南安縣蕭齊之齊安郡隋及唐中和前之黄岡縣皆此地城有八景一日城南烟樹二曰四顧雲臺三曰龍潭夜月四曰化樂曉鐘五曰崎山叠翠六曰義井清泉七曰鳳臺夕照八曰魚浦秋風市有碑曰古南安

西陽故城 今城東三十里漢置縣晉置郡隋廢水經江水又東逕西陽郡南郡治卽西陽縣也宋書州郡志西陽本縣名兩漢屬江夏郡魏立弋陽郡又屬焉晉惠帝分弋陽爲西陽國屬豫州宋孝建元年屬郢州太始五年又屬豫後又還郢領縣西陽隋書地理志後周置弋州統西陽郡開皇初廢唐元和志故城在縣東南

一百三十里亦本舊州言舊志魏滿寵度吳欲襲西陽先爲之備未詳其址府志以今治東南三十里孫家嘴枕山面河形勢足據巴水經其下舊名西陽河與水經合殆即其處附舊志春秋僖公六年楚子滅弦弦子奔黃注弦在弋陽軑縣東南按古軑縣即今蘄水今治東有東弦鄉

西陵故城 一在縣西北漢置縣屬江夏郡晉屬弋陽郡劉宋屬西陽郡梁廢唐元和志西陵故城在黃岡縣西二里本縣舊州言一在蘄水縣西南吳志甘寧傳寧拜西陵太守領陽新下雉兩縣水經江水又東逕西陵吳故城南是也注以西陵即史記秦昭王遣白起伐楚取西陵之地誤省志謂西陵之說當以此爲定

黃岡故城 即邾縣城南齊置南安隋改爲黃岡自唐移治故邾城而此城廢爲舊城市今稱新州者是

齊安故城 在縣西北隋書地理志黃岡齊置齊安郡唐書地理志北齊於舊城西南築小城置衡州領齊安郡隋改齊安爲黃州

齊興故城 在縣北南齊書州郡志郢州齊興郡永明三年置通鑑齊永泰元年奉朝請鄧學以齊興郡降魏注其地當在西陽弋陽二郡界

永安故城 在縣北十里即邾縣故城後魏置郡隋開皇初廢寰宇記即楚相黃歇所都隋取黃州爲永安郡取此爲名今有永安鄉在縣北六十里張表臣珊瑚鉤詩話黃之永安爲春申故城蓋始封也謂之春者蘄春壽春謂之申者申光之間是也其兼二城而封之歟首志黃歇壘即永安城一作女王城又有作呂陽城者謂東弦鄉有呂陽三村亦不可考惟前志謂春申君所都乃吳國地今無錫惠山上有其廟不以此即春申君故城之說爲然

馬柵 縣北梁大寶元年邵陵王綸引齊兵營馬柵距西陽八十里疑即今馬驛

斬巫驛 相傳臨皋亭右唐肅宗時遣女巫分禱天下名山大川所至狼籍有入黃者刺史左震晨至館披鎬斬巫巷誅所從少年籍其贓得十餘萬黃人歌之曰吾鄉有鬼巫惑人人不知天子正尊信左公能殺之

陽邏堡 縣西北百二十里宋置堡於此東接蘄黃西通漢沔南渡鄂渚北至五關一要害也開慶元年元世祖取黃陂民船繫楲出陽邏會於鄂州咸淳十年宋王達守陽邏伯顏破之俾阿朮先據黃州詳見兵事相傳江側磯石有淮甸上游四字宋龍仁夫書府志云春秋昭公五年楚子伐吳濟於羅汭舊志以爲即此地然字從羅不從邏相傳三國時劉先主約孫權拒魏旦夕使人邏吳兵之至故名按水經江水東逕若城南注若城至武城口三十里武城口即今武通口陽邏堡在其下或者謂若爲邏歟

大乘山土城 在陽邏下十里城林舖上有古饒益寺遺址旁有古城不知何代相傳晉王孟威嘯聚之所有古井明嘉靖末邑人呂襘浚得斷碑中爲元伯顏記載孟威事又舊志載孟威葬於縣北百十五里俗呼王墓山又有雙姑廟祀其二女姚英月英言與關索戰敗遂妻焉事無可考

沙洑口 城西一百四十里元史作沙蕪口一作沙武口宋開慶元年元世祖自沙蕪口濟江州縣多降咸淳十年元伯顏軍自蔡店往觀漢口形勢開壩引船入淪河徑趨沙蕪入大江詳見兵事

舉口 今團風鴉公頭入江處梁將徐文盛敗任約進軍於此

赤壁 即赤鼻山見前山川內前志云橫山突落城截其半亭閣錯雜勢逼懸巖舊跡不無消磨而修廢屢見則存乎人力者耳至於風帆上下江水連天遠峰數點在江之右亦勝境也茲考賈太守赤壁志所載赤壁之勝舊有臨江亭宋晁補之有詩又羨江樓無盡藏樓水月亭清風橋橋南有夢鶴亭又有問鶴亭東白亭醉江亭共適軒萬似堂蘇文忠祠也浮春亭用杜詩赤壁浮春暮之意明季流賊亂議者恐其憑瞰城內乃悉焚之先是過客留題者多石刻明知縣茅瑞徵輯爲若干卷梓之今過半已毀其集猶有存者元趙孟頫書赤壁賦一爲冢宰趙用賢重刻一爲郡守潘允哲摹檇李項氏眞跡今壞又石刻蘇文忠滿庭芳臨江仙行香子三詞郡守郭鳳儀自峩嵋揚歸勒於石今在坡仙亭上亭有蘇文忠像康熙年間知府于成龍重建屋宇牓曰二賦堂知府郭朝祚牓曰東坡赤壁皆逸品也賈志因茅本而增並繪四圖刻石建亭歲久亭圮見廣濟金德嘉序乾隆五十四年知縣王正常嘉慶二十二年知府吳之勤知縣蔣祖瑄道光二十四年知縣劉江二十七年知縣金雲門先後修葺

聚寶山 城北里許見前山川內產異石宋蘇軾作怪石供卽此山石也山有浮翠亭寶石泉子瞻赤壁記亦云岸多細石溫瑩如玉深淺紅黃之色或細紋如人手指螺紋宋犖筠廊偶筆稱明嘉靖中王廷陳妊於此得紅石如錢犖判黃時得十六枚作怪石贊爲雪堂小品之一乾隆四十七年黃協巽都司得一匾石徑圓三寸許極白瑩置水中石內一墨畫觀音像蓮臺端坐林竹交蔭出水則不可見每値宿雨初晴日光激射處異采絢日入此山者手不空回矣嘉慶七八年後玉工取之絡繹不絕黃州玉之名幾與滇南相埒售者不惜重貲

城山 城北七十里記纂淵海云十勝境在城山有御女臺仙女洞看花臺龍潭瀑水巖龍山仙源亭馬頭泉師姑臺仰天窩明季流賊亂避者築寨其上址猶存

金鷄山 城北七十里相傳古掘地有金鷄飛出棲於小崎山西南飛得水次曰金鷄汊有池曰金鷄坑又有金鷄廟今不詳所在府舊志元威順王游獵至此有詩

大崎山 城東北一百六十里遠自麻城龜峯而來蜿蜒盤伏至此突然高舉山勢懸絕甲於一郡登峯俯望

黃岡縣志　卷之一　古蹟　卅九

則羣山羅列郡邑形勢盡在目前山腰有寺曰能仁道光二十六年知縣俞昌烈禱雨有驗重加修葺唐貞觀中建峯巒迴合飛瀑百道下滙寺前爲澗寺南一石橋橋上有瑟舍左右皆古木藤蘿紫翠繆附樛曲不一形色西盼有道人石磵水下注泠泠作金石聲又西南有留雲洞俗呼爲劉婆巖行人經其麓石壁峭立前代往往避兵於此寺上約十里方是山頂平廣數十丈有河沙蘆葦龍井在焉井旁有廟祀龍王極靈感遇旱禱雨立應四時多雲時出時入雲生處產異草以濯佩帨清芬襲人土人名曰濯雲香數百里外每瞻山雲出入以決晴雨諺云崎山戴上帽農人喜得跳去山東北十里爲小崎山巖巒木石路益奇折有飛來石下如柱推之可轉而不撲其左爲青峯巖

武磯山 在陽邏鎭北臨大江相傳後漢黃祖閱武其上元史阿剌罕以兵扼沙蕪口逼近武磯巡視陽邏城堡後伯顏旣破陽邏乃登武磯山望大江南北皆元軍也邏史作羅

香爐山 陽邏北五里以形名元世祖嘗登此俯瞰大江江之北曰武湖其南岸卽江夏滸黃鎭

柯山 城東南近定惠院宋潘大臨居此稱柯山人張文潛謫黃亦以柯山名其集蘇子瞻詞蔚柯山之葱蒨卽此府志云近城可尋之境惟赤壁柯山明邑人王同軌讀書其下有葱堂悠然樓三雅軒香雪臺江雨亭酒隱堂憑香閣蒼蒼閣金粟亭藝蘭亭觀稼亭諸名山左有八大王壩宋周肅王元儼屯兵處今皆不知其所在

東坡 見前又見後雪堂

南坡 城東南宋蘇軾集古氏南坡修竹數千竿盛夏不見日蟬鳴鳥呼有山谷氣象竹林之西又有隙地數畝種桃李雜花又西坡見公署志

龍蟠磯 卽節渡石在城東南江中周百餘步高六丈石勢蜿蜒如龍因名太平御覽武昌記世傳龍蟠於此誤也黃邑以武昌江岸爲界磯屬黃上有大士閣

紅霞岫 在赤壁磯之上邑人洪周祿題曰紅霞岫上有韭傳爲仙人所種冬夏不枯今頹

徐公洞 赤壁後坡其下有巖蘇子瞻云非有洞穴但山崦深邃耳圖經云是徐邈非魏之徐邈也

黃岡縣志　卷之一　古蹟　卌

獅子巖 道觀河東盤踞三十里高五里形如獅蹲其巔如獅口中可容席七洞三泉在巖下里許又龍崗山東一石名天舟狀如艕艢道觀河經其麓水漲時行旅苦之

龍邱 城北百二十里三家店元至正間邱黃蕭三家自豫章徙居因名宋陳慥號龍邱居士以此南有濯錦池北三里爲慈悲塔東坡與慥遊憩處也其東隅爲蓮荻中宅別搆百尺樓於圖湖名曰鏡心樓龍仁夫有聯云水光天上下樓影日東西今樓廢石柱存敬中宇仁輔元時參知政事見隱逸志明劉基駐此旬日西三里爲柳子港卽古舉水所經春秋所謂柏舉也由龍邱至陽邏堡內有九關晉劉毅追桓元所經

黃泥坂 淸淮門外稍北里許赤壁賦過黃泥之坂是也明郭鳳儀卽其地建一亭久廢有斷碑刻古黃泥坂四大字陶珪書今但存石贔屭耳

白龜渚 赤壁磯下晉毛寶軍人有得白龜者養之漸大放江中後寶爲石虎將張貉度所敗軍士多赴江死放龜者亦墮水忽有物負之登東岸乃所放龜也明知府郭鳳儀刻石曰白龜渚作龜形於下

夏隩　一作西隩以東有長圻隩也在城西南隅二里宋明道間夏竦守黄州以治濱江不利泊舟鑿陂於臨皋驛人皆便之洗馬池其故陂也旁有舊城向日門遺址

崢嶸洲　晉劉毅破桓元處距城西九十里雙流舖大江中舊謂在赤壁山前俗名得勝洲前志云水經江水東逕若城南注江右有李姥浦北對崢嶸洲下乃云過邾縣南右得黎磯則崢嶸洲當在黎磯之上乃今之木鶩洲非得勝洲也又水經江水逕邾縣故城南注城南對蘆洲蘆洲即得勝洲今洲之右岸亦名蘆洲灣

武湖　城西一百三十里一名黄漢湖舊志漢黄祖習水戰於此故名

雙流夾　城西九十里雙流舖宋歐陽修貶峽州時舟次其下陸游記作雙柳夾所謂回望江上遠山重複深杳者即此

洗墨池　城內縣治南報恩寺後宋蘇軾洗墨處舊志春夏之交泉涌如墨色康熙間通判宋犖浚池甃以文石中作小橋橋翼之亭移建雪堂於池東竹樓於池西另祠祀宋王禹偁蘇軾張耒秦觀曰四賢祠久廢僅存

元趙孟頫書洗墨池三字石刻已移置縣署內西偏竹樓下壁上又屋三間邑人以祀明通判韓爕并宋犖爲韓宋二公祠嘉慶八年通判胡楷倡率郡城紳士復浚池另石刻洗墨池三字立於池西別有記

問津書院　城北九十里古有孔夫子廟後人掘地得石碣有子路問津處五字懸崖茂木下有清流跨石爲橋橋外有風亭當路之北北行礬石瑩然草木不侵墨池在其右又石如硯雨下墨水浸出山麓側出一石鐫日進步處旁勒五廸二字疑書者名字也河曰孔子河山曰孔子山山上有臺俯視左右卑者衡平者坂舊以長沮桀溺名之東隔層巒三里有港北十里許曰回車埠言返乎蔡也宋明以來聞人之講學者往往居此日問津書院其間興廢不一詳學校志及藝文記序內並問津書院志按史記孔子去葉反乎蔡長沮桀溺耦而耕聖賢冢墓記曰黄城山即沮溺所耕處下有東流子路所問津處也括地志曰黄城山在許州葉縣西南二十五里遺跡不應在此廟碣未知所自存疑可也宋龍仁夫未仕元元時講堂在今廟右百步明嘉隆間耿定向亦講學於此至蕭繼忠王陞諸人始移建今地

河東書院　縣治東宋寶祐間郡守李節建後有七賢祠詳學校祠祀藝文諸志

定惠院　城東清淮門外宋蘇軾以元豐三年二月至黄寓居於此遶舍有茂林修竹荒池蒲葦春夏之交鳴鳥百族僧顯於竹下闢嘯軒以居之院東雜花滿山有海棠一株作海棠詩後人改軒名嘯臺其南爲海棠軒洗墨池在其後又有捫腹軒拭目軒睡足堂文忠祠醫俗亭君子亭俱圮明知縣茅瑞徵築嘯臺於遺址今亦廢爲邑紳王材任家祖塋並奚世亮葬衣冠處王塋猶存宋梅一株耳

海棠橋　在舊城北橋側多海棠故名相傳宋秦觀嘗醉臥此橋留詞其上舊志流寓因載秦觀事按宋史觀高郵人元和中爲秘書省正字紹聖初坐黨籍出判杭州尋以御史劉拯誣其增省實錄貶監處州酒稅使者復以謁告寫佛書爲罪徙郴州繼編管橫州又徙雷州徽宗立復宣德郎卒於道橫州高梁地在廣西橫訛黄耳不知觀何時遊此海棠橋存考

金甲井　舊志在赤壁宋紹興間浚得金井二相傳劉宋謝晦之敗投金甲於此府志云晦敗於荊州北走至

安陸延頭戍爲戍主光順之所執送金陵不得投甲於此又傳赤壁山下有謝鐵籠墓或其所遺也

蘇公暗井　舊志在今縣學古迹湮沒蘇始浚出有浚井詩續志明初在縣學中移學後失所在但今考東坡遺址古井甚多不得指何井是耳

龍井　在上伍鄉謝家樓左山椒相傳爲龍湫雖旱不竭其地名龍井岡

君子泉　近赤壁一云在棲鳳街今倉巷宋通判孟震字亨之有賢德時稱孟君子庭中有泉蘇軾因以名之轍爲銘軾爲跋黄庭堅爲詩府舊志明推官羅瀚因修城得泉建小亭刻石久廢

琴臺　在城西北三十里三江口宋昇明間司空柳世隆於西陽城列三層戰艦泝流而進降劉攘敗沈攸之嘗於此鼓琴明改建守備司行署今廢

落星臺　城南二里許馬家窪七星塘側有石高數尺大十餘圍上發殺色青相傳隕星而成居民祀於此曰姬公祠塘東小阜曰祭風臺俱不可考

釣魚臺 城北百六十里紫潭河東岸石狀奇異上有坐釣迹遊魚出入其下人不敢取俗傳張太公釣於此謂煙波釣叟張志和也

嘯臺 見前定惠院

仙女臺 **看花臺** **師姑臺** 俱見城山 **香雪臺** 見柯山

橫江館 赤壁南晉龍驤將軍蒯恩建後有梓潼閣唐杜牧詩外家兄弟晉龍驤指此宋刺史王禹偁重修旋廢俗名馬廻坡乾隆五十四年知縣王正常建前後二重移觀瀾橋廟祀江神於後以其前爲迎送往來賓館

棲霞館 見後碧棲樓

高寒樓 在今南城高阜樓下稍北卽雪堂俗呼南樓墩唐太和刺史劉應之建四望亭覽觀江山爲一邑之勝府舊志李紳作記考東坡集有題濠州七絕其六爲四望亭註云太和中刺史劉嗣之立李紳過濠爲作記非黃州也黃州亦有四望亭魚池上詩府舊志引證劉李恐誤四望亭宋張激攝令日更爲樓取杜詩王山高並兩峯寒句曰高寒陸游所記坡西竹林號南坡卽其地也明初移城猶建樓呼爲南樓久廢嘉慶十八年通判胡楷倡邑紳士捐金建石亭於其上爲郡城東南巽峯更名培風亭道光二十七年署縣金雲門修理城垣重葺

竹樓 宋刺史王禹偁建記云予於子城西北隅構小樓二間與月波樓通其時之城距今城里許舊志元王順間覻額不花重修龍仁夫記明洪武甲戌知府葉宗因舊址更建當在故城嘉靖間知府郭鳳儀移今縣治西下爲賓座曰禮賢堂康熙間宋犖判黃時移建於洗墨池西與並建之雪堂對峙古蹟數移漸失其始歐陽修于役志謂在興國寺陸游入蜀記謂竹樓下稍東卽赤壁磯則竹樓又當在赤壁西偏二公皆宋人未知孰是併存俟考

月波樓 不知名始何代王禹偁詩郡城無大小雉堞皆有樓蓋宋時城樓也今城自明代展築或以今漢川門城樓當之似誤

尊美樓 亦譙樓也明知府楊守仁定名舊志疑卽清源門城樓

棲霞樓 治西南宋閭邱公顯守黃時建坐挹江山之勝孫載詩地據淮西盡江吞石壁寬蘇軾詩黃州在何許與子上棲霞又其客詩壽容天在水春色柳藏橋謂此樓也按閭邱顯見蘇軾水龍吟自注以爲李顯非

涵輝樓 治西南宋韓琦有詩狀元張孝祥書其額曰

無盡藏樓 見上 無盡藏樓後有坐嘯堂及無倦味道二齋

碧棲樓 赤壁酹月亭南明知府盛璞建卽今王公書院樓又洗煩樓在赤壁東北城內邑人洪周祿建下有棲霞館皆董其昌書牓側有廣容園旋爲廣嗣菴疑今治北高廟祀南嶽

洗煩樓 見上

忠孝樓 在陽邏鎮元吳賢建又有古懷遠坊義井飲馬池文武祠桂香殿皆賢遺跡

羨江樓 見赤壁

鏡心樓 見龍邱

睡足堂 明志宋王禹偁建取杜牧詩平生睡足處雲夢澤南州之義

相隱堂 舊司理廳宋龐籍參知政事嘗爲郡司理後人爲建堂而名以此

讀書堂 城外安國寺左宋韓琦兄琚守黃時琦嘗讀書卽此堂堂前有春草亭亭左蓮花池後人爲立魏公祠明董其昌書韓魏公書院刻石牓於門寺右則康熙間郡守蔣蘿村棠舍也年久傾圯道光二十七年分守道陶樑知府和宿藻署縣金雲門倡率重修併重建春草亭補葺棠舍

瑞慶堂 城南清源門外宋王禹偁爲許端夫建

南堂 在臨皋南畔宋蘇子瞻所築與蔡景繁書所謂近葺小屋強名南堂是也爲賦五絕

雪堂 城內東南蘇子瞻謫黃二年故人馬正卿爲請於郡與故營地數十畝躬耕其中名爲東坡因號東坡居士蓋慕唐白樂天而以是名也樂天刺忠州有東坡種花與步上東坡各詩且其文章意主辭達爲人好施予

剛直盡言與人有情於物無著大畧相似並有我似樂天君記取之句坡西竹林古氏故物曰南坡元豐五年蘇子於東坡之側爲堂時大雪因繪雪於壁號曰雪堂有記舊志自黄州門東至雪堂四百三十步堂前有細柳浚井西有微泉小橋堂下有元修菜桃花茶稿秔棗栗松桑陂塘嘗作江城子詞自注云南挹四望亭之後邱西控北山之微泉慨然而歎此亦斜川之遊也有居士亭在高壟上元豐七年移汝州去以堂付潘大臨居之崇寧壬午黨禁起毀堂既而郡人屬神霄宫道士李斯立重建何頡之作上梁文有云前身化鶴曾陪赤壁之遊故事傳鶯無復黄庭之字蓋蘇子書有東坡雪堂四字久爲人盜去矣元季堂復燬今城中有荒阜雜閭閻間在坡仙坊十八坡後即宋通守並建竹樓處府舊志云在縣學東蓋指舊學基言

一枝堂 城内宋時建中有大梅一株舊志云不知在何地疑即東坡梅也按蘇子於雪堂前手植一梅大紅千葉一花三實明嘉靖時始枯知府郭鳳儀摹形於郡齋又重建一枝堂於洗墨池今堂廢梅花石刻嵌赤壁

寒碧堂 東門外何氏園宋何頡之兄弟作以待蘇子者蘇子爲畫竹石於壁且贈之詩今未詳其址

萬仞堂 見赤壁

葱堂 酒隱堂 見柯山

蘇白堂 舊北察院今考棚内有康熙間江南布衣毛會建字子霞書蘇白堂三字額亦以子瞻慕樂天而其地皆東坡舊址故也後有易以育才堂者邑人王宗華重建考棚復其舊名

竹堂 赤壁磯下白蓮池左明吏部晏清建

普安堂 下伍重鄉山上邑紳王源昌朱霞遠讀書處山左巖石壁立刻有峰回路轉字甚勁舊志載團風誤

四望亭 南城高阜即今培風亭詳前高寒樓

如畫亭 城東南隅高阜或云晉陶侃嘗登眺於此會遠亭在今城北皆宋王禹偁建久廢乾隆五十三年知縣王正常以亭爲縣學巽峯糾邑人重建如畫亭嘉慶二十一年郡守呉之勳修理城垣捐廉擴之高倍其半中祀奎星一名奎星閣道光二十六年知縣俞昌烈教諭周鯤化倡率重葺

覽春亭 城南宋韓魏公建作詩序又建春草亭於東門外亭後即讀書堂皆本舊城而言

臨皋亭 今城南里許瀕江舊城東門外回車院也宋蘇子瞻謫黄始寓定惠院後遷此有全家占江驛之句又嘗言遷居江上臨皋亭甚清曠風晨月夕杖履野步酹江水飲之又言亭下不數十步便是大江其半是峩眉雪水吾飲食沐浴皆取焉何必歸鄉哉又嘗書其上曰東坡居士酒醉飯飽倚於几上白雲左遶清江右回重門洞開林巒岔入當是時若有思而無所思以受萬物之備亭原石亭後改爲館又改爲驛又爲三江守備署明季燬康熙間知縣李經政建亭以憩行人俗呼爲四眼涼亭今已圮入江

快哉亭 在城南宋清河張夢得謫居齊安即其廬之西南爲亭以覽江山之勝蘇子瞻名之曰快哉又爲詞有云一點浩然氣千里快哉風蘇子由作記今移府治内西北道光二十八年知府祁宿藻知縣俞昌烈重新

遺愛亭 在安國寺内白蓮池前宋元豐中徐君猷爲郡守有善政既去民建此亭蘇子瞻因名之巢穀有記明宏治己未改建於治南

覽勝亭 在北城上高阜明宏治間建岡巒環拱江湖映帶遠帆晴樹畢歸目睫風高易頹萬歷初郡守潘允哲易石亭乾隆五十四年知縣王正常糾邑人重修年久傾圮道光二十七年署縣金雲門修理城垣重修

浮碧亭 見聚寶山

息肩亭 赤壁下明邑人何傑造石路里許構亭其上行旅便焉今廢

會遠亭 在縣北宋王禹偁建今廢

四顧亭 在舊州今廢

春草亭 安國寺左宋韓魏公建亭後其讀書堂也畢少董藏東坡醉墨云今日與客飲既醉遂從東坡之東直出至春草亭而歸時已三鼓矣舊志在郡城東見前讀書堂

一盼亭 見黄泥坂

任公亭 治東南亭西有師中菴師中姓任來齊安嘗遊息於定惠院既去郡人名其亭蘇子瞻遷齊安人知

其與師中善也復於亭西爲之菴蘇子由有記

水月亭　㝱鶴亭　問鶴亭　東白亭　酹江亭

浮春亭　坡僊亭俱見赤壁

醫俗亭　君子亭俱見定惠院

江雨亭　金粟亭　藝蘭亭　觀稼亭俱見柯山

望省亭一見城山明知縣簡霄建一在下伍重鄉黃龍巖西明陶仲文建鄂會江城如在眉睫並植牡丹今大一圍高三丈

清遠亭赤壁下明知府郭鳳儀建

鴻軒宋張耒初謫監黃州酒稅繼爲倅後貶房州別駕安置於黃凡三至黃建此以居有記

亦顏軒宋潘大臨建

壁陰軒宋黃庭堅甥洪芻爲黃州酒正牓其居庭堅銘之

勵穀軒亦洪芻創潘邠老有詩已上皆未詳其地

竹嘯軒安國寺中郡守賈可齋題名

嘯軒　捫腹軒　拭目軒　海棠軒俱見定惠院

三雅軒見柯山

共適軒見赤壁

無倦味道二軒見涵輝樓

青雲塔即南塔在安國寺前上三層飛入迦湖道光戊申年守道陶樑知府祁宿藻知縣俞昌烈署縣金雲門倡捐重建石塔自督撫以下合省內外官紳士民典商捐貲各有差凡七級高十二丈八尺監修邑士劉秉忠胡華潤王嶽王鈞許汝梅范斌林在田汪銘庠陳進馬文炳並蘄水楊酹陳鴻準及典商金芝生曹襄

寶誌塔去城山數里地名羊角衝傳爲梁僧寶誌今考寶誌瘗骨塔在金陵此當別是一僧

尹駱塔見白雲山　慈悲塔見龍邱

如來塔　虎塔　犬塔並見後大雅冲

趙氏園不詳所在

尚氏園　韓氏園　何氏園並詳搉閒志

廢花園即花園鋪城北六十里明陶安守郡時有詩

九鐵一字門夏城內二城外濠溝鐵石邊一清源門內總兵街一十三坡一報恩寺前暗水鐵車一府前暗水鐵人一又報恩寺內鐵井欄一又清源門外威遠關一諺云九鐵鎮黃州千年永不休未知所由

三銅報恩南塔兩寺各一銅佛元妙觀一銅鐘

智林村城外東南隅明王一翥讀書處以其廬山所居名額村右傍廟爲東樓閣舊有濠田二坵僧耕以供邏揣後被豪強欺佔僧無以存遂荒嘉慶二十一年河東書院山長山左令紘玉遊此見額知爲名人遺跡倡率邑士修葺廟舍立補菴先生位祀之添建文昌閣於後白守令清歸濠田招道人陶光斗居住以田租司香火泐石於壁邑士修培未艾

茶村明末杜濬故里在今欒王廟側道光十七年邑士即其地建屋奉濬栗主知府楊庚以饑鳳舊軒顏其額

澈菴清淮門外桐梓岡明末邑紳陳師泰故里

劍峯城東北百二十里張家寨明末文學李之泌隱處

漁臺樟松湖中明官巡撫魏公韓居此卒葬其後

何白雲憇樹魚博橋側兩松蟠偃今尚存

姑嫂樹在馬鞍山西舊傳明季有劉氏姑嫂二人遭亂喪大相朋死守折枯枝插地爲誓後枯枝皆活兩樹相倚大均合抱至今尚存

古黃八景 一黃岡曉霽二赤壁春暉三竹樓勝集四柳港聯芳五臨皋月皎六洗墨雲生七吳公義井八孟倖清泉

後增定八景 一蘆洲芳草二樊口輕帆三柯邱葱蒨四雪堂梅萼五寶山泉石六二崎雲樹七永安故壘八柳公琴臺

邾城八景 見前邾城

大雅冲 下伍重鄉俗呼大窪冲一峯入雲四山環拱有谷有澗入谷綫路山半石崖鐫彼岸字筆法蒼勁更上有得雲寺為明僧靈野講經處寺後高峯懸流落澗曲折繞前作金石聲跨澗有鎖翠橋背寺有卓錫泉泉北藏經如來塔塔北數十步樟一株大十餘圍高數十丈枝葉婆娑香氣襲人澗南山岸虎犬二塔谷外小河方靈野說經時赤蘭叢生後人建有赤蘭橋

明郭善甫故里 廡安鄉郭家新寨南王文成過訪留三日題聯於堂曰泉石不知尊爵貴乾坤何礙野人居耿天臺為作表萬歷中太守常熟瞿汝稷書王文成高弟清平令郭公善甫之里刻石尚存舊藝文志里訛作墓誤

紅花園 在還和鄉明太常卿樊玉衡故里

蓮花磯 在還和鄉馬家潭有仙人石龍窩石寨等蹟明季奚祿貽杜詔先嘗避兵於此

半山莊 在還和鄉烽火山東邑紳程後濂讀書處

高士莊 在還和鄉寶珠墩外邑士王鑾晚居授徒處

宋韓城驛 上伍重鄉舊有道觀因名道觀河乃黃麻孔道明議設站處今改三聖殿殿側居民建亭往來行人憩息賴之

臨江亭 見赤壁

坐嘯堂 見涵輝樓

天一樓 一名中心樓在都司署居城之中取天一生水之義以厭火災道光二十八年知縣俞昌烈及闔郡紳士重修

放龜亭 在赤壁磯下臨白龜渚

玩月臺 在赤壁于清端公祠前

睡仙亭 在赤壁磯就石鑿為石床及衾枕之形

翦刀峰 在赤壁磯旁今頹

居士亭 見雪堂

風亭　長沮衕　桀溺坂　回車埠 俱見問津書院

古滴樓 在清淮門外半里許不知建自何時亦不詳其義

悠然樓　香雪堂　憑香閣　蒼蒼閣 見柯山

鳳凰墩 在治東北藥王廟側即邑人杜濬故里

枕江亭　西爽亭　雙桂堂　笠屐亭 有石刻東坡笠屐像俱在府署內詳見公署志

白蓮池 一在安國寺外即東坡放生池一在赤壁磯下

風俗

風者上化下者也俗者下應上者也周衰輶采之使不行漢揚子雲每訪錄方言而應劭遂有風俗通焉夫太王躬仁邠國貴恕陳夫人好巫而民淫祀鄭伯好勇國人暴虎言乎上之導下不可不慎也黃之士靜而文樸而不陋其民寡求而不爭豈獨地氣使然哉昔之人蓋有培之使厚漸之使醇者修其教不移其俗後之君子加之意焉

隋志俗尚淳質好儉約

宋蘇軾跋韓魏公詩山水清遠土風厚善其民寡求而不爭其士靜而文樸而不陋尊德樂道異於他邦

張耒雜志民利魚稻農惰而田事不修

黃州府舊志農力耕種蓄糞如金田益膏腴至十金博一畝者

舊志云士尚氣節重廉恥不肯干謁無依阿淟涊之態布衣投交或榮顯者禮貌不至則拂衣去至老不相往來

又云士民慕義樂爲善畏官府如神明

按黃岡之爲俗也士傳家學人喜爲儒科甲後先稱盛童子試且數千文名甲於楚其呫嗶授徒自鄰邑逮乎豫蜀居常循循遵禮法有躍冶者羣絶之舊時閥閱勢

重百年來凜凜畏法懼見譏於鄉里咸自愛重廉恥無干謁有司者農民力田地半肥磽無産者佃於人以自給澤居兼資網罟安於土著不樂遷三時效勤至冬乃遑他務重本業也循分食力輸納趨時畏官府如神或不得已而訟見胥役持之輒悔懼事已即俯帖無告訐風富民務嗇約以紛華爲戒往來讌會服用饋遺各稱其家近微侈然視他邑猶樸矣昏重親迎喪沿禮儀祭以時掃墓歲春秋二焉崇神信禨俗亦有之婦女習勤不尚妝飾東利桑蠶西利紡織南近水以績爲業閫範整肅知禮義自守雖饑寒患難不變故節孝多可稱世家守高曾矩矱縱貧落不廢儒術否亦就耕境內士農多而工商少其大較也其吏胥坊保因緣爲奸水陸通衢鼠竊爲患近日頗息察之者嚴故不得逞也後之君子悉其弊無弛其法焉

士業　士好讀書以博覽著述爲業輒自負不能相下舊時治經者多禮記各有師傳今頗兼之自王穉欽後多好爲古文詞者其制藝豪邁自立劉穉川之遺風也

農事　農夫力作重去其鄉歲清明始布種彌月而栽比鄰皆助之鼓歌相催督其稼有一穫再穫曰早曰中遲曰晚及秋有蕎棉及大小麥之類種者西南濱水當

澇東北近山常苦旱故隄防之設溉灌之資籌其利焉

蠶事　清明浴種婦人始治蠶事初生拂以鵞羽既食剉桑葉食之乃有三眠至於大起分箔登簇成繭而繅之以供機杼

織事　入夏植棉亢爽之地凉風既至拾其花紡而織之女工之常也

方言　土氣厚重其聲少清其土音如呼須近西去近棄水近暑眼近闇之類

冠禮　勝冠後凉暖遵禮士庶稱其分衣華樸以家必整肅

婚禮　重門楣始通媒妁問名有儀其納采請期親迎必遵禮制聘資粧奩弗計

喪禮　親没訃於戚友沐浴殮畢殯於中堂家人裂布裹頭成服齊衰下各以等朝暮奠涕泣杖踊飦粥苫凷如禮戚友赴弔以期至有奢儉也庶民崇佛事或鼓樂治具醵錢坐夜擇地營葬用形家言其導送如治喪

祭禮　庶民祭於墓士大夫立廟者祭於廟四時節序及生忌日祭於寢其廟祭序長幼族長主之具牲醴几筵楮幣祭畢燕飲分胙而還世家有祭田以共時祀

社　斂錢市牲醴以祀土神祀畢少長飲焉春秋各一次

儺　人朱衣花冠雉尾執旗鳴鑼俗名急脚子比戸致祝大抵袪沴祈福之語

歲時　元旦五鼓起向北叩首曰祝聖啟門以酒酹地而拜曰出方還室禮家神祖先子弟以次拜賀自是親友慶賀讌飲或以粔籹相饋　三日以牲醴祀門戸神飲酒後各理舊業　立春先一日觀迎春以土牛身首色卜水旱以芒神帽鞋占寒燠比戸焚香酹酒曰接春旋相爲賀　十三日試燈元夕張燈是日粉米爲團曰元宵張燈火農人以火炬照田兒童擊鼓鑼巡園圃逐諸蟲害稼者女子迎紫姑以卜蠶桑竝占衆事（省志黃之郭氏迎紫姑箕腹箸口畫灰盤中立成詩）兒童磨磚石二寸許上圓下鋭就地鞭

之名曰得螺諺語楊栁活打得螺　二月十五日曰花朝民家多以是日嫁娶　清明掃墓簪栁踏青兒童爲風鳶之戲田家浸種東作方勤鄉人作餌餅俗名軟曲　端午角黍相遺採藥插艾蒲雄黃泛酒繫綵辟惡是月有紙舫祈神之會　六月六日曬書籍衣物造醬醋鹽豉俗以爲半年福　七月七夕乞巧　中元祀先又浮屠爲盂蘭會　八月中秋作餅相送具菱藕瓜菓爲賞月之讌　九月重陽登高掃墓民家釀酒　十月朔日曰十月朝田家飯牛以陰晴占穀價　十一月有家

廟者合族祀祖先　十二月初八日啜臘粥雜秔豆棗栗亦有以是日嫁娶者兒童以雞毛植錢孔中縛以綵綿踢之名曰毽子　二十四日曰小年掃舍宇夜祀竈神　數日内金鼓爆竹喧聲不絕具酒饌祀祖先曰年羹飯　除日張春聯於門闔戸後燃燭焚香拜祖先及尊長曰辭年更闌後或出聽人言語以卜來歲休咎曰聽讖田家以夜半候釜中輙得五穀米粒以其枵飽占來歲豐歉曰試鍋合家促坐飲酒曰團年或有圍爐終夕不寐者曰守歲

風俗論見藝文

物産

黃岡江埂儉區也非有神皐奧壤之華實也長洲茂苑之飛走也然土足以給其人之所求物足以備其人食飲賓祀喪紀之所需何取珍異爲若夫繞郭魚美連山筍香昔人誇說如是而今又不盡然矣不槎蘖禁鯤鮞長麑麌撫字者當如何

舊志按一統志及楚志載齊安産苧布連翹松蘿䗪蟲自唐迄宋他無聞焉自餘爲地黃艾江豚之屬郡志稱黃岡有元修菜似芥本蜀産蘇子瞻得種於故人巢元修因名今莫辨是何菜也俗謂長腰粳米縮項鯿魚爲邑中佳味米卽香晚種能瘠田故不多穫鯿實出武昌樊口之長港秋半盈市而其地反不得大者如鱖鯽蟹皆然鮰鱅並有之江東稱佳品楚人不解食鱘魚出陽邏團風及三江口大者盈車漁人餌得隨波流止累日俟其自困連舟舉之醢法不減皖城鰣四月出楊葉五洲米有鰕鬚秫魚子糯宜釀酒酒以水白名味薄不傷人張文潛極稱京師之外無加焉又春江緑漲葡萄酒壓倒雲安麯米春爲韓子蒼齊安故事然市沽多濁醪子瞻謂酒賤常愁客少想當然耳夏富蓮菰冬饒鳧雁鶉出巴河陸家湖爲最黃精白花菜種較肥大五加皮著

蒷近有種者城曩造黃扇竹簟以三家店者佳蔴苴油澱綿花蒲葦邑多有之額辨所載鴛鴦麂皮反不多得舊稱黃有落英菊花元雜劇撰爲王介甫蘇子瞻而實不爾凡落英以其瘦諸如荔枝蘋果間相餉遺牡丹茉莉時復入目以無當斯士之毛不書

邑田山隰各半負郭及平原者氣煖土沃早穫而厚收山谷及谿磵者氣冷土瘠遲穫而薄收其穀有麥有稻麥有大小二種又有蕎麥稻有粘穀名不一俱七月收有六月即收者名江西早中遲名不一俱八月收晚穀名不一俱九月收佳者下馬秈糯穀之屬有黍有粟有豆黍有粘有糯粟有粘有糯有蘆粟豆有黃豆

亦有黑豆粒大者爲茶豆菉豆紅豆泥豆豌豆蠶豆豇豆扁豆刀豆其別屬有芋有脂麻堪資民食

佐飧者蔬自演武廳至下巴河口瓜菜圃也各鄉曲亦有之販鬻者以資生焉其菜有芥辣者爲蕓菜又有紅辣菜有菘即白菜有箭桿烏風矮腳三種有芸薹即油菜春始秀亦有辣油菜不中蔬有菠有芹藤梗二種藤者佳有莧有茄有莙薘土名冬莧有同蒿味香脆花如黃菊有萵苣有韭有葱有蒜有薤一名藠頭有大椒有蘿蔔大者一枚十觔亦有胡蘿蔔色赤而長有山藥紅藤者劣有薑有白合瓜有黃瓜南瓜土名番瓜冬瓜大者三四十觔菜瓜佳入醬絲瓜有瓠子有葫蘆水蔬有蔞蒿有茭菰生水中夏食筍冬食苞子茭米周禮六飯之一有水芹有藕之屬野者有白花菜有薺菜土名地菜黃瓜菜馬齒莧

若花果樹木草藥則地不宜果梅桃棗梨柑栗菱芡蓮子荸薺一名烏芋出三店之屬有亦不甚佳俗尚樸雖縉紳家亦無奇花異木可愛瀕江洲渚多楊入山多松外惟桑柘供蠶竹供簟三店多絲綿棠梨供刻板茶供瀹蔫名淡巴菰佐餐耳舊稱地黃等藥今則無自取採

至鳥獸蟲類難言土物其足資食貨者畜有牛有馬有驘有驢有羊有豕有猫有犬有鷄有鵞有鴨鳥有鳧俗名野鴨雉俗名野雞麥豕獸有兔獾狐狸

長江諸湖鱗介萃焉操網罟而漁者踵相接也其種有鲂

有鯉有鯽有鮎音年有鱮即鰱子有鱖即鯛魚有鱒即赤眼魚又有油筒魚似鱒色黃有鱅即鰟頭有鰷即鱤魚有鯮有鯇即草魚有鱧即烏魚有鯖有陽鱎即白魚有鮆即鮤刀魚有鰲音餐有黃鯝有黃鱨即黃頰有白小即銀魚之屬鱣魚即黃鮪魚即鱘鮰鰣亦間有之鰻鱺即白鱔鰕出羅家溝者佳蟹鼉鱉或供食貨若江豬雌者爲白奇河豚有毒中者丸明礬解之無可食也蟲則有蠶有蜂小民利之蠶絲蜂蜜

耕漁外資民用者棉布紫白二種黃絲市於但店青靛菜蔴油黃扇竹簟出三家店飲饌稍佳者酥餅酥果粉餈豆腐椎魚以鰱爲之醃鮓黃魚爲最而已

黄岡縣志卷之一終

黄岡縣志卷之二

知黄岡縣事宛平俞昌烈編輯

建置志

城池

郡城宋時建設江濱張文潛云黄雖名州而無城郭葢藝祖懲藩鎭之强爲弱枝之計故爾然勇夫重閉況於淮楚劇區其可無崇墉深壑以壯捍內禦外之規自明初移建今處倚阜俯江形勢旣得增修補葺亦志不絶書我朝因之二百年守兹土者次第培濬遂屹若金湯斯無媿保

障干城也夫謹列其巳事於左

邑自宋隨州治徙江濱在今城南二里許初無城郭西臨大江憑之以爲固其三隅略有垣壁間爲籓籬因堆阜攬蔓草而巳中皆積水荒田民纔十二三耕漁其中東傍湖泊水漲湮沒不常建炎中知黄州趙令峸奉詔修城六月而畢然賊張遇過城下令峸度不能拒出城見之賊乃引去其時之城可知矣府舊志謂東北城蹟猶存今可考者惟城門有曰朝宗曰向日曰龍鳳三名巳耳明洪武元年戊申指揮黄榮移築今處十七年甲子指揮曹奉永樂六年戊子指揮郭顯相繼修理周九里

許一云七里三分凡一千八百二丈八尺有奇高二丈一尺厚多依山不可計繚以濠塹警舖三十雉堞二千一百一十九門四東曰清淮南曰一宇西南曰清源西北曰漢川敵樓各三間金湯甲諸郡正德中漢川門水潦崩知府鄭信修葺萬歷十二年清源門火知府范可奇修葺崇禎八年知縣李希沆倡率士民深濬增築十年袁繼咸分巡黃州與知縣徐調元築六千餘丈見明史舊志或兼郭外言十六年春賊張獻忠掩至從東北緣梯入驅婦女劃城旋殺以填溝塹城存不及肩秋知府周大啟返任治事其時有湖居兩族以水寨舟各二十隻為賊嚮導餉得

賊掠者捕之責以修城貸其死周歲畢工視舊低五尺有奇

國朝順治元年　英王率師南下檄定黃州二年知縣汪士衡次第修理四年知府牛銓建譙樓康熙十一年知縣董元俊捐俸重修雉堞戍樓警舖如明舊制十三年大風毀清源門樓知府于成龍建四十五年大水城圮知府李彥瑁修葺五十四年積雨七旬城圮四十一處知縣鍾蕫修補三年始竣雍正二年連雨水漲坍城數十丈並清淮門樓知府康忱捐修十一年清源門戍樓將圮知縣暢于熊同七州縣捐貲重建牓曰雄關楚北十三年東北圮四丈餘知縣邵豐鍭修乾隆十三年漢川門右圮二丈七尺知縣劉煜倡修又清源門左鐵石邊圮八丈餘知府錢鋆修理此後各前縣並郡屬分段管理各州縣亦隨圮隨修工丈無可稽考嘉慶二十年城身塌坍臌裂樓舖傾圮過甚知縣鄭家屏詳准請帑奏交知府吳之勷承修至二十二年工竣已修城身六十八段計長六百六十一丈五尺裏皮十四段湊長一百七十八丈五尺門臺門樓四座並各炮房窩舖概行重建未修城身六百五十二丈五尺道光二十六年城身塌坍臌裂所在不免門臺門樓炮房窩舖大半傾圮署

縣金雲門詳請修理知府祁宿藻知縣俞昌烈暨八屬牧令典商紳士捐貲五萬有奇交署縣金雲門承修督修士商姓名詳見古蹟青雲塔計補修城身四十五段長三百四十六丈門臺門樓炮房窩舖均加修葺二十八年工竣

按舊志黃郡城東北倚山無池可鑿險巳難恃西南舊有濠溝年久闕塞竟成坦道且民居櫛比在清淮門者多私佔墾田幾爲世業未雨綢繆急宜區畫云乾隆十年知府禹殿鰲知縣邵豐鍭疏濬隍渠歸清淮門外古溝水會一字門外水西繞清源門出觀瀾橋形家所謂上堂水也年久復塞嘉慶四年知縣張其章十三年知縣

汪慕鍾先後疏濬二十三年知府吳之勷知縣蔣祖暄倡築織染橋深濬濠溝挽南去之水西流入濠以循故道道光十一年邑士吳先恕等掘城外東來之水南去留城内南出之水西流已失禹吳兩郡守疏濬之舊又被城南附近蓄田者利其灌溉掘城内之水南去舊濠少所沖刷漸就淤塞道光二十七年署縣金雲門疏濠並修培兩岸三百餘丈於合流之處厚築橫堤分城外之水出織染橋城内之水出觀瀾橋大雨時行可免淤滯特二水分流於形勝究有未合且附近居民任意掘挖濠則聽其入濠旱則私利灌溉培植地方者倘力復

禹吳二郡守之舊不惟城濠有所沖刷或亦風水之一助云

公署

守宰親民之官勞來循行則欲其平易近人修令安身則欲其居高馭下假令具蟾之地牆宇湫隘堂廡卑庳其不納民狎玩者幾希昔阮籍到官門屏皆令撤去狂態非正法也顧必廣園亭以恣讌遊飾廚傳以稱過客斯汰矣若夫知體之君子不以傳舍視公廨如茲邑堂曰寶善座曰禮賢固令人景仰不置云今繼紀其興置並各公署附之

縣署在今清源門内府署東黄州衛治前地多峭側縣獨平衍據勝處（舊志謂即蘇賦披蒙茸履巉巖地）明洪武元年知縣萬士

安建大堂三楹成化二十一年知縣程逵重建（傍曰親民又有吳百朋書視民如傷四字）堂後爲後堂又後爲内宅堂前東西六曹以次列堂左爲幕廳（舊志載宅右爲管糧主簿宅左爲捕盜主簿宅）嘉靖中知縣孟津於月臺增建戒石亭又前爲儀門大門萬歷三十四年知縣茅瑞徵增置屏門庫在大堂側冊房在堂後右儀門外左爲嘉賓館以肅客旁一楹爲土地祠吏廨在其後右爲獄（前三年同知王從詔署縣事重修獄室分輕重女監立有石記）申明亭在儀門前左崇禎末年賊兵盡燬

國朝順治二年知縣汪士衙下車借寓民盧三年始剏大堂十年知縣劉國寧建後堂並東西六曹康熙三年知縣

徐鏞建內宅九年知縣董元俊建戒石亭五十年知縣鍾葦重修大堂額曰寶善堂建申明亭儀門外雍正二年知縣張光裕移亭置於縣左城隍廟內又於大堂左廨後建奎星樓一所乾隆二十八年知縣葉世度建二堂四十二年知縣顧夔建西廳及竹樓五十年署知縣張瑢移縣丞署（即舊志明捕盜主簿宅）建東廳五十二年知縣王正常建內宅增修東廳（牓曰景眉堂）二堂（牓曰心秤堂）嘉慶二十年知縣鄭家屏於西廳後增建內西廳（即舊志明管糧主簿宅址）又於署後高阜結臨臯草堂旋以形家言毀道光十年知縣李錦源改東廳前幕廳建船屋（牓曰朱萊山房）升高頭門前甬道三級並建屏坊道光二十七年知縣俞昌烈捐廉添建照墻並升高三堂

縣學教諭署在明倫堂後嘉慶八年教諭胡念祖邑議敘鹽提舉王宗華增修前廳道光十九年教諭周鯤化捐廉改建前廳住房客廳（牓曰補種竹軒）訓導署在崇聖祠後出入即由其門道光九年邑紳士擴建前廳東置民基添設大門於前廳左別爲走道

縣丞署在洗白街南舊志在縣宅右明萬歷丁未縣丞陶承禮重建崇禎末年燬移建縣宅左（即今縣東廳地）乾隆五十年置民房移建今處

典史署在縣儀門外左乾隆五十六年典史謝鴻恩道光十八年典史戴均恩二十六年典史魯鴻翥屢次重修

學憲按臨考院在洗白街北順治初沿明設湖廣巡按御史行署爲北察院舊志在縣學右（明初原夏閔王三姓官宅萬歷元年知府潘允哲改建止府官廳三楹二十三年知縣茅瑞徵縣丞陳玉庭增設司道官廳三楹於右後燬基爲民居亦舊志云然但又云前有石坊曰御史臺坊現存今縣學左）明末燬

國朝即其地建堂三重堂東考堂一重（牓曰蘇白堂）下列號舍東西各十二楹楹各四十餘號外爲左右轅門爲學使者按臨公署康熙四十八年五十八年知縣黃極鍾葦先後構東邊民房廣東西號舍各十二楹楹各六十號生

童日衆猶苦湫隘乾隆二十三年知府錢鋆同各屬紳士搆東邊民房四十間地十四丈擴新之建號舍倍於舊（時知縣陳文樞有記今考堂下東壁）嘉慶八年邑議敘鹽提舉王宗華捐金三萬有奇購院前後左右各民房拓基重建南北四十六丈東西一十七丈衙署仍西考棚仍東供應所掛號科內外官廳悉備焉南甬道鼓樓照壁轅門抵官街北幕廳兩所抵民房東號舍抵官街西之前半抵官巷後半抵民房（衙署頭門一重三楹左外官廳右掛號科儀門東西角門一重三楹階前東向官廳一重三間東角門西角門內門役住所一間遊廊北即考棚龍門東達號舍西角門內遊廊下巡捕號班住所各一間北土神祠大堂聲拱蓬一重各三楹中暖閣右號科後屏爲外宅門中穿堂二堂一重三間左右廂）

左廂東門達號舍堂後屏爲內宅門中穿堂內廳一重
三間前右廂左門達號舍後右廂左門達考堂其後高
阜一屏中幕廳一重三間右廂東横屏內幕廳一重四
間左廂前屏門達廚房並竈神土神夏閔王各祠考棚
中考堂一重前更名育才復名蘇白其後爲書吏住所
北抵廚房東抵幕廳考堂南號舍四行奎星樓居中旁
兩行各八百餘號中兩行各七百
餘號桌撥板厚三寸不可動移學院茹棻記文知府
金城永禁借居官眷示石刻俱嵌頭門外右壁門左有刻夏閔
王神位石道光十九年東首號舍圍牆傾圮知府德山知縣
劉鴻庚倡率各縣捐廉重修並將照牆頭門以內堂房
各號舍重新前學院吳其濬捐金改建奎星樓於蘇白
堂前

南察院舊志在縣學前左陶仲文子婿宅址舊爲兵備道署又憲

司署舊志在府學左明萬歷間知縣茅瑞徵重修按南
北察院憲司各署皆爲監察巡察御史而設順治十八
年裁監察雍正十年裁巡察署俱毁爲民居

布政分司舊志在府城隍廟左明萬歷間知縣茅瑞徵重
修建後廳崇禎末年燬基爲民居廟左惟有公館即七
賢祠後爲永豐倉今亦廢

按察分司府志在府城隍廟右久廢無考

道署在考院西北雍正七年以分守武漢黃德道移駐黃
州購民房基址建立衙署凡六月告成乾隆四十三年改武昌府歸鹽
道轄嘉慶二十年守道覺羅善連捐置民房廣西園

府署在縣署西北高阜即古西坡明洪武初知府李仁剏建正
德間知府余貴嘉靖間知府郭鳳儀先後增修中爲正堂後爲
後堂爲知府宅文酒樓前爲戒石亭東西司各十三楹
又前爲儀門東西角門門西爲鑾駕庫東爲土地祠爲
雪堂旋增修爲賓館正南爲譙樓東申明
亭西旌善亭亭南爲吏廨正南爲大門崇禎末年盡
爲賊燬

國朝順治初府官借居鄉紳洪周祿宅即今道署十四年知府徐
士儀於舊址建大堂康熙十一年知府于成龍次第建
修始移居二十九年知府王輔重修大堂內建杭江五西爽各亭
十五年知府李彥瑁復建儀門外鼓樓後毁五十七年
知府蔣國祥移大堂於月臺下六曹儀門俱改置樹屏

儀門外署內書亭數座船屋七間皆極軒麗後多傾圮
雍正十二年知府李天祥撤儀門外屏乾隆九年知府
禹殿鼇二十二年知府錢鋆四十二年知府羅暹春造
有修建西園雙桂堂笠展亭皆是五十五年知府先福新雪堂建月
窗軒五十七年二堂火重建嘉慶年間知府金城吳之
勷先後修大堂二堂幕廳書室新頭門外保甕坊道光
二十七年知府祁宿藻重修大堂科房並宅門以內各
處頭門外添建照牆

府糧捕廳署舊在府堂西內有明通判汪廷元陸志孝所建涵虛亭夢坡館燬移
建府學右未知何時

國朝康熙初宋犖判黃州於署左建將毋樓旋謂於
文廟不安立毀之乾隆間通判張金管新內廳爲步雪堂
嘉慶十五年通判文棟去大門外街南照壁移門東向
道光二十四年通判倪善改建頭門南向並添建照墻
府同知舊署在府堂西順治間移同知駐岐亭署毀
府推官署亦在府堂西康熙初裁署毀
府學教授署在明倫堂後一重五間又東廳三間牓曰樸學軒
訓導署在
文昌宮左一重五間屏外廳一重廳左書廳一重南向大
門西向

府經歷司司獄司兩署俱在府署大門內西嘉慶十三年
裁司獄移作縣倉埠司官署並入經歷司
府照磨司舊署在府署儀門東乾隆初裁署基並入縣署
後
黃州協副將署在洗白街南東向明尚書王廷聘宅南爲桃園北
爲馬苑乾隆五十八年副將劉廷基詳請修理道光三
年副將王世平復請改易後樓展移頭二轅門築紅水
巷舊溝闢署右小教場修北軍裝庫東南馬王廟
協標中軍都司署明黃州衛指揮私宅在府學東內天一樓又名中心一城風水所繫
黃州衛署在府署北衛壙子上明初指揮黃榮建後改千
戶所旋立守備末年署燬
國初官借民居康熙間守備蕭成重建嘉慶間守備楊昌棠
改建東廳內宅又守備王裕慶修理大堂二堂射圃二堂
後有古塚不可犯前所千戶朱聞野立碑
演武廳在城南二里黃岡山下前將臺中廳一重三楹後
堂一重三間南甬壁抵三官廟北抵黃岡山東西抵民
間菜園凡文官迎春縣府學使校射武官迎霜降練兵
閱伍皆於此地舊演武場在城東南古臨皐亭下明知府余貴擴基樹柳知府潘允哲建堂堂名足兵左坊名詰戎右坊名振武堂後軒面江題曰江漢雄鎮今猶呼老教場後移城內今河東書院左又以迫近城垣改遷今處

舊志清軍府廠在府城隍廟右縣廠在縣城隍廟左即小學址久廢又馬夫廠在城外沙街明赤壁巡司署後改廠前官舖十二間府有稅又城南有織染局址爲團風巴河二鎮牙行赴府廳點受約之所今廠局久廢
團風鎮巡檢司署在城西北五十里道光二年巡檢史禮賢道光二十二年巡檢陶廷梅重修
陽邏鎮巡檢司署在城西北百二十里道光二十七年巡檢古昱培重修
增設但店鎮巡檢司署在城東北百二十里道光六年巡檢魯開章修葺罄橐未竣士民感其輯安地方捐貲助粟畢功顏以頌額開章本程子語牓其堂曰濟愛堂道光二十六年巡檢羅宗倫重修
增設倉子埠鎮巡檢司署在城西北百二十里本前明黃安貯糧倉所後南糧改折倉廢而址存嘉慶十四年移府司獄司置巡檢司借居民間道光十三年巡檢孫淦任內本地

職員張楷捐基建署道光二十三年巡檢成錫璸重修

舊志齊安驛丞署在清源門外李坪驛丞署在團風鎮陽邏驛丞署在陽邏鎮俱久裁屬縣河泊所官始七後三除王九塘向并入巴河外明正德嘉靖後鮑湖舊州長河湖歸零殘湖所近團風鎮黃漢窰埠安仁歸樟松湖所近陽邏鎮城東南後湖河泊所在定惠院右三所亦久裁又稅課司署一在城南清源門外一在團風鎮俱久裁演武場稅場屬府久廢

陰陽學舊志在府大門左

醫學並惠民藥局在府大門右久燬

僧綱司在報恩寺右

僧會司在維摩室

道紀司道會司俱無署

厢鎮

厢之設昉周官閭亙後世曰某衙曰某坊皆是也鎮之設昉周官都鄙後世曰某聚曰某堡皆是也所以比什伍聯闤市衛井廬頁在於茲中外相莞遠近相維治一邑猶治天下然故里正鄉約糾察不可疎也

舊鄉約所城內外二明宏治建於城南高廟舊址月朔講呂氏鄉約後廢城內以報恩寺城外以安國寺為會所 團風鎮一禪寂寺 陽邏鎮一蓬萊寺 給牒高年有行者充約長約副約史以朔望宣諭教民

國朝編保甲法縣分厢鄉九十九區今一百八區按此與區沿革所載鄉里數別一保正以察非常雍正間各鄉俱設鄉約諭民朔望又

有木鐸老人巡宣

聖諭

厢坊八 城內外四 思賢厢內南隅 懷德厢內東隅 會同厢外南 仙源厢外南長圻 團風二 一厢上街 二厢下街 陽邏二 一厢上街 二厢下街 凡八厢一稱厢坊鄉

鎮除巡捕典史外舊二 團風鎮 陽邏鎮 今添設但店鎮 倉子埠鎮 凡一衙四鎮

市按省志市鎮十有七內有昔有今廢者磐石市黃岡廟市有昔無今有者孫家觜鴉子湖徐靴鼓諸市

鄉並厢坊凡九 厢坊 東弦鄉 還和鄉 永寧鄉

慕義鄉 上伍重鄉 下伍重鄉 庶安鄉 中和鄉

里明一統志編戸八十六里府舊志縣九鄉嘉靖間劃中
和上鄉十二里入黃安今八鄉編戸七十六里廂坊轄
里二東弦七還和七永寧十二慕義九上伍重九下伍
重八庶安十三中和九
廂坊轄里二廂坊一村廂坊七村城內外舊編甲十二後編甲八今
七第六甲在東門外今並入東弦鄉甲一保正典史管汎地詳後
一甲東抵鼓樓崗西抵漢川門南抵清源門北抵覽勝亭
府前官街保釐坊在府前鼓樓舊址南承流宣化節用愛人及善治阜民二坊廢　甄家巷
縣前官街製錦坊廢新建齊安舊治坊　衛前官街武定文明二坊俱廢　三府巷
府學前官街騰蛟起鳳坊在府學內廢新建禮門義路坊外青雲路坊廢　雲路巷何家小巷

憲司官街依仁激揚二坊俱廢　大井頭街里仁坊廢
舊鼓樓街曾家巷　衛壋子街
軍儲倉街北樓灣　漢川門街
二甲東抵河東書院巷內小教場西抵胡總兵巷南抵一字
門北抵嚴家巷白石牌坊
姚家閣街依仁文明二坊廢　胡總兵巷　半邊街沙井巷
城隍廟坡街坡仙坊後重建題曰東坡故居廢今坊曰東揖坡仙　李指揮巷
預備倉街紫薇行省並敷教二坊俱廢　報恩寺巷
新街孟指揮巷　賈家街文明坊廢　胡總兵巷
一宇門內街思賢坊廢　六劉巷　河東書院坊　萬家巷

三甲東抵清淮門西抵鼓樓崗南抵嚴家巷北抵覽勝亭
鼓樓下正街朱衣巷　洗白街紅水巷　金家巷　方家巷　古井火巷
縣學前街懷德坊廢　南察院街於家巷　嚴家巷
北察院正街御史臺坊　郭家灣　北樓灣　呂家巷
四甲城外東抵濠溝口西抵大江南抵下新河北抵清源門
觀風橋沙街拱辰坊廢　中馬頭街拱辰坊廢
東城濠街　水驛前街駐節坊廢
新街會同坊　夫灣巷　世禮之門坊　賈氏巷　以上舊十一甲
河街會同坊　鐵家巷　挺猪巷　河灘街以上舊十甲
元妙觀街永安坊廢　高廟巷　民天坊廢　便民倉巷　以上舊九甲

五甲東抵漢川門西抵小河南抵威遠關北抵紅砂背
上馬頭街永安坊　林家巷　磯窩正街思賢坊　以上舊十二甲
六甲今屬東弦鄉前志載東抵古滴樓西抵東門橋南抵東樓閣北抵龍王廟　十字街懷德坊　四
牌樓街忠顯廟街　花園崗街　以上舊四甲改屬六甲
七甲東抵定惠書院西抵會同崗口南抵安國寺北抵一字
門
十字街來遠坊　會同崗街會同坊　會同巷
鐵石邊街拱辰坊廢　東城濠街懷德坊　以上舊五甲　崇仁坊
陶家巷舊九甲　長塘街古名棲鳳窩　俊賢坊　倉巷
南塔寺街鐵甲巷　安國寺街

榆木橋街 以上舊六甲 定惠院街
槐樹崗街 孤老院街
來遠橋街 來遠坊廢 西城濠街 以上舊四甲
八甲東抵西湖橋西抵金華橋南抵十里鋪北抵合山橋卽
相隱橋
教場街 仙源坊廢 馬驛街 飛火巷
河灘街 以上舊七甲 新橋街 洗馬池巷 打錫巷
守備司街 仙源坊巷 藍家 太平橋街
省志廂坊里二東至後湖河泊所南盡樊口武昌山西望磯窩湖北東盡於鬼神壇烏龜石是爲黃岡廂按對江南岸得勝洲馬橋菱家灣至樊口北岸東港高付溝下及巴河對岸之打石廠皆縣屬地多軍屯俱附廂坊

東弦鄉縣東三里轄里七 呂陽三村黃土一村黃土二村城子一村城子二村魚博一村魚博二村 分區十八
五里墩 路口 戚家嶺 孫家蕣 南湖
邱店 陶店 劉家樓 孟博 王家店
鵠子湖 滸子口 堵城 灌口 宗家灣
韋家亭 臨江鋪 松楊鋪
還和鄉縣東五十里轄里七 昔田一村昔田二村昔田四村橫溪一村橫溪二村白陽一村白陽二村 分區七
迴龍山 楊家畈 新店 上巴河 沙河頭
橫溪寺 百福寺一名白虎寺
永寧鄉 上鄉縣東北百二十里 下鄉縣東北百里 轄里十二 西潼一村西潼二村西潼四村東平一村東平二村東平三村午穀二村午穀三村石尉一村石尉二村石尉三村石尉五村 分區十
但店鎮 溢流河 賀家均 牛車河 賈家廟
三里畈 茅田 李婁墩 七道河 項家廟

慕義鄉 上鄉縣北百二十里 下鄉縣北五十五里 轄里九 白虎一村白虎二村東把一村東把二村東把三村永寧二村城南一村城南二村城南四村 分區十
滾子河 宋家墻 蔡店 金鷄山 花園鋪
竹瓦鋪 淋頭畈 辛家冲 新州 劉家集
上伍重鄉縣北百三十里轄里九 校魚一村校魚二村青卯一村青卯二村青卯三村靈陂一村靈陂二村靈陂三村三屯一村 分區九
徐鞔鼓 鐵冶 校魚寺 葉顧崗 易家河
潘家塘 道觀河 上謝店 下謝店
下伍重鄉縣北百里轄里八 久長一村久長二村久長四村板橋一村灄河一村灄河二村灄河三村歐陽一村歐陽二村 分區五
柳林河 夏家畈 淋山河
舊街 黃林墅
庶安鄉 上鄉縣北一百五十里 下鄉縣北七十里 轄里十三 安仁一村安仁二村安仁三村安定一村安定三村長樂一村長樂二村長樂三村長樂四村高砂一村高砂二村高砂三村高砂五村 分區十一

汪家集 余家店 錢家堡 張店 彭城畈
柳子港 石屋山 周余堡 東三店 西三店
嘉魚村
中和鄉 下鄉縣西北百里轄里九 雙柳一村松固二村感化一村感化二村車埠一村車埠二村車埠三村武樂一村武樂二村 分區十九
東馮集 西馮集 李家集 張家集 周山鋪
畢家鋪 倉埠鎮 羊皮廟 王家集 雙柳鋪
龍口 沙口 曹冲鋪 毛家集 陶山鋪
三山鋪 汪家鋪 粉壁鋪 孔家埠
團風鎮縣北五十里廂坊轄里二 一廂上街 二廂下街 舊編甲七
一甲 倉前正街 崇德坊 華光廟巷 上正街 鮮魚水巷

河街　水巷
二甲　急遞舖正街　後廂坊　鮮魚古巷
三甲　後街　時雍坊　　十字街　永懷坊　筷子巷　前街巷　後湖小巷
四甲　上正街　明雍坊　盧公堤巷　　下正街　相公廟巷
五甲　史壩正街　咸寧坊　行宮廟巷　　雷壇正街　磁器巷
六甲　上馬頭街　斂福祉　紙巷口　　下馬頭街　橫河橋街　陶家巷
七甲　司前正街　馬頭小巷　　上河街　馬頭巷
半邊街　宋家巷　　河西正街　永清坊　橫河渡口
巡司汛地詳後

陽邏鎮縣西北一百二十里轄里二　一廂上街　二廂下街　舊編甲五

一甲　磯窩正街　永嘉坊
二甲　驛前正街　永茂坊　蓬萊寺巷
三甲　唐子巷正街　懷遠坊　孝弟坊
四甲　司前正街　永慶坊　朱紫巷
五甲　下正街　永齡坊　礱子巷
巡司汛地詳後

但店鎮縣東北一百一十里轄里二　一廂上街　二廂下街　編甲九

一甲　萬壽宮後街　永豐坊
二甲　下店　韓家祉
三甲　中店　韓家祉
四甲　田街　韓家祉
五甲　衙前正街　永豐坊　十字街
六甲　正街　永豐坊
七甲　正街　永豐坊　長者里
八甲　正街　永豐坊　萬壽橋東嶽廟
九甲　龍頭街　永豐坊
巡司汛地詳後

倉子埠鎮縣西北一百三十里轄里二　一廂上街　二廂下街　編甲五

一甲　正街南街
二甲　正街北街

三甲　橫街
四甲　東鄉街
五甲　黃陂街
巡司汛地詳後

汛地前志仍舊巡捕典史團風陽邏兩巡檢三員分轄時鄉區自乾隆二十七年奉　文敬陳等事裁汰湖北之山陂等處各驛丞案內並准黃岡縣但店鎮地方添設巡檢一員將原屬巡捕典史所領永寧一鄉團風巡司所領上伍重一鄉歸於添設但店巡司管轄又嘉慶十四年知縣關維杞以縣西北離城一百四十里之倉子

埠與黃陂黃安兩縣犬牙相錯其附近之三店等處皆人烟稠密竊刼頻仍專管之陽邏司又以陽邏爲江漢門戶匪徒所由出入未便遠離查察難周詳准奉　文倉子埠添設巡檢一員以資巡防照例於通省內隨時改調不得具奏增添惟黃州府獄並無長禁人犯司獄閒冗事務可歸經歷兼管郎裁府司獄作黃岡縣倉子埠巡檢倉子埠地方在陽邏但店二巡檢汛地之中將陽邏巡司原管之倉子埠羊皮廟等處十六區但店巡司原管之梭魚寺葉傾崗二區改歸倉子埠管轄將團風司所管之汪家鋪劉家集二區撥補陽邏司專管按前志仍舊於分汛地方載有民壯練兵應役之裁撥存留名數均係明制查今黃岡縣民壯五十名內雍正十一年撥給團風陽邏二巡檢各民壯四名又奉裁民壯二名乾隆二十六年撥給武黃同知民壯六名二十七年添設但店巡檢抽撥民壯四名嘉慶十四年添設倉埠巡檢抽撥民壯四名又各巡司弓兵猺編除裁餉並撥抵經制外存剩團風司猺編五名永充見役四十三名陽邏司猺編五名見役五十七名餘詳賦役

巡捕典史今分管汛地三十二區區一保正

城內外共七甲甲一保正爲一區

城東五里墩　路口　戚家嶺

邱店　南湖　陶店

孫家塝　王家店　劉家樓

孟博　滸子口俱東弦鄉　上巴河

橫溪寺　沙河頭　新店

城東北迴龍山　楊家畈　百福寺還和仝鄉

鴿子湖　灌口　城北韋家亭

堵城　佘家灣俱東弦鄉

城西對江得勝洲　馬橋　麥家灣

東巷　高付溝　西南長圻上墩

長圻下墩　對江樊口　打石廠俱廂坊鄉

團風鎮巡檢今分管汛地二十二區區一保正

團風鎮廂坊鄉　松楊鋪　臨江鋪俱東弦鄉

鴨蛋洲　羅湖洲俱廂坊鄉　金雞山

蔡店　硋子河　花園鋪

竹瓦店　宋家墻　淋頭畈俱慕義鄉

淋山河　夏家畈　栁林河

黃林墅　舊街俱下伍重鄉　辛家冲

新州俱慕義鄉　馬驛鋪　濫泥鋪

矮林鋪俱廂坊鄉

陽邏鎮巡檢今分管汛地一十六區區一保正

陽邏鎮屬廂坊鄉　雙栁鋪　龍口

汪家鋪　粉壁鋪　曹冲鋪

畢家鋪　毛家集　王家集

張家集俱中和鄉　余家店　汪家集
彭陳畈　張店　錢家堡俱庶安鄉
劉家集慕義鄉
但店鎮巡檢今分管汛地一十七區區一保正
但店鎮　溢流河　賀家均
牛車河　三里畈　賈家廟
李婁墩　項家廟　七道河
茅田俱永寧鄉　道觀河　易家河
鐵冶　上謝店　下謝店
徐鞔鼓　潘家塘俱上伍重鄉

倉子埠鎮巡檢今分管汛地一十八區區一保正
倉埠鎮　羊皮廟　周山舖
陶山舖　三山舖　孔家埠
李家集　東馮集　西馮集
沙口俱中和鄉　葉顧崗　校魚寺俱上伍重鄉
栁子港　東三店　西三店
周余堡　嘉魚村　石屋山俱庶安鄉
赤壁磯鎮考明會典設有巡檢久廢
三江口鎮城北三十里隔江接武昌界按輿地紀勝在團風鎮下有江二路而下會此而三舊省志作三江口關明設守備於此徭編弓兵
三十三名又增九名今並裁存永充四十八名支餉裁
餉詳賦役

關

威遠關在清源門右
陽邏關城西北陽邏鎮隔江接武昌府江夏界亦以關名省志按九域志黄岡縣有齊安久長靈山團風陽邏沙湖龍坡七鎮一統志載宋置堡於此東接蘄黄西控漢沔南渡江至鄂北距五關乃要害地明初設指揮守關後廢
鹿城關省志在隋置木蘭縣處今黄陂舊誤入
大活關前志考唐志在黄陂縣北省志失考

祠祀

古者勞定國法施民以及爲民禦災捍患皆祀之祭法詳矣其典皆頒自朝廷董以有司無敢曠亦無敢濫者是以肸蠁昭通而神降之福迄於後代民各私其所感立廟薦馨歲時奔走若欒公社桐鄉祠往往而有雖蜀人野祭武侯禁之訖不能止此亦懿好同然弗可遏抑者歟然而淫祀不經每雜厠其間則所當釐正如狄梁公爾邑有靳巫事亦可師其意

社稷壇在清淮門外東北三里（基長十三丈廣十丈）明洪武中建（府舊志）正統中知府錢敏已植松建房置器未詳何時毀正德間擴復之

國朝雍正十年知縣暢于熊奉　文修建清隱佔甃石臺歲春秋二仲上戊日出主於壇而祭之　社主左　稷主右共支餉銀一十兩縣附郭知府主之

祭品　帛一（黑色）羊豕各一　鉶一　簠二（黍稷）簋二（稻粱）籩四（棗栗白鹽）藁魚　豆四（醯醢青菹韭菹鹿脯）爵三　罇一

儀注　祭日各官衣朝衣禮生引承祭官至拜位通贊唱執事者各執其事陪祭承祭官各就位通贊唱瘞毛血禮生引詣盥洗所贊盥洗凈巾引詣香案前贊迎神行二跪六叩禮興行初獻禮引詣神位前跪奠帛獻爵叩頭興詣祝位跪衆官皆跪宣祝文畢叩頭興引唱復位贊唱行亞獻禮引詣神位前跪獻爵叩頭興復位通贊唱行三獻禮如亞獻儀通贊唱飲福受胙引唱詣飲福受胙位跪飲福酒受福胙叩頭興謝胙一跪三叩頭興復位通贊唱撤饌送神行二跪六叩頭禮興通贊唱司祝者捧祝司帛者捧帛各詣燎所引唱詣望瘞位焚畢復位通贊唱禮畢各官退

祝文

惟

神奠安九土粒食萬邦分五色以表封圻育三農而蕃稼穡恭承守土肅展明禋茲屆仲（春秋）聿修祀典庶芃芃松柏鞏磐石於無疆翼翼黍苗佐神倉於不匱尚饗

神祇壇在一字門外里許（基長十九丈四尺廣七尺）明正統間知府錢敏重修（府舊志）載有神厨宰牲房左右齋宿房今並廢

國朝雍正十年知縣暢于熊奉　文修建清隱佔甃石臺歲春秋祭以祭社稷之日　風雲雷雨居中　山川左

城隍右共支餉銀一十兩（雩祭及祭厲均詣壇將事）縣附郭府主之

祭品　帛七（俱白色）鉶二　罇一　爵二十有一　餘品儀注與社稷壇同

祝文

惟

神贊襄天澤福佑蒼黎佐靈化以流形生成永賴乘氣機而鼓盪溫肅皆宜磅礴高深長保安貞之吉憑依鞏固實資捍禦之功幸民俗之殷盈仰

神明之庇護恭修歲祀正值良辰敬潔豆籩祗陳牲幣尚饗

壇祭[省志]祀禮凡壇前壇後祠宇壇高二尺一寸廣二尺
五寸牌高二尺四寸廣六寸座高五尺廣九寸五分
先農祠宇正房三間房各一正房中供
先農神位紅牌金字東正房貯祭器農具西正房貯耕耤
米穀東配房置辦祭品西配房看守
農民居住耤田四畝九分坐落東郊
先農壇在清淮門外玉几山下雍正五年知縣樊大元奉
文修建傍耤田如制每歲仲春亥日巳時致祭午時行
耕耤禮[縣附郭府主之]祭日承祭官率各官請　神位供於壇
上衣朝衣行禮祭畢送　神入祠
祭品　帛一[白色]餘品儀注與
社稷壇同
祝文

惟
神肇興稼穡粒我烝民頌思文之德克配彼天念率育之
功常陳時夏茲當東作咸服先疇洪惟
九五之尊歲舉
三推之典恭膺守土敢忘勞民謹奉彝章聿修祀事惟願
五風十雨嘉祥恒沐於
神庥庶幾九穗雙歧上瑞頻書於大有倘饗
耕耤儀注　一官捧青箱一官播種各官俱用右手扶犁
左手執鞭各行九推禮農夫終畝各回官廳
更朝衣望
闕恭行三跪九叩頭禮[縣附郭知府秉耒佐貳執青箱知
縣播種乾隆七年奉　文以耤田存穀
變價銀五兩備祭如不敷用司庫奏給]

耕耤[器物]農具一赤色牛一黑色耔種一青色
[人役]耆老一牽牛農夫二扶犁農童六唱歌
常雩祭在
神祇壇行禮祭日孟夏之吉儀注亦同乾隆七年奉　文
支餉銀五兩[司庫給]致祭若歲間不雨諏辰撰文備牲牢
籩豆香帛尊爵鑪鐙之屬守土長吏率屬素服祈禱儀
與常祀同既應而報陳設供具朝服行禮與祈祀同
祝文
恭膺
詔命撫育羣黎仰體
彤廷保赤之誠勤農勸稼俯惟蔀屋資生之本力穡服田介

甲爰頒肅舉祈年之典惟寅將事用申守土之忱黍稷
惟馨尚冀明昭之受賜來牟率育庶俾豐裕於蓋藏尚
饗
文廟一在府儒學內歲春秋二仲上丁日祭共支餉銀五
十兩乾隆七年均祭減一十兩增香燭祭米折銀一兩
五分餘詳[府志]
一在縣儒學內歲春秋二仲上丁釋菜以縣附郭禮從殺
共支餉銀一十二兩乾隆七年均祭增二十八兩香燭
祭米折銀一兩五分[規制祭典儀注樂章舞節配享從祀詳學校志]
崇聖祠俱在儒學內春秋二仲上丁日祭共支餉銀一十

四兩四錢乾隆七年均祭減七兩四錢（詳學校志）

武聖宮卽關帝廟一在城南一字門外明成化中知府王霽修建一在清源門內一在報恩寺右

國朝雍正七年奉

文春秋二仲上戊及誕日三祭牲用太牢共支餉銀三十五兩七錢四分六釐在報恩寺右廟內行禮（乾隆五十一年知府倬令阿重修嘉慶二十四年知縣蔣祖暄捐廉購基擴建殿廳頭二門）

春秋二祭祭品　帛一（白色）牛豕羊各一籩豆各一

五月十三日祭品（後殿不用牛餘同）帛一牛豕羊各一菓五盤

儀注　祭日贊引引承祭官進左旁門至盥洗所贊盥洗畢引至殿內行禮處立典儀唱執事者各司其事贊引贊就位引承祭官就位立典儀唱迎神司香捧香盒就香爐左立贊引承祭官就香爐前立司香跪贊引

贊上香承祭官拔炷香插爐內又上塊香三次畢贊引贊復位承祭官復位立贊引贊跪叩興行三跪九叩頭禮典儀唱奠帛爵行初獻禮司帛司爵將帛爵捧至

神位前奠帛爵跪獻畢行三叩頭禮退執爵官立獻畢退讀祝祝詣祝位前行一跪三叩頭禮捧起祝文立贊引贊跪承祭官讀祝俱跪贊讀祝讀畢捧至

神位前安盛帛盒內畢行三叩頭禮退贊引贊叩興承祭官行三叩頭禮典立典儀唱行亞獻禮執爵照初獻禮獻畢退典儀唱行三獻禮執爵自案右照亞獻禮獻畢退典儀唱撤饌送神贊引贊跪叩興承祭官行三跪九叩頭禮興立典儀唱捧祝帛饌各詣燎位捧祝捧帛捧饌各至

神位前俱跪捧祝捧帛行三叩頭禮惟捧香捧饌不叩頭將祝帛香饌依序捧送承祭官退至西傍立候捧祝帛過畢復位立贊引贊詣望燎位承祭官至爐前焚訖贊引贊禮畢退

祝文

惟

帝浩氣凌霄丹心貫日扶正統而彰信義威振九州完大節以篤忠貞名高三國

神明如在遍祠宇於寰區

靈應丕昭薦馨香於歷代屢徵異蹟顯佑羣生恭值嘉辰

尊行祀典筵陳籩豆几奠牲醪尚饗

祭後殿（雍正三年追封三代公爵）

光昭公正中南向

裕昌公東一室南向

成忠公西一室南向

春秋祭品　帛各一（白色）豕各一羊各一籩各八

儀注（殿）行二跪六叩頭禮承祭官詣各爐前上香餘同前

祝文

惟

公世澤貽庥靈源積慶德能昌後篤生神武之英善則歸

親宜享尊崇之報列上公之封爵

錫命優隆合三世以肇禋典章明備恭逢諏吉祗事薦馨

尚饗

文昌祠在府儒學內康熙四十年知府許錫齡糾邑紳士建乾隆五十三年知縣王正堂糾邑紳士增修嘉慶六年奉

特旨崇祀每歲春以二月初三日
聖誕秋以欽天監選定吉日致祭祭品儀注俱照祭
關帝儀
祝文
惟
神蹟著西垣樞環北極六匡麗曜協昌運之光華累代垂
靈爲人文之主宰扶正久彰夫感召薦馨宜致其尊崇
茲届仲春秋用昭時祀尚其歆格鑒此精虔尚饗
祭後殿
文昌帝君先代神位祭品儀注俱照祭

關帝廟後殿儀
後殿祝文
祭引先河之義禮崇反本之思矧夫世德彌光延嘗斯
及祥鍾累代炯列宿之精靈化被千秋緯人文之主宰
是尊後代用達前庥茲届仲春秋肅將時祀用申告潔
神其格歆尚饗
按府學內
文昌祠原二程夫子祠前祀二程夫子後祀
文昌帝君嘉慶六年奉　文添祭詳明卽仍舊祠行禮嘉
慶二十一年知府吳之勷倡率邑士移二程夫子像於
河東書院祠內改建前殿並　奎星樓於殿前以舊祠
爲後殿年久頹廢道光二十七年知府祁宿藻署知縣
金雲門知縣俞昌烈倡率重新
江神廟先在清源門外上新河觀瀾橋西之北乾隆五十三年大水頹今舊址猶存　乾隆五十
四年知縣王正常倡捐捌建於赤壁左賓館後每歲春
秋仲月吉日致祭祭品　帛一色豕羊各一酒爵三果
食八盤鑪鐙具
儀注祭日主祭官衣蟒衣禮生稟請行禮至盥洗所贊盥洗畢引至殿內行禮處立通贊唱執事者各司
其事主祭官就位陪祭官各就位瘞毛血迎神行三跪
九叩禮興行初獻禮引唱詣酒尊所司尊舉羃酌酒詣
神位前跪進帛進爵叩興詣祝位前跪衆官皆跪讀祝畢
叩頭俱興復位通贊唱行亞獻禮如初獻儀行三獻禮

如亞獻儀通贊唱飲福受胙引唱詣飲福受胙位跪飲
福酒受福胙叩頭興謝胙一跪三叩頭興復位通贊唱
撤饌送神行三跪九叩禮興司祝捧祝司帛捧帛各詣
沉帛所引唱詣望沉帛位引承祭官至江邊揖復位禮
畢
祝文
惟
神位列四瀆之首澤沛三楚之中源發於岷與中北而共
派流歸於海合汶漢以朝宗維茲仲春秋謹以香帛酒醴
粢盛庶品式陳明薦尚饗
龍神祠舊在河東書院右卽今二程夫子祠　嘉慶二十一年知府吳之勷捐
置府城隍廟西民房捌建年久傾圮道光二十一年知縣王令儀重修一在清淮門

外聚寶山一在永寧鄉大崎山麓每歲春秋二仲致祭如祭江神廟儀每祭銀五兩現係本縣捐廉

祝文

惟

神德洋寰海澤潤蒼生允襄水土之平經流順軌廣濟衆源之用膏雨及時績奏安瀾占大川之利涉功資育物欣庶類之蕃昌仰藉

神庥宜隆報享謹遵祀典式協良辰敬布几筵肅陳牲幣

尚饗

府城隍廟在坡仙坊十八坡上東北明初勑封鑒察司民威靈公秩正二品建廟

國朝康熙間知府賈鉝修乾隆九年知府禹殿鰲乾隆六十年知府先福舒山道光二年知府成善八年知府周維垣叠次重修歲無特祀惟厲祭主之春秋二仲附祭於

神祇壇

縣城隍廟在縣署前左明初勑封鑒察司民顯祐伯秩正四品建廟道光二十六年署縣劉鴻庚知縣王令儀劉江重修

郡厲壇在清淮門外三里民田中高阜基長七尺廣四尺五寸明初建歲三月寒食節七月望十月朔日前期知府飭所司具香燭公服詣

城隍廟焚牒以祭厲告上香跪三叩興退至日黎明禮生奉請

城隍神位入壇居中香案鑪鐙具壇下牓無祀鬼神分祀之羊豕各三米飯三石香燭酒紙隨用共支餉銀一十二兩乾隆七年均祭减銀五兩增厲祭米折銀一兩二錢二分壇今在赤壁與例郊合北不知何時移建

儀注禮生引守土官公服詣城隍神位前贊跪守土官跪贊上香守土官三上香贊叩興守土官三叩興退執事焚楮帛守土官詣燎鑪前祭酒三爵退城隍神位禮生奉還入廟舊志別有鄉厲壇今無考

祝文

遵承禮部劄開闔境無祀鬼神等衆事欽奉

皇帝聖旨普天之下后土之上無不有人無不有鬼神人鬼之道幽明雖殊其理則一今國家治民事神已有定制尚念冥冥之中無祀鬼神昔為生民未知何故而歿其間有遭兵刃而横傷者有死於水火盜賊者有被人取財而逼死者有遭刑禍而負屈死者有天災流行而疫死者有被人強奪妻妾而死者有為猛獸毒蟲所害者有為饑餓凍死者有因戰鬬而殞身者有因危急而自縊者有因墻屋傾頹而壓死者有死後無子孫者有子孫不能祭祀者此等鬼魂或終於前代或歿於近世或兵戈擾攘流移於他鄉或人煙斷絕久缺其祭祀姓名

泯沒於一時祀典無聞而不載此等孤魂死無所依精魄未散結爲陰靈或依草附木或作妖爲怪悲號於星月之下呻吟於風雨之時凡遇人間節令心思陽世魂杳杳以無歸身墮沉淪意懸懸而望祭興言及此憐其慘悽故勑天下有司依時享祭期於神依人而血食人敬神而知禮仍命本處

城隍以主此祭欽奉如此不敢有違謹設壇於城北置備牲醴羹飯專祭本府闔境無祀鬼魂等衆靈其不昧來格來歆尚饗

里社土穀壇舊志城十二日隆孝思忠主信居仁由義立禮秉智崇德安土樂天明文興讓社有長春秋社日祭土穀之神既畢會飲讀法明宏治己未一行之

旗纛廟在衛署左衛守備歲以霜降日祀明初建

國朝雍正三年守備方玉璣乾隆道光年間守備唐舜仁王裕慶重新

名宦祠歲春秋祭日同上丁共支餉銀五兩乾隆七年均祭減銀一兩五錢舊附府學不別立祠自縣立祠儒學內列祀姓名如左

宋張　激　元吳　汝　明徐　誼　胡　潔　簡　霄

虞　儼　孟　津　賈應璧　羅應鶴　趙士登

涂宗濬　曹愈參　徐紹曾　茅瑞徵　李希沆

孫自一　韓秉文　武　鉞　張性魯　周　祿

姚　溢　劉　烜　林兆箕　杜遇春　吳文燮

國朝楊日昇　劉國寀　徐　籀　董元俊　李經政

祭品　羊一豕一籩四豆四鑪一鐙二壺一爵三帛一白色香盤一

儀注　釋奠禮畢教諭一人公服詣祠致祭禮生引主祭官詣案前禮生自右捧香盤主祭官三上香訖引贊贊主祭官三叩興禮生自右授帛官受帛拱舉授禮生獻案上禮生酌酒實爵跪授官受爵拱舉仍授禮生興獻於正中祝者捧祝跪案左引贊贊官跪讀畢以文復於案退官俯伏興執事者酌酒獻於左又酌獻於右退引贊贊跪叩興官三叩興執事以祝帛送燎禮畢退祝文由縣撰擬

鄉賢祠舊附府學春秋祭日同上丁共支餉銀五兩乾隆七年均祭減銀一兩五錢祭品儀注與名宦祠同自縣

立祠儒學內攷舊志及省志府志列姓名如左

唐周　墀　宋潘大臨　元吳應澍　勝　賓　冷　庸

明詹　同　吳　琳　徐　本　黃　榮　蕭　昇

張　璘本姓周　王思旻　詹　徽　曾　恕　張　佐

詹希原　王　濟　黃伯垓　王　麟　余　鑾

劉以德　賈　啓　謝　杲　曹　珪　郭　慶

吳良吉　陳廷瓚　王廷槐　余文瑞　方　勇

奚　楧　邱尚忠　奚世亮　方　任　陳　言

陳嘉學　范　芝　陳相道　王廷陳　陶　珪

樊　煒　王廷瞻　樊玉衡　杜鳴陽　曹光德

邱岳 李植 劉承芳 陳首俊 王一鳴
杜傑 於倫 穆天顏 易傚之 詹時明
張寶 李葵 孫大祚 王同謙 張澤本姓周
張濟 李田 張啓孫本姓周 李之用 周之訓
官如皋 熊璦 熊養中 王陞 王鳳陽
葉正蒙 王欽濂 甄善 甄其賢 汪之渙
詹謙之 樊玉衡 祝宗文 王崇擢 祝一先
汪世極 樊玉衝 程希召 張鳳來 趙炳
易道暹 易為璉 王家欽 劉以文 徐崇德
樊鼎遇 官應震

國朝詹謹之 樊維域 李遐齡 王追本 王一釬
劉子壯 陳天生 王躬俊 王鳳釆 李長青

忠義孝弟祠在縣儒學內明倫堂右雍正三年建祠牌列恩旌姓名春秋二仲上丁日祀之姓名詳忠義孝友志嘉慶五年教諭李敦柱倡率邑士周鳴鳳吳佶李光濰邱光宋捐貲修葺道光九年知縣李錦源據邑監生胡廷瑞稟捐詳明擴基重建分立志載忠義孝友諸牌位

祭品儀注與名宦祠同

祝文

惟靈稟賦貞純躬行篤實忠誠奮發貫金石而不渝義問宣昭表鄉閭而共式祗事懋彝倫之大性摯莪蒿克恭念天顯之親情殷棣蕚模楷咸推夫懿德綸恩特闡其幽光祠宇維隆歲時式祀用陳尊簋來格几筵尚饗

昭忠祠在報恩寺關帝廟右嘉慶八年署知縣顧澍奉文建前知縣王正常流抵公館道光二十三年因祠宇傾壞千總程大勳知縣劉江倡率改建於馬王廟側祀陣亡官兵鄉勇銜名牌位官居中兵勇列左右每春秋部期祭日在建曠銀內支祭銀四兩率其子孫致祭

祭品儀注與名宦祠同

祝文

臨陣出力存則議敘歿則旌功分無論崇卑効死者重名不拘士庶殉難為忠既慷慨而捐軀用昭忠而祠祀茲當仲春秋特將牲帛凡在陣亡伏冀來格尚饗

祠祀陣亡官兵義勇銜名

黃州協營勦捕教匪陣亡把總胡金柱宜昌府東湖縣人寄籍蘄水縣
道士洑營勦捕教匪陣亡外委鄒元熊本縣人
黃州協營陣亡兵丁

馬兵葉之秀　涂起元　易步鼇　陳世朝　馮占魁
陳上達　凌連升俱本縣人
戰兵瞿光全　杜　清俱本縣人
守兵朱大志　張啟太　江　元　唐　貴　胡承先
陳國太　呂鳳彩　胡得龍　桂上達　王　華
張　元　桂士魁　魏宗連　余世華　牛必貴
孫正安　曾連升　汪　楷　華元亮　李　發
徐　貴　梅開緒　艾得元　歐士貴　湯　升俱
黃岡縣人　高　榮　張林高俱蘄水縣人

蘄州營陣亡兵丁

馬兵羅　明黃梅縣人
守兵夏德明蘄州人　石得升黃梅縣人俱勦苗匪陣亡
戰兵王　進蘄州人
守兵范　有　蕭　全　楊　發　李有升　王　啟
華得榮　王光元　張萬春　胡占元俱蘄州人
張　法　鄒　元　萬　勝　陳　興　錢正邦俱
黃梅縣人　羅永茂　劉　敔　方從周　李　材
冦奉有俱廣濟縣人勦捕教匪陣亡

道士洑營陣亡兵丁

馬兵孫殿華廣濟縣人

守兵張炳勝蘄水縣人　王勝文　徐廷發廣濟縣人
鄭漢雲　袁文茂　羅聖懷俱蘄州人勦捕教匪陣亡

黃安縣堵禦教匪陣亡紳士

生員劉　崑監生熊之炅家口熊萬輝　熊朝文　熊耀楚
熊孔朝　熊立舉　熊大研　張永順俱黃安縣人

陣亡義勇

吳長雲　孫國棟　高崇元　王大榮　吳登雲
孫瑞歧　萬啟揚　王啟榮　吳正值　孫玉采
王得榮　吳瑞珍　吳正奎　孫艮甫　王步雲
吳志隆　吳曾國　孫元善　王大成　吳國名

吳國甫　陳明奎　吳懷元　錢萬秀　魏華國
周遺高　吳禹恒　李在明　陳金文　錢如賢
李廷秀　周廷耀　吳銀玉　吳子隆　陳大勝
錢萬海　吳希聖　吳士國　吳金國　陳相文
甯根意　李廷華　陳啟文　李朝高　王世洛
劉崇禮　李朝相　周耀凱　周光歧　鄒起林
吳金太　周正啟　謝仲仁　鄢正名　沈有文
孫大元　戴文采　周萬雲　周文昌　李化龍
何得名　謝耀文　謝夢瑞　鄢金林　蕭正太
吳成一　吳丙交　周光雲　錢長青　黃興占

何　五　謝名華　謝要黄　謝九州　左成龍
戴輝列　吳繼文　周萬明　吳以珍　任朝付
張世雄　謝名甫　劉正朝　謝名得　左正有
戴紹勝　萬廷甫　周中勝　鄒必文　吳玉釆
蔡朝選　謝得升　劉東只　熊方恒　左正太
戴貴華　萬金舟　黄金仲　劉萬青　吳兆獻
吳兆舜　吳世賢　左之昆　易向隆　馬再頁
黄茂升　周能甫　吳珍祥　吳自懷　邱正岡
錢伯舟　易豐儀　萬先正　黄茂林　周仲主
吳楚舒　吳之倫　李遵路　孫恒遠　易奉林

陳仲顯　黄洛從　吳兆唐　吳從得　吳之顯
張得周　吳志中　易奉倫　劉金名　吳崇謙
吳兆進　王以成　易丙權　吳　岡　吳世隆
熊于朝　熊太朝　熊正乾　石萬玉　熊啟選
熊國言　熊雲朝　熊國允　熊永揚　熊志友
熊志儒　熊文遠　熊化朋　熊宗連　熊貴玉
熊貴賢　熊銀海　熊緒海　熊貫堯　熊宗萬
熊漢雲　熊立朝　熊允林　熊萬仁　聶有德
熊立有　況正興　況朝進　況安國　況定國
況允章　況文秀　況金科　況允青　余仲勝

余士得　余宗勝　李志洛　劉洪得　金天相
陶天只　陶洪學　陶大發　李再萬　喻時文
王朝武　涂兆興　涂兆義　陶若全　陶見中
周得友　李子六　劉九疇　劉志仁　胡國龍
周在國　伍中貴　伍見盈　段士達　段成得
錢朝獻　楊青瑞　李國太　潘士賢　易朝貴
楊青名　閔錦文　盧季瑞　董　四　易奎萬
況天相　盧茂伯　盧志高　黄耀名　周聲揚
周漢章　周宗朝　周天芴　劉允名　吳允和
張雲燿　何朝于　陶國相　黄　八　王樂山

丁世元　吳四六　陳　連　劉金付　熊奉宜
陳國太　方有得　李　華　劉仲友　黄士吉
黄士珍　余宗文　戴萬春　羅名揚　甯有成
徐國隆　汪朝太　蕭利見　陳具選　熊丙正
韓大雅　侯正順　汪大海　王志達　高國友
聶文昱　聶有愷　王啟付　陳雲貴　余紀岡
陳觀南　陳仲友　陳東法　陳宇文　曾得方
曾仲貴　張啟奉　錢應保　錢正名　張得保
易得坤　易對生　萬宗芴　萬風宜　易豐來
易宗貴　李豐敖　萬啟雲　李見都　張希烈

彭元朝　萬子順　李從龍　萬奉海　李裕名
沈位武　彭朝勝　劉成先　蔡勝宗　沈金勝
李自化　萬國珍　沈伯朋　李應龍俱黄安縣人

興國營陣亡兵丁

羅正元廣濟縣人

四川普安營陣亡兵丁

吳興貴蘄州人

泰寧營陣亡兵丁

唐功亮黄州府人

續入

黄州協營因公淹斃目兵

魏德槐黄岡縣人

節孝祠雍正三年建在分守道署後年久頽廢道光十六年知縣范典榮教諭易慶善訓導尹廷瑛勸捐改建於縣學前祠内列

旌表建坊姓氏牌歿者設位存者題名姓氏詳列女志祠前店房一所所得租費由本地紳士管理春秋二仲丁日致祭祭品儀注與名宦祠同

祝文

惟

靈純心皎潔令德柔嘉矢志完貞全閨中之亮節竭誠致敬彰閫内之芳型茹冰櫱而彌堅清操自勵奉盤匜而匪懈篤孝傳徽

絲綸特沛乎

殊恩祠宇昭垂於令典祗循歲祀式薦尊醪尚饗

火王廟在一字門複城内祀古祝融向止朔望行香嘉慶二十五年知府成善撥令歲春秋二仲各捐祭費銀五兩諏日致祭祭品儀注視江神祝撰文

祝文

惟

神職司夏令運主南訛乘朱輪而昭法象秉赤曜以握靈

符三星守舍鮮芒角之動搖二歲周天因仁言而退匿

民皆安堵賴庇佑於江天

神所憑依功普存於民力時當春秋仲敬具禮儀聿昭肹蠁之誠三牢隆於往昔爰崇告祝之典九拜肇自今茲用

薦馨香庶其來格尚饗

晏公廟在赤壁磯相傳公名戍仔元人封平浪侯一在城内阮家凉亭上

蝗神廟在治西北五十里佗鶚洲祀蝗神劉猛將軍雍正八年其地有蝗官撲滅之因奉

文建廟於此歲春秋府縣官致祭後因洲圮乾隆十四年知縣邵豐鍭倡募改建於團風鎮

忠節祠在舊鼓樓西（即州公廨舊址）明宏治中知府盧濬建祀唐張巡宋岳飛趙令晟吳源王遠劉卓何大節附王禹偁蘇軾今廢（大節黄州太守殉宋難）

武節祠在安國寺右祀唐張巡有保障江淮功明宏治間建同知韋厚記祠有降筆詞額

國朝康熙間以其後爲義學曰睢陽書院前名景祐眞君廟

乾隆六十年知縣張其章重修並祀唐許遠名雙忠祠年久傾圮道光二十八年闔郡官紳士商重脩

韓魏公祠在安國寺左宋韓琦從兄琚守黄州於西厢讀書後郡人就書齋立祠祀之道光二十七年重建（詳見讀書堂）其傍舊有王陽明祠今燬

蘇文忠祠一在洗墨池畔明天順辛巳僉事沈靖建後爲民居侵沒知縣茅瑞徵查復增葺

國朝康熙初通判宋犖重修今廢一在赤壁磯

三賢祠即三賢堂在府儒學內祀宋王禹偁韓琦蘇軾今廢（舊志載七賢祠在清淮門內祀周濂溪程明道伊川張横渠邵康節朱晦菴王陽明按七賢雖理學自二程子外於黄無與宜議罷今燬）

潘公祠祀宋潘大臨大觀潘公家樊口其故居久廢爲民居道光初里人買地建祠以祀之

岳忠武祠在城南隅祀宋岳鄂王飛明宏治已未建（舊爲鄉約）堂形家稱爲府基印星俗呼高廟廟後塘及元妙觀塘皆水星以壓火災不宜淤塞今祠燬廟爲眞武觀道光十八年邑人重塑忠武像祀於大士閣左厢

忠顯廟在清淮門外宋建炎初趙令晟守黄州値金人陷城死之都監王遠判官吳源巡檢劉卓俱以不屈死州人請立廟祀之令晟贈徽猷閣待制謚忠愍遠等別祀

國朝乾隆六十年縣學教諭李敦杜倡邑士修復設各牌位有記刻石

二程夫子祠舊在府儒學內文昌祠前宋乾道間李訦守黄州建朱子有記

國朝通判馬懷璋教授彭士商知縣王正常先後重修知府吳之勳移建河東書院右

吳丞廟在舊邾城祀元左丞吳汝汝嘗有功於邾邾民立廟祀之

尊賢祠在赤壁祀明副使曹璜僉事馮應京知府瞿汝稷（舊志疑即馮東宮址）今廢

吳公祠一在城隍廟明嘉靖初知府吳淮有惠政郡人立祠祀之今廢一在永寧鄉祀城守吳之蘭之蘭從于成龍征東山戰死其地土人祀之

曹公祠在城隍廟右祀明知縣曹愈參今廢

樊孝介先生祀在府學左側祀明邑紳樊玉衡每歲春秋

釋奠後學官入祠行禮額坊俱董其昌書祠遵例設祀生詳明更換

周忠烈公祠在府學街前祀明贈光祿卿周之訓以殉難

勅建專祠

方公祠在縣儒學右側明邑鄉賢方勇門首坊額曰衍祀

韓宋二公祠在孟指揮巷前祀明通判韓煥

國朝通判宋犖後爲痘神廟嘉慶十八年邑人祀痘神於此

郡守李公祠在胡總兵街祀知府李彥瑁乾隆九年知府禹殿鰲改爲振英書院今廢仍爲李公祠

于清端公祠在赤壁磯山巔舊有留坡閣後改祀知府于成龍

蘿村棠舍祀知府蔣國祥年久傾圮道光二十七年知府祁宿藻署縣金雲門知縣俞昌烈重修

禹公祠在河東書院右祀知府禹殿鰲增祀知府錢鋆吳之勷楊庚以知縣陳文樞攝知縣邱錫駿配皆有造於書院者

驛遞

置郵傳命法隨風之中旌節輔英昭達路之信蓋車書一統以此爲氣脈通流者也岡邑舊有李坪陽邏二驛丞專司其事今則并歸於縣驛亦酌歸便途鶯堠相望魚書無滯歌由庚者久矣維後之人恤役勿擾則候皆在疆

驛站道路明移今治城南江濱置齊安水馬驛宏治間以舊有臨皋馬驛在宋元舊城東門外並爲水馬驛前有使星樓牓曰湖東第一館嘉靖中知縣郭鳳儀建即今沙街驛門地城北六十里置李坪馬驛在團風鎮北即今呼馬驛地又北七十里置陽邏水馬驛又

西北六十里即武昌府江夏縣抵省會城東南七十里即蘄水縣巴水驛由此以達江西江南此舊驛路也李坪陽邏俱設有驛丞

國初因之乾隆十九年裁二驛丞巡司兼管旋屬縣二十九年巡撫常鈞因江水漲發船載稽遲

奏准於江夏縣東六十里設土橋站又東六十里武昌縣地華容設華容站又東六十里即交接縣齊安驛歸入原路次年李坪陽邏二驛俱裁餘詳後

原編額徵驛站夫馬順治十六年准驛道牒奉浙江巡撫奏

題留原協齊安李坪二驛永充馬價改作解部正銀本省需用協濟仍於正項內撥給

武昌巡船水夫四名每名銀七兩帶閏銀一錢一分六釐六毫修船銀二兩共銀

三十兩四錢六分六釐四毫

蘄州遞運所馬船二隻原係按察司正堂並分巡道各船一隻每隻水夫十六名每名銀七兩二錢帶閏銀一錢二分每隻修船銀十八兩共銀二百七十兩二錢四分

紅船二隻原係驛鹽道本府清軍廳各座用一每船水夫二十名每名正閏銀七兩三錢二分每隻修船銀十二兩共銀一百七十兩四錢

齊安驛馬十六匹又新加四匹每匹銀三十兩帶閏銀五錢又零銀一兩五錢二分帶閏銀二分五釐共銀六百一十一兩五錢四分五釐驛初屬府今并縣站船水手十五名又新加二名每名銀六兩帶閏一錢共銀一百三十七兩今并縣

李坪驛馬十七匹又新加二匹每匹銀三十兩帶閏銀五錢又零銀二十四兩帶閏銀四錢共銀六百三兩九錢原派本府馬夫新議改抵

蘄水羅田廣濟原編協李坪驛馬價銀二百一十一兩四錢八分七釐站船水夫四名又新加四名每名正閏六兩一錢共銀四十八兩八錢

原代派黃陂縣編協陽邏驛馬三匹又新加一匹每匹正閏三十兩五錢又零銀二十二兩八錢三分九釐一毫零帶閏三錢八分六釐零共銀一百四十五兩二錢一分九釐八毫以上各役工食按季解給聽支

協編襄陽府屬呂堰驛馬二匹每匹正閏三十兩五錢又零銀十九兩八錢帶閏三錢三分共銀八十一兩一錢三分

驛馬解費每兩五釐該銀四錢五釐七毫此現另款解司充餉

齊安驛支應銀五百九十兩無閏今并縣

齊安驛館夫三名每名正閏銀七兩三錢二分共銀二十一兩九錢六分今并縣

李坪驛夫三名銀數同上

走遞夫馬原額排夫二百五十名內除六名入本縣經費外實二百四十四名每名七兩二錢帶閏一錢二分共銀一千七百八十六兩八分內除客夫銀一百七十八兩六錢一分外實徵銀一千六百七兩四錢七分本縣走差

原額脚馬六十五匹每匹二十四兩帶閏四錢共銀一千五百八十六兩

按前共銀六千一百四兩二錢七分八釐二毫係舊全書所載查驛站奏銷册報多造銀二兩九錢三分歷年已久無從溯源已于雍正四年咨部仍照現在驛站數目開造以符奏案

現設驛站夫馬支應并抽裁驛站工食

排夫九十名雍正六年裁二十名乾隆三十三年裁十名工食銀解道支用并移司充餉二十二年增十名三十三年增二十名仍九十名共銀六百五十八兩八錢內夫一名日支工食銀二分三毫零年支銀七兩三錢二分乾隆四年奉文扣除小建遇閏加增

縣合併齊安驛脚驛馬四十六匹雍正六年裁十六匹乾隆二十四年裁五匹工食工料銀解道移司充餉四十年裁五匹改設漢川縣田兒河又增十匹乾隆三十年實馬三十匹每匹日支草料銀五分藥

餌銀二釐七毫零又兩馬一夫日支工食銀二分又三馬一夫內一名日支工食銀二分五名一分九釐六毫零又獸醫一名日支工食二分每匹年支草料銀十八兩藥餌銀一兩兩馬一夫之夫年支銀七兩二錢三馬一夫之夫一名年支七兩二錢五名各年支銀七兩七分四釐俱扣建加閏獸醫一名年支銀七兩二錢不扣（建不加閏）共工料等銀六百五十五兩七錢六分八釐（則例倒馬一匹變皮價銀一兩解司補馬一匹請價銀十四兩）支應銀六十七兩（廩糧號房鞍屜槽鍘什物燈油支用）雍正六年裁十六兩乾隆二十四年裁八兩五錢（解道移司充餉）四十年抽撥八兩五錢（改設田兒河）又添增銀十九兩五錢共實銀五十三兩五錢（不扣建不加閏）

李坪驛三十四匹乾隆二十四年裁五匹（銀解道移司充餉）三十年全行裁撤（改撥武昌縣屬華容站）支應銀六十七兩乾隆二十

四年裁十一兩一錢六分六釐五毫（解道移司充餉）三十年全裁（改撥華容站）

陽邏驛馬三十匹雍正六年裁二匹乾隆二十四年裁五匹（銀解道移司充餉）三十年全行裁撤（改撥江夏縣屬土橋站）支應銀六十七兩雍正六年裁二兩乾隆二十四年裁十兩八錢三分三釐五毫（解道移司充餉）三十年全裁（改撥土橋站）

江濟水夫一百五十五名（每名銀四兩九分九釐）該銀六百三十四兩七錢二分五釐（每百兩京損九錢）共銀五兩七錢一分二釐五毫零

按驛站原編司項抵浙協濟馬價銀六百四十六兩五錢三分九釐連前額徵共銀七千三百九十四兩一錢八分四釐七毫零內除豁免故夫丁銀並坍除銀共一百三兩六錢六分一釐二毫零外實徵銀七千二百九十兩五錢二分三釐四毫零內有每年各驛夫馬工食工料等項應於本縣額編驛站銀內動用九百二兩九錢六分八釐又於各屬解道裁夫銀內動用二百一十九兩六錢又於黃梅解道裁馬工料內動用二百四十五兩五錢又驛站項下編設酌用買補馬價銀九百二十四兩六錢五分七釐一毫零紅船水手工食銀三十兩四錢六分六釐四毫裁二充餉銀三千一百三十五兩五錢九分九釐八毫零裁減夫馬支應等銀二千二百九十六兩八錢三分二釐係另款解交道庫支用並移司充餉

按舊志係列前明驛站夫馬隨時減增至萬歷時幾倍原額（三驛額馬各二十匹齊安加至三十六匹李坪至三十九匹陽邏至四十匹站船水夫原額每船六名者加至十名三名者加至十七名二十名）各驛馬戶有編安麻兩縣承充者逃避差徭致本縣暫僉殷實而承充募役僅存五戶

每至年終封門不役矣存之備考

接官廳舊在東門外四牌樓（郎古蹟黃泥坂一盼亭旁石刻東坡詞處）今廢

縣前鋪曰急遞總鋪在清源門外沙街鋪兵徭編三名半永充一十四名（凡鋪一目爲鋪司餘爲鋪兵）

東抵蘄水縣鋪四與蘄水七里鋪接中隔巴鎮橫河蘄水設有渡船

長圻鋪鋪兵徭編五名永充四名

楊林鋪鋪兵徭編三名永充四名

桑林鋪鋪兵徭編三名永充五名

烏桕鋪鋪兵徭編四名永充三名

南抵武昌府武昌縣無鋪中隔大江七里三分
北抵麻城縣鋪十二與麻城沙河鋪接
長坡鋪鋪兵徭編三名永充五名
楓香鋪鋪兵徭編四名永充四名
松楊鋪鋪兵徭編三名永充五名
臨江鋪鋪兵徭編四名永充四名
團風鋪鋪兵徭編四名永充九名
花園鋪鋪兵徭編二名永充五名
竹瓦鋪鋪兵徭編三名永充三名
淋山河鋪鋪兵永充六名

丁家壋鋪鋪兵徭編一名永充五名
黄山鋪鋪兵永充六名
久長鋪鋪兵徭編二名永充五名
道觀河鋪鋪兵徭編一名永充七名
西北從團風抵黄陂縣鋪十三（又與黄安高林鋪接）
馬驛鋪即古李家境鋪鋪兵徭編五名永充二名自團風至鋪中隔鷺公頸横河設有官渡（省志載兩鋪相距十五里）
濫泥鋪鋪兵徭編三名永充五名
矮劉鋪鋪兵徭編三名永充四名（劉全書作流）
汪家鋪鋪兵徭編二名永充六名

雙流鋪（一名雙柳）鋪兵徭編五名永充三名
城林鋪鋪兵徭編三名永充五名
陽邏鋪鋪兵徭編三名永充七名西與江夏官屯鋪接中隔大江十里三分有官渡（省志載兩鋪相距十五里）
粉壁鋪鋪兵徭編一名永充五名
曹冲鋪鋪兵徭編二名永充五名（冲全書作充）
畢家鋪鋪兵徭編一名永充四名
周山鋪鋪兵徭編一名永充七名
陶山鋪鋪兵徭編一名永充六名
三山鋪鋪兵徭編一名永充七名東至岐亭連中站馮

家集共四十里東北至黄安高林鋪二十里西北至黄陂甘棠鋪一十五里
以上共三十鋪每鋪交接各一十里各鋪司兵徭編共七十六名半（每名工食銀帶閏六兩一錢）共工食銀四百六十六兩六錢五分永充一百六十名（每名工食正閏一兩八錢）共工食銀二百八十八兩順治中本縣詳請撫院將裁解內撥銀九百四十八兩一錢五分補足鋪兵工食共銀一千七百二兩八錢徭編永充每名每年七兩二錢（按府舊志稱每鋪舍廳屋三間東西厢房各三間郵亭一座什物俱全今並廢畢家鋪爲官使往來要地向借民居傳食非體清淮門抵楓香橋路苦崎嶇明知縣茅瑞徵查估暫修行旅稱便）

郵亭康熙五十九年知縣鍾葦於縣界內東南北三路途次每十里捐俸建郵亭一所石柱陶甓以爲郵遞行旅息肩地梁問大書
聖諭十六條於方版凡三十餘所費三千餘金
回車埠 邑人操與吾建並捐田一十二畝半歲收租以備施茶之費
賀家坳茶亭 居人賀華陽祖孫先後建亭置田以備施茶之費
但店甘露菴茶亭 居人丁馥芳營建捐稞捨茶子孫至今不廢
赤土坡凉亭 孀婦孫李氏建並捐田施茶
太保祉李家店茶亭 居人李有春父在山捐賀婆坳田永供施茶之費
永豐亭 城東五里行人憩焉又東二十里道人湖橋西有懷德亭舊址皆居人施茶處

營汛

浩淼長江萑苻多警巡邏哨截端藉兵威明知縣茅瑞徵上御史書謂水寇竊發守禦不協護衞所不盤詰一失事則委罪有司誰任其咎是固然矣竊謂文武協和同功一體則軍校猶邑役也其誰不追胥竭作營汛在邑境者例得備書至分防他邑及俸餉額數不載仍前志云

黃州協營副將一員都司一員 雍正十年改守備 千總三員 一駐縣一爲城守 把總四員 駐縣二一陸汛駐防三店一水汛駐防陽邏 經制外委五員額外外委三員 存城各一 馬步戰守兵丁六百四十四名 存城一百九十七名 分防縣水汛十五塘陸汛四塘共兵一百二十六名詳列於後

水汛

沙口防兵五名塘房三間烟墩五座十五里至陽城河
陽城河 在陽邏鎮之上 把總一員防兵十五名十里至龍口
龍口防兵五名十里至雙流夾
雙流夾防兵五名十里至葉家洲
葉家洲防兵四名十里至矮劉舖
矮劉舖防兵四名十里至爛泥舖
爛泥舖防兵四名十五里至鵞公頸十五里至羅鵝洲

鵞公頸防兵五名二十里至李家渡
李家渡額外外委一員防兵九名與鴨蛋洲對二十里
至韭菜港
羅鷄洲防兵五名三十里至社樹
韭菜港防兵五名五里至社樹
社樹防兵五名二十五里至新河口
新河口防兵七名十里至十里鋪
十里鋪防兵四名十里至長圻壕
長圻壕防兵四名二十里至蘄水巴河以上塘房烟墩
俱同

陸汛
三店把總一員原駐馬鞍山移駐但店後移三店防兵
十七名塘房三間烟墩五座
但店防兵十三名
沙河防兵五名
馮家集防兵五名以上塘房烟墩俱同
楚臺紀事云江流千里萑苻出没之藪先當事者議雙
流夾禦以指揮三江口統以守備上通陽邏下抵馬口
聲警相聞首尾擊應舟艓無虞往來殆十餘年頃間有
叵測而無稽晰駐劄之所或有一暴十寒者乎則保甲
之令墩堡之修巡哨之密要不可忽
明萬歷中知縣茅瑞徵上御史條議云本縣連亘蘄春
肘腋鄂渚控引江淮旁指光息楚一門戶也四通之途
不逞生心五方之民奸宄接踵江洋要害豈容偷安且
夕不備不虞竊照長江一帶每十里設巡船一隻分兵
哨截禁止夜行商旅頗快即次之安居民亦獲安居之
樂而九江以上此法全疏矣兵充徭永老弱徒寄空名
哨分上下鈍朽坐糜工食即巡船亦竟屬烏有水寇竊
發一帆順流如入無人之境守禦不協護衛所不盤詰
一有失事動多委罪有司萑苻四起誰任其咎妄謂申

嚴保甲修理柵欄郡縣爲政至於沿江設險原有汛地
巡哨船隻祇因法久盡弛合無今後比照南中事例責
令軍衞掌印協同巡司等官查修撥守或五里或十里
首尾應援一遇有警前後督赴攔截自當應時就縛萬
一脫逃沿路連坐又何盜之敢窺然此直救標之議也
或謂城濠積水不宜淤塞應於農隙浚治加深或謂城
鋪傳更遺法盡墮應令各軍照舊輪直此皆桑土綢繆
之慮似當早計及備查三江口擁蔽上游實屬要害岐
亭錯壤黄麻去郡特遠尤爲盜賊窩囤出没之藪前此
皆有專設衙門臨鎮其地相應照舊申飭戒嚴無撤藩

籬庶幾草澤不至生心而民間旦暮安枕此實弭盜安民切務

津梁

川塗有舟有梁以恤涉人利行旅官爲請修朝廷之仁長人之惠也其他蔓港枝潢非孔道之所經官司之所守而鄉士里者捐貲醵錢至於婦人女子亦出私蓄以葺修者所在多有其推仁助惠豈淺鮮哉舊志備載姓名年月使人誦義無窮意致美也余故詳爲之匯紀焉

觀風橋　清源門外明洪武中知府石璘指揮李和建景泰間重修立石欄明末兵燬　國朝順治七年知縣楊日昇復修

觀瀾橋　清源門外馬頭街明萬歷末年知縣胡[illegible]晏春鳴建　國朝康熙四十年重修建亭欄更橋名曰觀瀾亭便憩息今燬道光二十年居民募貲重修其亭則待復云

清淮橋　清淮門外明末兵燬　國朝順治初知縣劉國寧重修

清風橋　赤壁山麓

延壽橋　一字門外乾隆八年知府禹殿鰲知縣邵豐鍭濬濠建碑其上嘉慶二十四年知府吳之勷知縣蔣祖暄築織染橋堵水歸濠潰改建石橋

來遠橋　一字門外關帝廟左明盛時機織染坊多在此建橋後亦呼織染橋嘉慶二十四年毀築復城東南水入濠繞城西流與東北水合道光十一年奚先恕等掘重建石橋

一字橋　一字門外又海棠橋在城中今無考另詳古蹟

太平橋　安國寺前塔下又元吳應澗建橋亦名太平在縣西一百八十里今廢

相隱橋　安國寺前宋韓琦讀書堂側兩山合處本名合山橋俗名和尚橋

新橋鐵甲巷下一名榆木橋形家謂郡城環帶水不宜引去舊惟木板後易以石雍正十年圮知縣暢于熊倡修又上中馬頭二橋在清源門外河灘街久圮

鼉龍橋舊志云縣前今無考

清濟橋縣南二里即塔溝入口處明景泰四年知府余清建成化間義民陶暑重修改名金花橋 國朝康熙間圮僧圓通募化

清平橋縣南三里俗呼雙橋明成化間義民陶暑建

益壽橋東弦鄉道人湖東乾隆六十年邑贈職劉楊烈者年捐修行人德之因以是名

明官堰橋城東十里乾隆五十一年邑封職劉邦發捐修

三台河橋縣東十二里明陶仲文建一名通濟橋 國朝康熙間半圮知府賈鋐募建者民楊逑之跛僧慧新董其役雍正九年知縣張光裕修欄改名玉帶橋今半圮行旅不便東絃鄉劉姓闔族公捐義渡並近地田稞三十係石為渡夫工食及修造之費

王相橋縣東三十里明郡旌善人王相建

道人湖橋縣東三十里

漫二口橋縣東三十里邑紳龍可旂同從子際昌建

魚博橋縣東六十里

瓜陂灣橋城東四十五里慕義鄉邑封職劉邦發捐修

盂鉢小畈橋城東六十里東弦鄉邑職員范紳重建

覓兒橋近魚博道光九年邑職員范欽重建

曹家河橋縣東北七十里

火燒港橋縣東八十里乾隆十一年貢生馬正圭修

水口新橋縣西北二十里堵城北

長清橋楓香渡舊名楓香橋明正統七年知府余清建改名成化六年義民潘敬重修 國朝康熙間圮民王二奇募修

鴿子湖橋縣北四十里舊係木橋歲久朽壞康熙五十九年知縣鍾萼捐俸付僧慈永並募建乾隆二十三年羊角寺僧智山重修

羅家溝橋縣西北李家渡上一里舊係木橋康熙中士民同建石橋後邑民余麗鵬職員王宗華先後重修現被山水冲坍無存

赤山橋團風鎮東十里康熙間羊角寺僧慈永重修

河口橋縣東四十里諸生喻東弼建捐有田

永清橋即磐石橋團風鎮北五里明正統中知府余清建正德中知府余貴嘉靖中邑人陶仲文相繼重修

崇禎中知府楊通宇合黃麻兩邑紳士重修分地建堤立石表識 國朝乾隆十四年僧智山重修

步瀛橋團風鎮東邑人張應柳建上有文昌祠嘉慶間邑士錢純熙議修道光四年熙子增貢履和竣工

史壩橋團風鎮西北里許一名得勝橋明陶仲文建 國朝康熙中僧慈永募修乾隆十四年圮邑人甄潛修復並捐銀一千兩生息以為修葺之費

白塔河橋縣西北八十里舊有板橋係里人劉文郁修乾隆二十四年下伍重鄉監生姜之祥捐修石橋

沙港橋縣西北八十里辛家衝東乾隆二十三年士民公建四十年封職貢生詹啟璡重修

淋山河橋縣北八十里舊有板橋乾隆二十三年士民募修石橋於上街知府錢鋆取名永濟橋

泥溝橋縣北一百二十里明邑人曹艮輔建

大碧潭橋縣北百里下五重鄉地當孔道潭水深險邑紳陶國幹捐建石橋久圮今附近紳耆募化縣令陸炯有記

舊街河橋縣北百一十里水沙泛壅無常舟楫石矼皆不可用里人胡文峰藍有德胡世禮胡世晏先後捐田二十畝歲以其租修造木橋十餘節水發則設行人便之

孔家河石橋

尊五橋

萬家河石橋三橋俱在庶安鄉邑士徐貢朝捐建

中和橋庶安鄉柳子港上街橋極鞏固不知建自何人傳已數百年山水每發毀橋甚多此橋未損片石

對拱背橋安仁湖上游當東西孔道舊有橋埂長數百步寬丈餘常爲水壞涸時亦難行嘉慶間士人袁惟禴募化修理逐年培補水漲用渡水落由橋行者賴之

烏泥港石橋庶安鄉乾隆十二年邑士李長亨建

巴家橋團風鎮巴姓建上有三元閣乾隆四十年邑紳陶雄楚魁楚捐貲並梅橋大路敵樓泊岸重修

劉公隄橋團風鎮雍正八年江西貴溪張玉仲建其裔孫立南等又於嘉慶二十一年重修有碑

梅婁橋慕義鄉康熙三十年節婦梅國臣妻羅氏捐建

三間橋一名三元在上巴河街頭明洪武間邑人馬興隆建國朝嘉慶初邑紳王宗華重建道光三年水毀四年居人募衆復修

薦家港橋馬家潭下邑飭孝縣丞職馬自榮妻朱氏捐修

竹林河橋上巴河北嘉慶初邑人包清凝捐銀三百餘兩倡衆重修

西湖橋馬家潭康熙間邑士馬世楷建

三多橋縣北五十里乾隆二十四年邑人賈封岱修

沙河頭橋縣北六十里乾隆間邑人樊天成募修嘉慶時衆募增修

瑞雪橋縣東北八十里順治時汪伯麟修名麟鳳橋乾隆間補修功成值雪知縣王易今名

西河橋在沙河頭乾隆間邑士樊淵泗修

大本橋上巴河乾隆初邑士翁世德修今圯其孫昌翥昌翔重修

福德橋縣東北八十里乾隆間邑士汪永松弟兄修

發福橋永寧縣劉澳巖山麓邑士熊明著捐修

永濟橋在慕義鄉辛家衝西道光二十五年監生靖厚炳捐建

董家湖橋李家集北邑士劉大純捐修

團圓橋倉子埠東三里

平安橋倉子埠渡口

石麟橋倉子埠西以上三橋俱邑士葉紹楠捐修

慕善橋武湖汊礪子溝雍正十二年邑士朱潢捐建乾隆四十二年圯嘉慶二十二年其後裔朝典重修

石字港橋在中和鄉道光十年建

張港橋在新州西道光二十年建

孫鑽埠橋在中和鄉雍正癸卯邑庠尤一祥捐建嘉慶六年孫舉人士蕃重建並捐田以資修葺

孔家埠板橋在孔家埠街南士民募建

李家集大河木橋石橋共百孔道光六年監生劉耿光捐建

彌壽橋在李家集倒河西四里許道光九年貢生盧聯魁繼妻鄭氏捐建並捐田以資修葺

永壽橋在李家集倒河西岸蔡家港嘉慶九年監生盧占鰲捐建

龍王墩橋在米篩湖上二里許嘉慶二年士民募建

青雲橋在米篩湖上嘉慶八年監生夏萬南捐建

沙河橋在中和鄉曲湖嘉慶二十五年尤本鋆捐修

中和延壽橋在左家溝嘉慶二十四年監生范炳南捐修

孔子河橋問津書院前一名孔嘆橋明知縣茅瑞徵募修

賀婆橋在縣北上伍重鄉青埡山溪間舊有橋康熙時邑人謝惠重修嘉慶時圯士民募金修復並建凉亭

洪嗣橋在庶安鄉新洲北原名賁見橋邑人王光桂重修

毛家橋縣北一百二十里明義民郭葵陽建

閬苑橋陽邏鎮蓬萊寺前明天順七年僧祖正重修

望龍橋在蓬萊寺前近龍口故名

惠民橋在陽邏驛前一名馬驛橋上有孝弟坊

劉興一大橋在慕義鄉明邑士鄭理揚捐田一石今增田一石餘

三里橋在縣西北一百二十里元隱士吳應澍建

袁家河橋在縣北一百三十里舊係木橋道光十九年改建石橋易名長生橋

朱氏橋在縣北一百一十里

杏氏橋在縣北一百二十里三橋俱監生胡廷瑞捐建

玉壺橋在縣陽邏鎮華山西大江岸

陽關橋在庶安鄉見舊志

木屐口橋在庶安鄉邑紳萬禮祖建

望仙橋在縣三山舖相傳麻姑過此

柘林河橋在下伍鄉監生姚元陳妻王氏建

柳林前後河橋在縣北百里下伍鄉居民募貲建前河並置渡船以防水漲

七湖壩橋在縣西北一百里乾隆二十三年里人募建

行祠橋一名行獅在中和上鄉明學士江淵聚族處

棠棣湖橋在庶安鄉邑人余文元捐建石橋又捐長連湖田一十三畝為修葺貲舊志誤載中和鄉

樊口官渡在縣南五里渡夫二名每名工食正閏一兩二錢七分八毫

滸子灘渡在縣西十里濱江

河口渡在縣東四十里邑監生喻人宗設船捐田五畝

白龍潭渡東弦鄉西陽河監生鄭禮造船雇夫捐田為費

巴河渡在縣東四十里

陳家河渡在縣東一百一十里邑生員陳瓚捐建置田十畝租給渡夫

馬橋官渡在縣西二十里與武昌對岸渡夫三名每名工食正閏銀二兩五錢

東港渡邑士王廣文等公呈歸於保正督率撐駕三年輪流廣文孫炯捐地一塊以為渡夫工食

楓香渡在縣西北二十五里堵城下明知府何曉齡有祀田在其旁

李家渡在縣西北四十里

辛溪渡在慕義鄉邑人涂漸階設船捐田五畝餘以為費

三江口渡在縣西北三十里

團風橫河口官渡明陶仲文建浮橋今廢渡夫二名工食同樊口

赤山官渡在團風鎮東渡夫一名工食銀一兩一錢六釐

赤山汊渡渡船三隻眾捐二隻捐職黃宗珵捐船一隻雇夫撐駕歲有常費

鷺公頸官渡在團風鎮西舊設史壩橋明萬歷時因江水侵岸改建渡夫二名每名工食銀二兩五錢六分

鴿子湖利濟義渡道光二十七年職員范欽捐造船隻並田二石以為工食修費

倒河口官渡渡夫一名工食銀七錢六分

方溢官渡在縣西北八十里渡夫一名工食銀一兩三分六釐

白塔河官渡在縣西北八十里渡夫工食同方溢渡

辛溪馬頭渡在縣西北庶安鄉邑人王自忠捐造船隻

汲水港渡在縣西北一百一十里

廟埠潭渡在縣西北一百里舊志譌窰埠

姚二渡在縣西北一百一十里慕義鄉

舊州渡在縣西北一百二十里慕義鄉舊州長河

張家店渡在縣西北庶安上鄉

松湖壩渡在縣西北九十里樟松湖並七湖口二處

陽邏官渡與江夏對岸渡夫六名每名工食銀三兩五錢

柴埠湖口渡在陽邏鎮新開口五里

街埠渡近陽邏鎮十里

雙溪渡在縣西北一百三十里

佘家河渡在縣北十里下伍重鄉貢生胡華蓋胡華麟捐修船隻並出穀爲渡夫工食歲以爲常

感化河渡在縣北一百六十里伍重鄉

赤腳山河渡在縣北一百三十里伍重鄉

橋潭渡在縣北一百三十里伍重鄉

石盤嵛渡在縣北八十里下伍重鄉邑人舒學晟捐船僱夫

馬路口渡在縣北一百一十里下伍重鄉邑紳謝鼎捐造船隻並田五斗以給渡夫修船之費歲有不敷

居人復募貲建涼亭一座並置田一石零以備修葺

言水汊渡近團風鎮爲東鄉運米上兌要津邑職員范斌母樊氏自捐績金造船僱夫撐駕

鵞黃渡在安仁湖爲東西要津湖西舊有亭雍正五年圮於水僅存其址嘉慶間土人汪則林募修前亭後室盛暑設茗往來利之

孫鑽埠義渡在中和鄉邑士蔡師孔捐造船隻並捐田以爲渡夫工食及修理之費

柳子港義渡庶安鄉嘉慶二十三年邑士徐愈模捐金造船二隻修石埠並船戶居屋六間捐田三石零九升以其租備歲修之費道光九年署知縣鄧立有案

羊乂河義渡庶安鄉郭家洲貲出郭姓洲稞分泒并職員郭錦鴻捐出龔家畈水田四斗

河疆埠渡下伍重鄉嘉慶間居人募貲置田五畝造船一隻板橋一道以濟行人

楓香墅渡城北一百一十里每山水泛漲往來輒阻衆姓公設渡船一隻並置田八斗零爲歲修雇駕費

有恒橋在新州街西乾隆三十八年道光八年里人兩次重修

方家渡在佃店右首方生昇方應坤方正傳各捐田稞以資經費

水利

周官稻人以瀦蓄水以防止水以列均水以澮寫水水之爲利甚大後世不善用之至於壅泉激湍利未得而害滋焉不但若安石遣使多屬鑿空也今以岡邑水利觀之曰堤曰壩曰塘曰堰其爲均與寫也果如鄭渠白渠乎其爲蓄與止也果如芍陂鴻郤陂乎抑亦規畫一方之便擅取一時之庸巳乎深計者勿曰智效一官不暇遠謀務存利而袪害焉可也

夏隩城南今名洗馬池見古蹟

利濟堤城外觀瀾橋西直達江濱郡守吳之勷築道戊申年郡守祁宿藻知縣俞昌烈重修石隄

老鸛河堤

舊州長河堤

中州堤

鍾觜秤堤一名簡家堤明知縣簡霄築後頹廢邑紳靖道謨重修嘉慶二十年毀於水道謨孫本詎捐金修復

溝兒口堤

邱陵湖堤

龍坑堤

白米河堤以上俱在慕義鄉舉水所逕並知縣簡霄築

灄河堤伍重鄉道觀河水所逕知縣簡霄築

邵公新堤上起庶安鄉嘉魚村下迄柳子港舉水所逕舊有小圍漸爲水齧乾隆八年知縣邵豐鍭捐倡建築灑田萬餘畝期年始成工費鉅萬又西南有曾家井堤四十八戸要區

韓公堤

長樂堤

李公堤俱在城外

易家堤赤壁山下

沙潸灣堤東弦鄉瀕連大河每夏水漲邱店孫家嘴南湖戚家嶺四區賴其保障

劉堤團風鎮

烏鴉嘴堤庶安鄉自嘉魚村起下抵柳子港長十五里衆姓修建監生胡廷瑞捐修石磯上有張仙亭

羅坪河壩縣北九十五里下伍重鄉居人瀦水灑田

毛林口壩

芭茅湖壩

黄舍潭壩以上俱在慕義鄉舉水所逕知縣簡霄築

紫荆港壩庶安鄉向積水灑田歲久傾頹明正統二年邑人袁知州率鄉民重修

八王壩在城東南三里安國寺左中有田築以捍後湖水漲宋周肅王元儼曾駐兵於此王行八故名

長塘縣東南一里許即古城濠今久成街市

相隱塘縣東南二里餘相隱橋側近北爲道院近西爲白蓮池即韓魏公讀書處詩有云道院迎仙客書堂隱相儒即此久没民間康熙十二年分守道徐惺用價三十兩贖池爲放生池

七星塘在城東南有土墩七座象七星今皆平之種藕

觀塘在元妙觀前形家謂火地官衙不宜設屏以元妙觀爲外屏塘宜深闊謂之玉屏照水以厭火災

岳廟後塘俗名火星塘在岳忠武廟後堙塞則火災時發甚驗

葉家塘覽勝亭下形家謂城脉壬亥雙行此爲壬龍宜聚水

沙陂塘東弦鄉

葉陂塘

九姑塘

羅經塘以形名水味清冽三塘俱還和鄉

菱角塘縣北百里廣數十畝

戴家官塘縣北百五里廣數百畝

南冲大塘縣百一十里廣數十畝三塘俱下五重鄉

赤山龍潭在縣北百十里水清不見底昔有龍出其中潭旁一洞濶十餘弓四面皆石中有石如床咸以爲龍窟潭水溉田百畝經旱不竭居民賴之其上郎故進士王風釆王全才舊居

陽陂塘庶安鄉

官塘在陽邏蓬萊寺右

明官堰縣東十里

樟樹堰還和鄉

火燒堰上伍重鄉舊産藕

明萬歷間知縣茅瑞徵上御史條議云本縣枕據大江而湖洲所在如襟帶引水灌田實爲民利但堤塍低薄則水患易侵如白塔河姚二渡新州柳子港等處一遇霪雨便苦奔溢雖經屢戒增築而黎民難與慮始苟鍤者偷安委築者亦玩日巨浸奈何至於八里畈三山鋪青邱山響靈廟一帶憑陵高阜山塘淺小桔槔無施旱魃時困穿渠濬川此勸農第一事也然勞來荒度計必得專官始便董成及查本縣原設主簿兩員一管糧一捕盜竊照該縣既有典史一員專司捕務又有巡檢兩員汎地分緝則捕盜主簿近多設況又從來仍帶徵糧不理捕務質之職掌殊屬無謂合將本官改定職名專司水利查堤塘某處卑下應築某處高亢應濬小則勸相諸民及時增治大則申呈上司查估加修務期旱澇無虞堪爲水利歲時往來阡陌兼命周諮境內疾苦物

土之宜勸民樹種而又以時稽覈勤惰開田曠土設法開墾如有成效量與旌獎其一帶濱江去處垻長不常壁擦滋獘並專責照季勘明册報尤爲妥便此固官不增設而民競力農法不滋擾而野皆樂土似較空銜寄祿利相萬矣

葛洪井元妙觀相傳葛洪煉丹於此

金甲井赤壁磯下詳古蹟

儀門井府儀門外明總志載明正德中知府余貴浚井二十餘處民利之今名余公井此其一也餘無考

司獄井保釐坊下舊獄前

鼓樓井舊鼓樓側

學井 府學明倫堂左又泮池門右

梅家井 府學前向在民家明知府潘允哲擴學前地得之後又爲民佔康熙二十三年知府蘇良嗣修葺學宮查出水甚清冽又名三元井

局林井 縣射圃右舊係軍器局有火巷通大街今爲民居所佔

東坡賭井 舊縣學前詳古蹟

盧家井 縣學南街小巷味甚清冽

鐵欄井 報恩寺佛殿前

天寧井 報恩寺右一名丹砂井

分司井 舊布政分司今府隍廟前

雙眼井 清源門內國寶坊下

通判井 紅水巷

八角井 朱衣巷

洗馬井 一字門街俗呼溫泥井

義井 縣東市舊志在憲司前以衆共之遂名

道泉井 安國寺日新堂明知縣孟津淩同知袁福徵有記

聖井 永寧鄉聖泉寺明成化間有僧卓錫得泉土人鑿井因建寺

温水井 永寧鄉三里畈下有三泉上燠甚中可燖牲下亦可浴水氣腥如硫黃

龍井 大崎山上有九井雩禱輒應

淳熙井 舊街東嶽廟內石欄刻有宋淳熙七年字因名

活井 蓮華峯下水澄澈雖值大旱常滿二井俱下伍重鄉

五雲山井 山寺中脉通大江

華山井 陽邏華山南元隱士吳應澍所鑿舊有石欄鐫義井字棄野明宣德丁未民雷志明開平堡城爲居於城底得井井面石方五尺蹟與前正合考堡城爲宋夏貴築

蔡家井 陽邏驛東百餘步

馮家井 陽邏驛前二百餘步

臥龍井 陽邏鎮關口傍俗亦名吳公義井

吳公井 縣西一百八十里元隱士吳應澍鑿按吳公傳自陽邏至桃花浚井凡十九所府舊志

君子泉 赤壁側詳古蹟

寶山泉 聚寶山後詳古蹟

明萬歷三十三年知縣茅瑞徵上兩院條議云民用莫如水火兩者大利大害也本縣託居郡城回祿爲災非時見告而抱甕負汲並仰給大江當冬小涸輒爭赴奔沙斷岸下間嘗蒿目籌之及攷城內外原有火巷以禦火又巷各有井以資水可供百家之用竊嘆先民規畫至纖且悉今豪猾侵佔無復孑遺矣郡縣旁基版築皆滿一遇不戒於火動延千家居恒遠汲江水猶未害及議者且虞萬有小警居城中無滴水聊生慮日待斃此憂良鉅合無備行清覈一井一巷各照原址退出官爲册查每巷口大書某巷及某井幾口不許豪右攘爲己業庶幾將來水火無虞永爲民利事固有似緩實急者

古之牧政水防火禁皆關切要原非細故然查豪猾巧於侵佔則照帖爲之濫觴也攷原設稅課司對街之路朗名火巷該司旣廢居民乘機認佃藉口承租計一井一巷歲不過輸租一錢豈官府爲一錢之租不爲地方百年造福徵獨於此本縣便民倉基門逕已豬爲民居矣及詰之則曰津貼轎夫之費於焉充額也院司官房都聽青衿肄業其旁舍開張私鋪矣及詰之則曰歲輸府租或作轉解諸費也試驗帖則租特以錢計且以分計也再覆覈卽此錢計分計者或烏有也官府亦何利此毫末者而聽以官基爲市也諸如此類相應盡數清查入官原帖追塗附卷則豪右或懲萬一乎

坊表

表厥宅里高其綽楔歷代報答功勳顯揚節行大例如斯延至勝國逮

本朝坊表之在岡邑者巷陌林立矣固宜聳人聽觀徘徊慨慕而不能巳也或謂木有時而朽龕石有時而磨滅不亦若電光漚影乎曰有志乘在此固風雨所不能剝蝕兵燹所不能摧傷者立德樹功之君子抱素懷芳之碩人斯汲汲巳

明

荆璆競耀　萬歷戊子科舉人在清源門內今廢

繡斧　文衡　贈山東道監察御史曹儀正德辛未進士巡按甘肅廣西陝西監察御史提督甘肅學校廣西鄉試曹珪在府前今廢

國寶　在府學前今廢

經魁　在府學前今廢

巳酉拔尤　在府前今廢

多士坊　嘉靖丁酉科舉人在府前

玉署重光　清華特寵　勅封淮安府推官重封翰林院檢討王崇擢崇正戊辰進士淮安府推官翰林院檢討王用予在清源門內

德音世懋　皇錫永申　誥封奉直大夫泗州知州王文炳奉直大夫重慶同知王陞勑封承德郎禮部精膳司主事王家欽天啟甲子亞魁乙丑進士前禮部郎中福建分巡漳南道副使王源昌在清源門內

經史名家　人文上乘　勑贈承德郎南京戶部雲南司主事秦必富南京戶部四川司郎中萬歷甲午科解元庚戌進士秦繼宗在清源門內

歷登天府　三錫皇綸　嘉靖癸卯科舉人新寧知縣贈中大夫福建布政司右參政杜鳴陽戊午科舉人長寧知縣贈中大夫福建布政司右參政杜傑萬歷丙午科經魁丁未科進士授階中大夫福建按察司按察使前四川提學道副使杜應芳在清源門內

司農世錫　勑封承德郎戶部主事洪承化天啟壬戌科進士戶部浙江清吏司主事貴州司員外郎常州府知府洪周祿在清源門內

三十一人坊　萬歷壬午科舉人在縣前今燬

世秩天曹　誥贈奉直大夫吏部文選司員外郎晏應元萬歷己未科進士吏部稽勳司郎中晏清在縣前

三朝諫議　勑贈徵仕郎吏科給事中甄其賢吏科左給事中前禮科戶科給事中侍經筵甄淑在縣左

袍笏代承　奉直大夫寧羌知州劉珙中順大夫汝寧同知加四品服俸劉功允巡按四川監察御史劉宗祥在縣左

天官大夫　吏部文選司郎中王濟在縣左今燬

皇都得意　在府學左宏治己未建今廢

金榜題名　在府學右宏治己未建今廢

聚奎　在府學左今廢

世科　在府學右今廢

元會羣英　嘉靖甲子科舉人在府學右

元魁濟美　萬歷己卯科舉人在府學右

彙征　嘉靖庚子科舉人在府學左今廢

經術家承　勑贈文林郎又誥贈中憲大夫李田萬歷庚辰科進士按察使李之用在府學左

明俊　嘉靖乙卯科舉人在憲司右

明時譽髦　萬歷丙子科舉人在憲司左今廢

世承天寵　封雲南道監察御史易明幾隆慶戊辰科進士易倣之在憲司左今廢

奉天勑命　封工部左給事中邱尚忠在憲司左今廢

三世司徒　誥贈通議大夫戶部右侍郎王文奎王濟南京戶部右侍郎王廷贈在憲司左今廢

三世中丞　誥封通議大夫都察院右副都御史謝志善
原任北直長垣知縣謝希哲永樂戊辰進士副都御史
右
勅平蠻功廕子賜葬祟祀贈太子賓客謝杲在忠節祠
容臺　諫垣　翰林院禮科都給事中提督四夷館太常
寺少卿邱岳在舊鼓樓巷
心切效忠　天恩存問　兩膺存問禮部右侍郎進階正
治上卿邱岳在忠節祠左
穀貽孫子　嘉靖癸卯舉人四川新寧縣知縣祟祀名宦
鄉賢杜鳴陽嘉靖戊午舉人杜傑隆慶辛未進士杜伸

萬歷丁未進士杜應芳累階中大夫福建參政在舊鼓
樓前
黎獻帝臣　嘉靖癸卯科舉人在舊鼓樓前
同朝四衙門　翰林院檢討張文光汪元極庶吉士劉鍾
英吏科給事中梅之煥戶科給事中官應震兵科給事
中吳亮嗣福建道監察御史周應期穆天顏山東道監
察御史曹光德四川道監察御史田生金貴州道監察
御史吳之皞黃彥士魯之賢吏部稽勳司員外郎郭士
望吏部司務蕭譽吏部稽勳司主事於倫萬歷癸丑建
在舊鼓樓前

父子司寇　刑部尚書贈太子少保王廷瞻刑部廣西清
吏司主事王同畀在朱衣巷口
父子進士　宏治壬戌科進士吏部郎中四川參政王濟
嘉靖己未進士巡撫四川都御史王廷瞻在紅水巷口
左
首應昌期　隆慶丁卯科舉人在紅水巷口
世膺天寵　萬歷癸未科進士江西道監察御史樊玉衡
在門首今廢
大司徒　總督河漕戶部尚書王廷瞻在紅水巷
大司寇　青宮少保　南京刑部尚書贈太子少保王廷

瞻在洗白街口右
直節匡時　雄文應世　奉直大夫前翰林院庶吉士吏
科給事中正德癸酉經魁丁丑會魁王廷陳在洗白街
口今廢
司馬　封承德郎兵部武選清吏司主事方勇在洗白街
口左今廢
都憲　嘉靖乙酉經魁壬辰進士授行人選刑科給事中
以不阿當路改兵部武選主事車駕員外郎四川僉事
江西參議副使山東參政專勅理東南財賦浙江按察
使江西右布政使巡撫應天等處都察院右副都御史

方任在縣學右
進士　嘉靖壬辰科進士方任坊復下墜五世孫雍正癸卯科進士方可丹重壁
祖孫父子尚書　誥贈資政大夫刑部尚書甄善甄其賢萬歷庚戌進士南北刑部尚書甄淑在縣學右
帝命重光　嘉靖癸卯舉人富陽知縣勅封戶部主事奚樸丁未進士刑部清吏司主事贈福建參議奚世亮在縣學前
方獻　嘉靖辛酉科舉人在縣學前
進士　嘉靖癸未科進士王廷梅在北察院右今廢

應時多士　萬歷乙酉科舉人在北察院右
辛卯坊　萬歷辛卯科舉人在北察院左
天章寵錫　誥贈奉直大夫戶部員外郎吳嶽山萬歷壬辰進士四川按察司副使吳士瑞在北察院左
戴記儒宗　勅贈文林郎余淪萬歷壬辰會魁余心純在北察院左
都憲　正德辛未科進士巡撫延綏等處都察院右副都御史賈啟在清淮門內
世科　王濟王廷儒王廷陳王廷瞻王追美王一鳴在洗白街門首

會魁　丁丑會魁王廷陳在洗白街門首今廢
御史臺　係南察院故址
世承聖典　贈奉直大夫戶部員外郎熊瓊嘉靖乙丑科進士熊養中在縣學前今廢
抗節致忠　隆恩晉秩　誥贈奉直大夫孫仕亨廣東按察司僉事孫大祚在縣學前
登瀛　嘉靖戊午科舉人在於家巷口今廢
世科　景泰癸酉科王孚嘉靖辛卯科王鳳陽乙卯科王睦辛酉科王址萬歷壬子科王欽濂在六劉巷口
清朝侍御　贈文林郎李陽明廣西道監察御史李植在

六劉巷口
三世承恩　贈中大夫參政徐榮徐尚義嘉靖乙丑科進士廣西左布政徐時可在萬家巷口左
元歷登賢　萬歷癸酉科舉人在一字門內
登雲　嘉靖庚子科舉人涂瑜在居宅門首今廢
進士　嘉靖乙未科進士南京戶部郎中陝西平樂府知府呂韶在門首
多士坊　萬歷丁酉科舉人在清源門外
寵光三代　秩列九卿　贈中大夫陝西苑馬寺卿兼按察司僉事孫安孫仕時萬歷乙未進士授中大夫陝西

苑馬卿前川陜山西河南直隸潼關衛等處兵廵副使
江西布政使司左參政孫大壯在清源門外
翊運貞才　隆慶庚午科舉人在清源門外
邦家之光　隆慶辛未科進士在沙街
世禮之門　杜鳴陽子孫科第在賈氏巷口太常樊玉衡
書
勅誥重封　勅授登仕佐郎吏部司務誥授奉直大夫兵
部員外郎汪廷儒在沙街
元凱同登　嘉靖壬子科舉人在沙街今廢
龍章申錫　勅封承德郎工部都水清吏司主事誥贈中

憲大夫揚州府知府徐廷蘭在齊安驛右
多士坊　萬歷甲午科舉人在齊安驛右
聯飛　在齊安驛左今廢
三鳳　在齊安驛前今廢
世列名卿　贈中憲大夫提督四夷館太常寺少卿甄其
賢翰林院提督四夷館太常寺少卿前戸科都給事中
甄淑在沙街
祖孫進士　宏治己未科王麟嘉靖壬戌科王同道在會
同巷今廢
父子御史　贈文林郎江南道監察御史嘉靖戊子科舉

人王廷槐壬戌進士王同道在會同巷今廢
忠精流芳　在關帝廟內義民官葉浦嘉靖丙寅年建
總憲　嘉靖壬午經魁癸未中式丙戌進士陶珪在陶家
巷
翔鳳　在一字門外今廢
飛黃　在一字門外今廢
雄飛　在一字門外今廢
孝介先生　萬歷乙未科進士樊玉衡在府學左祠前
進士　誥封奉政大夫劉桂一在丁家壋一在卧車盤
忠臣節婦　嘉靖丁未科進士殉難贈福建參議奚世亮

旌表貞節世亮妻王氏在舊鼓樓巷口
百年完節　嘉靖壬午舉人盧靜妻方氏在方家巷口
貞節坊　萬歷癸酉舉人於廷諍繼妻張氏在府城隍廟
街
貞節孝子　府學生員倪天瑞妻節婦劉氏孝子生員倪
士觀俱旌表立坊一字門內仍許立祠坊側
天恩褒節　生員曹銓妻盧氏封文林郎男曹自化山東
道監察御史曹光德在清源門內
天寵旌褒　儒士韋體亨妻節婦周氏在團風鎮
天朝旌孝　省祭唐治在團風鎮正街坊後圯康熙辛丑

知縣鍾萼修復

世沐寵光　成化文淵閣大學士江淵贈文林郎江濟隆慶辛未進士江沛然在陽邏鎮

工部員外郎坊　在庶安鄉郭家寨前明爲郭知易建

義士碑　在庶安鄉余家寨明正統六年大饑鄉民余用賢出穀一千一百二十石助賑有司以聞勅旌建碑府志訛姓呂

文苑翹材　崇禎辛未進士嚴師範在嚴家巷居人苑內今燬

周忠烈坊　在新街空苑內今燬

國朝

嘉慶癸酉科題名坊　在縣學前知縣鄭家屏建

八世孝義之門　鄉民鄧一隆家八世同居在上伍鄉鄧家林

孝子坊　一旌曹大聲在上伍鄉　一旌呂希煜在南湖呂氏祠　一旌鄧之璧在鄧家林　一旌黃漢隆在葉家店　一旌謝鴻恩在路口下街

樂善好施　在路口旌善士王宗華

貞壽之門　旌表奉直大夫胡宗返之妻太宜人胡徐氏百歲

孝義之門　旌表國子生胡廷瑞家六世同居二坊在庶安鄉柳子港舉人胡玉森門閭

節孝坊　俱見列女志

孝義之門　旌表貢生陳履謙家六世同居在庶安鄉石屋山居宅前

黃岡縣志卷之二終

黃岡縣志卷之三

知黃岡縣事宛平俞昌烈編輯

賦役志

戶口

周官司民男女自生齒以上皆書於版而歲登下其數藏於天府貴天地之性稍保息之功而已宣王料民太原已非令典及戰國時遂有頭會箕斂之稅而漢亦徵算錢八百二十此後世丁賦所由起也歷代因之庸調紛更欽惟

聖朝雍正七年題准丁隨糧派歸入闔省糧內均攤至乾隆

三十七年遂奉

恩詔永不加賦嗚呼民生暢遂手足寬閑昔之薰眼折臂以避誅求者莫不含哺鼓腹樂遊於泰宇矣何其幸哉

原額戶一萬三千三百九十六

口一十五萬七千八百九十五

按舊志戶口載有前明洪武間戶一萬六千二百五十二口一十二萬二千三百四十九宏治間戶一萬七千八百二十七口一十七萬九千七百三十至嘉靖四十三年除割上中和鄉分置黃安縣外戶一萬三千三百九十六口一十五萬七千八百九十五內除婦並小口實成丁一萬二千七百七十八萬歷十四年丈量後改則戶一萬三千五百四十八口一十三萬八百八十六內實成丁數與前無異外收復黃安五丁共丁一萬二千七百八十三查今賦役全書遂以此爲原額甲役以戶計徭役以丁計又編審久停全書已不載戶口僅載

丁數

原額丁一萬二千七百八十三（每丁原額派徵銀三錢六分八釐五毫五絲九忽五微四塵九纖六渺加增一錢九釐四毫六絲二忽九微一塵九纖三渺四漠）共徵原額銀四千七百一十兩二錢九分六釐七毫零

康熙四年豁免運夫人丁二百三十丁（除銀八十四兩七錢六分八釐零）

實在人丁一萬二千五百五十三丁實額銀四千六百二十六兩五錢二分八釐零

康熙十一年起至五十年止逐次編審共增六十七丁實在人丁一萬二千六百二十丁共徵原額銀四千六百五十一兩二錢二分一釐五毫零（原加增銀在外）

雍正六年以後原額並加增計算統爲額徵（每丁徵正銀一錢九釐四毫六絲二忽九微一塵九纖二渺四漠雜徭銀三錢四分）彙同優免內有免丁二千九百八十七共免雜徭銀一千一十五兩五錢八分徵正銀三百二十六兩九錢六分五釐七毫零無免丁九千五百六十六共徵正雜銀四千二百九十九兩五錢六分二釐二毫零又徵不在額徵以內之優免丁銀五百六十一兩通共徵銀五千二百一十二兩二錢二分一釐五毫零

雍正七年題准丁隨糧派歸入闔省地糧內均攤（每實徵糧銀一兩派徵丁銀一錢二分九釐零）減原徵銀一十二兩六錢三分一釐一

毫四絲五忽二微一纖四渺四漠九茫三灰

雍正七年陞墾派增銀一兩一錢二分二釐（係抵算鍾祥縣重丁之項）

乾隆二年陞墾派增銀四錢二分六釐（奉部自乾隆七年起徵）

乾隆八年陞墾派增銀一分三釐零（奉部自乾隆十二年爲始起徵）

除減計增共徵丁銀五千二百一兩一錢五分三釐零

又水災案內開除條餉均攤匠班驢脚麂皮等項帶派丁銀五十一兩七錢四分九釐一毫

又沖壓丁銀內有驢脚麂皮應派丁銀一兩六錢八分一釐七毫零

前志載實徵丁銀五千一百五十一兩八分六釐零查今

全書載實徵丁銀五千一百五十兩零（係乾隆二年八年陞墾派增丁銀未徵又今奏銷冊載實徵多志載銀四十七兩七錢三分內除各案攤除丁銀並抑額外陞墾條銀餉銀）

按編審人丁自順治四年定爲三年一次（照例造冊年六十以上開除十六以上添注凡殘疾並逃亡故絕者悉行豁免）十三年改爲五年一次十七年奉文每歲底各將丁徭賦籍彙報康熙十二年奉文編審概令疏題三十一年題准編審人丁冊造花名徵銀科則送部五十二年

恩詔徵收錢糧但據康熙五十年丁冊定爲常額續生人丁永不加賦乾隆三十七年奉

上諭五年編審永行停止以後戶口歷有滋生至道光二十七年城鄉週計八萬六千三百六十四戶六十三萬八千零十三丁口

賦稅

任土成賦天下之中正也三代施取其厚斂從其薄故什一行而頌聲作矣按今縣冊田地山塘共一萬三千餘頃額徵銀及諸費不過四萬餘兩差以數則約十畝取銀三四錢而已此外略無加派而蠲緩叉迭出其中薄孰甚焉乃民服疇食德熙熙然若忘

帝之力者此則所謂戴天而不必知天之高也歟

原額田地塘共一萬三千一百一十頃九十七畝三分六釐

明洪武間官民田地七千四百五十五頃六十一畝七分

科夏稅小麥一千六百七十二石八斗四升四合八勺隨糧絲一千四百五十七觔十一兩八錢七分桑柘絲五十二觔九兩八錢二分秋糧米四萬五千四十四石八斗九合一勺

宏治間七千七百八十五頃九畝四分

科夏稅小麥二千八十八石二斗六升七合八勺零隨糧絲一千四百六十八觔九兩五錢一分桑柘絲五十八觔七兩三分秋糧米四萬七千一百九十四石四斗四合四勺零

嘉靖間除分割黃安縣外六千四百八十頃五十九畝一分三釐

內官田四百二十七頃三十七畝四分二釐官地三十三頃六十七畝二分官塘一十二頃二分九釐民田四千五百五十七頃五十六畝七分民地九百四十一頃六十七畝五分二釐民塘五百八頃三十畝

內科夏稅小麥二千九石三斗九升九合八勺二抄隨糧絲千二百六十四觔十四兩二錢五分一釐二毫桑柘絲五十觔六兩五錢五分秋糧米四萬一千五百三石五斗九升一勺零

考明會典萬歷九年錢糧作一條編徵收民稱爲便時清丈除官田地塘畝照舊外民田地塘畝數有加官民田共八千九百六頃八十三畝二分九釐官民地共四千四百一十頃九十七畝一分七釐官民塘共九百四十二頃五畝二分六釐　十年後水坍沙壓畝數有減民田減二十六頃七十六畝三分九釐民地減一千八十二頃六十七畝八餘分二釐民塘減三十九頃四十四畝一分六釐

存官民田地塘共一萬三千一百一十頃九十七畝三分六釐

國朝因之以爲田地塘定額

原額田八千八百八十頃六畝九分一釐內凡四則計田畝科米科米石派銀

上田二千六百三十四頃五十三畝一釐四毫每畝科秋糧民米五升三合實正米三升六勺三抄四撮該米一萬三千九百六十三石九合五勺零每米一石並加增顏料北絹等項共派銀六錢六分一釐二毫七微八塵六纖該銀九千二百三十二兩三錢五分二釐八毫零

中田二千九百三十八頃四十八畝一分三釐二毫每畝科秋糧民米四升一合實正米二升三合六勺九抄八撮該米一萬二千四十七石七斗七升三合四勺零每石照前則例該銀七千九百六十五兩九錢九分七釐三毫零

下田二千六百八十二項八十六畝一分六釐四毫（每畝科秋糧民米三升一合實正米一升七合九勺一抄八撮）該米八千三百一十六石八斗七升一合零（每石照前則例）該銀五千四百九十九兩一錢二分一釐六毫零

山水鄉田六百二十四頃一十九畝六分（每畝科秋糧民米二升一合實正米一升二合一勺三抄八撮）該米一千三百一十石八斗一升一合六勺（每石照前則例）該銀八百六十六兩七錢九釐六毫零

四則田（每畝科稅絲一分五釐四毫三絲六忽一微一塵六纖二渺）該絲八百五十六觔一十一兩三錢七分七釐六毫零（每畝科桑絲六釐六毫一忽三微四塵四渺）該桑絲三十六觔一十兩二錢三釐五毫零（二項秋糧內帶派）

原額地三千三百二十八頃二十九畝三分五釐內凡三則

上地一百四十五頃九十二畝五分（每畝科秋糧民米三升實正米一升七合三勺四抄）該米四百三十七石七斗七升五合（每石照前則例）該銀二百八十九兩四錢五分七釐一毫零

中地四百八十八頃六畝二分五釐（每畝科秋糧民米二升實正米一升一合五勺六抄）該米九百七十六石一斗二升五合（每石照前則例）該銀六百四十五兩四錢一分四釐六毫零

下地二千六百九十四頃三十畝六分（每畝科秋糧民米四合實正米二合三勺一抄二撮）該米一千七十七石七斗二升二合四勺（每石照前則例）該銀七百一十二兩五錢九分八毫零（每畝科夏稅小麥七合五勺一抄八圭八粒八粟）該麥二千二十三石六斗六升三合零收復黃安縣麥一十四石二斗六升三合五勺在內（每夏麥一石派銀三錢四分二釐八毫三絲八忽八微）該銀六百九十三兩七錢九分二毫零

三則地（每畝科稅絲一分五釐四毫三絲六忽一微一塵六纖二渺）該絲三百二十一觔一兩五錢九分二釐五毫二絲一忽三微七塵（秋糧內帶派）（每畝科桑絲六釐六毫一忽三微四塵四渺）該桑絲一十三觔一十一兩七錢一分一釐九毫八絲三忽五微（秋糧內帶派）

原額塘九百二頃六十一畝一分（每畝科秋糧民米三升七合三勺七抄四撮九圭二粒七粟實正米二升一合六勺二撮七圭）該米三千三百七十三石五斗二合二抄三撮四圭三粒（內除沒官米一十七石一斗五升六合官民米一石六斗八合一勺付還黃安縣收納外收回該縣切割民米一十七石七斗七升一合一勺）實該米三千三百七十二石五斗九合二抄三撮四圭三粒（每石照前則例）該銀二千二百二十九兩九錢五釐六毫零（每畝科夏稅絲一分五釐四毫三絲六忽一微一塵六纖二渺）該絲八十七觔一兩二錢八分三毫零（秋糧內帶派）（每畝科桑絲六釐六毫一忽三微四塵四渺）該桑絲三觔一十一兩五錢八分四釐四毫零（秋糧內帶派）

以上原額田地塘（總數見前）內乾隆二年並八年奉文開除

蛟水冲壓田地共一百一十頃二畝七分八釐三毫實田地塘一萬三千

頃九十四畝五分七釐七毫

原額共科秋糧米四萬一千五百二石五斗九升七合零內有免糧二千九百八十七石每石派銀四錢一分九釐九毫一絲三忽三微五塵三纖一渺無免糧三萬八千五百一十五石五斗九升七合三抄三撮四圭三粒每石派銀六錢七分九釐九毫一絲三忽三微五塵三纖一渺內除冲壓糧四百二十五石一斗四升四合四勺

三抄三撮實載秋糧米四萬一千七十七石四斗五升

二合六勺四圭三粒

共額徵銀二萬七千四百九十五兩五錢四分九釐九毫

零內除冲壓銀二百八十九兩五錢二分一釐五毫八

絲三忽九微二塵一纖二渺三茫實徵銀二萬七千二

百六兩二分八釐三毫零內有舊全書原載班匠額銀五十四兩及班匠額內豁免冲壓銀四錢六分二毫六忽九微二塵八纖三渺七漠五茫係乾隆二十三年奉文於奏銷冊內刪除班匠名色統歸地丁條編彙數造報

原科夏稅麥二千二十三石六斗六升三合三勺內除冲

壓麥三斗八升九合八勺九抄一圭九粒六粟實載夏

稅麥二千二十三石二斗七升三合四勺零

額徵銀六百九十三兩七錢八分九釐一毫四絲內除冲

壓銀一錢三分三釐六毫六絲九忽四微八塵七纖九

渺二漠八茫實徵銀六百九十三兩六錢五分五釐四

毫零

夏稅絲一千二百六十四觔一十四兩二錢四分九釐四

毫零

桑絲五十四觔一兩四錢九分九釐九毫零

額外首墾田地雍正七年共九頃三十四畝八分四釐五

毫五絲科糧九石二斗四升九抄二撮該條銀六兩二

錢八分二釐四毫六絲一忽九微三塵四纖六渺七漠

三茫

雍正十三年共八頃五十四畝二分六釐一毫二絲八忽

科糧三石五斗九合五勺四抄五撮一圭二粒該條銀

二兩三錢八分六釐一毫八絲六忽五微九塵三渺九

漠五茫

乾隆六年地二十八畝四分二釐八毫科糧一斗一升三

合七勺一抄二撮該條銀七分七釐三毫一絲四忽三

微七纖二渺八茫

加增九釐餉損前明萬歷四十六七八三年每糧麥一石派銀二錢二分六釐八毫五絲七忽七塵一渺該銀九千八百七十四兩一錢九釐三毫一絲五忽

內除冲壓銀九十六兩五錢三分四釐一毫九絲三忽

一微八塵四纖二渺六漠二茫外加首墾餉銀二兩九

錢一分八釐一毫三忽一微二纖九渺九漠一茫實徵

餉損九千七百八十兩四錢九分三釐二毫零
人丁戶口數見額銀除豁免運夫及蛟水衝壓復加優免墜塋
等項實徵銀五千一百五十一兩八分六釐內優免丁銀五百六十一兩又雍正七年乾隆二年八年三共塋派丁銀一兩五錢六分三釐奏銷冊內另款登收
額徵驢腳米一千二百六十三石二斗一升奉文每石折銀一兩以二錢給解役該銀二百五十二兩六錢四分二釐奉文裁解餘八錢充餉該銀一千一十兩五錢六分八釐共銀一千二百六
十三兩二錢一分　雍正七年十三年及乾隆六年額
外墜塋驢腳米折銀三錢九分一釐五毫
二共銀一千二百六十三兩六錢一釐五毫內除蛟水

黃岡縣志　卷之三　賦稅　十一

衝壓銀一十四兩六錢一分九釐六毫該徵銀一千二
百四十八兩九錢八分一釐八毫內除雍正七年墜塋
抵算漢陽等縣重丁銀二錢八分一釐二毫實徵銀一
千二百四十八兩七錢五毫
加增麂皮京損銀一兩六錢三分八毫　雍正七年十三
年及乾隆六年額外墜塋銀五毫五忽四微五塵一纖
四渺九漠
二共鐶一兩六錢三分一釐三毫五忽四微五塵一纖
四渺九漠內除蛟水衝壓銀一分八釐八毫七絲三忽
九微六塵九纖六渺二茫實徵銀一兩六錢[illegible]分二釐

四毫零內雍正七年墜塋銀三毫係彙抵漢陽等縣重丁銀
帶派江南人匠原納班二百三十六名四年一班該班每名納銀一兩八錢遇閏加銀六錢
除開除外實納班九十名每年銀五十四兩內
除蛟水衝壓銀四錢六分二毫實徵銀五十三兩五錢
三分九釐七毫因匠戶無徵　督撫會疏
題准入地丁銀內公攤自康熙九年爲始內八丁帶派銀六兩五釐八毫夏麥帶派銀一兩三錢二分九釐九毫秋糧帶派銀四十一兩三錢四分三毫隨漕帶派銀三兩五錢五分二釐八毫湖蘆課帶派銀一兩三錢一分八毫
優免充餉銀一千三百三十七兩六錢二分內有優免丁銀五百六十一兩入均攤丁隨糧派項下實充餉銀七百七十六兩六錢二分

黃岡縣志　卷之三　賦稅　十二

又優免銀四百五十四兩五錢八分在外於雍正七年奉文裁革減額
以上地丁餉損驢腳折米麂皮京損匠班帶派優免充
餉共實徵銀四萬四千八百六十六兩九錢四分二釐
國初沿明舊制隨里長辦解至康熙二十三年奉
旨革除里甲戶置花冊生民獲福
隨徵耗羨
雍正二年總督楊宗仁巡撫王士俊先後
題准加一一耗以爲養廉充公之費本縣隨徵耗羨銀五
千一百七十九兩八錢六分七釐零內一分
奏費銀四百七十兩九錢零三分充公銀一千四百一十

二兩六錢九分五釐零解司七分本縣坐支養廉銀八百四十兩原銀九百兩乾隆二十三年撥給團風陽邏兩司驛務各三十兩共六十兩同七分耗羨解司餘銀二千四百五十六兩二錢八分九釐八毫解司彙入

奏銷冊報

衛屯 附

軍衛隸府戶口土田均詳府志田地山塘有坐落縣境者亦往往與民人土田相錯因附入之裨界限劃然有事協勘得以稽考

黃州衛屯田地山塘原額七百五十六頃六十三畝一分

零內除江夏麻城二縣代徵籽粒並荒蕪坍卸各屯田地又增逐年開墾實成熟田地七百二頃六十七畝四分按民田地分四則科糧徵銀軍屯概以八畝三分三釐三毫科糧一石上則以一畝當一畝中則以二畝當一畝下則以三畝當一畝載糧八千四百三十二石四斗一升五合四勺零每糧一石止徵屯餉銀三錢五分三釐解司徵貼運銀三錢八分外值造船一隻加料五升徵銀解道坐落縣境屯田地計四百三十五頃五十八畝五分六釐八毫三絲三忽三微三塵科糧五千二百二十七石二升八合二勺徵銀照則科算按鄉列後

一坐落廂坊鄉長圻墩打石屜長港蘆洲灣馬橋黃柏山得勝洲等處指揮滿如茲陳榮鎮撫李芳王棠哥禿千戶潘六任秉直嚴正紀秦得百戶杜薦雍大亨陳德李誠高興張文譽等戶屯田地二百一十頃四十二畝二分六釐六毫載糧二千五百二十五石七升一合八勺

一坐落東弦鄉滸子灘湯湖磯窩湖等處千戶朱麗李應合百戶朱輪韓望等戶屯地二十四頃七十四畝七分一釐六毫六絲六忽載糧二百九十六石九斗六升六合又呂王城祉樹佘家灣姜家洲等處指揮郭顯鎮撫詹勝百戶葉成等戶屯田地四十八頃四十二畝五分五釐九毫六絲六忽六微六塵載糧五百八十一石一斗七合一勺又道人湖南湖漫兒口大山背三台河桐梓岡等處百戶陳虎安等戶屯田地一十八頃三十八畝九分九釐一毫六絲七忽載糧二百二十

石六斗七升九合

一坐落還和鄉尹家塹六家廟奚家潑上巴河宋家畈指揮曾斌牛瑛嚴禮倪義鎮撫徐麟千戶朱麗奚佛關等戶屯田地一十三頃一十畝六分七釐五毫載糧一百五十七石二斗八升一合

一坐落慕義鄉下伍鄉何家湖石磐背寨子灣過賢埠窰兒渡軍田畈白米河圓通寺等處指揮彭宏百戶張養元等戶屯田地四十頃二十三畝一分四毫一絲四忽載糧四百八十二石七斗七升二合五勺

一坐落中和鄉雙柳八里畈望仙橋古城寨釣魚臺等處指揮孟凱百戶方可友范天受等戶屯田地八十頃二十六畝三分六釐

五毫載糧九百六十三石一斗五升一合八勺

起運存留

王制天子千里共御百里共官共御者備上用也共官者充公用也外而推之邦國之致貢亦必然下而推之有司之掌財亦必然吾於縣稅志之起運存留見之矣夫會一邑之財上佐

朝廷之度支亦取一邑之財徧給地方之經費科別其條斯綱舉而目胥張其因革損益所宜詳觀也

一起運

戶部項下

夏稅折色解南桑絲絹四十疋九尺八寸二分五釐每疋正銀五錢五分損銀一錢五分共銀二十八兩二錢二分九釐三毫每兩京損銀五分該銀一兩四錢一分一釐四毫

秋糧折色京庫米五千六百五十一石三斗六升八合九勺五抄三撮內除米一十八石七斗六升四合一勺還黃安縣代納外實徵米五千六百三十二石六斗四合八勺五抄三撮每石折銀二錢五分該銀一千四百八兩一錢五分一釐二毫每兩京損銀三分滴珠銀一分一共該銀五十六兩三錢二分六釐解費每兩九釐該銀一十三兩一錢八分三毫派剩太倉米一千二百九十五石五斗八升每石折銀六錢該銀七百七十七兩三錢四分八釐每百兩京損銀一兩二錢六錢該銀九兩三錢二分八釐一毫解費每兩九釐該銀七兩八分一毫解司搭解

北京富戶一十二名每名銀二兩每兩京損銀二分共銀二十四兩四錢八分無閏

鹽鈔折色解南戶口鈔本色正損共銀七十九兩七錢三分七釐六毫帶閏銀二兩六錢五分七釐九毫解費每兩九釐該銀七錢一分七釐六毫

夏稅本色北京黃絹共該絹一千一十一疋二丈七尺三寸七分六釐每疋正銀七錢織費銀二錢京損銀三錢共銀一千一百一十三兩一錢三釐八毫當官買絲成造責經手人役解司委官搭解遇覲年分州縣官帶解不許僉累糧里加增北絹銀三百五十四兩一錢六分九釐四毫

蓆竹囤頭等銀每正米一石派銀二分一釐六毫該銀一百八十一兩九錢二釐二毫　南糧運官盤纏銀二十二兩內扣二兩解司彙給總部通判餘二十兩給南糧官

摘裁

宗祿折色銀舊志楚府將軍米　武昌府倉米抵編崇陽將軍米　荊府親王米　郡王米　將軍米　加編米　荊岷府庶人口糧米　練兵餉米共銀四千九百九十三兩一錢三分五釐解費共銀二十六兩九錢八分九釐八毫

茶價正銀舊志潞府六十八兩二錢四分二釐八毫解費銀六錢一分四釐二毫

官員柴薪銀舊志通山王典膳高順　王教授二十四兩八錢

民校等銀舊志荊府齋郎八十四兩　樂舞生九十九兩　鋪排夫一十五兩　禮生六兩　屠戶六兩　民校一百八兩共銀三百一十八兩

賦役舊編冗款裁剩銀二千八十六兩五錢一分四釐五毫除撥銀九百四十八兩一錢五分補鋪兵工食外　實該充餉銀一千一百三十八兩三錢六分四釐五毫

又收光祿寺項下銀一千三百七十六兩三錢六分五釐

加增九釐餉銀共該九千八百七十四兩一錢九釐三毫

共銀二萬一千八百五十一兩八錢六分二釐五毫

禮部項下

秋糧折色北京藥味正價銀三十二兩一錢六分五釐六毫每兩京損銀四分該銀一兩二錢八分六釐六毫解費每兩九釐該銀三錢一釐一毫解南藥味價銀四兩五錢七分四釐九毫原無損解

又收光祿寺項下銀六十七兩二錢四釐四毫

共銀一百五兩二錢三分一釐七毫

工部項下

折色緞疋正銀二百七十兩九錢八分七釐損銀四十兩五錢六分六釐四毫帶閏銀一十八兩五錢五分八

釐八毫每百兩京損銀九錢該銀二兩八錢三釐九毫解費每兩九釐該銀
二兩八錢二分九釐二毫
翎毛正銀一十兩九錢六分五釐三毫每兩腳價銀九釐該銀
九分八釐六毫解費每兩九釐該銀九分九釐六毫
營膳司料銀四百九十八兩七錢六分一釐二毫每百兩京
損銀九錢該銀四兩四錢八分八釐八毫解費每兩九釐該銀四兩五錢二分九釐三毫
軍器銀一百二十五兩四分三釐五毫
原派辰州軍餉改抵溆浦縣額派軍器銀六十四兩八
錢八分三釐九毫二項解費共銀一兩七錢九釐三毫

本色白硝麂皮三百二張每張價銀四錢京損銀二錢共銀一百八
十一兩二錢解費每兩九釐該銀一兩六錢三分八毫如遇折色之年每兩另派京損銀九釐
胖襖褲鞋四十一副半每副正銀一兩二錢水腳銀三錢共銀六十二
兩二錢五分原議官解領銀製造解司另給夫馬不另派損銀
綾紗紙價銀三百九兩三錢九毫文到方派不許每年帶徵
共銀一千五百八十九兩九錢八釐七毫除綾紗紙價
俟部文到方派銀三百九兩三錢九毫實銀一千二百
八十兩六錢七釐七毫
光祿寺項下
坐派甲丁庫供應等銀六百五十五兩每百兩京損銀二兩該銀

一十三兩一錢解費每兩九釐該銀六兩一分二釐九毫
加增顏料蠟茶黃白蠟等銀七百五十兩六錢八分一
毫
派剩辰州軍餉改抵辰州府屬溆浦縣坐派光祿寺甲
丁庫供應銀七兩二錢九分七釐一毫每兩京損銀二分該銀
一錢四分五釐九毫解費每兩九釐該銀六分七釐
清浪倉米改抵溆浦縣坐派光祿寺甲丁庫供應等銀
一百六十五兩三錢七分五釐每兩京損銀二分該銀三兩三
錢七釐五毫解費每兩九釐該銀一兩五錢一分八釐一毫
原派辰州軍餉改抵溆浦縣額派徭丁柴草正價銀一

十二兩一錢一分五釐損銀二兩解費每兩九釐該銀一錢二分七釐一毫
共銀一千六百九兩二分六毫內除銀一千三百七十
六兩三錢六分五釐四毫入 戶部項下又除銀六十
七兩二錢四釐四毫入 禮部項下登收外實額銀一
百六十五兩四錢五分六毫此係奏銷册數已於前項銀兩分析撥除
以上解戶禮工光四部寺共銀二萬三千四百三兩一錢
五分二釐六毫
一摘裁
順治九年裁知府書辦銀一百一十五兩二錢 門子
銀二兩四錢 步快銀一十九兩二錢 皂隸銀一十

九兩二錢　燈籠夫銀四兩八錢　庫書銀六兩　斗級銀一兩二錢　本縣修宅家伙銀二十兩全裁　吏書銀五十七兩六錢　捕役銀九兩六錢　門子銀二兩四錢　皂隸銀一十九兩二錢　民壯銀六十兩　燈籠夫四兩八錢　禁卒銀九兩六錢　庫書銀六兩　倉書銀六兩　庫子銀四兩八錢　斗級銀四兩八錢　轎傘夫銀八兩四錢　縣丞書辦銀一兩二錢　門子銀一兩二錢　皂隸銀四兩八錢　馬夫銀一兩二錢　典史書辦銀一兩二錢　門子銀一兩二錢　皂隸銀四兩八錢　馬夫銀一兩二錢　巡檢書辦銀二

兩四錢　皂隸銀四兩八錢　驛丞書辦銀二兩四錢　皂隸銀四兩八錢　河泊書辦銀二兩四錢　皂隸銀四兩八錢　共銀四百一十九兩六錢

順治十二年十四年裁總督吏書銀二百五十兩　撫院轎傘夫銀一十四兩四錢　布政司修宅家伙銀四十八兩全裁　更換棹圍銀五十三兩全裁　吏書銀三百六十兩　門子銀四兩八錢　皂隸銀一十四兩四錢　快手銀一十四兩四錢　右堂吏書銀二十八兩八錢　學道俸薪銀二十九兩四分四釐　府教官膳夫銀五十三兩三錢三分三釐三毫　本縣俸薪銀一十八兩四錢九分　心紅紙張銀一十兩　迎送傘扇銀一十兩全裁　縣丞俸薪銀八兩二錢二釐　縣教官膳夫銀二十六兩六錢六分六釐　按察司表夫銀一十兩　各巡司名屬弓兵銀九十七兩三錢一分六釐五毫　渡夫銀四十二兩二錢八分二釐五毫　鄉飲銀一十五兩　府學廩生銀一百六十一兩四錢七分四釐六毫　供應銀四百五十兩　縣學廩生銀九十六兩　桃符銀一十二兩　生童試銀一百四兩五錢　本縣應朝盤纏銀一十八兩

共銀一千八百四十九兩一錢九釐六毫

康熙元年二年裁總督書吏銀三十兩全裁　布政司吏書銀三百六十兩全裁　右堂吏書銀三十六兩全裁　知府書辦銀一百四十四兩全裁　庫書銀六兩全裁　教官書辦銀七兩二錢全裁　本縣書吏銀七十二兩全裁　庫書銀六兩全裁　倉書銀六兩全裁　縣丞書辦銀六兩全裁　典史書辦銀六兩全裁　陽邏匱風二巡檢書辦銀一十二兩全裁　李坪陽邏二驛丞書辦銀一十二兩全裁　棹松黃漢湖官書辦銀一十二兩全裁　府教官學書銀七兩二錢全裁　縣教官學書銀七兩二錢全裁　府學廩銀八十兩七錢三分七釐三毫　縣學廩銀四十八兩

共銀八百五十一兩一錢三分七釐三毫

康熙四年裁府教官銀六十三兩四分　門子銀一十四兩四錢　草料銀二十四兩　齋夫銀三十六兩

又銀一十二兩　縣學教官銀三十一兩五錢二分　門子銀一十四兩四錢　草料銀一十二兩　齋夫銀三十六兩

共銀二百四十三兩三錢六分

康熙五年裁檢校俸銀二十一兩一錢一分四釐全裁

康熙二十二年裁布政司右堂皂隸快手銀一十八兩內皂隸工食銀九兩快手工食銀九兩奉　文准在湖南支給其湖北坐派銀兩改充兵餉

康熙二十六年裁布政司左堂心紅紙張銀一百二十兩全裁　知府心紅等銀五十兩全裁　府教官喂馬銀一十二兩全裁　知縣心紅銀二十兩全裁　修理監倉銀二十兩全裁　縣學喂馬銀一十二兩全裁　科舉銀五十七兩八錢二釐四毫　修船銀五兩七分　預備轎傘銀五兩九錢三分四釐　備用銀二百七十五兩四錢全裁　生童試卷給賞等項銀一百四兩五錢全裁　科舉生員銀一百五十兩全裁　對讀刊錄銀四兩八錢三分三釐五毫　本縣應朝盤纏銀九兩全裁　本縣馬快草料銀八十六兩四錢

共銀九百三十二兩九錢三分九釐九毫

康熙二十七年裁府縣歲貢盤纏銀四十五兩全裁

以上共裁銀四千三百八十兩二錢六分九毫

增益人口數見戶口志額銀二十四兩六錢九分三釐四毫

額外墾頃畝見前共銀一十一兩六錢六分四釐以上二項內八錢三分九釐四毫在衡歷銀內扣除

共額銀二萬七千八百一十八兩九錢三分一釐七毫

內除奉復廩糧並奉撥

關帝三祭及均祭各項銀一百七十一兩一錢四分三釐三毫又除撥抵浙省協濟馬價銀六百四十六兩五錢三

分九釐俱入撥存項下外實額銀二萬七千一兩二錢四分九釐三毫內存豁免運夫丁銀四十一兩三錢四分三釐九毫　又除閩省均攤人丁應減丁銀一十二兩六錢三分一釐一毫　又除蛟水衝歷銀二百七十七兩四錢六釐二毫實額銀二萬六千六百六十九兩八錢六分九釐九毫內雍正七年墾七兩七錢七分五釐五毫係稟抵漢陽等縣重丁銀數

解費銀六十七兩四錢六釐五毫內除豁免丁銀一錢一分七釐八毫又除蛟水衝歷銀六錢六分九釐六毫實徵銀六十六兩六錢一分九釐

一存留支給
官役俸食項下
撫院轎傘扇夫銀七十二兩
布政司左堂門子銀二十四兩　皂隸銀六十三兩
快手銀六十三兩
學院俸薪銀一百五兩如學院不支另款解司充餉
知府俸銀六十二兩四分四釐　門子銀一十二兩
捕快銀九十六兩　皂隸銀九十六兩　燈籠夫銀二
十四兩　斗級銀六兩
府教官俸銀三十一兩五錢二分訓導復設一員俸銀二官分給

加品俸銀五十三兩四錢八分乾隆元年教職加增係司庫支給不在本縣額
徵內以上俸銀共八十五兩內教授四十五兩訓導四十兩　齋夫銀二十四兩貳官分支
門子銀二十一兩六錢　膳夫銀二十六兩六錢
六分六釐六毫廩生支給　廩糧八十兩七錢三分七釐三
毫康熙二十四年復廩生支領起運項下撥給
本縣俸薪銀四十五兩　門子工食一十二兩　皂隸
銀九十六兩雍正六年撥給仵作工食銀二十四兩餘七十二兩仍給皂隸
捕役銀四十八兩原係馬快支食乾隆十六年改名捕役　民壯四十名
原五十名雍正十一年撥給陽邏團風二巡檢八名又奉裁二名工食銀解司作加增各屬民壯修整器械之
用工食銀二百四十兩乾隆元年加增修理器械銀每名一兩共四十兩係司庫裁汰

民壯工食銀內支給不在本縣額徵內　燈籠夫銀二十四兩雍正五年裁另款解
司充餉　禁卒銀四十八兩　轎傘扇夫銀四十二兩
庫子銀二十四兩　斗級銀二十四兩　應役吹手三
十名共銀二百一十九兩六錢　縣丞俸銀四十兩
門子銀六兩　皂隸銀二十四兩　馬夫銀六兩
典史俸銀三十一兩五錢二分　門子銀六兩　皂隸
銀二十四兩　馬夫銀六兩
陽邏團風巡檢二員俸銀共六十三兩四分　皂隸工
食銀二十四兩　民壯八名共工食四十八兩雍正十一年添設係本縣撥給乾隆元年加增修理器械銀每名一兩共八兩係司庫裁汰民壯工食銀支給不在本縣額徵
內

但店巡檢一員俸銀三十一兩五錢二分　皂隸工食
銀十二兩　民壯工食銀二十四兩又加增銀二兩道光十五年奉文
迸江夏縣給領銀十二兩餘由縣支給
倉埠巡檢一員係由本府司獄改設其俸銀在司庫動支　民壯工食銀二
十四兩
李坪陽邏驛丞二員俸銀共六十三兩四分雍正六年裁另款解
司充餉　皂隸工食銀二十四兩雍正六年裁解司充餉
樟松黃漢湖官二員俸銀六十三兩四分康熙三十九年裁另款解
司充餉　皂隸銀二十四兩全裁解司充餉

縣學教官俸銀三十一兩五錢二分訓導已奉復設加俸銀二官分支
品俸銀四十八兩四錢八分乾隆元年加增係司庫支給不在本縣額徵內以上
俸銀共八十兩教諭訓導各半　齋夫銀三十六兩二官分支　門子銀二
十一兩六錢　膳夫銀一十三兩三錢三分三釐廩生支給
廩糧銀四十八兩康熙二十四年復廩生支給係起運項下撥給
以上除教職加俸廩糧奉復外實銀二千一百五十
二兩五錢二分四釐內李坪陽邏二驛樟松黃漢二湖裁銀一百七十四兩八分
撥運
時憲書銀二十二兩五分六釐一毫二絲　解費一錢九
分八釐五毫五忽

科舉銀原六十八兩三錢七分三釐八毫二絲五忽又原派辰州軍餉改抵澂浦縣額派科舉銀四十六兩二錢二項共銀一百一十四兩五錢七分三釐八毫二絲五忽解費一兩三分一釐一毫六絲五忽以上共銀一百一十五兩六錢四釐九毫零康熙十七年裁銀一半彙入起運項下　存銀五十七
兩八錢二釐四毫九絲五忽
按察司表夫銀一十兩
備用內應除解府學歲貢花紅盤纏銀一十二兩乾隆二年解支司庫計名均給六年報銷一次
歲貢生員正貢盤纏花紅旗匾酒席銀一十兩正陪二名赴考
脚力銀各一兩　共銀一十二兩二年一次　每年該銀六兩乾隆二年解交司庫計名均給六年報銷一次

新舊會試舉人以三十六名爲率每名長夫銀二十四兩　共銀八
百六十四兩三年一次　每年該銀二百八十八兩雍正九年按年解司
遇會試年照會試人數均給
科場對讀生原五名每名給銀一兩　刋錄匠原八名每名給銀五錢　書手原四
十名每名給銀五錢三年一次每年該銀九兩六錢六分七釐康熙十七年裁半　存銀四
兩八錢三分三釐五毫
以上共撥運銀三百九十兩八錢九分六毫
驛站項下
裁減銀三千一百三十五兩五錢九分九釐八毫
紅船水手工食銀三十兩四錢六分六釐四毫俱裁解道

縣驛衙途買馬額銀一千兩內乾隆二年夏水偏災案內豁除額銀七十三兩四錢五分六釐九毫又乾隆八年夏災案內豁除額銀一兩八錢八分五釐八毫
實解銀九百二十四兩六錢五分七釐一毫
裁減夫馬銀五百五十三兩二錢五分七釐一毫雍正六年所裁數見後
以上共解銀四千七百一十九兩三錢二分三釐三毫
排夫七十名原九十名雍正六年裁二十名工食銀一百四十六兩四錢　每名工食
銀七兩三錢二分共五百一十二兩四錢乾隆四年扣小建加閏
乾隆二十二年增十名每年增工食銀七十三兩二錢遇閏加增赴道請領小建扣解

本縣合併齊安驛馬三十四匹原四十六匹雍正六年裁馬十六匹工食草料等銀三百四十七兩二錢乾隆二十四年裁馬五匹馬夫二名住支工料藥餌銀一百九兩一錢四分七釐三毫

實存工料等銀五百四十二兩四錢五分二釐六毫乾隆四年奉文扣小建加閏支應銀原六十七兩雍正六年裁一十六兩乾隆二十四年裁五兩

存四十六兩

李坪驛馬三十匹乾隆二十四年裁馬五匹馬夫二名住支工料藥餌銀一百九兩四錢

實存工料等銀五百三十九兩八錢扣小建加閏支應銀原六十七兩乾隆二十四年裁較屜銀五兩存六十二兩

陽邏驛馬三十匹原三十二匹雍正六年裁二匹工食草料等銀四十一兩六錢五分七釐一毫乾隆二十四年裁馬五匹馬夫二名住支工料等銀一百九兩六錢二分八釐四毫實存工料等銀五百四十兩七錢一分四釐五毫扣小建加閏支應銀原六十七兩雍正六年裁二兩乾隆二十四年裁五兩存六十兩

以上各驛夫馬工食草料支應等銀統於本縣原編驛站並正項收抵淅協馬價六百四十六兩五錢三分九毫以及江濟銀內六百四十兩四錢三分七釐五毫徑支動用除雍正六年裁減夫馬住支工料支應等銀五百五十三兩二錢五分七釐一毫又於乾隆二十四年裁減夫馬住支工料支應等銀三百四十三兩一錢七分五釐七毫解道後司充餉實支存銀二千三百三兩三錢六分七釐一毫

以上共銀七千二十二兩六錢九分五釐五毫內江濟銀六百四十兩四錢三分七釐五毫

均徭

各巡司弓兵工食銀原九十七兩三錢一分六釐五毫乾隆十六年裁三江口汛兵工食銀四十三兩二錢解司充餉實存銀五十四兩一錢一分六釐五毫

各舖司兵徭編七十六名半工食銀四百六十六兩六錢五分汛充一百六十名工食銀二百八十八兩後詳允裁解銀內抑除九百四十八兩一錢五分撥補足額

共一千七百二兩八錢

各河渡夫及修船銀共三十七兩二錢一分二釐五毫

本縣迎送皂隸四十名內裁六名抵府經制一十四名餉兵外實二十名共工食銀一百一兩一錢六分七釐

以上共銀一千九百三十八兩四錢九分六釐內乾隆十六年裁弓兵銀四十三兩二錢

祭祀雜支

文廟二祭及崇聖祠名宦鄉賢二祭並香燭祭米折銀共五十五兩五分府學

山川社稷壇各二祭郡厲壇三祭並祭米折銀共三十七兩二錢二分

縣學二祭並香燭祭米折銀共四十一兩五分

以上各項祭祀原存銀一百二十六兩六錢六分乾隆七年均祭案內增銀六兩六錢六分於起運項下撥湊其各祭內缺減運夫丁銀赴司庫公項內撥補

關帝三祭銀三十五兩七錢四分六釐雍正七年增設係起運項下撥給

先農壇祭祀銀五兩乾隆五年奉文將耤田存穀變價動用如有不敷仍於司庫存公銀內

奏給復於乾隆十三年奉文於耗羨酌定章程案內每年起司請領銀二兩八錢二分五釐共不敷銀二兩一錢七分五釐在於耤田收穫舊存穀石變價奏辦如無舊存穀石該縣自行捐奏備辦祭品乾隆二十四年奉文禁用捐墊字樣又經咨准部覆將收存穀石儘數易備如有不敷按數找給不必以二兩八錢二分五釐之數爲定

常雩祭祀銀五兩乾隆七年司庫動支

文昌二祭銀二十三兩八錢三分六毫嘉慶六年奉旨崇祀由縣墊發年終起司請領

昭忠祠二祭銀八兩嘉慶八年奉文致祭在建曠項下動支

鄉飲銀存一十五兩

孤貧一百六十七名每名口糧銀一兩八錢歲給布花銀三錢共銀三百五十兩七錢乾隆二年加小建扣閏每名歲增口糧銀四錢二分司庫補給又部咨收養額外孤貧三十四名其口糧布花銀照例按給係司庫動支不在本縣額徵內至額外孤貧每年增減原無定數

本縣魚船八隻每隻水夫二名每名帮閏工食銀六兩一錢共工食銀九十七兩六錢

以上除均祭增銀外實存祭祀雜支銀五百八十九兩九錢六分

以上存留官役俸食撥運驛站均役祭祀雜支等項除康熙二十七年以前裁銀充餉外額銀一萬一千一百五十兩五錢五分四釐四毫加入起運撥供祭祀廩糧銀一百七十一兩一錢四分三釐三毫又加入起運撥抵浙省協濟馬價銀六百四十六兩五錢三分九釐共該銀一萬一千九百六十八兩二錢三分六釐八毫內除豁免運夫丁銀四十二兩四錢七分三釐八毫又除蛟水衝壓銀一百二十七兩一錢二分三釐七毫查民壯各役工食孤貧口糧缺減銀兩已於司庫地丁銀內撥補足數支給祭祀內缺減銀兩已於司庫存公銀內撥補

實徵銀一萬一千七百九十八兩六錢三分九釐二毫內有存留項下奉裁湖官俸食銀八十五兩九錢四釐二毫燈夫工食銀四十七兩三錢七分三釐六毫弓兵工食銀四十三兩二錢另欵解司充餉又驛站項下奉裁夫馬工料等銀五百五十三兩二錢五分七釐一毫

係另欵解交道庫支解又雍正六年於存留項下奉裁李坪陽邏驛丞俸銀六十三兩四分皂隸工食銀二十四兩另欵解司充餉又乾隆二十四年驛站項下奉裁夫馬工料等銀三百四十三兩一錢七分五釐七毫另欵解道移司

兵部江濟水夫銀六百四十兩四錢三分七釐五毫內有蛟水衝壓銀七兩四錢三分九釐二毫准驛道彙入驛站衝壓內詳准驛站買馬欵內開除訖

楞木松板銀三十三兩一錢三分六毫內改解本色楞木於雍正五年停辦改解本色松板於乾隆十五年停辦

一隨漕項下

運糧官軍行月二糧米二千一百八十六石四斗一升六勺每石折銀四錢該銀八百七十四兩五錢六分四釐二毫

零

江西運糧官軍月糧米一千一百五十九石八斗每石折銀四錢該銀四百六十三兩九錢二分

三陸耗蓆輕賫等銀一千五百三十二兩二錢九分二毫五絲每百兩解損銀一兩准該銀一十五兩三錢二分二釐九毫零內解通蓆六百九十七兩乾隆二十年截留漕糧改撥江蘇蓆價解道充公以後兌漕時仍交旗船幫通應用每年蓆價六兩九錢七分三釐

兌糧盤纏五兩

淺船銀九十一兩四錢八分八釐　原泒辰州軍餉改抵溆浦縣額泒淺船銀六十一兩八錢三分七釐二項解費每兩九釐該銀一兩三錢七分九釐八毫零共隨漕銀三千七十七兩五錢五分二釐九毫五絲四忽五微　解費銀一兩三錢七分九釐八毫　雍正七年十三年及乾隆六年額外陞墾銀八錢三分九釐四毫九絲八忽一微一塵七纖一漠三茫

以上共銀三千七十九兩七錢七分二釐三毫零內除豁免運夫丁銀八錢三分五釐五絲八忽一微六塵八纖七渺又除蛟水衝壓丁糧銀三十兩五錢九分六釐九毫七絲九忽二微九塵一纖四渺七漠六茫又除雍正七年陞墾抵算漢陽等縣重丁銀六錢三釐三絲五微九塵八纖六渺七漠六茫實徵銀三千四十七兩七錢三分七釐二毫零

兌軍本色正米每秋糧一石泒正米一斗九升九合五勺六抄九撮四圭三粒該正米八千二百八十二石六斗五升每石耗米四斗該耗米三千三百一十三石六升又雍正七年十三年及乾隆六年額外陞墾正耗米三石五斗九升三合九勺八抄三撮七圭五粒七粟二共正耗米一萬一千五百九十九石三斗三合九勺零內除蛟水衝壓米一百一十八石七斗八升四合一勺六抄五撮二粒六粟實徵米一萬一千四百八十石五斗一升九合八勺零

又糧道條陳於腳米外加耗米二斗順治九年四月內楚撫遲題請免加部覆革除康熙十一年奉文另正米一石給增貼米二斗額徵增貼米一千六百五十六石五斗三升又雍正七年十三年及乾隆六年額外陞墾米五斗一升三合四勺二抄六撮二圭五粒二粟共米一千六百五十七石四升三合四勺零內除蛟水衝壓米一十六石九斗六升九合一勺六抄六撮四圭三粒二粟實徵米一千六百四十石七升四合二勺零

共徵正耗米一萬三千一百二十石五斗九升四合七抄

南糧本色正米每秋糧一石派正米二斗二合九勺一抄二撮六圭該正米八千四百二十一石四斗每石耗米二斗五升該耗米二千一百五石三斗五升又雍正七年十三年及乾隆六年額外墾米三石二斗六升二合六勺六抄九撮五圭二粒三粟共米一萬五百三十石一升二合六勺零內除蛟水衝壓米一百七石八斗三升三合九勺五抄二撮八圭四粒五粟實徵正耗米一萬四百二十二石一斗七升八合七勺一抄六撮六圭七粒八粟

另正米一石里納船驢脚米一斗五升共額徵驢脚米一千二百六十三石二斗一升奉　文每石折銀一兩

解道充餉歷年墾驢脚米折銀數並見前

雍正元年奉　文每石徵耗米一斗共南漕耗米二千三百四十二石七斗七升每年除支解荆倉鼠耗及黄協兵米鼠耗並給旗截貼七米共一千一百石有零餘米出售原有定價南糧每石變價七錢二分漕糧每石變價七錢至乾隆二十二年奉　文照市價出售解道充公

又每石水脚銀一錢五分共銀三千四百八十三兩零除實在支用及支解修倉蘆蓆給旗截貼外餘銀解道充公

雜課税

周官川衡澤虞掌川澤之政令以時徵其賦若與文王治岐殊然而周公制焉者民有欲必爭不設其禁則亂不入其財則人競棄農非可久法也茲邑濱江湖洲蘆荻宜皆取税而額徵不過一二千金雜税稱是且無定額又以見

國家不盡利以遺民也

一湖洲雜課舊志除團風湖衝崩奏豁府鈔銀二十七兩又除麻城黄陂二縣代納銀二百三十一兩一錢八分有奇實徵銀九百八十六兩九錢一分四釐四毫遇閏加銀四兩五錢五分四釐三毫俱河泊所出辦今歸縣

起運

戶部項下

北京乾魚正銀二百五十五兩一錢八分六釐每兩京損九釐該銀二兩二錢九分六釐六毫內除麻城縣代納正銀一十七兩五錢九分七釐二毫損銀一錢五分八釐三毫

解南乾魚正銀四十兩七分每兩京損九釐該銀三錢六分六毫內除麻城縣代納正銀二兩七錢六分三釐七毫損銀二分四釐八毫

二項共徵銀二百七十七兩三錢六分九釐內巴河湖正銀一十八兩三錢二分一釐二毫加添銀一十一兩四錢二分九釐京損銀二錢六分七釐七毫王九塘湖正銀一十五兩一錢六分加添銀五兩四錢五分六釐京損銀二錢二分一釐五毫零殘湖正銀一十七兩六分加

添銀一十兩六錢四分京損銀二錢四分九釐三毫零京損銀三錢四釐八毫 樟松湖正銀四十兩三錢七分八釐七毫加添銀一十八兩九錢四分七釐京損銀四錢四分三釐九毫 黄漢湖正銀三十三兩六分一釐二毫加添銀二十兩六錢二分京損銀四錢八分三釐一毫 窰步湖正銀一十九兩八錢八分五釐加添銀一十二兩三錢九分九釐京損銀二錢九分五毫 團風口湖正銀一十四兩五錢七分八釐七毫加添銀九兩九分四釐京損銀二錢一分三釐 總計北京乾魚六千五百九十九斤十一兩南京乾魚一千八百六十五斤五兩每斤折銀二分嘉靖十三年奉文北京乾魚每斤加添一分六釐

工部項下

黄蔴正銀一百二十六兩八錢六分三釐三毫零（每兩京損銀九釐）該銀一兩一錢四分一釐七毫遇閏加銀四錢五分六釐五毫

白蔴正銀一百五十八兩五錢五分（每兩京損銀九釐）該銀一兩四錢二分六釐九毫遇閏加銀四錢二分熟鐵正銀三百六兩四錢五分五釐四毫（每兩京損銀九釐）該銀二兩七錢五分八釐遇閏加銀一兩八錢

線膠正銀三十七兩二錢一分（每兩京損銀九釐）該銀三錢三分四釐八毫遇閏加銀一兩四分五釐

以上四項（內除黄陂縣代納正損銀一百九十六兩二錢七分八釐九毫）共該徵銀四百三十八兩四錢六分一釐四毫遇閏加銀二兩八錢二分一釐五毫（舊志黄蔴每斤折銀二分二釐白蔴每斤折銀三分）

熟鐵每斤折銀一分五釐線膠每斤折銀七分內零殘湖正銀八十三兩六釐二毫加水脚銀一十九兩八錢八分三釐八毫閏加六錢六分二釐二毫 鮑湖正銀三十七兩三錢八分一釐一毫加水脚銀八兩四錢四分三釐閏加二錢九分五釐 巴河湖正銀四十二兩一錢七分加水脚銀一十三兩七錢二分五釐閏加三錢五分九釐七毫 王九塘湖正銀二十兩八分加水脚銀五兩三錢一分三釐閏加一錢六分三釐 樟松湖正銀三十兩六錢八分五釐加水脚銀三兩五錢七分五釐閏加二錢二分一釐 窰步湖正銀六十八兩五錢二分五釐加水脚銀六兩三錢五釐 舊州湖正銀二十八兩八錢九分八釐六毫加水脚銀一十兩五錢四分二釐閏加三錢八分二釐 團風口湖正銀一十八兩加水脚銀四兩七錢七分四釐閏加一錢五分二釐舊志團風湖近崩卸而麻鐵乾魚課猶存空籍似當以白塘湖居民於不輸糧湖尾取魚納課抵額

禮部項下

活雁鵝鳩鴛鴦價銀一兩五錢（補辦戶無徵）

鰣魚銀二十三兩五錢奉旨豁免

撥運

本府湖課鈔銀二百六十一兩九錢四分一釐三毫（遇閏加銀）一兩九錢一分一釐新議樟松湖原坐派蘄州衛各官課鈔銀四十三兩五錢一分內四十三兩一錢二分二釐抵解該衛額派糧儲道淺船料價正銀又三錢八分八釐抵作解官盤費解司餘銀二百一十八兩四錢三分一釐三毫遇閏加銀一兩九錢一分一釐內附麻城縣代徵銀一十四兩三錢五分七釐四毫遇閏加銀一錢七分五釐該徵銀二百四十七兩五錢八分三釐九毫遇閏每兩加銀七釐共一兩七錢三分六釐（內巴河湖鈔折銀三十四兩四錢一分三釐九毫王九塘湖鈔折銀二十三兩八錢八分七釐零殘湖鈔折銀二十七兩五分一釐）

二毫　鮑湖鈔折銀三十三兩二錢八分　樟松湖鈔
折銀四十六兩一分四釐五毫　黃漢湖鈔折銀五十
兩七錢六釐二毫　窖步湖鈔
折銀三十二兩二錢二分八毫

新增湖課

神仙河湖業陞科蔴鐵正銀一十一兩二錢四分五釐

隨徵加一耗銀一兩二錢三分七釐道光四年詳定歸入地丁徵解

柴泊湖淤生草場地五頃五十五畝四分五釐科徵起

運地丁正銀五兩三分六釐南漕正米一石二斗七升

三合一勺道光二十一年詳請題覆歸入地丁徵解

雜項稅課

園風課鈔銀八十兩

門攤鈔銀二十七兩二錢五分二項無徵

以上雜課銀一千九十五兩六錢六分四釐內除門攤無

徵並豁免銀一百三十二兩二錢五分實徵銀九百六

十三兩四錢一分四釐四毫零遇閏加銀四兩七錢三

分二釐五毫

一蘆課

各洲地一百二十九頃九十二畝三分九釐原課銀四

十四兩一錢七分二釐一毫

羅湖洲冊報一千一百九十五弓未載頃畝數目增課銀三兩五錢八分

五釐

順治十八年續報洋池洲蘆地四頃二十七畝七釐四

毫課銀二兩一錢一分四釐

共原額地一百三十四頃一十九畝四分六釐四毫課

銀四十九兩八錢七分一釐一毫

康熙二年丈出地二百二十六頃五十九畝六分一釐

一毫增課銀四百九兩五分四釐三毫

以上洲地除正項民糧並衛屯地外通共蘆洲地三百

六十頃七十九畝七釐六毫內除水溝沙灘不堪載

課地七十三頃外實在納課熟地稀蘆草場地共二

百八十七頃七十九畝七釐六毫共課銀四百五十

八兩九錢二分五釐四毫

康熙十九年新增蘆洲四十三頃五十八畝七分五釐

四毫增課銀二十七兩一錢八分二釐一毫

二十四年新增蘆地草場一十七頃一十七畝三分七

釐六毫增課銀八十七兩八錢四分五釐九毫

二十八年新增蘆地草場四十七頃三十六畝九分一

釐七毫增課銀五十五兩六錢三分一毫

三十三年新增草場一十二頃三十九畝七分三釐九

毫增課銀二十六兩二錢九分一釐六毫

三十八年新增蘆地草場一十九頃五十二畝七分八

釐五毫增課銀三十三兩六錢八分八釐四毫
四十三年新增蘆地草場四十八頃二十二畝二分二
釐一毫增課銀七十九兩一分五釐一毫
四十八年新增草場二十六頃六十二畝四分一釐七
毫增課銀三十五兩七錢五分三釐一毫
五十三年新增草場二十六頃一十九畝五釐七毫增
課銀三十一兩四錢二分六釐
五十八年新增草場一百六十七頃五十一畝一釐七
毫增課銀五百一十兩八錢八分八釐七毫
雍正二年新增草場七十四頃九十一畝二分二釐五

毫增課銀一百五十六兩二錢一分六釐二毫
七年新增熟地一十三頃八十五畝一分五釐九毫增
課銀一十六兩一錢七分六釐
十三年新增稀蘆熟地一十九頃六十九畝九分一釐
九毫增課銀三十九兩五錢八分五釐七毫
乾隆四年新增熟地草場三十二頃五十三畝八分一
釐七毫增課銀五十七兩一錢六分三釐六毫
九年新增稀蘆草場一十二頃六十四畝五分三釐八
毫增課銀七十三兩七錢四分七釐五毫
十四年新增稀蘆草場二十頃一十四畝三分九釐三

毫增課銀七十五兩三錢八分五毫
十九年新增熟地稀蘆草場變則一百二十六頃九十
三畝八分一釐四毫（查今全書係所二十七頃三十一畝五分八釐七毫五絲三忽）
增課銀一百一十六兩五錢九分一釐六毫九絲二
忽四微二塵九纖三渺九漠四茫四沙六灰九漂（全書銀數同）
二十四年新增草場五十一頃一十三畝五分一釐九
毫二絲三忽九微三塵三纖六渺三漠六茫增課銀
一百五兩六錢八分六釐六毫一絲四忽八塵二纖
八渺九茫

二十九年新增稀蘆草場二十四頃八十八畝二分六
釐六毫四絲二忽八微六塵增課銀七十二兩七分
一釐三毫三絲三忽三微六塵五纖二渺
三十四年新增稀蘆草場三十九頃三十四畝七分二
釐增課銀八十二兩七錢一分八毫八絲
三十九年新增稀蘆草場熟地六十頃一十八畝八分
五釐四絲增課銀一百一十一兩六錢二分二釐六
毫二絲
四十四年新增稀蘆草場熟地二十六頃二十一畝九
分八釐四毫增課銀七十六兩九錢一分三釐六毫

四絲三忽
四十九年新增課銀六十四兩二錢八分八釐老冊未載頃畝
五十四年新增課銀三十兩三錢三分四釐
五十九年新增課銀四十五兩一錢二釐
嘉慶四年新增課銀二十四兩九錢八分一釐
九年新增課銀四十五兩三分
十四年新增課銀一百一十二兩三錢九釐
十九年新增草塲稀蘆變則地五十五頃六十五畝五
分三釐一絲一微五塵八纖五漠增課銀四十五兩
二錢四分八毫二絲四忽六微七塵一纖三渺二漠

七茫
二十四年新增稀蘆草塲變則地四十五頃六十四畝
六分二釐一毫一忽四微二塵增課銀四十五兩九
錢二分九釐六毫三絲三忽八微八塵八纖一渺
道光四年新增稀蘆草塲地一十一頃八十六畝二分
七忽增課銀一十八兩四錢一分九毫二絲五忽七
微九纖七渺二漠
九年新增稀蘆草塲地七十四畝三分四釐三毫四絲
增課銀三十九兩七錢九分一釐九毫三絲二忽七
微一塵七纖

十四年新增草塲地九頃八十五畝七分二釐五絲增
課銀五兩九錢一分四釐二毫一絲五忽
康熙二十四年坍卸蘆地草塲二十七頃開除無徵課
銀二十七兩四錢
二十八年坍卸蘆地草塲二十五頃一十五畝九分五
釐二毫開除無徵銀五十兩一分五釐三毫
三十三年坍卸蘆地草塲八頃五畝五分一釐七毫開
除無徵課銀一十三兩四錢五分七釐九毫
三十八年坍卸熟地草塲一十三頃四十畝二分三釐
開除無徵課銀二十七兩九錢六釐八毫

四十三年坍卸蘆地草塲四十頃四十九畝三釐五毫
開除無徵課銀七十三兩二錢二分四釐四毫
四十八年坍卸蘆地草塲一十六頃二十六畝九分八
釐一毫開除無徵課銀三十四兩八分一釐
五十三年坍卸蘆地草塲一頃五十四畝五分五釐開
除無徵課銀三兩四錢五分九釐
雍正二年坍卸蘆地草塲三十六頃四畝三分三釐三
毫開除無徵課銀八十一兩八錢二分二釐一毫
十三年坍卸稀蘆熟地一十三頃五十一畝四釐五毫
開除無徵課銀三十二兩六錢七分

乾隆四年坍卸稀蘆熟地一十頃三十一畝七分四毫
開除無徵課銀二十五兩五分九釐四毫
九年坍卸洲地二十八頃八十九畝九分六釐八毫開
除無徵課銀六十五兩四錢四分八釐八毫
十四年坼卸洲地五十三頃五十四畝一分五釐四毫
開除無徵課銀七十四兩八錢三分六釐
十九年坍卸熟地稀蘆草場五十二頃八十七畝三分
二釐七毫開除無徵課銀一百一十六兩四錢五分
八釐
二十四年坍卸草場四十六頃一十一畝一釐四毫七

絲九忽九纖四渺四漠開除無徵課銀一百五兩三
錢八分九釐五絲二忽二微五塵二纖三渺七漠
二十九年坍卸稀蘆熟地草場五十三頃四十三畝八
分九釐七毫六絲二忽五微七塵一纖七渺九茫開
除無徵課銀一百三十兩六錢九分六釐三毫五絲
六忽三微三塵四纖九渺二漠七茫二沙五灰
三十四年坍卸稀蘆熟地草場三十二頃三十七畝三
分七釐開除無徵課銀六十八兩九錢二分五釐九
毫一絲
三十九年坍卸稀蘆草場熟地二十三頃四十九畝九

分九釐開除無徵課銀五十四兩二錢六分三釐八
毫六絲
四十四年坍卸稀蘆熟地一十八頃一十八畝二分八
釐開除無徵課銀四十四兩二分一釐九毫八絲
四十九年坍卸地老冊未載頃畝開除無徵課銀五十九兩一
錢四分八釐
五十四年開除無徵課銀三十兩三錢三分四釐
五十九年開除無徵課銀三十七兩四錢六分八釐
嘉慶四年開除無徵課銀九兩一分
九年並無坍卸

十四年開除無徵課銀一百兩六錢三分六釐
十九年坍卸中地一十五頃二十八畝四釐五毫三絲
九忽開除無徵課銀三十八兩二錢一釐一毫三絲
四忽七微五塵
二十四年坍卸稀蘆草場地五頃九十五畝三分開除
無徵課銀一十四兩六錢七分六釐六毫二絲
道光四年並無坍卸
九年並無坍卸
查道光十四年大丈册報通共中地稀蘆草場地七百
一十六頃六十九畝四分一釐二毫三絲九忽一微二

塵二纖五漠通共應徵蘆課銀一千四百八十三兩一錢六分七釐八毫一絲九忽三微四塵六纖三渺七漠二茫內有撥入河東書院老新官洲地一十二頃二十一畝五分九釐七毫三忽應徵課銀二十八兩六錢二分三釐外其不堪載課泥灘白沙水影共地一百七十七頃一十八畝五分七釐七毫五絲八忽九微三塵二纖三渺三漠三茫後於道光十九二十四年兩屆大丈冊報拼多淤少現奉　部覆洲地有崩卽應有淤蘆課未便遞年減少應照道光十四年實徵銀數徵解在案

一雜稅

牙帖稅銀四百七十八兩奉革產業牙行一名除額稅銀一兩　實徵稅銀四百七十七兩每年增減不一　現徵稅銀三百八兩三錢

當舖十七座每座每年納銀五兩　共徵稅銀八十五兩開歇不一原無定額

田房稅正額銀四十三兩六錢盈餘銀兩儘徵儘解原無定額

牛驢稅銀儘徵儘解原無定額

額銷鹽引二萬四千一百五十引每引改子鹽四十一包六分九釐六毫乾隆十三年內奉

旨蒲草歘產加鹽十觔又乾隆十六年內奉

旨恩加鹽十觔共配鹽三百六十四觔改子鹽四十四包一分二釐一毫每引納稅銀二分商人交納解司撥用每年行銷原無一定

積貯社倉附

賈子曰積貯天下之大命也至哉言也耿壽昌因李悝法創常平倉朱子又變而通之爲社倉其法益良後世遵行何嘗不並受其福寖以陵夷主守不得其人斂散不得其宜而積貯且爲地方病法豈端使然哉今岡邑之隱賑也官儲陳陳相因都鄙廩庾皆滿亘有司加意釐清永永繩承所謂爲生民立命者其不在斯乎其不在斯乎

常平倉二座一名儲豐倉在城內洗墨池左創自康熙二十七年一名永豐倉在城內府城隍廟左創自雍正九

年各案共貯穀一萬二千八百九十二石零乾隆十四年奉　文以六千石爲額餘穀糶價解司酌撥缺額州縣買貯乾隆十八年遵籌辦楚北貯備等事該加貯穀二萬四千石本年先買穀一萬二千石爲前半加貯乾隆二十一年續買穀一萬二千石爲後半加貯共二萬四千石價銀在司庫地丁項下動支　三共貯穀三萬石

乾隆二十三年　欽奉等事加貯川米易還穀一萬三千六百石

乾隆三十年敬陳等事奉　文將原設府倉改歸縣管名軍儲建在漢川門內載入府志添貯府倉撥歸穀一

萬九千三百石

又詳請咨明事奉　文添貯原存盈餘米易穀二千二十八石

又與釐務期等事添貯乾隆二十六年起至嘉慶六年止南漕餘剩耗米並帶徵四十八年漕糧二耗米折賑前半穀八萬三千四百四十一石九斗八升八合六勺

乾隆五十年重農積粟等事添貯本道捐輸穀十石

乾隆四十六年及四十八等年詳請等事變解耗米支用餘剩銀買穀四百四十三石五斗三升三合七勺

又附貯撥補嘉慶九年緩征南糧案內動支五六兩年南漕餘剩耗米並帶徵元年南漕耗米應易穀二千一

百一十九石三斗五升六合二勺

以上共穀一十五萬九百四十二石八斗七升八合五勺

乾隆四十一年八月內奉　文均貯案內撥出穀二萬七千八百九十一石二斗一升八勺實貯穀二萬八百五十九石三斗八升四合四勺內有節年奉撥碾運軍需等項穀石併銀俱存司庫未領已入節年奏銷案內逐款開除

儲豐永豐二倉建修年遠節年均已毀塌嘉慶十四年前縣汪慕鍾任內詳報有案所有實貯穀石現幷存軍

儲倉

社倉分建廂坊各鄉鎮共一百一十九座每座委社長掌管每年春借秋還照例收息自雍正二年總督楊宗仁行文勸捐貯倉至乾隆十三年共貯本息穀七千九百一十一石零載府志乾隆十四年奉　文十九年知縣馬元亮併爲三十座累年生息今實貯本息穀八千五十一石九升二合三抄

廂坊社倉四共貯穀六百四石六斗七升四合

本城三官殿貯穀一百四十二石一斗九升三合內藥王廟社穀歸併收貯

本城玉皇閣貯穀一百五十六石一斗二升二合內關帝廟

社穀歸併收貯

長蘄堎趙洲庵貯穀一百九十七石二斗三升九合內祖師菴社穀歸併收貯

團風鎮華光廟貯穀一百九石一斗二升內東嶽廟還眞菴關帝廟三社穀歸併收貯

東絃鄉社倉五共貯穀一千二百五石五斗九升一合零

路口玉皇閣貯穀一百九十一石三斗內甘露菴淩虛觀延齡寺東嶽廟四社穀歸併收貯

陶店東嶽廟貯穀三百一十三石八斗六升二合內陸家廟

慈義菴五顯廟三社穀歸併收貯

魚博橋魚博寺貯穀三百零八石九斗八升四合內定香寺雨山寺二社穀歸併收貯

堵城豐和廟貯穀一百五十四石三斗九合內鎮橋寺龍王墩郗城寺三社穀歸併收貯

王家店風火山貯穀二百三十六石六斗七升九合內李家廟柳家祠二社穀歸併收貯

還和鄉社倉二共貯穀八百一十五石一斗三升九合一勺零

馬曹廟貯穀四百二十八石五斗八升四合內橫溪寺法王寺二社穀歸併收貯

百福寺郎白虎寺貯穀三百八十六石五斗五升五合內烏龍菴凤延菴竹陂寺三社穀歸併收貯

永寧鄉社倉四共貯穀一千五十八石八斗七合

金雞坳貯穀二百七十二石四斗九升內東嶽廟土主廟五顯廟黃岡廟天池寺伍社穀歸併收貯

賀家坳黃龍寺貯穀二百五十四石五斗八升三合內悟空寺劉家廟白衣菴關帝廟四社穀歸併收貯

賈家廟貯穀二百五十三石一斗五升八合內東嶽廟定合菴二社穀歸併收貯

但店東嶽廟貯穀二百七十八石五斗七升六合內瑚衎菴社穀歸併收貯

慕義鄉社倉三共貯穀六百二十二石四斗二升七合

花園鋪關帝廟貯穀一百八十九石一合內朝陽菴龔家菴雨壇寺三社穀歸併收貯

篠子河方廣寺貯穀二百一十四石九斗六升六合內天元寺金鷄坳二社穀歸併收貯

辛家沖泥陂廟貯穀二百一十八石四斗六升內中門寺熊家寺朝陽菴化樂寺四社穀歸併收貯

上伍鄉社倉四共貯穀一千五十一石六斗七升七合

道觀河紫霞寺貯穀二百七十九石一斗三升三合內祈祥寺朝陽菴二社穀歸併收貯

三元菴貯穀一百八十七石一斗一升內彌陀菴枝魚寺關王廟三社穀歸併收貯

謝家樓得勝寺貯穀三百六石八斗四升四合內黃岡廟舒家廟二社穀歸併收貯

徐鼓集東嶽廟貯穀二百七十八石六斗內新興寺社穀歸併收貯

下伍鄉社倉四共貯穀一千六百五十五石七斗三升二勺

淋山河關帝廟貯穀五百二十九石一斗七升內東嶽廟社穀

歸併收貯

太平寺貯穀四百二十七石五斗七升八合（内左家堂五顯廟二社穀歸併收貯）

問津河文崎寺貯穀三百九十一石七斗一升（内天啓寺舊街大廟二社穀歸併收貯）

青蓮寺貯穀三百七石二斗七升二合二勺

庶安鄉社倉二共貯穀四百六十八石四升九合二勺

鳳凰寺貯穀二百四十七石四斗八升四合一勺（内準提閣古林寺關帝廟龍王廟李家廟新寨廟文布寺覺林寺蟲虎廟東嶽廟十社穀歸併收貯）

張店洪山寺貯穀二百二十石五斗六升七合一勺（内竹

筒寺豐樂寺朱家廟關帝廟四社穀歸併收貯）

中和鄉社倉二共貯穀五百六十九石五斗三升六合

陽邏鎮蓬萊寺貯穀三百二十七石九斗一合（内廣王廟總管廟金臺寺釣魚臺鐵爐寺圓通寺二聖寺東嶽廟竹谿寺九社穀歸併收貯）

便民倉舊在樊口民間輸糧者每苦渡江風濤之險康熙末知縣鍾葦移置團風鎮年久頹壞乾隆五十二年知縣王正常詳允建修有記見藝文

蠲卹

蠲租除賦之詔歷代或因巡幸或因兵饑史册傳爲僅事惟我

朝勤恤民艱湛恩汪濊除偏賑外普免天下錢糧漕米者凡十

仁皇帝三

純皇帝七葢自漢文帝賜民田租旋罷除之之後二千年來未之有也

聖聖相承推仁孚惠茂以復加是以天不能災而民皆有聚況省憂鰥寡孤獨咸入春和又有度越漢文者乎謹續應

徵豁免與郵政之通於茲邑者詳書於册

漢

文帝十二年賜天下田租之半（按前史蠲卹邑無特書茲首紀賜租之始餘通行者不具錄）

宋

元嘉三十年閏月甲申蠲西陽郡租布（宋書世祖本紀）

唐

元和四年免淮南稅

太中九年以旱遣使巡撫淮南減上供餽運蠲逋租

南唐

昇元五年八月遣使賑貸黃州旱傷戶口

後周

顯德六年命以米貸淮南饑

宋

天聖四年江淮以南大水蠲民租

熙寧七年十月以常平米於淮南西路易饑民所掘蝗種

紹興五年淮東西饑詔賑之　十三年賑淮南饑民仍禁遏糴　三十年十月蠲黃州民附種田租

乾道五年蠲江淮等路紹興二十七年拖欠藏庫歲額錢共八十七萬五千三百緡　八年蠲兩淮明年租賦

乾道間江湖大旱流民北渡江薛季宣行淮西爲表廢田相原隰立二十二莊於黃州故治東且以戶授屋以丁授田頒牛及田器穀種各有差廩其家至秋乃止凡爲戶六百八十有五分處合肥黃州間並邊歸來者振業之　宋史薛季宣傳

嘉泰元年兩淮旱賑之蠲其賦

嘉定二年八月出米十萬石賑兩淮流民　十六年九月詔江淮諸司賑被水貧民

嘉熙元年詔淮襄避地流民沿江諸郡委官賑濟

元

至正二十八年十二月詔免江淮貧民逋租鈔綿　三十一年免江淮以南夏稅之半

天德九年免江淮以南租稅及佃種官田者十分之二

十年七月以米七萬七千八百石賑糶武昌興國黃州饑

至大元年江淮饑免今年常賦及夏稅遣使賑貸　二年免江淮夏稅

天歷二年黃州路旱免其租

至順元年二月蘄黃等路饑賑糧各一月　三月又以淮西廉訪使贓罰鈔賑蘄黃五路饑民

至元三年賑河南諸路米十萬石

明

洪武八年免蘄黃被災田租　九年三月免湖廣今年稅糧　十二月賑湖北水災　十年五月荆蘄大水命戶部主事趙乾來賑遷延半載帝怒誅之　十一月免湖廣田租　十九年詔本年秋糧盡行蠲免　二十三年十月賑湖廣饑

永樂二年命御史郭林等賑湖廣水災　三年免湖廣被水田租　九年湖廣水遣使賑之　十三年十二月蠲湖廣州縣水旱田租　二十二年皇太子免湖廣郡縣

水災田糧

宣德八年夏六月賑湖廣饑免稅糧　九年八月賑湖廣饑勅撫按三司官行視災傷蠲稅糧十之四冬十月湖廣饑以應運南京及臨清倉賑濟

正統元年免湖廣被災稅糧　三年免湖廣逋賦　六年秋七月賑湖廣饑　七年大旱饑民間輸粟一千一百石以賑者給詔旌之　十年十一年十三年免旱災稅糧

景泰元年湖廣大饑免次年稅糧籽粒　六年江水泛湖田盡没命撫按官條寬卹事

天順三年八月免湖廣被災秋糧　冬十月賑湖廣饑　四年六月免湖廣被災稅糧

成化元年免天下田租三之一　三年九月賑湖廣饑　四年三月免被災稅糧　六年三月免去年水災秋糧　九年免被災稅糧　十年三月免去年旱災秋糧　十一年大水免秋糧　十四年免被災秋糧　十六年免去年旱災秋糧　十九年三月免被災稅糧　二十二年二月免被災秋糧　二十三年正月免湖廣被災秋糧

宏治元年十月賑湖廣饑　二年民饑巡撫梁璟請免徵兩京漕糧八十九萬石　三年七月免被災稅糧　八年九年十二年十四年十五年免被災秋糧　十六年賑湖廣被災軍民　十七年大旱免田租　十八年五月除天下十六年以前逋賦

正德三年大旱饑南工部侍郎畢亨來賑　十一年十月免被災稅糧　十二年遣御史吳廷舉賑湖廣饑

嘉靖元年賜天下田租之半免正德十五年以前逋賦夏旱免稅糧有差　七月賑湖廣災　五年八月發各屬預備倉穀米並太和山香錢賑饑　六年水八月賑其災減免秋糧　七年大旱饑諭巡撫將貧戶儘現糧賑

給不敷者給各項官銀　八年九月賑湖廣饑　十一年二月免被災秋糧　十五年二月發粟賑饑　十五年六月旱減免秋糧　十八年四月被災免稅糧免湖廣田賦五之一　二十三年旱賑湖廣饑　二十四年旱副使劉光文奏免田租之半布政司發銀賑之　二十九年三十九年四十一年免被災稅糧

隆慶三年免稅糧　四年旱蠲今年稅糧有差發贓罰銀及倉米賑之　五年以水災許改折漕糧之半

萬曆六年四月免逋賦　十二年十月免被災稅糧　十七年以災傷蠲秋糧　十八年四月賑饑　二十一年

十二月賑饑　二十三年十一月災蠲賑有差　二十九年蠲加派田租逋賦　三十五年大水　三十七年旱　四十一年大水　四十五年災俱蠲賑有差

天啓四年免災傷田租

崇禎十一年兵荒詔蠲舊欠錢糧　十五年詔蠲去年錢糧

國朝

順治元年大兵經過地方免正糧一年歸順地方免三分之一　十年蠲免九年旱災十分之六　十一年豁免順治六七兩年積欠　十二年豁免八九兩年地丁本折錢糧拖欠在民者　十四年旱發積穀以賑知府于成龍勸民輸賑全活甚眾　十七年蠲免順治十二年至十五年民欠錢糧

康熙元年蠲免順治十五年以前未徵各項錢糧秋旱有司賑恤　三年蠲免二年水災錢糧十分之三　四年蠲免順治十六十七十八等年各項舊欠錢糧　十年蠲免四五六年舊欠地丁等項錢糧又大旱免本年錢糧十分之三　十三年十八年旱災俱奉文照分數蠲免　二十年　詔十七年以前民欠錢糧該督撫查明保題豁免　二十五年旱災蠲免錢糧之半共二十四年錢糧全行蠲免　二十七年蠲免十七年以前民欠漕項銀兩米麥　二十八年蠲免地丁錢糧及驢脚南米十分之三　二十九年旱災蠲免錢糧之半　三十一年輪次蠲免起運漕糧　三十二年旱蠲賦有奇　四十四年蠲免四十五年額賦一年地丁銀米舊欠未完者並停輸納　四十五年豁免四十三年以前未完銀米已完在官准抵現年未完足者　五十年蠲免五十一年地畝人丁銀並歷年舊欠全行豁免　五十六年豁免帶徵地丁屯衛銀兩　六十年豁免民欠錢糧

雍正四年發帑銀採買穀石於省倉及州府縣應貯之處加謹收貯　八年蠲免湖北九年分錢糧四十萬兩　十三年豁免查明十年以前民欠

乾隆元年蠲除軍田額外加徵　二年夏水偏災豁除地丁銀四百三十九兩五錢七分零南漕米二百三十七石六斗二合零　八年夏水偏災豁除地丁銀一十二兩三錢二分零南漕米五石九斗八升四合零又蠲免被災民賦銀七十兩五錢二分零　十年蠲免湖北十三年分應徵錢糧除漕糧項外其地丁銀米一概免徵　三十一年豁免漕糧　三十二年水偏災賑饑蠲免地丁銀二千九百四十五兩零南米七百四十八石零

三十三年水偏災賑饑蠲免地丁銀二千三百七十九兩零南米六百三石零　三十四年豁免漕糧米一萬一千四百八十石零　三十五年蠲免地丁錢糧　四十二年蠲免地丁錢糧　四十三年旱水偏災賑饑蠲免地丁銀一萬八十二兩零南米二千六百一十九石零　四十四年加賑外豁免地丁銀四萬五百七十三兩零　四十八年水偏災賑饑蠲免地丁銀一千四百九十三兩零南米三百八十四石零　四十九年豁免漕糧米一萬一千四百八十石零　五十年旱災賑饑蠲免地丁銀七千九百二十九兩零南米二千二十三

石零　五十三年水偏災賑饑蠲免地丁銀二千五百九十一兩零南米六百二十三石零　五十八年蠲免黃州衛屯餉丁糧　六十年豁免漕糧

嘉慶元年蠲免地丁錢糧　四年蠲免乾隆六十年以前積欠緩徵地丁耗羨及民欠籽種口糧漕糧等銀兩又積欠緩徵並民借種穀草束等銀兩　八年正月蠲免民屯正耗錢糧一分　三月蠲免十分之五

道光元年蠲免民間積欠　十一年大水撫卹賑饑並加賑一次借給籽種蠲免地丁銀八千三百八十六兩零南漕米四千二百五十一石零　十二年蠲免地丁銀一千八百四十七兩零南漕米四百一十六石零　十五年豁免三年緩徵南漕米一千六百一十八石零　二十五年豁免十一年以後緩徵地丁銀四萬九千三百三十兩零南漕米一萬八千一百一十五石零

附

養濟院在山川壇側共四十二間乾隆三年奉　文建立其額內額外人數並口糧布花銀數詳賦役志孤貧項下

育嬰堂一在一字門內道光二十七年知縣金雲門重議修復捐錢一百千以經費尚詘猶有待於後云一在倉子埠道光二十七年該地民人胡紹瑛張敏魁倡捐建立自宮紳以下捐金各有差

黃岡縣志卷之三終

黄岡縣志卷之四

知黄岡縣事宛平俞昌烈編輯

學校志

三代之治出於一故歐陽氏曰學校王政之本也而黨庠州序之設至周而始詳故又曰此三代極盛之時大備之制也我

國家釀化覃敷郡邑莫不立學其崇禮興樂育士烝才亦踵宋明以來之規而益廣之至若厲學官以端化明道術以同風

聖諭諄諄穆然仰見文武周公作人之意區區法制求之抑淺矣顧必舍法制而欲喻精微卽又烏從測之哉謹纘表邑學廟舍祠祭典文書籍建修之歲月供億之田場而附以書院使官師有所攷章縫之士有所勸慕焉

廟學

黄州府儒學在縣治東詳府志

黄岡縣儒學在清淮門内

先師廟正殿居中左右兩廡前爲戟門門前爲頖池又前爲櫺星門外爲黌牆

崇聖祠在殿左明倫堂在殿後

正殿

至聖先師孔子正位南向

木主高二尺三寸七分濶四寸厚七分座高四寸長七寸厚三寸四分朱地金書

漢元始元年謚褒成宣尼公永平二年祀稱先師晉宋梁陳隋稱先聖北齊稱宣父唐武德二年配享周公稱先師貞觀二年停祭周公仍稱先聖開元二十七年謚文宣王宋咸平元年加號元聖大中祥符五年避聖祖諱改至聖元大德十一年加號大成明嘉靖九年定木主制題至聖先師去王號及文宣之稱

國朝

聖祖仁皇帝康熙二十三年

御書萬世師表匾額康熙二十五年

御製至聖先師孔子贊序刊碑

世宗憲皇帝雍正三年

御書生民未有匾額雍正四年

上諭避孔子聖諱

高宗純皇帝乾隆三年

御書與天地參匾額

仁宗睿皇帝嘉慶五年

御書聖集大成匾額道光元年

御書聖協時中匾額

東配

復聖顏子

述聖子思子

西配

宗聖曾子

亞聖孟子

木主高一尺五寸濶三寸二分厚六分赤地墨字

魏正始時進復聖配享晉宋及隋唐皆稱先師宋元祐二年進述聖配享唐總章二年進宗聖配享宋元豐七

年進亞聖配享明嘉靖九年去爵號爲木主制康熙二十八年

御製顏曾思孟四子贊刊碑

東哲

先賢閔子損　冉子雍　端木子賜

仲子由　卜子商　有子若

西哲

先賢冉子耕　宰子予　冉子求

言子偃　顓孫子師　朱子熹

木主高一尺四寸濶二寸六分厚五分赤地墨字

唐開元八年坐祀堂上後升顏子配祀乃進曾子居十子次宋咸淳三年升配曾子位顏子下復升顓孫子爲十哲明嘉靖間去封號稱先賢

國朝康熙五十一年進朱子次十哲稱先賢乾隆元年進有子次十哲

東廡

先賢蘧子瑗雍正三年復祀　澹臺子滅明

原子憲　南宮子适

商子瞿　漆雕子開

司馬子耕　梁子鱣

冉子孺　伯子虔

冉子季　漆雕子徒父

漆雕子哆　公西子赤

任子不齊　公良子孺

公肩子定　鄡子單

罕父子黑　榮子旂

左人子郢　鄭子國一作薛子邦

原子亢　廉子潔

叔仲子會　公西子輿如

邽子巽　陳子亢

琴子張　步叔子乘
秦子非　顏子噲以上唐開元中從祀
顏子何雍正三年復祀　縣子亶
樂正子克　萬子章俱雍正三年增祀
周子敦頤　程子顥
邵子雍俱宋淳祐元年從祀雍正三年升爲先賢
先儒公羊子高　伏子勝以上唐貞觀二十二年從祀
董子仲舒明洪武十八年從祀　后子蒼明嘉靖九年從祀
杜子子春唐貞觀二十二年從祀　諸葛子亮雍正三年增祀
王子通明嘉靖九年從祀　陸子贄道光六年從祀

范子仲淹康熙五十五年從祀　歐陽子修明嘉靖九年從祀
楊子時明宏治八年從祀　羅子從彥
李子侗俱明萬歷四十一年從祀　呂子祖謙宋景定二年從祀
蔡子沈明正統三年從祀　陳子淳
魏子了翁　王子栢
趙子復　許子謙俱雍正三年增祀
吳子澄明正統八年從祀　胡子居仁
王子守仁俱明萬歷十二年從祀　黃子道周道光五年從祀
羅子欽順雍正三年增祀　湯子斌道光三年從祀
西廡

先賢林子放雍正三年復祀　宓子不齊
公冶子長　公晳子哀
高子柴　樊子須
商子澤　巫馬子施
顏子辛　曹子䘏
公孫子龍　秦子商
顏子高　壤駟子赤
石作子蜀　公夏子首
后子處　奚容子蒧
顏子祖　句井子疆

秦子祖　縣子成
公祖子句茲　燕子伋
樂子欬　狄子黑
孔子忠　公西子蒧
顏子之僕　施子之常
申子棖以上唐開元中從祀　左子邱明雍正三年升爲先賢
秦子冉雍正三年復祀　牧子皮
公都子　公孫子丑俱雍正三年增祀
張子載　程子頤俱宋淳祐元年從祀雍正三年升爲先賢
先儒穀梁子赤　高堂子生

孔子安國　毛子萇俱唐貞觀二十二年從祀
鄭子康成　范子甯俱雍正三年復祀
韓子愈宋元豐七年從祀　胡子瑗明嘉靖九年從祀
司馬子光宋咸淳三年從祀　尹子焞雍正三年從祀
胡子安國明正統三年從祀　張子栻宋景定二年從祀
陸子九淵明嘉靖九年從祀　黃子幹雍正三年增祀
真子德秀明正統二年從祀　文子天祥道光二十五年從祀
何子基　陳子澔
金子履祥俱雍正三年增祀　許子衡元皇慶二年從祀
薛子瑄明隆慶六年從祀　陳子獻章明萬歷十二年從祀

蔡子清雍正二年增祀　呂子坤道光六年從祀
孫子奇逢道光八年從祀　劉宗周道光二年從祀
陸子隴其雍正三年增祀
木主規制同十哲

兩廡從祀始自唐貞觀時明嘉靖九年從祀九十人及門弟子稱先賢某子左邱明以下稱先儒某子罷蘧瑗林放秦冉顏何鄭康成范甯諸人之祀凡前代增祀

國朝增復先賢諸儒俱詳載前分注

崇聖祠雍正元年奉

上諭加封　孔子五代改啓聖祠爲崇聖祠

肇聖王木金父公正中
裕聖王祈父公東一室
詒聖王防叔公西一室
昌聖王伯夏公東次室
啟聖王叔梁公西次室　俱南向
木主規制同四配

配享

先賢顏氏無繇　孔氏鯉俱明正統三年自聖殿兩廡升配　俱西向
先賢曾氏蒧明正統三年自兩廡升配　孟孫氏激明正統三年升配　俱東向
先儒周氏輔成明萬歷二十三年從祀　程氏珦明嘉靖九年從祀

蔡氏元定明嘉靖九年從祀　俱西向
先儒張氏廸雍正元年從祀　朱氏松明嘉靖九年從祀　俱東向
木主規制俱同十哲

祭典

每月朔釋菜望日上香知縣以下官詣廟行禮

歲春秋仲月上丁日致祭學官分列正獻分獻官生員執事者並樂舞姓名送縣張榜並致齋二日祭之前一日飭廟戶潔掃殿廡內外視宰官公服詣神厨視宰正獻分獻率執事生入學習儀於

文廟階下行一跪三叩首禮教官率樂舞生入學習舞習

吹樂用六佾屆期五鼓齊集陳牲帛齍盛省視如儀知

縣正獻

先師暨四配教諭訓導分獻東西十哲縣丞典史分獻兩廡

側准以食餼弟子員各一人分獻武職官陪祭

崇聖祠教諭正獻兩序訓導分獻兩廡皆食餼弟子員分獻

即日先祭儀注同正殿惟不用樂不飲福受胙

祭品陳設

雍正三年奉

旨郡縣丁祭牲用太牢乾隆三年奉　部頒定祭品

先師正位

帛一白色　爵三白磁　牛一　羊一　豕一

登一太羹　鉶二和羹　簠二黍稷　簋三稻粱　籩十形鹽

藁魚　榛　栗　棗　黑餅　韭菹　芹菹

鹿脯　菱　芡　白餅　豆十　菁菹　鹿醢

筍菹　醓醢　兔醢

魚醢　脾析　豚胉　酒罇一

樂器雍正二年頒

編鐘一十六枚　編磬一十六枚　琴六　瑟六

簫六　笛六　排簫二架　塤二

篪四　笙六　應鼓一　搏拊鼓二

柷一　敔一　木笏六

舞器　乾隆五年定樂用六佾樂舞生四十名免府縣試

麾幡二　羽籥三十六　旌節二

樂歌樂六奏　佾舞生三十六名　樂工五十二名

樂章乾隆九年頒

迎神　咸和之曲無舞省會凡和作平凡曲稱章

大太四 哉南工

至林尺 聖仲上 道太四 德仲上 尊林尺 崇仲上 維南工 持林尺 王仲上 化太四 斯林尺 民仲上 是黃合 宗太四 典黃合 祀太四 有仲上 常林尺 精南工 純林尺 並太四 隆仲上 神黃合 其南工 來林尺 格仲上 於林尺 昭仲上 聖黃合 容太四

初獻　寧和之曲有舞

自太四 生仲上 民林尺 來仲上 誰太四 底黃合 其仲上 盛太四 惟南工

師林尺 神仲上 明太四 度黃合 越仲上 前仲上 聖太四 粢仲上 帛太四 俱仲上 成林尺 禮黃合 容太四 斯林尺 稱仲上 黍太四 稷南工 非黃合 馨林尺 維南工 神林尺 之仲上 聽太四

亞獻　安和之曲有舞

大太四 哉仲上

聖黃合 師太四 實南工 天林尺 生仲上 德太四 作仲上 樂太四 以仲上 崇林尺 時仲上 祀太四 無林尺 斁仲上 清黃合 酤南工 惟仲上 馨仲上 嘉林尺 牲仲上 孔黃合 碩太四 薦太四 羞南工 神黃合 明林尺 庶南工 幾林尺 昭仲上 格太四

三獻　景和之曲有舞

百仲上 王南工 宗林尺 師仲上 生林尺 民仲上 物太四 軌黃合 瞻黃合 之南工 洋

林尺洋仲上神林尺其仲上寕太四止黃合酌太四彼黃合金林尺罍仲上惟南工

仲上

清林尺且太四旨仲上登仲上獻太四惟林尺三仲上於黃合嘻南工成林尺禮

徹饌

宣和之曲無舞

犧仲上牲太四在仲上前林尺豆太四籩仲上在黃合列太四以太四享南工以

林尺薦仲上旣仲上芬林尺旣太四潔仲上禮黃合成太四樂仲上備太四人南工

和林尺神仲上悅太四祭黃合則太四受仲上福林尺率黃合遵南工無林尺越

仲上

送神

祥和之曲無舞

有太四嚴南工學林尺宮仲上四黃合方太四來仲上崇太四恪黃合恭南工祀

林尺事仲上威南工儀林尺雝仲上雝太四歆仲上茲林尺惟南工馨林尺神仲上

馭太四還林尺復仲上明黃合禋南工斯林尺畢仲上咸南工膺林尺百仲上福

太四

舞譜

寕和

自開翟籥向上起右手於肩垂左手於下蹺左足向前稍前向外開籥舞

生開翟籥向上起左手於肩垂右手於下蹺右足向前蹈向裏開籥舞

民合籥向上移右足過左足邊交立合手蹲朝立

來轉身向東開籥起左手於肩垂右手於膝蹲身上曲足加右足虛跟尖着地起辭身向外高舉籥而朝

誰合籥向內拱手出左足兩兩相對蹲東西相向

底合籥轉身向外拱手出右足合手蹲朝上

其合籥躬身向上正揖

盛合籥轉身向東躬身拱手出右足起平身出左手立

惟開籥向上起右手於肩垂左手於下出左足兩兩相對自下而上東西相向

師開籥向上起左手於肩垂右手於下出右足稍前舞舉籥垂翟

神合籥轉身向東蹈左足惟兩中班十二人轉身俱東西

明開籥左手平肩右手平胸轉身向上偏面西左足虛跟足尖着地舉翟三合籥

度合籥向上過右足於左交立稍前向外垂身舞

越合籥向上過左足於右交立蹈向裏垂手舞

前合籥向上躬身揖向前合手謙進步雙手合籥

聖合籥向上拱手平身回身再謙退步側身向外高手衡面向上

粢開籥向上起右手於肩垂左手於下蹺左足向前正蹲向上

帛開籥向上起左手於肩垂右手於下蹺右足向前稍舞躬身挽手側身向外呈籥耳邊面朝上

其合籥當胸向上揖手於右正揖

成合籥當胸向上揖手於左隨復中平身拱手立於中起辭身挽手復舉籥正立

禮合籥蹈右足轉身向上兩兩相對交籥兩班俱東西平勢執籥

容合籥蹈右足向東正蹲朝上

斯合籥低頭向東揖向外退挽手舉籥向外面朝上

稱合籥轉身向上平立拱手回身正立

黍合籥向上過右足於左交立稍前舞

稷合籥向上過左足於右交立正蹲朝上

非合籥低頭揖向上左右垂手兩班上下俱雙垂手東西相向
馨開翟向上起右手於肩垂左手於膝蹲身屈左右足左足虛跟足尖着地起合手相向立
惟合籥低首揖右右足隨揖蹈於後左側身垂手向外開籥垂手舞
神合籥低首揖左左足隨蹈於後右側身垂手向裏垂手舞
之合籥轉身向東北拱手蹺右足尖正揖朝上
聽合籥復身向上拱手蹺右足尖躬而受之躬身朝上拱籥而受之三鼓畢起
安和
大開籥向上起左手於肩垂右手於下蹺右足向前左右進步向外垂手舞
哉開籥向上起右手於肩垂左手於下蹺左足向前右向裏垂手舞
聖合籥向上過右足於左交立向外落籥朝上
師開籥向上起右手於肩垂左手於下蹲身曲右足更加左足虛跟足尖着地退向正身立

實合籥向上躬身揖於左隨蹺右足尖正蹲
天合籥向上躬身揖於右隨蹺左足尖起身向前轉向外舞
生合籥向上躬身復揖於左隨蹺右足尖向裏舞
德開籥翟向上起右手於肩垂左手於下蹲身曲右足更加左足虛跟尖着地合手謙進步向前雙手合籥
存謙
作合籥拱手向西出右足兩兩相對自下而上兩班相對舉籥東西
樂合籥轉身拱手向東出左足上下俱垂手惟兩中班上下十二人俱垂手蹲身東西相向
以合籥翟向東過右足於左交立轉身東西相向立
崇合翟向東微左足虛右足跟斜拱手於上相向立兩班上下以翟相籥
時開籥向上起左手於肩垂右手於下蹺右足向前稍前舞蹈兩班上下俱垂手向外舞

祀開籥向上起右手於肩垂左手於下蹺左足向前向裏垂手舞
無合籥蹈右足轉身合手謙進步向前雙手合籥翟
斁合籥向東拱手蹺右足回身再謙兩班上下東西相向合籥立
清躬身向上開籥起手向左蹺右足尖稍前舞向外開籥舞
酤躬身向上開籥雙手向右蹺左足尖向裏舞
惟合籥向上低揖雙手平執籥翟開籥舞
馨開翟起右手於肩垂左手於下蹲身以曲右足更加左足虛跟尖着地合籥翟朝上正位
嘉合籥向東拱手出左足側身垂左手兩班側垂手向外舞
牲合籥向西揖手出右足躬身正揖
孔開籥向西起右手於肩垂左手於下蹲身曲左足虛左足跟尖着地雙手舞籥翟躬身

碩開籥轉身向東起左手於肩垂右手於下蹲身曲左右足虛右足跟尖着地躬而受之躬身朝上拱籥受之一鼓而起
薦合籥躬身向上揖於左一叩頭舉右手叩頭
羞合籥躬身向上揖於右舉左手叩頭
神合籥躬身向上復揖於左復舉右手叩頭
明合籥復手於中躬身拱手向上拜一鼓畢卽起躬身三鼓平身
庶開翟躬身右手起舞加額左手垂舞於後左足隨手出後足尖着地三舞蹈舉籥向左躬身舞
幾開翟躬身左手起舞加額左手垂舞於後右足隨手出後足尖着地舉籥向右躬身舞
昭開翟躬身復右手起舞加額左手垂舞於後左足隨手出後足尖着地舉籥復向左躬身舞
格合籥拱手下拜舉籥躬身而受之

景和百向外開籥舞王向裏開籥舞宗側身向外落籥面朝
師朝上正位生兩班上下兩兩相對交籥民合手朝上正蹲
物側身向內落籥執合籥朝上正位瞻向外開籥舞
之向裏開籥舞洋開籥朝上正位洋合籥
神向外開籥舞其向裏開籥舞寧進步向前雙手合籥
止回身東西相向手謙酌向外開籥舞彼向裏開籥舞
金開籥朝上正位罍合籥朝上正位惟向外垂手舞
清向裏垂手舞且朝上正揖旨躬身而受之
登躬身向左合籥舞獻躬身向右合籥舞惟躬身復向左合籥舞
三合籥朝上拜一鼓便起身於側身向外垂手舞嘻側身向裏垂手舞

成朝上正揖禮躬身朝南受之一鼓便起身

鼓聲既嚴旌節前導魚貫而進列行於陛下左右相向聽節生唱奏某舞則散而爲揖唱舞止則聚而成凡歌一闋則舞一成奠帛三獻共四成始終共六變起於中而散於中初變在綴之中東西立象尼山毓聖五老降庭再變而爲佾數稍前進象筮仕於魯而魯治三變而東西分象歷聘列國而四方化四變稍退後象刪述六經告備於天五變而左右向象講論授受傳道於賢六變而復歸於綴中東西立象廟堂尊享弟子列配出太學志

祝文

惟

先師德隆千聖道冠百王揭日月以常行自生民所未有屬

文教昌明之會正禮和樂節之時辟雍鐘鼓咸恪薦於馨香

泮水膠庠益致嚴於籩豆茲當仲春秋祇率彝章肅展微

忱聿將祀典以

復聖顏子

宗聖曾子

述聖子思子

亞聖孟子配尚饗

儀注糾儀二名禮生十名

分獻陪祭各官入兩旁門序立贊引導承祭官至盥洗

所盥手畢引至臺階下立典儀唱樂舞生就位執事官

各司其事分獻官陪祭官各就位贊引贊就位承祭官

就拜位立分獻官隨後立典儀唱迎神唱舉迎神樂奏

咸平之章樂作贊引贊跪叩興承祭官陪祭官分獻官

俱行三跪九叩頭禮興樂止典儀唱奠帛行初獻禮唱

舉初獻樂奏寧平之章樂作贊引贊陞壇導承祭官由

東階上進殿左門贊引贊詣

至聖先師孔子位前承祭官至案前立贊引贊跪叩興承祭

官行一跪一叩頭禮贊引贊奠帛司帛以帛跪進承祭

官接帛拱舉立獻畢贊引贊獻爵司爵以爵跪進承祭

官接爵拱舉立獻畢行一跪一叩頭禮興贊引贊詣讀

祝位承祭官詣讀祝位立讀祝生至祝案前一跪三叩

頭捧祝文立於案左樂止贊引贊跪承祭官讀祝生分獻官陪祭各官俱跪贊引贊讀祝讀畢捧祝至

正位前案上跪安帛匣內三叩頭退樂作贊引贊叩興承祭官及各官行三叩頭禮興贊引贊詣

復聖顏子位前承祭官就案前立贊引贊跪叩承祭官一跪一叩頭興贊引贊奠帛司帛跪進於案左承祭官接帛拱舉立獻案上贊引贊獻爵司爵跪進於案左承祭官接爵拱舉立獻案上行一跪一叩頭禮興贊詣

宗聖曾子位前如前儀贊詣

述聖子思子位前如前儀贊詣

亞聖孟子位前如前儀其十哲兩廡分獻官俱照前儀行禮畢贊引贊復位承祭官分獻官仍詣

至聖先師位前立樂止典儀唱行亞獻禮唱舉亞獻樂奏安平之章樂作贊引贊升壇獻爵於左如初獻儀贊引贊復位承祭官分獻官各復位立樂止典儀唱行三獻禮唱舉三獻樂奏景平之章樂作贊引贊升壇獻爵於右如亞獻儀贊引贊復位承祭官分獻官各復位立樂止典儀唱飲福受胙贊飲贊詣受福胙位承祭官至殿內立捧酒胙二生捧至

正位案前拱舉至福胙位右旁跪接福胙二生在左傍跪贊引贊跪承祭官跪贊飲福酒承祭官受爵拱舉授接爵生贊受福胙承祭官受胙拱舉授接胙生贊引贊叩頭興承祭官三叩頭興贊復位承祭官復位立次行謝福胙禮贊引贊跪叩頭興承祭官分獻官及陪祭各官俱行三跪九叩頭禮興典儀唱徹饌唱舉徹饌樂奏咸平之章樂作徹訖樂止典儀唱送神唱舉送神樂奏咸平之章樂作贊引贊跪叩頭興承祭官分獻官及陪祀各官皆行三跪九叩頭禮興樂止典儀唱捧祝帛饌各詣燎位司祝司帛至各位前一跪三叩頭捧起祝文在前帛次之捧饌官跪不叩頭捧起在後俱送至燎位承祭官退至西旁立候帛祝饌過仍復位立典儀唱望燎

唱舉望燎樂與送神同樂作贊引贊詣望燎位導承祭官至燎位立祝帛焚訖樂止贊引贊禮畢退

四配各一壇

每位帛一白色　爵三白磁　羊一　豕一　鉶一

簠二　簋二　籩八減黑餅白餅　豆八減脾肵豚胉　酒罇一

十哲東西各二壇

帛一白色　爵三白磁　豕一　鉶各一　簠各一

簋各一　籩各四　豆各四　豕首一　酒罇一

兩廡東西各三壇

帛一白色　爵各四銅　豕三　簠各一

簋各一　籩各四形鹽棗栗鹿脯　豆各四青菹芹菹鹿醢

兔醢　酒罇一

崇聖祠五壇　爵鉶簠簋籩豆牲帛視四配

配位每位一壇　帛及籩豆簠簋視十哲爵用銅牲用豕首豕肉各一

減鉶羹

從祀位東西二案

祭品視兩廡銅爵用三牲用豕肉一

祝文

惟

王奕葉鍾祥光開聖緒盛德之後積久彌昌允聲教所覃敷

率循源而溯本宜肅明禋之典用申守土之忱茲屆仲

春秋聿修祀事配以

先賢顏氏

先賢曾氏

先賢孔氏

先賢孟孫氏尚饗

學政

漢武帝因博士舊黌舍置弟子員與太學也元始中郡

國曰學邑侯國曰校鄉曰庠聚曰序各置有師然不聞

諸縣建有專學也元魏時大郡中郡小郡有助教學生

之設馬端臨以爲郡縣之學始此唐武德七年州縣並

置學其學生自京縣五十至小縣二十長官補長史主

之歲仲冬舉其成者送尚書省宋仁宗初諸郡願立學

詔悉可之學校徧天下嘉定二年始立州縣學而教諭

訓導之員定元明一遵其制

國朝因之教法益詳

聖祖御製訓飭士子文

世宗御製聖諭廣訓及朋黨論所以陶淑者備至教諭訓導各

一員見職官志其學生廩膳二十名歲有餼二歲貢其

一增廣二十名附生無定額教官月課其學提督學院

三歲再試之初曰歲試優劣有等再曰科試擇其尤者

送鄉試又六年或十二年選拔一人雍正五年復奉

上諭居家孝友行止端方才可辦事而文亦可觀者一學各舉

一人文童歲科試入學十五名武童歲試入學十五名

康熙六十一年

恩詔文童廣額五名一次雍正二年　題准奉

旨照大學額歲科試各取進二十名定爲例十三年乾隆元年
節奉
恩詔廣額七名各一次六十年　太學石經刻成
高宗純皇帝臨雍
加恩廣額五名一次嘉慶元年節奉
恩詔共廣額十二名一次四年
恩詔廣額七名一次道光元年
恩詔廣額七名一次三年
恩詔廣額七名一次

興修

宋仁宗初諸郡請立學詔可元豐時所稱諸路學官五十三員州縣猶未備也嘉定二年天下州縣皆立學黃岡縣儒學宋建在故南城外元末兵燬明洪武元年知縣萬士安移建府城隍廟之西南正統二年知府錢敏重修學士李時勉有記東西隅接民居屢燬宏治九年僉事張彬購六戶地擴之然猶隘正德十年知府余貴知縣胡潔始遷清淮門內

正殿五楹左右兩廡五楹前爲戟門又前爲櫺星門左爲集賢門皆三楹殿後爲明倫堂左右二齋曰思誠曰志道附堂小廳爲退講所又後稽古閣左右號舍西爲膳堂又西隙地爲射圃朱節有記某年知縣簡霄修之王霽有記嘉靖間知縣孫棨復修四十三年教諭張性曾建

啟聖宮在明倫堂後萬歷三年知府潘允哲知縣羅應鶴重修廟學擴地前數丈三十四年知縣茅瑞徵以明倫堂久頹同教諭辜艮偉重修主簿金可礪督其事其地縱五十九丈廣四十四丈餘視舊增五之二（舊學碑載西以古井火巷直至大街北抵曹士臯原賣地東抵舊北察院南抵大街）城外有岡橫亙正對學宮說者謂爲一字文星故城門以一字名城上有東樓閣爲縣學巽峯明末悉燬於兵

國初順治初知縣高自訓楊日昇因故址建學十年重修之韋成賢有記十六年知縣楊鍾秀建大成門十八年知縣徐籀建

啟聖祠康熙十一年知縣董元俊更新殿宇十五年知縣李經政建櫺星門二十一年知府蘇良嗣釐定垣界與學道蔣永脩捐俸及合學士子優免銀勸修殿廡建明倫堂五間於左知縣汪灝董其役二十九年知縣錢顧琛募捐重修四十六年知縣黃極復建

啟聖祠先是學官皆僦民舍至是始造教諭署於明倫堂後訓導署在堂側五十九年知縣鍾韡捐貲倡衆重修丹

墀易磚爲石並建名宦鄉賢兩祠種柏樹數百株改建赫門於右雍正元年改啟聖祠名爲崇聖祠雍正七年知縣樊大元以守道趙洪恩檄復赫門於左十三年知縣暢于熊勸修圍牆易以磚石未竣罷去乾隆七年知縣舒成龍續成之十一年教諭徐成淵建學署二重廟地舊傳有東房爲神庫西房爲神厨廟後有敬一亭亭左爲文昌祠明倫堂右有學倉射圃舊址潤久爲民居儒學門在泮池東門左有隙地民僦居後遂廢二十一年知縣劉燦倡捐協會教諭聶朝勳王世任闔邑士民齊捐城中諸紳士董其事大擴舊基重建正殿爰及兩廡戟門頖橋周以牆垣別置齋房四十七年署知縣史湛倡邑重修越三十年殿廡寢殿圍牆頖池多所頽壞嘉慶十七年知縣鄭家屏倡邑重修均有記勘石道光八年知縣陸炯倡邑加修四週圍牆並西齋堂舍道光十六年教諭易慶善倡捐修理道光二十六年知縣俞昌烈捐廉並邑議敘八品廖雲程張志銘捐金修葺正殿兩廡及戟門赫門以內各處餘詳公署志

部頒書籍

聖諭廣訓一本
上諭九本
諭旨十本
欽定四書文一套
御纂周易折中二部　書經二部
詩經二部　春秋二部
性理二部　朱子全書全部
通鑑綱目一部　明史全部
朋黨論一本

續頒

御纂周易折中一部　書經一部
詩經一部　春秋一部
欽定學政全書全部　大清會典一本
御製樂善堂全集　平定準噶爾碑摹一道
金川同部碑摹一道　册結式三本
欽定磨勘條例四十本　三禮義疏全部
科場磨勘簡明則例一套　鄉會墨選一套
周易述義一部　詩義折中一部
春秋直解一部　詩初集一部
詩初二集一部　文初集一部

御製重修
文廟碑記詩篇　詩册一部
平定金川碑文一本　條例四本
欽定樂譜一套
萬壽衢歌樂章一部　大清律一部
洗冤錄一部　禮部則例一部
條例八本　佩文詩韻二本
工程做法二十六本　湖北通志六十四本
吏部則例四十六本　工部則例二十四本
御論二篇一本　國子監條例一部

聖諭廣訓共三十五本　學政全書二函
大清通禮二函
上諭共四十本　條例一部
御論一本道光三年奉學憲頒發
上諭條例五本道光三年准縣移

學田

黄州府學學田坐落白虎寺楊家畈鄢家山白雲山蔡家潭山北山等處明知府盧濬爲府縣兩學置田三區歲入沒於民嘉靖間知府張嘉孚查復楊家畈田隆慶中知府孫光祖增置之又籍沒陶仲文家得田五百畝爲府縣兩學公田後專屬府學雍正八年清出熟田六百八十七畝二分八厘三毫荒田五十三畝四分一厘七毫詳府志

黄岡縣學學田自明知縣茅瑞徵查隱糧戴玉戶下田二十畝零二分始歸縣學崇禎十四年賊亂知縣李希沆濬東門濠守城掘廢冩表生蔣氏屯田二十畝賊退蔣氏求田因以戴玉田償之其陶仲文所入公田復歸府學而縣學無田

國朝順治初巡按顧豹文價買鄉民夏文甫田三十五畝充縣學田坐落東鎡鄉夏家閘土名學田埒坐西向東左至尹田右至埒背後抵美

姓地脊前至湖岸基址四圍俱係花地大塘一口額載民米一石麥糧八斗康熙十九年庠生呂德芝等以照田議稞呈請立案豐歲納穀三十八石分給在籍貧生六十一年原佃夏寧國與夏象臣吞蝕其半知縣鍾韡追還事詳明倫堂碑記今賦役全書所載院册與此稍異又國學生王封屺捐崩港田一十畝充縣學田每年佃民納租一十四石除完正賦外散給貧生兩處田畝均有侵蝕乾隆三十二年奉　文將已經報部之額內學田十二畝納租十二石折銀六兩分給貧生額外學租八石折銀四兩留充河東書院膏火之用

義學田共稞一百八十九石二斗康熙五十九年知縣鍾

葦勸捐通縣紳士優免銀兩四百五十四兩五錢八分買田六區坐落王伏六中圍田稞九十四石二斗承民米一石四斗零四合蔡家沖芭茅沖羊角沖三處共田稞三十五石承民米七斗熊家沖田稞三十石承民米六斗五升麥二升五合迴龍山殷家灣田稞三十石承民米五斗四升原係縣學田雍正三年知府蔣國祥撥供義學館俸又祝家湖一庄田六石四升零係康熙五十八年清出程元仁開墾田入官爲義學田坐落水鄉租無定額以上二項田雍正二年知府蔣國祥委府學教授清查田畝其租穀銀兩除完餉米外餘爲延師膏火之資乾隆九年知府禹殿鰲委黃岡縣管理

書院附

河東書院宋乾道時郡守李詵建二程祠寶祐間郡守李節因建書院舊在郡城中後改建於府治東國朝乾隆二年知府王繹會於清淮門內官地請改置黃中書院以郡學租百金充膏火九年知府禹殿鰲倡率州縣捐修復名河東書院歸併康熙五十八九等年雍正二三等年勸捐置買並清查出各田永充經費十九年知府李珌撥歸於縣屋舍漸圮二十三年知府錢鋆重脩廣集生徒與知縣劉燈署知縣陳文樞相繼勸輸籌備脩火闔邑紳士共捐銀二千兩交典生息文樞並捐書籍乾隆三十年三十二年撥入府縣學田租餘銀又撥入軍民互爭新淤洲地改名官洲租錢又黃岡廟籽粒田稞乾隆五十三年民人捐輸田稞嘉慶六年官洲淤生原佃承賦二十年淤洲成熟陞科佃爭另招各紳租錢二十二年邑職員范紳貢生許傳曾諸生劉懋梅共捐紋銀三千兩知府吳之勷以銀一千兩增修書院祠宇齋房補置書籍以銀二千兩由縣交典生息知縣陳若疇挪用僅還銀六百兩道光元年署知縣鄖錦駿諭邑士王姓捐銀一千兩同前各銀交典生息按季支應脩火

知縣陳文樞原捐書目

御纂四經十二函　三禮十六函
康熙字典六函　佩文詩韻二十函
十三經註疏十六函　國語國策二函
史記四函　前後漢書八函
朱子綱目十二函　朱子語類六函
莊陸大全八函　廣治平畧二函
百二十名家六函　繕寫黃岡縣舊志一函
三國史一函　廿一種秘書一函

藩憲飭發書院書籍

近光集八本　瀛奎律髓十六本
唐律箋釋二本　唐詩部音二本
文選音義二本　鯨鑑集二本
薰風協奏四本　佩文詩韻八本
文道十書八帙　大全綱目一百二十本
三禮全部　禮記二十二本
朱子語類四十四本　前漢四十本
孟子大全十本　書經十七本

後漢三十六本 論語十四本
周禮九本 毛詩二十一本
春秋三十二本 孟子疏八本
論語疏五本 字典十七本
穀梁疏六本 儀禮十六本
大學中庸八本

知府吳之勷捐置書目

十三經註疏二部 易各八本
詩各二十八本 書各十本
公羊各十二本 春秋各三十本
周禮各十八本 穀梁各六本
禮記各三十本 儀禮各十八本
孝經各二本 論語各六本
孟子各十本 爾雅各六本

廿四史全部 史記十四本
前漢書二十本
後漢書十六本 三國志十本
魏書二十本 晉書二十四本

周書五本 南齊書六本
北齊書四本 梁書六本
隋書十六本 唐書四十本
舊五代史十六本 五代史六本
南史十二本 北史二十本
東都事畧十二本 南宋書十本
宋史十六本 大金國志三本
契丹國志二本 陳書四本
元史十六本
明史稿八十四本

御纂四經 易經十本 書經十二本
詩經十六本 春秋十六本

欽定三禮 周官二十四本
禮記三十六本 儀禮二十八本

淵鑒齋類函全部 共一百四十本

玉海全部 共八十本

經費

原置下五鄉王伏六田四石六斗三升每年納旱穀五十五石五斗六升
還和鄉迴龍山田一石五斗每年納旱穀三十石
還和鄉冷水井田一石五斗每年納中遲穀十八石
慕義鄉祝家湖田五石二斗每年納中遲穀三十石
慕義鄉芭茅冲田一石七斗五升每年納中遲穀二十五石
永寧鄉黄岡廟籽粒田十四石照籽粒扣算每年納租穀七石
乾隆五十三年邑士游豐城捐坐落中和鄉汪山觜田
四斗五升每年納旱穀三石

原撥 乾隆三十二年奉 文撥歸黄衛軍丁許戴萬王佑珍
與江夏縣生員鄭如瑁互爭不明新淤洲地溝界西北

一帶稀蘆四頃三畝泥灘二頃二畝白沙五頃四十畝
承稞銀一十四兩八錢七分八釐六毫 名曰官洲招佃納租每年租錢一
百二十千文嘉慶三年武舉錢俊等控佃隱淤匿熟知
縣張其章勘出成熟地畝增稞銀七兩一錢九釐五毫 加租錢六十
串十七年官洲逐漸崩坍其淤生又有軍丁許鏡堂等
與原佃王家弼等控爭知縣鄭家屏勘明原佃成熟存
地六頃六十五畝零減租二十千文新淤白沙十頃九
畝零二十年訟案府審知府吳之勷查明淤生久經書
院經費內承完增稞銀兩斷歸書院暫不增稞俟大丈
年分陞科另招佃民具認每年納租紋銀三百兩舊洲

道光六年知縣陸炯履勘除崩坍僅存地七十四畝減至每年止納租錢五十二千五百文

原捐　乾隆二十四年闔邑紳士籌備膏火公捐交典生息元銀二千兩每年息銀三百六十兩遇閏加增

乾隆三十年撥入府學田租餘銀三十六兩三錢四分七釐三十二年撥入縣學田租餘銀四兩

續捐　嘉慶二十二年知府吳之勷勸諭捐輸除修理書院添置齋房下存銀二千兩爲知縣陳若疇挪虧現存生息本銀六百兩

道光元年知縣郎錦駿勸諭王姓捐籌備膏火交典生

息紋銀一千兩息并同原捐以上河東書院經費

振英書院在清源門內本知府李彥琄祠乾隆九年知府禹殿鰲改爲書院訓蒙童取給義學田租不敷者酌捐增之後廢今仍爲李公祠

東坡書院在府城東即縣儒學故址舊傳即雪堂地子瞻去黄時以田宅畀潘大臨後陳慥講學遂爲書院明初爲縣學旋徙僉事沈靖移建文忠祠於洗墨池後知縣茅瑞徵重建正廳增置後亭及旁舍爲書院今久廢

王公書院一名正宗會館在城隅明邑紳士王陞重修講學其中今廢

定惠書院在清淮門外亦蘇子故居也明崇禎初知府祝萬齡集士於此廸以正學今廢

陽明書院在安國寺左即宋韓琦讀書處有明董其昌書韓魏公書院額詳古蹟

睢陽書院即武節祠後廨康熙五十八年知縣鍾葦建延邑王道明等講學於此一時負笈者甚眾尋廢

覲善書院在衛墩子下原名養正書院乾隆十四年衛守備商裔捐建倡衛紳士輸置屯產經納歲租爲義學延聘名宿以教附近軍民子弟無力讀書者成就甚衆後歸衛書識管理更爲甄别肄業膏火不敷課試日少道

光二年守備王裕慶添建齋房三楹方籌增經費旋以病去道光二十三年知府徐上鏞更今名

問津書院在縣北九十里宋龍仁夫講學處舊有
至聖先師廟在今廟右百步外元末燬明正德間知縣胡潔搆亭立石隆慶初知府孫光祖重建邑儒郭慶吳艮吉與黃安耿定向定力復先後講學於此蕭繼忠始與王陞糾同志移建今處顏曰問津書院一時生徒稱盛明季兵燬
國朝康熙六年邑人鄒亘初操之盛諸人相繼修建祠亘講堂規制閎敞中奉

至聖先師孔子像西爲仲子祠東爲先儒祠祭品祭田畢備每春秋季月望日致祭先期於地方官鄉官中延請主鬯陪鬯各一員祭後越二日會課由主鬯命題衡文與取者獎賚有差邑人王掄士著有問津書院志乾隆八年改東西爲兩廡東祀仲子及沮溺西祀朱子及先儒建學舍藏書館館側有從先堂殿西有文昌閣前有奎星樓十九年重修

聖殿二十三年復修講堂知縣陳文樞有記厥後修葺詳書院志內道光七年舉人胡玉森增貢錢履和生員胡華瀾於耦耕堂後捐建理事齋一所計七間禮科給事中

麻城袁銑有記附載院舊有田係明萬歷末年諸生王家錫等呈請知府王世德以造塔銀置烽火山畈田三十四畝五分徐衡田五畝院田十畝獄山四馬背衡田二十三畝共七十二畝五分又明推官許士奇捐置夏畈田一百畝罰張姓入官鄢山田一百畝共二百畝後撥三股之二歸府縣兩學兩學仍送歸書院　通計二百七十二畝五分查實田二百五十六畝七分　國朝康熙中知府許錫齡知縣劉澤溥捐置蓮花汊田三十八畝又王仁長捐院對門上衡六畝鄉江遐捐烽火山畈田三畝操亥弟兄捐院後路側田四畝王湃仁弟兄捐錫王庄王線衡田十畝共二十三畝又價置院前及對門山傍並大路三處共一十六畝夏畈田二次共一十二畝七分通計一百二十七畝七分查實田一百二十七畝六分嘉慶七年邑議叙監提舉王宗華又捐曹家大屋田七十畝九年價買松林崗田十畝道光二十四年價買庄屋砦田八畝五分二十五年洪恩澤蕭正福錢莆田公捐張家墩田十五畝一分合前明共實田四百七十七畝九分地界已詳問津書院志並充祭祀修葺之費輪舉紳士管理道光二十年邑紳萬承宗張履恒重修院志

淋山書院在淋山河明義民孫子華建久廢

白石書院在還和鄉乾隆元年監生方可發募眾建道光十一年邑職員范鈺妻樊氏捐置田稞四十石坐落白虎寺蔡家衡以作祭費

坪江書院在團風鎮康熙癸巳邑士錢光時陳雪洲倡眾建乾隆己未知縣吳瑛捐置郭襄若民房附書院以作義學後毀於水道光十八年知縣范興榮捐廉仝本鎮士民移建今處

溫泉書院在永寧鄉三里畈地有溫泉故名乾隆間邑士丁運盛釀錢建中設

至聖先師並　文昌神位爲其鄉會文之所初置羅邑田納其稞穀一十五石五斗以資經費後八士雲集費多不給運盛子舉中仝邑士史之松徐玉華復糾同志捐置本處烏鉢臘田稞五十四石門首大塘一口仍前每歲九月十八日致祭會

文

古郗書院在慕義鄉新州初建爲　文昌閣

國朝康熙乙亥重修郡守賈鋐顏曰古郗書院嘉慶戊寅被蛟水傾圮移建河坪知府吳之勷知縣蔣祖暄巡檢史禮賢倡率捐貲以爲經費並各爲之記

龍潭書院在新州道光二十五年公建奉

至聖先師木主每年春秋二仲致祭

停驂書院在上伍重鄉邑士鄧精聆精瑛丕桐姜之祥劉鵬南汪濂募衆建節婦馮劉氏捐田一石二斗由鄧兆麟道庸姜萬春李文郁以其租逐年生息復置田八石零爲祭祀之費

回車書院在縣北一百三十里上五重鄉與麻城交界處乾隆五十八年邑紳陶國幹以棋山寺供有明儒周旻周旻官山東時奉歸

至聖先師像率黄麻兩邑紳士建立書院爲殿廡迎祀其中殿左立仲子位右立朱子位東廡爲鄉賢祠西廡爲齋宿所邑增生曹翰本榮後裔學優品端並工詩詞嘗於此講學黄麻兩邑士衆復斜置田畝以供祭祀鑪鐙籩豆悉具每年八月二十七日致祭麻城知縣李維本邑紳陶國幹程其濬各有記序附載祀田共三石八斗三升五合内院前田一石五斗三升計八坵李家灣田二石五升五合計三十一坵余家灣田二斗五升計四坵共四十三坵外地二斗亦在院前計九塊道光二十一年周旻周旻後裔思元等請將棋山寺田三石六斗移歸書院與鄉尹二姓搆訟知府徐上鏞斷令將祀田及隨田山地歸入書院邑職員王輔監生王俊捐田一石八斗鄭炳烈捐置周家堰田一石四斗

府義學舊在治東鼓樓右明宏治間知府盧濬建後燬萬歷時知府潘允哲移建於漢川門内今廢

新義學郎南門外陶家巷口景　聖堂東西爲順治間邑

士楊允禎姜士泰讀書處康熙三十一年士泰因得

至聖像建堂後傾頽道光十年知縣李錦源捐錢十萬建新並買堂前民房一所以爲義學邑邵國弼等捐錢五十串生息以爲經費

小學在府城隍廟右七賢祠今廢

育德堂義學職員劉鳴南捐於家灣田七斗丁家灣田五斗原在東紀鄉龍泉寺側後移還和鄉新店

多善堂義學在還和鄉監生朱兆楷捐田二石七斗五升屋二間山場隙地菜園等處

葆醇堂義學　安雅堂義學在還和鄉竹陂寺州同朱兆芝捐田四石二升

植本堂義學在還和鄉學堂壪生員朱炳南捐田一石四斗六升

陶家義塾邑士陶國友置洪家蓬田三石三斗一升

孫家義塾邑士孫世榮倡捐營積置田二石

各館附

賓賢館在城内縣尚邑議叙鹽提舉王宗華置屋建計四進大門一重兩舖面一屏　文昌殿一重殿左小廳一屏中樓廳一正三間兩廂房後廳一正三間兩廂房正廳左右間倉二座一屏後高臺爲　奎星閣南西兩向捐田納租爲闔邑鄉試場費契約存縣檔有碑記在館中道光二十四年因館墻傾圮經管等將三年租稞重修並移　奎星閣居中　館田曹家樓牌樓灣老畝田八石倪家凉亭君家店老畝田三石共租穀二百七十四石孟家大屋老畝田四石五斗新陳灣老畝田一石五斗共租穀一百三十二石梅子嵩姜家灣曹家灣老畝田四石

五斗零五合外承地稞早穀一石共租穀九十九石一
斗潘老庄畝田三石五斗租穀七十九石二斗呂王城
汪家冲王庄岑姓田老畝二石七斗七升共租穀八十
石以上共租穀七百二十三石又館前鋪面租價二十
六串道光二十六年捐職都司張炳南貢生張潔衛千
總張致清捐制錢一千串交典生息以助鄉試之費又
捐童試卷價制
錢一千串文

都中黃岡會館在南城東草廠二條衚衕路西向東明邑
人陶仲文少師捐置為邑人士就試候選之所
國朝屢經修建正館三重上重四楹中一間奉祀
武聖像左奉捐主像右奉　土神像左右各一室左山墻外
一室東面大椿中一重中為客廳左右各一室左山墻
外一室門在後簷西面廳階左墻為月形達大門大門

一間迤南三間為看館門丁住房正館南為南苑後基
視正館嬴向止小屋東西各三數間半坍塌嘉慶戊寅
折建上廳一重中明間左右兩室山墻外北過道通前
後來往南過道為圓所廳前左右廊房各三間道光壬
午復建照房凡五間是為南館兩館界址北墻抵邵武
館南墻抵蔡人屋前抵街心後抵本館圍墻墻外西北
有大椿一林舊館後為新館係嘉慶二十一年丙子用
價京錢一千五百串買得陳心穀瓦房一所坐東向西
前抵東草廠頭條衚衕路東後抵舊館圍墻南北以本
屋山墻為界前門面三間一大門走道後正廳三大間
左右廂房四間遊廊四間共十五間正廳前簷南開門
與南苑後苑通屋新舊老契五紙陳心穀賣屋新契一嘉慶四年王清源賣
陳契一乾隆五十九年趙志賣王契一乾隆五十一年閻朝林賣趙契一乾隆四十九年李景壽賣閻契一
嘉慶二十二年七月有高陞其人冒控提督府圖佔此
屋發大興縣黃令審問嘗經本邑在京人員呈契訊明
歸本館紹業完案所有此屋紅白各契俱歸輸管會館
人執掌其新舊兩館建買價費俱係本邑城鄉人士捐
輸尚有經收捐項未曾交出者俟彙齊列名勒碑垂後

黃岡縣志卷之四終

黃岡縣志卷之五

知黃岡縣事宛平俞昌烈編輯

職官志

秩官

自罷侯置守以來縣設之正大曰令次曰長令長得其人則百里治非其人則一方瘝保障繭絲職綦重哉而丞尉師儒夾輔參居皆所恃以相助爲理不可或曠者也今以志稽之元以上世遠莫詳迄明代更替年月俱堪指數卽其人論其世時事可知也某也賢某也否輿情可見也觀乎此當有慄然惕然者矣

漢 縣置長丞尉各一人

長

甘寧 邾縣長

晉 縣大者置令有主簿錄事史等員

令

孔德琰 西陽令

唐 令一人丞一人主簿一人尉一人

令

唐延搆 黃岡令

宋 縣令一人丞一人主簿尉各一人 嘉定二年詔州縣立學教諭一人訓導一人 咸淳中又設主學一人

令

鄧守忠 乾德間任　周孝孫 元豐間任

張激 有傳

丞

張舜臣 有傳

主簿

段璵　劉唐年 見東坡記

尉

黃蕡

虞汲 隆州人有傳

元 置達魯花赤及尹丞簿尉各一員典史二員 元貞間罷主學縣設直學訓導

教諭

王師顏 至正間任

訓導

胡艮佐 至正間任　范世美 至正間任

明 知縣一員縣丞一員主簿二員一管糧一捕盜典史一員儒學教諭一員訓導二員巡檢二員驛丞二員河泊所官三員稅課局大使一員

知縣

洪武 徐誼 壽昌人有傳　萬士安 創建縣治見建置志

永樂 陳希 大興進士　張玉 宛平舉人

宣德 袁整

景泰徐　瑨
天順呉　節淮陰人
成化任　廣　毛　錫十八年任
程　逵二十一年任
宏治莫　濬臨桂舉人　陳　曦
周　遵奉節舉人
正德胡　潔豐城進士十年任有傳　簡　霄清江進士有傳
王　浩上元舉人
嘉靖夏國考涪州進士四年任　方　端大理舉人
周　乾桂林舉人　麗　麟成都舉人十二年任
呉時宜都勻衛監生十七年任　胡民表龍游舉人二十二年任
張允濟順天舉人　孫　棠普安舉人有傳
虞　儼丹陽舉人有傳　楊世第長壽進士
孟　津滁州舉人三十五年任有傳　萬　升南城歲貢
來端本蕭山舉人四十一年任　高　价神木歲貢四十五年任
隆慶賈應璧無錫進士二年任有傳　唐應元昆山進士五年任
萬歷羅應鶴歙縣進士元年任有傳　顔大化桐鄉舉人六年任
沈宏宗會稽舉人八年任　趙士登涇縣進士九年任有傳
劉夢周沁州進士十四年任　涂宗濬南昌進士十八年任有傳
曹愈參涪州進士二十年任有傳　徐紹會海寧進士二十三年任有傳

羅萬言廬陵舉人二十九年任　王從詔三十一年以同知署任
茅瑞徵歸安進士三十二年任有傳　周萬鎰
晏春鳴銅梁進士
天啓熊　江四川進士　梁鳳翔廣東進士
崇禎呉允礽宜興進士　李希流慶陽進士六年任有傳
徐調元無錫進士　侯鼎鉉無錫進士
孫自一光山進士有傳

教諭

正統尹　昂
景泰簡縉紳
成化金　元
宏治張　縉序預修郡志見舊志
正德林　智莆田舉人元年任　王　沂福建歲貢
應鵬翀臨海舉人九年任　呉　資泉州舉人十五年任
嘉靖張鳳鳴旌德歲貢元年任　韓秉文慈谿舉人七年任有傳
呉　謨宜山舉人十二年任　梁鳴鑾昆山歲貢十六年任
王　奕四川歲貢十八年任　趙　儒江西德安歲貢二十年任
武　鉞滁州舉人二十三年任有傳　向　上巫山歲貢
康　志泰和舉人三十四年任　周　祿廬陵歲貢三十五年任有傳
張性魯當塗歲貢四十三年任有傳

隆慶王　銓山東歲貢元年任　葉于僉閩縣舉人五年任陞羅田知縣
萬曆吳　完固始歲貢元年任　林兆基莆田舉人五年任有傳
蕭文光江陵歲貢九年任　王　旌大涼衞歲貢十一年任
楊逢時江陵解元十四年任成進士有傳　文立經全州舉人二十年任陞巴縣知縣
劉文定興國州舉人二十四年任有傳　李趨庭鄒平歲貢二十八年任
盧雲龍邵陽歲貢三十一年任　辜艮偉竹溪歲貢三十三年任
劉以台三十七年任　余應昇江夏舉人
泰昌魏開之元年任
天啓熊應元應城人五年任
崇禎沈應魁景陵人二年任陞廣德州知州　李明德嘉魚人由辟薦任見武昌府志

向明元大冶人七年任　劉應震江夏人十二年任
文　炳漢陽人十七年任

訓導

景泰鍾　鑑　蕭　鑑
成化余　勛　汪　紹
宏治張鳳岐　潘　濬
正德劉習禮四川歲貢元年任　楊　巒汝陽歲貢二年任
王　麟蕭山歲貢五年任　周　盛青田歲貢十二年任
劉　紀河南歲貢十二年任
嘉靖李修爵信豐歲貢元年任　賈　逼成都歲貢七年任

明　瑞富順歲貢八年任　唐　相和州歲貢十五年任
任　价四川歲貢十五年任　田嘉禮四川歲貢十八年任
吳允直饒州歲貢二十四年任　謝　燕都昌歲貢二十四年任
李　述邵州歲貢二十八年任　朱　琰宜賓歲貢三十一年任
姚　溢汝陽歲貢有傳　陳艮金仙居歲貢三十七年任
沈　升天台歲貢四十三年任　郭濟時龍泉歲貢四十三年任
隆慶吳繼武井陘歲貢元年任　蘇希顏寧海州歲貢元年任
劉宗韜嵩化歲貢五年任
萬曆頡　偉廣安州歲貢二年任　崔仲沂公安歲貢二年任
王三錫華容歲貢三年任　蕭一和襄城歲貢四年任

董廷賓大冶歲貢七年任　羅鳴遠景陵歲貢八年任
劉　烜漢州歲貢十二年任有傳　周化時廣通歲貢十二年任
李敬簡平江歲貢十八年任　王三錫巴東歲貢十八年任
蕭　策衡山歲貢二十三年任　楊　燧武昌歲貢二十三年任
吳九思當陽歲貢二十六年任陞合江知縣　張大有益陽歲貢三十二年任
陳三聘宜都歲貢三十二年任陞攸縣教諭　何德泰始興歲貢三十四年任陞東莞教諭
吳國澍鄰水歲貢三十五年任　陳異語雅州歲貢三十五年任
孔宏憲歲貢三十六年任　姜一梧通山歲貢
陳　雷歲貢四十一年任　王　珩歲貢四十七年任
崇禎金一星歲貢三年任　毛詩序歲貢八年任

古大復 歲貢十二年任

縣丞 成化九年添設勸農縣丞一員

宣德 浦允誠

景泰 朱 聰

成化 俞 振 十八年任　柳 英 二十一年任

宏治 宋 賢 藁城監生

正德 韋 弁 十年任

嘉靖 向朝儀 四年任　陳 瑤 十二年任

陳 屋　萬崇本

徐 煥 二十六年任　趙貴枝 三十一年任

吳 漢 三十五年任　萬 昇

楊美才 監生

隆慶 陳忠誠

萬歷 陳志謨　趙世舉 貴池吏員四年任

夏 清 德化吏員八年任　毛汝愚 江山選貢十三年任

何大鳳 江都監生十五年任　劉 墳 宜黃監生十九年任

王尚賢 河南鎮平選貢二十年任傳作尚儒　沈 瀚 崑山選貢二十五年任有傳

卞從龍 江都監生二十八年任　陳王庭 舒城知印三十二年任

陶成禮 錢塘吏員三十五年任　姜周瑞 雲南貢生

泰昌 萬思進 陝西貢生

天啓 劉 俊 四川貢生　高成選 陝西貢生

崇禎 任可信 山東貢生　趙 鉝 山西貢生

宋時勳 山東舉人　陳廷策 浙江貢生

陳所德 浙江貢生　吳南明 浙江貢生

吳文燮 福建人有傳　宋光德 浙江貢生

主簿

宣德 高 宏

景泰 楊 恭　劉 彬

俞思文

成化 徐 雍　葉 莫

岳維嵩

宏治 呂 賢 蒲州人後入籍　韓 敬

正德 黄觀瀾

嘉靖 黄 純　馬 翀

王本堅　孫 善

張 璣 三十一年任　葉應元

龍 深　宋 洲

李時傑　凌敏德

隆慶 邵 佶

萬歷 詹 密　趙 遜

何東陽 汝州監生五年任 潘 濂
楊應龍 巢縣監生八年任 朱 錦 婺源監生八年任
王纘武 大邑監生九年任 青 袍 遂寧選貢十一年任
張 楠 陝州歲貢十四年任 陳願賢 鄒平監生十六年任
趙 縈 涇縣監生十七年任 張 相 鄞縣吏員十八年任
徐可貞 興化監生二十一年任 陳 梁 旌德吏員二十一年任
楊守一 邛州吏員二十四年任 程鳴雷 婺源監生二十六年任
湯邦啓 永新吏員二十六年任 毛佈恩 餘姚監生二十九年任
王 敬 龍溪吏員三十年任 楊時華 餘姚吏員三十一年任
金可礪 長興監生三十三年任 楊懷遠 廣安州吏員三十五年任

天啓 蕭倘賢
崇禎 樓廷選 六年任

典史 劉元道

永樂 杜遇春 霍邱人擢四川道御史有傳
宣德 施 義
景泰 于 琮
成化 馬 鐸 李 文
宏治 萬 寧
嘉靖 鄭國全 趙 貢 二十六年任
逄應奎 周大輔

任孝賢 程 衡
隆慶 陳 衡
萬歷 陳嘉謨 德化吏員二年任 葉 懋 餘姚吏員八年任
金尚紘 鄞縣吏員十四年任 何宗淮 分水吏員十六年任
鮑應元 宣城吏員十九年任 鍾 德 鄞縣吏員二十一年任
楊 燦 吳縣吏員二十三年任 胡嘉猷 宜賓吏員二十六年任勤敏爲上官嘉獎
王 埴 丹徒吏員三十年任 唐承聘 昆明吏員三十二年任
陳 祝 太湖吏員三十五年任
天啟 王朝元
崇禎 石啟電

巡檢

萬歷 管貞明 慈谿知印五年任團風司 邱 嵩 平原吏員任陽邏司
沈惟明 仁和吏員八年任團風司 楊 洲 蕭縣吏員任陽邏司
唐世曙 全州吏員九年任陽邏司 周世明 新鄭吏員十四年任團風司
卓 顏 浦縣吏員任陽邏司 鄢元炬 泰和吏員十五年任陽邏司
徐 上 丹徒吏員任團風司 黃 桐 靈璧吏員十七年任陽邏司
廖天愈 大田吏員十八年任團風司 周 鈿 靈璧吏員十九年任陽邏司
黃朝吉 資縣吏員二十年任團風司 焦仲金 汲縣吏員二十一年任陽邏司
郝子京 永平吏員二十三年任陽邏司 李 文 內江吏員二十五年任團風司
王 鎬 西充吏員任陽邏司 丁汝賢 思南吏員二十七年任陽邏司

郭　江鞏昌吏員二十九年任團風司　楊　岱太和吏員三十二年任團風司
陳士達壁山吏員任陽邏司　周伯迅山陰吏員三十四年任團風司
陳大綱高要吏員任陽邏司
天啟馬正明江寧吏員任團風司　沈世思陽邏司
崇禎潘志盛團風司　陳志達陽邏司
呂應熊團風司　潘匡汝團風司

驛丞

萬歷查玉西江夏吏員六年任李坪驛　和　瑀應城承差任陽邏驛
楊　臣壽光吏員任陽邏驛　楊　林江夏知印十年任李坪驛
方　來合肥吏員任李坪驛　杜廷臣盱眙吏員任陽邏驛

蔡尚潤江浦吏員任李坪驛　蔣　鯨豐城吏員任陽邏驛
牛　夏曲州吏員任陽邏驛　郭嘉慶宣城吏員任李坪驛
趙世顯諸暨吏員二十二年任陽邏驛　張　濟霍邱吏員任李坪驛
張　謨巴州吏員二十四年任李坪驛　張　恕太和吏員任陽邏驛
胡子冕萬安吏員二十八年任李坪驛　黃際春山陰吏員任陽邏驛
彭應瓊永興吏員任陽邏驛　倪鳳彩漢陽承差任李坪驛
雷　純宜賓吏員三十三年任陽邏驛　梁可重膚施吏員三十五年任李坪驛
張嘉會餘姚承差任陽邏驛

河泊所官

萬歷張得福益都吏員四年任樟松河泊　孟　鹍無極吏員任零殘河泊

李登蓮鳳翔吏員六年任灄湖河泊　郭　墀高平吏員任零殘河泊
潘　鑛於潛吏員任樟松河泊　張文憲慈谿吏員任灄湖河泊
趙邦榮涇陽吏員任樟松河泊　徐　泰華州吏員任零殘河泊
翁　倫福清吏員任灄湖河泊　萬　相新建吏員任零殘河泊
李　蓉南海吏員任灄湖河泊　朱　橋江都吏員十六年任樟松河泊
劉　澄成都吏員任零殘河泊　王邦重膚施吏員任樟松河泊
王應麒鎮平吏員任灄湖河泊　姚尚象建德吏員任樟松河泊
朱朝柏定遠吏員任灄湖河泊　黃應垣蕭山吏員任零殘河泊
趙邦貴攸縣吏員任樟松河泊　何思明義烏吏員任零殘河泊
湯　賓攸縣吏員任灄湖河泊　楊　貴嵩明吏員任樟松河泊

徐九官臨淄吏員任零殘河泊　石朝卿大同吏員任灄湖河泊
葉良慶太平吏員任樟松河泊　饒　棉邵武吏員三十年任零殘河泊
沈德應吳縣吏員任灄湖河泊　吳一麟巴陵吏員三十一年任樟松河泊
郭　倖贛縣吏員任樟松河泊　封承倫泰興吏員任零殘河泊
王　崚華州吏員任樟松河泊　趙思敬觀城吏員任灄湖河泊

稅課局大使

萬歷朱鳴岐西平吏員　柯廷舉莆田吏員七年任
趙繼恩江安吏員十二年任　鄭宗冕連江吏員
徐德芳蘭溪吏員　張中銘淇縣吏員
王　明海陽吏員　王德孚豐城吏員二十六年任

劉宗正貴池吏員

國朝知縣一員　縣丞一員　典史一員
儒學教諭一員　復設訓導一員
巡檢二員一團風鎮一陽邏鎮
驛丞二員一李坪驛一陽邏水馬驛俱乾隆十九年裁
河泊所官康熙三十九年裁
添設巡檢二員一但店乾隆二十七年一倉子埠嘉慶十四年

知縣

順治汪士衡望江貢生二年任　楊日昇富平舉人四年任有傳
劉國寧遼東廩生有傳　高自訓濟陽貢生
楊鍾秀南鄭貢生　徐籥長洲舉人十八年任有傳
康熙李正美廣西舉人五年任　董元俊華陰進士六年任有傳

李經政瀋陽廩生十八年任有傳　汪灝山陰貢監十九年任
錢顧琛蘇州進士二十八年任　劉澤溥正藍旗筆帖式三十六年任有傳
黃極正藍旗筆帖式四十二年任　劉蘭叢山東例監四十八年任
鍾韋蕭山人五十四年任
雍正張光裕磁州歲貢二年任　樊大元夏縣舉人五年任有傳
張秉昶六年八月署任　賈多男六年十月署任
張肯堂山西舉人七年任　尚友山西舉人八年任
暢于熊新鄉進士九年任　丁璉諸城例監十三年任
乾隆吳瑛歷城優生元年任　王湘五年署任
于模三台舉人五年任　舒成龍任邱例監七年任陞荆門知州

邵豐鍭山陰人保舉八年任　陳龍友文安舉人十五年二月署任
項樟阜寧進士十五年三月陞鳳陽知府　劉有杰泰州進士十六年春以蘄水知縣署
馬元亮鑲黃旗舉人十六年九月任　積善鑲黃旗拔貢十九年八月署任
劉熤平定州進士二十三年三月任　陳文樞上元副榜二十三年十月署任有傳
蔡韶清南康進士二十四年三月任有傳　王鳳儀太倉舉人二十四年十月任
高遴靈州進士二十五年五月任　陳譜代州貢生二十六年署任
葉世度仁和進士二十六年四月任有傳　張一飛二十八年十月以黃梅縣丞署
胡廷槐仁和進士二十九年任有傳　楊儀直隸新城舉人三十一年四月任
温鶴立烏程進士三十四年七月任　周世英三十六年三月任
黃應魁順德拔貢三十六年八月任有傳　顧夔長洲附貢三十八年正月任

李敬敏鄭州廩貢四十三年十月任　史湛餘姚貢生四十六年攝任有傳
閔思敬烏程附貢四十七年任陞武昌同知　張璐如皋監生四十九年三月署任
王正常瀘州舉人五十一年八月任有傳　胡紹中廣東順德舉人五十五年十月署任
劉人彥廣安州舉人五十六年十月署任　永保正黃旗漢軍舉人五十七年九月署
張其章鞏縣舉人五十八年九月任
嘉慶顧澍錢塘舉人七年八月署任　孫光先南充舉人八年七月署任有傳
周楷東臺舉人八年十月署任　錢廷鼎常熟附監九年十月任
翟中倫柏鄉舉人十一年十月署任　汪慕鍾臨桂吏員十二年二月署任有傳
闞維紀臨桂舉人十三年七月署任　樊鍾英楚雄拔貢十五年十二月署任有傳
郭瑾臨榆舉人十六年八月代辦　鄭家屏灤州廩生十六年十月任

陳若疇安平進士二十年七月任　鄭　纓侯官舉人二十二年十二月代辦
蔣祖暄全州舉人二十三年正月署任　鄭家屏二十四年七月復任
郎錦駿代州副榜二十五年九月署任有傳
道光闞維紀元年四月復任　竇欲峻楚雄舉人三年二月代辦
劉詒孫湘潭舉人三年四月署任　陸　炯平湖進士五年六月任
鄧蘭薰南城舉人八年十一月署任　李錦源犍爲進士九年六月任
周向青錢塘舉人十一年九月署任　范興榮普安舉人十六年六月任
劉鴻庚會稽舉人十八年十二月署任　王令儀金匱監生十九年六月任
劉鴻庚二十二年八月署任　劉　江大興監生二十三年七月任
李兆元孟縣舉人二十五年二月代辦　俞昌烈宛平監生二十五年三月署任

金雲門休寧進士二十六年七月署任　俞昌烈二十七年八月任

教諭

順治任光國荆州舉人十三年任
康熙趙之奎沔陽舉人二年任著有居黃草有傳　李嘉卉孝感舉人
葉自巖江夏舉人　王開隆漢陽舉人
饒恂延應城舉人　劉　杰沔陽舉人三十三年任
朱定番興國歲貢　馬　常五開衛舉人三十七年任
林儀騮江夏舉人　江曾培荆門例貢五十八年任
程大純孝感例貢
雍正覃應鳳江陵舉人四年任　李之蘭江夏舉人八年任有傳

汪熻然漢陽舉人九年任
乾隆徐成澗孝感舉人九年十一月任　王宇大十八年五月以本府教授署任
王煥魁十九年正月以本學訓導署任　聶朝勳天門舉人十九年七月任
向來雨沔陽解元二十八年任　石堪立興國舉人二十八年任
汪知本江夏舉人三十五年任　郝守謨雲夢舉人三十六年任
丁鳳鳴雲夢舉人四十五年任　李敦柱江陵舉人五十二年七月任有傳
嘉慶龔傳圭監利拔貢六年二月任　胡念祖孝感舉人六年九月任
道光王升俊興國副榜二年十一月署任　唐德玉監利舉人三年三月任
易慶善漢陽廩貢十三年六月任　姚　模漢陽廩貢十七年二月署任
周鯤化鍾祥舉人十七年八月任有傳　楊光濤雲夢附貢二十七年三月署任

劉　炳興國舉人二十七年八月現任

訓導

順治趙慶詵歲貢八年任　李明英襄陽歲貢十二年任
金應白歲貢
康熙文景曜安陸恩貢四年裁十七年復　李光衡孝感歲貢
曹宏圖荆門歲貢三十年任舊志下有楊姓失名
孫芝瑞江夏歲貢有傳　楊正春江夏例貢
王　鴻　胡　琰漢川例貢
王業泓漢川舉人五十八年閏三月任　楊相聖襄陽歲貢六十年任
雍正孫雲麒潛江歲貢十年任

金殿臣遼東人升黃陂知縣

康熙王公濯魏縣貢生八年任　唐紹先署

孫文涵錦縣例監十六年任　張文璉大興例監十六年任

胡爾元山陰例監十一年任　劉文焻汶上歲貢二十三年任

李國棟上元例監一作國正　賀雲黼永新例監

施　復鑲紅旗例監　周　圻富平例監五十八年任

李景唐奉天貢生六十年任有傳

雍正李之藻鑲藍旗例監二年任

乾隆劉芳悳大興例監二年任　翟秉鈞高平人七年任

章堦仁大興例監九年任　林宗錀龍溪例監十二年十二月任

潘恭鐸十八年四月以本府照磨署任　余有慶武進監生三十二年任

黃元淳吳縣監生二十六年任　左世瑯桐城監生三十二年任

周麟生宛平吏員三十二年任　王淳剛武平監生五十七年三月任

汪蒔桂淳安拔貢五十五年五月署任　周蓊華鎮洋附監五十六年十二月任

張映奎海豐附監五十八年九月署任　鈕茂華山陰吏員六十年二月署任

嘉慶趙嘉德正藍旗漢軍生員四年十二月署任　楊迎春靈石州同銜七年三月代辦

袁　泉大興供事七年正月任　邵學鍵仁和附生七年六月署任

程汝功大興供事十三年十一月署任　汪啓昆彭澤監生十四年四月署任

傅　俞陽曲吏員十五年八月署任　牛化麟麗江廩貢十六年八月任

趙中培固始監生十七年五月代辦　賴益纁南康從九十七年六月署

乾隆熊念祖孝感歲貢九年任　劉崇文江夏廩貢十二年十二月任

徐成澗十七年十一月以本學教諭署任　王宇大十八年五月以本府教授署任

王煥魁沔陽歲貢十八年五月任　聶朝勳二十年以本學教諭署任

王世任宜都廩貢二十年六月任　曹　昆荆門拔貢二十五年任

程文衡孝感拔貢三十三年任　汪　芳孝感舉人三十三年任

王萬年襄陽廩貢三十七年任　錢文瑛光化貢生五十一年任

蕭　琴漢陽優貢五十四年五月署任　魯乾錫歸州歲貢五十四年十一月任

嘉慶蔣義彬漢陽廩貢七年十月署任　朱升鈞江夏廩貢八年九月署任

田啓玉長陽歲貢九年三月任　王承愷鍾祥廩貢十二年四月署任

陳泰月興國歲貢二十年四月任

道光陳用琳天門廩貢二年五月署任　向廷枋歸州歲貢二年十二月任

朱升鈞三年二月署任　馬　傑江夏優貢三年七月任

林鍾任漢川廩貢五年二月署任　尹祖伊應城歲貢五年六月任

王麟紱東湖拔貢七年二月署任　陳作新黃陂舉人七年五月任

任[illegible]珏江陵廩貢十二年八月署任　尹廷瑛嘉魚廩貢十六年六月任

桂一輪鄖西歲貢十七年二月署任　萬臣閶應城舉人十七年十二月任

程桂珊天門廩貢十九年八月署任　劉大文京山歲貢十九年十二月任

李光清孝感廩貢二十二年七月署任　李正心長陽廩貢二十三年閏七月任

縣丞

順治趙振芳浙江貢生陞知縣　葉大成經歷浙江監生陞江西拔

李騄德慶監生十七年十月代辦　楊萬青大興監生十八年二月任
席存棠太湖監生二十三年七月代辦　曾溶大足監生二十四年二月署
黃中立奉新貢生二十四年六月任　孫玉鎮掖縣監生二十五年七月署
道光梁治旭金堂人十年二月代辦　張揆大興供事十年四月署
張爾璧泰和監生十年八月任　譚葵生南豐監生十六年四月代辦
何步廷翁源附貢十八年十一月代辦　孫維垣泰興監生二十三年九月署任
湯景二十三年八月任　蔡正懋吳縣監生二十五年六月署任
呂錫綸新安監生二十七年六月署任

典史

順治邵魁邦浙江人　沈端浙江人

康熙吳秉鑭浙江人三年任　周錦臨潼人十四年任
茹仁瀚山陰人　王廷標河間人
王筊揚州人　陳崋浙江人
王鶴紹興人　楊炤浙江人
朱子吉浙江人　紀宗偉山西人
雍正薛愷宛平人七年任
乾隆姚惟鈞山陰人元年任　武士炤靈邱人九年任
余世鎬大興人典吏十三年四月任　周正斯十五年六月以團風鎮巡檢署任
史維新華陽典吏十六年五月任　李肱揚十九年八月以白虎鎮巡檢任
王貽亭十九年十二月以中和鎮巡檢署任　李元培正藍旗漢軍監生二十年以吏目告降任

余有慶二十三年以本縣縣丞署任　毛鳳梧陽湖供事二十四年二月任
沈崶蕭山監生三十年任　陳明鑠浮山吏員四十三年任
朱天基南昌吏員四十四年任　謝鴻恩宛平吏員五十一年四月任
劉明楷汝州監生五十七年七月署任　許承烈侯官監生五十八年三月署任
陳思輯南海拔貢五十八年八月以州判署
嘉慶韓鈴婺源供事三年十一月任　黃燮陽湖吏員七年三月署任
時杰清苑人七年八月任　段成鋒廬陵吏員八年八月署任
陳啓聯海陽監生九年七月署任　張玉麒山陰供事十五年十月署任
錢康祖大興監生二十年三月任　趙中培固始例監二十三年正月代辦
甘振鏞蕪湖附貢二十五年九月署

道光金在鎔湘鄉吏員元年三月任　包萬清隣水從九八年十二月代辦
邵葆和大興監生九年二月署任　戴均恩大興監生九年八月任
俸家林金堂監生十七年九月代辦　楊瀚大興監生二十二年正月署
金在鎔二十二年十一月復任　葛寶森山陰供事二十四年二月署任
魯鴻雋大興吏員二十四年十一月現任

巡檢

順治白浚西安吏員任團風司　趙文元大興吏員任陽邏司
黃大受撫州吏員任團風司　夏應陞山陰吏員任陽邏司
汪源任團風司　張茂勤紹興吏員任團風司
夏祖大興吏員任陽邏司　王恒嶽州吏員任團風司

徐士泰宛平吏員任陽邏司　張　郇紹興吏員任團風司
楊成雄大興吏員任陽邏司　孫榮貴福州吏員任團風司
仲宏達會稽供事任陽邏司　盧兆麟貴溪吏員任團風司
胡公猷山陰吏員任陽邏司　林應南福州吏員任團風司
李大成宛平吏員任陽邏司
雍正蔣　基揚州吏員任團風司　薛鳳祥大興吏員任陽邏司
馮大經涿州吏員任團風司　陸世奎大興吏員任陽邏司
戴士英寶坻吏員任陽邏司
乾隆阮紹宗三河吏員任陽邏司　屠　錦大興吏員任陽邏司
宋登士萬載總吏任陽邏司　周正斯山陰吏員九年三月任團風司

李天眷十九年五月以麻城縣丞署陽邏司　邵　爵十九年七月以虎頭鎮巡檢署陽邏司
吳攀龍大興監生二十年任陽邏司　郭廷璵商邱監生二十三年以縣丞借署團風司
濮懷仁大興監生二十七年任但店司是年增設但店巡檢司巡檢一員
朱兆燕漢軍監生二十八年任但店司　郭家驥新昌監生三十年任團風司
齊岱齡新繁監生三十年任　魏高佶柏鄉監生三十四年任團風司
張日富南靖吏員三十五年任　胡駿烈元和吏員三十六年任
潘朋年青浦吏員四十三年任　何　淇餘姚監生四十七年任團風司
逯超羣河內監生四十七年任　許　錦海寧監生五十年任
王家彥濟寧監生五十三年署陽邏司　吳邦城吳縣監生五十年任
楊正邦烏程拔貢六十年署陽邏司

嘉慶李寶田嘗山監生元年四月代辦團風司　蘇培智金谿供事元年三月任陽邏司
王　路慈谿監生三年四月署團風司　孟興祖天津吏員五年七月署陽邏司
余承光山陰吏員六年七月代辦但店司　宋兆新直隸大興監生六年九月署但店司
樊承政臨汾書吏七年正月署陽邏司　虞德明固始吏員七年七月任但店司
黃　燮陽湖吏員七年十一月署團風司　顧鼎容元和監生十年二月署團風司
李　璉德慶監生十一年四月署陽邏司　蕭正春澠池吏員十一年七月署但店司
鍾惠霖長樂監生十一年十月署陽邏司　徐　塏錢塘監生十四年五月代辦團風司
徐承緒元和監生十四年五月代辦但店司　孫紹棠華陽監生十四年十月署倉埠司是年添設倉子埠巡檢司巡檢一員
楊　璐靈壽監生十七年六月代辦陽邏司　易　甫湘鄉監生十七年七月任倉埠司

張葵生沐陽附監十八年七月代辦團風司　鍾　楨武昌監生十八年七月代辦倉埠司
朱繡麟宛平人十八年十月署團風司　覃　浩武陵監生十九年四月代辦倉埠司
徐鳴謙會稽監生十九年九月署但店司　許清萬新鄭監生二十年九月署團風司
宋　燕大興供事二十年九月署但店司　陸念祖元和從九二十一年四月署倉埠司
方純熙長寧監生二十一年六月署陽邏司　景　春大興從九二十二年四月署團風司
俞大鏞海寧監生二十二年代辦倉埠司　史禮賢大興供事二十二年八月任團風司
古贊臣龍泉監生廿三年五月代辦但店司　黃紼曾新城增貢二十三年六月署團風司
張應巡祥符人二十三年七月代辦陽邏司　鄧鳳鳴江西新城監生二十三年六月署但店司
王　琪宛平供事二十三年十月署但店司　施信孚山陰吏員二十四年六月代辦倉埠司
楊汝承新城監生二十五年二月署團風司

道光李調元元年七月代辦但店司 朱葆光山陰監生元年八月署陽邏司
張體仁豐順監生元年十月署但店司 金奉璋二年正月代辦陽邏司
張業培吳縣監生二年三月署陽邏司 周鳴瑞成都監生二年六月署倉埠司
吳居向高安監生二年十一月署團風司 汪世樛秀水監生二年十一月署倉埠司
汪翰垣旌德監生三年三月署團風司 戴均恩大興監生四年三月代辦團風司
魏有年順天通州附生四年六月署但店司 魯開章武陟吏員四年十月任但店司有傳
陸鈵四年十二月代辦團風司 秦元治郃陽監生五年正月署團風司
方命恩清苑從九五年十一月任團風司 楊錫嘏歸安監生八年正月代理團風司
邱澐山陰吏員八年八月署陽邏司 程瑚安邑典吏九年六月署陽邏司
魯鴻儁大興吏員九年十一月署陽邏司 王國柱餘姚監生十年三月署陽邏司

丁文宣化人十年六月署但店司 孫淦會稽供事十一年六月任倉埠司
章淑宛平監生十一年十二月任但店司 陳兆蘭蕭山供事十二年六月任團風司
董長椿陽湖監生十二年閏九月任但店司 周錫祺南昌監生十四年四月任倉埠司
石裕禧宿松人十六年六月署團風司 羅藻溫江監生十六年十一月署陽邏司
雷運之蒲城監生十七年六月署團風司 成錫瓊文水供事十七年六月任倉埠司
顧儼吳縣監生十七年八月任陽邏司 宋城長元和監生十八年九月代辦但店司
韓嘉樾宛平監生十八年十月署但店司 王肇璜山陰監生十九年三月代辦團風司
黃鉻鼎休寧監生十九年四月署團風司 邵瑛大興供事十九年六月代辦倉埠司
羅宗倫閩縣供事十九年十月任但店司 陶廷梅大興監生二十年三月任團風司
黃曦善化監生二十年四月任陽邏司 恩源廂藍旗漢軍二十年十一月署倉埠司

黃維棨澧州監生二十一年署陽邏司 梁柱涵會稽監生二十二年十一月署團風司
鄭世榮合江監生二十三年六月任團風司 陳殿邦二十七年二月署陽邏司

驛丞

順治黃應貞會稽吏員任李坪驛 蔣艮佐滄州吏員任陽邏驛陞臨潼典史
康熙李德平東山有功任齊安驛 喬汝元韓城吏員任李坪驛
黃光裕山陰吏員任李坪驛 曹繩武獲鹿吏員任李坪驛
唐紹堯富平吏員任李坪驛 劉若愚紹興吏員任李坪驛
劉光國大興吏員任陽邏驛 汪國信紹興吏員任李坪驛
李梁蒲臺吏員任陽邏驛
雍正王佐大興供事任李坪驛 馬日新寶坻吏員任陽邏驛

姚天祥大興供事任李坪驛 晏世爵宛平吏員任陽邏驛
乾隆陳經貴筑吏員任李坪驛 沈德煥石埭吏員任陽邏驛
張如龍汾陽吏員任李坪驛 沈應魁大興吏員九年八月任李坪驛
鮑楚青陽供事十三年七月任陽邏司 周正斯十七年六月以團風巡檢署陽邏驛丞
馬沛霖榆林典史十七年十二月任李坪驛 張席珍大埔典史十八年四月任陽邏驛丞
劉鐧靈邱典史十九年三月任李坪驛丞是年五月李坪陽邏二驛丞俱裁

河泊所官

順治范國貞韓城吏員任樟松河泊 張惟慶富平吏員任樟松河泊
李國艮北直吏員八年任零殘河泊 惠端海富平吏員十三年任零殘河泊
康熙景可賢南鄭吏員五年任零殘河泊 孫鑪芳富平吏員任樟松河泊

唐學增零陵河泊

河泊所官二員康熙三十九年裁

按省府志職官內皆列營員

朝廷文武並重其與有守土之責同也前志以黃州協營隸

府但詳府志然考府志於駐防各縣汛員亦未周載幾

闕典焉乾隆五十四年已前稽考莫備謹從其後而增

敘之於左

國朝黃州協副將一員中軍都司僉書一員俱詳府志

千總三員內存城一員把總四員內駐防縣汛二員

經制外委千把總五員內存城一員額外外委三

員內存城一員分防縣汛一員

存城千總

乾隆覃世培漢陽世職四十九年十一月任　傅之章江夏世職六十年正月任

唐萬年江夏世職六十年閏三月任

嘉慶黃科達大冶行伍出師著績十七年二月任　佘攀桂江夏廩生十九年七月任

李開榜本縣行伍二十年八月任　蔡國保江夏行伍出師二十三年十二月任

道光劉澤新漢川世職二年六月任　葉元端江夏武舉三年二月任

王宗貴湖南龍陽行伍出師五年四月任　李定愷本縣行伍六年十月任

陳大勳漢陽武舉十七年十一月任

縣汛把總原駐但店道光十九年奉文移駐三店

乾隆李宗堂江夏行伍五十四年任

嘉慶張世太江夏行伍出師二年四月軍營任事　韓國明江夏行伍出師七年正月軍營任事

黃科達十二年正月任　譚上選本縣行伍出師十五年二月任

李開榜十九年二月任　周文秀江夏行伍出師十九年三月任

道光李定愷二年七月任　王加祿雲夢武生出師二年八月任

陳聲遠江南宿遷人因父及叔以武進士官湖南北守備遊擊寄籍東湖聲遠由行伍擢黃梅千總六年十月告降任事　鍾廷義咸寧武舉十年三月任

黃世璋大冶行伍出師十六年二月任　呂得魁本縣行伍二十二年五月任

周鵬翥本縣行伍出師二十四年五月現任

水汛把總駐陽邏

乾隆普天樂應城武亞元五十二年任

嘉慶楊啓林江夏行伍十二年十一月任　周文秀江夏行伍出師十三年十月任

李開榜十九年三月任　余攀桂本縣行伍出師二十年八月任

道光姜兆貴大冶行伍出師元年四月任　余有元本縣行伍出師二十年八月任

周　元本縣行伍出師五年七月任　龔兆榮江西德化武生行伍十年六月任

魯光貴江夏行伍出師二十二年四月現任

存城外委把總

乾隆吳得茂本縣武生五十三年二月任

嘉慶翁廷槐本縣行伍出師五年二月軍營任事　馬如彪大冶行伍出師十三年二月任

王士瑞宜昌行伍出師十四年四月任　余兆宗本縣行伍出師十七年二月任

李開榜十八年六月任　李志全本縣行伍十九年三月任

王加祿十九年四月任　韓國明十九年十一月任

張萬年本縣武生出師二十年十一月任　歐陽勳本縣行伍二十四年十月任

道光趙發科本縣行伍二十五年十一月任

道光湯殿鰲興國行伍出師元年正月任　余有元四年三月任

歐陽洪本縣行伍四年九月任　江高貴本縣行伍八年五月任

邵玉麟江夏行伍十年十月任　余有雄興國行伍出師十年十一月任

余有元十一年正月復任　李　發蘄州行伍十四年十一月任

王金魁本縣行伍出師二十六年三月現任

水汛額外外委原駐葉家洲道光二十二年奉文移駐李家渡塘

乾隆趙治國本縣行伍出師五十四年九月任

嘉慶馬如彪十二年二月任　張萬年十二年二月任

韓繼成大冶行伍十二年五月任　李開榜十三年十月任

趙發科十五年八月任　杜宗連本縣武生二十五年十一月任

道光李定愷元年四月任　蔣尚英本縣武生元年六月任

歐陽洪三年五月任　游得勝大冶行伍四年九月任

傅玉成本縣行伍十年正月任　余得元本縣行伍十一年四月任

吳定元蘄州行伍十四年三月任　傅玉成二十年二月復任

存城額外外委

乾隆白　瑶本縣武生五十三年十二月任

嘉慶薛定太本縣行伍出師十二年五月任　洪　堂廣濟武生十三年十月任

余紹宗本縣行伍出師十五年四月任　李開榜七年十一月任

張萬年十八年六月任　馮萬漋大冶行伍出師二十二年五月任

道光周鶴鳴江夏行伍出師元年正月任　黃開榜本縣武生三年九月任

龔兆榮五年六月任　孫開榜蘄州行伍五年七月任

邵玉麟十年六月任　雷連發蘄州行伍十年十月任

王登朝本縣行伍出師二十六年四月現任

循良

官府吏治之計有六大端曰廉善廉能其曰敬正善之屬也其曰法辨能之屬也是故古者近民之吏若宓子賤鳴琴而治若巫馬期戴星出入而亦治蓋專務以德化民則日計不足而月計有餘盡心民事而不惜自用其才則事皆就康無隳是之謂善是之謂能是之謂吏之良邑志所載諸有司風軌不出斯二者非然飾文具獵聲譽而已一時赫赫固亦有之何以使邑之人思之而不衰何以使後之執筆者誌之而不敢闕

宋

張潄籍貫失傳郡誌稱其治邑有善政

張舜臣堯臣之弟嘗爲縣丞與秦太虛善蘇軾稱之

元

虞汲右丞相允文四世孫奎章閣侍書學士集父也爲縣尉攜子集及衆力學嘉署詳雜志

明

徐誼字宜叔壽昌人明初知縣事時征陳理於武昌兵燹所經邑理殘破誼撫綏流亡修葺廢墜邑賴以安洪武十七年擢知鎮江府

杜遇春霍邱人永樂間以人材任典史清節特著入覲不

能具冠服緼袍拜闕下帝見而問之擢爲御史未幾以他御史誤軍糧事並坐極刑後詔給葬乃葬其衣冠於縣東七里螺螄湖子孫家於黄永琳而下其裔也

胡潔豐城進士正德間知縣事廉介有幹才於民推心置腹藹如也時御史督學命遷邑庠於今地歲祲不贍潔爲區畫告成其他振飭類是後累官至都御史

簡霄清江進士正德間由石首改知縣事敏肅而文能厲士氣郡誌稱其有吏才嘗督修諸鄉堤壩爲民永利又於城山有建置百廢具興後累官南京兵部侍郎

孫棨貴州普安舉人嘉靖間知縣事邑中丞賈啟爲文紀

之曰仁民澤物風教是敦緝飭學宫增補缺畧要爲矯矯者矣

虞儼丹陽舉人嘉靖間知縣事明敏公恕不妄取一錢綏征省刑黄民思之

孟津字伯通丹徒舉人嘉靖間知縣事以古人自期蒞政不事嚴肅而丰采巋然無敢譸張者退食正襟危坐雖家人不見喜愠之色遷寶慶同知致仕歸

王尚儒河南人貢生嘉靖間任縣丞沉靜澹泊不受請謁時論推重焉

韓秉文慈谿舉人嘉靖間教諭身範諸生不獵浮譽一時名士賴其造就

武鉞來安舉人嘉靖間教諭丰度恬適博洽多聞遇貧士輙分俸給之

周祿廬陵歲貢嘉靖間教諭溫醇爾雅與諸生縱談名理終日忘倦

張性魯當塗歲貢嘉靖間教諭慷慨多大節遇事正論無所隱諱捐俸修建啟聖祠亦一端云

姚溢汝陽歲貢嘉靖間訓導博學能詞賦有登眺詩云鄉心一鴈遠時序二毛侵評者謂其風韻遒逸性耿直事關學校者力爭之以致仕云

賈應璧字文宿無錫進士隆慶間知縣事倜儻多才遇事無留難厲清操有冰蘗聲坦衷惠政不弛不苛擢户部主事累官按察使

羅應鶴歙縣進士萬歷癸酉知縣事平易近民勤於撫字兼深經學好引掖人才所推與必一時名士五載課最徵拜御史累官副都御史巡撫保定

趙士登字應庸涇縣人萬歷庚辰進士由武昌改知縣事專務德化察民疾苦有不便即時除去聽獄片言立折丈量田畝調停曲當邑人咸受其庇五年課最徵拜御史去累官左僉都御史南京吏部侍郎

涂宗濬字吉甫南昌人萬歷癸未進士由江陵改知縣事先是邑饑疫流亡過半聞宗濬來皆喜比至勤恤民隱搜剔蠹孔夙猾斂跡人得安集暇則與諸生講道課業具悉原委踰年擢御史去邑人塑其像與趙士登並祠後累官巡撫延綏

曹愈參字石清涪州人萬歷丙戌進士由陝西商南改知縣事躬儉約政敦大體不事繁苛獄訟衰止邑試儒童廣額至千餘子弟賴焉其母病篤士民相率籲神數日果愈三年以卓異擢吏部主事累官河南按察副使邑民立祠像祀之

徐紹曾字衷耿海寧人萬歷乙未進士知縣事有魁盜夜殺人按之急遂譎愬上官幾爲移聽士民爭雪其冤賢聲益起會倭猺交儆徵發不時又中使採榷出楚橫施荼毒紹曾力捍蔽民深德之擢南工部主事去行李蕭然累官兵部武庫郎中

林兆箕莆田舉人萬歷間教諭邃於經學集諸生課藝寒暑不輟多所造就擢高州府通判

楊逢時字春宇江陵人丙子省試第一署教諭性端簡以篤學爲多士倡每對酒論文精義疊出終日不聞嬉笑怒罵其純至如此後成進士累官四川參政有寓黄集

劉文定興國舉人萬歷丙申教諭謙沖恬雅不愧師範士人爭依附焉擢六合知縣累官寧州知州

劉炟漢川歲貢萬歷間訓導持守方正非孔孟之言不道閒居無踞坐跛立常謂清平二字爲學者立身之實後遷興國學正

茅瑞徵字五芝歸安人萬歷辛丑進士善屬文由泗水知縣改知縣事凡保甲賦役水利鄉傳備極經畫有大功於民焉嘗修輯邑乘及赤壁志文釆爛焉後拜御史去官至湖北副使

沈瀚江南崑山選貢萬歷中任縣丞守持清正爲邑者中

傷去邑人思之

李希沆字鼎武慶陽進士明末知縣事清正浩博膽識絶人崇文治精鑒別愛賢能卓有善政時流寇刼掠希沆設備禦敵有警輒戎服佩刀單騎先馳邑之義勇金純伯等從之追逐披靡民賴以安及擢最去城遂陷

孫自一字澄如光山進士明末知縣事清介有惠政士民愛之獻賊之亂自一方解餉軍門及歸城已陷乃與邑諸生王之經結寨大崎山保殘民以圖恢復時亂離倥偬民之訟獄貢賦赴山中無或後者會賊掠梅家湖自一率鄉勇五百人往救死之賊去民求其屍面如生祀

猶在佩因槀葬湖岸見明史

吴文燮福建人明末縣丞彬彬儒雅有良吏風獻賊之亂文燮分守南城晝夜不懈及城破猶守汛地大罵不屈死之見明史樊玉衡傳

國朝

楊日昇字白石富平舉人順治延年知縣事下車撫凋殘招流亡省刑薄稅慮無不周邑伏莽餘孽未靖昇與副將唐國臣討平之境内乃安壬辰歲旱禱雨立應素性清介囊橐蕭然猶捐俸設粥廣勸糶賑民賴以濟擢浙江嘉興同知邑士民勒碑以志不朽

劉國寧字漢章奉天人順治七年由廕生知縣事催科有法革一切陋規邑當水陸衝長江上下兵艘差騎絡繹不絕國寧每單騎往迎民以不擾邑多火災預設器具有警輒身先救之時年僅弱冠邑人稱爲神君以艱去囊無一錢上官賻之乃得歸

徐簡字亦史吳縣舉人高才博學風流蘊藉康熙初由清江教授遷知縣事愛民息訟薄賦省刑見罪囚輒泣下欲生之士民皆感激時邑多火災燬民居簡捐二千餘金分賑又修建學宫補葺古蹟文物燦然在官無泛交紳士端方博雅者倍致禮重邑人謂以文學治者必首推焉著有吳邸五集及寓黄小草書法畫蘭皆居逸品

趙之登沔陽舉人康熙初任教諭習古博洽善屬文著有居黄間草

董元俊華陰人由進士以經術起家知縣事前政之廢飭者一切報罷訟獄衰息禁絶羨耗草創邑志而未就舉卓異以憂去邑人慕其德

李經政漢軍人康熙十八年知縣事英敏明決猾吏歛息時于清端守黄上下和協政事清肅邑以大治値荆岳用兵軍需旁午咄嗟立辦民無失業數年以憂去後官蘇州同知以事過黄士民餞迎者數十里

李景唐奉天人家世閥閲康熙六十年以貢生任縣丞年二十精悍有聽斷才性仁厚不妄笞扑苞苴請託無敢闌入者及去父老餞於江干惟勸民勿輕訟聞者感之

孫芝瑞字聖草江夏貢生康熙年間訓導爲人忠信明敏事父以孝聞教士有法度事關學校者必慷慨力爭時市民侵占學基屢訟屢脫芝瑞力爲釐正始復舊址善屬文兼工書法爲時所重

劉澤溥號惠菴漢軍正藍旗人康熙三十六年由筆帖式知縣事端方耿介有守有爲敦崇古處培養士林嘗捐廉爲問津書院置蓮花溪田重修上新河橋慧亭曰覲

瀾陞任去士民刻遺像嵌赤壁有贊勒石

樊大元字咸巖夏縣舉人雍正五年知縣事清介溫厚不經用杖扑廉俸所餘分給寒士在官一年以按盜失出罷去行李蕭然邑人士送者多泣下

李之蘭字芸莊江夏舉人雍正辛亥教諭以孝友稱仁厚和藹奬厲名節安貧食淡取與甚嚴凡士子爭訟無不委曲勸諭以寢其事高才好學文采炳然癸丑成進士去士人思之

劉燈平定州進士乾隆二十年任縣令修舉廢墜殫力瘁心而性極嚴遇事明決人不敢干以私胥吏且敬且憚

邑志久缺修茅董二志未見刊本燈倡捐搜輯創始分門今所傳乾隆二十四年重修之本皆燈所裁訂

陳文樞上元副榜乾隆二十三年由教習知縣事廉而有能政和年豐百廢俱舉嘗申請郡守倡屬紳士擴新考棚倍增號舍籌備書院脩火並捐備書籍以資教課又捐俸修問津書院講堂辛家衝沙港橋延聘通儒修邑乘未竣升任去至今士民猶樂道之

蔡韶清字紹延南康進士乾隆二十四年知縣事竣前令修志畫一體例定筆削不愧史才其爲治善能衆著禮士愛民捐廉建清遠亭於赤壁下爲迎送賓使之所次年陞任去

葉世度字涵齋仁和人乾隆二十六年由庶常改知縣事恬靜寡欲爲政務持大體嘗言正人心厚風俗求之刑禁間左矣尤愛培植斯文公餘即詣書院與諸生講論口授指畫家塾師弗如也奬賞優等於常格外須割廉增益邑士多所成就書法端整而饒神韻至今丈幅寸牋邑人寶貴

黃應魁字勉堂順德拔貢生乾隆三十六年知縣事值邑捕務稍弛報竊案無虛日魁實行保甲法使匪無所容又責成捕役以有無獲案爲功過報案即立限比獲即

窮詰窩家查起全贓贓未全匪捕並比犯竊不一次者悉禁之市半年而捕役之庇匪分贓串匪搪案捏病保釋重害閭閻之獘一空其於聽訟又任兩造自訴不加威猛顯未旣盡曲直立見强者不敢欺愿者不忍欺而訟亦稀矣三十七年以艱去

史湛號澹園餘姚貢生乾隆四十六年以岐亭同知攝縣事先是縣苦吏猾役蠹每値驗勘案件有夫價有廠費有折席銀稍不滿意陵厲不堪田土細故肇訟到官有傳詞費有經差禮稟審有投牌費有檢卷費旣審有結費每一費約勒千錢有餘層累至十數不等皆門皂相

鄉民之强弱勾串内丁索之差差索之兩造不滿其欲百端留難懦民入其彀中訟未了而生已蹙矣或覺且畏而不終訟者書則另唆控累名曰鬬放誣其暱差曰打持强且有訟牒無名横加誣枉曰打望門持强凡若此者湛溢任極意剔蠹先之以明察繼之以敏速積獘一清時有史青天之稱次年回本任紳耆士民相率泣送三年後陞任府道容接邑中耆舊教慈教孝不啻家人曩時鄉民私奉長生祿位者甚夥聞禁始撤去而口碑至今猶在云

王正常號方山瀘州舉人具經濟長才乾隆丙午由咸寧

縣調黄岡振風紀鋤奸頑凡自經圖賴者直不問被告每視事至宵中或竟申旦畢一案必剴諭兩造如家人語民感泣相戒勿輕瀆公丁未旱禱雨輙應蝗起迴龍山手製文禱劉猛將軍廟越二日有雀幕天下啄食殆盡時士爲作神雀頌戊申大水預籌請賑安輯民無蕩析前後修建文昌閣二程祠江神祠及團風漕倉百廢俱興尤培植學校益河東書院膏火公餘輙親臨講藝在任凡七年以治行第一陞山西郡丞去士民如失父母後復莅楚歷守鄖襄二郡晉安襄鄖荆道値教匪猖獗文武大帥倚如左右手深識遠謀軍民懷畏膚功旣奏年八十乃解組歸聞其子孫科名鼎盛

李敦柱號槐亭江陵舉人乾隆五十二年任教諭事學深養粹古今文皆有體要先是邑後生爲文爭趨穠縟漸失先民矩矱敦柱教以理法爲宗詞意相輔遇質敏而家貧者飲食教誨多所成就又倡修名宦鄉賢忠義節烈諸祠並東關外宋趙令宬廟祀嘉慶六年以老去有鬱林石稿初刻續刻士人皆傳誦之

孫光先南充舉人嘉慶八年署縣事清勤律己恭儉訓人凡聽斷不輕用刑往往畧法言情雖險健之徒有聆其勸誡者天良感發酸鼻出涕訟獄少息惜止三月卽之

監利任去

汪慕鍾號潔亭臨桂吏員嘉慶十二年由蒲圻縣丞陞署縣事性肫厚不務煩苛每値勘驗輕騎減從當廠省釋牽蔓邑試嘉惠士林甄拔寒畯以人數多而文風盛請於督學撥府學歲試十名科試九名能復舊額者慕鍾之力也惟征解錢糧徑容經書送務大戶致開後來獘虧之漸殆瑕不掩瑜云

樊鍾英字實園楚雄拔貢生嘉慶十五年署縣事剛方耿介猾吏不能欺遇奉行事有未便者不假幕友自爲剖辨必無獘而後止邑人服其明決云

鄭家屏字葵圃灤州廩生嘉慶十六年由蒲圻調任縣事性剛毅嫉惡甚嚴信形家言時時以培植地方爲念邑巽峰向有四望亭久廢家屏糾貲重建適癸酉鄉試獲售八人而拔萃優行副榜貢生又六人家屏捐建坊於縣學前即修塔疏河功鉅未就而家屏拳拳焉二十四年復任爲政如初卒於官家屏之沒也時值

睿廟賓天旣以公服大斂矣目弗瞑以手作褫衣狀家人環泣請曰當易素服耶若首肯然改斂乃瞑

郎錦騏字牧雲代州副榜初令咸寧治行明恕以最調江夏涖擢州牧嘉慶庚辰攝邑事前令病卒積案叢多日

出廳事臨決不半月訟繫一空自是無敢以虛誣嘗者廉知奸民秦某稔惡官治每虞其螫手迅捕寘於法闔邑稱快河東書院曠廢爲勸輸追欠得二千餘金膏火始充誦絃復盛邑俗尚龍燈龍船會耗財召釁爲民害而民弗悟出示嚴申例禁任纔一年去時四民餞席鱗比於途江干綵棚霞簇雖峻却不能止也平生重交誼前令鄭官歿無措以舊僚友故駿代償且庇其家人任江夏時曾有丁令女遭家禍失所駿養爲已女擇嫁人尤爭傳之後補荆門州卒於任

蔣祖暄號晴山全州舉人以大挑分發湖北嘉慶丁丑由羅田調署黃岡未接篆邑大旱有羅田民潛往大崎山舉龍神去邑民爭之匿不與遂與大訟上游先委幹員治之悍不服且相約持梃鬬兩邑民皆洶洶聚至萬人暄奉檄往治其事羅民爭拜馬首公委婉勸諭反覆開導且謂大崎爲一府主山黃民禱之而靈豈羅民禱之而不靈凡神之靈靈於其地非靈於土木之偶羅民悟仍舁還其處聚者皆散越明年黃又旱暄徒步往禱果得大雨民歌舞之有崎山禱雨記載藝文暄爲政尚簡易不設城府而吏畏民懷無秀頑老幼皆尸祝之後補長陽再調漢陽終白河同知任子孫皆得科第人以爲

循吏之報云

劉詒孫字芑汀湘潭舉人由咸寧調署黃岡爲政以除莠安良爲務而伸雪冤民最爲明察與國客民載米三江口風逆將覆舟客呼居民搶護酬以値旣而食言與居民爭且以攔江誣控株連百餘人詒孫廉得其實將坐客罪客願出貲酬民始免又潘家塘王某誣族兄以姦研訊三日悉得其情坐王夫婦以罪其他事多類此性善飲暇與諸生杯酒論文縣試所拔多寒畯旋調任去道光辛卯修邑志詒孫任武昌時渡江與同人商訂體例

李錦源號磬艘犍爲進士由竹谿調補黄岡性仁慈不務苛細李本世族錦源尤喜文藝縣試卷手自評騭所拔多知名士切理饜心之作無粗才也倡捐景聖堂義學邑中效之多至十數處貧窘者始知有讀書之樂邑志久弗修乾隆五十四年僅增選舉列女藝文其他守殘抱缺錦源力爲勸輸延前令陸笴邨郡博王菊門及邑紳士脩輯過半旋因水災未竟其事錦源亦解任去

曾開章字儀堂武陟吏員任但店巡檢潔己奉公辛卯夏山河漲溢流民入境章患其滋擾傾橐倡捐並勸諭紳耆斂貲分給護送境內宴然地方士民公稟府縣有案

周鯤化字熙樓鍾祥舉人任教諭性坦易不設畦町與士子講論文藝脫略形跡道光辛丑邑大水鯤化奉府檄勸邑令勸捐設廠煮粥皆身親經理周恤勞瘁又邑童試艱卷費勸歛取息鯤化之力居多云

黄岡縣志卷之五終

黄岡縣志卷之六

知黄岡縣事宛平俞昌烈編輯

選舉志

科貢

兩漢置科取士若賢良直言等多隨時制詔無定年亦無定格自唐至明襲隋設進士科冬集春試歲一行既而三歲乃有定年其試經策詩賦雖有損益大體畧同乃有定格先州郡取解謂之鄉貢即今之舉人也然自明定爲舉人即得參選視昔之不第則俟再舉優矣明鄉試外又有歲貢選貢亦古明經之意然由提學官書升入監與三年貢應春闈又加密矣其間惟進士得人最盛而英雄入彀亦不盡在臚傳

國家承用二百年名輔碩儒後先相望即以岡邑考之抑何其炳炳麟麟也

進士內有緣異籍者悉查明收入

隋

始置進士科專以文詞試士

唐

取士法有三由學館曰生徒由州縣曰鄉貢天子自詔曰制舉

周

墀檢校尚書右僕射有傳

宋

英宗詔三年一貢舉神宗始以經義試士

李委　潘丙有傳

張　炳　古耕道見蘇文忠集

元仁宗皇慶二年詔行科舉

蔡　堅見省志　趙思義見省志

明洪武二年己酉詔開科取士六年罷科舉舉賢良十五年詔復設科取士以子午卯酉年鄉試辰戌丑未年會試永樂元年癸未登極未暇舉行以次年甲申會試

永樂二年甲申曾棨榜

彭克誠無錫知縣題名碑作堯成

永樂四年丙戌林環榜

蕭　昇福建道御史有傳

永樂十年壬辰馬鐸榜

張　璘本姓周應天府尹有傳

永樂十六年戊戌李騏榜

方　正考城知縣有傳

永樂十九年辛丑曾鶴齡榜

鄭思賢祁州知州

宣德五年庚戌林震榜

江　淵四川籍尚書入內閣有傳

正統十三年戊辰彭時榜

謝　杲右副都御史巡撫貴州有傳

成化二年丙戌羅倫榜

黃伯垓遼東苑馬寺卿有傳

成化十四年戊戌曾彥榜

曾　義定遼右衛官籍

成化十七年辛丑王華榜

張　佐福建按察司僉事有傳

成化二十年甲辰李旻榜

王　璘廣西參政有傳

宏治九年丙辰朱希周榜

楊　鳳陝西按察司副使

宏治十二年己未倫文叙榜

王　麟封邱知縣有傳

宏治十五年壬戌康海榜

王　濟四川參政前吏部郎中有傳

宏治十八年乙丑顧鼎臣榜

余洪恩行人題名碑記誤刻姓金

正德三年戊辰呂柟榜

鄭文炳濟寧衛籍中山東榜歷官知府

正德六年辛未楊慎榜

賈　啟巡撫延綏副都御史有傳　余　鑾行人有傳

曹　珪巡按陝西廣西御史太僕少卿有傳

正德十二年丁丑舒芬榜

王廷陳會魁翰林院庶吉士有傳　劉　漳蘭州籍中陝西榜

曾　綸遼東定遼衛籍中山東榜

正德十五年庚辰楊維聰榜是年南巡未廷試次年還蹕駕世宗登極五月廷試

余文瑞有傳

嘉靖二年癸未姚淶榜

王廷梅成都太平知府前戶部郎中　劉　桂開封汝寧知府

嘉靖五年丙戌龔用卿榜

曹　誥甘肅巡撫有傳　陶　珪中癸未會試山西按察使有傳

嘉靖八年己丑羅洪先榜

汪文淵金華知府有傳

嘉靖十一年壬辰林大欽榜

董德明廣西衛籍中廣西榜河南參政有傳　方　任右副都御史巡撫應天有傳

嘉靖十四年乙未韓應龍榜

李學顏戶部主事　呂　韶樂平知府前南戶部郎中

嘉靖二十六年丁未李春芳榜

奚世亮延平知府殉難贈參議有傳　鄭　輿文炳子

邱　岳禮部右侍郎有傳

嘉靖三十八年己未丁士美榜

王廷瞻南京刑部尚書前總督河漕戶部尚書贈太子少保有傳

嘉靖四十一年壬戌申時行榜

王同道南京戶部主事前巡按江南御史有傳

嘉靖四十四年乙丑范應期榜

熊養中戶部員外郎　徐時可廣東右布政使參政

隆慶二年戊辰羅萬化榜

徐應聘揚州知府福建按察司副使　易倣之四川參政有傳

隆慶五年辛未張元忭榜

周文卿陝西按察司副使江夏籍　杜　伸四川按察僉事贈太僕少卿有傳

江沛然戶部郎中有傳

萬曆八年庚辰張懋修榜

李之用雲南按察司副使

萬曆十一年癸未朱國祚榜

曹繼孝衛輝同知　樊玉衡江西道御史太常少卿有傳

萬曆十四年丙戌唐文獻榜

王一鳴會魁臨漳知縣有傳

萬曆十七年己丑焦竑榜

阮文蔚中丙戌會試行人有傳

萬曆二十年壬辰翁正春榜

吳士瑞四川按察司副使　余心純會魁嘉善知縣有傳

萬曆二十三年乙未朱之蕃榜

孫大壯陝西苑馬卿有傳 樊玉衡商城崑山知縣有傳

萬歷二十六年戊戌趙秉忠榜

張 濤巡撫見通志 官應震太常少卿有傳

萬一奇開封推官有傳 穆天顔福建道御史有傳

韋石麟戸部主事南安知府附見子克振傳

萬歷二十九年辛丑張以誠榜

於 倫通政使有傳 程大猷興州右屯衛官籍

曹光德監察御史有傳 王同謙戸部主事管九江鈔關

萬歷三十二年甲辰楊守勤榜

汪元極翰林院檢討國子監司業

萬歷三十五年丁未黄士俊榜

杜應芳會魁四川督學福建按察使有傳

萬歷三十八年庚戌韓敬榜

甄 淑南北刑部尚書有傳 鄒之易兵部職方主事有傳

秦繼宗南京戸部郎中有傳

萬歷四十一年癸丑周延儒榜

周之訓浙江按察山東參議殉難贈光祿卿有傳

萬歷四十七年己未莊際昌榜

樊維城福建副使殉難有傳 晏 清稽勳郎中嶺南道副使有傳

祝世美太常卿有傳

天啟二年壬戌文震孟榜

洪周祿常州知府有傳 何閎中雲南兵備道有傳

靖科元工部郎中陞浙江副使有傳

天啟五年乙丑余煌榜

王源昌江西巡按河南觀察使有傳 陶起虞太和知縣有傳

劉宗祥江西巡撫副都御史有傳 魏公韓保定巡撫有傳

崇禎元年戊辰劉若宰榜

王用予淮安推官特擢檢討東宮侍書有傳 鄧 謙孝感籍

崇禎四年辛未陳于泰榜

嚴師範兵部郎中河南巡撫有傳

崇禎七年甲戌劉理順榜

陳 瑾驗封員外郎福建提學僉事有傳

崇禎十年丁丑劉同升榜

王追駿戸部員外眞定知府 牛若麟吳縣知縣陞御史有傳

余士璋會魁九江推官殉難有傳題名碑作士瑨 韋克濟南安知縣有傳

崇禎十三年庚辰魏藻德榜

萬日吉一貫曾孫崑山知縣有傳

崇禎十五年壬午賜特用出身

吳元伯見通志參政

崇禎十六年癸未楊廷鑑榜

王爾祿清苑籍

國朝

順治三年丙戌傅以漸榜

韋成賢秘書院編修歷通政使有傳

順治六年己丑劉子壯榜

劉子壯狀元內翰林國史院修撰有傳　曹本榮翰林院侍讀學士有傳

程啟朱山西鹽運使有傳　汪基遠東鄉知縣殉難贈僉事賜廕有傳

順治九年壬辰鄒忠倚榜

汪煉南侍讀學士有傳　魏邦哲蘄州知州陞禮部員外

黃中實吉水知縣陞行人有傳　戴治盛霍邱知縣

歐陽璧見題名碑

順治十二年乙未史大成榜

王澤宏禮部尚書有傳　熊光裕杭嚴僉事有傳

順治十五年戊戌孫承恩榜

王封溁吏部左侍郎有傳　陳肇昌順天府尹有傳

順治十六年己亥徐元文榜

王追騏會魁禮科給事中有傳　葉封工部主事有傳

吳升東浙江道御史有傳　汪士奇刑部郎中有傳

杜蘅平山知縣附見兄碩傳　樊維域平鄉知縣有傳

奚祿詒常州同知有傳

順治十八年辛丑馬世俊榜

龍可旌濟陽杞縣知縣有傳　程啟張武城知縣

鄭二成知縣　汪沅榮澤知縣

宋必達寧都知縣有傳

康熙三年甲辰嚴我斯榜康熙二年癸卯罷八股以論策取士

楊允禎中辛丑會試遂寧知縣附見李朝瑱傳

康熙六年丁未繆彤榜康熙七年戊申詔復以八股取士

陳國祝青浦永清知縣陞兵馬司指揮

康熙九年庚戌蔡啟僔榜

周之美浦城廣元知縣　鄭昱安徽布政使有傳

康熙十八年己未歸允肅榜

王材任僉都御史有傳　宋敏求翰林院檢討

王風采會稽知縣有傳　龍尚傳榜姓呂知縣有傳

康熙二十一年壬戌蔡升元榜

王懋才新建知縣附見兄懋德傳　王懋德廣靈寧都知縣有傳

康熙二十四年乙丑陸肯堂榜

宋如辰左春坊中允有傳

康熙二十七年戊辰沈廷文榜

陳大章翰林院庶吉士有傳

康熙三十六年丁丑李蟠榜

王一導浙江寧紹台道有傳　萬爲恪遂安知縣有傳

康熙三十九年庚辰汪繹榜

范基祚淯川知縣行取吏部主事有傳　欽士佃翰林院庶吉士有傳

葉道復知縣　王文炳王省志作姓黃知縣

余　珖四會知縣有傳

康熙四十二年癸未王式丹榜

王漢周肇昌知府有傳

康熙四十五年丙戌王雲錦榜

陳大華福建臺灣道有傳　王全才長寧知縣有傳

汪度宏保昌知縣有傳

康熙五十一年壬辰王世琛榜

周有堂禮部主事有傳

康熙五十二年癸巳　恩科王敬銘榜

袁國梓　徐流謙翰林院檢討大興籍

康熙五十四年乙未徐陶璋榜

杜啟運西和知縣　王楙績永州教授有傳

康熙五十七年戊戌汪應銓榜

李瓊枝本姓陳有學行

康熙六十年辛丑鄧鍾岳榜

靖道謨姚州知州前翰林院庶吉士有傳

雍正元年癸卯　恩科于振榜

周　嵩大名知縣行取大理評事有傳　萬禮祖太平知縣有傳

方可丹新淦知縣辰州教授有傳

雍正五年丁未彭啟豐榜

許　岳永和知縣　李高松會魁襄陽武昌教授定遠知縣

周祚縉施南教授有傳

雍正十一年癸丑陳倓榜

鄭維嵩主事文登知縣　李應魁永順同知

乾隆元年丙辰金德瑛榜

萬年茂翰林院編修山東道御史有傳　程後濂海贛同知有傳

龍雲斐潭源知州

乾隆四年己未莊有恭榜

王光佩登封知縣附見父楙績傳

乾隆七年壬戌金甡榜

馮子式益陽知縣有傳

乾隆十三年戊辰梁國治榜

李長青寧德知縣歷官潼商兵備道有傳　陳應龍

朱案扶有傳

乾隆十六年辛未吳鴻榜

范朝綱資陽知縣候選主事有傳　宋廷採大理知府有傳

邱恩榮 衢州知府有傳

乾隆十七年壬申 恩科秦大士榜

周棟隆 碁陽知縣 王封渭 猗氏知縣有傳

乾隆二十二年丁丑蔡以臺榜 是年奉 旨鄉會試頭場減經藝二場減論表判用經藝加排律詩一首後於頭場加論一首

程興仁 鄖陽教授 宋鏊 安陸教授有傳

乾隆二十五年庚辰畢沅榜

周凝光 新寧知縣有傳

乾隆二十六年辛巳 恩科王杰榜

張念祖 有傳

乾隆三十一年丙戌張書勳榜

嚴承夏 定海知縣陞杭州同知有傳

乾隆四十年乙未吳錫齡榜

靖本誼 萬安知縣有傳

乾隆四十九年甲辰茹棻榜

龍 澍 南昌同知有傳

乾隆五十四年己酉胡長齡榜 前歲戊申罷專經輪試五經是科輪試書經

李鈞簡 由編修歷任江西學政吏部侍郎倉場侍郎有傳

嘉慶四年己未姚文田榜

蔡文蘭 黔陽知縣

嘉慶六年辛酉 恩科顧皐榜

宋治咸 仙居知縣有傳 黃樹棠 茂名知縣

嘉慶七年壬戌吳廷琛榜

萬鼎琛 翰林院庶吉士璦山知縣有傳

嘉慶十年乙丑彭浚榜

萬希煜 平遠知縣有傳

嘉慶十四年己巳洪瑩榜

汪極三 正陽鹽城知縣有傳

嘉慶十六年辛未蔣立鏞榜

萬鼎洋 大興知縣陞定州知州有傳 汪兆柯 東安知縣

曾 鵬 陸川知縣有傳

嘉慶十九年甲戌龍汝言榜

萬承宗 由庶吉士改知縣累官大定知府 張履恆 內閣中書

嘉慶二十二年丁丑吳其濬榜

王 鴻 平鄉知縣附見父如鏊傳 奚先凱 原名先愷內閣中書

嘉慶二十四年己卯陳沆榜

胡美彥 庶吉士改主事現任刑部廣東司郎中

道光三年癸未林召棠榜

萬家福 庶吉士 汪封渭 廕襲中式現任德州知州

汪兆雲 謙子檢選知縣鄖陽教授 靖厚欽 平武知縣有傳

道光九年己丑李振鈞榜

李士燮四會知縣有傳

道光十五年乙未汪鳴相榜

曾世儀保定同知有傳　王思引現任赤城知縣

道光二十一年辛丑龍啟瑞榜

丁　璜現任潞城知縣

道光二十四年甲辰孫毓溎榜

胡霖澍現任貴定知縣　王家璧現任兵部主事

選舉志

舉人

宋

潘　丙解元進士見蘇文忠集

元

蔡　堅蔪縣隸河南行省進士　趙思義進士

明

洪武二年己酉科解元李原舉

李原舉解元龍溪知縣

洪武二十九年丙子科解元鄭璧

李　翔柳州教授　余思恭池州教授

盧　懷見省志府志作麻城人

建文四年壬午科解元劉文斌○按是年應鄉試以各省兵革有未及舉者命於永樂元年補行故省志誤列楊文質余志李懋三人於癸未科茲照省志府志改正

彭克誠進士　楊文質國子監助教

余　志沂水教諭　王　忠

錢　斌　李　懋全椒教諭

永樂三年乙酉科解元熊傑

朱　恕南京刑部郎中　蕭　昇進士

劉　鎰封邱教諭　唐惟慎汝州訓導

喻永懷交趾布政使司經歷

永樂六年戊子科解元李子春

傅思聰交岳知縣　姚文政泉州同知

胡　肇桂林推官　戴思文

魏思義懷遠知縣　李致中樂安州判

李　儀鹽運司副使

永樂九年辛卯科解元熊英

易應瑞岳池訓導瑞一作端　丁可信

靳　璉　張　璘本姓周進士

永樂十二年甲午科解元賀獻

冷　俊潼川州判　方　正進士

何　宏　王　福海豐知縣

喻　矩一作喻炬　程　義翰林院孔目

劉　政　王　韡主事

永樂十五年丁酉科解元程璲

柳紹先榮陽知縣

永樂十八年庚子科解元高信

陳　謨府知事　羅　倫廬陵人黄岡籍訓導

穆　景泰府典儀　鄭思賢進士

鄭　源

宣德元年丙午科解元黄秉忠

周　銓　唐　中靖寧同知

柳復本

宣德七年壬子科解元董應軫

汪　鑑南安知府

正統六年辛酉科解元李浩

謝　晸希哲子進士　彭　本通州衛經歷

袁　瑄定州知州　李自能萬全都司斷事

徐　悌蒙化同知

正統九年甲子科解元嚴誠

朐　鼎翁源知縣

正統十二年丁卯科解元楊麟

楊　憲知縣　邵　綱大足訓導

景泰元年庚午科解元劉毅

周　儒蒼溪知縣　楊　洪蓬溪知縣

李　琥梧州通判　項九萬知縣見省志府志麻城人

景泰四年癸酉科解元劉餘慶

張　寶本姓周璘子試場火死賜進士　王　竽褒城教諭有傳

劉　瑢長寧知縣　劉克昌鶴慶軍民府同知

陳　璉　陳　綱敬子見董志

景泰七年丙子科 解元賀勛

董　佐 洛川訓導　孫　讓

天順六年壬午科 解元田倫

徐　頤 樂清知縣　王文學 徐州訓導

成化元年乙酉科 解元汪洪

黃伯垓 進士　賈汝楫 中順天榜彰德通判

成化四年戊子科 解元樊經

張　佐 黃州衛軍生進士　易　泳 省志泳作閈郴州學正

鄭　璽 見省志

成化七年辛卯科 解元辛鑑

徐　賦 簡縣知縣

成化十年甲午科 解元李邦憲

李　曙 臨穎知縣　朱　珊 雙流知縣

鄒　璽 榮昌知縣有傳　洪　儒

朱　澄 淮安通判

成化十三年丁酉科 解元張才

熊　璋 潼川知縣　謝　慶 杲子盱眙知縣

洪應奎 省志誤入建文壬午科　管　謙

成化十六年庚子科 解元何說

梅　秀 富順知縣　陳　富 奉化知縣

王文約　萬居恭

成化十九年癸卯科 解元林貴

蕭　鳳 省志誤入永樂庚子科　蔣　珂

王　璘 羽林衛籍中北闈進士

成化二十二年丙午科 解元華爵

唐有義 省志作姓徐　李　汰 教諭府志蘄水人

宏治二年己酉科 解元曾大有

李　潤　余復善 廣昌知縣

王　麟 文學姪進士

宏治五年壬子科 解元楊褫

李　忠 白河知縣　張伯洪 分水教諭

曹自學 教諭見貤封

宏治八年乙卯科 解元陶實

陳　正 歸善知縣　秦尚恭 大名教授

楊　鳳 府軍衛籍中北闈進士

宏治十一年戊午科 解元張鍾靈

王　濟 麟弟進士

宏治十四年辛酉科 解元廖珊　柳復本 見省志

曹　珪 進士　陳廷瓚 彰德通判有傳

余洪恩 福善子進士　蕭大韶 南雄通判見廣東志

郭　鏜順天亞元尉氏知縣見（河南志）

宏治十八年甲子科解元王之相

張　濟本姓周璘曾孫亞魁嵩縣淸河知縣有傳　曹　璽嘉興通判

陳　榮渭南知縣（府志）蘄水人

正德二年丁卯科解元李中

郭　慶經魁淸平知縣一作新城有傳　胡永華淸河知縣

鄭文炳濟寧衛籍中山東榜進士

正德五年庚午科解元仵瑜

周　瓚浩子偃師知縣　余　鑾進士

陳　璉南部知縣　夏　啟留守衛籍中順天榜進士

正德八年癸酉科解元阮朝東

王廷陳濟子經魁進士　王廷梅麟子進士

夏時中通判　余文瑞進士

劉　漳中陝西榜進士　魯　綸中山東榜進士

正德十一年丙子科解元羅星

梅　賢江安知縣　王廷錄文學孫鹿邑知縣

王廷儒濟子四川按察僉事有傳　曹　誥自學子進士

正德十四年己卯科解元唐愈賢

劉　桂進士　金國用

曹　詔誥弟知縣　蔡　珀鎭南知州荆府長史

嘉靖元年壬午科解元易泉

陶　珪經魁進士　魏　春西安知縣

盧　靜　曹　諾誥弟吏部司務

孫　欽濟南通判　鄭廷相邯鄲知縣

嘉靖四年乙酉科解元陳吉言

方　任經魁進士　朱大經知州

萬民望寧州知州有傳　汪文淵進士

王秉直有傳　張　澤本姓周璘曾孫棠自知縣有傳

宋希文知縣

嘉靖七年戊子科解元曠宗舜

余　鏖蘭陽教諭附見余文瑞傳　周　宏

朱鴻翔泌陽知縣　王廷槐麟子見貤封有傳

董德明中廣西榜進士見（府志）

嘉靖十年辛卯科解元傅頤

李學顏進士　謝九遷梟曾孫亞元

王同松嘉魚教諭　呂　禧丹稜知縣有傳

奚　樸黄州衛人富陽知縣見貤封　王鳳陽萬縣知縣有傳

嘉靖十三年甲午科解元汪宗伊

汪文瑞　呂　鄀進士

王同鶴麟孫　劉　亮彰德通判

戴　淳　　李時芳 興化同知加四品服附見黃士元傳

嘉靖十六年丁酉科 解元姚章

黃自然 揚州通判　　唐　珪 淮府長史

盧大化 邠州知州　　杜　銓

陳廷輿 知州　　陳尙訥 魚臺知縣

嘉靖十九年庚子科 解元謝登之

周之冕 餘杭知縣陞知州有傳　　劉　珙 寧羌知州有傳

陳萬策 貴池知縣　　涂　瑜 敘州推官

嘉靖二十二年癸卯科 解元程沂

杜鳴陽 華子遂寧江川知縣有傳　　郭進賢 知縣省志麻城人

黃泰然 鄜城鳳翔知縣　　奚世亮 樸子進士

魏鳳陽　　嚴　宏 養利知州

周　載 西安同知府志作戴麻城人

嘉靖二十五年丙午科 解元蔡制

萬一貫 肇慶同知致仕進階一級　　邱　岳 尙忠子進士

奚世文 新鄉知縣建州知州　　羅朝錫 九江同知

朱廷相 大寧知縣　　鄭　眞 中山東榜進士

嘉靖二十八年己酉科 解元吳國倫

黃士元 撫州通判有傳　　程鳳金 彭澤知縣有傳

袁文星 文伯兄商城知縣府志作文屋　　羅　星 阿眉知州陞長史加四品服附黃士元傳

祝宗文 大足知縣　　江　漢 寧國同知

袁廷椿 通判　　李文運 滁州知州

蕭　濂 瑞州通判

嘉靖三十一年壬子科 解元王凝

陳　仕 廷瓚子嘉興同知有傳　　汪之汸 文淵子

王廷瞻 濟子進士　　曹　珋

嘉靖三十四年乙卯科 解元劉伯燮

黃自任 蘇州通判　　汪仲川 四川參議前兵部員外郎

王　睦 鳳陽子　　熊養中 進士

陳廷政 建水知州

嘉靖三十七年戊午科 解元陳述齡

范宗鎭 省志鎭作政寧州知州　　嚴　璞 倫子

杜　傑 鳴陽子長寧知縣見馳封有傳　　邱養蒙 成都通判

曹　光 珪孫

嘉靖四十年辛酉科 解元王萬善

嚴　珣 璞弟　　馮　言 瑞州通判

葉維喬 銅梁知縣　　王同道 廷槐子進士

王追美 廷儒孫有傳　　何天德 舞陽知縣

王　址 鳳陽子　　李　植 廣東道御史陞福建僉事有傳

周文卿 江夏籍進士

嘉靖四十三年甲子科解元劉守泰

周　樸樂安知縣　曹繼孝進士

徐時可進士　李之用進士

曹　美珪孫附見子士彥傳　杜　伸鳴陽子進士

易倣之進士

袁文伯潛山知縣有傳　汪本英犨縣知縣

隆慶元年丁卯科解元李廷楫

王追伊亞魁廷陳孫潁州知州　劉　逵眞陽知縣

江沛然江夏籍進士　余光先洪恩姪雲昌知縣

劉功允珙子同知陞瀘府長史見貤封有傳　徐應聘進士

邱一奇南城知縣池州同知有傳　李　裕泰州知州

朱朝龍沁源知縣　徐　銘蘊子武定同知加四品服

汪守廉會試副榜曲靖同知有傳

隆慶四年庚午科解元彭大用

汪之渙經魁見貤封有傳　王廷植麟姪定遠知縣

葉正裳封邱知縣　涂　巍瑜孫廉州知府有傳

程希凱鳳金子定遠教諭　汪一右中應天榜泗州知州前徽州同知有傳

萬歷元年癸酉科解元李登

王同晉濟孫亞魁寶應知縣　余應鶴知縣

黃宗聖郫縣知縣淮安通判　劉　道承芳子參政前登州知府

余心純淪子進士　於廷評

萬歷四年丙子科解元楊逢時

王同大濟孫　汪季川仲川弟杞縣教諭

朱萬年國子監丞安順知府　廖自伸貴州同知

陳九德仕子　周時烈叙州通判

陶　便湖州通判

萬歷七年己卯科解元黃國

郭知易慶孫工部員外郎有傳　曹士彥美子定遠知縣有傳

阮文蔚進士　李汝賢鹽山知縣

王　陞重慶鎮南同知有傳　陳首俊〔省志〕首作守南溪知縣

余履盛桂陽教諭　杜若芝南充知縣

萬歷十年壬午科解元陳良心

樊玉衡燁子經魁進士　王一鳴追美子經魁進士

瞿成名吉安同知　吳　嵩

孫大壯進士　吳士瑞進士

盧國正蘇州同知　孫紹芳桂林衛籍中廣西榜

張　濤黃陂籍進士

萬歷十三年乙酉科解元汪起雲

汪起雲本英子解元睢州知州　蔡正茂墊江知縣

盧　勲　周有爲武定推官

孫大祚 大壯兄淮安同知楚雄推官贈僉事有傳
萬歷十六年戊子科 解元吳化
聶宗孔　曹光德 進士
程登雲　徐學禮
劉　美 武昌教諭嚴州通判〔舊志〕載入乙酉
萬歷十九年辛卯科 解元汪元極 是科查多士坊有黄朝用存考
汪元極 解元進士　盧　登
熊養初 養中弟梧州推官　祝名先 宗文子開封同知
洪聲遠 雲南參政有傳　何天申 中應天榜順天治中降無爲州判有傳
萬歷二十二年甲午科 解元秦繼宗

秦繼宗 解元饒陽教諭進士　官應震 進士
黄一中 庚戌會副國子學正由知州同知署道事　汪應節 吳江知縣
樊玉衡 玉衡弟進士　梅獨早 翰林院孔目
梅敬祖 〔舊志〕姓樊誤坊據　程元瑜 中應天榜
萬一奇 黄陂籍進士　吳思溫 廣西布政使有傳
萬歷二十五年丁酉科 解元熊廷弼
穆天顏 進士　王同謙 濟孫進士
聶石麟 進士　胡欽闕
羅一哲 星子沅江教諭　陳鴻恩 貴陽知府有傳
周藎臣 原名張周俊開縣石泉知縣有傳　陳余達 永興教諭安寧知州

周之訓 澤曾孫進士　胡來臣 欽闕弟江夏教諭眞
華　崇 見多士坊隨州籍
萬歷二十八年庚子科 解元趙嗣芳
鄧應張 亞魁知縣德州同知　吳時泰
於　倫 進士　曾日省 辛丑會試副榜潛山知縣行取有傳
吳　徵 嵩弟　官應賓 應震弟
黄拱辰 自中子蔚州知州　程士升 泰州知州
萬歷三十一年癸卯科 解元郭士望
鄭之艮 鎮遠知府晉四川副使有傳　鄭　謙 廷桂子雲南知府
劉文忠　甄　淑 進士

魏國賓 江夏教諭　王同定 濟姪孫
萬歷三十四年丙午科 解元張希哲
杜應芳 傑子經魁進士　陳　懿 九德子孝感教諭
余士忠 光先姪孫　鄒之易 進士
晏　清 進士　余宏靖
萬歷三十七年己酉科 解元王時化
陶起虞 珪姪孫經魁進士　程之試 士翼子開封同知有傳
王一桂 戶部主事贈太僕少卿有傳
萬歷四十年壬子科 解元易文明
杜祝進 若芝子國子監助教　邱惟明 一貫子定遠知縣

邱惟時 惟明弟　邱宗魯 一奇子青田知縣
王欽濂 南陵知縣有傳　李五美 台州欽州知府晉惠州海防有傳
趙世貞 壽州知州　魏之璞
魏國彥 同知
萬歷四十三年乙卯科 解元何守初
劉宗祥 功允子進士　洪周祿 進士
靖科元 進士　曾齊賢
周三俊　李顯祖 知縣
萬歷四十六年戊午科 解元陳君寵
汪熼南 元極子經魁　祝世美 宗文孫進士

何閎中 進士　王六如 主事前信豐知縣有傳
嚴師範 珣子進士　阮維岳 文蔚子知府
屠振鐸 應蛟子工部主事知府　樊維城 玉衡子進士
蕭正大 知縣　程烰 與濟知縣
天啟元年辛酉科 解元車萬合
王家錄 關南僉事殉難贈光祿少卿有傳　劉相可
盧士澄 〔省志〕士作仕　呂元音 禧孫有傳
周宏邦 九江知府　鄧謙
程良球 渾源知州有傳　吳思文 岳池知縣
牛若麟 黃州衛籍進士　舒中天 〔省志〕作天中 蒲圻教諭

天啟四年甲子科 解元劉近臣
魏公韓 士元孫進士　王源昌 陞孫亞魁進士
蕭繼芃 附見兄繼元傳　程之敦 士翼姪萍鄉知縣附見程士翼傳
余士瑋 學淵子漢陽籍省志麻城一作士瑞進士
天啟七年丁卯科 解元譚元春
周啟元 有為子高苑知縣殉難贈僉事有傳　蔡馨明 祈陽教諭眉州知州殉難有傳
王用予 進士　鄢之燧
劉思健
崇禎三年庚午科 解元王文南
王追駿 廷聘孫進士　劉子壯 進士

王一翥 追皐子有傳　陳師泰 蘇州知府有傳
陳士志　詹大有 時明孫金谿知縣附見詹謹之傳
李揆林 原名萬采刑部員外郎鳳陽知府　蕭奎
陳瑾 進士　易士龍 大昌宿松知縣有傳
崇禎六年癸酉科 解元歐陽瑾
於斯行 倫子殉難　葉國章 徐聞知縣有傳
汪煉南 之渙孫進士　汪爚南 元極姪河南知府有傳
李如瑾 陸涼知州　魏爾田 公韓子
鍾天輿　吳還吉 〔省志〕吉作古
吳元伯 御賜進士山東參政載〔武昌府志〕　胡公陳

崇禎九年丙子科解元周壽明 是年詔行薦舉

萬日吉進士　張士佳

韋克濟進士　萬爾昌有傳

黃　鉉會試副榜永城知縣兵部主事有傳　詹謹之時明子濟南推官有傳

崇禎十二年己卯科解元曹應昌

奚鼎鉉還吉姪有傳　秦餘馨繼宗孫安定知縣

韋成賢克振子進士　王源善本姓陳

陶克峻附見兄克孝傳　於斯昌兵部主事殉難有傳

方應地省志地作第　劉子芬

魏應熊國彥子殉難省志府志俱作應熊　詹大衍謹之子經魁

崇禎十五年壬午科解元沈會霖

程　文有傳　戴治盛進士省志江夏人

曹　澄　郭都城知易孫咸寧教諭

晏　濟清弟鳳陽推官有傳

國朝

順治三年丙戌科鄉試解元李尚隆

周九華獻縣知縣　魏邦哲進士

鄧　錦本姓曹兵部主事有傳　宋黃佐本姓黃省志黃作皇

張偶賢本姓林知縣　歐陽璧見省志進士

順治五年戊子科解元胡在恪

曹本榮之建孫經魁進士　程啟朱鳳金曾孫進士

凌建奇翰林院孔目有傳　黃中實鉉子應城教諭進士

汪基遠之渙曾孫進士　王用世用寻弟附傳

順治八年辛卯科解元李奇生

王澤宏用寻子中京闈進士　王承啟欽讓子

張之杜隨州學正陞常德教授有傳　熊夢熊本姓胡附見王成傳

孫如芝鈞連知縣殉難有傳　汪申達學正

陳肇昌進士　王　成有傳

何開藻知縣見省志

順治十一年甲午科解元程飛雲

馮雲傳本姓熊潛江教諭　張本忠經魁江陵教諭有傳

熊光裕養中孫進士　宋必達進士

樊維城玉衢子進士　汪　沅應節子進士

程啟張啟朱弟進士　汪建遇起雲子

杜　琦伸孫黔陽教諭有傳　胡翊明祁陽教諭

杜　碩榜姓楊博羅知縣有傳　黃名啟應山教諭

王一釬封同鼎孫中京闈見貽傳

順治十四年丁酉科解元楊雄斗

汪士奇經魁進士　王追騏延贍孫經魁進士

奚祿詒進士　葉　封進士省志黃陂人

周之美緒子進士　吳升東元伯子進士

王封濚一釬子進士　杜薇碩弟進士

龍可旌進士　宋文球巴陵教諭

汪嶼南之汸孫武邑知縣有傳　徐子有監利教諭國子監博士

余卓　杜士英琬子江夏教諭永豐知縣

黃如松長州教授禮部郎中　林昆翰知縣

魏信陵　葉自巖武昌籍衡州教授有傳

洪有守聲遠子中京闈

順治十七年庚子科解元黃佳色

張從瑜經魁長沙教諭　王追騄廷瞻孫刑部主事有傳

王之鯨追騄姪泰州知州刑部員外郎　楊允禎本姓吳鍾乾子進士

鄭二成進士　鄭一洪貴溪知縣

康熙二年癸卯科解元黃士瑛是年詔罷八股以策取士

陳敏常克峻子經魁興國學正　梅佳楠江夏籍

操之盛景陵教諭有傳　江永祚宜都教諭

王萬瞻邵陽教諭　余世羽師皐子瑞安知縣

陳國祝進士

康熙五年丙午科解元王永清

張仲經經魁襄城知縣　鄭昱先慶子進士

黃嘉應一中子江夏籍　胡坦景陵教諭

黃名凱九溪衛學正　吳思樊恩會孫鄖陽教授有傳

康熙八年己酉科七年戊申詔復以八股取士解元簡琰

王鳳采躬俊子進士　陳宏仁

孫鋐夏縣知縣有傳　鄧維憲正暹子襄陽教諭

徐光林省志作麟齊東知縣有傳

康熙十一年壬子科解元吳甫生

晏勵明濟子經魁應城教諭　王文繡本姓黃

姚之年本姓蕭通山籍教諭

康熙十四年乙卯科是年吳逆道梗楚闈停試

王材任中京闈進士

康熙十六年丁巳科是年天下監生入試江南

韋鍾藻成賢子中南闈餘姚知縣

康熙十七年戊午科解元宋敏求

宋敏求必達子解元進士　胡之太長沙教諭溧水知縣有傳

王懋才承祜子武昌籍進士　詹士懿大衡子漢陽教授

龍尚傳可旌弟榜姓呂進士　毛鴻漸咸寧教諭

康熙二十年辛酉科解元劉善錫

汪基美倫南子經魁公安教諭　許文岐本姓鄧武岡學正省志羅田人

王懋德承啟子武昌籍進士　孫篤棐知縣見省志

康熙二十二年甲子科解元宋如辰

朱如辰解元進士　江一崙

王如治蘄州學正　吳國貞興國學正

祝軒齡寶坻知縣　舒士才本姓盧永定衛教授

康熙二十六年丁卯科解元李如閶

熊開任（省志）作開仕　陳大章肇昌子中北闈進士

王澤深　周岑本姓陳

謝加恩經魁刑部主事有傳

康熙二十九年庚午科解元陳大華

陳大華肇昌子解元有傳　葉道復封子進士武昌籍

王一導追騶子進士　萬爲格爾昌子進士

陳大章肇昌子戶部郎中有傳　李正達湘潭教諭（府志）蘄水人

康熙三十二年癸酉科解元欽士佃

欽士佃本姓周解元進士　杜必春榜姓譚

萬　燦歸州學正有傳　袁　豐有傳

程有年潛江教諭安陸教授　王漢周進士

朱之裳（省志）作姓宋

康熙三十五年丙子科解元蕭進芳

范基祚進士　陳大慶肇熙子桐鄉知縣有傳

康熙三十八年己卯科解元彭源

易天壽士龍孫經魁漢陽教授　陳澤周經魁衡陽教諭

童　儒本姓張　王全才鳳采姪進士

盛文賢　余　珖進士

王文炳進士　徐流謙中京闈進士

葉王前中京闈鎮江常州知府陞副使

康熙四十一年壬午科解元朱和均

葉正晷本姓童歸州學正　姚必發本姓王（省志）黃陂人

王如种封灤子寧鄉和順知縣　王材進武岡學正

陳大聲肇昌子進士　宋敏道如辰弟

劉祖陶　沈文謨

陳　灝大年子　汪度宏士奇孫進士

涂士通本姓鄭亘初孫通城教諭

康熙四十四年乙酉科解元夏慶譽

王材遠　姜世坦崇陽教諭

孟應泌　宋應辰如辰弟桂陽學正

王策勳材任子　汪惟鑾惟鏞弟

胡　珵思樊姪石首教諭　鄭可格昱子中書

康熙四十七年戊子科解元李澍

袁士昆本姓陳寧遠教諭　樊齊伊維域子中書

王顯勳本姓蕭　孫昌運本姓朱一作昌遠石首教諭

王懋績進士　杜　樞傑曾孫教諭

夏　鈇 亮采孫本姓曹

康熙五十年辛卯科 解元李天柱

杜啟運 大任子經魁進士　袁國梓 進士

范元灝 基祚子固始溫縣知縣署開封同知　張　楠 衡陽教諭有傳

周有堂 進士有傳　楊正發 本姓陶有傳

王一闕 追駒子　楊篤本 本姓陳棗陽教諭

周　嵩 進士

康熙五十二年癸巳 恩科 解元金相

陳士俊 偉子經魁　王漢書 襄陽教諭

陳師栻 大華子德平知縣　鄭受祉 蒲圻教諭

萬禮祖 爾泉孫進士　周祚綰 進士

康熙五十三年甲午科 解元韓王錫

楊瑞杞 經魁　鄭維嵩 進士

李璦枝 本姓陳進士　陳師履 大年子

王樹材 家鎵孫　王如旦

康熙五十六年丁酉科 解元秦惟煥

靖道謨 經魁進士　喻良材 本姓潘

陶肇曙 恩施教諭　呂成旭 本姓杜

宋南朋 本姓王士龍孫無錫知縣　王一華 追駒子衡山教諭

鄭　琛 昱姪

康熙五十九年庚子科 解元夏力恕

於萬震 正泌姪經魁　甄衣錦 本姓王

王　坦 固始知縣有傳　童文麟 省志江夏人

雍正元年癸卯 恩科 解元周邦孚是科大省加中三十名

王封岱 一導子　陳師謙 大華子候選主事有傳

胡作舟 珠孫江夏籍　方可丹 進士

余世宗　李高松 高楠弟進士

皮日升　朱案扶 南漳教諭進士

靖天綱 道謨兄　王封岷 一導姪

王封樂 一導姪　余承嶢 省志嶢作堯

王封岐 一導姪鹽大使　宋　鍔 如辰姪

嚴世同　奚學標 蘄水籍見省志

吳其達 榜姓周京山教諭舊誤入康熙癸巳科

雍正二年甲辰科 解元侯執信是科補癸卯正科詔湖南北分闈湖北解額五十名

萬壽祖 燦子　汪依仁 度宏子海陽知縣有傳

劉近顒 本姓王新野知縣有傳　李應魁 進士

雍正四年丙午科 解元郭孫俊是科五經副榜准作舉人

徐世正 清澗知縣　胡紹緒

王光佩 懋績子進士　許　岳 進士

郭宗乾 都城孫　汪永開 惟鑾姪

陳師洛光羣子　張起鵬五經副榜准作舉人
雍正七年己酉科解元宋楚望
朱澤遠昌運子有傳　施士卓丁巳明通永州教授恩施教諭
劉自扳（府志）蘄水人　龍雲斐蘄水籍進士
雍正十年壬子科解元張鰲
萬年茂爲恪孫進士　王本義雲夢教諭
雍正十三年乙卯科解元李兆鉦
王如瑄榜名如旦蒙陰知縣巴東教諭　程後濂芳烈孫進士
余從龍天門教諭　傅楫
乾隆元年丙辰恩科解元程英銘

張雲鴻經魁京山教諭　周起龍亞魁孝感教諭
周茂建之美孫石首教諭有傳　萬年豐年茂弟浙江鹽大使有傳
萬綿祖爲恪子東湖教諭有傳　萬縉祖爲恪子丁巳明通岳州教授
萬廷望經祖子教習定邊米脂知縣有傳　鄭宗璜
胡盍凡甲戌明通由教授陞徐聞知縣雷州海防　張廷偉
王年松丁巳明通孝感教諭鎮原知縣　胡琰理弟
乾隆三年戊午科解元郭維本
郭維本宗乾姪解元公安教諭萊州鹽大使有傳　萬希賢爲隨曾孫
吳起鵠　馮子式墉姪大定籍中貴州榜進士
乾隆六年辛酉科解元張夢陽

孫祚濬錫蕃曾孫亞元應城教諭有傳　孫祚灝祚濬兄亞魁壬戌明通恩施教諭
宋鏊如辰姪壬戌明通恩施教諭進士　韓觀理黃陂教諭
李長青進士　萬綏祖爲恪子附見爲恪傳
張夢魁　王楙蘇全才姪壬戌明通武昌教諭歸州學正
陳應龍士俊子中北闈南元進士
乾隆九年甲子科解元向來雨
樊廣烈王衡曾孫　蔡必朝之騆孫嘉魚教諭
周棟隆維禮姪進士　孫廷槐天祿子黃陂教諭
萬年治年茂弟
乾隆十二年丁卯科解元吳洴

靖式文道謨子亞元　范朝綱元顯子進士
宋嶽源敏求孫鍾祥籍
乾隆十五年庚午科解元董南楚
胡心安天健子經魁知縣象州知州有傳　邱恩榮進士
舒攀桂隆德知縣　宋廷採敏求曾孫進士
乾隆十七年壬申恩科解元張宗崑
萬廷璧壽祖子典國知縣有傳　張念祖本忠曾孫進士
張京鯉咸安宮教習上猶知縣有傳　杜秉時啟運姪威縣知縣有傳
王封渭追騄孫進士　易世誥本姓嚴黃陂籍仙游知縣
乾隆十八年癸酉科解元沈發儒

張鳳鳴 經魁甲戌明通江陵教諭兗州知府有傳 程典仁 進士
龍雲起 蘄水籍
乾隆二十一年丙子科 解元蕭學純
蔡履謙 江夏籍
乾隆二十四年己卯科 解元蕭芝
余文煥 周凝光 茂廷子進士
楊聯奎 江夏教諭 許謙
宋本敬 如辰孫中湖南解元榜姓陳鎮安知府有傳
乾隆二十五年庚辰 恩科 解元梁景陽
張宗震 念祖子經魁宣恩訓導 張其洲 鄖陽教授平利知縣有傳

於長源 正淳子宣恩訓導 朱 申 案扶子中順天榜
乾隆二十七年壬午科 解元蔣方熙
隗文炳 咸豐教諭 陳勉中
萬年蕎 籍祖子順昌知縣有傳 萬廷翼 壽祖子
嚴承夏 進士 周孔彰 通城知縣有傳
熊正銘 江夏籍禮縣知縣
乾隆三十年乙酉科 解元李瀛
邵明鸞 經魁 張雲濟
乾隆三十三年戊子科 解元蕭學春
朱大勲 石首訓導 周邦勲 石首訓導

杜 魁 松滋教諭陞襄陽教授
乾隆三十五年庚寅 恩科 解元朱正常
霍 純 京山訓導 操履騶 荆門學正有傳
朱霞遠 臨城知縣有傳 靖本誼 京闈南元進士
乾隆三十六年辛卯科 解元葉奕昆
劉之銑 石首教諭 陳鳳藻 大埔知縣
乾隆三十九年甲午科 解元陳詩
吳夢鴻 尤士藩 沙河知縣
張士昱 鳳鳴子中北闈平和知縣 熊光鵬 江夏籍濱州知州
乾隆四十二年丁酉科 解元孫謐

龍 澍 進士 孫步樓 襄陽教諭
乾隆四十四年己亥 恩科 解元許兆棠
林向鳳 孫承炳 廣靈知縣
朱 英 武昌教諭有傳 靖本謝 大冶教諭安陸教授有傳
張大運
乾隆四十五年庚子科 解元萬嵒
萬 嵒 燦曾孫解元宜城教諭有傳 邱士麟
萬希科 燦曾孫荆州教授有傳
乾隆四十八年癸卯科 解元鄭永江
汪兆霖 蘄州知州有傳 王士珍 道明孫峽江知縣有傳

龍門鯉

乾隆五十一年丙午科解元李鈞簡

李鈞簡解元進士　黃位三

汪鳳超(省志)誤載入荆州　靖本訖傳中京闈邵陽知縣有

乾隆五十三年戊申科解元蕭鎮是科罷專經輪試五經本年輪試詩經

黃樹棠進士　錢周德內閣中書有傳

乾隆五十四年己酉恩科解元吳海是科輪試易經

萬希煜廷望姪進士　萬希宗廷璧子耒陽知縣有傳

蔡文蘭進士　宋廷楓本敬子中湖南榜

乾隆五十七年壬子科解元蕭林前歲庚戌會試輪試禮記是科輪試春秋

宋治咸進士　熊衍椿

秦士恢武昌籍

乾隆五十九年甲寅科解元王烜是科全試五經裁論

胡　燧　劉之鑾有傳

張士旻大運姪

乾隆六十年乙卯恩科解元李之渤

孫修實　張元諒光化訓導

嘉慶三年戊午科解元黃道袁是科加中十五名

陳元陽鄖西教諭　王兆京穀城教諭有傳

程　懿宜都教諭　汪兆柯兆霖弟進士

嘉慶五年庚申恩科解元鄭永沆

汪　謙有傳　萬鼎琛進士

李振堃清江通判　杜　枚乘時子中陝西榜咸安宫教習嘉魚教諭

嘉慶六年辛酉科解元劉德銓

張履恆進士　梅　延改名德音即墨知縣

許甡華大挑知縣告補當陽訓導　詹聞鏊

靖崇弼歸州學正

嘉慶九年甲子科解元張文玘

萬鼎洋希宗子進士　程光禮荆州教授

嘉慶十二年丁卯科解元劉霽

劉昌檜孫茂元孫永順教授　萬　仭娛祖孫改名鼎欽點利教諭有傳

陳肄三漢川教諭　魏　鴻

嘉慶十三年戊辰恩科解元涂國用

汪極三進士　劉逷亮現任漢州知州加運同銜

陶致孝江蘇知縣　晉　鵬進士

趙　榛江夏籍景山教習開平知縣　彭光第宜都訓導

嘉慶十五年庚午科解元楊霖川

萬承宗年茂子進士　嚴　垣承啟姪現任建始教諭

陶　煒宣恩訓導　嚴承啟師範元孫巴東教諭有傳

童先惠更名兆鑛現任武昌教授　胡其蔚有傳

王基浩寄籍巴縣中四川榜

嘉慶十八年癸酉科解元周承鈐

汪引鴻兆霖子經魁現任監利教諭　余作梅經魁遠安訓導

李榮鴻鈞簡子更名鴻又更名滋中書湖州同知　胡必楠翰林院典簿

胡美彥心安孫進士　靖易璉榜姓易

胡學仁　汪封渭進士

嘉慶二十一年丙子科解元褚于杜

王鵠如鏊子進士　奚先愷進士

李鼎玉東湖教諭　奚先悌直隸知縣先愷弟

嘉慶二十三年戊寅　恩科解元趙磊

王鶴　劉成栢湖南知縣

胡玉森署襄陽教授國史館謄錄有傳　邵際然江夏籍均州訓導

嘉慶二十四年己卯科解元丁德泰

周華桂　鄒運寅

道光元年辛巳　恩科解元靖厚欽

靖厚欽解元進士　沈連洪漢陽訓導保舉知縣

李學海寄籍光州中河南榜

道光二年壬午科解元黃經塾

汪兆雲謙子進士鄖陽教授　嚴家玠

吳大鏞蒲圻教諭　萬家楅鼎芬子進士

王思引進士

道光五年乙酉科解元萬時喆

謝道壇亞元更名燮婺源知縣加知州銜　李士燮進士

汪士俊南漳訓導保舉知縣　萬渭鼎洋姪襄陽府訓導

道光八年戊子科解元杜慰昌

嚴啟榮樗仁子經魁公安教諭　汪氣濟極三子現任應山訓導

曾世儀進士　丁璜進士

道光十一年辛卯　恩科解元張琅

劉炯現任漢陽教諭　王自筠現署青陽知縣

靖郁齡厚欽子更名郁恆現任漢陽訓導　洪恩溢加捐州同銜

道光十二年壬辰科解元羅宗義

靖華璧亞元咸安宮教習　程光振現任宜都訓導

謝漢清燮弟　陳芳鶴齡子

道光十四年甲午科解元張廷璠

熊聯輝經魁　史宇衡經魁四川知縣

余宗道竹山訓導　嚴啟杜啟棠弟

胡綬美彥子順天籍中京闈進士更名霖澍

道光十五年乙未　恩科解元閔兆聯

陳堯松樾子　萬鼎勳承宗子山西知縣

曾忠世儀姪順天籍中京闈

道光十七年丁酉科解元彭煥興

吳榮　方新運廷翰子江夏籍

胡濙經美彥姪中京闈

道光十九年己亥科解元林壬

林壬解元　廖志基

萬鼎券緇祖曾孫更名鼎熼　詹有鈞

李大坊更名應觀　王家璧武昌籍進士

朱光燦中四川榜亞元

道光二十年庚子恩科解元石意恭

嚴由霦垣姪孫　張毓棰履恆姪

邱翔　高浚

王燕瓊如曙曾孫

道光二十三年癸卯科解元費楚玉

邱文經魁　鄧琛

雷浩　奚德澐先愷姪

道光二十四年甲辰恩科解元孫玉田

萬裕鵬年豐曾孫

萬裕滋鼎琛子　童先權

童範鐵　姜炳文

道光二十六年丙午科解元鄒崇漢

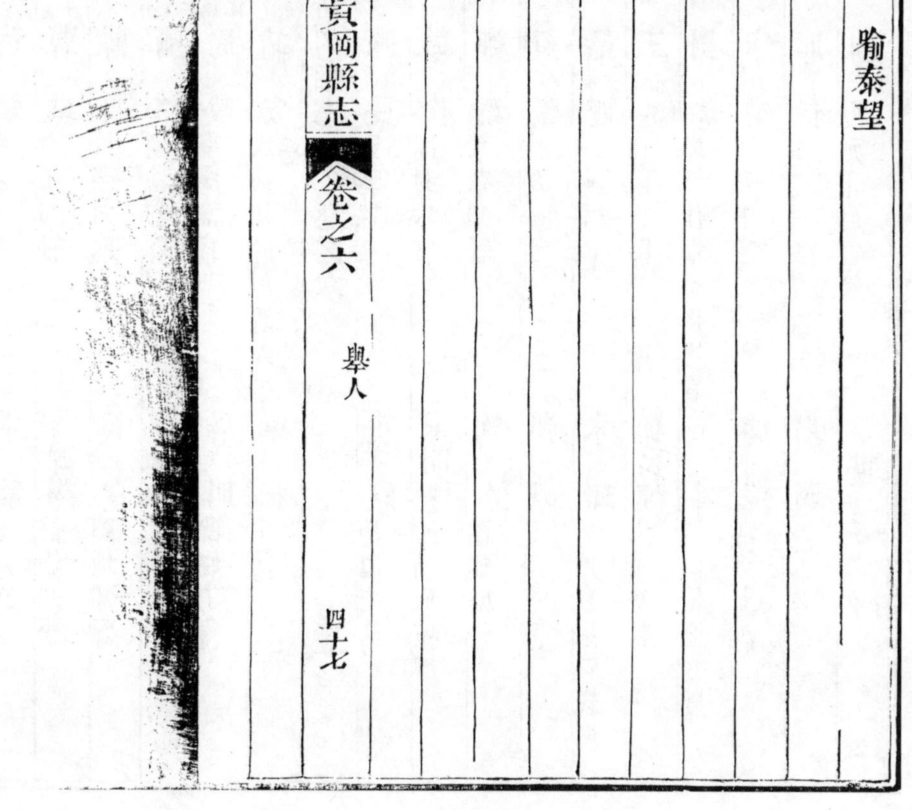

喻泰望

選舉志

貢生

明

洪武 陳　敬 世昌子刑部員外郎　趙　玉 東平學正

唐友善 巡按山西御史副使一作友誠　蕭　英 河南參政

郭子奇 南昌教授　張　庸 知縣

永樂 潘　淑 忠州知州　李　信 烏程知縣

舒志善 布政司理問　余必選 慶府奉祀

史　誠 鴻臚序班　但　先 磁州同知

宣德 彭　進 雲南按察司副使　鄒仕昇 永平通判

胡子貴 資縣主簿　蔡伯和 兵馬司指揮

龍友誠 汝寧推官　傅思旻 靈川知縣

正統 劉　政 鎮遠知府一作夔州　林　讓 蓬州訓導

吳　英 處州知府　陳　雍 河南道御史

鍾　旻 渠縣教諭　張　佑 兵馬司指揮

楊　懋 蒼溪訓導　王　林 施秉知縣見貴州志

景泰 謝永試 四川布政司檢校試一作誠　王應奎 銅仁府照磨

周　義 新城知縣　劉　金 巫山訓導

王　震 潯州推官　顏　和 寧國府經歷

魏　鏞 杞縣訓導　彭　鎏 遼東衛經歷

黎　瑄 儀隴訓導

天順 蔣　聰 寧府審理　張　鼎 上海主簿

蔣文運 成都訓導　萬　棲 崇慶州判

王　鐸 處州衛經歷　鍾　鳴 如皋訓導

黃　鏞 葉縣知縣　朱　靜 安吉知縣

曹　琪 內江知縣　詹源澤 餘姚知縣

曹　通 長亭知縣　黃　瑞 鄖城知縣

喻　銘 新淦知縣

成化 周　敏 重慶推官　屠　明 餘姚主簿

靖　安 成都知縣舊誤入崇禎　單　麟 主簿

陳　艮 見馳封　黃　斌 岳池主簿

彭　倫 開封推官　宋明達 肇昌府照磨

鄭　鑑 萊蕪知縣　劉　本 蘭州同知

黃　崇 什邡縣丞　鄭　瓛 安福主簿

聶　聰 既寧主簿　朱　璨 貴州宣慰司經歷

王　進 江南理問所案牘　孫艮讀 大足知縣

劉　瓊 璋一作章湖州推官　王　昇 電白岳池知縣

宋　榮 臨安主簿　馮　璋 常熟主簿

邱　仁 樂平縣丞見馳封　朱　聰 威州學正

周　正 延平府經歷　李世高 鄞縣丞

蔡　勳訓導　楊子榮子一作于馬湖訓導
陳　鸞太平同知　徐時中遂平教諭
周　郁銅陵主簿
宏治蔡　昆白河教諭　曹　儼
王　簡字子邵武推官　謝　昱杲子長山縣丞
喻　訓山陰知縣　詹　寶蘇州府經歷
李　涇太康訓導　詹　玉商州知州
鍾　琛　秦尚友
秦尚經　徐　輔大理衛經歷
李　珊　袁　寶

張　鶚新興教諭　汪　經
李　義成都府經歷　張　紘本姓周
鄒　軒上林知縣　賀　祿潼川學正
王　玠　邱大鵬
張　滋一作茲　樊　鐸遂谿獲鹿知縣
正德宋　昇陳留訓導　袁　璽開封教授
李文明劍州學正　袁　釧碭山教諭
皮　珪陵縣訓導　王　爵萬載訓導
王　德湯溪縣丞　馮大本定海縣丞
方　敏廣昌教諭　詹孟夏潮州知事

杜　華廣東鹽課司提舉　徐　麟慶陽通判
曾　介德化教諭　劉大同太康訓導
陳　言慶陽通判有傳　袁尚明鄧州訓導
邢　寬南昌訓導　吳　慶楚雄教諭
邱　峻灌縣訓導有傳　董公善開封通判
馬　良拔貢知縣晉同知　閔　泰彭山知縣一作梁山有傳
朱應部部一作詔　胡　靜新建訓導
陳　溥應天府經歷
嘉靖宋　章威遠知縣有傳　劉大倫彭水教諭
張文淵　徐　寬遂平訓導

李　春蘭谿教諭　周廷相曲靖推官
樊　模恩兵馬司指揮有傳　潘士佑華陽教諭
林　嵩福建布政司理問　王　箎字子夔州訓導
許　賢周府教授　余洪績
陳　杲　蔣　夔歸德通判
李成芳成一作承教諭　董　昱永定教諭
黃　芳益府審理　陳　暹知縣
萬　珊興國州學正　曹　琮由南雍學晉紀善
宋希哲霍邱知縣　鄧廷鳳蒼溪知縣
杜　翔上高知縣　范　芝定遠知縣有傳

吳偉　徐崇德白水教諭有傳
呂祥禧兄　侯佐
許錦叙州訓導　李仁
孫鉞州判　彭忠温縣知縣一作熊忠
陳實　吳紀泰和訓導
黄薰　曹雲鳳
謝文祥知縣　陳恩見貤封
趙寅　黄華府知事
蔣希周訓導　羅素睢州訓導
劉錠夔州訓導　張治本姓周德化訓導

陶珽丙申選貢裕州判官　聶惟賢湖口知縣
余掄大足主簿見貤封　張玉振訓導
余廷桂訓導　李澍
徐相大足教諭　徐希孟武學教授
蔡明試處州訓導　甄善訓導見貤封
袁邦祥商城知縣　胡濬新蔡教諭
康祥訓導　魏麟
張起鰲登州訓導　劉承芳同安訓導有傳
陳大器新寧教諭　朱扆江陰訓導
林民表主簿　曾守約訓導

蔡明儒訓導　孫之祜主簿
鄧正教授　汪文相棗陽教諭
蕭文奎訓導　邱尚策訓導
屠宗禹　周文炳訓導
劉廷憲德安教諭見九江志　蔣自貴錦衣衛經歷
劉文斌國子監博士
隆慶
李實訓導　汪一右中鄉試
廖通訓導　沈廷臣國子監學録
袁邦祿一作廷祿訓導　劉文熾
徐自懋成都通判　高士石門教諭

梅一株濟南推官　劉賢歙縣知縣
王光光祿署丞與修郡志　郭肫民慶子
黄楊平津縣丞
萬曆
陳嘉學知縣　余艮知
邱尚夔通山訓導　蕭偉承天教授偉一作韋
鄭文彬遷東籍累官知府　王松
黄自中河南教授　徐鏘選貢温縣知縣
余大部梧州通判　黄甲應城訓導累官兗州通判
何天申中鄉試　陳化廷瓚子孟津教諭
陳嘉謨　王同恒廷瞻子選貢

樊　煒模孫選貢南陵教諭有傳　高　柏選貢郴州學正
蔣　賢　王同亨楚府教授
蕭友蘭昇曾孫延寀教諭有傳　姚　端蘇州教授
秦一清　朱廷光
熊養純養中弟教諭　梅應時湖口教諭
劉文爚桂子　陳大奎
陳　養教諭　余應奎英山教諭
樊鼎遇玉衡子選貢德陽知縣有傳　高　第柏子安慶教授
劉文元華容教諭有傳　邱　縉
汪　傑守廉子選貢臨洮通判　魏　岫訓導

余繼盛　祝文斗雲南通判
陳相道嘉學子選貢知縣　汪　儒
林國卿衡山訓導　陳宗顔通城教諭
龍雲程　李之本瀏陽訓導
宋德祈瑞昌訓導咸寧教諭　劉功遠珙子武昌訓導
周啓孫澤孫平度同知　程師明沛縣丞
李應翠德安訓導　汪廷桂德安訓導
葉維正正一作楨　徐　言邛州知州入名宦
陳三鳳知州　彭應元
余道南鑾孫　陶一經武寧知縣

趙　炳世貞子祀鄉賢　羅一振星子
魏士元　范　垠恩貢伊陽知縣
胡　瀞遂平知縣瀞一作瀜　胡克矩訓導
陳九成化子　王同鼎廷瞻子刑部主事有傳
詹時明鈞連知縣有傳　周道泰瑞昌教諭見(九江志)
黄自新王府教授　胡　譽國子監博士
邱一讓　劉　誥
程汝遷見貤封　張一鳳雲龍知州
杜秉哲副　胡　璐
操明德仁和知縣　劉宗祺功九子副舉賢良授重慶知府

程　廸梧州通判有傳　胡朝卿
邱式儀麻城教諭　劉鍾虬
杜桂芳仲子副　余學淵安順推官
杜璘芳傑子竹山訓導　官撫辰應震子選貢徐州知
王追盤咸寧訓導　樊維甫南闈副玉衡子有傳
王追阜廷瞻孫三科副榜副使贈太僕卿有傳
泰昌　官撫極應震子選貢太僕卿有傳
天啓　胡克武訓導　吕元音選貢中鄉試有傳
曹士謨一作艮謨隨州學正殉難有傳　洪聖典
廖自強江油知縣有傳　曹之棟公安訓導有傳

余本淳　樊玉衡見府志省志有傳
黄　德　熊應鳳養中子
杜　鎮應芳子癸酉副榜選貢　曹之建士彥子四會知縣有傳
張奇節本姓周嘉魚教諭　邱一儁
葉應昌　方來賓
夏道犨　於斯瑞
杜喬芳侏子漢陽訓導　王　賓
杜　鋥應芳子選貢　鍾天錫
樊玉衡子　恩貢孝感訓導　袁用宜衡州教授方正晴學
洪有臨舜遠姪恩貢夾山知縣　王家鎮匙子

陶　彥德安訓導見九江志　邱之璽
鄒之旦　江中杜瀧鏓子省志作姓江崇善知縣
崇禎王士龍潛江訓導有傳　張二南隆慶同知
阮國允興國學正　余　艮雲南通判
方堯相成都同知殉難有傳　奚所蘊恩貢廣濟籍江夏教諭
黄登雲拔貢臨洮知府　曹之翼
林之華有傳　王施大副有傳
杜瓊芳　龍　墳應城教諭附見易爲鼎傳
杜詔先副後更名濬有傳　陳克岐一作克峻
丁應明一作應用吉安同知　魏師卜公韓子

何昌祚閎中子有傳　萬引吉拔
孫錫蕃遵化霑化知縣有傳　嚴之聰海寧知縣
魏師叚公韓子潞安同知　程之奇荆門訓導殉難有傳
王永祚欽濂子一作永祐　劉文運宗祥子推官
萬里春副有傳　孫希伸副有傳
程之奇士翼子沔陽學正附見士翼傳
國朝順治
丙戌梅斯瑞訓導　曹亮釆詰孫桂東教諭有傳
殷之捷訓導　方　熠知縣
陳　敦邵平知縣

戊子是年題省行拔貢
劉公琰選拔景寧知縣有傳　周維鼐通判
梅斯美教諭　官撫邦應震子大冶訓導
王用世用予弟中鄉試　祝世標教諭
謝興邦副　金鳴虞
王澤宏中鄉會試
己丑陳克竣一作姓胡拔虹縣知縣有傳　甄嘉棠
王躬允海澄知縣有傳　樊維遠訓導
周士韻推官　熊光裕中鄉試
靖乃獻科元子豐潤知縣　王　協隨州訓導棗強知縣見隨州志

穆　修 鉅鹿知縣有傳

辛卯 王源會 州判　　陳之賓 教諭

吕尚和 清豐知縣　　祝守峻 澧陵訓導

劉承祜 江夏籍　　洪有守 選貢中鄉試

高登雲 選貢嘉興知縣　　鄭光聚 教授

高思忠 副榜以歲薦官遂安　　熊　雯 霈弟拔遂知縣

壬辰 周泰祥 祁陽教諭　　張可聘 清浦知縣

王一喬　　汪部孫 拔洪洞縣丞

林　秀　　官純允 沅江通判

官撫應 通判

甲午 葉　秀 麻陽教諭　　錢交叟 内江知縣

晏勤朋 濟子知縣　　張　洸 中書舍人附見於斯和傳

操日臻　　張宏任

姚　彦　　何履仕 有傳

樊齊署 維城子 恩　　曾克明

朱日濬 均州訓導有傳　　余世羽 光先曾孫中鄉試

何右彬 穀城訓導與國學正

乙未 王曰烈　　汪以載 拔

丁酉 余二俊　　王追駁 廷聘孫

邱學仙 綎孫　　王追驥 廷聘孫天挂訓導

王追馴 馳封 廷聘孫江陵訓導見　周世對 武昌訓導

趙應瑞　　林正所 六合知縣

陳之宋

庚子 操之盛 副中鄉試有傳　　程童吉 副艮球孫

王祖華 副

辛丑 余世安 雲夢訓導　　鄭可教 江夏訓導

邱正寅 岳曾孫　　蕭廷相 通城籍

彭永祜 拔思南同知

康熙

癸卯 陳繼賢　　孫叔嗣

陳　吉 副教諭　　陳景申

易道憲

甲辰 陳鴻元　　王如琮 一鳴孫

丙午 馮士尹　　廖之渾

李拱祝　　李遐齡 應鶴子

汪　堦 穀城訓導　　劉宏蘭 應城訓導

丁未 孫子侯

戊申 袁璜琮 副附見父希燮傳

己酉 王追驊 廷聘孫　　李朝琅 有傳

廖如愚　　程芳烈 副竹山教諭有傳

郭文進　張宏功
瞿體元
庚戌 王之張　汪基邦 燏南子
黃煥文 副　王材任 拔澤宏子中鄉試
王源復 家録子拔郴州學正　洪有能 前庚子副癸丑歲貢
壬子 詹大衢 謹之子副孔目有傳
乙卯 黃善滋 副固始知縣
丁巳 陳肇熙 肇昌弟江夏籍平江教諭
戊午 曹大輅　陶稽勳
王一鰷　汪在兌

陳大章 肇昌子中書中鄉會試　王邁 大冶籍
韋克繼 有傳　詹大衢 謹之子黃陂教諭
王材升 澤宏子主事
己未 王封渫 封漢弟黎城知縣　魏嶠 今韓孫知縣
王鍾璋 羅田籍追駒子　宋一俊 嘉魚籍潛江教諭
辛酉 汪維鏞 副南漳教諭　陶五秉
王學朱 承祜子靖州學正　詹士朗 大衢子嘉魚訓導
壬戌 劉孫茂 子壯子靖州學正　姜維周 鄖陽教授
甲子 段光文 襄陽訓導　周維樸 歸州訓導漢陽教諭
周維域 鄖縣寧遠教諭　曾明德 本姓李衡州訓導

程光禧 之奇子江陵訓導
乙丑 杜士黙 琦子見琦傳拔大冶教諭附
丁卯 詹士廉 拔大衢子南漳教諭　王追駒 拔廷聘孫寧鄉教諭
陳清　陳大犖 肇昌子
龍士斌 訓導　張世彬 見省志
戊辰 萬爲隨 里春子江夏籍桂陽學正有傳
庚午 陳大年 肇昌子副鄭州知州有傳　鄭昆 武岡訓導長沙教授
劉隆譽 副功九曾孫　黃復生 貴陽安順通判見貴州志
王一鯤 追駟子沔陽學正
癸酉 范同文 拔　王嘉勳

王掄士 拔武寧知縣有傳　樊齊英 維域子
萬奇英 里春子應山訓導附見兄爲隨傳　余先綽
周承文 一作承駿　張聯奎
葉世郁　袁[illegible]僑
喻以章
丙子 靖裕元 武昌訓導　蕭國彬 恩
劉繩東 副　王嘉[illegible]
王一煌 追駒子通城籍能詩
丁丑 王名超 羅田籍訓導　王文燕 武昌籍
郭壯尊 咸寧籍恩本姓奚所蘊子　程國器 華容教諭

己卯王樹仁源昌子　王名啓
陳際昌瑾子江夏籍國子監助教　張錫國
孫鴻勳副　王一鄰追駒子桃源訓導
陳首撰瀘溪訓導　樊齊伊維域子中鄉試
杜大任伸孫雲夢訓導有傳　樊齊佶穀城訓導
張一斑嘉魚籍援南漳教諭有傳
庚辰王一鰉追驪子　周繼宗
鄭可格試昱子宜城訓導中鄉
壬午周命新副　操士望之盛子羅田籍
曹一嵩援　靖乃懷隨州籍

熊鍾濬訓導　杜魁楚
陳師履中鄉試　胡　塤坦弟
余鼎煌本姓龔有傳　王茂勳材任子鍾祥訓導
樊聖濂恩本姓易　王策勳材任子副中鄉試
王維宏崇陽籍　汪維銓維鏞弟
癸未王澤昌
乙酉孫顯奇希伸子　龍傳封可旌弟武昌籍
孫昌運援麻城籍教諭有傳　顧本恭武昌籍
王正位蘄水籍　熊　涓
歐陽應理漢陽籍　王紀勳副

袁應時　陳寅亮武昌籍
程宏元　王詢相
丙戌杜上志羅田籍　邵其文
陳　珽一作埏
袁壽眉咸寧籍　王楙柯承祜子
戊子王楙蘭副　李高楠副榜姓徐
周宏祚　陳應鳳瑾孫保康訓導
葉　學自巖姪鄖陽訓導冊姓唐麻城籍　陶正發冊姓楊中鄉試
陳如峯訓導　周從易羅田籍
許　奇　方嘉祚訓導羅田籍

吳至德本姓程咸寧籍訓導
辛卯謝　鼎鄖陽籍蘄水訓導有傳　陳　昱襄陽訓導
周維禮之鳳子漢陽德安訓導　魏　煒嶸子江陵訓導兵馬司吏目
葉凌雲　胡思虞本姓邱
宋猶環必達子　黃　晸沔陽籍
葉應時蒲圻籍　王如秾武寧知縣
葉維藻副應城教諭
壬辰王如程封濼子　余其鳳
韓世昌　杜邦奇江夏籍士英子
熊之聘巴東訓導

癸巳 於正泌 恩廷評曾孫 陳大鴻 恩
黃啓文 麻城籍 黃世法 羅田籍省志作姓樊
匡乃后 祝伊齡 沅陵訓導
鄷尙文 余鼎鍾
鄧文炳 通城籍 夏忠賢 武昌籍
陳大啓 武昌籍
甲午 劉同寬 劉元勳 訓導鄖陽籍
馮三才 湘鄉訓導蒲圻教諭 汪元炯
胡如斗 一作姓鍔 陳師洛 三科副榜中鄉試
孫問禮 顯奇姪應城訓導 詹士齊 大衢子黃陂籍

乙未 謝應珏 竹谿籍松滋訓導
方國楨 武昌訓導
丁酉 王封樂 副中鄉試 孫士衷 顯奇姪應城訓導
熊同義 同仁弟寶坻大城知縣 喻良才 武昌籍
李崇義 副 杜宗藩
宋葉芳 熊鍾秀 訓導
黃鸞 孝感訓導
戊戌 魏永綿 淮安鹽大使有傳
庚子 蔡來儀 副麻城籍 曹宜高 本榮姪
靖乃成 宿遷知縣有傳 汪煥

桂時榮 余欽若 恩
辛丑 龍際舜 尙傳姪 夏興邦 恩
雍正
癸卯 陳必達 余學乾 副崇陽教諭
陳師弼 副 黃壽祖 中鄉試
龔陳渤 鼎鍠姪副 汪茂本 惟錡孫拔
孫儁畧 拔有傳 彭之凰 拔
劉鋒 恩 方可榮
田宏道 杜邦愰 士英子
王道明 武昌訓導有傳 陳昌

劉廷相 王世通
詹士盛 大衢子 陳䅋 芳烈子竹谿訓導
姚文鳳 徐學燕 沔陽訓導
甲辰 周士濂 本姓程漢陽籍 陳師胥 大章子知縣
丙午 李時英 通城訓導 雷震元 枝江訓導
王一佐 追駒子 王道亨
劉奇 本姓余漢川訓導
丁未 萬正勳 袁應炳
己酉 胡天健 拔江夏籍鉛山知縣有傳
孫天祿 當陽訓導有傳 周興邦 拔有傳

汪永書拔惟鏞姪署華亭崑山沛縣知縣　陶玉華副當陽教諭
癸丑萬娛祖燦子　魏永經永綠弟竹山訓導
王如旦澳子拔中鄉試更名如瑄　陳應龍士俊子拔中鄉試
乙卯袁其昌副京闈　范朝綱副中鄉試
張儀鳳副　萬綿祖爲格子副中鄉試
孫廷禧偉器子副長陽教諭　周起龍嵩弟副中鄉試
王如芝公安教諭　夏克仲石首訓導
吳令璋
乾隆
丙辰郭克煥恩敦品力學至老不倦　葉瑞麟副

萬經祖爲格子副　余思潤副
徐繼先　袁竹
楊維楓　雷大年
汪峻發　詹伯瑤均州州判
戊午王封渭副中鄉試　萬廷綱副
詹世純士盛子副　秦開燮
辛酉孫祚濬拔中鄉試　邵光祖拔有傳
陶鳴岐副巴東教諭　陳健颺副
王古岡　呂愷
嚴浒師範姪　方可觀可榮弟

鄭光旦維憲子鄖西訓導　謝仁法
壬戌呂德芝附見呂元音傳
甲子靖式文副中鄉試　李光緒
周嶼賔副
乙丑蔡履豫江夏籍中鄉試
丁卯周邦佐副　龍華封副柳州州判
戊辰程化龍　王維翼
童一鯨
庚午楊聯奎篤本孫副中鄉試　萬希濂禮祖孫副
蔡必選副　黃自芳有傳

辛未程之韶芳烈子恩　邵光映恩
壬申魏應魁副崇陽教諭　王宏猷副
齊職　程興仁光禧孫中鄉會試
張鳳鳴拔中鄉試　周凝光茂建子拔雲夢訓導中鄉會試
癸酉萬廷琯奇英孫拔合江知縣有傳　周攀鰲興邦子副通山教諭
孫廷璋天祿子副　陳宗燮
於正淳有傳
丙子王維淵副　程志韓
丁丑王世坦鄖陽訓導　夏其城
楊瑞棕　孫士敏

胡如琮　舒學乾
杜啓元大任子
辛巳　周鼎新房縣教諭
壬午　王世迥
癸未　陳希聖　程開泰
甲申　吳起鸞
乙酉　張雲濟拔中鄉試　靖本誼拔中鄉試
王炳文知兵馬司指揮郎岱同
丁亥　陳啓疆潛山訓導　曹　穀
己丑　周邦勳　孫洪濟

庚寅　王錫觀副　萬人傑
胡世經恩
辛卯　林隆建　姚如錦
癸巳　邱雨濬恩貢賜副榜　楊肇遠
甲午　張士旦鳳鳴子北闈副岳州教授　王如鏊一導孫副長陽教諭有傳
陶萬寧　周　璜宜城訓導
童龍光攸縣教諭
乙未　馬正懿竹谿訓導德安教授
丁酉　萬希科拔中鄉試　孫承炳拔中鄉試
羅萬邦

戊戌　王槐堂　王待詔
己亥　黄紹慈有傳
庚子　王養濤副　萬年華紹祖子竹山訓導附見兄年蘅傳
魯昌期恩南漳教諭
辛丑　陳　琢
壬寅　余攀龍
癸卯　李天訓副　張掄元
萬希洛
甲辰　葉大隆
乙巳　程益超　陳賡旒

汪耀宗恩
丙午　王　鑾副有傳　張　寅副
熊廷俞
丁未　周漢德有傳
戊申　詹聞鏊副中鄉試　商　權副
嚴文乾世同姪
己酉　邵國柱　韓振煒
宋治咸鏊子拔中鄉會試　王　廉拔榜名璲
徐　璋副選應山教諭
庚戌　萬希良燦孫恩　林中桂恩

辛亥　鄭國柱
癸丑　高沛霖
甲寅　劉秉撝　副
乙卯　程光華　副　　萬希烜　石首訓導

嘉慶

丙辰　宋天暉　恩
丁巳　樊廣祚　原名淵滙
戊午　張履恒　副中鄉會試　　萬鼎鉅　恩希煜姪
萬希槐　禮祖孫南漳訓導有傳
己未　余家騏

庚申　萬鼎芬　副有傳　　嚴家駒　承夏子
辛酉　易　璉　本姓靖拔中鄉試　　王宗柏　如瑄子
癸亥　王宗堃　待詔姪
乙丑　周鳴鳳　有傳
丙寅　吳之任　通城訓導
丁卯　羅道映
戊辰　李茂林
己巳　王鴻譜　　羅　壇
陳　玿　恩
辛未　羅景南

癸酉　龔斗南　優雲南府府經歷有傳　　謝道塏　志烜子更名炎拔中鄉試
舒　棠　拔竹山訓導
甲戌　鍾　英　有傳　　黃理中
乙亥　劉仁炳　現任蒲圻訓導
丙子　曾世儀　副孝廉方正給六品頂戴中鄉會試　　朱兆斗　優有傳
丁丑　趙廷海　現天門訓導　　陳　模
己卯　龔　炳　陳勑曾孫副保康教諭　　劉　瑩　副
姚際運　　林太倉　恩
范　懋　恩
庚辰　陳　瑨

道光

辛巳　陳元闓　恩　　童十聲
萬裕臨　恩鼎琛姪　　程光國
壬午　王佐猷　副　　萬鼎時　希艮子
癸未　周夢霖
甲申　龍爲紀　蘄水籍
乙酉　王際霍　拔改名際雲封川知縣　　黃之璇　樹棠子副
洪恩瀚　副石屏知州　　萬鼎實　拔岳子
黃自宸　有傳　　王　然　拔基浩子巴縣籍
丙戌　謝志烜　有傳

丁亥 蔡鎔舉　萬鼎會 希良子

戊子 萬鼎勳 優承宗子中鄉試　余文蔚

己丑 羅柏章

庚寅 嚴春華

辛卯 戴如蘭 副

壬辰 劉秉仁　陳汝鈞 元闓姪副

癸巳 陶宜煌

乙未 李希勉 恩　鍾應鸞 英子

陳樾 本謙子　喻泰勳 副

丁酉 高謙　吳榮 拔中鄉試

李開善 副　朱兆槐 大勳子

梅見田 延子拔　單開第 拔

龍霖 江夏籍現任光化教諭拔　王家璧 武昌籍拔中鄉會試

己亥 喻承瑛　汪引芝 副

熊耀春 副

辛丑 汪士倫 士俊兄有傳

癸卯 沈之銓　喻宗德 副

徐方炯 副　方鏞 優

乙巳 程紹洛　萬鼎哀

嚴惇仁 恩

丙午 游亭祖　童紹元 原名理順副

胡一榮 副

丁未 萬樹滋　商桂

按選舉各有科分此次採訪有未開明科分者有雖開科分而省志府志舊志未經列名者並有寄籍于外而戶族墳墓仍在縣境亦無科分可查者茲照舊志之例附科貢後彙載俟考

張栁 明進士　安節 明舉人教諭見九江志

鄭抱素 明舉人廉州知府有傳　汪之浹 明舉人天啟四年南雄知府

周若崧 明舉人崇禎四年雷州推官　毛鳳岐 明舉人嘉靖十年寧波通判見寧波志

成敏貫 明舉人新寧知縣有傳　朱鵬翔 明宏治舉人見團風禪寂寺碑

張大經 明舉人　龔化 明崇禎舉人

蕭繼忠 明副榜有傳　黄一章 明歲貢副榜

穆守文 明歲貢四川教諭見穆天顏傳　陳九疇 仕子明歲貢

靖乃試 科元子明歲貢殉難　張義 明歲貢

嚴照 明歲貢　賈長念 明歲貢

張井 明歲貢　嚴玉琳 明副榜

賈聳坤 啟子明歲貢　賈利 明選貢

嚴瑩 明歲貢　嚴試 明歲貢

黄蔚一 中子明副榜殉難　李春先 明崇禎十五年選貢高平知縣

李士英　崇禎五年歲貢簡州知縣　龍鳳儀　明歲貢蘄水籍
嚴師箴　師範弟歲貢　嚴師遷　師範弟歲貢
鄧守元　歲貢　陳立功　肇昌弟江夏籍歲貢登州經歷見省志
鄧伯遺　歲貢　石一魁　本姓袁通城籍歲貢
支奇英　武昌籍歲貢見省志　向大任　嘉魚籍歲貢見省志
邵　遲　其文子　恩貢　姚　試　歲貢見省志
熊鍾瀛　歲貢訓導見府志　陳子乾　歲貢見省志
李之素　歲貢見省志　楊親傳　歲貢見省志
江文卓　歲貢見省志　高農佐　登雲子拔貢興山訓導
李士璜　歲貢　歐陽麟　歲貢

嚴世達　歲貢　嚴龍天　副榜
舒日覲　冊姓劉江夏籍歲貢　邵光煐　江夏籍歲貢
邵國棟　其文孫　恩貢　胡兆桂　歲貢見胡必元傳
周之彬　歲貢見周嵩傳　龍　保　供事議敘府經武昌籍
龍廣心　歲貢武昌籍　張建鎬　醴泉籍鳴遠孫拔貢江都知縣

恩賜鄉會試者年職銜

乾隆　邱雨濬　己酉副榜
張　泉　乙卯舉人嘉慶丙辰國子監司業
嘉慶　邵鴻昌　戊午舉人己未翰林院檢討　朱俊傑　戊午副榜
熊文綱　戊午副榜　史夢甡　甲子舉人乙丑翰林院檢討
張士瞰　甲子副榜戊辰舉人　徐　興　甲子副榜
陳宗器　丁卯舉人戊辰翰林院檢討　秦　灝　戊辰舉人辛未翰林院檢討
汪　鄰　戊辰舉人己巳國子監司業　王夢京　庚午副榜
王三錫　庚午副榜　楊錫笏　癸酉副榜
熊鳳彩　癸酉副榜　姜　錀　癸酉副榜

程覲光　癸酉副榜　魏桂求　癸酉副榜
道光　吳　謙　乙酉副榜　杜夢沅　戊子副榜

黃岡縣志卷之六終

黃岡縣志卷之七

知黃岡縣事宛平俞昌烈編輯

選舉志

薦辟

自士人尚飾而趨僞論者必欲復古咨疇籲俊之制蓋亦甚難故與廉舉孝旡售虛聲轉不如糊名易書資於言以覘拜獻也然以余觀明初科舉未行一時將相大臣皆起自薦辟如茲邑詹同吳琳徐本輩學行才猷卓卓見於史册設使其人投牒應舉求於繩尺競於揣摩吾未知其何如也孰謂三場帖括足以盡籠天下英俊

哉嗚呼崇禎之季海內多故於是思徵非常之士用之而猝不能致其效蓋可覩矣

元

至大　滕　賓　翰林學士有傳

大德　董敬中　參知政事有傳

元貞　賈　勝　選舉廣平教諭擢太湖令　王松齋　薦舉官同知府志作麻城人

明洪武六年罷科舉舉賢良十五年復設科

洪武　詹　同　元文學舉茂才明累官翰林院學士承旨兼吏部尚書有傳

吳　琳　以文學舉累官吏部尚書有傳　吳仁山　以賢良方正舉貴溪知縣

詹　蔚　以賢良舉寧波知府府志作姓唐　楊　仲　以經明行修舉本府儒學訓導

湯　仲　以經明行修舉本縣儒學訓導　潘子安　由保舉官同知有傳

黃　奭　衢州知府有傳　王友諒　以經明行修舉羅田訓導

萬　英　以經明行修舉本縣儒學訓導　王　旻　以賢良方正舉新都知縣

徐　本　以經明行修舉廣東布政使有傳　詹　巖　以秀才舉官都御史太子少保吏部尚書

李本中　以人才舉通許知縣陞鎮寧同知有傳　王　琛　以人才舉廵檢

吳　琛　琳弟衢州同知附見琳傳　洪　道　一作黃道以儒士舉安陸知州

黃　鎮　以儒士舉封邱知縣見河南志

永樂　王　璽　以人才舉清泉場鹽大使　謝希哲　以人才舉泰興縣丞長垣知縣

劉以文　陽城知縣有傳

正統　王思旻　以人才舉泰州同知有傳　劉以德　又姓曹以人才舉知府附見劉以文傳

李仲才　以纂修永樂大典舉萬縣知縣　劉　暠　廣西新安縣丞

吳添佐　山東蒙縣縣丞　張　歷　衛經歷以上三人未詳所舉或云以天文

天順　邱端熈　平定知縣

正德　邱尚湯　夔州府同知

嘉靖　張　滋　本姓周以經明行修舉未任　涂友紀　以人才舉開縣主簿見貤封

天啟　郭世完　知易子以異材舉都司參謀

崇禎　朱荃宰　萬年子武康知縣有傳　汪世極　通城教諭見貤封有傳

張鳳來　以逸士舉有傳　劉宗祺　功允子副榜舉賢良授重慶知府

何世逵　桂林同知　韋克振　石麟子寧波知府有傳

黃　道　知州　蘇　哲　學正

蔡　鑑 長史

王志周 廩貢官吏部郎中　王　庸 紀善

國朝

順治 汪指南 福建分守道　張　楨 安王委用蘄水縣丞有傳

陶之駿 茂名縣丞有傳　李君杜 新安知縣有傳

杜　琬 伸孫大冶教諭　呂尚韶 生員薦舉浙江鹽大使

康熙 曹宜溥 本榮子召試博學宏詞授翰林院檢討　陳繼謨 以醫舉八品吏目有傳

王追騏 以博學宏詞徵不就

雍正 邱良驥 以賢良方正舉官通城訓導　王如玫 以賢良方正舉官監利教諭有傳

易洪周 以醫舉主事見府志有傳

乾隆 靖道謨 舉博學宏詞有傳　程俊濂 舉博學宏詞不就

道光 曾世儀 舉孝廉方正給六品頂戴中鄉會試　胡飛雄 府庠生舉孝廉方正給六品頂戴

選舉志

例選

甚矣資格之亦不足以定人材也漢之吏道雜而多端司馬子長譏之矣而當時智能之士或以文無害興或以貲郎進或顯於徒中或徵於牧豎人材間出何常之有班孟堅稱之蓋通論也且夫千將補履不如一錐雖有絲麻無棄菅蒯輕材細效又可忽乎哉勝國三途並用國朝監之而仕途益寬有以也夫

明

正統 王　琳 監生雩都知縣有傳

景泰 陶以榮 膚施縣丞大理通判　蕭大蒦

徐　琪 縣丞　齊大鵬 州同知

程　賢　奚　珊 安化平陸知縣

陶　梅　邱民心 周府長史加四品服

余　鏞　陳　德

天順 潘士璘 縣主簿　劉大韶 合州吏目

周大猷 縣主簿　秦　雍 山東按察司經歷

彭　珪 應天府經歷　邱民感 鹽運司經歷

舒　佐　楊茂春

黃藻 曾晟舊志作曾星
曾景 陶世侃
龔益連州通判見廣東志
成化陶璽安寧州吏目
宏治明奭翁源知縣 陶世賓臨漳典史
正德謝臯昶孫叙州同知 官祿和陽衛經歷
陶璠浮梁主簿 陶作南京庫大使
陶世官河內典史
嘉靖潘棟 吳嶽山寧國府經歷見貤封
劉文炳 夏曦

曾卓 秦璽
劉文煌 劉文輝桂子
劉揚 夏官
盧大舉 陳宣
黃人望 邱纕
邱民德 陶化廣東布政司理問
邱與樂平縣丞 奚世奕樸子光祿寺署丞
邱增河池同知 邱纓寧州同知
邱尚舜 曹自修
潘木 舒道芳

劉文熾 劉文娗普州吏目
劉榮 顧信澂江府經歷
張文正澤子 王台濟弟光祿寺署丞
王廷遷濟子見貤封 王同公廷儒子
戴應兆 劉桐
方作任弟 易聚之
戴應元 劉思召
梅一樹榮昌縣丞 劉長統
秦泳 黃檟
曾杲 李材梧州府經歷

王大同 方一龍任子承寧州吏目
王廷栩麟子 高一龍
徐文炳 王同京廷儒子
王同舟廷陳子 王廷揚濟子
王堦鳳陽子 汪之濂
陳表 陳萬化
程先登泰州判官 於廷獻
劉芳聲 陳正倫福州照磨
葉夢暘由吏目官將仕郎 康良臣定海典史殉難賜卹有傳
邱一麟岳子 周源昌

王同復廷瞻子　王承熙址孫
王同軌廷槐子太僕寺主簿有傳　鄭一德文彬子光祿寺署丞
陶一蘭化子兵馬司副指揮　黃一裕馬湖府經歷
劉功懋主簿　潘文元閏大官署正江西副理
栴　昇吳江主簿　方一宋任子嘉善主簿
卯養浩　謝　筵
黃道亨士元子　秦一芝
王追亮廷僊孫　秦一奚
官　任阿眉州吏目　陳萬卷吏員永平通判有傳
萬曆劉文焰鴻臚寺丞　涂逼霄魏子

涂尚禮蘭州州判　曹士奇美子知州
戴中甫　王同觀廷瞻子有傳
徐　襄府可子光祿寺丞　王追醇同執子
朱維新萬年子　汪　儼守廉子
陳心得　方一盛由儒士官四川鹽提舉眞定知府有傳
卯　綎民感子滕縣主簿　何士望天德子布政司檢校
涂西山晉州判官　羅良詔永豐縣丞見永豐志
周文洋監生正陽縣丞　周文止監生弋陽縣丞
易恒之監生江油主簿　卯一濬
官應雲嵩縣丞　劉思謙

易維翰　劉　載歙縣知縣
韋宗孝嵩明州吏目殉難賜廕有傳　江躍鯤沛然子梓潼知縣
卯維灝桂林經歷　吳　瓚
穆如贇　徐有爲
陳尚彥肇慶經歷　官應霽浙西衛經歷
奚元吉監東昌通判　陳尚友西安經歷潼關縣丞附見子偉傳
官應霞東鄉典史　邵庭賡清源縣丞
天啟杜時芳傑子　樊齊宏維城子
鄒士正之易子武定州同知
崇禎欽　取吏員蔚州巡檢　秦一才大理雲龍州同知

張三才寧夏經歷　孫　寓見董志
奚三益監壽州知州　官撫昌南城兵馬司吏目
晏際明知府　姜應詔雩都典史見雩都志
樊維師附貢淮安司理有傳　張世斌見董志
王志周廩貢官吏部郎中　王廷棟縣丞署紫陽知縣
國朝
順治官撫渙應震子會稽知縣殉難贈廕　官撫烝貴池知縣見江南志
操志葵由例貢官蘭溪知縣有傳　劉漢祥馬湖府經歷
官純徵雅州同知　劉更生寧鄉教諭
鄧正暹吏員海城典史有傳

康熙

程　奕 啟朱子西安同知　王材成 澤宏子南康知縣

王封瀠 封瀠弟江津知縣　吳大本 吉水知縣

魏　嶼 公韓孫南漳教諭　周祖武 興寧教諭

鄭　昌 漢川訓導鄖西教諭　姜祚昌 嶽州經歷

劉隆道 常德訓導　宋敏政 必達子耒陽訓導

王澤霖 瀘溪教諭歷知縣　程宏會 考授州同

魏　嶠 公韓孫知縣　王材受

袁應侯　劉天植 山西通判

龍光庭　龍可旂

龍際昌　熊于岱

梁　鈜 長安縣丞有傳　余士達

胡之映　王沐仁 風采子通城教諭

王澎仁 風采子荆門訓導　王如曾 濮牛巡檢

孫世德 宛平西山巡檢　熊同仁 太平知府戶部郎中

熊同智 同仁弟羅田教諭　陳際昺 璉子蘄州知州

靖天紀 漢陽訓導　宋　鎤 敏求子德化肥鄉知縣有傳

張鳴臯 龍泉知縣　邵　炎 同知効用河工

王　澳 廪貢京山訓導　蔣元珠 未入流

李逢泰 正八品　靖文后 捐監生考授州同

張世澤 州同　范維邦 正八品

萬連登 縣丞　劉邦昴 正八品

李　銓 正九品　周　彬 正九品

陳昌元 未入流　王士琪 正八品

余志道 未入流　許必發 未入流

談啟聰 正八品　李希晟 府經

熊承寵 未入流　王廷掟 正八品

熊封璋 正九品

雍正

張鳴遠 醴泉知縣　余宏仁 珖子陵水知縣見粵志

胡文昺 州判分發廣西　沈起鳳 從九品

胡嗣芝 從九品　王仕宏 從九品

李　鑑 肄業報滿候選訓導　劉國棻 未入流

方思恭 未入流　熊方興 從九品

邵光禧 縣丞　胡文卓 玉田縣丞

舒廷彦 從九品　劉承詔 從九品

沈應祥 從九品　邵光榮 縣丞

馬自辨 從九品　胡朝選 未入流

於文海 俱未入流　馮三聘 正九品

張定榮 從九品　游泓道 正九品

嚴則天 常熟主簿　馬之焊 州判

馬之烜 縣丞即自榮

乾隆
謝國詔南安縣丞分駐羅溪有傳　陶國幹安順知府加道銜有傳
陳　發稟貢任鄒縣知縣　范嵩年溫縣典史
錢慕祁監生湖南試用通判　張士晟鳳鳴子監生貴州按察司照磨
朱廷選監生福建古田縣丞　馬　堂稟貢宜昌訓導
王　岑炳文子山東試用州同　王　嵩炳文子由監生謄錄議叙州同歷城知縣
劉元卿從九品　孫定國正九品
鄧之瑚從九品　嚴廷相正九品
林永昌未入流　鄭爲昌從九品
易壽民吏目　朱　東從九品
陳序祿未入流　王懋召從九品

邱顯仁正八品　黃之驤從九品
曾定勳從九品　左　宜從九品
曾定烈從九品　張世亨從九品
何有咨從九品　嚴廷棋從九品
吳國樓正九品　蔡其佐未入流
何有聲從九品　劉國裕從九品
操文英從九品　許尚忠從九品
陳　斌從九品　黃悅峰從九品
徐滋正未入流　王萬瑜從九品
魏元楷鹽城上綱閘巡檢　王萬璋從九品

黃會梓從九品　王家楷未入流
謝　傑從九品　胡從鯉正八品
張興宋從九品　汪德經從九品
陳必達從九品　董世昌正九品
邵明玉縣丞　陳世榮未入流
黃會模正八品　黃宗鑣未入流
馮臣湯未入流　何文明從九品
顧廷材從九品　袁其元未入流
邱用常從九品　姚士堪未入流
陳　經正九品　王祚通從九品

謝其恩常寧縣丞　嚴　寅承夏子鴻臚序班
李學頫衡水典史　嚴萬春從九品
杜鉉濬從九品　何正義正八品
程正組麗江府鹽大使　易廷樞候選訓導
王蔭昌華亭金山馬積巡檢　汪　岑歸善碧甲巡檢
謝方彬華容縣典史　包萬清典吏廣東巡檢
邱安校恩榮子瑞昌知縣　邱安學恩榮子一名巖叙州吏目
陶國治安東典史　杜世芬藍田典史
陶兆康候選巡檢　陳元搏灤州巡檢
陳本謙鄖西訓導　朱寵錫澤遠子嶧縣閘官

嘉慶王榮鑣庠名志鈞廩貢廣平經歷錦縣知縣　嚴家蓴承夏子原名家鶴廩貢肄業候選訓導

周搴桂廣東巡檢　陳鑒平武主簿

靖厚鉞式文孫惠民縣丞　靖厚鎮長汀縣丞

朱映奎候選通判　周嘉謀廩貢通山訓導

王志銳嵩子泗城經歷　翁永茂軍功議叙平彝典史

劉兆株廩貢候選訓導　李潮貴州典史陞都康土吏目

徐秉湃縣丞分發江西　胡玉森廩貢訓導署襄陽教授中鄉試

張晉川鳳鳴姪册姓馬衡陽巡檢　錢光謙鹽大使福建試用

王謙亨廩貢試用訓導署雲夢訓導　王士拔宗茗子廩貢試用訓導署江夏教諭

王士訓附監試用縣主簿　王鏞如鏊子試用鹽知事

劉兆英候選未入流　胡璧定泰子郎用縣丞

道光萬冑恩承宗子湖南辰州府經歷　洪恩瀚副榜雲南試用知州署安寧州

謝燮候選未入流　游寅準廩貢試用訓導署南漳訓導

陳鶴齡候選巡檢　陶光第候選從九品

李楨試用從九品署延川典史　周瑛供事武宣巡檢

鄧開祥候選從九品　陶啓科候選從九品

張秉亮候選翰林院待詔　王嶽士珍子候選從九品

汪必啓監生湖南試用從九　汪銘序封渭姪廩貢候選訓導

曾錫齡世儀子直隸候補知縣　劉秉恕本讓曾孫附貢生候選訓導

汪銘瀚封渭子現選鎮原知縣　汪盈猷士俊子直隸候補未入流

奚德琇先悌子直隸候補梟司獄　謝清臣荻子安徽候補府經歷

劉錫琪秉恕子附貢生候選訓導　胡華潤增貢候選訓導

汪銘庠封渭姪現任寶應衡陽鎮巡檢　黃可貞山東府司獄現任清平魏家寨巡檢

龔士濬斗南子雲南候補未入流　程仁傑江夏籍由軍功議叙現官貝鄉知縣

張應受順天籍附生由房班改候選訓導萬選子　張堉京鯉孫候選巡檢

武選武勳附

武人嫉文士曰長槍大劍安用毛錐文士誚武人曰挽弓三石不如識丁二者交譏皆偏說也古者澤宮擇射虎賁稅劍文武出於一途自後儒生以章句起家游客以口舌取官天下習於文懦一旦有事不得不進糾桓之桀爲禦侮敵愾之資亦勢使然也故材官蹶張漢優其選翹關負米唐立之程至明遂設鄉會科與文選舉並而行伍中人尤使得奮其功名自致通顯焉

本朝因之蓋經國之備制也因次斯邑之獲雋著勳者續於篇

武進士

明

建文

庚辰　操重五　兵部郎中靖難後棄官

萬歷

甲戌　金來相　福建屯局署都指揮僉事

戊戌　杜　修　石夾游擊

辛丑　金　城　四川建昌屯局都指揮僉事　金　印　京營千總

張應祖　蔡一申　猿山副總兵陞都督

徐時濟　三江口守備

天啓

乙丑　王吉士

國朝

順治

壬辰　張　奇　衢州協左營都司　張文光

康熙

張尚聖　守備有傳　周中時　守備

辛未　黃式坦　會元廣東惠州協副將　孫繼仲　泗洲衛守備

己丑　李風亨　胡良棟　御前侍衛

辛丑　王鎮勳　改名錫勳御前侍衛

雍正

戊辰　曹紹烈　有傳

乾隆

甲辰　胡定泰　由侍衛累官河州鎮總兵有傳

嘉慶

辛酉　陶開甲　衛守備

武舉人

明

嘉靖

壬午 呂營四

萬歷

徐時濟進士　李光祖恩平掌印留守使

金來相解元進士　黃正遠

徐時俊　徐飛熊

金城進士來相子　金印解元進士來相子

黃正清中三科　於佳

乙酉 杜修解元進士鳴陽子　黃金色

於黃國　陳全斌中三科精六壬數有武經注解行世

於必聖　黃伯麟

蕭鄭侯　易道俊北陀營守備晉都司

葉思隆　黃賓王

葉顯祚　靖韜岳州遊擊

壬子 郭亢

乙卯 易道賓　張應祖進士

蔡一申進士

天啓

甲子 王吉士解元進士一名追祖

丁卯 趙璧　陶紹侃郧陽行都司累官左軍都督有傳

崇禎

王追琯　黃名秀中三科

杜紹芳　王一沐

王子堅殉難有傳

丙子 方應星殉難有傳　徐諍

王一斌　陶全斌

王德飛殉難

滿思謙世職中三科見武勳有傳科分失考　滿如弦思謙子由武舉累官參將科分失考

國朝

順治

於斯貞　李成功

姜疆南鎮左營守備　宋英

辛卯 張奇進士　孟賢文庠中由千總任安東衛守備本姓程

甲午 徐逢春鳳陽守備　杜洪烈

郭桐封乙未會副　易爲斌

陳璧　杜天篤

彭試

丁酉 奚禺鋕衡州衛守備　張文光進士

陳文鰲遊擊

康熙

癸卯陸邦畿解元本姓秦　黃雲際本姓余

丙午張　玉榜姓陳

己酉甄映魁榜姓方武昌府學

壬子鄭繼啓本姓洪副總兵有傳　姚從時榆林歸德堡城守

陶之秀　張尚聖羅田學進士

戊午蔡之駉　劉　炳

湯　佐　周中時進士

汪家禎　田既霑

甲子黃式坦進士　胡紹虞

王家相　黃時順

閔　鴻　胡之藻

徐宏業

丁卯王鎮邦榜姓雷

庚午李共武解元　周維新本姓嚴

李　荃　熊一夔

陳鵬舉彝陵千總

癸酉楊繼暐　孫繼仲進士

包　昌　陶之俊

吳　璉　劉經邦

方百里　陶成唐

楊繼暐

丙子胡亮揆江南宣州衛千總　張思賢

壬午陳元德　孫　英

陳益標　楊作楫都司

李鳳亨進士　康　時遊擊

劉萬邦　吳思驥

胡良棟亮子進士　余國佐

姜　灝　王鎮勳進士

陳　龍　吳　傑

余　意

雍正

癸卯曹紹烈進士　汪應元

王全用

乾隆

辛酉康克明松江衛千總　張　雄都司

甲子王萬載

丁卯劉夢龍

庚午王一相

壬申 黃金鳳

丙子 陳鵬舉

戊子 胡振凡 軍功五品頂戴

庚寅 陳占鰲 由千總累官江南副將　王治岐

辛卯 程標　張瑛

丁酉 姚開第

汪朝楷 揀選衛千總

己亥 康逢吉　姚開鳴 大河衛千總

庚子 汪承恩 揀選衛千總重赴鷹揚宴　胡萬青 超凡弟江淮衛領運千總重赴鷹揚宴

錢俊 本省提塘

癸卯 胡定泰 乃元進士　張元音

丙午 胡超凡 振凡弟軍功五品頂戴　鄧步雲 衛千總

戊申 馮占鰲

己酉 鄧兆麟 就職營千總

壬子 陳開榜

甲寅 朱光弼

乙卯 張定安　沈光甲 江淮衛千總

嘉慶

戊午 陳開甲　張萬選 定安弟經魁

庚申 陳開甲進士

辛酉 胡開泰 超凡弟　杜步雲 道士洑把總

丁卯 張定邦

庚午 王衛清

癸酉 張四維

丙子 劉秉孚 經魁本讓曾孫

戊寅 張步洲　鄭艮玉 龍港把總

己卯 胡治朝 萬青子泗州衛千總

道光

辛巳 蕭兆寅

乙酉 劉定國 贛州守備　許際泰

戊子 霍鳳鳴 解元東湖千總署興山守備　孫聯元

胡逢吉 振凡姪孫

辛卯 張兆澤 定安姪東平所千總

乙未 曾鳳儀

己亥 鄧聯恩

庚子 呂森 解元署僧塔千總

甲辰 周艮濟 武監生　胡錦新

丙午 胡文斌 治朝姪亞元　劉唐英

武勳

陳

周　炅定州刺史龍源縣侯有傳　周法僧炅子定州刺史武昌縣公

隋

周法尚炅子滄海太守有傳

元

吳　賢襲懷遠將軍　吳　汝賢子行省平章左丞有傳

賈興甫見王夢澤集未詳何官

明

洪武王　弼封定遠侯附見王鳳陽傳　黃　榮指揮使有傳

徐　便都指揮僉事有傳　韋　富指揮同知有傳

建文賈　忠官雲中指揮返葬邑之楊畈見王夢澤集

正統王　景世襲武畧將軍附見子璘傳　王應陞世襲錦衣衛千戶陞守備

嘉靖胡平重山東大嵩衛指揮僉事　樊　樑車騎校尉

黃省二四川瀘州衛指揮

萬歷胡　恩世襲指揮累官四川松潘總兵有傳　曾一夔世襲指揮都督同知有文武才崇祀鄉賢

曾　恕世指揮征宸濠功陞雲南都司僉書有傳　曾　言世襲指揮陞都指揮使司僉書崇祀鄉賢

牛　璐世襲指揮　曾　爵世襲指揮從征有功陞四川行都指揮使

牛　斗世襲指揮　陶紹政

滿思謙世襲指揮官廣東掌印都指揮使有傳　倪敏政世襲指揮官南陽參將有傳

李應鶴世襲正千戶署本衛指揮使有傳　陳　訓世襲副千戶

王一瑞都院中軍　牛可耕世襲指揮陞鎮遠守備見馳封

張齔思明威將軍　李　實辰沅遊擊

樊玉振朝鮮千總　劉文奎漢中千總

李　梅四川疊茂遊擊　陳宏憲平越守備

崇禎劉國治督糧守備　李士奇鄖陽行都司有傳

朱　寵世襲正千戶有傳　馬士英遊擊殉難有傳

王廷相南省都指揮未詳何代附此　採入　郭以重世襲指揮殉難有傳

國朝

順治陳士銘總兵授拖沙喇哈番有傳　劉思玉松江府川沙營副將

滿如弦明世職副總兵　劉　先大名中軍

錢　龍安慶總兵加都督同知　陳其亮士銘子襲拖沙喇哈番

陳其智士銘子襲拖沙喇哈番

康熙劉志高殉難贈遊擊有傳　酆化龍都督同知

黃延宗雲南遊擊　吳之蘭把總殉難有傳

劉　耀長沙守備　張三奇福建遊擊

黃可登瀘州指揮　馬天喜嘉興守備前志喜作富誤府志作黃天吉

胡　亮雲南虎泊口總兵　馮　馗貴州上江遊擊有傳

劉啓哲江南總兵見江南省志　陳世聰步軍校

陳文華世聰子副驍騎校

雍正陳有年 永州右營遊擊　李廷齊 黄梅千總

乾隆李世榮 陽邏千總　翁際盛 湖南辰州永綏鎮守備

謝應珍 懷遠守備　余士選 羅田千總

范　煥 黄協營千總　范允清 蘄州把總

趙治國 黄陂千總　曾大榮 興國人寄籍黄岡僧塔千總

鍾　玉 黄梅千總　黄之連 之選弟湖南把總

黄之選 僧塔千總　胡如坤 如海弟麻城把總

胡如海 僧塔千總　胡得明 道士洑把總

胡之綱 如海子黄陂千總　胡得用 羅田外委千總

胡得茂 武生存城外委把總　吳國元 道士洑把總出師以功超擢行營千總

吕鳳鳴 水汛外委把總　譚上達 提標中營千總

鄒元熊 道士洑外委陣亡予襲祀昭忠祠有傳　翁廷槐 存城外委把總

葉國元 宋埠外委　曾　煌 大榮子蘄州把總

嘉慶董之梅 蘄州營外委在軍營病故恩賞廕生　白　璐 武生黄安外委把總

韓萬青 宋埠外委　薛定太 羅田外委千總

趙發禮 宋埠外委　譚上選 縣汛把總

詹玉彬 世純孫父政驊以家貧爲椽嘉慶元年奉派出師已瀕老矣玉彬奮身告代從事陝西大營屢著功績遷超湖南永綏把總江西銅鼓千總 題陞陝西漢中守備尋陞紫陽營都司其子現寄籍漢中應試有傳

易光殿 蘄州武生寄籍黄岡由把總出師軍功賞戴藍翎累官綿州營都司署嶲邊營遊擊

張萬年 武生通山外委千總　余紹宗 羅田千總

趙楚棟 治國子武生黄安外委把總　周　元 陽邏把總

歐陽勳 武昌把總　趙發科 黄梅千總

杜宗連 武生僧塔千總　李開榜 富池千總

李志全 蘄水把總　余有元 陽邏把總

雷士瓊 武生軍功千總　伍正邦 六品軍功四川夔州

靖兆貴 江夏籍由行伍官武昌營千總

道光李定愷 存城千總　蔣尚英 武生蘄州把總

黄開榜 武生滙口外委把總　歐陽洪 大冶把總

傅玉成 黄梅千總　李國安 道士洑清江外委

張　驥 武生海寧所千總萬選子　孫之連 廣濟把總

萬世清 武生麻城把總出師　伍鳳翥 麻城把總出師軍功賞戴藍翎

袁占敖 興國把總出師　廖志和 興國把總

王金魁 存城外委出師　王登朝 存城額外出師

吕得魁 縣汛把總　周鵬舉 縣汛把總出師軍功賞戴藍翎

余得元 縣汛額外　邱定太 麻城把總

吳占魁 黄安外委　湯之林 羅田外委

張步元 黄安外委　舒文斌 宋埠外委

田　雄 興國額外　喻家興 武生宋埠額外

龔名爵 興國額外　易占敖 宋埠額外

龍占敖 蘄州額外

封廕

昔先王之待臣下爵及其親賞延於世何恩之渥也歷代封贈之典廕襲之規皆相承而不變蓋非獨勸若臣之忠亦所以使天下之爲父祖者莫不思詒穀其孫子使天下之爲子孫者莫不念追配其祖父也德莫隆焉義莫深焉我

朝循故例尤加優列而著之用昭與國咸休之盛

封贈

唐

贈禮部侍郎周廼以子墀貴

明

贈中大夫張榮甫本姓周以孫璘貴

贈中大夫張時中以子璘貴

封監察御史蕭德輔以子昇貴

贈通議大夫右副都御史謝志善以孫杲貴

封通議大夫右副都御史謝希哲以子杲貴

封　部主事張福以子佐貴

贈中憲大夫王景以子琫貴

封知縣王文凱以子麟貴

封吏部郎中贈戶部右侍郎王文奎以子濟孫廷贍貴

贈戶部右侍郎王濟以子廷贍貴

贈戶部郎中王麟以子廷梅貴

封彰德通判陳良以子廷瓚貴

封監察御史曹儀以子珪貴

贈鹽課司提舉杜承璘以子華貴

封禮部主事曹自學以子詰貴

贈文林郎樊大蘐以子模貴

封正議大夫卲仁以子民心貴

封知縣陶以亨以子珪貴

封戶部郎中汪綽以子文淵貴

封承德郎兵部主事方勇以子任貴

封戶部主事奚樸以子世亮貴

封戶部主事李大安以子學顏貴

封戶部郎中呂淳以子韶貴

贈監察御史王廷槐以子同道貴

贈禮部侍郎卲尚忠以子岳貴

贈布政使司參政徐榮以孫時可貴

封布政使司參政徐尚義以子時可貴

封戶部員外郎熊瑗以子養中貴

贈知縣奚樟以子世文貴
贈知縣黃珪以子士元貴
贈推官范芝以子宗鎮貴
封奉直大夫兵部員外郎汪廷儒以子仲川貴
封奉直大夫劉天富以子珙貴
贈中憲大夫揚州知府徐廷蘭以子應聘貴
贈監察御史李陽明以子植貴
封監察御史易明幾以子俶之貴
贈戶部郎中江濟以子沛然貴
贈奉直大夫黃時熙以子一中貴

贈正奉大夫賈脊以子啟貴
贈泗州知州汪廷彩以子守廉貴
贈同知涂東山以子巍貴
贈奉政大夫晉贈左參政杜鳴陽以子伸孫應芳貴
贈左參政杜傑以子應芳貴
贈推官涂友紀以子瑜貴
贈中大夫苑馬寺卿孫安以孫大壯貴
贈中大夫苑馬寺卿孫仕蒔以子大壯貴
贈知縣徐藴以子銘貴
封奉直大夫汪廷信以子一右貴

贈知州劉承芳以子道貴
贈中憲大夫李田以子之用貴
封監察御史樊煒以子玉衡貴
封知縣曹雲深以子繼孝貴
贈承德郎戶部主事龔體言以子石麟貴
贈文林郎嘉善知縣余淪以子心純貴
贈奉直大夫戶部員外郎吳嶽山以子士瑞貴
贈鴻臚寺丞劉藻以子文熠貴
贈中憲大夫官如皋以子應震貴
贈知縣穆守文以子天顏貴

封太僕寺少卿於廷試以子倫貴
贈文林郎曹自化以子光德貴
晉封奉政大夫汪守廉以子傑貴
贈池州府同知邱韶以子一奇貴
封奉直大夫晉封中憲大夫廖珩以子自伸自強貴
贈國子監博士朱顯富以子萬年貴
贈中憲大夫樊玉衡以子維城貴
封奉直大夫泗州知州王文炳以子陞貴
贈戶部主事王廷遷以子同謙貴
贈知州鄭善以子文彬貴

贈奉直大夫孫仕亨以子大祚貴
贈文林郎鄭重以子之良貴
贈順天府通判何友亮以子天申貴
贈知縣王都以子欽濂貴
贈中憲大夫周啟孫以子之訓貴
贈奉直大夫李棻以子五美貴
贈奉政大夫鄭廷桂以子謙貴
贈奉直大夫王臺以子家鍒貴
贈翰林院檢討汪之清以子元極貴
贈資政大夫刑部尚書甄善以孫淑貴

贈資政大夫刑部尚書甄其賢以子淑貴
封西充知縣程暹以子士升貴
贈與濟知縣程汝遷以子焞貴
封承德郎禮部精膳司主事王家欽以子源昌貴
贈南戶部雲南司主事秦必富以子繼宗貴
封給事中祝一先以子世美貴
贈奉直大夫吏部文選司員外郎晏應元以子清貴
贈文林郎中江知縣郭士民以子知易貴
封承德郎戶部主事洪承化以子周祿貴
封文林郎程士翼以子之試貴

封中順大夫劉功允以子宗祥貴
贈奉政大夫嚴倫以孫師範貴
封文林郎牛拱極可耕更名以子若麟貴
封戶部郎中王追哲以子一桂貴
贈文林郎靖以昭以子安貴
贈中憲大夫靖潮以孫科元貴
贈文林郎累晉中憲大夫靖國洪以子科元貴
贈廣威將軍靖泗以孫韜貴
贈廣威將軍靖國寧以子韜貴

國朝

貤贈儒林郎翰林院修撰劉紹賢以子子壯貴
贈儒林郎翰林院修撰劉紹華以嗣子子壯貴
贈文林郎曹大輔以子本榮貴
贈中憲大夫程詹以子啟朱貴
贈徵仕郎翰林院檢討晉贈資政大夫禮部尚書王崇擢以子用予孫澤宏貴
贈資政大夫禮部尚書王用予以子澤宏貴
贈奉政大夫陳廷仰以子瑾貴
封承德郎刑部主事封奉直大夫員外郎贈翰林院庶吉士王同觀以子追騄追駿追騏貴

贈中憲大夫汪世柱以子指南貴
贈中大夫汪之渙以孫煉南貴
贈中大夫汪世極以子煉南貴
贈文林郎孫應鴻以子錫蕃貴
贈奉政大夫熊應龍以子光裕貴
贈通議大夫陳鳳正以孫肇昌貴
贈通議大夫陳天生以子肇昌貴
贈通奉大夫禮部侍郎王追本以孫封灤貴
贈通奉大夫禮部侍郎王一釬以子封灤貴
贈文林郎奚應賢以子森貽貴

贈文林郎吳元伯以子升東貴
贈工部郎中汪明盛以子士奇貴
贈奉直大夫王追騋以子之鯨貴
贈光祿大夫陳恩以孫士銘貴
贈光祿大夫陳天開以子士銘貴
贈文林郎龍脣宮以子可旌貴
贈武德將軍孫一井以子繼仲貴
贈文林郎樊玉衢以子維域貴
贈文林郎周綃以子之美貴
贈通議大夫廣西按察使鄭復禮以孫昱貴

贈通議大夫廣西按察使鄭先慶以子昱貴
贈中順大夫都察院左僉都御史王澤宏以子材任貴
贈文林郎新建縣知縣王承祜以子懋才貴
贈文林郎廣靈縣知縣王承啟以子懋德貴
贈左春坊左中允兼翰林院編修宋必達以子如辰貴
贈文林郎安縣知縣謝起元以子加恩貴
贈文林郎四會知縣余雲際以子珖貴
贈文林郎遂寧縣知縣萬爾昌以子爲恪貴
贈文林郎洧川縣知縣范維藩以子基祚貴
贈奉政大夫吏部考功司郎中王追騏以子一導貴

贈修職郎衡山縣教諭易爲泰以子天壽貴
貤贈登仕郎漢川縣訓導晉文林郎宿遷縣知縣靖第元以子乃成貴
贈文林郎奉節縣知縣再贈承德郎吏部稽勳司主事晉贈奉政大夫兵部武庫司郎中王紹嫣以子漢周貴
贈文林郎德平縣知縣陳大華以子師栻貴
贈中憲大夫太平府知府熊文學以孫同仁貴
贈中憲大夫太平府知府熊道亨以子同仁貴
貤贈文林郎永州府教授王漢澳以子楙績貴
贈文林郎翰林院庶吉士靖乃勷以子道謨貴

贈懷遠將軍貴州上江游擊馮君勗以孫熩貴
贈懷遠將軍貴州上江游擊馮明修以子熩貴
貤贈文林郎大名縣知縣周之彬以孫嵩貴
贈文林郎大名縣知縣周大伸以子嵩貴
贈武德將軍嘉興衛守備馬士駒以子天喜貴
貤贈修職郎監利縣教諭王封權以子如玫貴
貤贈修職佐郎通城縣訓導邱育紳以子良驥貴
贈文林郎安仁縣知縣胡正君以子天健貴
贈文林郎益陽縣知縣馮旭以子子式貴
贈承德郎禮部祠祭司主事易時憲以子洪周貴

貤贈文林郎會同縣知縣李元春以孫應魁貴
贈文林郎會同縣知縣李一翥以子應魁貴
贈文林郎肥鄉縣知縣宋敏求以子鍠貴
贈文林郎翰林院庶吉士萬紳祖以子年茂貴
貤贈修職佐郎武昌府訓導王時聖以子道明貴
貤贈修職佐郎應城縣訓導孫顯名以子士衷貴
貤贈修職郎石首縣知縣朱續世以子昌運貴
貤贈修職郎南漳縣教諭朱國鉉以子案扶貴
貤贈修職郎襄陽縣訓導陳應旌以子昱貴
贈宣武將軍河北守備康益隆以子時貴

貤贈登仕郎湘鄉縣訓導再贈修職郎蒲圻縣教諭馮正時
以子三才貴
貤贈修職佐郎京山縣訓導王杲以子澳貴
貤贈修職佐郎鄖縣訓導王世芳以子如芝貴
貤贈修職郎襄陽縣教諭王時宜以子璞書貴
貤贈文林郎海陽縣知縣汪璣以孫依仁貴
贈文林郎海陽縣知縣汪度宏以子依仁貴
贈文林郎安陸府教授宋敏德以子鏊貴
貤贈承德郎戶部主事鄭傑以孫維嵩貴
贈承德郎戶部主事鄭日晨以子維嵩貴

貤贈修職郎歸州學正王㒒準以子楙蘇貴
贈朝議大夫大理府知府宋承璟以子廷採貴
贈文林郎陽城縣知縣宋錢齡以子本敬貴
贈朝議大夫安順府知府陶成新以子國幹貴
貤贈修職郎應城縣教諭孫鍠以子祚濬貴
貤贈修職佐郎胡必祿以子如宗貴
贈文林郎襄陽府教授李師泌以子高松貴
贈奉直大夫開州知州王錫璜以孫炳文貴
贈奉直大夫開州知州王天全以子炳文貴
封儒林郎歷城縣知縣王炳章以嗣子嵩貴

貤封儒林郎歷城縣知縣王炳理以姪嵩貴
封文林郎永和縣知縣許國昌以子岳貴
貤贈文林郎鎮原縣知縣王君甫以孫年松貴
贈修職郎晉贈儒林郎王家相以子年松貴
貤贈修職郎郭宗源以子維本貴
貤贈文林郎徐聞縣知縣胡啓爵以孫盇凡貴
贈文林郎徐聞縣知縣胡紹虞以子盇凡貴
貤贈文林郎興國縣知縣萬燦以孫廷壁貴
贈文林郎興國縣知縣萬壽祖以子廷壁貴
贈文林郎清豐縣知縣呂文律以子尚和貴

贈儒林郎浙江鹽大使呂文士以子尚韶貴
贈奉直大夫渾源州知州龍嗣恭以子雲斐貴
贈文林郎來賓縣知縣劉則寀以子公琖貴
封奉政大夫隆德縣知縣加四級舒其章以孫攀桂貴
封奉政大夫隆德縣知縣加四級舒學曷以子攀桂貴
贈文林郎新淦縣知縣方紹莊以子可丹貴
贈忠顯校尉黃州協千總范明道以子煥貴
貤贈修職佐郎晉贈修職郎馬之輝以子堂正塾貴
貤贈修職郎攸縣教諭童期萊以子龍光貴
贈文林郎任縣知縣杜啓元以子秉時貴

贈朝議大夫兗州府知府張國柱以孫鳳鳴貴
贈朝議大夫兗州府知府張世俊以子鳳鳴貴
貤贈奉直大夫耀州知州張世艮以姪鳳鳴貴
貤贈奉直大夫耀州知州張世傑以姪鳳鳴貴
貤贈修職佐郎隨州訓導陳之驥以子本謙貴
貤贈修職郎古田縣丞朱國棟以子廷選貴
贈文林郎晉贈朝議大夫光祿大夫李芳峙以孫長青曾孫鈞簡貴
贈文林郎晉贈朝議大夫光祿大夫李國祚以子長青孫鈞簡貴
授朝議大夫晉贈光祿大夫李長青以子鈞簡貴
貤贈文林郎晉贈奉政大夫海防同知嚴世勳以孫承夏貴

贈文林郎晉贈奉政大夫海防同知嚴文任以子承夏貴
贈宣武大夫晉贈武翼都尉胡士瑜以孫定泰貴
贈宣武大夫晉贈武翼都尉胡夢鯉以子定泰貴
貤贈武翼都尉湖南遊擊胡從龍以姪定泰貴
貤封宣武大夫鑾儀衛侍衛胡萬年以弟定泰貴
貤封宣武大夫鑾儀衛侍衛胡銓以姪定泰貴
貤封修武校尉黃州協外委把總胡上達以子得茂貴
贈武畧佐騎尉江淮領運千總胡夢武以子萬青貴
貤贈武畧佐騎尉江淮領運千總胡覺斯以姪萬青貴
贈奮武郎黃州協把總曾文準以子大榮貴

貤贈文林郎臨城縣知縣朱鶴皋以孫霞遠貴
贈文林郎臨城縣知縣朱大有以子霞遠貴
貤贈文林郎新泰縣知縣龍宗亨以孫澍貴
貤贈文林郎金谿縣知縣龍廣田以姪澍貴
贈文林郎晉贈奉政大夫南昌府同知龍廣福以子澍貴
貤贈修職郎武昌縣教諭朱元少以子英貴
貤贈昭武都尉蘄州營都司易蘭以孫光殿貴
貤贈修職郎安陸縣教諭張念祖以子宗震貴
貤贈文林郎曲江縣知縣萬廷璁以孫興琛貴
贈文林郎曲江縣知縣萬希嵩以子興琛貴

贈武德騎尉雲騎尉鄒元熊以嗣子覲光承襲貴
貤贈武德騎尉雲騎尉鄒元揚以子覲光承嗣襲職貴
貤贈登仕郎武昌縣訓導靖明經以子裕元貴
貤贈徵仕郎漢陽府訓導靖乃質以子天紀貴
贈文林郎萬安縣知縣靖式禮以子本誼貴
贈文林郎郃陽縣知縣靖式文以子本詵貴
貤贈文林郎郃陽縣知縣靖本譓以弟本詵貴
貤贈修職郎石首縣教諭劉思九以子之銑貴
貤贈修職郎荆門州學正操鵬以子履騏貴
貤贈文林郎黔陽縣知縣蔡王臣以孫文蘭貴

贈文林郎黔陽縣知縣蔡可遠以子文蘭貴
贈昭武都尉紫陽營都司詹世純以孫玉彬貴
贈昭武都尉紫陽營都司詹啓驊以子玉彬貴
貤贈昭武都尉紫陽營都司詹啓驎以姪玉彬貴
封修職郎廣平府經歷王崑以子志鈞貴
貤贈文林郎大城縣知縣胡紹遠以外孫汪兆霖貴
貤贈文林郎平遠縣知縣萬經祖以孫希煜貴
贈文林郎平遠縣知縣萬廷篆以子希煜貴
貤贈文林郎內閣中書張從龍以孫履恒貴
贈文林郎內閣中書張青選以子履恒貴

貤贈文林郎晉贈奉直大夫蘄州知州汪世綸以孫兆霖貴
贈文林郎晉贈奉直大夫蘄州知州汪耀宗以子兆霖貴
貤贈修職郎房縣訓導劉世濂以嗣子昌榆貴
貤贈文林郎印江縣知縣晉贈承德郎清江通判李茂桂以孫振堃貴
贈文林郎印江縣知縣晉贈承德郎清江通判李夢鯉以子振堃貴
貤贈修職郎惠民縣縣丞靖本鍔以子厚鍼貴
貤贈文林郎荆州府教授萬覲祖以孫希科貴
贈文林郎荆州府教授萬廷聞以子希科貴

貤贈修職郎宜城縣教諭萬廷闕以子嵒貴
貤贈修職郎鄖西縣教諭陳丹鳳以子元揚貴
貤贈文林郎正陽縣知縣汪肇封以孫極三貴
贈文林郎正陽縣知縣汪于濰以子極三貴
貤贈徵仕郎晉奉直大夫內閣中書奚祖文以孫先凱貴
貤贈儒林郎內閣中書加二級奚祖禹以姪孫先凱貴
封徵仕郎累晉奉直大夫內閣中書加三級奚光烪以子先凱貴
貤贈儒林郎內閣中書加二級奚光煥以姪先凱貴
貤贈文林郎內閣中書加一級奚光煜以姪先凱貴
貤贈修職郎巴東縣教諭嚴桐以子承啟貴

封儒林郎揀選知縣加一級胡文炳以子玉森揀選知縣加級請
貤贈儒林郎揀選知縣加一級胡文學以姪玉森揀選知縣加級請
貤贈修職郎石首縣訓導萬廷衡以子希烜貴
貤贈奉政大夫大興縣知縣萬廷璧以孫畀洋貴
贈奉政大夫大興縣知縣萬希宗以子畀洋貴
貤贈修職郎江陵縣教諭萬希烺以弟希煜貴
貤贈修武校尉黃州協外委把總李士榮以子志全貴
封奉直大夫晉朝議大夫戶部主事胡士琮以子美彥貴
貤贈奉直大夫戶部主事胡美彰以弟美彥貴
貤贈登仕郎平武縣主簿陳銓以子鑒貴

貤贈文林郎鄖陽府教授汪世昇以孫兆雲貴
封文林郎鄖陽府教授汪謙以子兆雲貴
貤封修職郎安陸府訓導汪兆澍以姪引鴻貴
貤贈修職郎監利縣教諭汪兆綬以姪引鴻貴
貤贈文林郎平武縣知縣靖式政以孫厚欽貴
贈文林郎平武縣知縣靖本詔以子厚欽貴
貤贈修職郎監利縣教諭萬希和以子畀欽貴
貤贈武信騎尉武昌營把總歐陽承紹以子勳貴
貤贈修職郎當陽縣教諭陶成錦以子玉華貴
貤贈文林郎米脂縣知縣王成岡以孫鵠貴

贈文林郎米脂縣知縣王如鏊以子鵠貴
貤贈奉政大夫保定府同知曾大榮以孫世儀貴
贈奉政大夫保定府同知曾廷彩以子世儀貴
貤贈武信騎尉蘄州把總蔣軼羣以子尚英貴
贈奮武郎晉武信佐郎黃州協千總趙世盛以子治國貴
贈武畧騎尉蘄州千總趙一祿以子發科貴
贈宣武都尉武昌營千總靖必義以子兆貴貴
貤贈昭信校尉僧塔千總胡金錫以子如海貴
貤贈奉直大夫加知州銜安徽候補知縣謝從本以孫焱貴
封奉直大夫加知州銜安徽候補知縣謝志烜以子焱貴

貤贈修職郎光化縣教諭程煥瑛 以子光禮貴

貤贈儒林郎廣東候補知縣李元搢 以孫士燮貴

贈儒林郎廣東候補知縣李嗣湛 以嗣子士燮貴

貤贈修職郎東湖縣教諭李世杰 以子畀玉貴

貤贈修職佐郎天門縣訓導趙康錫 以子廷海貴

貤贈修職郎竹谿縣教諭龔傳仁 以嗣子炳貴

貤贈修職郎竹谿縣教諭龔傳禮 以子炳貴

貤贈修職郎建始縣訓導嚴光佩 以子垣貴

貤贈修職郎晉文林郎武昌府教授童承閎 以子兆璜貴

貤贈文林郎武昌府教授童塏茂 以孫兆璜貴

貤封修職郎荊州府訓導王運宸 以子際雲貴

貤贈文林郎陸川縣知縣曾文秀 以孫鵬貴

贈文林郎陸川縣知縣曾雄 以子鵬貴

貤贈文林郎左雲縣知縣丁盛湯 以孫璜貴

贈文林郎左雲縣知縣丁學楠 以子璜貴

貤贈武畧佐騎尉贛州衛千總劉光普 以姪定國貴

贈武畧佐騎尉贛州衛千總劉光旭 以子定國貴

貤贈修職郎雲南府經歷龔尚忠 以子斗南貴

封武信騎尉黃州協把總周正才 以子鵬翥貴

貤封武信騎尉黃州協把總周鵬翔 以弟鵬翥貴

援例封贈 此條舊志未載查現任職官未遇覃恩首俱准捐請援例榮親事同一律故增附於後

贈奉直大夫吳松齡 以子鑣捐職加級請

貤贈奉直大夫胡士才 以孫文盛捐職請

贈奉直大夫胡宗返 以子文盛捐職請

封儒林郎胡文郁 以子廷珍捐職請

貤贈儒林郎胡啟華 以姪廷珍捐職請

貤贈儒林郎徐世壤 以孫愈模捐職請

封儒林郎徐貢朝 以子愈模捐職請

授登仕郎晉贈奉政大夫朱廷選 以子映光捐職請

贈奉直大夫朱廷運 以子映奎援例請

貤封登仕佐郎邱世綠 以子大智捐職請

貤贈奉直大夫王世襲 以孫議叙職銜宗華捐請

贈奉直大夫王如海 以子議叙職銜宗華捐請

贈儒林郎劉邦發 以子在鵬捐職請

貤贈奉直大夫劉本讓 以孫夢元捐職加級請

贈奉直大夫劉揚烈 以子夢元捐職加級請

貤贈儒林郎詹啟璉 以孫人祿捐職請

贈儒林郎詹聞達 以子人祿捐職請

贈承德郎陳名教 以子之騶捐職請

貤贈中議大夫王啟麟 以孫鵬翥捐職加級請

贈中議大夫王士翰以子鵬翥捐職加級請

贈奉直大夫游定寰以子豐元捐職加級請

貤贈儒林郎姜維寅以孫玉成捐職請

封儒林郎姜聞韶以子玉成捐職請

貤贈奉政大夫劉調梅以孫錫璜捐職請

贈奉政大夫劉世芬以子錫璜捐職請

贈奉直大夫洪植楨以子恩詮捐職加級請

贈奉直大夫洪志鵠以子恩澤捐職加級請

贈奉直大夫梅鉅昂補以孫延貴加級請

贈奉直大夫梅濤補以子延貴加級請

廕襲世職附

明

張　官本姓周以父璘廕授明職官志三品以上考滿著績得廕一子曰官生璘滿二考應得廕子舊志脫今照楚紀補入

詹　紱以祖同父嶽廕官尚寶寺丞

詹希原同從孫以廕官中書舍人

謝　元以父杲廕官鴻臚寺主簿

吳繼善以伯父世亮殉難廕先是世亮無嗣廕從子繼良入監讀書尋故以弟繼善補廕累官詹事府錄事南京鴻臚寺主簿

康守功以父良臣殉難廕官仁壽主簿

王追阜以祖廷瞻廕官至安順知府贈太僕卿有傳

曾　恕以父全指揮征横江殉難廕官至都司僉書有傳

韋蜀麟以父宗孝殉難廕官南京衛經歷

甄若玹以祖汝廕官國子監學正

王源發以父家錄殉難廕

周之訖以兄之訓殉難廕

王封勲以父一桂殉難廕

國朝

汪惟錡以父基遠殉難廕官沁水知縣霸州知州

韋鍾炳以父成賢廕官石城知縣

曹本懋以兄本榮廕

李提龍以父占春廕官至知府

曹宜溥以父本榮廕後以博學宏詞官翰林院檢討

陶思哲以父之駿殉難廕

官純心以父撫漢殉難廕官知縣

王麟紱以父宗臣廕

陳其亮以父士銘世襲拖沙喇哈番

陳其智以父士銘世襲拖沙喇哈番

汪封渭以太高祖基達殉難廕基達子惟錡官知州後乾隆六十年奉旨查其後裔給予恩騎尉世襲罔替封渭承襲咨達作爲文生一體鄉試中嘉慶癸酉舉人道光癸未進士現任山東德州知州施見選舉志

鄒覲光以嗣父元熊官道士洪外委於嘉慶五年七月初四日在鄖縣攻克花果園陣亡奉旨給予世襲雲騎尉

鄒承勳以父覲光於道光九年因病告替承襲雲騎尉世職咨達與文生一體鄉試

孫廣墉以七世祖如芝官四川筠連縣丁艱歸途次遇𡲬逆脅降不屈死乾隆六十年奉旨查其後裔給予世襲至道光十一年詳請承襲

陶士貞以高祖之駿官廣東茂名縣丞殉難乾隆六十年奉旨查其後裔給予世襲至道光二十八年詳請承襲

康熙二十八年奉申嚴愼選例查取前明衛所世襲雍正八年奉武舉壅塞不行例暫停乾隆八年奉武舉壅塞已通例錄其子孫咨部備用前志載存敘次於左

明指揮使

曾　斌衛州人洪武間入籍世指揮使後裔一夔恕言爵與見武勳

夏　聚懷遠人洪武間入籍

嚴　禮蒙城人洪武間入籍由振武衛指揮僉事世襲本衛指揮歷泰瑛敏誠瑞清宗武用中復天鴻祚凡十一世

陳　榮滁州人洪武間入籍後裔陳宏猷承襲

倪　義六合人洪武中以功由隨州百戶世襲本衛指揮僉事歷雄玉永福勇天祥士舉光敏政九世敏政有傳康熙二十八年裔孫宏祚承襲領運子璜孫灝

郭　顯保定人永樂六年襲本衛指揮使歷宣廷爵承武訓之翰以重六世以重殉難有傳康熙二十八年裔孫世柱文臣襲職子祚啟孫恒秀承襲恒秀子紹基

胡　海臨潼人永樂間入籍本衛指揮僉事歷拱辰恩永諫俱世襲恩有傳

牛　瑛泗縣人永樂間入籍世指揮歷瑤斗可耕見武勳

孟　凱德州人洪熙間入籍後裔世爵承襲

趙　能陽信人洪熙間入籍後裔承祖承襲

郭　忠廣昌人宣德間入籍

李　勳沂州人成化間入籍祖新左府都僉事封崇山侯勳襲本衛指揮使歷儀鈺汰海繼善光祖士奇七世士奇有傳順治末裔孫逢春領運兼管

張　永魚臺人成化間入籍守備子師綱孫成紀承襲成紀子文熙

胡　輔海縣人成化間入籍

張貴 章邱人祖榮從征靖難功世襲管軍正千戶貴成化中以勦劉千斤功陞本衛指揮使世襲歷鎮裔科韓若駿五世康熙二十八年裔孫國貞承襲

袁達 懷遠人嘉靖間入籍孫應報由鎮海將軍指揮僉事順治初裔孫三才領運子之貞孫璜承襲璜給千總銜子又勳

李士

滿芳 定遠人嘉靖間入籍本衛指揮使歷思謙如弦世襲思謙有傳順治七年裔孫世榮承襲領運

劉威 蘄水人嘉靖間入籍

彭宏 蘭陽人洪武中以征蘭溪功世襲指揮使至六世孫璿康熙二十八年裔孫承元承襲子家讀

彭益孫 麻城人

鎮撫

詹勝 鳳陽人後裔允宗承襲

劉綱 江西人後裔煥承襲

余瑛 鄱陽人入籍世襲鎮撫子恩先後裔承宣承襲

李芳 衛州人

王蒙哥秃 瀋陽人後裔鳳朝承襲

徐福 江西人後裔喬松承襲

千戶

李成 靖海人入籍世襲本衛正千戶裔孫應鵠署指揮使有傳

潘正 六安人入籍千戶歷崇高世祿世臣襲職康熙中裔孫源泓給千總劄隨運弟源濟于琳

秦得 鳳陽人後裔賢承襲

毛大節 巴陵人

朱昺 泰州人孫海建文四年由鎮海衛調黃州衛右所正千戶世襲歷洪亮爵亥鐣國宗寵凡七世寵有傳康熙中寵孫彭年承襲隨帮旋停至乾隆八年又取彭年從弟大年子憲名咨部

王繼泉

奚佛關 廣德人入籍孫綱從征香爐山陣亡贈黃州衛千戶子世襲

張養元 鳳陽人洪武時以功授靖州衛千戶七世孫鳳宣德初調黃州衛歷亞武崇襲職康熙二十八年裔孫光輝承襲子在儀孫其蘊

任秉直 南昌人入籍授衛千戶世職康熙二十八年裔孫廷哲承襲子士珍孫國柱

嚴典 六安人入籍子廷諫以功授千戶世職裔孫正紀承襲

百戶

葉成 新建人

陳德新 息縣人

左良 臨汾人

李誠 鳳陽人

朱昱 昺兄籍儀徵洪武中隨征雲南功世襲本衛百戶入籍歷瑄誠輪襲職康熙二十八年裔孫時懋承襲子紹程

陳虎安 常熟人

杜玉 臨淮人黃州協鎮守有功世襲百戶至十世孫薦萬歷壬子舉人祝進崇禎己卯副榜詔先父子玉後裔也康熙二十八年裔孫乾元承襲

方可大 山陰人入籍孫紹授百戶世職康熙二十八年裔孫廷錫承襲

范天受　廣德人後裔宗堯承襲
吳　斌　兖州人
雍大亨　壽州人入籍孫泰世襲本衛百戶順治中裔孫國瑞隨運子錫孫豐承襲豐子栴
韓　望　六安人後裔韓榮承襲
栴　芳　南昌人後裔友柏承襲
潘　亨　餘干人後裔宗源承襲
張文譽　廬州人
高　興　合肥人後裔高陞承襲
陳洪卿　巘父照巘傳補入

黃岡縣志卷之七終

黃岡縣志卷之八

知黃岡縣事宛平俞昌烈編輯

人物志

儒林

天官九兩儒以道得民孔門四科德行褎然稱首蓋立天地之心發帝王聖賢之蘊非能見其大實有諸已者不能與於斯也戴記條列儒行十有七其說醇駁雜糅倘所謂命儒也妄識猶不出衆耶漢氏之儒推董子一人至宋周程張朱子儒術始以大彰乃金谿姚江亦稱羽翼而辯者至今齗齗未已蓋其難也夫覈其全修則

人不世出語其一體則皆聖人之徒若茲邑所載諸子其亦不失爲醇矣乎

明

郭慶字善甫聞王守仁講學徒步往從之三年得其說正德丁卯舉於鄉授清平知縣以廉稱勤於撫字捐俸給貧民牛種在官五年乞休民爲立祠祀之家居儉約遇荒歲贍親鄰困乏爲人質直好吟咏著述甚多後盡散失卒祀鄉賢

吳良吉字仲修師事王守仁其後自授生徒矩矱嶷然而純粹可親學者宗之家貧自得也孟津知黃岡延之書

院有人夜懷金請間㞐吉怒却之卒少保耿定向備棺斂爲作傳知府瞿汝稷爲之立墓碑所著有居湖集祀鄉賢

樊燁字崙川性孝友少負雋才博通經史以選貢授漢陽訓導約法嚴明講學不倦故其後及門多以經術顯子孫在官者皆能樹其清節以子玉衡侍御史封如其官時人以爲純學之報云祟祀鄉賢著有史學集等書

王陞字進吾萬歷已卯舉人少孤事母以孝聞由肥城教諭遷四川威遠知縣威俗悍輒訟長吏陞曰長吏或貪耳乃勸耕興學每單騎廵窮鄉中又捐賑凶饑晉泗州

知州舟東下山谷老稚爭送皆負豆稽首爲獻陞辭不得人受一升泗有水不治陞力請開高家堰以疏水源忤諸當道遂以周家橋大工責陞獨任陞親畚鍤雜土傭坐臥風雪中水遂平又泗人倚陵莊奪民田陞按册釐核不少假遷重慶府同知政遵義上谷龍門皆有政績介不可犯老而彌篤再移鎮南遂乞休歸則講學正宗會館倡修問津書院生平宗湛若水之學隨處必求天理爲安尺寸不苟著有退省錄退問集綱鑑讀要諸書祟祀鄉賢弟臺字最吾邑諸生好學深思與陞講學於定惠問津諸書院及陞官重慶臺猶往來講論一時從遊者衆子家欽字仲修孝友文章一時推爲醇儒郡太守祝萬齡聘之設教定惠院倡明正學卒亦祟祀鄉賢臺子家録欽子源昌俱别有傳

蕭繼忠字康侯性素豪邁弱冠列弟子員旋中副車先是蕭文憲爲酷吏所斃其子繼元愬於朝吏以繼忠爲元之從弟也遂誣以盜置於獄榜笞且劇繼忠投獄井經宿不死遂讀易窮性命之旨既出折節力學遊燕都越金陵抵江右訪求名儒學益純篤後設教白鹿首善書院及歸又與同郡王陞黃彥士諸人修問津書院遠近受業者不下數百人時魏璫恣横附之者因揚左㦸東

林摧殘楚士尤毒繼忠聞緹騎至即時就道顔色自若家人無一知者會魏璫誅乃免以講學終老著有語録諸書問津書院祀之

余心純字西澗萬歷壬辰進士授嘉善知縣研精禮學衆稱篤志言動悉遵矩矱時以戴記儒宗立坊表之著有禮記搜義二十八卷初邑孝廉於廷諍以戴記鳴世所稱樂葵先生也心純與進士樊玉衡王一鳴學博劉功遠暨漢川中丞尹應元同受業焉而心純所著爲尤顯

秦繼宗字西汀萬歷甲午解元以饒陽教諭登庚戌進士累官戶部郎中爲人德性醇厚博綜力學至老不懈經

其指授者皆有所成就著有尚書疏意禮記疏意行於世

詹時明字爾用端凝靜重寡言笑少慕薛瑄之學求王守仁之所以異處以歲薦除常德訓導日與諸生講學以聖賢務在實踐戒浮靡壽遷江西武寧教諭攝縣事彌歲簿書刑獄之事必以至誠爲本一時目爲儒者擢四川筠連知縣乞歸齋居正襟危坐講論不輟遠近從遊者稱爲冲默先生崇祀鄉賢子謹之別有傳孫大衍大有俱舉人

朱荃宰字咸一明末已卯辟舉授浙江武康知縣以最召

赴京卒於道家惟圖書而已著有周易內外圖說禮記會通禮記金丹毛詩類考孟子年表經濟錄論世篇世史尚史文通詩通詞通樂通韻通大學權衡中庸權衡行於世艾南英稱其孝友廉讓留心著述其於車戰舟師皆有師授

國朝

曹本榮字木欣號厚菴父大輔諸生以學行稱本榮少卽有志聖賢清節自勵順治已丑成進士選庶吉士初好王陽明書及得館師胡此菴激發退而深思一年豁然有省遷司業以正學爲六館倡順治九年應詔上言陛下得二帝三王之統當以二帝三王之學爲學宜開經筵討論經史以崇德廣業一切章奏事宜必延輔弼大臣面議可否奬廉而禁貪藏富以足用愼刑罰定制度報聞十二年詔舉行日講擇滿漢詞臣七人充日講官本榮與焉累遷左庶子十四年二月詔與大學士傅以漸纂修易經九月肇舉經筵講官復奉命纂修歷代通鑑累遷國史院侍讀學士湯文正斌入館時特敬事之康熙二年疾歸卒於揚州臨卒起沐浴正衣

冠視日方中危坐而逝著有五大儒語要居學錄諸書行世子宜溥由廕生舉博學宏詞官檢討篤學勵節操著有鳳岡詩集

萬年茂字少樓號南泉曾祖爾昌祖爲恪皆名德父繼祖有隱德俱載邑志年茂承積廕生而清英年十四楚撫觀風取冠八郡後王中丞士俊尤器之目爲鼎彝法物乾隆丙辰成進士入翰林恬於勢利一刺不投要津日與同志趙青藜蔡幸輩以道義相切劘時史館例進經議年茂指陳時事不避忌諱掌院鄂爾泰讓之弗爲動辛酉典試山東壬戌分校禮闈所拔皆偉士梁國治劉

墉乃其尤也旋擢御史感
上嚮用遇事益敢言如請免蘄州米豆稅關毆未及丁請勿
償皆頒行越二年坐彈劾諂人語過激免歸未出都兩
月間研玩周易作圖說六卷發體用一源顯微無間之
蘊揚名時見而嘆曰歷聖心傳具是矣歸里杜門謝軌
樂志養親久之郡省大吏慕其賢爭聘主講書院歷麟
山涑水鷺洲豫章河東嶽麓江漢所至身範口鐸學者
尊信之如山斗年八十七楚中大吏奏
允重燕鹿鳴詩歌傳和鄉國榮之壽九十乃卒年茂平生無
惰容無纖語潛思超悟不落元虛嘗言太極與中庸合

一以天地實迹證之以人驗之而要以立誠爲本又言
中庸綱領具乾二文言中節目具坤二文言中乾之在
田猶坤也中之爲文猶中五也知此則儒釋異變不辯
而明皆深造自得之言弟年豐丙辰舉人浙江鹽大使
以廉介聞年治甲子舉人未仕卒從弟年蕎壬午舉人
福建順昌令有治聲子承宗甲戌進士累官大定知府
孫鼎恩湖南府經鼎勳乙未舉人山西知縣甡郡增生
曾孫裕芴邑庠生

文苑

六經垂而天地之文著離騷作而詞章之士興其盛其
衰每視氣運爲遷轉焉茲地唐以前猶闇淡耳自杜王
蘇張翔集於茲提風唱雅而邑士遂郁郁彬彬出爭藝
林壇坫殆天之光啟斯邑也潘邠老兄弟鳴於宋王稚
欽一門競於明劉克猷陳仲夔高步於
本朝猗歟盛矣嗣起者家握靈珠人操和璧皆得采而列之

宋

潘大臨字邠老幼警敏不羈家雖貧泊如也以詩名於時
與蘇軾黃庭堅張耒洪芻徐俯輩游庭堅稱爲天下奇

才臨川謝無逸嘗問大臨有何新作答曰秋來景物盡
是佳句恨爲俗氛蔽翳昨有句云滿城風雨近重陽忽
催租人至遂敗意止此一句奉寄聞者賞之年未五十
卒祀鄉賢弟大觀亦能詩名與兄埒

何頡之字斯舉篤學善屬文自號樗叟蘇軾在黃時常與
論文體法及黨禁開後黃州重建雪堂頡之作上梁文
一時傳誦嘗爲黃州雜詠陸游讀而和之

孫賁字公素客於韓魏公琦爲教授書記琦知之深後官
奉議郎蘇軾嘗與之同幕魏公詩而刻之石

元

滕賓字玉霄至大間爲翰林學士有文名嘗作韻府羣玉序祀鄉賢

明

潘子安由保舉任四川夔州府同知工於詩賦有海天青嘯集傳於時

熊仁宏覽不羈有史才嘗與輯郡志

王廷陳字稚欽年甫丱日誦數千言能文章弱冠魁鄉試正德丁丑進士選庶吉士曠達不羈改吏科給事中武宗南狩上疏極諫廷杖謫知裕州以忤監司免歸林居三十餘年日以詩文自娛著有夢澤集嘉靖中巡撫顧璘疏薦起用不果卒祀鄉賢事詳明史

王追美字輝之幼孤祖廷儒敎之七歲舉郡神童郡守疑其妄試之應聲而就乃大驚補諸生搜羅圖籍恣力爲詩古文嘉靖辛酉舉於鄉會試不售乃放情山水詩酒自娛著有岣嶁山人集子一鳴以文學名事在宦蹟傳

呂禧字本善少時嘗作烈女賦又爲旨酒賦奇字盈幅時人莫識王廷陳見而奇之目爲國器嘉靖辛卯舉於鄉授丹稜知縣性簡靜吏事清飭暇即手一編吟咏不輟楊愼爲序其蜀稿及歸四十餘年絕跡城市年九十卒有見一山人集子應端諸生亦以博學稱

萬一奇字九初幼穎悟目十行下或譏以未讀南華乃卽席檢集贈聯人稱聖童萬歷戊戌成進士授開封推官廉明有惠政會藩臬下郡邑丐詩文獻巡按壽代搆數百盡一日畢遂不起時論惜之見黃陂縣志

曹之棟字喜玉博學多聞著述甚富由歲貢訓導公安敎士以學古爲先談忠孝節義輒鼓掌不倦與易道暹爲莫逆交著有四書講義及文集行世子大蒦見隱逸傳

呂元音字節之少有文名及長學益博邑令茅瑞徵修輯縣志舉屬裁定稱爲善本天啟辛酉以選貢舉於鄉著有後軒集春秋問難無懷詩集其從孫德芝字時素歲貢生有文學以孝友重於士林家貧與弟鼎玉稽古賦詩怡怡如也著有晉起堂集嘗輯黃邑續志藏於家

王同軌字行甫貢生爲南太僕寺主簿高才博學能詩古文同呂元音修縣志著耳談蘭馨集興國吳國倫推重之時有汪世正何謨宋家瑚方日旭亦以博奧聞世正字幹卿家瑚字伯華日旭字叔旦譔自有傳

江之鶖字二鶴躭志書籍聞善本輒購之所積累萬卷築室陽邏顏曰芝山以爲藏書之所蒔花種竹日與友人吟咏其中蕭然不知世味之紛糾也生平著述甚富明末燹於兵

王施大字化宇性孝友產業悉讓諸弟刻志勤學窮年不輟再試副車不遇嘗與同里蕭繼忠熊霈等講學問津書院爲人和氣藹如皺一不欺時論推重之

孫應鴻字茂長諸生勤苦力學入目終身不忘淹貫經史及諸子百家架集萬卷信手拈取無不習熟書法亦極工妙少與黃梅瞿九思交九思所訂六經皆折衷其手尤精易傳究性命之學務在身體力行嘗徧遊名山及歸益貧落惟杜門著書戒子弟勿干仕進所著有古易圖河洛理數詮等書子錫蕃別有傳

汪三省字別傳才思雋敏下筆浩瀚動數萬言著有尚書

懷西四十八卷

程文字天章崇禎壬午舉於鄉鼎革後絕意仕進與兄弟同治經史馬樹堂王巳山咸重其文惜著述多散佚

國朝

劉子壯字克猷少穎慧讀書目數行下屬文雄肆成一家言制藝爲楚風冠順治己丑進士

廷對策萬言

帝覽之大悅於是臚傳第一授國史院修撰條奏皆次第舉行壬辰分校禮闈得二十二人皆知名士尋告歸垂橐蕭蕭如布衣時性孝友父母早喪撫諸弟及從子五六人篤愛無間雖難離必敎以禮嘗過崑山介雅與厚善贈以千金不受見小吏囚白而釋之吏感其德將鬻女報焉聞其却千金也乃止又邑子某遭兵亂失其妻以百金致歸之生平善行類此自少讀書文昌閣省身唯謹旦晝所爲夜必焚香以告終其身如一日年四十四卒祀鄉賢有吡思堂集行於世子孫茂靖州學正其母曹本榮姑也

王成字生生順治辛卯舉人奇慧好讀書志趣高遠與同里高思忠孫如芝鄒亘初爲詩文友名動一時時有胡夢熊亦辛卯舉人博學宏才研精易理著有易林解諸

書時人傳之

鄭先慶字亦懷明末諸生性孝友博學多才放情塵表于清端成龍所稱肯崖老人也與交最久嘗爲跋漁舟詩又刻其集而序之欲使讀書學道者知江漢間有張子同陸鴻漸其人也以子昱貴

贈通議大夫廣濟金德嘉爲作墓表

林之華字伯滋貢生其四世祖琥尚氣節好施與里人賴之之華工文章通經術著有周易上下篇義補洪範說卦鑰易四書費日箋鎖夢堂詩文十音會讀諸書其從弟正所年三十始讀書五載成名士由鄉貢出授襄

賜教諭擢六合知縣居母憂廬墓三年

高思忠字孝移少穎異每試冠軍督學高世泰修三楚文獻錄思忠與其事順治辛卯副榜後以歲薦授遠安教諭

王澤宏字涓來順治乙未進士選庶吉士累官禮部尚書有請移湖口關還九江疏商民便之

聖祖仁皇帝先後賜以夙夜惟寅及尊道堂匾額尤工詩福清魏憲稱其五古則鄴下彭澤七古則浣花徂徠近體則絳州鹿門飄飄乎如蟬蛻之遇秋風子材升貢生候補主事工詩材任別有傳

王封瀠字五書少有文名順治戊戌進士選庶吉士性淡泊居官廉慎康熙時

御書尊德堂三字賜之累官禮部左侍郎年六十餘卒於官

賜祭葬著作有棠春園集季子如稱諸生能詩有懶齋吟

奚祿詒字克生順治己亥進士博覽羣籍爲文力摹西漢累官常州府同知課士有知人鑒歸時家無長物嘗修黃州府志文筆簡潔著有知津堂集同邑高登雲字丹壑亦有文名與祿詒同修郡志

王追騏字雪洲順治己亥進士選庶吉士改給事中多所建白以終養歸閉跡窮經二十年徵博學不就晚好易象懸河洛圖於座朝夕省覽每多心得著有居俟樓集

葉封字井叔順治己亥進士初任延平推官改知登封縣復嵩山書院及宋儒祠祀政修事舉訟獄衰息有古循吏風以最行取西城兵馬司指揮後遷兵部主事卒封少學詩於外舅杜濬在都門與王士禛宋犖顏光敏輩齊名著有慕廬集子道復進士孫德涵貢生有文學省志黃陂人封本黃岡寄籍黃陂

何履仕字叔鑑歲貢生有俊才與李之泌晏清輩齊名爲詩工秀婉麗字倣黃庭大徑尺者尤善

李朝琝字石同才思俊逸好古力學以氣節自負嘗應童

子試刻烛成七藝文采爛然學使首拔之以歲貢終時人稱其詩文方明之徐渭焉其門人楊允穎字典穆順治辛丑進士授遂寧知縣詩文書法多傳者年七十時每見朝琝必侍立未嘗跛倚時兩稱之

程芳烈字子揚獻賊之亂闔家被害父某壯俊賊脅入蜀派令捜殺人不忍每割死屍頭充首級功久之鋌險逃糧絕投一廟其主僧乃其所嘗全活者因濟之而導以歸生四子烈其次也穎悟絕倫亂後苦無書偶借新試牘觀一夕卽還錄出數十首無一字譌爲文敏而有法康熙己酉副榜倦游歸環屋種松千株號半山庄讀書

其中不關世務嘗耳佳士陳某名一日暝坐恍得其爲人並贊文二篇筆記之明日陳果至出示各大笑事類董五經之識伊川靜可想也已選竹山教諭日儒官閒適亦不免折腰豈以易我半山庄遂不就著有雪亭藏稿年七十卒先知汲期子之驥恩貢生善書孫後濂丙辰進士別有傳

於斯和字爾節弱冠爲諸生應制科不第肆志詩古文遊名山水所著有周易假我編老狂吟復園還來草詩集曹本榮王一翥張洮爲之序子心匡志行高潔嗜讀書千言立就不加點竄著有綱鑑簡正編振巴音詩集張

洮字素先中書舍人以詩文名家工書法

陳芳烈字仲紀少穎異博學能爲詩古文究極根柢排兀奡行試輒冠軍名重一時著有周天易數二卷觀心堂集十卷子裕貢生竹谿訓導

朱日濬字睿水好學博文端方自守由歲貢訓導均州講說經義後進以爲典型卒於官著有四書五經門句解百餘卷黃文獻六卷其門人王材任兄弟爲梓行之

鄒亘初字公遼諸生穎異好學文本經義不假華藻教人以德行爲先多所成就年八十餘卒問津書院祀之著有三成堂家訓諸書子江遐諸生孫士逼康熙壬午舉人通城教諭俱能傳其家學

操之盛字右恒少與鄒亘初同學爲諸生有聲一日聞亘初講學矍然若失遂北面執弟子禮時以爲古人所難康熙癸卯舉於鄉授天門教諭立科首德行次文藝刻理欲消長榮枯循環二圖說令學者自省察督學蔣永修深奬之歸與亘初修葺問津書院以啟後學士望貢生

黃自芳歲貢生少穎異工詩文晚更留心程朱之學主講問津書院從遊者甚衆芳誘掖奬勸多所成就而經理書院田產及舍采會文尤能悉剔諸弊卒年七十從祀

院內諸儒祠所著有晚翠堂詩文鈔

胡思樊字樊川康熙丙午舉人鄖陽教授風流文采照耀一時著有樊川詩集善飛白書卒於官子琯及從子珵玟俱有聲珵字羽彤殫心經學得先儒奧義閉戶授生徒不輕與人接有質疑來者終日不倦康熙乙酉舉於鄉授石首教諭年六十餘卒貧不能歸遂家焉玟乾隆丙辰舉人

詹大衢字麗門謹之次子康熙壬子副榜授翰林院孔目性至孝居母喪有白燕來巢之異穎敏力學手一卷寒暑不輟著作甚富有大易疏晦四卷發明朱子本義及

孝經論注黃安縣志環溪草堂集白燕堂集行世他書多散軼兄大衡貢生黃陂教諭從子士懿康熙戊午舉人漢陽教授俱有文學士懿以孝聞

胡之太字康臣性穎敏有文名少孤依叔氏有慈孝稱康熙戊午舉人教諭長沙先行誼學者宗之擢淶水知縣以老辭不赴歸園江詩書自娛性好善汲引後進聞人一長稱述不置年九十卒甲子與修通志著有莘古名言卦餘集諸書

王材任字澹人尚書澤宏子康熙己未進士由文選員外郎晉大理少卿擢僉都御史性清介持法平允糾劾有

聲罷歸寓居蘇州之常熟詩名重一時壽八十餘著有望雲集南沙集疊韻詩及集唐集杜剩外集諸刻子茂勳貢生緟祥訓導策勳乙酉舉人

陳爔字雲壁諸生父洪卿襲黃州衛百戶明末以手誅荆藩發佞知名爔生而穎異好古勤學敦尚氣誼名重一時年四十餘卒人或得其評點史漢諸書及象緯輿圖音韻無不精詳益服其學時有文名而不壽者陳之芬甄士棟皆諸生力學工詩文

樊齊敏字退園諸生篤志學問端品誼博綜淹貫著述甚富所著袖史及枕畧諸書學者稱之

龍倘傳號端峯可旋之弟也少英異讀書日數千言研精朱程勑率理窟門下多所成就康熙戊午已未聯捷成進士出陳介眉之門在都時翁鈍菴祭酒韓慕廬宗伯均相推許歸樊浦後以著述自娛著有端峯文稿並選戴記文行世

宋如辰字斗凝性穎敏少以文名貧困力學康熙甲子舉鄉試第一乙丑成進士選庶吉士恬淡伉直一時推重累官春坊中允致仕歸教授自給閉戶著書炊烟常絶泊如也家居三十年邑令罕見其面弟敏道字白山工詩古文詞中壬午鄉試

張一斑字聚上力究關洛諸書學必實踐平生謹言笑盛暑必肅衣冠其五世祖岐鳳所稱號泉孝子也一斑因輯古語爲孝行錄又嘗著實貫通論體陰陽之理發道德仁義之旨學者宗之由選貢官南漳教諭子洪原諸生好學孤高能繼其業

余滋字滋水諸生天性敏捷好學不倦生平制藝近萬首一時傳誦之博極羣書手抄卷籍百餘種年七十卒邑中名士多出其門

陳大章字仲夔順天府尹肇昌子折節好學博研經史康熙戊辰進士選庶吉士以母老乞歸孝養備至益肆力

於詩古文獎引後學多所成就聞人一善未嘗不側席禮之教子弟有家法置節孝祀田兼以贍族著有詩傳名物集覽及玉照亭集秋蓬集畇畊集做帚集雨山詩鈔行世年六十九卒子師晉貢生

萬爲懌字怡僑爾昌子與伯兄爲壯齊名爲壯早卒爲懌刻苦下帷寒暑無間有得輒劄記之生平著述號樗窗稿甚富詩雅麗晚出王孟工書法凡經史滿架皆手錄也以諸生終

陳大華字西嶽肇昌第五子年十四與諸文士泛舟鸚鵡洲賦詩立就衆皆驚爲之閣筆康熙庚午舉鄉試第一

手自撰錄經史成帙書法儁逸道麗卒年三十二著有石髓集詩及書法緒言子師栻由舉人知德平縣修築田家堰長堤邑得耕種免水患捐俸置義田義塚復興義學士民賴之卒於官著有敬義堂集

張光璧字斗符諸生甫四歲日誦數千言七歲善屬文人稱神童皋城徐學士致覺一見屬以千秋之業年十八應郡試作涵輝樓賦筆不加點郡守何應珏深異之篤於天性父病侍湯藥十餘年如一日事繼母馮曲盡色養及没哀毁成疾不數月卒平生博綜圖書參貫義藴每多前人所未發其誘進後學道範巖巖然無戾色以正身勤學爲家法所著有黃郡注遺江陵雜錄及誠正堂詩文集子亮采字敬六有學行早卒士林惜之

孫朝宗字有山諸生博極羣書精於詩客江南十年所交一時名士日與倡和落筆成韻莫不推爲儁才著有岱菴詩集其梅花百篇尤膾炙人口子秋水諸生

靖乃勷字敬菴諸生好讀書精三禮學受知於學使蔣永修性慷慨有經濟才甲寅山寇蠢動太守于成龍討平之乃勷有贊畫功縣蠧胥飛灑無徵糧石於其族族人莫辨乃勷視册即燭其弊其才識多類此子道謨自有傳天綱雍正癸卯舉人孫式文乾隆丁卯舉人兩世皆

以曲臺魁楚闈

吳純德字以占諸生潔已好修讀書不事章句務得其要著有學庸講義古文纂畧諸書

萬燦字季方爾昇子嗜古博學康熙癸酉舉於鄉同舉者爲同邑欽士佃袁豐程有年孝感丁光偉皆知名士而燦尤籍甚官歸州學正指授人士以文章法度人比子厚之在柳州以母老歸養母卒哀毁亦旋卒子娱祖壽祖覲祖皆績學能文而俱以孝稱娱祖且老婉愉如孺子親没悲泣卒壽祖嘗訃偕母知其好義益以奩金皆散之相識窘者日以廣母惠至老歲時祭輒悲不自勝

覲祖初省親歸州遇虎方踞路乳同伴股栗覲祖仍故步虎徐負子去人詡之曰吾以千里省吾親心貞夫一實不見有虎也人服其誠娛祖貢生著有懷光桐莊諸集壽祖舉人著有晴沙集覲祖廪生著有松軒文集

陳大慶字頤伯肇熙子博極羣書一覽輙强記不忘工於詩康熙丙子舉於鄉除桐鄉知縣有惠政解組歸家徙四壁人稱其豁達不爲窮累云著有樂府古近體游詩秋詩諸集弟大本諸生亦能詩

欽士佃字文思少孤家貧汲水拾薪養母以孝聞康熙癸酉鄉試第一庚辰成進士選翰林庶吉士性恬淡臨事

不苟磊落無城府工詩歌古文掌院韓菼推重謂其文爲尹師魯梅聖俞之亞著有瀛洲集

張楠字耕石康熙辛卯舉人好古博涉過目皆能成誦爲詩刻削清麗敏捷異常嘗和友人百韻詩援筆疾書名噪一時晚授衡陽教諭卒詩多不自惜皆散失

閻正發字開九榜姓楊康熙辛卯舉人博極羣書多所著述性傲岸於人寡合壬辰會試不第太史吳士玉亟稱之名益大振時年已七十不復再舉矣弟克家諸生與正發齊名

王如玖字二思父封權諸生事母以孝聞家貧篤學年二十二妻亡遂不娶姬琰舉賢良方正授監利教諭修學宫置學田培植士類監人咸敬慕之入祀名宦平生傲岸寡言笑所著有瀛洲小草三沙小式諸集又嘗與江陵張鈞旋選楚北詩曰詩佩行於世時同舉者邱良驤字渭牧家貧力學敦行誼官通城教諭

靖道謨字誠合乃勤子道謨才識英練學求實用文名擅於楚康熙辛丑成進士選庶吉士雍正元年檢發雲南攝姚州事甫下事卽訪民疾苦除陋規數十澄清積案訟獄遂稀以病乞歸益沉意圖籍博綜遐討皆心得也少時嘗學於王徵君心敬後遊楊文定名時之門故學

益純遂累聘鰲山白鹿洞及江漢諸書院教人以敦品實行爲務多所成就嘗修雲南貴州下荆南道及黄州諸志義例嚴明稱善本乾隆元年河南總督王士俊以博學鴻詞舉十五年巡撫唐綏祖復舉經學皆以老病不能赴居家孝友建祠宇敦宗收族置義田六百餘畝又倣朱子社倉法儲粟以備荒祲凡積累四十餘年而後成鄉故多水爲築鍾秤嘴堤自是數十村無水患復修廟埠潭渡行旅便之平生自處儉約見義事則不惜所費卒年八十有四家傳三禮之學因纂輯諸儒訂以已意曰過庭編又著有中庸釋注繫辭解果園古文詩

藝家訓書院講義及詩鈔諸集

續志載諸生杜之蘭程樊王際康馮汝鹽黃文蘇楚詩佩載諸生王天驥王封淑劉浦蔡驥德桂恐修桂嗣宜又有貢生王一煌皆重文名惜其事無傳者凡十二人

王坦字今度爲諸生時下筆多清挺刻至之文同邑陳雨山靖果園皆相與切劘後舉康熙庚子鄉榜與徐壇長唐赤子王耘渠諸名家遊詣益精邁屢困公車嗣銓固始知縣未任卒著有且楼集

周祚縉字次紳乾隆丁未進士官施南學博少英敏年十六補弟子員家貧力學博稽羣籍搜奥探奇爲文獨以高簡枯淡之筆不爲風氣轉移族中茂建熲光等素推重之有涵坐眞稿行世

孫偉畧字顧園拔貢生性敏博學尤潛心理窟以程朱爲宗卒年八十餘著有四子參訂語錄十三經原委天文地理考四書文襲陋集等書子延禧雍正乙卯副榜長陽教諭延禧子八四入黌宮

王封渭字璜川乾隆壬申進士猗氏知縣少孤苦隨母氏遷居壽昌從夏鶴亭先生遊爲學不務章句博極羣書浸淫史漢卽制舉帖括亦必鎔經鑄史自成一隊歸田後閉門著述有四子講義及五經纂輯澤思堂稿等書而及門受業者皆知名士如繆繼濂王如曙王養福龔傳薪其最著者也

王近顒號若巖雍正甲辰舉人官新野知縣少穎悟過人所讀書寓目成誦爲諸生時儲中子王耘渠咸奇其才其文包孕經史橫覽古今而出以渾灝之氣峭折之思官中州時同鄉魯之裕嘗語人曰田總制稱吾才終不若巖之裕之言如此若巖可知矣所著有若巖集

宋鏊字愼三如辰姪性醇篤好學不倦乾隆辛酉舉於鄉壬戌中明通榜官恩施學博創修施南府志丁丑成進士任安陸教授所至以誘掖後進爲務英才多所成就著有四書分辨詳解及大中訓詁論語管窺孟子講義子治恒治觀俱諸生治咸進士　治咸號小阮幼穎異

博學尤以孝友聞嘉慶辛酉進士宰浙江仙居縣治民一本平恕先是台州凡獲洋盜委員審訊惟憑通事一言遂判死生間有冤者嘉慶九年咸因公赴府會報獲盜二十餘人府屬鞫拗曲折致詰乃俱係商侶以誤拒汛船被捕禀請開釋台人到今稱焉緣事罷歸歷主江西鷺洲安徽中江沔陽聚奎黃州河東書院歲脩少餘即以分給羣從著有幾復集詩古文詞卒年八十六子三廷栻監生廷棣廩生廷杜庠生孫焜烜炳俱庠生

孫祚濬與兄祚灝乾隆辛酉同榜舉人濬才情恣肆下筆爲詩文譎詭浩瀚一瀉千里餘味曲包者無有也灝少謹飭於賈邢孔鄭之學尤留心一時兄弟競爽人比之何僅乃均不得第濬官應城教諭灝官恩施教諭惜著述散佚爲之慨然

王道明字熙載號雙崎家世儒素生七歲而孤母陳氏拮据供其讀夜則斵松脂爲燈寒則掃楓葉爲爐事見列女傳道明聰慧感母訓益發憤通經史諸子及唐宋八家爲文工鋪陳排比翰動若飛然竟困場屋晚乃由歲貢授武昌府訓導都人士尊仰之當事延掌勺庭書院

又推爲江漢書院山長貢生主講省書院者金壇王汝驤外惟道明而已著有雙崎詩文集及策畧與修省志及長沙府志年九十六卒子若孫皆在庠序次孫士珍舉人官知縣別有傳

張念祖字緒茲乾隆辛巳進士藏書萬卷閱過輒不忘手丹黃甲乙皆徧自四書九經以及爾雅史記文獻通考皆有纂釋約百卷可齋詩文策畧又三十餘卷撰輯府縣志旁通奇書秘籙博學工文邑士盛稱之尤高其行誼少孤事母盡愛敬母嘗病百方求治夢神授以鍼法依用遂瘳從兄某別居祖析產蕩迺歸復分田宅如初遠祖產在徽登第往祠祭或勸拔譜清釐日宗人同氣勿較也岡有義園在京師會試後獨披榛往祭廉守者侵基若干力控官書戒勒碑乃已行誼類如此文學又其餘矣需次銓部未選卒長子宗震庚辰舉人

謝如錦字雲裳號龍岡篤行惠之子也幼警敏日誦萬餘言長尤攻苦從邑大儒王雙崎先生遊爲學得其宗旨年十八補諸生冠其曹旋食餼鄉試三薦未售以羸疾卒年二十有八雙崎哭謝生文有吾道干城斯文種子之語著有綺霞堂遺文行世曾孫志烜歲貢生別有傳

周茂建字展野忠烈公從元孫通經學古文章卓然成家

游江漢書院夏太史力恕深賞之目爲畏友不以儕弟子之列乾隆丙辰舉於鄉任石首學博士欽模範予凝光進士官知縣別有傳

靖本誼字伯宜敏而好學博覽羣書由拔貢甫乾隆庚寅南元乙未成進士出知江西樂安以經術飾吏治旋調萬安充庚子同考所取皆知名士挂冠歸里著述自娛子崇熵舉人官歸州學正

黃紹慈號子山性坦易無城府自少至老力學不倦爲文多發明經義無穿鑿附會之病一時推爲經師遊其門者多取科第而慈獨以明經老所著有五經通義及四

書文
王鑾字伯聲號徒洲晚號白洋山人髫年即解弄翰出語
驚人十四歲入庠游江漢書院撫軍梁文定國治院長
宫詹張曾敞皆奇賞之歲科試鮮不掄首者文章出入
經史藻贍俊逸時論以方邑先輩王廷陳然數奇遲久
乃中副車抱利器鬱鬱遠遊粵黔嶺海間所至放情物
外嘯咏酣嬉歸徒居邑東古高士庄因以自題其間且
自作墓誌年六十餘卒著有徒洲詩文集四書翼註補
正粤輶紀聞等書
王如曙字際三力學能文弱冠補弟子員嘗受業於王瓚

川之門其持身以品行爲先下筆爲文屈華崇實授徒
多所成就進士龍澍曙門人也將之官登堂受教曙告
之曰不負君不負民不負師訓如是而已著有困學日
知錄十卷及雙柏堂稿子壽椿諸生曾孫燕璦舉人
萬嵒號三峯爕曾孫乾隆庚子解元父廷闓諸生篤孝友
嗜學至耄不倦與人寬容無所忤然取舍一介不苟敝
衣履遊咏自得教生徒多所成就嵒事親亦以孝稱敦
行古誼饜飫經史百家書初選來鳳訓導母老請終養
服闋授宜城教諭訓士先行後文士習以端旋致仕著
作自娱有三餘隨筆一百二十卷鼠腊編四卷年躋九
十兒齒童顔望之若仙子鼎養廩生鼎實拔貢生
萬希槐字蔚亭進士禮祖次孫孝友卒天性九歲即能屬
文弱冠游庠食餼博通經史百家言族子門生承指授
者多取科第去乃卒老明經雖屯塞不以措懷杜門著
述聞藏書家雖數百里不憚汗牛走致著有惜分陰齋
詩古文集十三經證異行世者困學紀聞集證錢塘陳
嵩慶蘄春陳詩序之謂爲王氏之功臣閻何之諍友晚
司鐸南漳未逾年歸邑人士深思慕焉子鼎瑛鼎瑽鼎
新鼎壤以諸生繼志孫十餘人現遊庠七
李鈞簡字秉和號小松知府長青子乾隆丙午領鄉解已

酉成進士幼端敏三歲侍祖母食置膝上槃匙或參差
輙取正之母奇其有成人禮五歲入學即解賦詩父覽
之喜曰是兒必爲偉器比長隨侍蒲郡以貴公子處寒
地祇使著木棉襦袴曰吾不欲損其福既釋褐授編修
嘉慶四年奉
特簡分校禮闈累陞内閣學士典試江西六年復督江西學
三執文衡得人皆稱盛如盧制軍坤鮑侍郎桂星白侍
郎鎔朱撫軍桂楨程撫軍矞采花方伯杰劉侍御尹衡
羅侍御志謙戴觀察聰賈觀察聲槐謝觀察學崇蕭觀
察元吉徐太守名紱趙太守學轍湯太守儲璠趙太守

秉襄與刺史嵩梁其尤著者先是鈞簡入詞館有權要否聞其才屬私人邀一往謂簡不與通以故蔽之十年權要者敗始特達

主知疊蒙倚眷歷兵吏工等部侍郎十年

聖駕東巡獻一東全韻九言詩

賞蟒袍一襲十四年出督倉場復通倉舊制開溫榆上流皆

得

旨施行至今稱便巳因罣誤降侍讀旋起順天府尹又以編修休致道光三年卒簡本側出孝愛過人事慈母林如其母林卒爲之解組去官平日燕處不去衣冠遇臧獲

無厲詞立朝恥詭隨同官諒其忠欵鮮銜之者篤於鄉誼倡修湖廣會館獎掖後進請業者無虛日其文詞雅健晚更造於沖和著有周易引經通釋融齋日錄子鴻舉人官潮州同知

萬希煜號惺軒廷望姪事親以孝聞嘉慶乙丑成進士授廣東平遠縣令勤勞民務案無留獄建學校育厲人材士風一振浚於進取改江陵教諭平生枕葄經史尤深河洛之學著有玩易堂制藝詩古文詞及孟子通義

鍾英字載宣歲貢生祖璠載孝友傳英幼秉異資弱冠補弟子員閉戶讀書以修脯自給有餘則分潤族黨遊其門者多績學敦品之士生平手錄之書盈尺所著有周官典訓子應鸞歲貢生孫臨書諸生

朱兆斗字又韓母嚴氏苦節載列女傳父歿時兆斗方十歲以傭書自給然不廢讀也性穎悟日數行下弱冠補弟子員旋食餼文名藉甚官於黃者無不欣慕爭延爲訓課師其詩古文詞及制舉藝皆能自出機杼而於經世之學尤深凡事有疑難者片言立決嗣以優行明經需次司訓辛卯修邑乘李邑侯禮羅兆斗與王學博主其事傳序草創多出其手續修時有所稽考及門多取科第而兆斗以明經終士論惜之從子彥藻邑庠生

汪士倫字夔仲歲貢生少以孝稱性嗜學博通經史於制舉之業泊如也其教人以朱子小學爲宗而尤長於徵文考獻凡全楚人物罔不論列時代搜輯遺文糾貲建杜茶村祠重刻變雅堂集凡十餘年始蕆事中道殂謝故其著述多未成書

周興邦號淳菴雍正巳酉拔貢工詩古文著有易書會通鄀亭詩文集先後有朱之裳范同文周璜劉秉撝胡必璥陶宜煌林太倉程光國李兆蘭萬稽臨羅景南皆邑之以該博精覈稱者之裳字景陽舉人同文號闇齋拔貢生璜字玉韜官訓導秉撝字廷甲副榜必璥字濟燮

廩貢生宜煌字右泉歲貢生大倉字孟厥恩貢生光國字黼廷歲貢生兆蘭字宛田廩貢生嵆臨字靖垣恩貢生景南字楚白歲貢生

黃岡縣志卷之八終

黃岡縣志卷之九

知黃岡縣事宛平俞昌烈編輯

人物志

宦蹟

莊周曰絶迹易無行地難此貴虛之說豈可語於宦途夫宦必有理理必有蹟大則雷雨經綸細則簿書鞅掌入則論思密勿出則經營四方爲其事而無功無名吾未之見也邑紳之特著者若而人類皆奮其才猷勤其職業以各表見於一時旂常俎豆筆袞口碑不亦熾乎

陳

周炅字文昭本汝南安成人祖疆齊太子舍人梁州刺史父靈起梁通直散騎常侍廬桂二州刺史保城縣侯自靈起先世避西晉亂徙居黃岡遂爲永安周氏炅少豪俠任氣有將帥才梁西陽太守封西陵縣伯討侯景有功進爵爲侯陳高祖代梁炅與王琳起兵伐之爲陳將侯安都所敗擒炅送都世祖釋之授戎威將軍定州刺史帶西陽武昌二郡太守進都督安蘄江衡司定六州諸軍事改封龍源縣侯會炅入朝定州刺史田龍升以江北六州七鎮叛入於齊炅討斬之盡復江北之地進號平北將軍定州刺史卒官贈武昌郡公謚曰壯子法

僧法尚詳陳書

隋

周法尚字德邁少果勁有風概好讀兵書爲陳始興王中兵參軍其父卒後監定州事督父本兵數有戰功遷使持節正義將軍散騎常侍領齊昌郡事封山陰縣侯以其兄武昌縣公法僧代爲定州刺史法尚與長沙王叔堅不相能叔堅譖其將反法尚懼歸於周宣帝甚優寵之封歸義縣公隋高祖受禪拜巴州刺史破三鵶叛蠻於鐵山轉黄州總管尋遷永州總管安集嶺南仍給黄州兵三千五百人爲帳内嶺南州郡多降其後屢討平

叛蠻賞賚優渥煬帝嗣位轉雲州刺史金紫光祿大夫後爲滄海太守討羣盜王薄孟讓等卒於軍贈武衛大將軍長子紹基靈壽令少子紹範最知名詳隋書

唐

周墀字德升炅五世孫少孤事母孝及進士第官集賢殿學士長史屬詞高古文宗雅重之李宗閔鎮山南表爲行軍司馬閱歲召還太和末李訓鄭注亂政以黨語誣縉紳竄逐之墀雖爲宗閔所禮不能以罪誣也武宗即位拜義成節度使封汝南縣男宿將暴驁不循令者墀令鞭其背一軍大治進同中書門下平章事宣宗時河東節度使王宰重賂權幸求同平章事領宣武墀言天下大鎮如幷汴者纔幾宰之求何可厭帝納之駙馬都尉韋讓求爲京兆持不與由是妄進者少衰會議河湟事墀對不合旨罷爲劍南節度使駙馬都尉鄭顥言於帝曰世謂墀以直言相亦以直言免帝悟加拜檢校尚書右僕射卒贈司徒詳唐書祀鄉賢

宋

王撰字孔度泰和六年任虔化令築子城濬濠池建廨舍創始之功居多詳贛州名宦志

元

冷庸字用和至正間任西臺御史有風裁祀鄉賢

明

詹同字同文舊名書婺源人元至正中舉茂才異等授郴州路學正避亂黄州因家焉陳友諒徵爲學士承旨明太祖下武昌召授國子博士易名同尋遷考功郎中直起居注會議祫禘禮議當遂用之累遷侍讀學士時劉基以用法過峻請加禮大臣同因取戴記及賈誼疏以進開說愷切進吏部尚書與陶凱作宴享九奏又與樂部鳳定釋奠樂章又與宋濂倣唐貞觀政要分輯政績爲寶訓五卷後賜敕致仕語極褒美久之起承旨卒祀

鄉賢同以文章顯而操行耿介故眷注至老不衰子嶶字資善任都御史持憲有聲大誥嘉美之後誣藍黨死孫紱尚寶丞從孫希原中書舍人善大書時宮殿城門題額皆希原筆同嶶希原俱祀鄉賢詳明史

吳琳字朝陽父應澍詳隱逸傳琳性純篤力學明太祖徵用荆楚名儒詹同薦琳博學能文召爲國子博士與同邑教胄子同才藻過琳至商搉經義亹亹不窮同自遜不及也洪武元年除浙江按察司僉事復入爲起居注賫縕帛求書四方六年晉兵部尚書改吏部尚書量材授官號爲得人以老致仕歸久之帝遣使察之使者潛

至舍傍見一農人坐小杌起拔稻苗布田貌甚端謹使者前曰此間有吳尚書在否農人歛手曰琳是也還白帝爲嘉歎詳明史卒祀鄉賢弟琛字文錫少好學與兄齊名官衢州府同知盡心奉法政多偉績

黃榮機警有謀明初從定江淮平中原有功授和陽衛指揮洪武三年從傅友德伐蜀克成都又從征保寧留榮駐守已論平蜀功賜金幣還鎮黃州修城濬濠招懷降附民甚賴之卒祀鄉賢

徐便嗜學有武畧洪武時以精兵從葉旺征討有功陞海州衛指揮僉事復陞遼東都指揮僉事詳見盛京通志

韋富從太祖征伐有功陞指揮同知調金州衛宣布恩信頗著勞績載盛京通志

徐本性倜儻嫻文辭洪武初由薦舉知嘉興縣重農勸耕賑養貧乏擢平陽知府荒殘後建置一新詳山西名宦志累官廣東布政使卒祀鄉賢舊志作雲南布政今依明史改定

黃爽洪武初知衢州府芟草萊以營府治增城堡以撫流亡振文教興水利頑民嘯聚親入其壘擒縱得宜開衢之功爲最祀清節祠載浙江名宦志

陳敬洪武初由歲貢授龍川知縣時盜起爲患民不聊生都司官將與師敬與邑人謀請爲先圖密遣人誘其首擒之不費升糧不損一卒民賴以安載惠州名宦志宦

至刑部員外郎

李本中洪武中由薦舉授通許知縣清謹公平驗丁編徭吏胥縮手貧民無耕具者貸之使不失業許人咸頌其德載河南名宦志

蕭昇字彥高永樂丙戌進士拜監察御史九載上疏省親賜敕褒之給其路費中允王愷贈之文曰禮以律身明以折獄皂囊曉進臺閣生風白簡夕飛奸回落膽其見重於朝如此卒祀鄉賢

張璘字文玉本姓周宋工部尚書周有操裔也自璘曾祖

原昇遷黃州張姓璘魁梧異常永樂壬辰進士累官山東參政宣德二年調福建考最擢應天府尹璘廉幹所至有治聲嚴正自守摧抑中貴雖譏謗不能沮卒於官祀鄉賢詳明獻徵錄

方正永樂戊戌進士宣德間知河南考城縣寬刑薄賦守法奉公得爲政之體載河南名宦志

王璘字廷玉先世以武功顯父景字時亨永樂間襲榆林千戶英宗北狩擁護有功復辟時已卒賜之祭葬璘登成化丁未進士宏治中累官廣西右參政時思恩土官岑濬叛朝議用兵誅勦分六哨璘與副總兵毛倫由慶

遠入抵其巢思恩平璽書褒勞事見明史

劉以文字彥章永樂間温州府照磨以廉能聞擢陽城知縣有治績澤州名宦傳稱其明於治體不矯飾爲廉不姑息爲惠九載民乞留進秩二級又九載治行優優化治於民致仕去民慕之建祠以祀御史李經爲之記比歿有耆庶數十人弔於家正統中有劉以德由人材任知府進階亞中大夫亦有治聲俱祀鄉賢

謝杲字伯明父希哲性凝重工書畫由人材爲泰興丞長垣知縣以幹濟顯杲登正統戊辰進士授戶部主事杲泰中都督黃竑得幸奏求覇州武清地杲承命往勘還奏地實民產請罪竑天順三年由監察御史出知九江府蒞任公勤撫民惠愛載九江名宦志以憂去後起江西副使累官四川參政布政使所至得民以清慎稱晉副都御史巡撫貴州平鎮溪筸子坪蠻有功見明史後致政歸卒諭祭葬贈太子賓客祀鄉賢

王思旻有幹才起家薦辟內廉行修正統間判泰州泰故多牧地孳馬民間思旻爲奏罷三之二復苦水患請部使者蠲租六萬石挽舟哀訴投水以白民災使者大驚爲請獲免又造廣運望江二橋置預備倉八十間秩滿當去民乞留遷本州同知德政益勵後歸老於家泰民

祠祀之見明史循吏傳卒祀鄉賢

王琳正統二年由監生知雩都縣親賢愛士矜恤民瘼邑舊苦差徭農民不諳水石皆驅供別郡夫船之役琳入覲奏其狀及諸邑皆免之以憂去百姓送者咸泣下祀名宦祠見雩都志

鄒璽成化甲午舉人授四川榮昌知縣邑值兵荒極意蘇息作饘粥以活饑民視獄寃抑及罪輕者咸出之見重慶名宦志

張佐字艮弼成化辛丑進士有介行授彌勒知州政平訟息平十八寨運籌有功民不知擾累官按察僉事免歸

饘粥不繼晏如也詳雲南名宦志祀鄉賢

王麟字體仁宏治已未進士操履端潔重然諾授封邱知縣勸農桑鋤强梗一境大治嘗途中見百餘人舉大木爲耶許歌有著頭乘馬鞭之問之則曰馬太宰治宅麟執著頭撻之比入覲天下計吏庭謁尚書卽向時所稱馬太宰也起席曰賢哉封邱令能愛其民因下揖時兩賢之卒祀鄉賢子廷梅嘉靖癸未進士官知府廷槐別有傳

陳廷瓚字汝忠宏治辛酉舉人授沈邱知縣擢彰德通判清謹有惠政遇歲祲賑濟有方民賴以全活者甚衆祀

鄉賢見府舊志

張濟字三峰本姓周宏治甲子舉人知嵩及清河二縣以氣節稱解組歸閉戶自怡同里王廷陳贈以詩曰自遂歸田卧何曾入郭行比鄰稀識面州郡祇知名其風概如此卒祀鄉賢

江淵字世用永樂時流寓蜀之江津宣德五年選庶吉士後以學士入文淵閣官至工部尚書詳明史蜀志云清勤簡靜忠鯁不阿文事武備功業兼懋善文詞所著有觀光錦棠諸集子孟綸官御史

曹珪字廷獻正德辛未進士授桐廬知縣時屢年大旱又江西盜起邊軍南下經畫周緻事濟而民不擾又以其暇修葺廟學載嚴州名宦志改海寧召拜御史按廣西平徭獞有功再按陝西時武宗遣中官過陝者珪遮留疏諫輒得寢累官有餘俸不置私產悉與異母弟共之著有南坡奏議祀鄉賢曾孫士彦別有傳

賈啓字啓之正德辛未進士授涇縣知縣爲政嚴明事至卽決民有官清吏廉之謡載寧國名宦志徵拜侍御擢光祿少卿尋謫徽州推官累遷副都御史巡撫延綏啓博學多才藝善天文慷慨談兵事甚覈所至有治聲及致政家居二十年恬約不殊布素鄉人稱爲篤行君子

祀鄉賢

王廷儒號七澤父濟載孝友傳廷儒正德丙子舉人由都察院都事轉四川按察司僉事左遷成都府漢州判官攝理綿竹性公直一介不取撫恤窮民加意學校士民德之載成都名宦志及歸立家廟如禮子弟有不謹者責於廟以孝友爲家法先是濟生子五廷儒前妻子也繼室徐生廷瞻方幼有羣盜至索金露刃將加於廷儒徐氏抱幼子請代盜義而去之其後廷儒撫諸弟極友愛至老不衰

張澤字龍山本姓周父歧篤志慕古絶意科目楊愼所銘

萬松處士也澤嘉靖乙酉舉於鄉授商水教諭主大梁書院以薦預廷試疏陳時事遷雲南歸化知縣改廣東河源未行復改蒙自蒙自當安南之衝時方用兵撫按以澤才交疏留之澤不避險阻招撫韓安果有功將議甄錄乞養歸與吳艮吉講學布袍芒履不治生產卒祀鄉賢孫啓孫博學篤行學者宗之以明經官平度州同知亦祀鄉賢曾孫之訓見[忠義傳]

萬民望號樊江子嘉靖乙酉舉人有孝稱文學豐贍操履端潔教諭新野教士誠懇惟恐不至於成又請修新野名宦鄉賢之祀應南畿同考聘校士稱最遷寧州知州

士民攀轅遮道詳[新野名宦志]著有鳴蛩集

曹誥字廷寵嘉靖丙戌進士授瑞安縣知縣適山寇犯平陽境藩臬會勸駐邑中誥調度有方事集而民不擾値歲歉審貧困者刻期賑之惠及遐陬治邑六年革奸胥懾豪右疏通水利具有政績詳[浙江名宦志]擢禮部主事出知安慶府以清愼稱調寧波晉四川按察副使累官甘肅巡撫卒於任

陶珪字廷獻嘉靖丙戌進士授戶部員外郎督鈔臨清累官山西按察使所至稱爲廉明事繼母以孝聞餘俸分給諸孤從子家無私積性端介不附權勢著有雪堂集

又善擘窠大書邑里重之祀鄉賢

邱峻早負奇氣以歲貢除灌縣訓導持身嚴矩夔蜀人士爭劇礪焉

閔泰字文亨歲貢性慈和知梁山縣字民如子及去民有閔母之思云

陳言字秉忠仁慈謙讓口不言人過以歲貢擢慶陽府通判嘗督邊餉捐俸以助軍民立祠祀之歸老二十餘年不履公庭歲鄉飲賓聘至再始出其爲有司嚴重如此卒祀鄉賢

陳萬卷字德備以吏員授安平尉値白蓮賊謀襲城萬卷

白令督捕擣其穴三戰皆捷賊魁就縛撫按上其功賜金帛擢永平通判丁艱歸卒於家安平人立廟祀之

汪文淵字赤崖嘉靖己丑進士選庶吉士改戶部郎中出知金華府清正剛明不畏强禦時嚴嵩擅權其僕怙勢橫甚文淵捕遣之忤嵩媒蘗無所得乃免官歸金華人祀之

王鳳陽字梧岡定遠侯弼之裔也弼子誠孫貴遷黃岡爲世族鳳陽少穎敏苦學嘉靖辛卯舉於鄉知四川萬縣時土苗作亂練鄉勇勦撫有功撫按交薦尋以疾乞歸講學著書耄年不倦卒年七十餘崇祀鄉賢子睢址俱

舉人從孫欽濂南陵知縣別有傳按舊志王弼有傳考弼實定遠人今依府志附見王鳳陽傳內

董德明嘉靖壬辰進士授戶部主事督九江鈔關遷知處州府周恤民隱府縣常例釐革悉盡胸次洞達四境安其治載浙江名宦志五載擢山東兵備副使官終河南右參政

方任字志伊嘉靖壬辰進士由行人擢刑科給事中以戇直忤權貴改兵部主事遷員外郎出爲四川僉事江西參議副使所在以廉幹稱遷山東參政督蘇松糧餉力清積逋晉浙江按察司尋轉江西右布政以母病告歸

終養郎苦次拜副都御史巡撫應天不起父勇性素方嚴任每事必先意承歡其孝友敦行爲鄉評推重俱祀鄉賢

劉珙字商陳嘉靖庚子舉人性孝友立身剛直足不入公府除黃縣知縣時宦豪肆勢珙摧鋤無所避海賊臨城縱掠悉力拒之遷知寧羌州有仇夜殺七人索屍不得珙焚香告天雷發其屍寃遂雪仕宦不置生産居鄉以公亮稱子功允別有傳

周之冕字元服嘉靖庚子舉人授餘杭知縣勸農桑勤教化凡案牘悉置秘室吏胥無所售姦催科能調緩急見孝弟節義者必崇奬之詳杭州名宦志

邱岳字南正父尚忠見篤行傳岳成嘉靖丁未進士擢工科左給事中時伊藩典楧貪愎僭侈岳上言其罪得勘定削伊世封直聲隆諫垣見明史累官禮部右侍郎遇事敏達勵操清素每誡其家不得與公事致仕後奉詔存問者再鴻文淵學典冊多出其手卒祀鄉賢

程鳳金嘉靖己酉舉人授彭澤知縣多善政獄無寃滯庭無私謁景王道彭澤不加派而供億傳廚如額有廉能聲徧御史按部鳳金後至忤御史意出曰御史所以有權者能去人之官也吾官自去御史何權遂解綬歸御史愓追之不復邑人思而祠之詳九江名宦志

陳仕字又愚嘉靖壬子舉人除弋陽知縣時閩浙倭警客兵騷動仕撫循既定請建縣城賴以保障詳廣信名宦志遷嘉興府通判從司馬胡宗憲破倭賊有功晉本州同知以母老乞歸布衣蔬食授徒自給與兩弟友愛弟化歲次當得貢子九疇在其先仕使九疇稱疾讓之弟遂得先貢

杜傑字汝英嘉靖戊午舉人授長寧知縣值歲歉賑活甚衆時九絲初定黠酋內訌拮据調劑卓有政績後采木山中値水涸露禱雨注木乃出先是西南蠻騷動議討

傑力陳不可當事弗聽卒至於敗人服其識詳〔叙州名宦志〕昆季六友愛罔間及歸倣衣麤食陶然自得也卒祀鄉賢子應芳別有傳

王廷瞻字稚表嘉靖已未進士授淮安推官入爲御史督畿輔屯政裕邸欲易莊田廷瞻不可隆慶元年所部久雨請自三宮以下及裕府莊田改入乾清宮者悉蠲其租詔減十之五已言勲戚莊田太濫請於初給時裁量田數限其世次爵絶歸官制可高拱再輔政廷瞻嘗論拱遂引疾歸神宗立起故官累太僕卿五年以右僉都御史巡撫四川時番屢犯松潘廷瞻令副使楊一桂總

兵官劉顯勦之殲其魁於是風村白草諸番二十八砦率男婦八千餘人降復討建昌傀厦洗馬姑宰鐵口諸叛番皆降增俸一級進右副都御史撫南贛入爲南京大理卿累遷兩京戶部左右侍郎以右都御史出督漕運兼巡撫鳳陽諸府寶應氾光湖堤潴水濟運平江伯陳瑄所築也壅決爲患諸鹽場皆没廷瞻承前巡撫李世達等開越河避險之議鑿渠千七百七十六丈爲石閘三減水閘二石堤子堤各數千丈發公帑二十餘萬八月竣事詔旨褒嘉錫河名曰宏濟進戶部尚書巡撫如故尋改南京刑部尚書乞歸卒贈太子少保賜祭葬詳〔明史〕祀鄉賢

李植字貞材少聰穎善屬文嘉靖辛酉舉人除萬縣知縣折獄明決時爲之語曰勿歧舌見必屈杜若昏究必伸有無賴子殺七人而匿久索不獲植禱於神夢得殺人者迹而縛之有僧殺人隱其屍二十年矣植從容諭僧得其狀遂伏罪鄰邑皆呼神尹詳〔四川名宦志〕後考最徵拜御史請省壽陵費帝嘉納之以抗直出爲福建僉事爬搜宿垢風教一新尋乞假治喪卒於家大司寇王世貞志其墓祀鄉賢

王同道字純甫嘉靖壬戌進士授蘇州推官擢御史謫內

江知縣調停里甲訓廸人材蘊藉風流古文詞賦咸有逸氣詳〔資州名宦志〕

成敏貫舉人嘉靖末授新寧知縣值歲歉發倉施粥又革日支驛馬以寬征役南岸土酋用兵芻輓迭出邑不告罷比歸惟圖書數卷黃元白作去思碑謂其廉與誠合不與俗偶洵清白吏也詳〔四川名宦志〕

袁文伯字絅齋性至孝愛慕如孺子嘉靖甲子舉人除潛山知縣崇孝友興文學三年政簡民和士風大振會歲大饑有院使過其地供億不備使者慍呼之曰汝讀書不知柔遠人乎答曰當此凶歲惟有子庶民而已解綬

歸養親不擷者三十餘年太守楊節高其行登其堂延爲鄉飲賓者五號曰孺慕先生有詩集十卷行世子希夔見隱逸傳

范芝字德和性孝友父病三年日侍湯藥未嘗去左右及父卒哀泣成羸疾醫療數年乃起兄及姊子貧不能自立推産贍之有儁才篤學博聞從遊甚衆嘉靖間以選貢授定遠知縣甄善除惡招撫流亡捐俸備賑邑稱大治事載定遠名宦志以母老歸養著有三秀集卒祀鄉賢

劉功九字順廷珙子隆慶丁卯舉人授懷遠知縣遷温州府同知剖决簿書人稱神明贖鍰不入私帑悉以賑貧

士修學宮整飭海防民賴以安載浙江名宦志改汝寧宦況清苦如舊子宗祥別有傳宗祺萬歷乙卯副榜博學饒才畧崇禎初舉賢良授重慶知府辭不赴

邱一奇隆慶丁卯舉人官池州府同知舊志稱其家無私槖討倭寇有轉餉功

汪守廉字克辨祖六章有隱德歲凶出穀千石貸里中不責償守廉性孝友負介節隆慶丁卯舉人以甲戌會副授彭澤教諭興學勸士分丙子應天試得士多以清直顯遷雙流知縣察冤獄清隱賦人稱神明擢知威州民有疾苦身若痌瘝士民愛慕苗獠傾服詳茂州名宦志遷曲靖同知以清白聞璽書賜金褒之値艱歸家無長物子傑選貢臨洮通判亦祀名宦孫國瀠見隱逸傳

易倣之字惟倣隆慶戊辰進士授行人擢戶部員外郎督臨清倉遷知衢州府務以德化訟獄衰息又邑苦遠輸倣之均田賦量遠近簽米多者爲正戶督解事少者附給路費民免困累詳浙江名宦志遷四川涪州道以招諭楊應龍功晉參政丁艱歸居家醇謹篤誼卒祀鄉賢

涂巍隆慶庚午舉人累官廉州知府敦大不苛片言决訟十餘年未嘗繫一人攝理四川所至有聲載廣東名宦

志

汪一右隆慶庚午舉人累官泗州知州時總河潘季馴請加泗城護堤命一右董其役自新橋口亘西門坊至迤南諸處增石堤長二千餘丈高於舊二尺又建子堤千六百八十丈凡二年畢工泗水得以無患泗人祀之名宦祠事見明世法錄

杜伸字冲宇鳴陽子隆慶辛未進士除華亭知縣繼補大足擢知南安府所至以清直稱晉松潘兵備道一身萬里捍禦邊陲苗蠻屏息民慶安堵以勤事卒於官巡撫喬維新爲治喪發其篋敝衣數襲而已事聞贈太僕寺

少卿賜祭葬伸居家孝友子無私藏嘗置公田三百畝以贍給族屬子桂芳副榜連雲凌雲俱諸生凌雲字爾青性至孝值母喪七日流賊猝至人盡奔散凌雲獨撫棺而哭曰無傷我母棺賊感其孝釋之

江沛然字應吾隆慶辛未進士知吉水俗多溺女沛然嚴禁之報最擢淮慶推官又江南名宦志載沛然署廬州事積獘之後力爲振刷廉渠奸置之法一境肅清海忠介瑞亟稱之後遷南戶部郎罷歸

曹士彥字孟彥父美嘉靖末舉人力學篤友誼淡於仕進士彥事繼母以孝聞萬歷已卯舉於鄉除定遠知縣清

正自飭勵學勸農興滯摉奸民有不若訓者款諭之及卒邑人張御史一鯤歛金治其喪去之日號哭送者數千人立祠祀之士人禱祈輒應載定遠名宦志

郭知易字如紀慶之孫萬歷已卯舉人授中江知縣治才明敏有廉平聲擢工部主事時方建兩宮御史議簽人夫運石如嘉靖故事知易上議造車法所費視舊僅十六之一官儲無損而民不擾其幹濟類如此遷員外郎告歸囊無餘物耿定向稱其世濟清白云子世完諸生舉異才叅謀都司孫都城舉人咸寧教諭

王一鳴字伯固齠而能文潛心諸史百家言試童子輙第一時目爲神童弱冠舉萬歷壬午鄉試丙戌成進士與同年謁政府王錫爵指之曰子天下才也授太湖令會歲大札賊起西鄙一鳴力請罷數年逋賦當事初難之卒如其請又請太府金五百給民易種植遣人從淮揚市麥發廣儲倉義倉穀親爲糜粥所活者萬餘人乃單騎行隴上召野老話如家人由是耕織復業時大盜劉汝國初平招徠流民數千築翟公堤無憂堰范圍壩歲溉田數千頃利及後世後改臨漳承凋敝後加意撫字長吏重之凢有著撰悉屬焉會修國史大學士趙志皋薦有詔徵用未行卒於官著有朱陵洞稿四十卷祀

鄉賢子封東諸生

洪聲遠字四極萬歷辛卯舉人授山西高平知縣歲大旱飛蝗蔽天聲遠禱天暴日中雨降蝗盡死歲登遠近異之擢戶部主事出爲貴陽知府時土司安邦彥圍貴陽聲遠禦之大小數十戰外援不至聲遠激勸士卒誓以身殉人皆感勵無叛志圍既解以功擢新鎮道監軍副使接物寬和民皆愛戴見貴州名宦志晉雲南叅政以年老乞歸居鄉力行善事設義塚拯溺屍人咸德之從子有臨甫一歲孤撫猶已子以恩貢授夾山知縣子有執諸生有守舉人博學能詩古文兼以書畫名

何天申字德錫萬歷辛卯舉人授廬州判三載召判順天
時乾清宮災珍寶幾盡欲按籍召商買補之天申抗論
明主不貴異物今珍寶價凡千一百四十萬有奇取之
太倉則不足取之加派則厲民惟宜加意修省以回天
變疏入落三級補無爲州判築蘐魚壩二十里數嵗始
成民賴其利移判鳳陽致仕歸卒

胡思孚前江黃州衛指揮督運漕艘輒報最累遷瀘州叅
將移鎮松潘諸土司長官例奉金幣思一切擯斥威令
大布三載進秩總兵

樊玉衡字元之父煒載儒林傳玉衡事親以孝聞性淡泊

無所苟萬歷乙未進士授商城知縣商故徵賦保伍與
胥役爲奸又縣拘囚者例用馬快所至家輒破玉衡悉
罷之遂按誅豪蠧民得休息教以孝弟廉讓行之期年
訟獄衰息會中使採礦至商玉衡宣言無礦與之抗因
導入險爲文告山靈日有礦當吐符陳貢不然而令與
璫藉口括金以爲民患神其殛之璫怏怏去其後治崑
山有織造中璫擾民治之亦如商玉衡初至崑山目邑
繁劇當臨以簡是秋雨傷稼駕小艇巡視村落與饑民
相對啜菽粥民皆感泣詳江南名宦志在崑六年邑大
治去之日僦篋一肩而已是時方推吏部文選司聞父

病乞歸養嵗餘以勞瘁卒商崑民祠祀之崇禎初勅建
祠謚孝介祀鄉賢

孫大壯字心易生有儁才厲志讀書萬歷乙未進士累遷
福州知府治行清簡一時推爲循吏擢江西右叅政官
終陝西苑馬卿所著詩文公安袁宏道推重之

周蓋臣萬歷丁酉舉人授石泉知縣清操有惠政民懷思
之載四川名宦志

穆天顏字象懸事親以孝聞家貧力學有儁才萬歷戊戌
進士授番禺知縣舉最拜福建道御史劾稅監及諸權
貴請省刑蠲賦薦正人諸疏多所建白時疏多留中而

天顏奏輒議行累遷巡按廣西節操風裁爲一時人表
以內艱歸不置產業所餘俸召族戚及故交貧子弟分
之微時區豆之惠罔不報也初父守文教諭四川卒於
官天顏方少與兄扶櫬走萬嶺中資糧且盡逆旅不納
會大雷雨昏黑哀號逐電光行或感其孝厚贈焉至是
厚報之卒祀鄉賢

官應震字暘谷如皋子萬歷戊戌進士授南陽知縣再補
濰縣舉最擢戶科給事九年前後二百餘疏皆救時碩
畫神宗嘗以敢言稱之光宗即位遷太常少卿尋乞歸
天啓間屢召以魏璫用事不起卒年六十有八崇祀鄉

賢子四撫長撫極別有傳

蕭友蘭字九畹昇之曾孫性孝友萬歷中歲薦授江西萬年訓導遷陝西延長教諭興學勸士周給貧乏延長人德之卒於任士民哭送者百餘人署中有大樹不知其名蘭常憩其下遂名曰蕭公樹

於倫字大常萬歷辛丑進士授吏部主事累遷至通政使以不附魏忠賢告歸璫敗以原官起不赴卒祀鄉賢子斯行字爾翼舉人載忠義傳

曹光德字大洪萬歷辛丑進士授嘉興推官政稱清簡涖任三年以憂去所攜惟圖書而已詳嘉興名宦志平生

究心經籍是時江西鄧元錫力排心學嘗著五經繹尤德爲之參訂焉後官山東道監察御史祀鄉賢

鄭之艮字直夫萬歷癸卯舉人累官叙州府同知時烏蒙安邦彥爲亂川西南半陷督撫朱燮元屬之艮監軍之艮乘賊篤壽日攻其壘擒賊將四十餘人殺傷無算遷鎮遠知府復征苗有功時往來蜀道其子屬以道死埋巫峽者十餘人之艮日但能平賊身膏野草分也故所向輒有功晉按察副使歸卒子一魯一愚一浚能世其家

杜應芳字懷鶴祖鳴陽父傑皆有傳應芳至孝有異才稱於士林萬歷丁未進士授禮部主事出守河間時福藩之國河間屬邑例有夫馬供億者五萬金應芳議其太繁節三萬後三王皆視爲例天津稅璫馬堂橫肆應芳得其弟不法事捕治之堂坐此遂去督學四川無敢以片牘干者詳四川名宦志遷福建按察使時倭寇旁午應芳勦撫兼用海甸以寧後告歸卒妻樊氏死難載列女傳子鎮鋥俱選貢

程之試字考錫爲諸生以行誼文章著萬歷己酉舉人教諭扶溝擢江西都昌知縣抗直忤上官降四川按察司檢校川撫重其才司夔州稅課剔除蠹弊民商便之補

河南考城知縣累遷開封府同知所至多惠政治河有勞績河有妖孽像祀之之試繆而投於水事遂已後以親老乞歸養鄉人稱其德

鄒之易字心元少家貧負薪水供母萬歷庚戌進士授銅梁知縣恤民艱剔宿弊徵解錢糧不取羡餘府吏收兌者皆憚之及去有存積三千金諸邑紳士置義倉廣儲積安奢之叛城賴以全

甄淑字爾儀萬歷庚戌進士授陽武知縣改太康俱有異政入侍經筵爲吏科給事疏請額丁額米兩衡其數丁隨米收額不減而貧民罔病熹宗從之他奏疏多救時

事是時楊漣被逮淑疏救激切及阮大鋮囑傳櫆劾魏大中左光斗諸人淑復疏辯其冤忤魏璫削籍事見〔明史〕後起戶科都給事中遷太常少卿累官南北刑部尚書

王欽濂字孟周博學多聞萬歷壬子舉人授南陵知縣首開六連湖水利澤及數千戶時寇躪江南捐俸賑饑練鄉勇增城堞賊不敢窺撫按以守禦功疏薦第一尋卒於官祀鄉賢子承祜癸酉副榜有詩名承啓辛卯舉人孫懋德懋才俱進士官知縣懋德別有傳

李五美字尊菴萬歷壬子舉人教諭輝縣累遷戶部郎以

清節著出知台州府改欽州時山寇劫掠民多逋賦五美設營分戍解散之賦因以登上官胥徒過州擾民者亟懲之修復子城濬濠築堤葺學宮蒐志乘文物煥然狼賊趙永烈據河州五美晝策堵禦兩省才之會惠州有海警題授惠州海防載〔廣東名宦志〕

滿思謙字吉用世職衛指揮使博學深思習於經籍中三科武舉累遷四川建武遊擊以征苗有功擢廣東掌印都指揮使子如莅善騎射矢無虛發由武舉累官楊州水師參將長孫世榮以廕官領運著績

王六如字凡夫萬歷戊午舉人授信豐知縣時寇盜蜂起兵役數發富戶輸役無不破產者六如請於上照糧編派黠者不得規避往倉庫典守外僉里民六如釐正之責歸庫吏邑人立祠以祀詳〔江西名宦志〕

祝世美字濟之萬歷己未進士授諸城知縣有異政改東阿値白蓮賊亂後招流亡課農桑三年報最行取吏科左右給事遷兵科都給事疏劾張應昌殺良冒功人咸稱之晉太常寺少卿以守城功加秩正卿親老歸養遂終焉

晏清字泰徵萬歷己未進士授蕪湖知縣廉介明允改吳江百姓請留吳吏來迎爭於路不得行再宿然後去詳

〔太平名宦志〕吳江値水澇爲民請命得邀全荒例改折擢吏部稽勳郎時魏忠賢方盛請封其從子良臣爲伯清固之不得行冢宰周應秋怒遂削職崇禎初起文選郎尋給假歸壬午起考功郎轉廣東鹽法道卒於鬱林子霨明與其五孫俱亡子婦樊氏以櫬歸葬霨明字雲章有文學才名重一時

倪敏政字楙績世職衛指揮使以轉漕功累遷靖州守備禁止令行苗民率服撫按交薦擢福建都指揮使進表入京詔試兵部遷浙江南洋遊擊平海寇劉香老有功加授南洋參將子宏祚世其爵領運有績

李應鶴字鳴臯世職衛正千戶言動不苟以轉漕功署指揮同知又署本衛指揮使理屯局有稱庚戌歲饑出穀數百石以賑年八十卒子遐齡貢生祀鄉賢

程良球天啓辛酉舉人由建陽教授累莒州知州改渾源州申革草商除民大害以憂去任士民懷之詳山西名宦志家居戶族貧者分田與之復按季給鹽戶必周其敦睦如此所著有周易贅餘

廖自強字中立父珩才敏學博與修郡志自強由歲薦授江油知縣縣有荒糧萬餘自強泣言於大吏疏請得盡蠲邑人尸祝不衰

何閎中字絅卿性敏捷目十行下天啓壬戌進士授鎮江府推官累遷四川提學副使素饒才學復善甄別所得皆知名士載四川名宦志改雲南瀾滄兵備道捍患禦災功績甚著時避亂婦女數千人賴以生全卒於洱海士民戴之祀雲南名宦平生德量寬和不問家產時稱蘧宿先生子昌祚見孝友傳

靖科元字若谷天啓壬戌進士授邯鄲知縣興水利鋤姦弭盜民懷其惠改宜陽擢刑部主事進工部郎中以簽京商事忤時相周延儒罷歸御史衛景瑗疏救不得時流賊蹂躪築砦小崎山保聚鄉族遭土寇襲破之殉焉子三人乃心禀生乃試貢生俱從死小崎乃獻官豐潤知縣

劉宗祥字梧陽祖珙父功允皆有傳宗祥天啓乙丑進士授金壇知縣正直不避權貴奸猾斂迹時海盜王武烈爲亂宗祥捕得之餘黨憤起人皆危懼宗祥悉平之拜監察御史崇禎初巡按江西條陳興利除害數事稱旨繼按四川入覲面劾少宰張捷行私捷坐免時侯良柱秦良玉討平奢賊賞格不行宗祥上其狀始録前功事見明史進太僕少卿管東路遷江西巡撫致仕

王源昌字紹貽天啓乙丑進士授禮部主事出知恒陽府

時中使監軍威權日肆源昌抗不爲禮以清直聞後擢監察御史巡按江西值宗室驕恣悉持法裁抑不少貸改鎮河南禹州時八年不登源昌蠲賑招集全活甚衆流寇陷洛陽將窺禹源昌飭練鄉兵防禦周密禹卒無患遷汴梁觀察使去士民遮道哭送者百餘里未幾乞終養歸年九十卒詳河南名宦志子樹仁世其學行

魏公韓字小韓父翊明博洽端方公韓質魯而好學事祖母以孝聞天啓乙丑成進士授太平知縣修復伯翳祠墓募築城垣巳寇至督鄉兵禦之斬獲無算累遷汝南大名薊永諸道興士愛民弭盜却敵多異政所至皆崇

祀名宦時內監魏忠賢張彝憲聞其名欲致之公韓㦌
慨負氣節不稍屈崇禎初推巡撫保定以母老乞歸隱
居樟松湖築室曰漁臺年八十餘卒
陶起虞字士熙事繼母以孝聞操行端潔嗜讀書天啓乙
丑成進士授江西進賢知縣改太和縣政簡刑清除其
積弊士民樂之家無擔石儲鄉評推爲清介云
王用予字安生崇禎戊辰進士授淮安推官屢白枉獄修
文起書院勤課士值歲荒捐賑饘槖俱盡全活流民以
萬計淮苦水爲築三壩新舊兩城皆無患詳江南名宦
志六年報最時方多故詔儒臣必習吏事擇知府推官

治行卓異者入翰林於是擢用予爲檢討子澤宏見文
苑傳弟用世字名可事親孝日常依左右英年舉於鄉
早卒其子澤霖亦以孝聞官瀘溪教諭有聲
鄭抱素由官生知廉州公平慈惠政簡刑清修廉州志重
建富民橋以利往來士民愛戴之載廉州名宦志按廣東職官志載抱素黃岡舉人又廣東名宦志作官生
官撫極字建之太常卿應震次子以拔貢再任貴陽通判
駐畢烏有捍衛功畢烏人立廟祀於關嶺關嶺者撫極
所守以扼安酋處也晉平越知府苗帥藍二率萬人圍
城七晝夜撫極力禦之以壯士七十人夜襲賊營擒藍

二餘散去以功擢太僕卿致仕歸
程廸由歲貢通判梧州以廉潔稱御史中丞知其貧且廉
欲有贈恐不受委以犒軍故贏其數使受之廸曰子孫
賢不須此否則益之疾矣聞者歎服
易士龍字雲閒崇禎庚午舉人授醴陵諭葺考亭書院明
正學尙德行遷大昌知縣流寇來攻者再皆力禦郤之
門者俘三十餘人以間諜論且云前此皆以是得紀録
士龍訊知其陷賊也盡釋之改宿松歸年八十四卒子
爲泰別有傳
牛若麟字鶴沙崇禎丁丑進士知吳縣饑民蜂起若麟亟

爲賑卹乃治其亂魁變遂定載江南名宦志
陶紹侃字惜之尙義有勇畧天啓丁卯武舉擢異等授鄖
撫游擊會漢中亂陝撫檄徵援勦署爲前部倍道疾馳
至三條嶺大雪敵未備突騎乘之斬獲無算事聞擢鄖
陽行都司尋加前軍都督僉事値房竹寇亂力戰紅坪
灣渡泥關諸隘以軍功遷臨鞏總兵左軍都督告歸卒
於家
萬日吉字允康與兄諸生介眉齊名崇禎庚辰成進士授
崑山知縣時流氛熖熾江以南人心驚亂日吉撫輯遺
黎繕兵守禦羽檄旁午慷慨誓死邑賴以安未幾以憂

去生平著述散佚比卒同里王一翥杜濬悼之

嚴師範字大亦工文辭崇禎辛未進士兵部郎中累官河南布政使司所至盡心奉法皆稱廉明稍有俸餘悉捐施橋梁津渡起河南巡撫未赴卒

國朝

汪爚南字涵夫明末癸酉舉人順治二年授吳縣知縣分校秋闈稱得人張九徵繆彤皆出其門累官河南知府所至有聲其宰貴溪披荆榛招流亡時崗捣山賊數千人爲患爚南示以威信親入險招撫賊首周飛雄其衆盡降溪民德之卒年五十二工詩文著有天鏡堂遺稿

子基邦貢生基美舉人官教諭

韋克振字子寅父石麟前明戶部郎督臨清倉以廉潔稱克振雄才博學明末判杭州順治二年授寧波知府捐俸賑饑招集流亡所活數千人年七十九卒於官子成賢別有傳

陳瑋字公瑜明末甲戌進士授行人遷吏部郎以清介聞順治初薦起儀曹尋督學八閩汲引孤寒權貴不敢干以私暇與諸生論文講道著有性書或問資善録諸書及歸行李蕭然詳[福建名宦志]子際昌貢生際鼎蔚州知州孫應鳳保康訓導俱克世其家

陳克峻字伯鳴順治初由拔貢授虹縣知縣有清名歲旱設法賑救全活萬衆以艱歸課子著書不與外事年八十卒子敏常康熙癸卯舉人

詹謹之字仲庸明末丙子舉人順治初授濟南推官釐清宿弊力御鹽引及嶽廟各陋規訊讞務得實情全活甚衆尋以疾歸杜門著述卒祀鄉賢從子大有以舉人知金谿縣嚴介自持不避權貴一時諂佞者屏息崇儒尚禮谿人思之祀鄉賢

晏濟明末舉人順治初授鳳陽推官平反者衆他郡疑獄不決者悉就理焉爲守所忌尋罷歸年八十二卒

張楨才能治劇順治二年授蘄水縣丞值山寇竊發官兵進勦軍需旁午楨委曲籌畫民以無擾載[蘄水名宦志]

韋成賢字念莪順治丙戌進士選庶吉士丁亥分校禮闈得人最盛遷侍讀出爲江南參政督理糧儲滌除宿弊賦足而民不擾遷右通政以丁艱哀毀卒

操志葵字我忠順治三年由例貢任浙江蘭谿縣丞勦白頭賊有功補授蘭谿知縣愛民減賦有惠聲操守清潔人無敢私謁者歸居正直尚義鄉里稱之

淩建奇字仲平順治戊子舉人積學實踐丰采巍然曹本榮劉子壯師資之授翰林院孔目奉

命冊封安南宣布威烈比歸
世祖嘉之
賜象骨扇及
上方克食康熙初齋
詔陝西旋典試山東未竣事卒於官

程啓朱字念伊博物洽聞有經濟才順治己丑進士知祁木縣以最擢刑曹由知衛輝府招集流亡撫以慈惠在任十八年晉山西鹽運副使衛人思之二年卒於官詩載百名家選子奕契奘俱有聲奕字禹甸由保山知縣擢西安同知居官以廉靜稱

穆修由歲貢官鉅鹿知縣舊志稱其有惠政民愛慕之

陳士銘字大新爲諸生時豪雋好談兵精天文及山川阨塞順治六年以鄖陽守備勦流寇餘黨身經百餘戰未嘗挫衂賊平擢軍功累遷總兵官鎮守寶慶督餉福建卒於官

王躬允字爾極順治己丑歲貢隨大軍赴粵授澄海知縣下車訪疾苦問利弊潔己愛民大姓陳退夫集萬人壁鷗汀以自保有楊許者素劫掠先歸命搆鷗汀鷗汀懼不敢降躬允得其情單騎往壁人望見之曰王使君來我數萬人活矣乃出迎事得解鷗汀爲建祠像祀焉城陑有叢爲祟居民皆徙避躬允以文榜其宅祟遂滅〔三載治行稱最解綬歸課子讀書不倦卒年八十有六

李君柱順治七年從征入粵知新安縣潔己奉公勤心撫字値營兵肆暴守將故縱之君柱力爭不得投劾去上官廉得其實治縱兵者罪民感君柱之力〔詳廣州名宦志〕

孫錫蕃字斐臣少工詩文由選貢司訓公安勤講課舉優劣修學宮爲學根極理要一宗紫陽課士十則皆以躬行實踐爲先士風丕變〔載公安名宦志〕遷遵化知縣改霑化均有清惠聲以疾告歸著有復菴詩文集及易經圖說子寅寓宙孫銓鎬鍠俱諸生有文名鍠字元希孝友端方安貧力學子祚灝祚濬同榜舉人

張之杜順治辛卯舉人有才名授隨州學正獎勵後學士風胥振在官七年遷常德教授去州人思之〔見隨州名宦志〕

黄中實字鼎在順治壬辰進士授吉水知縣省簿書清刑獄民不忍欺盜賊斂息擢行人司告歸安貧自得不入城市

汪煉南字治夫順治壬辰進士選庶吉士授編修值楚省大祲疏請蠲賑辛丑督學順天康熙癸卯庚戌鄉會兩

元皆由所拔考最晉侍讀學士以疾假歸卒
杜碩字芳洲順治甲午舉人榜姓楊性最孝父病兩載未
解衣三日始一食及父没痛不欲生昏而死者再後除
廣東博羅知縣償逋欠懲蠹蝕革陋規均田糧士民以
忠孝廉明歌之擢最卒於官事載（博羅名宦志）弟蘅字
草臣順治己亥進士授北直平山知縣學極宏博有文
稿行世
熊光裕字肅行順治乙未進士任榆次縣課最游陞杭嚴
道修築海塘實資保障（見浙江省志）署按察司越無寃獄悍
兵攘奪移文提督禁飭境內肅然（見李漁資治新書）又以鹽價

日騰請提鹽引民被其惠（見浙江省志）以老致仕卒於家
汪嶼南字與山性孝友父世植明末鴨蛋洲之難嶼南守
父屍不忍去獻賊至逼入江不溺逆流上舟人拯之順
治丁酉舉於鄉授廣西新安知縣縣素有苗患嶼南撫
其酋遂不復叛以艱歸民請留弗許童叟送於分水塘
爲清水分流之頌後補武邑清操自任不事干謁值新
河邪民爲亂大吏以疲卒五十使往故難之嶼南慷慨
赴敵民皆望風降邑屢饑捐粟勸賑全活甚衆及歸築
室江洲以老鄉里稱之
葉自巖字魯瞻寄籍武昌順治丁酉舉人授黃岡教諭太

守蕭艮嗣重其才令攝縣事聽政無留牘以明允稱民
逋賦貧不能完者鬻產代償之家以此落攺銅鼓衞學
正衞隣苗疆諭以禮讓士風振起擢衡州教授卒於官
從子學貢生有學行官鄖陽訓導
陳肇昌字扶昇順治戊戌進士授寶鷄知縣招徠撫字徧
除逋賦累遷戸部郎督學廣東時兵燹後士多流亡肇
昌加意招徠甄拔得人所至申條約興學校士習以淳
詳廣東名宦志考最擢僉都御史授順天府尹仕官四
十餘年篤誠懋績門無私謁卒祀鄉賢生平好汲引人
才凡所薦達後多爲名臣嗜讀書未嘗以倥傯廢命其

子從名儒陸隴其遊故其後多以德業顯子六人大鞏
貢生大年大章大羣大華大韡另傳
吳升東字巢薇參政元伯子順治己亥進士授登州推官
時于七叛案連坐大獄升東讞鞫平反甚衆所至愛民
重士風裁侃侃知無不言累官浙江道監察御史復協
理河南道事告歸著有玉磬齋瑞芝堂集
汪士奇字凡子順治己亥進士以孝友方正重於時授南
安推官改東鄉知縣康熙十三年賊兵肆掠士奇練鄉
勇保障孤城大敗之盡追賊所擄男婦數千人而還賊
平乃興學校育人才士民愛戴擢刑部雲南主事年六

十餘卒孫度宏另傳

樊維域字念菴少失父事母張氏以孝聞順治己亥進士教授德安究心理學課士以孝弟廉隅爲本遷平鄉知縣弭盜賑饑凡積弊不便民者悉除之時漳水泛决維域捐貲築堤防開渠溉畝患遂息期年以母老告歸肆力正學著述甚富卒祀鄉賢子齊伊以鄉舉官中書舍人孝友文學鄉評推重

宋必達字其在初寓居武昌值獻賊陷城驅人於江必達夫婦扶父投磯下得片板乘之竟抵陽邏乃免終孝養爲順治辛丑成進士授江西寧都知縣請免清泰懷德

二鄉逋賦招集流亡邑有二城民兵分處必達始爲團練法適閩賊張志在阻兵窺贛南圍寧都請援未集必達率鄉勇與營帥協力破走之境賴以安後奉檄誅黨亂者必達抗言良民脅從願身保其無他全活者甚衆及解組歸中途遇賊刼之繫密室中夜半忽多人持兵杖大呼宋公擁以去蓋寧都百姓也年六十餘卒詳江西名宦志子敏求康熙戊午解元聯捷官檢討有父風以文行稱敏政官訓導孫鋥德化知縣有傳

王追騄字里之尚書廷瞻孫順治庚子舉人除永州教授遷犍爲知縣縣故瘠供膳例派里甲追騄悉捐之興學勸士文治遂盛擢刑部主事多所平反乞歸途次百餘人焚香跪道左詢之則署廣西司時所釋死囚皆感泣各言其故家居十餘年教子孫清白不問產業子一得諸生孫封渭乾隆壬申進士

鄭昱字方甫父先慶有傳昱康熙庚戌進士知建陽縣改唐縣以廉能擢工科給事有正直聲出爲江西糧道革除陋規數萬請免丹丁月銀興學校釋諸生寃獄甚衆晉廣西按察使持法平允詳江西廣西名宦志遷安徽布政莅官月餘宿弊一清尋以老乞歸讀書教子鄉人以爲模楷子可格舉人官中書歸養工詩文著有永懷

詩菊圃集

梁鉞康熙初爲長安縣丞攝縣事農民盧某方耕其婦饁之食已噴血死前官治婦罪且成獄矣鉞至訊其由遂往饁所有樹翳其上伐之中盡蝎也乃知蝎所毒遂白其寃士民咸頌之

鄭繼啓姓洪成童時蹻捷走城堞簷如飛鳥用長矛如雪練無敢禦者康熙壬子舉武科提督趙良棟奇其才從征吳逆平湖南袁州渡鐵鎖橋先登擢軍功累官副總兵年三十八卒於官

王夙采字汝載康熙己未進士授會稽知縣清介自矢以

謙讓化民嚴絕請託大嵐山界連金寧溫台四郡有白頭賊乘歲饑誘民爲亂風采廉得其魁置於法餘黨解散乃勸賑全活甚衆捐俸建范陽閘居民利之在官十二年邑稱大治詳紹興名宦志祀鄉賢子洊仁諸生澎仁訓導沐仁教諭

萬爲隨字靡瞻里春子慷慨有父風郡守于成龍平東山賊以爲練長資謀畧焉由歲貢官桂陽州學正時兵燹後學圮爲隨捐俸倡修之進諸生勉以忠孝大義人才特盛桂隣苗舊多侵畧與州牧李其往擒其魁餘悉定州賴以安事載桂陽州志弟奇英字省次少孤事母孝

與兄友愛無間家計無所校年八十餘猶矍鑠勤於學以明經官訓導卒

孫鈞字湘有父文燦諸生饒才畧明季結寨淋山河保障鄉里爲獻賊所得欲屈以官拒之賊斷其臂終不屈鈞康熙己酉舉於鄉授夏縣知縣有循良聲雍正間夏縣樊大元知黃岡訪其子鉞曰吾邑賢令後也善視之其令人久而不忘如此

王懋德字一士父承啓舉人少孤事母孝好學有文名懋德康熙壬戌進士知廣靈縣縣故瘠貧值荒後招徠生聚力陳流離狀悉如其請壬申陝西饑時大臣督運擇賢能八員佐之懋德分運千餘石由口外黃河故道備經險阻一年報竣艱歸後補寧都歲饑請發倉捐賑民賴全活所至振拔孤寒興學勵俗治績稱盛弟懋才字國士同榜進士新建知縣治事嚴肅人感其厚好汲引多成名儒擢最以疾歸

謝加恩字勗菴康熙丁卯舉人知四川安縣時土荒民少加恩招徠經畫民得樂業乃建廟學教育生徒鄰邑皆負笈至在治八載布衣蔬食素履蕭然以最擢主事載綿州名宦志

陳大年字子山肇昌長子康熙庚午順天副榜授山西徐

溝令邑當燕晉孔道會
聖祖親征噶爾旦餱糧芻茭車輛之屬取辦俄頃年四出雁門關馳驅無後期值歲洊饑民多轉徙力請於上開倉以賑徐得保聚無恙艱歸起浙江樂清令建修堤閘及塘埭各數十處報墾田五十餘畝學宮舊毀於兵燹年修復如制浙撫王度昭撰文紀之勒諸石遷鄧州牧鄧溝洫堙廢旱澇爲災年教民修渠歲獲屢登又勸以植桑養蠶繅功日盛鄧人戴之年七十七卒於家子師履甲午舉人灝壬午舉人

陳大羣字季超肇昌子康熙庚午舉於鄉知四川會理州

州故卬棼地民俗悍獷大羣至輕徭役抑豪强擇子弟之秀者親爲訓廸士風一變九年考最擢戶部員外旋進郎中咸能舉其職引年歸以禮法教鄉族咸矜式焉子師洛雍正丙午舉人有學行

萬爲恪字敬儒爾昌子康熙丁丑成進士授遂安知縣蠲剔宿獘常終日危坐堂上令吏卒無事則散民得自前言疾苦聽斷無留牘遂故瘠里中歲約出三千金供官曰幫費至是悉革之茹蔬衣布與民休息撫軍趙申喬張泰交推治行第一洪鄁水暴溢壞民畜田廬比賑而後請吏爭以故事待報否且得罪不聽遂賑之已如請

蠲其賦用刑務寬恕然法行豪貴不少貸巨盜毛六謙劉念那爲害招至開諭之盜泣感遂爲良民後二十年子紳祖經其隣境擔夫皆邑人不受值以遺愛猶尸祝云平生嚴重寡言笑雖沍寒盛暑不改儀度然亦無峭激之行饘粥屢缺未嘗言貧也子六紳祖另傳綏祖舉人力學工文有知人鑒誘進後學多所成就與伯兄繼祖以好義稱鄉里服其訓數十年無雀角者

范基祚字叔文先世休寧人祖元達來黃岡因家焉基祚少孤家貧母田氏苦節撫之見列女志基祚力學敦行奉母以孝聞康熙丁丑成進士授河南洧川知縣清操自矢案無留牘在治九年以最擢吏部主事將去洧民攀轅不得行擔酒焚香走擁村落父老多泣下者尋以疾歸年六十餘卒子元灝康熙辛卯舉人官固始溫縣知縣以告歸里孫朝綱乾隆辛未進士授資陽知縣候補主事

王一導字子引康熙丁丑進士授德化知縣地瘠多訟一導決淨費案無留滯以明慎著艱歸起知屯留縣值歲耗撫循賙恤全活甚衆地易馬牛估榷號活稅悉弛之擢吏部主事雍正時累遷四司郎中

御書得雨詩一章賜之釐彙剔獘有正直聲典試浙江稱得人

授浙江寧紹台道兼理海關懲豪猾賑窮乏通商惠民以疾乞歸卒爲人誠直無驕矜之色以孝友世其家子封岱字東垣雍正癸卯舉人以養母不赴選顏其堂曰志養母年九十餘乃卒遂不復仕

余珖字用南少爲諸生與兄世宗齊名康熙庚辰成進士授四會知縣始至有胥獻金者懲之賂頓絕地瀕海經亂丁耗田多蕪請以丁隨糧更募墾給牛種生齒乃殖邑苦盜用其魁治之盜遂止立義學爲之程式人從其教焉七年以病告民籲留又二年乃歸子宏仁陵水知縣多惠政

王漢周字晢侯康熙癸未進士授奉節知縣有廉明聲擢㝡累官西臺庫部郎復出守肇昌諸大吏稔其才凡辦郡重獄委決無虛日多所平反陝人德之以疾卒於官惟敝衣一篋見者嘆息詳四川名宦志

王全才字仲默康熙丙戌進士授廣東長寧知縣縣居叢山中嵐重泉毒又俗尚巫惑衆全才置諸法毀其祠像巫風息盜魁吳辛龍嘯聚久爲民害乃率士兵傾其巢辛龍伏法境賴以安卒於任兄漢準準子林懷俱諸生有學行林蘊乾隆辛酉舉人歸州學正

陳大輦字子京肇昌子也康熙丙戌進士授廣西永安知

州地僻俗雜猺獞大輦爲立法使嫁娶喪葬以禮民苗寬輒面控革仇殺之習興學勸士文教遂盛改西隆扁牙盧酋與岑氏素相攻擊至是獲之威震苗蠻復按泗城岑酋平其獄舊俗官至輒多護衛苗長進酒食必先嘗防鴆蠱也乃悉屏衛飲食無所疑岑酋益驚服考最擢福建鹽運司鹺政大治攝視福汀諸郡羣盜脅息發倉賑饑數折疑獄全活甚衆擢台灣道時兵後歲荒大輦分路給粥日食數千人發倉糧分十廠減糶民氣復盛又載米濟臺西小島曰澎湖活者萬家於是議建城郭裁番社花紅搜山陋規番社子弟皆興學又以前此官莊丈額不實多雜民田及荒埔磽确不可成賦者悉請更定及馬料塘舖皆有議報可卒於官臺民遠近皆至人持香一束哭堦下及去夾岸奔送呼聲雷動子丙豫舉人別有傳

王林績字乃言父漢澳早卒家赤貧母佘氏年二十一苦節育之林績勤學好古康熙乙未成進士除永州教授爲嶽麓山長子光珮己未進士累官通渭登封知縣攝視偃師性廉介爲治嚴明士民稱之擢最卒於官

靖乃成字我思由貢生除漢川訓導遷宿遷知縣地瀕河崩淤無常民隨淤任種以供正賦前令加派民苦重征

乃成力請奏免圈柳地民產也軍丁肎占搆訟不休乃成廉得其實悉復本業宿民頌之

馮壋字臣武少孤母方氏教之載列女傳壋力學能文負氣饒勇略遊於黔寄大定籍補諸生例得與武試不售遂效力行間授貴陽把總雍正四年從勦定廣之長寨苗力戰破谷隆關叙軍功一等擢黎平守備駐古州復帥偏師勦撫新疆五載以軍功晉平遠都司遷上江遊擊迎養克孝其弟旭貢生有文名子子式另有傳方子式初第時壋亦以事同來故鄉人以爲美談其後子孫仍家於黄

胡天健字行旃父正君好施與周鄉族貧乏里有疫徧給棺木助以葬貧家以是破然終無悔天健性坦易由己酉拔貢累官江右瀘溪安仁鉛山知縣興學校均賦役舉廢出滯所至有聲安仁縣志載雍正十年逆民黃申冦猖獗天健往勦獲其首所至安堵人稱其德

宋鍠字雪懷由貢生授肥鄉知縣清愼自矢邑舊城爲漳水所圮甫下車捐俸修之又建

文廟修補諸缺遺凡民間詞訟及徵納皆令自赴無差拘之擾嚴夜禁弭盜賊懲遊蕩民悉便之

周嵩字元峰祖之彬貢生于清端成龍爲郡守時推重之

以儒林俠骨顏其室父大伸諸生守禮方嚴爲鄉里所宗嵩性孝友勵節操博綜羣籍文名特著雍正癸卯成進士授大名知縣釐革蠹弊屢決疑獄洩李茂堤水患居民稱便一時推爲廉幹攝祁長垣有重囚病取保沒於家遣例削職於是衆民哀號乞留巡撫御史莫禮博李徽奏其事

特旨留任復攝元城魏縣獄多平反與賢勤學廣置學田士風大振十年擢大理評事將去民猶濟濟日候於門有控者皆曰願得一言而決其得民心如此受評事職三月卒櫬歸過故治民哭而祭者絡繹載道家無私槖舊時官俸所餘置祀田公諸兄弟鄉人稱之

萬禮祖字履素父爲境諸生性嚴正通經術卒祀鄉賢禮祖雍正癸卯進士知安徽太平縣縣故呰窳多逋賦下車問民疾苦捐貲貸民賴以蘓其無知抵冒者頌繫寬挺之嘗語其掾曰爲父母不克胥匡以生而使謂浚我以生吾不忍爲也遐邇皆稱有古良吏風解組乏不自存民醵錢贈行拒不受家居三十八年親見五代卒年九十有一

王掄士字以三拔貢博通典故由教習任江西豫寧令剔奸釐猾興學右文政績最著値邑大祲爲粥以賑凡五

閱月咸得全活士民立有生祠三比卒囊槖蕭然櫬歸之日送者哭泣入江右名宦所著有問津書院志續三楚文獻錄寧國府志永安州志漳平縣志諸書

謝鼎字匡山鄖陽籍歲貢官蘄水訓導誠篤好士貧無力者捐俸助之多所成就告歸士爲立去思碑見蘄水縣志

馮子式字汝瞻少頴異隨從父熺任黔以黔籍舉乾隆戊午鄉試壬戌成進士改籍歷知湖南永順麻陽益陽三縣剔弊除蠹所至有聲令永時委勘邊界有獄案七久莫決子式至讞悉得情民服焉麻地遠多蕪招誘開闢

糧日以積士陋少書籍爲廣購寘並給貲以鈔設義學日親講授文風丕振轉益陽置義渡便民恤老哺孤益人號慈母然性亢直無阿附間以事忤上官畧不爲動後調任卒於京邸時論惜之

龍可旌號鶴皐順治辛丑進士先官山東濟陽勤於吏治聽斷明敏鋤强懲猾吏畏民懷初在讞局决各縣疑獄數十起又獲逃人四十有奇開釋株連者多至數百人濟郡舊例秋糧輸之官至春僅給以正令民觧赴水次往返千餘里賠累多至破産可旌廉其弊捐耗免觧邑人立碑頌焉再任中州汜縣亦如在濟時以憂去官年

六十卒於京邸

劉公琰字君任庠生則寧子早歲失恃著有哀哀草二卷事父及繼母以孝聞順治五年選拔授浙江景寧知縣甫下車問民疾苦興利除害政簡刑清丁父艱景民歌曰三年勤撫字惠愛治輿情公今舍我去誰其嗣厥聲服闋選廣西來賓縣縣爲獞猺雜處地亦以治景者治之民猺咸服旋以終繼母養乞歸民猺攀轅遮道餞送出境子宗漢諸生宗向以孝行著稱

汪依仁雍正甲辰舉人知山東海陽縣清介自矢門無私謁聽訟不尚刑威而明斷悉當歲饑請於上游開倉以賑不繼捐廉勸輸擇公正紳士任之不假胥吏手活數萬人海陽有生祠祀焉

萬廷望字東表乾隆丙辰舉人任陝西定邊知縣先是城治流沙沮洳雨水輒溢入城深三四尺廷望開渠導出城右患遂息又營兵以庸調不支縛副將譟甚廷望徒步往軍士皆辟易廷望曉諭之而止越七年調米脂以終養歸家居三十載卒年八十

萬年豐字武溪乾隆丙辰舉人嗜學工詩候銓知縣借補浙江石堰場鹽課大使在任凡一切鹽筴利病詳悉無遺或涉訟立爲剖析民皆便之又奉檄丈勘沿海各縣

圩田夫馬供給外饋遺一無所受以清册實數具報陋規積弊爲之一清歸從笥中惟端溪石數枚無他物也年七十五卒曾孫裕鵬道光癸卯舉人

萬綿祖字莊孫父爲恪別有傳綿祖以雍正乙卯副榜登乾隆丙辰賢書授東湖教諭創修學宮齋舍常召諸生講論文藝士風爲之一變東湖志頗殘缺縣令林有席浼其修輯綿祖釐訂條例斐然可觀著有石徑樵吟二卷述莊文集三卷

郭維本字有如質直力學弱冠舉乾隆戊午鄉試第一其七世祖慶王文成高弟也維本循家法以正心誠意自

厲時因親老兄弟俱早卒不赴選晚任公安教諭遷山東萊州鹽大使前官卒以禁私售獲利維本曰瘠人肥已吾不爲也卒於官櫬不得歸民爭賻之著有道菴詩文集

李長青號松村幼卽慕學家貧常佐父耕里師李芳者深於經術青時詣其塾請業遇講書日則往聽朝晡服耒遇課文日則晨往請題於田間成腹稿晚歸呈師如是者十餘年精通書易春秋傳爲文雋傑沉雄乾隆辛酉舉於鄉戊辰成進士歷官寶山知縣蘇松二府同知所至愛士育才政平訟理擢同州知府卒於官其去寶

山也有典商感訟伸故餽以葭莩之日事後受餽何異事前得賕其任蘇丞兼錢局也有銅商餽以金却之曰無事受餽有事吾豈汝徇由蘇移陝時舟子意公裝必重去鎮船土既復反之相與竊笑座師陳兆崙聞之貽書嘆美其清儉如此平生篤親念故報李師恩亦爲置祭田十畝里人至今稱之嘉慶二十一年陝蘇各舉祀名宦本籍亦以鄉賢舉皆奉

旨允行子鈞簡別有傳

范朝綱字泉如同知元灝子乾隆辛未進士知山東鄒平縣恩威並著邑有大盜聚黨數百人久爲民害朝綱以兵除之士民大悅晉戶部主事嘗患心疾閱書籍則稍愈至是病數月卒朝綱穎悟敏捷著有儲巷詩文集

邱恩榮字篤六號澳南乾隆辛未進士授萊蕪知縣覆訊疑獄有生員外出其妻誤買盜衣仇家誣證生爲盜主恩榮察其故立釋之鄰邑蝗起飭鄉民預爲捕具蝗入境依法撲之害遂絕調泰安疏治泰山泉源引汶水歸運河民賴其利内陞部郎揀發湖南任岳州府奸人言臨湘礦可開大吏檄勘恩榮力言不可乃止調衡州衡山縣民驟大忌破縣誣其伐殺治罪已入秋審恩榮覆勘得實出諸獄後大忠援例入監子孫遊泮曾越千里

造其里墓三次拜泣不輟子四安亭貢生安校江西知縣安庠庠生安學候補州吏目孫汝器汝同皆庠生

胡心安字勉菴知縣天健子幼穎悟嗜學乾隆庚午魁鄉舉筮仕廣西興安地衝役重吏緣爲奸書院廢爲郵舍心安告當事於法計戶均徭別創驛館修葺灕江書院文教聿興大吏閱兵過境騶從苛索氣張甚心安親錄諸門人謁慷慨爲民請命大吏屈戒其下曰勿犯强項令也權象州處脂膏地纖毫不以自潤補興業察知吏多句稽考民篤訟累夏平反無算奸胥屏息後投劾歸舟經興安灘河道有長官過此挽夫多而難進心安以

小舟鷁退於後兩岸耕者詢知爲胡舊令羣釋耒邪許牽舟迅越其前父老衛送爭餉野蔬滿船長官與嘆久之歸居陽邏素交日相過從雖饘粥不繼推解無難色子士俊諸生孫美彥進士現官刑部郎中美彰廩生美彧亭班曾孫霖澍進士現官貴州貴定知縣濬經舉人淳經庠生

宋廷採字采持敏求曾孫生而穎異年十九成乾隆辛未進士授河南南召知縣修葺衙署城垣民忘其勞委訊裕州孀婦疑獄得情具讞賑濟河北水災多所全活調湖南黔陽擢粵西南寧同知兼署寧明州釐定鹽價民

利賴焉晉雲南大理知府辦理銅鹽等務大吏優獎以爲各屬倡兼署蒙化廳捐貲建書院勸學右文士風丕振服官十餘載所至有聲子文燦貢生

杜秉時號蘭圃家貧篤學乾隆壬申舉人歷官內邱武強任縣威縣宣化知縣所至囹圄空虛士民愛戴去官日父老焚香遮道臥轍攀轅數日始得出境懸車後子世棻官藍田尉藍橋藍關輞川其地在焉遂攜眷往遊以詩文娛老著有梅笑亭詩集卒年八十有六葬西安南城外小雁塔寺西南里許幼子桉舉人官教諭

萬廷璧號仍軒壽祖子乾隆壬申舉人初授宜都教諭陞漢陽教授以能擢贛州興國令倣袁嬴馬關者惟一老僕甫蒞與有鍾姓叔姪以茶山搆訟姪介邑紳袖金私屬竟夕談不敢出曰萬公非利動人復他介進廷璧笑曰若以此金遺官盍遺阿叔其人慙去自是罔敢干以私僧曇亮經語涉悖謬株連甚眾廷璧欲生之不得卒以是去官大吏欲奏留力辭歸以授徒爲業年七十卒士論高之　子希宗號可亭乾隆己酉舉人知湖南武陵縣以廉明著嘗過龍陽有民欲赴水詰故以囊金投宿店館人詭以錢易金愬諸官不能明希宗代訊館人枝梧希宗書銀字於其手置別所給云字滅罪汝再詢

其婦遙呼銀字在否館人連聲諾遂責婦曰爾夫自供矣婦果曰銀在某所究遂白歷任益陽永定耒陽每去官士民攀送常數百人　孫冑洋號小岑嘉慶辛未進士事繼母以孝聞視弟友愛篤至令直隸曲陽治行稱最適修學宮有富民吝捐忤其族族因訐告其曖昧事富民私獻三千金求庇臨訊置金案上曰某捐此重金修學豈是不自愛人遂以金付公而直其事擢大興調宛平差務絡繹傾家佽之晉定州牧平反大獄力興學校署遵化均賦輕徭舉廢出滯嘗攝易州牧去任時士人輪餞一老貧儒獨後辭不獲曰公不我欽某不齒矣

矣從之竟以清苦勞勩卒弟㽦源㽦文俱諸生

張京鯉號小還乾隆壬申舉人先任均州學正教士有法庠序中無不欽佩嗣經大憲保題知縣分發江西授上猶知縣適遇歲饑上游申請發帑以災重不能普遍京鯉星夜馳信歸變產助賑設廠煮粥賴以生活者無算而家貲亦以此傾矣乾隆時與修縣志年六十卒於官宦橐蕭然長子朝薰郡庠生以課讀自食次子嘉薰太學生孫堉議叙巡檢候銓卒於京邸葬於黃岡義園

謝國詔字鳳銜篤行宗湯曾孫宦蹟加恩從子也幼嗜學兼工詞翰試有司不利援例授福建南安縣丞國詔本

儒家子任下僚亦日與邑人士講論文藝有勸孝歌又有無訟說民咸誦之年五十以艱歸不復出書畫自娛乾隆時與修邑乘

宋本敬字賓門如辰孫爻早卒依外祖陳恪勤家因隸湘潭籍舉乾隆己卯湖南鄉試第一歷官山西長治陽城知縣通政司經歷廣西慶遠同知鎮安知府清愼廉平始終一節官山西日陽城人爲建生祠立碑頌焉時同寅山左潁某亦以清廉著民間有南宋北顏之稱子廷楓舉人

張鳳鳴號虞溪少有神童之目長尤該博爲鄉邦所推重乾隆癸酉經魁甲戌明通榜仕邯鄲知縣杲升兗州知府常召見行在奏對稱

旨有老於民牧之

諭有紫貂粧緞克食之

賜鳳鳴聰明慈惠所至政聲赫著雖鞅掌勤劬不廢著述有周易彙參註說數十卷貫穿百家他經史亦多所闡發旁通兵法陣圖梗概畧見蒲圻張開東詩集子士昱舉人平和知縣士旦副榜枝江教諭士聂貴州按照磨士昇布經歷

周𡼏光字映川乾隆庚辰進士授湖南新寧知縣約己化

民不留獄亦無寃獄再還衡山時出師緬甸辦理軍務曲當以軍功加級旋以丁憂卒於家

張其洲乾隆庚辰舉人由大挑知山西平利縣性慈惠爲政寬厚不務苛細民懷其德而胥吏諸弊未能盡除改官鄖陽課士有法其洲務該博且富藏書惜晚年子夭無能讀之者又有陳鳳藻科名少後亦由舉人官大埔知縣慈惠一如張而後裔未能世其業故政績闕如均無可採未免遺憾云

周孔彰字象初乾隆壬午舉人授趙城知縣居官勤約摘弊除蠹省費恤民公退即端坐衙齋門丁胥役皆嚴憚

禱雨輒應數年卒於官趙城民有謂其爲該邑城隍者頗著靈異

嚴承夏號橫溪乾隆丙戌進士才思敏果筮仕浙江孝豐縣甫莅任吏進陋規却之立除其名自是蠹猾膠拳三充鄉試同考官得人最盛如陸費墀蔡恭武楊際清皆其選也調定海洋盜爲商民害承夏造船四隻選民壯訓練值大霧躬親執弩獲百餘人悉寘諸法以功擢杭同知卒於官子家駒家蔦貢生家騏庠生寅序班

萬廷琯字武臯乾隆癸酉拔貢授四川合江令合故巖邑盜賊盤踞山谷廷琯廉得巨魁劉天明陳方升等置之

法境內輯然會

王師征緬甸吏欲苛派編戶廷琯斥之曰資糧扉屨責在縣官禁勿許居五年罷廷琯少孤家貧爲文峭蒨似柳州其小楷尤稱絕技云

萬年蕍字穀仲敎授繙祖子也壬午與從兄廷翼同舉於鄉以大挑任福建順昌知縣捐廉創建考棚歲不登民食乏年蕍發常平倉以貸存活無算因以勞瘁卒於官沒後家徒壁立不愧廉吏云　弟年華字封三以明經任竹山訓導時竹山敎匪滋擾年華之任軍事旁午日與邑人明恥敎戰爲禦侮計邑賴無恙手著格言數十條足爲士林楷模

朱霞遠字辰周幼孤好學而貧世父大年實玉成之乾隆庚寅舉人揀發直隸權清豐有廉明聲既補臨城民愛畏之會州屬皆歲祲而隆平爲最奉文撥臨城倉粟助賑霞遠請以餘粟賑邑民州不許堅稟發之隨罄廉典衣買補是年沒於官眷歸敝篋蕭然嗣子鈐郡增生

操履騶字紫常乾隆庚寅舉人任荊門學正誘敎諸生多所成就嘉慶丙辰敎匪陷當陽將及荊門履騶與知州張琴勸邑士民葺城垣募鄉勇晝夜防禦賊攻數日不能破會大兵至解圍走隨奉檄查當陽豢送大營騶兼

程馳赴比賊遁知追不能及以勤勞卒於官子大承武庠生孫南薰廩生

龍澍號肅齋乾隆甲辰進士授山東新泰知縣以內艱歸旋補江西金谿調贛縣所至涖民慈惠贛濱江嘉慶五年寧都蛟水暴漲贛承其下流兩邑男婦漂溺呼救者哭聲不絕澍購船急拯救一人予錢五千其漂溺死及廬舍蕩析者悉爲安置贛州府試守公出委澍衡文士林允服上游耳其名調補南昌案無留牘晉南昌同知革寶泉局陋規甲寅同考癸酉監試尤兢兢遴才焉年七十一卒於官著有詩文集性友愛恬淡家産悉給昆

弟子景棫庠生

陶國幹號犿亭援例任奉天治中攝遼州事民間生子入册例納銀數錢貧苦之家至有生男不舉者國幹捐廉貸之事與漢鄭產同士民感戴勒碑紀德後累陞貴州安順知府

欽加道銜以終養致仕

汪兆霖字定山由舉人知井陘縣歷安肅大城擢薊州牧安肅畿輔孔道吏派役不均民多逃亡兆霖至遍履鄉村體察苦樂以九等定重輕流民還集大城徭尤重每大差至則集各鄉保長當堂酌其費歲減數千金其餘

一切催差催糧皆委保長七載里無吽囂而官民相信無令不行以疾歸子引鴻舉人監利教諭霖弟兆柯字耀艮嘉慶辛未進士選東安知縣治行與兄競爽亦以疾乞休至老神明不衰

王士珍號華巖乾隆癸卯舉人歷知江西分宜峽江等縣事任分宜時有世家某控其胞姪者以卓茂語再三諭之弗聽及鞫審大陳刑具勢將抵姪於法姪股栗無人色某忽號泣曰審若是吾何以對亡弟於地下叩頭求免遂爲伯姪如初在峽江數年培士愛民百廢俱舉以病乞休上游稔其賢堅留之不一年卒於官士民泣送

逾境子嶽郎用從九品

靖本詡字芳萍道謨孫性醇謹博學敦行由舉人官大冶教諭訓課不倦文治日興有德教碑遷安陸教授邑人士臨歧戀慕勒碑亦如大冶子厚錡厚鏵諸生孫華璧舉人敎習議叙知縣

王如鏊字又溪一導孫中乾隆甲午副榜選長陽教諭訓迪有方嘉慶丙辰長陽距城三百里之朗坪有教匪聚衆滋擾如鏊偵知以告縣令令在猶豫間如鏊乃徑稟上憲旋經張廉訪長庚帶弁兵七百餘人進勦詎嘯聚者衆主客懸殊未能捷獲張因委如鏊同新令分途堵

禦如鏊駐城外十五里之向王廟獨當賊衝誓以死守幼子鏞隨侍在側因諭令回籍鏞曰父殉國子不當殉父乎邑人感動効力城以是免蹂躪嗣積勞成疾逾年卒於向王廟子鴻庠生安貧篤學鵠進士鏞候補鹽知事

鵠字霞坡素行端潔嘉慶丁丑進士任石泉知縣鋤奸弭盜民懷其惠調米脂創書院課耕織政簡刑清以艱解官服闋入爲東城兵馬司指揮值歲饑監發粥厰釐剔宿弊胥吏悉憚之任滿選平鄉知縣未兩月移疾卒毋去官行李蕭然蓋以清白貽子孫者著有霞坡制藝子森茂監生子岳邑庠生

胡定太字平川生郎膂力過人善騎射工技擊領乾隆癸
卯武榜聯捷成進士授侍衛旋授湖南中軍都司以征
勦瀘溪縣逆苗升任湖南鎮筸鎮標中營遊擊值首匪
不靖佐鎮帥力戰於觀景山大坡腦等處前後凡七戰
屢奏捷音奉
旨記名嘉慶丁巳教匪擾湖北川陝諸省定太隨經畧進兵
南漳房縣屬之倒座廟盛家坡等處擒斬計數千隨追
賊過陝奉
旨賞戴花翎巳未擊賊鳳縣屬之進口關身被數傷仍力戰
不退遂擒賊李槐旋又擒賊李瀏殲賊首張漢潮等經

畧第爲首功聞於
朝五年陞陝西波羅營參將晉廣西義寧協副將其五月帶
兵擊五金柱大股賊殲龔麗洪勝生擒麗有兒楊六燕
等奉
旨陞授河州鎮總兵在鎮六年整飭戎行修理斥堠嚴捕盜
賊兵民且畏且懷丙寅署寧陝鎮總兵會暑雨蒸濕舊
傷復發遂引病歸太在軍營與將卒同甘苦而又紀律
嚴明賞罰公允故士卒樂爲之用前後經三百餘戰擒
殲渠魁近二十名身被石刃勞績屢著嘗蒙
恩賞物件幾難枚舉一時稱爲名將回籍後閉門謝客恂恂

若書生惟以文武藝課子姪爲樂焉卒年六十九子璧
縣丞
靖本詮乾隆丙午舉京闈揀選陝西知縣歷署皆有政聲
任興平時白蓮賊入匡郭去邑數十里上憲檄撤河渡
本詮更益舟渡之惟諭不得持兵器脅從者生全無數
旋補郃陽建考棚新文武廟是科鄉試中七人先後成
進士郃盍六七十年無甲榜也歲旱徒步禱雨七十里
外郎日得雨邑人頌之遇歲饑民不知荒邑人建生祠
於署東不能禁以勞卒於官
朱英字一擎乾隆已亥舉人授武昌司訓與諸生講學習

禮觀聽肅然捐金倡修諸祠宇及學舍凡二十年武邑
科名較昔爲盛道光甲申以疾歸孫玉虞生
詹玉彬字質齋性剛直家世詩書幼受庭訓尤嫻韜畧玉
彬父故貧兼充營書嘉慶二年川陝匪擾父當從征玉
彬請代大憲許之至營屢獲捷授雲南外委累任陝西
都司逢
覃恩祖父母父母封如其官歷任漢中營及沔縣右營都司
卒於官
王兆京戊午舉人官穀城教諭性恬淡與諸生講論文藝
力宗先輩取予不苟有某生因事株累令欲誣坐以罪

兆京堅持不允其事寢而某生雪庠序中醵金赴明倫額頌者百餘人後引疾歸卒年八十餘

萬禺琛號璞軒父希嵩邃經學尤工書法乙巳丙午間馨家蓄贈餞者禺琛成嘉慶壬戌進士以庶常改知曲江縣俗剽悍遇事輒輕生圖累又地多官山聽民附葬常有將親骸貯罈罐彼此盜埋殘毁號稱難治禺琛廉得輕生者坐誣盜埋者坐罪陋風以息旋調始興量移瓊山又獲盜魁歐亞四等數十得卓異以疾卒於任子裕滋舉人孫成錦廩生

汪極三字植齋少孤家貧事大父母及母以孝稱積學衆暑不輟嘉慶己巳成進士知河南正陽縣俗强悍賊常出没山谷極三購擒其渠害漸息又新阜教匪倡亂極三殲之鄰境晏然調郾城除漯灣河漁舟稅疏瀹鴻渠壅塞資助書院膏火士民皆愛戴之卒年五十四子氣濟舉人現官應山訓導

萬禺欽號抑齋嘉慶丁卯舉人官監利教諭以振興文教爲己任捐廉助修文廟時連年患水凡撫賑諸政與邑令細心籌畫身歷鄉閭勸修堤垸士庶樂從庠序中有因公被誣者俱竭力雪之卒於任遺囊蕭然子裕海裕淋俱庠生

嚴承啟字德燻與姪垣同舉嘉慶庚午鄉試任巴東教諭訓課嚴肅易倨而馴變俚而雅先是宜昌府試常在夏中水漲灘洶士子屢蹈不測道光七年承啟稟請嗣後府連院試約在水平時學使契許巴士咸頌勒石次子墹邑增生孫厚錄邑武庠

曾鵬號南池嘉慶辛未進士知廣西陸川縣陸川命案多株連鵬廉其弊拘首犯定擬餘皆省釋有貢生某與陳姓爭刈禾某糾衆鎗斃一人鵬破除情面卒寘於法陸川人咸服其公旋調署宣化以勞瘁卒於官

靖厚欽字阮南道光辛巳解元癸未進士授平武知縣地卽古陰平郡羌夷接壤素稱難治厚欽開誠布公民不忍欺獄訟以息時有兵差過境勒索居民厚欽繩以法諸將領皆斂戢縣有龍門書院暇則進生童講論經史評定課藝士風一振解組歸與修邑志將蕆事而卒著有節香堂集子郁恒舉人現任漢陽訓導

胡玉森號韡階封職宗返孫也幼聰慧弱冠補弟子員次年卽食餼援例權襄陽教授莅任後逢朔望集多士於明倫堂諭以敦品勵學每月課文必親自評閱詳加啟迪襄故冠蓋里旋見消歇自森任後文教日隆科名鵲起襄人咸推頌焉嘉慶戊寅舉於鄉道光壬辰得明通

榜充
國史館謄録會典志成議叙知縣已及選期卒於京邸士
論惜之
曾世儀號鴻階性孝友尤勵士品以副車舉孝廉方正道
光乙未成進士補昌黎知縣勤慎奉公以表彰節義培
植士林爲先務捐廉重修文廟及韓文公祠量移清苑
清苑爲省會首邑儀措理悉當時暎夷不靖復調赴遼
西團練防守擢保定同知署河間知府以勞瘁卒於官
子錫齡直隸候補知縣
李士燮字子烈母姜氏以苦節旌見列女傳道光己丑成

進士授廣東四會知縣未抵任需次省垣時大憲廉其
才檄從征猺匪堵捕出力因受瘴成疾同省三月卒大
憲以
聞贈同知銜廕一子入監讀書期滿照四品以下廕知縣例
减等以縣丞註册

黃岡縣志卷之九終

黃岡縣志卷之十

知黃岡縣事宛平俞昌烈編輯

人物志

忠義

乾坤定位綱常繫焉爾而當艱難杌棿之秋徼二三忠
臣義士出萬死不顧一生之計以扶之乾坤或幾乎息
矣余竊有感焉首陽高節在當時幾何不爲頑民唐張
許成就如彼卓卓而異議者猶隨其後非賴篤論君子
表而出之又何以扶忠義而植綱常前志於成仁之烈
每補史所未備其幸不即捐縻志同道同亦並列焉可
謂懃懃懇懇矣時平無事可見此意固凜凜也

元

吳汝字國棟生而靈異膂力絶人其先自饒籍黃三世爲
懷遠將軍父賢襲職鎮陽邏至正十四年劉福通作亂
號紅巾據鄂州賢與其弟貴及汝討賊克復者再有大
功賢卒汝累遷行省平章左丞鎮邾偭大水堤盡決汝
以巨艦載石塞之全活甚衆是時徐壽輝方破鄂州所
至郡縣皆陷汝起兵大敗之盡復故地威震淮楚既而
壽輝潛師襲鄂州城陷汝率十餘騎渡江欲更舉不克
而死汝既死貴遂歸隱不知所終汝部將黃榮沈權等

歸於明後戰鄱陽且急見巨人紅袍馳白馬從空中來則汝也遂大勝因封護國忠臣顯靈王邾人以汝數有功亦祀之

明

奚世亮字明仲父樸嘉靖辛卯舉人知富陽縣有清操世亮嘉靖丁未進士授南戸部主事榷稅以廉著累官刑部郎出知思南府左遷高郵州同知先是世亮餉楊繼盛於西市嚴嵩銜之至是削秩四十二年倭犯閩浙乃起廢以爲福建延平府同知時興化缺守倭寇且亟人多計避世亮曰承平受爵臨變若避非忠也即往卒士

卒登城守身冒矢石踰月總兵劉顯遣卒賫書城中衣刺天兵二字賊殺之衣其衣紿守者得入城陷世亮力戰死之賊平乃得遺骸於旗亭事聞贈福建右參議賜祭葬祀鄉賢廕從子繼善授詹事府錄事妻王氏以節旌事詳明史

康良臣嘉靖間以掾尉定海率義兵與倭戰斬首三十餘級身受重創遂戰死手戈馬上不墜事聞廕一子入監

樊玉衡字以齊家世孝友萬歷癸未進士由廣信府推官徵授御史性強直敢任屢劾權貴薦揚忠良時儲位未定疏請皇長子出閣視學正元良之位越三年有三王並封之旨玉衡復上疏語益激切與執政忤謫無爲州判稍遷全椒知縣禮耆碩表先賢因俗便民剔除蠹弊二十六年玉衡又以冊立久稽上疏極諫遂謫戍雷州全椒人哭送之名其草疏處爲翼日堂居雷州二十四年光宗即位起南刑部主事以老辭疏陳親賢遠奸十事尋命以太常少卿致仕著有全邑志林卒於家詳具藝文樊良樞傳子鼎遇維甫維城俱有傳祟祀鄉賢

孫大祚萬歷乙酉舉人累官淮安府同知有惠政遷易州知州時稅監王虎以開礦駐橫嶺肆爲民害大祚力與之抗不少屈虎嗛甚尋虎以橫恣激廣昌民變乃誣劾

大祚阻撓礦稅坐貶後礦稅罷以楚雄推官起用未仕卒贈按察司僉事旌其忠節事見明史祟祀鄉賢

韋宗孝字養玉事母孝母常臥病咳血宗孝必以手承之母卒刻木像朝夕奉祀道途飲食必先獻然後敢嘗萬歷時授雲南嵩明州吏目值武定賊鳳騰霄陷嵩明出禦而敗被執不屈死闔門殉之僅遺一子蜀麟有老僕韋全自棄其子而匿之缺獒得免事聞賜祭葬䘏本州同知廕子蜀麟入國學後官南京虎賁衛事載明史

王追臯字執之尚書少保廷瞻長孫也事繼母以孝聞少能爲詩文科試副榜者三乃襲廕累遷南戸部郎天啓

二年出知貴州安順府是時安邦彥爲亂圍貴陽且急安順道絶追皋曰疆場急豈得安寢遂傾家貲募壯士以行巡撫王三善見追皋奇偉多謀略甚重之委署平越不逾月轉米谿七十萬激勵將士一戰圍解署平壩兵備副使督漢土步騎十五萬人討安酋自普定抵清河口十七戰皆捷以勞病三善問之對曰不負國不負知己遂卒子一翥陳其狀贈太僕卿廕一子入國學

王一桂字千秋由舉人累官戶部主事崇禎九年督餉昌平
大清兵入喜峰口御史王肇坤拒戰死由間道至昌平戶部主事趙悅署州事王禹佐分門守一桂以城南最衝獨往時降卒內應遂破西城肇坤被矢死一桂及悅禹佐皆死之先是一桂聞警呼合家速死於是妻姚氏妾邱氏偕子女二十七人投井死唯十歲兒與一婢潛土穴逸去事聞贈太僕少卿賜葬祭廕子事載明史

周之訓字日臺立身方嚴好學洽聞萬歷癸丑進士授戶部主事督権淮關累官浙江按察使所至皆有政績坐事罷起山東參議備兵萊海移濟南分巡副使崇禎十一年冬十二月
大清兵自畿輔南下是時巡撫移鎮德州濟南空虛止鄉兵五百萊州援兵七百勢弱不能支而督師中宮大將皆擁重兵觀望不救之訓與右布政使張秉文等分門守糧盡兵民思潰諸官集計事之訓按劍曰今日之事與諸公守此土死北面拜哭遂乘城二日城破秉文戰死之訓死於南城上闔門皆死之壬午贈光祿卿謚忠烈賜祭葬建特祠詳具藝文劉淳驥周中憲傳崇祀鄉賢

周啓元字善長父有爲寧國知縣啓元年十二侍父病晝夜不輟父卒哭輒欲絶歸次蕪湖舟覆啓元抱櫬浮水出乃還葬焉事母以孝聞天啓丁卯舉於鄉補公安教諭教諸生以德義文章擢山東高苑知縣兼攝樂安臨朐歲凶民亂咸綏輯之以才能著
大清兵東下破高苑啓元朝衣握三縣印坐堂上死之贈山東按察司僉事廕子入監事載明史

程之奇歲貢生官荆門州訓導崇禎十五年十二月李自成攻荆門之奇與學正張郊芳盟諸生於大成殿佐知州盧學古守之環攻四日援絶城陷不屈死詳明史

樊維城字紫蓋太常玉衡季子也萬歷己未進士授海鹽知縣以清能稱詳浙江名宦志天啓七年維城以最擢禮部主事尋坐事謫上林苑典簿崇禎元年維城抗疏言魏黨良卿良棟等冒請封爵當誅又言忠賢積財半

盜內帑請籍還太府可裕九邊數歲之餉因請褒恤楊漣萬燝等一十四人召還賀逢聖文震孟孫必顯等三十二人亟正張體乾許顯純楊寰等罪是月又言崔呈秀雖死宜加刑及五虎五彪之罪又斥吏科陳爾翼緝東林遺孽之非乞釋御史方震孺罪並可其奏遷户部主事洊擢福寧兵備副使於是海寇斂息八年罷歸为學著書做衣徒步陶然自得也十六年春張獻忠圍黃州維城率眾拒之三月城陷抗聲罵賊洞胸而死從子諸生齊華殉之維城著有皇極敷言毛詩大成周禮雜錄諸書紫巖集載明史孫聖和諸生敦行誼

曹士謨字獻虞十歲就童子試府縣皆首拔督學鄒愚谷試之曰異才也仍以冠軍既長學益富知縣茅瑞徵異其才與呂元音同修邑志今所傳茅志是也天啓開以歲貢除隨州訓導教諸生有法三年告歸獻賊之亂士謨與樊維城倡率勇壯守黃州城陷死之

郭以重世爲黃州衞指揮聞獻賊攻黃州乃率妻子赴難未至而城陷其妻不欲入以重曰朝廷與我十三世金紫豈不能易一死軀乎言則殺汝矣遂行遇賊露刃脅之去以重紿之曰是不難彼抱小兒者吾妻也汝爲我殺之則無累矣賊果殺之以重奪賊刀殺一賊遂赴水死事載明史

王家錄字愧修天啓辛酉舉人累官刑部郎有請恤刑熱審諸疏改户部員外郎督餉榆林李自成方據西安遣其將陷延安綏德將及榆林時家錄已擢關南兵備僉事未行曰撫軍方罷總兵官已遁吾不可去當守此土佩利刀誓死戰也遂與兵備副使都任率眾協守崇禎十六年十一月圍急城無完堞家錄令男子皆乘城婦人運水灌城冰厚數寸賊穿地穴藥火燒之賊勢稍卻會寧夏諸賊合攻外援不至城陷都任死之家錄引佩刀自刎未絕以手蘸頸血書忠義二字乃死屍六日不僵賊眾見之有驚拜者藁葬城南後其子源發源復得其屍面如生以櫬歸葬事聞贈光祿少卿賜祭葬廕子詳明史

方堯相字紹虞貢生官成都同知明末獻賊寇成都堯相佐巡撫龍文光協守監紀軍事兵食絕泣請於蜀王不應怒投於池以救免明日城陷不屈遂殺於萬里橋下事載明史

吳思溫字揚休萬歷甲午舉人由均州學正擢雲南順州知州苗蠻犯順撫循有方累官廣西布政使致仕歸寓武昌值獻賊薄城率兵守保安門抗節而死葦席裹屍

數月不變其妾田氏子諸生江英子婦游氏及兩女俱投井死

余士瑋字季美崇禎丁丑進士制行端方尺寸不苟授九江府推官左良玉兵叛士瑋抗義入其營罵賊賊重其名舍之復自悲號十日卒於廬山之麓張家山載九江府志

方應星字文卿崇禎丙子武舉巡撫宋一鶴擢爲都司授兵三百防守遠安闖賊據襄陽招降不從遣賊將數萬騎攻城三日不能下叛卒開門應之城陷應星被執不屈罵賊死

李士奇明建文時詔錄開國功臣崇山侯濠州李新子襲黃州衛指揮使和勳七世孫也占籍於黃由指揮使陞鄖襄行都司崇禎十五年致仕十六年獻賊破黃州率家衆奮身挾弓矢禦之矢盡被賊執脅降不屈罵賊死長子逢春

國朝順治九年授衛千總領運次子逢年諸生孫高桐高梓諸生高楠副榜高松進士

朱寵黃州衛千戶崇禎癸未奉憲司王瓆調上游禦流冦三月獻忠破黃州五月陷武昌隨憲司兵回黃得義兵助復之次年聞國變仰藥死

馬士英字子才自幼尚氣節崇禎時流賊肆掠英團練鄉勇阻潭水立寨保聚十餘年巡撫宋一鶴親臨奬慰題加遊擊銜癸未三月獻賊犯境有促之避去者英不聽時蘄弁夏大武黃推官許士奇降賊與士英素契扣寨再三招諭英峻拒之曰吾終不負宋公遂率衆與戰竟日殺賊百餘力盡死親丁五十一口殉之總鎮毛顯文踵門弔祭邑紳王明可等呈請按院旌表祠祀明旌亡事寢

於斯昌字文言崇禎己卯舉人慷慨好節義張獻忠聞其名索之急微衣草笠走得免唐王時官兵部主事與萬

元吉同守贛州

大清兵破城斯昌死之乾隆年間

賜謚烈愍

國朝

汪基遠字星伯順治己丑進士授東鄉知縣招集流移撫字多方民懷愛戴時金聲桓叛後所在嘯聚土冦吳君寵攻東鄉基遠督兵出戰死之後令曹可大狀其事

賜祭葬由部頒發

諭祭文

特贈按察司僉事廕一子載江西名宦志子惟錡由廕累官

霸州知州弟基遂諸生東鄉之役基遂獨力保全及惟鏑卒於官爲經其家以義稱乾隆六十年奉

旨查明各殉難官員其時已

追贈廕子者子孫予以世襲恩騎尉罔替基遠嫡傳六世孫

封渭承襲照例作文生鄉試中嘉慶癸酉舉人道光癸未進士現任德州知州

孫如芝字素公與兄啓選俱負才名如芝工古文詩詞順治辛卯舉人授四川筠連知縣城中僅七十餘戶如芝悉心招徠創禮殿建城垣逾年大治當事奇其才修蜀志論列皆出其手丁内艱歸次江安値吳逆反賊帥強

受僞職拒不受自縊死乾隆六十年奉

旨查其後裔給予世襲恩騎尉罔替道光十一年其裔孫廣墉詳請承襲

吳之蘭字國禮黄州協把總有材勇康熙十三年冬山賊何士榮亂之蘭從郡守于成龍進討力戰而死士人哀其忠爲立祠以祀之事見于清端政書

劉志高庶安鄉人康熙十五年以守備管遊擊事從軍戰死未詳何處是秋

賜祭葬有

諭祭文

陶之駿廣東茂名縣丞康熙十九年粤賊狙鈠之駿領兵追賊至蕉林會武弁逃去之駿毅然直前没於賊事

聞褒恤廕一子思哲入監乾隆六十年奉

旨查其後裔給予世襲恩騎尉罔替至道光二十八年後裔士貞詳請承襲以上忠臣

明

吳璋倜儻負氣節初爲掾嘉靖時大禮議起諸臣忤旨譴謫纍纍璋曰死忠孝者分也我其爲陳東歐陽澈乎遂徒步詣闕上書救楊廷和等復力持諸臣前議詞甚激烈下錦衣獄杖八十遂瘐死

易道暹字曦侯邑諸生少尚氣節好讀書積卷滿家其自著有十五朝文獻四書易傳内外集詩徵若干卷明季乙亥流賊亂將及黄州道暹惜所積書與已著書多徘徊不忍棄賊至長子爲瑚奉母走青峯巖道暹攜幼子爲璉擔囊而行遇賊索其囊則盡書也賊問之且識其名道暹曰若既知我當聽我言愼毋殺人焚屋賊曰身且不保尚爲他人言道暹怒厲聲叱賊賊欲兵之爲璉請代賊並殺之未幾爲瑚亦死詳明史其後監軍道王璸河陽知州章曠武昌生員陳天一白雲寨長易道三皆起兵討張獻忠復蘄黄漢陽諸州縣道三道暹之從

弟也事見明史

馮雲路字漸卿邑諸生好學勵行年三十棄舉子業從故相賀逢聖講學寓居武昌著書數百卷巡按御史林鳴球薦其賢並上所著書不用崇禎癸未獻賊攻武昌雲路貽書逢聖曰在内以寗湖爲止水在外以漢江爲汨羅寗湖雲路讀書處也城陷赴寗湖或阻之曰我生唯讀忠孝書未讀降賊書也遂懷所著藏易投寗湖以死事載明史雲路子永明諸生痛父之死哀毁不欲生終身不入城市

熊霈字渭公諸生移居武昌喜邵子皇極書頗言未來事

崇禎癸未元日盡以所著書付其弟雲霽以歸曰善藏之獻賊將至乃貽書雲路曰丈夫當於節義中尋實地明日見我某樹下城陷霈投荷池死即所言樹下也著有性理格言大易參圖書懸象春秋圭左十三經注疏評略立齋古今文諸書事載明史

汪陛延字亦嘗一名三奇諸生窮經明理學所注五經名五經成又著離騷注舟略二十一史兵法修楚文獻錄諸書寓居武昌時左良玉撤武昌兵自護東去守兵半老弱器械倉庫且盡張獻忠方陷蘄黃聞之即趨武昌守官及故相賀逢聖議守諸生馮雲路諸人從之以陛延協守東門括城中宗室及民壯爲二營又榜募勇士守城號新營新營者即賊之間諜也守三日所殺甚多賊不能入而監軍參政王揚基率其部下千人渡江去新營人遂開文昌保安二門迎賊賊入賀逢聖以下皆死之陛延呼曰我黃岡汪陛延殺賊者我也賊執之付一紅營賊拘之示以刃且勸之降不屈謂其子部孫曰我生平力學在今日汝有母勿傷也賊投之湖湖水及肩陛延坐而死明日部孫負屍出覆以土賊去始斂貌如生見明史

王子堅武舉明末冠警與力士余季貞守城衝鋒破敵殺

賊無算城陷猶奮力巷戰賊衆叢刃刺之被執齊聲罵賊賊怒且妒其勇也皆磔之省志作王子見

史子見諸生尚氣節明末獻賊僞將毛圭伯據辛家衝獵財招亡肆虐無狀子見殺之獻忠聲言三日不獲子見屠其鄉子見挺身往賊磔之皮肉且盡猶兀立不僵鎖其頸於彰孝坊夜分脫鎖走臨湖寺明日賊索獲復斫其首至今辛家衝廟祀之

戴瑾字可懷諸生膂力絶人善用大刀馬上輪轉如飛聚義勇守馬鞍山獻賊破黃州將北掠瑾伏狹路邀之殺賊前驅千餘人獻忠至瑾射之中肩賊衆驟集訝其勇

欲生致之圍數重璉登樓飛瓦擲賊賊爇璉亦死

鄧雲程字扶風諸生父士駿以孝友稱雲程狀貌雄偉有膽略赫然武勇以忠義自矢壬午張獻忠犯黃州守令召雲程議守雲程曰城頹人散徵發科派皆不及獨有不肖一軀可塞餓虎之蹊耳郡守壯之然畏敵衆執其手欲有言雲程揮手去結襦持鐵鞭長五尺許縋城下獨當賊衝三晝夜賊適及聞闖賊之變號吼噴血數斗遂狂走莫知所之後其子之愈聞其卒於洛陽之橫谿乃歸窆焉

操志述字振翼性仁厚負才幹嘗寒夜家人獲偷者方求

火志述密縱之獻賊攻武昌糧餉且盡志述數見禮於楚王乃亟言發帑藏以犒守卒不聽志述聞城破遂赴難長子日元請從許之次子暄亦欲往止之曰宗祀不可絶汝歸撫兩弟可也遂同長子赴水死

馮承遇承選明末乙亥遇賊被執賊偉其貌脅之去大罵不從賊怒俱殺之同時以罵賊死者有蕭繼昇吳衍周吳應周諸人先是繼昇結寨禦賊方略甚具後衆寡不敵乃獨持短鎗鏖殺三賊死之

王躬靖諸生年甫冠尚氣節善射流賊之亂保障山砦屢戰輒勝活人無算獻賊聞其名招之不從困於迴龍山罵賊不屈死

曹大震字子旦諸生孝子大聲弟也獻賊之亂震爲所執罵賊不屈而死孫一嵩字中巒選貢

萬里春字蘇伯崇禎壬午副榜倜儻負氣誼以動業自許時寇氛熾甚其父母方避兵武昌癸未夏望火光燭天驚曰會城破矣乃夜走輾轉鋒鏑中迎父母歸居武湖與弟爾昌審地勢築堤障湖水環二百里經冬不涸爲守禦策甚備賊渠據武昌以僞職招誘亡命乘間竊發里春乃立團長朔望申明約束人知自凛以故他方糜爛而一鄉安堵歿後鄉人祠祀之年三十九卒

鴨蛋洲殉難二十八人崇禎十六年夏四月張獻忠破鴨蛋洲舉人魏應鼇於斯行生員陳鴻劉紹熙鄭士杰帥有功國學生韋秉國鄭儼林秀芳鄭長裕汪熇南李若梅汪國衛劉應權韋石桂劉子俊杜紀劉相國陳鑛劉子僩劉子儼鄭士俊黃衡方珪張鴻儒張鴻仁劉紹伊劉紹賢諸人毅然不屈罵賊而死修撰劉子壯爲文祭之紹熙子壯之從父博學好義子壯師事之

樊維章字闇生諸生訓導玉璐子英果有智略明季羣盜起憤曰丈夫不得秉權建功綏靖四海亦當度地自守保此一方民遂率子弟立寨桃花洞團聚鄉勇流賊不

敢犯及獻賊陷黃守愈力賊晝夜攻破之生執章誘降不屈被殺弟諸生維黙維清亦罵賊死清死時血高丈餘濺賊面黙首在地猶僵行手斃人乃仆闔門死者百餘人

國朝

孫希伸字旭如明季副榜博學能文章負性敦樸仗義輕利先是鄉人經流賊蹂躪婦女多被擄掠希伸以計致歸者不下數十家及後獻賊所過降者皆屠希伸率居民守劉婆巖事急議者欲降希伸獨持不可極力拒之遂得保全子顯宗字方水諸生好義有父風

王象虞性抗直好義有智略順治初土寇起清軍府選爲山砦練長象虞提義勇千餘人所向克捷時有紙砦鐵人練長王之謠子友柏化龍俱諸生以學行稱

張本恕字全淑邑諸生有才略順治十年平石人寨山賊有功有司使爲但店鄉勇練長康熙十三年羅山賊周鐵爪潛入麻城東山白水畈聚衆謀逆邑石馬衝何士榮自長沙歸以僞劄煽衆附之於是知府于成龍率師使本恕督其堡烟甲防禦賊不得入境因陳山中形勢請給發兵二百防守黃土嶺隘口成龍從之士榮及鐵爪皆就擒何族懼株累以本恕言盡釋其疑是役糧草區畫不徵里甲及鄉勇旗鼓之設本恕參畫爲多賊平將上其功謝病不起成龍爲表其門見于清端政書

張尚聖字文先康熙壬子武舉有才勇十三年何士榮之亂尚聖受知府于成龍令與千總王茂昇把總羅登雲率鄉兵太平堡余君榮得勝堡高巨卿清淨堡舒楚玉雲龍堡王克明等凡四百人先駐黃岡廟賊衆突出戰於黃土坳尚聖冒矢石勇敢爭先賊勢稍卻於是諸將分道進擊尚聖由石山東越崇嶺數里與衆軍合大敗之殺傷無算士榮挾矛走陷泥中獲之遂乘勝破石壁餘黨悉平後尚聖成武進士官守備其同時著績者有

貢生龔相旦生員吳之鄒曹洪仁官純恭靖天德諸人扶病籌畫者則程鎮邦也見于清端政書

胡珠字山佃明末諸生好古力學尚節義以走馬試劍自喜父早卒事祖來逋以孝聞獻賊之亂珠獻策楚撫宋一鶴時韙其言而不能用楚竟以破左良玉鎮武昌聞其名辟之不就遂避居岳州平江磻溪躬耕自給吳三桂反迫致之珠走避瀕死者數得免亂平反其居屋已灰矣而故人所寄白金三千擲野塘中尚在覓其人還之康熙二十三年聘修楚志後客死於岳著有無悶園詩文一百卷孫作舟雍正癸卯舉人

胡來寅字協恭善屬文有勇力康熙初東山賊刼邨落寅出穀五百爲糧率鄉勇奮力捍禦被執不屈賊械繫之夜乘閒遁路遇官軍身先引導遂搗賊巢賊平郡守于成龍酬以金帛不受以上義士

補遺

明

蔡馨明字克薦天啓丁卯舉人官眉州知州流寇至守禦力竭題詩大雅門閫門殉節死

國朝

鄒元熊有勇力善騎射由行伍拔補道士洑營經制外委廵緝江面晝夜不懈盜賊歛迹嘉慶元年奉調征勦襄鄖教匪時著戰功五年七月大兵擊匪於鄖屬花果園熊當先陷陣没於軍大帥以聞奉旨給與雲騎尉世職以其嗣子覲光承襲覲光卒子承勳襲惜不永年

孝友

孝友本行也書曰立愛自親立敬自長也亦庸行也孟子曰孩提知愛及長知敬也自人心陷溺鮮葆厥初或乃德色誶語矣或乃相怨相猶矣可勝慨哉然人或不愛其親未有不愛愛其親者之人或不敬其長未有不敬敬其長者之人又見真心不可泯没特無有以發之者也邑中惟孝友于未易更僕數父兄之教先鄉鄰之俗美子若弟尚其遵而循之

南宋

董陽西陽縣人三世同居外無異門内無異烟南豫州刺

史舉以聞詔榜門曰篤行董氏之閭蠲一門租布見南史孝義傳又宋書云西陽董陽五世同財爲鄉邑所美與南史稍異並存以備參考

元

林鳳陽事母孝宅失火獨負母出家貲盡棄不顧有過客憐之遺以金謝不受治春秋不第奉母屏跡林泉吟咏自適

明

王文奎字時曜父思旻別有傳文奎性篤孝七八歲時連失怙恃鞠於庶母李氏奎恨弗逮養事李如母奉諸兄如事父然撫諸猶子皆與已出無異又性好施予歲積粟數千斛以緩急族鄰年豐減息年凶則並棄之又置祀産以備春秋展墓之需其餘懿德芳徽難更僕數戶部尚書安陸孫公額其堂曰孝友李東陽有孝友堂詩彦子濟字體民宏治壬戌進士累遷吏部驗封郎中母歿廬墓側服闋就官戇直多所建明遷河南參政聞父疾三疏乞歸養不解帶者四年父卒哀毁盡禮正德中旌表尋起四川參政不就家居明農課士置義田義館以贍族生平好經術能文章介立有特操不輕假人顔色倣袁龐馬絶跡城市鄉人敬畏之卒祀鄉賢子廷儒廷陳廷瞻俱有傳

李文仕性至孝兄某被誣繫獄文仕代赴理死杖下

周曰鼎字民翹生而篤孝親卒哀毁廬墓側苫塊三年有白鳩巢其側有司以聞旌其閭

高澄字汝清讀書行義里中貧者周遺不倦大父有暴疾澄籲天請代疾以愈大母年五十目雙瞽澄日以舌舐之目復明事父母飲食必嘗而後進比卒哀毁骨立廬墓三年

劉承芳字世美少穎悟善屬文舉止沖雅父母早卒哀毁骨立事繼祖母以孝稱仲父幼孤奉事罔懈撫從弟稱友愛以歲貢授同安司訓卒祀鄉賢

唐治以掾授冠帶馴謹退讓若儒者鄰家火發舉室奔避父柩在堂抱而哭曰吾何生爲一時左右數百家俱燬柩堂獨存治以薰炙伏柩而死萬歷十二年詔建坊旌之見明史坊後圮康熙末知縣鍾葦修復

聶一正儒士有孝行舊志稱其久入憲綱待旌

陳常智性孝友兄常仁嘉靖間遇變坐戍常智曰予有子兄未有出請戍所請代同戍者白其事尹義之兄得釋代戍一年卒事聞乃歸葬焉

詹景麟號南山子事父母能色養父母卒廬墓蕭山下攀樹號泣行道傷之批閱書史窮年著述時稱楚黃博洽

者必首推之年三十餘卒

官如皋字直卿諸生事親以孝聞家貧力學以誠恕自勵或面折人過久之人以爲愛我也學者多師之稱曰古愚先生祀鄉賢子應震有傳

王廷槐字稚占麟子嘉靖戊子舉人麟早卒終身泣慕事母孝養備至褆身澡潔重名義嗜讀書不治家人產而佐人緩急又廣收道殣瘞之歲以爲常子同道貴贈御史祀鄉賢

樊鼎遇一名維藩字長卿由選貢授德陽知縣有善政先是父玉衡請建儲得罪謫戍雷陽鼎遇憂慕十餘年思一救父不可得至是以考績例得封引邵康生事願停已封代父戍疏再上不報遂去官悲鬱成疾身如琉璃澈見五內遂卒著有道林集祀鄉賢

劉瀹諸生父歿廬墓三年晨昏號泣不絕萬歷二十一年旌表

王達尊呂陽城農民母病衣不解帶三年家雖貧隨母所嗜必力致之母失明以舌舐之而愈及卒尤盡禮

易道坦字瞻明道暹兄童時父豫之病篤禱於祖割左股以進尋愈性淡泊修身立行老而彌篤鄉里稱之

嚴倫明諸生事親誠孝親歿友愛諸昆多所推讓年逾七

十始舉二子長璞嘉靖戊午舉人次珣辛酉舉人孫師範崇禎辛未進士屺思堂集謂倫孝友當食其報信然

黃孝子逸其名淋頭畈人事母孝明末當事給衣巾旌之人稱爲孝子

倪士觀諸生母劉氏苦節士觀純孝萬歷時母子俱旌

張岐鳳諸生至性純篤事父靜湖母袁色養如嬰兒既喪廬墓六載曉夕哀號行人聞其聲莫不悲之御史某與之官湖以旌其孝嘗有羣虎入其徑岐鳳不爲動虎亦帖焉再宿而去山下忽出一泉銜哭嗚嗚然與號泣聲相應里人異之因稱爲號泉先生欲上其事固辭乃止

士大夫多爲詩歌傳之

蕭繼元字伯陽父文憲爲酷吏所斃與弟繼光詣闕鳴寃書不得上酷吏疑其從弟繼忠爲翼復誣以盜榜笞且死繼元曰事急矣我獨任之遂懷其狀叩閽自刭事聞下撫按問狀竟抵酷吏罪出繼忠於獄繼光天啟甲子舉於鄉

汪世極父之渙卒於臨清舟次世極聞訃觸地幾死扶棺歸廬墓三年後歲凶賑饑全活數千人由保舉授通城教諭卒祀鄉賢子煉甯別有傳

汪世植字晉卿文淵孫五歲父之汸殁生母范氏苦節撫

之六十餘年癸未獻賊破團風洲母年九十不能行植負母逃避已爲賊執欲挾之去不從遂遇害弟世柱字石卿亦篤孝友工文章

王崇擢字平衡三歲父殁奉母李氏盡孝爲人長厚謹飭童稚皆親之晚與其妻同享大耋兩受封典孫澤宏請告終養人以爲榮祀鄉賢

王同觀字養所廷瞻幼子年十三父臨殁摩頂謂之曰亢吾宗者必此子也事母董氏盡孝與兄同鼎友愛無間教十子皆以文行顯長追駿進士由戶部郎出爲眞定知府有撫字鎮禦之功追騏追騄別有傳

胡心明性至孝母病篤禱於神願以身代其弟心孝復割股病尋愈心明多隱德鄉里稱曰善人

徐斐諸生獻賊陷城劫其母爲爨不屈將殺之斐願以身代不許母遇害斐遂大罵至割四肢耳鼻罵猶不絶口

徐之卿諸生祖榮父言累世積善之卿事父母以孝聞父殁哀毁幾死自卬歸葬焉癸未賊陷黄人皆驚散之卿獨哀服護母棺賊憐其孝釋之平生研理著有易經微義子逢吉三歲失母友愛繼母弟年三十喪妻不再娶壽八十餘

王自誠字雲所團風市民也母病篤自誠爲嘗糞及卒痛

哭死竟日乃甦縣令嘉其孝年九十三卒子田見亦有孝稱

祝邦勝字敬甫父尚仁多病邦勝日夜扶持逾久不懈一時稱爲孝子崇禎六年知府許文岐知縣吳允初皆給牌褒之

張鳳來字文宇少孤祖母楊苦節教之鳳來以純孝聞一門五世同爨性坦易周急如不及嘗遠遊旅次遇賊資斧盡喪獨友人所寄百餘金猶存及還封識宛然又嘗拾道遺二百餘金還其主生平義舉多類此有司旌其門崇祀鄉賢子本忠本恕別有傳

易爲瑚字伯賜道暹長子諸生有文名暹死賊時瑚奉母走青峰巖團練鄉勇誓殺賊報仇里人倚以生活者六七年後卒爲賊所殺學使洪天擢以父忠子孝區旌之

何昌祚字子安明末選貢父閎中見宦蹟傳昌祚砥礪名行博學深於易事祖父直以孝稱時閎中宦蜀道梗故昌祚養於家母余歿昌祚奔喪自蜀歸行峽中每値險抱棺號哭波爲之平與弟昌祿友愛無間居鄉恂恂重交誼賑荒瘞暴骼郡邑爲立善人碑嘗避亂樊湖遇盜刦其鄉見火光中羣盜呼曰無驚何善人後僑居江南之童山

陳四維字孟逵性孝友明末諸生家多藏書招延貧士兼有謀畧流寇掠蘄黄四維集義勇全活數百人巡按御史汪承詔優其文行請祀鄉賢

程詹父母卒旬値日暮向殯側坐守之寒暑無間者七年事其兄伯仲甚謹兄怒輒跪而謝非色解不敢去居鄉無所憾於人者善屬文著有無居雜咏課子有家規以子啟朱貴贈中憲大夫

方紹正字汝士父母早卒哀毁盡禮田廬美者推讓諸弟見人急難輒捐貲救之晚以岐黄濟人以詩禮孝義教其家

陶克孝字移士頴悟好學弱冠補諸生有文名流賊之亂所過殺掠居民奔散克孝以母病不能行乃擁土塞戸獨依依守母側賊至擾閭里無或免者及戸而返絲毫無所犯人謂孝之報云同時昆季多以文著克俊字堯叟崇禎己卯舉人篤學力行一時重其名弟作聖研究宋儒書著有正菴文集

國朝

曹亮采字浚明性孝隨父遇賊請以身代賊感其孝釋之年十二補諸生順治初以歲薦授桂東訓導講學論文士風大振子衍諸生有學行孫夏銑舉人

張僉奎字雲衢父母年俱九十餘奎曲盡孝養後奎亦及九旬思親輒泣下里中有爭者每出一言解之皆爲心服子仲經康熙丙午舉人

王躬俊諸生少事父母以孝稱兄弟五人三世同爨立義學延名師訓鄉人子弟成就甚衆時東山未靖俊糾集鄉勇籌糧餉以義稱年八十餘手不釋卷卒祀鄉賢子風采孫全才俱別有傳

劉思敬父病劇侍勤日夜手捧汚穢三年衣不解帶疵如蝟弗覺也父卒旣殯號泣氣絶而没此與割股者別一人

張本忠字淇思頴敏好學嘗從名儒張溥游溥亟稱之性

至孝明季廬父墓側流賊至將掘其墓冒死捍護身受數刃哀切彌至賊釋之家貲讓諸弟日食豆粥晏如也巡按御史元嘗旌以詩順治甲午舉於鄉官江陵教諭慤誠樸直一時稱爲長者子光璧別有傳

易爲泰字開子諸生事親孝父士龍明末知大昌縣值冦至爲泰身冒矢石以火攻退賊後告歸值獻賊破武昌流屍蔽江而下爲泰斂之爲叢冢凡七十餘骸時兵警父家僅中人產也平時田宅皆讓於昆季撫諸孤從子如己出見路人貧乏者輒謀助之家白雲山羣盜過其里呼曰小人受恩多無敢犯也康熙二十五年夏逆龍

黃岡縣志　卷之十　孝友　六

之叛跳入白雲山泰與陳緯縛之以獻大軍自黃州還爲泰少以文名年八十三卒子四皆賢季天壽己卯經魁教授漢陽有文行

殷恭然字叔敬兄弟五人以友愛悅其親力學不倦輯孝友諸書爲家法其弟卒於湖南時亂離道梗恭然冒死歸其櫬年七十一卒囊無長物惟家訓格言手授後人而已子士智諸生

徐光林字雲參親老家貧甚每食進甘旨必審所宜及沒哀毀骨立廬墓三載康熙己酉舉於鄉出新化教諭遷寶慶教授齊東知縣所至除蠹做申倫誼士民懷之

余良銓字衡臣諸生性孝友年七十事母晨昏左右依戀如孩提家貧力致甘旨以奉執喪哀毀撫從子以慈義聞年八十餘卒

羅經邦字五玉諸生性至孝居父喪哀毀盡禮事母婉順頃刻不離年六十餘病劇猶强起言笑慰其母比卒家人議以母棺斂經邦忽起怒視易他棺乃瞑

王道彰字誠思幼孤性篤孝友嗜學博聞尤精易義年十九補弟子員刻志下帷人罕覯其面值戊辰夏逆之亂邑人奔散道彰負其母走數百里匿於白雲山爲人方嚴言行皆宗先正重然諾好施與其自處布衣蔬食淡

黃岡縣志　卷之十　孝友　七

如也

曹本英字卓淵諸生以孝聞年二十母柩在堂鄰火及於門急不能從本英撫棺而哭有老僕曹太濡絜入欲覆之出本英哭不應僕亦哭忽風回火滅俱得免時環居百餘家無存者獨柩室如故人以爲孝感

易康時字北司少孤事母孝勤學窮理謹言行以養母志壯有子妻亡遂不娶親執爨滌者二十餘年或勸之曰絜蘆巽覩恐以此重傷母心也其門人王道明爲序其一門節孝之事

龍仁彰東絃鄉民與弟在旂方耕有虎驟至攫弟踞之仁

彰奮杖擊虎虎傷躍而去在旂得不死爪裂遍體醫者曰以屋茅蟲口嚼敷之仁彰自嚼敷果愈

曹大聲字子先諸生素以孝友稱康熙三年冬父之傳寢疾不能起火發門屏皆爇大聲急和衾挾父走不得路解衣蒙父以出體焦爛越四日死雍正七年

旌表

許顯字諧水與從弟顯勵學爲名諸生後顯母羅病風痺非顯抱持則呻吟故顯十餘年不離床褥母溺泣痂生於面顯常以舌舐之喪後以授徒終老得貲輒分給兄弟無所私顯亦友愛撫孤姪如已子

萬爲境字其容諸生少失怙母蔡守節撫之事母盡孝性仁恕嘗倡助社倉康熙癸酉歲歉鄉鄰賴之

鍾璠字弁生性孝友持家有法四世同居爨者八十餘人循禮推愛鄉黨重之其子孫曾元入庠序列成均者十餘人孫英別有傳

鄧一隆字瑞林家世孝友一隆恭謹勤儉歲時集族男女序世次會講規訓立功過簿以勸懲子弟誦讀至年二十度能學則教之否則使食其力婦女以黎明集治女工財物悉貯公所推一人掌其出入服食無私年老及有疾者別養之八世同居雍正元年

旌表

鄧之璧一隆從子事親孝父病嘗糞焚香誠禱父立愈居喪不飲食或强之遂成噎未幾卒雍正元年

旌表

吕希煜字茂陽諸生父尚和人稱長者爲清豐知縣剔弊惠民有能聲希煜性至孝隨父任値母喪哀毁骨立扶櫬徒步行三千里哀感路人後値父喪盜夜入其室索財帛無所得煜身衛父棺被傷死雍正八年

旌表

黄漢隆諸生事親孝膂力過人父客死河南漢隆徒步奔喪路遠且貧勢不能歸乃以布裹屍盛以大囊負之而

走夜則露坐守之越二千餘里及歸葬大哭嘔血死乾隆五年

旌表

胡紹虞字希舜少孤性至孝母病輒晝夜哀號不食勤湯藥衣不解帶者二年母卒嘔血幾斃廬墓側盡哀其後授生徒諄諄以孝友爲本著有格言怡齋文集子盇凡丙辰舉人沔陽學正

雷希聖字育萬諸生父飛僊卒於湖南希聖聞訃往奔會其妻病劇親鄰皆勸其緩行終不顧家窘無行貲沿途

哀號所過州縣感其誠皆助之乃歸葬焉年八十餘卒

胡必元字次之事母黄盡孝母素患哮每病輒晝夜不離側晚年患疽藥餌曲致與其妻同吮之遂愈及没涕泣日幾盲殯於庭遇火伏棺號泣不忍去族鄰救棺出始免子兆桂貢生

張世俊字怡瞻性醇篤與弟世良友愛治家嚴肅有法率家人耕而食織而衣諸器具自爲之希市者世良以下禀命而行世俊没家人禀命於世良今四世同居男婦數十外内各一人掌之歲時客至士農稱其宜各有主者訓子孫以敦行篤學爲本世俊子鳳鳴舉人官知府

别有傳

邱世總字選士諸生性孝友父勃敦行力學雖盛暑必衣冠嚴冬夜吟不懈著有地輿圖補環山聚奎二文集世總竭力奉養極得歡心與弟相友愛家有田産悉付於弟小試屢冠軍教授生徒必先孝弟一時知名士多出其門子恩榮進士官知府别有傳

袁豐字來章康熙癸酉舉人性孝友方七歲時兄亮外出不知所向父母思不已豐慰曰兒稍長必尋兄歸越數年豐乃徒步遠游無可尋者久之至豫之商城過村舍見門顔數字似其兄問之果得兄遂與俱歸豐著述甚

富授後學多所成就

汪度宏字擴如康熙丙戌進士事祖母以孝聞兄没姊寡子女皆無依度宏爲撫養而婚嫁之祖姑適陳亦寡歸養三十年無懈色舅没子女幼亦爲撫養而婚嫁之官保昌知縣有惠聲及歸猶寒素也

葉兆東字位春監生少孤事母孝母病數年侍養無懈及没廬墓五載遇風雨輒號泣不已

馬鼓山丐者不知其姓名日出乞食必載酒肉慰其母自茹腐且無食然歸則常有喜色傭於人或以簞食貽其母輒喜否則强之不至母老疾常負而遊母亦樂而忘

其貧雍正五年里有疫其鄰人死經宿而甦曰吾聞冥官哀孝子母老使歸之於是里喧送孝子則東鄰丐者也是時丐者病方甦後果終孝養云

朱澤遠字京棠父昌運康熙戊子舉人官石首教諭澤遠年未弱冠以七藝補弟子員性純孝先隨父任旋因歸里省墓父無疾終聞訃奔喪哀毁骨立後登雍正己酉賢書著有文稿六集詩稿四集經史解四十卷子維辟廩生維倬監生寵錫嶧縣閘官

陳大年字士登增生本姓朱明衛千户寵曾孫也其父以大年教讀自贍有屯産欲予繼出次子大有大年先意

承志併歸之大有少負異才忽中折屯產無存者大年又以積脩贖回寡妻幼子賴以存活且教其孤霞曾霞光皆能文霞遠登賢書六上公車大年子若孫皆繼志佽助云子霞燦邑庠生龍邑增生霞蕙武庠生

張從龍字聯奎以字行性篤孝雖親没每家奠侍側欵語如生前忌日必變服以泣父欢仁詒謀忠厚奎體父志推惠里黨然必令其可受不欲見德也子青選孫應瑞俱諸生履恒進士

杜承仕儉勤孝弟其先人咸亨七世同居析爨時八十三人承仕恪遵遺教子德隆封股療母余氏疾孫希美封

股療叔父德純疾曾孫輔元封股療伯母余氏疾元孫維學輩皆克敦孝義家政嚴肅男女無惰游者現又五世同居凡六十餘人

孫世禎諸生天性醇樸事父母以孝聞叔父念絅早逝遺妻邱及二子禎事邱如己母待二孤如同胞邱以是稱貞節伯兄世周亦早亡遺二孤禎爲教養俱得成立後叔父二子皆中折又有遺孤禎鞠育如前

劉本讓庠生章第五子年十五父病親侍湯藥靜夜焚香求以身代及没殯歛如禮既葬廬墓三載母歿亦然忌日涕淚交下年八十猶如嬰兒嘉慶六年

贈奉直大夫其子孫曾元近百人科貢衣冠一時稱盛

嚴文遠康熙間仲兄適黄安路遇賊刼遠赴寨泣求自代受重傷不避賊感動兄遂獲免

姜師倘吏員待兄弟最友愛弟士泰讀書師倘遵父命多所推讓以成就之卒年八十餘子周亦考職吏員孫維寰維寬貢生維寅監生

嚴文斌增生與貢生嚴文乾昆弟也事母皆以孝聞有館在居側晨昏定省如禮母殁殯葬畢兩人足不出館閾者三年子承伊承皋承玉俱諸生

左飛鳴字雲衢邑增生少師事秦能泗喜高澹之文性鈍

師弗善也父給事縣庭因公累逮獄飛鳴倉皇隨往乞以身代獄卒呵之飛鳴倚狴戶哭竟日勺飲不入口卒感動誓許將護乃父因扶出未數武慟絶於地卒大驚復扶入見其父乃撫鋃鐺大號同繫者皆泣下獄官聞憐而加禮脫其父械未幾父病縣卒允其代飛鳴在獄志氣奮發日搆文一篇初遲思如繭抽既乃泉湧秦師大駭異以爲有神助月餘縣令提比飛鳴瀝情泣訴不激不悚宰察其貌曰孝子也奇士也釋之旋冠縣試入邑庠父後嬰沉痾服勤勞瘁歷十數年硯友門生憂其貧難備養往往探其父之所欲婉辭餽遺飛鳴曰友生

錫類之仁我不敢違平生借助止此年六十九卒

沈啟洛字寇山廩生父太占輕財重義洛事親以孝聞慷慨交遊亦如其父著有竹軒詩文麗江梅坪鷄山谷遊記樊上吟

周漢德漢興家金鷄山側里人皆稱其孝友興五齡母患目疾倚懷舐以舌經月愈父病與私禱於神割股救甦久之父母繼亡哀毀廬墓六年始歸德歲貢生痛弟割股事因彙古之敦孝者爲孝行録昆季凡五人怡怡終身與卒年七十三猶號父母數聲而歿德子逢烈庠生

嚴文凱字維野少失怙恃事兄嫂惟謹兄久客揚州凱年

十四步走尋歸初析爨時正貧後業漸裕請合之有弟年七十卒哭之極慟凱卒年八十二子承錦承洛孫家璧恭皆諸生家珩舉人

萬廷奎壽祖子性孝友敦節義又好博涉爲王耘渠高足弟廷璧廷㚟皆承其教成孝廉著有可棲軒詩文集子希良恩貢生著有輕舫詩集

胡宗返庶安鄉人父士才先没事母唐柔色以養母疾篤割股以進不克救執紼時掖者觸其創血流股緩人始知之初貧困不妄取中歲服賈漸饒歲饑糶米貸里人水漲餽飱待遠客多所推解易簀時惟屬子孫孝友配

徐氏稱偕孝享年百有一歲生五子啟華文盛文學文炳文郁皆承父志文學文炳尤繼孝父病危各禱神割股不謀而同學子殀聘媳徐來守貞學病徐亦割股療舅其事三世凡四見焉至道光八年長孫廷瑞年過六十曾元輩百餘人五世共爨大憲聞於

朝

勅賜建坊曰孝義之門先是孫玉森中戊寅鄉榜曾孫飛雄辛巳舉孝廉方正曾孫錫渠食餼邑庠人皆以爲孝行之報云

張錦明七歲失恃有弟一父繼娶李又生二子李異視前

子每虐以苦難事明聽使無懟妻李亦體夫志父卒諸弟析居繼母養多缺明奉事如初常病危明禱神刲股以進母病痊遂大悔諸弟貧困明不問同母異母皆賙力護持之卒年八十二子世福貢生孫昌佩州同昌倧布理問

萬希中與弟希和鶚諸生家居養親一室雍如也父年八十餘常患癱日夜輪流吮洗不假他手執喪廬墓三年同讀禮屏外事兩弟卒營兆令寛謂吾兄弟三人生死不離云

賀鵬翥諸生天性篤厚客於外歸則依依親側婉孌如嬰

兒撫諸弟友愛在館爨澼必親生徒或止之曰吾諸弟任勞忍獨逸耶妹嫁余氏早寡鵬翥存恤備至清節如冰得兄教者居多

張偉度太學生事父母極孝壯貿漢贏餘悉以備甘旨召之不避風雨幾溺於江或咎之曰父命可艱險遲耶叔母李久別居奉養無缺羣從弟兄如一體焉

王朝仁下伍重鄉民也父早喪兄遷他邑母戚氏瞽仁傭工爲活奉養不缺每應人役早午必歸備再食之需母病仁割股救甦凡六年始歿在喪衰絰不去身

周鳴鳳字二于歲貢生忠烈公裔曾祖始由陽邏遷郡城

家漸落父常遠貿鳴鳳刻厲讀書奉母教至虔晚乃游庠食餼教讀垂五十年及門之士類皆以讀書敦品相砥礪云子慕昌績學未遇孫繩祖邑庠生

錢周德號蘭臺乾隆戊申舉人援例官中書性篤孝母早卒繼母性暴戾虐使之德悉忍受且奉事惟謹其母卒感悟

杜炎于皇姪孫也性醇篤事母周以孝聞待兄弟極友愛家有湖分炎悉讓與姪鄉鄰義之卒年七十四

李學珠蘆洲鄉民乾隆三十二年大水珠攜已子並兄子乘船遭大風勢不能兩全珠乃棄子存姪以全兄祀

於正淳字魯彌歲貢生明通政倫之裔也游鄉前輩朱日濬門孝弟端方年近百家教最嚴子萬承事父色養母早卒每日暮必往省墓凡十餘年著有孝友録年七十八先父卒萬承次子長源乾隆庚辰舉人母病三載躬侍湯藥母没水漿不入口瀕死者四遂病噎啜粥以生後任宣恩學博聞兄病解組歸長源次子象模郡廪生親卒亦三載守殯側先是長源病疽子象椿日吮以口卒不起椿時年二十九亦廬墓數載嘔血卒

汪應蛟廪生性孝友父開運增生病革時應蛟請將腴産分給兩弟已得甚瘠且少父大喜父歿蛟獨養母後母

歿將分授之産鬻以殯葬不累兩弟子兆木諸生

龍逢春事親孝至老不怠父母年踰九十春年已七十父病瘓七年湯藥飲食盥溺春必親執其役母病亦然及歿廬墓三載

胡文崎事繼母李孝李年九十風痺不能起崎晨夕將護閲四年母没廬墓三載兄無嗣崎以其長子爲嗣卒年七十子世理監生世法從九孝友均如其父孫必楠舉人必杞必本必槐必楨俱貢生必本別有傳

徐世澤孝友性成髫齡時父客遠方絶音耗者十餘年世澤言之輒涕泣家貧母老囑兄奉母澤行丐至川年餘

竟得見父嚴冬扶父歸風雪中艱險自如歸後奉養罔缺以勞傷成疾卒兄鳳翔憫之爲立傳

萬鳳彩監生性孝友父早世事母婉順同胞弟女弟共八人友愛悉至筦家政四十餘年尺布斗粟無私孫裕臨貢生

王廣文監生性至孝父病躬奉湯藥衣不解帶者六閱月子正瀊監生亦孝友居父喪哀毀骨立克盡禮制事母病亦如事父同里居雍姓童婚搆訟斷離瀊捐百金訟寃雪離者復合

商一治字泰然事親至孝年五十母黄氏病癱素不飲藥

跪以進拒益甚因齋禱於華陀神日三次母病尋愈享壽九十有二

夏傳鼎增生父没居喪三年足不出戶子啟連啟達啟迴俱庠生

靖克純性孝友父没結廬守墓母壽登九旬得危疾純祝天請代疾輒愈乾隆元年舉孝廉方正子本荃廷景本茂振揚俱諸生

謝志煌官蹟加恩裔孫性孝友父方楚廩生晚年病瘋手足拘攣時煌母早歿凡興居飲食皆煌與其兄庠生志烈扶抱哺食之溺器厠牏躬親滌洗嗣以家貧不給志烈仍就館奉養前後十五年勞穢之事煌獨任焉

萬希科乾隆丁酉拔貢登庚子賢書官荆州教授性篤孝力學不輟與伯兄希㫤仲兄希成一門相師友至老不衰在官時因公晋省聞仲兄訃遽歸不及稟上憲也後上游以其有吏才保舉知縣辭不就尋以病歸

姜聞韶遺腹生總角時奉父柩歸窆雨不克葬韶伏柩側號泣竟日以痛父故事母亦如其父鄉里多稱之子玉成布經歷玉鳴篤行知醫玉衡縣丞若熊郡庠生母汪病篤熊嘗糞醫云難救而竟得痊奉養又二十年人以爲孝感云子炳芳邑庠生績學早逝玉鳴子炳文舉人

齊禮廩生少孤貧事母極孝家居授徒不忍須臾離色笑有遠道豐修聘延者力謝之年五十後候母卧起身温衣被母年九十卒哀毀如孺子焉

熊世淳邑增生事親以孝稱父没大母高年事之尤謹與弟世瀚共貲財孫曾輩尚未析居皆其遺訓也

謝志烜歲貢生惠元孫至性惇篤事本生祖父母曲全孝道母氏靖嘗刲股療舅疾烜心痛之終身不忍言家中落藉授徒修脯以供甘旨至老弗倦卒年八十六子焱舉人安徽知縣加知州銜孫清臣安徽候補府經歷

方念宗從九品性純篤事親孝居喪哀毀盡禮與諸兄相

友愛晩濟人以岐黄術子二長同春嫡出次鏞優貢生同春亦以孝稱鏞𤕤喪母春視之如胞與妻黄氏撫之成立

謝鴻恩性仁厚父患痰疾卧床不起恩日夕哺授飲食扶持寢興溲便手爲捫滌凡十有一年無不感嘆比父卒哀毁如禮築室墓旁暮夜號泣哀動路人乾隆元年旌表建坊

陶之龍監生少事親以孝聞親没廬墓枕塊眞誠罔懈時大父尚存飲食醫藥必躬必親撫弱弟成立尤篤友恭子行簡占魁俱武庠姪欽由郡庠議叙衛千總開甲武

熊文綱諸生性至孝力貧自食事父母曲意承歡兄早亡視諸姪如已出教之成立田産腴者悉讓之嘉慶戊午進士官提塘

恩賜副榜卒年九十三次子象升諸生

范綸性篤孝友父病劇綸泣禱於東嶽神願減已算增父算父病果愈後十年父没綸結廬墓側終三年喪與兩弟共財子孫遵行三世綸壽九十無疾卒

熊遠道監生弟遠明母所鍾愛早没遺孤二道飲食教誨曲體母志母患痿朝夕扶持汚垢皆親滌除年七十先母卒

張朝棟馬家潭農民也父某客死鄖西棟行乞至鄖得瘞所傭力其地三年以傭貲作扶櫬費旅店每不納宿依櫬野棲號泣達旦卒歸父骨里人助葬之

楊有山年二十與母霍氏弟玉鱗祠蔭渡鮑湖大風覆舟有山援舟起不見母弟入水求之不得大哭復入水求之遂不起後得屍猶以一手挽母

陳斑事親孝親没泣墓無間從父士俊無子斑承順如事父没後喪葬盡禮

洪志鵬監生性謹篤事父母克孝事繼母亦然年三十綜理諸從家政内外百餘人無間言析箸均財絲毫不苟

年六十偕季弟築室於舊居北一室怡怡門庭祥靄生平敦信義好推解無疾言遽色鄉里之譽歸焉子思治候選縣丞

會輝彩監生兄弟七人同財共爨至食指五六百猶子鵬進士官知縣

鄉民雍紹先性摯孝父母老婉順如孺子時待兄弟更極友愛

胡其蔚家故貧授徒以養母病篤刲股以進母遂愈後登嘉慶庚午鄉榜衆皆以爲孝之報云

童守和太學生孝事寡母與兄弟相友愛中歲分爨時田

盧美者推讓弟兄其子弟亦皆敦睦云

鄉民周際元家貧苦事繼母史竭力供甘旨妻邵亦體夫志忍饑餒而奉養罔缺云

萬鼎芬副榜貢生性孝友逮事大母隨父母後奉起居惟謹與二兄尤敦手足誼子家福亦孝友弱冠成進士入詞館假歸省親執父喪過哀成疾時母亦病福力疾侍湯藥母痊而已疾大作卒年二十四囑家人以麻衣斂宗人憐之

雷懋德監生父早逝事母林至孝母卒哀毀幾傷性弟懋仁增生與兄同居至老敬愛倍篤子時敬時攽俱庠生

羅之品中和鄉人總角時母患瘵親奉湯藥父促就塾晨昏偶歸母食則食否則忍饑而往母察知之先以盂箸置寢側給以食訖品乃食逮母卒事繼母亦以孝聞

靖厚炳監生性淳謹事父母極孝父病癰口吮之母患痢親嘗穢均獲痊仲兄嫂早逝遺孤華蓮教養兼至遠亡又遺孤二歲撫之成立

魏廷增字方至附貢生先世本姓雷至性純篤父病廷增躬侍湯藥衣不解帶者累月父没喪葬如禮中年奉母尤能色養凡施與之事咸曲承母志邑有興作廷增必倡捐嘉慶丁巳以孝廉方正舉辭不就非矯情恐貽倚

間望也子瑄鎮俱監生鈴庠生其同族壎字伯昌貢生亦以孝友稱而性好善乾隆中脩擴郡學壎經營八年至傾其家三子皆入成均孫正復曾孫光普俱諸生

奚光熿號寅齋郡庠生性至孝嘗侍母疾憂思累日醫藥多不驗夜半忽假寐若有人授以方醒即照方和藥母疾竟瘳逾年乃卒猶時時爲子弟言以未能爲母延年爲恨平居嚴正自持與物無忤雖臧獲輩未嘗以聲色加之罔不愛敬易簀時謂諸子曰我每見士大夫於親没時自爲行述廣乞銘傳欲榮其親實誣甚我生平無可述亦無可傳爾輩僥倖成名皆祖人積累所致甚不

欲爾輩效尤也人聞其言咸服其誠樸而制行仁孝庶摯類如此子先凱進士官中書先悌舉人官知縣孫德琇貢生隸候補臬司獄

倪章福長圻塆農家子力田養親曲盡孝養父母歿廬墓凡六年隆冬偃卧雪中感母魂若爲蓋覆然醒哭一村不忍聞其聲蘄水陳脩撰沆爲其聘孀母劉貞女作節孝行併紀其事

胡必本號蒙山貢生事父母曲盡孝養母晚嬰危疾奉湯藥無倦容友愛兄弟推讓産業一無所較視孳從如一體有緩急咸賴焉族故無祠本倡捐創建並刊規以約

族人至今猶共遵之卒年六十子二華潤候選訓導華海庠生孫七同治庠生

汪謙號南亭嘉慶庚申舉人性至孝友父没母年七十餘不赴公車菽水承歡晏如也著有綱鑑會纂補正母年九十三目見元孫子兆年監生兆雲進士曾孫鑾諸生謙卒年九十一亦目見元孫

陳履謙貢生祖啟華父貴起家勤儉世篤孝友至謙時男婦長幼凡百五十餘人謙與弟履亨督率之共敦雍睦建支祠延師課子孫之英敏者或改業則商於外均恪守家訓家漸饒凡推解之事無吝色亦無德色里人多稱之且爲聯名舉報王賀兩學使先後以敦行不怠義門高範額奬之洎道光十二年七世同居孫曾林立有司大吏以聞於

朝

恩勅建坊曰孝義之門子鳳從子大昜輔國天驥俱武庠蓮

國學生

張品邑庠生幼失怙事母以孝聞而伯仲錫類推解之事尤多子六長兆澤武舉次鴻邑廪生兆桂武庠生

黄自宸字楓溪歲貢生至性純篤事父與繼母以孝稱五世同居其再從父與之年相若宸事之恭謹與羣從昆

弟尤惇友愛内外無間言辛卯脩邑志宸經理井然平生文行著稱晚以明經終老而意致淡如也從子引孚

郡庠生

許希曾字省齋議叙鹽知事生員文達子祖母殷母李俱以苦節旌見列女傳希曾幼逮事曾祖職員景道恪遵家教事祖母及母以孝稱長肩家政於族之貧乏者歲時皆酌爲周給族舊有祠希曾力新之道光辛卯大水民艱食平糶倉穀希曾代民償一日價無德色復捐錢百萬助官賑皆錫類以推與也子汝齡庠生汝鳳從九品汝梅廪生汝鐸監生議叙八品汝勳監生

汪洋灝事親以孝聞父病篤灝跪侍湯藥衣不解帶逮父没喪葬皆如禮解元郭維本爲之立傳

吕德明庠生事親孝親没哀毁骨立廬墓經年其他若貢生葉兆甲汪延隆靖本信余思深李方郢黄章品陳臧魁夏傳爵熊世濂皆邑之以廬墓稱者

刲股附　按舊志載刲股有專條今因採訪甚夥情節少異者仍舊餘悉彙載於後

明

劉思敬刲股救母病愈巡按汪承詔匾旌之

彭克永父扶冲病劇克永刲股餌之病愈提學道王永祚匾旌之

國朝

陶之伊康熙二年父君重病篤夜焚香禱祖願以身代因割股進之父病遂痊里人上其事知縣徐籀匾旌之

楊士松早失怙事母孝養備至母常患疝其妻陳吮之母夜苦足冷陳抱温之母病劇割股進之尋愈

張有餘事親孝父廷榮病篤割股以進病遂愈其妻嚴氏亦以此救其姑其後仲子華國子婦萬氏孫錦煌皆割股此事張門三世凡六見焉

劉宗向母汪病篤宗向湯藥親嘗旋乃齋戒割股進之母病痊

吳太治父宏功病太治悲泣私禱願以身代後病劇引刀割股以進父病遂愈

龍肇亨父士通病劇肇亨割左股啖之病以愈事在乾隆甲子年

程如會家貧孝事繼母廖廖病如會割股進之病因愈又有趙國祚劉世爵林宜賢陶克定亦以割股稱

姚啟順性篤孝家貧肩輿以供親膳父病割股以進遂痊母病復斷指和藥母亦瘳

吳緒溢緒春母久病不愈兄割左股弟割右股以進母得無恙

程光環父病割股救愈後祖母病亦如之

奚紹信父病割左股以療母病復割右股父母皆得延年其次孫光壁事叔父如事其父叔父病劇光壁割股進疾遂瘳其弟東晟亦割股救母病邑人皆稱爲孝義之門

揭鳴九性篤孝父疾割股以進遂愈後母殁廬墓期年

朱彩五下伍重鄉縫工也父病割股救療父殁奉母彌摯或食以佳味必歸獻母母殁廬墓三年

胡萬年六歲喪母繼母張生弟定泰宦京邸張在家病萬年割股以進果愈

余木匠本姓藍名世誠樊港人也母病割胸左肉一臠以進不出血母病遂瘳自是雖酷暑不解衣母故每除夜必往守墓竟夕悲號

邵際連母病連割股療之父患穢疾連口吸舌舐得延年餘連妻吳亦善承夫志以孝聞連後入邑庠

王出球祖父病球割股奉之而愈他如甄光煒鍾大用則爲祖母王崇禮則爲叔父夏立山則爲兄皆以割股稱

沈敦彝　洪志道　黄元亨　包祖樂　熊會清

劉仁襄　左宇發　杜英萬　杜兆瑞　李在寬

尹萬書　夏隆瑚　吕麟玉　邵正翥　舒中烙

舒光澤　汪引恩　邵正傑以上均爲父割股
盧占鰲　陳有爲　雷生烺　周竒光　舒謙受
胡之洙　張承珍　鄭宗海　宋天德　靖華春
杜希科　王士珩　蔡茂元　劉三槐　鄭長青
王紹貴　王廷相　周祖興　李啟勝　張士雄
曾德鰲　李運乾　劉泰銘　孫克詮　陳國舉
胡士傑　龍繼先　汪世悌　鄒懷爵　王緒勝
張正祿　何在朝　曹宗濆　祝光智　邵鵬泰
彭萬年　童士信　張全宗　邵際鍈　畢　浚
周震星以上均爲母割股

百歲翁暨屢世同居附

屠應蛟年百歲見篤行傳

胡來通年百歲見隱逸傳

於心實字正伯諸生方正嚴重人稱長者年百歲子弟恂謹遵其訓孫萬震康熙庚子舉人

洪世永字清渠諸生壽百歲聰明康健無疾而終

袁文衡年百歲見于清端政書

藍有德五世同堂見省志

監生萬廷德字攄安性好遊乾隆甲申年七十餘遊揚州
聖駕南巡廷德迎拜道左
恩賞八品頂戴黃絹一幅養老銀牌一面卒年九十八

吳大裕五世同居嘉慶二年由學詳請　旌獎子之任歲貢生孫思弼諸生

劉學開六世同居道光六年詳請學憲額獎

劉學剛五世同居道光九年詳請學憲額獎

邱安衡五世同居道光十二年詳請學憲額獎

廖澤厚年九十六歲五世同堂子四孫十曾孫十一元孫二道光二十八年詳請學憲額獎

沈家琮年百歲道光二十八年詳請學憲額獎子之銓歲貢生之銑邑增生孫光澐諸生

黃岡縣志卷之十終

知黃岡縣事宛平俞昌烈編輯

人物志

篤行

舊志括篤行之目三曰嗜學不倦曰砥節不苟曰好行其德是也蓋篤者厚也久也人非厚於殖學則游談無根之士也非厚於持躬則依阿澳涊之流也非厚於恤親念故則澆薄鄙吝之徒也而非久於其道亦强飾取名而已矣以見行之能立茲緣其例續之記所謂篤以不搖此之謂乎

宋

潘丙字彥明以解元舉進士與蘇軾交至善有文行其弟原秀才軾亦稱爲佳士有舉業見軾與朱康臣書

董助教敦信誼恤貧乏大觀間歲旱爲食以待餓者又設餈餌給小兒訖百餘日無倦色

明

董經綸多隱德家素饒好施與以義重於鄉里

孫子華輕財好施正統間值歲大祲輸粟萬石賑黃麻蘄水三縣饑民御史臺以聞詔賜勅旌爲義民

陶以諒好義輕財正統間歲祲出粟千餘石以賑事聞旌其廬勞以羊酒免徭役三年

朱文智字道全諸生性忠厚與弟每均財輒相讓其尚義勤施亦相類嘗歸省江右饒虔吉信連荒慨然勸賑正統成化間輸穀者再凡三千有奇事聞特勅旌之勞以羊酒免本戶差徭五年府縣官賓禮存問

曾恕字希仁黃州衛指揮僉事性至孝父全正統時征横江戰死詔錄諸陣亡子姓恕後至人問之曰吾不忍也後督漕以介聞監司咸旌異之祀鄉賢

曹艮輔字大忠居崎山陽號清溪居士置産分諸兄弟族黨無歸者濟之嘗有盜過其門曰犯長者不祥

王乎生而穎秀童時與張寶共學於白鹿洞後同舉於鄉天順癸未會試乎弟美玉與偕値貢院災美玉踰墻負乎出後入尋寶則頭面半毀又負屍出遂歸葬焉乎後爲襄城教諭應河南鄉試聘所至有方正聲乞歸建書院於西阜山莊以來學者子簡邵武推官筮夔州訓導

黃伯垓字鵬遠成化丙戌進士累官苑馬寺少卿節操清亮鄉評稱重卒祀鄉賢

余鑾字廷儀正德辛未進士授行人奉使封唐王王餽以金帛不受歸與諸生論學自立崖岸有豪右觸法懐金求解鑾拒之曰國法不可撓且吾豈以多金禍鄉曲耶

其耿介多類此卒祀鄉賢

余文瑞正德庚辰進士有學行未仕卒祀鄉賢見府舊志又有余鏊者嘉靖戊子舉人性孝友授蘭陽教諭終養不仕

樊模字廷正由恩貢官兵馬司指揮性孝友好學至耄不倦鄉里稱爲善人

王秉宜字子愚嘉靖乙酉舉人性伉直所與遊必賢豪長者見非其人輒引去不輕與言也

邱尚忠事後母承順惟謹子岳在諫垣有聲尚忠偶謁縣令令疑有所請因問近得家書否卽應聲曰兒屬家書惟諄諄老夫愼勿造公府耳時稱其介封工科給事中祀鄉賢

宋章字朝憲歲貢知威遠縣親老懇乞終養士林重之

易大夏字廣居家殷實好施與嘉靖中出粟千餘石以賑饑詔賜義民冠帶

史秉宜諸生萬歷十六年邑大荒秉宜捐米六百三十石於團風鎮親煑粥賑饑救活多人知縣劉夢周請給匾額鄉人稱之

劉文元性方正故人王追美將沒託其幼子一鳴文元許諾乃從之學過則撻之甚則使跪於木主下稱父訓哭

而告之後一鳴成進士每接文元衣履必肅懼其怒且叱也晚爲華容教諭

王相字貞弼諸生爲學必求天理爲安置義田贍族歲大饑爲粥食人於路一日見婦人渡河爲鄉人所阻乃怒以騎濟之遂造橋人呼爲王相橋郡守潘允哲爲旌善亭列名者四人皆高年敦行誼者相與鄭廷桂邱鳳鳴及其從子養儀也又程通者字子羽諸生廉而讓著有里仁會約鄉人重之

鄭廷桂字石濱性孝友好施與有貸不能償者輒焚其券年八十餘卒諸子廬於墓忽一人率妻子拜哭於墓問之則瞿姓也曰微翁之惠則無室今子三人皆成立矣平生善行多如此長子謙舉人官雲南知府次讜次讚皆以文學稱曾孫光郢光黃見隱逸傳

杜鳴陽字子鳳嘉靖癸卯舉人性渾厚與物無忤親歿撫兩幼弟友愛備至授遂寧知縣改江川俱有惠政故人朱廷相女許聘豪右及廷相死且貧豪右背之女無所歸鳴陽乃聘爲仲子傑婦是秋傑舉於鄉時人以爲盛德之報云祀鄉賢

徐崇德字象賢貢生性坦直不私芥蔕以禮經名四方士多遊其門爲白水教諭風節特著祀鄉賢

徐禮字天祐有隱德兄早卒從子幼撫育教訓俾至成立平生趨人之急鄉有不能葬者助之以子銘貴贈文林郎

易明幾字汝戒篤於孝友諸弟早逝撫遺孤猶巳出家素饒人有稱貸必應未嘗計其報也日每嚴重危坐見人過輒面折之以子儆之貴封御史

黄士元字汝覺篤志力學嘉靖巳酉舉於鄉攝貴溪教諭主白鹿洞一時從遊者甚衆擢餘干知縣遷撫州府通判有能聲後歸屏居林畝日與諸士講論不輟歲祲施穀賑救人稱其德年躋九十鶴髮童顏望之若仙其時

有李時芳羅星俱以操行方正爲鄉評所重時芳嘉靖甲午舉人官興化同知星巳酉舉人官阿眉州知州

阮文蔚字自質萬歷丙戌進士性介潔嘗道經維揚鹺賈奉千金屬居間文蔚曰吾先世無千金產況敢傚士大夫權竟却之後官行人以册封上饒王道卒家貧無以殮巡按御史李天麟助之葬

曾日省字見獨萬歷庚子舉人辛丑會副榜官灊山知縣行取主事致仕歸講學於赤壁正宗會館學者宗之著有五經心要

方一盛字新宇萬歷間由儒士授四川鹽法提舉持法平允商民便之擢眞定知府終養乞歸事親以孝聞建祠堂置祭產又設粥食饑掩路骼修橋梁郵亭凡可利人者竭力爲之年九十餘卒

孫顯祖字衡洲諸生性渾厚家素饒周散貧乏有彭城塘澗里許歲多魚利盡捐爲宗族供祭祀貧戚有遭喪者指他人田求售於顯祖遂應之或言其詐笑曰聊爲麥舟贈耳還其田亦無德色以家事付二子棲隱山林種花竹自適年八十卒子應鴻別有傳

王同冑字調甫由歲貢授江寧知縣著廉聲擢刑部主事諸生時好施與家中落不倦嘗曰人生重義耳豈望報

乎值歲饑弟同覲捐粟千石以賑同冑亦力附之一郡多所全活

萬一儁字葆初父偉諸生晚舉儁時勢家豪奪而儁勤約務刻苦以實行率鄉人嘗避賊鄂城有豫士李姓亦以亂奉母至賊圍城縋而出反求得之與俱乃行又避家崎山路遇賊刼其帑巳知爲儁也謝而還之從兄一奇嘗曰吾弟渾厚如太古他日遠大吾不及也子四俱以學行顯科名世宦不絶

曹之建字中甫父士彥有傳之建事繼母蕭以孝稱族戚交遊貧者婚葬皆助之不矜巳形人短縣令茅瑞徵修

黃岡志之建與焉由歲薦除吳江教諭多所成就擢廣東四會知縣有清直聲卒於官孫本榮別有傳

程士翼字冲冥諸生好施與濟族之貧乏者萬歷己丑歲歉減糶百石不償者亦不問與人寬容無所較子之試之奇俱以文行稱之試載宦蹟傳之奇官沔陽學正及歸年皆七十餘日常相依怡然樂也之敦士翼兄子少有文名天啓甲子舉人累遷萍鄉知縣清慎自守教人以實行

樊玉衢字荆軒少時從父煒司訓漢陽會張緒講學江漢玉衢與兄玉衡師事之益自勉於學侍父疾衣不解帶

者三年比卒毁瘠骨立兄玉衡清介早卒無子玉衢治其喪葬嫂佘苦節事之如母又置義田贍族立義倉以備凶荒見善事輒行不遺餘力流寇之亂所在摧靡玉衢指授方畧守土者賴之當事薦其才辭不受年七十餘卒祀鄉賢子維鼎維域維忠俱有聲維域別有傳

何侹字報所幼聘同郡鄧氏女女年十三目眇足廢鄧翁謝請他聘侹不可竟娶之後鄧卒遂不再娶父母卒月省墓歸則扃一室以詩文終老子閎中別有傳

鄧士駿字艮夫諸生性孝友好學深思卓然自立與弟士駒皆有才名與黃梅瞿九思爲文字交年六十卒子雲程載忠義傳

葉國章字憲可諸生向陽子事繼母以孝聞少勤學博涉經史年三十舉於鄉授廣東徐聞知縣以疾歸平生好行德義全活甚衆有鄉人來全者以己女償人債章爲贖歸之又嘗借蘇州陳立吾及楊應第百餘金值兵亂後無可歸者乃以其金分濟饑人書其上曰某氏之金使歸功於陳楊也子大年之允俱諸生

何謨字葦長弟謙字緘仲兄弟皆博學尙氣誼人有一善力爲表揚與廣濟劉養微交最善養微病謨謙家距三百里器用服食奔走應需者絡繹不絕歲餘養微没經

紀其喪爲刻康谷子集其他豁達好善類此謨子元方篤行能文以諸生終劉醇驥爲序其遺集

屠應蛟字仁齋至性過人潛跡授徒多隱德壽百歲子振鐸官工部主事請諸朝賜冠帶建坊妻周亦九十有七

黃鋐字宏卿好宋儒書諸弟少孤皆教誨有成以會副授湘潭教諭遷河南永城知縣多善政擢兵部主事告歸仲子中實別有傳

劉伯江宏治時大饑邑及麻城黃陂三縣尤甚伯江捐穀萬石銀千兩全活甚衆

汪之渙字鳳溪隆慶庚午舉人嗜學尙義萬歷戊子大饑

之漁捐穀拯濟全活甚衆穀盡自食菽羮無悔甲戌公車道見少婦自鬻贖夫罪與之金遂去既而其夫送婦以券至之漁焚券令歸人義之卒祀鄉賢孫煉南有傳

謝宗湯字建中博通文學明末歲荒路拾遺金坐待還其主不問姓字人稱篤厚君子

杜鉦字子堅幼爲諸生有雋才習父時芳訓言動不苟素好義有夏姓者垂老爲豪右廹鬻其子鉦爲贖之後與弟鏞同舟弟溺鉦赴救之並没於江詩文甚有稱同里杜韶先爲序其遺集

邱一貫諸生敦善不怠家素饒遇困必有濟時疫施藥活

者無算嘗一日焚券千餘金人有貿絮袍及被者冬不贖輒取以還子維明維時同榜舉人

國朝

陳天生字植其父鳳正生母劉俱早逝事嫡母蕭至孝弱冠補諸生敦行尚義以清白訓子孫敝衣芒履逍遥遊咏有古君子風卒祀鄉賢子五長肇昌别有傳

鄧錦字子燦本姓曹順治丙戌舉人累官兵部職方主事出判彰德府解組後沉酣圖史被服若儒素端方誠篤里中稱爲長者

杜琦字奇玉太僕仲之孫也警敏力學事母以孝聞順治甲午舉於鄉授黔陽教諭日集諸生講讀法程文藝士風一振庚子應聘滇闈稱得士子士默字伯臧倜儻好義由選貢教諭大冶士人悅服值歲饑民譁士默諭之輒斂息故人索震老無子及知縣汪灝子壻貧不得歸士默俱養之終其身無德色

鄧正暹父母病嘗藥滌垢後任海城典史有金州豪王守祿通島舶爲姦府屬正暹治之祿密賂以千金却不受獄益急祿遂陰賂塾師觴正暹酖之府廉得狀治酖者罪子維憲康熙己酉舉人襄陽教諭

蔡師孔諸生性好義居濱孫鑽埠大河水漲人艱渡師孔捐造義船並置田數十畝爲修理擕掌貲又置祠族祭學並所建白雲寺香火各田數十畝爲永久計子之騏

諸生亦勤施有旗丁逋官糧之騏捐穀三百石銀二百餘兩貰其死者七人闔郡義之鄉飲聘爲大賓

陳偉字璽臣諸生父尚友潼關縣丞偉刻志讀書敦行勵品性至孝值明季賊亂奉母避難雖倉遽未嘗稍懈康熙二十七年夏逆將趙黄郡守以偉有幹濟使團練以守及夏逆敗金口走白雲山偉與易爲泰計縛之一時煙戸賴以保全子瓚廪生多隱德士俊癸巳舉人孫應龍乾隆戊辰進士榮與諸生俱有文學

聶文錦字道章諸生篤志嗜學尤慷慨好義有梅邑故家子爲無賴所賺文錦詰得其由設計贖之併令就塾撫之一如已子越三年有成乃尋其家送歸其家謝以厚餽堅不受生平行義多類此

韋克繼字承公歲貢生性和厚樂爲善事從弟妹之孤皆爲婚嫁又故人倅仇遠遯遺子方數歲克繼育之三十餘年學成有室其父始見焉克繼招之歸也年七十餘卒

熊翼爲字湘尹諸生事親先意承志病侍罔懈與人諒直爲戸正整齊有規矩置祠產養老恤孤倣范文正法好

施與於物無所取嘗見遺金守而還之砥行好學鄉里遵爲模範子德焱諸生祟禮收族不墜父志

易中瑜字與偕諸生家素貧力學尚義族有幼貧而爲僧者贖之歸撫養授室子姓遂盛其妻弟出繼他姓亦收養之嘗拾遺金候之歸其主所著有大學中庸講義四卷纂輯各代史評三十卷子德瑩字以文弱冠入郡庠事親以孝聞厚重好讀書不忝其家學

龔鼎鋁字夏爕十歲能屬文以明經謁選訓導未赴任卒性孝友研究宋儒之旨尤精春秋左傳爲人謙讓厚德里黨號爲正氣先生其弟錫恩字漢若諸生輕財好義族中貧者悉周之晚年工詩文著有鸑湖別録從子陳謨推財讓產善處兄弟亦以義稱

胡可封諸生篤學尚義康熙十八年歲饑捐穀五百石又勸捐穀千餘石計口給糧活人甚衆郡守王輔親至其宅匾旌之

陳維藩字爾碩家素封好施與康熙十年歲饑維藩捐穀四千石以賑次年再饑復爲粥於路存活甚衆布政使徐惺郡守于成龍給匾美之年九十八卒

周之鳳字爾尊重義好施與康熙十四年歲饑捐穀千餘石以賑郡守于成龍給匾旌之子維禮德安訓導維祿

維福諸生孫棟隆乾隆壬申進士應隆諸生

許文煜性仁厚輕財重義康熙九年歲饑文煜捐米設廠煑粥以賑全活甚衆同知于成龍給匾旌之

徐肇泰性孝友好施與康熙十八年饑肇泰設粥於路兩月貧不能殮者施棺二百四十餘鄉人稱其事

張美之市民也尚節義少時遭流賊亂身被數創走伏荻林中見女子言自江陵避亂迷路不得歸美之使就其家養之禮度維謹歲餘亂平訪於江陵果得其父壻迎而歸一時傳爲盛事後美之壽至九十餘

杜大任字連玉歲貢生雲夢訓導性純厚篤孝友鄉黨推

重太守李彥瑁藻其贊敦請鄉飲賓教學於城南草堂
貧者助其薪粟多所成就子啓運由進士知西和縣性
廉才揵屢决疑獄力清陋規督撫薦其才未幾卒於官
士民泣送百里外爲牓遠致於黃云

蕭乃質字素菴諸生素抱經濟爲善於鄉康熙甲寅乙卯
間連歲旱荒乃質捐穀爲鄉里倡全活甚衆太守于成
龍獎異之又嘗捐千金爲宗族建祠修譜年幾七十訪
詢所至不憚勞瘁鄉族稱焉

孫昌運字天被學行修飭爲士林望歲大饑力募捐賑全
活者衆以選貢授教諭未仕卒

周有堂字叔蔭少孤事諸兄敬愛備至家貧力學屢試輒
冠軍康熙壬辰進士授中書舍人丙午典試浙江稱得
人補禮部主事疾歸仕宦二十餘載仍家徒四壁云

蕭必昌字克俟諸生端潔自好年三十妻亡遂不再娶接
人必飭衣冠言動維謹至老不倦好學博聞尤邃於易
年八十餘卒

周世達字道以國學生父之美立從弟驄子爲己嗣也世
達慷慨讀書能文章好賢以禮見鄉里窮乏輒賙之往
往折劵棄負家以是落不恤也之美官四川生子曰世
適之美卒世適幼疑世達其母聶乃辭言世達之爲人
且曰是至誠不可疑者於是終身無閒言子八人多能
文茂建乾隆丙辰舉人

方可丹字一常雍正癸卯進士授新淦知縣有廉平稱以
病改辰州教授訓士先行後文丁艱歸閉戶不出前守
禹殿鰲延主河東書院多士景從時以方正舉後選襄
陽教授卒

孫天祿字亦煒父士謀諸生事親委曲承順鉅細必誠天
祿事祖母亦以孝稱嗜讀書敦行誼雍正五年歲饑粟
踊天祿糶千餘石減價十之五多所全活邑有貧鬻其
女者訪知爲故家後乃擇從子年相若者婚之人以爲

義晚以歲薦訓當陽能得士心以疾乞歸子廷璋副榜
廷槐舉人廷琯諸生

魏永綵字言如由鄉貢教習授儀揚鹽運分司性孝友好
施與雍正五年饑設粥米多所全活又嘗建義倉義塚
鄉人稱之著有怡怡堂稿弟永經亦以孝友稱

萬紳祖字純子爲恪第三子性篤孝友父病求醫一日夜
行二百餘里及卒殯殮皆誠慎如禮歲時館穀歸一付
諸兄弟無所私爲人樂易坦直終身無疾言遽色好施
與宗黨急者歸之不以疏數閒嘗急父友之難崎嶇齊
豫潁泗閒雖值危迫不忍去事已經年乃歸又嘗值歲

暮以私逋且亟貸金將償焉遂有被誣者告以困遂傾囊予之終不以無償悔

邱自東字震芳性好施與雍正五年饑穀價踴甚自東減價以糶踰年又饑六月連雨鄰里斷炊升米三十錢自東乃焙新穀乾之升僅三文存活甚衆人咸義之

曹紹烈字承緒雍正癸卯武進士當道屢促就職以親老辭不赴性幹而廉邑有公務非其人莫任乾隆乙丑郡守禹重修韓魏公書院烈贊成之丁丑邑宰劉改建縣學宮專屬之年餘告成一材一木悉無虛置戊寅郡守錢增修考棚及創河東書院烈為經始及郡守王視事

黃州諸爲商訂而烈年六十有二老且病病且革矣可慨也夫

陳師豫字書田副使大革子雍正癸卯舉人性純篤事祖母徐母鄭以孝聞嗜學敦行誼生平施與甚多歲稍歉則減糶饑減十之五全活甚衆見族里能學者勸之必濟以薪米及應試貲其他賻棺槥助嫁娶事難枚舉例選主事未仕卒

唐方泰本姓呂家貧力耕行壩城山道上見遺金不取坐候之逾時一客踉蹌至則嶽商李文候所失五十金也文候感其還金欲有贈不受一時稱之

顧鈞字竹如父文王諸生鈞幼時父爲聘室未嫁而瞽其父母没兄嫂惡之遂使蓬跣事舂臼文玉見之歸坐而嘆鈞問告以故鈞曰幼聘之瞽而棄之非義也父喜曰爾能如是遂迎而歸夫婦終身無忤色

陶之珝字淵璞貢生性孝友好施與雍正二年邑饑捐糶千石價減十之二至五年倣社倉法放穀千餘石所濟甚衆又建韓家社橋捐貲三百餘金行人便之子成新孫國幹别有傳

謝惠敦行好義親鄰借貸輒應折其券佃農逋租往往棄之嘗捐社穀百餘石重建賀漊橋鄉里稱爲善人

秦樂天字少白嘗讀易閉戶二十年值歲疫樂天承父志捐貲置棺助其里晚年吟咏自適著有山居稿及擬陶擬樂府諸集

余文元性樸誠喜施與雍正癸卯捐洪山寺社倉穀百石又捐修棠棣湖橋復置田爲修理費行人便之

程後濂字貢書乾隆丙辰進士性孝友母患瘵朝夕服侍衣不解帶者三年大父芳烈遺宿疾牀簀汙垢躬自滌除閱兩載無倦色家僅薄產舉以讓弟時人稱之生平篤志力學嘗以鴻博見舉未就河東總督白鍾山奇其才辟署海贛同知著有治河末議尋以父病乞歸父没

哀毁成疾逾年卒

朱案扶字典傳好古勤學雍正癸卯舉於鄉教諭南漳振興文治襄陽書院延爲山長一時經指授者皆有法度與修安陸襄陽鄖陽府志以艱歸哀毁踰常三年啜粥不茹葷性廉慎不妄干謁樂施勸善纂輯孝經衍義及五經註疏至老不懈乾隆戊辰成進士

有若敦行礪節積學授徒鄉黨重其人不能搜其遺事猶冀後之考而續之得十六人貢生李拱祝王名啓田宏道諸生李逢年歐鶴舒日覲洪必璋李璜童顯德李春宜夏聲王楙芴陳師鼎孫可行周步穉杜贊

王宗華字景廣父如海以廉賈饒於財而好行其德鄉里稱善人嘉慶中大憲上
聞許以樂善好施建坊者也宗華克家承志偕弟啓麟登第宗茗等同力治生怡怡無閒待三黨悉有恩紀修舟橋施棺槥美行不可殫述述其大者孔子河舊有
先聖祠本邑及旁縣人歲舉祀課士宗華爲置田百餘畝以附益之京師舊有黃岡會館以待計偕人衆不能容爲擴基址而葺新之於城中創賓賢館捐田七百餘畝爲邑士鄉舉資並蘄水之興賢莊亦割腴田百畝爲佽惠其所自出也黃試院湫隘號坐傾攲士積苦之宗華廣鬻民房改修壯麗宇高翔足避風日案堅固不可動搖一切什物器具皆充盈而耐久又推之於武昌試院亦然又推之於鄉科貢院增修號舍八百區以備廣收前後費金錢不下十萬嘗曰財無聚而不散之理余先人非沽譽圖遠怨也非惡富恐速子孫貧也某敢不廣其意丁卯年楚臺上其義行議敘鹽課司提舉弟啓麟宗茗議敘州判子謙亨候選教諭士菜士垶皆醇謹能紹其先

義僕

華魁叟邱高奎僕也明末兵亂高奎年甫十二爲賊所擄魁叟奮身入險七年得之邱氏數世子傳至是得不

絶既歸延師訓之補諸生爲明經後高奎卒有幼子四魁叟復百計輔之成立前後事主五代壽一百一歲

胡義呉文蔚之僕也文蔚父母早没義夫婦養之祟禎癸未獻賊肆虐見嬰兒必貫槊上爲戲文蔚時六歲爲賊所得將槊之義夫婦擗踊哀號吾主人遺孤止此義不忍絶爭以身代賊感而釋之

隱逸

鴻飛冥冥弋者何篡義在易漸之上九矣顧或謂風雨如晦雞鳴不已君子貴愛其身以存道固宜若夫暘德方亨衆賢羽翔鱗躍而獨憔悴江湖之澳枯槁山林之隈何太自苦歟語曰堯舜在上下有巢由亦各行其志也而表厲一代風節識者且謂其功在雲臺麟閣之上豈不信然吁持此意以觀是邑之隆沈者當無徒曰光黄間多異人

周

江上丈人者楚人也楚平王以費無極之讒殺伍奢奢子

員亡將奔吳至江上欲渡無舟而楚人購員甚急自恐不脫見丈人得渡因解所佩劍以與丈人曰此千金之劍也願獻之丈人不受曰楚國之法得伍員者爵執圭金千鎰吾尚不取何用劍爲不受而別莫知其誰員至吳爲相求丈人不能每食輒祭之曰名可得聞而不可得見者其唯江上丈人乎 按江上丈人舊志不載武昌縣志謂蘆洲漁父寓高義於短歌列國志亦謂伍員所渡之蘆中郎蘆洲在武昌縣西今查蘆洲實黄岡地故補列於隱逸之首

宋

王文甫博學篤行隱居不仕東坡來黄嘗因其弟子辯過從往來凡四載及移臨汝有留別王文甫記

元

范愷字士元博學能文性恬約不肯仕進年九十餘終

吳應澍性淳實重義好施歲饑設食於路貧不能殮者助之棺置橋四十餘處井十九居民便焉湖廣平章事以聞詔徵不起賜書西山二字人稱西山先生祀鄉賢子琳明初官吏部尚書有傳

董敬中字仁輔一字建中成宗大德八年爲參知政事明初隱居團湖因以自號劉基屢爲薦辟躬往聘之竟不起有鏡心樓見古蹟

明

吳榮一洪武初棲中和石壁山博覽豪吟種蔬養鶴抗志

不仕嘗荷鑱劚藥以濟疾苦後有王瓚及思裕者俱以隱德聞

畢奇中好讀書家貧歲授生徒講課不輟脩然自遠聞達漠如也

樊志張原名維甫字山圖玉衡次子隨父戍雷陽二十四年及玉衡歸卒志張慟幾殞遂不應試潛心易學著易象易敷易適易占益王遣使再聘皆不就

陳鴻恩字大壑萬歷丁酉舉人累官貴陽知府所至有政聲後退居林泉手一編不輟以老

洪周祿字半石天啟壬戌進士知常州府解綬歸里肆志詩文行草書妙絕一時急難好施鄉里德之年七十餘卒曾孫宗鎜諸生甘貧力學善書法

陳師泰字交甫性端方崇禎庚午舉人累官蘇州知府告歸隱居樂道好吟咏工書法家貧問字者餉以酒即留容談論竟日年八十餘卒

韋克濟字孝忍崇禎丁丑進士授南安知縣以誠格巨猾邑人賴之丁艱歸遂隱武昌之賢廣鄉率諸子躬耕自給究心典籍與從弟克振為詩文以自娛

袁希夔字子理文伯子年十五和李本寧黃鶯白鷺詩各

十五章本寧大器之已而與三袁唱和又與喻羨長錢仲舉輩贈答於金陵遊跡幾半天下歸隱於茅山之麓結茅曰遯園以著作娛老子璜琮副榜詩文敏捷有稱

王一才字遠屆弱冠補諸生以文名為詩皆泉石之音人或勸以用世輒唯唯然性不可强也寄興花竹魚鶴時坐桐陰下擊節高歌而已著有後絕交論時人傳之

易為鼎字用王有文在手曰汪因號汪來子丞以文章氣節著明季壬午學使高世泰修三楚文獻錄鼎與汪三奇龍璸劉醇驥皆與焉築室白雲山教授生徒著有經說四書尚書毛詩易說及雪香亭草龍璸字夢先邑貢生官應城訓導江西文德翼雅似堂集云璸以文名海內者三十年蓋高士也其後無考

李之泌字鄴仙父雲築諸生以詩文名之泌窮性理發程朱之旨明末隱白雲山劍峯下歲薦及徵聘皆不就為人嚴氣正性非其友不交一言居常閉目袖手而坐有財則與故舊貧乏者卒前二日猶與同學論顏子四勿中庸西銘天人之意著有夙知錄松鱗集悅泉詩集子孝迪孝种皆淳篤力學种善詩及書法

杜濬號茶村原名詔先崇禎已卯副車父祝進舉人官國子助教精藻鑑有隱德濬負異才以詩文名家壬午不

售遂絕意仕進遊覽名山水才聲雄概驚豔江淮士大夫以不識其面為恥乃益隱避甘心窮餓以守道義老於江南之雞鳴山右曰寓齋年七十七卒葬其地子世捷世農遂家焉皆能以詩文繼其業

杜岕字蒼畧同兄濬居江南以吟咏自適雖饘粥不繼廓然不介胸臆著有些山集卒年與其兄同桐城方苞為之各銘其墓並見藝文志

王一翥字子雲太僕追皐子有異才以忠孝自矢貧窶好讀書一時名士無不知有王子雲者少以父廕當得官不就魏瑺聞其至都下將招為記室即日棄僕從逃去

庚午舉於鄉明年獻賊破三江口其妻樊氏死之詳烈女傳一翥弃白雲山尋隱於匡廬之吳鄣嶺著書十餘年一夕爲賊竊去乃歸寓於巴口卒葬其地曰鳳山詩文旣散失其前曰智林村稿餘則爲長迹園青蓮花樓尋子等集制義曰留響編子封帶封治當闖賊之變從父居廬山封帶以憂憤卒封治後歸於黃

鄭光郢字爾忠弟光黃字爾孝前雲南知府鄭謙孫也少孤母甄守節敎之皆孝友厲名節同補諸生及長隱居相與著述積卷甚多燬於兵然至老猶力學不少挫光郢子宏博字古遺亦名諸生隱居自守時稱長者

官撫辰字凝之太常卿應震長子也少穎異博學工詩古文精天文兵法以選貢授桃源知縣上治河需兵議當事不能用丁母喪歸總督徐標舉爲眞保監軍又擢徐州知府皆不起及閩粤諸藩聘之撫辰慨然曰天道不可違也臣節不可變也遂祝髮於維揚名德昰又號知劍道人雲遊名山古刹老歸黃居維摩堂卒葬其處

萬爾昌字師二少能文好賢尚節義崇禎丙子舉於鄉流冦亂母陶遇執爾昌號護求代賊感其孝釋之徙武昌見楚藩亟言防城不如防江爲陳策不聽遂歸黃自是杜門絕口不言功業見樵夫漁子輙坐對終日無倦容嘗與兄里春築堤障湖禦賊湖環陂岡江夏三邑冬夏巨浸人東西避冦於是十餘年無患又倣社倉春出秋入行之五年人稱便會大饑乃悉付郡守王輔以賑一方全活甚衆所著有頤莊詩文集頤莊隨鈔年八十有四卒子爲恪爲憚別有傳

萬爾昇字退修少豪華爲諸生有聲年三十棄舉子業結茆居卹置一榻負牆坐當肩牆凹至尺探其袂虱盈握也四十餘年未嘗至門內與家人接平生所著有史求及秋水岑詩滋言集年七十有四卒弟爾炅字舒季篤學尚節義以諸生隱子燦別有傳

曹大蘐字向白諸生父之棟有傳大蘐生而偉異莊言厲節不求仕進年八十餘清癯鶴髮士林重之工書法所臨摹古帖甚富有谿隱詩文集十本復字剛來詩與書法亦有稱

魏澤霖字鑄山家貧嗜學讀書於湖山之一葦菴厭舉子業怡情山水少交游人多不識者著有紅雪齋詩集從孫希聖亦能詩

杜士鷟字鶱公諸生博極羣書研究經術寄跡於蕲水之昔山授生徒三十餘年每因事導人於善年七十餘卒無嗣其門人陳汝鱗王宏毅諸人葬之建祠於昔山下

置田以祀

王士龍字水簾工詩古文名籍甚以歲薦授潛江訓導及歸刈蕘結廬遠近多請業者所著有蕘廬集年八十餘卒同邑陳大章稱其逸才高節古之文獻爲序其集孫南朋舉人官知縣

萬年鼎字常銘諸生嗣母張苦節敎之以孝聞閉戶力學不求仕進與李之泌鄭先慶易爲泰鄭宏博爲執友築室東絃路口村修講禮法動引古先一時仰爲模範年七十卒子初陽字寧周諸生

奚鼎鉉字仲雪崇禎己卯舉人以文行自厲參政許文岐

守蘄州引與俱獻賊陷蘄文岐被執鼎鉉與同事數十人俱幽縶文岐密謂鼎鉉等曰賊老營多烏合餘皆被掠良民若告以大義同心協力賊可殲也於是陰結四月起事以棚圈爲信謀洩文岐見殺鼎鉉以計遯事見明史自此絕志仕進名節詩文爲一時推重

樊維師字尙父少負逸才詩文下筆立就宏光時由附貢任淮安司李一時名士多與游後歸田結廬寒溪倡吟咏以老著有四書文集及雪菴勁草

汪國潔字漪公明諸生才敏贍以詩名晩隱並皐山麓號皐山樵人魏公韓稱爲雲霄之上有其人麋鹿之羣亦有其人著有樵皐詩集及諸遊稿

嚴子靜字淑修廪生博涉經史窮探理蘊崇禎癸未聞獻賊陷省城歸聚鄉勇畫策防禦里得無恙後隱居武湖濱號學晦居士鄉人罕覿其面其婦翁萬一奇任開封推官數召之不赴年八十餘卒子八斗諸生孫世同雍癸卯舉於鄉世勳贈奉政大夫

國朝

胡來逋字安吾明嘉靖時八年十二僧見之曰此人間百歲翁也性好施與楚撫魏光緒表其廬順治庚子壽百歲僉謀建坊來逋力辭之忽一日沐浴更衣端坐卒孫

珙珠能繼其志珙字石屋諸生好學汲古以詩名金聲譚元春雅重之爲序其集後散佚珠別有傳

楊鍾乾字健之父企虞家訓有法鍾乾性頴嗜學淹貫經史隱於邾城龍邱閒論學不倦子允禎進士

周綃字元初性頴異博涉經籍自遯跡山林無人知其學者鄉里惟見綃輕財好施推爲長者子之美進士浦城知縣以經濟稱

余師皐字廸甫諸生積學邃養多所著述明末流賊亂手錄無一存者乃隱居龍崗山中子世羽康熙癸卯舉人瑞安知縣有清白聲

錢材梅字會川簡默端嚴讀書城山龍泉寺歷數十年罕與外接通易理兼工顏柳書法著有左傳提綱名文彙選孫兆清生員世其學

方伎

若族壺涿古具其官白澤青烏世傳其說自夫弔詭之士依託怪神巧發奇中以眩愚蒙徼寵利君子斯疾之已若乃醫卜濟於民生書繪比於文事固道術之支流餘裔也擅是能者各出天機各承師授致遠雖泥適用則精豈可以與誕漫之徒同類而並論之哉

元

葉如菴儒醫診視有方撰傷寒大易覽一編爲時所宗

明

宋鯨幼業儒未就遂精岐黃術診驗生死如神不責貨謝里人管大用病死將殯鯨過其門試治之復蘇類此全活者甚衆

陶仲文嘗授符水訣於羅田萬玉山嘉靖中由黃梅縣吏爲遼東庫大使秩滿需次京師素與邵元節善寓其宅時元節得幸年老宮中黑眚見治不效因薦仲文以符水噀劍絕妖十八年南巡元節病以仲文代有旋風繞駕仲文言主火是夕果火於是授神霄保國宣教高士尋進封神霄保國宏烈宣教振法通正忠孝秉一眞人明年以祈禱却疾功授少保禮部尚書尋加少傅仍兼少保帝時見輙賜坐稱之爲師而不名大同獲諜者王

三歸功上元加少師仍兼少傅少保一人兼領三孤終明世惟仲文而已二十九年春災異頻見仲文言有冤獄得雨方解時都御史胡纘宗下獄株連數十人悉從輕典果得雨乃以平獄功封恭誠伯歲祿千二百石仲文得寵二十年位極人臣然小心愼密不敢恣肆郡中橋梁多所拁建行人利之卒年八十餘賜葬祭加諡榮康惠肅詳見明史

胡大順嘉靖中寓京師以巫術召子姑神見幸勅賜方外散人詩文奇詭一時傳誦見明史

馬耆字松雲善繪事有夏珪馬遠劉松年筆意黃邑知繪

事自蔣始然莫能重之貧困以歿

李藻字文甫能詩有氣節畫筆清遠得李營邱家法不治生産每得數百金立盡年七十餘尚好遊卒於河南息縣葬其地常自題畫云一幅瀟川無着處夜深猶自月中看人多傳之著有橫鶴老人詩

宋子京學舉子業不售去而爲醫望人輙知其病有巡道不能食或以子京進子京曰且無往當先觀之於是伺其出從輿上觀之乃倣衣冠捬汗而進巡道怒次日病愈詰其故曰公平生常得喜病一怒而喜消便能食矣又見舁棺者血出曰此可生也問之則婦以難娩死舁之娩一男母子俱全視郡守脈謂十年後當領西南節鉞然必墜下頦至期撫蜀果病子京至將下拜以手按之起而下頦已上矣

甘霖字時望少嗜河洛奇門禽星之學歷滇粵窮塞上屢遇奇人授以太乙六壬皇極範圍周易大定諸數後謁武當宿紫霄宮又得終南無礙師元養接命之秘形家之術嘗聘贊幕府平播會平島夷屢犯虎口卒獲全雲間陳繼儒謂霖忠孝塡胸精神滿腹功成不受爵長揖歸田廬闕中張儀仲刻其所著五種秘籙全書謂根柢儒理非楊曾廖賴所能頡頏云

國朝

朱心安明末避亂揚州求卜遇異人曰子以吾術終可得中富然當病一足心安師之五年盡得其秘歸以善卜名占驗奇中其終身一如異人言

胡延大字德孚性孝有文名其父教之醫活人無算饋遺施濟不責貲謝人稱長者年九十二卒子有諭應周俱列庠序

袁黃琮字三山有文學尤精於畫常畫觀音像安國寺僧戒顯視之曰筆已通神可留寺中供養然不久存人世也未幾禪堂火象見畫像衝煙去其徒汪家正亦能詩

畫得黃琮之秘邑中以畫名者又有余昇王以璋李中
柱昇字羲馭以璋字彤佩中柱字天撆

陳繼謨字五蘷學問博洽屢試不遇遂業醫治病多奇效名聞於京師由太醫院薦舉授八品吏目六年以親老告歸性孝友行槖甚豐歸即盡散諸兄弟生平著述甚多値所居濱河水漲壞其居僅存陳氏醫案一書業岐黃者皆奉爲準繩焉

索震字獻于工隸書善寫墨竹風致瀟灑鐫石法文三橋共外孫徐元士字素臣傳其法亦稱能品又有王如琮字寶臣邑諸生有詩名詳考六書篆刻蒼秀

易時澤字汝悅父爲泰有傳時澤邑諸生同從弟時範學醫於隱士李之泌皆精其術時稱二易初之泌受醫法於江南劉霖生著庸阜醫學寶露又授方洛臣君調洛字東卜君調字戒平著醫方入華集其子大呂著傷寒心要識者以爲正宗後二易既老黃念貽何子康歐斯萬許承生以良醫名皆之泌門人也故黃岡醫學獨稱師授過於他邑

胥秉哲字匡生性穎異博通書史家世業醫嘗遊吳會燕豫間遇沉疴投劑即痊著有診法精微等書後徙居江夏

方可發字適成貢生能詩善繪事以畫梅著名得楊補之梅沙彌不傳之秘曾寫老梅一株勒石於赤壁坡仙亭與東坡老梅並美惜墨本世不多見寸縑尺幅人爭購之所著有梅譜琴譜藏於家

易洪周原名德溥博涉羣書精岐黃術雍正七年
召對授禮部額外主事年七十一卒於官

謝仁淑字玉亭惠孫如錦子生性彪舉初攻舉子業試不利改業醫熟精本草綱目句櫛字梳其術實能生死肉骨數百里外有相延者弟仁溢工篆刻兼善丹青有盈川畫譜淑著有醫案紀畧子從本方朱分授內外科皆

爲名醫

曹昌曉字耀勳本榮嫡孫家多藏書曉性好涉獵務博覽不樂仕進喜作擘窠大字眞書章草均學董文敏至今鄉人有藏之者

邵光祖字可樓拔貢生學純養粹尤工書法神氣流貫骨肉停勻駸駸乎入二王之室矣所遺眞蹟悉箴規名言有識者多珍之

謝殷字懷仁前志節孝壽母謝袁氏子也年十六補弟子員明末薦饑傾家賑貸避土寇亂由庶安鄉遷城中母病禱龍王山而愈曰是非可恃爲人子當知醫因殫心

靈樞素問及諸家書奇方異驗所活無算府縣官皆加禮敬邑嘗大疫人患頭腫足脏般出二千金市藥爲丸救之後名益盛有所獲悉以施藥物散盡諸生澄廩生醇其曾孫也

汪士璠一名士瑤諸生工書畫兼善飲畫授自沈縣尉毋惲壽平女然罕存者書參趙董而骨格超逸惜以麴糵自促人多比之劉伶云

賀澤璜字美玉以母老疾棄儒業伏誦內經素問等書遂精醫理蘄邑熊姓患病醫皆謝不治蒙老叟言得白石破當愈有知賀者令其訪延果得瘥自石破益賀之里

名也

童瑾字建三學米元章書嗣遇異人授以醫方脈訣習十年乃敢視病嘗有人伏中患寒疾服三縕袍不汗瑾診其脈曰且褫其一少頃又褫須臾且盡問寒否病者曰不寒矣一藥而愈

嚴文鼇幼穎悟師事胡大廷精岐黃術其從兄患血蠱欲咬如故鼇曰危甚三日不起後果然又鄉人患傷寒死半日矣鼇曰服藥即愈治之亦驗卒年七十三子承冠亦善醫

高序李庶安鄉人精數學善風角星象而以占易爲業不多受錢如君平居常手周易一卷眉評縫註皆徧書凡數十更嘗於居室門側作小渠僅容斗水人問之曰偶作劇耳數日鄰舍火而奎居如故又嘗與入鄉家促臥人起梁傾直碎其牀居恆室內几席多參差置之作奇門式賊不得入晚年忽遁去不知所終

姚希伯通文藝晚得叔父吉玉枕秘葬經所談多奇驗年七十卒子本沔傳父書

劉之鑾號雲亭乾隆甲寅舉人性嗜學善屬文尤工書畫書摹唐碑風姿俊逸晚乃變而爲蒼勁畫以山水專門着墨不多神韻自遠得其寸楮者皆以爲有倪黃遺意

程之驊字仲超性沉靜精於醫術立方多奇驗養生得運氣法調息月餘能於暗室中視物如晝卒之日沐浴端坐若有前知子啟厚孫豐邸皆以醫世其業啟厚著有醫方秘纂時又有樊明膺吳世達亦以醫名於時

張利川號星槎國子生少秉異資邑令葉世度奇之贈以勵志詩嗣困場屋遂棄舉子業留心圖史旁及雜流善草書得米南宮筆意尤精卜筮占驗多奇中晚愛遊覽常客吳下求書者坌集年九十餘歸老於家

涂必魁邑武生常從軍有功不受賞以疾歸習形家言於郡城風水尤亟亟焉如培龍改水修塔濬濠諸議魁倡

之也惜功未竟而沒

涂治屺字巳山邑諸生工書法自成一家同時有李濤者自號青虬道人善丹青有馬夏遺意一時涂書李畫皆豔稱之

李拂雲字樹階諸生性沉毅力學攻苦說經愛孔鄭而不遏詆程朱讀易專主王弼數學兼習天文晝讀書晚則登高觀象恒至達旦以故言事多中嘉慶十八年彗星見人言紛紛雲獨愀然曰事或不驗若驗其在京畿乎然無多患也未幾而有林清之變旋即撲滅如其言

汪亟裕幼攻制舉業喜爲高簡之文屢試有司不利遂絕

意進取博覽羣籍於醫卜星象堪輿之書無不畢覽而尤精於天文凡七政四餘之躔次四海九州之分野皆能歷數如指上螺紋晴雨水旱問之輒驗喜作詩有晚唐風韻而不自珍惜多隨手散失

馬天寵字師中諸生性直而喬野不諧於俗工書法初學顏魯公筆筆用力楹聯方幅多不擇紙然躭麯糵乞書者必研墨與酒並置几案間

陶宜炳字星浦監生性豪邁失怙恃役不樂進取熟於史鑑兼以臨池爲樂小楷摹晉人愛學懷素草書結字多有風趣子致孝舉人官知縣

龔斗南字小梁優貢生工詩善書法初學趙文敏後專摹王夢樓太守書有美女簪花仙人嘯樹之致由宜城訓導遷雲南府經歷賀耦庚李式吾制軍陸立夫中丞皆擊賞之同時有王祚賓者邑廩生亦以善書名專得趙文敏之神韻雖豐碑大碣非二人所長而疾雨橫風已脫俗書習氣矣

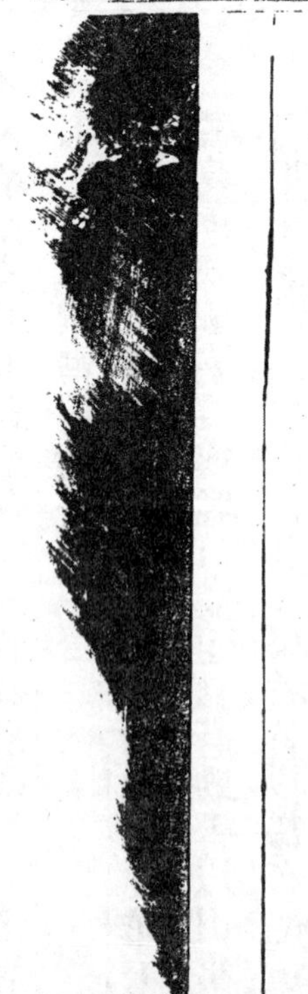

流寓

浮屠不三宿桑下恐生恩愛焉彼絶物物亦絶之若乃君子所過草木皆有嘉聲所居山川亦增景色其但如雪泥之鴻爪已乎邑寓若韓魏公蘇端明嘖嘖在人齒頰美矣其他可述而志者是亦人往風存令人弗能諼也已

宋

韓琦字稚圭相州安陽人兄琚天聖間守黄州琦從之讀書安國寺白晝青燈風雨無怠後登進士仁宗時入相封魏國公謚忠獻黄人想其德望爲立祠寺旁

蘇軾字子瞻眉山人嘉祐二年進士元豐二年知湖州言事者摭其謝表及諸詩語爲訕謗謫黄州團練副使本州安置寓居定惠院遷臨臯亭故人馬正卿爲請於守與故營地軾築雪堂以居自號東坡居士與潘大臨陳慥王文甫游時策杖往來江上泛舟赤壁遊西山寒谿後先題咏甚富將買田沙湖老焉尋以量移汝州去累官至兵部尚書後謫海南放歸至常州卒後贈崇政殿大學士加贈太師謚文忠

張耒字文潛淮陰人弱冠第進士累官起居舍人紹聖初知潤州坐黨籍謫監黄州酒稅徙復州徽宗立起通判黄州後知潁州復坐黨落職初在潁聞蘇軾訃爲舉哀行服言者論其罪貶房州别駕安置於黄凡三至黄五年得自便居陳州耒有雄才論文以理爲主士人就學者衆分日載酒殽飲食之晚益貧郡守欲爲買公田謝不敢乃監南嶽廟主管崇福宫卒建炎初贈集英殿修撰著有柯山集一百卷

陳過庭字賓王山陰人宣和間爲御史中丞時方臘陷諸州過庭上言致寇者蔡京養寇者王黼又言朱勔父子本刑餘小人竊取名器罪惡盈積宜昭正典刑以謝天下三人憾之陷以罪謫海州團練副使黄州安置

陳慥字季常蜀人扶風守希亮之子少豪俠晚隱居黄岡號龍邱居士又號方山子嗜讀書以溪山自娱蘇子瞻謫黄往來唱和爲作方山子傳子瞻去黄送者皆止磁湖惟慥至九江後講學於雪堂孫去非以詩爲高宗所賞官至執政

程顥字伯淳弟頤字正叔皆洛人也實生於黄按宋史及朱子二程夫子祠記顥之高祖羽曾祖希振祖遹皆葬河南天聖中遹子珦初仕爲黄陂尉秩滿不能去遂家於黄顥以明道元年壬申生明年癸酉頤生後十數年當慶歷丙戌丁亥之間珦攝貳南安南安司理乃道州

周敦頤也珦令二子師事之顥學以正心誠意爲宗肯力闢二氏登進士後調上元簿遷晉城令旋改監察御史裏行時王安石用事顥一語不及功利特遷太常丞元豐初以李定論罷歸頤性嚴毅由踐履中八年十四五便欲學聖人元豐間屢薦不起元祐初以呂公著薦授西京國子教授尋爲崇政殿說書旋與蘇軾議論不合軾黨胡宗愈顧臨又極論之去官削籍徽宗初徙峽州復官受一月俸後奪於崇寧復同以嘉定十三年賜謚顥曰純公頤曰正公淳祐元年顥封爲河南伯頤封伊陽伯皆從祀孔子廟庭黄陂舊屬黄州於雍正七年改隸漢陽至今士大夫皆謂二程生於黄云

元

龍仁夫元史劉詵傳廬陵人同郡龍仁夫字觀復文學與詵齊名而仁夫尤奇逸流麗所著周易多發前儒所未發用薦署爲江淛儒學副提舉不就明志至正間徙黄州明五經爲時矜式學者稱麟洲先生

蔣彦忠南昌人勸課蘄黄元末兵起隱居黄岡庶安鄉講學授徒因家焉

明

劉簡字孔章號東園江西臨川人明初守黄州有惠政士民德之成祖靖難兵起遂稱疾棄官寓居赤壁下旋徙居東弦鄉服官凡十餘載清介自持惟留書數篋而已後裔家於黄人稱所居爲留書塆

陳世昌江西舉人官武昌同知有治聲民愛戀之遂家於黄岡廷瓚仕愍卽其子孫也

周浩字季深四川人正統間官黄州同知視民如子遷石阡知府致仕附籍黄岡孫瓚舉人爲偃師令

程豪字子德蘇州人習儒術商於邑歲饑有積粟豪糜所積以給饑人邑令旌之兄表字子儀亦有文行督學高世泰爲立兩儒賈傳

國朝

補帽匠無家室居止擔頭有補帽具書數卷琴一襆被一小鐺一往來團風間以所得市米取小鐺飯之或煎茶爲飲暇則隨其所至澄潭激澗斷岸層巒長松之下或讀書或彈琴歌咏或坐卧數日不去問其姓曰何問其名曰白雲後卒於蘄州

李之華岳州人順治初游黄爲農家傭繫耒於頸曳而耕農家惡其無能數叱之旣而曰吾不能制牛也嚮者嘗教人矣或試以文輙就閭者稍稍訝之然無深信者陶一佐鄉之耆老也與之道語延歸使其子克壯正發克

家受學焉其後皆以文行顯之華無子既殁一佐爲營葬設主世世祀之信其學也

梅士棟字敬亭宣城人僑於黄性清潔不屑豪華每至村市無絃誦聲削迂途避之曰俗塵汙人也能詩善書尤精繪事晚寓上巴河南梨花院名士多與之游得其筆意者唯訓導馬正塾

冷紘玉號芝巖山東膠州進士官安陸同知緑事罷職主講河東書院凡十餘年後進多所成就

國初郡城科名鼎盛中忽歇自紘玉至後科第稍稍復舊雖時會適然而經紘玉指授者不少選刻課藝不脛而走

四方後數年有張錦珩亦主講河東書院爲文專尙清醇一洗浮囂之習士林謂之珩璜比玉云錦珩字餘渟黄安人己未進士官南安知府

黄岡縣志卷之十一終

黄岡縣志卷之十二

知黄岡縣事宛平俞昌烈編輯

人物志

列女

婦人從一故夫死不嫁禮也以余觀春秋逮漢唐間顧禮者僅聞稼天者比比雖戚里世族恬然不以爲羞抑獨何哉宋程子曰餓死事小失節事大自此論一伸天下肅然思義貞烈遂以多矣而未有盛若

本朝者按黄岡一邑霜閨少婦指井終身蓬巷孤姿摩笄一旦至於甫字繫纓乃亦或誓或殉所見所聞殆以萬數

嗚呼何其風之峻茂也已嘗

旌表者例應備書其年例克符而有待者亦謹仍前具錄不敢或遺

明

熊谷眞妻魏氏 知縣吳受妻胡氏 熊拳妻吳氏 谷眞殁魏年二十四奉養舅姑壽終撫幼子拳長娶吳受女生子官受官童拳殁於五開衛戍所其子當補伍時吳受妻胡亦寡三孀相依爲命吳私計曰兒獨往必亡我隨兒往姑與母無託亦必亡乃赴京陳情洪武中詔有司勘實魏胡以節旌吳以孝義無雙旌並復其家後官童之子仁博學有文名

進士余文瑞妻周氏 文瑞殁蓬髮垢面足不踰閫偶婢曝其衣誤近男子衣立焚之

劉烈女 父負薪爲活正德間流賊過黄見女殊色欲亂之女紿賊以飾粧將登舟遂投江死

李富妻項氏正德中爲流賊齊彦明所刦氏自誓不辱赴水死

劉鵬妻盧氏夫殁痛哭嘔血自縊死嘉靖中旌爲烈婦

張烈女嘉靖時人其父先有所許已而悔乃挈居團風鎮見富商許之女引刀自剄遺詩云搖落林居風日清黄花白露客心驚頗傳信美非吾土郤憶飄零即此生隱几晝飄飛海嶼杖藜秋色醉山城年華轉換俱陳跡底事猶牽世上名

生員倪天瑞妻劉氏年二十夫殁撫孤士觀後爲諸生授徒里中奉養備至氏年踰九十卒萬歴二十二年旌其節後十二年並旌士觀爲孝子

舉人盧靜妻方氏年二十四夫殁氏事姑以篤孝稱守節七十二年萬歴二十三年建坊旌表

贈參議奚世亮繼妻王氏世亮殉典化難氏時年二十二苦節七十餘年年九十四卒後封恭人萬歴間三經存問詔建忠臣節婦坊並附世亮之諭葬文

生員王追宣妻汪氏夫殁無子弱齡苦節年六十餘卒事聞旌表

生員曹銓妻盧氏年二十二夫殁遺孤自化方在襁褓偶鄰媼微言挑之氏剪髮齧指以誓卒年七十五萬歴三十六年建坊旌之

韋體亨妻周氏生子石麟方幼體亨疾篤指老母幼子目之俄卒氏守志奉姑孝謹撫石麟砕纑佐讀後石麟官主事氏封安人旌表建坊

陶以憲妻王氏憲早殁氏守節撫孤子斑成立以選貢判裕州氏年八十餘卒

曾祿妻吳氏　魏璋妻邱氏俱年少守節養舅姑撫遺孤茹苦終身

樊燎妻鄭氏　藍繼妻吳氏舊志稱其節久入憲綱

孝子唐治妻桂氏治死於孝氏撫孤之屏兄弟食貧勤業不忘訓迪

詹景麟妻雷氏夫殁守志撫孤收夫遺文成帙教二子有法及孫昕明爲名儒氏年九十六卒

貢生王箕繼妻何氏年二十夫殁子鳳陽在襁褓依前子孝廉鳳陽以居苦節四十八年卒鳳陽子都諸生都子欽濂見宦蹟志

於伯貴妻熊氏　舉人於廷諍繼妻張氏伯貴早殁熊苦節五十餘年壽八十孫廷諍亦早殁張守節四十餘年事聞建坊額曰完名全節

通政使於倫妻朱氏隨夫任萬安縣聞母死廢飲食哭泣五日而卒時以孝稱其地祠祀之事聞旌表

徐某妻汪氏萬歴四十二年御史趙應元疏云十九于歸未及期而良人早逝廿年守志不移時而姑舅雙亡建坊旌表

生員林廷模妻陳氏年十七適廷模未逾年廷模病劇製木主授氏而殁氏慟欲絶遂血貫雙眸事舅姑孝年五十病且死治棺自題曰復主盧命與主俱瘞其故篋中有横江詞云日落孤帆盡江流片石危千秋明白水不逐海風吹蓋自謂也然生前無一字示人萬歴四十二年旌表建坊

朱貞女許配張倫未婚倫病劇請於父母親侍湯藥倫殁守貞不返卒年八十八萬歴間旌表

袁文仕妻王氏府志作文任孝婦何氏王氏適文仕甫二載文仕性孝友以兄宄代杖死時舅姑年皆九十遺孤希詩僅閲月氏孝養備至撫子成立萬歴三十二年下詔求民間節婦兩臺獨表王氏希詩與其婦何氏皆以孝稱王氏年八十病篤何封股救之事聞天啓四年賜坊曰節孝流芳

知縣樊玉衡繼妻余氏玉衡議孝介有傳方殁家益貧氏勤苦奉姑能得懽心立從子維孝爲嗣一女適漢陽李應橘苦節四十餘載天啓六年詔以廉貞雙美旌之維孝亦以孝稱

賈爟妻袁氏年十四適爟二年而爟殁遺一女氏茹蘗飲冰清苦萬狀迫女嫁誡曰自汝父死我眼未嘗視男人女生一世不可輕視人也年六十六卒、

生員王相妻李氏年二十夫殁子崇擢僅三歲氏截髮明志食貧教子以孫用予貴受封旌表

鄭一魯妻宋氏一魯父之良爲四川副使一魯省父還至巫峽歿氏年二十一聞訃觸牆幾斃撫二孤成立長可教江夏訓導次可訓諸生氏衣終粗麻足不踰閫卒年七十四

生員杜桂芳繼妻劉氏年二十七夫歿氏屏飾長齋撫孤琬以節終流冦陷城廬舍俱燼氏柩獨存人謂苦節之報

曹獻甫妻胡氏年二十二夫歿守節撫孤尋夭母與兄弟欲嫁之誓死不變倚竹紡績年七十二卒

指揮牛斗妻陶氏黃州衛指揮牛可耕母也娠三月而斗歿氏日夜禱天祈牛氏一綫不絕及可耕生覯世爵者欲害之保護備苦家益貧可耕年十五有異才陶乃指其幼時所坐草薦曰此中有金可取之北上襲祖職卒後可耕子若麟成進士官御史具疏上請事聞旌表

洪有奇妻牛氏于歸踰年夫歿氏痛哭淚血淋漓而死其兄若麟爲請旌表

張懷橘妻屠氏年二十五夫歿家貧更值荒亂兩子繼歿孑然無依汲水負薪自給年逾七十卒

舉人曾齊賢妻余氏年二十齊賢歿撫二子成立長克明貢生次克修諸生氏苦節五十年崇禎間大學士姚明恭疏請旌之

生員黃榜開妻蔡氏　黃文宗妻鄧氏蔡年二十榜開歿撫遺孤文宗娶婦鄧氏逾年文宗亡生遺腹子燕詒撫之成立姑婦皆高壽人稱雙節

生員何高甫妻陳氏年十九夫歿遺腹生女相依齋素終身壽八十七卒

生員汪繼周妻王氏年二十三夫歿無子氏閉處一室自屏納饘粥年六十病將死始開闢治後事焉其父家屏爲合葬於繼周墓

宋棠妾余氏棠妻劉舉子女各一余無所出棠病篤託余以子女及棠歿劉他適余辛勤撫育日事紡績非丙夜不休壼政嚴肅親屬莫敢窺其門踰三十年忽謂子廷琦及女曰吾不能終視若輩惟望若輩爲上流人越宿卒年五十四事載明史廷琦及其子一龍俱以孝稱

陳貞女知縣陳相道女通論語許字汪二南未嫁二南歿女毀容自誓衰絰歸汪守志五十七歲卒

生員余大鉤妻欽氏父取爲蔚州倅贅大鉤歸黃大鉤歿氏年二十守節撫遺腹子壽七十卒

王朝文妻陳氏年二十二夫歿撫一子維繼爲諸生守節五十二年

武舉人蕭鄧侯妻王氏年二十夫歿家貧撫遺孤箕爲諸生事舅姑孝年逾八十卒孫之年舉人

黃正存妻王氏年二十七夫歿家貧撫三歲孤紡績自給年六十八卒

熊行之妻李氏年二十四夫歿家貧撫兩遺孤孝事舅姑年逾七十卒次子飛熊諸生

邱九圍妻劉氏夫歿子玉崗甫週歲氏勤苦撫育成立年八十七卒玉崗亦以孝稱

周升岐妻王氏年二十一夫歿貧甚撫孤學易艱苦萬狀誓死不渝年逾七十卒

生員吳茂兌妻汪氏副使士瑞孫婦也年十八夫歿撫孤景星事姑孝守節四十五年

生員周之誥妻曾氏夫歿無子冰節自矢年七十卒

陶莘野妻余氏夫歿無子氏守節備極艱苦事姑以孝稱撫按匾旌之邑長史邱民心爲之傳

易明虛妻蔡氏年二十四夫歿遺孤二長僅數歲次遺腹生家甚貧母家欲嫁之氏以死自誓事姑鞠幼以孝慈聞守節五十年

熊爾興妻吳氏年二十四夫歿事繼姑孝撫遺孤文華爲諸生屢經寇亂艱苦全節年逾七十卒

汪晨妻趙氏年二十二夫歿遺孤應秋甫二歲奉姑舅殯葬如禮守節六十年足不踰閫壽八十二卒

生員陶旺妻姜氏年二十四夫卒撫孤守節四十四年

張凌雲妻何氏　諸生陳彭時妻阮氏俱年二十餘夫歿家貧無子孝事舅姑拮据送終窮老而卒

易明著妾汪氏夫歿氏撫嫡子女恩勤育閔下逮諸孫治家勤儉有法守節五十五年

生員易遂之妻劉氏年二十三守節撫二孤教之成立次子道位諸生
易建之妻王氏年二十四夫歿撫子道備族有利其家貲者將害孤氏辛勤保護得無恙時稱其節
易道敏妻趙氏年二十七夫歿書篋外無長物撫孤紡績自給冠焚其廬百折不渝卒年五十一
生員易爲經妻柴氏年二十九夫歿遺瞽子及一女子夭氏苦節以終女適方姓罵賊以烈死
易明晉妻陳氏　易儀之妻董氏　妾陳氏
易道端妻應氏八稱三世四節
易明序妻葉氏　易偲之妻蕭氏　易明占妻王氏
易傳之妻余氏俱姑婦雙節
易念之妻叚氏　妾郭氏叚與郭共撫庶子以嫡庶雙節稱
易依之妻陳氏　易從之妻陶氏　易道新妻周氏俱年少守節撫孤

陶鼐妻邱氏　陶以陽妻徐氏　陶瑗妻戴氏
陶世儒妻蔡氏　陶思魯妻魏氏　陶思仁妻熊氏俱年少守節
生員王之經妻鄒氏年二十三夫歿撫孤成諸生尋夭氏挈一老婢獨處樓上守節四十餘年卒
生員陳繼善妻林氏年二十五守節撫孤夫兄弟欲嫁之氏刺目矢志值冠亂備閱艱險卒與家道撫二子士閎舉遠俱諸生卒年六十七
舉人魏師田妻靖氏師田歿於京邸氏依父科元避冠小崎山科元闔家死氏藏石窟得免撫幼子成立守節四十餘年卒

靖天錫妻萬氏錫歿於小崎兵難氏年十九攜孤必純得脫又遺腹生子嘉楨氏教之成立俱諸生
生員蕭璧妻李氏年二十二隨璧避難璧罵賊死賊偪氏不屈挺刃交加無完膚賊去越三日復甦苦節四十年撫孤邦符爲諸生
余貞女安湖余承靖妹字張氏子張子幼爲賊掠父母欲更嫁之女曰吾已許張閉門誓守以終
易明微妾羅氏明微及妻俱歿遺孤僅五歲氏撫之艱辛備至伯氏利其產將害孤羅籍產付之丏餘以活孤長乃大會族里收產而還
陶克順妻甘氏克順從戎麻陽死氏年二十四止一女誓死守志事姑孝年七十四卒
易峴生妻楊氏年二十二夫歿生子甫歲餘氏誓守紡績自給撫孤成立年八十卒
同知何世遠妻羅氏世遠歿於桂林無子羅扶櫬還楚涉險五千餘里途遇盜劈其棺殺其僕羅身護之亦被重傷閱盡艱辛始得歸葬苦節以終

晏需明妻樊氏副使維城女博通書史需明隨父清歿於鬱林氏扶櫬越崎嶇數千里得歸葬焉自是長齋誦佛書苦節而死嘗爲文祭夫有曰子孫同稻蟹之無遺夫姑已若菽之不食孤忠淪落撫時而泣文山木亡飄零逢人而思范式風鳴鶴唳皤舅獨寘若梧瘴雨蠻烟離魂誰歸赤壁邑人哀之
贈太僕卿王一桂妻姚氏妾邱氏一桂死昌平之難姚與邱及子女二十七人俱投井死
贈光祿卿周之訓妻劉氏妾楊氏王氏之訓死濟南之難劉與楊相持入井死王自刎死
萬五玉妻張氏幼明大義夫歿無子氏毀容自矢撫從子年鼎爲嗣教誨方嚴守節三十年年鼎諸生能守氏教有傳
陳季昌妻萬氏夫亡守節明末攜子道平避賊滸子灘爲賊追及氏奮投江中有物承之浮流十里

得免道平得舟亦濟漢陽熊伯龍爲撰奇節記

按察使杜應芳妻樊氏年七十獻賊破城氏白髮皤皤坐堂上賊亦不欲加害會見眷屬受傷正色罵賊遂被殺

生員樊維清妻吳氏崇禎癸未氏奉姑避難鴨蛋洲氏爲賊執欲犯之以手抓賊面罵曰吾父按察使吾夫名士賊子何敢爾賊怒斷其手與耳賊去其母家婢爲尼者適見之掖入廟次日姑尋至氏語姑曰吾可以對吾夫矣又曰姑老矣淚雨下不復能言握姑手而歿

舉人王一翥妻樊氏太常玉衡女也研究書史歸一翥閏中若嚴友獻賊破鴨蛋洲氏隨一翥將奔鄂州至三江口賊突至兒女盡散賊逼之氏叱曰我天下名士黃岡王子雲妻也何敢辱我賊問曰名士有何官職氏曰不作賊遂大呼尋子二字躍入江死一翥後以尋子名其集

生員徐天初妻李氏年二十七夫歿遺二孤長斐三歲次雯方襁褓氏矢志守節養姑誠孝教其子皆爲諸生循例旌表獻賊陷城被執勒氏爲爨不屈死之斐以身殉詳孝子傳

張問達妻李氏武進士張應祖子婦也居城內六劉巷年二十一夫歿奇貧苦節獻賊陷城投巷井死骸骨瘞井中

王二林妻屠氏流賊陷城被執罵不絕口引頸受戮屍彌月不壞

李君寶妻王氏居道觀河遇流賊逼之不從賊殺其舅姑及夫氏不爲屈奪刀自刎死

吳周封妻曾氏性介不苟言笑勤紡績典簪珥佐夫誦讀及流寇亂爲賊所掠瞋目詬詈不屈賊欲殺氏度不能脫抱七歲女奔赴火中時廬舍方焚膚髮立燼賊義之拾其骨裹以白絹瘞之

生員黃正遠妻蕭氏爲賊執大罵見殺知縣李希沆奠其墓事聞獲旌子文纘舉人士錄諸生

團風鎭烈女逸其姓明季獻賊破團風女登樓賊招之不下焚其樓女掌痕殷然頹牆間

同知奚祿詒妻王氏通經史獻賊破城隨祿詒避亂於大冶之駕虹山下祿詒爲土賊石可鼎刼去氏聞信投水死惟八歲幼子在傍及祿詒脫難歸死十餘日矣後因夫貴封孺人

倉廒烈婦不知姓氏獻賊破黃州殺人盈城貢生李拱祝走伏糧倉下見眾賊擁一少婦至坐石上婦抱嬰兒賊求歡婦奮怒大罵脇以刃不避復置刃婉諭之竟罵不絕聲賊怒斬之首躍五六步身抱兒端坐不仆

朱日灝妻李氏幼讀書曉大義年二十五避亂西鄉並阜山遇流賊掠之瞋目大呼曰汝何等賊奴敢辱我奪一稍自刺其面刺且罵賊怒殺之越七日得其屍如生

竹瓦鋪池邊烈女失其姓氏賊至女結衣履自縊於池邊高樹邑人易爲鼎爲之記

易氏十六烈

生員易道尊妻王氏崇禎乙亥二月氏與二女爲賊所迫躍入塘賊攢石破腦母女沉水死

易道一妻熊氏賊至奔山谷賊退子爲璘野哭求之七日獲其屍刃痕叢聚血漬衣裙

易時昇妻汪氏避賊天井畈賊至被縶奮罵賊怒斷首懸樹上一子甫晬乳婢爲匿積草中以免

易吉甫妻陳氏聞賊警以麻遍束其身及爲賊掠不屈作炬焚之罵聲激烈而死

易道旦妾華氏爲賊所迫躍於池中賊亂刃攢之死

易道重妾周氏避亂洞中爲賊所得驅之不行殺之屍坐不仆

生員何剛妻易氏罵賊賊怒磔之

生員夏繼璜妻易氏素喜讀女誡繼璜死於賊氏守節撫孤仲爻迓之避難氏不肯歸賊至抱幼子厲罵拒之攢以刃躓蓬中蓬焚屍化

生員何際時妻易氏避賊龍井寨賊索深箐中見之罵賊死

李爾常妻易氏崇禎丙子賊襲白雲寨氏泣謂母曰與其受辱生毋寧潔身死自投懸巖而斃

劉伯昇妻易氏避亂泉華山抱一子藏小蓬中賊迫之亢聲大罵刺之不懼焚其林而死

方爾聞妻易氏奔山莊賊縶之詞色俱厲刃之膚盡裂罵不絕口

易爲禧妻郭氏　易爲祉妻郭氏女兄弟也爲禧早卒郭守節十餘年癸未三月獻賊破郡城不屈死五月獻賊襲白雲寨爲祉妻復被執不屈賊怒撻之斃復刃剸之其子時弧同遇害

易爲瑾妻陶氏癸未城陷扶姑王氏登埤賊至厲聲罵賊賊迫之同姑墜城死

易道久女適孫某乙亥遇賊不屈死

易道光女適熊友嘉仲子賊襲白雲寨熊子被殺氏奮罵號哭賊攢刺之死

當明季流賊之亂城陷及諸寨女烈歲久漸軼邑人易爲鼎記其族若而人故其事特詳

生員潘南嶽妻李氏避亂武昌縣遇流賊以烈聞見武昌府志

生員胡珙妻邢氏江夏人歸珙避亂鄂城城破居鄰皆逃氏曰女人面目可令人見耶投井死

汪郎孫妻熊氏義士熊霈之姑也避亂鄂城城破自縊而死

余明貴妻鄒氏年十七適余獻賊陷黃州驅之行投塘死賊退鄉人收葬之身帶箭及重創數十處

生員熊兆聖妻夏氏避獻賊亂於白雲山寇破寨氏恐爲賊辱投水死

蕭烈婦鄭氏失其夫名夫爲四川黎雅營弁氏避兵憩郵亭見柱有驛梅驚別意堤柳牘離愁句遂成十絕至書於壁自經其旁其七曷夫云日星浩氣在人間立志當如張別山音信須憑隴外寄牘傳汝婦已投繯見者傷之見楚北詩佩

林廷爵妻尹氏崇禎丁丑爲賊所掠氏搶地求死罵不絕口賊怒刃之裂其屍

謝宗湯妻梅氏獻賊之亂爲賊所執大罵而死

黃名儒妻邱氏年十九名儒客於外流寇至里人促之避亂氏以少婦不可令賊見攜幼女投塘死

王躬靖妻張氏年二十三躬靖殉獻賊難氏聞訃曰吾夫忠義今不屈死可告無憾矣吾夫無後吾何以生爲遂焚香叩首入室自縊死

包明文妻劉氏獻賊之亂氏從明文避之巒棠山寨寨破賊執明文氏泣請以身代明文得逸去賊欲逼之奮詈而死

汪鼎臣妻殷氏姑與夫避亂巒棠山寨破被殺氏值母病歸省鴨蛋洲聞之布奠江濱號泣投江死

邱翊運妻楊氏崇禎癸未避獻賊亂至大士閣磯爲賊所執逼登舟氏奮罵投江死

舉人汪建遇妻杜氏隨母與建遇避亂於白雲山寨寨破其母投巖下死氏泣囑建遇潛逃建遇未果氏曰君慮妾爲賊汚耶請先死以明妾志言訖亦投巖下死

布政使吳思溫妾田氏婦游氏及兩女寓居武昌崇禎十六年獻賊之亂城陷聞思溫殉節相率投井死

州判秦一才繼妻杜氏雲南大理人年十八一才官雲龍州將歸娶之或謂一才老且無子氏聞之曰不能偕老獨不能偕死乎未幾一才病屬其族弟繼宗爲治棺氏請爲治兩棺繼宗如其請一才歿氏服斬衰成禮喪畢服酖以殉血漬五官猶自拂拭不假侍婢手臨絕乃令加故祿衣於衫上時稱爲杜烈婦

監生王封帶妻杜氏年二十夫歿無子氏以死殉衆救之氏曰不死何歸號泣不食而死

金烈女鴨蛋洲漁家女明末許字李之次子比李子長尪呆日甚李欲以長子配之父母許諾女聞悲憤曰此何事可移易乎乃縊其周身衣夜半投江死

生員杜鈺妻樊氏鈺救弟溺死有傳氏年二十九攜幼孤迎屍殯於堂慟不欲生喪三年畢語其子曰兒長不須我矣不食而死

陶烈女足大中和鄉民陶誠之女年十四許字張廷傑廷傑死女欲往奠父母堅止之弟泣竟日自縊

贈文林郎王追騋妻程氏年二十八守節值寇亂三幼孤各隨乳母逃散氏傾囊求之旣而皆得課子禮師能承其家苦節四十二年

生員姜璽妻徐氏夫歿無子依女以老守節五十年壽七十七卒

生員樊玉衢繼妻張氏夫歿三子俱幼氏茹苦撫而教之後維域成進士維鼎維忠俱諸生

守節三十餘年卒

生員何昌祖妻樊氏 年二十七夫歿誓死撫二女遣嫁畢獨棲一樓三十年以全節稱

生員王憲伯妻王氏 年二十二夫歿守節撫子女各一事姑孝姑病刲股進之愈後子女俱夭煢子以終卒年八十四

生員鄭季艮妻余氏 年二十九守節事姑孝撫二孤一洪舉八官知縣一灝諸生年八十五卒

朱光坤妻易氏 無子苦節依從子以居閉室誦經不見一人年六十九卒

何昌祚妻王氏 昌祚歿無子氏終身衰絰閉居一室三十餘年一日櫛笄扃戶而死

王學任妻甘氏 年二十八守節事姑孝撫孤子成立卒年六十二

生員易學汾妻王氏 賢而有勇年二十二避亂遇寇氏抱子持槍連刺三賊得脫比歸學汾已歿苦節撫其子康時以文行稱康時妻死撫其子德宣及成立而天氏與德宣妻方復撫其曾孫嘉會方守節

年六十二卒王年九十九卒及嘉會亡其妻馮氏無子守節康時門人王道明爲立三節傳見府志

陳順道妻湯氏 陳由道妻李氏 俱守志盡孝明末寇至二人棄子扶姑胡氏逃蹶步難前姑以朽軀不忍累及二媳乘倦瞑自縊死媳皆隨縊而亡里鄰憐其節孝斂三屍瘞之

吳岳妻朱氏 年二十四岳卒守志事姑陳氏以孝稱明末流寇將近陳自揣累媳薦投於井朱覺棄子廷朝於道亦投井死里人欽爲節孝井至今石封不啓

博士黃正元妻邱氏 庠生黃正珩妻朱氏

黃正亭妻朱氏 俱明末遇賊不屈死節舊志遺載今補

國朝

陶光先妻劉氏 年二十光先歿氏勤紡績養姑撫子苦節五十年順治九年建坊

劉三重妻魏氏 年二十二夫歿無子刺目自誓依兄子紡績爲活守節四十餘年順治間建坊

生員陳天球妻陶氏 讀書知大義年二十天球歿無子事姑張氏朝夕相依與姒劉紡績自給守節五十八年足不踰閫康熙二十八年建坊

知縣王欽濂繼妻陳氏 舉人王承啓妻杜氏 陳年二十七欽濂歿撫二歲孤承啓苦志訓廸承啓舉於鄉尋卒婦杜氏年二十四遺孤懋德甫八月茹荼飲血養姑教子後懋德成進士官知縣陳守節五十六年杜守節四十年康熙二十九年以雙節建坊

任烈婦何氏 強暴欲犯之不從而死康熙五十四年建坊並將樊口倉基詳請招佃納租每年清明由府委員致祭

歐烈女 歐燾臣女性端厚每誦貞烈事輒三復不厭許字蘄水徐基盤基盤歿女遂自縊時年二十父母合葬之康熙五十九年建坊

鄧顯奇妻劉氏 年二十五夫歿截髮矢志敬事舅姑撫二子成立卒年八十二雍正元年建坊

李又白妻徐氏 年二十二夫歿子孔瑞訓之嚴遇娣姒和而有禮守節四十餘年雍正元年建坊

范彩雲妻吳氏 歲饑乞食於賀坪涼亭彩雲早出樵子田士義過亭見氏抱小女獨處欲犯之氏大怒罵不絕口田斧砍之及其小女氏創甚五日死田後伏法雍正二年建坊

宋正元繼妻邱氏 年二十三夫歿撫前子曲盡母道奉舅姑孝守節三十餘載雍正四年建坊

生員邵之瑜妻方氏 監生邵先陟妻宋氏 方年十六之瑜歿撫遺腹子先陟復早亡一孫光祖甫五歲其婦宋氏年二十五守志方以憂慟寢疾十七年宋百計調護及歿拮据營葬如禮教子光祖成立選貢有文名雍正四年以姑婦雙節建坊

佾職郎王時聖妻陳氏年二十六夫没子道明甫七齡家貧舅姑俱八十餘伯氏老病無子皆仰給於氏氏守義孝養自啖糠粃歲大饑食且盡道明拾遺金歸氏不視令覓其主還之教子以明經官訓導年五十三病革指所坐木榻曰吾苦守廿餘年但對此無愧耳端坐而卒雍正四年建坊

生員魏裕淵妻段氏年二十四夫没遺孤永楷氏矢志苦守養姑撫子成立卒年五十一雍正四年建坊

鄭可榮妻龍氏年十九夫没氏事舅姑以孝聞夏逆之亂舅病弗能起比里皆逃氏侍湯藥不忍離撫孤雯燕爲諸生持家勤儉姻戚貧乏者周之雍正五年建坊

陳位一妻熊氏年二十夫没無子事舅姑孝舅姑卒未葬值夏逆亂所居一里河爲徃來孔道氏獨依柩不去撫嗣子經才爲諸生勤儉自給時出貲以周鄉里雍正七年建坊

夏同霖妻蔡氏夫没撫孤克傢成立姒娣皆早寡氏持家有法待諸從子如已出同居四十年內外

和睦無間雍正七年建坊

王漢杰妻張氏夫没氏矢志守節孝奉舅姑撫週歲孤楙蘭勤苦備至年五十四疾篤楙蘭刲股以進延三月乃卒楙蘭副榜雍正八年建坊

生員李元龍妻胡氏元龍以才幹見知總制蔡毓榮從征洞庭陣亡氏遣僕李望扶櫬歸見血衣慟幾死懸之閨中日夜號泣斷髮誓志操作勤苦二子槐及崇義俱幼教之成立戚里婚葬無力者助之崇義副榜氏守節五十年卒雍正八年建坊

孫維巘妻樊氏年二十四守節養舅姑孝教子士謀爲名諸生値山寇竊發居民爭走氏以舅姑未葬號哭不忍去既免歸葬有枯栢復榮之祥子亡又撫二孫之煒天祿俱成名苦節六十二年卒其元孫承暉娶陶氏年二十歸三月寡撫遺腹子守志八謂能繼樊節樊以雍正九年建坊

生員方應張妻周氏年二十三守節有欲奪其志者斷指以誓子介甫六月撫之成立介輕財

好義有稱孫可榮可觀俱明經氏年六十六卒雍正十一年建坊

劉翔妻楊氏年二十一夫没撫遺腹子妻趙教之成立持守端嚴締造辛苦守節三十年卒雍正十一年建坊

喻順澤妻夏氏年二十二夫没撫孤人悅成立姑年九十餘氏孝養及没哀毀盡禮守節二十九年卒雍正十一年建坊

孫自融妻杜氏年二十三夫没氏事祖舅以孝稱教二子維翰廣琯成名守節三十四年雍正十二年建坊

孫時霖妻皮氏家貧甚鄰人夏道生乘時霖外出強逼之氏怒拒獲免遂自縊雍正十二年建坊

陳來蘇妻汪氏年二十三夫没家貧無子立從子爲嗣守節四十五年雍正十三建坊

陳可麟妻王氏雍正十三年建坊

邵光國妻張氏光國應試墮水死氏迎尸殯畢痛絕數四撫遺腹子成立奉姑盡禮守節三十七年乾隆元年建坊

程逢泰妻龍氏年二十五夫没家貧教二孤甚嚴事舅姑盡禮守節五十五年乾隆元年建坊

吳之灤妻虞氏年二十五夫没家貧勤紡績以撫三孤守節三十三年乾隆二年建坊

曾承犟妻何氏年十六適曾甫八月夫没無子守節撫嗣子履泰卒年八十一乾隆二年建坊

胡生奇妻汪氏生奇没一子復夭撫從子爲嗣守節三十六年乾隆三年建坊

鄭洪勳妻秦氏年二十五洪勳没撫七月孤教之成立守節三十一年乾隆四年建坊

鄧光國妻鄧氏年二十五夫没家貧紡績以奉舅姑撫孤鵬成立爲諸生守節三十九年乾隆四年建坊

舒其彩妻徐氏年二十九夫没撫孤學韶成立守節四十三年乾隆四年建坊

舉人陳大華妾顧氏年二十五大華沒嫡早亡無子氏撫嗣子師栻登賢書守節四十年乾隆四年建坊

王家勳妻陳氏　王之統妻陳氏家勳沒陳年二十五撫二孤成立長之統復早亡婦陳氏年二十四與姑共撫孤孫姑守節五十二年婦守節三十五年俱乾隆四年建坊

程熾祚妻朱氏　程基統妻余氏朱年二十熾祚沒撫遺腹子基統既授室復亡婦余氏年二十三無子同姑矢志朱守節四十七年余守節三十一年俱乾隆四年建坊

生員劉隆禮妻朱氏幼時父柩在堂鄰火延及氏撫棺號哭火遂反年二十七隆禮沒遺孤甫兩月氏矢志守節姑病目日餂之目復明教子芳熹以道嘗拾遺金斥棄之芳熹亦以孝稱氏守節三十一年乾隆四年建坊

陳光濟妻張氏年二十六夫沒遺子士昆甫三歲居敝廬中蓄無儲粟勤苦教子後士昆舉於鄉氏守節五十九年乾隆四年建坊

秦琢成妻馮氏年二十六家貧守節事姑孝撫從子爲嗣年六十八卒乾隆四年建坊

陳起龍妻藍氏年二十六家貧矢志鞠育孤子成立其從子少孤氏亦撫如已子未幾從子夭氏復撫其從孫守節三十五年乾隆四年建坊

生員鄒一標妻龔氏年二十七家貧苦節撫孤之駿成名卒年七十三乾隆四年建坊

謝其恩妻李氏　謝如鈖府志作宏材妻高氏姑婦相依數十年撫孤守志乾隆四年以雙節建坊

陳大鵬妻高氏年二十八夫沒奉姑以孝稱撫三歲孤成立守節四十二年乾隆四年建坊

生員邵澄中妻張氏年二十四夫沒守節事舅姑盡禮嗣從子光煜撫之成立年六十二卒乾隆四年建坊

蕭徵文妻李氏年二十五夫沒守節紡績不倦事舅姑盡孝二子俱殁撫嗣孫俊偉成立乾隆四年建坊

沈應晟妻吳氏　余思湟妻曾氏　陳良佐妻胡氏

劉承祥妻潘氏俱乾隆四年建坊

生員胡璉也妻饒氏年二十五夫沒僅遺一孤艱辛撫之守節五十四年乾隆五年建坊

李府志作姓朱孚極妻吳氏年二十六守節事衰舅繼姑以孝稱撫四月孤成立卒年五十三乾隆五年建坊

奚祿貴妻張氏夫沒氏奉舅姑以孝稱撫二孤成立守節四十年乾隆五年建坊

訓導朱一俊妾胡氏年二十九一俊與嫡俱沒氏撫育嗣子守節三十九年乾隆五年建坊

朱峙中妻陶氏年二十四夫沒氏事舅姑盡孝撫育二孤守節四十三年乾隆五年建坊

生員王溢勳妻孫氏年二十二夫沒氏紡績事姑盡孝姑沒倍服衰麻以代子職撫二歲孤履中爲名諸生守節三十九年乾隆五年建坊

胡純虞妻羅氏夫早沒家貧撫孤乾隆五年建坊

吳璋斑妻王氏年二十六夫沒氏撫孤守節二十六年乾隆五年建坊

靖必昂妻黃氏　靖必昱妻祝氏黃年二十一必昂沒無子氏事姑孝嗣從子本誠撫之成立祝年二十必昱沒無子事舅姑孝撫從子本詰爲嗣黃守節三十二年祝守節三十三年俱乾隆五年建坊

高一申妻易氏年二十一夫沒撫從子爲嗣饑寒勞瘁清操獨茂卒年六十餘乾隆五年建坊

鄭璉妻丁氏年二十七夫沒氏事舅姑孝撫二子守節二十七年卒乾隆五年建坊

楊春曉妻劉氏年二十五夫沒氏撫孤成立舅病足氏事奉盡禮守節三十五年乾隆五年建坊

曹本洪妻陶氏年二十夫没剺面自矢事繼姑孝撫從子爲嗣守節三十一年乾隆五年建坊

夏祜申妻楊氏年二十七夫没氏矢志撫孤守節三十年乾隆五年建坊

生員李天柱妻孫氏年二十三夫没遺一子一女艱辛撫之守節三十八年乾隆五年建坊

王克俊妻龍氏　蕭徹文妻李氏俱乾隆五年建坊

王大任妻喻氏年二十二夫病劇禱天祈代預製兩棺期同死及没視殮畢遂自縊乾隆六年建坊

陳道洙妻梅氏年二十二夫没以從子爲嗣守節三十九年乾隆六年建坊

歐陽秩妻何氏年二十五夫没孝事衰姑撫孤成立守節三十二年乾隆六年建坊

生員孫光錫妻劉氏　孫自怡妻張氏劉年二十二光錫没家貧撫孤自怡授室自怡復夭婦張氏年二十同姑矢志撫孤人龍成立劉守節五十七年張守節四十年俱乾隆七年建坊

潘二有妻聶氏年二十五夫没氏泣血嗚咽死而復甦者再事姑孝紉織以養撫八月孤成立守節

四十六年乾隆七年建坊

生員張瑄妻黃氏年二十六夫没僅遺一女撫從子承洙爲嗣守節三十五年乾隆七年建坊

生員孫惟翰妻李氏年二十四夫没撫二孤成立守節二十六年乾隆七年建坊

王嗣可妻樊氏年二十四夫没撫五月孤時翕教之成立守節五十四年乾隆七年建坊

湯德治妻王氏年二十八夫没氏養姑撫子守節三十六年乾隆七年建坊

劉隆業妻李氏年二十九夫没氏孝養姑撫子守節五十三年乾隆七年建坊

樊齊文妻陳氏夫没氏撫遺孤勤苦經營置祭田以奉禋祀臨没囑子孫曰善守此田鬻者不孝乾隆七年建坊孫廣居諸生

吳烈女幼讀書許字桂登瀛未嫁壻没女聞之不食旬日父母密防之乘間至後圃竹林中自縊死衣帶有句云此身已許桂三生誓不將身別字人兩家合葬之乾隆八年建坊

朱蓋興妻彭氏年二十四夫没撫從子爲嗣家貧居一茅廬母家有諷以難守者氏號泣遂終身不歸苦節三十四年乾隆九年建坊

朱徹文妻吳氏年十九夫没氏孝事舅姑撫一孤成立守節三十四年乾隆九年建坊

張則我妻馮氏年二十七夫没氏事舅姑盡禮撫週歲孤成立守節四十一年乾隆九年建坊

生員靖匡世妻周氏年二十五夫没氏奉姑孝撫從子天祜爲嗣守節三十五年乾隆九年建坊

饒萬洪妻吳氏年二十六夫没氏撫育一孤守節三十年乾隆九年建坊

魏光瀚妻王氏年二十三夫没氏孝事舅姑撫從子爲嗣守節三十三年乾隆九年建坊

葉日周妻張氏年二十八夫没孝事衰舅撫從子爲嗣守節五十八年乾隆九年建坊

陳啓運妾吳氏年二十六啓運没斷髮自誓事姑與嫡盡禮撫三歲孤金甌成立守節四十四年乾

隆九年建坊

徐載寧妻湯氏　監生徐鏊妻余氏湯年二十七載寧没氏撫二孤成立其次子鏊復夭婦余氏年二十六以從子爲嗣湯守節四十六年余守節三十七年俱乾隆九年建坊

陳方模妻黃氏年二十二夫没氏撫三孤成立守節五十四年乾隆九年建坊

生員童日康妻吳氏年二十六夫没氏孝事舅姑撫育孤子守節四十二年乾隆九年建坊

張其源妻朱氏年二十六夫没氏孝事舅姑撫孤成立守節三十八年乾隆九年建坊

許帝簡妻陳氏年二十六夫没撫週歲孤成立守節三十七年乾隆九年建坊

監生朱一麟妻陳氏夫没辛勤撫孤乾隆九年建坊

許賜文妻趙氏年二十六夫没氏事姑孝撫從子爲嗣守節四十三年乾隆九年建坊

龍南伯妻汪氏　龍勝友妻范氏汪年二十五南伯没氏撫孤勝友娶范氏生子

僅六月勝友没萇年二十六與姑同志撫孤汪守節四十二年萇守節五十四年俱乾隆九年建坊

吳克繩妻王氏年二十一夫没氏撫孤成立守節三十六年乾隆九年建坊

曹廷鑣妻汪氏　監生曹熙妻汪氏廷鑣没汪年二十四撫遺腹子熙成立守節四十餘年熙早亡婦汪年二十五事姑孝撫遺孤昌壁成立守節四十餘年姑以乾隆九年建坊

李子言妻陳氏年十九夫没遺一子辛勤撫之守節五十九年乾隆九年建坊

張畹林妻唐氏年二十八夫没三歲孤復夭氏撫從子爲嗣守節三十餘年乾隆九年建坊

胡之恂妻彭氏年二十夫没氏孝事七旬舅姑撫育三歲孤子守節四十八年乾隆九年建坊

生員王天爵妻周氏年二十五夫没氏孝事舅姑撫孤成立守節六十一年乾隆九年建坊

劉文台妻程氏年二十五夫没氏奉姑孝撫孤成立守節四十九年乾隆九年建坊

雷國燦妻張氏年二十守節撫孤方與成立方與夭偕婦陶氏撫孫惙先苦節三十八年乾隆九年

建坊

胡德玉妻吳氏年二十九夫没家貧氏撫育二孤守節三十八年乾隆九年建坊

王宗楷妻謝氏年二十一夫没既葬氏密縫周身衣自縊乾隆九年建坊

沈應昇妻李氏年二十七夫没撫從子爲嗣治家嚴肅足不踰閾守節三十一年乾隆九年建坊

周祚仔妻林氏年二十四夫没家貧撫孤成立復夭再撫二幼孫苦節五十二年乾隆九年建坊

程熊占妻王氏年二十二夫没氏事姑孝撫孤大才成立守節四十四年有孤燕巢梁之異乾隆九年建坊

甄載耜妻劉氏年二十八夫没遺孤七歲氏奉姑鞠之守節五十四年乾隆九年建坊

蔣穎菴妻陶氏年二十三夫没紡績養舅姑一子復夭更撫幼孫守節三十四年乾隆九年建坊

杜柱妻龍氏年二十三家貧守節紡績事姑撫六月孤繼烜成立乾隆九年建坊

周則堯妻袁氏年二十五守節撫子超凡成立乾隆九年建坊

余啓宣妻成氏　孫廣錦妻周氏　孫有道妻歐氏俱乾隆九年建坊

懷遠將軍馮明修妻方氏年二十九夫没茹苦守志撫二子𤋮旭成立後以𤋮貴封太淑人年八十卒乾隆九年建坊

葉豐揚妻孫氏年二十八夫没氏事姑孝撫孤成立守節三十八年乾隆九年建坊

單從儒妻吳氏年二十六夫没氏事姑孝撫一子復夭又撫幼孫守節六十八年乾隆十一年建坊

教諭鄭昌妾鄧氏年二十六昌没嫡亦亡子可楫幼撫之成立子亡又撫幼孫守節四十三年卒乾隆十年建坊

張西在妻李氏年二十九夫没家貧氏撫孤成立守節三十一年乾隆十年建坊

方可正妻汪氏年二十五夫没氏奉繼姑以孝稱撫從子爲嗣守節四十二年乾隆十年建坊

齊國楫妻羅氏年二十夫没撫十月孤成立教以義方守節五十年乾隆十年建坊

生員詹世賓妻嚴氏年二十二夫没撫遺腹子啓龍成諸生守節三十四年乾隆十年建坊

孫士彬妻馬氏年二十七夫没氏事姑撫子守節三十三年乾隆十年建坊

劉貞女劉若順女許聘陳仲玉未嫁而仲玉亡遂終身不字父母没教弟之勳成名守貞五十四年乾隆十年建坊

生員汪維鉅妻鄭氏年二十三夫没甘貧守志撫嗣子士澄成立嗣夭又撫孤孫苦節五十四年卒乾隆十年建坊

生員霍維源妻喻氏年二十八夫没姑病氏侍湯藥盡孝撫孤志瀛爲諸生守節四十一年乾隆十一年建坊

桂梟妻程氏年二十二夫沒以從子承緒爲嗣守節四十三年乾隆十一年建坊

生員胡士昂妻吳氏年二十七夫沒孝事舅姑撫二歲孤成立守節四十一年乾隆十一年建坊

梅長綍妻曹氏年二十八夫沒家貧事姑孝撫孤成立守節四十二年乾隆十一年建坊

邱古璋妻童氏古璋少時母葉病割股救之娶氏後病沒氏時年二十四撫遺腹子希昂成立守節三十一年乾隆十一年建坊

郁重榮妻劉氏年二十八夫沒遺孤甫八月氏撫之成立守節三十六年乾隆十一年建坊

李世麟妻舒氏年二十三夫沒氏撫五月孤成立守節五十五年乾隆十一年建坊

黃鉅妻洸氏年二十一夫沒事姑撫子守節四十年乾隆十一年建坊

孫仔儒妻羅氏年二十三夫沒家貧撫孤士英成名守節三十二年乾隆十一年建坊

胡啓爵妻任氏年十九夫沒勤紡績以奉舅姑撫孤子紹虞成立及孫蓋儿登賢書守節五十六年乾隆十一年建坊

韋鍾焜妻盧氏年二十四夫沒氏撫孤守節三十二年乾隆十一年建坊

生員萬信妻張氏　生員汪念祖繼妻萬氏張年二十四信沒僅遺二女撫從子爲嗣一女適汪念祖年二十五念祖沒子與前妻子俱殤亦嗣從子張守節四十七年萬守節二十七年卒俱乾隆十一年建坊

張紹江妻姜氏年二十三夫沒氏養姑撫三歲孤成立守節五十一年乾隆十二年建坊

袁心宅妻周氏年二十八夫沒氏孝事舅姑撫二孤成立守節三十四年乾隆十二年建坊

周世軸妻李氏年二十六夫沒撫孤士佩教之讀書後士佩夭守節三十一年乾隆十二年建坊

朱堯儒妻周氏　朱昭茲妻柳氏周年二十四堯儒沒氏撫二孤長子昭茲授室復夭婦柳氏年二十七撫從子爲嗣周守節五十九年柳守節三十五年以雙節稱乾隆十二年仝建坊

鄭日晃妻程氏年二十四夫沒撫從子爲嗣嗣子復夭氏與婦楊氏力撫孤孫守節五十一年乾隆十二年建坊

生員余光先妻朱氏年二十七夫沒氏撫三歲孤成立守節三十二年乾隆十二年建坊

王道亨妻龍氏年二十五夫沒家貧氏撫一子甫二歲事舅姑及喪葬悉如禮守節三十七年卒乾隆十二年建坊

劉永興妻邵氏年二十二夫沒氏養姑撫嗣子守節三十二年乾隆十二年建坊

生員程元義妻靖氏年二十一夫沒孝事舅姑撫姪爲嗣守節四十四年乾隆十二年建坊

生員張濵妻陳氏年二十二夫沒氏撫四月孤迄成立子卒復撫孤孫值兩姒俱亡氏並撫其幼子女如已出守節三十年乾隆十二年建坊

生員孫鈞妻張氏年二十六夫沒無子氏孝養舅姑立再從子祚淞爲嗣舅姑沒夫弟及娣俱亡遺孤甫二歲氏撫育如已出家貧甚朝夕莫給艱苦自立守節三十九年乾隆十二年建坊

易德[足更]妻徐氏年二十夫沒無子氏撫從子爲嗣守節三十三年乾隆十三年建坊

生員蕭建極妻顧氏年二十七夫沒撫從子爲嗣孝事舅姑守節四十五年鄰宅被火俱燬氏室獨無恙人以爲節孝所感乾隆十三年建坊

周懿德妻姜氏年二十七夫沒氏撫孤成立守節五十年乾隆十三年建坊

生員徐尙文妻陳氏年二十七夫沒氏撫二歲孤成立守節四十一年乾隆十三年建坊

生員邱自西妻王氏年二十二夫沒兩子繼亡撫姪爲嗣守節三十八年乾隆十四年建坊

周卜恒妻陳氏年二十夫沒無子氏矢志甘貧其兄勸再適氏剪髮自誓終身不至兄家忍饑杜門瀕死者數守節四十二年卒乾隆十四年建坊

童昌惠妻林氏年二十五夫没撫姪爲嗣與從娣蕭矢志不移守節二十八年乾隆十四年建坊

郭祚起妻高氏年二十二夫没氏撫二歲孤成立守節三十一年乾隆十四年建坊

李宗唐妻汪氏年二十六夫没事衰舅以孝稱撫八月孤成立守節三十四年乾隆十四年建坊

邱之進妻霍氏乾隆十四年建坊

張亮工妻馮氏年二十七夫没遺孤繩祖尋夫兄亮彩亦没其子念祖幼與娰孫氏苦節撫教與蘄之節婦馮雲龍母盧氏奚孔文妻吳氏居近互以名義相勵後繩祖積學早卒與婦周撫孤孫卒年七十二乾隆十五年建坊

汪烈女長姑團風市民汪用和女也言笑不茍幼字王必選未嫁而選没女聞訃欲往弔父母止之自經者三防之密乃絰素而居既而父欲爲更聘女聞一夕整衣自縊乃歸於汪合葬焉乾隆十五年建坊

龍哲希妻李氏年十八守節事姑撫遺腹子廣材子夭與婦童撫嗣孫年八十乾隆十六年建坊

劉昌明妻梅氏年二十守節親族欲嫁之蓤面截髮得免撫半歲孤有成乾隆十六年建坊

程華栢妻余氏年二十無子守節事舅姑孝立從子爲嗣乾隆十六年建坊

顏煜妻張氏年二十九貧苦矢志事姑孝撫教七月孤喬有文名守節四十年卒乾隆十六年建坊

梅源仁妻姚氏年二十二守節無子事舅姑盡禮撫嗣子成立乾隆十六年建坊

楊烈女生員楊以鏞女幼習父訓以淑慎稱許字蘄水汪士敏未嫁而士敏没女聞訃同母往弔號慟成服投繯者再家人防護之絶粒十日而死乾隆十七年建坊

夏克烱妻蕭氏夫没無子與從娣克璉妻王氏誓死守節乾隆十七年建坊

方思种妻王氏年二十一守節養舅撫週歲孤同壽成立乾隆十七年建坊

童尚賓妻袁氏年二十一家貧矢志事舅姑盡禮撫孤成立守節三十三年乾隆十七年建坊

生員舒之巘妻胡氏之巘有文名早没無子氏年二十痛極絶粒死族以從子光澧嗣之乾隆十八年建坊

副使陳大華妾姚氏大華卒於臺灣署中氏年二十八扶櫬歸里矢志不二嫡卒爲嫡撫二孤既孫啓謨早亡氏與其妻冷氏同撫嗣子元忠卒年六十三乾隆十八年建坊

謝仁滏妻程氏年二十守節事舅與繼姑盡禮撫遺腹子方東成立乾隆十八年建坊

生員王燮佐妻陳氏年二十二矢志撫孤時既時及其婦俱亡復撫孫錫璋成立卒年八十餘乾隆十九年建坊

孫士瑋妻曹氏年二十五守志事姑孝姑卒夫弟妹俱幼氏爲撫育有成課孤子之寅爲諸生守節三十三年乾隆二十年建坊

汪鄴山妻甄氏年二十一守節事姑孝撫孤廷楝成立守節三十七年乾隆二十年建坊

鄭辭魯妻陳氏年二十八守節立嗣乾隆二十年建坊

監生謝如鑨妻靖氏年二十二守節事舅姑孝立從子仁湛爲嗣乾隆二十一年建坊

於正宗妻王氏年二十一守節事舅姑孝撫孤著林而夭復撫嗣孫士鄰乾隆二十一年建坊

孫貞女孫如藩之女幼字李廷桂未嫁壻没女年十七聞訃往弔遂不返紡績奉姑喪葬盡禮守貞三十八年乾隆二十三年建坊

史君宣妻陳氏年二十九守節事舅孝建坊

監生鄭泌妻王氏　鄭心菊妻孫氏王年十九守節事舅盡禮撫孤心菊尋亡孫年二十二守志事姑孝撫嗣子存祖王年四十五卒孫年五十八卒俱乾隆二十四年建坊

監生汪聯芳妻王氏年二十八守節撫孤啓運尋夭與婦王氏茹苦撫孫成立乾隆二十四年建坊

孫坦妻呂氏年二十三守節撫孤子錞子夭撫孫祚海成立卒年七十六乾隆二十四年建坊

龍祖輝妻鄭氏年二十三守節事姑孝撫嗣子廣智成立年四十九卒乾隆二十四年建坊

張隆昱妻方氏年二十三守節事姑孝力置祭産二畝以共祠祀撫孤京綾成立貢成均乾隆二十四年建坊

姜之琇妻黃氏年十九守志事姑孝撫八月孤文灼成立守節四十四年乾隆二十四年建坊

詹宇煓妻江氏年二十八守節事舅姑孝撫三歲孤援室而夭復撫兩月孤孫乾隆二十四年建坊

汪顯祖妻龔氏年二十守節撫姪爲嗣事姑孝姑卒鄰火發撫棺號痛風反火滅柩得存乾隆二十四年建坊

李翰妻劉氏年二十二守節一子早殤母家欲爲改適誓死不可奪撫嗣子基榮乾隆二十四年建坊

黃士郊妻程氏年二十八守節奉事舅姑撫一孤成立卒年五十八乾隆二十四年建坊

曹貞女曹有章之女幼字徐應舉未婚而應舉沒女年十九聞訃絶粒七日父送歸徐拜姑成服與姑同室

奉事盡孝夫兄生子茂松甫半月請以爲嗣育之成立卒年四十一乾隆二十四年建坊

童繼松妻王氏年二十七守節奉舅姑撫孤子年五十三乾隆二十四年建坊

王必選妻周氏年二十三守節撫二孤成立年六十四乾隆二十四年建坊

熊時元妻陳氏年二十守節事姑孝撫遇歲孤成立年八十六乾隆二十四年建坊

童繼模妻舒氏年二十五守節事舅姑孝撫孤志瑶成立年五十七乾隆二十四年建坊

舒學昌妻彭氏年二十六守節撫二孤養舅姑年五十七卒乾隆二十四年建坊

監生姜維寬妻胡氏年二十二守節事祖舅孝撫孤斐能文孤夭復撫孤孫備嘗艱苦子媳魏氏亦相繼亡時年八十有二侍婢貞靜相依不嫁時年六十八乾隆二十五年建坊

王烈女王其富之女幼字葛世華年二十未嫁而世華沒訃至女大慟欲往奠母阻之值世華塟女更素服乘母寢熟扃戶自經族戚憐其志一爲附於世華墓乾隆四十年建坊

黃會楷妻劉氏事姑盡孝年二十餘夫沒乏嗣氏撫從子光國爲嗣諸生乾隆四十一年建坊

陳貞俊妻李氏年十七夫沒乏嗣姑病三載氏侍湯藥不倦後母家憐其青年微言探之氏毀容剪髮以見志撫姪國泰爲嗣教養成立乾隆四十一年建坊

王乃立妻靖氏年十八適王甫三月夫沒無嗣時姑患筋骨疼痛氏扶持歷久不懈撫嗣子大文成立乾隆四十三年建坊

曾建中妻孟氏年二十二夫沒無嗣氏奉舅姑備得歡心夫弟建鏞幼撫之成立鏞以次子爲之後乾隆四十五年建坊

姜如法妻繆氏年二十適姜閱三月而夫沒時舅姑早逝夫之叔母胡氏氏事之如姑同居守節撫從子起鳳爲嗣復夭又撫嗣孫文佐成立乾隆四十八年建坊

夏克璉妻王氏年十八夫沒家貧氏日夜紡績事舅姑饔飧無缺舅沒鬻簪珥備棺殮塟成禮姑目

瞽氏多方醫治得愈撫嗣子必貴成立乾隆五十二年建坊

蔣貞女蔣元珖次女幼許聘居銘年二十未婚而銘夭女聞信痛哭絶粒剪髮自誓身更縞素親往奠殯乘間覓死舅姑慰之遂留養衣粗食淡紡績以佐晨夕嗣舅姑先後沒靡所依仍還母家孝事父母及沒喪塟如禮乾隆五十二年建坊

王廷佩妻史氏年二十三夫沒無子哀痛絶粒閉門自縊母覺破壁入救得甦奉舅姑孝撫嗣子運翥列成均乾隆五十四年建坊

李君謨妻汪氏年十八守節事舅姑以孝聞勤儉持家立胞姪文壽爲嗣撫養成立乾隆五十四年建坊

監生李可校妻童氏年二十四夫沒事舅姑盡孝撫養二子均成立乾隆五十四年建坊

汪延岳妻易氏年二十六夫故欲以身殉誓不苟生其母勸以養姑撫孤爲孝徒死無益遂矢志苦

守盡孝養撫子于全于曾成立亦克盡孝族鄰嘉之乾隆五十四年建坊

童承曾妻趙氏年二十七夫没無子哀號絶粒氏母秦氏諭以事老撫幼截髮隨姑紡績姑没盡禮撫弱叔教嗣子宣恩成立後建坊

邱世緜妻童氏年二十八舅姑均逝夫繼亡家貧守節訓二子成立後題請建坊

生員劉晉運妻杜氏年二十三守節時訛傳富室求婚氏引刀自頸幾絶以救甦奉養舅姑撫孤隆譽中副榜卒年六十二

文林郎范維藩妻田氏年二十五守節家酷貧葬功無依養舅以孝聞教子基祚力學荼苦萬狀人謂有孟母風後基祚成進士爲循吏氏受
封典年五十九卒孫曾仕宦猶守氏遺教云

文林郎王漢澳妻佘氏年二十一守節家貧茹苦撫教孤子楙績以進士官教授得膺
封典年七十卒

余貞女余店鄉民余君儒女未嫁而壻夭有豪宦求之女毁容矢志依父終老同知于成龍匾旌之

生員陶克讓妻詹氏年二十八無子守節事姑孝卒年五十一

州判徐尚禮妻胡氏年二十五守節撫孤時濟以武進士官守備得膺榮祿年八十卒

僉事官撫滇繼妻孫氏撫滇没於會稽之難氏年十八守節撫孤純心承蔭官知縣年五十餘卒

舉人王用世妻田氏年二十四守節閫範清肅撫遺腹子澤霖由歲貢官瀘溪教諭年八十卒

方昆一妻杜氏無子守節事祖姑孝或勸之嫁號泣絶之既議者有成言氏聞之曰我思塟舅姑及吾夫耳今不能待也遂自縊死時年二十六稱方烈婦

王某妻沈氏未嫁壻病癩父母強令他適不聽歸於王生一女夫没年二十二守節卒年六十

生員曹世治妻張氏年二十六守節撫孤紹琦卒年六十四雍正間布政使徐鼎匾旌之

王尼望妻馮氏年二十二夫病氏刲股食之及没三子繼殤氏勤苦守志養姑孝卒年六十四

生員能養模妻熊氏年二十二守節撫教兩孤卒年六十餘布政使徐鼎匾旌之

王維邦妻舒氏年二十一守節家貧撫三月孤閨範整肅卒年六十餘

周貞女永寧鄉民周子恒女許聘同里陳氏子陳子逵出不歸父没或勸改適女正色曰幼受陳聘巳決終身言者慚退紡績自給年六十餘卒

楊文炳妻劉氏　楊瑞松妻宋氏劉年二十六守節撫孤瑞松早没宋年二十五守節撫一孤事姑孝劉年六十五卒宋哀慟而死

王基遠妻鍾氏　王銓勲妻成氏鍾年二十二苦節撫孤銓勲早没成年二十五守節撫孤承裔成立鍾卒年六十六

周國寶妻夏氏　周國棟妻陳氏夏年二十九其娣陳年二十六俱苦節撫孤夏

年七十餘陳年六十餘卒

龍時齋妻王氏年二十四苦節撫孤養舅姑年八十四卒

陳滄瀛妻龔氏年二十二苦節事舅姑年八十三卒

周國華妻瞿氏年十九守節家貧撫遺腹孤年七十一卒

生員宋斂功妻張氏年二十四守節立嗣年四十卒

袁達士妻雷氏年十八守節遺腹子亦殤卒年六十八

王衷和妻姚氏年二十七守節孝姑撫孤卒年八十一

涂幼澤妻呂氏年二十七守節家貧孤夭年六十卒

成汝齡妻陳氏年二十二苦節立嗣卒年六十餘

孫徵吉妻呂氏年二十六苦節撫孤卒年七十

監生葉槐妻曹氏年二十五守節事舅姑孝年五十卒

方與時妻汪氏年二十四守節立嗣事繼姑孝卒年六十

生員孫一軓妻陳氏年十八守節立嗣卒年六十九

百戶朱元吉妻余氏年二十二撫孤守節卒年八十一

毛有昇妻李氏年二十三苦節撫遺腹孤年六十五卒

鄒治秩妻楊氏年二十二苦節子卒撫孫

黃達妻邵氏年二十七守節撫孤事姑孝

邵鼎𥝩妻王氏年十九守節撫嗣嗣沒撫孫

王世浩妻祝氏年二十二苦節撫孤姑孝事年六十四卒

操士敏妻鄒氏年二十三守節孝姑撫孤卒年七十三

石在珩妻王氏年二十守節撫嗣事姑孝

操廷棟妻李氏年二十苦節奉姑教子

童子位妻袁氏年二十六守節孝姑撫孤子成名

操采若妻熊氏年二十守節貧苦撫孤卒年六十五

吳調遠妻王氏年二十六守節撫孤卒年九十四

范純炎妻袁氏年二十一苦節撫孤孝養舅姑

吳天楨妻祝氏年二十二守節慈撫嗣子

齊同鏞妻吳氏年二十八苦節撫二孤卒年七十六

孫維章妻王氏年二十守節撫孤養舅姑孝卒年五十二

王映文妻張氏年二十七守節無子家貧卒年五十四

生員汪沃之妻段氏　汪度孚妻吳氏姑婦也段年二十九守節撫二孤成立吳年二十六守節撫教二孤長開運爲名諸生段年八十三吳年六十七卒

齊昇妻包氏父煥早卒無子母李苦節撫之既適昇昇力學成瘵氏刲股食之昏仆復甦比沒無子立夫兄職子爲嗣哀號嘔血五月而死時年二十七郡中士夫多爲詩傳以表其烈

生員黃志忠妻李氏　黃珍妻何氏李年二十四守節撫遺孤珍成立珍病婦何刲股年三十歲守節事姑撫歲餘孤德溥李年六十九何年七十三卒

主事王材升妾尤氏長洲人工詩好學年二十五守節撫子溢勳居小樓教之既溢勳成諸生早卒氏復撫孫履中爲名諸生卒年六十三著有紅餘草琴瑟吟諸種按氏幼依舅吳氏故清詩二集梓吳姓

生員李芷芳妻陳氏　監生李光庭妻陳氏姑婦也姑年二十六守節撫週歲孤光庭成立婦年二十八守節奉姑孝撫孤元開成立姑年七十五婦年五十九卒

黃榮麟妻郭氏刲股救夫病年二十九守節家貧養姑撫歲餘孤極成立

王養烈妻湯氏年二十八貧苦守節撫二孤俱沒投繯者再哀慟甦生年五十七卒

汪士通妻胡氏　汪芳妻湯氏胡年二十四守節撫孤子芳成立芳歿湯年十六矢志奉姑立嗣

左經國繼妻陳氏年二十八守節撫前子如已出子亡又撫孤孫孫沒又撫曾孫卒年八十三

孟應洛妻李氏年二十七守節事姑孝家貧撫孤勤苦孤夭立嗣復夭年五十八卒

余承嶟妻徐氏守節無子勤撫從子家貧甚或議嫁之氏聞方爲從子綴襦成縊死人稱余烈婦

王昌嗣妻羅氏年二十五家貧守節孝事舅姑二孤繼沒諸從無可嗣哭泣以殞卒年六十七

生員呂修齡妻余氏年二十七守節家貧事姑孝伯舅德芝老無出氏奉養盡禮撫二孤成立

夏道永妻黃氏年二十五守節家貧竭力養姑撫孤成立爲諸生卒年五十六

江德智妻周氏年二十守節卒年七十五

黃萬鏳妻曹氏年十九守節卒年七十七

王長泰妻曾氏年十七守節撫嗣卒年八十七

杜宗木妻李氏年二十五守節撫二歲孤成立卒年六十五

張君耀妻戴氏年二十四苦節撫孤卒年六十四

生員喻炳元妻劉氏年二十撫孤守節卒年五十二

生員劉隆時妻牛氏年二十一守節無子卒年七十

王季占妻劉氏年二十一守節無子卒年七十

官佽妻陳氏　官思誠妻汪氏陳年二十一守節貧苦撫孤思誠孤夭其妻汪氏年二十三事姑撫孤陳卒年七十二汪年六十六

熊輔妻程氏年二十七苦節教二子成名年八十卒

王伊克妻江氏年二十四守節卒年五十一

監生張玉起妻熊氏年二十四守節撫孤年五十六卒

朱一龍妻盧氏年二十三守節孤夭立嗣年六十七卒

邵幹臣妻熊氏年二十守節嗣子殤年三十五卒

生員姚兆麟妻樊氏年二十五守節撫孤卒年五十二

袁士翰妻項氏年二十四守節無子夫庶弟三歲失怙恃氏撫之成立卒年六十二

姚士琳妻吳氏年二十四守節貧苦無子假從姑宅紡績間不舉火有饋遺堅不受卒年六十四

監生程正綬妻隗氏年二十三守節撫嗣子大尌監生事姑孝

杜識妻張氏年三十五守節撫孤卒年九十一布政使李基和爲詩嘉之

沈應昌妻金氏年二十九守節撫孤啟賁成諸生

監生李聯芳妻龍氏年二十二守節撫孤先緒爲明經孫元輔諸生卒年八十五

楊友金妻袁氏年二十三守節家貧無子姑沒撫夫幼弟成立及夫弟生子立爲夫嗣

張驎妻孫氏　張騄妻廖氏姊姒也孫年二十二守節廖年十九守節俱無子

謝永命妻袁氏年二十九守節撫教三孤孤亡撫孤子殷孫文光俱諸生卒年九十二

曹世濬妻馮氏　曹世湛妻孟氏姊姒也馮年二十五守節立嗣孟年二十六守節撫孤俱七十三卒

杜士煥妻鄭氏年二十六守節無子貧苦孝事舅姑卒年八十七

周貞女生員周有光女許字張紫文未于歸而紫文夭時女年十七請於父母歸張守志舅姑已逝或勸其改適誓死拒之身無完縷並日而食紫文之伯叔父各出錢米以作膳資

生員陳宗禹妻楊氏年二十六守節撫孤

楊作棪妻吳氏年二十六守節撫孤士煥年七十六卒

劉志向妻楊氏年二十五守節貧苦子夭撫孫

奚光緒妻劉氏年二十六守節撫孤

唐躍卿妻王氏年二十五守節撫孤成立卒年八十七

唐文藻妻何氏年二十五無子守節卒年七十八

劉訓臣妻孫氏年二十四守節撫二孤卒年九十五

生員吳世英妻周氏年二十九守節撫孤

梅國楠妻張氏年二十七苦節撫孤

生員胡桂宮妻劉氏年二十六守節撫孤卒年六十六

胡元位妻周氏年二十九守節

余承嶫妻奚氏年二十八守節撫孤

尹嗣美妻劉氏年二十守節一子殤

張惟中妻馬氏年二十四守節撫二孤年五十卒

監生張思和妻吳氏年二十九守節撫孤卒年六十四

錢名震妻王氏年二十四守節立嗣年四十六卒

監生包輝序妻田氏年二十一守節立嗣年五十三卒

許可妻張氏年二十守節撫七月孤廷珍卒年七十八

許廷珍妻周氏年二十五守節撫三歲孤卒年七十六

李永貴妻郭氏年二十三守節撫孤卒年六十七

陳文烜妻王氏年二十四守節

龔學乾妻歐陽氏年二十二苦節撫孤

夏爲炳妻張氏年二十四守節

杜茂長妻陸氏　杜鄴侯妻吳氏姑婦也陸年二十五守節撫孤鄴侯孤夭吳年二十七守節撫孤杜卒年六十九

郭助發妻魏氏年二十六苦節撫孤

李國枚妻陳氏年二十六守節撫孤卒年七十四

王如璉妻柳氏年二十八守節撫孤宗堯

郭步韓妻左氏年二十一苦節撫六月孤成立卒年六十一

馮書賢妻霍氏年二十五守節撫孤

楊以鍠妻程氏年二十三守節撫嗣子曦爲諸生

張世艮妻李氏年二十三守節撫孤卒年五十四

李可梅妻姚氏年二十四守節撫二孤

王永言妻鍾氏年二十守節撫孤孤沒孫夭

生員劉芳妻李氏年二十三守節甘貧撫孤

劉耀南妻霍氏年二十守節事姑撫遺腹孤

夏方傑妻秦氏年二十四守節孤亡撫嗣孫立

張之仲妻黃氏年二十八守節撫孤

毛文峯妻徐氏　楊崑妻李氏俱守節堅貞

喻烈女喻章彝孫女也許聘蘄水高渭璜之子未嫁高子癈疾流爲丐其家令女別字女泣曰命定矣安知富者之不丐乎事遂止次年復議改適有期女聞之嘿無言夜歛衣自縊見蘄水縣志

陳起義妻程氏由江左遷邑孫家嘴年二十五夫沒誓死守節蓬垢而居以刺繡爲業冬擁草日不再食室無人聲教二子嚴正不受人憐有嘉其節助以薪米者謝不受卒年六十餘

龍宗猷妻劉氏年二十二守節貧苦以孝聞或議奪其志氏抱遺腹孤悲號投繯死復甦事乃已

生員杜士諒妻吳氏　生員杜栴妻王氏吳年二十二守節教子栴成諸生栴沒王年二十六守節養姑撫孤

龍宗傳妻萬氏年二十一守節撫遺腹子廣珠早亡撫三歲孫閎十八年復夭悲號而卒年六十一

生員陳浩妻倪氏年二十一無子斷髮依嫡誓守既嫡沒嗣夭紡績撫孫有成卒年七十一

龍際嘉妻熊氏年十八截髮誓節撫教嗣子華封華封副榜有文名氏卒年六十九

呂昌柏妻童氏年十八守節事姑孝撫遺腹子期烈成立期烈沒與婦方撫二孫女守節三十二年

程世祥妻李氏事舅姑孝年二十五守節嗣子復夭撫三幼孫成立卒年六十五

陳常儀妻鄧氏年二十守節無子家貧或欲奪其志氏毀面截髮乃止

汪永康妻曹氏年二十六守節嗣子材霖夭復撫嗣孫卒年五十

喻順時妻淩氏　喻乾在妻張氏姑婦也淩年二十二守節撫三月孤乾在孤夭婦張氏年二十一守節淩與同撫六月孤孫成立

王世銘妻張氏年二十四守節撫孤孝養舅姑年九十一卒

監生陳茂績妻高氏年二十三守節無子事祖姑及姑盡孝

龍毓旭妻項氏年二十五守節孝養撫孤年六十餘卒

王如琳妻邱氏年二十四苦節撫遺腹孤

龍欲瑗妻陳氏年十九守節撫孤崇雍卒年八十三

呂昌槐妻喻氏年二十四守節撫嗣事姑孝

陳茂觀妻王氏年二十四守節孝姑撫子

龍廣盛妻胡氏年二十三苦節撫孤逢役卒年七十四

劉熙光妻張氏年二十三守節孝養撫二孤年七十卒

李函靖妻王氏年二十四守節撫嗣子

龍廣炎妻王氏年二十六守節訓子嚴正卒年五十九

陳茂祚妻郴氏年二十守節撫月餘孤卒年五十一

高公爵妻倪氏歸高五載無子苦節

王汝剛妻鍾氏年二十五苦節撫教二孤

陳基才妻王氏年二十一苦節撫孤成立

龍維松妻曾氏年二十二守節撫二孤卒年六十八

杜機妻甄氏年二十四苦節無子事舅姑孝卒年五十五

陳士銓妻王氏年二十七守節撫嗣子

王佑我妻龍氏年二十六守節撫二孤

生員呂自超妻黃氏年二十七無子守節

王永第妻呂氏年二十五守節無子事姑孝

呂應泉妻陳氏年二十三守節事姑孝

王元思妻呂氏年二十五苦節子沒撫一孫卒年七十

喻順衍妻呂氏年二十二守節撫孤卒年七十三

謝漢江妻汪氏年二十五苦節家貧勤績自給

奚祖烱妻徐氏年二十六守節饔飧不繼勤撫二孤次子萬和夭氏與婦劉復撫遺腹孤孫

倪若凡妻何氏年二十六守節無子家貧卒年八十六

龍萬選妻夏氏年二十一守節撫嗣子成立

王如珍妻殷氏年二十六守節無嗣

黃玉璉妻劉氏年二十五守節撫嗣子以任成諸生卒年八十四

陳肇禮妻嚴氏年二十二守節貧苦事舅姑孝撫兩月孤炎成立

鄭道漁妻殷氏年二十二家貧苦節一孤之柩早亡與婦童撫孫成立

張文煜妻倪氏年二十二無子誓死守節

監生楊履善妻周氏年二十五守節撫孤卒年七十三

生員王光福妻孫氏年二十六苦節撫孤卒年七十八

杜學昌妻孫氏年十九守節立嗣

殷大瑞妻王氏年二十一夫沒殮畢引刀自刎未殊復絕粒祈死姑止之乃撫遺孤事姑二十餘年不怠姑病劇封股以進不愈氏曰吾死期也一慟而死

貢生樊齊英妾李氏年二十二守節無子嫡勸改適誓死不可忍饑寒以事嫡卒年七十五

生員趙世芳妻朱氏年二十五守節事姑孝撫二孤皆早沒長子大任妻黃氏年二十五守節次子大本妻劉氏年二十七守節皆事姑孝黃無子撫嗣復夭劉撫孤超朱卒年七十七黃卒年六十九

孫祚洛妻黃氏年二十適孫生一子甫二年夫沒氏矢志守節繼姑童老病臥床七載氏日夕扶持不懈撫子廷樞成立乾隆五十年學使王懿修予額旌奬

樊念和妻邱氏年二十三守節無子家貧長齋以卒年七十八

樊紓宙妻汪氏年二十六守節無子家貧卒年七十

晏時妻曹氏年二十四守節家貧事姑孝撫二孤成立卒年六十一

朱之倫妻高氏年二十六守節撫孤家貧孝養舅姑

監生熊于瀚妻樊氏年二十三守節立嗣卒年六十三

生員劉昌運妻孫氏年二十五守節撫孤卒年七十八

江廻瀾妻袁氏年二十五守節無子

生員葉道謙妻樊氏年二十四苦節撫孤卒年七十二

廩生馮清原妻祝氏年二十九守節撫孤

汪某妻謝氏沙河頭人年十八苦節撫孤卒年八十四

黃某妻曹氏黃家壋人年二十二守節撫孤性貞靜鄉里稱之卒年七十後嗣遷徙失其夫名字

馬正彩妻李氏年二十四守節卒年九十五學政胡高望額奬

程貞女大崎山民家女也許字同鄉陳敦本年十九敦本沒女往哭弔遂不歸家貧守貞紡績修子婦職足不踰戶卒年七十六黃麻兩邑人士爲之禮葬焉

熊元裕妻何氏性端莊勤女職夫沒無子立從子爲嗣殯畢越三日引嗣子於殯前跪而哭拜辭舅姑曰婦不孝不能終事舅姑有姒娣在舅姑可無慮拜姒娣托舅姑與其嗣子是夜縊死遠近聞其烈赴弔之

熊文亮妻劉氏年二十一守節家貧婦工自給夫兄逼以改適誓死拒之撫從子爲嗣卒年七十三

張表海妻熊氏年二十三守節事姑孝姑折足扶持左右者四年撫三歲孤並週歲孤姪成立

陳世甫妻袁氏年二十七守節撫孤家貧孝養卒年七十

高時春妻熊氏年二十五苦節撫孤卒年六十五

包有周妻陳氏年二十二苦節家貧孝姑撫嗣子

易德棟妻酆氏年二十八苦節養姑撫孤

易時宣妻曹氏年二十五苦節撫孤成立

陳介仁妻舒氏年二十七守節貧苦撫孤

陳應位妻黃氏年二十七守節貧苦撫孤卒年六十二

陳應鐸妻程氏年二十五守節家貧撫孤卒年六十四

易子碩妻劉氏守節嚴明

王之瑾妾程氏　王時聯妻陳氏　王道泮妻盧氏程年二十八守節撫二孤長時聯歿陳年二十九守節撫孤道泮道泮歿盧年二十二守節撫孤程年八十四卒陳年七十四卒盧年五十四卒里稱三節

陳方際妻王氏年二十二守節無子日夜禱夫主前求娣得男男生裂襟裹之抱見夫主爲嗣含漿哺之事舅與繼姑盡禮卒年七十六

易時遇妻方氏年二十二夫病刲股食之比歿家貧子夭苦節終身卒年九十一

生員易德忠妻趙氏年二十二守節立嗣事姑

孫君明妻楊氏年二十四守節截髮誓死卒年七十一

何永裕妻周氏年二十五夫病劇語氏曰家貧子幼余死汝可他適氏曰君無我慮比歿營殯殮畢家人有議更適者氏聞之以二子託其父投繯者三飲酖者再卒自縊死郡守禹殿鰲匾旌之

何如代妻易氏　何在職妻李氏姑婦也易年二十六守節家貧撫二孤李年二十九守節撫孤易卒年八十七李卒年六十三

熊養純妻孫氏年二十九守節貧苦撫孤孤夭婦何氏年二十一守節撫孤

熊運鋒妻楊氏年二十五守節無子家貧苦其娣陳亦寡無子相與奉養舅姑撫教嗣子

易壽淮妻陶氏年二十一守節無子夫弟壽漢妻呂氏亦寡共撫一孤孤夭陶慟成疾年四十五卒

易敦懷妻熊氏年二十一守節孝事舅姑撫數月孤孤甫冠而夭與婦孫氏撫嗣孫

孫之玕妻賈氏年二十三守節貧苦卒年五十六

孫立繩妻汪氏年二十九守節無子卒年七十一

汪世崇妻丁氏年二十四守節撫二孤成立卒年七十

易德隆妻鄒氏年二十三守節無子事姑孝年六十卒

張體乾妻魏氏年二十苦節孝養撫遺腹孤

童偉元妻倪氏年二十四守節撫二孤卒年九十一

余克勝妻邵氏年二十二守節貧苦撫二孤

孫之覲妻王氏年二十九守節卒年九十一

孫半秩妻汪氏年二十八守節無子卒年六十

熊追烈妻何氏年二十守節貧苦卒年六十

熊文燒妻劉氏年二十九苦節撫嗣卒年七十

生員何士讓妻張氏年二十六苦節撫孤卒年八十六

丁式義妻雷氏年二十一守節撫孤孝養舅姑

盛若堯妻尹氏年二十八守節貧苦卒年七十

丁盛海妻何氏年二十五夫歿家貧苦毀容誓節

胡慕盧妻何氏年二十一守節貧苦撫孤卒年五十一

但希文妻劉氏年二十三守節子亡撫孫

易魯瞻妻陳氏年二十九守節撫孤

藺及三妻何氏年二十四守節撫孤

魏芳範妻陳氏年二十四守節撫孤事祖姑孝

藺茂周妻何氏　熊湘水妻陳氏俱青年守節

庠生靖乃心妻叚氏乃心與父爲賊所殺氏年二十二誓死復仇請於官誅賊首祭墓撫二孤起鳳如松俱諸生守節四十二年卒

庠生程起淵妻陳氏年二十八起淵歿於靖州氏守節歸黃事祖姑及姑以孝聞課子次竹爲諸生卒年七十一

袁恪妻丁氏年十九守節貧苦撫孤成立子遠遊不歸婦陳氏事姑以孝稱

靖天工妻甘氏年十七守節撫嗣必發成立嗣夭與婦劉氏復撫嗣孫

靖泌泰妻吳氏年二十四守節撫孤本謫早亡與婦顧氏撫三月孤孫

監生陳喬妻汪氏年十八歸陳八月而寡撫遺腹子甹甹夭氏苦節卒年七十四

石玉書妻蘇氏年二十九守節養舅姑撫孤商宗爲黃州協城守卒年六十三

蘇宏勳妻李氏年二十八守節撫三孤應昌兄弟成名卒年七十五

姚亨豫妻王氏年二十一夫病刲股療之及亨豫沒矢節撫二孤長之煥諸生

淩以淳妻黃氏年二十二守節撫孤貧苦卒年五十五

生員王世廸妻吳氏年二十三苦節撫孤卒年七十四

倪之麟妻舒氏年二十二守節家貧立嗣

謝惟楚妻秦氏年二十一守節撫孤

王琛妻邵氏年二十守節撫嗣子乃鎬

萬璧妻汪氏年二十一守節貧苦撫週歲孤

張漢宗妻陳氏年二十守節茹苦立嗣

吳名高妻王氏年二十八守節撫孤孝養舅姑

靖天禔妻邱氏年二十二守節撫遺腹子卒年五十三

靖天授妻操氏年二十守節事姑撫二孤卒年六十三

童永安妻靖氏年二十一守節無子貧苦

靖本濬妻謝氏年二十五守節撫嗣以孝聞

邱雨湛妻靖氏年二十守節撫孤事繼姑孝

李自天妻陳氏年二十八守節撫孤

詹貞女孝廉詹士懿女幼聘王封爵未嫁封爵瞽王欲其別字女語母曰女從一而終奈何以瞽易封爵沒女往弔遂執婦道事其繼姑守貞五十三年卒其堦弟亦早亡妻王氏與詹同居苦節六十年卒合葬道周

監生王一豫妻徐氏年二十二截髮守節撫孤封祖成立封祖沒氏不食卒苦節二十九年封祖之妻詹氏撫遺腹孤如穀娶操氏旋沒詹慟哭道卒苦節二十八年操氏無依與夫從姝王氏同居王氏適夏克瑚早寡無子誓死守義人謂一門苦節

劉起洙妻胡氏年二十七守節貧苦撫孤卒年六十四前令項樟立碣表之

汪述蔣妻龔氏事姑孝侍病五年不倦年二十五守節有孤燕巢其梁二十餘年不去里人奇之

宋屽源妻葉氏年二十四守節貧苦紡績養姑撫子廷杰成立

隗道南妻姚氏年二十四守節事祖姑及姑孝撫孤孤夭撫孫孫夭撫曾孫家貧勤苦

龔伯友妻羅氏年二十四守節無子或令別適氏截髮毀面家貧拮据事姑年六十六卒

吳名成妻王氏年二十六守節言動不苟無子嗣子逢盛甫匝月含漿哺之年六十二卒

邢烈婦王氏團風民家女年二十二守節無子貧苦富室求婚其母許之氏聞自縊

李烈女幼許字同里尹繼宗未嫁繼宗夭女聞訃誓欲身殉母止之乘間自縊死

葉之華妻鄧氏年二十六守節貧苦撫四齡孤瑞麟有文學中副榜卒年六十九

生員宋鑲妻胡氏通書史能詩年二十八守節教子嶽源舉於鄉卒年四十九

劉一濤妻程氏年二十六苦節撫八月孤繡刺易米以事舅姑已常不飯

舒兆占妻邵氏年二十四守節貧苦性貞靜人罕聞其聲

梅烈女道觀河梅以衡女許聘同鄉鄭心懋年十八未嫁壻訃至女方理綵母起爲餐遂登樓自縊死兩家義而合葬之前令暢于熊申詳請
旌

龔世則妻周氏年二十二守節子亡撫孫卒年七十

汪鑛妻周氏年二十九家貧守節事舅姑孝撫孤承謨成立

修職郎劉世濂妻宋氏年二十二守節以孝聞嗣子昌檜由舉人官教諭

龔宗韓妻曹氏年二十七守節撫孤事姑孝年六十一卒

曹錫璋妻姚氏年十九守節撫遺腹孤成名年七十卒

於事公妻曹氏年二十八守節

陳定位妻操氏年二十八守節

周祇安妻朱氏年二十六苦節撫孤養姑

汪承祚妻江氏年二十二守節貧苦卒年五十

汪永元妻童氏年二十四苦節養祖姑撫孤

胡世熙妻劉氏年二十二守節養舅姑撫孤年五十卒

童子恕妻詹氏年二十四守節撫孤養舅姑卒年七十

生員汪世爵妻邱氏年二十七苦節撫孤卒年六十八

霍正直妻曾氏年二十四守節撫孤朝鉅卒年五十九

生員王封典妻杜氏年二十五守節撫孤卒年五十六

杜若權妻張氏年二十苦節撫孤元驥年四十七卒

王如績妻樊氏年二十七守節貧苦撫孤

滌鏞妻倪氏年二十三守節撫從子為嗣年四十七卒

於萬巽妻呂氏年二十七苦節撫二孤年六十一卒

吳名施妻陳氏年二十一守節無子年五十四卒

鄭亦鍠妻王氏年二十四守節撫嗣子

甄封淇妻邵氏年二十一守節撫嗣子年四十六卒

吳炤妻王氏年二十五苦節嗣子早亡

胡世佑妻王氏年二十八守節一孤復夭

曹廷楠妻汪氏年二十四守節撫嗣孝姑

梅啟昌妻周氏年二十三守節貧苦撫孤

邵先楚妻徐氏年二十三守節撫孤

王方殷妻涂氏年二十三苦節撫孤

龔昇高妻曾氏年二十四守節

周宗聖妻張氏農家女也嫁浹旬宗聖歿殮畢氏夜赴水死厥明家人得其屍面如生爲合葬焉

馬貞女上五鄉民馬輝九女許字同里陳命儒未嫁命儒外出不歸或議更聘女怒誓死依父母守貞

梅光被妻夏氏年十七于歸甫七月夫歿氏守節撫嗣子浠川聘李崇義孫女年尚幼氏迎而撫之嗣子未婚而夭李女誓死從姑共里兩遭火數逢水害惟氏家得免人謂節義所感

張貞女張君卿之女也許聘同鄉劉必昆未婚必昆游四川久不歸其母病無所依女遂執婦道奉姑日夜

勤侍數年不懈必昆沒人勸改適女怒誓死守終身鄉人以貞孝傳

監生陶國渾妻程氏年二十適陶夫歿遺腹生子復殤遂自刎未殊姑奪其刀乃不食數日死

廪生黃聯驥妻宋氏年二十四守節無子家貧事姑孝姑患癱日吮之遂愈卒年五十四

生員陶起瓊妻謝氏年二十九守節撫一子養姑有欲奪志者誓死絕之卒年八十五

姜文烈妻彭氏年二十五守節撫嗣奉舅姑孝

蔡三若妻姜氏年二十七守節撫孤成立卒年五十七

監生陶國澍妻劉氏年二十九守節

戴貞女鄉民戴中時女許聘孫蓋臣次子年十八壻亡矢志守貞或議更適女覺悲號毀容乃止紡績茹齋至親罕見其面年七十一卒

黃樂鈞妻操氏歸黃甫一年樂鈞沒殯葬後氏蓬垢不欲生舅姑強止之越四十九日適氏二十初

度遂號哭不止至不成聲而絕

黃志道妻何氏　黃得其妻劉氏 何年二十三守節奉養舅姑撫孤得其得其天劉年二十苦節撫孤

操履駿妻鄒氏 幼失恃從繼母訓年十八歸操越二年履駿沒氏慟不欲生逾九十九日而死

王霞汝妻夏氏 年十八守節事祖舅姑暨舅姑孝養曲至撫三月遺孤成立

游寧遠妻夏氏 年二十八苦節養姑撫三歲孤孤沒撫孫

監生黃士鄙妻王氏 年二十七守節祖姑暨舅姑皆老三子幼氏孝養撫孤成名次紹慈歲貢

夏必銑妻隗氏 年十八歸夏甫八月必銑沒氏持剪自殺救則投繯姑止之遂蓬垢操井臼以事姑

戴朝尊妻操氏 年二十六守節無子時姑老夫無昆季遂促舅買妾數請而後行生子氏撫之曲至

黃士郊妻程氏 年二十八守節舅姑老病曲盡孝養撫孤紹忠成立卒年五十九

劉思達妻楊氏 年二十二守節備棺矢志食貧茹素戚里罕見其面

袁紀雲妻王氏 年二十守節無子事舅姑以孝聞撫嗣子宗道爲諸生卒年七十二

王光履妻李氏 年二十二苦節事姑孝撫遺腹子成立

操履岷妻杜氏 年二十一守節以孝聞撫月餘孤成立

王來鋪妻劉氏 年二十五守節養姑撫子世淮成立子亡與婦陶氏撫遺腹孫有成卒年七十九

吳象乾繼妻曹氏 年二十八守節事姑撫前子二以孝慈聞卒年六十八

王光祥妻劉氏 光祥勤學早沒氏年二十守節遺腹生女家貧甚紡績易食卒年七十一

劉啟哲妻鍾氏 年二十一守節撫教二孤長漸達諸生次鋒恩貢氏卒年七十七

鄒愛員妻方氏 年二十四守節奉舅姑盡禮撫孤時獻爲諸生卒年六十四

邵文升妻張氏 年二十七夫沒撫孤成立先是氏于歸時舅姑俱沒依夫之伯父母以居事之如舅姑以孝稱氏卒年七十七

王世源妻王氏 年二十一苦節養姑撫孤

涂之綸妻洪氏　涂思智妻徐氏 洪年二十七守節奉姑撫二孤長子思智早沒其婦徐年二十五守節事姑人稱雙節

生員操履壽妻盧氏 年二十三苦節撫孤麟成諸生卒年七十六

王立業妻王氏 年二十苦節撫孤孤亡撫孫

黃士英妻吳氏 年二十二守節孝養撫孤卒年七十三

王倫伯妻左氏 年二十七苦節無子

戴裕祿妻舒氏 年十九苦節撫月餘孤

程日耀妻劉氏 年二十守節撫嗣子

生員易德揚妻趙氏 青年苦節

江貞女 訓導漢書孫女幼字徐世經未婚壻沒女聞訃請於父母歸徐衰服成禮事姑孝年四十七卒

萬貞女 幼字鍾天錫未嫁壻沒女年十六聞訃歸於鍾茹苦安貧族人嗣以從子麟生守貞五十六年卒

左貞女 左芳名女幼字張氏子未嫁張子遠貿尋沒女年二十四守志依父母勤苦終身年五十九卒

程貞女 南湖程氏女幼字胡氏子未嫁壻沒女誓守志父喪兄嫂俱亡養母撫姪守貞五十餘年卒

蔡貞女 幼許字董士占次子未婚壻沒女堅貞自守家貧勤紡績以養母人稱孝姑守貞四十五年卒

巴貞女 幼字黃釆璧子年二十未婚壻沒有勸其改字者哭拒之養母孝鄉里立牓稱之守貞四十四年卒

監生朱岳妻楊氏 年二十五守節事舅姑孝姑病目以舌舐之久復明撫孤成立

程世瑛妻熊氏 年二十守節撫教孤子化龍以明經舉孝廉方正卒年八十四

余文燦妻程氏 年二十歸余甫五月守節貧苦孝事舅姑

生員邱式儀妻馮氏幼敏能文年二十七守節教子延英爲諸生卒年六十八

鍾斐生繼妻徐氏　鍾裔生妻錢氏　鍾魯生妻潘氏娣姒也家貧守節徐年二十撫前子成立錢年二十六撫孤成立潘年二十三孤夭復撫嗣孫人稱三節

胡盱妻徐氏年二十二守節族有欲奪其志者氏抱孤歸母家與寡嫂陳相依教子成立卒年七十二

廩生程光旦妻汪氏年二十二苦節撫嗣淑元成諸生淑元卒與婦施氏共撫孤孫

童之翰妻李氏　童之旦妻高氏　童士雷妻林氏

監生童國材妻周氏李年二十二守節撫孤士霏高年二十三撫孤士雷林年二十七撫孤國材周年二十二撫孤敬綸李林卒俱年六十三高卒年七十五三代四節族黨哀之

余濟川妻彭氏夫病刲股年二十四守節貧苦撫孤養舅姑卒年七十四

監生彭化龍繼妻馮氏年二十七守節撫前妻子子婦没復撫週歲孫卒年六十一

黃士濬妻彭氏年二十二誓死苦節無子孝事舅姑卒年八十三

汪叔友妻江氏年二十四苦節一孤復夭卒年七十三

李長達妻朱氏年二十四守節孤夭撫孫卒年七十三

監生姜之釆妻廖氏年二十七守節卒年八十二

周頤妻熊氏年二十一守節撫嗣事舅姑孝

彭思周妻劉氏年二十一守節貧苦撫孤

劉甫載妻鍾氏年二十一守節貧苦撫孤

呂應玟妻史氏年二十守節無子家貧事舅姑孝

黃禮哉妻姜氏年二十五守節貧苦無子

徐繼松妻楊氏年二十六截髮矢節以孝聞年七十卒

鍾載陽妻曹氏年十八苦節撫孤卒年六十九

錢自輝妻桂氏年二十四守節撫嗣子年四十九卒

張紹前妻黃氏年二十守節撫孤事姑孝

曾太占妻張氏年十九守節貧苦撫孤

曾萬侯妻庫氏年二十二守節貧苦撫孤

胡朝岳妻王氏年二十守節撫遺腹孤卒年八十

萬文伯妻錢氏年二十五守節以孝慈稱

程履安妻何氏年二十五苦節嗣子復夭卒年六十八

鍾奇生妻袁氏年二十苦節撫八月孤卒年五十七

鍾秉烈妻盛氏年十九守節撫孤姪艱辛

鍾神燦妻張氏年二十二守節撫歲餘孤

萬叙水妻胡氏年二十七守節慈撫庶子

邱龍翔妻吳氏年二十三守節嗣夭撫孫卒年七十三

汪國伸妻陶氏年二十守節撫孤貧苦卒年七十一

張必友妻劉氏年二十守節撫孤貧苦卒年七十三

余海書妻程氏年二十五苦節撫孤成立卒年六十

胡駕妻邱氏年二十守節撫教嗣子

胡子飈妻陶氏年二十守節立嗣以孝稱

徐學言妻蔡氏年二十二守節撫孤孝事姑卒年五十六

徐世崧妻程氏年二十六守節立嗣孝養姑卒年五十五

徐正言妻高氏年二十二守節貧苦撫子

汪國寶妻劉氏年二十守節貧苦卒年六十一

姚士璉妻朱氏年二十五守節貧苦撫孤

姚次仁妻劉氏年二十六苦節撫嗣子

庫型侯妻童氏年二十六守節貧苦撫孤

庫從忠妻張氏年二十二守節貧苦撫孤

黃名儒繼妻徐氏年二十守節撫孤成立卒年八十四

黃雲純妻曹氏年二十八守節撫孤事姑孝年七十卒

黃雲盛妻郭氏年二十七守節以孝慈稱卒年九十一

黃翔妻熊氏年二十二苦節撫孤事舅姑孝卒年六十

黃士璿妻朱氏年二十二苦節撫孤年八十八卒

邱龍光妻蕭氏年二十五守節撫孤卒年七十四

邱士萩妻吳氏年二十一守節無子

邱體仁妻許氏年二十六苦節無子孝事舅姑

邱世繹妻黃氏年二十守節撫孤

孔四重妻王氏年二十四守節貧苦無子

張瓔之妻姚氏年二十三守節撫孤成立

黃之驥妻蕭氏年二十三苦節撫孤事繼姑孝

黃之錦妻徐氏年二十四守節貧苦撫孤

程邦傑妻湯氏年二十七守節撫孤孝事舅姑年六十卒

吳叔嗣妻謝氏年二十一守節貧苦撫孤卒年七十五

李之垣妻楊氏年二十一苦節盡孝撫孤卒年五十二

錢之嵩妻程氏年二十四苦節事姑孝

胡如坤妻陳氏年二十一苦節撫孤事姑孝

李世儒妻袁氏年二十三守節盡孝撫孤

胡士元妻柳氏年二十三苦節撫孤事姑孝

童仰之妻曾氏年二十二苦節撫孤孝事舅姑

王世馳妻張氏年二十一苦節撫孤卒年七十五

吳登尼妻鍾氏年二十五守節撫孤

蔡宏玉妻謝氏年二十苦節撫孤承翼卒年六十二

童昌懿妻曾氏年二十五守節撫孤

王家傳妻汪氏年二十四守節撫孤孝事舅姑

余承颯妻胡氏年二十三苦節撫孤

余烈學妻張氏年二十六苦節盡孝撫遺腹孤卒年七十

黃源渤妻胡氏年二十三守節貧苦撫孤

汪世銓妻陳氏年二十一守節立嗣事姑卒年五十四

任如海妻黃氏年二十一守節撫孤貧苦卒年六十一

黃云瑜妻朱氏年二十二守節撫孤貧苦卒年五十七

李克俊妻萬氏年十九夫没孤夭苦節

喻世顯妻余氏年二十二守節事姑孝

陳友龍妻胡氏年二十六苦節事舅姑孝撫孤奇峯爲諸生年七十卒

余璧六妻吳氏年二十四守節撫孤

余斐明妻陳氏年二十守節貧苦撫孤

余廷杰妻周氏年二十守節撫孤孝事舅姑

余崇志妻羅氏年二十一苦節撫遺腹孤

蕭正則妻余氏年二十守節撫週歲孤

任克理妻陳氏年二十一守節貧苦撫孤

周克厚妻余氏年二十守節撫半月孤復夭

邱士茆妻劉氏年二十八苦節撫孤

監生許云旭妻黃氏年二十七守節立嗣

王全宜妻鄧氏年二十四守節貧苦撫孤

汪世雄妻王氏年二十八守節

汪世寶妻周氏年二十守節貧苦撫嗣子

黃家益妻高氏年二十四苦節盡孝立嗣

胡之常妻汪氏年二十一守節立嗣孝事舅姑

陳世勳妻胡氏年十九守節立嗣卒年八十七

生員萬爾杲妻蔡氏年二十七守節孝奉舅姑撫孤爲境爲名諸生建祠置義田卒年六十二

生員萬爲壯妻魏氏年二十六守節勤紡績食雜草蔬撫孤繩祖成立卒年六十五

高岱妻萬氏年二十九守節貧苦撫二子成立補諸生

生員王飛熊妻萬氏年二十九守節撫一女貧苦弟或分舘穀助之輒不受年五十六卒

魏重光妻萬氏年二十四守節撫遺腹女艱危勤苦三萬姊妹也時稱三節

生員朱國順繼妻柳氏　朱承標妻陶氏柳年二十八守節撫孤承標及前妻子承樂恩勤曲至承樂夫婦亡撫二孫承標没陶年二十六守節孝事姑姑卒年七十四

葉自華妻王氏　葉時培妻周氏　葉時濟妻戢氏王年二十二守節撫二孤時培時濟皆早没周年二十二守節事姑孝戢年二十二守節姑病刲股食之王卒年七十四戢卒年六十四其娣王氏亦老死不再嫁

袁應鳳妻萬氏年二十三守節撫三月孤事祖姑及姑孝

江象瀾妻柳氏年二十八守節無子孝養舅姑家貧昆季逐之不歸日惟與庶姑馬紡績爲生

監生蔡朝榆妻宋氏年二十三守節茹苦事舅孝撫孤必後成立卒年六十七

陳德鳳妻周氏　陳德翥妻周氏　陳宗騄妻程氏二周娣姒也姒年二十五守節撫孤娣年二十二守節撫孤俱事姑孝程氏從子婦也年二十七守節事祖姑及姑以孝稱撫二孤成立人稱三節

生員邱安行妻吳氏年二十八守節孝事舅姑遺孤殤嗣子士藻亦夭立從子士鑑甫婚復夭與士鑑妻吳撫士藻遺孤姑守節四十一年卒

林方海妻程氏年二十守節無子嗣子復殤事舅姑孝有憐其貧餉遺者謝不受忍饑寒卒年七十

羅澤珍妻彭氏事姑孝以刲股聞年二十五守節立嗣

李立貞妻黃氏夫病刲股比卒氏年二十三守節立嗣事姑孝

監生朱承澍妻周氏年二十一守節撫遺腹子事姑孝

黃之梅妻田氏年二十五守節撫兩孤長子開周夭遺一孤女氏與姊熊共撫之

萬貞女許字徐氏子年十八壻夭女衰服臨喪或以未字爲言曰名分已定吾生猶死也遂立嗣以守茹苦

終身足不踰閾年七十餘卒

陳之洪妻胡氏年二十四守節立嗣事姑孝姑患癱氏爲盥櫛起居數年未嘗假手他婦

張象樞妻熊氏年二十四守節事舅姑盡禮張四世同居孳從娣姒處之雍穆無間

朱烈女生員朱建三女許聘程文正未嫁文正没女聞訃遂自縊死時年十八合葬於五雲寺側

童貞女江夏童兩松女許字周昆樹子運康周以子廢疾謝有議改適者女聞截髮自誓至於毀面截耳事

乃止壻没女閉居密室十餘年惟一婢侍及壻弟生子請立爲後曰吾今有母道乃出與家人見

萬廷衛妻周氏年二十七守節撫孤孝事舅姑年五十卒

萬輝祖妻鄧氏年二十八守節撫孤連城

萬廷顯妻金氏事舅姑孝年二十七守節無子剪髮以誓

朱承耀妻陶氏年二十三守節撫孤事姑孝

生員林應奎妾鄧氏年十九劃面誓節年九十五卒

張浩源妻周氏年二十六守節撫孤事姑孝

周熙懷妻朱氏年二十一守節事舅姑孝

生員宋景洛妻周氏年二十六守節撫孤

生員許甫榮妻張氏年二十二守節子夭年六十四卒

朱承誥妻程氏年二十七苦節撫遺腹孤

生員邱信古妾周氏年二十四守節撫孤卒年五十二

萬廷昇妻許氏年二十二守節貧苦

何永涵妻黃氏年二十四守節撫孤事舅姑孝姑目疾日舐者三目復明姑病篤刲股食之愈

杜天相妻李氏年二十二守節貧苦有欲奪其志者以死拒之乃止撫遺腹子成立

熊文鳳妻萬氏年二十五守節撫二孤足不踰閾唯機聲與泣聲相聞

陶次侯妻李氏年十九守節撫孤事舅姑孝

陶思慶妻張氏年二十三守節撫孤事姑孝卒年八十

劉廷柱妻張氏年二十守節撫孤事姑孝年六十三卒

劉之炯妻張氏年二十二守節撫孤事舅姑孝

王柱極妻何氏年二十五守節撫孤事姑孝姑病五載奉侍晝夜不懈刺指血和丸病以愈

潘西佑妻程氏年二十四守節子没撫孫

陶文開妻譚氏年二十六守節撫孤卒年六十三

陶文舉妻姚氏年二十二守節撫遺腹子卒年五十五

陶克遂妻金氏年二十八守節貧苦撫孤年七十五卒

陶文旭妻桂氏年二十四守節貧苦撫孤

陶文洪妻程氏　陶文昌妻方氏　陶文耀妻徐氏

陶文佑妻常氏　陶文宗妻陳氏娣姒也年俱二十餘守節貧苦撫孤以壽終人

稱一門五節

陶宇望妻汪氏　陶思道妻蔡氏姑婦也守節各四十年

陶文貴妻邱氏年十八苦節遺腹生子命名明意撫之成立絕跡戶外者五十餘年

王述祖妻胡氏年二十二夫没殯殮畢泣曰今可從夫地下事舅姑矣徐以一女託姒氏素饌祀先

抱夫主號慟閉戶自縊死

葉念依妻程氏年二十守節孤夭立嗣卒年六十八

葉晉水妻童氏年二十四苦節子婦俱亡

葉文昭妻詹氏年二十六苦節孝事姑撫孤卒年八十五

葉某妻周氏年二十守節撫孤晉贈成立卒年八十二

葉佩周妻陶氏年二十守節貧苦撫孤卒年六十八

陶應昱妻萬氏年二十三守節撫孤

熊至仁妻潘氏年二十七守節撫孤卒年七十

吳明弼妻胡氏年二十九守節貧苦撫孤卒年九十餘

朱承懋妻周氏年二十四守節撫遺腹子

朱天益妻鄧氏年十八守節貧苦立嗣

金能因妻童氏年二十四誓死守節撫孤卒年七十七

生員李有略妻陳氏年二十四苦節無子

喻友臣妻李氏年二十六守節貧苦孤與從子俱夭或憐其饑寒賙之輒不受

生員林朝宗妻程氏年二十守節嗣子嗣孫俱夭卒年六十七

胡應運妻喻氏年二十六苦節撫孤孝養卒年七十二

周世仁妻徐氏年二十三守節撫孤孝養

程東泉妻吳氏年二十餘守節無子立嗣

萬位育妻劉氏　林廷仁妻曾氏　吳秀卿妻汪氏

吳璁祖妻張氏　生員萬鼎黃妻程氏俱青年矢志守節

江世經妻劉氏夫病刲股以進年二十一守節二孤繼夭貧苦養姑姑病復刲股姑疑所食覘其手創血淋然姑哭曰兒孝乃至此及姑没氏曰吾得下見吾夫矣絶粒而死年五十六里人厚葬之勒碑紀其事

鄧尚勳妻彭氏年二十四守節立嗣撫之鄧本義門氏持家四十年小大輯睦毋事之年五十九預定時日而卒其家有祭氏者刲股救姑以孝聞

江存治妻劉氏年二十二夫没氏齧指血自題其主矢節撫二孤尋夭舅姑相繼病氏刲股者再病以愈姑老遘脾疾食廁日十數易氏扶持上下者逾年氏年五十一卒

柳一亨妻周氏年二十五夫没氏投繯姑壞戶救既甦且訓之氏乃起奉姑撫週歲孤成立家貧甚姑老病逾年姑曰婦之孝也苦矣姑卒氏殮畢是夕自縊以殉守節三十六年族人義之爲合葬於鳳台山

揭宗軻妻周氏年二十四守節姑老子幼貧苦甚康熙癸酉冬里中火姑病不能起氏呼天捧夫靈而哭火驟返獨免卒年八十五

劉鍾鼎妻葉氏　劉之源妻萬氏葉年二十守節貧苦撫孤之源之源没萬年二十一守節撫孤廷華廷華没妻曾撫遺腹孤孤病將死葉與萬號哭曰吾何生相率投於江救免孤亦瘳

陳芳烈妻魏氏年二十九守節教子裕以明經任訓導卒年八十二

童士焜妻沈氏年二十一守節無子姑年八十多病奉事以孝稱姑没悲痛而死

生員周士禮妻汪氏　生員周邦獻妻杜氏汪年二十五守節貧苦撫二子邦獻中規俱諸生邦獻没杜年二十四苦節立嗣汪卒年七十

王貞女許聘殷履雲之次子殷子外出十餘年不歸殷語其父母爲更聘女誓不可苦貞六十餘年

誥贈奉政大夫生員嚴文任妻周氏年二十二守節撫孤承夏成進士卒年七十餘誥贈宜人

段邦彥妻周氏　段爾康妻張氏周年二十守節撫嗣子爾康爾康夭張年二十二守節撫孤周卒年八十餘

陶思洵妻陳氏年二十四苦節孝養撫孤

監生周价繼妻范氏年二十四守節撫教前妻子奇觀弱冠補諸生

方之德妻周氏年二十九守節自築壙塋日常不炊勤績撫諸孤卒年七十三

宋宗燦妻陶氏年二十守節撫孤兆棧事姑孝姑病刲股醫之

程兆義妻宋氏年二十五守節撫孤紹川成諸生

夏岱妻劉氏年二十五守節立嗣姑患癰吮之得瘥孀姑老邁脾疾澣濯不懈以孝稱卒年七十五

徐國章妻呂氏　徐巖孺妻周氏　徐大元妻王氏三世姑婦也呂年二十八苦節撫孤巖孺周年二十四苦節撫孤大元王年二十七苦節無子事姑孝呂卒年五十四周卒年八十五

生員夏瑜妻蕭氏年二十六守節撫孤貧苦孝事舅姑姑老疾氏晝夜扶持者四載卒年八十三

陳三瞻妻胡氏年二十六守節無子或勸改適氏忿甚終身不往母家撫孤姪以終卒年五十二

余宏仁妻馮氏年十九宏仁卒於陵水氏扶櫬數千里歸承嫡事姑盡禮撫孤成立年四十五卒

陶思球妻鄭氏年十九守節撫二孤及夫幼弟俱成立卒年七十三

生員程應祚妻李氏年二十守節撫二孤成立長奏諸生氏以完節終

葉仲載妻胡氏年二十二守節奉姑孝撫月餘孤肇錨成立孤亡又與婦魏撫幼孫

陳維翰妻張氏年二十五守節課子廷鈞食餼有名早卒其婦靖氏年二十七同姑矢志

邱貞女許字鄭某子鄭子外出十餘年其父母將爲改嫁女自誓曰願守終身閉室紡績卒年五十七

陳希妻徐氏年二十三守節撫孤家貧日茹菜根

吳有庠妻夏氏年二十五苦節孤夭家貧甚其兄遺以衣食辭不受卒年七十七

魏現妻雷氏年十七守節撫遺腹孤或欲奪其志截髮誓死奉舅姑無闕子夭撫孫卒年六十九

程之孟妻鍾氏年十八守節無子夫弟甫週而孤氏獨力撫之卒年七十

張之瓊妻程氏年二十四守節立嗣姑病刲股尋愈氏卒年六十餘

葉自超妻邱氏　葉祥士妻周氏姑婦也邱年二十二守節撫孤祥士周年二十守節無子邱卒年五十餘

劉芳輝妻周氏年二十九守節事姑孝姑病刲股病以瘳卒年五十七

董祚連妻殷氏年二十三歸祚連甫三月祚連游四川沒氏甘貧守節

朱國機妻陶氏　朱承誥妻周氏陶年十八苦節撫孤承誥早亡周年二十五守節奉姑陶卒年七十七

生員韓大紳妻余氏年二十八守節

賀克成妻余氏年十八守節

周之美妻范氏年十九守節無子年六十卒

周榮路妻潘氏年二十三守節貧苦撫孤

生員周華國妻余氏年二十一苦節撫孤

周熙陶妻萬氏年二十一苦節撫孤運騄

周季襄妻杜氏年二十六守節撫孤和鸞成諸生

童繼栩妻孫氏年二十夫沒撫姪垣爲嗣孫

周運詵妻袁氏年二十五守節撫孤

劉國寧妻江氏年二十五苦節奉姑撫子卒年七十三

陳芳馥妻陶氏年二十三守節貧苦撫孤卒年六十五

靖本楝妻王氏年二十九苦節無子孝養舅姑

陳徂徠妻孫氏年二十苦節

萬一能妻葉氏年二十六苦節事姑撫嗣

監生李之斌妻陳氏年二十六守節撫孤
陳大郁妾熊氏年二十守節撫遺腹子卒年五十五
陳偉昆妻錢氏年二十三守節撫孤啓祥
陳錦裳妻余氏年二十五守節卒年六十四
陽邏鄭某妻張氏年二十二苦節無子年七十四卒
陶思恒妻齊氏年二十四守節撫孤應緯
王天義妻林氏年二十八守節
陳思道妻盧氏年二十八守節撫二孤
童之昭妻陳氏年二十五守節
陳世則妻邱氏年二十四守節

周秩斯妻邱氏年二十五苦節撫孤運矩
周熙晃妻葉氏年二十四苦節撫孤運矩
周熙樸妻雷氏年二十四守節奉姑撫子
周運會妻朱氏年二十六苦節撫二孤
周承璽妻童氏年二十五苦節撫孤
周熙權妻魏氏年二十四守節撫孤成立
周熙輝妻張氏年二十守節撫孤以孝稱
監生周惟樞妻陳氏年二十四苦節撫孤
周利川妻熊氏年二十五守節立嗣
周栢石妻向氏年二十四守節撫二孤

周汝興妻邱氏年二十三守節撫孤觀海
周熙萃妻童氏年二十五苦節撫孤
周士高妻朱氏年二十一苦節撫孤
周作霖妻張氏年二十苦節無子
生員周文憲妻袁氏年二十五苦節撫孤
周承銘妻陶氏年二十五苦節撫孤
周熙光妻陶氏年二十一夫歿撫嗣子苦節終身
余艮才妻楊氏年二十六守節盡孝撫孤卒年七十一
余在文妻楊氏年二十四守節撫遺腹子卒年六十
程利厚妻周氏年二十四苦節無子

程兆正妻周氏年二十六苦節撫孤事姑孝
張子淑妻周氏年二十五苦節無子
陳道妻盧氏年二十五苦節
童士利妻錢氏年二十四苦節事姑撫子
吳國簠妻黃氏年二十八苦節撫孤事姑孝
黎元榮妻余氏年二十守節立嗣事姑孝
陳文在妻何氏年二十一守節
陳效虞妻黃氏年二十二守節
陳選周妻周氏年二十三守節
陳博也妻林氏年二十二守節

陳子佳妻雷氏年二十三守節
陳念松妻袁氏年二十七守節
陳秉章妻郭氏年二十七守節
陳咸若妻李氏年二十七守節
陳瓔夫妻戢氏年二十八守節
生員袁幼成妻林氏年二十四守節
林載揚妻陳氏年二十六守節
林魯仲妻胡氏年二十二守節
葉倫針妻朱氏年十九守節
王德昭妻陶氏年二十二守節

張書懷妻陳氏年二十守節
林方抯妻鄭氏年二十八守節撫遺腹子卒年七十七
陳啓盛妻何氏年十九苦節撫遺腹子卒年八十五
黄正和妻葉氏年二十二苦節撫孤
生員夏夢齡妻魯氏年二十五苦節盡孝年五十卒
陶應邴妻曾氏年二十守節撫孤
葉昌義妻童氏家貧守節撫孤奉繼姑孝卒年六十六
劉文彩妻李氏年二十五苦節撫遺腹子
李如龍妻高氏年二十三誓死守節撫孤卒年七十三
程嘉盛妻何氏年二十三苦節孝姑撫子

陶文焯妻陳氏年二十三守節事姑撫子
陳克極妻邵氏年十八守節
戢世礪妻余氏年二十守節撫孤事舅姑孝
楊眉玉妻葉氏年二十苦節撫孤卒年七十八
葉藍懷妻林氏年二十八守節撫孤事舅姑孝卒年七十五
葉阜兆妻童氏年二十八守節立嗣事姑孝
陶思懌妻王氏年二十守節立嗣
林振鴐妻葉氏年二十一苦節撫孤
魏玉田妻葉氏年二十二守節撫孤年七十餘卒
魏峯妻雷氏年二十一守節撫孤光禮年六十五卒

程景綱妻向氏年二十五苦節撫孤
陶應輝妻葉氏年二十二守節立嗣
魏綱妻萬氏年二十五苦節立嗣卒年七十餘
魏崠妻周氏年二十二苦節無子
陶應純妻陳氏年二十六守節撫孤年五十卒
陳芳極妻韓氏年二十九苦節撫子卒年八十六
陳世嶽妻周氏年二十四守節撫孤
陳世璉妻袁氏年二十九苦節孝事舅姑
陳德和妻葉氏年二十二守節
周桐栢妻張氏年二十五守節

周繼胡妻蔡氏年二十四守節撫孤
周祚峒妻陳氏年二十五苦節撫孤
庠生周世燈妻陶氏年二十二苦節
周世熉妻葉氏年二十五苦節
周祚障妻韓氏年二十五苦節
周祚新妻喻氏年二十一守節立嗣
周祚調妻張氏年二十四守節撫孤
周祚榜妻葉氏年二十五苦節無子
葉應軒妻何氏年二十五苦節立嗣
劉廷棟妻常氏年二十五苦節無子孝養舅姑

陳元熙妻童氏年十七守節撫孤成立
周伯山妻陳氏年二十二守節事舅姑孝卒年八十二
陳子重妻葉氏年十九守節
陳大文妻王氏年二十三守節
周祚秀妻陶氏年二十五苦節無子
林宗揆妻汪氏年二十五守節撫嗣子
林若許妻韓氏年二十四苦節撫孤
揭若嵐妻李氏年二十一苦節事姑立嗣
程兆準妻江氏年二十四守節無子孝事舅姑年五十卒
張一棠妻余氏年二十三守節撫孤孝事舅姑

袁應達妻李氏年二十四苦節
陳憲章妻戢氏年二十三苦節
林常春妻陳氏年二十七守節
柳一元妻王氏年二十守節養姑子殤撫嗣子亦夭年五十卒
程梧妻杜氏年二十二守節
陳同仁妻向氏年二十八守節撫孤成立
鄭辨玉妻陳氏年十八守節
葉大材妻程氏年二十五守節
林常耀妻雷氏年二十六守節
林常士妻雷氏年二十二守節

林常通妻李氏年二十四守節
林常寧妻葉氏年二十三守節
林常美妻葉氏年二十七守節
陳先一妻熊氏年二十六守節
庠生陶隆運妻王氏年二十八守節
許東會妻張氏　許正昌妻張氏姑婦也姑年二十四守節撫孤正昌婦年二十一守節無子奉姑孝姑卒年六十六
生員鄧文煥妻李氏年二十四守節撫孤
葉出萬妻李氏年二十八守節子夭撫嗣孫
柳載千妻徐氏年二十一苦節撫子事姑孝

葉世經妻陶氏年二十七苦節事舅孝撫二孤
陶應譜妻周氏年十九守節立嗣
汪提達妻周氏年二十六守節立嗣
袁應焻妻陶氏年二十五守節孝養撫孤
段邦基妻陳氏年二十三守節撫孤成立卒年六十六
葉同桂妻高氏年二十一守節孝養立嗣
葉同榜妻熊氏年二十三守節孝養撫孤卒年六十一
監生袁應永妻韓氏年二十四守節奉姑孝
徐韶妻陳氏年二十六守節撫孤
徐大隆妻余氏年二十五苦節無子

殷閏周妻呂氏年二十一苦節事舅孝撫孤
郭鴻功妻王氏夫病封股年二十守節立嗣
生員程人文妻周氏　生員程兆坤妻吳氏
周世丕妻盧氏　周祚輝妻彭氏　江象濱妻魏氏
余艮諭妻朱氏　余國構妻郭氏　向全熙妻陶氏
陶會極妻黃氏　張天和妻林氏　賀克健妻朱氏
張應欒妻黃氏　周以寀妻張氏　周民覲妻向氏
林永芳妻張氏　陳德成妻孫氏　張一濂妻陳氏
陳世祚妻張氏以上俱矢志守節
生員詹世賢妻林氏年二十二守節撫孤事繼姑孝

詹世瑞妻嚴氏年十九守節
詹世賚妻袁氏年二十三守節
詹啓才妻陳氏年二十三苦節撫孤
凌君顯妻程氏年二十一守節撫八月孤
熊聞達妻程氏年二十守節盡孝撫孤
萬世昌妻王氏年二十三苦節撫孤
李先懋妻吳氏年二十八苦節撫二孤
陳材勸妻雷氏年二十二苦節立嗣孝事姑
生員陳漢章妻楊氏年十九守節撫孤材美孤夭復與媳謝撫兩孫卒年八十
陳焯觀妻周氏年二十一守節事姑撫子

胡慕文妻何氏年二十九守節繼嗣夭
胡近光妻袁氏年二十守節撫孤卒年五十一
商範維妻蔡氏年二十四守節撫孤
黃昆山妻林氏年二十四守節撫孤
黃龍山妻喻氏年二十二守節撫孤
聶世子妻汪氏年二十五苦節撫孤
夏必榮妻李氏年二十三守節撫孤
李宗常妻汪氏　汪毓元妻鍾氏　鍾三陽妻沈氏
夏超萬妻邱氏　凌思儒妻周氏　商方訓妻童氏
商世興妻施氏　鍾藏萌妻張氏　童次妻凌氏俱青年守節

詹啓鉉妻陳氏年二十六守節

童士俊妻許氏年二十六守節卒年八十二

戴基泰妻汪氏年二十六苦節撫孤

曹本梁妻胡氏年二十五守節孝事姑撫子卒年六十五

袁其賓妻曹氏年二十四守節

監生余思澤妻甄氏年二十守節立嗣孝事祖姑年四十四卒

朱世宏妻熊氏　黃雲斐妻劉氏　陶韶久妻程氏

陶德堯妻凌氏俱青年守節

魏基鉅妻邵氏年二十二苦節撫孤

監生王如錦妻李氏年二十六守節立嗣年四十七卒

王孝女寄紹台道王一導女也幼抱病母曹憂勞成疾女痛母病由己誓養母終身曰北宮之女獨異人耶父没事母以孝稱母卒哀毀數月亦卒年五十六

葉大俊妻程氏年二十四夫卒誓以身殉家人防之乘間自刎死距夫亡七日乾隆二十三年事

監生湯光謙妻盛氏年二十六守節無子

張夔俊妻孫氏年二十五守節無子

程宏任妻王氏年二十二守節無子

葉光祖妻吳氏年十八守節無子卒年六十一

齊維臣妻龔氏年二十九守節撫二子

朱士龍妻魏氏年二十六守節卒年五十七

崔任遠妻徐氏年二十五守節

徐慶忠妻汪氏年二十二守節

監生朱彭年妻王氏年二十七守節撫孤

李和珠妻周氏年二十七守節撫孤

監生馬自榮繼室朱氏年二十五守節孤夭

樊廣霖妻熊氏年二十四守節撫孤

鄒祖顯妻姚氏年二十守節卒年六十八

余連玉妻包氏年二十五守節撫孤

汪國燃妻吳氏年二十四守節撫孤

繆品兹妻江氏年二十二守節

童希穆妻魏氏年二十守節

邱孔在妻胡氏年二十三守節撫孤卒年八十二

邱翊仁妻王氏年二十二守節撫孤

邱世有妻孫氏年二十五守節撫孤卒年五十四

邱子善妻朱氏年二十五守節撫孤卒年六十五

邱時文妻汪氏年二十六守節撫孤

邱能遠妻張氏年二十八守節撫孤卒年五十七

邱實泰妻羅氏年二十八守節撫孤卒年四十六

邱廷宗妻李氏年二十九守節

邱亦山妻陶氏　邱裕後妻王氏姑婦也陶年二十九守節卒年七十四王年二十九守節卒年五十六

魏中虛妻蔡氏　魏汝明妻汪氏　魏萬國妻陳氏娣姒也蔡陳年二十守節撫孤汪年二十三守節撫孤人稱三節

余先進妻姚氏年二十三無子守節

鍾立賢妻黃氏年二十五守節撫孤卒年七十五

鍾全章妻江氏年十九守節撫孤

桂斗山妻彭氏年二十四守節撫孤卒年六十

李懸玉妻汪氏年二十七守節撫孤卒年七十四

張利涉妻徐氏年二十七守節撫孤

吳炎周妻周氏年二十守節撫孤

邱之廷妻胡氏年二十二守節撫嗣子

張克遠妻任氏年二十三守節卒年七十八

胡世美妻王氏年二十四守節撫嗣子

萬昆山妻林氏年二十四守節撫嗣子

羅結遠妻高氏年二十守節撫孤

鍾儒望妻雷氏年二十三守節撫孤卒年六十

鍾儒行妻程氏年二十守節卒年六十三

姚簡能妻郭氏年二十七守節撫孤卒年八十六

郭元章妻可氏年二十九守節

以上舊志

黃岡縣卷之十二終

黃岡縣志卷之十三

人物志

列女

知黃岡縣事宛平俞昌烈編輯

陶若霖妻劉氏年二十守節撫嗣事姑孝卒年五十四乾隆二十七年建坊

蕭烈女蕭惟玉女鄰人欲犯之不從自縊死乾隆三十八年建坊

張思鯨妻胡氏年十九守節撫嗣乾隆五十四年建坊

劉良才妻蕭氏年十九夫沒守節姑聽讒勸嫁不從㷀命前令張擬飭令與夫合葬建坊墳前

徐懋德妻王氏年二十一夫沒哭頻絕因有娠勉進飲食旋以胎墮慟夫無後泣累日入夜遂投繯死距夫亡五日嗣子光岳貢生乾隆五十九年建坊

梅貞女諸生梅志郊女許字王宗玠未婚玠卒女年二十二聞訃往弔矢志守貞事舅姑以孝稱卒年五十九嗣子士訓諸生候選縣主簿乾隆六十年建坊

監生劉文煥妻蘓氏年二十四守節事姑孝卒年四十七嗣子士壎監生嘉慶十年建坊

詹伯章妻劉氏夫沒無子舅姑先故依叔翁若志守節拒嫁以死嘉慶十五年建坊

陳應楫妻林氏年二十四適陳五月夫沒誓以身殉孀姑舒氏勸止之遂誓守事姑孝撫嗣成立嘉慶二十一年建坊

程應本妻胡氏年二十四苦節撫孤卒年六十一道光元年建坊

劉成達妻陶氏年二十四守節事姑孝姑患痰痺氏不離左右撫嗣復撫孤孫卒年六十道光元年建坊

王梀章妻陳氏年二十九守節卒年八十道光二年建坊

胡至淵妻王氏年二十六守節撫孤卒年六十七道光四年建坊

夏正樞妻汪氏年二十守節撫嗣道光六年建坊

監生陶連魁妻游氏年二十七守節撫孤定安監生道光六年建坊

許世福妻殷氏　生員許文達妻李氏姑婦也殷年二十守節撫孤文達諸生文達沒李年二十五守節撫孤殷卒年八十一李卒年六十四子希曾議叙鹽知事銜孫汝齡汝梅諸生汝鳳從九品汝鐸議叙八品汝勤監生道光六年建坊

鄧丕椿妻詹氏年二十守節卒年七十九道光六年建坊

魏瑛妻萬氏年二十七守節撫孤卒年九十二道光六年建坊

劉光發妻鍾氏年二十七守節事繼姑孝撫二子成立次成柏舉人湖南試用知縣氏卒年七十一道光七年建坊

游瓆妻羅氏　贈職游定寰妻汪氏羅年二十六守節孝事舅姑撫孤定寰成立娶汪氏年十九守節事姑孝羅卒年七十一汪以子豐元布經歷銜封太宜人卒年七十六道光八年建坊

馬重書妻易氏年二十六守節孝事舅姑嗣子沒撫孫先駒貢生卒年六十六道光九年建坊

曾必仁妻洪氏年十九守節現年六十八道光十年建坊

尼志修武邑民婦嚴張氏在沙街三官殿出家夜遭強暴趙滿生圖姦抗拒不從被毆死時年二十九趙伏法題請建坊墓前

李嗣溶妻姜氏年二十二守節事重闈曲盡孝養撫二子成立長士杰監生次士燮進士卒年五十道光十一年建坊

許傳智妻劉氏年二十九守節撫嗣卒年四十六道光十一年建坊

范綱妻胡氏年二十二守節撫嗣子濂諸生欽捐職都司卒年八十道光十七年建坊

廩生王士奎妻何氏年二十五守節撫嗣卒年四十一道光十七年建坊

江開華妻周氏年二十三守節撫孤道光十八年建坊

徐萬春妻李氏年二十二守節事舅姑孝撫遺腹子士淳列成均孫錫楷庠生彥樽職員曾孫方烱副榜卒年八十九道光十八年建坊

劉漢東妻陶氏　劉宗賢妻張氏　劉方琦妻胡氏三世姑婦也陶年二十三張年二十六胡年二十七守節陶卒年九十三張卒年六十八胡卒年五十胡長子昌傑郡廩生道光二十年建坊

林世篌妻程氏年二十五守節撫孤卒年六十五道光二十二年建坊

劉士長妻許氏　劉士遠妻范氏娣姒也許年二十四范年二十五守節事舅姑孝初許未有子常以夫祀為念范歸生子照公姑命許撫之為嗣遠旋沒別無次丁時公已故姑命兩氏同心

撫養成立列成均議叙八品許現年七十五范現年六十三道光二十五年請坊

范吉妻喻氏年二十守節卒年四十三道光二十五年請坊

監生汪振鐸妻何氏年二十八守節撫嗣子擊遠列成均現年七十三道光二十五年建坊

鄧之璜妻姜氏　鄧丕楹妻張氏姜年二十二守節撫孤卒年七十三張乃姜之孫媳年二十三守節卒年八十九道光二十五年建坊

周運隆妻盧氏　周功升妻賈氏盧年二十六守節撫二孤成立愷監生盧卒年五十七賈其孫媳也年十九守節現年五十三道光二十六年建坊

胡名錕妻董氏年二十四守節撫嗣卒年三十四道光二十七年請坊

徐貞女徐繼直女許字胡名銓未婚名銓沒女年十九矢志守貞撫姪職員國經為嗣舅病劇女割股救療尋愈卒年七十道光二十七年題請建坊

張長宣妻章氏年二十九守節撫孤卒年八十九子椿年布政司理問銜孫選鶱選齡俱監生炳南都司銜道光二十八年請題建坊

廩生黃元汲妻賈氏年二十四守節舅姑年九十奉養周至嗣子宗珵自襁褓撫養成立州同職銜氏現年九十道光二十八年請題建坊

王蘭錫妻曾氏年二十守節撫孤卒年五十二子俊列成均道光二十八年請題建坊

朱官懋妻陳氏年二十一守節現年五十道光二十八年請題建坊

贈職劉世芬妻龍氏年二十二夫沒氏觸棺幾斃時有娠公姑勸其保重以存夫祀娩忍泣侍奉月餘舉一子氏撫之成立道光二十年以子捐職同知錫璜遵例封宜人現年七十四

龍逢熙妻姚氏年二十九守節撫嗣復撫嗣孫卒年六十

呂期和妻陳氏年二十五守節撫孤卒年六十五

呂麟祥妻李氏年二十二守節撫嗣卒年七十一

陳光裕妻謝氏年二十八苦節撫孤卒年五十八

喻凝五妾張氏年二十八守節卒年六十二

徐兆茂妻張氏年二十四守節撫孤卒年八十五

謝時順妻徐氏年二十六守節撫孤卒年七十八

呂期烈妻方氏年二十二守節撫嗣事孀姑童氏孝童節已入前志方卒年六十

劉士篪妻范氏年二十二守節撫嗣秉珩監生卒年六十二

劉世義妻許氏年二十五守節撫嗣現年六十六

王宗泰妻陳氏年二十八守節撫孤卒年七十六

龍逢魁妻孫氏年二十三守節撫孤卒年四十二

龍毓復妻謝氏年二十三守節撫孤卒年七十八

龍廣玉妻余氏年二十八守節撫孤卒年七十五

楊在宏妻孫氏年二十六守節現年八十三

陳德剛妻曾氏年二十八苦節撫孤現年六十一

傅天池妻喻氏年二十四守節卒年八十二

陳宗貞妻鄭氏年二十六守節卒年四十一

吳宗輝妻李氏年二十八守節貧苦孝姑撫孤現年七十一

王材耀妻范氏年二十四守節撫孤卒年七十二

甄光朝妻楊氏年二十二守節現年七十四

王文琳妻王氏年二十五守節撫嗣定邦諸生卒年六十四

張承顯妻孫氏年十九守節撫孤卒年八十九

劉貞女劉文煊女幼字倪文錦年十八錦病垂危父命往視錦數張目矚之而已錦沒女遂留養翁姑服除往歸寧老嫗微諷之女即瞋怒哭拜父母與家絕越二十餘年父母壽各八十乃一往省撫姪以存夫祀修撰陳沆紀以詩載藝文志

龍廣珠妻范氏年二十五守節撫嗣卒年八十六

孫家偉妻范氏年十九守節卒年八十三

孫之仕妻鄧氏年二十四苦節撫孤卒年七十六

王建雍妾吳氏年二十二守節事嫡盡禮撫兩子成立卒年九十

生員王宗相妻呂氏　王士玉妻梅氏姑婦也呂年二十一守節撫遺腹孤士玉成立卒年四十一士玉沒梅年二十五守節事姑孝撫嗣卒年七十一

陳應松妻翁氏年二十三守節事舅姑孝撫姪懿順秀椿爲嗣俱監生氏卒年六十四

陳應桂妻許氏年二十五守節事舅姑孝撫嗣卒年七十六

王家琪妻詹氏　王家政妻涂氏娣姒也詹年二十六守節撫孤鶴舉人現年八十二涂年二十八守節卒年六十五

劉楚義妻汪氏年二十七守節現年六十七

吳世豪妻王氏年二十八夫沒親族欲嫁之氏截髮自誓紡績養姑撫孤成立現年七十九

高永才妻李氏年二十三守節撫孤卒年八十

陳貞女陳名揚女幼字孫顯達年二十未嫁壻沒女聞訃往孫臨殯矢志守貞孝事公姑卒年七十

孫紹周妻殷氏年二十四守節撫嗣卒年六十八

尹之琳妻熊氏年二十八守節現年六十一

劉文勲妻馬氏年二十八守節撫二孤卒年七十三

劉文蒸妻張氏年二十九守節撫二孤長肇基監生卒年九十三

劉文煩妻孫氏年二十七守節卒年九十一

劉懷瑾妻袁氏年二十五守節撫孤墀監生卒年八十六

劉士登妻黃氏年二十守節撫遺腹孤卒年六十三

劉士垣妻張氏年二十九守節撫孤卒年六十四

劉世作妻郭氏年二十八守節撫孤卒年六十六

劉華貴妻彭氏年二十九守節撫孤現年七十八

呂鳳錩妻龍氏年二十五守節撫嗣卒年七十四

呂應光妻楊氏年二十苦節撫孤卒年六十五

呂昌瑛妻吳氏年二十六苦節撫孤卒年七十一

呂期端妻淩氏年二十四苦節撫孤卒年七十七

呂期燭妻袁氏年十九守節撫嗣卒年七十九

李可則妻龍氏年二十九苦節撫孤卒年八十一

李可元妻曾氏年二十五苦節撫孤卒年八十

李可鉅妻袁氏年二十九苦節撫孤卒年八十一

李可珠妻郭氏年二十一守節撫孤卒年七十
李時𤄽妻陳氏年二十六守節卒年五十六
李其溥妻王氏年二十三苦節撫孤卒年八十
李可久妻孫氏年二十二苦節撫孤卒年七十二
陳宗亮妻楊氏年二十苦節撫嗣卒年七十六
陳光瑜妻周氏年二十五苦節撫孤卒年六十四
陳永梅妻鄧氏年十九苦節撫孤卒年六十四
張夢熊妻喻氏　張書緒妻孫氏姑媳也喻年二十三守節撫孤書緒成立娶媳孫氏年二十六緒没隨姑守節喻卒年八十五孫現年六十六
王以義妻廖氏年二十六守節卒年五十七

王風節妻鄭氏年二十七守節撫嗣卒年八十
庠生王大烈妾凌氏年二十六守節撫嗣卒年六十三
袁宗純妻鍾氏年二十六守節撫嗣卒年七十四
劉經書妻陳氏年二十九守節卒年八十二
呂因相妻趙氏年二十守節撫孤卒年六十七
尹嗣棟妻劉氏年二十七守節撫孤復撫孫卒年八十六親見曾元
喻和秀妻龍氏　喻大柱妻劉氏姑婦也龍年二十守節撫孤大柱大柱没婦劉氏年二十九立姪芝爲嗣同姑守志龍卒年八十四劉卒年七十二芝監生
喻大用妻熊氏年二十一守節卒年六十四
高殿榮妻趙氏年二十七守節撫嗣現年八十三

謝時秀妻殷氏年二十六守節撫孤卒年八十四
張思翮妻呂氏年二十五守節撫孤卒年五十四
張其昌妻吳氏年二十八守節撫孤卒年六十五
張其珺妻潘氏年二十七守節卒年五十八
陳萬鼎妻王氏年二十四守節撫嗣卒年七十九
劉世霖妻夏氏年二十七夫病危適子殤恐增夫病忍泣吞聲夫旋没屢欲身殉悼念舅姑強起奉養立嗣誓守現年五十九
張文元妻何氏年二十六守節撫孤現年七十
嚴紹墩妻吳氏年十九守節撫嗣卒年六十
張其輝妻傅氏年二十二守節撫孤現年七十九

張其鵬妻霍氏年十八守節撫孤卒年五十二
龍逢清妻喻氏年二十七守節撫孤卒年五十
龍可輔繼妻牟氏年二十四守節卒年八十八
庠生龍兆麟妻樊氏年二十四守節撫遺腹孤卒年五十
庠生龍際堯妻詹氏年二十八守節撫孤卒年八十一
龍澤潤妻鄭氏年二十八守節卒年七十八
龍宗元妻周氏年二十九守節卒年七十七
龍宗珍妻陶氏年二十九守節卒年六十八
龍廣璞妻陳氏年二十四守節撫嗣卒年五十
龍宗章妻周氏年二十五守節卒年五十五

龍敬若妻高氏年二十五守節撫孤卒年七十六

龍逢翼妻李氏年二十一守節撫孤卒年五十三

凌朝勝妻謝氏年二十八守節卒年七十一

劉玉松妻李氏幼字玉松松痴又患惡疾松父辭婚氏年十六聞之截髮自誓歸松侍疾十三年不懈年二十九夫没守節事舅姑孝撫嗣現年六十八

夏萬青妻王氏年二十九守節撫孤現年六十二

夏萬年妻李氏年二十八守節現年五十九

柳祥福妻齊氏年二十六守節撫孤現年六十八

孫廣濟妻尹氏年二十八守節卒年八十八

孫善洋妻李氏年二十五守節卒年七十五

孫善崢妻董氏年二十八守節孝事舅姑卒年七十八

孫善倡妻陳氏年二十一守節撫孤卒年八十三

孫自惕妻李氏年二十五守節撫嗣卒年七十四

孫自濬妻汪氏年二十八守節卒年七十

孫善宏妻吳氏年二十七守節卒年六十一

孫善舒妻王氏年二十八苦節撫孤卒年七十九

孫善士妻徐氏年二十八守節撫孤卒年八十一

孫家啟妻趙氏年二十九守節撫孤卒年八十九

孫家選妻夏氏年二十八守節卒年七十八

孫善源妻李氏年二十九守節卒年七十八

孫善楫妻吳氏年二十七守節撫孤卒年八十

孫善俊妻方氏年二十八守節卒年七十六

孫善炎妻陳氏年二十四苦節卒年八十二

孫善鰲妻祝氏年二十三守節卒年七十九

龍廣生妻孫氏年二十八守節撫嗣卒年五十六

馮文昇妻孫氏年二十六守節卒年七十五

孫克雯妻董氏年二十一守節卒年六十

龍景芬妻孫氏年二十八守節卒年三十九

高家善妻龍氏年二十苦節撫孤卒年七十四

范鍾秀繼妻喻氏年二十二守節撫二孤黼黻列成均卒年七十五

監生張萬景妻王氏年二十一守節卒年七十三

范秀發妻柳氏年二十五守節撫孤孝事孀姑現年七十一

陳錫璠妻喻氏年二十四苦節撫孤卒年六十三

陳錫璜妻鄭氏年二十六守節撫孤卒年六十一

祁宏仁妻晏氏年二十六守節卒年六十四

祁芳蓮妻張氏年二十五守節撫孤姑病三載朝夕侍養不怠卒年七十二

魏家典妻陳氏年二十三夫没無子舅姑勸之嫁氏苦守鄰家火及氏居而返者二次卒年五十三

王全倫妻孫氏年二十四苦節卒年八十四

喻國樂妻杜氏年二十八守節卒年七十五

喻陞妻許氏年二十五守節撫嗣卒年四十六

生員喻繼業妻歐氏年二十九守節撫孤卒年八十八

范夢熊妻王氏年二十四守節撫孤現年五十三

張年亨妻程氏年二十六守節卒年六十九

陳章增妻王氏年二十夫没遺腹孿生矢志守節現年六十三

段從崙妻楊氏年二十八守節撫孤卒年三十九

周良材妻胡氏年二十九守節現年六十一

范夢印妻奚氏年二十六守節現年七十三

喻洪妻楊氏年二十六守節撫嗣泰勳副榜卒年七十一

朱學寬妻程氏年二十八守節撫孤卒年六十一

張應隆妻余氏年十九守節卒年五十六

陳光遠妻謝氏年二十九苦節撫孤卒年七十一

監生張其瑞妾聶氏年十七守節立嗣毓樫舉人卒年五十五

袁方烜妻楊氏年二十四守節撫嗣事孀姑孝現年六十六

張希齡妻董氏年十九苦節撫孤卒年八十三

烈婦周氏楊於琥妻年二十六夫没無子氏父母憐其少勸改適遂自縊死

烈婦金氏范明久妻年二十四夫没氏枕尸痛哭而絶

烈婦周氏監生范興妻年二十八夫没遺二孤朝夕泣血越數日抱主嘔血死

烈婦何氏陳德朝妻乾隆乙巳大荒夫鬻氏於湖南商者諍之行甫登舟投江死時年二十九

烈婦汪氏張其珠妻年二十夫没誓以身殉不食死

庠生王家佐繼妻陳氏年二十二守節撫二孤卒年八十七

王宗順妻楊氏年二十三守節撫孤卒年九十二

監生王駿發繼妻歐陽氏年二十七守節撫前妻子及己子成立蘄水陳澐爲立節孝傳

載家譜現年七十一

烈婦李氏江南人適王登泰泰駛且貧家長遣改嫁不從投水死夜聞鬼哭諸生王家祿作文弔之遂寂

邱煜妻夏氏年二十三守節事翁姑孝撫遺腹孤卒年八十三

陳一焜妻柳氏年二十五守節立嗣現年五十七

陳一炳妻舒氏年二十五守節撫孤事舅姑孝現年七十三

陳一燦妻熊氏年二十六夫没遺子僅歲餘氏哀慟骨立半月死

陳定普妻王氏年二十二守節事舅姑孝立嗣卒年六十六

劉思聖妻謝氏年二十六夫没夫兄欲嫁之氏截髮誓守茹苦撫孤卒年六十六

王基漢妻金氏年二十四守節撫孤事舅姑孝卒年三十八

陳本達妻胡氏年十九守節撫嗣卒年八十四

劉一詩妻吳氏年二十守節撫孤事舅姑孝卒年四十三

唐開興妻張氏年二十八守節撫孤卒年六十二

唐國相妻鄒氏年二十六守節事姑孝卒年六十三

龍逢貴妻許氏年二十三守節撫孤卒年三十四

鄭子恒妻劉氏年二十八守節撫二孤卒年七十八

倪成天妻黃氏年二十五守節現年七十

鄒廷詔妻王氏年二十五守節撫孤卒年六十五

孝婦陳氏劉士珽妻家貧事舅姑孝舅患癰數年肉腐臭氏浣垢衾垢衣無倦容藥餌不繼鬻衣供之

孝婦王氏劉士華妻幼育于姑後姑患痿痺氏就姑寢便抑搔飲食捧箸以進暑則負姑起滌其韋再負還之凡八年無倦色

孝婦吕氏陳文秀妻事孀姑克盡孝養文秀幼孤叔撫之成立氏歸時叔患惡疾體潰爛無子秀又時外出氏調養周至經六年不倦

張烈婦河南人遭河決鬻身入楚劉某買配家僮望楚婚數月僮沒氏悲號不已主翁慰之曰待覓佳壻匹汝氏聞迸淚入房雉經死衣裳密縫髻鬟緊綰面尚漬涕寢主翁憐而合葬之諸生劉揚烈紀以詩載藝文志

孫志方妻黃氏年二十守節撫孤現年七十六

楊之統妻姚氏年二十四守節撫孤卒年八十九

楊德芳妻張氏年二十七守節撫孤卒年八十九

楊於海妻孫氏年二十九守節撫孤卒年六十一

楊在祿妻謝氏年二十九守節撫孤卒年六十六

廖惟誠妻王氏年二十一守節撫孤卒年六十一

嚴貞女教諭嚴承啟長女幼字喻治豐年十九未嫁豐故女聞訃毀容矢志守貞父母嘉之送歸喻事公姑孝撫姪爲嗣教之成立女卒年五十巴東令劉家麟紀以詩載藝文志

高廷昌妻李氏年二十六守節卒年七十九

汪于申妻黃氏年二十二守節撫嗣事姑孝現年五十五

喻泰謙妻王氏年二十五守節卒年六十四

龍景華妻許氏年二十二守節現年五十八

龍景傑妻楊氏年二十七守節撫孤現年五十九

喻大中妻吕氏年二十六守節撫嗣卒年八十

喻大祿妻謝氏年二十三守節撫孤卒年五十

劉際遠妻鄒氏年二十八守節撫遺孤現年六十

吕期俊妻謝氏年二十二守節撫孤現年五十一

吕至泰妻尹氏年二十三守節撫孤現年六十七

吕仕賢妻龍氏年二十五守節撫孤事舅姑孝卒年九十三

庠生孫萬全妻張氏年二十九守節現年六十七

孫貴榮妻尹氏年二十九守節現年五十六

蘇恒琪妻龍氏年十九守節家貧紡織供姑膳姑病痿氏親扶持十數載不懈撫嗣子復撫嗣孫現年五十九

孫自朝妻張氏年二十八守節卒年六十

孫廣璠妻陳氏年二十八守節卒年六十

龍景雩妻陳氏年二十九守節卒年六十二

龍逢華妻林氏年十九守節卒年六十

劉世福妻尹氏年二十七守節撫孤現年七十一

劉世瑜妻范氏年二十四守節撫孤現年六十四

吕昌橋妻楊氏年二十三守節撫孤卒年七十八

吕應淇妻周氏年二十四守節撫孤卒年六十二

蔣貞女蔣敬羣女幼字張昌棻年十五未嫁聞棻故矢守貞現年五十

張文藻妻金氏年二十五守節撫嗣卒年三十九

孫善爲妻姚氏年二十九守節卒年六十三

孫顯璋妻羅氏年二十守節撫嗣卒年三十九

庠生孫欽妻喻氏年二十八守節撫嗣現年五十三

胡棌妻劉氏年二十三守節撫孤現年六十一

鍾志安妻蔡氏年二十六守節撫孤卒年七十七

王啟富妻吳氏王東興妻李氏姑媳也吳年二十九守節撫二孤長東興娶李氏與没李年十九隨姑守節撫孤吳卒年六十一李現年五十一

龍景棫妻黎氏年二十六守節事姑孝現年五十

龍廣志妻李氏年二十六守節撫孤卒年四十六

佘之斌妻張氏年二十八守節撫孤卒年七十七

王武松妻劉氏年二十六守節撫孤現年六十六

龔兆輝妻程氏年二十五守節撫孤現年五十八

余大富妻李氏年二十五守節撫孤現年六十五

監生孫顯玏妻龍氏年二十八守節現年七十

楊在煜妻袁氏年二十八守節無子紡績度日現年六十六

陳宗會妻祝氏年二十五守節卒年七十七

呂期崇妻夏氏年二十三守節現年五十

吳纘銳妻朱氏年二十四守節撫孤卒年七十四

秦厚元妻汪氏年二十七守節撫嗣事姑孝卒年七十三

孫顯瓆妻陳氏年三十守節現年五十四

孫顯環妻胡氏年二十八守節現年五十四

龍逢茂妻喻氏年二十六守節現年五十二

龍逢吉妻張氏年十九守節卒年六十三

張其佐妻章氏年二十守節撫孤現年五十八

呂麟潤妻劉氏年二十七守節撫孤現年六十三

呂麟著妻邱氏年二十七守節撫孤現年五十七

王漢光妻劉氏年二十八守節撫二孤事公姑孝現年九十八

凌士堃妻楊氏年二十五守節卒年六十三

凌世瑄妻胡氏年二十五守節卒年五十八

張之友妻郭氏年二十五守節撫嗣現年五十五

張應高妻馬氏年二十六守節撫孤卒年六十

張之炯妻余氏年二十八守節撫嗣現年五十九

許勳照妻范氏年二十二守節撫嗣卒年三十三

姜思濂妻包氏年二十六守節撫孤卒年七十三

張必才妻王氏年二十七守節卒年五十七

張必發妻熊氏年二十七守節現年五十三

倪章常妻喻氏年二十二守節撫嗣現年五十七

陳楙梅妻周氏年十九守節撫嗣現年五十

喻封治妻李氏年二十八守節撫孤卒年七十

陳書銘妻杜氏年二十六守節撫孤現年五十八

涂天柱妻范氏年二十五守節撫孤卒年六十八

鄭忠壽妻朱氏年二十六守節撫嗣卒年四十四

毛朝貴妻鄭氏年二十二守節撫孤現年五十七

吳士俊妻徐氏年二十二守節撫孤卒年七十二

吳文燦妻陳氏年二十四守節卒年七十三

吳應隆妻范氏年二十三守節撫孤復撫孫卒年八十二

吳家爵妻胡氏年十九守節撫遺腹孤現年五十八

高傳遠妻阮氏年二十二守節撫孤現年五十一

胡瑋妻鄒氏年二十一守節撫遺腹孤孫曾繁衍親見五代事舅姑以孝聞卒年九十四

胡永才妻唐氏年二十二守節撫嗣事舅姑孝現年五十三

胡傳薪妻金氏年十九守節卒年三十三

李其倫妻彭氏年二十四守節卒年七十一

李其鐘妻王氏年二十一守節撫孤卒年五十五

李可楹妻邱氏　李英烇妻楊氏姑媳也邱年二十七守節撫孤英烇成立楊年二十九夫歿隨姑守節邱卒年七十五楊卒年七十一

龍世富妻黃氏年二十八守節撫孤現年五十二

陳宗訓妻羅氏年二十四守節撫嗣現年五十二

王家楫妻曾氏年十八守節撫嗣卒年六十九

王家猷妻張氏年二十一守節撫嗣卒年六十九

龍太敏妻喻氏年二十七守節卒年五十一

龍景福妻王氏年二十八守節撫嗣現年六十三

龍逢添妻胡氏年二十守節卒年四十八

監生王士甡妾胡氏年二十九守節與嫡撫嗣現年六十一

王如柏妻汪氏年二十六守節卒年八十九

夏思雄妻鍾氏年十八守節撫孤現年七十

龍逢相妻周氏年十九守節撫孤卒年六十一

夏永黃妻張氏年二十守節撫孤現年六十五

陳德垟妻孫氏年二十二守節撫孤現年五十二

陳一煋妻孫氏年二十二守節撫嗣現年五十四

劉成元妻陳氏年二十六守節撫嗣卒年五十

吳緒燦妻陳氏年二十一守節撫孤現年五十三

劉應璜妻殷氏年二十二守節現年五十三

監生余文鑾妻何氏年二十八守節卒年四十四

劉成晁妻劉氏年二十守節卒年四十

馮世衡繼妻金氏年二十二守節捐堵城街屋三重為馮氏支祠又捐香火地五升卒年四十三

王宗恒妻孫氏年二十四守節撫孤現年八十一

嚴名彰妻潘氏年二十二守節卒年八十

陳楙高妻范氏年二十四守節卒年四十六

張朞珍妻馬氏年二十四守節卒年五十六

劉衡妻汪氏年二十四守節卒年七十八

庠生孫維楚妻單氏年二十三守節卒年七十二

夏永芝妻張氏年二十守節撫嗣孝事公姑現年五十

龍世潤妻孫氏年二十八守節撫孤現年五十八

吕文海妻夏氏年二十四守節撫遺腹孤復撫孤孫現年六十九

吕兆棠妻張氏年十八守節無子道光十一年水災舉家逃散氏乞食死於途里人槀葬之計守節二十六年

劉成基妻朱氏年二十二守節現年七十二

涂敷炳妻許氏年二十二守節現年五十一

以上東絃

秦其塏妻楊氏年二十九守節事舅姑孝撫子攀龍汝弼俱列成均卒年六十二

翁開勲妻尤氏年二十二守節與孀嫂龍氏孝事舅姑撫孤昌翥監生卒年七十三

江世茂妻倪氏　江可榮妻余氏姑婦也倪年二十三守節撫孤可榮現年八十榮沒婦余氏年二十七守節撫二子成立次發相列成均現年五十九

舒尚淇妻郭氏年二十二守節撫嗣現年七十二

華載治妻盧氏年二十二守節撫孤卒年六十九

孫家烈妻吳氏年二十守節撫遺腹孤卒年八十三

何世遠妻王氏年二十六守節撫孤孤沒復撫嗣成立卒年八十七

樊明通妻邵氏年二十六守節事舅姑孝撫孤卒年八十二

周可發妻周氏年二十守節事姑孝卒年八十七

杜德輿妻宋氏年二十二守節撫孤卒年五十六

盧朝揚妻楊氏年二十八守節撫孤卒年六十六

賀文煥妻朱氏年二十七守節撫孤卒年四十二

羅名俊妻劉氏年二十五守節撫孤現年九十一

楊一忠妻林氏　楊以爵妻葉氏姑婦也林年二十七守節葉年二十八守節家素貧共茹苦林卒年七十九葉卒年七十八

方思禹妻孫氏年二十五守節貧苦撫孤卒年八十三

周顯仁妻王氏年二十九守節撫孤卒年九十一

張德遠妻賈氏年二十八守節卒年七十八

傅尚學妻蔣氏年二十八守節撫孤卒年六十四

樊明揚妻董氏年二十四守節家貧紡績養姑卒年六十九

樊明珠妻鍾氏年二十四守節卒年八十一

柳地寬妻陳氏年二十二守節撫孤卒年七十二

羅名位妻高氏　羅洪福妻方氏姑婦也高年二十八守節撫孤洪福福沒方年二十二守節高卒年八十二方卒年五十四

徐成雁妻王氏年三十八守節撫孤現年七十八

范世溥妻陳氏年二十二守節撫嗣嵩年任溫縣典史氏卒年七十八

祁方梅妻喻氏年二十二守節卒年七十七

高仕周妻葦氏年二十四夫沒一子旋夭氏夜投於池救之復甦撫從子爲嗣壽八十二

高維昌妻邵氏年二十二守節撫遺腹孤姑病十餘年奉事不倦氏齒落重生卒年九十五

吳承僅妻李氏年二十四守節撫孤卒年七十七

程兆虞妻孫氏年十七守節卒年七十二

王克讓妻宋氏年二十八守節撫遺腹孤現年七十

黃宗照妻余氏年二十六守節事舅姑孝撫孤現年七十四

程心楷妻汪氏年十九守節卒年七十八

孫烈女理問孫承照女許字馬先知未嫁壻没女聞訃朝夕飲泣絕粒死

烈婦張氏劉孔利妻年二十一夫没欲以身殉家人防之遂絕食死

烈婦余氏徐本燦妻本燦患痰疾氏茹其痰禱神願以身代本燦没氏投水死時年二十九遺子女各一

孝婦王氏生員賈慕南妻事繼姑孝姑病劇氏刲股和藥以進病遂愈

晏孝女晏萬勝女母卧病身有惡風除之不盡女泣取數十枚吞之乃絕病劇刲股和羮以進遂愈

張其祥妻王氏年二十守節撫孤事舅姑孝現年七十五

舉人朱大勲繼妻趙氏年二十九守節事孀姑孝撫嗣子兆槐歲貢生卒年七十八

劉永恕妻陶氏年二十六守節撫孤卒年七十五

馬思奎妻汪氏年二十二歸馬六月夫没守節撫嗣現年七十八

張德富妻余氏年二十五守節撫孫卒年八十七

州同朱廷運妾劉氏吳氏廷運没劉年二十七撫子映奎映昌吳年二十七撫子映華合志守節映奎候選通判映華監生映昌布經歷劉卒年七十六封宜人吳卒年五十

於萬繼妻陳氏年二十九守節撫孤卒年五十四

於事義妻余氏年二十九守節撫孤卒年七十三

於子珥妻包氏年二十守節撫孤現年六十三

徐培基妻官氏年十九守節撫孤卒年六十一

夏觀信妻陳氏年二十一守節撫孤卒年五十

同知銜朱映光妾陳氏年二十六守節撫所生子炳南成諸生氏卒年六十三

黃宗鼎妻劉氏年二十八守節撫三孤卒年六十一

監生劉馨妻張氏年二十八守節撫三孤現年六十八

余敏勝妻孫氏年二十九守節撫三孤卒年八十六

余志煒妻盧氏年二十五守節孝養舅姑撫嗣卒年八十六

徐之胡妻徐氏年二十三守節撫嗣事姑孝卒年八十三

袁起杰妻張氏年二十八守節撫孤卒年八十三

王汝麟妻賀氏年二十九守節事姑孝撫二孤卒年九十

黃景先妻戚氏年二十五守節撫遺腹孤舅姑廢疾十餘年孝養不倦卒年四十五

鍾善義妻孫氏年二十四守節養姑撫嗣卒年七十一

熊會遠妻曹氏年二十四守節撫二孤現年七十九

汪承祥妻孫氏年二十二守節撫嗣卒年四十六

童志開妻何氏年二十四守節撫遺腹孤卒年六十七

郭廷昌妻汪氏年二十九守節撫孤卒年六十七

汪宏仁妻邱氏年二十七守節事姑孝撫二孤卒年七十八

童楙發妻黃氏　童楙達妻林氏娣姒也黃年二十九林年二十八守節事姑孝撫孤成立黃卒年七十林卒年八十五

王在學妻倪氏年二十三守節養姑撫遺腹孤卒年七十八

林際錦妻童氏年二十一夫没氏自縊姑救之復甦遂誓守事姑孝卒年六十五

秦後鍠妻周氏年十九夫没自經者再防之乃止姑病侍湯藥忘寢食撫孤子併撫孤姪現年六十七

江可舉妻李氏年二十七守節卒年四十二

江可河妻陳氏年二十七守節撫孤事姑孝現年七十一

李永華妻汪氏年二十七守節撫孤卒年七十五

邵光經妻熊氏年二十一守節孝養舅姑撫嗣卒年八十一

賀國政妻阮氏夫没守節養姑撫嗣卒年五十三

劉成禮妻龔氏年二十二守節撫孤卒年七十

華載典妻汪氏年二十七守節撫孤卒年八十

樊允偕妻杜氏年二十一守節事姑孝撫二孤現年七十二

吳世熙妻胡氏年二十三守節撫孤現年八十七

徐佳齊妻姚氏年二十二守節撫孤現年五十四

王正國妻吳氏年二十守節撫孤孤没又撫孫成立卒年七十六

樊允志妻童氏年二十九守節撫孤卒年八十八

羅應武妻程氏年二十守節現年五十

於象椿妻余氏年二十六夫没截髮自誓苦節撫孤卒年六十七

汪維均妻何氏年二十二守節撫嗣卒年五十八

董德光妻周氏年十九守節卒年七十四

操全介妻盧氏年二十四守節撫孤卒年八十四

蕭有宏妻傅氏年二十八守節撫孤卒年七十六

劉自光妻祁氏年二十六守節撫孤卒年八十九

汪德權妻丁氏年十九歸汪八月夫没遺腹生子夭自縊救之得甦遂誓守撫嗣卒年七十

汪希廉妻張氏年二十七守節撫孤卒年八十

樊明易妻龍氏年二十八守節撫孤卒年八十四

王國隆妻樊氏年二十四守節撫孤卒年七十五

監生汪振勲妻朱氏年二十八守節撫孤卒年四十二

徐世英妻朱氏　徐廷春妻金氏姑婦也朱年二十四守節撫孤廷春春没婦金年二十三苦守家貧姑老甘旨不缺撫嗣成立朱卒年九十四金卒年八十八

晏如錦妻袁氏年二十三守節撫孤卒年七十二

曾家駒妻周氏年二十七守節撫二孤卒年六十七

郭維彬妻靖氏年二十二守節卒年五十二

盧克三妻楊氏年二十守節撫遺腹孤卒年八十三

何萬才妻周氏年二十八守節卒年七十五

涂倘仁妻龔氏年二十八守節撫遺腹孤卒年六十九

汪士謨妻秦氏年二十七守節卒年七十五

樊廣系妻鄒氏年二十七守節卒年六十

程應樟妻郭氏年二十七守節卒年七十一

程遇煥妻於氏年二十九守節卒年五十四

馬思濱妻汪氏年二十一夫没氏哀毀成疾彌月嘔血數升卒立姪爲嗣

柳天波妻孫氏年二十二守節現年七十一

柳維啓妻華氏年二十八守節卒年五十六

柳一耀妻馬氏年二十三守節卒年六十五

馬思泌妻陳氏　年二十八守節撫嗣卒年六十七

包宗煌妻宋氏　年二十八守節現年六十六

樊廣元妻江氏　年十八守節撫孤八十八卒

齊相傳妻杜氏　年二十八守節撫孤現年八十三

李世際妻周氏　年二十五守節卒年六十四

李曰堯妻陳氏　年二十八守節卒年七十七

趙直道妻李氏　年二十九守節撫孤卒年六十五

方同鋕妻孫氏　年二十八守節養姑卒年五十八

汪佑貞妻熊氏　年二十八守節卒年六十

王本帶妻熊氏　年二十八守節撫孤卒年九十六

樊成山妻盧氏　年二十四守節撫孤卒年五十四

周瀛先妻徐氏　年二十八守節撫二孤卒年八十八

賈封宋妻陳氏　年二十五守節撫二孤卒年八十六

徐中興妻包氏　年二十四守節撫孤現年六十九

孫光明妻葉氏　年二十九貧苦守節卒年九十二

樊明廉妻夏氏　年二十七守節撫孤卒年八十九

何世昌妻殷氏　年二十八守節撫三孤卒年六十一

晏恭安妻曹氏　年二十二守節撫孤卒年七十八

程炳文妻李氏　年二十三守節卒年七十三

郭志嵋妻余氏　郭志崙妻盛氏　娣姒也余年二十九盛年二十八守節撫孤余卒年六十二盛卒年九十五

程之駜妻王氏　年二十八守節撫孤卒年七十七

徐之鯨妻涂氏　年二十六守節撫嗣卒年八十

何永海妻孫氏　年二十四守節撫孤卒年六十八

劉宗艮妻王氏　年二十二守節撫孤卒年八十一

樊東海妻熊氏　年二十六守節撫孤卒年三十六

汪承姬妻李氏　年二十一守節撫孤卒年五十

徐京邦妻孫氏　年二十五守節撫孤卒年六十

汪輔仁妻楊氏　年二十五守節撫孤卒年五十六

孫光照妻宋氏　年十九守節卒年三十一

林有義妻易氏　年二十八守節撫孤卒年五十六

余師潤妻歐陽氏　年二十五守節撫孤卒年八十三

童有禧妻余氏　童志晨妻盧氏　姑婦也余年二十四盧年二十五守節貧苦撫孤余卒年八十三盧卒年七十四

余鍾蕡妻周氏　年十八守節撫嗣現年五十

丁中家妻陳氏　年二十五守節卒年五十二

余從松妻方氏　年二十三守節撫二孤現年七十六

余從逵妻王氏　年二十七守節卒年四十一

余從任妻韓氏　年二十八守節撫二孤現年五十二

余道極妻賀氏　年二十八守節撫嗣現年五十八

余必郢妻孫氏年二十八守節撫三孤卒年七十九
馬思茂妻汪氏年二十六守節撫孤現年五十三
夏盈之妻陳氏年二十七守節撫孤現年八十三
劉光輿妻余氏年二十六守節撫孤卒年八十
樊淵深妻周氏年二十二守節撫孤現年五十
祁芳有妻樊氏年二十三守節事姑孝撫孤現年五十三
程源智妻孫氏年十九守節撫兩嗣卒年八十
包有善妻倪氏年二十九守節卒年四十九
包一汶妻朱氏年二十九守節卒年七十八
孫承倡妻李氏年二十守節現年七十二

包宗伯妻馬氏年二十七守節現年五十四
盧國佐妻余氏年二十七守節現年五十八
包嗣義妻張氏年二十九守節卒年七十二
包宗也妻汪氏年二十九守節卒年五十三
余道先妻孫氏年二十六守節事公姑孝撫二孤卒年六十九
余道克妻童氏年二十八守節撫嗣卒年四十九
羅隆謙妻甄氏年二十四守節撫二孤卒年六十
戴鉅貴妻張氏年二十六守節撫嗣卒年六十七
王仁全妻劉氏年二十六守節撫孤現年五十七
羅錫久妻徐氏年二十三守節現年六十一

夏光敘妻易氏年二十八守節卒年五十三
何承鉠妻鄭氏年二十一夫没遺一女家貧氏截髮自矢與孀姊孝養衰姑現年五十
賀文成妻王氏年三十守節撫嗣事舅姑孝現年五十三
段大定妻曹氏年二十八守節撫孤現年七十八
汪維強妻孫氏年二十七守節撫孤現年六十一
張周耀妻陳氏年二十八守節撫孤現年五十二
何承緒妻葉氏年二十七守節撫孤現年六十五
烈婦熊氏生員馬河清妻年二十四夫没覓殉不獲哀毁骨立未幾卒
江發第妻熊氏年二十一守節撫孤歿復撫嗣卒年四十二
黄齊鳴妻劉氏年二十四守節撫嗣現年五十八

李守相妻樊氏年二十四守節撫孤現年五十一
何德樊妻朱氏年二十一守節撫孤卒年六十八
何永洋妻陳氏年二十九守節撫孤現年七十
王家海妻祁氏　烈婦賀氏姑婦也祁年二十一守節撫孤世祟祟没婦賀氏年二十八哀極投繯死祁現年六十三
周熙福妻徐氏年二十八守節撫二孤卒年八十八
周會祥妻王氏年二十六守節撫孤現年五十三
周輔龍妻李氏年二十九守節撫孤卒年六十九
徐培德妻盧氏年二十九守節撫孤卒年七十
馬先模妻范氏年二十四守節事姑孝撫孤成立現年五十五

涂定意妻何氏年二十六守節撫孤現年五十六

涂定華妻樊氏年二十四守節撫孤現年五十七

涂錫宏妻吕氏年二十守節卒年三十七

譚之析妻馬氏年二十四守節撫孤卒年五十三

譚德壽妻華氏年十九守節現年五十三

馬貞女監生馬經邦女幼字賈榮鳳未婚壻没女聞訃奔喪持服立嗣事姑孝現年五十一

梅士玖妻孫氏年二十九守節撫孤現年五十三

何德瓚妻孫氏年二十六守節事姑孝撫孤卒年八十一

夏思忠妻張氏年二十八守節撫孤卒年六十四

賀章坦妻孫氏年二十八守節撫孤卒年五十五

樊允崑妻徐氏年二十六守節撫孤卒年五十六

樊明進妻王氏年二十九守節卒年六十六

生員翁運吉妻嚴氏年二十九守節撫孤現年五十一

馬思湯妻陳氏年二十二守節立嗣卒年三十四

以上還和

何世翰妻丁氏年二十四守節撫嗣現年七十四

雷世邦妻曹氏年二十三守節撫孤卒年五十六

監生雷榮妻夏氏年二十守節撫孤卒年六十一

熊澤均妻何氏年二十二守節撫孤現年五十二

烈婦熊氏賀澤琳妻年二十六夫没誓以身殉姑防之密一日乘姑偶出自經於牀距琳死四十九日

賀澤炎妻熊氏年二十三守節事姑孝撫嗣卒年七十三

林開爵妻徐氏　林開桂妻胡氏娣姒也徐年二十七夫没無子胡年二十二夫没遺腹生子與徐共撫之事舅姑孝人稱一門雙節徐卒年六十六胡卒年七十

林開翰妻童氏年二十三守節撫嗣現年九十二

林維初妻王氏年二十三守節撫嗣向榮列成均卒年六十三

熊方泰妻程氏年二十三守節撫嗣卒年七十

王肇瑩妻曹氏年二十八守節孝養舅姑撫孤現年七十

易世錫妻謝氏年二十六守節事姑孝撫孤現年七十九

林開耀妻王氏年二十六守節孝事舅姑撫孤卒年六十六

包宗尹妻劉氏年二十一守節撫孤卒年七十三

熊定周妻李氏年二十九守節撫嗣孝養祖姑卒年八十四

生員王永忠妻戚氏年二十七守節卒年三十八子二長亦捐列成均

王永鸞妻方氏年二十守節撫子臣先捐職從九子没撫二孫成立卒年八十

徐大璋妻金氏年二十七守節撫遺腹孤卒年七十三

何萬常妻丁氏年十七守節撫嗣卒年五十五

何萬明妻蘭氏年二十六守節孝事舅姑撫嗣卒年七十三

何能遂妻盧氏年二十八守節事姑孝撫孤卒年七十二

何正國妻朱氏年二十八守節撫嗣卒年七十

丁宴瓚妻何氏年二十八守節無子撫兩女有閫訓卒年六十三

丁道佃妻金氏佃早嬰惡疾辭婚氏執義不從洎歸佃已廢體不完氏曲護之佃卒貧無以殮氏鬻奩具治喪事姑孝撫嗣現年七十六

丁道禮妻蕭氏年二十八守節撫嗣現年七十

丁學梗妻徐氏年二十八守節撫孤賢舉列成均卒年八十

丁華國妻朱氏年二十六夫沒立嗣家貧姑老孝養不衰現年七十三

陳貢玉妻熊氏　陳世官妻徐氏姑婦也熊年二十七守節撫嗣世官官卒徐年二十五亦誓守撫嗣子復撫嗣孫熊卒年八十八徐現年九十三

熊庭煥妻夏氏年二十六守節撫孤卒年八十八

熊廣宣妻蔡氏年二十七夫故立嗣苦守卒年七十七

熊御南妻丁氏年二十二守節紡績撫孤現年八十六

熊彩章妻陳氏年二十七守節撫孤卒年六十

熊金肅妻姚氏年二十七守節家貧丐食撫孤卒年七十

舒永富妻何氏年二十三守節卒年六十八

熊士振妻賀氏年二十五守節事姑孝撫孤卒年五十七

王柱山妻易氏年二十三守節撫孤現年六十九

王永武妻楊氏年二十九守節撫孤事姑孝卒年九十二

王永長妻董氏年二十八守節撫孤事姑孝卒年五十二

童榮華妻戚氏年二十六守節事姑孝撫孤卒年八十

江天壽妻方氏年二十七守節事姑孝撫嗣炳堃列成均現年六十三

曹振楷妻戚氏夫病割股療之夫故氏年二十一撫孤苦守現年六十六

李宗遠妻朱氏　李國垂妻孫氏姑婦也朱年二十四夫故撫孤國垂早卒婦孫年二十五與姑苦守人稱雙節朱卒年六十七孫卒年七十

陳開祿妻熊氏年二十一守節事姑孝撫嗣卒年七十四

胡德峻妻周氏年二十三守節撫嗣現年八十六

李開文妻高氏年二十三守節撫孤現年六十一

生員易德忠妻趙氏年二十二守節撫嗣卒年八十

熊運發妻戚氏年二十五守節撫孤復撫孤孫卒年八十三

王宏順妻童氏年二十二守節舅嬰篤疾曲盡孝養撫嗣現年六十五

何登榮妻王氏年二十四守節孝事舅姑父士珍強之從宦辭不往撫孤樹鵠成諸生現年六十三

易世謨妻蘭氏年二十八守節撫孤現年六十五

胡道煥妻但氏年二十九守節撫孤卒年六十四

童棣榆妻劉氏年二十二守節撫嗣卒年六十八

熊富貴妻江氏年二十二守節撫嗣復撫孤孫現年七十四

熊遠明妻徐氏年二十九守節卒年五十一

熊霈懷妻徐氏年二十七守節撫嗣現年六十一

方從權妻倪氏年二十四守節撫嗣現年六十七

戚艮津妻方氏年二十八守節撫孤卒年六十九

曹朝綱妻易氏年十九守節撫孤卒年八十四

戚方城妻王氏年二十九守節撫孤現年七十一

戚方陞妻熊氏年二十八守節撫孤現年六十七

陳焯呂妻梅氏年二十三守節撫孤卒年六十二

張烈女張榮安女幼字何世焉年二十未嫁婿亡女聞訃奔弔投水而沒

孫之鎏妻鄒氏 孫廷璜妻梅氏 孫廷瀚妻余氏 姑媳也鄒年二十七守節撫孤廷璜廷瀚璜没婦梅氏年二十九瀚没婦余氏年二十七與姑同守鄒卒年六十四梅卒年八十六余卒年七十四

孫廷蹇妻錢氏 年二十九守節撫嗣承紀成諸生卒年六十四

孫廷渭妻丁氏 年二十七守節卒年五十九

孫廷騮妻劉氏 年二十三守節撫嗣卒年六十四

孫承蕘妻李氏 年二十七守節卒年九十一

孫承玒妻邵氏 年二十二守節卒年五十

孫承昜妻樊氏 年二十八守節卒年六十二

孫宏猷妻張氏 年二十七守節現年七十九

孫承耀妻王氏 年二十八守節卒年六十五

易中復妻戚氏 年二十八守節卒年七十三

蔡輿盛妻方氏 年二十守節孝事舅姑撫孤卒年九十一

易宗儒妻徐氏 年二十四守節卒年七十一

林榮高妻王氏 年二十四守節撫孤現年七十九

易世詮妻熊氏 年二十二守節現年六十九

熊學桂妻南氏 年二十守節撫遺腹孤卒年六十一

林開瑞妻於氏 年二十九守節撫孤復撫嗣孫現年六十四

林世礽妻戚氏 年二十五守節事姑孝撫孤卒年九十九

王臣艮妻華氏 年二十一守節撫孤卒年五十八

熊孝女 熊玉成女事繼母孝母病危女焚告乞代割股以進尋愈女旋不疾而卒

丁道玉妻陳氏 年十八守節事姑孝撫孤成立現年五十一

魯勳隆妻何氏 年十九守節撫遺腹孤事翁姑孝現年五十一

江正滙妻陳氏 江天德妻何氏 姑婦也俱年二十一守節撫孤陳卒年八十五何卒年五十六

何楚珍妻孫氏 年二十四守節現年六十四

丁名麟妻史氏 年二十二守節撫嗣現年五十

張裕傑妻陳氏 年二十八守節撫孤廷棟列成均現年六十二

熊文煥妻何氏 年二十八守節撫孤卒年六十七

王永紹妻易氏 年二十九守節撫孤卒年六十七

鄧時翔妻易氏 年二十七守節撫孤現年六十一

藺多璵妻孫氏 年二十三守節撫孤現年六十一

易壽海妻高氏 易中立妻黄氏 易世昌妻諶氏 易繼祖妻孫氏 四世姑婦也高年二十一黄年二十三諶年二十孫年二十五守節高卒年七十黄卒年七十六諶卒年六十七孫卒年六十八稱一門四節

何烈女 何殿揚女幼字舒興建未婚壻没女聞訃奔赴撫尸慟哭未幾卒 以上永寧

秦廷璋妻彌氏 年二十二守節撫嗣事姑孝現年七十四

陳紹堯妻熊氏 年二十七守節撫嗣現年七十二

操履秀妻汪氏 操履祿妻李氏 娣姒也汪年二十八守節撫嗣李年二十守節撫遺腹子家貧孝養舅姑汪卒年七十李卒年六十一

胡穀妻秦氏年二十一守節事繼姑孝教子成立現年五十三

錢與佐妻曹氏年二十八守節現年六十六

游烈承妻邵氏年二十八苦節撫孤事舅姑孝卒年五十八

張先照妻曾氏年二十七守節事舅姑孝卒年五十七

張先灝妻姜氏年二十三守節事舅姑孝現年五十九

生員嚴翼妻褚氏年二十八守節撫孤現年七十三

朱萬福妻韋氏　朱萬安妻劉氏娣姒也韋年二十六劉年二十四守節韋現年六十二劉現年六十六

徐宗美妻林氏年二十八守節撫兩孤現年五十三

何永揚妻易氏　何永陞妻詹氏娣姒也易年二十二守節撫嗣何年二十五守節撫遺腹孤成立皆能盡孝事姑易卒年五十四詹卒年五十九

陳德智妻宋氏　陳志遠妻傅氏姑婦也宋年二十一傅年二十七守節撫嗣宋卒年七十一傅卒年七十四

陳德敏妻馮氏年二十九守節事舅姑孝撫三子成立長利賓監生卒年七十五

詹宙經妻舒氏年二十三守節撫嗣卒年七十三

詹聞鉞妻胡氏年十九守節撫遺腹孤卒年六十七

詹亮采妻鄒氏年二十九守節撫嗣卒年八十

詹楚彥妻徐氏年二十三守節撫嗣卒年四十七

傅适世妻樊氏年二十六苦節撫孤卒年七十五

王運逼妻謝氏年二十三夫病篤刲股療之不愈夫沒守節事姑孝撫嗣志賢廪生現年七十八

王大燖妻張氏年二十二守節撫嗣卒年五十九

王紹逌妻李氏年二十五守節卒年七十五

王繩模妻陳氏年二十五守節卒年八十

黃存榮妻邱氏年二十六守節撫孤現年六十八

王維揚妻謝氏年十九守節卒年八十三

吳文藪妻朱氏年二十守節卒年七十三

王乃鋼妻萬氏年三十守節卒年七十一

張道炳妻張氏年二十守節撫二孤現年七十

王澴妻黃氏年二十四守節卒年八十五

王澂妻程氏年二十三守節卒年六十六

程其潔妻夏氏　程基裕妻吳氏姑婦也夏年二十六守節撫孤卒年六十吳年二十一守節現年五十五

王運韶妻劉氏年二十一守節撫嗣現年八十九

但啟鰲妻易氏年二十苦節撫孤事舅姑孝卒年八十一

程麟占妻王氏年二十八苦節卒年九十三

監生鄧璽妻汪氏年二十一守節撫嗣事舅姑孝卒年五十一

劉如璉妻程氏年二十六守節事姑孝撫孤秉道文炳俱列成均現年六十六

馮鑣妻王氏年二十守節奉姑卒年六十八其婢蘭花年十八未嫁而壻焦正元沒遂奉王守貞卒年七十三

張禹則妻葉氏　監生張超妻葉氏姑婦也姑年二十三守節事繼姑孝姑病

割股療之撫孤超監生超没婦葉氏年二十九守節事姑孝撫子彩玉貢生姑卒年六十九婦卒年六十一

霍本志妻朱氏　霍烝妻鄒氏姑婦也朱年二十九守節撫嗣子烝烝没婦鄒氏年二十五同姑苦守朱現年八十鄒現年六十三

吳新祖妻劉氏年二十五守節現年七十七

靖本詵妻萬氏年十九守節卒年七十七

姚開煜妻王氏年二十守節卒年六十一

程大康妻周氏年二十七守節撫孤卒年七十二

吳復祥妻王氏年二十八守節卒年六十七

馮錦妻秦氏　馮淘妻夏氏姑婦也秦年二十七守節撫孤淘淘没夏年二十一同姑守志事姑孝姑病割股救痊撫二子成立秦卒年八十夏卒年七十七

吳宗欽妻洪氏年十六夫故家貧無子苦節四十六年

萬烈女許聘王乃禧未嫁禧没女聞訃遂以身殉

程貞女歲貢程光國女許字靖華班未嫁婿没女年二十聞訃誓死靡他歸靖守貞現年五十七

邵明株妻陳氏年十八守節卒年六十八

曹昌坦妻吳氏坦没氏年二十四苦節事舅姑孝撫孤萬年列成均卒年八十七

夏懋池妻趙氏年二十三苦節奉姑孝撫嗣成立卒年六十四

王繩法妻程氏年二十二守節卒年六十八

張鈴妻黄氏年二十七苦節撫孤姑卧病七載孝養不懈卒年八十二

生員王南愜妻姚氏年二十四守節孝事舅姑撫孤運斌占魁成諸生卒年六十一

吳繼祖妻宋氏年二十六守節事姑孝姑患痒十餘年氏奉事不倦撫孤曉堂列成均現年七十二

生員靖必會妻萬氏年二十七守節撫孤卒年八十九

生員靖若愚妻胡氏年二十四守節撫嗣崇弼舉人卒年七十

監生靖式玉妻胡氏年十九守節撫嗣卒年八十九

龔傅式妻袁氏年二十八守節撫遺腹子卒年九十三

李維政妻熊氏年二十一守節撫遺腹子現年五十二

鄭宗濂妻王氏年二十二守節撫孤事姑孝卒年七十三

劉廷瑛妻李氏年二十二守節卒年八十四

監生龔合志妾魏氏年二十八守節卒年八十一

夏斯才妻陳氏年二十七守節現年八十四

陳鴻翮妻郭氏年二十四苦節撫孤卒年九十三

張肇祥妻王氏年二十三守節卒年六十三

余艮法妻李氏年二十七守節撫孤現年六十

盧翔遠妻高氏年二十二守節撫孤卒年六十八

盧永定妻汪氏年二十七苦節撫孤卒年九十三

王名智妻王氏年二十一守節卒年七十一

鄒開美妻潘氏年二十三守節卒年八十二

監生程廷梅妻龔氏年二十六守節撫孤卒年六十九

項世球妻徐氏年二十六守節現年七十

郭洪晉妻朱氏年二十守節撫孤卒年七十七

宋文熹妻方氏年二十七守節撫孤事舅姑孝卒年六十六

詹際鋒妻陳氏年十九守節撫嗣卒年七十七

曾光照妻吳氏年二十八苦節撫孤事舅姑孝現年五十六

韋堯彩妻熊氏年二十四守節撫孤卒年七十三

徐亚隆妻程氏　徐宗仁妻葉氏　徐國彩妻高氏三世姑婦也程年二十一守節撫嗣宗仁宗仁没葉年二十八守節撫孤國彩國彩没高年二十二守節撫孤程卒年五十七葉現年七十三高卒年四十五

徐正立妻許氏年二十一守節撫孤卒年六十八

萬遂遠妻史氏年二十三守節現年七十六

王乃輝妻張氏年二十五守節現年八十一

舒明選妻左氏年二十二守節事繼姑孝現年五十四

武舉姚開第妻吳氏年二十九夫没於京邸聞訃幾不欲生苦節撫嗣卒年七十二

黃經河妻張氏年二十四苦節撫孤卒年六十六

州同劉百明繼妻孫氏年二十二守節撫孤現年八十四

王祚錦妻王氏年二十七守節撫孤現年五十六

李丕元妻謝氏年二十四守節撫孤卒年六十二

馮之綿妻但氏年二十三守節撫孤事姑孝現年六十六

涂建昌妻徐氏年十九守節卒年六十三

張起祥妻徐氏年二十九守節撫孤現年七十三

王子望妻晏氏年二十四守節撫孤事舅姑孝現年六十二

汪堂玉妻劉氏年二十九守節孝養舅姑現年五十

汪東明妻劉氏年二十八守節事舅姑孝撫二孤卒年七十

李士睿妻華氏年二十八苦節撫孤孝養舅姑卒年七十三

生員劉百綵妻汪氏年二十六守節撫孤孝事舅姑卒年七十

監生張光濟妻王氏年二十二守節撫嗣奉舅姑孝現年五十

何世全妻樊氏年二十七守節撫遺腹子卒年七十六

謝運濟妻李氏年二十二守節撫孤現年五十三

黃經泮妻詹氏年二十七守節撫嗣卒年七十二

夏會南妻鄔氏年二十二守節撫孤卒年七十一

汪東曾妻陳氏年二十七守節現年六十六

汪希聖妻李氏年二十九守節現年六十五

袁同熙妻高氏年二十八守節撫二孤事舅姑孝卒年八十一

熊志位妻於氏年二十八苦節卒年七十五

靖必達妻熊氏年二十七苦節卒年八十六

靖本謙妻李氏年二十五苦節卒年六十

史承褚妻汪氏年二十八苦節撫孤事舅姑孝卒年七十一

夏長進妻夏氏年二十九守節撫嗣事舅姑孝現年五十七

生員熊于岡妻陳氏年二十一守節卒年九十五

熊國宷妻張氏年二十三守節撫嗣現年六十四

靖厚地妻李氏年二十七守節撫孤卒年七十二

汪家苾妻熊氏年二十四苦節撫孤卒年四十八

吳之潤妻朱氏年二十五苦節撫嗣事繼姑孝卒年七十三

吳光祖妻易氏年二十一守節撫嗣卒年八十四

吳光輝妻袁氏年十九守節撫嗣現年六十八

陳文典妻吳氏年二十守節孝事舅姑撫三月孤現年七十一

汪惟鎬妻吳氏年二十二守節撫孤事姑孝卒年七十八

郤正渾妻孫氏年十九苦節撫嗣事姑孝卒年七十九

監生郤正翔繼妻秦氏年二十守節撫夫前妻子卒年七十九

郤正恒妻王氏年二十守節孝事孀姑撫嗣際和烈成均卒年七十八

方思讓妻王氏年二十一守節孝事姑撫遺腹孤復撫孤孫卒年八十六

史叙典妻孫氏年二十三守節撫二孤事舅姑孝卒年七十五

史崇愊妻汪氏年二十四守節撫孤奉舅姑孝卒年七十

鄭廷檍妻張氏年二十一夫病劇割股療之延數月沒氏矢志苦守養姑孝後十五年卒

鄧貞女吏員鄧廷烈女幼字林國彩未婚壻沒女年十九聞訃同母往弔號痛成服誓不返奉夫叔母盡禮撫嗣成立卒年三十一

許貞女許瑄女幼字陳應祖祖病卒故無家女聞訃終日悲泣有以更聘言者幾自經死計守貞五十五年

余德莊妻張氏年二十守節撫遺腹孤卒年七十三

易中祿妻史氏年二十六守節現年七十六

陳時特妻韓氏年二十七苦節事舅姑孝現年六十三

秦有龍妻徐氏年二十九守節撫嗣現年七十四

秦有炘妻唐氏年二十九守節撫孤卒年五十七

邱裕德妻張氏年二十七苦節撫孤卒年七十一

羅萬鼎妻吳氏年二十三守節事舅姑孝撫嗣現年五十一

陳嘉猷妻童氏　陳可相妻林氏　陳永康妻楊氏三世姑婦也童林年俱二十五楊年二十六守節童卒年七十九林卒年五十五楊卒年七十二

童志壽妻張氏年二十五守節撫孤事舅姑孝現年七十一

李成才妻程氏年二十六守節撫孤卒年七十六

宋照妻霍氏年二十七苦節撫孤現年五十七

吳裕彩妻程氏年二十三守節現年六十三

吳大槐妻汪氏年二十四守節撫二孤卒年七十四

吳貞女吳元甫女許字程氏子年十八未婚壻亡女矢志守貞卒年七十八

張貞女幼許字吳文明文明夭女歸吳守貞孝養舅姑卒年七十九

姚廷剛妻吳氏年二十六守節撫嗣孝事舅姑現年七十三

孝婦郤氏州同詹人祿妻事舅姑孝舅病危氏潛割股療之愈子鈺文貢生

操貞女操履康女許字梅趨連未婚壻沒女時年十九聞訃奔喪守貞撫嗣孝事哀姑卒年八十八

陳載道妻童氏年二十三守節撫孤事姑孝現年五十八

監生詹人壽妻舒氏年二十九守節撫嗣錦文布經歷銜婢女林氏相依不嫁舒卒年五十九

曹汝倫妻王氏年二十二守節撫孤鴻唐烈成均卒年六十五

曹鴻鳴妻汪氏年二十六守節事姑孝撫孤現年六十

曹首魁妻舒氏年二十守節撫嗣卒年四十九

孫開燦妻鍾氏年二十八守節撫三孤卒年五十六

監生郭維聰妻熊氏年二十七守節事舅姑孝撫二孤卒年六十四

烈婦何氏童盛秀妻年三十夫没無子治喪事三日畢遂以身殉

鄒孚鍾妻蘓氏年十八守節撫嗣目擊五代卒年九十

張崇和妻陳氏年二十四守節撫二孤卒年八十八

傅其雲妻徐氏年二十八守節撫孤卒年六十四

傅其銑妻徐氏年二十四守節現年五十四

傅其鍾妻林氏年二十四守節現年六十一

徐學舉妻曹氏年二十八夫没無嗣茹苦守節現年六十二

郁昇章妻許氏年二十七守節現年七十一

傅萬全妻黃氏年二十九守節現年八十二

徐萬銘妻曹氏年二十四守節撫孤現年七十八

童架書妻馮氏年二十八守節撫孤卒年五十四

鄒檢琇妻郭氏年二十八守節撫孤現年五十二

鄒檢珂妻夏氏年二十七守節撫孤現年五十四

鄒善聰妻方氏年二十九守節撫孤卒年六十四

鄧覲光妻黃氏年二十八守節撫孤琛舉人卒年四十六

趙應和妻陳氏年二十二守節撫孤現年五十六

汪鵬翥妻洪氏年二十八守節撫孤卒年六十九

馮鈖妻楊氏年二十二守節撫嗣卒年七十三

馮萬豐妻張氏年二十四守節撫二孤卒年七十二

余廷佐妻熊氏年十九守節撫孤現年五十二

馮起鯉妻詹氏年二十二守節撫嗣事姑孝卒年七十四

蘇海潮妻盧氏年二十四守節卒年六十八

羅朝貴妻郭氏年二十一守節現年五十二

謝年亨妻陳氏年二十守節撫嗣現年五十一

朱元泰妻王氏年十八守節卒年五十九

張道傳妻周氏年二十七守節卒年六十三

黃心坦妻范氏年二十守節撫孤事舅姑孝現年六十五

王大山妻程氏年二十八守節撫孤卒年五十六

王大松妻姚氏年二十七守節撫孤卒年七十一

拔貢王廉側室涂氏年二十四守節撫孤自清監生現年六十

張道燿妻王氏年二十八守節撫孤卒年五十九

桂光禮妻張氏年二十四守節撫孤事姑孝現年五十六

沈正煜妻王氏年二十七守節撫孤現年六十六

王際昞妻湯氏年二十八守節撫三孤現年六十一

王際晨妻黃氏年二十六守節卒年七十

王昌育妻夏氏年二十七守節撫孤又撫孤孫現年六十二

吳起鈕妻吳氏年二十一守節現年五十六

黃才壯妻吳氏年二十六守節撫孤卒年七十三

張之濤妻劉氏年二十守節現年六十三

王大灼妻靖氏年二十守節現年五十

王大信妻張氏年二十四守節撫孤事舅姑孝現年五十八

毛繼仙妻史氏年二十七守節撫孤卒年七十六

史先達妻劉氏年二十守節撫孤卒年七十八

張文煥妻喻氏年二十六守節無嗣卒年七十一

張文錦妻姚氏年二十三守節事姑孝卒年五十四

王自浩妻佘氏年二十九守節撫孤現年六十六

吳其義妻黃氏年二十六守節撫孤事姑孝卒年九十五

吳從招妻劉氏年二十八守節撫孤事姑孝現年六十六

揚全恒妻李氏年二十守節現年六十五

陳應蛟妻左氏年二十守節撫孤現年五十五

張永基妻王氏年二十八守節撫嗣事舅姑孝卒年七十八

羅萬吉妻程氏年二十六守節撫二孤事祖翁姑孝卒年五十八

程基裕妻吳氏年二十二守節卒年六十九

程其舉妻侮氏年二十七守節卒年六十二

程其祿妻蕭氏年二十三守節卒年六十六

程希彭妻姚氏年二十五守節卒年五十六

易壽仁妻羅氏年二十八守節撫孤卒年八十四

易中模妻周氏年二十八守節事姑孝卒年六十四

易立山妻史氏年二十七守節撫孤事姑孝卒年七十四

吳作黃妻王氏年二十九守節現年六十三

吳宗泰妻姚氏年二十四守節撫孤事姑孝卒年八十四

靖華齡妻張氏年二十六守節撫孤卒年七十八

吳兆嶠妻尹氏年二十二守節撫孤事姑孝現年六十二

程基案妻史氏年二十八守節撫嗣家貧事舅姑孝現年七十四

熊士俊妻靖氏年二十九家貧苦節撫二孤現年八十四

史義和妻汪氏年二十一守節撫嗣卒年六十七

監生靖華蓮妻程氏年二十二守節撫孤念夫少孤賴叔撫之成立曲盡孝養叔没氏哀毀過於所生現年五十二

劉殿揚妻靖氏年二十三守節卒年五十八

史先紹妻蔡氏年二十守節卒年七十八

汪國容妻史氏年二十六守節撫孤卒年八十

程國泰妻邱氏年二十二苦節撫孤卒年六十

靖必榮妻張氏年二十五守節撫孤卒年六十八

靖本茳妻袁氏年二十九守節撫孤事姑孝卒年九十三

烈婦邵氏靖士彥妻年二十八夫故無子家極貧服闋有欲奪其志者氏哭於夫墓歸雉經死

靖烈女職員天柱女許字汪封雍未婚壻亡訃聞女七日不食卒家人以色絲裹足旋裹旋散改換素帶始納汪迎棺合葬爲之立嗣

靖本開妻萬氏年二十一守節撫孤事舅姑孝卒年七十二

靖本鑑妻陳氏年二十八守節撫孤事舅姑孝卒年七十二

靖厚鋒妻吳氏年二十五守節撫孤事姑孝卒年七十五

靖華超妻汪氏年二十九守節撫孤又撫孤孫卒年七十七

汪必榮妻蔡氏年二十九守節撫孤卒年七十一

劉玉堦妻劉氏年二十三守節撫孤現年六十一

汪國爵妻羅氏年二十二守節撫孤事姑孝現年七十七

史緒桂妻汪氏年二十七守節撫孤事舅姑孝卒年五十三

靖華芪妻陳氏年二十八苦節卒年七十五

靖華元妻趙氏年二十七守節撫孤卒年七十

靖華瀅妻李氏年二十三守節撫孤卒年四十八

靖厚福妻黃氏年二十守節撫孤卒年七十

靖華山妻王氏年二十六守節撫孤現年五十九

吳啓鎔妻夏氏年十九守節現年五十五

姚輝巖妻靖氏年二十五守節撫孤事舅姑孝現年五十五

生員靖厚鐔繼妻鮑氏年二十六守節事舅姑孝撫夫前妻子華璧舉人考取教習卒年六十一

靖華玥妻杜氏年二十五苦節撫嗣事舅姑孝現年六十四

靖應堂妻周氏年二十六守節撫孤現年五十四

吳憲成妻王氏年二十五守節撫遺孤現年五十九

孝婦靖氏監生李光遠妻姑病鴛氏割股啖之尋愈

詹其華妻吳氏年二十四守節現年五十九

靖崇宣妻童氏年二十六守節撫孤事姑孝卒年六十四

程備錦妻羅氏年二十一守節現年五十四

袁大維妻羅氏年二十二守節撫嗣現年五十八

劉其桂妻靖氏年二十七守節撫孤現年五十八

涂繡章妻倪氏年二十三守節撫孤卒年六十

涂兆西妻徐氏年二十四守節撫嗣卒年五十九

董先達妻黃氏年二十守節撫嗣現年七十

鄧漢三妻靖氏年二十八守節撫孤現年五十九

程其貴妻王氏年二十守節卒年七十七

萬宗福妻洪氏年二十八守節現年六十一

烈婦石氏萬廷梓妻年二十二夫故雉經死

羅世球妻劉氏年二十二守節撫嗣卒年四十二

趙文燧妻黃氏年二十六守節撫嗣卒年六十三

劉之鎔妻黃氏年二十一守節卒年六十六

王自安妻王氏年十八守節現年五十五

王大祥妻黃氏年二十八守節卒年六十

陳吉寶妻黃氏年二十七守節現年五十五

曹烈豐妻王氏年二十一守節卒年五十一

武庠姚之煥妻舒氏年二十五守節刲股救姑卒年七十九

姚之炯妻朱氏年二十九守節卒年七十二

涂建賢妻趙氏年三十守節卒年六十九

涂端儀妻夏氏年二十八守節卒年六十二

涂端佩妻張氏年二十六守節卒年六十二

涂端傑妻蕭氏年二十六守節卒年五十六

熊長海妻陳氏年二十一守節現年五十五

王乃厚妻吳氏年十九守節卒年五十九

楊子銓妻李氏年二十四守節現年六十五

張凌雲妻劉氏年二十六守節卒年五十六

朱元彩妻周氏年三十守節現年六十三

隗理文妻王氏年十八守節現年四十九

王大琳妻吳氏年二十守節撫孤成立現年五十一

嚴光第妻邢氏　嚴紹遵妻萬氏姑婦也邢年二十九守節現年七十八萬年二十六守節現年五十三

吳禮學妻王氏年二十八守節撫孤卒年六十九

孝婦吳氏生員程思孝妻姑病篤氏割股啖之尋愈

萬宗緒妻靖氏年二十七守節撫孤現年五十九

監生羅萬鈞妻史氏　羅學政妻劉氏姑婦也史年二十九守節撫孤學政卒年五十四學政卒妻劉年二十二守節卒年三十六

張烈女幼字程其鐵年十九壻亡女聞訃三日不食投河死

張之法妻王氏年二十三守節撫姪孝事舅姑現年五十八

鄒裕鰲妻胡氏年二十六守節撫孤卒年五十八

周明萬妻吳氏年二十八守節撫孤現年五十九

王一位妻於氏年二十四守節卒年七十

熊正喻妻王氏年二十九守節卒年七十

熊正富妻馮氏年二十三守節現年五十七

丁元彩妻張氏年二十二守節現年八十三

熊國富妻馮氏年二十守節現年五十一

王全茂妻王氏年二十五守節卒年六十三

張一賢妻王氏年十九守節事舅姑孝姑病刲股救愈撫三孤現年九十二

陳名魁妻王氏年十九守節撫孤現年五十

王大杰妻劉氏年二十二守節撫孤卒年四十五

靖厚坦妻袁氏年二十八守節撫孤卒年七十

秦鼎舒妻呂氏年二十八守節撫孤卒年五十四

秦紀光妻黃氏年二十五守節事姑孝卒年四十九

秦紀華妻徐氏年二十六守節卒年五十七

靖華明妻陳氏年二十六守節卒年七十五

陳厚珍妻程氏年二十三守節紡績自給卒年五十

林美章妻熊氏年二十七守節卒年五十二

秦紀廉妻唐氏年二十七守節現年六十六

監生陳希俊妻張氏年二十九守節現年六十九

陳德豐妻汪氏年二十五守節現年五十七

項世琛妻徐氏年二十四守節卒年七十六

秦明泰妻吳氏年二十二守節事姑孝卒年五十六

陳燿妻廖氏年二十八守節撫孤卒年八十八

陳德祿妻汪氏年二十六守節撫孤現年七十三

陳光裕妻汪氏年二十六守節撫嗣卒年五十三

吳紹貞妻蕭氏年二十八守節家貧無子卒年五十九

鄒啓桂妻吳氏年十九守節家貧無子現年五十六

秦德富妻熊氏年十九守節現年五十

秦德楷妻周氏年二十八守節現年五十七

徐光名妻程氏 徐崇安妻葉氏 徐先觀妻高氏

徐世洪妻劉氏四世姑婦也程年二十葉年二十六高年二十五劉年二十三守節程卒年四十八葉卒年八十九高卒年四十五劉現年五十

徐光廷妻范氏年十八守節撫嗣卒年八十九

徐崇爵妻戴氏年二十八守節撫孤現年八十七

徐崇喜妻劉氏年二十四苦節撫孤現年六十四

徐先鼎妻曹氏年二十九守節現年六十五

徐先定妻陳氏年二十九守節現年五十四

徐先長妻范氏年二十八守節撫嗣現年五十六

徐先正妻曹氏年二十六守節現年五十四

徐先弟妻邱氏年二十五守節卒年四十九

龔於璋妻周氏年二十八苦節撫孤現年五十九

徐世乾妻曹氏年二十六守節現年五十一

監生龔於瑾妻宋氏年二十九守節卒年五十九

霍正泰妻李氏年二十一守節撫子現年五十六

徐崇有妻林氏 徐先潔妻趙氏姑婦也林年二十九趙年二十八守節撫孤林卒年五十三趙卒年五十

武生王際成妻鍾氏年二十三守節撫孤昌愷愷故媳羅氏守節十年卒撫嗣孫現年六十一

秦明謨妻涂氏年二十三守節撫子現年五十三

胡益善妻汪氏年二十三守節撫孤現年五十五

胡益禮妻熊氏年二十一守節撫嗣現年五十二

秦紹恩妻胡氏年二十四守節撫孤現年五十五

江樹青妻盧氏年二十六守節撫孤現年六十五

霍淵妻田氏年二十四守節撫孤卒年六十一

陳廷福妻汪氏年二十六守節撫孤現年六十三

汪希爽妻鄒氏年二十五守節撫孤現年八十四

李如山妻胡氏年二十六守節撫孤卒年六十二

李義申妻詹氏年二十四守節撫孤現年六十

陳力昌妻汪氏年二十九苦節撫孤事舅姑孝現年六十一

庠生張溟妻陳氏年二十一守節撫孤卒年六十四

王大淋妻陳氏年二十三守節撫孤卒年六十一
王際貞妻張氏年二十四守節現年六十六
監生秦允治妻余氏年二十六守節卒年七十三
劉正泰妻宋氏年二十四守節撫孤卒年四十
宋佑啓妻戴氏年二十二守節撫嗣孝事舅姑現年六十
涂純璜妻梅氏年二十八守節撫孤現年五十四
邱尙泗妻羅氏年二十四守節撫孤卒年八十四
邱亨煥妻王氏年二十守節撫嗣卒年六十一
余粹和妻王氏年二十八守節撫孤現年六十
高登庸妻劉氏年二十九守節撫孤現年六十

邱兹鼎妻陶氏年二十九守節撫孤卒年八十三
邱炳耀妻王氏年二十守節撫孤卒年六十一
史緒洪妻王氏年二十二守節撫孤現年五十三
烈婦羅氏史先週妻夫病革時慮其家貧年少難守及夫沒氏遂雉經死
張克順妻王氏年二十一守節撫遺孤現年五十一
熊應翀妻劉氏年二十一守節撫孤卒年七十二
靖貞女歸州學正崇弼女許字謝氏子遊學四方不知所終女矢志守貞現年六十五
靖貞女謝氏監生榮賢女許字謝氏子年十九壻亡誓以死守具禮迎之女設主於室足不踰閾病家人延醫治之女指手曰有診吾手者吾必自斷之乃止一日索憲書吾某日去及期沐浴更衣端坐而逝
邵明智妻張氏年二十六守節撫孤孝事舅姑卒年七十六

詹宙光妻鄒氏年十七守節卒年八十
邵際淑妻萬氏年二十八守節撫孤現年六十六
鍾大進妻倪氏年二十九守節現年五十五
鍾光輝妻余氏年二十八守節現年五十
鍾大彩妻黄氏年二十八守節現年五十一　以上慕義
監生梅啓鳳妻余氏年二十四守節撫嗣事姑孝卒年八十七
孫世學妻曾氏年二十四守節撫孤事舅姑孝卒年八十
鄒檢鏵妻鄭氏年二十守節撫孤事舅姑孝卒年七十八
謝方高妻曹氏　謝方漢妻黄氏娣姒也曹年三十守節卒年九十黄年二十九守節撫嗣現年九十

張士耀妻梅氏年二十五守節夫歿事姑孝姑病刲股療愈撫遺腹孤卒年五十五
張永銑妻李氏年二十四守節撫孤事哀舅孝卒年六十四
蕭如鳳妻李氏　蕭學書妻謝氏姑婦也李年十九守節撫學書成立卒年六十三學書歿謝年二十九守節卒年六十六
彭烈女幼字朱家珣年十九壻歿女聞訃欲往弔父母不允遂雉經死
李步雲妻謝氏年二十七守節撫二孤次克瑋監生氏卒年六十九
蔡汀鶴妻王氏年二十七守節撫三孤事祖姑孝卒年八十
李成鯤妻王氏年二十四守節撫嗣事姑孝卒年五十五
監生陶履恕妻董氏年二十六守節撫孤事孀姑孝卒年七十六
曾德凰妻劉氏年二十八守節撫孤現年八十二

梅長高妻張氏年二十一守節卒年七十四
謝方成妻胡氏年二十八守節撫二孤卒年七十八
劉祚興妻朱氏年二十三守節卒年七十五
劉祚逵妻汪氏年二十六守節卒年七十三
貢生曹宜松妻董氏年二十七守節卒年六十一
洪楯楨妻梅氏年二十七守節撫孤恩溢舉人卒年八十七
陶國綱妻蕭氏年二十九守節卒年八十二
陶履棟妻張氏年二十二守節現年六十六婢玉蝶守義不嫁依氏終身氏卒年五十七
陶宜亨妻胡氏年二十四守節卒年八十
陶履潔妻史氏年二十九守節撫孤卒年六十二

陶國朋妻龔氏年二十守節孝事舅姑卒年八十七
陶成龍妻周氏年二十二守節撫孤孝事舅姑卒年七十
周才琯妻王氏年二十四守節撫遺腹孤孝事舅姑卒年五十一
烈婦梅氏周才楠妻年二十四夫歿氏誓以身殉家人防稍懈雉經死
周國是妻劉氏年二十六守節孝事舅姑卒年三十八
何國梁妻和氏年二十九守節卒年六十九
陶成鳳妻王氏年二十七守節撫孤卒年六十
李榮楦妻胡氏年二十二守節撫孤事姑孝現年八十九親見曾元
於孚守妻梅氏年二十五守節卒年六十八
李啓爵妻梅氏年二十七守節卒年七十四

王子駬妻雷氏年二十一守節卒年六十八
張艮佐妻陳氏年二十六守節撫嗣卒年五十九
何萬卷妻蔡氏年二十九守節撫孤卒年八十九
曾德鴻妻王氏年二十九守節卒年八十
熊世滄妻左氏年二十七守節撫孤孝事舅姑卒年六十二
熊世涍妻何氏年二十二守節卒年七十七
熊世淵妻王氏年十七守節卒年六十五
熊以樓妻張氏年二十守節撫孤孝事舅姑卒年八十
熊以椿妻楊氏年二十六守節孝事舅姑卒年七十五
熊以榮妻陳氏年二十三守節撫孤現年六十歲

熊永炳妻胡氏年二十一守節撫孤孝姑卒年七十七
熊履埠妻劉氏年二十八守節事姑孝卒年七十
劉長曜妻梅氏年二十二守節撫嗣卒年九十一
梅之法妻戴氏年十九守節孝養舅姑卒年六十四
高楚傳妻方氏年二十五守節卒年八十
劉裕達妻湯氏年二十一守節撫嗣卒年七十五
王世英妻夏氏　王出賢妻胡氏姑婦也夏年二十六守節撫出賢成立出賢歿
婦胡氏年二十四覓食養姑矢志守節夏卒年七十八胡卒年七十
陳明璽妻何氏年二十三守節卒年八十二
何世清妻方氏年二十二守節撫嗣卒年六十六

劉貞女幼字陶永州未婚永州殁誓不他適守貞六十年卒

王貞女幼字陶慶鶴年十六未嫁壻殁女往弔誓守孝事舅姑撫立嗣現年五十八

戴世泰妻陳氏年二十九守節卒年七十三

梅之桓妻楊氏　梅淐妻喻氏楊年二十七守節撫孤卒年六十五淐其孫也喻年二十四守節卒年六十五

馮理勝妻劉氏年二十七守節卒年九十

鄧丕棕妻戢氏年二十三守節撫遺腹孤現年七十八

鄧三卿妻操氏年二十七守節現年七十八

曾宏韜妻戴氏年二十七守節撫嗣現年七十

熊永輝妻呂氏年二十五守節撫嗣孝事舅姑卒年六十三

監生王懷琮妻馮氏年二十一守節卒年八十

張光義妻王氏年二十二守節卒年七十

汪貞女幼字李得宜女聞宜没歸李立嗣守貞卒年八十餘

孝婦靖氏贈修職郎監生謝從本妻翁病氏私刲左股和藥救甦越二年小婢洩其事姑李氏素嚴氏因是得其歡心子志烜歲貢生孫葵舉人官知縣

張永浩妻竇氏年二十六守節撫孤事姑孝現年七十四

張永法妻許氏年二十五守節撫嗣現年七十

張永波妻梅氏年二十三守節撫孤現年五十七

吳兆黃妻張氏年二十守節撫孤現年六十五

徐維楚妻吳氏年二十五守節事祖姑及翁姑孝現年六十三

熊永譽妻邱氏年二十八守節撫孤現年六十

謝仁漪妻宋氏年二十三守節卒年七十

洪啓喬妻曾氏年二十二守節撫遺腹孤孝事舅姑卒年五十一

洪啓輝妻徐氏年十九守節撫嗣子銑列庠均現年五十歲

陶文蕙妻龔氏年二十守節撫孤現年六十三

曾必俊妻李氏年二十七守節撫孤卒年五十九

武生鄒聯元妻謝氏年二十六守節撫嗣現年六十四

孫世琮妻張氏年二十二守節撫孤事姑孝現年六十一

李克成妻戚氏年十九守節現年五十六

王蘭錫妻曾氏年二十二守節撫孤卒年五十五

鄭建洲妻蔡氏年二十三守節撫遺腹孤卒年八十二

鄭建洛妻盧氏年十九守節撫孤卒年六十六

謝仁崇妻熊氏年十九守節卒年七十二

汪斯祥妻張氏年二十二守節撫孤卒年八十九

汪宗煥妻萬氏年二十守節撫孤現年五十六

曾德慎妻余氏年二十守節撫嗣事舅姑孝現年八十七

李先剛妻李氏年二十五守節現年五十七

李朝念妻徐氏年二十五守節撫孤卒年六十六

於符宋妻梅氏年二十四守節撫孤姑病刲股療愈卒年四十三

曾必位妻左氏年二十一守節撫遺腹孤孝事孀姑姑病刲股救愈現年五十

胡蘷山妻王氏年二十四守節撫孤孝事舅姑現年六十一

馮長春妻于氏年二十守節撫遺腹孤卒年六十三

洪恩漢妻李氏年二十五守節撫孤卒年五十五

徐其裕妻王氏年二十八守節撫孤孝事舅姑現年六十五

羅鎮烈妻胡氏年二十六夫故守節撫遺腹孤孝事舅姑卒年八十二

羅士志妻王氏年二十二守節撫孤事舅姑孝卒年八十

戚定超妻謝氏年二十九守節撫孤事舅姑孝現年七十三

戚定讓妻周氏年十七守節撫孤現年五十

周啓粱妻黃氏年二十五守節撫孤孝事孀姑現年五十六

梅用渾妻蔡氏年二十四守節撫孤姑病刲股救之卒年九十

梅用衎妻劉氏年二十八守節撫孤卒年七十三

梅用篤妻鍾氏年二十二守節撫孤卒年九十三

於予杜妻楊氏年二十一守節撫孤事姑孝現年七十八

於子阮妻陳氏年二十二守節撫孤事姑孝現年五十一

於子蓉妻陳氏年十九守節撫嗣卒年六十二

周文瑶妻周氏年二十三守節卒年八十四

於南山妻程氏年二十一守節撫孤卒年四十三

陶貞女幼字戚定乾年二十一壻沒歸戚守貞孝事舅姑撫嗣子成立現年五十九

李榮榜妻胡氏年二十六守節撫孤成立卒年七十

戴宗信妻張氏年二十九夫故守節撫孤孝事孀姑卒年七十五

監生姜作桓繼妻王氏年二十三苦節卒年七十五

胡楚章妻彭氏年二十七守節撫嗣現年七十五

李光全妻徐氏年二十三守節孝事舅姑現年八十一

陶之龍妻梅氏年二十五守節撫二孤家貧事舅姑孝卒年六十七

汪朝棟妻江氏年二十一守節撫孤現年六十八

汪遵海妻王氏年二十二守節撫孤卒年九十六

朱文毅妻王氏年二十守節卒年五十九

朱楚琳妻黃氏年十六守節卒年四十五

洪源偉妻尹氏年二十三守節撫遺腹孤卒年八十二

陶履恭妻程氏年二十六守節卒年六十

陶履英妻胡氏年二十一守節撫嗣卒年五十三

方貞女方一林女幼字謝氏子年二十未嫁壻沒矢志守貞卒年七十六

陶文龍妻王氏夫從征金川數年無耗父強之他適氏以剪刺喉幾死夫隨歸始婚年二十九夫故撫孤守貧數日一食非親故贈之不受卒年七十 以上上伍

熊長濬妻邵氏年二十五守節事姑孝撫嗣之昱諸生卒年五十五

程日耀妻劉氏年二十守節撫嗣孝事舅姑卒年七十五

梅之珠妻李氏年二十三守節孝事舅姑撫孤璧春諸生卒年五十九

梅鉅濤妻楊氏年二十守節卒年七十八

陶景羅妻彭氏年二十四守節撫孤事舅姑孝現年七十二

梅淦妻王氏年二十五守節撫孤孝事舅姑卒年七十六

胡世康妻竇氏年二十八守節撫孤翼高諸生卒年八十八

陳之岡妻李氏年二十五守節撫孤卒年八十九

喻德寬妻陳氏年二十七守節撫孤卒年七十三

李世榮妻蘇氏年二十二守節孝事舅姑撫孤文墉列成均卒年八十四

王基壽妻舒氏年二十四守節卒年五十八

葉光熙妻左氏年二十守節繼姑傷足醫需鷺血和丸不得氏刺股血和之愈卒年八十二

胡必琇妻朱氏年二十六守節撫孤卒年八十七

生員操大承妻邵氏年二十七守節撫三孤次南薰郡廩生氏卒年九十

徐貞女徐對重女幼字胡格非未婚壻没女年十七歸胡守貞事姑孝立嗣卒年八十

葉應鰲妻靖氏年二十守節撫孤孝姑訓子卒年七十八

張貞女張歷壽女幼字李定中未婚女年十六壻没聞訃歸李守貞撫嗣現年六十四

熊貞女江夏熊廣旃女幼字趙材未婚壻亡女年十九聞訃請於父母歸趙守貞事舅姑孝撫嗣子雲熊諳

生現年六十七

王烈女王廷起女幼字戴氏子年二十未婚聞壻没悲痛竟日其夜雉經死

孫汝泉妻甄氏年二十三守節撫孤孝事舅姑卒年五十五

黃基崑妻祝氏年二十三夫病刲股療之罔效夫没守節撫二孫孝事舅姑卒年六十八

汪其格妻黃氏年二十四守節撫二孤事舅姑孝現年六十五

許仲莢妻王氏年二十一守節撫嗣卒年六十一

王光容妻胡氏年二十守節家貧紡績養舅撫孤復撫孤孫卒年八十四

王流長妻栘氏年二十七守節撫孤孝事舅姑卒年七十九

梅澺妻於氏年二十五守節撫孤孝事舅姑卒年八十二

蕭大鶴妻陳氏年二十七守節卒年八十三

胡道海妻李氏年二十四守節撫孤孝事舅姑卒年九十八

李可喬妻孫氏年二十七守節撫嗣孝事舅姑卒年七十二

趙其懷妻王氏年二十二守節卒年八十六

童懋霖妻董氏年二十五守節卒年七十八

陳發剛妻王氏年二十八守節卒年七十八

李士英妻王氏年二十一守節現年七十七

胡世玖妻黃氏年十九守節撫孤卒年八十三

李世發妻唐氏年十九守節卒年八十七

操啓盛妻葉氏年二十四守節撫孤孝事舅姑卒年八十三

胡世璟妻胡氏年二十一守節撫孤卒年八十二

秦同昇妻劉氏年二十九守節現年六十八

左宏健妻汪氏年十七守節卒年八十三

舒昌晰妻邵氏年二十五守節孝事舅姑撫嗣子瓊樹列成均現年七十三

范乃珍妻陳氏年二十六守節卒年五十七

黃紹恕妻操氏　黃克從妻甄氏姑婦也操年二十六守節撫孤克從成立克從没婦甄氏年二十依姑苦節操卒年八十五甄卒年七十二

徐炳蔚妻童氏年二十四守節事姑孝撫遺腹孤卒年七十四

舒光元妻邵氏年十九守節姑病廢氏負之出入伺臥起不倦撫嗣成立卒年八十四

王巨英妻蘇氏年二十四守節撫孤現年七十八
張夔珩妻童氏年二十六守節撫二孤卒年七十八
張夔桂妻汪氏年二十守節撫孤卒年七十六
生員張有聲妻靖氏年二十八守節撫孤仁溥列成均卒年六十五
張對山妻黃氏年十八守節紡績養姑撫嗣卒年七十八
唐世位妻劉氏年二十六守節撫孤卒年九十一
舒光耀妻徐氏年二十七守節撫孤家貧紡績度日現年七十八
何玉光妻李氏年二十六守節撫孤現年八十
李躍勝妻余氏年二十八守節卒年八十五
李萬隆妻王氏年二十四守節撫嗣卒年五十六

張本魁妻羅氏年二十九守節撫孤卒年八十六
齊鮒妻舒氏年二十守節事姑孝撫嗣卒年六十三
夏上珣妻汪氏年二十八守節撫孤卒年七十八
夏楙典妻胡氏年十九守節卒年七十八
夏楙勝妻熊氏年二十八守節事舅姑孝卒年八十二
夏楙吧妻王氏年二十七守節卒年七十三
夏炳璋妻朱氏年二十六守節撫孤孝事舅姑卒年七十五
夏基蕙妻熊氏年二十三守節撫嗣卒年六十四
烈婦徐氏年二十適王時成王家貧氏紡績養舅越歲夫嬰劇病氏侍奉藥餌衣不解帶凡三年夫歿既殯氏雉經死啓視其笥已爲舅豫備身後所需衣衾等物舅悲痛尋卒氏亦無子同里紳耆醵貲葬之並立碑墓側紀其事
左道坤妻周氏年二十一守節撫孤卒年七十一
王鉅源妻熊氏年二十二守節撫孤現年五十二
李華國妻許氏年二十九守節撫二孤孝事舅姑卒年七十
張光烈妻汪氏年二十七守節撫孤成立卒年五十
毛之瓊妻程氏年二十守節現年六十八
舒廣儒妻徐氏年二十九守節撫嗣孝事舅姑現年七十一
孫祚漢妻徐氏年二十七守節撫三孤孝事舅姑現年七十三
孫德昇妻夏氏年二十四守節撫嗣現年六十五
孫廷柜妻陳氏年二十二守節撫嗣事姑孝卒年五十八

孫祚源妻甄氏年二十三守節撫孤事姑孝卒年五十五
胡必傳妻張氏年二十六守節事舅孝撫孤桂馨入邑庠現年五十
高華重妻李氏年二十八守節撫孤現年五十五
戴高起妻熊氏年二十四守節撫孤卒年五十一
戴名章妻徐氏年二十二守節撫孤事姑孝卒年八十一
王正清妻靖氏年二十五守節撫嗣事舅姑孝現年五十四
左宏潤妻何氏年二十守節現年六十七
許天吉妻黃氏年二十四守節撫嗣現年七十一
戴紹經妻王氏年二十二守節撫嗣卒年五十
舒明珣妻嚴氏年二十一守節撫嗣事舅姑孝現年五十一

李應生妻喻氏　李應侯妻蔡氏娣姒也喻年二十四守節蔡年二十二守節家
貧並紡績度日孝事舅姑喻撫二孤
卒年七十二蔡撫孤卒年七十五

舒光海妻王氏年二十一守節撫孤卒年七十八

陳文蓮妻邵氏年十九守節撫嗣現年六十二

王緒聦妻胡氏年二十二守節撫孤現年五十一

王基梓妻祝氏年十九守節撫嗣事姑孝卒年六十一

王基瀚妻徐氏年二十守節撫孤現年五十一

王基仁妻劉氏年二十四守節撫嗣現年六十五

王基濬妻汪氏年二十五守節撫孤現年五十八

王基鎬妻舒氏年二十三守節撫孤現年五十八

王緒唐妻王氏年十九守節事姑孝撫孤現年五十一

王緒柳妻孫氏年十九守節撫孤現年五十一

王緒真妻童氏年二十三守節道光辛卯水災隨隣婦乞食於外族有謀嫁者氏覺之夜投水遠旦
已浮過漲渡湖得還
家無恙現年五十八

孝婦張氏王基澍妻家貧紡績佐夫養姑夫卒姑患病十餘年氏扶臥起奉湯藥浣瘡血衣旦夕未嘗離
姑歿喪葬
俱如禮

孝婦舒氏監生徐士芬妻事姑孝姑病劇氏刲股療之卽愈

孝婦張氏舒灼妻事舅孝舅患篤疾刲股救之果愈

舒大山妻曹氏年二十一苦節撫孤卒年七十

張維嶽妻劉氏年二十四守節卒年七十二

陳琳緒妻龍氏年二十八守節卒年六十

陳基闢妻吳氏年二十四苦節卒年七十七

王緒廣妻陳氏年二十三守節撫孤現年五十二

王緒昌妻陳氏年二十六守節撫孤現年五十一

喻通詳妻曾氏年二十二守節撫孤事舅姑孝卒年七十八

喻通諭妻徐氏年二十三守節撫孤事舅姑孝卒年八十二

喻今詳妻楊氏年二十八守節撫孤事舅姑孝現年七十

胡必封妻梅氏　貢生胡必際繼妻陶氏

胡華祝妻喻氏　胡華文妻徐氏梅陶娣姒喻梅媳徐陶次媳也梅年二十五守
節事姑孝先生子華蓋貢生過繼夫兄夫歿嗣夫弟次
子華祝祝歿喻年二十守節以蓋次子忠琪爲嗣列成

均陶年十九守節撫夫前室子華麟貢生次華文歿徐
年二十二守節以麟子宜丙爲嗣入邑庠一門四節人
咸重之梅卒年五十七喻卒年五
十陶現年六十四徐現年五十六

監生胡必擴繼妻許氏　胡必鋤妻李氏娣姒也許年二十四守節事姑
孝撫夫前室子成立現年五十李年二十六守
節事舅姑孝撫嗣華藻議叙八品卒年五十二

王貞女　謝貞女王係王光祿女幼字陶履華年十八聞
陶卒詣陶大痛欲遂留守陶家貧又無
公姑可倚乃歸母家守貞其弟基岡幼聘謝方杰女未
婚卒謝時年十七聞訃卽奔王哭奠矢志同守王家亦
貧兩女閉門紡績雖比隣罕見其面王卒年七十
一陶族迎歸與華合葬謝撫嗣成立卒年七十

胡世祿妻邵氏年二十四守節卒年八十

王世傳妻劉氏　王佳準妻韓氏姑婦也劉年二十九守節撫嗣子佳準準病歿
韓年二十三苦節撫嗣劉現年七十六韓現年五十六

舒席儒妻徐氏年二十九守節現年七十一

羅炳輝妻汪氏年二十六守節撫孤現年六十六

羅炳有妻萬氏年二十一守節撫嗣現年五十三

戴耀楚妻梁氏年二十六苦節撫孤現年六十七

王鉅雄妻李氏年二十一守節撫二孤現年五十一 以上下伍

汪世景妻范氏年二十一守節孝事舅姑撫嗣煥章監生卒年五十一

汪世曉妻李氏年二十五守節孝事舅姑撫嗣元愷貢生氏卒年七十六

生員喻廷佑妻成氏年二十四守節翁病篤侍湯藥不懈姑哭子喪明氏日夕禱之復愈撫三月孤成立氏卒年九十一

生員汪奉璋妻陶氏年二十八守節撫孤卒年五十八

程源福妻周氏年二十守節撫孤卒年六十

陳服官妻朱氏 陳服典妻程氏 娣姒也朱年二十四守節撫三孤程年二十四夫故子夭嗣朱次子與朱守節孝事舅姑朱卒年八十程卒年七十七

李茂楠妻汪氏年二十三守節撫孤紹陽監生卒年七十

施國隆妻戴氏年二十六守節四十餘年卒

喻廷仕妻汪氏年二十六守節撫孤卒年八十四

喻承龍妻余氏年二十四立嗣守節卒年六十五

喻承栢妻汪氏年二十五守節撫孤卒年六十四

喻在元妻吳氏年二十一守節撫孤孝養舅姑現年七十

繆春和妻汪氏年二十一守節卒年八十六

繆聯魁妻魏氏年二十六守節撫孤卒年七十

朱俊鉉妻吳氏年二十四守節撫孤孝事舅姑卒年七十一

胡正國妻黃氏年二十六守節撫嗣卒年五十九

汪于揆妻宋氏年二十八守節撫孤卒年八十五

生員汪兆引妻陶氏年二十五守節事姑孝卒年六十八

烈婦程氏李宏材妻年二十二夫故無子矢志守節姑將嫁之氏遂縊死

陳啓明妻徐氏年二十七守節撫三孤卒年八十八

陳尚德妻張氏年二十守節撫孤現年七十六

陳必興妻劉氏年二十三守節撫二孤現年九十一

汪永驥妻許氏年二十守節撫嗣卒年六十一

吳光道妻徐氏年二十八守節撫孤孝養公姑現年六十四

余元洪妻舒氏年二十三守節撫孤敬事舅姑卒年九十四

余之騏妻汪氏年二十一守節撫嗣事姑孝卒年三十五

童敬壽妻陳氏年二十六守節撫嗣現年七十二

袁悅石妻何氏年二十四守節撫孤卒年八十

照磨胡永孚妻陶氏年二十六守節撫二孤卒年八十

邱之棟妻李氏年二十一守節撫孤孝事舅姑現年六十三

朱祖濂妻胡氏年二十于歸夫有惡疾供湯藥不厭越二年夫故無子誓死苦節卒年五十七

汪于彰妻陶氏年二十二守節孝事舅姑嗣子引光廩生卒年五十四

汪于彣妻姜氏年二十四守節撫嗣事舅姑孝卒年五十六

余元太妻邱氏年二十守節姑早亡舅與伯翁久分居氏勤合爨俱孝養無違撫子成立現年六十

童恒熙妻王氏年二十八守節撫嗣卒年八十四

余履珍妻余氏年二十三守節撫嗣卒年五十二

汪永恒妻袁氏年十九守節紡績以養舅姑現年六十

汪于傑妻陳氏年二十守節家貧撫孤孝事公姑卒年七十六

汪淵妻朱氏年二十九守節撫孤卒年七十

汪謹文妻林氏年二十守節卒年九十一

汪祝封妻王氏年二十五苦節撫孤卒年八十二

汪君義妻宋氏年二十四守節卒年七十五

胡師剛妻魏氏年十九苦節撫孤卒年八十

孝婦舒氏生員余復琥妻姑臥病五載氏同琥日夜扶持未嘗就寢後琥卒氏素病足侍疾時膝行終不假手子婦姑年九十四卒氏亦以哀逝

汪世瑜妻霍氏年二十四守節撫嗣現年七十

汪世昶妻錢氏年十九守節現年六十

魏基恒妻汪氏年二十三夫故氏誓以身殉既念舅沒姑老娣氏未歸勉留奉養越三載夫弟受室乃自縊死

胡景義妻張氏年二十六守節事姑孝卒年六十

余依德妻鄧氏年二十九守節撫二孤現年七十三

程心梓妻涂氏年二十五守節卒年七十一

商永方妻李氏年二十三守節卒年六十七

商祚珩妻李氏年二十四守節現年六十

余良瑤妻周氏年二十守節撫嗣事姑孝現年六十

黎從善妻汪氏年二十九守節撫孤卒年七十九

童敬彭妻陶氏年二十八守節撫二孤長觀國監生卒年八十四

萬方有妻童氏年二十二守節撫孤卒年六十五

胡貞女胡廷桂女幼字劉名義年十九未嫁壻沒女適劉守貞甘貧事舅姑孝爲壻立嗣卒年六十三

陳貞女幼字余德方未嫁壻沒父母將他許女聞誓死不從越三年歸余守貞孝事舅姑撫嗣現年六十九

李貞女許字袁悅素未嫁壻沒誓不他適歸袁守貞立姪爲嗣現年八十

李士智妻程氏年二十六守節撫孤孝事舅姑卒年六十九

劉以玉妻桂氏年二十八守節撫嗣卒年八十

童敬綬妻萬氏童奉璘妻張氏萬年二十三守節撫嗣子復撫嗣孫卒年八十九張乃萬姪婦也年二十一守節現年五十三

生員汪萬年妻陶氏年二十八守節撫孤現年七十八

汪兆彩妻劉氏年二十八守節撫孤卒年五十七

汪兆輝妻童氏年二十五守節撫孤卒年八十一

童敬輿妻周氏年二十四守節卒年八十二

童敬禮妻張氏年二十四守節卒年七十三

童鳳儀妻陳氏年二十六守節卒年七十

任開福妻陶氏年二十一守節撫孤卒年七十三

邱正身妻張氏年二十三守節卒年八十九

邱之自妻朱氏年二十三守節撫孤卒年七十五
胡品三妻任氏年二十五守節撫孤現年六十四
童先坊妻周氏年二十六守節撫孤孝事舅姑現年五十五
徐炳蔚妻童氏年二十二守節撫孤孝事翁姑卒年五十四
沈習英妻汪氏年二十五守節事姑孝卒年六十一
汪世暄妻余氏年二十七守節撫孤現年七十三
監生汪代鏞妻張氏年二十四守節撫孤現年五十五
童敬義妻王氏年二十九守節卒年六十二
邱之風妻魏氏年二十一守節撫孤卒年八十
李之墉妻楊氏年二十八守節孝事舅姑撫遺腹孤卒年六十七

監生陳樹蟾妻鍾氏年二十八守節撫二孤現年六十八
徐恒盛妻童氏年二十五守節現年七十八
童之昭妻陳氏　童奇猷妻汪氏　童敬桂妻陶氏
童光湘妻周氏陳年二十五守節孝事舅姑撫教二子卒年八十四孫婦汪夫亡時氏年二十一撫遺腹孤光溤監生曾孫婦陶氏周氏各年二十八守節周現年六十九陶現年六十四
汪亨珠妻童氏年二十一守節卒年八十一
童奇彬妻魏氏年二十六守節撫二孤卒年七十四
童士華妻王氏年二十守節卒年六十三
汪代第妻陳氏年二十守節現年六十
謝燿宙妻汪氏年二十七守節卒年六十

童宗鼎妻董氏年二十六守節卒年七十四
童士重妻袁氏年二十八守節卒年六十四
童士欽妻周氏年二十二守節卒年七十二
周熙庸妻陶氏年二十六守節現年七十
袁心繪妻陳氏年二十二守節卒年八十
袁心谿妻周氏年二十五守節撫二孤卒年八十三
童奉華妻劉氏年十九守節卒年六十九
童奉義妻汪氏年二十五守節卒年六十九
童敬憲妻胡氏年二十八守節卒年八十
童奇勞妻江氏年二十九守節卒年七十
余艮會妻李氏年二十守節撫嗣卒年七十九

監生李振封繼妻戴氏年二十五守節孝事舅姑撫嗣子復撫嗣孫現年五十
余咸正妻桂氏年二十八守節撫嗣現年五十七
魏理才妻程氏年二十八守節撫孤現年六十一
喻在岵妻任氏年二十守節撫嗣現年五十六
高起義妻萬氏年十九守節撫嗣現年五十二
汪依仁妻喻氏年二十三守節現年五十五
汪引銑妻朱氏年二十一守節現年六十
魏志煌妻林氏年二十四守節撫孤現年五十六
李伯池妻謝氏年二十七守節撫孤卒年九十二

生員吳兆鼎妻呂氏年二十六守節撫嗣現年五十

汪延禰妻袁氏年二十八守節撫孤事姑孝卒年六十三

曾智廠妻余氏夫患廢疾氏侍養二載不懈年二十六守節竝嗣現年五十四

魏可祿妻袁氏年二十五守節撫遺腹孤現年五十八

汪于煜妻李氏年二十二守節撫嗣現年六十七

袁耀邦妻陳氏年二十三守節撫孤歷四十餘年卒

童敬巽妻袁氏年二十五守節卒年七十三

余獻鈺妻童氏年二十守節撫嗣現年五十二

張大衢妻蔡氏年二十七守節撫孤卒年八十八

汪懋舜妻饒氏年二十三守節撫孤孝事舅姑卒年八十

汪封徐妻霍氏年二十守節撫嗣孝事舅姑卒年三十六

蔡周富妻張氏年二十九守節事舅姑孝撫二孤現年五十八

萬方興妻魏氏年二十七守節撫孤孝事舅姑現年七十八

魏可嘉妻周氏年二十守節現年五十四

余國鳳妻萬氏年二十八守節撫孤孝事舅姑現年七十五

胡正立妻古氏年二十六守節撫嗣現年六十二

汪兆聯妻陳氏年二十二守節撫嗣孝事舅姑現年六十二

曾志豪妻汪氏年二十八守節紡績事姑現年五十二

武生汪大鵬妻劉氏年二十五守節撫二孤孝事舅姑現年五十

陳貞女陳諒釆女許字汪敬祖年十九未于歸壻亡女聞遂過門守貞立嗣凡十有七年卒

汪引恭妻姜氏年二十四守節撫孤現年五十五

汪引崧妻霍氏年二十四守節撫孤現年五十八

童演琛妻汪氏年二十三守節撫孤現年五十六

王玉昆妻汪氏年二十三守節撫嗣事姑孝卒年三十九

王祚師妻程氏年二十七守節撫嗣事舅姑孝現年六十八

李正琛妻尤氏年二十四守節現年五十六

余商珍妻劉氏年二十九守節撫孤五世同居目見元孫卒年九十四

汪瑞林妻邱氏年二十四守節撫孤現年六十八

余時獻妻沈氏年二十二守節撫嗣現年五十五

陶比山妻許氏年二十二守節現年五十一

魏可桂妻林氏年二十四守節撫孤孝事舅姑現年六十六

魏可鳴妻童氏年二十七守節現年七十一

魏可試妻徐氏年二十八守節現年七十六

烈婦潘氏胡運崧妻于歸八月夫沒氏不食而死

宋志順妻王氏年二十三守節卒年六十四

職員宋加貞妻劉氏年二十二守節現年五十二

監生童應瑞妻周氏年二十九守節卒年六十六

監生童龍文妻袁氏年二十四守節撫孤孝養舅姑卒年八十四

監生汪引鵬繼妻華氏年二十九守節撫嗣卒年五十二

余良琪妻汪氏年二十七守節現年五十三

陶廷楷妻范氏年二十八守節現年五十九

童錫光妻萬氏年二十九守節現年七十一

烈婦陳氏余獻琰妻適余一載夫没氏哀痛不食卒

繆大猷妻汪氏年二十二守節撫孤卒年七十二

烈婦潘氏胡運松妻讀書知大義年十九歸胡八月夫故誓不欲生七日不食死

徐繼助妻郭氏年二十一苦節撫嗣卒年八十九

張士任妻沈氏年二十二守節撫孤卒年六十九

張爲禮妻邱氏年二十三守節撫孤卒年八十一

黄世茂妻張氏年二十三守節卒年八十八

張虞卿妻吳氏年二十五守節撫孤卒年八十三

程國賢妻陳氏年二十二守節家貧撫孤事舅姑孝卒年七十四

劉宗五妻曾氏年二十四守節撫孤孝養舅姑卒年五十四

徐秉濰妻吳氏年二十二夫病割股救療姑病又割股救之夫故守節卒年六十五

游明坤妻徐氏年二十守節現年七十三

彭終理妻操氏年二十四守節卒年九十

張維麟妻蕭氏年二十五守節卒年七十

蕭其秀妻夏氏年二十六守節卒年七十七

曹鳳舉妻熊氏年二十五守節撫嗣事舅姑孝卒年六十三

劉正朝妻劉氏年二十九守節家貧撫孤事舅姑孝卒年八十四

郭言諄妻黄氏年二十嫁甫七月夫没守節撫嗣孝事舅姑卒年七十八

郭言詠妻徐氏年十七守節撫遺腹孤卒年五十八

郭維珍妻程氏年二十八守節撫孤卒年八十一

黄貞女黄元淳女許聘徐波海年十九未婚壻没女矢志守貞卒年六十一

巴行逵妻潘氏年二十一守節撫孤現年六十八

吳光倫妻徐氏年二十八守節撫孤卒年六十二

張爲禄妻方氏年二十四守節現年七十四

張世敦妻徐氏年二十四守節撫孤現年六十八

熊顯妻劉氏年二十五守節卒年八十五

鄭之常妻徐氏年二十五守節撫遺腹孤卒年八十七

朱正連妻楊氏年二十八守節撫孤卒年七十二

馮應昌妻蔡氏　監生馮康伯繼妻鄧氏

馮華封妻許氏三世姑婦也蔡年二十四斷髮守節鄧年二十八守節許年二十八奉孀姑撫二孤守節蔡卒年八十四鄧現年七十許現年五十九

鄧如鋭妻陳氏年二十四守節撫嗣卒年七十七

宋正武妻徐氏年二十九守節事姑孝現年七十九

鍾叙穀妻胡氏年二十九守節撫孤卒年七十三

蕭天成妻湯氏年二十二守節孝事舅姑現年七十二

劉士昭妻何氏年十九守節撫嗣卒年七十九

徐文鼎妻林氏年二十五守節現年八十二

徐華露妻黄氏　徐文粱妻張氏姑婦也黄年二十四守節撫孤文粱早没張年

二十三守節黃現年七十八張現年五十

程家珏妻萬氏年二十五守節卒年五十七

監生黃芝妻曾氏年二十四守節撫孤卒年七十九

曾大愷妻陳氏年二十七守節卒年七十二

庠生游欽璋妻余氏舅姑疾割股療之年二十一夫没撫五月孤守節卒年七十五

曹應海妻周氏年二十二守節事祖姑翁姑孝下逮曾元親見七代五世同堂卒年九十四

郭守成妻李氏年二十二守節奉姑撫孤備歷艱苦卒年五十八

郭士太妻彭氏夫客死西蜀氏年二十四矢志守節卒年五十六

郭維照妻李氏　郭言株妻王氏姑婦也李年二十七守節撫孤言株成立株没婦王氏年二十九依姑苦守李卒年八十王卒年六十九

郭載友妻阮氏年二十四守節撫孤現年六十三

郭艮臣妻王氏年二十三家貧守節撫嗣卒年五十八

郭志泰妻張氏　郭洪元妻余氏姑婦也張年二十四守節撫子洪元早没婦余氏年二十六守節張卒年八十余卒年六十八

郭卜彩妻龔氏年二十六守節孝事衰舅撫孤卒年七十九

郭廣傳妻徐氏年二十三家貧守節撫孤現年八十四

郭紹楚妻趙氏年二十五守節撫孤卒年六十四

郭紹嵩妻成氏年二十六守節撫孤卒年六十八

劉經廷妻阮氏年二十割股救夫夫没苦節撫嗣現年七十二

徐國和妻段氏年二十六守節孝事舅姑撫嗣卒年七十一

王貞女監生王德化女幼字邱汝繆未嫁汝繆没女年十九矢志守貞旋以哀毁没

邱汝咏妻鄧氏年二十一守節現年七十一

劉作檐妻曾氏年十八守節卒年九十二

郭維耀妻徐氏年二十一夫外没截髮誓守撫嗣卒年八十二

劉作極妻郭氏年二十三貧苦守節撫孤卒年五十七

監生徐繼鋭妻盛氏年二十六守節撫嗣卒年八十一

胡樹森繼妻陶氏　妾袁氏年俱二十七守節撫孤忠佐議敘八品現年五十二

劉烈女劉光錡女幼字周德風未嫁壻没女年十七欲往周守貞母止之遂哀號嘔血踰月而死母嘉其志歸於周合葬焉

胡錫梁妻張氏父病劇割股以進祖父病又割股救療及于歸孝事翁姑及祖翁姑年二十七守節撫孤齋素十年卒

邱民俊妻陳氏年二十三守節事姑孝撫孤現年六十四

程景怡妻鍾氏年二十二守節奉姑孝撫孤卒年六十八

江台選妻張氏年二十守節撫嗣炳章庠生卒年六十八

程大瑛妻彭氏年二十六守節撫孤卒年八十二

徐世遴妻鍾氏年二十九守節撫孤卒年九十三

黃見夏妻胡氏年二十八守節現年六十

胡士榮妻朱氏年二十一守節撫嗣卒年七十八

程家熙妻陳氏年二十四守節撫孤事姑孝卒年六十八

柯行三妻王氏年二十四守節撫孤現年八十六

劉孔祥妻曹氏年二十七守節現年八十

董楚湘妻李氏年二十五守節撫孤卒年七十五

郭國正妻葉氏年二十四守節現年七十

郭祥宇妻羅氏年二十二守節撫孤現年七十二

劉學栢妻温氏年二十二守節奉姑撫孤卒年六十四

劉學峒妻陳氏年二十四守節撫孤孝事衰舅現年七十三

劉學凱妻徐氏年二十九守節事舅姑孝現年七十一

余艮傑妻陳氏年二十六守節卒年六十三

陳萬傑妻陳氏年二十五守節孝事舅姑撫孤蓮監生現年六十七

張世俊妻吳氏年二十一守節撫孤孝養舅姑現年八十六

劉士凱妻趙氏年二十五守節撫孤卒年九十

江席言妻汪氏年二十四守節撫孤事姑孝卒年七十

欒貞女欒勝友女幼字張永青未婚壻沒女矢志守貞卒年七十八

張貞女幼字黄世用年十九未婚壻沒女守貞卒年七十九

郭貞女郭南岡女幼字彭宗禮未嫁壻沒女年十七守貞卒年七十一

胡貞女胡伯嘉女許字鍾國保年十八未嫁壻故女守貞卒年六十五

何應麟妻汪氏年二十八守節撫孤現年八十

程德洪妻曾氏年二十七夫故家貧苦節撫孤卒年六十九

邱安禮妻熊氏　邱汝吉妻鄒氏姑婦也熊年二十九守節卒年八十六鄒年十九守節卒年七十一

王廷煋妻趙氏年二十守節撫孤孝嗣現年八十

胡占鼇妻施氏年二十七守節撫孤孝事舅姑現年七十四

王越來妻巴氏年二十四守節撫孤孝事舅姑現年六十五

柯秀廷妻汪氏年二十八守節撫孤現年五十六

曾茂賢妻王氏年二十四守節撫孤現年七十

曾春華妻夏氏年二十八守節撫孤現年七十六

曾希唐妻鄧氏年二十七守節撫孤現年五十四

曾宏貴妻張氏年二十九守節撫孤現年五十二

曾兆金妻汪氏年二十六守節撫孤現年五十

湯維慶妻宋氏年二十八守節撫孤孝事舅姑現年五十二

余國清妻徐氏年二十守節現年六十

胡聲有妻宋氏年二十三守節撫孤卒年六十二

楊楚襄妻閔氏年二十九守節撫孤現年七十二

蕭廷柱妻湯氏年二十六守節孝事舅姑撫孤現年五十八

徐保泰妻胡氏年二十八守節孝事舅姑撫孤現年七十四

程貞女幼字廖澤與年十七未婚壻故女矢志守貞現年六十

廖勝元妻江氏年二十二守節撫遺腹孤現年五十二

廖昇揚妻朱氏年二十六守節撫孤卒年八十三

廖宗泰妻黄氏年二十七守節撫孤現年七十

廖其址妻高氏年二十五守節撫孤現年六十三

劉玉斗妻陳氏年二十五守節撫孤現年六十七

郭言順妻余氏年二十三守節撫嗣孝事衰舅卒年八十

郭宗唐妻王氏年二十五守節撫孤卒年九十三

徐盛煒妻余氏年二十二守節撫孤現年五十二

胡思美妻胡氏年二十二守節卒年八十四

胡宗長妻陳氏年二十九守節卒年八十五

胡元鉦妻曾氏年二十九守節卒年七十一

陳重矩妻黃氏年二十四守節現年六十七

張揚彩妻李氏年二十二守節現年五十六

張啓高妻江氏年二十五守節卒年六十一

施廷南妻張氏年二十五守節現年六十二

張輝海妻羅氏年二十六守節現年五十六

宋致朝妻張氏年二十四守節現年七十

張垂棘妻宋氏年二十七守節現年七十

胡士週妻施氏年二十一苦節卒年七十二

郭在泮妻段氏年二十守節撫嗣現年五十三

劉正鼇妻程氏年十八守節現年七十四

胡常栯妻張氏年二十八守節撫孤現年六十三

庫日浩妻曾氏年二十九守節撫孤現年六十五

監生姜巨川妻戴氏年二十八守節撫孤現年五十六

邱汝潤妻朱氏年二十五守節現年五十七

黃仕可妻黃氏年二十六守節撫孤卒年九十二

黃均輝妻陳氏年二十六守節孝事舅姑現年五十

徐合義妻蔡氏年二十四守節撫孤現年六十一

徐春方妻郭氏年二十八守節現年五十五

李思舜妻郭氏年二十苦節卒年六十九

許呈槐妻高氏年二十五守節卒年四十八

黃世禧妻胡氏年二十二守節撫孤卒年七十七

彭保合妻余氏年二十四守節撫嗣卒年六十

彭保柏妻劉氏年二十四守節撫孤現年七十

彭保雄妻徐氏年二十六守節現年五十五

朱席東妻胡氏割股救夫年二十二守節撫孤卒年七十二

朱府賓妻徐氏年二十八守節撫嗣卒年七十二

朱格義妻黃氏年二十五守節撫嗣卒年六十八

朱致甫妻巴氏年二十九守節撫孤現年七十七

朱轆臣妻陳氏年十九守節撫孤卒年六十七

徐耀芝妻黃氏年二十九守節撫孤現年七十一

郭維政妻黃氏年二十二守節撫嗣卒年六十二

曹某妻胡氏年二十守節卒年八十

廖澤賢妻陳氏年二十六守節撫孤現年七十

劉維疆妻段氏年二十一守節撫孤現年五十六

劉有斐妻張氏年二十八苦節卒年八十一

劉作樟妻朱氏年二十一守節撫孤卒年六十八

曹朝綱妻郭氏年二十三守節卒年七十二

曹興周妻張氏年二十五守節現年六十一

曹純福妻鄧氏年二十四守節撫孤現年六十

曹靖黃妻劉氏年二十九守節撫孤卒年五十五

曹希望妻鄧氏年二十八守節撫嗣現年五十二

曹靖夏妻徐氏年二十四守節撫孤卒年四十二

劉孔瑞妻郭氏年二十八守節卒年七十三

郭存悌妻張氏年二十一守節撫嗣復撫孤孫現年五十八

余獻正妻趙氏年二十四守節撫孤現年五十八

余艮智妻陶氏年二十八苦節卒年六十八

徐泰山妻周氏年二十夫歿氏哀毀誓守卒年三十四繼姪承祀

朱新發妻郭氏年二十五守節撫孤孝事舅姑現年六十七

郭維熙妻劉氏年二十四守節撫子言治列成均卒年七十五

朱正亨妻郭氏年二十二守節撫孤事姑孝卒年六十一

余艮睿妻劉氏年二十六守節撫孤卒年五十三

周庭佩妻左氏年十八守節撫嗣復撫孤孫現年五十九歲

周常泰妻董氏年二十一守節孝事翁姑撫嗣復撫孤孫現年七十一

監生余德徽妻余氏年二十六守節事姑孝撫孤文瀚諸生現年五十二

曹靖洲妻郭氏年二十九守節現年五十四

程從龍妻胡氏年二十守節孝事舅姑撫孤現年六十

程明羽妻梅氏年二十守節撫孤孝事舅姑卒年六十八

程光星妻馮氏年二十四守節撫孤孝事舅姑卒年九十

吳貞女許字程明昇未婚壻沒女年十六矢志守貞卒年七十二

程明泗妻鍾氏年二十二守節撫孤孝事舅姑卒年六十四

程明桂妻劉氏年二十八守節撫孤孫卒婦雷氏年二十五守節孝事孀姑撫孤成立劉卒年八十雷現年五十七

程明廉妻徐氏年二十九守節撫孤卒年六十六

陳勝甫妻霍氏年二十七守節撫嗣孝事舅姑卒年六十三

陳步林妻高氏年二十八守節撫嗣孝事舅姑現年五十五

陳正輔妻張氏年二十守節撫嗣孝事舅姑卒年六十

程廷光妻熊氏年二十八守節撫孤卒年九十四

成艮輔妻熊氏年二十三守節撫孤卒年四十

程光前妻梅氏年二十一苦節撫嗣孝事舅姑現年五十五

黃慶吉妻宋氏年二十七苦節撫孤現年五十四

胡楚望妻童氏年二十守節撫遺腹孤事舅姑孝現年五十三

監生張光理妻高氏　妾謝氏高年二十九謝年十九守節撫孤高卒年九十三謝現年八十七

何永揚妻劉氏年二十八守節撫孤現年七十五

劉崇效妻何氏年二十九守節撫孤現年五十一

邱汝賢妻吳氏年二十八守節撫孤現年五十一

鍾朝榮妻程氏年二十七守節現年五十九

鍾德仲妻黃氏年二十六守節現年五十五

董興隆妻廖氏年二十六守節撫孤現年六十六

黃興朝妻余氏年二十一守節卒年五十二

程斯治妻李氏年二十五守節撫孤事舅姑孝現年六十一

以上庶安

黃岡縣志卷之十三終

黃岡縣志卷之十四

知黃岡縣事宛平俞昌烈編輯

人物志

列女

沈章榮妻陳氏年二十六守節撫孤卒年三十九

夏振文妻蔡氏年二十四守節撫嗣卒年六十

陳廷珠妻潘氏年二十五守節撫孤卒年七十三

陳玉池妻周氏年二十四守節撫孤卒年五十六

熊士祿妻柳氏年二十四守節撫孤長世濃監生次世澤諸生卒年七十六

監生胡鶴壽妻陳氏年二十七守節撫嗣復撫嗣孫現年六十七

胡述江妻張氏年二十四守節卒年三十七

封職汪于濰妻程氏年二十五守節家貧孝養舅姑撫孤極三成進士卒年七十九

烈婦周氏何永裕妻年二十五夫病劇語氏以他適夫沒氏泣不欲生營殮殯畢自縊死郡守禹匾旌之

陶啟涵妻萬氏年二十九守節現年五十九

施渭璜妻李氏年十九夫沒無子苦節紡績自給卒年八十一

呂昌茂妻葉氏年十九歸甫月餘夫沒撫遺腹孤成立現年五十九

黃榮麟妻郭氏年二十九刲股救夫夫亡家貧守節事姑孝撫孤現年六十六

羅永觀妻程氏年二十五守節撫孤現年五十三

何永涵妻黃氏年二十四守節撫孤姑病篤刲股食之愈現年六十五

周文旺妻尤氏年二十三守節孝事舅姑撫二孤長尚珍布經歷卒年七十二

萬希松妻程氏年二十八夫殁有欲出之者氏明於族誓以死守茹苦紡績自給現年七十三

曾薇中妻王氏年二十二守節撫嗣現年六十七

羅遠耀妻胡氏年二十七守節撫二孤現年八十

張應檀妻王氏年二十二守節家貧撫嗣卒年五十七

林申錫妻童氏年二十八守節撫孤現年六十

陳廷鎬妻胡氏年二十五守節撫嗣又撫孤孫現年八十五

監生陳茂績妻高氏年二十三守節無子事祖姑及姑孝現年五十九

生員呂自超妻黃氏年二十七守節撫孤現年五十二

曾有基妻椰氏年二十三守節撫遺腹孤道傳監生卒年七十七

庠生萬希烜妻陶氏年二十七苦節孝養舅姑嗣子凱基諸生卒年八十三

萬希炯妻易氏年二十四苦節孝舅姑撫孤凱均諸生卒年七十四

庠生萬裕泉妻鮑氏年十九夫病危刲股救之不起夫殁守節撫孤後舅病氏復刲股救之延十餘年氏現年六十八

張應壽妻林氏年二十九家貧守節現年六十二

余天才妻呂氏年二十八守節貧苦撫孤成立現年六十一

監生李明義妻徐氏年二十三守節撫孤復撫嗣孫現年六十五

雷懋鱗妻張氏年二十六守節家貧撫孤卒年七十六

張本翰妻揭氏年二十一守節撫孤成立現年五十二

朱豐積妻陳氏年二十八守節撫遺腹孤現年七十八

向起賢妻陳氏年二十九守節卒年四十一

宋明光妻黃氏年二十五守節孝事舅姑撫二孤現年五十

張之鯨妻宋氏年二十九守節撫孤現年六十六

供事王世烈妻萬氏年二十一守節撫孤現年五十五

王國輻妻陳氏年二十二守節撫孤孤夭復立嗣又夭現年六十

王國連妻張氏年二十夫没撫孤苦節家貧紡績易食現年五十四

王馨譜妻袁氏年二十三夫没無子家貧苦守現年五十九

欒重豪妻薛氏年二十守節現年五十一

汪延熺妻陳氏年二十二苦節卒年七十

陶鳴柏妻陳氏年二十八守節撫孤現年七十八

李位三妻郭氏夫偕兄弟應試溺水兄弟俱死位三獨獲救感痛嘔血踰年死氏年二十四無子勸

姑爲舅買妾生子庶姑没氏撫之成立現年六十九

監生許德華妻胡氏年二十五守節撫孤厚均刻成均卒年七十三

萬希范妻陳氏年二十五守節現年八十九

烈婦胡氏王述祖妻年二十三夫没殯殮畢泣曰今可從夫子於地下以奉事舅姑夾徐以一女託姒氏素饌祀先抱夫主號痛閉戶自縊死

周運光妻汪氏年二十二守節撫嗣紡績自給現年六十四

許正官妻周氏年二十守節貧苦無子現年八十五

李達建妻江氏年二十六守節事姑孝撫孤現年七十七

王源保妻萬氏年二十五守節撫孤現年五十八

劉文德妻楊氏年二十七守節撫孤現年六十四

葉肇游妻韓氏　葉大勳妻黃氏姑婦也韓年二十五守節撫孤大勳大勳沒黃年二十守節撫二孤韓現年七十九黃現年五十四

林常儼妻程氏年二十守節撫孤遇春監生卒年八十一

程美材妻張氏年二十一守節家貧孝養舅舅姑撫孤現年五十二

周熙鈁妻靖氏年二十七守節撫二孤長濂庠生次淏監生卒年七十六

林志遠妻王氏年二十五守節撫嗣現年五十

朱慶奇妻陶氏年二十一守節撫孤現年五十三

陳方際妻王氏年二十二守節無子日夜禱夫主前求娣得男娣生男裂襁褓妻之抱見夫主爲嗣含漿哺之事舅與繼姑孝卒年七十六

廩生萬鼎養妻徐氏年二十二守節卒年六十

朱廷珍妻李氏年二十五守節撫孤卒年六十一

黃澤普妻宋氏年二十五守節遺腹生子夭立姪爲嗣卒年七十

程定先妻甘氏年二十六守節撫孤事繼姑孝卒年七十八

商一澤妻邱氏年二十守節撫子權副榜卒年六十

童有直妻程氏年二十二守節撫子念祖監生卒年八十四

監生周偉烈妻陳氏年二十三守節撫孤天祿貢生卒年七十五

陶應穡妻汪氏年二十四守節撫孤卒年六十七

州同王岑妻陳氏年二十八守節撫嗣志鑑監生卒年四十六

程道廣妻嚴氏年二十三守節撫遺腹孤永成諸生卒年八十一

杜天柏妻李氏年二十二守節貧苦撫遺腹孤卒年五十四

葉大葳妻林氏年二十五守節撫孤成諸生卒年八十一

楊宜發妻周氏年二十九守節貧苦撫孤卒年七十八

韓初官妻李氏年二十一守節撫孤卒年五十二

陶景康妻胡氏年二十五守節貧苦撫孤成立卒年六十二

監生曾紹龍妻呂氏年二十一守節事嫡盡禮卒年七十二

周士愷妻萬氏年二十六守節卒年七十九

曾紹麟繼妻施氏年二十四守節撫孤訓孫監生卒年八十九

曾朝桂繼妻王氏年二十一守節撫嗣卒年五十四

監生周璉妻程氏年二十二守節撫孤卒年九十三

張光明妻范氏年二十三守節卒年七十二

羅之屏妻宋氏年二十八守節卒年八十二

萬希懋妻葉氏年二十四守節無子卒年七十五

萬廷瑞妻董氏年二十七守節事舅姑孝卒年三十七

萬廷儒妻王氏年二十六守節子二次希曛增貢卒年八十八

萬廷任妻王氏年二十四守節卒年六十五

夏公祿妻嚴氏年二十七守節撫孤卒年七十七

陳章德妻柳氏年二十五守節撫孤卒年六十五

張勝海妻胡氏年二十三守節撫嗣卒年七十

曾薪傳妻胡氏年二十八守節撫孤履中監生年四十九卒

熊世法妻朱氏年二十守節撫嗣卒年三十八

烈婦周氏生員熊廷瑞妻年二十六夫故遺腹生男數月而夭氏朝夕號泣遂不食而死

趙文鰲妻陳氏年二十六守節卒年七十九

劉文悠妻林氏年二十八守節撫子卒年八十九

余烈鶴妻葉氏年二十七守節撫孤集英諸生卒年八十

萬𡸃雯妻鄧氏年二十八夫亡子殤舅痛祀絕置媵生子媵死氏撫之成立舅卒殯葬如禮家產紫芝人以爲孝感云卒年七十二

嚴文正妻張氏年二十四守節撫嗣卒年八十七孫有倜諸生

嚴文玖妻陶氏年二十九守節家貧紡績自給三子三孫相繼亡卒年八十六

嚴文藪妻杜氏年二十四守節撫孤卒年七十八孫家煒家焜俱諸生

嚴世熏繼妻萬氏年二十二守節撫孤卒年六十

嚴文符妻姚氏年二十守節撫孤卒年七十

嚴承忍妻廖氏年二十五守節撫二孫卒年八十八

嚴家騏妻胡氏年二十三守節立嗣嗣沒撫兩孫卒年七十三

嚴承輝妻張氏年二十一夫亡遺腹生一女矢志守節孝事舅姑教女撫嗣卒年五十二

烈婦劉氏嚴家義妻年二十六夫沒無子二女俱幼氏遂朝夕號泣不食旋卒

黃萬鐥妻曹氏年十九守節卒年七十七

周熙泮妻朱氏年二十三守節撫嗣卒年六十九

周熙安妻萬氏年二十五守節撫二孤卒年七十

甄永曨妻許氏年二十七守節撫孤卒年七十五

陳錫鵬妻周氏年二十三守節卒年七十

張德茂妻胡氏年二十七守節撫孤卒年六十六

陶之嵩妻張氏年二十九守節撫孤卒年八十三

商一淵妻王氏年二十四守節卒年七十四

萬希俊妻周氏年二十八苦節卒年八十

監生萬希軾妻蕭氏年二十八守節卒年六十一

曹家臣妻許氏年二十二守節卒年七十六

揭宗軻妻周氏年二十四守節卒年八十五

余宏仁妻馮氏年十九宏仁卒於鄰水縣氏扶櫬歸家同嫡事姑盡禮撫孤成立卒年四十五

姚貞女幼字陳之騶之騶遊學未歸女依母家守貞不字人罕見其面卒年七十三

易貞女幼字陳受禮受禮卒女年十九守貞不字撫姪爲嗣現年五十

胡貞女胡昇東女幼字涂志方甫及笄壻卒於蜀女誓不再字涂無親屬可依隨母紡績守貞卒年七十八

余貞女監生余敦崇女幼字周文珊年二十壻沒女聞欲往母止之間二年適周守貞立姪爲嗣現年六十

劉烈女監生劉廷光女幼字方元美年十七元美沒女欲往弔家人止之乃縞衣守義謂父母曰兒當以死殉但不服衰三年非志也服闋縊死父母移棺與方合葬

程貞女監生程鴻潤女幼字萬裕燡遊學未歸女矢志守節撫姪爲嗣現年五十八

陳受琯妻袁氏年二十八守節撫嗣現年八十三

陳受韶妻周氏年二十九守節撫二子卒年七十

陳受韜妻林氏年二十五守節撫二孤現年五十七

陳受經妻鄭氏年二十二守節撫孤現年五十三

陳啓爍妻陶氏年二十二守節撫孤卒年九十

陳啟錧妻張氏年二十六守節撫孤卒年七十七

陳之蘭妻汪氏年二十七守節撫孤卒年七十二

陳德孝妻周氏年二十七守節家貧苦撫孤現年七十六

陳德馨妻陶氏年二十三守節現年五十六

陳美文妻汪氏　陳才高妻郭氏姑婦也汪年十九守節無子撫姪才高爲嗣才高歿婦郭氏年二十五守節撫孤汪卒年八十一郭現年五十七

叚朝東妻柳氏年二十五守節撫孤現年七十七

周宗部妻聶氏年二十八守節撫孤現年七十三

李有裔妻王氏年二十五守節撫孤青選諸生現年七十三

李克先妻劉氏年十九守節撫嗣現年七十六

盧煥仁妻張氏年二十六守節家貧撫二孤卒年八十一

盧基典妻游氏年二十八守節無嗣卒年五十九

盧鍾輔妻孟氏年二十九守節家貧苦撫二孤現年六十五

監生羅啟麟妻盧氏年二十八守節撫嗣卒年八十二

羅道翊妻程氏年二十三守節撫孤冠楚監生卒年六十六

陸獻公妻胡氏年二十三守節貧苦卒年六十

羅元碧妻童氏　妾劉氏童年二十七劉年十八守節撫姪文彪諸生童現年六十二劉現年五十三

羅元豫繼妻周氏年二十六守節撫嗣卒年七十六

羅啟延妻金氏年二十六守節卒年七十二

羅啟杏妻金氏年二十四守節卒年六十四

張啟祥妻劉氏年二十七守節卒年九十

羅道价妻錢氏年二十二苦節卒年八十三

羅千善妻張氏年二十二守節撫嗣現年七十四

羅千京妻李氏年二十四守節卒年六十

黃章品妻陳氏年二十七守節撫遺腹孤卒年六十六

烈婦梅氏羅大志妻年二十夫歿誓以死殉家人防之後月餘自經死

羅啟爵妻謝氏年二十五守節卒年六十八

生員羅啟泰妻楊氏年二十八守節卒年六十八

羅啟鳳妻張氏年二十九守節現年六十

羅千惪妻曾氏年二十四守節現年五十四

方福祿妻胡氏年二十九守節卒年五十一

程世瑛妻熊氏年二十守節撫孤化龍貢生卒年八十四

陶之年妻周氏年二十二守節撫孤卒年三十二

監生曾雲翔妻余氏　曾聖清妻張氏　曾聖拔妻朱氏娣姒也余年二十六守節卒年八十四張年二十三守節卒年七十二歲朱年二十一守節卒年七十八

曾聖傳妻余氏年二十四守節撫孤卒年七十九

游瑞妻萬氏年二十八守節卒年八十二

游瓚妻胡氏年二十四守節卒年七十八

游理妻程氏年二十七守節撫二孤長克仁監生次金鰲諸生事舅姑孝卒年五十七

游珠妻李氏年二十九守節孝事舅姑尤得繼姑懽撫孤獻廷諸生卒年八十二

監生游衡周妻李氏衡周緣事伏法事見呂德芝書事時氏年二十九孝事舅姑撫孤璧監生教養兼盡其孫曾入邑庠者七人成均者八任教職者一人稱爲節孝之遺卒年八十

游克茂妻李氏年二十五守節卒年七十二

庠生游萬青繼妻胡氏年二十五守節姑年八旬病淹床褥氏侍湯藥衣不解帶者月餘撫六月孤成立現年六十

游克信妻張氏年二十九守節卒年八十

游逢青妻羅氏年二十三守節卒年四十四

游逢時繼妻劉氏年二十六守節卒年四十

韓豐全妻吳氏年二十四守節孤夭立姪爲嗣卒年六十八

陶之緯妻余氏年二十五守節撫孤卒年七十

陶之棟妻程氏年二十三守節撫一子兩女家貧以女紅度日卒年八十二

陶思繩妻潘氏年二十六守節卒年六十

庠生胡春岱妻朱氏年二十八守節孝事舅姑立嗣子二長殷六諸生次榮監生卒年六十二

胡士琯妻李氏年二十三守節卒年七十二

張受玉妻徐氏年二十一守節卒年八十一

張德昌妻李氏年二十四守節現年八十四

張廷相妻張氏年二十八守節卒年九十

張正楚妻萬氏年二十四守節卒年五十二

張聖瑜妻胡氏年二十三守節現年七十五

張世鰲妻羅氏年二十七守節卒年四十二

張文浩妻聶氏年二十二守節卒年七十五

張文耀妻熊氏年二十二守節卒年七十六

武生張楚雄妻涂氏年二十五守節孝事舅姑撫嗣翠之諸生氏卒年七十

張履謙妻高氏年二十九守節卒年六十五

張希瑾妻羅氏年二十守節一女殤夭夫弟婦產男氏裂襟裹之抱拜夫主前立爲嗣含漿哺之嗣子夭氏三日不食誓必死弟婦止之後別立嗣現年五十三

張希琪妻陳氏年二十五夫歿越八日得遺腹子氏守節撫孤孝事舅姑卒年四十一

張敦本妻潘氏年二十四守節卒年七十一

張定遠妻范氏年二十九守節卒年六十三

張雲會妻程氏年二十九守節卒年八十二

張鳳翽妻黃氏年二十守節事姑孝撫遺腹子士旻舉人卒年九十四

張崇智妻杜氏年二十二守節現年五十七

張利邦妻熊氏年二十七守節事舅姑孝姑足疾氏躬侍湯藥雖嚴寒不怠子楷捐職千總孫秉文庠生卒年八十一

陳世松妻余氏 陳序宗妻熊氏姑婦也余年二十九熊年二十四守節余卒年八十三熊現年七十七

陳序新妻劉氏年二十三守節卒年五十一

陳序交妻熊氏年二十二守節家貧紡績度日卒年四十八

陳序堂妻蕎氏堂遠貿外亡氏年二十六僅育一女母女相依苦節堅守卒年七十六

陳啟玉妻魏氏年二十八守節卒年五十二

陳玕妻程氏年二十四守節卒年七十八

陳啟桐妻楊氏年二十一守節卒年七十八

陳世昌妻欒氏年二十三守節勤苦紡績事姑孝撫嗣現年五十七

陳本智妻王氏年二十一守節卒年七十四

陳治世妻徐氏年十九守節撫孤卒年八十三

陳圭瓊妻丁氏年二十四守節撫孤八歲而殤卒年七十三

陳錫永妻蕭氏年二十五夫歿氏齧指矢志事姑孝撫二孤卒年六十三

鄧陞華妻黃氏年二十六守節現年七十八

鄧陞茂妻程氏年二十九守節卒年七十

鄧青山妻柳氏年二十三守節現年五十四

鄧顯庸妻桂氏年十九守節卒年八十子宏昌監生

鄧正全妻汪氏年十八守節現年六十五

鄧正朝妻高氏年二十九守節卒年九十三

李貞女李仁高女幼字鄧萬明女年十七壻歿女往弔哀絰成禮誓以死守立從子為嗣卒年五十三

陳貞女貢生陳畏三女幼字熊衍杞未婚杞夭女年二十三聞訃往弔毀粧成服立姪為嗣現年六十一

張貞女許字曾挹莪未婚壻歿女時年十八聞訃泣絕家人救甦誓不再字女往弔矢志守貞撫從子為嗣事姑孝謹兩次刲股救姑旋以姑亡哀毀成疾年三十五卒

李源馨妻陶氏年二十七守節現年六十

李應奎妻蔡氏年二十六守節現年八十三

朱成名妻潘氏年二十七守節撫嗣現年六十

蔡常富妻彭氏年二十五守節卒年六十八

蔡守相妻彭氏年二十六守節現年六十六

徐鳳綸妻陶氏年二十九守節現年六十四

徐世紀妻劉氏年二十六守節卒年七十六

周高士妻李氏年二十九苦節撫嗣現年六十四

周功崇妻陶氏　周功峙妻楊氏　周崇崧妻葉氏陶年二十七守節卒年六十三楊年二十八守節卒年七十二葉年二十八守節卒年五十八

周永裕妻徐氏年二十五守節卒年八十三

袁紹庭妻沈氏年二十七守節卒年八十五

袁紹祖妻賀氏年二十四守節卒年六十

羅啟祥妻邱氏年二十二守節現年七十五

羅昌發妻庫氏年二十四守節卒年五十五

羅千古妻陶氏年二十四守節卒年五十七

羅元盛妻邱氏年二十四守節卒年五十九

羅學知妻繆氏年二十四守節撫遺腹孤卒年五十八

周展斌妻潘氏年二十四守節卒年五十一

周高爵妻張氏年二十四守節卒年五十

劉之炫妻張氏年二十三夫故家貧氏依母家守節卒年八十四

孟永亨妻張氏年二十三守節現年五十六

沈正相妻商氏年二十守節撫遺腹孤現年五十一
商一秀妻李氏年二十四守節卒年七十四
商應昌妻陳氏年二十五守節卒年九十二
商德顯妻程氏年二十四守節卒年六十八
王正福妻商氏年二十八守節卒年七十六
王一瑾妻徐氏　監生王楫妻李氏姑婦也徐年二十四守節撫子楫列成均楫故李年二十六守節撫孤徐卒年六十七李卒年八十一
曾漢儒妻劉氏年二十八守節現年六十八
商一渚妻黃氏年二十八守節卒年六十一
商勳達妻鄧氏年二十四守節卒年六十三

庠生余蘭妻嚴氏年二十六守節撫嗣事姑及祖姑孝現年五十七
庠生余獻芝妻鮑氏年十九夫歿絕粒六日死而復甦立嗣承繼現年五十三
金廷獻妻徐氏年二十一守節撫遺腹孤現年七十二
邱希瓊妻曾氏年二十三守節現年五十六
邱希璵妻桂氏年二十三守節現年五十四
曹鳳彩妻許氏年二十九守節卒年七十五
劉廷梅妻劉氏年二十五守節現年五十七
吳崇聖妻鄭氏年二十守節現年五十四
林宜盛妻陶氏年二十三守節現年五十六
杜前躍妻程氏年二十一守節卒年五十八

潘德輝妻游氏年二十九守節紡績自給事繼姑孝現年六十七
夏元智妻林氏年二十三夫病篤割股療之踰月卒氏苦節撫孤現年六十二
周振泰妻李氏年二十四守節卒年七十二
劉宗智妻陳氏年二十八守節卒年八十
方鳳彰妻劉氏年二十二守節現年七十三
雷懋功妻靖氏年二十四守節卒年六十七
雷谷省妻魏氏年二十二守節卒年七十
楊鴻棟妻葉氏年十九守節現年五十二
王志理妻陳氏年二十四守節卒年六十五
李文德妻余氏年二十五守節卒年七十五

喻在治妻葉氏年二十六守節卒年九十
柳德耀妻李氏年二十六守節卒年九十八
李士亥妻倪氏年二十二守節卒年五十三
劉政王妻張氏年十八守節卒年七十四
陶之偕妻張氏年二十三守節卒年七十五
潘萬祿妻林氏年二十七守節卒年七十一
夏正圻妻程氏年二十四守節撫二孤卒年七十七
夏起棟妻蕭氏年二十三守節撫孤現年七十五
夏起功妻劉氏年二十四守節撫嗣卒年八十
陳章憲妻柳氏年二十六守節卒年八十五

陳章德妻柳氏年二十五守節卒年六十五

張元致妻孫氏年三十五守節現年八十三

張元芝妻林氏年二十四守節卒年七十五

張元蘭妻沈氏年二十五守節卒年六十五

羅啟鰲妻游氏年二十一守節撫嗣卒年六十二

童先莊妻汪氏年二十八守節卒年六十九

童先寬妻周氏年二十九守節現年八十四

袁承譜妻殷氏年二十八守節現年六十二

雷方銘妻周氏年二十二守節卒年七十二

雷方英妻張氏年二十九守節卒年七十四

監生陳允茂繼妻劉氏年二十九守節卒年八十五

庠生雷光祜妻高氏年二十守節現年六十

周尚鎬妻胡氏年二十八守節現年五十二

庠生游克憲妻羅氏年十九守節卒年七十七

游豐彤妻程氏年二十八守節孝事舅姑卒年七十三

監生游爵妻程氏年三十守節撫孤克俊監生卒年六十一

游豐鏜妻沈氏年二十三守節鏜係獨子既亡氏以媳兼子職曲盡孝養撫孤成立現年六十四

游克宗妻揭氏年二十三守節卒年六十四

游豐豪妻張氏年二十八守節卒年四十八

羅啟綸妻方氏年二十八守節撫孤雲仍監生卒年七十九

羅啟綱妻鍾氏年二十六守節撫二孤長千仞監生卒年五十四

曾朝梓妻方氏年二十四守節現年五十五

熊衍慶妻趙氏年二十五守節卒年五十二

張金海妻胡氏年二十三守節卒年六十

張文超妻羅氏年三十守節卒年五十

劉同發妻劉氏年二十六守節卒年五十五

吳士欽妻萬氏　吳潤圭妻張氏姑婦也萬年二十八守節卒年七十三張年二十一守節現年五十五

劉之高妻劉氏年二十二守節卒年八十五

張玉堂妻楊氏年二十二守節現年六十五

張景垣妻李氏年二十六守節現年八十

張本道妻嚴氏年二十四守節卒年三十五

張文祚妻張氏年二十六守節卒年七十二

雷方興妻陶氏年二十六守節卒年七十六

曾有基妻李氏年二十四守節現年七十二

雷時英妻呂氏年二十守節現年七十六

雷名琮妻汪氏年十九守節撫孤現年五十二

陳光才妻程氏年二十四守節現年六十七

照磨張士晸妻孟氏年二十七守節現年八十七

陳士鳳妻劉氏年二十八守節卒年六十一

陳亭賢妻周氏年二十三守節撫遺腹孤卒年六十一
監生劉光曙妻彭氏年二十六守節撫孤定楨定經俱監生現年五十七
劉大綱妻蘇氏年二十五守節卒年六十一
劉光銓妻劉氏年二十六守節現年五十三
羅千橋妻楊氏年二十二守節卒年五十一
羅千戶妻桂氏年十八守節卒年六十
羅道錦妻石氏年二十守節卒年六十七
羅啟暘妻程氏年二十四守節卒年六十七
羅啟乾妻徐氏年二十二守節卒年七十
羅永康妻許氏年二十七守節卒年七十八

羅永寅妻孫氏年二十六守節卒年七十四
劉大宇妻桂氏年二十八守節卒年七十四
方鳳章妻劉氏年二十二守節卒年六十三
陳子仲妻葉氏年十九守節卒年五十
李可梅妻姚氏年二十四守節現年五十六
高宗泗妻朱氏年二十四守節現年六十七
鄧克申妻陳氏年二十守節現年八十六
方經濟妻揭氏年二十一守節現年五十二
張元智妻孫氏年二十三守節現年六十六
林向連妻朱氏年二十七守節貧苦紡績自供現年七十三

余本良妻邱氏年二十二守節撫嗣現年九十
余以年妻陶氏年二十四守節現年五十六
甄模詣妻阮氏年二十四守節現年六十二
劉公純妻熊氏年二十三守節卒年七十九
曾庭玉妻張氏年二十一守節卒年七十九
賀開相妻汪氏年二十一守節撫孤卒年六十
陶之佐繼妻向氏年二十四守節卒年六十二
萬則書妻陶氏年二十五苦節現年六十五
潘宏保妻劉氏年二十六守節撫孤現年五十五
林宜璜妻阮氏年二十七守節卒年七十八

林宗弟妻金氏年二十八守節卒年九十二
林宗信妻張氏年二十八守節卒年八十七
林宗禮妻劉氏年二十二守節卒年九十六
揭先鍜妻聶氏年二十四守節現年五十四
杜河源妻程氏年二十三守節卒年三十七
程錫長妻林氏年二十九守節現年六十九
程爲則妻賀氏年二十四守節現年五十九
程開宗妻高氏年二十七守節現年六十八
程承宗妻潘氏年二十五守節現年五十三
鄭安樂妻程氏年二十九守節現年五十二

程巽黃妻吳氏年二十六守節卒年四十六
程國珍妻方氏年二十九守節現年六十六
程俱揚妻周氏年二十四守節現年六十
張秀玉妻程氏年二十三守節現年五十
袁起廉妻程氏年二十三守節現年五十二
程兆準妻江氏年二十四守節撫孤益振諸生卒年六十
程源國妻宋氏年二十五守節卒年四十五
程上達妻張氏年二十八守節現年六十一
程心中妻汪氏年二十五守節卒年七十
程源椿妻陶氏年二十七守節現年六十八

貢生程俊妻周氏年二十二守節現年五十
程一寬妻沈氏年二十三守節現年五十一
項家英妻程氏年二十五守節現年五十二
周以翰妻欒氏年二十四守節現年五十一
吳作禺妻宋氏年二十七守節現年五十五
庠生程其祥妻袁氏年二十一守節卒年七十四
程源瀚妻李氏年二十六守節現年五十四
邵奎光妻李氏年十九守節現年六十四
潘先達妻張氏年二十九守節現年五十四
段朝彬妻陳氏年二十七守節現年八十二

揭緒萊妻邱氏年二十八守節現年六十四
揭昭陛妻程氏年二十三守節現年五十
孫希傳妻鄭氏年二十八守節現年五十六
呂昌義妻葉氏年二十五守節卒年七十
會朝櫓妻胡氏年二十三守節現年五十三
熊宗璠妻姚氏年二十五守節卒年六十五
金保定妻劉氏年二十四守節現年八十六
林宜銑妻徐氏年二十守節卒年九十六
林宜恕妻商氏年二十三守節卒年六十
林常溢妻桂氏年二十四守節卒年五十八

林宗苞妻余氏年二十一守節現年六十六
林向模妻邱氏年二十二守節現年五十七
林向彬妻羅氏年二十守節卒年四十六
林常美妻商氏年二十守節現年五十
李東曉妻林氏年二十二守節卒年六十一
左繼隆妻李氏年十九守節撫孤卒年五十七
左學鋭妻程氏年二十二守節卒年六十七
左聖英妻商氏年二十九守節卒年六十三
監生左琛妻楊氏年二十九守節現年五十二
王履中妻徐氏年二十八守節現年五十二

左法楷妻徐氏年二十七守節現年五十一
熊世清妻聶氏年二十守節現年五十三
張錫爵妻甄氏年二十八守節現年五十九
陶鳴洙妻林氏年二十八守節撫孤卒年五十六
葉先美妻叚氏年三十守節撫嗣現年六十七
張席珍妻邱氏年二十二守節卒年七十八
張于鎰妻金氏年二十五守節卒年六十
戢榮菁妻葉氏年二十二守節卒年七十九
葉克和妻雷氏年二十守節卒年七十七
張輝啟妻周氏年二十一守節撫孤現年五十二

張先緒妻陶氏年二十七苦節撫孤卒年七十七
高宗衍妻朱氏年二十四守節卒年七十八
陶之康妻呂氏年二十五守節卒年六十七
高祚格妻葉氏年二十二守節現年六十八
萬成杰妻蕭氏年二十一守節撫嗣孝事衰舅現年五十四
生員余紹璘妻朱氏年二十六守節撫嗣現年五十七
余文德妻童氏年二十一守節撫嗣現年八十四
林允剛妻余氏年二十四守節撫孤卒年六十九
生員林天錦妻周氏年二十二守節卒年七十一
監生林大典妻王氏年二十九守節撫孤卒年七十長子太倉恩貢生

武生顧夔典妻葉氏年二十九守節撫嗣現年七十八
程加願妻林氏年十九守節卒年七十
周熈府妻袁氏年十九守節卒年六十一
武生陶銑甲妻張氏年二十八守節撫嗣孝事孀姑現年五十九
林有枝妻楊氏年二十二守節卒年七十
林宗禹妻鄭氏年二十七守節卒年七十二
林復初妻王氏年二十六守節撫嗣美璞增生現年五十八
童有智繼妻余氏年二十五守節撫嗣甫生孫而媳亡氏躬親撫養現年六十七
童承潤妻葉氏年二十二守節撫孤現年五十九
知縣林希貞妾艾氏年二十六守節撫孤卒年七十六

林向光妻周氏年二十九守節撫孤卒年七十八
林常全妻陳氏年三十守節撫孤現年七十四
楊烈女許聘林向駿未婚壻歿聞訃泣血月餘自縊以殉
林向玠妻童氏年二十六守節事姑孝卒年七十二
林向信妻周氏年二十九守節卒年七十一
程源洪妻周氏年十八守節卒年八十四
程心達妻欒氏年二十八守節卒年七十四
程人保妻祝氏年二十九守節卒年七十五
程昱豐妻杜氏年二十二守節卒年五十二
張長宜妻張氏年二十九守節卒年九十

萬文燦妻王氏年二十八守節撫孤現年五十
孫永萬妻陳氏萬幼患癘氏于歸奉巾櫛不倦萬卒氏年二十五守節撫二孤卒年六十九
葉應鶴妻袁氏年二十八守節現年六十一
葉應鸞妻蕭氏年二十守節卒年六十
葉同讓妻蕭氏年二十四守節卒年七十八
葉萬慧妻蕭氏年二十二守節卒年八十一
楊鴻轉妻汪氏年二十四守節現年六十五
楊鴻壽妻郭氏年二十一守節現年五十九
桂兆華妻胡氏年十九苦節撫孤孤没撫孫孫没撫曾孫氏卒年七十九
游豐杰妻劉氏年二十八守節卒年四十一

萬成愷妻童氏年二十一守節孝舅姑勤紡績卒年六十二
夏起則妻柳氏年二十守節卒年三十六
徐繼銑妻熊氏年二十七守節卒年五十五
張于瑞妻陶氏年二十九守節現年五十
張于傳妻揭氏年二十五守節現年六十三
張和昇妻程氏年二十八守節現年五十一
林宜鶴妻李氏年二十八守節現年五十
揭楚良妻程氏年二十九守節現年五十六
林宜成妻胡氏年二十八守節現年五十四
林宜華妻柳氏年二十九守節現年五十五

鄭國寶妻姚氏年二十七守節現年六十九
林宜章妻李氏年二十九守節現年五十三
林常師妻邱氏年二十八守節現年五十二
周熙錦妻陶氏年二十七守節撫孤宏璉諸生卒年七十三
周熙貴妻朱氏年二十八守節撫二孤卒年八十
賀克學妻周氏年二十七守節卒年八十
張景元妻潘氏年二十九守節卒年八十四
李一仁妻温氏年二十九守節卒年六十二
徐天申妻羅氏年二十六守節貧苦事姑孝撫孤卒年八十一
徐心睿妻劉氏年二十八守節撫孤現年七十七

徐耀祥妻胡氏年二十二守節撫遺腹孤事舅姑孝現年五十九
張錫良妻萬氏年二十八守節現年七十八
程建業妻潘氏年二十二守節現年七十八
夏起儒妻柳氏年二十六守節卒年七十
林宜斌妻王氏年二十守節卒年四十九
林常吉妻羅氏年二十九守節卒年四十九
林宜璋妻楊氏年二十九守節現年六十二
陶啟嵩妻雷氏年二十四守節撫嗣現年七十八
王本瑜妻向氏年二十守節現年五十三
王本琮妻汪氏年十九守節現年五十

監生李佐堂妻徐氏 李景超妻萬氏姑媳也徐年二十三守節撫孤景超媳萬氏年二十七夫病割左股進之不愈夫卒守節姑病復割右股進之遂愈徐卒年六十三萬現年六十二

卯成偉妻雷氏年二十二守節無子貧苦紡績自給現年五十五

陳本讓妻卯氏年二十九守節撫孤春熙諸生卒年四十四

陳元閎妻孫氏年二十四守節卒年八十

陳愛金妻周氏年二十八守節撫孤卒年六十八

陳德阜妻陶氏年二十五守節現年五十八

陳愛述妻張氏年二十九守節現年六十九

陳啟峰妻陶氏年二十四守節卒年八十七

陳元盈妻陶氏年二十九守節卒年八十二

陳世開妻周氏年二十九守節卒年四十二

陳元忠妻陳氏年二十八守節卒年六十一

陳世名妻周氏年二十八守節卒年八十九

陳世瑗妻張氏年二十九守節卒年八十二

陳德庸妻陶氏年二十五守節卒年七十七

陳祐恒妻葉氏年二十九守節撫孤現年七十

陳德潛妻吳氏年二十七守節現年六十五

陳德富妻王氏年二十九守節卒年七十

陳振陞妻余氏年二十八守節現年五十三

陳愛錦妻汪氏年二十四守節撫孤現年八十一

陳祐發妻郭氏年二十八守節撫孤現年五十一

陳元易妻陶氏年二十八守節撫孤卒年七十八

陳啟鴻妻鄭氏年二十七守節撫二孤卒年五十八

陳啟紹妻黃氏年二十三守節卒年七十五

陳其文妻王氏年二十六守節卒年七十七

陳元軫妻朱氏年二十九守節撫孤卒年七十四

陳德健妻雷氏年二十八守節撫孤現年五十

陳其任妻葉氏年二十守節撫孤卒年六十七

陳德長妻周氏年二十六守節撫孤卒年五十

陳元楷妻張氏年二十九守節撫孤卒年七十八

陳愛箴妻萬氏年二十九守節撫孤現年五十五

陳德邵妻陶氏年二十九守節撫孤現年六十八

陳祐珹妻周氏年二十五守節現年六十四

陳德邃妻何氏年二十八守節現年五十七

陳愛禑妻王氏年二十九守節撫嗣子煜監生卒年七十八

陳德飭妻陶氏年二十九守節現年五十七

陳愛治妻向氏年二十九守節撫二孤現年五十四

陳日安妻梅氏年二十一守節現年五十一

王盤妻程氏年二十九守節撫三孤現年七十八

陳啟梁妻葉氏年二十八守節卒年六十八

胡履泰妻金氏年二十二守節撫孤現年五十二

監生董潤鰲妻楊氏年二十九守節現年八十二

何兆珍妻戢氏年二十八守節撫孤卒年八十

何兆聖妻袁氏年十八守節撫孤卒年六十九

陶啟鳳妻童氏　陶鳴春妻余氏　陶鳴泰妻黃氏

陶懋雪妻余氏三世姑婦也童年二十九余年二十四黃年二十余年二十二守節撫孤童卒年七十余現年六十八黃現年六十余現年五十一

陶鳴車妻程氏年二十七守節撫孤現年五十一

張世鏡妻范氏年二十六守節撫嗣復撫嗣孫卒年六十三

張先文妻易氏年十九守節撫遺腹孤卒年七十一

楊世望妻李氏　楊世積妻陶氏娣姒也李年二十五陶年二十四守節撫孤李卒年九十陶卒年三十四

楊芳龍妻袁氏　楊錦妻林氏姑婦也袁年二十七林年二十三守節袁卒年八十林卒年六十五

薛承德妻余氏年二十六守節撫孤卒年八十八

薛承峻妻曾氏年二十守節撫孤卒年七十一

薛承緒妻袁氏年二十四守節撫孤卒年八十四

薛天榮妻朱氏年二十八守節撫孤卒年七十

薛祚樂妻朱氏年十八守節撫嗣早夭卒年六十二

薛祚祥妻方氏年二十九守節家貧撫孤卒年六十五

薛祚緒妻萬氏　薛逵桂妻余氏姑婦也萬年二十七余年二十八守節撫孤萬現年七十八余現年五十一

薛逵岳妻甘氏年二十守節撫孤現年七十二

薛逵登妻朱氏年二十四守節撫孤現年六十四

朱國成妻程氏年十九守節撫孤卒年八十五

朱國琫妻施氏　朱承奎妻徐氏姑婦也施年二十一徐年二十三守節撫孤事姑孝施卒年七十九徐卒年六十五

朱國匡妻周氏年二十三守節撫孤卒年六十九

朱承統妻柳氏年二十四守節撫孤卒年五十五

朱承輔妻杜氏年二十七守節撫孤卒年七十

朱承禹妻周氏年二十三守節卒年五十四

朱承應妻楊氏年二十守節卒年五十六

朱承煜妻金氏年二十二守節撫孤卒年六十

朱承棱妻閔氏年二十四守節卒年七十九

朱承明妻陳氏年二十六守節撫孤卒年七十二

朱承傑妻黃氏　朱岱山妻林氏姑婦也黃年二十四林年二十二守節撫孤黃卒年七十四林卒年六十九

朱天秩妻陳氏年二十三守節撫孤卒年七十

朱天祥妻陶氏年二十五守節撫孤卒年六十五

朱天覞妻熊氏年二十三守節撫孤事姑孝卒年六十三

朱天睿妻黃氏年十九守節撫孤卒年五十三

朱天明妻童氏年二十四守節撫孤卒年五十七

朱天庸妻諒氏年二十五守節撫孤卒年六十八

朱天勅妻陶氏年二十三守節撫孤事姑孝卒年七十一

烈婦周氏生員朱繼前妻年二十四夫歿無子朝夕泣血不已延至月餘竟以毀卒塚生異草經冬不凋

陶啟亨妻錢氏年二十七守節現年七十五

朱遺聰妻葉氏年二十三苦節撫嗣旋夭紡績自給卒年六十三

朱天忠妻喻氏年二十一守節無子事姑孝卒年四十九

朱鳳會妻張氏年十九守節撫遺腹孤卒年六十一

朱士宏妻葉氏年二十八守節家貧事姑孝撫二孤卒年八十六

朱乾吉妻胡氏年二十三守節撫孤事舅姑孝卒年七十三

朱慶貴妻程氏　朱豐孝妻程氏姑婦也姑年二十五守節撫孤豐孝娶程氏年餘孝卒無嗣婦時年十九守節事姑孝姑卒年六十五婦現年五十一

朱雨溪妻陶氏年二十一守節撫孤事姑孝現年六十九

朱慶忠妻葉氏年二十二守節撫孤卒年六十八

朱慶會妻蔡氏年二十六守節撫孤卒年六十三

朱占魁妻楊氏年二十四守節撫孤卒年八十

朱時義妻周氏年二十二守節事舅姑孝撫孤復撫孤孫現年六十四

朱豐炎妻李氏年二十守節撫嗣事舅姑孝卒年四十九

朱豐元妻王氏年二十一守節撫嗣事姑孝卒年五十二

朱豐垣妻李氏年二十五守節事姑孝撫孤復撫孤孫卒年六十三

朱豐純妻楊氏年二十二守節撫孤卒年七十二

朱豐梅妻林氏年二十四守節撫嗣復撫孤孫卒年七十二

朱豐輝妻甘氏年二十二守節撫孤事繼姑孝卒年六十

朱豐艮妻楊氏年二十六守節撫孤現年六十六

朱豐軫妻余氏年二十三守節撫孤卒年六十七

朱功純妻周氏年二十三守節撫孤現年七十

陳貞女幼字朱承武未婚武卒女聞訃奔赴誓死守貞卒年七十九

周樂芹妻朱氏年二十一守節撫孤事舅孝卒年七十八

曾聖扶妻朱氏年二十一守節無嗣事姑孝卒年六十

葉能徵妻朱氏年二十四守節撫孤卒年六十九

汪有光妻朱氏年二十守節撫孤現年六十一

金致中妻朱氏年二十守節無子事姑孝現年六十

張希昌妻朱氏年二十五守節撫孤現年五十六

羅千檽妻余氏年二十六守節撫孤現年五十八

鄧盛富妻張氏年十九守節現年五十一

王一榜妻童氏年二十九守節卒年六十

王自傳妻陶氏年二十二守節現年五十九

王成憲妻周氏年二十六守節撫嗣卒年五十九

李翼煌妻王氏年二十五守節卒年五十七

程有仁妻陳氏年二十六守節現年九十二

陳星貴妻吳氏年二十一守節卒年七十

萬元周妻周氏年二十六守節現年六十五

萬元孟妻周氏年二十一守節現年六十一

林向勇妻何氏年二十四守節撫嗣卒年八十二

張禘妻喻氏年二十適張數月歸省值明季流賊亂夫舉家被害氏聞欲以身殉因有娠父母强止之後生男氏撫之成立卒年六十一　以上中和

李元採妻劉氏年二十二守節撫嗣鴻勳監生卒年七十一

朱鍠妻徐氏年二十七守節撫孤事舅姑孝卒年八十

姚世銓妻周氏年二十二夫故家貧苦守卒年八十

左宙乘妻朱氏　左洪高妻陳氏姑婦也朱年二十七守節撫子洪高洪高歿婦陳氏年二十九偕姑守志朱卒年七十六陳卒年四十一

方德遐妻劉氏年二十三守節公姑俱亡夫弟甫一歲多病氏調護得延方祀現年七十二

余豫壽妻黃氏年二十八夫歿家貧苦守卒年六十八

謝發達妻左氏年二十七守節以鍼黹養舅姑撫孤現年六十一

邱亭富妻張氏年二十八夫歿姑老子幼家貧苦守現年八十一

聞朝棟妻盛氏年二十一守節現年六十八

監生魏闕妻汪氏年二十八守節撫孤卒年七十

魏士鈺妻殷氏年二十五守節卒年六十三

高必鋐妻許氏年二十六守節卒年七十九

萬方昇妻邱氏年二十六守節卒年六十四

袁國相妻王氏年二十四守節卒年八十一

嚴厚棟妻陳氏年二十七苦節撫孤事姑孝現年六十六

朱宏道妻湯氏年二十七守節撫孤卒年八十八

余廷相妻孫氏年十九守節事姑及祖姑孝撫嗣現年七十三

周文德妻鄭氏年二十一苦節撫嗣現年八十五

吳英榮妻汪氏年二十三守節撫孤事舅姑孝貧苦以紡績自給現年七十八

王正昌妻胡氏年二十七守節撫嗣事舅姑孝卒年五十三

王正紀妻蔡氏年二十五守節撫孤卒年八十三

王正春妻李氏年二十六守節撫孤卒年七十一

鄭士潄妻吳氏年二十二守節現年七十

鄭士滂妻周氏年二十六守節撫子邦興入武庠現年八十五

張廷隆妻孟氏年二十四守節現年七十八

職員朱大有妻周氏年二十九守節家極貧竭力撫三孤成立三霞遠舉人知縣氏年五十九卒以霞遠貴贈太孺人

龔應瑞妻魏氏年二十七守節撫嗣德溥監生卒年六十七

李世烈妻劉氏年二十八守節撫二孤卒年六十九

曾金材妻左氏年二十六守節卒年八十

龔應璽妻李氏年二十六守節卒年七十三

李世熙妻陳氏年二十八守節撫嗣卒年四十五

龔應琦妻黃氏年二十八守節卒年六十五

郭玉芹妻徐氏年二十二守節事姑孝卒年四十七

康錫侯妻羅氏年二十守節撫孤現年六十六

許開玉妻劉氏年三十夫故家貧嫡老子幼氏苦守事嫡以禮撫子成立現年七十三

李元琮妻宋氏年十八守節無子終事舅姑卒年七十

歐陽永照妻李氏年二十九守節貧苦撫孤現年七十七

歐陽永烈妻郭氏年二十八守節現年七十二

嚴堦妻唐氏年二十一守節撫嗣現年六十六

秦大柱妻夏氏年二十四守節撫孤紡績度日殯葬舅姑卒年四十四

余貞女余成章女幼字歐陽華家貧依歐母年十七未婚華沒舅姑憐其少命改適女誓死不二立姪撫之紡績自給卒年七十七

曹承德妻黃氏年二十七守節卒年八十二

王永和妻朱氏年二十八守節撫孤事祖姑孝卒年七十三

石華松妻劉氏年二十一守節孝事舅姑撫嗣星策諸生卒年六十六

石景松妻汪氏年二十九守節遺夫生子星彩入武庠事姑孝卒年六十二

李可桂妻曹氏年二十九夫歿撫孤貧苦守節現年七十九

邱文會妻倪氏年二十八守節撫數月孤卒年八十三

黃發科妻蕭氏年二十八守節撫孤卒年七十七

殷學書妻黃氏年二十六夫歿撫二孤家貧苦守卒年六十七

邱尚環妻張氏年二十七夫歿公姑年老遺孤甫四月艱苦誓守卒年八十九

黃虞堦妻高氏年二十一夫歿無子家貧苦守立姪爲嗣現年七十二

王士進妻魏氏年二十六守節卒年六十七

王全偉妻李氏年二十八守節三十七年

王世義妻黃氏年二十八守節現年六十六

徐貞女幼字余廷桂患惡疾女立志待痊廷桂死女父母亦故與孀嫂相依守志卒年六十

魏封晉妻童氏年二十一守節撫孤事姑孝卒年八十三

曾開榜妻姚氏年二十三守節撫孤事祖翁姑孝卒年四十九

徐懋炳妻呂氏年二十守節卒年八十五

徐希均妻李氏年二十四守節撫孤卒年六十八

徐希塏妻鄭氏年二十七守節撫孤卒年五十一

許道秀妻涂氏年二十九守節撫孤卒年六十一

監生姜維寅妻汪氏年二十九守節撫遺腹孤聞韜監生以孫布經歷銜玉成援例貤贈安人氏卒年五十七

姜溥妻王氏年二十四守節撫孤次子維綬諸生卒年五十八

監生姜如篆妻李氏年二十九守節卒年六十六

郭景雲妻夏氏　郭昂雲妻李氏　郭鼎藴妻魏氏

郭金波妻王氏　郭金泥妻周氏夏年十九守節撫子鼎藴成立卒年七十三李年二十四守節卒年七十三魏年二十一守節撫子金波金泥卒年六十八王年十九守節現年五十六周年二十九守節卒年五十四人以一門五節稱之

袁起鸞妻熊氏年二十九守節卒年三十四

左登榜妻盛氏年二十八守節卒年五十三

李嗣江妻張氏年二十八守節卒年四十五

烈婦潘氏楊兆福妻年二十八夫病禱神願以身代病劇時氏持剪割股服之夫死遺腹生子姒氏育之旋以毀卒

王世桂妻吳氏年二十五苦節四十三卒子名焜諸生

奚先志妻鄭氏年二十五夫病刲股療之不愈夫歿守節卒年六十八

黃尊吳妻舒氏年二十九守節卒年四十九

烈婦胥氏胥朝棟女適柳廷忠姑王氏逼以非禮挫辱百端竟以餓死

余列東妻陳氏年二十七貧苦守節卒年五十一

王家聘妻李氏年二十八守節撫孤現年六十九

屠永清妻石氏年二十四守節撫孤現年六十七

沈鈺妻嚴氏年二十四守節撫二孤現年六十九

余勝壽妻朱氏年二十八守節撫三孤卒年八十九

馮文忠妻胡氏年二十五守節事繼姑孝嘗割股療姑疾卒年六十七子占鰲武舉

秦榮先妻夏氏年二十四守節撫孤卒年九十

陳隆妻蕭氏年二十六守節撫孤卒年六十五

周國秀妻劉氏年二十一守節撫孤卒年八十五

杜大陞妻王氏年二十八守節撫孤卒年七十

雍智亨妻郭氏年二十二守節孝養舅姑撫子成立卒年七十八

蔡英全妻陳氏年二十七守節撫二孤卒年九十一

杜之鐸妻吳氏年二十九守節撫三孤現年七十八

張德輿妻蔡氏年二十三夫故欲殉之姑力勸止立嗣守志卒年五十三

王大猷妻季氏年二十八守節事姑孝撫二孤卒年五十二

嚴道漢妻朱氏年二十六守節撫孤卒年八十六

操養亨妻洪氏年二十六守節撫孤現年六十九

李士富妻周氏年二十二守節撫嗣現年七十八

宋金玉妻柯氏年二十四守節撫孤卒年九十二

屠瑤妻袁氏年二十五守節撫孤卒年六十一

柯昌倫妻許氏年二十七守節撫孤卒年七十七

柯昌壇妻楊氏年二十五守節撫孤卒年八十三

沈家駒妻趙氏年二十七守節事舅姑孝撫孤現年七十一

王正元妻龍氏年二十九守節撫孤卒年九十二

鄭堉妻劉氏年二十二守節撫嗣卒年七十六

李貞女李嗣曾女許字王宗富未婚壻夭女年十九聞訃投繯者再家人防護之矢志守貞現年七十八

李元相妻徐氏年二十于歸逾月元相沒氏矢志守節撫嗣卒年五十三

張光前妻謝氏年二十一守節現年七十二

郭瑛雲妻徐氏年二十三守節現年八十二

洪奎斗妻胡氏年二十三守節現年七十八子治岐監生

李國琪妻楊氏年二十八守節現年八十九

監生李士龍妻姚氏年二十七守節撫三孤卒年五十九

熊宇杜妻歐陽氏年二十七守節卒年六十七

張試妻章氏年二十四守節撫孤現年八十六

馮艮思妻劉氏年二十九守節現年九十一

汪輔杞妻賀氏年二十四守節撫孤紡績養姑卒年七十一

周俊妾葉氏年二十一守節事嫡以禮撫嗣成立現年六十八

廖秉鑑妻黃氏年二十七守節撫遺腹孤卒年六十五

李大才妻程氏年二十六守節撫孤卒年五十八

萬作材妻吳氏年二十八守節撫孤現年七十一

黃光燕妻張氏年二十八守節撫嗣現年八十四

涂啟祿妻林氏涂子兩足痺縮議退婚氏不從歸涂侍疾夫故氏年二十四守節卒年七十

生員戴光鎮妻蔣氏年二十七守節事夫兩母孝教二子成立卒年六十一長如蘭副榜

汪芝妻程氏年二十守節卒年六十

李能增妻郭氏年二十九守節卒年七十八

曾金棟妻袁氏年二十六守節卒年七十八

汪起昌妻葉氏年二十四守節現年五十七

吳光熙妻張氏年十九守節卒年三十四

徐希垣妻談氏年二十九守節撫孤卒年五十一

徐大順妻王氏　徐大用妻程氏姊姒也王年二十五程年二十八守節撫孤王卒年八十一程卒年七十一

杜世杰妻邱氏年二十九守節撫孤孤殁氏貧無所依紡績自給卒年七十三

朱鉦妻嚴氏年二十九守節貧苦撫二孤長兆斗優貢孫彥藻諸生卒年八十二

吏員石秉衡妾章氏　石勝璐妻王氏姑婦也章年二十七王氏十九守節章現年六十九王現年五十一章次子紹岣紹嶸俱諸生

把總李志全妻郭氏年二十九守節卒年五十三

曾先登妻陳氏年二十九守節撫二孤現年五十七

周兆熊妻袁氏年二十五守節現年八十

周位列妻陶氏年二十五守節現年六十一

陶懋富妻袁氏年二十三守節現年六十一

鄭之金妻徐氏年十九守節卒年七十六

歐陽永勳妻程氏年二十八守節現年五十四

歐陽永清妻馮氏年二十八守節現年五十九

職員許汝鳳妻李氏年二十九守節撫孤卒年三十九

石勝琮妻龍氏年二十九守節撫孤卒年五十三

陳秉鏞妾吳氏年二十八守節撫嗣卒年七十四

杜輔勳妻喬氏年二十五守節撫孤卒年八十八

滿鳳麟妻吳氏年二十八守節現年五十六

李宗祿妻淩氏年二十九守節撫孤現年六十二

秦道乾妻龔氏年二十二守節撫嗣孝事舅姑現年五十一

監生許德華妻胡氏年二十九守節卒年七十三

馮應隆妻劉氏年二十九守節卒年八十四

程澤普妻嚴氏年二十三守節現年五十三
黃振基妻龍氏年二十六守節現年六十
王官沔妻喻氏年二十七守節卒年六十六
黃廷材妻甘氏年二十六守節卒年八十孫錦章曾孫啟運啟濬俱諸生
馬元長妻白氏年二十五守節撫孤卒年六十五孫希亮監生曾孫光烈諸生
卯亨太妻王氏年二十二守節撫孤現年五十八
謝時熙妻鄭氏年二十五苦節撫孤現年六十三
奚先懋妻詹氏年二十八守節卒年六十六
張士俊妻柳氏年二十八守節撫孤卒年六十二
樊聖龍妻陳氏 樊聖鳳妻李氏娣姒也陳年二十八李年二十七守節陳遺孤

二李分撫之陳卒年八十六李卒年七十
李兆奎妻曾氏年二十五守節現年七十六
項祚鋥妻曾氏年二十七守節撫孤現年六十二
曾世勳妻殷氏年二十八守節撫二孤次綬齡監生氏現年五十五
庠生劉遐智妻曾氏年二十九守節撫嗣現年五十三
楊以貴妻曾氏年十八苦節事舅姑孝現年五十一
陳光林妻龍氏年二十六守節撫嗣現年七十四
鍾清利妻陳氏年二十九守節撫嗣現年五十九
黃家駒妻曾氏年二十五守節現年五十
陳棶桂妻龍氏年二十八守節撫嗣卒年五十九

劉有貴妻汪氏 劉有榮妻呂氏娣姒也汪年二十九呂年二十七守節撫孤汪卒年五十五呂現年七十一
王試業妻左氏 王試才妻李氏娣姒也左年二十七李年十九守節左遺孤一李共撫之左現年七十李現年六十七
烈婦劉氏汪朝選妻年二十九夫歿無子欲以身殉舅姑止之後數月家人強之他適遂不食而卒
劉煥妻夏氏年二十八夫病割股救之罔效夫歿矢志苦守卒年八十六
徐大發妻鄧氏年二十七守節撫孤卒年六十七
黃自鈞妻汪氏年二十三守節撫嗣現年五十七
生員姜若熊妻龍氏年二十九守節撫二孤長炳芳諸生卒年四十七
舒大紳妻單氏年二十守節撫孤現年六十一

舒大紱妻曾氏年二十九守節無子卒年七十二
徐宗鎧妻熊氏未婚宗鎧患惡疾氏請於父母往奉湯藥父母從其志及年二十成婚事夫不懈家貧與姑紡績度日次年夫没奉姑益謹現年七十三
曾家相妻孟氏年二十七守節現年六十八
高有立妻趙氏年二十九守節撫嗣現年六十四
龍逢天妻吳氏年十八守節卒年四十七
汪士鰲妻沈氏年二十八守節撫孤卒年六十五
杜廷煌妻操氏 杜廷榮妻李氏娣姒也操年二十四李年二十一守節撫孤操卒年七十六李現年七十四
監生杜長青妻黃氏年二十八守節現年五十六

杜廷魁妻鄭氏年二十六守節撫孤振揚監生卒年六十五

杜紹鐩妻周氏年二十八守節卒年七十一

鄭士芬妻閔氏年二十六守節現年五十八

鄭士濬妻喬氏年二十四守節現年五十

鄭艮棻妻杜氏年二十四守節卒年五十三

鄭作揆妻劉氏年二十五守節現年五十二

鄭艮栻妻郭氏年二十三守節現年五十二

杜紹璋妻江氏年二十四守節現年五十

王龍顏妻鄭氏年二十五守節撫孤現年五十九

張宏域妻陳氏年二十二守節撫孤現年五十一

鄭艮棫妻袁氏年二十四守節現年五十四

喻家溥妻章氏年二十五守節撫孤現年五十三

章廷瀅妻孟氏年二十四守節撫三孤卒年九十六

朱長庚妻郭氏年二十一年守節撫嗣現年五十二

成士義妻李氏年二十四守節卒年六十四

詹文明妻江氏年二十四守節卒年六十八

羅發翱妻劉氏年二十二守節撫嗣現年六十三

唐堦妻徐氏年二十七守節撫孤復撫孤孫現年五十三

孫宜萬妻王氏年二十守節現年六十九

邱亨鼎妻李氏年二十一守節撫孤現年六十八

樊口烈女不知姓氏年及笄未嫁左兵東下過樊口掠置馬上以手侵其乳女怒嚙賊手不得脫賊衆斷其首抵其頰齒已入骨剝其肉出齒賊亦頃刻死詳武昌縣志

劉天爵妻徐氏　劉德餘妻朱氏姑婦也徐年二十七朱年二十七守節徐現年八十朱現年五十

徐貞女徐天柱女許字余氏子壻沒依父母守志終身卒年七十六

方明發妻左氏年二十九守節無子卒年四十六

烈婦夏氏傳士瓚妻年二十餘道光二十一年大水夫謀鬻婦濟飢氏覺之一日仝往市乞食經相隱橋氏乘間投死夫抱三歲子倉皇往救亦墮水仝斃次浮出惟氏面如生里人哀之爲醵貲合葬青雲塔側

楊世封妻李氏年二十六守節撫孤現年八十

鍾廷梅妻魏氏年二十六守節現年七十五

姜大倫妻王氏年二十九守節卒年六十

謝本錄妻萬氏　謝道泰妻夏氏姑婦也萬年二十守節撫嗣道泰成立道泰沒夏年二十二守節撫嗣萬卒年七十夏現年五十七

謝本鉅妻徐氏年十九守節撫嗣現年五十九

余必貴妻姜氏年二十九守節現年七十五子兆祥官黃安外委

劉士信妻雷氏年二十九守節撫孤炯舉人現年七十一

王如仁妻鄭氏　王如師妻杜氏娣姒也鄭年二十五杜年二十二守節孝事哀舅撫孤成立紡績以給鄭卒年五十八子養曾監生杜卒年七十四子炳永壽典史

胡元壽妻汪氏　胡朝楨妻鄒氏姑媳也汪年二十一守節撫嗣子朝楨成立卒年五十九鄒年二十四守節撫遺腹孤現年五十七

謝宏仁妻卯氏年二十八守節撫二孤卒年六十

生員陶鳴岡妻王氏年二十八守節卒年七十四

陶國維妻余氏年二十八守節撫孤現年八十二

謝方德妻繆氏年二十八守節卒年六十九

楊學琦妻胡氏年二十九守節無嗣現年七十三

吳德璋妻王氏年二十五守節事姑孝卒年三十九

韓春旭妻劉氏年十八守節卒年三十七

徐秉禮妻朱氏年二十四守節現年七十

楊名安妻林氏年十七守節現年五十五

黃樹檀妻孫氏年二十六守節撫孤現年七十六

以上廂坊

黃岡縣志　卷之十四　列女　四四

李正鈺妾周氏年二十八夫歿同正室高氏守節撫孤周現年七十六

張大海妻陳氏年二十二守節現年五十二

陳正萬妻黃氏年二十五守節現年六十

張大志妻胡氏年十九守節現年五十四

靖厚壽妻曾氏年二十四守節撫孤事姑孝現年七十五

吳賜福妻周氏年二十四守節撫遺腹孤現年五十五

尹金銳妻霍氏年二十九守節現年五十二

尹金錡妻黃氏年二十五守節卒年七十

歐陽某妻程氏年及笄贅壻母家夫甚憨事之盡禮氏年二十八夫歿依堂兄嫂守節卒年八十一

王勝禔妻劉氏年二十九守節貧苦卒年四十一

袁某妻熊氏年二十四守節撫孤卒年七十三

吳某妻劉氏年二十三守節卒年六十七

陳大洛妻尹氏年十九守節撫嗣卒年八十三

陳元輅妻陶氏年二十九守節撫孤卒年七十二

烈婦林氏馬先疇妻先疇沒氏旦夕悲號覓死不得家人防稍懈乘間投水死

曹繼志妻駱氏年二十二守節卒年八十

曹繼富妻何氏年二十六守節撫嗣現年五十五

曹克元妻方氏年二十七守節撫孤現年六十

張鳳哺妻許氏吏目張士昂妻鄧氏姑婦也許年二十九鄧年二十七守節許病鄧剜股食之愈許卒年七十八鄧卒年七十三鄧孫崇藩崇第俱諸生

黃岡縣志　卷之十四　列女　四五

李成琤妻詹氏年二十四守節撫孤卒年八十一

孫顯勤妻殷氏年二十八守節現年五十八

程行懋妻張氏年二十八守節撫孤現年五十四

王臣鳳妻何氏年二十守節撫遺腹孤現年五十六

胡世恢妻曾氏年二十九守節撫孤卒年七十六

李懷萬妻程氏年二十五守節撫孤卒年六十七

鄒檢鋒妻喻氏年二十八守節撫孤傑貢生卒年六十八

徐太寧妻戴氏年二十守節撫孤事舅姑孝現年六十七

李有章妻沈氏年二十七守節現年五十四

周中楫妻賀氏年二十九守節現年六十七

周中貴妻李氏年二十九守節現年七十四

庠生許詩篪妻張氏年二十九守節事舅姑孝卒年五十四

陳力魁妻汪氏年二十七守節撫孤現年六十一

蔡鷥蛟妻高氏年二十五守節撫嗣現年六十五

蔡中玉妻宋氏年十九守節事舅姑孝現年六十八

詹楚恒妻蔡氏年二十一守節家貧丐養舅姑現年六十五

呂紹華妻夏氏年二十六守節撫嗣現年五十六

監生楊肇端妻周氏年二十八守節撫孤現年五十七

孫世宗妻李氏年二十九守節撫孤現年五十

祁承祖妻吳氏年二十八守節撫孤卒年七十八

王季庠妻邱氏年二十九守節卒年四十八

王受眞妻周氏年二十六守節卒年三十七

黃基俊妻劉氏年二十七守節現年七十六

徐本進妻樊氏年二十八守節現年五十八

生員游豐際妻鄧氏年二十九守節撫孤現年七十二長子亨祖歲貢生

盧鍾連妻游氏年十八守節撫嗣現年五十

周明選妻陶氏年二十六守節現年五十一

以上補遺

孝婦許氏監生鄧正勳妻割股救舅　孝婦黃氏靖華國妻

孝婦魏氏袁宏陞妻　孝婦方氏監生張立棟妻

孝婦杜氏劉光斗妻　孝婦燕氏楊天中妻

孝婦劉氏鄢光勝妻　孝婦徐氏監生鄔中炳妻

孝婦吳氏吳起祖妻　以上俱割股救姑

人以上俱經採訪其有未經採訪及無從採訪者均照縣

冊學冊學憲冊省志彙載於後潛德幽光庶幾不泯云

王全貞妻劉氏年二十一守節現年七十一

孫國勳妻朱氏年二十四守節卒年三十四

孫武烈妻曹氏年二十一守節卒年四十

喻大壯妻金氏年二十八守節卒年八十四

朱宿蘭妻邵氏年二十三守節卒年六十一

熊紹宗妻潘氏年二十守節卒年三十二

汪方章妻程氏年二十六守節現年八十七

趙家龍妻陳氏年二十六守節現年七十六

余宗哲妻羅氏年二十八守節現年七十五

馬袷德妻謝氏年二十八守節現年八十五

吳廷棟妻呂氏年二十三守節現年七十六

王正萬妻孫氏年二十四守節現年七十九

王宏第妻汪氏年二十五守節現年七十七

鄭逢吉妻吳氏年二十四守節現年六十九

鄧聯登妻操氏年二十三守節現年七十六

董宗純妻林氏年二十七守節卒年六十五

董潤乾妻徐氏年二十六守節卒年四十八
董潤坤妻陶氏年二十八守節現年七十三
楊逵明妻雷氏年二十五守節現年七十五
易世璟妻徐氏年二十三守節卒年四十四
易世瑚妻葉氏年十九守節現年七十二
易萬希妻雷氏年二十四守節卒年五十五
張祖繪妻王氏年二十六守節現年八十八
祝祖英妻靖氏年二十守節現年七十二
生員周兆鳳妻陶氏年二十三守節現年七十四
生員周開鼎妻陳氏年二十六守節現年七十四

易中和妻袁氏年二十七守節現年八十九
舒明鎧妻王氏年二十六守節現年八十七
舒之祿妻賴氏年二十二守節卒年七十一
張雲龍妻羅氏年二十六守節卒年八十七
巴紹鎮妻華氏年二十一守節現年八十一
王乃鉅妻蔣氏年二十六守節卒年七十一
程應掟妻郭氏年二十三守節卒年六十九
王倘仁妻高氏年二十九守節現年八十五
程心元妻鄧氏年二十二守節卒年七十
程源深妻孫氏年二十七守節現年八十三

蔣趣羣妻汪氏年二十四守節現年八十八
張祖禨妻高氏年二十四守節卒年七十五
詹宙鎧妻徐氏年二十三守節現年六十八
凌憲武妻馮氏年二十八守節卒年六十
劉士華妻王氏年二十六守節現年七十八
史利和妻汪氏年二十四守節卒年八十三
汪廷祥妻張氏年二十一守節卒年九十五
葉遠服妻周氏年二十四守節現年七十六
葉遠堂妻曾氏年二十一守節現年七十二
程光顯妻陳氏年二十二守節現年八十七

周東明妻汪氏年二十二守節現年八十二
職員柯心一妻王氏年二十四守節卒年八十八
葉代勳妻張氏年二十五守節卒年八十一
葉復初妻陶氏年二十六守節卒年七十二
胡景秀妻周氏年二十三守節現年五十六
易壽漢妻呂氏年二十四守節計四十八年
生員石起鵬妻顧氏年二十四守節計四十六年
錢芝山妻羅氏年二十一守節計六十年
楊開三妻張氏年二十五守節計三十七年
喻八樞妻方氏年二十四守節計三十年

王有文妻吳氏年二十六守節計五十五年

童有用妻林氏年二十三守節計四十年

童承忽妻陳氏年二十六守節計三十四年

胡占勳妻梅氏年二十三守節計三十二年

郭正爵妻汪氏年十七守節計七十七年

温之琮妻郭氏年二十五守節計五十八年

鄧德昭妻徐氏年二十五守節計五十五年

沈克修妻馮氏年二十三守節計二十三年

徐寶泰妻胡氏年二十九守節計三十四年

胡文玉妻李氏年二十四守節計四十二年

夏起謨妻余氏年二十四守節計四十一年

王在淇妻周氏年二十八守節計四十七年

宋家龍妻詹氏年二十二守節計四十年

宋家駒妻朱氏年二十三守節計三十一年

袁永昇妻戢氏年二十六守節計三十一年

袁永成妻葉氏年二十七守節計三十三年

沈楚萬妻高氏年二十四守節計四十年

朱學後妻鄭氏年二十一守節計三十一年

雷榮越妻夏氏年二十八守節計二十八年

朱盃衍妻沈氏年二十五守節計三十八年

監生孫祚泗妻朱氏年二十五守節計三十七年

董德全妻蔡氏年二十三守節計三十二年

隗有盛妻黄氏年二十四守節計三十四年

陳之定妻吳氏年二十六守節計三十九年

馮正元妻劉氏年二十五守節計三十一年

葉應熙妻吳氏年二十一守節計六十九年

袁承桂妻李氏年二十五守節計三十九年

姜大經妻單氏年二十于歸大經外出於蜀地另娶不歸後聞夫故氏服喪三年現年七十八

高壽春妻吳氏年二十五守節現年七十四

王世栢妻彭氏年二十五守節現年五十

周運江妻葉氏年二十五守節計四十五年

沈邦翰妻紀氏年二十四守節計五十九年

宏緝妻李氏年二十五守節計四十九年

曾宗聖妻童氏年二十二守節計五十年

徐鍾澤妻熊氏年二十九守節計六十五年

袁國士妻孟氏年二十五守節計四十六年

袁鵬翥妻陳氏年二十七守節計四十五年

曾廷松妻葉氏年二十七守節計四十四年

袁本堯妻盧氏年二十九守節計五十二年

袁本仁妻葉氏年二十九守節計四十五年

高見習妻李氏年二十二守節計六十二年

雷肇統妻楊氏年二十七守節計二十五年

孫師任妻朱氏年二十五守節計四十五年

涂治楚妻喻氏年二十七守節計四十五年

王永驥妻許氏年二十三守節計四十一年

張紹坤妻喻氏年二十三守節計五十年

葉克明妻陶氏年二十四守節計五十年

沈錦光妻黃氏年二十一守節計二十九年

林漢雲妻何氏年二十一守節計四十二年

陳立本妻周氏年二十三守節計三十三年

生員程盍振妻袁氏年二十七守節計五十一年

揭洪澤妻程氏年二十四守節計六十二年

程君昜妻楊氏年二十八守節計六十四年

葉肇聖妻魏氏年二十四守節計五十一年

張鼎芳妻王氏年二十三守節計二十四年

胡道輝妻童氏年二十九守節計二十七年

程履瞻妻王氏年二十九守節計六十年

謝年樂妻姚氏年二十二守節計三十七年

監生程源照妻陶氏年二十守節計四十年

項之珩妻曾氏年二十一守節計三十年

邱豐景妻劉氏年二十一守節計四十八年

監生汪步青妻童氏氏姑病醫莫治氏割股啖之而痊越三年姑病復發益篤氏又割股供於神前禱告求愈尚未進食詎知誠孝有感股肉仍生於肘姑病即痊年九十五歲五世同堂而氏猶康健皆氏孝姑之報云

汪先伸妻郭氏年二十七守節計六十九年

汪元賢妻余氏年二十三守節計二十五年

魏可久妻汪氏年二十一守節計七十四年

陶鳴球妻曾氏年二十守節計五十八年

張一楷妻蔡氏年二十二守節計四十九年

商一潢妻桂氏年二十六守節計五十五年

趙光渭妻張氏年二十七守節計四十一年

趙光濟妻袁氏年二十七守節計四十二年

鍾乘軝妻胡氏年二十四守節計五十四年

傅宰世妻但氏年二十七守節計四十四年

林龍望妻徐氏年二十六守節計三十四年

方舟啓妻楊氏年二十四守節計四十九年

游作相妻張氏年二十八守節計四十年

周宗玉妻張氏年二十三守節計三十七年

李銓簡妻王氏年二十二守節計二十八年

羅千富妻王氏年二十三守節計三十五年

熊輝彩妻李氏年二十三守節計三十年
嚴文禕妻王氏年二十九守節計三十八年
嚴士俊妻石氏年二十五守節計三十六年
烈婦林商氏林基仁妻年二十四守節撫遺腹子未幾夭亡氏卽自盡
王自錦妻程氏年二十七守節計二十八年
何之騶妻李氏年二十八守節計四十一年
何國元妻陶氏年二十九守節計十四年
汪勝長妻張氏年二十二守節計三十八年
程聿懷妻蔡氏年二十八守節計四十五年
葉同榮妻袁氏年二十二守節計四十四年

張開泰妻殷氏年二十六守節計三十四年
王家壽妻陳氏年二十七守節計四十四年
周啓深妻黃氏年二十五守節計三十一年
奚必獻妻周氏年二十三守節計四十二年
殷學海妻張氏年二十五守節現年五十七
邱汝器妻周氏年十九守節卒年七十四
監生邱吉妻鄧氏年二十一守節現年七十一
萬有紳妻喻氏年二十五守節計三十年
生員呂起鵬妻顧氏年二十四守節計四十六年　以上縣册學册
王朝楨妻袁氏　張漢奎妻何氏　胡成義妻周氏

徐茂李妻汪氏　陳心梓妻涂氏　王之富妻聶氏
王開泰妻汪氏　彭天振妻操氏　康逢源妻彭氏
謝心一妻齊氏　鄧東海妻謝氏　羅毓崑妻王氏
李大訓妻劉氏　朱必秀妻羅氏　陶早成妻彭氏
張玉聲妻童氏　張萬年妻汪氏　舒光珍妻蔡氏
黃德任妻舒氏　王昌棟妻舒氏　王向陽妻馮氏
彭其壽妻王氏　吳文海妻施氏　朱雄楚妻王氏
程世勳妻汪氏　陶履棫妻曾氏　夏一倩妻柳氏
范霖如妻陳氏　舒明鰲妻方氏　吳承先妻李氏
王周清妻楊氏　吳學書妻謝氏　黃錦東妻詹氏

羅啓琳妻王氏　王必秀妻吳氏　張士雄妻李氏
張鼎芳妻王氏　隗起鳳妻姚氏　張採玉妻葉氏
胡家駿妻陶氏　蔡得貴妻趙氏　陳士芳妻周氏
巴高峯妻戢氏　葉羣左妻魏氏　生員童摛藻妻楊氏
韓豐曉妻吳氏　羅鎮文妻姚氏　潘明昆妻夏氏
戢昌福妻胡氏　戢榮壽妻林氏　童渭濱妻周氏
喻有功妻陳氏　喻有文妻李氏　鄭鳳舉妻朱氏
林朝九妻陶氏　韓宏猷妻陳氏　韓宏道妻劉氏
朱文運妻秦氏　張世章妻段氏　張大清妻邱氏
胡家俊妻蔡氏　胡朝宗妻陶氏　余艮紳妻陳氏

余艮永妻邱氏　童承曾妻趙氏　奚振鍇妻詹氏
張以州妻李氏　程自有妻徐氏　項永安妻朱氏
項永昌妻曾氏　余炳南妻朱氏　甄世烈妻舒氏
朱承澍妻周氏　張世常妻段氏　王承桂妻李氏
張五卿妻章氏　王兆瑩妻曹氏　徐繼鍠妻盛氏
汪於俊妻姜氏　彭時中妻錢氏　胡永耀妻竇氏
吳運崧妻潘氏　以上學憲册
朱廷傑妻陶氏　程彭時妻阮氏　洪楠妻熊氏
奚孔文妻吳氏　易文中妻王氏　易德宣妻方氏
易克家妻馮氏　易甫冠妻孫氏　陳啓宏妻鄭氏

吳文明妻張氏　王大任妻喻氏　李搏九妻周氏
甄之炳妻舒氏　余學禮妻黃氏　黃淑懷妻左氏
俞書粹妻汪氏　孫隆吉妻沈氏　曾序妻童氏
喻定榜妻萬氏　宋起鳳妻皮氏　杜東瞻妻蔡氏
汪宗元妻王氏　胡啓緒妻胡氏　蔡德紹妻汪氏
朱承禹妻周氏　高延祇妻葉氏　周自邠妻劉氏
胡哲士妻曾氏　陳復殤妻阮氏　陳柱妻陳氏
萬年苞妻周氏　萬希桂妻杜氏　黃達妻邵氏
萬履祖妻邱氏　萬希勲妻胡氏　萬希楷妻王氏
萬希文妻杜氏　童印援妻萬氏　程家鉦妻萬氏

陶應普妻周氏　周青選妻金氏　李謨妻周氏
熊繼楷妻陳氏　雷啓觀妻汪氏　靖亦是一名本芹妻高氏
陳其言妻雷氏　朱敏德妻皮氏　靖必普妻王氏
萬茂才妻王氏　周克履妻盧氏　賀開懋妻王氏
劉伯勤妻劉氏　張若海妻程氏　王應伯妻朱氏
羅道遂妻涂氏　魏士文妻邵氏　胡允澤妻謝氏
喻定三妻胡氏　蔡昭岐妻吳氏　蔡覲揚妻謝氏
程錫印妻孫氏　周士川妻王氏　周厚安妻程氏
周鳴林妻王氏　周素安妻蔡氏　周儀舜妻杜氏
孫象賢妻杜氏　孫和鳴妻鄭氏　孫學高妻陳氏

萬文栢妻錢氏　沈萬祿妻葉氏　胡志高妻葉氏
王際春妻李氏　鄭文耀妻張氏　馮季艮妻童氏
余開文妻余氏　吳汾瑞妻宋氏　王維藻妻胡氏
程德應妻蔡氏　周紹中妻周氏　胡叔際妻王氏
胡定邦妻周氏　林紹興妻胡氏　林鳴玉妻周氏
商順妻程氏　郭宇妻邱氏　童德全妻余氏
孫顯揚妻金氏　孫孟達妻邱氏　胡元高妻宋氏
曾聖亮妻張氏　童奉綱妻程氏　杜天相妻李氏
程元勳妻童氏　李光玉妻詹氏　趙祝三妻胡氏
余九開妻胡氏　胡心德妻汪氏　胡承基妻黃氏

童發祥妻熊氏　孫金美妻吳氏　胡應安妻張氏
唐君輝妻尤氏　饒金美妻胡氏　朱奎妻袁氏
朱慶云妻張氏　朱慶勳妻袁氏　朱慶昌妻蔡氏
朱慶祥妻陶氏　朱錫貴妻周氏　高延禧妻朱氏
朱天元妻胡氏　汪延淵妻朱氏　周甫山妻王氏
賀克政妻朱氏　方佑我妻羅氏　羅啓賢妻萬氏
曾正智妻胡氏　羅道尊妻夏氏　馮承龍妻方氏
段謨典妻金氏　王本智妻王氏　童昌名妻李氏
鄭可揖妻靖氏　丁式玉妻胡氏　靖大銑妻萬氏
邱勝庠妻周氏　王應灝妻周氏　張文燦妻陳氏

羅道沭妻商氏　徐立元妻羅氏　蔡全安妻王氏
蔡仲和妻李氏　邱良璽妻張氏　朱天懿妻袁氏
羅廷貞妻張氏　靖本謨妻王氏　段本畿妻陳氏
段邦彥妻周氏　陶應章妻葉氏　曾銑妻王氏妾呂氏
陶應璜妻許氏　邱漢三妻陳氏　邱有三妻魏氏
邱方明妻謝氏　孫洪恩妻杜氏　孫永福妻蔡氏
萬呂伯妻余氏　揭鴻章妻陳氏　揭緒禮妻周氏
李振興妻柳氏　李大嵩妻劉氏　王升祐妻朱氏
王升阜妻李氏　王升華妻聞氏　王朝會妻嚴氏
左成祿妻李氏　商錫禎妻蕭氏　商錫栢妻黃氏

余朝定妻葉氏　余聖全妻袁氏　曾文煥妻張氏
曾廷祿妻張氏　曾槐茂妻朱氏　張倫謙妻喻氏
張重信妻杜氏　尤一禎妻曹氏　尤芳林妻汪氏
尤岷山妻杜氏　林在躬妻李氏　桂山璞妻徐氏
桂耀宗妻李氏　朱士偉妻黃氏　朱天任妻孫氏
朱慶德妻嚴氏　朱國翘妻周氏　媳柳氏
程熾佐妻朱氏　吳基統妻余氏　劉士亨妻黃氏
劉廷立妻蔡氏　周運昌妻童氏　游國英妻羅氏
游祚廣妻汪氏　張運奎妻楊氏　張運桂妻錢氏
張運正妻胡氏　周伯三妻陳氏　吳益增妻曾氏

金錫文妻沈氏　程載華妻韓氏　朱孔位妻程氏
朱燃妻柳氏　羅之溉妻柳氏　段語典妻方氏
張文驥妻熊氏　曾大宗妻馮氏　張大勳妻汪氏
張應宗妻龔氏　余維城妻胡氏　趙士掄妻尤氏
蔡運輿妻宋氏　霍一勳妻余氏　朱維賢妻周氏
陳大章妻殷氏　周熙适妻向氏　余瑶婢閔氏

以上省志

王世祿妻馮氏　王如栢妻孔氏　孫自脩妻陳氏
孫時傑妻龍氏　孫貴業妻李氏　孫顯玫妻傅氏
靖必智妻王氏　游豐傑妻靖氏　汪全貞妻劉氏

洪孝婦陳氏　陳盛高妻曾氏　陳啓栢妻謝氏
黃宗陞妻徐氏　黃曉南妻鄧氏　黃步文妻羅氏
童奉儀妻王氏　童奉琛妻胡氏　生員游繪名妻童氏
楊雄楚妻童氏　楊玉華妻陶氏　楊世旺妻李氏
楊世精妻陶氏　羅之榮妻張氏　游德隆妻李氏
葉應鶴妻汪氏　葉肇聖妻魏氏　葉同謨妻徐氏
趙蘭如妻朱氏　子媳黃氏　王德義妻李氏

已上係十一年並本年各鄉漏開守節及現在存沒年分者存之俟考

壽母附

張汝賢母江氏壽逾百齡乾隆十八年旌表建坊

生員徐述伯祖母林氏生於順治戊戌沒於乾隆丁丑壽百歲曾元七十餘人

封職庠生李夢鯉妻吳氏年一百一歲道光二十六年旌表建坊　恩賜貞壽之門賞給緞疋銀兩長子振墊舉人官清江通判次振敦監生

汪亨瑞妻陳氏五世同堂　恩賜七葉衍祥匾額並緞疋銀兩卒年九十八

贈職胡宗返妻徐氏嘉慶十四年年九十歲五世同堂　恩賞七葉衍祥匾額並緞疋銀兩嘉慶二十四年年百歲　恩賜貞壽之門旌表建坊卒年一百一歲子啓華文炳文郁俱監生文盛布經歷孫玉森舉人

李開緒妻鄧氏年一百二歲五世同堂道光二年　恩賞七葉衍祥匾額並緞疋銀兩子三次怡榮監生孫振烈振軍斌傑俱武生

從九杜和萬妻唐氏年九十六歲五世同堂道光二十七年詳請學憲額獎子鳳超監生漢超從九高陞武庠孫曾四十餘人

庠生張甫六母李氏年一百二歲道光二十五年詳請旌表建坊並　恩賞緞疋銀兩

葉啓榮妻袁氏道光二十四年年九十一五世同堂詳請學憲額獎

汪佳祥妻羅氏道光二十四年年八十九五世同堂詳請學憲額獎

鄭建潤妻孫氏道光十年年九十八五世同堂詳請學憲額獎

洪顯達妻汪氏嘉慶十一年九十九歲六世同堂子源祿源岐源渠源桂俱列成均孫曾元凡有三十餘人源渠妻梅氏亦年九十六五世同堂詳請額獎

黃岡縣志卷之十四終

黃岡縣志卷之十五

知黃岡縣事宛平俞昌烈編輯

藝文志

撰著篇目

不朽有三立言其末也而言有關於治體者有表章六經者有闡先儒而牖後進者有資考鏡而敦風雅者或刋以問世或藏之名山久而就湮詎非後賢之責耶舊志載藝文苦於集隘今增撰著一例篇目具稽考易矣其未敢少爲軒輊者敬恭桑梓禮亦宜之

宋

黃州圖經五卷 郡守李訦著書錄解題云李訦祥符間所脩舊經亦頗有後人附益者訦又以近事爲附錄焉

黃州雜咏 何頡之著見本傳

柯山集二卷 潘大臨著見文獻通考

潘何壎箎集 潘大臨何頡之著見府志

元

周易集傳八卷 龍仁夫著四庫全書目錄云每卦之下各分象變詞占雖大旨根據程朱而於卦象爻象反覆推闡頗能自抒心得故元史稱其發前儒所未發

傷寒大易覽 葉如菴著

明

周易外傳 樊煒著見經義考郭正域黃離草云煒精於易著周易外傳數十卷

易林 樊鼎遇著見經義考誤作樊直卿高世泰曰樊長卿著有易林詩林禮林樂林凡五十五卷

樊氏四易 樊志張著見經義考高世泰曰志張所傳易凡四種易象易數易適易占其弟維城合而刻之

易氏易傳 易道暹著見經義考三楚文獻錄云道暹著有易傳未行於世

周易贅餘 程良球著

易說 易爲鼎著

周易內外圖說 朱荃宰著

大易參 熊霈著

易藏 馮雲路著

古易圖 孫應鴻著

易經微義 徐之卿著

圖書懸象 熊霈著

河洛理數詮 孫應鴻著

書經彙解四十六卷 秦繼宗著見經義考誤作蘄水人

尚書疏意 秦繼宗著

尚書懷西四十八卷 汪三省著

尚書說 易爲鼎著

尚書解 官如臯著

皇極敷言 樊維城著

毛詩說 易爲鼎著

毛詩大成 樊維城著

毛詩類考 朱荃宰著

詩林 樊鼎遇著見經義考

詩義出入傳註 何直著

禮經搜義二十八卷 徐心純著見明史藝文志黃洪憲序謂其爲制舉作故不屑屑於字訓句釋搜義主於要會故檢括而不爲畧

禮記疏意三十卷 秦繼宗著見經義考誤作蘄水人

禮記手書十卷 陳鴻恩著見湖北通志此書成於崇禎癸未乃爲塾課蒙之本

禮記金丹 朱荃宰著

禮記會通 朱荃宰著

禮林 樊鼎遇著見經義考

曲臺解 官如臯著

周禮雜錄 樊維城著

春秋問難 呂元音著

春秋圭左 熊霈著

孝經傳 樊鼎遇著見三楚文獻錄經義考

樂林 樊鼎遇著見經義考　樂通 朱荃宰著
十三經注疏評畧 熊霨著　五經心要 曾日省著
五經成 汪陛延著　經說 易爲鼎著
四書口講 樊煒著　四書內外傳六十卷 易道暹著見經義考
四書講義 曹之棟著
四書說 易爲鼎著　學庸權衡 朱荃宰著
中庸繹 樊鼎遇著見經義考　中庸舉正 樊鼎遇著見經義考
孟子年表 朱荃宰著　韻通 朱荃宰著
史學集 樊煒著　史求四十卷 萬爾昇著王一翥序
世史 朱荃宰著　尚史 朱荃宰著

綱鑑讀要 王陛著　綱鑑要畧 秦繼宗著
南坡奏議 曹珪著　十五朝文獻 易道暹著
楚文獻錄 汪陛延著　皇明寶訓五卷 詹同編
二十一史兵法 汪陛延著　河漕臆說 樊玉衡著
黃岡縣志 呂元音著見湖北通志　廉州府志 鄭抱素著
吳縣志五十四卷 牛若麟著　全邑志林 樊玉衡著
旗陽錄畧 樊鼎遇著　鹽邑志林六十二卷 樊維城著四庫全書存目云是編乃維城官海鹽知縣時輯海鹽歷朝著作共爲一集
性理格言 熊霨著　蕭康侯語錄 蕭繼宗著
退省錄 王陛著　經濟錄 朱荃宰著

論世篇 朱荃宰著　頤莊隨鈔 萬爾昌著
夙知錄 李之泌著　詩語自記 樊玉衡著
思齋記 樊玉衡著　了翁說 樊玉衡著
智品十三卷 樊玉衡著於倫補輯四庫全書存目云是編蒐古初至明代用智之事分爲七門一曰神品二曰妙品三曰能品四曰雅品五曰具品六曰譎品七曰盜品皆雜隸古事而皆不著其所出
里仁會約 程逼著　前後自訟 樊玉衡著
後絕交論 王一才著　求眞志百區 樊志張著
硯史 樊志張著　舟畧 汪陛延著
耳談二十四卷 王同軌著四庫全書存目云其書皆纂集異聞亦洪邁夷堅志之流每條必詳所說之人以示徵信則用蘇鶚杜陽雜編之例　道林五十五卷 樊鼎遇著象林形林生林數林易林禮林樂林刑林教林詩林凡十部總名曰道林見經義考

三式全書 官應震著子撫辰後序見經義考　堪輿輯要 樊煒著
醫學象陸篇 樊煒著　庸阜醫學寶露 李之泌著
離騷註 汪陛延著　蘇公寓黃集三卷 王同軌輯
詹同文集三卷 詹同著見明史藝文志　天衢舒嘯集 詹同著見書畫譜
海天青嘯集 潘子安著　觀光集 江淵著
錦榮集 江淵著　蓼澤集二十三卷 王廷陳著皇甫汸序四庫全書目錄云其詩意警語圓軒然出俗王世貞稱其如艮馬走坂美女舞竿五言尤似長城朱彝尊亦謂其音高秋竹色豔春蘭樂府古詩殊多精詣雜文則鏤金錯采華揜其實
居湖集 吳艮吉著　雪堂集 陶珪著

吏隱公集 樊焯著　懼菴集 鄧雲程著
無懷詩集 呂元音著　鳴蛩集 萬民望著
後軒集 呂元音著　朱陵洞稿四十卷 王一鳴著
蜀稿 呂濾著楊愼序　見一山人集 呂濾著
絅齋詩集十卷 袁文伯著　三秀集 范芝著
杜子堅集 杜鈺著　雪香亭草 易爲鼎著
紫巖集 樊維城著　無居雜咏 程詹著
立齋古今文 熊霈著　岣嶁山人集 王追美著
荔枝吟 杜應芳著　西征吟 杜應芳著
滋言集 萬爾昇著　秋水岑集 萬爾昇著毛際可序

頤菴詩文集 萬爾昌著毛際可序　若谷遺文 靖科元著
小草南草蓋草戴星草病草空草 樊鼎遇著
變雅堂文集六卷 杜濬著　茶村詩鈔五卷補遺一卷附錄二卷 杜濬著　些山集 杜岕著
無悶園詩文集一百卷 胡珠著　退問集 王陞著
甲乙遊草 汪守廉著　蘭馨集 王同軏著
蒼蒼閣稿 王同軏著　合江亭草 王同軏著
智林村稿 王一翥著　青蓮花樓集 王一翥著
長迹園稿 王一翥著　尋子集 王一翥著
子雲箋帖 王一翥著　悅泉詩集 李之泌著

松鱗集 李之泌著　正菴文集 陶作聖著
蓑廬集 王士龍著　谿隱詩文集 曹大濩著
紅雪齋集 魏澤霖著　論世篇 朱荃宰著
東有堂集 萬曰吉著　橫鶴老人詩 李藻著
望南齋全稿 程文著　曹喜玉文集 曹之棟著
何元方遺集 何元方著　餘餘編 魏公韓著
漁臺說書 魏公韓著　制藝留響編 王一翥著
朱咸一近藝 朱荃宰著　樊尙父制藝 樊維師著方應祥序
文通三十一卷 朱荃宰著四庫全書存目云所著有文詩樂詞曲五編並以通名而文通獨先刻成其書取古今文章流別及詩文格律一一爲之條析蓋欲彷劉勰雕龍而作

五種秘籤全書 甘霖著　詩徵四十卷 易道暹著
詩通 朱荃宰著　詞通 朱荃宰著
曲通 朱荃宰著

國朝

易經通註四卷 傅以漸曹本榮等撰本榮有進表見藝文志四庫全書目錄云世祖章皇帝以永樂易經大全繁而可删華而寡要因命以漸等刊其舛訛補其闕漏勒爲是書
訓蒙易門七卷 朱日濬著見經義考　大易疏晦四卷 詹大衢著
周易圖說六卷 萬年茂著見湖北通志　周易假我編 於斯和著
易經圖說 孫錫蕃著　周易上下篇義補 林之華著
易費日箋 林之華著　易林解 胡夢熊著

周易彙參十八卷張鳳鳴著　周易註說張鳳鳴著
易經正編李璜著　易攷三卷朱大年著
周易引經通釋十卷李鈞簡著　易書會通周與邦著
繫辭解靖道謨著　尚書講義六卷朱龍著
洪範說卦鎖鑰林之華著　洪範論二卷張鳳鳴著
洪範圖說嚴承夏著　詩傳名物輯覽十二卷陳大章著四庫全書目錄云原書一百卷此乃其摘錄之本大抵徵引故實頗近類書猶精核不足博贍有餘所謂披沙簡金往往見寶
過庭編靖道謨著
周官典訓鍾英著　儀禮節錄張鳳鳴著
儀禮提解王基仁著　孝經淪注詹大衢著

孝經衍義纂朱寀扶著　五經門句解一百二十卷朱日濬著
五經纂輯王封渭著
五經注疏纂朱寀扶著　十三經證異萬希槐著
十三經原委孫偉畧著　五經通義黃紹慈著
經義考異胡必泉著　四書彙纂四十八卷朱霞燦著
四書費日箋林之華著　四書分辨詳解宋鏊著
四書門朱日濬著　四書訓義傳薪林期昌著
四書翼註論文補正王鑾著　四書會纂圖考汪代棠著
四書講錄羅景南著　大中訓詁宋鏊著
四子講義王封渭著　學庸章句箋二卷張鳳鳴著

學庸講義吳純德著　學庸講義四卷易中瑜著
論語管窺宋鏊著　鄉黨經傳通解程光國著
中庸釋註靖道謨著　孟子講義宋鏊著
孟子通義萬希煜著　經史諸解四十卷朱澤遠著
綱鑑簡正篇於心匡著　袖史樊齊敏著
各代史評三十卷易中瑜著　史學搜僻林期昌著
讀史隨錄陶宜炳著　綱鑑會纂補正汪謙著
二十二史蒙求疊韻十六卷陳樾著
天文地理考孫偉畧著　奏議稽詢四十四卷曹本榮編四庫全書存目云是書仿歷代名臣奏議之體彙輯自周訖明諸臣奏疏分六十四門

聖學疏曹本榮著　湖廣通志八十卷陳肇昌等編
公安縣志孫錫蕃編　施南府志二卷宋鏊編
蜀志孫如芝編　雲南通志三十卷靖道謨編四庫全書目錄云此編刪訂釐正條理分明
貴州通志四十六卷靖道謨編四庫全書目錄云與雲南通志皆姚州知州靖道謨所撰而視雲南通志爲簡畧蓋舊籍寥寥無所取材故也
下荊南道志靖道謨著　黃州府志二十卷靖道謨著
黃安縣志詹大衢著　湖廣通志王道明著
長沙府志王道明著　三楚文獻錄高思忠編
三楚文獻錄一百卷陳肇昌編　嵩陽石刻集記二卷葉封著四庫全書目錄云乃其官登封知縣時輯錄境內古碑而作登封在嵩山之陽故以爲名於諸碑皆錄原文如隸釋之

例其辨訂亦頗博洽
嵩山志二十卷 葉封著
寧國府志 王掄士著
永安州志 王掄士著
漳平縣志 王掄士著
問津書院志 王掄士著
續三楚文獻錄 王掄士著
黄郡詁遺五卷 張光壁著
地輿圖補 邱勃著
黄文獻六卷 朱日濬著
江陵雜錄 張光壁著
治河末議 程後濂著
五大儒語要 曹本榮著
居學錄 曹本榮著
朱子本義 詹大衢著
四子參訂語錄 孫偉畧著
性書或問 陳瑾著
資善錄 陳瑾著
格言 胡紹虞著
理欲消長榮枯循環二圖說

操之盛著
實貫通論 張一琎著
抱節軒類記 陳大章著
土音會韻 林之華著
鷟湖別錄 龔錫恩著
藜餘隨錄 劉揚烈著
三成堂家訓 鄒亘初著
枕畧 樊齊敏著
困學日知錄 王如曙著
困學紀聞集證二十卷 萬希槐著
萃古名言 胡之太著
三餘隨筆一百二十卷 萬邕著
鼠腊編四卷 萬邕著
人物備考 林朋昌著
粤軺紀聞 王鑾著
坳硯齋雅目編八卷 陳本謙著
㓜書堂六夢畧十二卷 陳本謙著
升菴謠諺補四卷 陳本謙著
氏族紀畧二卷 陳本謙著
孝行錄 張一琎著

孝行錄 周漢德著
融齋日錄 李鈞簡著
果園家訓 靖道謨著
三沙小式 王如玹著
慮設十卷 朱清仁著
書院講義 靖道謨著
周天易數二卷 陳芳烈著
書法緒言十卷 陳大華著
字學合編 林朋昌著
李氏蒙求叠韻 陳本謙著
醫學紀要 謝仁淑著
陳氏醫案 陳繼謨著
診法精微 胥秉哲著
武林樓地理詳考 孫廷樞著
醫方秘纂 程啟厚著
醫學提要 汪代棠著
傷寒集錦 陶宜炳著
諏吉纂要 許希曾編
梅譜 方可發著
琴譜 方可發著

麗江梅坪雞山谷遊記 沈啟洛著
屺思堂文集八卷詩集一卷 劉子壯著四庫全書存目云子壯制藝雄厚排奡凌轢一時其詩古文亦以氣勝
鶴嶺山人詩集十六卷 王澤宏著魏象樞序四庫全書存目云澤宏喜與諸名士游王士禎姜宸英洪昇等皆嘗點定其詩所作類皆和平安雅不失臺閣氣象
人瑞堂集 胡珙著
石屋集 胡珙著
瑞芝堂集 吳升東著
玉磬齋集 吳升東著
鳳岡詩集 曹宜溥著
天鏡堂遺稿 汪綸南著
玉照亭詩集二十卷 陳大章著軥輈集四卷敝帚前集五卷巢雲集二卷及敝帚後集四卷秋蓬集三卷敝帚續集二卷尊道堂詩鈔八卷刪集六卷
王材任著望雲集二卷南沙集四卷疊韻詩二卷集唐詩三卷集杜詩一卷劍外集二卷

復園草於斯和著　鄭青崖集序鄭先慶著于成龍
還來草於斯和著　老狂吟於斯和著
居鋏樓集王追騏著　慕廬集葉封著王士禎序
鑊夢堂詩文集林之華著　鄧州詩畧鄧之愈著
哀哀草二卷劉公玫著　知津堂集奚祿貽著
棠春園詩集王封濚著　石髓集十卷陳大華著
卦餘集胡之太著　草臣文稿杜蘅著
覲心堂集十卷陳芳烈著　誠正堂詩文集張光璧著
振巴音詩集於心匡著　復菴詩文集孫錫蕃著
瀛洲集欽士佩著　擬樂府秦樂天著

擬陶詩秦樂天著　山居稿秦樂天著
果園文鈔靖道謨著　果園詩鈔靖道謨著
怡齋文集胡紹虞著　晉𧻓堂遺集十二卷呂德芝著
聚奎文集邱　勃著　環山集邱　勃著
永懷詩鄭可格著　菊園集鄭可格著
澤思堂稿王封渭著　若巖集王近顒著
樊川詩集胡思樊著　正菴文集陶作聖著
可齋詩文集張念祖著　雙崎詩文集王道明著
賸餘堂集四卷張鳳鳴著　樂府古近體詩四卷陳大慶著
脐詩三卷陳大慶著　秋詩百首陳大慶著

瀛洲小草王如玫著　晛翠堂詩文鈔黃自芳著
環溪草堂集詹大衢著　白燕堂集詹大衢著
敬義堂集陳師栻著　懷光集萬娛祖著
桐莊集萬娛祖著　晴沙集萬壽祖著
松軒文集萬覲祖著　北遊草王化行著
掌園稿王化行著　望雲堂詩文稿劉之鑾著
如衡詩稿王化行著　楞窗稿萬爲憚著
懶齋吟王如稱著　岱菴詩集孫朝宗著
儲菴詩文集范朝綱著　鋏山詩文集謝仁濟著
道菴詩文集郭維本著　梅笑亭詩集杜秉時著

自怡詩集謝方杭著　芸叟自怡集謝志烜著
蕁江詩草曹翰著　適可齋詩集歐陽賢著
述壯文集三卷萬綿祖著　石徑樵吟二卷萬綿祖著
玩易堂詩古文集萬希煜著　惜分陰齋詩古文集萬希槐著
武林樓詩文集孫廷樞著　雕蟲集李鈞簡著
徒洲詩文集王鑾著　蘆洲詩鈔二十卷陳本謙著
占乙山房詩存朱鎬著　調麂集陶致孝著
蜀西漫遊草朱龍錫著　幾復集宋治咸著
蕉窗集黃樹棠著　適適詩草嚴承夏著
龍臯詩賦草邵明銑著　竹軒詩文沈啟洛著

樊上吟 沈𢼸洛著　京蒙詩文集 朱澤遠著

綠壂堂詩文全集 范同文著　春泉亭集 孫承則著

谿亭詩文集 周典邦著　𡶶餘書屋詩草 吳鑛著

小梁詩賦存稿 龔斗南著　輕舫詩集 萬希良著

陳子性書 陳瑾著　曹理齋文稿 曹亮采著

劉稚川稿 劉子壯著　陳雨山時文 陳大章著

陳子京稿 陳大韋著　且樸集 王坦著

欽人田稿 欽士佃著　雪亭藏稿 程芳烈著

活源堂文稿 朱之裳著　王若巖稿 王近灝著

周涵齋稿 周祚福著　端峯文稿 龍倘傳著

王璜川稿 王封渭著　綺霞堂遺文 謝如錦著

仲默文稿 王全才著　靖敬菴稿 靖乃勤著

晚翠堂文稿 黄自芳著　道菴時文集 郭維本著

蔡畹亭時文 蔡文蘭著　雙柏堂稿 王如曙著

四書文襲陋集 孫偉器著　玩易堂制藝 萬希煜著

果園時藝 靖道謨著　宋慎三稿 宋鏊著

子山四書文 黄紹懿著　南泉制藝 萬年茂著

四書文定篇 邵光映著　文母集 邵鴻昌著

問路集 邵光映著　宋小阮時文 宋治咸著

爾雅時文 宋治咸著　儀禮時文 宋治咸著

半山莊稿 程後瀛著　怡怡堂稿 魏永綏著

崇德文集 張于聖著　師餘軒存稿 羅維四著

東泉文集 林太倉著　占乙山房文稿 朱鎬著

節香堂集 靖厚欽著　宛田遺集 李兆蘭著

問心集 羅景南著　松雲集 曾省著

霞坡制藝 王鵠著　木坡時藝 朱兆斗著

耕芝堂集 李士燮著　書田藏稿 游亨運著

倘絅堂稿 胡華袞著　戴記文選 龍倘傳著

星樓合稿 謝志烜編　古文輯畧 曹本榮編 四庫全書存目云：是書文以體分，各體前俱引文體明辨一條，大概因是書而廣之

古文纂畧 吳純德著　可齋策畧 張念祖著

策畧 王道明著　楚北詩佩十卷 王如玫編

河東書院課藝 冷紘玉選　十三經釋要 程光國著

學庸講義 程光國著　巽川文集 程光國著

粥吾堂稿 秦能泗著　不枯崖草 秦能泗著

咏史詩十卷 黄元亮著　湲雲軒詩集 黄元亮著

四書衷言 王宏烈著　岷川制藝 王宏烈著

可棲軒詩文集 萬廷奎著

黄岡縣志卷之十五終

黃岡縣志卷之十六

知黃岡縣事宛平俞昌烈編輯

古文志

制詔

伏讀

昭代宸章因事賁及邑人者不過日月之容光河海之涓滴耳而繇此觀之用褒則春溫其藹用卹則秋肅同清大哉

王言度越千古矣他如往載所垂或飛翰於黼扆或視草於鸞臺亦莫不樹骨摛華有高文典册之美焉小言詹詹

烏得而模之也謹續編次以冠藝文簡端

國朝綸音

世祖章皇帝敕大學士傅以漸日講官曹本榮

朕覽易經一書義精而用溥範圍天地萬物之理自魏王弼唐孔穎達有注與正義宋程頤有傳朱熹本義出學者宗之明永樂間命儒臣合元以前諸儒之說彙爲大全皆於易理多所發明但其中同異互存不無繁而可刪華而寡要且迄今幾三百年儒生學士發揮經義者亦不乏人當並加採擇折衷諸論簡切洞達輯成一編昭示來茲爾等殫心研究融會貫通析理精深敷詞顯易務約而能該詳而不複使羲經奧旨炳若日星以稱朕闡明四聖作述至意欽哉故勅

世祖章皇帝諭祭東鄉知縣汪基遠文

皇帝遣黃州府堂上官知府王偉

諭祭於故東鄉知縣今贈江西按察使司僉事汪基遠之靈曰爾試宰東鄉刻勤撫字方資保障遽罹賊氛抗節不回殞身城社可謂烈矣所司上聞良用憫悼緣賜祭一壇造墳安葬爾靈不昧尚克承之

康熙元年九月十九日

聖祖仁皇帝贈東鄉知縣汪基遠僉事文

奉天承運

皇帝制曰鞠躬盡瘁人臣奉職之猷表績褒庸朝廷勸忠之典爾原任江西東鄉縣知縣汪基遠奉職無愆臨難不苟身膺民社之寄克彰夙夜之勤當小醜之陸梁遽捐軀而殉節稽諸常典宜沛貤榮茲贈爾爲江西按察司僉事於戲宏敷紫誥之華永作黃壚之賁幽靈不昧鉅典式承

諭祭署守備管游擊事劉志高殉難文

康熙十五年季秋月二十日

皇帝遣湖廣湖北承宣布政使司經歷成試銓

諭祭署守備管游擊事陣亡劉志高之靈曰鞠躬盡瘁臣子之芳蹤卹死報功國家之盛典爾劉志高賦性忠直國爾忘身

禦敵衝鋒奮勇陣没朕用悼焉特頒祭葬以慰幽魂爾如有
知尚克歆饗

諭祭湖廣黄州協副將王宗臣文

康熙十六年六月初四日

皇帝遣湖廣湖北承宣布政使司經歷成試銓
諭祭故
贈左都督湖廣黄州協副將王宗臣之靈曰鞠躬盡瘁臣子之
芳蹤䘏死報功國家之盛典爾故臣王宗臣性行純良才能
稱職方冀遐齡忽焉長逝朕用悼焉特頒祭葬以慰幽魂於
戲聿垂不朽之榮庶享匪躬之報爾如有知尚克歆享欽此

仁宗睿皇帝勅襲陣亡道士洑營外委鄒元熊世職

嘉慶八年九月初四日奉

天承運
皇帝制曰朕惟尚德崇功國家之大典輸忠盡職臣子之常經
古聖帝明王戡亂以武致治以文朕欽承往制甄進賢能特
設文武勳階以彰激勸受兹任者必忠以立身仁以撫衆智
以察微防奸禦侮機無暇時能此則榮及前人福延後嗣而
身家永康矣敬之勿怠鄒元熊原係道士洑營外委因在本
省打仗陣亡賞給雲騎尉與過繼子鄒覲光承襲准再襲一
次

勅汪基遠六世孫封渭世職

嘉慶九年三月十二日奉

天承運
皇帝制曰朕惟尚德崇功國家之大典輸忠盡職臣子之常經
古聖帝明王戡亂以武致治以文朕欽承往制甄進賢能特
設文武勳階以彰激勸受兹任者必忠以立身仁以撫衆智
以察微防奸禦侮機無暇時能此則榮及前人福延後嗣而
身家永康矣敬之勿怠汪封渭爾六世祖汪基遠係知縣順
治六年流冦餘黨陷城不屈死欽奉
特旨賞給恩騎尉與爾承襲世襲罔替

前代誥勅

明

賜吏部尚書詹同以翰林學士致仕勅

朕起布衣提三尺劍總率六師以拯民艱延攬英雄以圖至
治凡二紀於兹曩者親征武昌平城之日爾同以文學之美
從朕同游厥後任博士起居注學士皆舉其職又長吏部辨
人才之賢否審職任之輕重咸得其宜今年雖已邁猶輸誠
效謀迄無少怠可賢也已朕不忍以爾耄年服役奔走特命
以翰林學士致仕爾惟欽哉

賜吏尚書吳琳誥

惟古帝王之治天下在於得人才然人才實由於銓選而所以於吏部之職必擇器識公明者居之爾琳學術既醇踐歷允正事朕由博士陞僉憲克振風紀及貳鹺臺國課以辦僉居記注獻納爲多茲用陞長天官以掌銓衡之重爾其量材而授官計功而考能使賢愚有別而黜陟合宜庶克稱朕爲官擇人之意

諭祭贈參議奚世亮文

皇帝遣黃州府堂上官知府葉期遠諭祭福建延平府同知贈參議奚世亮爾發身科甲才畧有聞歷職曹郎出佐閩郡署篆隣封倭夷入寇爾登城戰守誓與存亡兵力不支遂罹鋒鏑守臣上奏良用悼傷念爾死綏晉官藩秩並加祭葬以示卹恩爾靈有知尚其歆慰

贈刑部尚書王廷瞻太子少保誥

大臣樹績當年垂聲異世雖加恩卹猶晉官聯匪直旌祇服之忠亦以示勤勞之勸爾原任刑部尚書王廷瞻性資沉毅才識疏通邁蹤制科起家郡憲烏臺妙簡早蜚骨鯁之聲卿寺洊登益勵羔羊之節陟明開府佐計河漕司寇陪京克佐協中之化遺榮田里衆推難繼之風後生覩爲典刑法臺疊牘薦剡賜環非遠損館遽聞宜需殊恩用酬往勣茲特贈爾爲太子少保錫之誥命於戲昔之進而宣猷秋省今之没而晉秩春宮是惟優渥之恩永作泉臺之賁

賜工科左給事中卬岳勅

國家倣古諫議之職分設六科慎簡才賢寘諸近列資其獻納之猷冀底敷言之績厥惟重矣非端慎明允練國事而識治體者烏能勝斯任乎爾工科左給事中卬岳清素勵於特操敏達優於敷政昔居劇邑夙著賢聲繼陟諫垣益隆譽問銓書奏最亟用嘉焉茲特晉爾階徵仕郎錫之勅命以爲爾榮夫古人不慕專城之柄符竹之榮而願出入禁闥者爲其身依清近而雅言易聞也爾尚以古之賢臣自期勵志儒猷拾遺補闕用裨治化之成無負掄授之意其爾尚亦有顯秩

矣欽哉

古文

文載道道無古今也文達意意無古今也然而昌黎謂爲文必師古人何也古之文格疏而氣厚骨峻而風清以闡道則道明以述意則意遠以之施於制誥牋表論說序記攷辨箴銘非是則弗稱自試場花様日新志古者希矣以余觀明巳來是邦之士匪獨專精墨義其健者往往抗心希古不懈而及之豈非所謂善自得師者乎雖然陶化染學吾又以嘆師資之流澤長也

表

國朝

進易經表 順治十五年冬十月

經筵日講官左春坊左庶子兼內翰林祕書院侍讀加一級臣曹本榮恭承

勅諭纂修易經今巳成書謹奉表

上進者臣本榮誠惶誠恐稽首頓首上言伏以六經皆治世之書作述旣垂於往哲一畫最先天之秘表章尤貴乎

熙朝唯其妙貫天人是用精探幽渺業資四聖實造化之元闕道綜羣儒殆源流之奥府聖人以之開物成務學者以之致遠鈎深包羅天地之神奇囊括陰陽之變態於

吉凶悔吝之理洞若秋毫知進退存亡之幾捷於桴鼓遠則六合之外近在一身之中天道遠而無不可明人事紛而悉有可據顧前人窮理盡性原昭昭揭朗鏡而行奈後學觀象玩占每倀倀同幽室之步苟非博采章句櫽括義疏會異旨於同原立片言以居要即枝葉而究其根柢棄糟粕而尋彼淵微何以使大義炳於日星深著乎性命之理來學升其堂奥不疑爲卜筮之資然則讎校繆譌貫穿同異必有待於乘六御天之主始足垂爲函三得道之書矣茲蓋伏遇

皇帝陛下

通德類情

顯仁藏用

中正觀天下皇哉

天子之龍飛

和平感人心允矣

大人之虎變

乙夜之觀萬卷奎壁宏開三苗之格

兩階海山效順煥大文於經天緯地知

帝王之絶異儒生彙衆理於諸子百家陋古后之專言圖讖

凡屬先民正學悉垂

晤代鴻編況大易之全書尤六經之奧旨儒者硏硃而莫究枉飛露於華箋博士皓首以難窮還叢芸於渠閣卽考註疏於王孔未續微言幸遵傳義於程朱妙窺眞際猶恐百家爭喙或多榛蕪之譏兼之俗說流傳不少豕魚之誤用是渙啟

宸斷俾之修輯成書撮要删繁博選諸家之箋註要終原始獨探至理之要歸固將沿流以遡源抑且得一而貫萬雖書不盡言言不盡意參詣當在文字之先而因經成傳因傳成文啟蒙不出詮解之外誠一代尊經之表的更大道接續之微幾也臣學愧眞儒才慚都講管窺蠡

測未悉理數之兩家薪盡火傳寧識南北之二派祇以

恭承

勅命俯竭顓愚考訂不厭其再三舛訛或除其一二仰資

睿鑒乃壽金石而不磨允協

昌期如覩龍馬之復出伏願

天行時健

盛德日新在上有教思容保之功在下有遷善改過之實

君子之道日長聖人之教常新大啟儒宗用纘淵源於

周孔丕躋治化獲返淳悶於羲皇臣無任瞻

天仰

聖激切屏營之至謹奉表上進以

聞

疏

宋

請修城疏　王禹偁

伏以體國經野王者保邦之制也易曰王公設險以守其國自五季亂離各據城壘豆分瓜剖七十餘年太祖太宗削平僭僞天下一家當時議者乃令江淮諸郡毁城隍收兵甲徹武備者二十餘年書生領州大郡給二十人小郡減五人以充常從號曰長吏實同旅人名爲郡城蕩若平地雖則尊京師而抑郡縣爲强幹弱枝之術亦匪得其中道也臣比在滁

州值發兵挽漕關城無人守禦止以白直代主開閉城池頹圮鎧仗不完及徙維揚稱爲重鎮乃與滁州無異嘗出鎧甲三十副與巡警使臣彀弩張弓十損四五蓋不敢擅有修治上下因循遂至於此今黃州城雉器甲復不及滁揚萬一水旱爲災盜賊竊發雖思禦備何以枝梧蓋太祖削諸侯跋扈之勢太宗杜僭僞覬望之心不得不爾其如設法救世久則弊生救弊之道在乎從宜疾若轉規固不可膠柱而鼓瑟也今江淮諸州大患有三城池墮圮一也兵仗不完二也軍不服習三也濮賊之興慢防可見望陛下特紆宸斷許江淮諸

郡酌民戶衆寡城池大小並置守捉軍士多不過五百人閱習弓劍然後漸葺城壁繕完甲冑則郡國有禦侮之備長吏免剽畧之虞矣

明

寶應越河成請河名疏 萬歷十三年　王廷瞻

寶應地方澤國委流汜光一湖尤居窪下上接淮泗長合七十二山之水下通興鹽新興伍祐等場之疆由射陽湖穿廟灣東注於海地勢沮洳素稱險阻國初宣德間平江伯陳瑄築堤於湖之東蓄水以爲運道上有所受下無所宣一綫之堤當萬頃之波是以決爲八淺滙爲六潭興鹽田廬蕩俱

被淹没而糧運往來至不可以舟近來高堰既築足禦伏秋之漲而淮水間從周家橋漫入則横流白馬湖而直射寶應亦勢所必至也矧其東西相望浩淼無涯洪濤迅浪不時常作加以西風號起洶湧排空蕩擊石堤摧殘舟楫人人不能必命而葬之魚腹中者無月無之無論其遠如萬歷十年間一日而斃者千餘人即萬歷十二年間糧船沉溺者數十隻漂没漕糧至七八千石殊爲運道之梗遠近之民談此湖不寒而慄且東南財賦轉輸以充軍國之需命脈所係豈容哽噎若此臣仰遵廟畫殫力經營夫役用銀募招未嘗派擾里甲木石差官採買亦不干及有司雖勿亟之命屢申而胼胝之趨益勵興工甫及八月用費猶有餘銀兩堤並築五閘啓然數十里之湖患屏之藩維千百萬之生靈盡居衽席且舊堤有重關之險永無潰決之虞不唯行旅藉之以爲安而又居民恃之以無恐萬口歡呼咸稱不朽再照先年高郵越河開成得蒙欽定河名康濟近年淮安新河開成亦蒙欽定河名永濟今寶應越河視之二河尤爲緊要自此而南由高儀以達於江自此而北由淮浦以出於河實爲運道咽喉第一之關利害懸殊事體更重伏乞皇上特賜佳名以光萬世無疆之業 部覆奉旨是河名宏濟

請起用樊侍御疏　陳邦瞻

直臣久戍瘴鄉敬遵恩詔請乞赦還錄用事戍官樊玉衡孤忠天挺小臣抱廟社之深憂浩氣雲蒸讜議儲君之大計雖一時緣戇直忤主而究竟以血誠回天當時之早建元良今日之快瞻聖主縱未必皆其強諍之功亦不可謂無一激之力而乃以諫行言聽之臣使終老於雷陽荒徼之境亮亦天王聖明所不忍也況召用鄒錄屢奉恩綸豈諸臣可紆朱委珮於班行而玉衡猶未可生入玉門關乎所宜即日赦還亟爲起用以爲批鱗折檻者勸也

乞致仕疏　樊玉衡

爲聖恩高厚難報愚臣止足宜知謹瀝血陳情伏乞俯准致

仕以安愚分以全晚節事臣仕無中人之助言有狂直之辜風霜五六千里瘴癘二十四年中經皇太后東宮兩赦不得開伍先臣前典隆衛教授煒疾終不得與諸弟侍湯藥老妻長子繼没亦復半年得問臣荷戈卑濕之鄉屢遭悲惋之事摧傷五內遂染風痺調攝連年始復初體臣幸得及見休明拭目而觀太平之業又幸以前建白微勞得比覃恩起廢諸臣除授今職文憑到時值臣在疚徂夏具疏謝恩辭任至秋得報已蒙俞旨雖嘉其言而未許休其職時以部堂正官未到意俟春暖抵任申繳乞休不圖獻歲之朝稽首北覲之後拜奠家廟感慕先人夙疾頓發遂歷三時朝夕藥餌雖神明

無損而筋力已衰囘思臣今所授之官不容坐論方將明罰勑法省獄慮囚雖在留都罔敢暇豫陛下以濬哲臨朝諸臣以明作就列而臣當過七望八之年抱禍盡災生之恐即列擁帶之儔尚有懸車之限況於山林痼疾麋鹿同遊久別簪紳不堪軒冕者乎臣前者自揣疎野上負聖明曾於辭疏之中稍及時事雖語無足擇而報下公車愚臣荒耄之言何幸得瀆聖聽臣始以言謫雖被謫而言終見錄竟能開皇考三句之治與陛下萬禩之休雖曰臣二十四載禦魑魅於廣南猶之班鵷鷺於闕下也今臣荷陛下起用洪恩循省微軀莫能宣力故於前疏復陳十事幸蒙嘉納臣自維衰朽之餘得不屏斥已云禍矣敢辱白雲之司於桑榆之景恐人將指臣曰是以言為市而老不知止者也伏祈察臣愚衷鑒臣苦志准臣致仕於家俾得與擊壤之民扶杖而覩德化之成以終其天年則聖朝佚老之仁自臣而先受之矣

請補楚中謚典疏

李若愚　愚公

為易名一代大典褒德千秋盛事謹據會典特舉幽貞事臣竊惟世運剝復全繫人心人心邪正祇賴名教人心者匡復宇宙之具謚法者春秋義也大夫没則請所以易其名者其制昉於周公而定於沈約杜預蘇洵諸名臣或以全德名或以一事名貞徧惠繆正不妨褒刺並見夫法有賞罰一時之

榮辱也謚有貞醜萬世之榮辱也一時之榮辱甚輕萬世之榮辱甚重我國家鄭重其議五年一舉行綦嚴矣然議者多拘攣守文不從名教起念高賢湮没不傳者比比而是往徐師曾建議止覈人品高下不拘官品泉壤始稍稍生色矣大明會典一款實云官品未高勤事死義例得特謚臣考本朝以四品謚者曾文恪是也以知縣謚者鄧文簡是也鍾同以御史贈大理丞謚矣楊繼盛以員外贈太常卿謚矣何遵以主事贈尚寶卿謚矣陳選以布政贈光祿卿謚矣沈鍊以經歷贈光祿少卿謚矣近議鄒智以州吏目補謚矣楊源以五官監補謚矣何得以官品高下而廢勸懲大典也近奉明旨

咨訪謚册發單會議臣楚人也側得言其鄉先正項如楊漣首發逆謀精忠大節已蒙皇上鑒錄先是給事中李沂抗疏擊大璫杖闕下給事中孟養浩抗疏請册立杖闕下一段義烈俱載萬歷實錄中秉禮諸臣能任之惟據臣所耳而目之可表可傳者楚有三大賢公論久定祇以官爵未顯議者闕焉臣敢摅赤以聞故戶部員外郎漢川張緒清操苦節胡威劉渙一流人而風節不減薛仁輔惠政不減陸九淵緒夙與張居正友及柄政不少遜始終以忠告相匡其力拒故人巡撫一語至今在海內名人口居然孫覺錢顗矣林居二十年孜孜以講明正學成就人才爲急遠近謂程明道再見晚節

上疏乞代師李材死中外義之跡其一二並足廉頑立懦史臣焦竑傳之以告四方而幽芳徒挹嘉名未錫識者恨之故崑山縣知縣黃岡樊玉衡爲諸生便有徐穉非力不食梁鴻不肯因人熱風節起家兩劇邑家無石儲身無完衣苦節孤請一肖其師張緒九年滿以吏禮兵敵事皆不報父病乞身歸竟以孝死學臣董其昌表曰孝介先生銓臣王士騏誌其墓禮臣郭正域紀其傳至今兩邑尸祝之種種芳猷鄉志完陳瑩中不是過也公議已僉同矣而以官卑不爲請不有知縣鄧文簡例歟故長興縣知縣贈太僕少卿黃梅石有恒清操卓識有膽有骨爲令發奸摘伏澡身礪節治平爲兩浙最壬戌偵知葉朗生謀逆聞於撫臣得先發一日擒其魁請於朝立磔之不爾則吳越半壁皆震矣逆黨乘元旦拜萬壽禮突執有恒以報前憤欲因而起兵且逼奪其城印有恒曰有斷頭將軍無降將軍殺卽殺耳朝廷倉庫城池不是我買命物也遂遇害中外咸謂張巡許遠後身今世何得有此社稷臣蒙上贈且恤矣而易名大典方在會議臣有恒友也應爲之請自反此心可對君父臣不愧矣皇上若以臣爲譽言請徵諸左驗張緒仕留都日久大節清風今留都人仕中朝者余大成方孔炤等可訪而証也樊玉衡歷中州三吳治蹟最著今三吳中州京朝官多矣劉可法顧錫疇等可訪而証也

石有恒死節始末大司馬王洽撫浙時嘗列其狀以聞現在朝端可訪而証也其可令此三臣者姓字不一耀於春秋也哉伏望皇上下該部一照會典從公咨議簪筆之臣速定所以易其名者勿以官階不高而棄之世教人心所補裨大矣

請文武一例殿試以尊主權以別真才以濟實用疏

甄　淑

我朝之制武科舉於鄉拔於會選於兵部祖宗之法至善也但思文致治武戡亂古今兩重之在文固寬取於三途制科以三試而武獨畧非立法之意有偏輕也蓋兵者凶事也談兵者雄心也在太平之世宜鎮之以靜故凶事不使之爭營

商雄心不使之妄動聊設科以收之以存武之一局以適少文者之用而已不似文科制度詳備令其人尸誦讀卒士之濟莫不務爲亨途也此文則勸之修而武則示之以偃之隱意也今何時哉四方蠢爾處處兵興博衣大帶之儒不嗜仗銳披堅之味卽號曰大將偏裨亦不過平日之按籍而選循級而遷以充員數而已見猶之捕而遽責以獵奚能之皇上軫念封疆曾出榜招天下智勇而竟無一應且大小諸臣抱憂危之心亦莫不各舉所知而竟無當於用者非天不生才亦非草澤有眞才忍不效於上也品必受鑑而後妍媸辨木必受削而後曲直明人必觀察而後眞僞定今大比武士天

下英雄之萃拔矣與其出榜勸使招募不相知之人於不可得之數孰若乘其負劍抱策羣然而赴闕下而擇之而精鍊之之爲便哉與其以無功之爵祿無窮之帑費飽有名無實之人冒上濫下壑之欲孰若宏吾網羅嚴吾明試行無私之登庸於無私之爵秩之爲公哉與其寄耳目於羣情施蒐求於影響孰若聚之廷下俟聖聰聖明親見親聽之爲確哉凡此入彀多士弓馬試矣策論試矣恐騎射之一或遺諸藝之全而尺幅之華難信韜鈐之實況掄武與掄文不同其膂力欲强也技能欲精也年力欲壯也神情欲奮發也心膽欲忠也志量欲沉毅也才德欲智勇仁義信也眉宇骨幹欲超拔此數者可於尺幅弓馬間悉之否臣請皇上比照塲例除頭項瑣屑不敢煩宸嚴而以策問面試之再以考選之法參酌其用待放榜之日暫令中試武舉以本等巾服謝本月末旬職方司查照各生履歷前數名加列單察訪會同九卿科道備細查核其單次分年貌勇力謀藝才德塡註簡明句語或二字三字四字十月上旬內該司投單諸生過堂論令各陳所能先期演驗部臣閣臣商訂揭進十月之望皇上臨軒策問閣臣與兵部尚書提其衡分官讀卷一聽皇上欽點傳臚第一甲三名始擬僉書都司二甲三十名始擬守備三甲百餘名始擬鎮撫各出身職方司陸續遇缺補授定於三年內

選完以免壅塞臣之慮見如此況總督鎮守廷推國家之舊典也大將廷遣皇上之新美也當武臣進用之始而儼然廷試豈不赫赫盛舉哉雖祖宗原無是法然於舊制加詳非於舊制有背也倘於百六十人中得五得十以濟目前實用而由是永行天下不復貴文賤武人皆童習而壯行之閭里健兒良家義士不堪章句者莫不磨礪以圖一售爲國家從此收武之效矣伏乞勅部覆行臣無任激切之至

請旌表祖母陶氏疏

牛若麟

奏爲聖世闡幽最切祖母苦節堪憐懇賜旌表用慰孤貞以

廣皇仁以隆孝治事竊惟激勸表揚朝廷馭下之禮制忠孝節義臣子立身之防維有禮制而後有紀綱有防維而後有風俗此帝王鼓舞一世之大權也我皇上自御極以來凡攸關綱常名教雖細必矜無微不錄一時大小臣工無不砥礪勸勉以觀德化之成而恐有負於堯舜之世況奇行苦節如臣祖母保遺可泣鬼神矢志輙回天地言之神愴思之淚雨能不嘔心瀝血爲我皇上陳之臣祖父牛斗承襲祖職授黃州衛指揮同知世沐國恩捐軀莫報乃以急公糧運積鬱積勞而病且死傷哉於時祖母陶氏僅踰及笄忽當異變不但自計一死即家人亦擠臣祖母勢不獨生臣父牛拱極孕腹

中止兩月耳一時倉皇涕泣莫知所爲獨臣曾祖母力辯慰曰汝産男耶牛氏有祀女耶死未晚也臣祖母少悟每於風霆震怒之際望空泣訴雖夜必興曰天不絕牛氏一脉亦當轉女成男俯地叩頭聲聞於外里人知之者爲之寒心至期當產臣祖母恐未必生男陰備殯具葢前時之强忍自護者實非真生此際之從容就義者誓在必死矣幸而皇天俯憐獲生臣父家庭戚里皆爲加額感傷至一週臣父㐲痘危險甚幾不可起醫人觀之者掉臂不顧臣祖母搶地碎首昏瞶復甦次晨臣父忽有起色若神助醫驚異之痘已病脾乳漿不能入口臣父或一匕一器或并日一食臣祖母亦一食再

食而不能下咽也臣父七歲求師臣祖母訓誨愈切辨色則促之就館暮歸則督課於臣祖父主前背誦如流始命就寢赴館後屬内戚之賢者往瞰之稍弗若家訓未嘗不扑責而繼之以泣也里中紳士知臣祖母之賢欲爲聯姻而臣母陳氏實與斯舉臣祖母莫知所從焚香告天曰牛氏再傳之後一綫之脉全係諸此願憐而明告之卜臣母凡叶吉者三遂定盟納采及臣父成婚禮臣母事臣祖母備極孝養臣祖母性剛烈竟日整襟危坐不輕笑語治家清嚴以古賢母自任臣母侍立不敢少懈命之坐乃敢坐也家雖食貧歲不登窘儉於飲食而臣父師友之費未嘗惜焉稍不給即脱簪珥以爲供至臣父欲襲祖職時則無其資矣旁求之親友終無應

者臣祖母傾金五十兩泣授臣父曰汝父遺也此與汝併相爲命初念留此正爲今日地否則世職無由得襲矣臣父泣而受之始得襲受祖職理學先臣耿定向題其堂額曰千秋間節曰節類撫遺一時闔郡公舉響應皆同乃臣祖母猶謂臣父曰婦人撫孤守節是自家本分内事何必令官府知道是臣祖母尚不欲有生後之名而臣愈不覺增生前之淚矣傷哉臣祖母也臣痛之猶不能言之言之猶不能盡之也計臣祖母苦節四十年而以積慘病終其間奇窮異困酸辛備嘗臣祖母卒而臣尚未生也臣讀書祖母主前一思及此輙

嗚咽不已臣妹幼時恒問之臣語以臣祖母苦節之故後臣妹適臣妹壻洪有奇踰年而早卒臣妹求死再四其姑勸諭之云汝青年自宜再適何自苦臣妹應之曰此亦恒情但恐死後無面見我祖母耳遂痛哭益甚血淚淋漓而死臨終時語臣曰可葬我於祖母之側矣臣一痛幾至傷生雖臣妹柏舟矢志出自性成實臣祖母之奇行苦節默有以風之也臣伏讀大明會典一款凡民間孀婦三十以前夫亡至五十以後不改節者旌表門閭又查辛未刑科進士輩焴爲母褚氏舉節建坊壬戌禮科進士夏時亨爲祖母夏侯氏生母石氏繼母王氏舉雙節俱蒙恩允臣事與例合而臣祖母精誠感

格尤於苦節中爲人所難臣妹牛氏仰承祖母之風竟殉始終之義血忱不泯至性難忘臣是以反本呼天特抒積痛我

皇上以孝治天下闡揚之典幽隱不遺臣水木恩深情難緘默不揣於我皇上之前而不忍安也伏乞勑下禮部轉行本處撫按衙門照例旌表不敢上煩國計准臣備貲自行建坊則九原之下臣祖母率臣妹相與申嵩祝於億萬斯年而臣此後犬馬之身益盡瘁而不能自已矣

國朝

進奏議疏　劉子壯

爲懇請力行以光

親政事臣草茅書生荷蒙

聖恩拔置詞垣三年以來日夜思維矢竭顓愚光贊

高厚及至今春我

皇上親政

恩詔上傳頻頒德意及內外諸臣先後奏疏見我

皇上所以進賢愛民布德除弊爲開代致治億萬年久遠者悉且備矣率是行之雖唐虞三代可以漸臻而望治之心猶有待者豈言之者已詳而行之尚未能敏而奮也

臣觀數日以來所降

德音諸臣所條便宜自臨朝講學執經侍班臺諫立仗以及

用人理財省刑寬斂諸大典者皆已具備無俟臣言臣所請者惟祈

皇上勤御便殿日召院部大臣將向來頒行及題奏者勑以力行其已施行者務在持久其未盡行者宜加敏速務求至當則內外咸精心實事而天下咸被德澤故不自揆冒昧謹錄

親政以來

恩詔

上諭及內外大小諸臣奏疏爲二卷進呈倘蒙賜翻譯得登

御覽將諸事件每朝臨問責以成效臣不勝幸甚

請罷湖口關復九江關疏　王澤宏

題爲湖口之設關甚險九江之舊關宜復請照成規收稅以裕
國課以全商命事竊惟
國家之本計惟財與賦財賦之充足在鹽與關我
皇上頻頒蠲租之
詔屢減額外之徵數十年來農工商賈無不仰戴
皇恩固已淪肌浹髓矣乃有不費
內府之金錢不損
朝廷之額課

綸音一下各省歡呼則莫如湖口之仍歸九江關之爲善也請爲我
皇上陳之夫昔日之設關九江者因上有龍開河官牌夾下有老鸛塘白水港俱可停泊多船冬夏不涸無波濤洶湧之危輸將甚便此誠利
國利民經久不易之善地也後以江西東下亦應納稅暫移湖口此一時權宜之計耳初未計及湖口一縣地處下流乃江湖兩水交會之衝又有上下鐘山巉巖峭壁插入江中既已設關遂成商船納稅必泊之地止有虹橋一港水漲之時大船僅容數號小船僅容數十隻倘水涸船多不得已盡泊江外大風暴起巨浪滔天欲求入口而不得欲求渡關而不能故其患不可勝言此湖口斷斷不宜設關之明效也或謂自江西出湖以下江南自江南入湖以上江西恐有漏稅之弊不知九江一關征船而不征貨丈尺已定稅無可匿臣查大姑塘去九江四十里在湖口之內舊係泊船之地應聽部司委員在彼收稅彙繳關庫以給票爲憑至各省出湖船隻大姑塘收稅者九江驗票放行各省進湖船隻在九江納稅者在大姑塘驗票放行則兩處自無漏稅之慮矣年來風濤時起沉溺疊見商情以積久而不得伸差員

以時暫而不敢請此臣所以不得不代爲請命也倘荷
允行則往來舟楫無傾覆之虞東西商賈無漂没之苦既於
額設
國課一無所虧又於貿易民生皆得其便乃經久無弊之良圖也臣本楚人九江湖口皆臣久居故於情形甚悉伏乞
勅部詳加酌復務審稅課之盈虛查風濤之險易考人心之向背一經改正庶船多稅足商悅民安無不仰頌
覆載之恩同於天地矣緣係條陳事宜字多踰格貼黃難盡未敢另繕如果臣言可採伏乞

皇上俯賜施行

請通行常平倉法疏　　鄭昱

題爲積貯成效宜廣變通仰祈
睿斷迅賜施行事竊惟民爲國本食爲民天食足而民安民安而國阜此古今不易之理也臣辦事垣中見戶部覆
直隸撫臣郭世隆爲
聖心愛民甚切米穀久積宜商亟請變通以濟實用一疏內稱應如該撫題請各州縣所存米石加謹收貯以備賑濟其餘米穀平價糶賣秋收照數糴買還倉仍將賣買過銀米價值數目造具清册報部查核等因具

題奉有
俞旨欽遵在案將見直隸之積貯即足直隸之民食穀貴不致傷民穀賤不致傷農年凶則有備無患年豐則出陳易新常平倉之善制直隸被其利矣臣請得而推廣之竊思直隸而外各省俱報有積穀之數俱開有捐輸之例存貯米穀無邑無之但未奉部文不敢擅動耳查各省非年豐熟者固多而饑荒者間有如河南山陝江淮等處內有
奏報發賑者有請停漕糧者是目下青黃不接之狀與直隸同也夫積穀原以爲民也穀積而無濟於民食其謂之何仰祈我
皇上迅飭部議凡各省積貯捐輸米穀行令各撫臣酌量州縣之大小詳察存積之多寡應留若干米穀以備饑荒其餘剩者俱於每年五六月照市價減糶所糶銀兩仍於本年九十月糴買新穀還倉稍有羨餘存爲修倉之用夫夏則舊穀必貴秋則新穀必賤穀貴則量減而糶以利民穀賤則量增而糴以利農豐歲則出所存之銀買穀以補倉而常使其有餘凶歲則發原留之穀給賑以救荒而無使其不足更將賣買價值動用銀米數目造册報部查核買穀則覈實在給賑則予開除民得通

其緩急穀不至於紅朽如此則常平倉之良法美意行之北直而效行之各省而罔不效雖有水旱而天不能使之災所謂議變通以濟實用足民食以安民生者莫亟乎此也如果臣言可採伏乞
睿鑒施行

劾疏　高宗實錄　疏入　　萬年茂

爲特參無恥之學士以儆官邪臣謂廉恥爲國維之大學士列清華之長本年八月二十八日我
皇上賜宴臣工於瀛臺殊恩異數千載一時際此隆遇正當深自砥礪以圖報稱詎有侍講學士于振陳邦彥於排

班恭迎
聖駕之時二人同列東班適值户部侍郎傅恒經過陳邦彦向之請安打跧二次于振打跧一次大廷廣衆屬目驚駭而二臣恬不爲怪臣查侍郎學士品級雖有不同而翰林院之講讀學士則體與六部之侍郎相等以其相等而屈膝打跧是替官方也且我
朝制度京員惟諸王認識者近前打跧請安貝勒以下平立答語而已其諸王不相認識亦不請安故雖在部司屬無向侍郎打跧之例而二臣甘心爲之是違朝制也禮曰侍坐於尊前見同等不起又曰朝廷不涉位而相與

言不踰階而相揖矧
聖人在上嚴肅清明觀禮之場白晝獻媚二臣誠不自愛如
國體何臣在班目擊祇緣賜宴大典仰叨曠代之榮私懷包羞之義嗣又恭逢
聖駕謁
祖陵巡方問俗普天同慶未敢上瀆
聖聰惟是兩月以來道路播聞人人訕笑午夜慚惶隱徇滋懼爲此籍摺糾參伏乞
皇上嚴示戒懲立賜罷斥以申朝制以肅官方俾知無禮之逐共敦羞惡之心整飭廉隅振興士氣所關人心世道誠非淺小臣愚不勝悚切待命之至

附　議諱萬御史彈章辯　王德新

昨承籤示萬南泉侍御劾陳于兩學士疏不必載入邑乘亦似存厚周防之道新熟思之吾楚自前明楊忠烈擊魏璫與忠烈黍丁紹軾後彈劾不避臺閣生風者百餘年寥寥鮮聞幸有萬公一疏足接前武後之人收拾表章當不啻隋珠和璧乃棄而擲之忽令梓里無傳可謂仁乎藉曰存厚杜冠直鯁之臣爲國家持風紀觸邪佞乃忠誠之心之所鬱發薄夫豈能出此今必爲之深諱是以其言爲傷世教也以其言爲逆人情也容容者舉世皆陰德矣害義孰甚焉若曰防患當

其奏疏之時公正發憤有必不敢隱情惜已者固已置寵辱於不顧何賴後人之回護爲且
純皇帝止輦受言特因其稍戇而抑退之迨
仁宗修
高宗實録仍令芟潤載入固未嘗斥其言也足明言者之無罪矣昔歐陽永叔詆高若訥謂其不知有羞恥事激烈過於此疏而其文傳播當時膾炙人口公未聞搆奇禍傳之者亦未聞有所株連況在
聖朝不諱之時乎且其嗣君梓巖現官直牧鄞屬採登此疏彼其子孫審知無患而局外乃代爲杞憂抑何不智之甚也

閣下是典非徒循故事而已蓋將綱紀人倫表揚直節也猥
獻芻蕘伏維亮詧

策

國朝

殿試策　　劉子壯

臣對臣聞人君致治在力行不在多言人臣進言與其文毋寧過質今臣拜獻之始也又蒙
聖諭許以直陳要言而復以浮蔓之詞聲韻之體雖宏麗可采而眞實或闕毋乃非所學而或辜
明問乎欽惟

皇帝陛下
道闢乾坤化包中外驅除亂逆奠安生民隆龍典以達孝廣試額以求賢罷廠衛以寧人去寺宦以謹始近且勤
召對以開言路弛養馬挾弓之禁寬隱匿連坐之條凡寬大之政蓋亦漸已舉行四海被其風而仰其德矣然猶
聖不自聖下訪於愚豈以爲臣之言誠有當乎雖然處不諱之時而有所不盡非臣志也夫帝王以天下爲一家則
滿漢皆一家也
朝廷雖無異視而百姓不能不異也卽滿人漢人不能不相異也百姓之所以異視者何也邊防之外愚懦之民見一滿人則先驚之矣又有挾之爲重者以相恐其實滿人之與人未嘗不愛也處事未嘗不明也守法未嘗不堅也居身未嘗不廉也而小民預有畏怯之意雖其極有理之事嘗恐不能自直於其前則其勢不能以卒合而又時當變革之初民重其生是以雖有相愛之誠而不敢相信雖無相凌之意而先已自怯也此百姓之所爲異也滿漢之不能不相異者何也滿人有開創之功其權不得不重滿人有勤勞之積其勢不得不隆漢人雖尊貴之位力固不敢相抗志固不能必行也其中自尊者未免輕漢人爲善狡爲朋交其中自疑者未免

懼滿人之多强之多執是以有懷而不能相喻有才而不能自盡也此滿漢之相爲異也今欲去其異而同之
臣謂滿人尚質以文輔之漢人尚文以質輔之其以文輔之者設滿學焉或如國子監或如教習庶吉使讀四書五經以通其理觀通鑑綱目以習其事限爲歲月以考之亦可以知奉教之人卽爲他日奉法之人又可以察其才之所堪以爲選授之地其樸者教之禮數以知謙讓通之市易以知義利同之好惡以達其意通之交遊以習其情日漸月積至於化而相忘矣其以質輔之者凡在官以實事責之選授之公於所選之人參舉多

少卿之錢穀之任於所掌之務出入精覈卿之司教者於風俗美惡人才盛衰察之典戎者於民生安擾盜賊平定察之監司以屬吏奉法舉劾當可爲考有司以土田開墾民人歸業爲課凡在民以實心責之如往來毋以其少文而畏其難近如事理毋以其好勝而懼其相使如貿易毋疑其貪狠而設爲欺冒如居處毋厭其鄙陋而多所棄遠如是則習俗雖不同道德同之也音語雖未通氣類習之也意見雖偶殊義理達之也一文一質方將變通古今轉移造物而有何不化之畛域哉抑

臣所祈者願復古曰

御便殿之制令大臣如唐虞君臣論道取內外章奏面相商訂諫官仍得於仗下封駁則上下情通滿漢道合中外權均宰輔不僅以奉行爲職卿貳不僅以署紙爲能則中心隱微皆可告語而海荒萬里如在目前此古和衷之休也又何遐近百姓之風不可同與至於地之多荒者逃亡多也民之好流者賦稅煩也

國家未嘗不寬恩而上之所放下復收之則民不感也

國家未嘗不定額而令之所減吏欲益之則民不知也蓋古者理財以愛民爲先籍民以墾田爲實今欲足賦稅必先滅之何則今田之開者不及十之五而賦不可免則終不能應不能應則必有中飽於里甲胥侵於差票而民益亡田益荒故不如察其荒者議蠲焉是上寬必不可得之賦以活民之生實收散可漸歸之民以厚國脈也若夫民之不能耕者官給牛種春以助之秋以收之焉又設常平之倉荒歲以備救豐歲以備貸倣社倉之法察之以月報積穀司之以廉正鄉紳又訪古西北之水利或堰或防以時築浚東南之圍田如圩如沙因地修舉務在不擾民而利民則民知田之可種自能歸業民知賦之可供自能墾田民益歸而農大起農大起而稅自足矣若夫盜之多有民之不靖則在丞廣寬大

之政而已矣漢光武遣將每曰凡征討豈務多殺傷要在平定安集之耳裴度平淮西卽以蔡人爲牙兵或諫之度曰蔡人卽吾人庸何疑故臣以爲一在酌叛服之法也其來歸者或本於投誠或廹於兵力以恩待之使安其爵祿以信予之使保其身家則無有自疑而爲叛者矣其未歸者或地遠阻化或廹挾相從宜別其首從毋及善良宜完其室家毋多係累則將有相率而格心者矣一在弭禍亂之萌也

國家沛大恩令爲兵者與爲賊者悉許歸農而此輩不知感也彼其喜亂之資以掠刼爲長技以焚淫爲本業豈

能退而修農桑之勞事商賈之謹哉其平居三五成羣凌厲鄉黨剽竊江湖聚匿山壑法有所及則望影而逃風有所聞則羣譟而起去之則無盡殺之理留之必求處置之宜臣請令所在揀其强者備爲勁旅如古府衛之法什伍相制儒者率令屯田以時教閱居則有城守之功出則有禦侮之用上無養兵之費而下無夜呼之聲此亦杜萌之道也一在清釀成之源也小民經數亂之餘幸少安息無不欲守其田廬長其子孫然而守令不治則有重賦以廹之有雜役以困之將帥不治則兵未討賊而先虐民民未受賊而先受兵誠能慎有司之

選嚴閫外之法則百姓能安其身奸猾何所藉以爲用乎百姓不生其心叛逆何所指以爲名乎此又端本之治也如是則執亂首而誅之是殺皆仁天下之心也取亂民而釋之是宥皆定天下之術也而奚憂盜之不息民之不安耶自古開國祈命必在敬德和民故周以忠厚享年八百故臣以謂宜廣寛大之政也然而臣有
清問所未及不敢不直陳者夫二帝三王爲古神聖功化之極然其治本於道道本於心故講學爲明心之要修身爲齊家治國平天下之本請
簡宰輔侍從先將大學正其句讀說明意義然後四書五
經漸而進焉至於大學衍義尤爲切要下手之書
經筵之餘仍將內外奏疏逐事講說印證經傳以敬爲正心之功以誠爲復性之道以仁爲成己成物之本理明可以知人幾審可以制變享國億萬年而臣民咸獲覆載無疆之福者將在兹乎臣草茅新進罔識忌諱干冒
宸嚴不勝戰慄隕越之至臣謹對

上學使六策　六正文體　　呂德芝

五經四子之書聖賢明道之精言也而士子以制藝闡發之能明其道者內可以修齊外可以平治故朝廷以之取士然而有其體矣吾楚以文名海內前哲如林可不具論至今日

而文體不正惡濫競登每鄉會墨卷歲科試牘一出强者如飲狂藥弱者如受腐刑其貌襲先正者則印板衣冠絕無生趣而言情致者又如游絲之罥烟煤愈嬝娜而愈汙穢追問發明聖道哉竊以爲文章之爲物也剽青剜紫不患乎無詞偷格換律不患乎無局三家村師亦必取左史八家之佳句爲帖括不患乎無調纖側取媚諧謔爲姸又不患乎無姿與態所難者體耳何謂體詳明誠愨者告君體也殷勤懇至者誨下體也淵懿端直者贊頌體也委曲諷諭者規諫體也敷典相機準情酌勢高不亢卑不貶者詞命體也援據允當不濫不苛者論斷體也紀事紀言無所加損者叙述體也詳引

實詮如義類而轉注者訓詁體也稽其事究其理盡其常變而徹其上下者辨駁體也且也廟堂之體宏以贍山林之體曠以逸燕閒之體安以舒祭告之體肅以整責問之體嚴以正宣慰之體溫以寬碑碣之體謹以信箴銘之體微以戒然此皆其易辨者也必也有實理有眞氣有雅致而後可謂之體何則文有正體有變體而無非正體辟如青天白日天之正體也而暴風疾雨迅雷非變乎然無風雷也不可以爲天九達康莊地之正體也而高山幽谷非變乎然無山谷也不可以爲地總之爲正爲變皆有天地之實理眞氣以流行其間而其致自雅雅致者生趣也於人亦然人有長短肥瘠皙

黔美陋之不同夫長肥皙美人之正體也而短瘠黔陋則變矣然均謂之人而未嘗異者以其皆有人之實理眞氣雅致以流於官骸之間而形非所論也爲文也亦若是而已矣渾噩精微平通正直按之而泉原萬斛揚之而光芒萬丈者文之正體也幽奇刻削險峭孤寒若巫峽之猿啼陰墳之鬼語者變體也然十三經楚辭以及先秦史漢魏晉唐宋諸大家固炳若日星而老列莊荀虞晏淮南與夫諸子之自成一家者代代多有而終古不能廢者以其皆有眞氣流行於楮墨之間以欣欣然動其雅致而實理未嘗不寓焉耳當今日而欲正文體亦取其有實理眞氣雅致者而已矣雖濃素平奇手掜不一而有之者必高超而樸穆精警而醇細發越而光輝整暇而疏暢洗俗艷而郤時趨如是者取之風草之感速而英異之士登何患乎文體之不正哉然而有其本矣言者心之聲也自優劣法廢而士子無所勸懲奔競路熟而士子無復廉恥賄屬徑開而士子不復學問心之亡也久矣安問其言即有一二自好者杜門鼓篋亦不過以帖括備抄襲非能如古人之立言修辭也卒之贗鼎售矣魚目混矣彼又何所樂而勞心苦神以求之於古耶良醫之治病也急則治其標緩則治其本今楚文章標本俱病而且急焉者也竊謂救之之法當取勝朝天崇及

國初諸名稿以針砭其標庶膚浮俗濁之惡餤可殺而俳儷油滑之媚骨以更然後反而求其本以六經明其理以秦漢魏晉厚其氣以唐宋諸大家盡其變而博其趣以成宏正嘉諸名作定其式而正其趨而至要者又在以廉隅風節端其心術性情如是教之涵濡既久神骨一清發爲文章莫不各得其體國家豈不重有是文賴有是人哉不然文病日深非細故也此上繆學使沅策也學使激賞之後訪知其學行親書孝友文章四字額並跋以贈之

啟

國朝

賓興餞士啟　蔡韶清

恭惟諸賢秀孕文明星占德聚碞自秋以懸鏡宮非月而剪羅挹江漢之波濤才堪濯錦採東南之竹箭志欲凌雲賓適興乎玉筍班聯金勒駕將勸矣黃華香襯綠袍燈續九微羽飛三爵既篤笙簧之好用敷桃李之榮謹啟

書

晉

與西陽令孔德琰　　應璩

嘉麥正祥惟日未久不圖飛蝗一旦至止知恤蒸庶念存哀苗親發赫斯爰整其旅駘背皓首奔走道路旌表曜日鼉鼉雷動以此捍敵必將席捲況於微蟲能無驚駭卓茂治密魯恭在中牟時雖有災未若斯勤亦猶子賤鳴琴巫馬出入勞逸有殊立功惟一重雲比興不降靈雨麗此二災憂心忡惙逐蝗之道敬聞命矣不審致禳將以何物

宋

與潘彥明　　蘇軾

東坡甚煩葺治乳媪墳亦蒙留意感戴不可言令子各計安實見想見頎然矣郭興宗舊疾必全平愈酒坊果如意否韓氏園亭曾興葺乎若果有亭榭佳者可以小圖示及當爲作名寫牌然非華事者則不足名也張醫博計安勝一場災患且喜無事風顛不少減否何親必安竹園復增葺否以上諸人各爲再三申意僕暫出苟祿耳終不久客塵間東坡不可令荒茀終當作主與諸君游如昔日也願遍致此意

贈別王文甫　　蘇軾

僕以元豐三年二月一日至黃州時家在南都獨與兒子邁來郡中無一人舊識者時時策杖至江上望雲濤渺然而不知有文甫兄弟在江南也居十餘日有長而髯者惠然見過乃文甫之弟子辯留語半日云廹寒食且歸東湖僕送之江上微風細雨葉舟橫江而去僕登夏隩尾高邱以望之髣髴見舟及武昌乃還爾後遂相往來及今四週歲相過殆百數遂欲買田而老焉然竟不遂近忽量移臨汝念將復去此後期不可必感物悽然有不勝懷者浮屠不三宿桑下有以也哉七年三月九日

明

與郭善甫書　　王守仁

朱生至得手書備悉善甫相念之懇切苟心同志協工夫不懈雖隔千里不異几席又何必相與一堂之上而後快耶來書所問數節楊仁夫至適禫事方畢親友紛至未暇細答然致知格物之說善甫已得其端緒但如此涵泳深厚諸如數說將沛然融釋有不俟於他人之言者矣荒歲道路多阻且不必遠涉須稍收斂然後乘興一來不縷縷

與里人書　樊煒

黄白之術世人秘之吾丈樂與人同之盛心哉顧若而人者其輿馬僕從周身之物無不畢給耶抑縣鶉楊腹望屋而趨者耶倘用無不給固宜深居簡出無求於世若猶作窶子狀胡不自治也其來也果疇昔道義交耶抑綠蘿之好耶不爾則當有一面雅若生平未嘗有一面而間關千里授以神奇之事則所謂明月之珠無因而至前不能不令人按劍也

與郭桐岡　王廷陳

廷陳謹啟桐岡先生僕於左右輒有所薦幸君侯聽之客有居門下者施生雨泗上人也能琴琴能自合材質由膠漆巖

軫以上不一假他手古今人所爲曲操彼誦之曰是可絃輒譜而被之五音不爽能書書兼眞行草八分又能漢楷能篆刻能雜畫數者雖未臻妙善然其品不下矣能與謳謳能爲疾聲爲慢聲其疾也則激烈悲壯若劍客互擊瞋目而語難忽然爲慢則闡緩婉媚如孳媵病姬隱呻澁訴欲盡而不能予每傾耳而聽之未嘗不怪其宮徵之暗移歡戚之驟遽也其最奇者則於方寸之楮作小楷數千點畫不淆體裁各具於粒麻之上宛轉書之成五言詩一絶即有炯眸非極覩專瞪數拭屢翕皙而後張不可得其髣髴誠文囿之絶伎生平之未覩也僕見古昔丸奕庖削之流皆得專精於記籍丞贊於聞人此君子下逮之仁曲成之誼也況生所能乃儒術之支裔學士之旁暢乎即其人跌宕負氣澹泊寡營羈控莫施疎逸近達雖無典學之積而妙性資之合雖在韋素之賤而蘊紳佩之器雖被泥滓之跡而厲振刷之操雖寡儋石之儲而絶慍怨之色至於負俗之謗時時有之人不以病生生亦自謂不病也然則僕之禮之獨以其能哉僕於暇日於後二藝面令爲之知其非妄茲不敢蔽乃以所爲敬致記室一以明慧匠之未乏一以證吾言之不虛我侯多材藝而好奇其於此子必有鑒賞矣

詒銓部諸老書　樊維城

職父當戊戌之春深計社稷靈長之慶不惜碎首隕命冒觸天威幸遇聖明寬仁放之嶺表此其忠鯁獨至誰人不知抑其辛苦備嘗誰人不憫且前後謫戍有因詿誤者有因礦稅者至於國本惟職父一人詔書云云定有以應此一款職思爲父孤忠吐氣靜俟休命無何亦蒙吏部列名奏請然所列者止姓名耳今八閱月矣職父既不言祿祿亦弗及豈諸老先生竟忘之耶夫以勞勣則職父剖臟以爭國本其疏具在似不可忘以困阨則職父白首瘴鄉流離廿載似不忍忘以恩澤則明詔特爲職父更宏一綱似不當忘況諸老先生舉親舉讐乃千古之遺直而職父一起一廢關盛世之典章此

寧可漫以意行止者職海隅小吏初釋父書安知銓除大政忠而見錮必有其端獨自去秋引領望恩至於今日時接邸報凡註誤觸犯諸臣咸蒙推授即未及者亦有一二疏中稱其才望何於職父寂爾無聞深可駭嘆假令職父向以他事去官不由貪酷亦得際逢覃恩閑居冠帶此朝廷禮士之仁縉紳自重之體也何況職父所言者國本所爲者君父以正直忠厚如諸老先生豈以重縉紳而輕君父耶盍試權之職父之宜急推者從來之國典也其欲緩推者近日之銓事也其不容不授者萬世之公論也其竟不肯授者一時之私議也國典銓事一屈一伸孰大孰小職父盡忠原非有榮華之

冀然瘴癘風霜艱難險阻幸得再見天日職爲人子忝竊章綬縱未敢妄冀殊恩豈忍令不返初服乎職父年雖七旬筋力尚壯況意氣銷靡二十餘年精神歷練不復激烈能爲國家持大體豈遂無益時事而虛縻爵祿者即職父恥邀後福絕鄉朝媒亦不肯以進退未明之身受職馳典職不自揣奉職無狀敢以上請職父向爲臺官不敢望登卿寺班於前者起用諸臣惟與職所引例亦應得復父職不煩銓曹設處但祈實授一銜則於錄舊之典既全而於權時之誼亦無礙矣

國朝

與熊次侯書　劉子壯

昨座上所言夜來思之過却此時別無機會盍撫臺所題楚省兵餉每歲十七萬有奇而民間止供十一萬有奇其在餉兵者分文不可減而取之民間者則有荒熟之異地水旱之異天完欠之異人催科撫字之異官在十一萬尚有三分之一不能全徵是楚省之餉欠至十餘萬矣即使能完亦欠六七萬無措處以此入告將望發帑金乎抑望各省協濟乎今內帑告匱是上無可發而江西之餉責之江南大河南北荒蕪遍地自支不能尚能及他乎計惟有清兵一着汰其冗者則兵不擾而餉無煩再增也近如儆鄉民間極苦屯兵婦子不得寧而雞犬無遺種其望兵之去不啻望歲矣爲司農計

上之則盡徹以爲征湖南入廣西之用次之亦宜少減老弱無用以節損浮糜之費如謂地方纔定未宜輕議則儆府止留三五百精卒自足以彈壓飛揚蘄州有道臺亦可不設兵爲守況前歲之亂全由蘄鎮兵丁凌辱士民蠹食紳富以致激成變亂是有兵更以生亂亦非能靖亂也度此時楚省之困已極新有助修城工之旨則民間無可廣額藩司無處設處不如去無益之兵以損有用之食上不至於憂乏而下不至於重困也敢祈老年兄親詣大司農一商此事以惠困窮以拯軍國不勝幸甚今早期於衙門言之會年兄未來又恐一二日即司農覆奏遲不及事矣故不避倉卒草此奉聞

與曹木欣先生書　汪琬

琬聞昔者孔子之以道自任也蓋當衰周之時王者之迹既熄學校大壞太師瞽矇之官雖設而不能教士詩書六藝之籍柷敔鐘鼓琴瑟干羽之具雖存而士亦不能自淑於是孔子起於布衣日夜與其徒講求先王之文推明堯舜以來天人性命之旨以相授受而其徒亦翕然從之然後其道大明當是之時所號爲高第弟子者則有顏閔游夏之屬士大夫之交遊往還者則有晏平仲蘧伯玉左邱明之屬然邱明親受經於孔子及其爲傳猶不免傷教害義豔富而誣之失以致紛紜詆訶者訖數百年而終未有定則邱明之於道也齟

齬不合者多矣而孔子顧有取焉子游之以文學友教也不及一傳再傳荀卿氏則已指斥其流敝以爲婾儒憚事無廉恥而嗜飲食者矣蓋考其所得不過得道之器數止爾非有與於性命精微也而孔子登諸四科之列何也琬於是深歎後之儒者其持論太高其責備太無已而孔子之教育人才如是乎其不可及也使孔子必舉其道以律人則子游氏固可謂之賤儒而左氏之議論文采亦必以聞人受戮矣此豈學者之所望哉琬嘗辟之今夫匠石之操斧斤以入山林也伐其小者爲楹爲棁爲狙猨之杙其大者爲棟梁爲貴人富商之樿傍蓋自拱把已上三圍四圍七圍八圍無不取也亦無不用也惟其取之之術博而用之之途寬故凡天之所生山川之所蓄荆棘茨刺之所叢翳一遇匠石吾未嘗見有棄材焉使教育人才而得若孔子殆亦學者之良匠師矣今先生從事聖人之道致知而力行有年如此學者苟不自放棄孰不褰裳攝裾疾趨先生之門哉顧琬少無鄉曲之譽壯而備官於朝又無王公大人之援引默默退守自度無可表見望先生之門而趦趄畏縮者屢矣不虞先生欲與之相見又欲一觀其所爲雜文蓋真有意於孔子之教育人才者故敢以其說進伏惟始終造就之幸甚

上徐藩憲修志事宜書　王道明

通志之修莫難於人物藝文人物尤難於藝文人物中之忠孝節義更難於鄉賢名宦楚自南華著於漆園雜騷作於三閭策論表賦傳記詩歌代有作者然去春華取秋實期於羽翼經傳黼黻皇猷而已其繁文豔曲無補於治無當於道者芟而去之可也鄉賢爲衆論所歸名宦有政績足據理學名儒非其人不傳蓋必實行有徵而後舉之口又幾經詳核而後筆之書或有實而不傳傳而不實者鮮矣惟此忠孝節義或生當鼎革之際或託跡微賤之中或其人已死而子孫並無遺類或其事已佚而父老無所傳聞或身以隱而自晦其迹或格於勢而莫闡其幽苟非索之極詳求之極切其剛腸

正氣盤鬱固結可以貫金石而昭日月者不免與荒煙蔓草同沒矣而勢力之家好名之士思誇張其祖先標榜其親故或非忠而飾爲忠非孝而飾爲孝非節義而飾爲節義刻傳刋銘連篇累牘公呈私託積案塡門幾於人盡夷齊毋皆歐柳不且玉石無分耶恭逢

皇上雍正二年特頒恩詔凡忠臣孝子烈女節婦一經舉報靡不立祠建坊勅碑題位其所以維持風俗振起人心者厚且至矣然桑門梱戸之内山陬海澨之遥力不能舉者有之舉而中格者有之他如東海無子令女無親木蘭遠戍貞别嫌微陶嬰早寡禮拒强暴者又豈少也耶而忠臣義士其宜聞而

不聞者大都類此執事以舘閣之鴻儒作江漢之西伯承兪開局纂修通志羽檄星馳搜求遺佚固將無美不採無幽不達矣而愚心切切恐奉行者文而不實舉報者私而不公也懇加檄屬郡嚴飭地方官其採訪也寧詳勿畧其申送也寧嚴勿濫果係忠義必臚列其素行果係節孝必條舉其實跡舉得其實褒以賞格舉失其實懲以罰規夫以執事一人之耳目欲周知夫八府其何能遍而分責之府則無不遍矣以一府之耳目欲周知夫各屬其何能實而分責之縣與學則無不實矣而縣更責之里正學更責之士子倣

皇上保舉例而行之務使幽無不達滯無不宣庶幾採者皆遍遍者皆實有以仰副

皇上之兪旨乎他如發凡起例比事屬辭則操觚者責也無所復贅矣

與萬南泉書　蔡新

舍弟都中來信知門長兄二月得郎眞大慶也有子萬事足無官一身輕吾兄今日兩得之矣聞四月内南旋未知何時到許闕爲面别特草數字以當促膝我輩平日過失叢滋稍不及檢即墜落萬丈坑塹但當時時動心忍性搜尋自已病痛力加振刷克治使身心中確有可據然後可以言命吾兄氣質剛勇學識深邃非弟鄙劣所能望萬一者獨迂愚處亦

頗同病回家以後更望一意涵養口不言出都之事素精易理即取屯坎蹇困剥復履謙等卦時加觀玩講求古人寡過之方而實體之至斯世斯民之故亦無時不往來於胸中此自是吾儒心性中事非關用舍也此際卓然有見方有站脚處若徒於盈虛消息禍福榮辱等事淡漠置之一達觀者能之非所望於賢者也弟拙疎如故悔吝愆尤日見其多受命以來刻刻悚惶數月之間心力俱瘁祇求自盡此外是非聽之輿論得失憑之氣數亦不以介意也伏冀細不便即覆息相示知交落落又復水流雲散然精神貫注亦無時不合併也八不談不覺縷縷餘不一

論

明

黄岡縣舊志論六十首　　　　茅瑞徵

黄之號始春秋矣厥後列辟代興宰割異制爲邾爲西陵爲南安爲巴州爲木蘭或郡或縣分割靡定迄隋而下始肇今名粤稽紀籍班班足據兹特原其世次綜其始終按圖而徵今古其目睫乎沿革論

周官九州封域皆有分星以誓妖祥保章氏掌之其後若裨竈梓慎甘石之流辨分星所至往往奇中余非史氏惡知星躔讀天官書翼軫爲荆州夫全荆寥濶數千里僅應一二宿

彈丸黄邑其分幾何又觀晉天文志云江夏入翼十二度邑故隸焉將無同之與然其詳不可得言矣姑述所聞以俟明哲星野論

黄規土遼濶窮鄉去治百里而遥介諸險阻恒不若於法抑所謂鞭之長不及馬腹廣輪綺分而沃瘠誼淫入疆可徵有專土矣甌脱之爭何日蔑有以壤錯得跳而越焉幅隕實當孔道舟車如織則吾未驗所息肩也疆域論

邑介淮楚池江漢而塹之實荆蜀門户余上下境宇覩古戰守營壘若臨皐崢嶸烏林邏堡等處依希在目未嘗不喟然拊膺焉異時紅巾嘯聚傾市遷蜀事定授廛多江以西入此前車也西北岐亭盜賊雲擾嘉靖間督捕通判羅瑞登創立公署伐石甃城尋以羡家畈邑黄安而岐亭之備遂撤然其地錯壤黄麻至今稱萑苻藪三江口扼東上游尤督亢地昔蜀漢拒魏必伸好江東以藉長江之險金人渡淮岳飛乞親至蘄黄議攻守高皇於此首殪僞漢成萬世業皆地利使然頃設江防專督武黄與洞庭分勢控制而三江守備以戊巳游兵首尾策應庶幾石畫然猶朽艫鈍卒擁空名耳倉廪實而武備修其斯爲奥區神皐云形勝論

山若水地所爲理也黄故澤國又映帶岡巒自天馬山奔騰而來大崎小崎皆寵嵸秀削而住息於聚寶山蜿蜒數折實

爲郡邑頭顱形家謂蘆花三臬云前則武昌西山近爲几案青蒼百疊爲屏爲幛水從鄂渚滙洞庭江漢之流環抱而下彭蠡澒洞洄汨足稱勝美矣第山爲東擁運肘偏薄往代爲遷客之居國朝天運昌熾夾洲突起而城西赤壁磯民廬櫛比遥爲衛送形氣於焉完固在昔稱黄岡山靈川媚當生大賢爲國家慶瑞夫天地鍾孕亦自有時氣運推移衰以基盛黄猶芭蘗之地可不勉旃山水論

廂鎮鄉都周禮經野之義也古鄭有長都有師鄉遂有大夫以掌厥戒令以歲時登夫家衆寡而察媺惡與賢能今之制不必同然不易俗而脩治雖兹黄邑畫地辨方星羅鱗次商

授廛旅授館士食舊德農服先疇各得所矣邇年間諸道路物價騰貴庶民有嘆息聲而市肆爲甚此何以故有事茲土撫茲繁庶其何道以保厥寧宇使無有遠志吾願與當事者圖之 廂鎮論

自有邑來閱人成世所不與俱盡者顧其人足爲陵谷增色耳黃邑故四戰之國也遺壘纍纍俱存此委土師保與若乃披斷莽剔殘碣間多名賢勝蹟物是人非莫可覼縷如第窮要眇之觀即瓊臺瑶水何闗他時重輕是在瞻彼流風永言仰止庶幾神交其人庾道季云廉頗李牧千載上凛凛猶有生氣語雖不倫意極有會矣 古蹟論

余縱觀境內馬鬣封白楊蕭蕭所在各半湮沒一蘇氏乳母乃至今稱說不置儻云附驥千里者耶非也黃鮮月出游衣冠諸名賢有膺制褒寵間爲當道尊顯得書故僅寥落如是鬱葱佳氣千秋生脉在焉亦既榮施矣不然俗多諛墓墓木之拱可既乎 陵墓論

四時異候五土異宜剛柔異禀風之爲也若浸若淫孰鼓孰舞漸以成俗莫知其由江南之橘濟北之狐豈緊殊性封域則然今邑衣冠萃止詩書起家致位尊顯甚衆乃頃或閒廛當事者憂士謁材而民骫法覼皇民之敦有間矣人亦有言風行於上俗易於下余與邑父老子弟均有責焉 風俗論

物有無多寡相觭美惡貴賤相敵無論農與末競而農與農亦競善哉計然謂知鬬則修備時用則知物故蠡用其術越霸而家三致千金也黃邑介藪澤民刀耕火耨有魚稻之利俯拾仰取嘻嘻自足至老死不去其鄉然實無他珍產如禹貢羽毛齒革皆非黃有今撮其可記者述於篇 物產論以上輿地志

堅壘深池耶以固吾圉也黃於楚稱巖邑乃兵恬以熙久矣城復于隍識者慮焉即一旦授兵登陴噬臍有及乎夫黃殆非無事之國也抑不腆實託居此以保其聚奈何哉不慎固封守而瞑焉同處堂之燕雀長江天險悶虜且共之矣 城池論

國家設官疆理各有寧居不惟逸豫葢堂廉攸辨矣黃邑舍苫湫隘獨庭有雙柏森森欲摩天其他署按往牒就圮者半甚且蕩爲魁陵喻圉相彼小人皆有闔廬以庇風雨况民上哉余間以餘力爲綴葺守茲勿壞在官茲土者幸無以蘧廬視也 公署論

余始入黃謁文廟鞠爲圃蔬問故事業請當道動公帑百金迄無完績不敢理前請捐貲葺之黃固楚材藪也頃縫掖之士挾冊而哦以萬計三歲一售得補弟子員僅數人葢游士鱻屯矣及侂一日之得終其身不復虞再試然則奈何曰廣歲進之額而數課之以時奬其逸羣者而斥其敗羣者則黃士且彬彬矣 學校論

祭祀馭神首先八則洵巨典哉素王之宮萬世爲士駿奔走恐後矣四封以内社稷是崇犧牲玉帛其敢有愛他所祠宇多古名賢偉節功德孔昭流芳不朽瞻厥廟貌庶幾景仰之思焉非是族也不在祀典卽煌煌佚臘吾寧置之 秩祀論

積貯生人之大命也周制縣都有委積以待施惠自平糴之法始於李悝漢常平宋義倉意率倣此今黄邑倉厫畢具儻歲祲不常水旱時有此嗷嗷待哺者其何道賑之千日之積以佐一日之需道莫如勸施如所稱宣任氏給事公家而後高會粤有人焉若第仰給縣官而已贖鍰有盡度非天降地出其濟幾何 倉厫論

周禮族閭比黨之法亦何其防民之周也夫業巳相受相和親有罪奇衺則相及俗安得不善良民安得有姦宄黄邑負山帶江前此溪峒萑葦聚嘯成羣余受事竊凜凜焉亦旣不啻五申矣惟爾邑長老子弟尚克相余使無卽慝若乃教化不明猶是武斷鄉曲以愚其民則讀法其爲戎首矣 鄉保論

邑稱舟車孔道紳冕旌節賁來相接皇華原隰置郵如綫如使毀垣而行無安卽次無乃委罪主者乎第前此郵舍久圮禾黍離離入境幾不識斥堠余竊按籍監坊大書某舖某里遠近始瞭然可辨其他祖帳供給業經全書減損巳甚若惟是飭厨傳稱使者意余且逡巡未能矣 郵舍論

辰角見而除道天根見而成梁自昔重之故武侯治蜀卽國事倥傯之秋道路橋梁靡不修繕此其吏治精密矣邑故多山峪溪澗一值霪雨兩岸瀰蕩不辨牛馬行旅頓足可勝悼哉茲寻於關梁津渡謹誌之俾無就頽毀而民不病涉以從孟氏之義 關梁論

余讀太史公河渠書悉水利害神禹盡力溝洫備旱潦今築堤壅流抑豈其遺意與烝雲泄雨荷鍤是資興廢之原以揆史白井泉稀少虛口江流疏勒可爲鑒矣維馬與蟻吾將從問智焉 水利論

觀於楯檝而知朝廷激勸之意至渥也夫士崛起巖穴致身

通顯卽得勒名貞石表表都邑閭其他閭里婦子節行茂著亦且棠顯旌垂不朽士習民風何能不爭自奮乎黄邑楯檝甚具爾來半頽圮載在舊乘猶可考記國瞻喬木家續箕裘是有望後人云 棹楔論

亭臺池閣寧直恣遊覽巳哉葢揆天度察祲祥望雲物往往以之邑百里内率多名賢遺躅惟芳韻猶存山河代變俛仰之間輒爲陳跡令人徘徊思慕無巳時若徒侈陽雲之賦詠泣新亭之風景無裨勝具吾無取焉 亭榭論

金宮貝闕以嚴老釋名山勝域以處髡緇獨黄邑乎哉俗之浸淫至以爲祈福資若恣游戲於三昧士大夫且然況下愚

乎余素不墮此窠臼遇高坐深公輩當復以禮法士相目旨哉陳仲醇氏有云佛氏一教乃天地間大養濟院斯言竊謂得之今所志寺觀自巳見郡乘外不以汙簡册推波助瀾則吾豈敢 寺觀論 以上建置志

周禮大司徒掌人民之數詔王安擾邦國而鄉師遂人以歲時校夫家之衆寡登而籍焉國朝制歷十歲一閱其民以口自籍蓋亦猶周之遺意與今考洪武中甫脫戰爭宜戶口消耗愿孝以來承平日久民日以蕃息而戶更減豈有他繆巧勢之也高帝立册府皇都之後湖湖水四環夜不舉燭慮豈不淵哉 戶口論

土色右黄黄以土名邑壤豈其上耶今進三老問民所疾苦兼土風所稱說團風陽邏堡西北百里而遥田多間曠有十畝價僅數金者還和永寧之間頗號沃饒俗言東鄉石可發數十金何懸絕也異時清丈所得幾倍前額坍長陞摞里胥乘之欺隱每坐堂皇徵會簿書慮無不舌敝耳聾欲爽然失矣 土田論

書稱則壤成賦黄不宜桑而税絹額以千計往返荆岳不乃滋吾民重費與往余嘗議附織當事業難之頃直指以逋省改折請尋復中格曰是成例無動爾將例豈天定耶必不得免則近議增費官織猶爲甦息焉若南絹數幾何而解役稱累已無算通融酌處以全吾民余未之能行也 夏稅論

國家都南北而江南粟分餉焉漕徵速而運遲南運速而徵遲胥猾因緣轉多逋負余頃議併徵庶救狂瀾萬一云天潢租稅將茲仰給不腆之邑間於荆楚以奉湯沐不贍策安出哉他邑改抵稱貸黙婁者乎府倉浮額濫觴滋甚若乃貳糧水脚諸費不衡新議而聽無名之徵雖廉虎飽民間有重困耳 秋糧論

黄陋邑也羽毛齒革其波及皆他壤之餘杼柚其空餅罍既竭以供君之外府往猶冀於寬政自左藏告乏而催科日急四司料價並入考成徵億唯恐後時反裘負芻惜乎無以其

說爲吾君告者與 額派論

邑原定食鹽鈔七萬六千六百六十八貫今改折者爲令國家詔祿米鈔兼支員有常額矣考闔邑官吏例支各湖課鈔近乃從周諸庫得之自茲邑無乘事之無稱又寧獨於此 鹽鈔論

余覈糧册至驛傳勞加亂棘矣齊安郡驛也而仰給敝賦十居其八李坪陽邏且虛口外屬幾何不秦越視李坪之困自西邑永充之議舉也往報殷實不堪命始議加編而應募益寡宿猾盤據其間歲盜閑門要挾爲常耳陽邏改編起近歲守人實不堪而謂我已乎加夫加馬迄無常額夫皆有幸心

矣行旅之往來無淫於異日其可也此誰非民力而浚之哉驛傳論

煩役非古也熙寧中差役雇役紛如聚訟然苟民所便是爲令豈顧問哉余嘗南涉鄂渚北達燕道光息間矣又邑水旱皆有車轍馬跡焉見翟鄄踐更事不可缺黄固蕞爾邑一切澤宮關梁倉社輿隸之屬動損數十百緡故無宗人大藩之仰給與萑苻之警而民困已甚古者役民歲不過三日若竭髓府怨難令矣均徭論

蓋治邑如家然米鹽淩雜思一之不共給敢憚煩乎衙附之區動輒取辦無米索炊巧婦不能乃吾民亦既殫其廬之入

竭其地之出矣悉索敝賦車殆馬煩無若協濟之晝餅何往府學並本縣子弟故邑賦兼給焉今他邑每試輒爭額而賦籍自若此詩人疾首於西揭也里甲論

邑自正賦外所輸上方畧有數等山澤所出幾無遺算矣頃徵商之令日益而爭利箴耒黄市人無賴子弟率攘臂其間賈舶爲之氣盡實藉諸當事者苦心調停勉副常額猶冀社稷有靈及是時弛一切無藝之征與民休息惟此黄人庶乎其以寧也湖稞商税等論

以上田賦志

周制千里百縣有縣正以掌其政令縣大而鄙小上大夫受之春秋時縣邑之長晉曰大夫魯衛曰宰楚謂之尹漢制宰因秦凡縣萬戶以上爲令唐有赤畿未有望緊皆以戶口爲差元置達魯花赤一人丞簿尉及學校官則就地因時更置增革我國家縣有令庠有師而又分以佐領轄以員屬規模視前代宏遠矣官制論

秩官志矣下及椽史諸曹得附載蓋掌簿書任奔走亦此輩是賴惡得曰卑之無足稱數乎論制祿而必及庶人在官吾聞之于輿氏吏役論

逵余勒邑令題名記多從郡志頗殘缺頃乃從諸黄髮緩頰兼剔蘚斷碣中庚得若而人丞倅以下益無徵矣文學博士至武廟後始詳黄故文獻邑何脱畧乃爾今特攟所已聞合

而表之銓其世序系其邑里於義無所臧否史法也其灼然聲施足光簡册者别有傳縣官論

原夫一命莫非王臣斗食均爲祿仕往籍漫漶靡得而譜耳目所逮特並次之雜職論

張令以名顯於宋若碩果然草昧之初撫循修葺非徐公不爲功哉胡簡位列華秩至今藉藉所謂登高而招者乎虞孫而下後先越數十年諸耆耇猶能誦説之若趙少宰涂中丞曹憲使徐武庫皆余所及知率稟稟德讓君子矣名宦論

張丞之傳賴兄友虞尉敦倫啟賢聲施至今尚儒淡泊受職亦人情所難若遇春事更奇余特爲搜而出之夫二百年間

佐倅茲土者未易更僕迺所傳指不可多屈豈他片言隻行無可稱述抑以卑秩脫畧耶考古傳記率以丞尉傳顯一命而上咸足自見又豈異人任也余特書此以廣後之君子名宦丞尉論

庠序之地教化攸興煌煌多士身為型範安在其投間置散漫無短長之效乎今所載諸君子大都質有其文無曠厥職有足稱者楊參知居學署不能具饔飧又所謂士非困阨惡能奮者耶若曰一席寒氊而弁髦視之則有諸君子左証在學官論以上官師志

王制選俊造進論定任官而比閭族黨事舉言揚彬彬如也

爾時辟士得者一適再適三適有賞不者六罰及之於戲罬矣洪武初尚沿古制有孝弟力田有經明行脩有茂才異等有文學才行出衆有秀才儒士人才童子諸科烝我髦士迺章迺詳宣成以後茲制寖微即屢詔遵行竟爾格閣豈黌序為羅列無遺鱗逸羽而巖棲谷飲者盡傖父面目無足辱元纁耶此亦可以槩今古云薦辟論

自有進士科士之得雋與世之夷艷士者若祥麟威鳳然以余覩邑中後先數十公往往用經術起家蔚為時棟惟言惟庸故自一道矣鄉舉翩翩各萃一時之勝杞梓皮革恒甲他邑獨貢以滌倒例得官少年至以相訾謷乃比部君而下其人類有以自豎三塗遞程何沒沒也相馬失之肥夫士竟可皮相哉科貢論

國家席治安久人人緩帶誦先王稱古昔見有以韜鈐顯轍相與揶揄之曰惡用是老兵若爾則管子所云拳勇股肱之士與漢制勇猛謀畧堪將帥皆非耶即一旦有緩急縣官其有賴焉黃邑饒耕鑿秀士樂治博士家言二百年間得占名武科者僅數輩然又起自近代其人率敦說詩書有儒風未可以介胄唾棄矣武選論

古優臣之典亡踰周矣然異時勞人之賦曰不遑將父瞿然有內顧之憂焉今表中所次諸貤君豈非以子哉閭里譽命

若身有之即其子靡盬王事何慮之與有邑稱任子者四王謝位躋華冑澤衍冑嗣所謂仕者世祿乎康矣之先以死犯難並得錄其遺孤斯勸忠獨至云貤封廕襲論

景廟時邊圉孔棘始令天下人士得納粟馬為國子生後代華代仍然終不可復易夫士坐困鄉庠迺托足成均覬有鴻漸之望是其錚錚者若由是貲名假道徒丐餘寵以自顯庸似不足以辱邑乘然卜式東海鄙人後為御史大夫有聲於漢馬卿倦游成都以詩賦顯夫非輸粟為貲郎者耶士亦各自致耳豈必起家賢科然後聲施後世哉例貢表以上選舉志

德升抗言直節不為世撓翩翩中葉賢相也明太祖綜覈吏

治黃邑三家宰象賢迭起俱能以經術結主知猗與盛矣若張京兆之端亮謝中丞之樂易廖太史楚紀並稱之賈啟之而下三君子敭歷中外所在著聲致身台偶宜哉大臣論

廖德慶豪邁自喜遇眞主委身靡二以功封侯雖材武亦致明哲哉西歸時上所佩將軍印綬庶幾郭汾陽韓蘄王風迨其卒也竟未免高鳥良弓之慨寻黯然悲之黃榮勳烈不甚張顯然修輯懷徠有功梓里其名蹟可覩矣勳臣論

余稽郡志及楚志云王思旻起家薦辟或曰掾曹也夫一刀筆吏內廉行修疏陳民利害十餘上必得請後已嗚呼難矣奕世載德蟬冕不絕有以哉樊元之兩爲令纂海忠介爲人

一時治行千里誦義無窮而卒無後以死是又安可知耶宦蹟論

吳左丞圖興復不克而死立意較然不欺其志廖武閔草昧識主建功竹帛一朝失利握節就囚彼誠欲有所用其未足非苟而已也汝寅敢任事與化之難躬蹈白刃蹇蹇之節誰曰不然良臣一尉身殞而錄典及之斯國家之待死事至渥矣義烈論

黃邑山水渾樸風氣積聚士起家賢良文學砥節礪名斯經術輔翼固然若廼里巷匹夫懷獨行君子之德恂恂孝友重然諾取予周人之困不矜其能此豈非世所謂賢豪長者間耶傳曰不言而躬行覩茲益信篤行論

邠老稱詩蘇黃間貧而益工豈詩故善貧耶斯舉而下著述不多見余獨怪以稚欽才小貶其氣爲所欲爲何不得而卒放置卬壑以死抑所謂不窮愁亦不能著書者乎萬寧州詩散見他集庶幾一臠呂丹稜雅有彭澤風其孫元音從余游頗能道之伯固世其家聲殊有鳳毛竟殀折不長惜哉文苑論

余觀仁與靈未嘗不歎周澤之遠也黃祀多他族兩人春秋伏臘缺焉何哉韓忠獻微時卒業招提茲邑乃其發軔子瞻而下卒多遷客流人牢騷坎壈江上借色又令人千載暢滌矣僑寓論

余迸登崎山望雲樹滄茫意其中有巢許窟穴不可測識洎兆上燕薊道經孔子河士人指問津故處未嘗不徘徊太息焉山靈不朽泉石宜人衡門考槃之士繼踵不絕有以也隱逸論

文王化行江漢雖游女皆有靜德焉黃豈其遺地耶以余所睹記諸貞淑非有圖史箴規率彼天性矯然厲志秋霜勁烈丈夫何以過他如張氏女不作商人婦以死抑又難矣古諺曰郁烈之芳出於委灰繁會之音生於絕絃其是之謂也列女論以上人物志

詩自江漢肇端而其變爲騷爲賦實擅響於楚黃無聞焉是

何風之不競也子瞻以蜀江之派大開堂奧而季常邠老輩賡相唱酬一時風雅可念維是鍫弧先登詩則牧之文則元之黃庶幾不爲陋邦矣方王師東下而陶守徐令並以雅什張楚可不謂兼材哉雕龍繡虎爲勝泥下潸蛙余茲按諸家集折衷之分途競爽要不詭大雅觸目琳瑯直刼車而載耳藝文論

古人愁苦著書不以膴仕易身後名誠然乃懸書咸陽者字直百金而親見楊子雲自非侯芭孰知其書必傳於世盱衡今古亟索解人不可得耳野史方書茍無災木君子將有取焉書籍論以上藝文志

洪範庶徵言天人最著乃京房翼奉輩牽合傅會儒者病其拘而不知變休咎事應當如皋羽報耶精祲相盪是誠在我唯月唯日之義何不聞耶黃於縣寓雖如黑子著面故老所古水旱雲物不得缺書韓太傅有言今災異可畏乃在人妖茲爲賭原者乎災祥論

汝穎蘄黃之間夙多盜長江上下舟出没若馬然西北步騎短兵弗格也邑又介浠川義水古亭山谷易嘯聚歲間祲民遁從潢池三尋之矛若鄧林矣頃承平久桴鼓不驚𦶜葦附注諸君子席先世餘蔭干城豈有賴焉黃實古戰場桑土綢繆計安出所望於審敵者兵變論

二氏詭於正乃長生久視之術或冀得甘心焉開士晚多逃禪自喜近儒冠而緇衣愈詭秘矣華山白骨如莽志大宇宙昔人所訾然劉更生多識嘗傳列僊西方聖人其教雅擅超悟是未可概以幻妄遺之也仙釋論

學者習分九流智窮五技精之不可以二也如此夫倉扁誰傳顧陸誰繼多歧忘羊病同今古至仲文以刀筆之流傾動人主唾手卿相記稱文成五利豈足道哉子姑鄙術藉以階寵又在闒茸下矣方伎論

蟬不知雪蟲不知冰爰居不知鐘鼓語寡聞者之茫如也六合之大何所不有世人少所見多所怪縱言而及邑中故實

鮮所通曉何論其他茲寻於耳目所識並收而次之旁及稗官野史以備說乘摭聞論以上雜志

國朝

論往事　朱日濬

天生人才固無所不用然用之於常雖庸夫亦有一得用之於變在賢者不免失措按長水日抄云通州距京城之南四十餘里城中積糧數百萬石英宗己巳之變北方兵起諜報欲據通州倉糧朝議先焚倉廪會周文襄公忱至京師都御史陳僖敏公鎰問計於周周曰若如此是敵未至而棄軍實非計也盍若檄示在京官軍旗校預支一歲之糧各令自支

則糧歸京師又免輦運之費不數日賊至通州無所獲而去濬謂文襄此計自是正當道理初不難知但倉卒之間無由遽見及此耳故曰居常貴經遠之畧御難重應變之才昔流賊張獻忠將破黄州府北城外即蘇東坡赤壁也中有高樓三層廹近於城衆議恐賊據以窺城遂焚之樓之下有大石碑十二列於兩旁皆擘窠大字係東坡親書赤壁二賦遒麗勁秀昔人所謂上下五百年縱横一萬里罕有儔匹者俱付之一炬之中濬當時年方十餘固建言若焚樓先移碑碑不及遷當折樓以全碑當時司牧及鄉先生於卒然之頃無暇熟計且不留情國寶置之罔聞遂使千年勝蹟蕩爲灰烟嗚

呼惜哉

葬論上

呂德芝 時素

葬者藏也所以愛其親也人不能無死至愛如父母及其死也不能久留於其家故葬有定期人有長物藏以善地況父母之身乎故葬地必卜卜也者愛其親之至也人之目不能及泉壤恐土薄水淺葬者或速朽焉人子之心弗忍也卜吉矣深掩而堅築之時時而展視之人子之事畢矣然而骨肉斃於下陰爲野土未有不朽者也而孝子之心以爲不朽斯不朽矣何嘗有某山某水宜子孫某干某支宜富貴之説乎自聖道不明人欲横流陰陽之説又從而蠱之不肖者乃挾父母之骨以爲奇貨淹閣暴露養術士數十年以謀之大者望卿相次者科目下者温飽畢人生之道德學問一無所用而惟待命於地靈即盜跖而得善地其子孫亦必昌熾焉士大夫又從而緣飾之傅會之遂將人子愛親之心一切出於私利而牢不可破夫五經四子之書聖人之爲後世計者至深遠也屬在教孝者益諄諄焉至於葬不過曰卜其宅兆而安厝之葬之以禮與無使土親膚數語耳孔子爲中牟宰教民以五寸之棺七寸之槨依山爲墳不封不樹曾子問喪禮詳且盡矣未嘗及於擇地使果有堪輿之説何難明示一言教人子以審慎而反刻爲定期久即罪其暴露哉晦菴朱子

大賢也誣之以五遷其母夫防墓之崩孔子泫然曰古不修墓咎其始之未慎也朱子當此大事不慎於始已非矣乃至五遷何不愛親之甚耶市俗不足道薦紳先生以爲美談抑又何耶漢陽王孫贏葬以速化張奂幅巾措床櫬殮即掩以土盧植亦命土穴掩埋不用棺槨趙咨遺令時服素冠藉黄壤以速朽固曰賢知之過而要皆不惑於葬師者河南呉祐葬其親於不封之地術者謂法將滅族祐不之動宋司馬温公葬其先人以已意擇便利者行之不用葬法呂東萊買荒山四十步哀兩世之喪以昭穆法厝不計支干向背然呉祐四世爲司空温公兄弟爲列卿至宰相呂氏名賢代出文獻

中原是遵何道哉或曰如子之言當如何而葬曰如孔子之言葬之以禮耳禮何如曰貴賤視其職有無視其家五月三月踰月視其等祔祖而依其昭穆者善也無可祔惟擇山之南向而後日不爲城郭道路田畝者掘之五尺而視土之燥濕燥可用矣加之卜筮以致慎焉有財者爲灰隔瀝青之制以盡人子不欲速朽之心否則縣棺而封仁人君子當不以薄其親而非之也是之謂禮曰若然葬書不可廢乎曰其當廢也久矣温公嘗疏請焚之其言不用安望於今其亦存吾之說以俟後之知道君子耳

葬論中

呂德芝

或曰子既非堪輿之說矣但易曰俯以察於地理公劉之詩曰于胥斯原瞻溥原陟南岡楚邱之詩曰揆之以日景山與京周書曰我卜澗水東瀍水西惟洛食又何以稱焉曰是皆謂民事與國都非葬法也剛柔燥濕五方之土不一其生民種藝亦異聖人察之教以稼穡而定其貢賦故土田之沃瘠耕穫之早暮風俗之奢儉人民之强弱無一不知而酌其政治使安其職業此民生之事也豈支干向背之說乎至立邦建都相陰陽而觀流泉則國制也向明而治九重尊焉左祖右社前朝後市以臨民而聽政故必土圭以考景城郭以設險堂楹廨宇以置官司闤闠閭閻以處百姓於以長久生聚蓋卜以定之而後遂人匠人各奏其技詩曰爰始爰謀爰契我龜者是也然亦僅曰築室于茲耳豈謂葬乎至於葬則有其法矣周禮大宗伯之職其屬有冢人掌公墓之地辨貴賤定廣狹圖以限之先王葬居中子孫以昭穆爲左右諸侯卿大夫士以遞而降罔敢踰焉又有墓大夫掌凡邦葬之地域爲之圖令國族葬各從其親而亦以昭穆爲左右然皆就郭外寛閑之地各爲塋域毋祔於父穆面其昭無所爲龍穴沙水之法也蓋先王之於民也生則教之樹畜導其妻子以盡愛養死則定其宅兆聯其戚屬以永孝思故宋儒謂周禮爲天理爛熟之書此類是也秦漢以來古制雖湮邪說未盛郎

奉尋郝孟之徒精於陰陽而仍無一言及埋葬至晉郭璞以方外之學著葬經二十篇其說始堅而後世傅會增益之者一曰宗廟之法主於星卦宋王伋行其說始於閩中流於江浙一曰江西之法主於形勢以爲龍穴沙水始於贛人楊筠松曾文辿賴大有而盛行於天下至謂其術可以奪神功回天命致功於人力之所不及以致人子之於父母生則利其身爲怙恃之資死猶挾其骨爲富貴之具儼然商賈之畜奇貨焉士大夫又援地理之說以文之謬戾背道不求於心其爲說也白晝嘷囈生人鬼語不可以欺牧豎而搢紳信之若詔令焉以致離其祖域棄其禮祔破人之塚盜人之墳甚且

並巳親之骸暴露棄置焉而恬不爲怪唐太史呂才著葬經序以闢之其言有物而人不之信愚夫之難曉乃至此與聖道不明邪說恣作生民之禍至於死後而未有艾也有心世道者能不思所以挽之乎

議事以制政乃不迷論應制　萬年茂

臣謹案帝王之治天下以道其本道而行之則以制制者因時制宜以求合於道焉爾天下君臣父子夫婦昆弟朋友之倫親義序別信之理未嘗一日泯於人心聖人順民欲而爲之禮防民慝而爲之刑其禮與刑又視時之上下而斟酌焉

及其既定子孫守之數百年而莫之或改然臣觀聖人之制禮也恒詳其制刑也恒畧古之治民者飲食有經祭祀有時燕饗有節冠昏相見之儀一切皆有限制彼其養之以天安之以性使民油油然趨於爲善之路民之得過者亦寡矣其或過而郎於刑也然後有五聽八議三刺三宥三赦之法夫聖人之於刑其輕重非至難明也然必原父子之親立君臣之義同犯一科情有淺深臨事而詳議之以爲其事既著於禮矣出乎禮乃入乎律而小大之比使人得引禮而求其當者蓋亦例所自昉也夫未有律之先刑從禮出以禮爲制既有律之後刑從律定以律爲制制既定於律矣而古今之沿革時事之同異與人之情僞日滋或麗於法而律所不載者例實載之於是例始別於律而有以操禮制輕重之權禮之輕重一操於例則必能守例以通例之窮而求禮之意乃行之既久一事數例議事之人不能記覩也以其案委之吏胥吏胥因緣爲姦輒匿其案其賄者然後爲出例焉賄多更擇其善且輕者予焉既以欺嫚有司而有司之文巧者復利其然亦得意爲比照以快其恩怨而遂其自便之私苟其私之不便雖以法所當然亦將置之不行矣而所行者又必例之所有例或無之則曰情理雖協如名例何若以例居情理外者於是例又別於禮而並以其權操律之輕重夫例既以

權操律之輕重則以去禮益遠而例幾於不可勝窮宋臣蘇軾有曰人勝法則法爲虛器法勝人則人爲備位自今觀之宋之無法甚矣熙寧以來敕目滋多日以眩瞀而當時諸臣猶曰任法彼其例果可謂之法乎天下之弊至不可防也我之防弊者逐弊而生而人之弊又常出於所防之外故莫若審其端於禮而一其權於律禮者陽也律者陰也陰常居於冬以佐陽律常宰乎例以佐禮例不定則律輕律輕則人玩法人玩法則上下逼上下逼則無以成尊尊親親之化而教事無權然而議例者不知也譬之物然寘於堂矣又以爲宜於奥寘於牖矣又以爲宜於楹天之雨露不私一物聖人德

教不私一民卽令寘之而安亦無益於天下之大况其不安而以供吏胥之抵欺滋有司之抗弊焉政之迷也有自來矣且夫琴瑟而更張之必其不調之甚者也爲政而更化之必其不行之甚者也天下更化之事自有其大者遠者而豈在區區之間乎果能立綱紀興禮讓成教化使上下有序六親和睦則天下固已無事矣惟其不然故多其例以制之又不能深知天下之利弊而出以至忠之心愛國之實惟以疑事嘗試於上苟爲自媒而僥倖其一遇焉然則其議幸而不行耳行之或滋擾矣下或以爲具文矣久之或復故處矣夫當其言之已無要其必成之意其濟否不可知其當否未嘗問

又何怪弊之叢生而他人之更苛而議其後耶此所謂無制之大者也史稱蕭何爲政較若畫一曹參代之守而勿失夫高祖定天下興禮致治一切未遑不以此時講求三代之制以幾所謂復於古者術亦疎矣然而兢兢守法之意未嘗不可師焉何也古者秉禮以權律後世秉律以權禮禮經散軼若不主律則律奪於例而例益以繁故守律莫如定例也定例者必息紛息紛者必當理息紛而後能達當理而後能久達者行之以彊久者要之以信彊以信然後能通律之窮求禮之意而以合於王道之大全焉則天下其庶幾可得而理也與

黃岡風俗論

萬年茂

風俗地氣然也嘗與時移易時因風地成俗風行於上俗易於下亦有一成不易者唐魏之儉陋鄒魯之文學至今猶是也黃岡風俗所聞異辭然輕剽易怒史遷言之益江淮以南類然匪直黃岡矣岡俗始載隋志其言淳質儉約宋蘇氏則以爲厚善寡求不爭時之遠若合符焉抑其地有不易者也自明至中衰歲不登汙吏攫奪無撫綏術海內盜起於是邑莠民亦芽蘖數十年事勢流激豈俗使然與邑人王伯固据之乃謂五重庶安盜賊比肩民故刁悍不束於法而中和尤爲盜藪茅氏輯邑志遂因焉嘗考前明邑治北鄰麻城西鄰

黃陂其時黃安未設與豫之光羅諸邑接壤葢邑西北去三治遠而地當兩省之交稽覈互匿又崇山隘嶺深林密箐人跡所罕經爲逋逃藪逾而南則紅葢之左五雲之右山澤迂紆無間阻易出沒故時西北境多盜而當其衝庶安中和無寧日固其所也中和南濱大江盜水居者以湖爲宅船爲馬自洞庭至彭蠡一艕艋橈楫數十瞬而至陽邏葉家洲三江口又俱當其衝而陽邏處中和遠地水陸通汙易納嘉靖間黨捕誅之寘黃安治扼其吭而拊其背盜以寖息夫盜挾莠民爲窟誅莠安良也而罪累良不殆於以莠爲良者耶我朝教澤涵濡百年以來人登三古而務農勸學岡俗爲最記

曰修其教不易其俗齊其政不易其宜廣谷大川異制者因而利導之以返素樸俾無濟古處非昔無而今有也民之角忿也以不能忍輙訟既懼訊亦輙逋訟師走丐他邑請是者爲之士之刀筆無百一非扞法也往時見里中家百畝冬夏絮布無裘葛寸綺器用苦窳見衣冠則詫而走吏至股栗而故老猶言天崇間民宴具常舍肉宴已計片授荷而請遺焉藁脯飭可十筵有老死不窺城市者夫伯固去天崇數十年耳伯固云孝武之際戶殷實人重爲奸其間累年之近不謂俗之艮能如今日然以爲侈靡干禁多逋喜訟度善變不若是易易不若是其佹以亟此無辨而明者也物之積失有漸

其返正亦有機顧積輕易返積重難返適於塗者見歧焉不旋踵而復其機迅耳邑之莠民猶是也夫八吉堡鄂境也與陽邏界江其人業魚多盜雍正間請置官弁日再廵鱗集而稽之江行無夜警矣邑旁地士有黠習者常以其鄰爲邑詬厲數十年懲而馴之獄訟寖衰焉世固無難返之俗也况積輕者旋返已非一日乎抑志有之命氣相高無問士庶一言遻意譁而逞狂豈地所謂輕剽易怒者耶儉約時少異矣長民者務司其柄而謹持之而文儒彬彬受之和采猶是淳質厚善者夫下之遠罪久則其被上之風以化者愈深而教行易豈易俗而理之哉

有明一代用人行政得失論　朱兆斗

治天下有道親賢遠奸而已矣治天下有法興利除弊而已矣然二者必寬大爲體明斷爲用而後不至生疑防而流刻急以攜天下之心以僨天下之事此致治之原而得失之林也明太祖起自布衣奮然有安天下之志其未定天下也威名既著豪傑景從文如劉宋諸人武如徐常諸人得人盛矣其既定天下也一掃元之弊政詔天下立學修孔子廟設府部院司改行省爲布政使司考吏治定賦役修水利立兵制行政亦無弗當而且禁內官預外事焚錦衣衛刑具若逆知後世之弊而預防之論者嘗以方之漢高惠帝繼統仁孝性

成未展所爲諸臣靖難成祖逆取順守用夏原吉蹇義胡廣等後江撫民修書誅陳瑛磔紀綱天下稱快仁宗委任原吉楊榮黃淮楊士奇金幼孜權謹建閣舉賢詔求直言法司慎刑君臣同心美不勝舉宣宗復聽榮言親征高煦保全趙王欽文昭武功德俱隆英宗正統初三楊倚太后力得以請御經筵復聖賢後裔詔旌義民放教坊多人天下乂安于謙於景帝監國握樞柄商輅彭時入閣立團營減銀場課官錄顏孟子孫及宋儒後襲博士而反北狩之危固守爲安得以復辟天順八年中用一李賢而庶事咸理懷恩之抗直王恕之忠貞亦未嘗無補於憲宗也孝宗朝徐劉李謝四相同心而

有罷傳奉官織造監遣僧道設預備倉諸善政至此爲明一代盛衰之界武宗時非無人所可取者獨除孔氏田賦而已世宗以興獻王長子入繼大統在位四十餘年若更孔廟祀典加至聖先師號復常李鄧湯劉世職毀宮中佛殿皆由楊廷和毛紀費宏之賢穆宗獨得徐階力張居正當國尊主權覈名實不可謂非賢相卽繼用葉向高尤得匡救之力光宗一月而崩熹宗嗣立凡七載得楊漣左光斗移宮正位懷宗英明剛健自信卽入登大寶卽磔魏靳崔並誅客氏罷諸邊鎮守中官天下一快心其時諸臣若韓爌引用正人黃道周劉宗周非不蹇蹇諤諤而明祚卒移是亡明者懷宗而明之

所以亡非懷宗也書曰任賢勿貳去邪勿疑太祖旣禁內臣預外事敎錦衣衛刑具已自懲於誤相胡惟庸汪廣洋致釀逆謀功臣自湯和外得賜死爲幸無一日無過之人無幾時不變之法進人不擇賢否授職不量輕重椎埋闒茸朝捐刀鋸暮擁冠裳左棗筐篋右綰符組雖曰立賢無方安在爲悅恂九德之道也至若連坐起於秦法孥戮本於僞書乃爲善者妻子未必蒙榮有過者里胥已陷其罪人倫爲重給配婦女不又蕩無廉恥乎而況遣道士供事郊壇選僧侍諸王又遣中官使河州內外捶楚屬官甚於奴隸而輙反其初心何哉竊於是歎太祖之疑防爲已甚而刻急亦太深也以爲中

官無能爲逆嚴刑足以示威幾爲世世子孫之秘計而不知迄亡而不可制者已伏於此由是成祖命中官刺事而東廠置矣侯顯使外域而僧道聚矣宣宗始立內書堂而宦豎識字矣郭敬鎮大同而宦豎握兵矣當斯時也中官錦衣勢雖重威猶輕迫至英宗景帝監國復辟先後間而其毒滋甚王振掌司禮監假帝立威屨下大臣獄御史給事荷校者無虛日雖王驥于謙薛瑄不得免金英同法司錄囚無復死罪三覆之制置大同馬市復浙閩銀場逮工匠而廣僧道誰非中官致之景泰初雖夷王振族以錦衣官刺事已與中官等天順間復立王振祠封曹吉祥伯爵逮殺巡按者中官也誣害

袁彬者中官也憲宗朝張敏密養皇子譚吉授太子書未嘗非中官之賢而置西廠以汪直主東廠以尚銘更命中官傳旨授官此萬安所由媚事尹直所由取旨而得入閣也此方士李孜省得爲常丞道士鄧常恩得爲常卿以致加番僧封號干亂政事大作威福也幸值孝宗司禮懷安逮諸奸慝中官之權稍黜而更引用正人多所信任獨惜不聽徐珪革東廠而廷議終爲所撓耳無何武宗二年劉瑾復得用事其黨八虎分掌機要於中勅各鎮守太監預刑名政事於外榜忠正爲奸黨以匿名逮朝士雖楊一清結監軍張永得以磔瑾於市而不親祀事四出遊獵使瑾向無豹房之作武宗未必

節終於逸樂也世宗朝首誅江彬革弊政鄭錄言事諸臣中外大悅然私主張桂議禮一獄衣冠喪氣復錦衣傳陞官以道士邵元節爲禮部尙書加方士陶仲文少師未必不倡自太監崔文誘帝建醮宮中之所致仇嚴二奸後雖誅免其黨之肆害可勝悼哉世宗崩穆宗立徐階草遺詔召用建言得罪諸臣方士論罪罷齋醮停工作洵兩得矣而帝猶命廠衛刺部院事太監陳洪得取中旨令殷士儋入閣何哉神宗內任馮保外倚居正起衰振惰幾於富强及申時行爲首輔務承帝指遣中官開礦矣遣中官聚天下積貯矣攻東林而曹署空加田賦而民力竭雖得光宗起而罷礦稅及監稅中官

劉韓諸人以內廷王安可倚引與共事天下望治其如帝年不永何追熹宗賜太監魏進忠世廕封客氏夫人而毒禍愈烈沈潅顧秉謙魏廣微阿附進忠顛倒奸黨正人造爲册籍魏擄黜陟致葉向高去位清流無依次第勦辱生祠建封爵加而熊廷弼之寃尙忍言乎懷宗雖誅魏黨而民窮財盡天下事已去何既罷諸邊鎭守中官而兵餉之監戶工二部之理又遣王應朝等與張彝憲爲也夫懷宗雖處不得爲之勢而非不能爲之君豈明知其爲酖而故蹈之哉抑猶太祖既有不許預外事之禁而復遣中官使河州耳始終一疑防廷臣之心而不能改其雜用以相制有明一代用人行政之得莫不由於太祖而用人行政之失亦莫不由於太祖也向令本寬大而用明斷去其疑忌刻急之私則忠義安處而大其匡濟僉壬守分而罔肆其荼毒右學崇儒之治豈但軼於漢唐歟

三烈婦論　汪士倫

曩余聞枝江曹靜軒先生之女適馮樂道卒以身殉夫其事甚烈先生唁而責之有余不知其所以死之言心識之未幾而吾邑周世五之女適胡登祿胡靜山之女適嚴厚鏞亦先後殉夫事畧相類然後知三君子之教能行於其女而三烈婦之所以死未始不可大白於天下夫夫歿稱未亡人言其

旦夕可亡以了從一而終之願彼代國小君摩笄著地王家少婦死骨猶香雖有慷慨從容之不一終不得以其死爲過也卽曰無成有終夫亡代養如漢陳孝婦之所爲固方靈皐之所謂承夫之義而亦不必責之於有他子侍養者也夫志之堅者思必苦思之苦者慮必深殺身成仁舍生取義亦自顧其時勢何如耳今三烈婦皆以舅姑有他子菽水可託各行其志亦固其所且烈女之不更二夫與忠臣之不事二君等孔父仇牧之死石碏之不死皆春秋所予未嘗有所軒輊於其間烈婦之死其道彰彰無可議者在昔崑山歸善世之妻自數宜死者四無子宜死少年宜死舅姑老異日無倚宜

死舅姑自有子奉養無須我宜死竟死之倫謂其所見之大尢在自有子奉養一事蓋人子能使其妻死義是道行於妻子而爲死孝人子能使其妻代養是亦道行於妻子而爲生孝三烈婦殆欲成夫死孝志固與生孝無殊而其志豈不諒哉或又謂殉夫之事得無有瘠色洶涕叨膺憂容類於敬姜所云好內女死之之言乎倫曰不然敬姜所戒溺於情余之所闡止乎義故從禮而靜貞也從一而終亦貞也猶之毀不危身爲孝而于野哀毀而卒聖人特表而彰之亦不得謂非孝也世風日下有能捐其身以植綱常者君子必從而進之亦猶行古之道也

黄岡縣志卷之十六終

黄岡縣志卷之十七

知黄岡縣事宛平俞昌烈編輯

藝文志

古文

議

明

上兩院南漕並徵議

茅瑞徵

本縣通賦爲累官民俱敝在今日勢窮必變而最累者無如南糧此不及今申以畫一之令民困未有瘳也本縣原額南漕二糧正耗各計一萬一千餘石但漕糧係軍運臨兌急如

星火而南糧係民運里欠易於躭延往例分項各徵先徵漕糧於秋刻期務兑竣漕完始徵南則南糧徵於次春矣沿襲既久上下因循甚且捱至次冬開徵及今則歷再次春竟相去一年以今年徵本年之漕糧畢而方徵舊歲之南糧曰此例也及查各年來文原未奉有分年之例祗緣徵不趁熟年歷一年蓋秋收有米輸納甚易小民亦自鼓舞必待又一年又起一事則民心先已怠緩保歇乘機攬包巧在零湊利在延囬及至臨期虛揑無歲不虧折無歲不重賠前事種種可爲殷鑒目下無論其他即如一歲到卯有條編里長有漕糧里長又有南糧里長多一番投認便多一番保戶多一番使

費計所損民膏應已不貲矣今亟反之不若申定規則議將漕南二糧一併追徵上倉完日先儘漕兑卽行盤量南糧上船一帆到京計日可完前此糧里今年收漕糧明年收南糧是一役而兩年支持若併而收一年便可息肩先省一年拘保一番脩倉一番收運跋涉便一小民先納漕糧旣經一番催收又納南糧復經一番催收兩次追呼需擾今併而完不特一切省事且乘秋收有米時易於盡納便二在官原兩次開徵比較顧此悞彼終日紛挐今併一番追比則頭緒宜截且衙門先省一番往來費用便三節年南糧遲悞未論完糧愆期卽如陸續到卯頻難齊集致官無從開比若省一番拘

保歸併一年里欠自是無從躱閃遲挨便四本縣倉厫止有一處節年漕糧先貯在厫南糧無可頓遂雇船停泊徵旣不前經年守候船戶得以通同虛報侵盜或故鑿船底以漏浥呈累若並徵則同貯倉厫易爲稽查盤驗而無漏報侵沒之弊依期如數押運而無掛籌拖累之虞便五節年今日漕糧認保明日南糧認保雖經嚴禁積棍終是保歇展轉作活若歸併則保戶漸減將來此輩不驅自除便六夫有此六便亟宜申定前此勢難歸併則又有說蓋緣部運職名原分兩次催收部官互異又以文至爲辭及查漕南同徵分解兼攝原不相礙合無今後每歲届期卽將部運漕南二糧職名具文申請總委一員董成首尾徵解庶職守專一而弊端盡塞南糧不至坑官累民等因申呈兩院批允如議行

上兩院夫役議　　茅瑞徵

本縣水陸要衝八省紳冕之域舊例夫役臨時給價召募乃夫價除客夫力夫兩項虛抵差占外實編歲不過千四百餘金耳以四季析之每季不過三百五十金一遇銀損用夫動以數百名計募夫之價動以數十金計此等一二起便去百金矣過客取道用去百名以爲常如送黄陂每名一錢六分用百名却去一十六金矣勘合之外又出火牌本色之外復勒乾折動日照前應付而境上委官掛號中多曲徇有避風

險改由陸路添用損夫數十擡後遇船至用亦如之者江行多乘風便乃拽船夫輒用四五十名間多至百名明知無用儘飽長行之槖者上司長損一擡用夫役三名官轎兼程間用三班以上乃過客亦緣以爲例動請多加稍不如意卽公堂鼓噪者年來夫價缺額一至秋冬束手無措必至挪借條編湊用語所謂錙銖取之而泥沙用之正爲此項曾查舊時經奉明例隔省不准應付吹手不用馬匹習弊至今勢多掣肘若非憲禁申飭將來何所底極合無今後定爲成例凡遇使客往來水路應付船上水挽舟夫無過三十名下水隨流夫無過二十名陸路應付照損照轎每損一擡止許用夫二

名每轎一乘止許用夫二班吹手止用一副家屬不許多用皁壯勘合火牌不得重支隔省武職不得濫給仍請刊示木榜豎立通衢有仍前冒濫應付及聽折乾者查參議處庶杜一切虛糜之弊

上兩院全書續編議　　茅瑞徵

查得起派錢糧遵照全書舊額無容增減乃年來編纂未幾陸續更定奉文加編改抵無歲蔑有漸與原編數目互異經承人役了不問全書爲何物有今歲然而明歲不然者有當年開徵將畢另增一項者有已起徵旋復報罷有轉詳動經數歲忽於數歲後奉行應於數歲前加派者諸如此類未易

縷悉以致派徵無畫一宿猾乘隙夤緣或已裁省而朦朧支給或已帖行而寢格踰時此附合之機權大啓詭侵之徑竇竊見賁守道查覈有實徵册與易知單非不悉也經承人役目爲故套臨時鹵莽了事本縣初任清查節年起徵甚有已領足而原未經派如馬價之類比比而是總之案頭全書既盡無據餘無足據者矣及查全書舊例十年一編布政徑委官裁定其間應增應減不無遥斷間多臆决無怪今日纂編明日申改競有覬心示人不信且當書成之日不過頒行州縣一册經歲以後欵目漸移束之高閣環簿實徵十造十易賦額不清其原坐此合無今後編纂全書先期行令各該州縣備開簡明文册何項應增何項應減何項應照舊悉心參酌前件下務逐欵明白登答彙送司道覆議必求經久可行再三酌妥鈐發該府分給州縣取具甘結方准刊布刊布之後大書榜示五年十年永爲遵守即中間稍有未盡須俟後造改編唯遇大興革大災傷奉有特請不妨尾頁添刻數行每年春令將及布政司及糧儲分守二道驗給二册一本存驗一本發該州縣照額編派印糧官案頭時置此一書歲徵錢糧自是了了目中吏書不得援引上下且有此一册亦不必另造實徵即此上下責成甚爲簡徑其他驛巡等官及馬頭鋪兵各役既知有成額亦不復萌徼幸之心呈檄條申一

切減省此實清源之説乃其難獨在初議耳本縣徵與數事有有其名而無其實年復虛襲者如客夫抵編民壯隱占如此類不可審覈乎有無其名而有其實勢難屬餍者如貢士呈討重疊批給不下百金一州縣備用有幾此竭則挪之彼作輿查奉兩院原行共額二兩非不極意節省乃年來紛紛如此類不可坐額乎有裁革太過反開無名之額者如府燈籠夫原入全書後因減歲徵之里甲州縣倚衙舊有額派後盡裁革一切整理無資至遇新官上任勢必小修將何措辦如此類不可議復乎又議云查得各項錢糧一條編起徵臨時酌量緩急支解法至善也本縣異時徵收頭緒紛如相沿

有摘徵之陋規蓋緣催科無法每遇一項牌提莫措隨摘一項各里分抽花名若干彙爲一冊發衙嚴比先足此項以濟燃眉又摘一項千枝萬派條編初意寖失卽如同一里而或摘或否同一摘而或寡或多巨猾或稽遲而脫籍孱弱或額少而屢徵覆手大恣狐威分頭不勝狠顧賦役積蠹當無過此合無嚴行申飭仍請於本縣儀門外立石大書刊示不許仍踵摘徵變亂條編遺法庶幾覬覦永絕里納更生

實録補牘議　　賀逢聖　對揚

逢聖等近睹禮部會議諡典一疏欲將國初不盡名賢另行補牘且云不信傳家之録不憑諛墓之文惟駿德鴻猷煌煌

國史者尋之逢聖等考得原任應天府府尹張璘則載在章皇帝實録者也按實録璘字文玉湖廣黄岡人永樂中由進士擢山東布政司參政改山西宣德二年調福建考最陞應天府府尹璘聰明廉潔幹濟所至能恤民爲京尹不謟中官雖屢譏璘於上不聽未幾以病死夫章皇帝實録纂修於楊文貞士奇楊文定溥楊文敏榮王文端直王文安英數君子之手其抑揚予奪最稱嚴謹嘗攷中間品題絕少全瑜之語京兆非有清潔真操駁歷實跡安得邀此特書諸先達非係商榷最真嘉與最切安肯録之死後二百年之定論既已久而可徵諸名鄉之公許尤爲確而可據視近日之取信於碑銘傳誌雖連篇累牘而猶費推敲者不啻星淵也倘得俯賜稽查概從補牘庶人知修姱者雖幽必闡論定者雖久不遺將諡典有光而國史亦重矣

國朝

漕運議　　劉子壯

自古建國形勢立於西北貢賦供於東南故歲漕荆揚徐豫粟四百萬有奇致之京師以給六軍萬民其徵之民也縣令是典丞貳佐之其兑於舟也運旗爲掌衛弁宰之而又糧道督其行巡漕稽其數倉場受其成河道先期以具蓄洩所過設兵以衛其往回蓋制法若斯之備也宜若取之下而無不

足納之上而無不終其事者然而數年以來民日困於徵收之無藝而漕每虧於拖欠之漸累者何哉蓋其畧可得而言焉方其取之民也吏以差爲市輪里而飽所欲乃取一戶焉註之而此名一定則莫不破産鬻子甚且捐田廬而去之他鄉及其科糧爲兑也每歲舊額石計二斗而耗五升耳今耗乃至三斗矣是六倍於古也而又有水脚之增常規之加以至灑艙過斛點籌各項新立名目在官止收二斗之實而民間乃費一石也然而或有風水之失盗糶之患則又以責之縣官縣官又以責之民謂之賠補焉此今日之漕所以困民者也若夫兑運之患官旗所至折縣官辱里甲以肆其需索

而及其旣兌有折鑯而代糧者矣有此領而彼運者矣有有籍而無人者矣而道路之盜賣不與焉蓋自其開漕之始原未嘗有全實之數而當事者旣不能精詳本來以較勘於始廉察者又安能煩瑣剔閱以稽查於後迨至不足而始加參覆累歲積月而倖一
恩赦此所以拖欠漸累而倉儲日虛也今欲蘇民而裕國則莫若定輪歲之差以甲爲次而吏不得高下其手也立正耗之額以官代兌而民不至重病於科也嚴賠補之禁而水濕盜賣責之主者也開兌之初督糧官閱實其數而無有虛冒督卒其行而無有延挨也過淮之時巡視者逐幇爲稽而多

少之必詳隨至郎行而後先之勿待也而其要尤在上官長無責望於僚屬僚屬無責望於州縣則有司不以巡督爲累官旗不以倉場爲累如此而漕猶有負民猶有困者未之有也抑更有望者漕與屯相表裏者也誠能與屯田開水利則西北將實而漕可稍省東南之民力於是乎亦大甦矣

籌江淤地畝認糧議　于成龍

清查田畝一案關係國計民生旣防欺隱又免包賠誠於目前籌餉之中爲久遠善後之圖煌煌
天語培養根本積累功德豈微識淺謀所可幾及也成龍自
奉親丈之檄查算黄屬田畝咸遵部頒全書起科原無缺額可省行丈滋擾厲民惟爲國用計止有衛所地畝荒熟未清江湖崩淤小民爭訟似應清丈認課者也成龍准蘄衛請丈出首蘆地報明前往而該衛已經查確出具印結申報毋容再丈若夫淤地一項臨江鋪與洲民相爭松楊鋪與屯軍相爭屢懇丈立界限又羅湖洲李家嶺首報新淤三十五頃成龍親赴鴨蛋洲踏看除久淤已種熟者將新報之弓口畝數與老册對查內有溢額者照畝認納蘆課此無容議惟相爭之地界尚在盈盈一水中先將竹纜量定丈數兩家駕船亟面插竹水底各立界限成龍均平分之鴨蛋洲量定四十九弓臨江鋪自認一百三十二弓此地江流在上並草場白沙

之無跡不知相爭之意爲何也成龍細加採訪據洲民霍雲從稱臨江鋪界內占去伊今年麥地蓋以九十月之交水涸地出種麥至來年三四月間收麥任江水湧流如此之地似可免議留百姓以有餘無如各願認課永爲已業祈免役來之葛藤松楊鋪與屯地亦同此類至羅湖洲李家嶺據報三十五頃又報一十五頃係互控黄岡縣憑衆處明立約今丈明願承蘆課但西江之水雖淤而東江之水已崩似非永業將來包賠之苦在所不免但不認課則承業者終不安心旁觀者難禁指摘成龍仰體德意凡一切已崩者可否將新淤補還准賜印照以杜衆議庶可免賠已崩之糧而又認新淤

之課也又有葉家洲係大江流水溢入有淤無崩似可承課又查蘆政淤地五年一丈自康熙二年丈後迄今十有餘年徧茲奉行丈定似可免將來部差之煩又有陽邏等處湖湲清水曰湖止水曰汊載蘇鐵乾魚正供長江流水業甲納府鈔正供江水崩淤不常凡有新淤水湲應歸長江業甲無如湖課業甲與兩岸居民每多私占取魚亦爭請丈且有舉首隱没湖墻淤地成龍因案牘積久回府料理伏乞憲裁可否至於清查爲州縣職所當然但成龍在蘄丈洲目覩州縣在烈日之中步行查丈揮汗如雨面顔黧黒爲國忠心不憚勞瘁紀録加級即陞固屬酬庸之恩典然或邀一胏之功名貽日後官民之苦累此成龍本心所不安也

條陳徐藩憲修志議　王道明　雙崎

伏惟

聖天子萬國同文大憲臺三楚敷命奉

詔令而纂修通志徵材藝而開局棘闈洵

熙朝之盛事曠代之希逢某漢濱末學崎麓散材欣逢徵命仰接清塵叨咨訪之維般已芻蕘之先獻不盡鄙意載冀鈞裁謹條其目於左

一曰愼總裁以專委任衣必有領領挈則衣振綱必有綱綱舉斯目張故三軍受命於元戎而六官總成於冢宰

明乎權有攸屬而職有專司也志書之爲例甚繁局中之人員不一欲定規模以從事莫先總理之得人荆公私議蘇文只緣意見各出盈川恥居王後總由才識相當非品第素高則物望難服必文行俱美斯筆削可操惟執事謙衷飲物如姬公多藝而驕吝兩忘善氣迎人若東里修辭而羣材悉展以之品騭人物定堪祖述麟經上下古今無難衙官馬史廼復不自滿假謙讓未遑如其聘彼鄰封必求道重一時不但學儲四庫即或採茲楚地亦須德高八郡又能才擅三長然後鍾彝閣筆於王粲君苗服膺於陸機也

二曰量才學以分職事夏鼎商彝非不寶貴也過其時或無所用宋斤魯削洵可珍重矣遷其地弗能爲良故帝世五臣工虞不侵水火之職孔門十哲言語不隸政事之科人各有能有不能才各有用有不用也修志人員得自徵聘其採之也各舉所知其應之者唯命是聽疇敘事疇斷制彼此不必相兼或古樸或高華體裁烏能一致惟是分厥職事量乃材能如令狐芬作周書政務採之蘇綽清言採之牛宏要自各見一斑若歐陽修纂唐史百官撰於堯臣五行撰於羲叟不妨兼收衆美惟隨材而器使期相與以有成將見其始也如百工居肆

分則專專則精其成也如千腋爲裘合斯備備斯美矣

三曰蒐遺書以備稽考周監二代傷杞宋之無徵禮闕冬官因簡編之散佚故蘭臺石室寶片紙如球圖天祿石渠拾遺文於灰燼其傳之者精由收之者備也楚北志書以八郡爲分地八郡私乘以各屬爲權輿無事遠徵即言黃郡郡志自太守蘇良嗣手爲蒐輯後則闕有間矣縣志自邑令茅瑞徵重加纂修前之存者僅焉李公彥瑁續蘇之舊書成身没其遺藁挈之西歸董子元儁繼茅之遺文頗未梓並前板付之南正他郡别屬雖不盡然文散獻凋大都類此惟收遺補缺購求之切若河

間自環册瑶函收集之多同汲冢逋昌舊事豈無故老能傳秦火餘灰自有伏生竊記後先並採同異兼收然後去謬删繁萃純白於册府磨光刮垢發綺麗於塵封作三楚之成書爲一統之底本是所願也詎不美哉

四曰廣採訪以宣幽滯山川風土班史合朱劉爲一書紀月編年綱目本春秋以載筆雖天文與地理並重而人物較藝文更難蓋藝文所載不出詩賦歌文而人物之編尤重忠孝節烈時當鼎革之際舍生取義已諱偏多處人骨月之間殺身成仁嫌疑莫辨江濱城畔誰弔忠魂蔓草荒煙長埋貞魄矧夫滄桑忽易事漸不傳子孫式微力難自達雖題請之疏屢歲不申而節孝之行所遺過半願借仁君之巨筆發茲潛德之幽光不費帑金東海之行不朽但濡楮墨西山之操永傳此風俗所以長醇而人心於焉復古也故前已言之切切茲復更爲惓惓

五曰嚴考課以責成功處囊脱穎志士以之自伸並駕登先才人於焉共奮故歐薛各修五代史長短聿分韋劉共著舊唐書煩簡互見况夫文不一手職各有司苟非考核維嚴必致優絀莫辨志書大綱領之總裁分纂寄之衆手發凡起例不免技盡雕蟲比事屬辭豈曰才皆

倚馬應準日省月試之法以定餼廩稱事之規如其次第敷陳長於體要參互考訂得其指歸敏若袁宏速如子野即當獎以優格薦之當途如或考古既乏其實立言或無其學專家有愧分校弗勝即使數牙籤於甲乙彙部帙於丙丁自是用無求備之心不失教其不能之意如是將見敏拙立分情勤立辨局無冗食之員志有立成之日矣

六曰寬時日以求精研據案制書世推阮瑀當食草奏古重禰衡公權七步而成三詩劉敞一揮而就九詔此皆得之天才未可強以人力至於濡墨腐毫相如取多而

用博輟翰驚夢揚雄思苦而詞艱張衡賦兩京十年左思作三都一紀必遲歲月乃搆鴻篇然則著作之遲速不可槩繩而纂修之工程豈能預刻乎修志義主尊王立言事同作史傳疑傳信必因畧以求詳大書特書在別徵而辨似考於古錯之綜之參之伍之不可以不謹也證於今討焉論焉修焉飾焉何敢以或苟乎惟嚴其課而寬其期毋刻日以考成俾擇之精而語之詳得備稽而切究則子野之拾遺穉川之雜記可以兼收蔚宗之斐亹承祚之高簡無難媲美矣

黃州應疏河道議　周　凱　芸皐

黃州一重鎮也府治屬焉隸州一縣七自縣而府而道居之一副將鎮之宜其民物殷阜市廛繁盛余下車之始見山川清遠城郭完好人民秀美心頗樂之既而環視城中街衢湫隘綽楔頹唐市無珍異無宿儲民隸於兵者半隸於官者半士多寒素絶少富商大戶廉得四鄉屬邑亦起落不常心竊異之乃詢薦紳而得其故僉曰河道不疏故也赤壁下舊有河自西北鄢家水口引大江之流入王家湖磯窩湖出觀瀾橋南入塔溝東南歸羅星湖由下巴河仍入於江繞城如帶俗呼玉帶河爲形家言者所稱當時郡屬富盛甲科赫奕大艑小艇艤泊城下自鄢家水口塞僅資湖水其流遂微河亦遂失赤壁屹然陸地商旅不通富家大姓難於持久嘉慶丁丑太守吳公之勷曾疏之工未半遷去事遂已吳公以磯窩湖之水倒出楓香橋有損地脈塞之而觀瀾橋以下未及通暢夏秋湖水泛溢居民私開溝洫二道以洩水水斜出於江不入河而河愈塞其故道猶存也余曰誠如是是官斯者之責也乃尋故道究其源委父老悉其利弊者白余曰自河之塞不利可數江水不入湖水不蓄旱潦無以資灌漑舟楫不通商旅不至貨財無以爲利賴江環如帶包我萬姓失其形勝累千鉅萬之富家今且如懸磬矣連甍接第之科甲今寥寥數人矣匪惟吾民官亦不利凡我父母爲賢爲惠僂指計

之匪病即憂速去其位此黃之人所痛惜者也然而民有是心非官不行民有其力非官不率使河之旁覘若已有各私其私惟官董焉所需鉅萬敢費官錢富家大族惟官勸焉一城之利一郡之觀易於樂成難於圖始惟官倡焉良莠不齊實賴賢智所見惟同所志或異惟官擇焉余曰誠如是是官斯土者所宜急也歸而稽之志載按之圖說將作書告勸諭斯民適奉檄往來漢上未及奉行丁太淑人憂去官於是黃之薦紳父老具楮帛弔於吾母之前且言曰使君之志知不及行也願書其事以貽後人余昏眊罔知所云聞斯言感且媿涕泗滂滂下曰敢不如教謹就所知而書其略按志環城

舊有河旁也鄢家水口爲引江入河之要地高阜居上游宜深濬者五六里面寬若干丈底寬若干丈深若干丈使達於淜湖爲費較鉅湖水無源易於消涸非引於江水不足以濟舟楫王家湖𥔲窩湖之間爲易家隄宜寬深若干丈自湖以下至觀瀾橋河道顯然宜寬深若干丈爲力尚易塔溝之河僅存一線宜倍其深廣以爲宣洩之路自羅星湖達於巴河本有河宜疏濬之計長若干里需金錢一萬有奇宜塡塞者私開溝路二道使水不得旁出宜預謀者廣集資費以支所用使工不致中輟侵佔爲田者清釐之不遵者懲儆之宜加寬廣而非侵佔者勸令割助之旁湖之民按畝出夫以供畚掮

富家大姓好言曉諭例載疏水道捐銀三百兩以上次第奬勵給匾額頂戴可以申請爲勸工宜自下而上毋壅滯毋畏難毋避怨毋見小利毋任私人庶幾一勞永逸而爲黃州一大利也或曰引入河恐秋水汎泛淹沒民田則告之曰不疏河則秋汛亦汪洋無涘也惟水落後宜時其疏濬或謂民久爲業奪之恐不便則告之曰糧有額可稽利百指一爾所侵佔毋自貽悔夫物會之遷移非人力所能強而因時制宜亦有心者宜力爲之謀吾知官斯土者必有惻斯民計利弊而與吳公有同心者尤願黃之薦紳父老有力之家共相協成

道光七年十一月記

有謂利不什不議興害不什不議革未可起大役動大衆姑存吾言以待相時者之舉動心竊不然此事孰擔夫於途而問之皆知其然也豈待後之相時而動哉聞常謂浮屠氏日擊木魚雲磬矢志修一佛未必不成而況官其土者乎其不爲者畏難苟安之心誤之也志不堅故也此非僕之虛言也前守襄陽時改校士館移建橋梁平治道路修城垣開水利設義學其費動以萬計而民輸將恐後豈襄陽之民獨好義乎亦以所感之有道也今人施修佛寺不惜鉅萬苟導以利弊輕重未必不樂於爲善亦旣知其利弊輕重矣因循遷就而猶爲趨避之說自逃其間尙望於民乎問心得無愧乎此

又非僕之好爲議論以要譽也膺大爵享大祿而於民事漠不相關以畏難苟安之心處之曰姑俟異日安知後之人不又畏難苟安如我者乎惜天不假之以時苟假之以時事未必不行利未必不興弊未必不除黃之人富盛倍於襄陽其好義未必不什倍於襄陽倘竟如所言姑存其論此不可解者也所言可爲畏難苟安者文其過而未必可爲有心者勸也黃之人所不欲爲者有二富商大戸錙銖是計罔知遠大將以若所言爲便其佔爲田畝者私其所入尙且自利援所說以爲辭而爲官者斷不然此可自信者也又記

序

明

孝友堂詩序　　李東陽 西厓

吏部驗封郎中黄岡王君濟舉進士爲南京戸部主事會今天子登極詔兩京文臣當被封命者悉予誥勅獲封其父竹坡翁時躍如其官其勅命之詞有曰孝友躬行家居表率戸部尚書安陸孫公爲摘二字名其堂曰孝友之堂鄉大夫士傳之以及於予予唯孝友者弟子之道終身行之而不可易者也周命君陳曰惟孝友于兄弟克施有政孔子以爲是亦爲政又謂孝可移於君弟可移於長蓋家國一道處則教焉仕則行焉不可以顯晦論也近世推恩之典資格所應類皆

有之若不以爲異者顧天子命六卿吏部統百官文選之所簡考功之所最驗封乃得而行之計時而後請量功而後授其有失者寡矣閭閻之行不能悉達於朝廷誥勅之詞多出於代言之手若亦不爲甚異者然天子任之詞臣詞臣據之吏部而又采之輿論彼此之相參下上之相信其有失者寡矣夫以子之貴而褒錫其親所以勸忠與孝得之者固以爲難若親親老老之恩出於朝廷及於臣下嘉期勝會無俟乎考績之時者其難尤甚然京朝臺省大抵亦皆其人徐而考之其有失焉者亦寡矣予家本出長沙與黄州同省數百里而近聞湖南北稱王封君之賢謂其七八歲時連失怙恃勸於庶母李氏恨弗逮養事李如母奉諸兄如事父然撫諸子皆如已出無異歲積粟數千斛以應族人之用年豐則去息年凶則棄責置祀田一區以備烝嘗祭掃之禮平生以勤儉起家寖至饒裕毋戒子孫勿以奢僭廢業曰此所以保家而睦族也跡其言行皆出於倫理著於家庭勅命所褒殆非虚語濟方學古檢身不墮流俗以行藝爲吏部所簡至今官孝友之教得於家者有素是其封也不爲幸而其美也不爲溢矣况今驗封所掌躬自爲之必將精覈允覆爲有職者勸且其勳業所就功利所被殆未可量又以見綴猷之責作師之道得於累朝聖天子作養振厲之餘者豈獨於家教然哉夫

自有經傳以來孝友者天下言之矣朱子入朝聞正心誠意之説爲時所厭謂生平所學在此竟以此言進學孔子者必自朱子始予豈敢以孝友爲常談庸行而不思所以相勵乎哉今年翁六十濟方縻於官欲有所頌禱而未能也乃徵諸能賦者爲詩十章授簡於予張仲之孝友詩人言之亦孔子所取朱子所傳者予不能詩請以是言爲翁序

蔞澤集序　　皇甫汸

蔞澤集者齊安王君之作也君名廷陳字穉欽號蔞澤子因以名集云父南墩公濟孝廟時登壬戌進士爲吏部郎生君穎慧絶倫髫齡即能綴文殆由性靈非假師授黄童世謂無

雙倚相時稱能讀咸楚産也君實似之吏部公愛之甚常云王氏千里駒復見此子矣甫冠舉於鄉越丁丑試春官俱爲禮經第一廷對擢高第選爲庶吉士與東浙汪子應軫江子暉閩中馬子汝驥許子宗魯任邱蘄子灝大梁林子時曹子嘉西蜀余子承勛楚顔子木並摛藻掞天敷華緯國得人之盛彬彬首是科矣江子爲文鈎元獵秘雜以古文奇字指旣閎眇語復聱牙令讀者謬戾眩霿至莫能句隱口汗顔而罷王君毎有所造輒大叫以視人曰有能增損一字者願以千金爲贈恐呂覽金卒莫可得也又好爲譏評由是人多陽服而陰嫉之矣歲餘解館拜爲吏科給事中値毅皇帝將南狩

在廷羣臣咸諫止之章奏日盈於公車不獨言責也王子乃遂衆詣闕下上書宰相熊峯石公典司館教危言沮之曰倘禍叵測老夫力莫汝庇也君賦烏毋謠大署玉堂之壁語侵石公公爲大慙其縱誕多此類先是忌者以館中譏評浸淫聞於政府政府啣之書上果諷吏部出補州郡吏竟得裕州夫脂韋磬折不習其容訟牒委塡又非所好至則治尚嚴棘不畏強禦法行貴戚有鷹摯之風謁御史不爲少貶廼希附權勢者搆釁稔遂使鍾儀縶冠於楚囚鄒陽按劍於梁獄悲乎今上嗣位湛恩汪濊虛納貫罪諸子稍稍晉復君獨詿網擯棄顔子嬰禍尤烈至使患同黨禁而榮異棄征去均淵墜

而進乘薪積世共惜之自後一紀而余忝己丑進士識崑崙山人於都門山人者張施也雅善諸子問與余道夢澤事因聞其詳余亦濫有時名諸子引與締交未嘗不延頸想見王君也况負才使氣亦與同病尋以觸忤權貴賴天子寬須譴爲黃州理官是役也不以左遷爲恨而以得繼蘇長公爲榮不以赤壁爲樂而以得見夢澤子爲幸下車亡何廼乘雪造其廬時君足跡久不入公府余置自外員居由別館君亦不惜造余乍奉半面驩若平生接以杯酒申以贈章辭載集中夫王氏業紹青箱官聯朱紱爲楚世家君又命其子暨弟若姪從余遊嗟乎君胡白眼於衆而傾葢於余余亦胡爲在衆

欲殺而在君獨憐也顔子雖清揚未覯而芳諷亦數相聞矣君屏居幾二十載釋褫於爵服娛志於琴書覃思古人專精作者屢勤剡薦恥赴弓招覩其上顧中丞陳監察書若嵇康之絶山宰及寄余樾昭舒國裳二劄卽楊惲之報會宗其節概可想見矣君方斂英戢鋭撝謙履坦不以才華傲物而以道術誘人使早年砥行能然可優游以取卿相然未能宣耿介發孤憤如晚歲所底也回知書成於去趙賦就於還邛人貌榮名豈有旣乎終不以彼易此矣夫楚多材之邦而辭賦之藪也屈原見訊於上官宋玉嘗詬於登徒禰衡被害於曹瞞然其志則爭光於日月而其言語則等傚於霄壤矣君亦

奚媿哉是集也樂府古詩潘陸齊軌下擬陰何五七言律沈杜比肩參之盧駱文效左氏國語而兼騁班馬書類東京尺牘而雄視崔蔡足以不朽矣凡詩賦十一卷文六卷成一家言舊刻於家塾季弟雲澤君廷瞻刻於淮陽姪三湘君同道又刻於吳中而吳板益精矣二君皆以進士爲理官善治獄號神明涖淮者以賢拜河南道御史涖吳者亦被徵行矣三湘謂余知夢澤最深命序居首嗟乎甲寅之秋余有滇南之役取道齊安訪君故廬見其子若孫欷歔收涕賦詩弔之茲復序之是生叨敬禮賞討之交死辱彥昇筆札之託不敢辭三湘者不忍負夢澤云爾言惡足爲集寵哉

貳守趙君述政序

王廷陳

趙君自黃之貳移尙書郞黃人愛莫借焉夢澤子乃爲之言曰嗟乎今之弊吏二而俗謂良也一曰畏吏二曰怒吏何謂畏吏舉慮其咎執辟其怨遭事首鼠苟而日月而傳視官惟其私之善而已斯之謂畏吏何謂怒吏不能其上奴遇其屬怙愎以逞而人莫之甚微沮焉拂衣起矣斯之謂怒吏其畏也是惟救過不暇而何理之能其怒也擇而官之冀其圖也而以憤誰則懟焉茲二者俗謂良焉而予弊也布君之履而袪之可乎君之蒞黃也守乏而攝焉者過半是故國人忘其貳也君忘其攝也長吏之臨也弗毀閑以務悅焉上不謂簡禮而褻之弗恃而倨殷務薦至是惟他有司宵繢不給徐而揩之不疲而輒更而爲衆虞後至則曰咎惟身焉其利也引察以分推而不有於胥無愛以小賄覺曰胥也士責之過矣杖而釋之胥憚莫繼犯故郡之門無晝扃人者不何而胥貧亦無賄敗胥德焉曰賴以免戾君實庇之其敢懟於里之俠不假也後而踰修軌以幅之里之悍少誣右之良或曰必窘右君曰右民之望也夠其良一而裁之其何能平直右而罪誣者夫其不幾度而諛也其不辟咎也其不暱胥也其不俠之假也是非僻而畏者也夫其不恃以倨也其不有譽也其不微疵之指也其不執而窘右也是非僻而怒者也是故君之治屬安焉而長吏宜民德焉而羣胥不怨孱者籍焉而右不病也是而進之其天下將䘵黃何得專君焉

賈子篤本序

王廷陳

賈子黃人也而家於燕其先世皆葬黃焉始祖勝葬賈均六世祖興甫仕元葬泉嶺明之初造五世祖忠往歸焉累官指揮則自雲中反葬楊畈忠子恒恒也死事後是無復反葬也而守者浸弱業也他有有者不仁暴而據之於其巔也屋焉於其側也竊而葬焉秎櫝見誅山麓不完守者莫何靈也用悖賈子適滇道黃拜墓下愴然悲焉曰嗟呼狐死首邱代馬悲風羈鳥商號故棲是眷操而南音土風之係也疢而越吟

悰寄之由也是故太公封於營邱比及五世皆反葬於周聖之準也仁之則也恒之後無黃葬者力也乃心未一日去黃也鄉人不仁而暴吾祖吾敢不儺暴而不儺罪浮於暴聞於官官曰有弗儺者無祖也於是乎童之山也植於是乎裂之陵也完於是乎漁之族也收於是乎怖之靈也妥君子曰仁哉賈子禮樂在茲樂樂其所自生禮不忘其本

節推嚴君嘉政序　王廷陳

覩風者嘉嚴君之政而禮焉國人以聞諸夢澤子夢澤子曰政可聞歟曰可夫黃繁獄之域也夫子聽焉而優且多習訟者也精跡之核則躐而愬以下覬聽者以其自也而曲庇焉

聽者匪人忌忤而務媚得而不執夫子不然惟得而已不虞其忤上亦遂之國也蝗委捕焉曰蝗異也異由政政之不求而捕是務捕以已異爲劇之矣乃省咎去儆精禱迹阡量獲差賞有轍之原蝗無留也麻之學宮邇河漲而衝圮親宮學士謀從長老曰地則靈而徙焉不可且不防而徙衝復及其能亟從亟徙將棄邑則曰誰能河夫子乎大吏聞之因以命夫子曰弗費莫輯矣乃命虞訹材之能久者遵岸之足布而人之出其顛腹實礫焉巨石藉而疊岸立若磐鑿支河二其旁分其衝而殺之水至三注邑之人幸焉曰微君學宮魚入矣室廬其濺沫矣茲而後其名嚴河三者政之大者也夢澤子曰政止是歟曰何爲其然也讒口亂聽枝論奪本斯其爲訟也大矣饕餮是肆魚肉我良斯其爲蝗也大矣暴客伏姦伺焉而決斯其爲河之患也大矣夫子惟是之務息也訟如是之務捕也蝗如是之務防也河如夢澤子曰政止是歟曰何爲其然也利義戰心互勝不下斯其爲訟也益大矣私妄族據蝕我善萌斯其爲蝗也益大矣奔欲潰理隄之莫遏斯其爲河之患也益大矣夫子惟是之務息也奚啻訟如是之務捕也奚啻蝗如是之務防也奚啻河如夢澤子曰韙哉國人之言茲政之所由來歟其見禮也惟以是歟

貳守蕭君明慶序　王廷陳

黃貳守蕭君遷司徒郎或問於王子曰國人慶乎曰不曰何故曰其君子明於其政而冀其顯庸曰君之良也六年而遷其晚矣其小人幸君之足賴而欲私之以終惠焉曰吾毋也餔不吾是子孰令借之借孰聽之是以弗慶曰於子謂何曰其弗慶也慶孰大於是何則夫子之政不近名而近民爲廉也弗爲矯爲直也弗爲激爲嚴也弗爲苛爲寬也弗爲弛爲明也弗爲察爲敏也弗爲躁爲斷也弗爲愎是故其於民也無或陰焉無或窘焉其於屬也無或馮焉無或罹焉其於長吏也無或逼焉無或媚焉夫其不爲矯之類也其於名也不亦不近乎夫其爲廉之類也其於民也不亦近乎夫其不近

名也是以後聞焉而竟聞也乃遷焉夫其民之近也是以民望私焉其竟弗能私也乃懟焉是故晚而遷者養君之譽也不以君私黄者國之公也或以王子之言聞於國人於是乎君子不以其晚恨君之遷小人不以其私幸君之留今而後國人無弗慶者

郭善甫歸學序

王守仁 陽明

郭子自黄來學踰年而告歸曰慶聞夫子立志之説亦既知所從事矣今茲將遠去敢請一言以爲夙夜勗陽明子曰君子之於學也猶農夫之於田也既善其嘉種矣又深耕易耨去其蝥莠時其灌溉早作而夜思皇皇惟嘉種之是憂也而

後望於有秋夫志猶種也學問思辨而篤行之是耕種灌溉以求於有秋也志之弗端是莠稗也志端矣而功之弗繼是五穀之不熟弗如莠稗也吾嘗見子之求嘉種矣然懼其或莠稗也見子之勤耕耨矣然猶懼其莠稗之弗如也夫農春種而秋成時也繇志學而至於立自春而徂夏也繇立而至於不惑去夏而秋矣已過其時猶種之未定不亦大可懼乎過時之學非人一已百未之敢望而猶或作輟焉不亦大可哀歟從吾游者衆矣雖同説之多未有出於立志者故吾於子之行卒不能舍是而別有所説子亦可以無疑於用力之方矣

贈王行甫序

郭子章

王行甫北上公車走武昌辭予予無以贈行甫則以言行甫之才雄幾於八斗士大夫爭下之行甫之數奇阨於一第士大夫爭憐之茲行之燕上黄金臺下者憐者交譽而互推上之入佐史局藻繪謨猷球瑝禮樂次之出佐劇郡煥奇山川覆露閭閻即未能究行甫且抒其一二爲予所期於行甫不謂是也黄自蘇文忠公監稅以來林巘結響泉石激韻至於今是則是效奕奕熊熊亦充箱昭彰矣二程祖父世居黄陂發祥於茲蔚爲名儒至於今能紹明其學者唯耿天臺先生主之周廷尉與其弟太常君羽之即有談仁義稱古昔者不

過若文士之林林豈興起於文者易而興起於道者難邪乃行甫論文與王元美吳明卿二先生遊論學與耿先生遊意固欲成之邪夫文與道非判然兩物也行甫以其根原窮二程之正脉而以其枝葉踄文忠之芳躅即才雄八斗不自知其雄即數阨一第不自閔其阨赤壁邪金臺邪夫惡往不自得邪予之所期於行甫者以此

三諫存草序

樊玉衡

孤臣萬里之行豈非天哉當臣不才釋褐皇長子生始岐嶷耳輒惓惓國本迨理信內召時爲諸君子言之曰此日當官第一疏也念之猶如昨日比已丑十一月入臺庚寅二月巡

覵西城卽有一疏如後草癸巳正月讀三王並封之諭復有一疏如後草至戊戌三月則臣望隔春明久矣乃有最後一疏以成今雷海之竄九年之中凡再三致意焉秉性奇褊執心不化無能仰窺我皇上淵微閎深之指於國家未有絲毫補而自開罪明時以重太和中一物不得其所之累至於國本已定恩赦重頒而猶未得與諸氓隸名在丹書者同其解綱大耋老親經年卧病間關百折僅一歸省而梟獍之齮齕隨之乃老親竟亦賫恨以歿則忠可爲乎雖然孤臣削牘之初卽鼎鑊甘焉不者庭杖不者詔獄而皇上之所以宥臣者乃在諸慮下顧不足臣所乎且也讎臣者與爲讎使者與爲

讎之使使者方欲甘臣之肉不厭而卒無以加我皇上天寬地容之外臣罪實深臣罰猶薄雷霆雨露大用循環謂聖明不減堯舜而終無回霽之日哉固矣固矣抑臣竊怪夫世之窺言者淺也以爲捐糜於此顯融於彼若償博進然其言唐子方胡邦衡之事津津矣不曰寇蘇胡李趙任王秦諸君子之負猶多哉奈之何其以忠爲市以百一爲倖也昔人有言凡吾所以爲此極難將以愧夫天下後世之爲人臣懷二心以事其君者如抗言以博名高而席言以徼厚利二孰甚焉卽衰周之烈士不爲熙朝盛世有之可令衆庶見耶

刻赤壁集小序　茅瑞徵

古來山川壘磈多藉文士筆端爲之吐氣今寓內豔談赤壁以公瑾一捷而赤壁獨擅名黃州以子瞻兩賦鼓吹也無子瞻則黃州無赤壁矣然余嘗怪從漢歷宋千有餘年綵筆相望而兹山留詠不多得豈繇小巫氣盡抑陵谷貿遷銷沉乃爾耶落霞孤鶩作者所難刻羽引商其和彌寡不廣蒐羅而事弋獵空山之遺響可盡乎余每散情濠濮結想風騷此邦之秀頗堪揚榷王子號讀父書呂生時推國步爾乃同事編摩博采成帖勝國而上誇得遺珠本朝以還爭傳連璧旣富捃摭亦煩詮品嗟乎雲物不常人事代謝習池之賞空把接籬峴首之游應留魂魄子瞻云江山風月本無常主余於兹

山旣以一日叨主者而殘文蠹簡散佚罔紀是亦有責焉爰伐棗梨以當金石庶同名山之藏永作琬琰之秘繼今以往子瞻不可復作而猶識前人之勝蹟竟在此不在彼者以有斯編也

志小序九首　茅瑞徵

楚地延袤綦廣黃邑于其中得百九十里有奇往代分領併隸不常厥治第仰窺躔次俯驗山川斯庚萬古不變也屬且乂安久都野民居殷軫相望庶幾稱沃土焉若流覽圖牒求曩昔名賢勝蹟與其坵壟令人欷歔久之至乃稽考風俗物土之宜而布之利兹固長吏事余且兢兢飲冰矣　輿地志敘

易稱王公設險周官之制掌固掌修城郭溝池維此保障㒷民守之蒞官行法豈傳舍是為中國授室絃歌蔚興矣無宇茲社稷壇宇實鬼神式憑大事在祀古也有志至乃謹葺藏嚴比伍飭郵傳庇闤梁修濬以導利坊表以厲俗井井煌煌斯善國焉若夫遊觀之臺老釋之宮有其存之莫可廢也 建置志敘

古者九賦任萬民民不以困井田什一足術也管子牧民輕重九府遂霸諸侯井田而阡陌而履畝幾無行矣太史公曰楚越之地地廣人稀無饑饉之患以故呰窳偷生無積聚余覩黃大都若斯云進布縷粟米力役之征山澤不麗亡遺利

矣問者歲不登日食半菽不贍邑介郭中孔道縣官芻輓外日益拮据出事租庸調滋煩苦我父老何政令之為也郡又榷輅車銅素木鐵器卮茜之屬若干緡江淮之民罷焉夫豆區釜鍾刀幣金錢非較若畫一如圜如流恐民之無以守也 田賦志敘

釋名縣以懸郡為義或云絃也施繩用法不曲如絃古必經宰縣始得入為臺郎此詎易勝其任乎丞佐庠師一以職守贊勷一以功令厲士亞旅保傅為重惟均黃邑建自隋唐官與邑俱廼勝國而上寥寥無傳德靖以來稍具聲遺余特為銓次焉長此不絕是在來者矣 官師志敘

述鴻虞之政者不備於殷周久而逸其傳也前芳無稽後美何續黃邑宦蹟徃世不可概見入國朝來代幾更令長幾易廼所稱說僅僅如左其他湮滅無聞何耶以今觀傳列諸君子非必有殊尤卓絕之行而歲計有餘於越鑄金像蠡峴首望碑思祜入人深矣什百而得三五厥惟艱哉衆實有口吾將以為陽秋 名宦志敘

古設科取士靡滯一途周典賓興漢法舉辟隋唐而下爰開進士諸科維楚有材黃郡實當其半矧茲邑首稱郡望前代豈繄無人抑世遠籍湮湮無可述或風會未值應運斯興迄唐迨宋斷峽邈若辰星我國家文明化洽二百年來西陵一

巖土薦紳學士肩踵甡列英聲茂實固足上勒紀牒下映來茲者矣至若武爵嚴翹闕之選封蔭重覃恩之制亦例所不遺得備書云 選舉志敘

吾聞光黃間多異人出則鸞翔處則豹隱夫皆孕靈光岳文行表表絕塵而馳殆指不勝屈云高賢流寓所至仰如九鼎大呂猶將地以人重深閨淑媛之操蘭馨玉立固闡幽者不廢焉余識非冰鑑敢負陽秋闇中摸索取其神駿度義不能曲筆諛世知我罪我亦載牘得失之林也 人物志敘

易稱觀乎人文大哉王言吐詞為經鸞龍之文奮矣士昂首修談千秋業腐毫濡翰遠希作者至或藏之名山播響來禩

寧雕蟲小技云爾哉齊安自有王杜蘭茲風雅至蘇端明盍揚其波江山斐然增色明興王太史稚欽先鳴狎主詞盟楚師遂方駕域中家挾荆璧藝有殊彩伯固後起咄咄逼人惜天未竟厥緒至乃宦游流覽神與境合毋夸文外獨絶可令泯焉弗章羅綱舊聞揚榷删述意在斯乎則余何敢讓焉藝文志叙

邑他事臚次較覈矣五行沴應及四郊多壘之跡皆邑大故雖多掛漏猶可參而互也僊宗釋部頗幻妄然名逼有足稱者齊諧稗説雅饒碎金闕略不備非以傳信語有云與過而廢之也寧過而存之道在芻蕘謀野則獲作平等觀一切袖

奇爰誌雜記以擬曲中之亂雜志叙

募修鉢盂峰青雲塔序

晏清

黄州鉢盂峰者峻聳廻抱岝崿崢嶸與大别西塞相撐拄雖作鎮一方實爲武昌漢陽諸上游水口山也其前有青雲塔萬歷二年邑人李郡丞時芳黄别駕士元醵通邑及諸弁金以剏造而自捐亦侈故稱諸郡鉅觀洎萬歷三十六年塔之頂非烟非雲出白氣者月餘有士人結廬讀書其下引領顧盼見塔影下頹士子心悸歸家不數日而塔壞飛其五層人卯湖亦異矣當其塔之成也未合尖而聯發解額者三及其壞也僅數年而武黄諸郡相繼罹于亂一塔之成壞其響應捷如左劵頤不重哉演章上人修行精嚴住靜白杲之古峰菴偶入塔瞻禮遂向佛焚香曰余僧臘多歷年所修石橋者十有二修木橋者四十茲浮屠七級三級尚存旣闕于武黄諸郡甚重僧寧惜此頂踵不爲再造乎演章居西陵相去數百里屬余作文足及門者七余曰方今西山始平民用休息頻年旱魃禾苗枯焦力役徵徭莫聞暫輟此萬民疾首蹙頞之秋也費有用之金錢以修無用之梵刹聚窮民之汗血以飭富庶之美觀毋乃非計乎演章曰此吾見之所及也然吾見有炊金饌玉碎錦破綾者有游博持掩櫝金囊帛者與其傾篋笥以供戲娛不若絶浮費以種福果余亦未敢以樂施

喜捨望諸人也斗米尺布亦破慳貪木屑竹頭皆獲福惠况此塔所需者礴石而磚石幸存其半所乏者工價而工價不望其多余以歲年爲期募一層則建一層造一級則蓋一級破衲草履絲毫不以入囊纖微盡以供衆或者感人天之呵護邀佛祖之鑒臨未可知也吾惟不昧因果而已余心賞其言嗟乎天下事患無有以身任之者耳事無巨細獨立擔荷以世外之一人成之亦易羣相推諉世内之衆力當之亦難近日賢豪長者有能如演章之脩石橋十二木橋四十者乎吾知其必不能也世内之人能之而不爲世外之人爲之而卽能使海内當其任者盡如演章之所爲可以無太息瘍哭

之事矣況塔成有三元之祥塔壞有兵燹之應其係于武漢諸郡之重如此其見於黄州諸邑之效如此若以諸郡邑之羣策羣力萃於丈尺間其成功可毋難也余嘗習形家言巽爲文章之府塔有卓筆之形卓筆無鋒當主文星缺陷是謂勢吉而形凶法當趨全而補缺則是此塔之成昔作鎮於一方者今且中流之砥柱矣余是以樂爲之序而爲諸君子勸

跫音舘桂楣隙景自序　　樊維城紫蓋

先太孺人生垙時家大人夢寐若見靈異城生五日卽呼父母再言悔悔於兄弟中稍得憐愛也竹馬之年感厲氣嘔血斗餘夢天帝召如李長吉故事力辭父母情愛不忍割後雖

用不死自此得癲疾發則狂躁號走成童以前歲恒八九作父兄有事四方不及課城所肄業是以年近弱冠學尚未殖先伯兄自粤省父旋屑榆講論城不解始内慙稍從事制舉藝朝夕依仲兄先伯兄不獲卒教復奉檄之德陽城時雖諸生恥誦帖括年漸壯家人責以典謁負薪事不得專意下帷乃悔其幼同輩以城未知名與游者亦少惟往來里中三何君甚驩先太孺人見城得一友卽色喜然城甚愚不能承志毎試輙後中外昆季多名士城自媿避不敢鴈行乙卯先太孺人捐簪珥拊膺罔極瞻𧺫無從先伯兄既早卒偕仲兄治喪煢煢之餘繼以總總無復問舊業矣丙辰冬始殯先太孺人於先塋側時家大人養疾來以七年未嘗見一吉祥善事開口而笑計此身縱事母日短猶當竭綿力以慰吾父顧親友益落落復依三何君遠思敬臣問父之語時覽僧虔誡子之書不羞凡駑猶意十駕戊午領鄉薦録其夏課詩文若干首題曰桂楣隙景紀時也嗟乎勉承庭教尚遜肯堂感念先慈忽焉過隙城敢梓是以自鳴耶聊以志吾哀思云耳何君者二爲婣兄弟韋長緘仲也與年相先後一爲仝門兄絅鄉也年雖項背望而城實師之戊午陽月一日黄岡樊維城技血書

汪闇夫文序汪名熼南　湯顯祖若士

説者云舒攖寧實蚤慧其家司馬故晦之以神其事夫以攖寧之大對其援古昔切時務有學究老吏所不能説者艮不妄以予所聞汪闇夫何年少而多奇也其爲文奇肆横出頡異獨絶磅礴而前天下莫能當闇其家太史故欲爲晦闇扃之深室寘書數萬卷絶不通賓客度非太史不能成闇夫矣雖然闇夫之光故自難掩賈生弱冠吳河南舉秀上聞王僧虔弱齡袁司徒望風推服世患無吳袁耳此道父不能譽其子亦安能秘其子耶風胡之治劍也百辟而成之秘不以示人而鋒芒睒絶迺至於斗截彗飛鳴吳出楚其秘之久也玉人之治玉也百琢而成之不示人以璞而精華流炫迺至晁

采宵光城泰國號其藏之久也閻夫之秘藏久矣太史公可出以示人矣

朱咸一近藝序　荃宰　艾南英千子

事之至難者莫難於御衆一畝之宮上妻子而下僮僕不待智者而後能御之也淮陰論兵過十萬不以許高祖夫將百萬之衆如使一人故多多而益善不然智愚勇怯雜揉不齊金鼓之聲作而敗端見矣此苻秦之師所以殲於淝水也讀書爲文者亦然苟其學一先生之言而止則亦何難之有至於上下數千載什什伍伍井然於吾心而又融洽其神情使達於吾之手與口此何異於將百萬之衆呼吸運用如使一

人者哉蓋嘗思之國朝著述之富無踰於楊用脩用脩生平所編輯百有餘種老師宿儒不能悉其書目可謂有衆百萬者矣及觀用脩所自爲文何其萎爾不振也豈用脩徒有其學而不能達之手與口歟若是則雖有百萬之衆而不能呼吸運用如使臂指無羨乎其爲博也假有人焉其博無愧於用脩其役使載籍不獨見之於古文辭而併見之舉子業使其性靈與其學術相輔而行乎聖賢之旨則君子於其人宜何如然自吾求友於天下始於豫章得王孫鬱儀鬱儀著書頗宗用脩然及其所爲文則吾不能不以恨用脩者恨鬱儀而又以王孫故不得見其長於制藝則吾尤以爲歉最後至齊安又得朱咸一咸一著書不亞鬱儀而詩通文通詞通於予意尤合齊名一錄較班氏人物踵事而增詳未知古今人相去若何其於樂書窮律尺聲器之變而又爲儒先之功臣意咸一所編輯必窮年矻矻德精神忘寢食疑無暇於詞章之學而咸一游刃恢恢讀疏圃草比物連類有足悲者計咸一所得於載籍如將百萬之師呼吸運用若使臂指已見其全矣而間出一二制舉業以示予則鬱儀之所無而用脩之所僅有也嗟夫學之博者每至舉子業而窮何也彼其所傳者古人之神也其蘊籍古今嘗具數千年載籍之理而性靈之妙至蹈襲古人一句一字而不可則所謂將百萬之衆如

使臂指者又在言語文字之先此吾終身習之而猶見其不及而咸一爲之有餘地故予至黃岡獨深交咸一而黃岡人竟無有知咸一者彼將學一先生之言而足豈能窺咸一之涯涘哉咸一廉讓孝友與其兄析箸而居多所推予而獨留心著述然咸一於車戰舟師皆有師授與予言天下事嘗有杞憂嫠恤之慨區區制舉藝與其所編輯又其小者天下無事則已天下有事不能不用咸一則吾所謂事之至難莫難於御衆者又豈獨於咸一之文見之哉

王孟侯踏花篇序　艾南英

踏花篇者黃岡王孟侯居桃花源所得詩因以名篇也予至

武陵去桃源不百里而未嘗有遊觀之志夫神仙之説誠不知其有無卽使有之然所貴於神仙者以其淡泊無累異於常人使得一邱一壑而守之若美田宅長子孫之計其貪且愚若此則亦與庸人何異今夫庸人得一廛以終老願世世無失人未有過而問焉者也而獨浮慕於貪愚之神仙何歟或曰其得名不以神仙而以山川窔深可以避世則今之窮山僻塢其人鳥言夷面不通商賈不知鹽醯者何限誠得是地而種桃其間皆桃源也嗚呼得吾説而存之桃源猶諸山也亦何必以未至爲戚哉乃孟侯之詩其於是山不一而足且以名其篇孟侯家世儒顯爰妻子婚宦不事獨來窮山中

豈神仙之説惑之耶抑有大不得已者存故託而逃焉也夫是山以靖節之文而重非以桃源重也則謂以孟侯重桃源可矣乎獨怪世之爲文者不知六籍子史之大而侈花草蟲魚爲高逸雖名山水亦反以其人其文而汚後爲斯遊者其愼之哉

萬退修史求序　爾昇　王一翥

昔鄭端簡公紀本朝事蹟卓有古風其集中所論往史獨有斷制如胡致堂眞西山所論不讓邱文莊之讀史然鄭有眞見不憑意氣不傍翻掀故永而可味萬歷末年立論者好用小慧自謂成一説一説弗成反與諸説有礙是一廢百也今不患不讀史患讀而無用不患不纂史患纂而紊舊必得約其志明其識者方可從靜中考訂夫志不約則綱違於經識不明則變窮於事約在守之而已退脩有焉明在旁悟而截其緒而已退脩有焉乎不見史册者垂二十一年矣客有操觚而問者乎對以前人已盡後人無勞疊見其實世不止無約志並無約本夫果何求乎求如其人而止耳如其人而止者如其昔所傳而止耳能止於心自止於心所欲言不苟言而後得斷制之平退脩造史求乎見之卽題此見乎之一見而服也亦如見鄭端簡之所論也退脩日累其功而成之可謂不負前人云

樊孝介智品序　於　倫大常

孝介樊公酷嗜讀書署中輿中馬上舟中旅次無聊之際風雨孤燈之夜無不寄之於書蓋倦以當枕而饑以當飴矣而公之意匪徒呫嗶汲引爾也以爲天下事無不濟之於智者智之用在天如日在人如月無學無術而以人之國僥倖何異瞽者有求於幽室之中乎故卽古今人用事之智一一評之集爲一書名曰智品首曰神神以知來此秦越人隔牆而探五臟之術也不待占候視色而吉凶生死之狀了然於胸中矣次曰妙妙以員應此呂梁丈人與齊俱入與汩偕出之奇也任風濤萬頃孟門陽侯之險無非坦途矣次曰能能以

當機此屠牛坦一朝解十二牛而芒刃不挫之手也所排擊傳割皆中理解矣次曰雅雅與俗對無不粗疏者淺陋者夫惟君子智深而勇沉禮行而孫出夫是以百舉而百當也次曰具夫取尨礫窒穴取狸狌捕鼠斯亦世之不可少者故有鴻儒效於小用曲士捷於小知合衆小以成其大正大人之事也次曰譎管子曰大勝時也小勝計也晉文公譎而不正而城濮之功亦與召陵之績並令宋襄而知此當無泓之辱矣末曰盜盜何常豫讓聶政荊軻之流有盜名無盜情衣冠仁義之士有盜情無盜名夫管仲遇盜取二人焉漢高之與取途中壯士數十輩下及戴淵甘寧祖逖若而人皆立功世

主顯名後世盜遽可相詬病耶而用之不以其道遂至凶於而身禍於而國辨之可不早辨耶七品者公非以爲可盡天下之智也稍見智之用若此云爾公集未成而遽沒余與公居同里自爲諸生時即相遊處聞其議論最稔公沒七年而予乃從其弟升之輩索此書讀之反覆不能去手因携之南中不揣固陋而妄欲成之爲綜其世次刪其重複而增補其未備其弟升之別有智門集深識遠想多發人所未發予擇其與此書相發明者并入之視原稿約益有十之四猶不敢遂以爲成書也僚友陳公等見而悅之急欲刻之署中以公同好客有曰讀其書不知其人可乎樊公何如人予曰樊公予之畏友也性剛毅能自立處窮愁抑鬱中不折其志處富貴紛華中不蕩其神悃愊無文吶吶若不出諸口而忠實誠心信於士大夫死之日知與不知無不盡哀孔子曰剛毅木訥近仁公甚似之歷官十載不滓一塵辭榮歸侍親疾此天下所共知也是以謚曰孝介先生語具江夏太原傳記中不具述然予獨賞其遊蒲之日去麗色卻萬金如草芥及登第淚下如雨推田宅甘貧處約以安其身此何等心胸乎夫毛義之喜樊公之悲一也相如傲一世故受樊公不屑一世故不受亦一也然相如事武帝帝倡俳優畜之死又上封禪之書則以道事君非所以望於相如樊公其可也人悅之好色

富貴無足動心者則廊廟與畎畝何在而不翛然又在商時排大璫勇過賁育夫惟有不爲而後可以有爲故曰無欲之臣可言王佐其在斯人與

樊尙父十年制義序

方應祥孟旋

余自蘊輝庵中看梅花逢尙父坐樹下昂昂如野鶴心知其非常士也與語大快尙父旣聆余譚亦色飛心折自謂得未曾有嗣是徃返過從坐輒竟日或衡量千古或商搉當世变相樂也久之漸覩其眉睫間有悲怨意而又若不欲見於色余益歎且疑因謂尙父今國家特廣薪槱之途其所奉爲功令惟是表章六經所爲道性情之正以提治亂之紀也吾輩

舍此安之耶尙父逡巡乃始出其十年稿相質辨其孰爲懋國門者孰爲藏名山者孰爲誤刻他名一柯者孰爲小遇大不遇者有從元草浪草同歸草海上操仙草及四方諸名社之所選錄若干卷以七百餘計曰此十年來嘔心之僅存而毀身失命之幾不免也身將隱焉用文爲行將盡舉焚之委十年於草莽爾吾亟起檢閱有如峻嶺危巖極目超忽使人欲絶有如瀟湘明月煙波萬頃使人欲觀有如曲澗幽泉一步百折使人欲迷有如蒲團四壁老衲參禪使人欲寂有如風雨江河龍搏虎攫使人欲怖亦有如夜半笳聲清秋鶴唳使人欲愁要皆原本經術洗酬子史盤礴吾之胸次直與往昔

聖賢相映發而絶不肯銖稱寸校以影襲於尺幅之間至其得意疾書一瀉千里橫槊賦詩盾子上磨墨作檄文古人所謂才之不逮豈不遠哉時余方以中氣逆上捉筆卽心動屏除一切獨得尙父文置床頭覽神采煥發都忘病苦每讀一義未嘗不作天際眞人想異哉豈非寸管精靈冥微造化能轉造華故耶吾因語尙父天地萬物之氣時刻出入吾之鼻端吉祥善事息息可從鼻端候之但勿自煎憂撓其湛靖昔軒轅氏鼎成而龍化去一器之工苟精神不可淹滅則神物猶將呵護而況此殘膏賸馥吾人身心性命託焉者乎負尙父之才何憂不達操尙父之器何事無成稍理喘息爲秋風必勝之計以光昭今天子新櫝之盛奚啻一日九萬而鬱鬱不自聊爲鄧仲華所咲嗟乎尙父於此欲吾之不大聲疾呼吾其能自已哉尙父俯而思仰而喟良久謝曰先生知我勝我自知才足以有爲而甘自放棄不祥孰吾知已不義吾將俛首理舊業雖然羈旅之人一瓢爲贅顧此纍纍奚囊充塞狰奴不能負矣吾且力自刪汰畧存十一以副先生之知并以識吾敝帚享千金之意先生曷爲序之余大書其首簡曰李杜文章在光燄萬丈長斯可得十年稿之崖略矣他日過尙父見其繩床供養又皆十年來所自爲詩歌古文詞余略拈數篇蕭瑟不可多讀再爲咏少陵詩解之曰何人錯憶窮

愁日愁日愁時一線長尙父呼童煑茗破歎爲歡久之亦似漸忘其悲怨之故

送王子雲遠遊序　金聲

子雲忠臣子今窘急且不能自活而餬其口於四方四方人知其繇念子雲尊大人當時若弗堅意殉國生死間稍稍能自謀子雲亦何遽爾恐自今以往天下之棄其子孫以從王事者將寥寥也子雲且休其勿遊乎哉雖然子雲不遊子雲則端坐而餓無已則有先人遺廬可半其值以沒於富貴之家之二者吾知子雲不能徵獨子雲不能今天下之皦皦囂囂淵憲自命者余皆知之且余旣拙不能爲子雲計何以勸

子雲勿遊也子雲行矣莫愁前路無知已天下何人不識君有能爲吾子雲計使其三年内無復毋弟饔餐憂者其必勸子雲勿復遊耶上則爲文成次亦不失眉山吾師𨚗瞻先生之許吾子雲者蓋若此也余尙憶斯語也子雲念之

雲鴻洞詩序　葛一龍

詩句入妙若天生地成後千古無能更一字而其惡習則虚處籠落自失手眼銜口蒲紙再設已陳常見小慧寡學人稍稍涉獵輒爾握管倣摹調句頗文成篇詢同鈔寫終無入處今之人有匠意特造不恨我不見古人恨古人不見我者余拜之向來吾友伯敬友夏使我每觸意新今讀凝之詩廣陵

散何曾絶也俗不如野滑不如迂和不如麤䵍不如樸渾不如鑿共昔人生活不如任今人笑罵凝之意乎每得凝之詩未嘗不令人思思之未嘗易盡詩有别腸吾舍凝之誰與及聽凝之談兵則古法畢具余嘗譬之覓句如剝鮮宿而薦之盤非其味矣用兵如服藥反古方而投之則必殺人凝之𥁞分用而各得之壇上主盟閣中畫像頻自看鏡能無沾沾乎哉雖能是猶知一之説也好古而有獲是以有驚人之句百變不窮者古法之所以可用也詩與兵無兩法門凝之之通會而神明之蓋久矣夫

夙知録自序　李之泌　鄴仙

不肖自省生平無甚大顯惡亦無甚大隱惡然惡就在這裏許不幸早孤過庭失訓耳聞目見慣習尋常不知裏粮負笈遠求師友日對四子之書祇如矇瞽憒焉無見所以悠悠忽忽過了半生滄桑以來棄舉業謝室家也想要尋箇路頭走只不發脚不知等待箇甚麼讀大全性理朱子語類等書毫無省發這病只是氣柔薇厚一時無人指點開發不來捱到甲午十一月十八日漏將盡纔動箇要學聖人底念頭天明披衣起看程子語録至學者先須識仁少覺會心明年二月鄂城遇劉千里彼喜禪者不肖擧似程子語千里應曰即此便是這兩年來與常銘同坐起湖上晨夕商量此事稍知用

力没那一棒一條痕一摑一掌血底工夫終不濟事日間逐物應副去欠隨事省察夜來一覺睡熟又没甚想頭仍是悠悠忽忽過了已亥初夏到南安郡齋筆札之外雖無他閒事只可云坐不可云静當年周濂溪先生理刑南安軍以太極圖説授二程夫子於此地六月五日入刑廳署中案上亂書堆積忽露聖學二字此元公之靈也抽出閲之乃聖學宗傳越東周汝登之所編測上自羲軒下逮元明裒集諸儒語録發揮道學宗旨其大端左袒金谿餘姚然其書極開朗好看也六月八日又當初度先一日見吳草廬語昔程朱二夫子年十七八時已超然有卓絶之見慨然有求道之志然猶未

至於化而死也今愚生十有九年矣失今不學更待何時日月逝矣歲不我與可不懼哉可不念哉今不肖年五十有二矣悟道亦不早知非猶已遲況没倒斷没長進仍是這箇頭顱這般行止父母生我天高地厚之恩如何報得一分半分默誦蓼莪潸然流涕吳草廬語煞是痛切動人假如成童時曉得有此一件大事得箇入頭就喫力向前做去當精壯力强之時一日工夫勝老年十倍故曰後生可畏何致悠悠忽忽捱來捱去到今尚没有箇倒斷耶乃即日取古今聖賢聞道發自早慧可紀記者二十有一人隨事率意著數語因采先賢語以足其意指示後學使他瞭見自有箇入頭省得論

語上髣頭那箇學字讀書元來是爲這件事有志底自然奮生向往不似不肖少年時汨汨世俗閒見中躭延歲月若小子有造自成人有德也題曰夙知録抑之詩曰誰夙知而莫成衛武公年九十五猶箴儆於國曰自卿以下至於師長士無謂我老耄而舍我必恪恭於朝夕以交戒我其好學警策如此國人是以有淇澳之詠謂之睿聖武公今不肖雖老視武公猶少也敢自棄哉陸象山先生知荆門軍上元設醮黄堂以講義代醮人皆感動不肖自念平生無絲粒之德及物聊著此録竊附小學之意倘有因此書而瞭見路頭勇猛精進後來成箇漢子彼此磋磨互相誘勸是亦不肖積慶以報答親恩雖曰爲人亦象山代醮之義也於乎小子未知臧否借曰未知亦既抱子不看此書可也見此書略識大意視爾夢夢聽我藐藐不肯如古人精思力行志不立憤不發悠悠忽忽歲月消磨不肖既自悲又以悲後人也誦抑之末二章知不肖苦衷矣已亥六月九日識

奚蘇嶺詩序 祿詒　杜濬

吾邑出郭里許過濂溪書院得異境焉望之蔚然陰森杳藹即之華表屹立有松櫪數百株皆偃蓋合抱中峙大邱左右列翁仲石馬豐碑穹窿高二丈餘深刻諭祭文一道是爲嘉靖中以丁未進士守延平州殉倭難贈光祿卿奚公默齋之

藏今吾友蘇嶺則公之曾孫也冢旁有草堂三楹蘇嶺自幼時侍其尊大人讀書其中其地又與外王父陳公之廬相接近余與蘇嶺皆陳公外孫每值歲時節序外王父母暨諸舅氏生辰往修拜賀之禮兩人嘗先後至相見握手歡忭譚集既罷必重過蘇嶺書屋酌茗論文徘徊於忠臣之墓下良久而後去方是時先慈暨諸姨母共四人表兄弟不下十許人而余與蘇嶺獨於其中岸然自異厚相期許慷慨相謂吾與若既同所自出又同志同學異時通顯建樹將無所不同乃中更世變余流落金陵蘇嶺修業里社一别不知年及此相見笑啼狎至莫辨爲悲爲喜以俗情論之余兩人於是乎爲

不同矣不知必於是而益見其所以同非世俗所知也詩曰同心之言其臭如蘭何嘗曰同迹哉姑崖略明之夫蘇嶺少而沈敏余少而輕率然而好學同也三十年來蘇嶺以才大不能藏余以器小不能行然而兼善獨善其學各有所本同也今讀蘇嶺之詩多清新跌宕之音余詩多志微噍殺之響然而貴眞不貴贗同也夫詩至於眞難矣然吾里一二狂士以空疎游戲爲眞而詩道遂亡眞豈如是之謂耶夫眞者必歸於正故曰正風正雅又曰變而不失其正詩至今日不能不變道在不失其正而已蘇嶺獨知之屬余言其端余惟序真詩不可以作飾語而真莫真於疇昔之日外王父家之所

講摩及忠臣墓下之所期許葢未嘗一日忘諸懷而於是焉發之以爲是真詩之所繇來而且以見蘇嶺與余所以同之故其指深渺矣哉

學統序　杜濬

學之所以爲天下裂也愚齋先生獨知之於是潛心二十年輯學統一書若干卷自夫子正統而降凡叙五統臚列差次有述有斷粲然明備無以復加矣録成以視余余卒讀而歎曰卓哉此書之作自兩宋先儒以來絶而僅續也雖然求其成效必在十年之後乎何則風俗不古足以閡學也學之徒落落可數而風俗徧天下彼便其所習熟而視正學若弁髦吾其能家至而戸說哉兹姑舉其槩古者人各祀其先而今也削木摶土其神滿家致享致虔反蹴其上古者非祭祀不齋非大故不絶葷而今也齋名百出自公卿以至村嫗持行如一古者士明一經敏者兼五經而今也經教龐雜問其所誦或非吾孔氏或出於重譯或造於巫師愈俚則愈盛古者士大夫惟拜君親師以及嚴事之友而今也三拜九拜未易致詰古者愼終追遠自有經理而今也親雖聖善至舉喪葬祭典必延愚劣之僧道謂之懺罪資福古者淵懿之士常妙思經書期有心得而今之儒者豔慕參宗鶵臭當風過者掩鼻也古者建學廟祀先聖先師而學舍卽築於其旁俾學者

肄業其中所以使之親近模範不見異物而遷故記曰九年知類通達强立而不反謂之大成而今之衿士非趨蹌學使者暨守令有檄常終歲不一近宮墻惟禪關道院則欣然負笈焉風俗如此葢習與性成殆堅强牢固而不可破於斯時也與之陳說學統道金聲玉振之孔子析格致誠正之精義何異以水投石耶然則將聽之乎未可也不則以武斷取勝乎尤未可也夫風俗之訛必有權宜之學術以召之如昔人所詭謂神道設教者其流傲故至此耳誠欲易其轍是在有世道之責者黜權以崇經經正庶民興然後簡魁磊傑出之士與之講求學統猶治統然有紀綱法度焉有是非邪正焉

有褒貶賞罰焉如是者五年衆既通曉矣方將悔習染之非
悟異教之謬薰蒸漸被什百相勸以至於千萬無算如是者
又五年則風俗一變而正統之學四達而不倍可拭目而觀
也盖用禮教以變風俗而風俗既古則正學益明其先後節
次鑿鑿然矣顧此豈可望之中立之愿儒兩可之膚説哉夫
砭頑俗者利用剛益必如愚齋之作人正容以悟物愚齋之
立言方嚴以礪世然後可許十年而收曠代之功也共學里
弟黄岡杜濬謹撰

國朝

居學録自序　曹本榮木欣

居學録者曹子退習時與一二同志所論也盖夫六經之理
廣配天地人心之靈炳若日星大道不孤聖賢接踵斯録也

毋乃稊米之於太倉哉雖然道猶天也天體無方千萬世上
下凡具知覺有目共睹則安得以寥廓爲天而謂昭昭者非
天乎但聖言深遠末學支離執日用者以大本爲虛談樂徑
造者以事爲爲粗跡各成擔板徒增藩籬其爲不合不公則
一而已夫孩稚知能而同然之仁義已達墟廟哀敬而百千
之禮制以生仁體事而皆存心隨處而各足顯微無間體用
一源此千聖之道所以朗朗高懸而世儒往往莫之悟也本
榮學懵知路詰愧升堂閱歷淺則肯綮未嘗探索疎則義蘊

匪備顧以區區之淺陋仰窺聖道之大全豈有當乎然而性
命之故費隱之間其通一無二者猶可默契也後之君子亦
可以推其志矣録成凡答問十之六告語十之三雜著十之
一言率無心詞取達意故不復分別體例云

長迹園遺稿序　葉封慕廬

黄岡王子雲先生爲大司徒雲澤公曾孫天才超逸下筆驚
奇初應童子試即受知於馬公如龍拔置諸生異等嗣葛公
寅亮亦以遠到期之崇禎庚午舉於鄉連上公車不第尋輙
不果再上旋遭世亂播遷流離避地廬麓十有餘年乃還寓
巴水困窮以殁其生平所著長迹園稿甚夥悉燼兵火後又
以胠篋散失記録勵存葢百不及一焉憶昔歲在壬午封嘗

讀書先生之家先生始教爲詩指論源流頗備比雖未能深
領然心識之後每有省康熙戊申封從仕閩歸道謁先生時
先生年已七十有七老且病甚相對欷歔悲感遲暮别去又
十餘年而先生下世久矣先生之從父雪洲給諫封姻也謂
封知先生深手先生遺稿屬封校而序之封受卒業泣然而
言曰夫人必有軼羣之才而後其出言也不同凡缶之響尤
必有遺俗之志而後之用才也不僅爲警悅之華李白文章
縱逸妙絶古今然以永王璘之辟終已不振王維爲詩雅秀
迥出常境凝碧之篇幸徼原宥而鬱輪袍之奏卒不免於貽

譏是故人之遭逢坎壈固其不幸若乃身名一累白璧微瑕致使後之君子因其遇而惜其才則以視夫憂愁侘傺濯淖汚泥之中蟬蜕於濁穢者不大逕庭歟先生之詩根本性情取材於漢魏六朝而緯以法度其爲文湛深經術稱左邱司馬班氏而餘子姑舍其爲人脱畧拘檢不可一世當其蚤歲已有不羈之目晚罹喪亂轉徙徬徨抗懷高尚託迹於皐羽遺山之流益與世齟齬瑣尾顛頓老死無悔益其境可悲而其情誠可哀也已夫惟如是故其軼羣之才雖弗獲致用於承明視草高文典册之間而行吟放歌往往有以見其志不啻若杜甫之身歷艱難拳拳忠愛之意然則先生之可傳者

亦豈必句櫛字比銖稱寸度第謂於憂澤公不墜其家風云爾哉

葉慕廬詩序

朱彝尊　竹垞

周職方氏所掌盖爲國一千七百七十有三而附庸不與焉其得列於詩者自二南豳及王風外僅十有一國而已夫以邶鄘曹檜之微不遺輶軒之采況疆域之大焉者乎彼其國人豈無感於心而宣於言詠歌嗟歎以賦其事然皆置而不陳何也傳曰若以水濟水誰能食之琴瑟之專一誰能聽之殆或所操類一國之音所沿悉前人之體製則言不曲中膠固而不知變變而不能成方斯則可以無取司馬遷謂古詩本三千餘篇孔子去其重複取三百有五其多信矣乎自後變而爲騷爲樂府爲五言爲七言爲六言爲律爲長律爲絶句降而爲詞爲北曲爲南曲作之者恒慮其同則變變而其體已窮則不得不復趨於古譬之冶金者必異其齊攻煎而不耗斯其爲器新而無窮做盡而無惡故正考父奚斯之頌不同乎周景差宋玉之辭不同乎屈平孟郊劉叉盧仝李賀詩不必盡學退之張晁秦黄詞不必盡師蘇氏此其人皆以雷同勦説爲恥視其力之所變而莫肯附和不知者斤斤操葭黍圭臬以繩其非是欲其派出於一毋乃謬論與三十年來海内談詩者每過於規倣古人又或隨聲逐影趨當世之

好於是巳之性情汨焉不出惟吾里之詩音響雖合取而繹之則人各一家作者不期其同論者不斥其異不爲風會所移附入四方之流派惜夫工之者類多山澤憔悴之士不汲汲於名譽或不能盡傳又或傳之不遠則一人之言無以風天下歲在丙辰遇葉先生井叔於京師誦其詩清而婉麗而不靡戍削而無刻劃之迹至於友朋山水之好流連唱歎而不已庶幾發乎情止乎禮義可以化下而風上者與先生前知登封縣事入爲西城兵馬司指揮與一時士大夫官京朝善詩者九人合刻其集以行比而觀之若金錫之各異其齊不同夫琴瑟之專一可謂善變古人者矣先生雖家於楚實

于里人也乃爲序之以質當世論詩之君子

毗思堂詩集序　周世𨗨 字質

稚川劉先生今文古文既售之世矣其所爲聲詩亦散佚無存而質盧續爲纂輯承金君會公張君金山之命俱梓而請之詞林蓋成此孝思以見前人之志又在乎詩也夫詩自卿雲賡歌康衢擊壤明良道合志意相同其始也本乎性情皎如太璞既而離騷漸作辭甚風雅雖曰濫觴大抵本三百篇之意明於治亂故龍門稱其志與日月爭光可也漢魏小變亦云近古六朝之靡曼盡黜輕婉宏麗居然一代名家沿及四唐漫誇初盛爲清廟明堂之響好中晚者則曰骨節珊珊

無煙火氣象回憶柏梁近體孝武大司馬以下君臣各言其志詞意較然先生之詩鎔貫百家典型往哲野之歌朝之頌風雨晦明不無所懷感發懲創各有所寄其亦深於言志矣豈殆神超形越能解人頤者乎嗟嗟先生學然後詩中正和平之旨悉由於四始六義之文其有得於吾夫子删之之遺意乎其有當於金張兩孝廉好之之心乎至若評論存佚之權更質之詞壇君子余何能以盧陵南豐崆峒大復先比媺於前賢乎

王子重集杜序　朱日濬

蜀地古稱多才蓋其山川之氣如玉京大蓬揷天連雲百花潭水濯錦分箋故萇宏雲卿輩皆隱顯殊絶而杜子美以盛唐一代才人結廬浣溪之上故集中所著蜀詩爲多蓋人地相期忠愛蘊積於中奇遇薄射於外故憂苦沈湛憔悴行吟之感往往若瞿塘灩澦之險驚湍噴激而出不能自已也子重王子入爲吏部出典蜀試以鵷禁冰鑑之司任皇華四牡之選抒其宿抱與蜀士遇將見倡風應雅屬辭賦事鷹揚其體鳳觀虎視出其天藻神思以潤爲國華亦何不可顧獨取子美愁苦憔悴之咏而集之何耶蓋子重一出一入皆爲國家作人之用其入蜀也不獨公門桃李盡入夾袋即千載以上莫不追其既往溯其流風蓋以求才之志引而爲憐才之

思古之所謂登駿骨而致千里之足其即此與故曰駪駪征夫每懷靡及見詩人之不敢以皇華爲樂而以原隰爲憂也子重以天部侍從之臣志與時並極人生之至願乃於出使而不忘羈旅孤臣之子美所謂安石既與人同樂自不得不與人同憂其忠君愛國之思必自有以著見於異日者而非徒以詩也

於滄洲文集序　許汝霖 時菴

吾友於子滄洲將以制藝問世屬余一言弁其首夫於氏楚黄望族也自先人樂葵公博通經史以孝廉薦名傳海内其姪太常公爲名進士厥後甲第蟬聯代有聞人滄洲以塹顛

夫時深懼不克負荷先業日夜兢兢思所以傳世而行遠亦出疆載贄之意也余因語之曰有明以制藝取士率天下之人聚精會神殫志儆力攻取於其中三百年內登甲乙第者何止數十百萬而以文字稱不朽者寥寥可屈指盡當是時士不熟性理通鑑而與童子試者罪及父師則平日之所揣摩與所以見知於有司必確乎有以自信非若近世之標名獵譽逐影附聲以攫取科名於旦夕者可比而卒多不傳者何也蓋制藝之所發明孔曾思孟之書也孔曾思孟之所傳述堯舜禹湯文周之緒也程朱當日原本昔人遺意參以己見詁訓詮釋至於毫髮無憾尙自謂幾經脱稿幾經改訂而

後定今以庸庸氣息代聖賢語言而復限以朝廷功令排仗列隊比句櫛字存十一於千百固已難矣而況割裂破碎窔梯脂韋雖因之翟林諸先正已多遺議而世之評文者輒曰是以先秦兩漢唐宋諸大家之筆而發濂洛關閩之理者抑何談之容易耶於予所著不必銖銖錙錙求合古人自有一種不可磨滅之處而其言亦有得於聖賢大旨之所存以視明季諸社刻轅管轢韓掃佛擠老眞不啻鄭雅殊聽朱紫異觀矣顧吾於此竊獨悲於予之遇而嘆身任衡文者之爲可惜也夫今之文藝今之經明行修也今之制科今之鄉舉里選也上非此無以取士士非此無以見知於上學者讀書數十年業成而不能博一第以表暴其所長與艱難辛苦之所得徒僕僕走數千里道携一儆篋以求鳴於世則當時之所謂拔十得五者果安在哉雖然遇與不遇亦何常之有子能堅其所學於獨居旅處風雨晦明不以得失易其慮力田逢年會須有日於以振先緒揚明廷益出其篋中所藏公之海內歷時愈久而光芒愈不可掩試較之淺中速化之士與寒烟蔓草俱盡者眞不可同年語也子其待之矣

萬頤莊明府詩集序　爾昌

毛際可鶴舫

康熙乙酉邑父母萬儼菴明府莅吾遂之三載政簡刑清樹循然獨一意與民休息溫柔敦厚之風油油然翔洽遠邇意

其得於詩教者深而未嘗以詩自鳴適所首拔士姜子三如家有并頭蓮之祥明府次韻二律膾炙人口無不爭相傳寫其年秋姜子得與計偕入益謂明府之詩信而有徵也已而命駕過訪以其尊甫師貳先生頤莊詩見示相屬爲序先生楚黄右族登前丙子賢書主試者爲太倉吳梅村祭酒允推詩文宗匠特録先生減膳撤樂表程式多士聲譽日起值明季喪亂淡然榮利偃息田廬尤愼簡交遊自一二知已外凡名位顯赫者罕名贈答讀其詩如遠岫之興雲如幽泉之下峽如孤桐之直上而無枝如百種之離離而出於土無一語沿襲三唐即同里竟陵二君子詩遥情逸韻一時奉爲依歸

亦不欲寄其籬下惟五言古彷彿發源靖節然偶爾託興筆行腕止間未始自命爲擬陶也獨是閲先生之石友胡君序謂先生備天倫之樂而又自庭除達於江滸恍若行於名園別墅中宜其爲詩悠然而有餘乃余按集中編年多幽憂之所爲作豈以身歷滄桑之後觸物撫時百感交集有畢世不能告人者亦惟與靖節相視已耳先生更以餘力爲詞賦慶弔詩篇俱登之別集盍明府仁孝之思不欲一字任其遺佚況其足以傳世而行後也哉際可謭陋後學管蠡之見未足窺測高深聊付於校讐之役焉爾

萬退修秋水岑集序 爾昇　　毛際可會侯

曩者邑父母萬儼菴明府以其尊甫頤菴集屬序竊謂大節在淵明間而詩亦得其遺意今年春復以季父退修先生秋水岑集五種見示先生三十後即絶意仕進刻意爲詩以寓其歌泣或亦身世之感有同於頤菴者耶讀偶然作寓言十九如云前人網罟制後人無遺利物命方不堪人乃自言智智盡形亦勞取稱妻子意識在位之營私也又云小鳥學鸚鵡遂受樊籠厄啾唧似能言聰明已爲累饑來向人呼何暇毛羽惜言文士依人宇下如班孟堅蔡中郎之屬身名俱喪即少陵之于嚴武亦幾不免也又云本以射虎始而以射兔終豈無搏擊策酣飲已爭功議古來邊將養寇以自封千載如一轍也又云桃花正欲謝木香色始鮮歡心猶昨日相愛已相捐桃花若寄語前此亦爭妍即班姬團扇之歌不是過也又云凡物各有情强弱自爲生蔦蘿附高柯豈遂藉其榮竊恐秋風起高柯先自驚喻人之憑託權要而不知冰山之不足恃也至於指頭禪圓通解脫亦作是觀他若日柳眼日鴈字皆多至數十首以及梅花百韻皆天巧人工備臻其至憶予應博學宏詞之徵有鴈字詩八首頗爲同人所稱許然已覺江淹才盡始嘆人之才分相越不可以道里計云嗟乎以先生之詩使傳播於吳越間當高據作者之壇乃秘之篋笥致名不出於楚盍先生之性情學術別有根柢即選韻徵聲特其餘緒而非與世競名也持此五種行世亦述者意爲

表章豈先生之志也哉

贈王又沂序　　許東

我家四世師友於黃岡獨多豈不異哉有識其父於三十年之前既友其子於三十年之後者黃岡王氏又沂之於予父子是也有識其子於十五年之前既友其父於十五年之後者予與黃岡朱氏菊廬父子是也我先君性沉靜簡默不妄交游每談士競引重始應四方文社事又沂之識家君也在乙酉正月時先君方出謝友人之會弔先大母故相遇吳中丞家又沂爲予言先君白衣冠顏色顦顇若重有哀者同坐

僉張九臨吳羽三吳宏人兄弟予聞之泣下葢先君以是年春三月哀毀嘔血至明年春不勝喪歿矣嗟乎今天下文章之士如雲予小子幸多四方賢豪長者交然自江浙數百里外求一人曾識我先君若又沂先生少矣然則東對先生言動間稍輕蹤狂易有悖先君對客謹愼意先生必心非之東也敢不敬乎況先生夙有聲譽藝林爲昊廬王公舅氏而與公諸賓客飲食起居不求稍異謙抑能下人論文得矩矱變化觀其持已論文可以知其人文矣敢不敬乎尤異者天啟初東先大父在成均觸忤魏忠賢黨人中以家難幾不測而時以縣令力爲保全者黃岡晏泰徵吏部也爲一世援我先

君童子科中三試皆第一後院試亦第一俾先君自此知名亦晏公也爲再世東丁酉舉於順天黃岡曹厚庵先生予座主也知予二十年館穀予俾予得負米以將母爲昊廬王公而因公得交其親串若菊廬又沂及公子子重菊廬子庭怡門人陳翁餘又皆黃岡人也爲三世予長子準交庭怡其事詳于贈庭怡序中爲四世夫黃岡之至我邑凡二千餘里可謂遠矣而寒門四世所師友得諸賢人君子于黃岡若此亦盛矣豈不異哉因又沂之與我先君之相識遂牽連及此亦猶古史傳書法之意也夫

赤壁志序

金德嘉會公

黃州之有赤鼻山桑經酈注備矣經曰江水又左逕赤鼻山南注曰山臨側江川經曰又東逕西陽郡南郡治即西陽縣注曰晉書地道記以爲弦子國也山之紀載章章如此蘇公賦乃及周郎戰曹孟德事即經江水左逕烏林南注吳黃蓋破魏武於烏林處也夫博物如蘇公豈於水經注而忘諸葢前賦寓言耳後賦江流有聲斷岸千尺山高月小水落石出後人諷之猶如公灑翰雪堂唱大江東去時也公言語文章妙天下所過名山大川咸賴之以不朽西自岷峩東至陽羨北中山南儋耳館閣中州京華紀述都徧而赤鼻以兩賦特聞公之之黃豈惟黃人賴之抑亦赤鼻之幸也其賦以元豐

五年壬戌之七月十月其曁移汝州以元豐七年甲子之四月到於今踰十一甲子矣縉紳章縫之産於黃者中朝士大夫之官於黃者四方騷人學士之客於黃者咸登臨題詠無虛日葢自二賦啟之也赤鼻舊志散軼河東賈大夫守黃續輯之垂四載志成以水亭臺祠宇人物題畫金石藝文犂如也燦如也大夫以治行遷陝西按察副使以去其治黃也爲是志乃創前賢所未有夫端明之在黃也不得行政以惠我國人徒以詞賦爲光寵大夫則吾父老子弟既身沐其治而又高文巨筆爲江山大發其英華則黃人之於大夫自此以至於千萬斯年其與端明俎豆同有千古更當何如也讀是

志者其不以余言爲然乎

張貞媛詩序（貞媛姓胡氏名秀温江陵諸生張毓參聘妻荆門封少宗伯胡公振翼女也）

王如玫（二思）

千古之文章皆忠孝節慈之性情爲之煌煌乎與天地相終始非若風雲月露之章祗榮悴於旦夕已也丈夫而力爭人禽之界者無論矣自陰陽健順厥賦維均香奩粉黛中固有所天不幸而誓死靡他復咨嗟歌咏以見志者未嘗不嘆其性情之肫摯直令綱常大義賴以長留又何巾幗之不鬚眉哉若張貞媛筠心閣詩尤錚錚者矣古人云慷慨捐生易從容就義難跡貞媛芳躅始則投繯絶粒畢致其慷慨既則仰

事俯育倍形其從容此熟思審處於難易之際而毅然以身嘗之者也而其用心亦良苦矣既不忍以蒼白乖從一之義又不欲以決絶傷高堂之心衰絰一室彷彿信國之遺風焉洎乎餕鬼血食苦節上

聞而教孝教忠且不非薄其後嗣是舉兩間忠孝節慈之理已皆備於一身爲千古之完人所謂無乃太周折者不誠曲致其周折矣乎故其發而爲詩也生氣獨標浮華盡汰古銹石琴杳無細響而沉吟反覆之餘又覺藹然以温中和備至況之柏舟不諒於父母黄鵠見疑於舅姑雖韻落魂銷響成心痗足以寫其金石之誼而求如此之葆真全志以不失哀樂之常者曾未可同年語盖其爲從容難也今貞媛亦既高義表於

天子芳聲垂諸史册不必藉詩而後傳而以挨諸風人之旨靡不發乎性中乎情儼然與昔賢不朽之業同爲扶植綱常則貞媛之詩不又千古乎哉適其孫振鐸裒輯成帙俾予一言爰盥手爇香斂容正襟而爲之序

省志訂譌序

王道明（雙崎）

予承乏志局分修長沙乃取縣志府志及一統志而參酌之然反之余心而有未安者因作訂譌焉盖有隆重勢位於崇高者則詳之而側陋者畧焉是貴貴之書也專於貴貴則不

平有篤愛家鄉强以族姻里黨之庸材而文飾之與英賢等是親親之書也局於親親則不公有奇節偉行而訾其過激者是善善之未宏也善善匪長則傷仁有含垢納汙而美其包荒者是惡惡之未切也惡惡過短則害義至若惑異端者則搜仙佛之秘怪溺詞章者則裒藝文之浮夸是皆不足以垂訓也曷不以春秋綱目折其衷乎宰周公之會則書之王人以下不詳焉貴貴之義如是而已矣匪是則縉紳焉耳孔父之節則録之正考父以下無聞焉親親之義如是而已矣匪是則家譜焉耳荀息之忠子野之孝宋伯姬之節皆大書焉盖賢者之過猶愈於愚不肖之不及也文姜之孫仲遂行

及之聘意如荷蹕之會皆特書焉蓋尊親雖所當諱而三綱五典不可以淪也且夫同泰之捨身上清之致祀皆存之以示誡則仙佛之學豈周孔之名教乎柏梁之聯句永州之作記皆删之以明蕪别辭章之技豈詩書之遺則乎不去此數弊志雖工勿善也噫前民之得吾之師前民之失吾之鑑烏可苟焉而已哉

崎山熊氏譜序

王道明

晉隋以前有著姓而無私譜自唐長安中劉知幾譔劉氏譜三卷而衣冠之族遂有私譜然但譜其族使無涸繆非凡屬同姓槪爲傳志誇其先以榮於世也今世士大夫家刻一譜矣而誇張揚厲遠溯黃炎之紀近扳貴顯之族雖遠在秦越强爲附和嘻何其陋也夫人誠自立不必祖人之祖遠祖難稽必恥自誣其祖昔文山少年以同姓謁本心問其譜以谿公對本心曰石晉諱敬以苟文分爲二姓文山質諸草齋草齋質之乩仙遂刻爲圖書宗本石室後文山掇巍科位丞相忠勳義烈照耀古今谿公云乎石室云乎蓋又開文氏一祖也歐陽巽齋始登科縉紳士林意以廬陵代出名賢必宗六一巽齋以欺心欺人爲恥而郭崇韜乃拜汾陽王墓以爲已之自出此文山之能自立而草齋之未免於誣也此巽齋之所以爲賢而郭崇韜之所以可恥也吾友熊子宏道詎不謂

派衍軒黃系原楚繹近世若孝感之勛業鍾陵之文章江夏之忠耿寧遠之廉直皆爲同根共蒂之裔璧合珠聯之族而其所著譜並弗旁摭遠引止據近代之傳聞尊甫所口授名類晨星帙薄蟬翼較之時下之譜幾於無可譜者而不知立法之嚴用意之密深得仁人孝子之用心而非近世之譜所可擬也或曰熊子高曾而下單傳者四世以蘇譜律之幾於祖盡而服窮以歐譜律之則七八世而上宜不復贅而不槪從畧何也蓋尊祖必敬宗敬宗必睦族四世單傳幸其不至於塗人者曾幾何輩則舉其幾至於塗人者而親之如一體使服已窮而不窮親已盡而不盡蓋譜爲我祖譜也而非但爲我祖譜也者皆以譜我祖之心譜之也至其譜末綴以讀書卜地若干言似於譜無與而吾以爲熊子之用心苦矣孟母三遷其鄰爲教子也朱子三遷祝孺人墓以卜吉也將思光大其譜而不爲子擇師不爲親求土厚水深之處者乎雖然熊子勉之矣映雪囊螢誰實爲師牛眠鳳窩神實爲守惟有德者有之耳熊子之高曾若祖吾不及見若尊甫禹鈞余少時曾陪譙集見其恂恂然貌若不勝衣言若不能出諸口而至於爲義若嗜慾不顧前後雖孔戡莫過也分別是非剸剖疑劇委曲曉暢令人意解雖仲連莫過也蓋德而隱者也而熊子克繼其志朝夕無違色一舉足而不忘世德作求天

監不遠將池慶鳳毛所表瀧岡直於其子若孫拭目俟之矣而此譜之遠紹軒黄近輝楚乘者又何不如文山之自宗巽齋之能自立也哉

送李生鳳止鄉居序　　呂德芝時素

人心而尚淳樸則君子多在都邑人心而尚機械則君子多在山林非山林之盡淳樸而都邑之盡機械也世際承平人趨奢侈都邑間集五方之民籠山海之貨奇贏可掾淫蕩易起酣歌博奕計致而術取之舜面蹠心莫可窮詰所以思淳樸者多求之山林爲夫不見可欲心不之亂中人之性也鄉村之間土厚而風古塵靜而民勞游手者寡力作相習無燕

溺之招奢逸之慕足以蠱其心者也飯出於田鮮得於漁鹽略而外無他市焉婚祭伏臘速媚友者不過雞豚醪醴無所謂珍錯旨滑足以驕其口腹者也勤可以畜德儉可以養財兒耕且讀更有志者藏修之地乎李生鳳止世居郡城郊少孤而能立善事其後母而友於昆弟與余鄰奉其父之遺命執經余門頗受教其文字可以干祿而家計鹽米累之一日告余曰將奉其母挈其妻若弟而徙居於鄉詢其意則以都市之機械憂其弟之無所職而荒其筋骨而後且有饑寒患也將率之以緣其先畝以課若耕其暇爲讀書計吁智矣哉抑勇矣哉夫人之患莫大乎狃於宴安而不一邮顧也吾嘗見有襤褸而寄食於走隸家者怪其貌不類丐人或曰某公卿子若孫也是向之紈綺叢中鳴鐘而列鼎者也惟不事詩書且不習勞肆酣歌博奕以致此耳李生雖未必生於富貴蓋亦不饑寒矣父母喫咻親友護惜豈知所謂曉作夜息者而一旦能慨然引去爲久遠計也非智且勇者能乎今而後居於鄉勤於耕謹身節用以養其母學可有成也兄弟合力和氣致祥數年之後其道可以富何則淳樸者富道機械者窮道也吾年將五十而母且衰老長以皐比爲菽水資非計也以無田可歸故泄泄居此聞子之行靦然而媿因述山林之善以堅子求淳樸而逃機械之志然數年後余將買田而

耕仍與子爲鄰云

劉志小序摘録十九首　　胡紹鼎牧亭

星野

周官保章氏以星土辨九州之地漢書曰吳楚之疆候在熒惑占於鳥衡熒惑位南方也南宮朱鳥太微爲衡也夫邑之於分也僅耳而食於地德以承天休乃重其所守是司土者之所兢兢也

山川

周禮大司徒掌土地之圖辨山林川澤之名物制其圻疆而溝封之論衡曰山川陵谷地之理也邑之山水有

稱淸遠而稽其廣輪成其經紀盖治道舉矣至於登臨之勝別有誌焉

古蹟

昔王元之言月波樓名不知得於誰氏有悠然望古之思以爲景必遇人而後名存留也今之視昔又數百年名賢遺跡見於詩文者多矣而人或依託傳聞失實盍闕如也

風俗

舊言黄岡士重氣節好文章而隋宋及明所傳奢儉爭讓勤惰迥殊盍風俗與化移易然也夫休養生息政教

誠和士興於學民安其業當有盛於昔者備舉傳聞庶有擇焉

物產

黄之畜利穀宜同於他縣而古所稱多竹如椽落英之菊乃不槪見豈非物之常者久且貴與夫寒暑以時和氣蕃滋百物順成民用康阜是故節用養物氣也不貴異物賤用物安其土之所宜也

厢鎮

志言食貨者生民之本故築城郭以居之制廬井以均之開市肆以通之若周官鄽長司市之設莫非因民所居平而治焉茲邑土廣齒繁四民雜處比於城市達於鄉曲閭閻相接熙熙然盛矣

祠祀

夫祭於有功烈者報德也祠於聖賢所以訓人崇德也是故官司先成民而致力於神乃肅蒸禋備物盡志盍典禮宜昭達乎郡邑羣神和百物順用是道也

水利

書曰濬畎澮距川月令曰無漉陂池又曰修利隄防道達溝瀆所以資漑灌備潰溢也是故水地異施各因其勢宜納百川各因其利順民力而後樂之語曰舉鍤爲

雲决渠爲雨盖言樂也

積貯

管子曰牧民者務在四時守在倉庫唐書曰善救災者勿使至於賑給是故古人立法莫不籌備於未然

聖朝軫念民依治法大備羣生遂長五穀蕃植而艮有司掌之以是爲有備無患也

廟學

古者里有序鄉有庠所以明教行禮而視化也祭於

先聖先師重本也我

朝崇修典禮釐定樂章表道德之宗以爲萬世法其達於郡

縣與賢勸學咸臻斯路觀於人文以化成天下師道立而善人多也

秩官

周官有縣正各掌其縣之政令而賞罰之董子曰郡守縣令所使承流而宣化也夫縣令上奉郡守輔以丞尉建之師儒以是撫字羣黎道揚乎風教在昔黜陟臧否不一因名而考之不可掩也

名宦

古稱良吏奉職循理名實相應麇麇有德讓君子之遺風不徒技之稱位然也夫唯良吏政平訟理閭民所疾

苦與學校移風易俗至於去則思之歲時祭祀不絕德之所及者遠矣

科貢

自古量材授官録德定位英能承風稱爲得人其取之者不一途也唐始重進士累代因之蓋有不愧科名者矣我
朝文教覃敷人文蔚起楚稱劉熊接踵者纂焉而以薦辟雜科顯者亦往往能著功業何其盛也

武選

周貢士試於射宫未有分也漢曰武勇曰剛毅多略間有所舉至唐始立武科其軍謀奇技之見於制科者又其異等者也我
朝揆文奮武經緯兼備其在茲邑以武登科第先後若而人武勲附焉

儒林

朱子記齊安二程夫子祠曰其道坦而明其說簡而通其行端而實於是追誦前烈思以風勵後進而納之聖賢之域故有能明於道而强行之者聖賢之徒也

宦蹟

各省所載名宦詳言其事况實產斯土者愛其姓字與

有榮焉而使後之人有所稱述則而傚之故曰行有迹功有表不可誣也闕疑無溢美重其實也

孝友

爲子思孝惟孝友于兄弟故君子務本百行之所生也夫以聖賢行之而猶恐未盡而人心所不能已者往往獨盡其誠此百姓之與知而能行也可以觀道而示化矣

列女

天地之正氣人之綱常婦人女子而有士君子之行激揚風化道至大也窮鄉僻壤懼有遺佚勿使鬱而不彰

將以光諸簡冊閭里樂道其盛於是書也敢不慎歟

詩賦

地多山水俗尚風騷故作者日盛而四方賢達之往來又相爲歌詠不可勝數夫古今人各言其性情與其登臨之景宛然在也是亦山水之助矣

郭三山先生心齋集序　　張念祖 緒茲

天地無心人卽天地之心人亦何心心天地者卽其心三光四序兩儀六府佐天地者也皆心天地之心以庇乎人之心生人者祖宗主人者大君教人者師保以及古聖賢彰明義類發揮實行所以庇斯人者要無非以天地之心爲心而亦

卽斯人同然之心人之心不綦大哉顧心動則妄靜則潔心二則襍一則醇苟以此心心天地因心乎天地之三光四序兩儀六府暨天地來之祖宗大君師保以及古昔聖賢之心匪齋其將奚以齋之說見於經傳其非變食遷坐之謂其謂肅此心以靜明此心以一而反此心於醇潔也是以夙夜寅清獨有必慎宥密肆靖身有專修齋固宜問諸心矣世或以心齋之語見於蒙莊疑爲大道詬病詎知二帝三王之所謂欽孔曾思孟之所謂誠漢宋諸儒之所謂敬俱不離乎心齋義蘊哉流俗靡靡知此者尠吾鄉懷泉郭先生起而見諸實履因著爲心齋報本一書本者何卽心是也蓋其心以齋而心天地之心因心乎三光四序兩儀六府之心且心乎大君祖宗師保及古昔聖賢之心而卽發明其所爲心以假諸言使斯人從而祓濯之應亦自得此心不妄不襍之本則謂心之齋報本也可謂本心之齋報心也可卽謂使斯人心心之齋各報其心也亦何不可之有此書一出將天地無心而有心三光四序兩儀六府心天地之心亦心此書之心大君祖宗師保以及古昔聖賢以天地之心爲心亦以此書之心爲心心齋之義其無窮乎得是義而慎厥身修因推以經綸家國彼帝王之欽孔孟之誠漢宋諸儒之敬當自實踐中發明深蘊所韶何極哉倘有詬諸大道者其亦返而自問其心

可爰弁小言於端

周易圖說序　　蔡　新 葛山

易者道之原也包羲遠矣其世遠其言荒而易託然八卦之名與其象麤然可曉也而世滋疑者顧以孔子之言太極河圖洛書出繫辭傳先後天方序出說卦然說卦無先後天文河圖洛書無如今十九點畫者天一地二不言河圖洛書朱後乃俱有圖程朱之學一也程子於諸圖未之信也朱子信之後天之義闕焉而周子太極一圖程子秘之朱子傳之何也自漢千餘年程朱諸賢出而得其傳而世所爲不可知者乃若是我

聖祖仁皇帝御纂周易性理推闡圖書先後天美備精微
皇上性學高深淵源道脉作述兼隆學者欣逢其會尚未能
仰體至教乃循塗守轍致昧古人心法不敢旁參一解固矣
南泉向以待直日久親沐日月之光退而寘搜退討深研三
極與古人相質於百世之下雖以言自心裁要其指歸而不
誣義創而愈習譬如探星宿洸濱海一一具道其然而至者
絕罕詫謂新奇耳夫古今相待者也天體卽道體向言天中
言其空中者而已程子始謂天地之中理必相直朱子亦以
天中言地而推步之法至我
朝而精天體定太極河圖洛書先後天之旨無不可定而儒

釋真妄之分朱陸異同之說皆可無辨而明此古人之有待
於後而亦南泉所為獨得者其言曰虛以塊成行生是出吾
儒本天其實本地始余聞而疑之及讀
御纂性理以圖書中宮卽太極皇極然後釋然知其說之有
據且道一而已自我西郊乾坤胡易列在東序龍馬胡陳相
仍以久習駭若夷目常為怪矣而若命若性若中若誠若止
程朱以往微言大義尋亦滋翳南泉壹以天地實跡體之而
六經四子儒先之論指畫心印若其曹曉而衆著者以其知
知其所不知而實無不可知蓋其所好者道也言易而不知
道烏乎言易也方南泉以失職去治具且行矣猶矻矻於是
圖成輒以示余怡然也歸而數年益廣互說而南泉之學方
日進而未有已吾何以測其所至也哉

洪範圖說序　　嚴承夏　横溪

天一地二天三地四天五地六天七地八天九地十吾夫子
以數言易非易之數洪範之數也夫洪範言天之陰騭民之
彝倫不可謂數也迺大禹叙疇初一曰五行次二曰五事次
三曰八政次四曰五紀次五曰皇極次六曰三德次七曰稽
疑次八曰庶徵次九曰五福六極此其數之所自昉與說者
曰伏羲時龍馬負圖因而畫卦禹治水神龜列文於背有數
至九第其文以成九疇孔子以河圖之數繫易不與洪範準

洪範九疇洛書之數也夫河圖洛書其數皆四十五虛五用
八一得五二合十併二五為九十數九範疇也十一之全五
之合也故曰河圖揭其全數之體洛書肇其變數之用且夫
易言象範言數數根理象根數故邵子皇極經世本洪範以
立言而天地始終之圖闢於一一闔於八八卦象具在洪範
數中矣其衍易也先天按九疇之分後天按九疇之合數立
而象著不知範者誠不足與語易然則大禹言九夫子言十
何也蓋數始於一終於十十而百而千而萬而億十亦一也
洪範用九不用十而一九二八三七四六其合皆十操於五
為五十不言十而十在九中所以大一之體殫五之用然天

之陰隲一而已民之彝倫五而已故河圖一三二四之數十秪一之所循環七八之數十五九六之數十五皆五之所布濩氣質渾於一陰陽肇於五河圖者五之流行一之統會也邵子所謂中環中渾然不著於物已顧理有流行斯有對待有統會斯有散殊洪範之作凡以爲民而已聖人仰觀於天俯察於地析河圖之文爲對待之體成散殊之形然後有洛書洛書者聖人以人道設教也一九三七陽正以明人之天二八四六陰畸以明人之地天氣也地質也氣行陽有陰爲天中之地正不倚於偏質具陰有陽爲地中之天畸不失其正五以一協正以四卒隅道有經權理無盈縮是以謂之彝

倫是以謂之陰隲余少讀洪範按圖書而詳其義知河圖非圖洛書非書陰陽五行之數也自數學不明而言易者主河圖言範者主洛書古今聚訟莫之適從惟邵子確然見二圖之相表裏四象八體根於一統於五以盡其變而天地之消息人事之治亂物類之異同釐然可証雖其言浩汗渺邈不依文義而命數定象莫非陰隲之妙緒彝倫之奥旨竊不自揣倣其意爲洪範圖說四卷本經爲圖即圖釋經不敢妄附於前人而陰陽體用讀邵子書而撮其要有不得辭其責者至於因圖得數因數得象如九峯八十一圖原非洪範本意而約其數於呼吸動靜間庶幾修身寡過之道乎故並録其言之與圖象相發明爲釋立象示人之意與潛心洪範者參觀焉

困學紀聞集證序　　王鑾 徒洲

儒者生古人之後於書無所事作也取古人所已作疏通而證明之古人之精神出焉無異於作也後儒生先儒之後於書並無所事述也取先儒所已述疏通而證明之先儒之精神出焉無異於述也諸子既往叢說乃與於以闡揚經史並隲詩文往往自名一家之學若白虎通獨斷之於經史通之於史文心雕龍詩品之於詩與文卓矣顧專而不兼容齋隨筆野客叢書兼之矣顧又不必其精且博求其包羅四庫捋

軸一心語簡義閎辭微旨遠厥惟王伯厚氏困學記聞一書蓋諸家弗如也人本宋儒書成元代流布已久循誦者稀近雖閻氏有註何氏有評然語焉不詳無能爲役末學小生乃遂驚怖其言若河漢無他未能盡讀伯厚氏所讀之書即無以知其疏通證明者之何如且何以爲有功於古也吾友萬子蔚亭伯厚氏之徒也自其少攻制舉文時則已枕葄古人掇其英華而抉其根柢策畧之業羣彥宗之今者學益深名益著四方問字者益多蔚亭拔其尤者雜授經史百家言而每以困學紀聞導之所以廣見聞入思議也菀江之濱高踞一座口講手畫原委歷然一事疊出則準以最初之文衆語

分陳則衷以一定之說挹於邊腹者十之七抽於鄰架者十之三小註旁箋方幅徧滿門人抄撮成編名爲集證其於伯厚氏所以疏通證明乎古人者又復疏通而證明之盖自原書以來五百餘年此其絶無而僅有者矣予與蔚亭别久去夏一相晤於郡城甫縱談蔚亭即以食指蘸茗汁畫案上發明歷算家割圜八線諸術及勾股三角之異同夜分對牀同邸者鼾聲相續兩人惟條舉黃氏日鈔顧氏日知録相咨難予又别出臆見質之若連山歸藏必不首艮坤易大小象傳必不可合堯典實僅虞書典謨中稷字爲周諱追改武王未嘗滅殷周公不必不踐阼孔子出奔非歷聘三代貢助徹止

各行畿内以及周子太極合於易而可不圖邵子先天不可不圖而實非易如是者數十條蔚亭皆聽而是非之而徐以攻訐古人爲戒今予觀其集證精博已不讓前人乃至原書偶誤則止附著所知不加辨駁其謙謹又何如也然則此書一出一以爲饋貧之糧一以爲去矜之藥善讀書者家置一編焉可也

三餘隨筆序　陳　詩　愚谷

曩余童子時得宫定山先生所爲讀書紀數略其體源一出於王尚書小學紺珠而比物連類視昔加詳遲之又久則又病其疎漏何也夫數生於書者也書無紀極數亦無有紀極非盡名山之藏則不能無見遺之書非舉全書之要則又不能無見遺之數書遺數也數遺書也二者之遺盖幾幾乎皆未能免昔之人詎不知此夫亦曰吾據其力之所及以爲之其未及者以待夫後之人之爲之而已矣後人知之而爲之而足以爲功於前人此前人志也後人知之而不爲而徒欲歸過於前人此非前人志也黃岡三峰萬子與余同出何曙亭先生之門素績學戊午晤余於漢上出其所爲三餘隨筆示余其書體例不襲王宫兩家而推之愈廣語焉而詳盖昔之人所以待萬子者而萬子則旣已爲之矣或疑萬子雖爲之未必其果備也余告之曰爲之而不備終勝於不爲者且

逆計其不備而不爲則世誰復有爲之者又烏知萬子之爲之者之不至於大備也耶萬子是書其志盖與昔人同而其學則未有已也余故舉昔人待之之志與萬子爲之之心以告天下後世而深斥夫舍曰不爲而逆計夫不備以自沮者

周易引經通釋序　李鈞簡　小松

易之爲書始於伏羲之畫卦繼以文王周公之繫辭孔子作十翼以終之所以用之卜筮者也古者國之大事謀及卜筮唐虞之枚卜官占成周之建都卜洛至於冠婚軍祭無不用之盡人合天之學莫備於易實聖人傳道之書也論語鄉黨一篇記聖人之言動而終之曰時哉時哉孟子曰孔子聖之

時者也與時偕行易之全義聖人之全體大用矣夫子以易繼往亦以易開來而與門弟子未嘗言易子貢曰夫子之言性與天道不可得而聞也記者曰子罕言利與命與仁陰陽之道性命之理其旨精微而不欲輕言非不言也其言之見於論語者曰加我數年五十以學易可以無大過矣曰不恒其德或承之羞不占而已矣居則觀其象而玩其辭動則觀其變而玩其占學易之道此二章足以盡之聖門得斯道之傳者首推顏曾顏子有不善未嘗不知知之未嘗復行其心三月不違仁克己復禮之學本於易曾子曰吾日三省吾身君子思不出其位守身事親之學本於易善學夫子皆善學

易者也漢儒傳易者其授受皆本於商瞿孔氏之門孰非以易爲教哉夫子未嘗言易學易之次章記之曰子所雅言詩書執禮皆雅言也觀易象與春秋者曰周禮盡在魯矣則知詩以道性情書以道政事禮以道威儀春秋以道名分皆人事也惟易以天道明人事所以爲五經之原夫子刪詩書訂禮樂修春秋蓋有無往而非言易者昔人謂孟子亦不言易而深於易聖人復起不易吾言矣此即明不易之理也禹稷顏子同道易地則皆然曾子子思同道易地則皆然此即明變易之理也後之言易者其亦以羣經明之可矣而豈俟他求乎曾子之傳大學引詩書而釋之子思之傳中庸引詩書而明之孝經以及坊記表記其言皆以易詩書明之爾雅之釋名物亦以詩書訓之釋經而本於經斯理無不明而辭無不達矣恭讀

聖祖仁皇帝

御纂周易折中

案語內如解履五夬履貞厲曰心之憂危若蹈虎尾引書解大畜上九何天之衢曰何天之龍何天之休引詩解睽二遇主曰備禮曰會不備禮曰遇解震五有事曰凡祭祀曰有事引春秋解坎象設險曰忠信以爲甲冑禮義以爲干櫓引禮解无妄二不耕穫不菑畬曰先事後得先難後獲引論語解

坤文言正位居體曰立天下之正位引孟子解繫傳繼之者善曰身體髮膚受之父母引孝經此類疊見隨義所及以經證經周情孔思如指諸掌恭讀

高宗純皇帝

御纂周易述義如解恒彖引書德無常師主善爲師善無常主協于克一終始惟一時乃日新解屯初引詩載戢干戈載櫜弓矢我求懿德肆于時夏允王保之解家人四引禮記父子篤兄弟睦夫婦和家之肥也解繫傳舟楫之利引周禮作車以行陸作舟以行水解師三引春秋左傳子爲元帥師不用命解蒙初引論語有教無類解无妄五引孟子必有事焉

而勿正心勿忘勿助長也凡百十條因義發揮旁通經傳

聖作

明述廣大悉備易書絜靜精微之旨

聖學已括其全所以

昭示天下萬世蓋日星之經於天矣集說自程朱傳義外以及漢唐註疏與諸說經之家其引經以解易者亦不一而足鈞簡自束髮受學經書成誦後先君子以易學深微手錄

御案暨儒先成說口講指畫使之明白易曉鈞簡質性顓曾不揣檮昧謹遵斯旨積思數十年廣覽註家博參經解取各經之語合於易之彖象爻傳者爲之字釋其詁句釋其義節

釋其旨以疏通而證明之遂得薈爲成書間有取於汲書者周書之逸也國語者春秋之外傳也大戴禮者禮經之遺也家語者論語之餘也山海經者爾雅之流也引伸觸類旁推交通易理既明而於羣經之旨亦有相爲貫通者焉名之曰周易引經通釋庶幾爲讀易者之一助云

變雅堂集序

陶　樑　鳧薌

壬寅之冬余持節至黃省風觀政士習民氣恂恂如也其明年江無盛漲歲則大熟絃誦歌謠之聲達諸巷陌余顧而樂之官斯土者幾幾乎訟庭草生印床花落矣今其都人士以杜茶村先生全集求序於余受而讀之竊有感焉夫茶村生平爲人之梗槩爲詩之旨趣爲文之淵源詳於本傳擷於各序恢於諸家之題詠記跋至如虞山新城之品許者又數十百人余又奚容贊一辭哉回憶庚申元旦由吳下冒雪放舟尋白門諸勝猶記漁洋老人詩話所稱楚中詩人杜茶村結廬雞鳴山下又味其詩中有楓林十廟晚蒼蒼之句於是乎循北郭而逶徘徊臺城草樹間但覺夕陽塔影廢寺鐘聲增人悽感蓋至今猶鬱鬱胷次也初余奉

簡命巡視荆南方謂可以訪茶村之里居償余夙願不知荆南去黃尚遠也越三載移節湘南則去黃爲尤遠乃甫見洞庭諸山忽而特調是邦嘻異矣夫黃州古名邾也昔賢如韓

魏公王元之蘇子瞻爲江山千古生色心竊喜之況又茶村生長之地乎黃人士以其集至寔有先得我心者然余不多茶村而多茶村之鄉後進爲能慕先哲敦風誼如此其遠且大也不然茶村往矣迄今蓋二百年矣彼流離窮困之羈魂安得一旦返諸邱墓之鄉哉而乃就其故居而祠之使其生日而祀之搜其遺稿哀輯而刊刻之蘋藻瓣香優乎如見何其盛也聞斯風者要皆有所奮發而興起獨黃人乎哉然吾固逆知黃之後起者必將交誠其子兄勉其弟志前儒之所志行前儒之所行相率而百年而數百年窮則型於一鄉達則型於天下罔有墜替如茶村所稱能與聞於道者其在斯

乎宜乎民和年豐而士日蒸蒸也茶村有知其含笑九原不必更爲長歌之泣矣吾故樂書其簡端如此

黄岡縣志卷之十七終

黄岡縣志卷之十八

知黄岡縣事宛平俞昌烈編輯

藝文志

古文

記

宋

竹樓記　王禹偁元之

黄岡之地多竹大者如椽竹工破之刳去其節用代陶瓦比屋皆然以其價廉而工省也子城西北隅雉堞圮毀蓁莽荒穢因作小樓二間與月波樓通遠吞山光平挹江瀨幽闃遼

敻不可具狀夏宜急雨有瀑布聲冬宜密雪有碎玉聲宜鼓琴琴調和暢宜詠詩詩韻清絶宜圍棋子聲丁丁然宜投壺矢聲錚錚然皆竹樓之所助也公退之暇披鶴氅衣戴華陽巾手執周易一卷焚香默坐消遣世慮江山之外第見風帆沙鳥煙雲竹樹而已待其酒力醒茶煙歇送夕陽迎素月亦謫居之勝槩也彼齊雲落星高則高矣井幹麗譙華則華矣止於貯妓女藏歌舞非騷人之事吾所不取吾聞竹工云竹之爲瓦僅十稔若重覆之得二十稔噫吾以至道乙未歲自翰林出滁上丙申移廣陵丁酉又入西掖戊戌歲除日有齊安之命己亥閏三月到郡四年之間奔走不暇未知明年又

在何處豈懼竹樓之易朽乎後之人與我同志嗣而葺之庶斯樓之不朽也咸平二年八月十五日記

黃州安國寺記　　蘇　軾

元豐二年十二月余自吳興守得罪上不忍誅以爲黃州團練副使使思過而自新焉其明年二月至黃舍館粗定衣食稍給閉門卻掃收召魂魄退伏思念求所以自新之方反觀從來舉意動作皆不中道非獨今之所以得罪者也欲新其一恐失其二觸類而求之有不可勝悔者於是喟然歎曰道不足以御氣性不足以勝習不鋤其本而耘其末今雖改之後必復作盍歸誠佛僧求一洗之得城南精舍曰安國寺有

茂林修竹陂池亭榭間一二日輒往焚香默坐深自省察則物我相忘身心皆空求罪垢所從生而不可得一念清淨染汙自落表裏翛然無所附麗私竊樂之旦往而暮還者五年於茲矣寺僧曰繼連爲僧首七年得賜衣又七年當賜號欲謝去其徒與父老相率留之連笑曰知足不辱知止不殆卒謝去余是以媿其人七年余將有臨汝之行連曰寺未有記具石請記之余不得辭寺立於僞唐保大二年始名護國嘉祐八年賜今名堂宇齋閣連皆易新之嚴麗深穩悅可人意至者忘歸歲正月男女萬人會庭中飲食作樂且祠瘟神江淮舊俗也四月六日汝州團練副使眉山蘇軾記

子姑神記　　蘇　軾

元豐三年正月朔日余始去京師來黃州二月朔至郡至之明年進士潘丙謂余曰異哉公之始受命黃人未知也有神降於州之僑人郭氏之第與人言如響且善賦詩曰蘇公將至而吾不及見也已而公以是日至而神以是日去其明年正月丙又曰神復降於郭氏余往觀之則衣草木爲婦人而置筯手中二小童子扶焉以筯畫字曰妾壽陽人也姓何氏名媚字麗卿自幼知讀書屬文爲伶人婦唐垂拱中壽陽刺史害妾夫納妾爲侍妾而其妻妒悍甚見殺於廁妾雖死不敢訴也而天使見之爲直其冤且使有所職於人間蓋世所

謂子姑神者其類甚衆然未有如妾之卓然者也公少留而爲賦詩且舞以娛公詩數十篇敏捷立成皆有妙思雜以嘲笑問神僊鬼佛變化之理其答皆出於人意外坐客撫掌作道調梁州神起舞中節曲終再拜以請曰公文名於天下何惜方寸之紙不使世人知有妾乎余觀何氏之生見掠於酷吏而遇害於悍妻其怨深矣而終不指言刺史之姓名似有禮者客至逆知其平生而終不言人之陰私與休咎可謂智矣又知好文字而恥無聞於世皆可賢者粗爲錄之答其意焉

記遊定惠院　　蘇　軾

黃州定惠院東小山上有海棠一株特繁茂每歲盛開必攜客置酒已五醉其下矣今年復與參寥師二三子訪焉則園已易主主雖市井人然以余故稍加培治山上多老枳木性瘦韌筋脉呈露如老人項頸花白而圓如大珠纍纍香色皆不凡此木不爲人所喜稍稍伐去以余故亦得不伐既欲往憩於尚氏之第尚氏亦市井人也而居處修潔如吳越間人竹圃皆可喜醉臥小板閣上稍醒聞坐客崔成老彈雷氏琴作悲風曉月錚錚然意非人間也晚乃步出城東鬻大木盆意者謂可以注清泉瀹瓜李遂夤緣小溝入何氏韓氏竹園時何氏方作堂竹間既闢地矣遂置酒竹陰下有劉唐年主

簿者餽油煎餌其名爲甚酥味極美客尚欲飲而余忽興盡乃徑歸道過何氏小圃乞其藂橘移種雪堂之西坐客徐君得之將適閩中以後會未可期請余記之爲異日拊掌時參寥唯不飲以東湯代之

記承天夜遊

蘇軾

元豐六年十月十二日夜解衣欲睡月色入戶欣然起行念無與爲樂者遂至承天寺尋張懷民懷民亦未寢相與步於中庭庭下如積水空明水中藻荇交橫蓋竹柏影也何夜無月何處無竹柏但少閒人如吾兩人者耳

雪堂記

蘇軾

蘇子得廢圃於東坡之脅築而垣之作堂焉其正曰雪堂堂以大雪中成因繪雪於四壁之間無容隙也起居偃仰環顧睥睨無非雪者蘇子居之眞得其所居者也蘇子隱几而晝瞑栩栩然若有所適而方興也未覺爲物觸而寤其適未厭也若有失焉以掌抵目以足就履曳於堂下客有至而問者曰子世之散人耶拘人耶散人也而未能拘人也而嗜欲深今似繫馬止也有得乎有失乎蘇子心若醒而口未嘗言徐思其應揖而進之堂上客曰嘻是矣子之欲爲散人而未得者也予今告子以散人之道夫禹之行水庖丁之提刀避衆礙而散其智者也是故以至柔馳至剛故石有時而泐以至

剛遇至柔故未嘗見全牛也子能散也物固不能羇子有患矣用之於內可也今也如蝟之在囊而時動其脊脅見於外者不特一毛二毛而已風不可摶影不可捕童子知之名之於人猶風之於影也子獨留之故愚者視而驚智者起而軋吾固怪子爲今日之晚也子之遇我幸矣吾今邀子爲藩外之遊可乎蘇子曰予之於此自以爲藩外矣又將安之乎客曰甚矣子之難曉也夫勢利不足以爲藩也名譽不足以爲藩也陰陽不足以爲藩也人道不足以爲藩也所以藩子者特智爾智存諸內發而爲言則言有謂也形而爲行則行有謂也使子欲嘿不欲嘿欲息不欲息如醉者之恚言如狂者

之妄行雖掩其口執其臂猶喑嗚踞蹙之不已則藩之於人抑又固矣人之爲患以有身身之爲患以有心是圃之搆堂將以佚子之身也是堂之繪雪將以佚子之心也身待堂而安則形固不能釋心以雪而警則神固不能凝子之和既焚而燼矣燼又復然則是堂之作也非徒無益而又重子蔽蒙也子見雪之白乎則恍然而目眩子見雪之寒乎則竦然而毛起五官之爲害惟目爲甚故至人不爲雪乎雪乎吾見子知爲目也子其殆矣客又舉杖而叩諸壁曰此凹也此凸也方雪之雜下也均矣厲風過焉則凹者留而凸者散天豈私乎凹凸哉勢使然也勢之所在天且不能違而況於人乎子

之居此雖遠人也而圃有是堂堂有是繪實礙人耳不猶雪之在凹凸者乎蘇子曰子之爲此適然而已豈有心哉殆也奈何客曰子之適然也適有雨則將繪以雨乎適有風則將繪以風乎雨不可繪也觀雲氣之洶湧則使子有怒心風不可繪也見草木之披靡則使子有懼意睹是雪也子之內亦不能無動矣苟有動焉丹青之有靡麗冰雪之有水石一也德有心心有眼物之所襲豈有異哉蘇子曰子之言是也敢不聞命然未盡也子不能默此正如與人訟者其理雖已屈猶未能絕辭也子以爲登春臺與入雪堂者有以異乎以雪觀春則雪爲靜以臺觀堂則堂爲靜靜則得動則失黄帝古之神也遊乎赤水之北登乎崑崙之邱南望而還遺其元珠焉遊以適意也望以寓情也意適於遊情寓於望則意暢情出而忘其本矣雖有良貴豈得而寶哉是以不免有遺珠之失也雖然意不久留情不再至必復其初而已矣是又驚其遺而索之也子之此堂追其遠者近之收其近者內之求之眉睫之間是有八荒之趣人而有知也升是堂者將見其不遡而僾不寒而栗凄凛其肌膚洗滌其煩鬱既無炙手之譏又免飲冰之疾彼其趦趄利害之徒猖狂憂患之域者何異探湯執熱之俟濯乎子之所言者上也子之所言者下也我將能爲子之所爲而子不能爲我之爲矣譬之厭膏粱者與

之糟糠則必有忿詞衣文繡者與之以皮弁則必有愧色子之於道膏粱文繡之謂也得其上者耳我以子爲師子以我爲資猶人之於衣食缺一不可將共與子遊今日之事姑置之以待後論子且爲子作歌以道之歌曰雪堂之前後兮春草齊雪堂之左右兮斜徑微雪堂之上兮有碩人之頎頎考槃於此兮芒鞋而葛衣挹清泉兮抱甕而忘其機負頃筐兮行歌而採薇吾不知五十九年之非而今日之是又不知五十九年之是而今日之非吾不知天地之大也寒暑之變悟昔日之癯而今日之肥感子之言兮始也抑吾之縱而鞭吾之口終也釋吾之縛而脫吾之鞿是堂之作也吾非取雪之

勢而取雪之意吾非逃世之事而逃世之機吾不知雪之爲可觀賞吾不知世之爲可依違性之便意之適不在於他在於羣息已動大明既升吾方輾轉一觀曉隙之塵飛子不棄兮我其子歸客忻然而笑唯然而出蘇子隨之客顧而頷之曰有若人哉

黄州快哉亭記　　蘇轍

江出西陵始得平地其流奔放肆大南合沅湘北合漢沔其勢益張至於赤壁之下波流浸灌與海相若清河張君夢得謫居齊安卽其樓之西南爲亭以覽觀江流之勝而予兄子瞻名之曰快哉蓋亭之所見南北百里東西一舍濤瀾洶湧

風雲開闔晝則舟楫出沒於其前夜則魚龍悲嘯於其下變化倏忽動心駭目不可久視今乃得翫之几席之上舉目而足西望武昌諸山岡陵起伏草木行列煙消日出漁夫樵父之舍皆可指數此其所以爲快哉者也至於長洲之濱故城之墟曹孟德孫仲謀之所睥睨周瑜陸遜之所騁騖其流風遺跡亦足以稱快世俗昔楚襄王從宋玉景差於蘭臺之宮有風颯然至者王披襟當之曰快哉此風寡人所與庶人共者耶宋玉曰此獨大王之雄風耳庶人安得共之玉之言蓋有諷焉夫風無雌雄之異而人有遇不遇之變楚王之所以爲樂與庶人之所以爲憂此則人之變也而風何與焉士生於世使其中不自得將何往而非病使其中坦然不以物傷性將何適而非快今張君不以謫爲患竊會計之餘功而自放山水之間此其中宜有以過人者將蓬戶甕牖無所不快而况乎濯長江之清流揖西山之白雲窮耳目之勝以自適也哉不然連山絶壑長林古木振之以清風照之以明月此皆騷人思士之所以悲傷憔悴而不能自勝者烏覩其爲快也哉

黄州師中菴記　　蘇轍

師中姓任氏諱伋世家眉山吾先君子之友人也故予知其爲人嘗通守齊安去而其人思之不忘故齊安之人知其爲

吏師中平生好讀書通達大義而不治章句性任俠喜事故其爲吏通而不流猛而不暴所至吏民畏而安之不能欺也始爲新息令知其民之愛之買田而居新息之人亦曰此吾故君也相與事之不替及來齊安嘗游於定惠院既去郡人名其亭曰任公其後予兄子瞻以謫遷齊安人知其與師中善也復於任公亭之西爲師中菴曰師中必來訪予將館於是明年三月師中沒於遂州郡人聞之相與哭於定惠者凡百餘人飯僧於亭而祭師中於菴蓋師中之去於是十餘年矣夫吏之於民有取而無予有罰而無恩去而民忘之不知所怨蓋已爲善吏矣而師中獨能使民思之於十年之後哭

之皆失聲此豈徒然者哉朱仲卿爲桐鄉嗇夫有德於其民死而告其子必葬我桐鄉後世子孫奉嘗我不如桐鄉民既而桐鄉祠之不絕今師中生而家於新息沒而齊安之人爲亭與菴以待之使死而有知師中其將往來於新息齊安之間乎予不得而知也元豐四年十二月日眉山蘇轍記

鴻軒記　張　耒

鴻軒者文潛讀書舍也客有言曰吾聞之時其往來以避寒暑之害而高飛遠舉能使弋人無篡者鴻也今子以戇暗不見事幾得讒辱於聖世蒙垢忍恥於泥塗苟升斗以自養而欲自比於鴻不亦愧乎張子曰子之言是也然余居此以巳

卯之秋其遷也庚辰之春與夫嗷嗷陂澤中覓食以活秋至而春去者得無類乎客曰然

遊黃州東坡諸勝記　陸　游務觀

自州門而東岡壟高下至東坡則地勢空曠開豁東起一壟頗高有屋三間一龜頭曰居士亭亭下面南一堂頗雄四壁皆畫雪堂中有蘇公像烏帽紫裘橫按筇杖是爲雪堂堂東大柳傳以爲公手植正南有橋榜曰小橋以莫忘小橋流水之句得名其下初無渠澗遇雨則涓流耳舊止片石布其上近輒增廣爲木橋覆以一屋頗適人意東有一井曰暗井取蘇公詩云走報暗井出之句泉寒尉齒但不甚甘又有四望亭正與雪堂相值在高阜上覽觀江山爲一郡之最亭名見蘇及張文潛集中坡西竹林古氏故物號南坡今已殘伐無幾地亦不在古氏矣出城五里安國寺蘇公所嘗寓兵火之餘無復遺跡惟遠寺茂林啼鳥似猶有當時氣象也羣集於棲霞樓蘇公樂府云小舟橫截春江上臥看翠壁紅霞起正謂此樓也下臨大江煙樹微茫遠山數點亦佳處也樓頗華潔先是郡有慶瑞堂謂一故相所生之地毀以新此樓酒味殊惡然文潛乃極稱黃州酒以爲自京師之外無過者豈文潛論黃時適有佳匠乎循小徑繚州宅之後至竹樓規模甚陋不知當王元之時亦止此耶樓下稍東即赤壁磯亦茅

岡耳略無草木故韓子蒼待制詩豈有危巢與棲鶻亦無陳迹但飛鷗此磯圖經及傳者皆以爲周公瑾敗曹操之地然江上多此名不可考質李太白赤壁歌云烈火張天照雲海周瑜於此敗曹公不指言在黃州蘇公尤疑之賦云此非曹孟德之困於周郎者乎樂府云故壘西邊人道是當日周郎赤壁蓋一字不輕下如此至韓子蒼此地能令阿瞞走則眞指爲公瑾赤壁矣又黃人實謂赤壁曰赤鼻尤可疑也晚復移舟菜園步又遠竹林三四里葢黃州臨大江了無港澳可泊或曰舊有澳郡官厭過客故塞之

二程夫子祠記　朱　熹

齊安在江淮間最爲窮僻而國朝以來名卿大夫多辱居之如王翰林韓忠獻公蘇文忠公邦人至今樂稱而於蘇氏尤致詳焉至於河南兩程夫子則亦生於是邦而未有能道之者蓋王公之文章韓公之勳業已皆震耀於一時而其議論氣節卓犖奇偉尤足以驚世俗之耳目則又莫若蘇公之盛也若程夫子則其事業湮鬱既不足以表於當年文詞平淡又不足以誇於後世獨其道學之妙有不可誣者而又非知德者莫能知之此其遺跡所以不能無顯晦之殊亦其理勢之宜然也蓋天聖中洛人大中大夫程珦初仕爲黃陂尉秩滿不能去而遂家焉實以明道元年壬申生子曰灝字伯淳

又明年癸酉生子曰頤字正叔其後十有餘年當慶歷丙戌丁亥之間攝貳南安乃得獄掾舂陵周公惇頤而與之遊於是二子因受學焉而慨然始有求道之志既乃得夫孔孟以來不傳之緒於遺經遂以其所學爲諸儒倡則今所謂明道先生伊川先生是也先生之學以大學論語中庸孟子爲標準而達於六經使人讀書窮理以誠其意正其心自家而國以達於天下其道坦而明其說簡而通其行端而實蓋將有以振百世之沉迷而納之聖賢之域其視一時之詞章事業議論氣節所係孰爲輕重所施孰爲長短當有能辨之者而世非徒不知好也甚者乃目以爲道學之邪氣而必剪滅之於斯時也苟無遭其伐木削跡焉斯已幸矣尚何望其餘哉今太守李侯乃能原念本始追誦遺烈立二夫子之祠於學宮以風厲而作興之非其自信之篤而不以世之趨舍動其心其孰能與於此李侯名訦字誠之其爲此邦勤士愛民固多可紀特於此舉尤足以見其操行之不凡而非衆人所能及是以因其請記而具論之以告來者使有考焉

元

黃州路重修竹樓記

龍仁夫觀復

齊安固江淮間斗僻郡然以江山之勝望東南岷江嶓漢淵彭浩漾來天際赤壁截其涯過江武昌樊口諸山崚翔鳳峙

森森獻狀茲其爲勝巳然談是間登臨之美則刺刺稱竹樓曩宋王公禹偁字元之來守黃郡即城西北隅薙蓁滌穢作小樓二間爲退食之娛不瓦而竹從工宜也風鏖雨蝕薦圮薦新新復圮蓋三百年矣至順辛未冬侯嚋埜公初涖郡憑高躑躅曰是宜新之既期穀登民和僚寀雍肅刑清訟簡長日湛然於是謀之監郡公暨佐貳諸賢究廢典修故章掄材鳩工改作此樓棟宇楹棖甍榱櫨闌黝堊漆丹悉如度蓋捐俸廩與官計之贏而民不與知焉登斯樓也所謂風帆沙鳥煙雲竹樹與夫夕陽素月之觀煥然如在至道咸平間屬予記客有聞而勸之曰王公茲樓之勝竹之助亦多矣今不竹

而死何居乎曰崑山之旴以玉抵鵲彭蠡之濱以魚飼犬則繁故也黃之人昔者刈竹如菅薊今者得竹如金珠夫後人之存古也存其意而已而奚竹之拘客又曰君子假人以其倫今之搆斯樓也其猶昔人也歟予毅然曰善論人者不於其迹於其心黃爲郡歷世稱遐陬非羇人謫客左遷鐫退不至是間王公以危言直道獲譴當朝自玉堂而滁而揚而至是州江湖魏闕之情蓋不勝黯然彼鶴鷺華陽爐香易卷之云少寄其遷謫亡聊之情而已天朝混闢來黃爲腹郡且天歷初皇帝舊勞於外嘗駐蹕焉顧南州赤子遠天京勤勞擇良牧侯以豸冠名流天官清選佩二千石綬爲此來而何王

公之比所謂迹之異也天壤間魁人偉士有曠萬里而同襟懷越千百年而合符節者心而已翰林以清忠鯁亮爲宋名卿侯以公廉方正爲元鉅公心術行事軒軒磊磊揭日月行中天非乎所謂曠萬里越千百年而脗合者乎刎長貳若屬無不心侯之心乎然則茲樓之勝炫映今昔夫奚疑客語塞則續請曰將無異乎於是大笑曰耄哉龍子昔人所謂中書君老而禿假執筆從王公後茲其爲異歟客相與粲然遂書俾石工勒

明

黃岡儒學記　李時勉　古廉

學校之興有資於守令舊矣文翁之在蜀郡范純仁之在襄邑皆以能興學校崇教化致民俗丕變故聲譽顯於當時名聞昭於後世有不可及也蓋學校風化之源三綱五常之道由是而明詩書禮樂之教由是而行風俗由是而變人才由是而出古昔治效之盛非後世所及者有此道也洪惟我太祖高皇帝自即位以來輒詔天下郡縣皆立學設師弟子員付之守令以程督之藩臬二司考察其勤惰而勸懲之賢能文學之士往往出於其間自公卿大夫至於州縣之選常不之人是亦興學校之效也比年以來儒學之士多以記誦文詞爲業而不務實學者蓋由有司者每以簿書期會爲急視

學校若不干已者雖廟舍頹毀教化廢弛畧不加之意故爲師者怠於教爲弟子者怠於學雖朝廷專設憲臣以督理之未能或之變也吁豈漸染之深未可以朝夕革與是殆不然憲臣之巡歷有時而守令之臨涖無間苟一加之意焉則無不可者在鼓舞而作興者何如耳黃岡黃州之附郭邑也地瀕大江舊有學規制卑隘且歲久頹圮太守錢公至周覽慨歎首捐已俸欲擴而大之於是縣正僚佐邑人富室爭出錢幣以相助者甚衆乃庀材僦工諏吉興作自大成殿以至明倫堂池臺門廡師生講誦之所齋宿之舍一新理之至於神廚倉庫庖湢之處莫不備具壯麗宏偉數倍於昔經始於庚

繞二年九月告成於五年庚申七月費不出於公帑勞不及於庶民而成此大功其孰能之公之爲人端厚坦夷廉靜而不阿居家以孝弟聞親喪廬墓三年朝廷旌異之在大理獄以不寃今爲黄州環千里之民無不歸心焉又能以其餘力一新郡縣之學暇則與諸生講論經史課其所業而奬勵之莫不翕然向於學文翁范純仁不得專美於前矣孔子曰身修而後家齊家齊而後國治此大學之道也若公者可謂身體而力行之矣邑學官尹昜以書來求予言夫郡縣博士樂得賢太守以掌其作興之惠又樂得英才以盡其教育之功何其幸哉

重修張許二先生祠記

韋厚 黄同知

宏治丁巳冬吾淛之天台盧侯希哲以秋官正郎擢守黄郡飭吏治以文學有古良吏風越明年政通人和興舉百廢拳拳以正人心息邪説扶植綱常爲已任又明年春偕同寅張君志仁張君士美羅君鵬舉暨厚省耕之餘訪韓魏公書院遺址於安國寺既復其地又於寺之西偏得所謂眞君殿者詢之父老則曰唐張睢陽巡也侯因歎曰元宗天寶間醜虜陸梁乘輿播遷公時與許公遠戮力王室保障江淮雖授命顛危而抗賊喉牙卒致兩京克復論者謂二公之力居多噫寘神鼎於一時正天常於萬世凡有土者祀之亦宜直以剛正之氣而膺眞君之號我將攻而正之祠宇多歴歲年幾不能蔽風雨我將撤而新之會黄人之溺於邪説者乘農隙賫金繒扶老攜幼往禱於均之武當殆無虚日侯下令止之且召於庭諭之曰比歲荊襄萑葦間多嘯聚雖渠魁就擒而詰捕尙嚴若曹越境而往脱爲持牒者所拘執玉石遽能分乎希臈羅鵰鄉黨自好者寧不承爾羞乎且而境張君者眞忠烈之神靈德庇人昭答如響克修厥祠以供歲事神其不女佑乎衆皆叩首謝且曰唯命是聽侯遂上其事當道韙之乃與民約裒金推次惟女討功廩餼惟女官無督迫之嫌吏無追呼之擾民皆感悦及期子來復以義民佘文學董其事材

之良者以輳工之巧者以集肇工於是年季春之壬申訖工於孟夏之辛丑不闋月而告成輪奐整飭丹堊輝映廟貌尊崇垣墉周密復故唐封爵益許公神位表章死烈事實扁揭武節門號更其牲醴率父老告於神而落之黄之士大夫咸謂侯之斯舉人心之陷溺者賴以反正邪説之譸張者賴以自息凡民皆知君臣大義而於父子於夫婦於昆弟於朋友咸以類感而風俗自無不厚矣凡我邦人可不知所重與侯屬厚記其事因次第其顛末并著黄人頌侯之意且告後之牧是邦者謹修葺以永成績毋以淫祀而取慢神之譏云

復蘇公舊蹟記

羅玘

宏治戊午予同年天台盧侯以刑部郎中出知黃州黃蘇文忠公謫居地也公嘗築雪堂於東坡今僅存地丈餘侯出過之喟然曰是淆於民不可公嘗寓定惠院遊乾明寺黃泥坂諸處侯問於民曰是皆何在民皆不知侯曰是不可也吾其究諸於是遷雪堂於府治之東與竹樓配使麗於公所可恆存也明年按地榭驗院寺坂以次皆復遂度勝而亭焉黃人始昧若不知有公也既而恍然訝公復生繼又駢然或欲從公復遊又若眞有公也塡郭溢郛或聚或散去而復來旋絡新觀若味飲食且曰舊之守多矣何寥寥乎不蚤吾復也又曰吾林有材可以爲棟吾山有石可以爲礎吾庾有粟可以

食匠其貧者亦曰具吾版鍤可以築堵具吾鬻鬲可以沃塗晝爾可茅宵爾可綯侯皆不吾預也侯則孔仁吾其何民遂相與礱石造侯顧記之侯曰辭俚弗傳不可民曰盍徵諸朝曰吾自有記匪可施諸遠者大者志吾復公之跡實宜盍指予也夏六月乃以書屬吾盱江舒侯督予記盍舒侯黃人也先是與予論侯是役也凡民之所欲爲而民不知既成又無德色於民有類古之爲政者予故樂爲書之

重遷黃岡縣儒學記　朱節

黃岡縣舊有儒學在城隍廟之西南麗城不十數武厥圮隘以陋堂宇傾圮久莫之治正德歲辛未巡按東吳王公溢黃既謁　廟首舉遷學之議詢諸衆謂附淸淮門軍器局東廢地寬衍可夷而宮之也値流賊猖獗江上且不果斷而巡按山西曹公復踵其議且命以軍器局廢址並入之時流賊甫靖而歲復告歉縣堂廨宇亦就頹廢物力有不足以舉贏者適董學赤城蔡公按黃進屬吏師生而語之曰茲學當遷其無疑第更新則時絀葺舊則徒費何施而可邑令豐城胡君潔毅然任之曰維茲首政風化攸繫曷敢以難辭縣治宜且後遂謀於郡守西蜀余公貴貳守廣陵王君相通判山陽牛君璠蘄門毛君應時曰學宮既得厥址請如三公之命諏日舉事余公復暨諸僚指而度之謂兌隅尙存民居且舊無稽

古閣曷增創之而地轄於武弁家乃貿臨臯驛舊址倍與其値而廣之於是兌隅既備坤維亦正而儒星集賢門稽古閣各有厥址其地工費尹悉任之一出公帑之餘不以勞民命工戒事集材於市伐石於山以陶以虞百藝畢舉始事於大成殿前爲戟門各五楹又其前中爲儒星門左爲集賢門各三楹殿之左右爲兩廡各五楹殿之後爲明倫堂堂之左右爲兩齋各五楹又附堂小廳各三楹爲退講之所又其後稽古閣五楹閣之左右爲諸生號房各十楹閣之西爲饍堂三楹戟門之前有泮池旁以石甃之爲半壁形中以石梁之爲正道而西號之外有隙地爲射圃凡禮典所宜靡不飾備工

以數計者七千有奇鈔以緡計者千二百有奇地縱爲丈五十有九廣視縱減四之三址視舊增五之二規模宏敞煥然一新於時教諭應君鵬翀以清修博學式宏化基訓導周君盛端雅詳慎克殫奚斯之勞劉君紀適至覩茲盛舉謂不可無紀乃礱石率諸生而請紀之予謂胡尹一事之舉而三善咸集綏於修邑而先於學校公也始事訖功役不逾年敏也雖當匱縮舉難而進勇也予因是而有感焉勇爲達德之一凡天下之事舉顛樞仆罔莫先乎勇而士所以造聖成功匪勇焉攸賴今天下士獘獘焉繪藻於詞章科第之間以爲文人能事至語聖賢大學之道則或自諉以爲吾質百不若人

而罔知自立者亦悠悠歲月逡巡莫前是皆不知勇之過也吾夫子有見於天下後世之流獘必底此無疑也肆以入一已百釋達德之勇而歸其美於成功之一其防末流而慮後世不深切著明矣哉今俗之病於安安而當遷習爲陋襲也予因遷學之有成而深自恧於向往之不勇恐卒病於安常而襲陋也故併述之以爲同志者告

白龜渚記　郭鳳儀

龜之爲蟲也靈矣是故聖人登之以用察來夫枯骨猶靈而況其生而況其脚恩於活已者哉世傳毛寶放龜復獲其報將有之無足怪者攷之傳則少異焉傳言寶入武昌市見網人售龜外骨正白長逾咫奇取令僕夫豢之久乃放諸江後寶戍邾城石季龍攻邾且陷寶與六千人赴江死僕投水若墮石上獨免溺視之乃所豢龜也蓋長且三四尺矣吁是獲報者豢龜氏耳非寶也世傳誤矣郭子曰白龜能活豢已者事甚么麽然到於今稱之不置非謂人能利物將風人於善耶嗟乎亦煦煦者耳昔者先王親親而仁民仁民而愛物使蚑行蠕動各得其所故曰鳥獸魚鼈咸若其衆寡視此何如哉至仁無恩報不足言矣嘉靖己酉開夏余載酒與客爲赤壁之遊時雨新霽綠虹半滅移席臨流相顧甚樂客指點巖側曰此白龜渚也余爲之慨然太息云舊有亭圯既新之更

刻石爲龜負之水濱用彰往事杪秋與客再至睥睨一視江風颯然

遊赤壁記　張元忭

往嘉靖之戊午先大夫視學楚中予來覲道黃艤舟而望赤壁恨弗及登也姑咏二賦以自遣距今且二十有五年爲萬歷之壬午幸以使事再至既抵黃縣阻風雨同年友別駕陸子張具赤壁邀予遊予曰固所願也翊風車雨除又挾使君指見留哉是日爲臘月望乃偕文學陶子允嘉門人言子有時造郡署登雪堂及竹樓凭闌四眺江山隱映如畫輙不忍去已而由漢川門半里許峭壁臨江土石盡赤有堂曰赤壁

志稱周瑜敗曹瞞乃在樊口之上今之嘉魚是也此地非是然予諦詢之郡之隔江爲武昌有山曰樊山湖曰樊湖湖之下爲樊口長公之賦殆必有據余又循江而行往往見石磯類多赤色意者當年千里舳艫頭刻煨燼卽嘉魚黃岡之間其爲赤壁者何限豈必彼是而此非也由堂而西躡石磴而下爲石壁磯有石龜蹲踞江畔舊傳毛寶於此放龜好事者鑿石以識磯上爲亭舊題水月予遂易之曰放龜由堂而北躡石磴而上爲樓三層最上者舊題羨江予易以何羨謂陸子曰夫有所羨於彼必有所不足於此今吾與子登斯樓撫斯景千里一瞬萬古一夕物與我皆無盡也信矣又何羨之

有陸子覗予而笑亡所逆亟呼酒滿引數觥客並暢然適有饋生鯉者長可二尺方鼓鬣搖尾庖人遽請烹之予亟止之曰昔人放龜今獨不可放鯉乎乃畜以盆水擕至石龜所手放之跳躍而逝衆並歡動徐還飲於堂中相促厀賭赤壁之戲竟夕而散陸子曰予向也謫居益津一夕夢長公角巾野服來過歷歷道其生平顛踣困頓之狀以相慰藉已而相持哭失聲以寤未浹旬報至則量移黃州矣事誠有不偶然者子其爲我題夢坡之館且記今之遊可乎予曰昔長公以近臣謫居於黃時宰方擠而投之苦海而公覗之一以爲仙都一以爲淨土赤壁之下江渚之上嘲風月而弄波濤何其達也而賦之終篇卒以臨皐之夢爲喻意若曰浮生第一夢耳今子以銓部郎左遷而至於此而嚮昔之兆公實先之可不謂有意於子哉且夫升降得喪何常之有彼亦一夢此亦一夢也今日之遊亦夢也旣夢之而又題之而又記之是夢而又憶其夢也莊生有言世有大覺而後知此大夢予謂知此爲大夢也者則可爲大覺也已矣陸子抵掌大笑曰有是哉吾今後乃蘧然覺也雖然今日之遊樂矣卽夢是也惡可無記遂命知事何景賓勒石記之

當無室記

王一鳴

王子居於市以嬲之者不置也山中有先人之敝廬在其左

爲懷柏堂右爲孝友堂兩堂之介地隙先孝廉常架一閣其間穿壞柏堂右介之屋漏穿爲斥鷃閣閣前有軒軒階凡具體而微軒前爲焦螟閣短垣限之上積書數十卷及儲鞶釜罌鼺康瓠之屬下爲道趨孝友堂盡從外窺之無閣也而居閣者其眺望可盡目境故可以臥起亦不廢羅雀王子居而樂總名之曰當無室因太息曰老子之旨廣矣夫天下孰非當無者孰非無者生者其變也死者其常也貴者其變也賤者其常也富者其變也貧者其常也生者可死死者可生也貴者可賤賤者可貴也富者可貧貧者可富也常變之途可否之路疑必之途皆所以趨於無者也卽以室論先大夫髫

亭而居頃之易版再稍稍有壁帶三傳而及先孝廉不佞生於斯已而有毁傷薪木之警徙國中視爲郵亭數歲不一至先孝廉捐館有農事歲一至亡何以身督農歲再三至至於今始不以野外視之故不以資婧出而以爲家在所然猶未卜其終居之也是人之居是室也有者寡而無者衆也每登閣望見嶢崻而雉堞者黄歇壘及永安故城也長江從西來釃渠經其下皆俯而有之以助閣觀然吾閣不能與助閣者競是速朽在閣閣中之身方與隙駒俱其趨老死猶昫斫之於盱也復不能與閣競其勢必先閣朽蓋無一可有者其何論貴賤富貧矣或曰子辨矣然知無者也非無無者也無無

者忘其無者也無之終也知無者明其無者也有之始也王子曰予非無無者也亦非知無者也乃當其無者而爲之言哉

重遊赤壁記

姚履素

余葢三歛於赤壁間矣初爲潘郡伯招遊開南軒覩遠岫開心與沙鷗出沒退眺與風檣往還得其曠矣然未得其致也再爲蔣二守招遊登傑閣據磯頭俯澄空之玉鏡望葱蔚之晚汀得其幽矣然未得其匀也再爲同年友茅五芝明府招遊方舟而駕凌轢湖波風輕景麗而江山之勝始招摭於杯酒之觀也夫其東吊要糅舲舸疎簾令人有秦淮競渡之想焉至於赤磯懸棧迴塘濯艫下丹崖趨石磴長年方理楫以須則境界固已遠矣已而挂席中流汪洋涯澤泛泛乎如飛廬於洞庭也遠於東者有連城百雉松阜柳陰山蹊人徑之寥廓焉陸於西者有平沙煙渚麥隴村墟擔負驅牧之野適焉當於前者有谿雲遠近浮漚隱見目光明滅之異態焉入於席者有水影動摇晴嵐激灩涼颸吹噫之紛郁焉霞采收於暝色冰輪耀乎清陰旋繞而左右流輝檥榜而當筵落照於斯際也心知其嘉勝中山君不能會也山之青者化而爲黛也水之綠者化而爲元也有黝然而已而黛者之籠以白元者之透以色直若隨吾目而不隨諸山水也中山君烏能

會也遠望數艘動楫列炬分光若星移而冉冉以近也鼓吹乍起四顧傍徨若羣仙降而霓裳可裒也明府以緩棹爲投轄余亦以擊楫爲觥籌而不知夜之強半也拾級登岸返乎磯頭月落天空擎杯猶未能歇也舟颶颶以散而波底懸燈漸趨於小也擊浪流聲漸趨於窈也有是哉娛心快目者乎雖謂赤壁之遊自今日始可也顧赤壁未始異而此三遊者亦余之自爲異耳初遊自天目齊雲而來所望於名區者若不能屬厭焉再則經歲馳驅疲矣寓目清幽如南冠之釋其縶得趣爲多然倘陸況於案牘中今相距未及半月而拔鞘之緐無留餘矣宜其豁然坦然景與意會而盡赤壁之况也

謂余入楚之遊亦自今日始可也時夏五十有二日

黃岡令題名記

茅瑞徵　五芝

蓋余自受牒爲令恒怵然懼也既得量移揆所以息肩者更得楚之巖邑爲懼滋甚古亦有言不善爲吏視成事矣黃剸鶩難馭甲三楚然前數公用以顯名起家擁戴天子邑人今猶尸祝不廢將難治又豈在黃也余自度賦材最𤨏卽殫其弋獲無以踰前數公意復倣軼事可踵行者因攷邑乘輒旁蹟先後爲令歲月及其爵里而詮次已苦無徵矣今擬合者強顏親之曰民父母有人子而不能憶若父母世必怪之而至其所不知誰人重累而上必系之以譜而始核爲漸疎也

又況夫令以強爲親固無強而疎耳然則重累而上欲卬之以所不知誰人逼其纖曲此非譜而勒之貞珉其子之不能而他將焉取徵無徵不信玆今所爲急題名也隆萬以前郡志畧備郡有志後今又幾十春秋前數公最著餘亦多不能縣憶然姓氏尙可譜舉其人可以知其政有衆同舌以榮有衆同舌以嗤等此姓氏而榮且嗤之間若莛與楹嗟可畏也語云前覆後誡前者以驚則後者以趍卽先後受牒諸君子無慮若而人夫其姓氏具在謹視而庋俛仰之間應已得所師矣如前數公非有瑰政瑋術以奇用吾民而民到於今便之衆之所便則父母也令秩固輕而爲天子息養一方稱名曰父母則甚重夫孰知父母之謂者以子產之賢傳猶曰僑衆人母故知父母之義能兼之者蓋寡大學稱絜矩之謂父母其道可以平天下度天下之與一邑尋之與尺也前數公筮仕辦爲令今佐天子以調化瑟辦乃踰令黃號難馭而前數公名以崛起難固在令豈在黃哉知爲民父母後乃辦爲令且辦爲天下今譜壁間之石而曰某名九鼎某名糞土幾能強顏爲之父母余亦懼未艾矣

遊崎山記

茅瑞徵

黃岡山以百數而崎山尤稱峻特余神往久之故事非雩禱不至深箐邃谷遊蹤罕入者丁未冬日會有甌脫之訟郡檄

下邑當從蘄水麻城兩令君勘其地旣命駕屬張侯書來請弛期乃徒御已戒裝脂秣矣因顧曹掾所勘地去崎山幾何掾對以三十里而近余曰若第裹半日糧從間道濟吾事可乎遂決策行是日宿丁家墻土人稱去此數百武有孔子河卽子路問津處質明升輿經桀溺衝前有石梁圮盡流水湯湯出其下征人褰裳渡曰邱之不濟命也夫廟一楹像宣尼委土以當血食余謂守僧津梁不遠以若爲導師已去至道觀河於時中春始從迂徑行荊棘中幾失道遠盼青翠數峯居民指旁爲獅子巖有大司冦王公先冢在焉入山逾迅東馬縣車未至可十里許則下舂矣舉頭忽見孤崖兀突仰插

雲霄余下視謂有異信步山麓得樵子稱爲留雲洞幽澗鳴泉噌吰不絕其上兩崖交峙止度一人是謂土門過此覗崎山寺邈若可即暝色漸增山僧挈燈相迎余笑曰是可當秉燭後騎昏黑導者引炬燎原余笑曰是可當烈山山高風緊輿行別無堪適唯冉冉若墮身雲霧而已入寺勢頗宏放頹墻敗櫋所乏浮圖精室越翌日晨起天欲雪爲舉濁醪數卮徐詢山中遺碣了無片石第盛誇剎本唐皇所留詠多俚鄙不可讀起步門外寺額能仁猶出近筆有橋旁鐫至治年月最古左嶺兩石若偃且拱曰道人石余既探奇不息趣屋後山雀踊蒙茸至淨室洞足力疲困擁石少憩俯眺盂鉢小崎

諸山森森起伏鳳斯下矣中峯尚在煙靄挐藤烏舉始窮其巔近龍王祠有小嵓穴爲祖師洞祠旁有井洽然出水山僧指其下有龍湫隆冬不涸歲旱虔禱取水即得靈雨徘徊登眺千岩萬壑競效勝山之下果然而反尋夜行處松林竹薈眞令人應接不暇也茅子曰余登崎山而境內諸山若培塿云語稱山不在高有龍則靈茲山既以偉秀籠蓋一邑而尺水寸波鬱鬱漏靈氣其爲瑰傑可勝道哉乃窮幽極峻不足集遊士之屐道險無徒亦自然之勢也至神王一邱領煙霞而碱泉石又傲然自暢矣

孝介先生祠記　茅瑞徵

孝介先生祠爲邑人樊公立也先生兩爲令民見德既去民思既歿民如喪厥考妣所在創祠申畏壘之祝矣而復祀於其鄉何居鄉人矜式於是乎在爲是憑而吊之以不死先生也祀先生不以爵不以姓氏以先生位不配德而又格於易名之例鄉人賢而私淑之則謂先生棄官從父竟死於孝居官不私一錢皭如冰雪此無愧孝介矣陶之爲靖節也孟之爲貞曜也皆其友其門人所從而私謚之者也先生孝介名與實孚此兩字傳先生之神可無問而知其爲樊公也按祀法非請於朝載在秩典不得立廟特祀今先生之賢表表梓里即以合祀鄉賢謂未盡也而先生又無子一女伶仃惷嘗

幾廢如之何而昆季能恝然也則雖朝典有待而聚族以謀專祠亦古所謂鄉先生歿而可祭於社者之例也先生慕海忠介之爲人其令商城抗中貴人開採事余過其地父老猶豔述之崑爲吳望邑獨嚴事先生以爲神君惜天不假年未竟其用然先生之伸萬世者要爲無忝忠介也先生既歿之數月余叨令茲土其明年學使者元宰董公手書孝介先生祠爲贈議子弟一人衣冠奉祀未果又三年戊申春王正月而先生祠成先生弟王衡輩數以記請始余習聞先生令吳擬赴官從受益焉而先生死矣每過其閭低回久之先生大節炳然既可師百世而其弟又能拮据以不死先生是皆可

書也遂爲之記以志歲月先生諱玉衡字元之其官政及他行詳志銘及傳余所記者先生之祠也

問津書院碑記　　鄒元標 南臯

聖人之道無微弗暨雖俎豆遍天下一遊憇處猶切羹墻人心不死夫子萬古如生也問津書院自宋元來代有祠久而圮明雖修祠而湫隘不稱頃彭公侍御昆弟大叅孫公輩入而舉祀事四顧愀然曰此非可以妥吾夫子之靈謀新之詘於力以告郡太守王公遂捐俸爲之倡嗣是郡伯李公及司理邑侯佐之侍御黃公伯仲適在里與諸同志捐金佐之成後爲殿祀先聖中爲堂前爲門右祠祀仲子左祠祀有功玆

土諸有道鄉先生顔曰問津書院歲時祀罷羣諸搢紳及弟子切磋於斯甚盛舉也走使問記吉水鄒子鄒子半生泛浪隨落迷津不知凡幾而何能有所發明以復諸君子惟是思夫子覺時之心甚切問津之意隱而不發而長沮以夫子爲知津乃再問桀溺溺以避人避世爲言夫人在葢載中乾父坤母民胞物與故曰仁者人也天下寧有子立之聖賢哉夫旣無子立之聖賢窮而親師取友以明斯道達而濟濟師師以公此道皆吾儒分内事此彭黃諸君子之重與斯地而皆以竟吾夫子津津覺世之意也諸君至此其思我夫子當時與子路依依棲棲不得行其志於天下一師一弟周旋不舍乃託之乎沮溺窮而無聊之情可悲也又思一片榛莽地今蔚爲文明之塲縉紳結轍吾夫子精神如聚一堂可幸也聚而問問而思思而知津途不遠舉足便是諸君子開玆堂奥之意不孤矣昔魯哀公問夫子鄙諺莫衆而迷今寡人與羣臣慮之而國愈亂何也夫子對舉國盡黨季氏與之同辭是一國爲一人君雖盡問境內猶不免亂也夫問一也哀公問而愈迷夫子知而不迷莫迷於魯莫迷於天下可知知楚之津知天下之津可知長沮猶澗溪之水儘足自澡夫子如海溟以藏疾爲曠以含垢爲大以九圍共溺并識歸涯爲蠡余嘗謂長沮接輿荷蕢者深知夫子一以鳳稱一以有心歎一

以知津許長沮之知夫子可知特其道不同故不相爲謀耳玆地去黃百里許二水縈廻書臺墨池頹港車坡遺跡爛然在望先是耿恭簡公每至輒徘徊不忍去欲有所剏不果久埋荒霧中一旦濯而新之非王公及彭黃諸君子爲政誰復能識其大而開來學哉

邑侯趙公去思碑記　　邱岳

趙公中宇去黃之十六年然後黃中父老子弟始立石道周紀述公德政效畏壘故事斯所稱君子之得民心者久而黃中父老子弟懷德滋深者歟夫公之德政人人能口道之而至於鐫石以識不朽葢心碑也計往歲辛酉間當今上採言

官言天下洪寧久阡陌之間相錯如繡開墾者多而賦額不加益由是定爲甲令盡檢天下土田概量其數則一時繁難囂䜋莫可名狀縣長吏實當其事會是歲天雨雪寒甚公單騎行田間僅數人隨從窮鄉遐谷必至其甘苦與百姓共之不欲煩民間一錢四境肅然安定初不知長吏之往來也狙獪之胥卽欲因緣簿書爲姦而公牘一字如山不可移迄於今百姓奉爲傳別以其賦入三賦五令徵輸有定限卽窶子單丁皆得趨事赴納從旁莫敢僑索其所餘兩階簿對則謝絕一切請託而每用片言以折之入者冰壺出者秋月又不喜任意輕入人卽得情不之喜也以故白粲鬼薪城旦舂者

六年之內未嘗枉一匹夫匹婦蓋慎之哉黃故舟車孔道也餙傳厨得過客懽心則米鹽絲帛刀錐之徵寧獨非耆赤脂膏耶一邑如斗大尹一人豈有愛焉庭前之影清可懸魚狐鼠之窺籬而潛蹤者寂如也暇日延見褒博之士發抒什襲講究道物其所取士類多豹變隆隆日以起語曰百年樹人其庶幾乎居常省視黌序輪奐翼如而境內壇壝烝嘗以時則禱雨雨應禱晴晴應犨車告成鼓果然之腹而忘於何有矣乃獨曠度濶視下嘗之而不報上陵之而不尤輕省之未嘗藐焉危加之未嘗懆焉蓋伺上不欲爲射隼而罔下不欲爲掩羣惟求盡其在我者已耳此豈晚近世可易及哉大都

[illegible]君宇瑰瑋不羣至性篤厚問學宏衍樸茂質直不尚紛華由立時行卓有古大臣風度然則其志潔其行修其量宏以遠也殆䎛中而彪外者乎卽今去黃之後犇然爲名御史晉陟卿寺帝眷日新福祿申重將未艾也黃中父老子弟德之深故思之久思之久故識之欲不忘昔衞武公盛德至善沐浸民心至播爲詩歌曰有斐君子終不可諼今知武公則知公矣知衞民不諼之詩則知黃人立石之思古今人情豈相遠哉是爲記公庚辰進士名士登號中宇涇縣人銘曰黃邑盤桓環山帶川甌窶汙邪畝陌芊芊彼美我公道大德全甫維下車概量土田朔風大陸露宿霜飧羊戒晨飲犢自隴眠

簾潛鼠首屋擁魚懸吏畏其威士服其賢尹何製錦單父彈弦魯恭三異劉寵一錢我思循吏惟公比肩休休有容千頃洪淵桃李門牆郁郁翩翩甘棠蔽芾鴻雁連卷愷弟君子可愛可傳晉崇躋膴八座三遷苛銘鐘鼎帶礪燕然久而不忘去思綿綿綏我樂土貞固千年

松風墨寶記　杜濬

南京國子生吳郡顧苓濬之老友也所居塔影園去虎邱才數武濬舟過虎邱數往覓苓於園中一日導濬啜茗於其草堂西偏之密室仰視梁間懸一小扁作松風二字大不盈尺端勁軒翥非一時文士筆力所能及濬心異之以問苓苓具

吿所以則巍巍宸翰也濬肅然下拜伏地悲泣良久不能起自是以後每過芬輒先入室中叩首已然後與主人揖芬以爲知禮謂濬盍記之濬竊惟古賢哲之君每以幾務餘閒留心翰墨唐之文皇至與廷臣講求戈法而宋仁宗御書飛白尤重於時歐蘇所記者是已恭惟先烈皇帝稽古右文蓋唐宋二君之亞而遭際巇絕至於不可梯級鼎湖之弓蒼梧之淚此天下臣民所當痛心遇其流傳一點一畫如亡子之見慈父惟恐失之春露秋霜生其哀慕天球大璧方其矜重廼其宜也而風俗之薄藏者以爲災患見者爲之色變甚而背棄韜褻稱謂無章尤在於受恩深厚三台八座之子孫不知持世之道教孝作忠禁網殊不如此而其人自欲如此不必然而然何其愚哉計此二字設落若輩之手必久付之水火幸而藏者有芬拜者有濬國家養士三百年僅如斯而已乎可悲也矣歲在癸丑暮春之望記

聽鴈樓記　杜濬

聲音哀樂之感豈有常哉吹竹彈絲敲金戛石所以悅耳也而古之人或聞樂而泣代馬晨嘶邊笳暮咽天下之至苦也而有求於其地者得所欲而喜聞斯聲也猶箾韶也何則人之悲者聞歡聲而益悲人之樂者聞悽聲而愈樂也而何有於空中之過鴈乎吾友汪子青風少得逸妻延陵之裔也不幸而早夭汪子悲思之名其所居之樓曰聽鴈豈非謂鴈乃摯禽義不再匹故昏禮奠鴈聖人取之有夫婦之道焉是以失耦之夫端居獨夜聞此聲而傷心歟由是言之則是悲生於鴈也而非也向使汪子泯泯然同於世俗之薄夫鼓盆既罷歌哭兩忘佳麗之前何愁不盡鴈至之時秋深之候也良夜爲歡鴈聲入耳方且快珍簟之生涼蘭閨之無暑也鴈聲可樂孰謂其悲哉足見鴈聲不悲而悲生於聽鴈者由傷逝之情深也傷逝情深則豈第聽鴈而已卽與之聽九皋之鶴百囀之鶯猶將愴神焉而況於嘹唳之音失羣之響乎聞汪子之風者可以增伉儷之重矣且夫鴈之爲物不但有夫婦也而且有兄弟之序有君臣之分不媿禽鳥者幾人乎彼皓首歸來之子卿固亦老於聽鴈其聽之於北海之濱視聽之於南歸之後哀樂不侔矣意非斯人不足以記斯樓也

白雲樓記　杜濬

余久客廣陵旣倦且病謝文字不作而金子汝宣介其叔氏三餘來再拜以請曰願得先生之文余方欲例辭而顧其容甚戚其意若迫不容已則姑聽終其說三餘泫然曰余小子天下之薄祜人也生六年而失怙九年而失恃今年垂三十思親之淚未嘗乾也嘗聞古人覩白雲而思親在其下故小子亦以白雲名吾樓僉非先生莫能記之以傳是以請耳余

爲之樸然既不忍峻拒徐謂金子曰吾知子之樓矣固不必問其面勢若何修廣若何同於世俗侈觀美備登眺圖晏樂之樓也蓋嵩以思親也故蘭橑桂棟不足以爲華繩樞甕牖不足以爲陋敷天之下無之而無白雲也即無之而不觸子之思親也無之而非子之樓也即敷天之下有處無白雲也子固無處不思親也亦無處而非子之白雲樓也子歙人也黃海者雲之所都瀰瀰萬頃子對之思二親欲隨几杖而不可得也則黃海即白雲樓矣且子嘗西上潯陽望匡廬之山匡廬之白雲綿亘三百里子對之思二親欲奉蹄扳而不可得也則匡廬即白雲樓矣子又嘗過洞庭歷瀟湘憇於岳麓

之野白雲滃無邊際子對之思二親欲伴游觀而不可得也則洞庭瀟湘岳麓即白雲樓矣故曰出則銜恤入則靡至又曰無所逃於天地之間此雲此樓也豈區區誇結構之工丹采之麗乎哉是故子辨之有餘無俟余記者余特爲記子罔極之思終天之慕如此後之君子可以憐其孝而哀其志也矣

寄圃記 並序　　王士龍 黃廬

凡人精神無所棲泊則嘶懶成癖余草堂無事築寄圃半區日夕灌鋤其中非近計鄙粗抑使心骨筋力與天命人事相遭可不苟也而客有嘲且嘆者因作寄圃記以當解嘲漆園叟將無聞之亦囅然而領之乎

寄圃者蓮花汊逸叟所築茱畦也逸叟歸汊上者六年食貧茹淡直不可終日而又若將甘終身焉者廼因廢屋址可三畝許在草堂南湄叟促石史庀伻兩蒼頭織荻而樊之遂成圃圃成而字曰寄蓋若寄吾終日而終身焉者於是圃有禁盡厥嘉種以蒔非其種者芟且薙無匿厥土膏而腴厥塊破以細疇平洫衍族區類別無迕性無盬時未幾厥種甲而茁茁而茂枝旗揚起葉片紛披我寄圃春長矣逸叟一編之暇或倚籬而嘯或緣徑而歌或秉鋤而剔其翳或沿架而支其蔓則見橫之縱之勿猥勿并蹤蹤啓啓兩兩三三掛珊苞於

初蔓拖玉練於修藤朝華者哺風飲露夕秀者娛月冒烟雨吐香而徐噴晴湧翠而眉舒交絡駢織弄態抽妍逸叟皤皤然白禿其頂影青蔭綠如行壺天碧靄中意致孰可佳勝以是而思元圃閬風則紫芝沆瀣難覬也以是而思平泉金谷則玉樹秋風莫問也吾寄圃榮生不關春夏消枯不問秋冬滄桑不悲陸海逸叟曰寄寄圃而樂之樂其寄家此汊上而圃又其寄寄者也彼古今來亦何者非寄耶昔有寄於農寄於漁寄於樵逸叟今寄於圃大有快終日而終身焉者圃中日用正自悠長也哉至逸叟或有所寄而寄或無所寄而寄是在逸叟獨寐寤言際自知之請學者不得知也或曰寄圃

亦寄於記也可是爲序

靈鵲記

靖科元

小崎山草木蔚茂予在省時命紀綱僕築砦其上七年間不下數覲每一臨眺但見飛鳥差池僅及山半靜坐山中鐘磬聲鈴鐸聲風樹聲綿綿不絕獨不聞鳥聲詢之住持僉謂此地山高風勁羣鳥所不棲予以爲艮然癸未正月流寇陷蘄州二月初九予遂入山集鄉人繕守具二十七蘄水陷不一月黃州又陷予時保守孤山寇迫門庭家屬隔絕愁極無聊之頃忽有鵲聲若相慰藉予躍然曰無而有之得無好消息耶未幾寇渡江家屬幸無恙砦上避難居人俱獲生全康節

先生有言曰禽鳥飛類得氣之先彼或亦有善氣相迎耶自是而兩鵲巢於樹杪百鳥漸集嚶鳴相和無殊聚落住持之言似不驗或曰野老忘機鷗鳥不飛擇不處仁人之所以不如鳥也予爲之一笑因下命曰有殺砦中禽鳥者罰無赦蓋山民以射獵爲業鳥銃藥弩百發百中其長技也此禁設而鳥不亂於林矣甲申中春寇退兵遠山中稍無事時甫巳降草木叢茂爰有豺狼闌入竊人雞鶩每所潛伏則鵲隨噪之日日如是百不失一將雛之家視此作偵報焉予聞之曰異哉雞之司晨犬之司夜猶須人之豢養也鵲遶樹三匝借一枝棲耳猶然不自暇逸圖報如此其勤世豈無衣人之衣食人之食受人之廕庇而陰陽其術秦越其心交臂千里轉眼若不相識者乎愧此鳥萬萬矣擇不處仁果足多乎遂爲之記時崇禎十七年二月二十八日

國朝

問津書院祭田碑記

王輔

甚矣哉聖道之大也德以萬世功以萬世矣春秋時孔子以布衣韋帶之士周旋齊陳宋衛之間悵東周之不復悲大道之不容楚有長沮桀溺者石隱高蹈付理亂於不聞亦接輿荷蕢流耳孔子過之而使子路問津亦偶然之遭也乃曠世相感者恍然見一聖一賢徘徊道左民胞物與之心此問津

書院之所由立乎然而津亦有說聖人以大學之道教天下茫乎不知其畔岸而非遠也浩乎不知其涯涘而非深也由格致誠正爲始進之功而極之天下國家以廣其量積漸以基之循序而進之納天下於道德仁義之域譬之行萬里者明乎東西南北之道審乎山川險易之途雖大山峻谷不能爲之阻日行數十里可計日到也自周道衰而孔子沒微言絕而大義乖其高談異論清淨寂滅之說中於人心而流爲風俗卽有一二好學深思之士欲求明聖人之道其孰從而問之猶之撤津梁焚舟筏隔津以求徒涉吾知其不能也書院以問津爲名殆欲使黃之士子朝夕切磋而不致有迷津

之嘆乎余拜瞻殿宇輒低回留之而不忍去如見夫子於車塵馬跡之間而益切羹墻之慕亦不自知其何心矣爰撥銀若干兩以奉春秋粢盛焉至於祠之興廢與夫建造之規模有明吉水鄒先生記之詳矣余可以無述也是爲記

黄州宋賢祠記

宋犖　牧仲

往而過黄者靡不言蘇子瞻王元之至於張文潛秦少游非其忘之即不知之矣往而過黄者靡不言子瞻元之之雪堂竹樓至於子瞻墨池非其忘之即不知之矣余判黄之二年梅川張長人過余而言曰吾黄自兵燹以來諸名勝悉委榛莽如子瞻洗墨池獨趙文敏手書三字猶存瓦礫中此韓陵

一片石也吾君得無意乎余聞即大喜命輿人移置東齋又三年爲康熙已酉余董漕自淮歸日長無事因念先賢故迹久就荒蕪使後人靡有瞻仰守土者責也言之太守渤海羅公及九屬諸有位咸捐資重修之始從坡仙坊求池之舊址甃砌剔壤水泓然瀠欲出池舊無橋與亭今創建其上以文敏字嵌門簷間既而曰池得矣無堂何以祠爰建堂池之東祠子瞻其中以文潛少游爲配兩先生固嘗游黄又蘇門士也遂名曰雪堂堂成猶有餘材因建樓池之西祠元之名曰竹樓墨池因故址雪堂竹樓非其地而佐之從名也使遊人過客聚而瞻之者不忘也合之爲宋賢祠云祠既成穆余書之複者置樓上移余東齋花自中州來者植池側而旁爲數楹招僧木子住其内以供朝夕於是黄之人若忘其爲舊有而煥然新出於耳目之前也不數月余以先太夫人棄世將去郡歸里惆悵者久之歲且暮張子長人復自梅川來別余因坦步池上張子曰甚矣先賢之賴有使君也抑吾聞之昔韓魏公年少以家艱從其兄遊黄黄人思之爲刻其詩於四十年後使君忘之乎又曰吾嘗讀楚故載東坡洗墨池蛙口食墨而黑黄人殆未之信也是二說者余憫然念之遂爲記

重修赤壁記

于成龍

余辛丑春授粤西羅城令親友咸有難色余曰子厚晉人也

會宦柳州余同鄉後學可不往觀流風遺蹟乎攜僕就道秋抵柳陽謁先生祠像祠後柳侯墓祠前柳侯碑碑乃眉山東坡先生所撰記而筆之者也喜出望外矣父老相傳世變城頹祠傾碑毀或砌碑塊於城城屢崩閱其石有柳侯碑移還故處而城工竣東坡先生之文之筆其不能湮沒如此摹刻可避兵火右江守憲黄公語余曰吾每渡江不敢忘攜柳侯碑東坡之文之筆其爲世所珍重如此嗣守憲戴公重修祠宇珍護碑刻此乃東坡先生之寄於粤者非等於黄郡赤壁諸勝境爲先生之所親歷也丁未余陞授西蜀重慶合州牧戊申秋抵任已酉夏五月　因前任阜異報陞黄郡丞冬十月

謁撫司赴成都遥望眉山嵯峩峻秀知東坡先生之鍾靈不偶庚戌春抵黄丞任栁侯碑雖隔在天末而赤壁諸勝幸在目前意以冷署閒局或可偕同人笑傲赤壁坐卧先賢遺址謁新建宋賢祠而快意焉雪堂竹樓雖非故址然與洗墨池同建時爲之也宋公記可誌不朽自以步後塵表遺蹟而効力於太守羅公者余之遺也無如余命不猶甫署黄安旋署通城復奉文代覲奔走如犬馬辛亥六月抵岐亭值旱魃爲災人心叵測憂危無寧晷壬子春賑饑德安兌糧蘄州夏四月理黄糧捕秋七月兼漢糧捕簿書鞅掌每過晴川黄鶴而欷歔復何心及

赤壁諸勝境也冬臘月卸事歸岐與社中諸生痛飲道及杏花村裏多賢人詢云有陳季常先生墓在焉季常爲東坡先生好友也著方山子傳不可不謁今春正乘輿偕往草茵而坐觥籌交錯春光嫵媚依稀人影在地而歸隨謀修復旋置磚木以思慕太守公澗久來黄黄社諸生情誼篤好會飲無虚日適謁客郊外尋臨皐洗墨故址登定惠之巔覓寶山之石二三同人偶憩龍王山廟王生殽核齊備飛觴唱和漏三下而興彌高越二日爲赤壁之遊彭先生李顧二生備酒偕來謁先生之像誦前賢之碣俯長江之浩淼嘆桑田之蒼茫遺跡尚多灰燼感慨不能中忘時方天晴日朗倏忽風雨瓣冥廣池酣飲不覺日落西山因念及山高月小人影在地之句其興倍於杏花村矣修季常祠者爲東坡先生也兹登赤壁而知東坡先生之所由名何可無以修之也況黄郡名都物力勝於邊荒又何可無以修之也諸生僉謀而請命於太守公曰可

黄州朱氏雙修堂記　　計東 吴江人

黄州臨大江枕赤壁西去百里而遥爲洪山洪山之東湖有僻壤少居民多女蘿薜荔蘭蕙諸芳草古柏數十株偃蹇蓊翳大以圍計皆萬歷年間物也丙午冬冬大雪草木盡萎柏巋然獨存明年春隱君子朱菊廬先生聞之而喜卜築數楹於

其間顔曰雙修堂每靜夜先生危坐讀書響震山谷虎輒嘯以應之若揮麾然先生愛而居之不忍去或問先生雙修之義先生答以易太極生偶二四八之象數及天地萬物無所不雙之故其意大抵與程伯子所悟畧同而其自記之終篇則又曰我安得無雙之士而與之語予繹其言未嘗不三嘆夫先生見雙之義而易有獨立不懼遯世無悶之君子焉讀易者謂用之則獨立不懼周公當之舍之則遯世無悶顔子當之必若周公顔子然後可爲無雙之士吁亦難矣先生倘求其人而未得吾願獨以其讀書之聲與虎嘯聲相響應仰古柏下想見雪深數尺時偃蹇不屈之狀先生亦可樂而忘

憂矣予遥憶斯堂之氣概有不能不動於心者遂援筆而爲之記

雙修堂又記　　計東甫草

予既爲菊廬先生作雙修堂記而菊廬復語予曰予數年以前未嘗一日離斯堂也自游京師以歸亦苦其僻遠不能朝夕於此室邇人遐爲我心惻我將於堂之傍求田二十五畝納其稼穫命一僕守之廣爲朱氏祠堂以奉我先人烝嘗示子孫無有變也且我聞之人生而樂寄於是者沒而魂魄依焉堂之額我已乞吾友王太史大書爲碑記而復屬記於子子其爲之予將泐之石以計久遠也予曰不亦善乎先生之

志也合於古儒者之教矣我聞之考亭夫子夫子聞之胡先生曰天下有是氣者有是理有其藏者有其神山川之氣樂憑依於人人樂山川而不忍去者氣相感也氣聚則理乘之以顯矣子孫之於祖考一氣之所生也子孫能聚其誠敬之氣以翕集祖考將散之氣而祖考必來格者氣與理交相貫也人之歷存沒猶歷旦暮也生而愛其居猶旦晝之飲食言笑於其居也沒而魂魄依之猶夜而讀書偃臥於其中也先生今日祠先世於此其烝嘗也必誠必敬先生之子孫他日亦修烝嘗於此如先生焉猶旦暮之相代於前而莫知所止也理之與氣誠之與神人聚之則聚散之則散有之則有無之則無固自我操之矣予常從兖州入曲阜見三十里草不生荆棘度淮泗過虞姬墓見墓傍之草雖大風不能摇又聞我吳門城上要離墓碑不可樹樹之則城門白晝殺人其氣之所聚可以千百年憑依草木及其里人而況其子孫乎今以先生之言而合之先賢理氣之説我知朱氏之堂其千百年不可泯滅也亦若是焉已矣遂爲記

黄州安國寺放生池碑記　　徐惺

黄州安國寺旁有蘇子瞻放生池居民占業久就汙淤牛浴豕涉鵝鴨呷唼黿鼉毓產鮒鱧不生歲癸丑某巡郡縣爰止寺中弔坡仙之遺蹟慨惠政之久墜出俸若干就居民贖還

官稍加疏浚仍爲放生池以寺僧主之唐白居易守杭即西湖爲放生池宋神宗大有爲之君聰明自許更紘拓網用兵西夏有事交瀘法令毛舉斯民頓困是時子瞻守杭濬西湖灌溉田畝歲放魚鱗蠃介數萬億計爲天子祝壽在黄亦然所謂云何謂夫人主好生齊年如天不必好大喜功勞神外物求海島之靈藥問神光於齋房第使百司奉職守廉布公小過不敢忽一物必得所即臣子罔陵之頌愛君之極致矣今

天子聖文神武薄海內外圜澤旁治上下鳥獸魚鼈咸若而猶數放肆赦永除肉刑革部寺之苛條賜高年之酒帛率用

舊章無所更易蒸蒸熙熙品彙獲遂雖禹泣湯網不足彷彿
聖德又何唐宋之主所能企其萬一哉某既復是池亦以宣
揚
皇仁無細不被遂爲頌勒諸石
乾坤清奠品物含靈肖翹蠕動罔匪帝仁天波涵濡包括海甄會是汙池而日放生過亦無小善亦無細性命羣分仁者一視百爾君子推恩廣惠我作頌辭風我屬吏

孝義社記　顧景星

有名古而義非者今之社其一也社今醵飲而已矣唐人始作詩社自杜司戶審言始今盧陵之西原有詩人堂云宋元

踵而行之遂有禪社茶社蹴鞠葉子博簺唱說手搏梳剃吟叫諸社社之名義遂濫而莫濫於明末之制藝社居恆論之社之善者如淳熙初朱文公之社倉社學河北之鉏社元前至元之苜蓿社明洪武初之里社正德時邱文莊之家社嘉靖時先中和邠州之義穀社此治世之社熙寧初京東之弓箭社建炎中兩河之忠義社崇禎中陳士業之守望社此亂世之社皆有益於國家與其合少年佻達治舉業無用之學談仕宦熱中之事失德起於乾餱憂患不相銜恤則何如老死不相往來之爲愈矣邇者陽邏鎭亂後烟突僅數百有長者遵洪武制立社曰孝義集鎭中之有父母大父母者十人至數十人歛而與之盟遇有喪則人出一金一布無他醵會惟此施彼報數十人中有喪者之家無復嘆衾衾之不具而傷孝子慈孫之心者嗟乎不亦善哉推而行之治與亂皆可是周禮四閭爲族八閭爲聯使之相葬薶也云爾近吾里稍稍舉春社餕餘醵飲謔浪而已於俗非有裨益豈惟無益已也昔元祐時王景亮與鄰里浮薄子結社紬事嘲誚後皆及於禍可不戒哉可不戒哉

重建春草亭記　許錫齡黃州守

古之禦大災捍大患有功德於斯民者則祀之所以誌報也名山勝蹟亭臺居室賢士大夫之所創建游覽而歌咏者則

祠之所以誌光也顧皆仕宦其地民沐其德因以感頌歌思即其步履坐臥之處亦必表章流傳之不替謂世遠年湮不得見其人見其當日之所經營者如見其人故蔽芾之甘棠涕淚之峴山迄今有餘休焉此以見盛德之流光民俗之敦厚誠足以興起來茲鼓勵後哲也黃州爲楚北大郡官其土者不知凡幾其山川居室可游覽而咏歌者亦不可勝計而王元之之竹樓蘇子瞻之臨皋雪堂獨嘖嘖人口甚至城隅之赤鼻經其行游作賦與會偶及於孟德周郎而後之人竟指此爲吳魏鏖兵處無不瞻眺而題咏焉無他重其文章樂其流傳而此邦之人亦藉以增光也王與蘇皆官其土者也

無惑也韓魏公相州人不過隨其兄琚守黃州因讀書安國寺搆有春草亭而黃顧祠之且志之不朽余讀郡志而思其故因知天下之有德有功不必其仕宦之地思之遐荒僻壤無不思之也而天下之慕之者不必其政事之所施設道德之所樹立即其經游所及居室所搆無不慕之也魏公未嘗仕黃而黃祠且志之黃之民厚可謂知所思慕矣顧吾聞之不朽有三而立言在功德之下王與蘇文采風流迄今傳誦者竹樓一記赤壁二賦耳詞章之著抑亦立言之末要未有如魏公之功德赫奕者乃向固祠之其亭亦修葺不廢而今俱委之荒烟蔓草中豈黃之民敦厚之不如昔與抑舍其

大而重其末與教民敦本與起成俗者太守事也余以不才承乏斯郡未嘗有涓埃之惠澤於黃而仰企先賢欲爲師法則願與有志之士共相勸勉故特葺其故祠煥而新之訪其亭基建而復之其亭之左側有屋基三楹相傳爲魏公讀書堂亦建而復之不求助不勞民閱期月而告成匪僅爲遊觀地也願吾黃有志之士瞻其宇懸其地知魏公之經畧於邊疆定策於兩朝其所以建大功立大業者莫不由於讀書力學奮焉觀感厲志潛修以庶幾乎格天之勳回天之力可不擇地而俎豆焉而凡仕於黃者皆知黃民俗之厚見有功德之大造於天下者即不必仕於吾黃而於其步履坐臥之處亦表章而流傳之而茍使惠澤實被於黃民而其感戴而尸祝之者又不知其爲何如也若夫觴詠華陽圍棋投矢雖風流之雅事而於政治恐不無怠弛彼泛棹泝流飲酒作賦則才士之淪落自抒其牢騷不平之氣而無關於政治也在此不在彼此余表章葺新之志也夫

問津書院記　呂德芝

論語記子路問津記其事也未言其地史記載孔子自葉反蔡見沮溺耦耕使子路問津其在葉在蔡亦未有定地也正義注曰黃城山下即問津處而黃城仍未詳何處考陸應陽廣輿纂則云黃城山在葉縣一名黃柏山係子路問津處則

問津之在葉也明矣乃楚志則曰問津歌鳳俱在黃岡又何以稱焉夫葉之爲楚地昭昭也以黃岡之即爲葉其何據乎或曰楚之滅黃在魯僖公十二年前此楚無所爲葉也後此天下亦無所謂黃豈楚併黃之後即其地改名爲葉也抑沈諸梁食釆之時黃已在其疆內也乎皆未可知也今則實指在黃岡縣北九十里地曰孔子山孔子河耦耕處問津處且立廟建書院焉豈自古迄今歷千百年遂無一博雅之士能考核其是非者耶即曰聖人之遺蹟人樂援之以爲邦域重何葉縣之廟祀古蹟不一援之而獨見援於黃岡也則問津之在黃岡亦若有據至書院之設始於元之龍仁夫成於明

之肅康侯建立殿廡買置祭田春秋兩祀一遵典禮而鄉之人士無遠近講藝課業於其中規約井然長幼有序彬彬乎禮樂衣裳地也後此吾黄之士日得仰其溫良恭儉之容思其文行忠信之教鼓其進德修業之氣惕其出王游衍之心則是志於道而譁子弟之率者問津者也望道而趨不惑於他岐不移於血氣者知津者也由此而及門由此而升堂而入室津其託足之始基也可勿問歟可勿知歟昔漢文翁治蜀修起學官招徠子弟每出必從以明經飭行之士吏民榮之風俗大變韓延壽守潁川好古修教興治學宫鄉射讀法盛揖讓登降之儀令諸生皮弁俎豆以正民間冠婚禮制郡

以大治盖文教者循吏之首務也黄岡詩禮地何遽不如蜀與潁川况問津之設尤助學宫之所不及者乎有心世道者接而振興之安知兩漢文治之不可復起耶至其地之在黄在葉兩存考焉可也

重修韓魏公祠堂記

禹殿鰲

昔東坡刻韓魏公之詩題其後以黄州山水清遠土風厚善雖里巷小民知尊愛賢者於王元之韓魏公皆私之以爲吾邦雖小二公嘗辱居焉以誇於四方之人夫直道在民公好公惡天下之所同因其明而指示之就其事而奬勸之使之油油然樂而忘倦非留心於人心風俗者弗喻也坡公稱黄人之尊德樂道異於他邦豈非喜其風俗之厚而與人爲善也哉今去坡公已六百餘歲而黄人祀祝之不異元之魏公亦似有私於蘇公者風土之厚善益信矣鰲豫人也官於黄已三載修赤壁濬隍渠重建二程書院景仰前徽啟迪後學亦與黄之民同此公好耳而黄州安國寺僧來請曰韓公豫之名賢也寺本爲公讀書祠歷年久遠黄人不忍其圮捐有榱棟木石公豫人所成之余曰豫之賢人君子著名今古者多矣必豫人始修豫賢之祠則坡公當日以蜀人而刻豫賢之詩豈有私於豫哉昔公隨其兄琚讀書於黄非若王元之有宦蹟之可紀而黄人不忍沒其遺蹟今又樂於重修使與

竹樓赤壁並峙不朽非僅若坡公所云金錫圭璧被其光輝也凡覩其蹟則必思其人思其人則其人生平立身行已與夫出處張施之雄抱偉畧必將景行而效之如武侯之自比管樂長卿之雅慕相如以尚友於千古是公之有造於此邦者大矣豈曰不必施於用也哉余也嘉其意而相成則固坡公與人爲善之志也以爲有私於豫者其猶有蓬之心也夫因委廣文吳君緒榮同郡紳曹君紹烈等董其事閱三月而告竣以公之兄宋太守琚並祀焉公之詩曰兄才無不宜吏治孰可偶君子之言信而有徵盖不異王元之之有德於黄人也至公功業文章世咸知之不贅

疏濬濠隍記　禹殿鰲

古之立國者必審其形勝以定邦域形勝者山川環繞精靈聚毓可以殷阜民物者也公劉之詩曰相其陰陽觀其流泉陰陽以便燥濕流泉以滋灌溉而水利興焉矣夫水萬物所以資生流行之地聚散多少豐儉分焉在原埜者溝洫川澮以潤畎畝在城郭者濠隍隧徑以洩瘀垐而形勝在是矣黄州古齊安郡其城倚山面江形勝鴻敞古所稱蛟翔鸞峙之地附郭首邑是曰黄岡人文甲天下絃歌之聲十室而五但闤闠生資不見充殖千金之家益寥寥焉匪獨民淳士拙不善治生亦邦域之形勝清秀多而蓄積少也余承

簡命來守是邦斯年以來舉廢補偏次第就理閒登城覓眺見大江泱漭奮迅東去於郡城畧無環繞而附郭之水其北東自聚寶山來者至南關一字門外織染橋下直走入江亦無回顧而西南城下所謂濠隍者皆平實淤塞溝徑盡堙正郭璞青囊經所謂水去無情財貨不生者也訊之耆民皆曰古有濠瀆年久而淤倘一疏導引南門下之水繞城而西同滙於觀風橋下次第北向以入大江則水法有情而迴繞城郭始成形勢余然其說因令濠畔居民自一字門外至清源門下者各濬其門前古瀆寬必以丈深亦如之人易爲力工亦不煩乃民情踴躍不匝月而告厥成功焉雖所以愛養休息之道不徒恃此而宣幽導滯非徵厥攸居之一端乎今而後水既有情地自毓秀扶輿之順氣與

國家之景運輻湊於民間而美利日興焉秀者懋登進之庸樸者增居積之阜庶沃土之民富且益穀非長民者之所至樂哉更戒嗣後居民糞除者勿委之濠中動作者勿圮其隍岸而長此疏通焉可也因記其事於石立之濠畔以戒居民云乾隆十年乙丑歲夏五月日

大士閣修路記　萬禮祖

去陽邏之東南三里而近有磯突出江岸懸崖峭壁亂石叢生進舟者固苦牽挽徒步者亦惴惴失足恐也于清端公守

黄時加意修治尋以擢去罷今四十餘年無有能繼其志者邑侯鍾公來涖茲土念切民瘼均丁賦建義學開河渠移糧倉修城垣嘉猷惠政不可枚舉壬寅春以公事道經於此停車周覽慨然嘆曰眼前皆赤子視其陷溺而不以安遺之無爲貴宰也歸與邑士大夫謀得老成練達者數人授以方略捐俸募工起春初迄夏首狹者開之險者平之而石之鯨跋龜伏於水中者椎之鑿之轉徙於傾圮崩裂之處而塡補之不三月畏途化爲坦道旋渦變作安瀾帆檣上下擔負往來無復昔時魚腹憂益公之力也又以邏鎮之水順流衝破巽方乃開河渠引歸元武公之與利除弊其功德豈淺鮮哉遠

近之人爭欲表彰揚厲勸諸貞珉與于清端並傳不朽此甚盛事也是爲記

重修嘉魚村堤記

邵豐鍭

岡邑西北之嘉魚村上承麻城諸山之水向有大堤以爲捍蔽而下游村落田廬皆陰受其庇雍正五年大水堤決乾隆八年復遭大水下游數十里皆成巨浸而傍河之田已爲沙壓不可種植矣余於是年涖岡念惟此堤所關者大親詣其地查勘詳覈其田之必不可開墾者除賦約百餘金其尚有可墾者計厥長八非修築是堤終不免隨波漂沒而工鉅費煩且督理總領甚難其人於是傳集士民擇其幹濟者數人

立爲堤長總理其事余復捐俸以爲之倡其餘工費按田均派有力者任勞多財者任費居近鄉民踴躍從事一年工竣向之平夷如坦道者屹如墉向之石田不可耕者錯如繡矣自後每歲春初農隙檄飭保正堤長加厚培高俾勿壞焉此微績耳何足記顧禦災捍患守土者所有事後之人與我同志者知民患之孔棘始事之維艱歲爲修理毋忘未雨之綢繆庶數十里之村落田廬永免蕩析飄搖之嘆耳

丈洲地記

邵豐鍭

昔于清端公守黃時清丈洲地著有定冊在洲各戶咸遵此冊以守成業迨後陵谷變遷崩卸靡常按冊則有其名計地已無其所於是刁民猾吏從而紊亂之有將鄰洲承糧之業隱報入冊者有將公存牧場妄報陞科者更有本係折弓虛數估報實數者種種弊竇不可究詰而向所定之冊亦秘匿不出五年大丈止據洲頭人造冊其顛倒移易棼如亂絲余涖任後檢閱故牒爲洲地訐訟者數十餘案皆數十年來旋結旋翻目眩神搖幾難措手乾隆九年適當大丈之期於是親詣各洲逐加勘丈飭經承吏抱各案隨洲式斷大抵彼此結訟多由於經界之紊而其故都在洲尾何也當時于公清丈弓口原有折數此冊不可得見而豪強者先據實弓管業挨至洲尾則無尺寸地矣彼原冊有名有業者不甘賠賦則

與鄰近之戶爭執而鄰戶亦屬冊載有名之業又復不甘以尺寸讓人此訟之所以連年不結也余丈竟一洲知此洲之弓口或係七折有奇或係八折有奇或係九折有奇於是統計一洲有名各戶均照折弓管業爲之立樁定界而向所佔實弓之地或有造屋種樹不可移置者爲之量基換地俾之仍無失所按名給地計弓定界一洲丈竟一洲之訟案冰釋然而暴於烈日栖於苦雨跰則繭而面則黧矣草冊當場即定飭發洲頭照造兩本鈐以縣印一付洲頭執掌一存縣案備查雖不敢追武于公而前此隱佔妄報諸弊爲之畢露亦可以息爭止訟矣故爲敘其顛末如此

河東書院記　靖道謨

南宋太守李公訦於郡城建二程夫子祠棊二程生黃陂而陂向爲黃郡屬邑舊志所載朱子河東書院記棊祠記也其河東書院則宋太守李公節始建者逮明郡城改置書院基廢或曰在二程祠前無考

國朝雍正間太守宛平王公因洋人廢宅建爲黃中書院嗣太守汜水禹公則以先儒之教若此其遠地若此其近冀紹餘光崇道統正脈易黃中復名河東祀二程子講堂後王公時書院以郡學租百金充膏火生徒畧具禹公捐養廉倡州縣詳府以下每百金捐五兩八屬生徒至數十人其後州縣

各立書院太守李公詳請郡書院以爲黃岡縣書院於時他州縣不復捐膏火之資生徒罕至乾隆二十二年八月太守虞山錢公下車慨然謂官以教化爲職且附郭縣事即郡守事與岡邑劉公議捐養廉倡二十三年八月費未具向租百金及公與劉公倡捐備什器修脯聘山長考取各州縣生童得二百人時書院各州縣院試補諸生至數十餘人十月上元陳公署岡邑篆收邑所捐銀穀向租百十餘石紳士捐銀二千兩未艾有續捐者定爲式每月給生童膏火銀各有差他州縣生童來膏火令各該屬捐給是附郭書院即郡書院也陳公離任又自捐置書部若干榻案椅櫃各若干公與陳公固江蘇名宿公時至書院或與陳公同至書院召諸生集階下講論終日不倦至性至情見於事傳於口足動聽者心陳公與公一德一心相與有成詩云豈弟君子遐不作人公與陳公有焉公治事與士民圖久遠前在撫寧蘄州皆建書院人才鵲起稱盛黃郡書院以其近仰止程子故公尤兢兢云

重修問津書院記　陳文樞

余來楚時聞黃州之北有問津書院欲往觀之未暇也去年冬來治斯邑因事北行九十里雲阜繡壤夾岸參差古木交柯懸崖絕磴清流之瀠洄橫出其下渡河而登則巍然殿閣

丹堊新成聞書聲洽洽乎若近若遠則講堂也於是進諸生而問之曰歲在甲戌　聖廟告成又五年講堂始備前此兩廡之改建則乾隆八年癸酉歲也且聞諸古言唐以前有於此建廟立學者宋末永新觀復龍公晚年隱居設教於山下明嘉靖間耿氏楚峒門人所謂天臺先生也與其弟子健復於此講學齊名其舊址距今廟右百步天臺以地狹欲遷而未能屬其徒蕭康侯久之與王晉五孫心易彭尚賓方心宇諸人告於郡守守以下皆助之遂移建山上顏曰問津以康侯爲師其守令載名宦志內於時四方賢達往來講學無虛日有慕學者行數百里又爲廣屋舍而受之學三十年間名

儒接踵砥節好修能爲文章之士濟濟成風名遂大盛又十餘年有王海伯振舊院於兵燹瓦礫之餘而時當我
朝定鼎人文肇起於是鄒公遂操右樞王梁思鄭淳思王汝載諸人同力修飭而書院又盛諸生爲余言且屬之記也如此夫自宋迄今五百餘年之間其葺而修之者屢更矣豈地之盛衰相循各有其時耶抑其興之者在人得良有司倡之而今乃復盛耶是時郡伯錢公方修河東書院勸學與士而其風遂達於鄉曲而好學者不自私已又各能勤其所學益郁然又加盛矣昔唐杜牧之守黄州立廟祀先聖與學校宋孟寶王亦於此立廟設學比屋千間以待游士古今人大抵

同情恐余材之未足濟也然吾聞問津之説矣酈道元曰相望河北層山峭舉多石室焉室中若有積卷矣而世罕有津逮者新論曰道象之妙非言不津津言之妙非學不傳蓋問津亦復難也則今之多士輻湊遠望蔘蔘如在天上其必有志於聖賢之域爲斯道之津梁引而導之者余望之矣是爲記

重修儒學碑記　劉燈

國家造士之法極詳而養士之法亦備設立學宫俾隸名於斯者咸就甄陶以培休明之本典綦重也官其土者有訓率士子之責則士子肄業之地自宜悉心經理庶泮水芹藻無遺憾焉況
先師靈爽實式憑之詎容苟且荒畧因陋就簡其何以萃羣材而振文教耶楚北人文素稱岡邑爲最在昔先賢文行歷歷可稽
國朝尤爲蒸蔚劉克猷先生才擬大魁曹木欣先生望重儒林其他鉅公名士佐文明而揚風雅者指不勝屈更且科名之盛或一門而蟬聯奕世或一榜而璧合多人又皆品行純粹事業彪炳無非由學校養之有素擴之裕如洵哉學宫有關乎士風非淺鮮也顧岡邑學宫建自有宋明季毀於兵燹我

朝自富平楊公粗立規模嗣經各任逐次增脩而文星舊制尙未悉臻美備乃閲歲既久復多圮廢亦有心文教者之所深感也歲乙亥予自遠安調繁茲土下車即肅謁
文廟覩其簡陋不勝愀然竊惟敎化涵濡百度俱舉而文治尤爲首重雖守土小臣固宜仰體
高厚隨事振興以圖涓埃報稱矧於根本之地漫不加意耶每思廢者興之陋者新之輒以力絀未能此衷恆耿耿弗釋也丙子秋籌書稍暇節省俸餘急圖修葺顧鞅掌弗遑何能親理工力爰諮紳士輩籌其相度經營之方聞予言咸各懽欣鼓舞謂百年來官長有志而未逮士民籌度而中輟者一旦力圖更新洵非細故

也鳩庀之任誰不踴躍從事耶且各量力捐已貲共勷勝舉於是擇吉興工首先大成纖及兩廡並各祠宇暨門路垣墉次第葺理煥然聿新一時聚圜橋而仰首者咸謂猶是廟貌今昔頓殊數仞宮墻始克備其規制由是

先師憑依於上司鐸宣教於下諸生說禮樂而敦詩書者以時肄業其間行將地靈人傑鳳翥鵬騫以仰副

聖朝棫樸菁莪之化方興未艾也此豈下吏之自為力實賴諸鄉先生暨我人士襄贊之功以觀厥成也而予因藉以上體養士之隆典下盡訓率之官箴稍報涓埃毋忝厥職耳肇事於乾隆丙子孟冬越丁丑迄戊寅夏仲歷二十月而工成

捐助紳士另勒石刊記

重修黃州府學記　乾隆四十七年　李國騏

余觀斯學之大成也經營區畫盍五年矣粤稽勒諸石者詳諸誌者學始創於宋元至正黃州路總管劉某谷加擴修明洪武初改還郡治移學今處修葺者代不乏人嘉靖知府劉友仁應明德萬歷潘允哲范可奇相繼大啟之明末復燬於兵

國朝鼎興

聖聖相傳興學之詔屢下自順治以迄乾隆知府何公應珏于公成龍蘇公良嗣賈公鉝輩修葺凡十數次規模宏整矣乃年月深久風雨摧殘已丑歲前大觀察吳公下車周觀殿廡每慮傾頹而獨力難支癸巳夏前郡守王公莅任乃相與籌度捐銀百金為牧令倡其各屬暨紳士等亦共効樂輸岡邑計捐銀五千兩各屬共計捐銀四千兩有奇遂卜乙未秋八月庀材鳩工次第興作功將及半而觀察與郡公俱調遷他處矣戊戌夏余來承乏是郡兢兢前規後隨諮商大觀察周憲遂續其事而落成焉先是城南隅之巽垣為黃協演武廳火器震驚實有礙於文風詳請部院移建關外置造工價用銀一千兩零其八千餘金悉用修學於是學以內大殿壯起結構精堅廣七丈深五丈餘自殿至大成門十九丈餘兩

廡相翼通為長廊門以外泮橋駕其中櫺星門拱其前名宦鄉賢祠厠於左右文武官廳列於東西巍乎煥乎非復舊制比也崇聖祠明倫堂俱循舊基而改建之東西兩廣文宅一在明倫堂後垣一在泮池門左側各繕齋房十餘間以昭崇文重道之盛焉其間總滙金錢督率丁匠等事則邑侯顧名夔攝縣襄陽司馬史名湛學師陳名家騏岡丞王名淳剛董理紳士則陶國幹萬廷琯康克明王如鏊夏方坦張京鯪陶履中魏壎顧廷光謝穎川郭參兩李元會張國相張朝薰李元揚雷士科翁文安雷仲輝朱鵬程等十九人俱公慎勤勞而始終其事惟成均魏壎八年於茲云

重修黃岡縣學記　史　湛

辛丑夏五月余以襄陽分治攝篆黃岡甫下車恭謁
文廟覩棟宇傾圮幾不蔽風雨徘徊久之伏思我
皇上重道崇文由國學以迄鄉校莫不廟貌嚴巍永垂令典
矣是何可以不新旣而集邑之紳士詢之則不修葺者已廿
餘年余益慨曰是
至聖之所式憑　先賢　先儒之所從祀而一邑之士庶於
焉瞻仰者也夫善風俗者莫如教化興教化者莫先學校自
古迄今未之有異岡邑素稱文藪而宮墻不飭夫非有司之
責歟余不敢不勉諸君子其有同心焉僉曰唯唯爰議首士

魏壎等以董其事乃捐俸以爲之倡佈告九鄉各量力輸將
遂擇吉鳩工庀材越次年壬寅夏告竣自殿堂兩廡鄉賢名
宦泮璧以及肄業齋舍無不煥然一新余復集諸紳士而致
慶曰噫嘻是豈徒新一時之耳目乎哉其願後之凡莅兹土
者於焉拜瞻思所以激濁揚清導其休美而爲一邑之良吏
其願爾多士思樂泮水言采其芹者思所以刮垢磨光潔爾
身心而爲一邑之良士其願我百姓覩兹巍峩者望而生敬
敬而生善思所以滌舊除汚羣焉向化而爲一邑之良民然
則
至聖盛德光輝所以亘古而常新者其在兹乎其在兹乎若
夫自此以往人文蔚起高科巍第炳耀西陵則又理有固然
曷足以爲異諸君子其然余言乎請卽以斯言泐諸石而與
諸君子共相淬勵也可是爲記

重修文昌閣暨二程子祠碑記　王正常

周禮大宗伯以槱燎祀司中司命星傳稱文昌六星一上將
二次將三貴相四司命五司中六司祿先王制祀不曰文昌
而曰司命司中使民知所受之有中以正其德又知所稟之
有命以定其志卽所以祀文昌也道家者流遂以梓潼神當
之謹按神生於蜀之越嶲姓張氏名亞子爲父報讐仕於晉
以死勤事其後唐元僖兩宗入蜀神顯靈異故奉之由是言

之文昌天神也梓潼人鬼也合而稱之經生以爲疑顧禮以
義起神忠孝大節炳然天壤精氣所聚著於星象如說之箕
尾朔之歲星詎盡無稽者卽以梓潼神爲文昌固無不可郡
舊有祠在府學左歷時旣久風雨剝蝕幾於頹壞乾隆丙午
歲余調兹邑瞻拜之餘爲憮然者久之越明年紳士等欲募
衆修葺屬余爲倡都人士翕然從之逾月遂完好如初先是
二程子祠在河東書院以諸生出入櫂其褻也移像於祠之
前庭昔宋時五星聚奎二程子誕於齊安與周張朱子先後
應運而出天人之應昭昭也黃陂舊爲齊安屬邑二程子之
得祀於郡也固宜後之人見先哲於羹墻知天人一理卿不

愧俯不怍人事之盡上合天心不獨文昌梓潼二而爲一卽有宋諸儒亦一脈同原於以風示來茲俾景行有自其有關於教化詎淺鮮哉至如晝覽勝亭形家以爲郡之風水在是雖其言未可深信然規矩高曾之謂何而任其蕪沒耶費所餘用以建之其修廢舉墜均有可紀者因彙而記諸石

重修團風漕倉記　王正常

團風距郡城五十里當水陸之會自古爲巨鎮前明隆萬間四方居積人物繁茂比於一邑劉克猷先生序可覆按也先是漕倉在樊口額徵南北米貳萬叁千有奇士民輸納必渡江往往爲風濤所阻甚不便康熙中邑令鍾公葦始移建於團相傳議建之前日有白髯老人曳杖過遊其地居人不經意也洎鍾公相度定於茲衆始悟向者老人固倉神也團之人至今猶稱靈異焉倉舊制列天地人三廒倉神祠位左碑亭位右門堂廳室署與縣署相等顧歷時既久木腐石泐疊圮不可支聞前攝縣篆史公澹園慮及此以經費不敷中止祠是率以爲傳舍歲補苴而已丙午秋余奉調茲邑多方粘葺且假僧房分貯之及兌畢而坍塌十之三

天庾重地關係匪輕因循不治伊誰之責明年歲大稔余爲請於上憲借項重修報曰可於是庀材鳩工撤枯朽而盡易之爲廒六十間兩翼以廠俾收放時風雨無患又繚以磚垣

陰疏水道其他治事之所與夫齋厨溷湢靡不具備倉前街皆砌石以達於江越六旬而工告成是役也肇畫度支專司其事者吾友毘陵陸君瑛也與門詹君桂副之而天時人事會逢其適數十年之廢隆毅然興舉不畏其難者則蜀人王某也例得併書

新建鎮江王廟碑記　王正常

江爲四瀆首源出岷山水經謂自天彭闕東逕汶關又東別爲沱過犍爲歷江陽至巴郡與涪水合長沙與澧水湘水合江夏與沔水漢水合由黃而蘄春而九江以達於江之左右水德靈長利濟萬物必有神以憑之禮四瀆視諸侯貴與五嶽等自唐及明江瀆代有封號

國朝勅封涵和大江之神益崇實也而民間所通祀者則以楊四將軍爲鎮江王由來舊矣余生於蜀宦遊於楚所見沿江數千里俱有鎮江王廟凡舟子賈人莫不肖像以祀朝夕瓣香唯謹世又多傳靈異事以故鎮江王之祀獨隆黃郡舊有祠在城南觀瀾亭側湫隘弗稱迄乾隆戊申大水波蕩無存余登赤壁遥望盈盈帶水風帆上下往來如織安瀾之慶非神所賜乎苟無以奠厥居而虔禋祀非所以崇明德也於是合衆捐貲移建於赤壁之左爲屋三重最後位鎮江王像繚以磚垣翼以迴廊門以司啟閉木石夫役用錢六百有奇

經始於己酉春夏之交閱五月落成捐貲諸姓氏例得誌諸石抑余聞有功德於民及禦大災捍大患則祀之非是族也不在祀典江吞吐百川風波怪變神能鎮以安瀾俾舟之人不知風波之惡而涉險如夷其報功也固宜顧楚中所傳江神有何三王丁山王以及晏公蕭公時人與鎮江並祀其事均不可考豈辨方定位分疆而理歟抑傳聞異辭歟夫幽明之故難言矣太上先成民其次辨之其次因之爲附記於此以諗來者乾隆五十四年八月刻石

黄岡縣新建賓賢館記　陳詩 愚谷

賓賢館者黄岡王子宗華兄弟等捐置腴田數百畝而總其

所入以資邑人科舉之費者也成周盛時鄉大夫三年大比攷其德行道藝興其賢者能者以禮賓之乃獻賢能之書於王後世鄉舉之法蓋出於此其升諸司徒也曰俊士今之舉人似之其升諸學也曰選士則今副榜貢生似之至於大樂正論造士之秀以告於王而升諸司馬曰進士則今之名不異於古焉然以予考之周禮其載取士之制綦詳而士舉於鄉入於成均者其行李往來饔飧既廩之資顧未之及意其時士農不分力皆足以自贍而朝廷之優卹閭黨之佽助均可不事與自漢以來孝廉之舉例皆隨上計吏赴京師而其時貢禹就徵博士至賣田百畝以供車馬又其甚者負笈從官之徒入閭里之內乞食爲資若北齊書儒林傳所載固有懷材負異而困於資斧不能贏糧而景從者可勝慨哉

國朝定制舉人會試京師遠省皆得馳驛而近省亦有長夫銀兩所以體恤而資藉之者甚詳而有法矣鄉試則其地稍近厥費差省

國家治體固有不容徧爲施者非獨其力有所不能給也黄岡號稱人文淵藪弟子員多至數百人其間以讀書應舉至於家計中落若貢少翁者時時有之若其家本素資館穀以爲生而終歲所入盡取以供一舉之費事竣而歸枵然無有即不至如北齊書所云而歎一飽之無時悔儒冠之貽誤有

道君子所爲之盡然心傷者然則宗華兄弟等之爲是役其有補於邑之人士固非淺淺者矣宗華等居縣東之呂陽里弟兄皆友愛其行義也孜孜如不及凡縣屬之橋梁道路諸所得爲者累費至二萬金有奇聿成其先贈君如海之志邑人士以其事白之大吏大吏具以上聞得

旨褒嘉並許自行建坊而錫以樂善好施字龍鸞棹楔照耀鄉閭已又介萬子三峯乞余爲文以記之勒石於館以告來者其出入條貫田畝坐落並列於碑陰云

重修黄岡縣學記　鄭家屏 葵圃

黄岡縣學歷代屢有建移其於清淮門内軍器局東自前明

正德乙亥始也凡
本朝來順治間戊子癸巳己亥辛丑遞建者四康熙間壬子丙辰壬戌戊辰丁亥庚子重修者六雍正間己酉乙卯續修者二乾隆間壬戌丙寅壬寅增修者三其間相距遠或二十餘年近或僅數年後先相望是亦足以見我
國家以道化成而歷任士大夫興學右文居其位而勤思其職也嘉慶紀元之十有六年家屏量移是邑距壬寅重修之歲垂三十年矣涖任之初首謁廟學目以寖敝憬然動心乃亟謀修葺捐俸以爲之倡而邑搢紳之急工者不惜重貲力襄其事未踰時而

大成殿暨東西兩廡煥乎維新繼而闔邑士民勸鐲者衆於是
啟聖宫明倫堂櫺星門及名宦鄉賢等祠以次修復焉是用識其歲月與醵金督役人姓氏刻之於石匪敢曰繼軌前修亦庶乎居其任而不忘職也云爾工竣之秋邑人舉文武鄉試者凡十有七人邑中以爲盛事别爲之建坊於通衢書其姓名以勸來者因附記之

大崎山禱雨記

蔣祖暄 晴山

嘉慶戊寅夏彌月不雨暄虔禱百神皆不應乃往祈於大崎山之龍神祠山自麓上計十五里山巔有梵刹今就圮巔頂坦若平地約寬五六十畝中有龍湫周二十餘丈深不可測一泓如鏡不溢不涸湫旁建龍神祠垣瓦皆以石土人曰以瓴甓爲風輒吹去也始至時天無片雲拜禱後有若炊煙一縷自山腹中出俄頃彌漫巖谷如鋪絮然俯瞰羣山忽爾不見不自知其身立萬仞上也乃穿雲而下倏而大雨如注農民歡騰噫山之靈也如此哉

蘇文忠公祠塑像記

周凱 芸皐

黃州之西有山曰赤鼻江水所經也宋蘇文忠公作前後赤壁賦而山以顯黃人因飾公像於中至於今七百餘年其山若爲公有也湖北漢黃德道富陽周凱履任黃州視事兩月

集黃之士大夫搢紳耆舊以道光六年臘月十九日祀公於赤壁有堂有亭見公像在丙舍不稱有言於側者曰昔奉公於堂之東有祠爲佞佛者徙此周凱曰烏乎可赤壁於釋氏無關也前在襄陽唐張文貞公祠亦爲釋氏所據遷浮屠像復肖像其中可援爲例於是邑之人新棟宇事丹堊徙佛將遷還公像而慮服飾之未當也欲更塑焉議者曰向之幅巾方袍燕服也公官端明殿侍讀學士贈資政學士晉太師宜按宋制服一品服衮冕衣五章革帶赤舄佩玉及魚或又曰公在黃州團練副使也宜服團練使服父老曰某等自幼見公像如此家繪圖尸祝之者亦如此今忽更異恐駭耳目有

爲之說者曰今更像宜更服無已則按宋制大臣清望官常服借緋紫皂紗帽金帶不佩魚或曰奉栗主不設像議未决問於周凱周凱曰父老之言是也公之於黃雖官無尺寸之柄幅巾芒屩躬耕於東坡日與田父野老習非如在徐在杭在汴潁有功德於民而黃之民至今思之不衰擔夫牧豎婦人女子皆知公敬之愛之歷數十百年如生蔑有功德於民者尤甚士之誦其詩讀其書者更何如也公之德業文章昭日月貫金石馨香徧海內初不繫乎像赤壁遊讌地也幅巾方袍黃之人嘗日習見之繪其像於家黃之人今日記憶之仍其舊可也豈以毳冕章服爲公榮辱哉禮曰有其舉之莫

敢廢奉栗主制也仍舊像宜也禮從宜使從俗黃之搢紳耆舊皆然乃如父老言塑公像設栗主顏其祠曰蘇文忠公祠歲以臘月十九日修祀事焉請書而鑱之於壁遂系以詞以侑公爵曰

維月嘉平日十有九維蜀降生與天地壽磨蝎爲宫莽蜂是蠆維忠乃謗維德乃仇嗟嗟元祐小人道長敬爾在位誣公以黨于徐思焉于杭祝焉巉巉赤壁來豈偶然倬彼雲漢其光熊熊孟况孔祕道乃日隆文雄百代風高天下匪仙匪佛於朝於野方袍幅巾自曰散人拜公於堂壽公之神式我多士佑我烝民

瞻禮杜茶村先生祠記

慶霖

易之文言曰天地閉賢人隱昌黎論君子之出處以蹇之六二王臣匪躬與蠱之上九不事王侯互參並論是知所謂隱者非必如巢許沮溺之流必平日有足以兼善天下之道而處乎萬不可爲之時不得已而儉德避難獨善其身此之謂眞隱此之謂大隱若黃岡杜茶村先生者其庶幾乎先生以文章横行一世其論詩謂根柢在於聞道所著有史泣史笑及頑山變雅堂文集夏力恕讀其未刻三種有詩云野雲流破生前夢滄海横飛筆下瀾惆悵楚風淪落盡把君詩卷一加餐其推重如此生當明季避亂金陵築室蔣山之麓歿葬

梅花村嘗自號茶星有茶村銘村在黃岡縣學之北先生故居也舊有飢鳳軒邑人士於軒之故址建祠祀先生以道光丁酉冬落成戊戌春即先生誕辰設奠妥靈復於重九日祀陶靖節而以先生主之此固諸君子之韻事而先生之高風曠節亦可與靖節相得益彰並傳不朽矣鄉使先生遭逢明盛藉手可爲固當著蹇蹇之節垂名竹帛馨香俎豆以傳於不朽迺淪落不偶身去名留後之君子讀其書重其道仰其才相與表其里居煇其閭舍煌煌然馨香俎豆與古之徵士並傳所謂不事王侯高尚其志者賢人之不幸亦未始非賢人之幸也余瞻禮先生祠心竊重之爰綴數語以爲之記

重修黃岡縣學宮記　　陶樑

黃岡學宮自乾隆以來凡四加葺治皆勒修者姓名於石近歲則頹圮益甚邑令俞君昌烈懼無以肅廟貌也請於予及郡守祁君謀所以新之者從其議擇教諭周鯤化訓導李正心董治之首大成殿次兩廡次啟聖殿次宫牆階除庖湢皆整理復其初櫚楹加丹彩焉瓴甋加完固焉繚垣加崇閎焉經始二十六年正月落成二十六年閏五月俞君鳩工既畢請碑以記之求文於祁君暨予祁君復見推於是遂述之曰治與學無二道也古者羣州邑里黨之士而聚之庠序射鄉養老皆在其

中而又有春秋釋奠之禮流示之以登降跪拜籩豆儀品鐘鼓筦弦視聽必依儼恪官骸必依整肅精者以陶淑其性情粗者以柔馴其血氣及其服循既久耳濡目染皆學之事也容節比禮樂行藝登賢能繇是辨之司馬進之王朝可以布於有位輔理成化下至涂巷隴畝之夫亦相與循禮奉法仁讓四達無復有嚚凌之習奇衺之行蓋學之益於治如此今祁君及俞君皆下車未久即首重是舉可謂識治道之原者兹邑號爲才俊藪往者巍科上第烜赫相望其餘以文學行能表見者又不可勝計也方值

盛隆之朝崇儒重道漸摩甄育有過虞周賢長吏又率先髦士以宗聖闡學樹之標的被其化者益相厲以德義相砥以躬行體用賅備本末共貫進可以儲楨幹垂功績退可以坊表人倫至於閭里間莫不彬彬然有鄒魯之遺風非根本於學烏睹此治乎予嘉二君之識治本尤樂與都人士共觀正學之盛也於是紀其顛末而自祁君而下皆得書名於左

重修河東書院記　　祁宿藻　幼章

黃州有書院曰河東郡之士皆集焉予守是邦與諸生校課其中喜其才穎者甚多乃奬而進之顧見院舍久不治傾陊是慮將謀所以新之者已而黃岡令俞君昌烈謁予則曰繕治業有緒矣自講堂至齋舍皆塗墍之益增宏敞稱精廬焉

俞君敏於政無廢不興此其一端也役竣請予記其事於石予惟治莫尚於教教莫先於士士者才所從出守令者佐國家育才者也其秀良者既遊之於庠序董之以師儒矣又慮其散處而獨學無授業講貫之地也於是立書院以聚之置嚴師則道益尊設常餼則不至他營校優絀則勤惰有所勸懲守令又以時倡導之甄察之激揚之則書院與庠序相表裏如是而後才可育教可隆治之成也其必以此夫攷書院之設始於宋其時必奉朝廷詔書乃得立又皆大儒爲之講授發明性理剖析義利道學繇是丕興今稱四書院其最著也後乃漸廣今則書院徧天下矣使天下守令皆留意於培

養根本勿專課以文藝勿動之以祿利仿胡安定教士之法分經藝與治事歲月漸漬以考其成不患無體用賅備之學出應當世之求況茲郡才俊甲三楚魏科膴仕後先相望若宏之以德器擴之以才用規模遠大然後出而應務上者可以贊訏謨任股肱次亦可以效職分猷有濟於事者有補於民者人才盛則勳績茂此育之於其根本者也豈止粹一郡一邑之治而已哉嘉俞君此舉能廣教以助治乎亦深有念於育才之本也書此應俞君且以勵諸生焉

傳

宋

方山子傳　蘇軾

方山子光黃間隱人也少時慕朱家郭解爲人閭里之俠皆宗之稍壯折節讀書欲以此馳騁當世然終不遇晚乃遯於光黃間曰岐亭菴居蔬食不與世相聞棄車馬毀冠服徒步往來山中人莫識也見其所著帽方屋而高曰此豈古方山冠之遺像乎因謂之方山子余謫居於黃過岐亭適見焉曰嗚呼此吾故人陳慥季常也何爲而在此方山子亦矍然問余所以至此者余告之故俯而不答仰而笑呼余宿其家環堵蕭然而妻子奴婢皆有自得之意余既聳然異之獨念方山子少時使酒好劍用財如糞土前十有九年余在岐山見方山子從兩騎挾二矢遊西山鵲起於前使騎逐而射之不獲方山子怒馬獨出一發得之因與余馬上論用兵及古今成敗自謂一時豪士今幾時耳精悍之色猶見於眉間而豈山中之人哉然方山子世有勳閥當得官使從事於其間今已顯聞而其家在洛陽園宅壯麗與公侯等河北有田歲得帛千匹亦足以富樂皆棄不取獨來窮山中此豈無得而然哉余聞光黃間多異人往往佯狂垢汙不可得而見方山子倘見之歟

元

黃岡隱士西山吳公傳　曾貞

天有知乎天無耳目之視聽天無知也主宰於冥冥之中作善者降之百祥作不善者降之百殃是天之有知也人感之天敢之猶影之隨形聲之應響也以爲未定者是不知天者也觀黃岡吳氏積善厚施而身未食其報者何哉夫生賢子孫能世其家即天報之也況子孫賢天爵修而人爵至是天厚報之也閩南招撫使吳　生公七歲而父亡賴母夫人汪氏保養延師教以詩書及長通儒業習國語博學多能以德義爲鄉里所推服其兄長東山次南山東山兩淮鹽場司級無後繼以南山之次子南山亦早世遺孤五人女六人西山撫育教誨男爲之娶女爲之嫁以已財擴充產業數倍於前

與均分之公樂善好施惠宗族鄉黨禮名士大夫自陽邏至桃花地高處得水甚艱公鑿井一十九所家不闕水自太平橋五里至陽邏地高險不通車馬公爲開險造橋行者便之砌路自陽邏至蓮花橋一百三十餘里鄉人立石以記功歲施棺以濟死者日施粥以活饑人立義塾招名師以訓鄉里之子弟名士大夫若吳草廬曾子翬龍鱗洲黃子肅皆與公交天歷己巳湖廣省平章同薦公德義不求聞達上遣異珍庫大使陶案卿齋詔徵之公不起御書西山二字賜之公建御書樓以侈賜危太僕爲之記公生於至元甲申歿於至正己丑娶袁氏名妙本後娶虞氏名妙恭葬中和五里之原生

四子長魯思花人爲内臣次琳次琛幼桂琳琛皆與余交琛乃曰西山之樓已毀翰苑諸公之詩文皆不復在子其爲我先人作傳將刻石以示子孫余謂洪範九疇曰念用庶徵言天人感應之理也曰嚮用五福威用六極言天人感應之效也爲善而報之不差毫釐天即理也未嘗不定也吳氏子孫之昌也宜哉

明

劉廣文託孤傳　　耿定向　天臺

進士王一鳴黃岡鉅室也十三喪父十四喪母上無分伯之祖母次無第五之叔父內無昌黎之兄嫂外無齊秦之婚媾煢煢然與一弟居乃攻治博士家言尤嫺古文詞甫弱冠取高第名滿京國而故恂恂雅飭無纖微憍蹇浮薄態近從余游因詢其所以成立生蹴容含淚應曰小子何知先君子託孤於吾師之所造也師劉氏先君子中表也知其賢屬纊時以小子屬焉始師日課誦經史諸子百家言不如程則撻之不少姑息已自不忍撻之苦則時時捧先君子主置座上跪小子前師自抱主而長號曰孤嬉惰不學吾負君矣何面目見君地下小子維時悲愴且愧欲死寧受撻百十不忍聞此語也師之數年一歲以小子有他過忽辭去小子自分不能一日遠離吾師乃敢明自艾祈得悛新跪堂下泣懇者累日

師乃復下教壬午小子幸舉於鄉師一日臨吾家小子倉皇衣履未整師怒叱跪之庭下欲撲踰時婣友曲爲解乃免其方嚴類如此先君子遺命每歲贊三十金師計日而分之每一日當取八分日籍記之如偶以家務就半日程則減取其半就一二晷則減取三之一曰即爾孤幼可欺不忍欺而父於冥冥也其介又如此小子之有今日也甚多賴云耿子曰昔曾子以可託六尺之孤爲君子託孤惟艱哉跡劉君之撫教王生若此抑君子人與藉令早逼顯躋膴仕當亦不負人國矣乃王生當髫年失怙恃師嚴如是依依不肯違離緊誰督之其識卓矣亦王氏之禮教素嚴濡漸然也余交海內人

士姚江之孫靈寶之許安成之鄒閩中之林其子姪大都仁厚醇謹故能熾昌興盛若斯也由斯以觀王氏其長世乎劉字表卿名文元仕爲華容廣文先生

樊太常本傳

樊貝樞

公姓樊諱玉衡字以齊號友軒黃岡還和鄉樊畈人其先世來自豫章在元中葉相傳爲省一公莫知其名生子曰漢章黃之有樊自漢章公始土人所稱爲樊將軍者也數傳而爲東廂公以明經官留都司城東廂公生汝文是爲桐山公舉邑茂才公大父也桐山公生一子諱煒應明經選三爲學博學者多遊其門稱曰崙川先生詳郭文毅楊太史志傳中崙

川公娶蘄春鄉進士李公承陽女是爲公母以嘉靖己酉誕公於樊畈東南二里之陳庄公幼時聰矚異於常兒崙川公每授以孝經論語一再過母李太夫人代授之日數百至千言無不立誦年十八補邑弟子員明年食餼每試與崙川公皆高等名相次時傳樊氏父子文公六齡喪母至是易太夫人繼政大母黃太夫人猶健七箸不問家事熊恭人來歸稱賢易太夫人生四子玉衡是爲孝介先生玉衢邑茂才玉銜孝感司訓玉衝郡茂才公天性純篤時人謂公有孝友之實而不居其名嘗授徒於邑歲數歸省親日暮不忍去諸幼弟更相抱攔衡時方幼被疹公視之浹旬既愈猶間日來視日暮抱送至路側則伏地哭公去復回亦泣下崙川公深於易桐山公著戴禮荒録未顯則先顯治曲臺藝邑先輩於孝廉廷評以戴記鳴時所稱樂䔬先生也公與漢川尹中丞應元同邑余進士心純王進士一鳴劉學博功遠同受業公最爲入室所著有中說故當時號禮有樊公學公嘗論志謂大丈夫得時當爲面折廷諍之臣無令汲黯朱雲輩寂寂地下笑人若止爲一身妻子計温飽未足了樊生事也神宗壬午舉於鄉明年癸未得雋禮部除廣信李官時爲李者率深文巧詆任爪牙詞伺奉上官指以擊斷破滅爲勝任而公持大體折獄多平反獨爲上官臺使者所徹信膺陟狀舉首者以十

數然不務矜詡故子弟少所覩記時主撫者慕王文成勳賞爲贛以南諸山建搗巢之議軍興破金錢數百千萬桶崗大帽浰頭諸遺孼騷動殺官軍不可計而債帥紈弁則大掠舋繫附近農民數千百計號爲渠魁主撫者益張其事則召饒撫吉信四李官監決上首功卽予上考公奮身而出曰此皆良民無死法願得覆按無使寃濫主撫者震怒他官皆目攝公爭之益力久乃得按釋俘四二百七十人他李官亦得準此意未減強半公歸未嘗語家人後戊戌秋仲子甫從公入粤舟過白鷺洲公指曰此余昔釋誣俘處也屈指十年強矣因語之故誡勿言已丑冬徵召爲江西道試御史巡視西城

是時皇長子逼處寵介在廷巧窺宮府者以此卜菀枯之集
公奮然曰九廟根本大計孰先此乎卽於授事之初爲庚寅
二月以儲位宜以時定儲教貴在夙成亟正元良之位飭講
讀之議以重國本具奏其畧曰臣聞賈誼之言天下之命懸
於太子太子之善在早諭教古者人生八歲始入小學十有
五年則自天子之元子以至士之適子與凡民之俊秀莫不
入太學國家制度祖宗貽謀有此名分然後有此官屬有此
位號然後有此等威未有不讀書而可以凝圖不正位而可
以出閤者今皇太子生九年矣以主器則繼體爲震以天顯
則同氣爲尊以承華則毓德爲盛今且踰古人入學之期名

不正則人心疑蒙不養則聖功踈我祖宗朝子均以嫡纔勝
衣冠便受璽册其爲根本計有不勝豫焉其爲輔導計有不
勝夙焉何者懼其疑與踈也間一涉疑與踈而邦本之虧覝
天位之逸豫不可言矣臣無暇遠引卽我皇上册立之年與
學問之期視今皇長子不已早乎皇上將畀皇長子以天下
獨不思舉其治天下者而畀之乎今日不立而種種危疑將
有明日乘之者則見以爲急而實緩也今日不學而種種邪
僻將有明日乘之者則見以爲早而猶晚也宋寇準之告其
君此事謀及婦人謀及中官皆不可唯斷之聖心天下幸甚
而唐李泌之諫德宗且曰願陛下還宮勿露此意左右聞之

將樹功於舒王太子危矣此今日之炯鑑也夫斷而必行鬼
神且避其鋒天地且助其順而況中外宵儉如斯高京豐之
輩乎疏奏不下尋差印馬屯田按部直隸河南山東是時議
者以馬自入價代息卒皆鴛瘠應故事欲復養馬民間又開
馬市一切權宜然積重懼他釁而歲當大祲瀛灤以南數千
里蜚鴻肥遯之跡如掃逃亡未盡復業躝虛鑿空者人人趙
過爭言水利奇策以佐軍儲故兩政皆號難治有寶坻令首
以開荒請所上圖說沸騰公卿間公曰此方土物不宜稻其
荒者苟可耕種民必不遺力愛死以盡其利諸所言率鹵斥
蘆葦颾脫夏苦潦水秋苦暵雖縣官給與牛種一再歲得不

償失不可施行欲實軍儲當覈屯政菽粟芻藁登耗本折丁
中農糞有定法而若權勳豪戚中貴人僕區兼并其間則屯
政大壞於是按行諸屯無所得匿露章劾奏惠安伯壞屯法
暨諸戚貴而下黜戍其才幹奴公曰國事戎爲大戎事馬爲
大法久滋弊在以漸復而不亟去其害馬者徒爲權姦外廄
則又露章劾奏臨淮侯以私占役妄請駿足無人臣禮得奏
下馬隸戎政冏卿如祖宗舊自此勳戚權貴皆畏聞禁侍御
名漸思有以中之矣壬辰冬廷臣之請建儲愈急忽傳有三
王並封待嫡册立之旨癸巳正月公復上疏曰皇長子之必
爲太子也天下所共知也我皇上平日雖間有難色然不過

留待其稍長日再遲一年初未嘗有所謂留待中宫之説今天地祖宗垂精儲思於上四海臣民延頸企踵於下萬口一辭想見册立而忽然藉口於立嫡之訓以脱手於親王之封爲謀雖工而人心愈不敢信爲説雖辯而人心愈不敢從天下耳目豈能盡塗乎如謂長幼已定名分自存册爲太子固當爲天下主封爲親王亦不妨爲天下主而不知千石之重加銖兩則移宦官宫妾當前而逢左右近習見利而合異日事勢其能逆覩且輔臣志皐臣位皆新拔自夢卜之中而元輔錫爵又獨際君臣魚水之遇四海仰望在此一舉相與唯唯諾諾展轉附和陰翊嬖倖之蠱邪陽塗輿師之視聽顯邀

翼戴之虚譽暗市覬望之私恩成受其榮敗不與禍里克之中立將見於今鮑牧之誰非又在其後此三臣者何以謝天下而皇上安用此三臣爲也臣竊爲皇上計誠無難者册立太子是二十年之旨也並封親王是今日之諭也莫若兩信而俱行之斥蠱惑之私謀奮乾剛之獨斷皇長子照舊册立皇三子皇五子一併封王根本永固而枝葉並茂億萬年磐石之安孰加於此疏不下臺省交章攻者益急時相漸不安其位前旨竟中寢而戚畹陰嗾及前所論劾仇公者希時旨語遂謫判無爲州是歲冬量移全椒令民憚直指使威重又謂遷客牢騷不堪簿書至則豈弟平易因俗便民平役覈賦

剔奸蠹禮賢士民大喜過望三年考最推金部比部及廷尉評皆不報丁酉初夏河決蕭碭總河漕大司空楊公檄署淮河防丞事是時河南徙歲伐竹石下楗卷埽費萬億功且決黄堌口公至則露蓋行泥沙中卒三省坻隸開小浮橋二十里以受黄堌南出之支築又安壩以隄之使不得入婭永二湖濬里吉沙陶莫直淺以分舊河之流穿渠建閘宣漲葆決畧費萬金紆道旬日而漕艘銜尾並進語詳楊公一魁堤記碑中公將歸全椒乃著河上臆説以貽大司空其後楊公坐上流不治鐫秩去治河者益思公頗採用其説而泇河今爲利涉之津公歸椒旣懷前星之慮又見公卿臺諫之請建儲

一不報於是復上疏曰我皇上御極二十有六載幅員萬里威令八荒竈無煬突之奸阿鮮倒持之柄不可謂不治矣獨奈何於根本之地缺焉不講上感天災下徵嶽沴遠近藉爲口實桀黠生其心機若今日皇長子不册不冠不婚以重貽天下大慮者乎昔人謂大臣不敢言故小臣言之今大臣之言亦已屢矣近臣不言故遠臣言之今近臣之言亦已勤矣臣最小最遠亦曾履文石之陛遵執戟之班荷國家數百年養育培植之恩於此畏鼎鑊避鈇鉞而不一極言之天下後世其謂盛明何我皇上十齡嗣位天縱聰明古今善敗何所不鑒於中一則曰父子至親再則曰兄弟有序炳如日星昭

揭海宇而今日人心皇皇若不勝其杞憂者則以所信者不在皇上之空言而在皇上之實行也所疑者不在昔日之溫語而在今日之遲回也何則數年以前皇長子尚弱藉口從容猶可言也今且十七齡矣男子願有室女子願有家父母之心也臣庶之家冠婚亦必及時而況帝王典禮祖宗彝憲忍使天下萬世謂有子不立有子十七齡而不冠不婚蔑常棄典自此始乎夫天下者聖祖神宗櫛風沐雨而得之天下也册立冠婚諸大禮者聖祖神宗貽謀燕翼而垂之典禮也祖宗朝豈無一二親昵之人而終不以愛廢禮先皇帝遲暮春宮天下猶或憂之而冠婚二禮亦未嘗過時不舉誠以昭

鑿望之重杜窺伺之萌監前古之亂亡建萬年之長策不可易也今天下慮亡不以皇長子之不册立歸過於貴妃者而我皇上又故依違以成其過不知貴妃何以自託而我皇上又何以託貴妃於天下伏願我皇上亟聽公卿臺諫之言蚤定皇子元良之位而後冠婚大禮次第舉行使天下臣民不至鰓鰓然如有不可測之憂則名分繇是正宗社繇是安臣雖虀醢無悔也臣年五十如鴻毛之軀有補萬一則鼎鑊不足爲臣憂鈇鉞不足爲臣懼臣願得先伏重誅以上悟明主而下隆萬世磐石之安進効涓埃而退爲出位言事之戒疏上留中月餘賫奏人繫保舍得放歸讒者摘疏中語謂人臣

詘上大不敬罪當誅上猶豫不忍於是一夕三四票擬相國趙公志皐極諫救之累密揭封進者不已事乃得寢戚畹既無所洩忿時有憂危竑議之訛則別牽給諫戴士衡請同公逮訊欲委罪相國新建張公以及正人爲一網之計乃別旨內降罪以妄指宮禁干撓典禮而公有雷陽之行全椒父老攀號悲思名其草疏處曰翼日堂歲時伏臘拜祠下詳全椒名宦傳中公聞命之日襆被就道經故里拜伏父前謝不孝無狀崙川公慨然曰兒行自愛我乃不及范孟博母耶熊恭人曰君此舉差勝疇昔天佑忠良萬里何慮亟爲治裝南征是冬、謫制府大司馬趙公燿於端州而同戍給諫戴公士衡

爲大司馬宗人會於座上始相識面退而坦然益給諫坐甚語實累公公不急自白其生平退讓率如此時粵有珠稅兩璫詗刺公私間微反唇輒聞於上公益祇畏自端州陸行千餘里迫歲抵雷陽旱疫之後暴骨如莽餓屋索米大不易投漸與雷陽人講學受束脯如儒生時瓊廉陽電間有負笈至者日與諸生游西塘弔旌忠祠冠蘇而下十賢人者嘯咏忘歸泊如也吳川令周公應鰲爲買故馮侍御地築室而居之即公所自記思齊書屋而大宗伯王公宏誨所署薵易臺者也暇則渡海爲海忠介公瑞重葺其祠請於當事爲之立後辛丑冬、青宮正位王寅春內閣傳旨罷礦榷且特赦公尋復

追停公先後聞詔惟纍服焚香北向拜祝無覬倖之意其逝
懷詩所謂無訧思古昔有道祝皇唐去住皆天地棲遲繫紀
綱者是也又嘗爲海語云川行虞盜屋居虞虺飲食虞毒呼
吸虞瘴啟口虞讒舉足虞阱皆實事也癸丑春長子偶遇以
德陽令考績引神宗矜邵康生例乞以身代父罪其畧曰臣
父得罪南竄愁苦憂思雜以瘴癘臣萬死一生無復志意傷
駑駕之不前遲鶵鸙之無日又曰臣父觸犯雖在不赦之科
而遭遇聖明曾有特赦之諭臣職卑賤雖無贖父回天之力
而明典寬仁實有停封復職之例但使荷戈遺老得脫蠻煙
瘴雨歸老邱園爲內地氓黎斯大幸矣疏奏不報伯子以憂

思卒大宗伯李公維楨爲著奬德陽家傳甚核公自庚戌踰
嶺染嵐濕致足疾甲寅冬制府張鳴崗直指周應期刑科姜
信諸人交章請釋戍俱不報庚申八月泰昌改元光宗首詔
有抗言國本降黜謫戍永錮歿身者分别召用卹錄列名王
德完孟養浩等三十二人公名與焉九月熹宗復詔錄建言
諸臣起用未盡者益公恬黙絶朝貴歸然一老以戍籍應詔
者未上聞也明年辛酉天啟改元叔子維城以進士令鹽官
覃恩當封又引祁康生事請復父職其畧曰臣父得罪創之
雷海二十餘年値陛下大孝之推實臣父如天之福獨因當
日疏奏留中科部查覆稍緩列名在後遂令應得之典不獲

冒承値災肯肆赦之日獨無解於向隅當恩賚溥及之時尙
靳封於比屋誠不願聖朝旌直尙遺折檻之臣明主教孝未
普賜環之澤使纍纍垂白進不得從侍從之班擔國之爵退
不得比就閒之列享子之榮臣亦猶人何以視息於是起補
南比部福建司添註主事公方居易太孺人喪未禫聞命不
敢具冠裳北面稽顙踰年壬戌服除公用初志上疏辭任且
陳時政其畧曰臣七旬殘喘萬里纍臣絶望生還無心後福
二十四載荷戟長征雖流離瘴癘之鄉猶食息投禦之處在
皇祖肆矜愚戇得寬蕭斧於讒謗構會之時在皇考曲紀細
微首霈温綸於劍履棄遺之後我皇上英明天授仁孝夙成

聖繼聖而不改其臣生並生而益宏其度如臣疵釁尙及維
新自顧衰羸眞邀異數臣聞命之日雪涕感泣即欲匍匐趨
朝捐糜就列緣離家久戍物是人非毋慟方纏父殯未舉旣
不敢以苫塊不祥之語瀆覃恩又不敢以創痛未定之身
曠瘵清署迨今天啟二年二月負土之役粗畢彈弦之制雖
逾矧國家多事之秋豈臣子避難之日膂力旣愆猶思一奮
鉛刀雖鈍磨厲以須則未遠犬馬之餘皆戀主展報之地也
但念臣魍魎久禦髮體變衰心緣省疚而驚悸多忘足以侵
嵐而趦趄弗給計懸車之格越三四年竭叩囊之愚或千一
得是以審思陳力不敢以衰質輕黙朝班惟有瀝血貢丹猶

得以野謀共勷廟算自知惛耄不過常談遠隔春明罔知時務但臣進難備於奔走退有愧於恩榮含嘿不言首邱遺恨於是列陳其事一曰明聖學二曰勤實政三曰培元氣四曰固人心五曰核名實六曰信賞罰七曰隆畿輔八曰酌兵餉九曰申武備十曰久使任疏入詔褒之是疏十條皆不存草時有見其數語者如怨讟流而課政最闕節到而科目榮庸奴充將帥之材破格爲速化之徑又如朝懸不次而相顧莫前使過屢聞而後效益寡皆切中時政者尋復疏乞休乃以太常少卿致仕年七十六卒又二年逆瑾竊命黨獄大興皆不出公所料及叔子維城從監簿上疏請誅逆瑾語在本傳

人謂忠諫有子云公在雷陽時嘗游流中丞思孝謫寓之地憩借山亭上因爲又借亭記至是諸生得請於官祀中丞與公於其地而全椒人亦請祀公於名宦祠公之先世遷黃八傳至崙川公欲合豫章之族而未能也及公理信州每過鍾陵顧瞻社樹愀然動念輒求三陽北山之譜不可得以故公與族祖參公不能敍余與仲甫叔城亦不能敍余自庚午宦遊湖北取道於黃始知修寧於楚爲近仲甫遂走修寧至仁鄉之畫橋有樊氏祠宋理宗時建也仲子猶以支孫之禮拜祠下明日宗子出譜示之果與黃合符者也又聞雲巖寺鼎銘爲樊之先世所遺仲子往求得之果寧黃之所共也余以松隱公十九世孫距公析十七世曾拜公之堂得聞敍言又與仲甫叔城季獻有道義之雅則深知公者莫余若也余始爲義喆將軍立傳作寶冊頌序今乃得爲公傳而歸之庶幾存其質而拙者使後世之有所攷焉子若孫曾孫元孫婚嫁名氏詳具狀中不悉載

論曰樊氏人黃至於崙川以孝友傳者數世矣太常忠介絕俗動觸機阱時人謂其位不稱德實過於名往往惜之然其忠白於廟廷拔荒萬里錦衣而歸不可謂非幸及其衰老初復猶陳時事不避忌諱盡忠臣之志死且不變也子四皆能世守忠孝叔子請誅魏瑾白衆正沉冤其後身死孤城之難

尤赫赫在人耳目者樊氏之忠孝也可謂盛矣

官古愚傳

鍾惺 伯敬

官古愚先生者楚之學行君子也始名惟德更名如皐字直卿黃岡人先生終諸生以伯子應震今戶科給事中前濰令滿考贈文林郎先生父福福父永富永富父清清父守忠守忠數世上有避元末兵由鄱陽徙黃岡者乃爲黃岡人母王孺人夢麟入懷而生因以字之生慧篤姿神端遠稍長厲志絕人爲文有氣概里師避之然益攻苦夏簟於松下冬則甕置絮加足焉曰以吾從衆讀書進取何必是但吾以自鍊使其骨可用年二十九始補諸生丙子己卯試兩見格直指讀

其文賞之悲其遇後屢試皆高等然卒不第終自以爲學不力教授里中爲養出其門輒爲名士舉進士孝廉及廪於庠者分國中爲官氏弟子矣甲午伯子舉其鄉第三人先生始不得自歉其學之所不至將老焉稍與其同志匿於文酒間手唐人詩擬之然自出心眼疾革猶作重陽詩及信則人任焉制義其胷中如此有孝友至性所受諸生月俸備極甘溫視寢膳無時安節乃已母疾時伯子方患瘮舍之侍母走望請代居喪孺子哭慕終其身事繼母如之尤愛季弟同居四十年季弟子舉孝廉受室將析箸泣數日曰吾乃生分然愛益篤孝廉幼清能教如已子曰弟姪一身耳且老人之性無

不愛其少子若孫者吾愛其所愛而代爲之所亦以安吾親族子或以歲儉自鬻出金贖之凡四三黨存沒待命者一一爲計必信必周不敢以口惠誑人束髮讀書不能有所酬心雖安之而嘗隱有憂天下之志負經世方畧雅不欲出位有所見其不平時託於家人語以稍洩其微旨戊子伯子舉進士觀政大司馬移書問司馬何政若何所觀所觀何得邊腹要害兵食充詘將士惰整俱若何必責對曰身到處不放過他日當事不出此初授宛令手會典律令寄之曰祖宗道法居官謀斷具是矣汝曹平日有才臨事不無識然掌故不習則疑畏生不能使其才與識之必伸爲國家用夫思而不學

則非獨儒生爲治亦有之不讀會典諸書者是也伯子退食問其科條功課以爲喜慍又言宛孔道飾廚傳媚客若誠恥之然古者峙粻遄行賓至如歸皆必節愛之圭與廉慎吏所爲未聞節愛廉慎必虐賓旅者凡舉事依於誠恕乃可久大勿立異以爲名伯子拜受教居宛數月病伯子不視事乃促之出先一月召季弟往治木江陵木至之日則屬纊之日從容取筆書震也當事雲也作人耐煩二字謹識之雲其仲子也又言某某有德於吾父母吾不及報必勿忘遂瞑卒數年而贈文林郎又數年而伯子拜今官仲子及孫多以文行世其業者先生負峻節獻行而於世無棱所儱居火或謂公盍

聞諸官公笑而不應豪侵其配程孺人墓田倍寻直以厭之其爲長者皆此類料事成敗不失而不自喜其言中以爲功面折人過出於實心無已甚使人嚴而不怨久之人各自以爲官先生愛已傷其前事而改德焉至今思之稱曰官古愚先生鍾子曰吾幼誦伯子東鮮應舉文以爲有豪傑之氣寻舉進士後東鮮一紀居都比鄰是時爲庚戌辛亥間寻誠不識其意所在然淵靜坦然望而知其端人也及癸丑再入都東鮮有所論事中微制大使人壯而敬之對人淵靜坦然如故其不得已而有言之意中心達於面目又使人稱其言之美而不忍發諸口然世未有不如此而能爲端人者也今惜

不得起先生而見之覩先生誠子數事皆有本末從學問孝友中出東鮮用之安能盡嗟乎父兄之教其子弟但以舉進士作高官爲大學止至善事朝廷安得力臣而用之予覩先生誠子之意彻微自見其向所攻苦自鍊者決不但以舉進士作高官爲止至善事也吾所謂先生厲志絕人以此今年三月東鮮命予爲尊公作傳逡巡未成而予與東鮮先後以使事出都自愧宿諾然胸中位置已有古愚先生傳矣故特而無恐特以性緩六月長途兼程實無下筆時耳七月初四日行至清化驛聞東鮮由武陵使竣歸計遇諸途喜甚乃小憩解衣槃礴放筆而成與前位置迥不相蒙又是一古愚先

生傳乃知作文當機心手或易文與可所謂有成竹於胸又自一說也次日憩大龍驛宿焉去武陵一舍偶檢往紙書之書成而東鮮尚未至予此行以典黔試例不見客不通書書數語以當相見通書露封以與驛亭長俟東鮮至授之乙卯七月六日竟陵友弟鍾惺識

國朝

周中憲周僉事王光祿傳　劉淳驥

周公之訓號日臺黃岡人曾祖爲蒙自令有惠政居與王文成門人吳石梁以理學倡父啟孫歲貢從耿恭簡涂鏡源講學篤行爲人倫帥公髫齒氣節自許弱冠舉於鄉務爲經世大文萬歷癸丑成進士授戶部主事大司農籌國計疏議多出其手督榷淮上約己裕商甦革役困勒須尋除福建副使督學鑑閱精嚴風教勁海表會璫禍起楚人熊尚書楊忠烈殊事同僇痛傷之遷陝西參政弗顧遽拂衣歸逆璫誅廷論思其風節起補江西驛傳以郵符詿誤歸復起山東參政兵備萊海先是登州叛將沈志祥殺監軍副使於皮島而挾先亡朝鮮者勢要我公募人責以大義而陰散其部曲將討之志祥懼遁去朝鮮公乃懸重賞購得其腹心誅巡撫軍前而沿海築城工亦畢故登萊無事戊寅冬

本朝大兵入山東時巡撫移鎮德州按察司無官公以兵巡

總司事倉皇部署不滿數百人警報至城守無一具公捐貲日夜治攻守器糧備而兵已至城下公與方伯張公秉文糧儲鄧公謙督學翁公鴻業畫城守公獨守南門以民兵不足恃親厲所部往來欲給士卒糧而糧儲沮之竟不給兵民恨恨時城內有遼兵數千議者謂不可令乘城侍御乃給出城壁而復命入大兵攻南城急公自督守二日夜砲傷長帥乃引去明日圍復合公枕甲城頭嚴待之兵撤圍始去時援兵無一至者遼兵索餉藩餉不遂而百姓守歲陴間怏怏思潰已卯正月朔兵復來架雲車登西北城東草爲人梯諸陴亂箭射城內人遙望膽落會天大風砲皆反擊城西北陷報至

公亟分卒往救而兵已至公被創墮馬死東南城上妻三人劉氏楊氏相持入井王氏爲兵執矢死不屈遂寸斬之壬午春贈光祿寺卿廕一子入監公立身方嚴好學洽聞薦紳士咸推重之書法亦佳而竟以節死至今稱惜

周公啟元字善長黃岡人父有爲寧國知縣啟元年十二就任省親父病單心醫藥晝不暇食夜不解衣父卒哀痛泣死地上移時扶櫬歸次蕪湖大風舟覆啟元抱櫬從水浮出歸事孀母竭力承歡憤志誦習天啟丁卯舉於鄉署枝江教諭補公安陞高苑知縣歲凶賊警多方綏輯上官奬其能令兼攝樂安臨朐而

本朝大兵至山東郡縣望風降高苑陷啟元不屈身擕三縣印吉服北面稽首再拜引頸就死士民感其忠烈藁斂葬署中贈山東按察司僉事廕一子入監

王公家錄字愧修黃岡人天啟辛酉鄉舉署武昌教諭陞國子監學錄歷刑部郎中有請恤刑熱審諸疏改戶部陝西司出督延綏餉晉陝西副使駐節關南方候代而闖賊李自成破西安率衆十萬攻榆林時巡撫缺總兵去家錄同鄉之仕者督率軍民捍禦卽懷利刃誓死賊圍城戰且守半月殺賊屍横野賊砲雨至城無完板天寒家錄令丁男殺賊婦人運水結冰城賊穿地入火藥轟燒之且盡勢稍却因會寧夏諸賊合攻而我兵孤立竟無救者家錄見力竭難支引所挾刀自刎南城樓鄉官尤世威奪刀慰云城尚未破何遽死家錄乃命取紙筆染頸血大書忠義數百字呼軍士用心守城殺賊城陷自縊尸六日不僵賊見之驚嘆贈光祿寺少卿廕一子入監

劉修撰傳

金德嘉會公

劉修撰稚川先生者黃岡人也諱子壯字克猷其先江西清江人遷黃岡團風鎮四世而生贈公贈公二丈夫子伯克章先生其次也贈公暨太孺人蚤卒先生鞠於季父髫齡穎慧讀書一目數行下屬文奇肆甚弱冠登崇禎三年賢書洲居

有文昌閣先生下帷其中博綜六經左氏公穀史漢暨唐宋大家書戶外事不聞也順治六年成進士廷對策萬言

上覽之大悅於是臚傳第一授國史院修撰其條奏如經筵滿漢學敎習屯衞諸大政悉著令甲次第舉行之八年分校南宮得二十有二人皆天下知名士尋請告旋里明年疾卒享年四十四元配張先卒繼曹侍讀學士曹公本榮姑也子孫茂甫二齡先生天性孝友諸父伯兄沒弟姪五六人孤弱拊而訓之婚娶成禮雖亂離不苟也常過崑山令雅與厚善願以千金爲壽有小吏獲罪急請救用將嫁女貲數十金餉先生先生聞而止之入白令曰第貰吏罪卽拜賜千金矣令

從之吏得脱而女婚以全然終不以告人也邑子某遭兵亂妻被掠至京爲貸百金贖歸後生數子戶口大蕃息南歸抵家垂橐蕭蕭如布衣諸生時性端莊嚴恪不問米鹽淩雜而覃精論著俶舉文湛深經術門人陸進士鳴時刻以行世至今傳誦之初肄業文昌閣省身唯謹旦晝所爲夜必焚香以告蓋數十年如一日云曹夫人撫孫茂成立今安陸府學訓導孫永錫純錫且繩繩矣金子曰余讀稚川先生對策竊謂經術爛然矣迺歷觀先生生平抑何恂恂篤行君子也名冠當時慶流後裔有以也夫

馮徵君傳

朱日濬　睿水

馮雲路字漸卿黃岡人父承遇應藩撫掾史辟陰行善令德著聞母江氏夢岳神以俎豆餽巳而誕路香光滿室四歲與小兒戲語每及宣尼家語中事六歲通孝經論語一目數行客異之曰寧馨兒青紫不足拾也路正色曰詩書顧爲富貴設乎性靜慧溫厚每以古絕學自任黃安耿定向定力黃檗無念咸樂與之遊錢塘葛寅亮督楚學拔諸生第一直指黃宗昌檄司李歐起鳴將三百金入表禮徵所著述孔孟眞參七篇宗旨左傳智定及歷代悟門宗門直指諸書讀而服服而梓路沒如地闕三樂堂奉兩尊人暨弟雲紀等考德問業而已崇禎三年黃景昉主試楚闈榜揭路落第黃嘆曰得九十六人不足喜失一馮君終身羞憾八年乙亥讀書江南之九峯山賊騎數萬至黃肆焚屠戒勿驚馮善人家承遇公大罵曰賊奴殺我閭里殆盡而吾家獨存辱莫此甚賊怒仍不忍加害公奮挺擊賊觸石而死路風雨夜渡泣血禮殯雜骨支床割巳產半爲兩弟饘粥資乃奉母隱居九峯山中杜門絕與縛草爲亭題曰待與亭有序言著用書周子圖書讀書大畧三百徵吟西銘大旨撫軍宋一鶴兵憲張秉貞許文岐三顧請教不得見惟賀逢聖金聲鄧雲程至啟帷磨切焉閩林銘球大巡畢特疏入告云馮雲路濯濯清修淵淵靜養還妾全婚高誼尤稱隱德鳴寃救友義聲足振澆風化盜捐金

王彥方之芳躅也勵操却聘楊伯起之介節乎奉旨徵見不就林造其廬拜曰主試者咸云安車韯道徵君固爲白雲留住矣倘稅駕棘闈若輩得以榜頭副皇上求賢之典雖私亦公也路頓首謝曰是何言哉路敢以一人之伸作國家亦公之偏乎制科取士堂曰至公未聞亦公也林益嘆服捐俸梓漢晉兩朝用書是歲著藏編四大人傳江陵相畧王文成用行實錄卒用書業唐宋及本朝俱成稿楚王專官賫啟幣問起居崇禎十三年庚辰賀逢聖再入相登廬再拜曰聖此行上告天子願徵君必出山副蒼生望路固辭曰先生知我賀長跪請益爲具陳當世急務如某某衙門急宜起用者某某

人必有可觀賀拜曰謹奉教直指汪承詔再疏舉率諸當事固請登車路謝曰身將隱矣焉用文之獨天下無無用之學路自揣圯下隧中實非所願倘有持我書致世太平致主堯舜者則九峯片石於我皇上天高地厚之恩未必無涓埃之報也奉母命入居會城隅茅屋數間聯其門曰菽水歡宜市松風夢在山雖甘脆不供而菽水未乏見母偶有憂色跪請曰母之不豫以妹婿郭有泰之不給乎即割錫口田若干貽之母大悅九峯集成付梓督學高世泰沔令章曠爲梓西銘諸書十六年春闖逆僞將白旺犯漢窺省省大震合城宗民士推路主盟路從之布袍塵尾訓練整密開漢陽門出城揚

兵士馬用命旌旗蔽空賊宵遁遂作人眼中金屑矣歸告母曰賊勢孔棘以目前論不在闖而在獻且江南亂始江北亂終路請奉母歸故里母曰昨者會城億萬命兒既全之若先去以爲民望賊再至億萬命將安託乎吾不忍也未幾蘄州陷浠羅又陷三月而黃州且陷矣盤踞沿江掠舟縛筏治院李乾德北院王揚基司李傅上瑞亦請教路披瀝前籌金屑復增麻城僑宦毛祈藩等沮不行賀逢聖通山王力爭之不得路泣請於母曰事急矣奉母歸里不許是時雲紀知賊南渡間道入城迎還母兄路率紀泣請母命之曰紀至吾與俱兒無憂矣兒爲楚城望城全吾受兒養正有日若顧私恩而忘大義吾不能見兒父泉下也路泣血固請母怒曰非吾兒也欲若母以一婦人身而喪億萬人命乎吾不出戶庭矣路拜命拭淚與母出城而王揚基賀逢聖暨諸郡王等共擁戶懇留乃遣族弟雲起潛入賊營偵賊知必渡詣揚基細陳方畧將面從而毛祈藩以訛言惑衆横恣牴牾致揚基面從之方畧仍付之憒憒而已閱數日雲紀密報至云賊的於五月二十八日渡江路至各衙門撾鼓請備祈藩誕之宗兵萬人請出城列營以待又爲祈藩所抑當事者又在夢中路作詩自責云刃缺自知藏未善箭來還信梁爲招乃二十八早賊抵東城下矣城上守具百無一備逢聖手書請教路報之曰

在內以寧湖爲止水在外以漢江爲汨羅寧湖在平湖門內路設經處也是時賊尚未全渡不過以脇降數百人嘗虛實路請率所練宗民兵及方外敢死士而以驍將黃朝宣牟文綬湯先璧爲先鋒一鼓而出賊可却也不聽乃鑿城穿穴縱火焚門之慘日將西而畢見矣路投袂拔劍大呼於西市曰百姓當出死力拒賊自戰自守西市人戎服佩刀以從子丞明持杖尾之路回顧曰汝祖母在里善事之明猶泣從呵之曰汝父奉母命與城相終始汝違父命以棄祖母乎麾之去及至保安門而城陷矣路從容赴寧湖水中水淺人衆不能死賊至持令招安同里有朱生者勸暫屈以全身答曰學道

數十年不曾讀降賊書湖中人皆起路獨懷所著藏易自沒時五月三十日也年四十八歲賀逢聖亦沒於此焉路生平端直寡言當道諮訪無問難即終日默然於沉寃隱德奇才並地方大利大害不避忌諱力言不置而惟恐人之知少喜浮屠內典不茹葷亦不棄道家清靜之說已而嘆曰洋洋乎吾儒之大也釋迦老子到此方有安身立命處故方外從遊者必通曉儒書時賢先後爲楚執政如徐日久袁繼咸林增志方應祥楊四知蔡官治曾一唯李乾德周大啟章曠傅上瑞諸君子徒步式廬促膝問道輓近以來競稱盛槪路不驕不苟澹宕自如遇姤謗即引咎內省從不伸辨一字崇禎十

二年會城平子永明年十二以童子試補庠員命字清原書扇示之曰祖逖渡江中流擊楫曰所不澄清中原者有如大江今天下陸沉盜賊交訌吾以清原名子有謂也三百年來祖父相承鑿井耕田誰非帝力盡玆微渺永奉吾志吾家世積德當有興者倘在吾子澄清中原其勉之哉壬午秋選全書中岳飛討劉豫檄胡銓奏秦檜疏安世通獻楊輔書付明曰讀此三篇便爲汝立骨矣迄今時移事換子明與諸父投筆耦耕遯跡奉母時人旣服其先識更敬其有賢子弟云

節婦李氏傳　　鄭昱方南

節婦李氏都使士奇公之季女烈婦朱家婦妹也崇禎十六年都使君死於義朱家婦李氏閱月亦以罵賊不屈死是時天地正氣凜凜在一門矣氏年二十適諸生晏勛明越五載而勛明卒將卒知氏素有正氣恐其倉卒死也乃謂氏曰我度不能生若固忠臣女也能爲前人光乎氏流涕曰唯唯再曰若又烈婦妹也然非入險義不犯難若能從一以終乎氏掩淚曰諾晏乃悲啼曰吾與汝永訣他非所敢望獨吾親老矣子且幼幸毋激於義而爲其過舉是余志也氏曰已矣雖有漆室之憂亦奚益哉言已而逝殮殯畢氏於帷大慟數聲而絕家人救之半日乃得蘇氏誓死不食六晝夜娣姒勸之曰獨不追悟匹婦吟魯之義乎即不悟死者之言如弗聞耶

氏曰吾即苟活亦無益於人世矣然母之子死子之父死吾其如死者之母子何於是決意終其養撫其孤五十年如初人稱此五十年中未嘗一至梱外母家雖里閭猶萬里不復歸寧兄弟與兄弟子及兄弟子之子來省闕而與言未常逾閾其節而有禮如此年七十五卒卒時士大夫具狀白當道請建坊表之其族人以無力辭後督學潘公廉得之令建祠命郡縣諸公親入主祀焉

論曰李氏之節前進士惕菴楊君爲余言之最詳惕菴次孫李氏孫壻也常與余言曰世間節烈成於禮故李氏一門三義予曰然抑其天性也又曰節與烈孰難予曰一也而論不

可以一律人莫難於一死必死而其事始完是以難也彼朱家婦有死之道無生之理欲生不復婦朱家不死不得稱朱家婦也若此李氏之不死也其夫早知其有死之心故臨歿而諭以不必死之故與不可死之義斯時人尚未知李氏之能死與否猶未及見李氏之不死難於死也李氏不死者五十年無一旦同於生人至於代其夫子於姑以其子父於夫凡婦之情且貧者或難若勤而有力者不忍死其夫因不忍夫之母死其子不使夫之子死其父皆婦之分也獨年七十有五爲婦者僅五載後此光陰其間寒風凉月淒楚千般知不足動冰鐵肝腸而未死孤魂必銷磨到老然後與薤露俱

晞此知不死者之難於死也

寧都尹宋公家傳　顧景星

故江西寧都尹宋公諱必達字其在其先江右遷楚自明經文衡公下皆爲黃州人公幼異慧四歲就塾八歲詩書易皆上口九歲居母孟太孺人喪哀禮如成人十六補弟子員十八受室於程氏事父席上公偕有孝名避亂寓武昌張獻忠陷武昌驅男女老幼數十萬人於江公扶父挈程先從城闉水竇出無所往亦自投磯下有片板承載流至陽邏岸上人從洄湍中投篙起之是時浮屍蔽江鮮有活者人以爲獨公孝感所致無以資生教村童小學奉席上公甘旨席上公卒

冏身周棺無憾順治甲午鄉舉辛丑進士知寧都以循良治瘠邑邑有清泰懷德二鄉土寇屯聚死徙荒蕪公請蠲逋賦招流亡貸牛種二歲桑麻彌望寧治瀕河夏雨浹旬水暴長逾三版則灌城中跣詣神廟爲文禳禱食頃水落循故道而去按行壕上知歲久壅淤且多隱占據縣志疏濬之四月而工成廣七尺深半之引河通舟檥東西跨二石梁車可方軌自是邑免水患是役也鍤下白骨籍籍皆前代刀兵棄骸作巨坎十數以瘞祭而碑之使後人毋復廬井其上也自新建伯治兵寧都有南北二城南民北兵公曰古者藏兵於農有團練保甲弓弩社奈何縱甲士而惰壯夫一旦不虞分守

乎合禦乎甚不便昔新建之勳宸濠也守令各領兵邢珣出贛城王冕出萬安王天與出寧都强半保甲義勇於是法其意練義勇甲寅夏閩亂作而寧都已有義勇二千成一軍矣賊前鋒突至北城營將劉請議事而南城民雲集馬首曰公毋往恐不測公曰豈有文武嫌猜軍民疑貳而可以禦敵乎策馬馳赴甫揖坐劉曰餉援不繼衆寡勢殊令君云何公曰今日之事自堅守人臣之義有死無二賊本烏合可一鼓而破劉曰公言是也我前公守公曰戰氣也語曰禽制在氣公前我繼之劉率所部亂流以勁弩斃十數人賊少却公揮義勇橫擊大敗之方是時鄰郡邑多陷羽書不通賊全軍集城

下號六萬巨礮隨雉堞隨墮壘會都督許公援師至賊解去有管中軍者言於巡撫中丞曰寧都各堡砦多從賊請發四協官兵勦撲以威衆中丞許之仍取縣令結狀公曰賊勢猖獗非無一二脅從今又以脅驅去其坐家保妻子者皆良民若殺以示威某一官可棄七尺可捐此結不可出也四協以業經調發決難回軍公刺血上書中丞感動檄軍還事小定鞫逆案首犯稱彭榮實教我彭榮者邑之諸生會與縣役訟語侵令犯者疑令銜之冀嫁禍脫罪公怒曰天道神明安可枉也不問榮論犯者如法汀師凱旋公出犒聞婦女悲歎聲隨傾槖解衣裘計口贖之詢籍里姓名命老押牙送其家

寧人建祠祀璽碑記其事始公治寧邑鹽政寧人便之明初贛食淮鹽新建改食粵其後苦銷引之累公請以粵額增淮額則商民皆便三上中丞書獲允益與新建先後補救無異義乃卒以粵引帶銷不及額歸咎免官寧人哭而送之餞貽皆不受路梗間道出豫章賊邏獲送其渠魁脅以兵公瞋目大罵我天朝清白吏從汝鼠子叛逆耶賊分梏僕從而縶公空屋斷飲食忽夜半踰墻排闥持兵杖者數十人曰宋爺安在我等皆寧民並僕從擁而去潛行達南昌方伯姚公驚喜曰公以至誠出於坎窞豈易易哉具舟送歸黃時江督董公移鎮楚以公咨內部還故職徐侯優敘公受咨無行意或問之公曰故吏如棄婦忍自衒乎卒不行所居臨臯江滸茅屋一區硧田一頃褐衣補鉄與農牧遊顧喜著述有古文辭若干卷終年六十有三崇祀鄉賢子庶常敏求

萬退修先生傳 爾昇

欽士佃 文思

萬退修先生者隱君子也年甫三十謝絕功名搆秋水岑於山側杜門著述孝謹事尊人外惟與仲兄驌傲長吟歷終身如一日博覽書史綜核事實原本末而出斷制集爲史求求也者得不得未可知之詞也吾鄉王補菴讀而歎曰必傳之書他若滋言初集用進德也古詩三十用寄慨也山居三十用遣興也梅花百韻柳眼鴈字指頭禪俱以三十爲程用索

枯也他如歌賦文詞幾累尺許其爲毛會侯所評訂以行世者惟詩五種在先生亦祗是不敢暇逸以自怡悅不欲人之傳之也而其所以傳之者繼述之意究豈先生之意耶當流冦之充斥也里中人文事廢弛閑檢蕩軼先生法言法服坐莞蓆如處女不必動聲色煩戒董而其時之親炙者謹翔步聞風者易轍弦迄於今敦詩書崇孝友相續弗衰者先生潛移默牽之功大矣乎至於不愧人以所不逮不屈人以所不伸亦有怒而怒不藏亦有怨而怨不宿未嘗用恩而共諒其無私未嘗示信而咸服其無詐遺行所逃歷歷可紀要亦先生大公至正之本性自然行之於不覺者哉易曰不事王侯

高尚其事先生之謂與又曰鴻漸于逵其羽可用爲儀先生之謂與先生年七十有四丈夫子一人諱燦者同尋譜名重於楚孫曾繩繩蔚起亦博科名而方興未艾焉其亦潛德之光也夫　贊曰志鬱結兮正則蹈高潔兮淵明率羽儀兮貞晦擅詞翰兮延卿追孤芳而不可卽安得不景秋水岑以深情

吳烈女傳

靖道謨果園

烈女姓吳氏世居黃岡之慕義鄉在明嘉靖間有號石梁者師事王文成傳良知之學黃安耿天臺嘗造廬訪之烈女父授徒村塾授烈女女誦諸書皆能記誦及笄許聘同邑桂氏

子將婚而桂之父母死又三年桂氏子亦死女聞之欲奔其喪父不許遂欲以身殉家人防守甚嚴十餘日女不得間乃佯飲食如平時家人以爲可無慮矣未幾其嫂歸寧兄送之女爲其姪女捉髮挽髻纏其足曰兒至外家善自愛母往田中鋤木棉室中虛無人女扃其戶至後園竹林中自經死鄰舍隔籬窺之見林中赫然有死人急呼其母掊戶視之氣絕矣康熙辛丑五月十六日事也家人從衣帶間得絕命詞一首有此身已許桂三生誓不將身別字人之句桂氏聞之請與其子合葬焉舊史氏曰女未適人而爲其夫死非禮也葢女子旣嫁而後夫婦之道成聘則父母之事而已女子尙不能自主也有廉恥之防焉禮記曾子問篇嘗言之矣朝考諸令甲凡女子夫亡守節必以歷久不渝者爲正激烈捐生例所不許然有司彙以上請每邀特恩表厥門閭豈非律設大法重生命萬世常經而特沛之殊恩爲磨俗勵鈍立懦廉頑之至意也歟烈女許字未出閣而矢死靡他不少顧慮意其讀書時聞烈女不事二夫之說遂確守不易而遽自蹈之也雖遠於中道可以爲難矣彼士夫日讀忠孝廉節之書而能取義守死者有幾人也哉

杜茶村先生傳

胡紹鼎牧亭

杜濬號茶村原名詔先黃岡人明季己卯副車也祖若芝萬

歷己卯舉人官南充知縣父祖進壬子舉人官國子助教世有厚德重於鄉邑濬少負才氣欲建功業於世壬午再乙遂絕意仕宦思天下名山水若豫章之廬阜新安之黃山浙東之天台鴈蕩一往遊焉氣燮顯貴名歷東南道義之守死生不變而遂老於江南

國朝順治丁亥歲春濬自金陵汎維揚太平初定天下名士適聚秦淮於是燈船方盛有富者列貨寶滿舟榜曰名公能爲詩先成者願以爲壽濬繼至筆不加點爲長歌千餘言投其稿而去不問主客爲誰氏也者去之白門名愈盛楊龍友肅冠帶以五十金乞一傳茅止生非之曰細甚未知文章之

難也一時爭傳雖不知其文者皆來趨之亦如此推重云於是濬復避其居曰寓齋在鷄鳴山之右城之遠僻處也茅屋數間梁楨欹腐墻屋皆傾倚欲淩人然人猶有至其室者則惴惴然恐其壓已焉謂杜子何乃居於是人又爭相傳聞皆謂杜子何乃居是而濬方安之且喜人之不能數至此也其後數十年窮愈甚所守愈拙饑不再食者卒以爲常賣其衣冠及於書籍及於瓶罍且盡遂及於牀乃徐曰無所不賣矣絺帳飄蕭有離别可憐之色吾將何以留之哉既而有客自嶺南來貽以沈水香或又貽以六安梅花片而紀伯紫又贈以湖毫一管皆絶品也濬列三物坐其間暐暐然自詡其所

爲詩古文者其言自古作者以其好學深思又必經挫折偃蹇身世牴牾仕宦蹉跌至於饑寒困頓拂逆之至而後有以激發其聰明鍛鍊其材格而其根柢在於聞道乃可傳於後世葢其生平之行事而能爲詩文者以此又嘗曰吾欲删訂四十以後所作爲一集而焚其所不欲存者是志未逮愴然老矣故所傳真贋不一濬弟界字蒼畧與濬齊名另有傳子世提世農家於江南皆能爲詩文猶未免於窮濬去黄四十六年而卒葬於江南之空路口故其後無居於黄者論曰明季之詩古文壞於名士矜率爲之遂失其體濬毅然修復昌黎盧陵之業於詩獨推少陵宜乎名之重矣而必絶交遊之趨慕甘心窮餓以自守也讀其生平所作庶幾見大而能行之遠其知道也夫

黄岡縣志卷之十八終

黃岡縣志卷之十九

知黃岡縣事宛平俞昌烈編輯

藝文志

古文四

紀事

明

志雨　　王廷陳稚欽

吳侯治黃之壬辰春不雨至首夏炎曦布威廣澤化陸坌揚於畝潦除於池霄漢滌雲林麓忌焚居者病汲引者競滴畯不在田農不于耜且麥秋也逋民族攘客據主埸炊煙在野

是故困不專貧憂不但智國人謀而請於侯曰其使巫侯曰天則不雨而望之愚巫毋乃已卑乎曰某水之淵龍宅焉其怒諸雨可致也侯曰人則不能而索之龍於以致之毋乃已疏乎曰數富之實而罪其出惟賑之俟侯曰公則不儲而恃富之藏彼實應且懟抑澤未宴及而首以懟富以是期濟也毋乃已艱乎曰然則如何侯曰咎在予郎予求之其可矣令於國中市不屠道不除輕罪弗繫纖訟輟聽貶食省用已徹減從去葢謝乘禱於壇昕夕至其哀疚其辭傷其容若將隕越於地國人曰君無病乎其何以小人之故而病吾君侯聞之曰民病是虞吾何愛焉如是者日行之不雨旬行之不雨月行之乃令於野曰修而隄防達而溝洫監而竇視而築展而具宜而種時雨且降令之明日壬寅雨至甲辰陂池滿受原野流溢山麓改色田畯在田農人倍作婦子喜饁逋者反其室廬攘者修讓悲吟者歌國人曰君實生我敢不拜賜侯聞之曰天實悔虐於爾有衆予敢或干天則生汝而疑於予誣矣君子謂吳侯於是乎能格天夫格天者在實非文之能夫侯始而罪已中而疚已不已終而人功之懼其誣已夫罪已者凶而不委不委則日遠於戾而納於順未有順而不應者也疚而弗輟履之以恒未有恒而不動者也天功不攘弗侈弗張答休以遜未有遜而不益者也三者格天之實也吳

侯有焉雨也天豈侯是私

雨紀　　王廷陳

一日黃之父老數十輩造夢澤子之庭而言焉曰我大夫郭侯守黃之三年爲戊申歲五月不雨逮夏杪苗且就槁用軫我大夫率其僚齋禋而禱焉禱之三日大雨瀕槁之禾以回吾儕小人溝壑其免矣我大夫實賜之願得子之言以頌之也夢澤子曰雨也何如請言其狀曰是日也山川出雲鬱鬱烝烝族結朋徵薄於玄顏朝瞰條冥霡霂稍聞如箟如繩既乃滂濡沸渭交灑互濺紛射側激散漫淰渫已則潰潦交於街壓湍瀨鳴於原隰澌洳生於塵堁遂乃浸淫衍溢奔壑注

溪而入於陂池以達於畎畝無坎不盈有量必受於是農畯之流命厥徒侶跡於阡陌之間覘塍窺竇曷窒曷築殺其已盈引其未足然後携厥婦子休隴自勞鼓忭謳吟樂奏具陳夢澤子曰止此田父之雨何足以稱於大夫也曰大夫之雨可得聞歟曰可我大夫受命而來務佐百姓之急去泰甚之害布中和之政侵牟我民者則炎火是畀矣稂莠我民者則芟夷是加矣使我主上汪濊浩蕩之德滲漉於閭閻淪漬於心髓而又潤我以仁液滌我以義瀋遏我以禮坊謹我以法湯肉我枯瘠澤我顦顇雪我煩冤激我靡頹是故不電而明不雷而威不沐而濡不濕而滋洽物入人窮高極深此吾大

夫之雨也汝知今日之雨也而豈知吾大夫之雨於民也亦已渥乎夫其雨於民者之渥也用是能説於鬼神而孚於幽隱故一旦陳忠信之辭求告吝之實黜巫尪之謬後露跣之文卒使上天悔禍羲和紓馭屏翳效職祝融收烈汝知禱之輒應也而豈知吾大夫之禱亦已久乎汝獨不見昔之鄰大夫乎嘗羿雨矣而不知已之雨慳也嘗罪禱之不輒應也而不知其禱之素昔者乖且乏也於是諸父老喜而言曰吾儕小人乃今知我大夫之雨又知其禱不在今日也遂退而謀登其事於石曰使後之長民者知雨且知禱也我大夫不及知知之不能止也

陳節母録

王廷陳

母談氏陳君禮之妻也其母方娠父謂其母曰若女必勿舉俄夢德媛庭降已稍長負異慧女事無訓飭憎治步弗視駭也禮父異禮而儷之難聞母之賢請焉占之曰吉是謂玉英綺藉健篁倚柏摧引無折馨流芳接將歸或曰何不婺務母曰吾聞之前者或卻約焉基豊惟其立也不立之務而後以歸恃侈而怠實隊之速其何能兢歸矣舅姑而下皆宜之踰年生子武五年禮卒母仰天而泣曰舅暨姑老矣武少祚微天其不振陳天也振陳武無恙札母之母憐母幼而寡諷之曰雙鳥于洲或射其雄孤雌哀鳴孰我更同母曰雁無再隊

君子攸取人不鳥如胡不溢死竟不奪事舅姑倍禮武日立舅姑喜曰嫠也善事我我是以無禮憂而有婦孤之娛以宴會請輙謝曰未亡人悲衆之樂耳幸勿以樂悲我每忌哭之痛謂終身之喪也訓武複述往狀武哀母少歷而務寬其晚母老以愉正德改元會寬典求天下婦之節者而表之里之人謀聞母母泣曰吾分也不偕以死之愧而忍以活復聞之是以愧聞也且吾求吾分而聞以愧我其非我心抑世之婦或乏純節子若孫誣稱焉以爲仁吏議不核而賄之圖惟其誣之遂吾懼世之人將附吾於無核而賄爲之爲公典羞者乃寢卒之先一日謂武曰明旦吉乎曰吉曰吾行矣曰母行

何之曰省汝父於九京目遂瞑論曰非節之難節而不欲以聞者之難夫淺夫朝飾行而夕惡聲之弗彰也彰弗遂行厥修以弛寘君子難之况於婦乎旌淑之典世不恒舉幸一舉焉奉者無艮假以稱欲爲婦所不屑噫其不屑也可以愧世之急聞而私以乘上之典者矣

江行紀事　王世貞 鳳洲

至黄州時御史方駐黄而余晨至左參政鄭君雲鎣僉事蔡君一槐戢君汝止來訪云御史將欲發疏謝謁客郡邑守令而下咸來見不勝煩報謁三君留飯戢君所多談佛理旁及書畫蕭然志此身之將就籠也淩晨始修謁御史尋辭午飯

同年邱侍郎岳邱公以都給事中事世宗疏稱旨擢貳禮部尋當出參外省遂棄官歸秋熱不肯解而余復苦河魚疾飯罷亟發三君爲餞赤壁問竹樓雪堂遺跡云俱在府署中亦畧存梗概耳赤壁在黄西南門外城據其半以故所得地益少亭館剎闍之類復蔽之第土色正赤若硃砂堊丹而堂據其右阜表裏皆大江足慭也余携所有玉晋卿煙江叠嶂圖而蘇長公爲手書歌中有語云武昌樊口奇絶處東坡先生留五年距於今爲五年者八十矣而墨跡如新三君摩娑久之既賞且慨酒數行携飲水月亭一大磐石也乃呼小舟方之泝江淩洲渚而渡盖水久漲大江合夾而一極望渺瀰叢栁若蘆若藻依然燐人三君顧余而語曰今非七月望乎奈何寂寂令前輩笑人於是縱談江上形勝是否周曹鏖兵處與蘇長公詞翰之妙將壇藝苑奇絶爭勝然一轉盻間而有情者俱盡徒令無情之物以一培塿借而稱雄於長林大山間蓋不得不托之瞿曇維摩氏家而蔡君時豎偶然難發余機二君亦爭自娱快也曰長公固言之第自具賓主耳恐不如也談謔久稍沃以酒故不能醉抵余舟盡三鼓乃別時月色益明而熱不解徙倚久之始就寢其明日發自是江頗平山亦多斷續不復如黄以東矣

國朝

書杜和尚事　呂德芝

靖州天柱縣邊苗地也有一徑方四十里可達黔中鄙遼甚便而叢箐荆杞彌亘山谷諸苗穴之以肆剽掠有行僧杜和尚者能詩歌語天下事如指掌大抵明末高人爲僧者也武勇絶倫熟遊其地欲闢此徑募積多貲具鋤斧雇健夫百餘人力事斬伐月餘莜坦道十餘里諸苗羣阻之杜持鐵杖可五六十觔獨戰斃苗三酋餘皆披靡散凡三月竟成康莊當事者擬旌之笑却去遂結庵中途獨居以護送來往數年矣一日晌後有異僧負裝掛木緘大刀入庵釋任呼杜具湯沐聲甚厲杜訝之方事水火僥首竈前僧入其廚睨地有鐵火

又一足躪之即一足蹈杖頭杜一手起僧迸擲牆上額破僧起奪火叉拔木函刀來砍杜急拾木片方八寸許左右格避應俏且盡因奪門出僧疾追走二三里時黃昏杜望山走渡小木橋因猿挂橋下僧過橋追之杜從下曳其足僧墜沮洳中杜下奪其刀問來故不應杜欲殺之亦不應固詰之乃曰知爾武勇欲降爾相幹一事今不諾殺耳復何問杜歎曰吾老矣天下大事亦久灰心况他勾當耶然爾敢忤我亦有膽識者攜手歸庵具湯沐飲食詰朝別去杜後語人吾黃岡人先人邱墓在黃今年暮思歸正首邱言之輒歎息泣下後不知所終康熙戊子靖州人遇吾友皮孝廉日升問杜已歸黃

否皮固不知因告余以其詳余聞而異之因書其事將訪諸吾邑之杜氏云

朱節母事略　王鑾

朱君兆斗食餼邑庠以詩文書法鳴乎閭而慕之已知爲茂南先生孫尚于先生子盎衛墩朱氏黃郡城名族也嘉慶癸亥予至城見於朋座間君時年二十餘温温恂恂而精悍之氣隱出眉宇心益異之一日朱君肅衣冠介其友靖君厚欽汪君封渭謁予再拜請曰吾家自先祖以老諸生終吾父又賫志早没今煢煢者兆斗與弟兆科耳而兆斗年且長尚未能爲祖父光顧念母氏食貧苦節鞠子女支門戶幾二十年愈無以自容幸先生一表揚之乎曰噫此當代有道而能文者事也雖然子試述本末乎以草創先焉其可乎朱君迺言曰吾母嚴氏同邑老儒封唐翁女也幼以勤謹佐外家好贊成推解周卹事及笄歸吾父父於祖爲少男伯父母先莞家政自母歸則皆喜庶務每委焉當是時祖父爲邑儒祭酒著録門下者百輩其所交遊又多因緣來謁賓客之需母未嘗不咄嗟立辦無何祖父下世弔客盈門母居中部署酬餉如禮戚黨皆以母爲真足當大事也既而家驟落伯父父將析爨營生母謂已奩資倘足以供且盡之而後析以是遲析者三年會父屢病家益窘乾隆乙巳歲復大祲凡祖母之供膳

父之湯藥兆斗及兩姊一弟之口食母一力支拄之丙午仲夏祖母没閲月父没伯父又在窘中適舅氏從姪館兆斗家雋院試出金酬母母盡以斂殯葬時稱貸費不更以累伯父也丁未冬叔祖醒齋公宰臨城念母孱且窶寄以千金而伯父適謀遠遊母割半資之無所惜此數年間母曉夜率兩姊鬻鍼黹傭浣濯命兆斗等剪葱斷韭售於門或適郊採野菜以食於是兆斗等幸不凍餒死爾母之忍凍忍餓萬苦不辭則非獨人不及知即兆斗亦不能盡述也朱君言至此流涕交頤乎與靖汪兩君黯然莫能發語嗟乎世間冗財何限天於節且賢者顧靳之耶抑非是則節賢不顯耶朱君又言吾

母治家織屑皆有條理兆斗少多疾母以意醫之輙效苦心所營卒能嫁二女娶二婦且贖歸父病時所質屯田數畝而尤以家世儒術勗兆斗等決勿廢學命受業於姜紫廷姑丈嚴尹菴舅氏暨冀南王先生各數年凡脩脯必致敬不苟方兆斗之未補諸生也或勸充郡縣吏爲謀食計母聞曰庶人在官古有常祿今則否矣吾烏知其食之所自來乎且棄汝先世素業必不可此兆斗所以幸不廢學也予適作而歎曰卓哉母乎年盛而矢節也窘而不私所有賢也練於家政家已落而力振之才也而其勗子以儒阻子以吏則又灼知大義如此以予所聞古名母殆不是過矣母今尚健在而朱君

拳拳惟恐無以表揚予惟歐陽文忠少孤自立卒以崇養報其母瀧岡緌表何必旁求而明末吳中有袁孝子駿者則念母苦節泣請於陳山人繼儒山人爲賦霜烏哺篇由是一時鉅公若吳梅村龔芝麓輩相繼有作袁母子遂顯名於時今朱君欲揚其母而姑先請予其將以予爲陳山人乎然予則願朱君之不僅爲袁重其而且爲歐陽子也既諾其請爰爲草創著於篇

紀茶村先生入夢事　王德新

往予爲黄人士作茶村先生祠記遠想慨然殊有曠世相感之意及諸君寄示憑弔諸詩獨深契武昌王孝鳳夢茶村先生而繫以三綱將委地此老獨扶天之句未幾孝鳳寓里省親克敦内行盎嘆忠孝性成人其符契也如是家居多暇客有談吾硯友秦訥夫撤瑟事則尤掩卷三嘆而知茶村先生之示夢非偶也訥夫爲吾邑耆儒南遊金陵予嘗作詩送之頗聞其攜奇茶澆茶村墓因想見其爲人徘徊而不忍去予素習訥夫與時俗落落寡合閉戸著書三禮皆有註釋當日鏗鍧舊好學著曲臺者在訥夫不忝黄直卿在予實宜倣楊信齊也憶予庚午鄉舉肩輿往拜訥夫拒不見翼日徒步訪之雞黍之具作竟日談跡其耿介拔俗之高風殆與廣漢蘇翁等近又聞漢邑夏君斗南夢茶村約訥夫復爲蘇杭之游

寤而寄聲訥夫如欲赴約者閲書甫畢而終是豈淳甫之生前身高密文山之没再世道鄰耶抑豈數十年前之澆墓因茗惠而久要不忘耶否則茶村業習禮經（見茶村送沈形卷詩序）與訥夫有針芥之合耶又或茶村氣淩顯貴與訥夫有聲氣之同耶予愧於茶村先生無能爲役而又慮訥夫之操行卓卓不傳於世爰紀其梗概於變雅堂評記之後以爲聞茶村之風而神交於夢寐者忠孝之心徵於孝鳳道義之守著於訥夫曠世相感之說古之人不予欺也

頌

國朝

靈鏡頌并序　　吳之勳

古者美盛德述形容而頌作焉類皆上之朝廷告之郊廟故劉彥和曰四始之至頌居其極云有限也自漢以來不獨甘露醴泉神雀龍馬擬清廟範騶那而淵雅之倫騁意趣之旁流以文章爲游戲若靈壽杖與畫扇諸物亦竊附其體裁頌斯降矣余以爲頌者容也天下之物苟無功德被於人雖山海殊奇固可以不頌天下之物苟有功德被於人雖尋常日用皆不可不頌何也體非朝廷宗廟而義則繫之者大也曩余守齊安之十二載爲嘉慶甲戌自鄂省而下余月不雨阜月又不雨至於且月苗則槁矣余率屬走籲百神不雨如故

嗣用春秋繁露所載法不雨仍如故當斯時與民皇皇深慚失政惟日暴身壇所請罪於天而已會大藩檄郡縣通行禱雨法設壇有圖有符呪内須真正節婦鏡一枚對日設案仰面平放研極濃香墨潑其上誦呪而抹勻之余學陋不知法所出猶記異聞集載唐天寶中揚州鏡匠呂輝遇人自稱龍護爲鑄水心鏡遺一歌曰盤龍盤龍隱於鏡中分野有象變化無窮興雲吐霧行雨生風後大旱祠之須臾甘雨大澍此以神鏡通靈與節婦鏡無與又紹興志載上虞寡婦孝養其姑姑疾死夫女弟誣告婦鴆被殺其地旱二年殷太守丹至知寃祭其墓而大雨此以表節婦致雨又與鏡無與余臆測之陽燧取火於日陰鑒取水於月以陰互陽理從制化又藉人道之幽貞感天心之仁愛神應故妙也爰遵臺檄令老吏廉取於民間吏白黃俗尚義節婦良多但貧者恐以捐飾致棄度城南許生希曾者其祖母殷母李皆青年守志皎若雪霜久合例[illegible]

旌猶以身未終志未畢堅拒宗人呈請篤節如此而其家不貧爾鏡必有存促取之其母果出諸笥及持至混混沌沌不知塵封幾何年乃粉之以元錫摩之以白旃如法安置潑墨誦呪復爲瀝忱祈禱俄而微凉襲人黑雲四起雷雨大作百榼怒生於是吏民歡騰且不惟一郡沾濡已也余既謝神撤壇即遣鼓樂送還竊惟我

朝徵顯闡幽靡所不至民間婦女但能完節合格不辭重費帑金建坊祟祀且采其特出者彙入史書如許生母與其大母縱力拒表揚百年之後不患無臚列事實援例請

旌者若鏡本頑然一物非必龍爲之隱神爲之工而附貞婺之精爽輒能感格天地役使風雷雨澤被於禾苗功德及於民物守土者亦藉以寬不職之咎鏡雖頑不既靈矣哉倘令消沉與凡鏡等曾不若木杖畫扇猶得見諸歌頌致

聖世靈物久而無傳抑亦詞人之疎也況身關其事者乎余時役於案牘促促未暇搦毫迨許生子汝齡梅雋郡試來謁詢

其鏡故存而恤余遷巡襄鄖又悵不及爲之茲以年老
尋休歸里舟過齊安復見許生父子覺向所拳拳者怦怦難
已因於舟暇操頹唐之老筆頌靈異之壽光工拙所不計聊
存美盛德述形容之遺意云爾頌曰
淑媛載降金和玉貞儀節修整鑒茲容成鸞孤鵠寡塵掩光
明天昭其節旱魃無情暴身罔濟循法乞靈啟奩向日潑墨
雲行雷雨滂沛朽耕枯榮道幽解沴其中有精焜燿家國澤
被蒼生白陽取鑄奠之與京

神雀頌　　李友杜 武昌優貢

伊歲丁未夏之初仲客自齊安還於鄂渚之會諄諄詫於衆

曰聞黃岡異雀乎春夏之交江南北州縣嘗旱荒蒙獨恤者
大抵蝗蝝間起蟗藤飛蜮瞻聽惶惑萬衆洶洶然吏民不以
列令長不以請歷凡數月而無聲或曰不害嘉穀也是時黃
岡得夏之秋有聚曰但店斜至回龍之山廣輪百餘里麥芸
芸漾於蟹野稻蔥蔥薉於瓮澤粱黍菽麻果蓏吉貝淡巴菰
之屬豫孚於風日雨露而不自難也民鋌而耡者耨而捋者
手耗而足梳者鄰無遁功夜不戶閉男婦奔躓老羸乃餉俄
而有物道東北而來蟄翁翁上遮如失火之煙稍近有聲如
驟風雨男婦競歸收弃衣物操殺禋而赴隴間忽悟而號曰
蝗也奈何色然駭且嘯則頹山聯谷矣聞於縣王公公懼乃
命愿吏倍道禱於劉猛將軍廟而命傔役先諭民備炎火撲
擊之具乃趨召保甲問狀將申於大府而急往治焉保甲至
曰雀食之矣始蝗之來散處山澤無禾稼之地所食皆蒻草
以故未及聞閱二日有雀青褂白襟瞵瞵蔽日而下行者聽
居者出驚相擾亂以爲害必甚於蝗乃攫蝗而食之蝗大盡
西掠而去遂莫知所往其遺蝝在土間者明日悉爲小蝦蟆
也公曰故有是雀耶曰未見也曰雀食蝗女見之矣蝝化蝦
蟆何據對曰昨日蝝子蠕蠕明日綠蠅僕僕無數以是知其
變也公霽容遣之然猶未之信也曰民苦撲躪之擾不欲報
而吏教之言耳吾心如日利害與人共何護爲既旬日躬巡

鄉邑至蝗所興滅之域苗穀果無傷召耆老數輩造問之如
保甲言乃大異曰嗟乎予何德以致之此
天子軫恤之餘恩故神發其棱以驗萬民之慶也吾不可以
不報於是理新神宇率民吏祭告而揭諸顏寄區居士曰予
嘗有五君詠公處一焉異哉雀是堅予智也夫乃作頌曰維
聖有仁惟官賦之官之宏化神相予之神之所相四邑有蝗
不我來下休烈奚章氛惡爲鑫休氣爲雀神馭而驅妖不勝
德威棱之鑒
太上之符吁嗟雀兮保障用周昔公在鄂咸寧繼績師古雩
求穀迴劈歷公去二邦民越境將秩秩其酒馱馱其香公不

自伐威命是保告心有靈仰若天道

贊

宋

東坡先生像贊　黃庭堅

子瞻堂堂出於峩眉司馬班揚金馬石渠閲士如墻上前論事釋之馮唐言語以爲階而投諸雲夢之黃東坡之酒赤壁之笛嬉笑怒罵皆成文章解羈而歸紫微玉堂子瞻之德未變於初爾而名之曰元祐之黨放之珠厓儋耳方其金馬石渠不自知其東坡赤壁也及其東坡赤壁不自知其紫微玉堂也及其紫微玉堂不自知其珠厓儋耳也九州四海知有

東坡東坡歸矣民笑且歌一日不朝其間容戈至其一邱一壑則無如此道人何

明

赤壁圖贊　方孝孺正學

羣兒戲兵汚此赤壁江山無情猶有慚色帝命偉人眉山之蘇酹酒大江以滌其汚揮斥元化與造物伍哀彼妄庸攘斂腐鼠明月在水獨鶴在山勿謂公亡公在世間

國朝

怪石贊　宋犖

齊安怪石名天下自蘇子瞻始余寓黃年餘遍求不可得所謂聚寶山者斷嶺頹岡纍纍皆粗石幾令子瞻之言不信今歲秋友人以石餉者屢矣較文辨色得十有六枚甚可寶翫始信子瞻怪石供非虛語也爰置晶盤注以泉水各即其形象名之而繫以贊贊曰

人日有係作宜春勝維此文石翦綵之臏繪畫莫及光彩照乘爰置雪堂發我清興　宜春勝

達摩面壁影在嵩少胡爲此石端然含照不起不滅孰擬孰貌稽首皈依淵乎微妙　達摩影

文禽斂翼在河之干爰覆其卵相彼流湍誰賦昇爾蔚然可觀采之山麓薦之晶盤　紫鴛鴦卵

霜飛木落秋水澄清數莖翠藻潭底縱橫維茲景物造化之妙三伏炎蒸于焉攸好　寒潭秋藻

爰有紅錦其色斒斕不出蜀道乃在寶山薄言采采濯以潺湲文章之瑞發此瓌觀　紅蜀錦

赤城霞氣薄暮彌天中含片月既潔且圓盤中一靚緬彼列仙挹浮邱袖拍洪厓肩　朱霞籠月

鬼固無形何有於面亦既有之藉石以見瞪目張脣誰爲爾撰選怪探奇高齋永薦　鬼面石

念彼梵文實爲貝葉與此頑石迥然無涉誰謂無涉淵乎其淵斯焉可悟奚事陳編　玉貝葉

三臺維六名取其半奕奕星文兩兩同煥影入斯石光彩燦爛以三代六供我把翫 三臺象

人有白眼維石亦然聊復爾爾高致堪憐人之白眼可轉爲青石之不轉豈曰無靈 雙白眼

蠢然一物名曰蝦蟇出入蒲葦鳴聒泥沙在彼可憎在此可嘉玉形丹色頫首無譁 紅蝦蟇

端溪之良曰鸜鵒眼茲石信美實維楚産足見造物好醜無限人爲地圓對之愸赧 鸜鵒眼

抱朴子曰壽矣蟾蠩三千餘歲頷有丹書高高者月亦號蟾光風清露白素彩飄揚斯石玉色非雕非刻光不經天實堪

華國 王蟾蠩

盤中有石如肌如膚桃花一片點綴堪娛何以象之曰楊妃瘢房帷妖豔作如是觀 楊妃瘢

首飾之珍有曰貓睛維其似之迺錫嘉名今此片石實與之衡晶熒閃鑠埒彼瓊英 埒貓睛

箴云暮矣滿目氷霜中宵皓魄千里流光一月一影兩兩相望誰覩此景維石之良效周生術作袖中藏 氷天月

箴

宋

司刑箴送王牧仲爲黄州録參 劉[illegible]

惟聖好生以刑教德唯臣欽若哀矜惻惻曰彼嘉師於獄之麗緊我淑問貌温氣夷以察其情以盡其辭故曰祥刑非訖于威二典既邈五疵參互反惑於辭貨誘於賂外牽往還内偏愛惡惟明能察惟廉靡求四疵遠矣抑又何尤維時上官獄以意成所貴有司實持其平云何不思惟意之承恕苟未息根連株逮捶楚鍛鍊以成其罪意之所有覆之翼之罪雖貫盈罰不毫釐曰吾之明非闇於理曰吾之廉非役於利不獲乎上志乃可諧意鄉一分職爲厲階淹速有度富貴在天釋之竟是周來疾顛名義懍然鬼神森列野人作箴敬告司臬

銘

宋

洪駒父璧陰齋銘 黄庭堅 魯直

甥洪芻駒父仕爲黄之酒正勤其官不素食矣又能愛其餘日以私於學名其所居曰璧陰齋余内喜之曰在官而可以行其私也惟學而已矣爲之作銘

惟道集虚觀我鏡中年者典學考道則窮潛聖諧道朝聞夕死調高不知千世一士觴豆舞歌不愛其光孰能劬書自愛面牆挾書呻吟白駒過隙我以道會何直尺璧古者寸陰不易千乘之國得道之根則有枝葉務華絶根安事奕奕渴日

者揠苗罪歲者不芸茅勿亟勿遲能時者謂之君子

明

黃州廟學記銘　黎淳

惟黃建學草故鼎新何以致斯國有其人穆穆王公神穎爵位人在春風物沾時雨潭潭儒室士履典常鼓鐘經史駿發福祥當其無事爾養厥躬官守言責蹇蹇匪躬其或有虞爾身殉道臣終於忠子終於孝覿文成化四海永清天子萬年吾道大行

茶邱銘　杜濬

吾之於茶也性命之交也性也有命命也有性也天有寒暑地有險易世有常變遇有順逆流坎之不齊饑飽之不等吾好茶不改其度清泉活火相依不舍計客中一切之費茶居其半有絕糧無絕茶也兼性就香味惟在初烹旗槍一戰即聽童子持去不知其亡矣一日友人過談適年出關諸壯士走窮荒嶮惡水火不通言語道斷之地道暍欲死求馬溲不可得余始愯然媿汗念向來暴殄之罪殆不容贖自是始勉强啜可烹之茶石本尋索亦覺津津有餘味因慨生平賦命奇薄與物無緣惟茶爲恩我負之不祥豈可使墮落汙穢中且余既有花塚矣耳目之玩孰如性命之交乎於是舉凡所用茶之敗葉必點簡收拾置之淨處每至歲終聚而封之謂

之茶邱磨石刻銘曰

石可泐交不絕

花塚銘　杜濬

余性愛瓶花不減蓮林嘗竊有慨世之蓄瓶花者當其榮盛悅目珍惜非常及其衰頹則舉而棄之地或轉入溷渠莫恤焉不第唐突良亦負心之一端也余特矯其失凡前後聚瓶花枯枝計百有九十三枚爲一束擇草堂東偏隙地穿穴而埋之銘曰

汝菊汝梅汝水仙木樨蓮房墜粉海棠垂絲有榮必落無盛不衰骨瘞於此其魂氣無不之其或化爲至文與眞詩乎

行狀

國朝

清故中憲大夫內國史院侍讀學士曹公行狀　計東

曹先生諱本榮字木欣號厚菴湖廣黃岡人以明天啓元年辛酉八月二十九日生以順治五年戊子舉湖廣鄉試六年己丑成進士選授翰林院庶吉士八年授祕書院編修十年陞右春坊右贊善尋陞國子監司業十一年陞中允十二年充日講官十三年陞祕書院侍講尋陞左春坊左庶子兼侍讀十四年八月充順天鄉試主考官取舉人萬嵩等二百六

人九月充經筵講官冬以失覺察同考官不法事降五級十五年九月
特旨復級十八年補翰林院侍講學士尋轉侍讀學士十八年甄別謹慎稱職改國史院侍讀學士康熙元年考滿稱職
賜表裏各一三年請假回籍還葬以十一月二十三日卒於揚州年四十四六年四月其爲考官時所取士計東再遇先生子宜溥於揚州手授公行述一卷命東爲狀又三年庚戌東將屬草適閱邸報讀刑科給事中張維赤請急舉經筵日講一疏内追述順治十五年九月
上諭吏部日講官曹本榮侍朕講幄日久著有勤勞著復原

職級云云以見
先皇帝稽古典學久而不怠所以軫念講官者於此東讀之泣下伏念先生之殁七年於茲矣先生篤志聖學特以樸誠孤忠上格於天裳
聖主非常之寵遇數年以來其事漸遠懼將失傳幸今
皇上克纘鴻業復舉經筵大典俾得追述
先皇帝眷念講官之旨以進於是先生講幄之勞始煌煌焉著於天下是先生雖死而不死也嗚呼當先生之客死於揚州也天下之士無論識與不識莫不歎息謂天下失此人師而獨蘇門孫徵君哭先生謂商周之際道在箕子宋元之際道在許子明清之際道在曹子其言誠不可易也當武王克商之後使非箕子蒙難正志述洪範以授武王則是禹湯之傳幾乎熄矣元世祖之時使不得許魯齋修朱子之正學倡教於北方則程朱之傳亦幾熄矣自喪亂以來程朱之旨蓁蕪日久
本朝順治六七年之間亦未有究心聖學昌言啓沃者也使非我先生玩索性天之微奥釐定五大儒語要周張精義王羅擇編諸書倡率後覺則其後亦無足以備
聖天子勸學顧問使大道復昭然於天下也凡此者皆守絶學於草昧經綸之日舉世笑爲迂遠不切之務而皆得聖賢

之主以成其志可謂幸矣顧獨先生中道早世使不得竟其志爲可哀也先生始爲童子時於父篋衍中竊見王陽明全書晝夜探索至廢寢食常屏跡山中夜半月出鹿鳴雉雊之聲接於耳先生坐至旦怡然有得及爲庶吉士遇館師胡此庵方講示明善之旨先生每聽其語喜曰何其似王文成也因與往復討論此庵曰子所言皆先儒之言非心悟獨得者與子何益先生由是益研究不釋每兀坐深思之不得輒泣下閲一年豁然大悟知天之所以與我者在是而無疑也趨質此庵此庵遥望見先生大喜曰子今有得可以教人矣先生家素貧其自庶常官編修司業也僦居黃岡會館中三年

四壁頹墮不蔽風雨布袍菜食家人不勝其苦有同年生從容語先生曰今詞林在京師一兩年即請歸里盛冠蓋騶從出入輝赫爲親族交游光寵子何久京師自若若是先生笑曰吾將以爲學也學貴澹泊明心使吾學有成一旦得以致之吾君使吾君爲堯舜饑寒困苦非所惜也聞者莫不笑先生之迂既

先皇帝親政不二三年具如先生志蓋其志素定也爲司業時日夜以正學教成均子弟崇正堂冬至日會說及刊白鹿洞學規警廸後進所造就人才尤盛其應詔上

聖學疏千言不具載載其大畧云今

皇上得二帝三王之統則當以二帝三王之學爲學誠宜開張聖聽修德勤學舉凡四書五經及通鑑中有裨身心要務治平大道者內則深宮燕閒朝夕討論外則經筵進講敷對周詳從此設誠制行君德既定祈天永命必基於此有

詔嘉納踰四載

世祖皇帝益勵精求治右文稽古拔詞臣有學入品端方者充日講官先生與焉自是日侍講幄

世祖皇帝晝理萬幾夜勤誦讀時時與一二近臣論辨疑義先生問無不對對無不盡起居未及註外庭不及知惟

世祖皇帝及一二近臣知之嗚呼休哉先生之爲考官也

世祖皇帝以順天爲首善重地特簡先生主考以中允宋公副之固有忌者矣後復有蜚語觸

聖怒先生惟日夜懸孔子像對之滂泣自咎待死而已賴

聖主察知先生公忠無他罪狀與宋公俱從輕奪五級不踰年

特詔吏部復原官寵眷如故既遭鼎湖之變先生擗踊哭泣嘔血遂病病於京邸二年始得請歸舟中每念

先皇帝厚恩未報輒痛哭語子宜溥曰歲在龍蛇吾其已矣夫其病革於揚州也東自吳門冒氷雪疾趨侍湯藥先生患中滿腹堅脹如鼓見東至喜動顏色指以示東曰昔許魯齋

亦以是病死時有朱彥修且不能救況汝學問不及彥修乎氣喘急然猶教東窮理盡性之學曰當知此道最簡易勿過求之若難歿之日起就沐浴正衣冠視日影方中危坐而逝行李蕭然囊無十金之資會其爲司業時所賞識士陳祚昌守揚州爲治後事乃得歸其櫬然無家可歸乃僦居武昌謀葬事生平所著書自五大儒語要諸書外有居要錄一卷此先生初有得於道之言非定論也有門人盧傳者附以襍著刻爲書紬録十卷東與先生諸及門胡兆鳳輩以爲非先生志今其書已行矣兆鳳輩有切問録一卷多載先生論學之語未行世又先生手定詩二卷甲辰春手授東東以授先生

弟子孫光祀序之亦未行世大約先生之學其始入也從陽明致知之說直悟心原繼加以踐履篤實之功觀其論次五大儒以程朱薛文清與象山陽明並行不悖及二溪擇編之後附以陳白沙可以見公大畧矣其教門子弟也亦以程朱及陽明說因人天資所近而誘進之有從事禪學者以先生之學初亦從陽明入欲以異端虛無寂滅之學嘵嘵先生前者先生不答東直前叱之先生喜其人亦攘臂語東曰然則子何學東曰我生平愛讀小學而已先生頷之東嘗從容問曰今天下幸而前有朱夫子後有王陽明使心性之學昭然天下後世倘兩人不能先後生則誰爲天地必不可無者先

生悚然厲聲曰寧無王陽明不可無朱子東躍然起拜曰聞先生之言今日乃論定按先生姓梁世居江西撫州宋德祐間有號仁齋者辟地黃岡上伍里鄉曹公文廣家撫爲子遂爲曹氏始祖仁齋生世忠世忠生克斌爲總兵官克斌生昱昱生艮輔艮輔生儀儀封山東監察御史儀生珪中正德辛未進士官御史進太僕寺卿珪生雲龍太學生雲龍生美嘉靖甲子舉人是爲先生高祖美生士彥萬歷乙卯舉人四川定遠縣知縣士彥生之建號中甫以明經爲廣東四會縣知縣之建生大輔是爲先生考贈中憲大夫內國史院侍讀學士妣於氏贈恭人初娶李氏戶部郎中五美之女贈恭人繼娶晏氏吏部郎中清之女子一卿宜溥官監生李恭人出又撫同年漢陽譚公鳳禎遺腹子爲子鳳禎以己丑進士爲大理寺評事卒於京師生子之妾且改適先生曰不可使我友無後乃特置乳媼撫育之如已出都諫魏環極先生作古人交行以紀之先生卒譚氏子擗踊哭泣如喪父云

誌銘

唐

東川節度使檢校右僕射兼御史大夫贈司徒周公墓誌銘　杜牧

周平王次子烈封汝墳侯秦以汝墳爲汝南郡侯之孫因家

爲遂姓周氏自烈十八世至西漢周仁繼烈封侯其後逃西晉亂南去黃岡靈起仕梁爲桂州刺史生炅在陳爲車騎將軍炅生法明年十二朝命巴州刺史陳滅臣隋爲趙之眞定令隋亂歸黃岡起兵取蘄安沔黃武德中籍四州地請命授總管蘄安十六州軍事光祿大夫封國於道太宗命虞世南銘書墓碑相國爲六代孫曾祖憚汝州梁縣令祖沛左拾遺王考翅右驍衛兵曹參軍贈禮部侍郎公少孤奉養母夫人以孝聞舉進士登第始試秘書正字湖南團練巡官母夫人亡哭泣無時里人過公廬曰無驚周孝子後自留守府監察眞拜御史集賢殿學士李公宗閔以宰相鎮漢中辟公爲觀

中侍御史行軍司馬後一年復以殿中書職徵歸時太和末注訓用事夏六月始逐丞相宗閔立朋黨語鈎挂名人凡百日逐朝士三十三輩天下悼慴以目受意附宛者屢以公爲言注訓曰如去周殿中恐人益驚竟不敢意注訓取公爲起居舍人文宗復二史故事濡筆立石螭下丞相退必召語旁側窺帝每數十顧遷公員外郎帝曰周某不可不見宜兼前官數月以考功掌言事帝曰就試翰林公辭讓堅懇帝正色以手三麾之遂兼學士遷職方郎中中書舍人政事細大必被顧問公終身不言事故不傳武宗即位以疾辭出爲工部侍郎華州刺史八禁軍二十四内司居華下諸（集作者）籍沒等

百姓不敢妄出一詞李太尉德裕伺公纖失四年不得知愈治不可蓋抑遷公江西觀察使兼御史大夫公既得八州施展教令申明約束發虔守陳弁賍坐弁以法死吏手膠拳窮鄉遠井如公在旁縛出洞寇劉大朴徒數百人廝發根賑無有遺失彭蠡東口戍五百人上下千里無一賊跡遷禮部尚書鄭滑節度使老將某項領不如教約公鞭背降爲下卒聲北入魏皆曰周尚書文儒能治百姓仁愛兵士而復敢爾是豈可一犯九歲入拜兵部侍郎節度支兼戶部東曹事積邊糧穀九十萬石今天子即位二年五月以本官平章事後一月正位中書侍郎監修國史就加刑部尚書因河湟事議不

合旨以檢校刑部尚書出爲劍南東州節度使明日入謝面加檢校右僕射公自舉進士第非其人不交一言旁睨後進鐫心鏤志及爲將相近取遠挽悉置於位李太尉德裕會昌中以恩撰元和朝實錄四十篇益美其父吉甫爲相事公上言曰人君猶不改史人臣可改乎元和實錄皆當時多士自書事實今而不信信德裕後三十年自名父功衆所不知者而書之此若垂後誰信史竟廢新本并帥王宰劉所部財貨承事貴倖自請來朝聲言我取平章事鎮大梁公上言曰宰破太原取汴州不知天下治所凡幾得如太原汴之大者可飽宰欲乞宰還鎮自補其殘後二日還宰詔下駙馬都尉韋

讓求爲京兆尹公言曰尹坐堂上階下拜二赤縣令屬官將百人悉可笞辱非有德者京兆不可爲豈止取吏事讓議竟寢自此非道求進者亂遁自屏及鎮東蜀一歲欲歸闕洛陽徵得風恙曰我今去是以疾去疾愈去非晚大中五年歲在丁未二月十七日薨於位享年五十九詔至廢朝三日册贈司徒命諫議大夫盧懿弔恤其家公信於朋友公於爲官事親孝出告還面家事不敢自專同曾祖兄弟入門呵笞奴婢衣服飲食無二等免相位而去送公還者雖武將散秩嘆惜咨嗟曰周相公無私我惜其去豈有私乎夫人義興蔣氏先公某年終生二男一女長曰寬饒崇文校書次曰咸喜京兆

叅軍皆孝謹有文學女嫁兆居舍人薛蒙大中六年歲次壬申二月十二日歸葬先塋河南府河南縣穀陽鄉立行里銘曰姬之支封國自爲姓以周爲氏入唐不蠡烈後幾世厥生賢孫當唐中興爲唐相臣文思天子踌古爲治提起王道以公爲倚迶音剛蹊巢竅出者烏駃誰塞誰棘勞分碎指三屏大邦駿壯武事哺撫稚耋父母赤子曰將曰相公其愧幾指古爲比公其無愧以公遺唐而後公死不錫壽考誰其辨之

宋

乳母任氏墓誌銘　蘇軾

趙郡蘇軾子瞻之乳母任氏名採蓮蜀之眉山人父遂母李氏事先夫人三十有五年工巧勤儉至老不衰乳亡姊八娘

與軾養視軾之子邁迨過皆有恩勞從軾官於杭密徐湖謫於黃元豐三年八月壬寅卒於黃之臨臯亭享年七十有二十月壬午葬於黃之東阜黃岡之北銘曰生有以養之不必其子也死有以葬之不必其里也我祭其後與享之其魂氣無不之也

明

資德大夫正治上卿戶部尚書贈太子少保雲澤王公墓誌銘　李維楨本寧

萬歷壬辰六月十有八日戶部尚書王雲澤公卒所司以聞詔宗伯賜祭司空遣官賜葬太宰賜贈太子少保宗伯以歲杪奏請上輟朝一日蓋典策備物矣踰數年而其冢孫司徒郎執之以邱宗伯所爲狀並所請謚疏草屬余爲墓誌王氏於吾黃猶江東之烏衣也余奉廷對公以侍御史監試讀余策而稱之因是定交其後拜廷尉丞往還又二年睹記宦蹟甚稔狀與疏叙事質約非無美而稱者爲之誌曰公名廷瞻字稚表黃岡人也其先江西樂平人國初始祖省三移家黃岡以籍自占爲黃岡人數傳至仲斌生思旻工法家言同知泰州有惠政民戶祝至今旻生文奎奎生濟宏治壬戌進士爲吏部郎歷官四川參政祖父皆以公貴贈戶部侍郎濟

丈夫子五人長廷儒次廷陳次即公次廷揚次廷選吏部嘗語人曰吾五子皆可兒陳必以文章顯瞻必以功績著公少奇警好學博物多通爲文出入經史碧𦬊補郡諸生屢爲督學使所褒異嘉靖壬子舉於鄉己未登進士除淮安府理官理官從侍御史按獄率以刻覈立威繫於秋荼密於凝脂公獨持平例即上讞答不易入所原貸無數郡守爲應城李司空嚴重難事顧與公相懽廉平慈惠之聲流聞江淮間三年以高第徵郡人扶老攜幼數千人號泣攀留者竟日拜河南道御史按覈畿輔屯田勳戚中貴侵牟廋匿不可問公請杜濫乞莘妄冒穆宗在裕邸以閒田相易不許也諸豪斂手避

公奏新鄭與華亭搆朝衆不直新鄭公言新鄭宜退無滋多口以全大臣之體出按蜀蜀去京師遠多蠻夷道往往當事者寬嚴乖其用公治在鋤强植弱而於折獄尤慎所黜吏之不飭簠簋者若干人或救過不給投劾自免諸夷來王來享若世官無得稽故嚴恭肅爲中丞意在省費而髠髮數米不可爲與要公疏論之朝議兩存其說會新鄭以首揆領銓公遂謝病里居新鄭逐楊襄毅還爲太宰擢公大理寺丞少卿已擢太僕寺卿所居多聲績張恭懿爲太宰以公按蜀蜀人去後見思擢公僉都御史往撫之當用兵都蠻後歲比不登軍實物力耗詘矣至則循行郡邑問民疾苦緩徵薄賦民以

還定安集建昌松潘番蠻入寇諭之不受命濳師歷境寇莫知所措擒其渠魁正法諸廹脅黨與一切貰不問於是傀戾丟骨諸蠻二十八寨男女八千人來降刑牲埋奴誓不敢復犯吏願易其姓爲編戶受田牧事事上聞賜金幣增秩俸尋遷副都督撫南贛治一如蜀吏民謂之不煩尋移南大理卿已遷戶部左右侍郎督倉場倉場以邊費詘於故額强半公酌盈縮量入爲出而寶應湖通漕要地自高堰築淮水横流寶應爲壑不知際畔所齊限相傳多水怪西風起浪蹴天漕艘漂汎月無虛日議者欲於寶應石堤東更濬河避險未得堅決會朝議以公習淮事遷右都御史督河漕撫江北諸郡

遂條列上諸工作事宜度水脈緩急地勢高下人力難易濬河及爲石堤數十里土堤倍之爲石閘五以時啟閉而樹木護之至今萬艘往來不虞湖波惡商賈軍民指顧謳吟此王公堤也所費十七萬校初估省十五上嘉公功遷戶部尚書治事如故復賜金幣而以經營相度暑雨蒸濕所侵病矣移南京刑部用均勞逸公力求歸上慰留不聽凡四疏始報可里居七年撫按臣數薦公有古大臣風槪不宜投在林壑無何病卒距生正德辛巳九月二十八日年七十有二葬於還和鄉王家林初吏部公居父母喪廬墓三年公亦如是諸兄弟雖異母友愛無二儒以鄉舉爲南京都察院都事陳以會

魁高第選庶吉士學士家所稱夢澤先生者也其才傲睨一世出知裕州與上官相持罷揚遷俱太學生子孫由科目爲名士者相望獨公仕三朝位八座壽踰耆後人濟美象賢者方興未艾寔爲王氏無雙即黄文獻大國不可有二矣銘曰隆萬之間執政者専好人加膝愴人墜淵王公守中進不隱賢幷以辨義巽以行權亶無爲紱和無附羶股肱喉舌左右後先功德旁魄兩淮三川旣虔秉鉞亦更鼓鼙蠻夷率服諸吏受廛懷柔河伯金堤屹然鐘勒常紀廟祀不遷方鼎斯屬而車遠懸鴻毛可儀鳳德靡衰西陵大國表著蟬聯祿位名壽疇得其全振振子孫美彰盛傳裁此銘誌藏之墓埏金匱

石室史取徵焉

棠軒樊君墓誌銘　　王衡

余讀楚史而悲之廉吏而可爲耶孫叔敖爲楚相其子至窮困而負薪嗚呼令樊侯死矣十年縣令至貧不能辦襚衣而又兼無負薪之子天道其如何哉君歿之十月而其季弟文學玉衡以君狀來累萬餘言然無溢詞無何崑山諸生張大復者又以所私紀樊侯治行乞附益焉噫嘻樊侯卽老壽有子徵文考獻能有加於是否耶按狀君諱玉衡號棠軒楚之黄岡人父爲吏隱公煒有淳德以貢爲南陵教諭配李太孺人生侍御君玉衡早卒繼易太孺人卽君母也生君及君弟

文學玉衡玉衡玉衡君生而恬淡寡欲神識湛如口未嘗言財利事旣長娶婦盡斥奩資市書以甲午年舉於鄉乙未成進士時少宰劉公知君爲君館選地君故避不就試人以問君君曰吾不能追飛逐走與人爭熱官吾自有官也選爲商城令初下車日蹲蹲視簿書執筆不輕下商人曰吾令長者未踰月察知民俗肯綮斧斷裂然始大驚以爲神明商每徵賦保歉與吏背比而爲奸所使卒費幾半公賦君召其民與之約日而課能不保歉而辦乎民懽應曰辦已果先期完遂罷保歉先是縣拘囚例用馬快馬快承縣令檄踴而入民家酷穽奪之家立破君爲令首革馬快聽訟者自相拘於是民畏一日輻集縣衙訟速畢矣而君又爲息訟歌悟因歌使人唱木鐸警動之間於百十訟紙中下一二紙終付外議息不罰一錢民感悔甚而君又以次案誅豪黠民之爲訟府把持令短長與令市者邱壽春等若而人於是羣奸脅息而俗用和縣令卯而衙食頃而休益無所事事間一巡行阡陌課民農桑歸則焚香讀書而已君笑謂弟文學曰吾嘗謂仕不如隱第如此者蝗避其境雨止於陌官府若無吏亭落若無民不謫妻孥不羞父母者仕可矣無何而開採之使至時中使至郡縣郡縣輒裒金錢盛歌舞以容與其意伏謁庭下惟謹而君則先移書中使極言商旱荒無鑛狀欲以逆止其來業

不可止則嗚騶列仗謁中使輿人升堂中使氣爲奪遂錯愕成賓主禮而去明日款中使酒酣中使執君手曰好手君正色曰手幸不捉錢耳中使默不應徐曰人生幾何君何自苦乃爾君慷慨泣數行下曰令與公皆飲食百姓百姓不苦而令苦乎公愼無苦百姓中使謝曰不敢歸而與其黨相戒然索賄如故也君一切禁勿與中使令人採鑛君則導之險道斗絕不可登鑛竟無有又廼而之金剛臺銀山兩山者夙稱鑛地君爲禱於山神採兩月亦無有中使乃馳去君僅以兩扇贈行李而已中使怏怏欲中傷君而君先挾其所稼檄中有歸過主上語欲草疏上聞中使懼而輟謀君以其手疏毀

之使無生心而復以書致稅使錦衣楊君捶殺市魁數十人商乃鑛而不害云隨奉旨調崑山人咸謂商簡崑煩不可以治商之治治也君曰惟煩也故當臨之以簡其所勸農息訟約供費絕餽遺一如在商時吏胥膠拳不得伸往往謝去治前酒家厮舍至有徙業者是秋雨傷稼公率二三胥役雋小艇勘視墟村破椽與饑民椎剉噉菜粥父老為之流涕時縣官方急積逋停邑長俸以徵逋完日始開崑逋至二十萬君曰我奈何以數月俸而易萬口詛乎止不徵民亦輸負惟恐後吳諸生間與公府事督學為設門禁簿籍記之君曰父母有過此皆吾諍子弟何禁為第易其名曰求澹臺生簿而挾

私來干者皆廢然反矣崑當編審賦四十萬隱覆萬狀前令君號精敏居別院鈎校一月許始完君獨以三日完不爽毫髮文學驚問其術君曰我何術我第於平居訟牒中默識某飛若干詭若干某田浮役某役浮田若干而十得二三矣隨證以徵逋之籍而十得五六矣又出而詢之薦紳卒而問之吏胥而十得七八矣我何術蓋君之精心為民類如此庚子冬入覲抱襆被行無一錢通長安貴人然銓部卒以君為卓異首推君兵部武選主事旨不下即馳歸覲封公與太孺人旋復之崑甫入境騶卒之迎者屬於道酒帘颭颭公合旁獄案之積於几者紙且三尺矣公曰若以樊侯為不復來耶夫

樊侯則猶故侯也於是盡汰冗吏理滯獄而崑復大治時郡民以稅事不均譟織造中使門郡縣欲相率往謝君曰崑山令無罪何謝且吾向者商城不庭謁固不可郡縣以君不可遂皆罷謝君居崑前後六年所銓部復推君吏部文選司命甫下而吏隱公病耗至君乞歸省上官及邑之人士競留君君度不可卒解以印綬付學博士五鼓馳歸侍吏隱公疾衣不解裢者數月遂患脅痛不能食尚時時彊櫛沐以寬太孺人然竟不起矣嗚呼以君兩地民譽赫赫如此詛有損也頌當有福重以當事者或推或挽不為不知君而迄不能為君增半級之俸延數年之命豈非天哉君樂易好善多長者游

然不輕納交初於漢陽師張飩山先生已心嚴沈介菴先生而不稱師成進士後始稱之曰吾以愧天下之未覿面而名弟子者生平不再宿於寢與諸弟自相師友當吏隱公析產時其取田六十畝曰吾為官不能潤諸弟吾不忍取盈也自為諸生以至宦成服用無兼副有乞者輒推與之常膳乾蔬荳羹甚泰則加兩瀹卵而已當在崑時與余父子雅相慕善家宮保常撫君背而嘆曰崑民肥矣奈君瘠何已而君竟以瘠死蓋君幼時慨然慕海忠介之為人卒其所為居官持已大略近之然海公獨立行一意時小有所左右而君於大家小民之訟一視法為之劑其所平停控解甚多用意常依忠

厚人以是多君於海公君公餘時常銓次古今人物爲智品凡若干卷大都以洗幾寄運功表濟時者爲上意所位置甚高人第知君廉其不能盡君者未有量也悲夫君無子以弟玉衢之子維孝爲嗣女一適漢陽李若愚次子應樆葬還和鄉桐梓岡君殁未幾而地方諸臺檄君入名宦崑之民德君不已復専祠君於崑山之嶺嗚呼神所憑依將在民矣則百世而下君之所憑依可知矣銘曰清且平乃以爲水之衡冽而食乃以爲泉之德雖瘝乃身實惠我國惜哉樊侯以廉爲隅而止於隅然於風世有餘矣

明

郭善甫先生里表　耿定向

畝南十里許有一坡郭公名慶字善甫中正德丁卯鄉魁仕爲山東清平令蓋敦悃篤行人也爲舉人時從文成王先生游最久文成念其篤實常延爲館師其所提訓者甚悉具録文成集中比歸則以其聞諸文成者接引里中後生因而興起者甚夥不具述里有郡庠彦吳君名艮吉字仲修者故篤孝人也性資視善甫尤英敏感母訓師事善甫因鬻産爲贄附善甫舟中徃越謁文成行將抵越善甫一夕大憤忤中夜呼仲修曰夜來自省胞中尚有俗念如許如此夾襍心安能領受先生教耶捫心痛自刻責不已徐質仲修曰子時自省如何吳仲修對曰此來一志惟求王先生教更何俗念善甫訶曰汝胞中猶蟊賊窩巢多少藏匿在未細自省察便謾謂無仲修曰但此志一真便襍念自消何須防檢至此善甫曰不然必搜滌諸襍念盡淨廓清後此迺有樹也舟中昕夕爭論未決既至越謁文成已各就館文成時深居簡出出應四方來學者就質有常期一日値文成出應來學期善甫趣吳以前論辨語徃質正文成時燕居樓上餟饘聆仲修語已不答第目攝而指示之曰子視此盂中下便能載此饘此案下便能載此盂此樓下便能載此案地又下便能載此樓人貴能下下乃大語已便目攝仲修者再竟不理前問語仲修退

就舍善甫問先生時何語仲修咽哽不能應第潸然涕數行下也善甫後以脩廉著其孫名易知中萬歷已卯鄉試仕爲四川中江令有治聲膺召補工部主屯田事盖世濟清白云仲修年八十力學不倦屢空終身晏如也有栗里柴桑之風皆無愧師門云天臺病叟曰文成之鑪錘人也不在言論辨析郎精神盼睞閒其陶鑄多矣雖然郎郭吳之舟中省憤若此彼志學初已自得師矣豈漫然係籍者倫哉前輩之發志爲學也大都若此吾儕志學者視之可省矣

國朝

驍騎將軍桂石王公墓表　于成龍清端
公諱宗臣號桂石南陽淅川人生有異徵偉骨相膂力絕人
喜韜畧射獵禹山淯水間以雄桀自命弱冠遊荆益
國初時滇黔未入版圖公卽審順逆仗策來歸
世祖章皇帝嘉之命從事郢鄂今
上龍飛之五年滇蜀平江漢底定
上念豫楚隘要惟西陵弋陽爲重鎭晉公都督僉事駐劄黃
州公至則簡練將士蒐乘補卒於戟門右隙地闢射圃超距
翹關角力較藝立廟祀馬神春秋取駒閑廐蒭庶暇則角巾
從容挪蔭中指顧形勝用兵之地以示將佐公紀律旣嚴什

伍無舛彍弦之士襏襫耰耡懽然聚處樵牧近於梐枑雞犬
放於營壘其威重慈惠如此性藹厚愛敬士大夫士之賢而
貧者民之孤寡篤癃者歲時賙給以爲常而其自處則甚約
或饋美酒十數罌悉以頒之麾下雖古投醪挾纊何多遜焉
康熙七年有鄰鎭叛卒匿大崎山中掠牢四出公命偏師馳
往擒其渠魁九人送大府餘黨遂鳥獸散歲大饑首倡捐賑
存活數萬人
上聞加一級十二年癸丑冬滇黔變起倉卒公不震不難惟
中國威明號令備戰守明年正月三日大司馬撫軍張公檄
守武昌公星夜率兵往元夜有警公謹斥堠息燈火停漏鼓
分哨九門而自擐甲坐譙樓上夜半領數十騎周巡雉堞竟
夕惟飲湯一盞而已賊寢謀不敢發是時大司馬出奇制勝
視公如左右手五月麻城東山賊起公請於大司馬率師東
下値守憲徐公疾趨至麻城相與贊畫悉中機宜且勦且撫
不旬日東山平冬十月江右賊出鄱陽陷湖口數縣進逼楚
境蘄州大震公奉大司馬命急駐蘄與下雉一軍爲犄角時
精甲盡在武昌而公所部多新募糧餉匱軍容未振余力圖
芻糗並贈火槍百口公立赴蘄蘄民稍安公委羅田守備黑
子駐黃梅清江鎭會禁軍樓櫓西上夾攻賊賊走扠湖口星
子諸縣自蘄以上金湯安堵事聞

上大嘉歎數賜紀錄而公以勞瘁病遂卒和門星隕櫪馬夜
驚嗚呼痛哉時康熙十四年二月二十二也大司馬思公功
特疏請䘏曰方茲多事之時該將勤勞頗著與尋常病故者
不同今王宗臣幼子伶仃窮途旅櫬情實可愍應否比照彝
陵鎭標馬之迅病故之例恩賜存䘏少慰忠魂激勸勞臣俾
服
皇恩靡盡疏上
天子惻然改容奉
俞旨賜祭葬先是康熙六年
覃恩誥封驍騎將軍元配劉氏封夫人並封三代考妣如其

官廕一子入監讀書公子名麟紱公卒麟紱甫六歲居喪成禮今且十齡舉止如成人穎異能文黄之人旣德公不忍其裔之歸豫也相與留公匱而公素與里中王氏篤兄弟誼有年麟紱將長爲黄岡人康熙十七年戊午十月二十九日卜葬公於縣東還和鄉楊坂之原旣建塋兆旣擀黄腸畏壘桐鄉永思無疆嗚呼哀哉麟紱聘現任武昌府城守都督僉事李公諱兆挺女女二俱幼未字公之葬也旣礱石鐫誌納壙中而黄之紳士以余知公最深屬以墓表摭實直書用告來禩覽斯文者有所攷述庶以裨國史焉

鄭肯崖先生墓表

金德嘉

黄岡鄭肯崖先生諱先慶字亦懷晚節自稱曰臨皋漁人子昱以唐縣知縣逢

覃恩勅封文林郎先生封如其子官初昱仕閩之建陽丁母憂歸服闋補唐縣地瘠而衝雖迎養循齋辛苦儉素乃踰家食會課最超遷行且有日先生南旋里居居亡何寢疾卒昱敭歷諫垣久之出爲江西藩參書來以墓表屬草先生詳具誌銘顧表其大畧先生於明季受知督學無錫高公補武昌府學生會流寇躪楚辟地白下讀書雞鳴山寺已逢世變則棄諸生家言肆力於史往來河南北豫章三吳七閩間交遊多賢者耳目濡染學與歲月俱深清端于公之總制江南江西也先生客幕府大綱小紀裨益民生風俗而口不言勞績端卒官侍側無子弟親戚先生經理其後事歸其喪游轍所至友教士大夫往往至通顯如秦淮趙天馥雲間張昺三山林溥田國求同里劉同向龔鼎鎡鄭文甫瓚官五鄉經所指授蔚爲聞人以是拮据鉛槧不遑内顧家事昱作吏諄諄誠以清白又遭逢蹇滯俸入不能具瀡瀡當康熙壬寅癸卯大旱大祲罄所有以濟人乃至家無儋石之儲泊如也天性孝友幼居父喪戚如成人束髮喪母瀕於毁痛伯兄卒於亂世且無後爲改葬而續其嗣女兄貧而老善病也歲時問遺絡繹於路從子嗣文佑文教育如已子按鄭故姬姓明初由江

西徙居黄岡之團風鎮者曰興五世曰宏族寖大曾祖諱廷鳳祖諱文輔父諱復禮皆庠生妣徐孺人生三男子伯之俊次即先生弟之儒早卒先生元配袁黄岡百歲翁文衡女繼娶凌文學大則女賢而有才筦家政壹稟内則黄人以爲肯崖生平得凌孺人之助爲多也男子三人長昱康熙丙午舉人庚戌進士累官江西布政使司參議

杜茶村先生墓表

方苞 望溪

先生姓杜氏諱濬字于皇號茶村湖廣黄岡人明季爲諸生避流賊張獻忠之亂流轉至金陵遂久客焉少倜儻常欲赫然著奇節旣不得有所試遂一意於詩以此聞天下然雅不

欲以詩人自名也於並世人獨重宣城沈眉生吳中徐昭發自愧不如其在金陵與先君子善客維揚則主蔣前民金陵爲四方冠蓋往來之衝諸公貴人求詩名者湊至先生謝不與通惟故舊或守土吏廻欲見徒步到門亦偶接焉門内爲竹閣先生午睡或治事則外鍵之閣外設坐約客至視鍵閉則坐而待不得叩閣雖大府至亦然及功令有排門之役有司注籍優免先生曰是吾所服也躬雜廝輿夜巡綽衆莫能止先生居北山去先君子居五里而近以詩相得旦晚過從非甚雨疾風無間先君子構特室從横不及尋丈置床衽几硯先生至則嘯咏其中苞與兄百川奉壺觴常提攜問以問

學先生偶致雞豚魚菽必召先君子率苞兄弟往會食其接如家人丙寅春先生年七十有七攜襆被叩門語先君子曰吾老矣將一視前民歸而窟室蔣山之陽死即葬焉是日渡江數月竟死維揚喪歸寄長干僧舍一二故人謀卜兆子世濟曰吾有親而以葬事辱二三君子是謂我非人也無何世濟亦卒先生故三子一子幼迷失一爲僧遠方衆莫敢主又數年長沙陳公滄洲來守金陵謂先生其鄉人之能立名義者哀其志爲買小邱蔣山北梅花村召先生從孫揚文及故人會葬先君子執紼視窆時苞客燕南歸而命之曰先生吾所尊事汝兄弟親炙可無誌乎苞重其事將俟學之有成而措意焉自先君子歿患難流離今衰且老矣自恨學之無成猶昔而舊鄉限隔恐終墮先人之命乃姑述其大畧使人往碣於墓之阡先生詩世所傳不及十一平生著述手定凡四十七册世濟歿勢家購得之弗善仍歸其從孫某先生生於明萬歷辛亥年正月十六日卒於康熙丁卯年六月某日葬以康熙丙戌年二月十六日銘曰

死而不亡光於世嗣逢長

杜蒼畧先生墓表

方苞

先生姓杜氏諱岕字蒼畧號些山湖廣黃岡人明季爲諸生與兄濬避亂居金陵即世所稱茶村先生也二先生行身畧

同而趣各異茶村先生峻廉隅孤特自遂遇名貴人必以氣折之於衆人未嘗接語言用此叢忌嫉然名在天下詩每出遠近爭傳誦之先生則退然一同於衆人所著詩歌古文雖子弟弗示也方壯喪妻遂不復娶所居室漏且穿木榻敝帷數十年未嘗易室中終歲不掃除有子教授里巷間窶甚每日中不得食男女啼號客至無水漿意色間無幾微不自適者間過戚友坐有盛衣冠者即默默然去之行於途嘗避人不中道與人語雖兒童廝輿惟恐有傷也初余大父與先生善先君子嗣從遊苞與兄百川亦獲侍焉先生中歲道仆遂跛而好遊非雨雪常獨行徘徊墟莽間先君子暨苞兄弟暇

則追隨壽花蒔玩景光藉草而坐相視而嘻沖然若有以自得而忘身世之有係牽也辛未壬申間苞兄弟客遊燕齊先生悄然不怡每語先君子曰吾思二子亦爲君惜之先生生於明萬歷丁巳四月初九日卒於康熙癸酉七月十九日年七十有七後茶村先生凡七年而得年同所著些山集藏於家其子琰以某年月日卜葬某鄉某原來徵辭銘曰

蔽其光中不息也虛而委蛇與時適也古之人與此其的也

跋

宋

書韓魏公黃州詩後　蘇軾

黃州山水清遠土風厚善其民寡求而不爭其士靜而文樸而不陋雖閭巷小民知尊愛賢者曰吾州雖遠小然王元之韓魏公嘗辱居焉以誇於四方之人元之自黃遷蘄州沒於蘄然世之稱元之者必曰黃州而黃人亦曰吾元之也魏公去黃四十餘年而思之不忘至以爲詩夫賢人君子天之所以遺斯民天下之所共有而黃人獨私以爲寵豈其尊德樂道獨異於他邦也與抑二公與此州之人有宿昔之契不可知也元之爲郡守有德於民民懷之不忘也固宜魏公以家艱從其兄琚耳民何自知之詩云有斐君子如金如錫如圭如璧金錫圭璧之所在瓦石草木被其光澤矣何必施於用奉議郎孫賁公素黃人也而客於公公知之深蓋所謂教授書記者也而軾亦公之門人謫居於黃五年治東坡築雪堂蓋將老焉則亦黃人也於是相與摹公之詩而刻之石以爲黃人無窮之思而吾二人者亦庶幾託此以不忘乎元豐七年十月二十六日汝州團練副使蘇軾記

明

書陶象庭將軍崇禎癸未寧前殉難傳後　杜濬

昔者吾鄉大司馬芝岡先生社稷臣也其論邊事諸疏一一如燭照數計無有不應而余獨怪其於杜大將軍松頗有違

言夫先生雖性剛然非誣人者意者過在將軍乎及戊午之役將軍與劉大將軍綎同日授命忠節凜然然後知芝岡先生未免責備賢者太過也蓋節莫難於死故岳少保有武臣不愛死之論必能不愛死矣無論克敵之功國家之福即不幸而如武穆之死於權奸必不至於失身劉杜之死於封疆必不至於負國後來杏山之敗慘於長平之坑者由主帥不能死而坐甲以降生靈之元氣士大夫之廉節一時盡矣彼其人視劉杜何如哉若吾里陶象庭將軍之死寧前劉杜之亞也其設心斂塊所由與岳少保亦不異矣易名忠義太常得之余讀將軍傳而重悲其死也爰書其後而系以詩曰杏

山師潰國無門憤切戎衣點淚痕自是挺戈無反顧羞同坐甲有成言黃沙塞冷靈旗遠青史名高廟貌尊七尺豐碑誰敢作揮毫吾欲表忠魂

題杜蒼畧自評詩文後　無名氏

不見蒼畧於今五年遇阨而氣益昌家貧而學益富才老心易趾高視下宜其所著撰宏肆奡兀富有日新一至於此也蒼畧不以余爲老耄過而問道於瞽請爲疏瀹其脉理而抉擿其指要則余固不能也豈惟余哉雖古之人亦有所不能夫詩文之道萌拆於人心蟄起於世運而茁長於學問三者相值如燈之有炷有油有火而僟發焉今將欲剔其炷撥其

油吹其火而推尋其何者爲光豈理也哉方其標舉興會經營將迎新吾故吾剥換於行間心神識神湧現於句裏如蜕斯易如蛾斯術心了矣而口或茫然手了矣而心猶介爾於此之時而欲鏤塵畫影尋行而數墨非愚則誣也栁子之讀毛頴傳也曰譬如追龍蛇搏虎豹欲與之角而力有不暇蒼畧之詩文赴壑之龍蛇也當道之虎豹也顧欲爲之詆訶利病掎摭失得蹈龍蛇之頭而履虎豹之尾此則栁子之所不暇而余能暇之乎少陵之詩曰文章千古事得失寸心知蒼畧之於詩文既已自爲評定則所謂千古寸心者蒼畧盖自辨之矣若其靈心濬發神者告之忽然而睡渙然而興蒼畧固不能自知也而余顧能知之也耶

國朝

古隷韻宗跋　李賡明

六書旨歸世不講久矣音韻之於騷壇如車在軌隱侯所定近世雖知遵循而弗探本源陳倉石鼓芝英薤葉遺音既泯因而宮商清濁平仄切反鮮能攷訂經生家輒引讀書當觀大義不求甚解之說自文其陋至昌黎先須識字一語則相與充耳寘之松巖是編彙許沈二氏之學佐以爾雅方言諸逸典訓詁簡備分署部居酌古準今燦若星掌實欲釐末師之舛譌追聲律之正始豈惟詞賦津梁抑經史功臣也松巖

三楚異才淵源有自太翁雲庵先生海内宗工文章事業爲世羽儀以故綺歲得讀賜書無秘不窺無疑不晰天下名山大川與士大夫之賢豪間者遊攬幾徧胸中浩浩落落靡所不有茲特其全豹一班耳獨是宰割巖邑理繁御紛當簿書旁午時迺能迎刃而解彈琴著書父子友朋優游討論其情深於古盖有不可一世者焉觀其自叙猶謙讓未遑以爲是象數而非理學夫大易乃經天緯地四聖人手定之書究其所始起於一畫神而明之存乎其人安在象數之無關理學哉予恐世之讀是編者徒以子雲之奇茂先之博相比擬也於是乎言

陳雨山太史玉照亭詩集書後　萬年茂

昔范文正公負偉望仁宗朝東坡先生年總角誦曾人石守道詩識其名後序文正集以數十年敬愛公不一識公爲生平憾欲挂名其文字中自託於門下士之末吾雨山先生歸卧碧山四十年士林仰之一時德望盍不减文正茂於坡公覊非其倫顧茂少時先生索制義評閱之獎借再三謂十年當文章名世先生期茂太過然爾時早知茂茂年少未能趨杖履然心知敬愛先生有與坡公一揆者茂距先生里纔一舍葭莩累世茂大父於先生伯季悉同年友先生與大父齊年交密詩文投贈無間此又范蘇二公之所無而茂與先生

之所有者其敬受當更何如耶先生捐賓客後十年茂厠名館中館中耆彦猶人人稱先生如韓富歐陽稱文正時先生秋蓬集秋詩集雲集詩盈出讀之淵奔渾古如神遊清虛之表莫知其所窮際假如先生在時茂得通門墻心授口講規之法度其所至詎如是於先生厚望詎必無副而茂又非時地遠不相知先生者鳴乎其戚也已先生嗣君道翁世丈文采風流彬彬世其家學客秋哀全集屬擔人王先生序之合王集爲黄岡二家詩於是又幸先生之有傳子而茂得私緒論於家庭纂述之餘一如坡公之交堯夫兄弟者其亦足慰也已先生之詩生平曲折所以信今而傳後者有王公序在惟是茂蒙先生之知十餘年未能一窺作者堂奥以自名於時而疇昔私願敬愛先生而不獲識先生其情緒有不可以無言者乃感而書之於後

引

問津處募修橋引　李瑞徵

去縣治九十里有孔子河可一衣帶水土人褰裳濟謂即子路問津處按孔子適楚於傳有之故老相稱當必有據此地鄰近有桀溺衝及回車坡庶幾是也廟不甚治猶奉孔子遺像舊有橋利涉今圮矣余過其處以問守僧稱無善檀越資助者嗟乎釋氏之教福田利益舉婦人孺子爭趨之孔子之

教仁義道德即儒者亦掉臂不顧亦何其不思之甚也蒙莊氏之哂儒者曰生不布施死何含珠斯言雖戲頗婉而刺今吾即無論此一瓣香爲聖賢遺跡但於迷津野渡廣作善緣乃是見前無量功德吾知從此一切知識捐金拾璧或無俟吾言之畢矣僧今第往其以吾言先之

還和鄉大同會引　穆天顏

居同里者有同福同恤之誼故云洽比其鄰又云倜儻救之古道也予自城毁巢焚寓居還和之巴溪與知巳聚談惟以古人相勗勉適友人諸生馬季白謂予曰人不獨親也故老有所終是謂大同今偕同志廿餘人爰立大同會焉因屬予

爲文文則予之所甚諱者情則予之所甚篤者言乎情焉用文之夫翁與母一人之親也翁若翁母若母附乎猶子之愛也嗣後親旬壽子不與聞於衆者有罰衆不恭爲祝者亦有罰耄耋期頤衔觴足樂也其或河清難俟而懼心生計一人惟一親而溘然先逝者各斂布若干銀若干以爲賻臨期不如數者罰加重焉宦安之謀易舉矣用是爲諸君約將有異乎無異也諸君曰唯唯遵厥約噫嘻大道既隱貨力爲己江河其日下乎蕞爾地則古昔弗待勸而親弗待懲而肅不矜名不私利以樂趨於善斯世何幸而有斯鄉也斯鄉何幸而有斯人也予將適觀斯人共成斯事也亦予之幸也夫亦予

之幸也夫

國朝

和續咏蘭花詩引　劉醇驥

余友李鄴仙有大志遭時不得騁焚其筆硯去爲醫鏤心神農本草黃帝素問靈樞或者寄皇農虞夏之思乎其技日進於道學乃益精儒生素奉祭酒後輩執經請業席亦未嘗煖然其爲醫自喜賣藥市中諸時貴直以醫名之愈喜即刀圭切脈炮製視春備門卒牧豕傖牛差逸愉且無佚陽狂握蔬負石詭激動人爲也不辱其身可謂孝矣乃忽念其尊人不言先生著作棄兵火僅記咏蘭二遺句續爲數篇如見先人焉夫父没而不能讀父之書口澤存焉爾善讀父書豈在多哉承考貴得其意矣蘭之幽姿靜氣避囂塵而侶百草古人樹之佩之浴之其亦有取乎意讀父書而他無沿襲惟蘭是託以詠歌焉夫其世學濟美者在聲華妖麗外艮弓之子直弓耳奚必爲箕耶益信鄴仙立身有自來也於時同人感鄴仙之意相與和其詩而余爲序之

賑饑募引　于成龍

民爲邦本故周官制貢必通以三十年食乃民天故周官救荒則經以十二政蓋天災之流行時有而人事之補救宜然今奉督撫司道俱有賑濟之惠顧我紳衿士庶寧無樂輸之

人余禱悯桑林憂深雲漢重念兹土罹此疾威自夏徂秋既彌月而不雨爲耕爲穫遂百畝之如焚隔宿無糧十室恒有其九半菽不飽四民奚止於三余夜省而晝思念嗷鴻之無策恒傷心而慘目懼巧婦之難炊欲爲議代議更既無緒之可議思爲移民移粟實無地之可移故效持鉢之小伎暫爲燃眉之急圖共丐洪慈大施惻隱幾石幾斗幾升可救一時之婦哭兒啼或銀或米或錢立睒片刻之饑魂餓鬼無忘匕級崙賴一忱

募修安國寺引　來鳴謙

安國寺在郡城東南二里而近東坡志林及詩集中咎屢及

之其偏爲韓魏公讀書處院曰雎陽亭曰春草軒曰竹嘯曲欄幽榭與紺宇琳宮相輝映雖古宿之精廬亦先賢之别業也丁丑秋余奉檄來攝黄篆暨事畢將返寺僧借郡之紳士耆老以重修募引爲請余自爲平生固身筦官而心行脚者也筮仕三十年苑褒仍居湫隘即抵黄以來日辦豫賑廨宇悉爲碾簸場寢興一室上雨旁風猶不暇計顧暇爲寺僧計哉雖然安國寺而非魏公所嘗遊憩也者則可以無言安國寺而爲魏公所嘗遊憩也者則惡可以無言葢存則俱存廢則俱廢及今不圖他日必有求魏公遺搆於荒墟斷塹中而以俗吏目守土者矣余則何廿攷寺創始有唐其址基係郡

人張大用所施如布金故事黄人非好佛者歟然觀赤壁雪堂諸勝棟宇一新黄人又豈徒好佛者歟夫黄人既愛東坡其於東坡素所嚴憚之魏公當更何如然則以愛魏公故而鼎新茲寺黄人無待余言余獨喜夫時和歲稔一若冥冥中豫有以黙相之也爰泚筆而引其端

募修白石書院引　彭士商

黄岡還和鄉有白虎寺寺有佛像有住持僧葢自佛入中國到今俗之漸民久矣夫釋氏生長西域去中國大聖人遠目不睹温良恭儉讓之容耳不聞仁義禮智君臣父子夫婦昆弟朋友之教故迷溺於歧途而不知而中國之人亦或從而信之至變其服棄其家滅其天親而不顧是可哀也是可懼也寺僧趦吾　夫子像作聽彼講經狀特欲借　夫子爲重以蠱惑愚民邀布施利耳而其無忌憚則甚矣且使觀者謂夫子大聖尚傾心嚮佛吾儕鈍根敢有貳志如是幾何不令天下盡化爲異類哉余門人進士程生後濂上舍方生可發家近於寺見之髮指爰議募諸紳士捐金錢别建書院於鄉移妥　聖像於院異時所塑聽講狀則令匠氏改飾德儀請於學憲蔣公可之而屬士商一言以爲捐者勸士商老未聞道所言何足迴瀾然忝備員學校不言滋戾是用亟呼叩須我友顧或以仍前塑像爲疑竊考明太祖甫定天下命天下

崇祀孔子於學不許雜祀釋老宫後張孚敬因議易　聖像以木主葢愼之至也而徐存齋則曰苟像有傳流何必輒廢欽惟我

世宗憲皇帝重新闕里廟　聖像所執玉皆頒自大内固不與凡學宫一例議撤先儒龍麟洲倡道邑之西鄉是有問津書院院中亦以像祀士商嘗往拜謁望之儼然即之也温恍如親侍杏壇焉則象設亦未爲無助茲二生之爲是舉也遠溯前代舊制祇承

國家曠典而於存齋之所言麟洲之遺蹟亦復脗合不憚勞勩諄復勸捐其衛　聖教也意良深矣凡讀　夫子之書者

雖居位有尊卑行道有顯晦而紬繹乎仁義禮智君臣父子夫婦昆弟朋友之教因以思温良恭儉讓之容大遠於釋氏之踟跌而摩頂相率捐金錢以勸厥成是心理之所同然而邪慝之所由熄也其又奚吝士商且竚侯廟宇告成藉得瓣香親謁如問津書院故事以志嚮往焉

重修東嶽廟引　萬年茂

邑西有鎮曰倉埠埠北境界豫居民遠前明以額征輸糧不便即其地置倉貯焉後分黄安治山邑例改折倉廢而鎮如故鎮舊有東嶽廟相傳始十數家歲時伏臘闢一壘之隅爲廟祀祈禳以答靈貺亦古鄉社遺意也我

朝承平百餘年來湛恩汪濊委巷窮壤物阜民殷埠爲南北衢卅車米鹽絡繹無虛日踵相接肩相摩也鎮稱雄而廟貌卑增日闢以備顧基衍濱湖間嚙於水旋嚙亦旋葺洎今夏湖漲水倍前廟圮特甚榱棟甓石埽署蕩重葺之艱幾無殊鼎造者夫事可與樂成難與圖始傳曰先成民而後致力於神玆之因猶創也而旁近田廬淪波臣者什七八力懼不支乃鎮人士踴躍爭先冢諾而戶捐之皇皇焉適往如巳事然者志先定也夫衆志成城軀仁踵武寨義率俾以其力佽而襄之不日之成有立而竢耳抑東方物從受生漢五帝祀首靈威仰常出乎震也封禪之登封泰山則嶽配帝者也後人祖之祀事孔明罔間海寓蓋盛德在木仁爲木德而水嚮用曰壽先之　嶽帝之佑民綦赫矣繼自今鎮人士以時報賽餘聚姻黨餕膏飲福繼好言歡而余以耄朽亦從鎮英耆後洛社巳事攬湖山之勝迓庥受釐爲國家仁壽無疆之祝也不其厚幸也與

勸諭捐輸疏復水道南塔引　吴之勷

形家之說近於術地理之訓本乎經岡屬附郭據崎山舉水之雄扼夏隩龍邱之勝前代每臻殷富

國初兼盛科名固氣運之鼎新實形勝所漸致乃自康熙而後士鮮大魁民無巨富凡登仕版終少錦衣之歸稍有田廬

旋非素封之舊家道則起落立見子弟亦淑慝並生種種不宜合邑共悉所以然者三臺北下之龍楓香掘而中斷一字西流之水織染建而南飛赤壁磯重湖宛轉不順其流青雲塔七級巍峨未存其半風水巳多遷變富貴焉能爲常夫察地之理若準人之情身體以血脈爲精神郡邑即以山川爲血脈血脈之氣弗貫未有身體不受其傷者山川之氣弗通未有郡邑不蒙其害者邑之咎休顯而易見本府自下車巡視不勝瞿然比聞李少宰曾議修復於前汪舊令因而勸輸於後其時城鄉善士捐金有差舉而未竟巳十數年兹者歲豐人和邑之士民有志斯役矢公矢慎實事實心相度悉出

於官經理不由乎吏誠合邑快心之務得以復元氣而去沈痾者也惟事煩費重難於週知其仰賴於捐輸者雖少之不遺實多之爲美非數千金必數百金最少需數十金庶有志之竟成亦衆擎乃易舉首事顓請剴切勸輸本府守土於斯亦與有責除城南隍渠楓香龍脈現就存金督率興作外所有疏復東北水道修建橋梁以及增補南塔層數所需銀兩既多且急爰舉巔末敬告邑人首領莫存畏事之心衆人勉効急公之義趁此農隙重解囊金彼此勸成踴躍竣事出有餘之力奏無量之功卑者崇焉闕者通焉使岡屬山水磅礴蜿蜒灣環瀠繞雖銀盃盞注富若季倫玉帶金魚貴如叔則

其稱於形家者原不可信而以質之山澤通氣之説陰陽流泉之觀其必有裨益當時利及後嗣者氣脈聚而衣食豐山川靈而人材出安見不超軼於前而永振自今也本府亦惟幸屬鳩成從而考核之獎勵之立案勒石與郡人士相附於不朽爾已此引

勸輸修建義學引　　李錦源 蓉艭

士不可無讀書之才而尤不可無讀書之福才與福固皆命於天者也然人有得而勉爲者則造福以成才其諸書院義學之建乎黃州山水清遠尊道樂義今不替於古惟附郭濱江新河未疏不利商舶地苦貧而士尤甚河東書院人士蔚興所造就者成材耳至經蒙子弟生質雖美力難延師就傅頗不乏人則義學不可不亟亟焉考舊義學爲蒙士訓若如魏公書院東坡書院振英書院或僅存其地或僅存其名當時貲費條約概委諸草莽查復修舉有需時日余去秋決訟得城外會同崗景聖堂一所鵲巢鳩占余斷作義學捐錢十千以贖之茲又捐錢十萬延令紳士舉報首領修建學舍並勸有力之家捐金相助存公生息永爲師徒脩火俾寒素之生而穎異者得成其才以光輔
國家其生而蠢愚者亦得變其氣質行習勿蹈非於鄉里則盡人事以贊天成人才以造福厥功當與書院等矧夫貧富

無常維繫有在古處如黃諸君子踴躍好義慷慨捐金夫何待於余言而余顧有不容已於言者是爲引

勸輸育嬰堂小引　　金雲門

嬰兒之字始見於道德經蓋無貧富無貴賤且合男女而統名之者也有生則必有育不育則不如不生能生不皆能育能育者又未必自生夫不見高堂華屋繡褓紅襦富者育而貧者或委之溝壑矣鴉娘龍媼累錦重茵貴者育而賤者或棄之草莽矣至於寢床寢地弄瓦弄璋男則育而女竟投之濁流矣不但此也天地生之而天地竟不能育之人或不欲生之而未嘗不願育之此直省府州縣之所由設育嬰局也

黄岡縣志載有育嬰堂而事久廢且不可考余來莅玆土時覺怦怦顧念邑中歲比不登羣呼庚癸而何有於嬰籌時無策拊循亦虛而何有於育嬰海氛未靖河伯爲災蒿目時艱而何有於一邑之育嬰哉然而好生之德不絶於人心胞與之恩且推於物類爰爲倡首捐錢百萬并擬弁言用以告闔邑紳耆士民之以仁存心者

文

唐

黄州淮赦祭百神文　杜牧

會昌二年歲次壬戌夏四月乙丑朔二十三日丁亥皇帝御

宣政殿百辟卿士稽首再拜敢上仁聖文武至神大孝尊號於皇帝受册禮畢迴御丹鳳樓因大赦天下咸告天下刺史宜祭境內神祇有益於人者可抽常所上賦以備供具牧爲刺史實守黄州夏六月甲子朔十八日辛巳伏準赦書得祭諸神因爲神稱贊皇帝功德用饗神云皇帝嗣位天飭天付前庚申年造統大業慈仁寬恩聖明文武或曰誅殛曰我父毋譬彼嬰兒豈不可怒或曰田遊苑大林深唶嘐跳哭千毛萬羽豹裂鵰擒其樂無伍皇帝曰匪我不知言豈假汝未撫四夷未攷百度天地祖宗未陳簋簠如寐未寤如痒未愈斥退狗馬未可以御或曰酒飲順氣完神酋樂工習自祖自父瑤臀繡裙千萬侍女酬以觥斝助之歌舞富貴四海不樂何若皇帝曰不如聞四海蝗蔽田畝或曰亢旱或曰霪雨稺老孤寡未盡得所聞一有是首不能舉乃拔俊良乃登耆老夕思朝議依規約矩詳刑定法深刻不取標揭典制酌之中古遠師太宗近法憲祖怵慓思惟不治是懼四國既平六職攸叙黍稷稻粱嘔啞俯僂父父子子供養撫乳萬里齊俗實皇帝力緊眠而食罔知其故皇帝乃曰予見郊廟嚴法物旗旓旐五帝坐壇百神立坫鬼魅肸蠁捧爵是醮海外大內戎狄蠻夷奇服異貌伏如除外歡喜呼噪迴御丹鳳大赦四海攺元會昌減論有罪紹功嗣德搜剔幽昧寒暑合節風輕雨碎

穀溢陳囷畜繁牖大東南西北限岸壃紀無有頑悍不識災害三事大夫邦伯諸侯曰皇帝德古不能併謳歌謠詠安得可稱百工庶人亦有聚謀拜章口呼願上大號神聽天聞欲揚鴻庥皇帝曰無功不可虛受懇請不已出涕叩頭皇帝不能止曰予慙羞曰因大赦維新九州不弱不詐不饑不偷有窮有饑實吏之尤予實天吏許之省修約束教戒纖悉丁寧品數細偉各當源流皇帝曰俞股肱耳目誠爾竭力寒暑風雨宜神是酬匪神之力其誰能謀凡爾守土各報爾望剥烹羨胾無愛牛羊天下聞命奔走承事牧實遭逢亦忝刺史齋齊惕慄陵谷將墜視牲濯爵不委下吏祓羞且潔罔有不備

衣冠待曉坐以假寐步及神宇躋足屏氣神實在前恭敬跪起詩不云乎皇天上帝伊誰人憎天憎罪人天可指視止殃其身豈可旁熾刺史有罪可病可死其身旣塞可及妻子無作水旱以及閭里皇帝仁聖神祇聰明唱和符同相爲表裏黄治雖遠黄俗雖鄙皇帝視之遠近一致洋洋在上實提人紀無貽皇帝自作羞愧月維季夏日維辛巳實神降止神如有言我答皇帝寒暑風雨其期必至瘥癘水旱永永止弭爾爲官人勉爲爾治牧敬再拜汗流霑地

黄州塞廢井文　杜牧

廢井輙不敢塞於古無所據今之州縣廳事有廢井不塞居

第在堂上有井廢亦不塞或匣而護之或横木以土覆之至有歲久木朽陷人以至於死世俗終不塞之不知出何典故而井不可塞井雖列在五祀在都邑中物之小者也若盤庚五遷其都者社稷宗廟尚毁其舊而獨井豈不塞耶古者井田九頃八家環而居之一大食一頃中一頃樹蔬鑿井而八家共汲之所以籍齊民而重泄地氣以小喻大人身有瘡不醫卽死木有瘡久不封卽亦死地有千萬瘡於地何如哉古者八家共一井今家有一井或至大家至於四五井十倍多於古地氣泄漏則所産脆薄人生於地內今之人不若古之人渾剛堅一寧不由地氣泄漏哉易曰改邑不改井此取象言安也非井不可塞也天下每州春秋二時天子許拋常所上賦錫宴刺史及州吏必廓其地爲大宇以張其事黄州當是地有古井不塞故爲文投之而實以土

農夫禱文　劉軻

丙戌歲大饑楚之南江黄爲甚明年予將之舒途出東山見老農輩稚共族爲禱於伍君祠其意誠而詞俚因得其文以潤色之亦以儆於百執事者云農夫某謹達精誠於神明吁嗟我耕食之人誰非土之人人之有求神得不以聰明正直聽之耶曩者仍歲洊饑人爲鰥婺田無耕夫桑無蠶姬癘疫瘡痍一方尤危踵以吳蜀弄兵吏呼其門閾荒餘之人挾弓

持戟女子生別行啼走哭王師有征羣盜繼起乃歸其居乃復室廬廬壞田蕪亦莫蠲其租今之收合餘燼人百其力幸大成於秋誠慮旱而不雨旣雨而潦且又慮其不苗不秀秀而不實又慮爲螟蝗又慮夫廄馬之奪其食贓吏之厚其歛焉嗚呼必馬無厭粟者妾無厭羅紈者吾歛其薄矣亦於何厚其所薄耶伏希神明無有所忽禱曰無瘠農人以肥廄馬無寒蠶婦以暖妓妾無銷耒耜以滋兵刃農人不饑而天下肥蠶婦不寒而天下安耒耜不銷而天下饒妾暖而嬌兵滋而殘馬肥而豪不績不馳足食足衣皇天皇天胡忍是爲苟不此爲民其嘻嘻神其怡怡尚饗

明

夏令上　　王廷陳

中和之區違邑遠而介於他封逫故不度閑焉而易以亂介故他逋者藪焉而互爲主客止一二獲則黨爲賄而免反捕者坐是故盜也滋多夏侯至自羅當其劇也戚焉曰弗身衆弗奮也前衆曰侯也前其誰敢有後奮而從執其魁數十人以歸狀得以聞中丞中丞曰才矣令乃行慶辭以語王子曰吾實父母是不務安輯俾以盜獲吾則用愧且慶也其謂非功吾則治之使盜焉因以爲戮是吾罪也不譴而慶行罪以蒙慶其何以堪抑是以風後之人歆賞而趨唯其執也不虞

其肎其罪亦惟我王子曰夫子仁矣仁之於盜也豈將縱之仁抑亦執之仁夫盜民之毒也盜之不執民用罔焉德盜而讎民其不然矣天地之於物也務生而已或霜雪焉鮮不摧折豈物是讎所以生也故良農不愛莠聖人不假惡姑息之政實以階殺夫假仁之吏務爲區區小人幸焉然其竟也雖小人亦豈終利覬免而犯終以不免是縱之也爲殺之也不亦多乎知不獲免犯之弗輕是殺之也爲縱之也不亦多乎故曰慈母有敗子而嚴家無格虜侯也其允有功何賞辭焉

文昌閣上梁文　　陶允宜

伏以天啟昌期文治丕昭於星野地呈完局神功默相乎輿圖惟黃城開府之區卽黌序比隣之所山從西結勾陳之位循虛水向東流華表之門不閉是豈溺陰陽之說會須全造化之功一字門前營長街而如蠕四牌樓外抱曲壟以如鉤前近沮洳中懸培塿地脉于焉而萃止人文自此而宣昭樓鳳化龍韓相公之精舍清風明月蘇學士之嘯軒大帝宮前翠黛捧赤烏之殿尙書里近烏衣傍朱雀之橋惟是郡閣之巽方堪備泮宮之文筆乃憑衆議祗建浮屠疊石穿基巉嶙上隆於七級花磚作牖玲瓏周啓乎八牕孤標直入雲霄砥柱全收江漢前橫隙地幾爲商賈之廛中剏層樓堪建文昌之府應人間之魁宿祀天上之張星法象高懸披綠袍而美

如冠玉神駒待駕控白衛而矯若流珠新廟貌於一朝振儒風如千古伏惟某職司佐郡權署正符敢視國以如家政兼教養願以人而事主望屬賢才謂鍊石可以補天而撮土猶能障海仰觀俯察深知經緯之詳救弊補偏頗曉張弛之畧念阿育王八萬四千塔總爲佞佛之場而方壺山五城十二樓直是遊仙之境寧如此地有稗斯文欲幽贊於神明作輿志切闡久瘞之物力倡率身先拮据俸薪銖兩有百金之外助勸援死銀青無一帶之存豈武皇陳寶之祠何妨土木非文仲藏龜之室不勸丹青塔聳而天柱覘高鳳樓成而江門遂合背坐卯辰之次太乙纏垣面當兌戊之間長庚動色

畫宫於堵知尺寸之無差運斤成風期日時而可就乃遴吉日更卜嘉辰陽氣回葭忽召風雷之應歡心挾纊寧知雨雪之寒喜重門之洞開我心如見聽羣黎之鼓舞士氣大伸踞虎豹拏虬龍無數山中之木石跨雲霓依日月有如閣上之棟梁掛緗綺而飄摇遊人成市散金錢而爛漫趨者如雲先樂始後樂成大匠畢雕龍之技内同志外同力衆工合耶虎之歌欲知築室之心且聽上梁之頌

東巴水蘭溪一櫂通近瞻匡岳氤氲裏遥望蓬山縹緲中西落月遲遲望不迷長江九曲當牕入太岳千尋對檻齊南視融靈靈映晴嵐古寺寒溪傳夜鉢故宫吳苑集朝簪北崧高

恒岱環京國文章從此唱彤墀詞賦莫教誇赤壁上雲收霧散天門朗朝來紅日上三竿夜半文星高萬丈下郡裏大夫時命駕不憐老驥久依栖應喜蟄龍能變化伏願上梁之後奠軫增輝靳黄騈秀成空中之樓閣盛江左之衣冠歲樂豐年春桑麻而秋黍稷人遊化日家禮樂而户詩書宦斯土者江湖廊廟皆龔黄卓魯之儔蒞是方者柱石朝廷盡甘傅伊周之選爲文章爲節義不愧端明若事業若勳勞無慙魏國解元疊見聯會狀而齊破天荒卿弼頻仍并相師而兼承帝眷殿上樹靈鼉之鼓聲敎風動於寰中門前建翠鳳之旗文彩星馳於海外鍾祥在此流美何窮水接四川漢廣並文翁之澤俗同南國棠陰遺召伯之風爲語諸賢共成斯事

國朝

祭曹厚菴學士文　熊伯龍

嗚呼厚菴匪今之人誤生今日肯戀囂塵定交驢背一揖悄惘及與徃復博大清真金閨唱第或睨而視獨君於我執手狂喜空谷虚堂服君始此二人之心遂爲衆指一入詞館爲時目之問今問古取之攜之憲衣顔巷周情孔思陋彼馬肆撤其虎皮皇矣

世祖天鑒昭廓選于侍從知君謹恪靡日不思如御醴酪君志若行李楊可作君之遇合遠過焦公前後丁酉機牙則同

日月麗天山鬼終窮我友敬矣蛾眉敢工孤松何心蔦蘿來附講道論政亦趨亦步我厠其間嗒然莫悟手推敲碁口不問樹鼎湖一變各有肺腸臨於直廬顧影踽涼亦爲鄙人風雪連床遺弓悲號中夜滂浪自時厥後歸與在口景山靈旂依稀冬狩言念陵園敢問五畝蹉跎至今竟乘邱首謂宦未成宰瀛舟卿家有才子不赴科名即茲淡宕可概平生黄扉青史孰重孰輕謂齒未耋不朽何歟苟非其人百年一吷謹疾尊生修容火烕恭而不壽緊天之謫嗚呼哀哉小臣褊躁慮壓　至尊暨余砥礪毋負寄恩豈期今日生死同蹇巫咸不下噤莫敢言嗚呼哀哉君本無居誰分大宅　君宜有鄉誰

告宗伯欲狂奔之支離跛躄相思則哭寢門奚擇嗚呼哀哉

祭樊孝介文

李可浉

嗚呼楚江東流潤我吳國寶山西峙地靈斯宅厥生大賢高蹤在昔百年旦暮人欽遺澤山高水長風清月白前古後今歌思罔極嗚呼先生往矣廟貌方崇大崎小崎依山爲官馨香俎豆骨瘦容丰四陵壁立千古爲宗還念我邑祠在玉峰丹䕶維新屹屹垣墉下民酌水禱祀雲從緊公明德疾苦時廹起彼捐瘠生死攸同神棲兩地靈爽安窮嗚呼先生之風旣孝且潔先生之政復清以洌奸訛革心膏枯燠暍秩秩涵涵士民胥悦三百年間惟公稱絶塗歌至今豐碑若揭追維

先祖陳徐誼切相師相友並稱先哲茲予校士江城駐節齋心勅志芳徽是謁登堂展拜瞻風溯雪神其來歆瓣香有飶

文昌閣死難序文

劉子壯

戊子秋朔劉子避山寇再至文昌閣登樓而望其東蓊然蓬蔚隱起孶兔凸者垣址窪者塍洫吾先子之廬而宗黨婚比之聚而處也南而左跡樹杈撐間以遺卉鳥弄花飛竹石散藉者吾書舍而良友藏修交遊之所至止也其前蔬圃屆江荊箐錯峙中爲小祠僧種而奉吾家所祀之洞庭神也閣之上諸君子以時射藝暇則飲酒而歌且樂焉此其地絶人區静接有時當風晨煙夕霽曉月秋疏雨在林懸雪炤灿近者眺遠者來處流瑣之時賴天子庥豈可謂不得其止者乎未幾年而賊繼以兵向之所偃處嘯咏者露蕪游羽從而有之矣方癸未之初予先去適京師社中推先叔父爲長其次爲約約有副非名德不得入自城暨山無不請屬爲之立條章設守禦雖云固圉亦以隆士大夫之勢也當是時賊已潰淪川襲郡城揚旌江岸日遣諜爲招自守令奔避洲者咸遯而諸君子盍堅無敢離越有與賊間者輒磔之至四月廿八日賊舟分向砲石遥渡衆稍引去而吾弟獨踞石治守具賊自洲首射數人入更出吾家之臂先叔父殞於水家之亡者十七友鄰之亡者十五僕妾以百數而洲中不可算計者矣是

非有土城之責其殉而之死未盡合於義而朝廷之所不得聞而卹也然或者猶將笑而訾之其後大兵復省以從賊誅繫者所在蔓引而洲之人免焉猶得以殺傷之慘蒙上憐惻豈非諸君子之有造於斯洲乎寇亂以來自河渡嶺越境迎降而亡其地死其官者復幾人使諸君子當其任雖未必不輸尺土亦豈肯陳香炬奉壺簞俯伏而丐活耶故夫諸君子以文弱之姿捍蛇豕之衆進無益於國退不能保其身家此誠甚過而至於以死自守義不招安洲之人得免亂賊之日又足以媿世之食祿寡恥者其道亦豈得而沒乎彼笑而訾者徒幸免耳非能有智以自全者也當賊之來獻牛酒者若

而寨供舟楫者若而家導賊渡江而開省會上書求試爲之臣妾者若而人此不當一言以責之而顧不恕於諸君子亦獨何與余悲而明之次其本末紀其姓氏庶有知者得以採焉其以水殉者余叔父劉文敬諱紹熙也其登舟復歸迎母不得者余弟子宣子倆元則子儼也其懼見擒於賊而率家投江者杜亮公紀也其以宗覆絶者陳儀吉鴻帥遜夫有功鄭醒哀仕俊鄭嘿人嚴於爾翼斯行也其僅以身亡者黄伊平衡方祥明珪也其脱而卒不免者魏男英應羆張爾爲鴻儒張爾任鴻仁也其以悲傷而終者叔父君敬諱紹依兄克章諱子俊及先君也其他婦女不録其身存而失家者徵之

此皆左右斯閣而向之所謂偃處嘯咏者已盡無有豈不慟哉今山谷滿涌余復踐兹洲之市廛再茂而此土就湮風雨之夜霜星之下窅然若形吻然若響其魄氣猶未忘於此乎時乃秋初屬有家祭普及疎曠澆而慰之爲之辭曰余聞古亂於傳則有豈其見之不自我後死節與忠昔謂之難凡今之人云胡不然嗟我君子爲誰而死賊投間言毋敢近耳義不縶國名不贖身葅之以家猶或哂嗔勿悔失策勿嘆失家視我天子不有京華疇哲則菀疇昧則落生死偶然求心不怍相彼苟生其骸僅存安能荷媿乞免彼冥遺利在里人莫知恤隱忠在王史復誰筆有而弗居先民所賢試此巵酒旦暮百年生從何來殁從何往庶無怨怒息情潸壤

蔣公書院文

蔣名國祥號蘿村浙東暨陽人

陳大章

伏惟我國家重熙累洽久道化成我皇上更天縱聖明登三咸五故所用公卿及封疆大憲皆一時英哲次第以及守令莫不茆茹連彙極俊選焉然二千石之職更係民牧重任而吾黄老祖臺蔣公蘿村先生稱尤最云何則君子之爲政也不難於慎始也而難於有終不難於暫而勵精也難於其久而無倦公之始至也念九邑之凋瘵思有以休息而長養之故政多寬大惟總其大綱而民陰受

鳳鸞之福將十年矣而公不以懈也意氣倍增精神倍勇質明登堂聽斷旁午退食未幾晚衙又開案無留牘民以不冤其勤且明有如此者俸粟之入數有定額向來州邑輸餽陋習概卓去之飲水茹冰無鹿可瘗其廉有如此者歲水歉民艱食公請於藩帑自漢糴米數千鍾來黄減價糶之深冬積雪窮簷得有炊煙其惠有如此者嚴關市之譏謹甲伍之法沿江上下戍樓烽燧無不修飭莠民暴客無所施其奸而弁卒之雜居閭閻者皆安堵奉法其威有如此者科歲童子試甄别謹嚴苧牘不敢關入州邑之獄申牘上者反覆詳研出入以毫釐辨其慎有如此者修葺學宮光輝輪奐更立義塾

以教草野子弟其中頗有英俊其崇學興教有如此者其他良法美意不可枚舉總下車以迄今日聚全神而貫乎始終而更藹氣迎人飲醇自醉非其性情學問有大過人者歟乃忽以詿誤解組士民驚愕如失慈母知公之貧也相與攜米蔬市薪炭與醯醢酒醴鱻腊魚肉之類叩邸舍而爭餽焉四民無論矣乃丐夫乞子亦竭其囊橐獻致恐後自罷官迄今數月餘九邑之來餽者無虛晷亦無倦也吁異矣尋奉

命檢公官資衣被之外藏書萬卷餘無長物時嚴寒公衣裘皆入籍緘民夤夜促買緇青木棉褐羔羊袍澤泣以獻公揮涕而受衣之一時情境若孝子慈孫奉其父祖於顛沛其誠足以格天帝而誼足以泣行路汗青所載未有之也而公已用是不朽矣今雖

恩綸召見起用有幾大抵已不復官黃而有斐不諠相與築室於相隱橋畔畫公像而生祀之顏曰蘿村棠舍蘿村者公別號也猶云召伯所茇云爾黃之人以此爲公祝釐地僉伐石而記之盍以知

聖朝用人之至當循蹟之可紀與天下治安之長久爲可樂也是爲記

祭萬季方先生文季方名燦　陳大章

嗚呼士之所能爲者其才與德而不可必者其命與時自古奇雋魁傑博碩淹雅之才能聲施於後代而當其既窮遺佚雖庸夫豎子皆慢易而狎侮之此夫子所以責稱名於沒世老氏所以徵我貴於知希公生而敏異長號儒魁其丰容玉立也亭亭若千仞之榦其雅量淵涵也汪汪若萬頃之陂其出爲談論措于文辭若風發泉湧雹擊霆驅使當者耳易心掉神沮而不可以端倪故公卿皆許以國器鄉里共服爲英奇而才不偶命道與時違壈坎塞默束縛羈棲晚登一第仕止儒師此無論愛公惜公者爲之慷慨而歔欷卽在仇之忌之者亦莫不拊膺稱屈而其間聲頌義同聲扼腕者又無論乎知與不知而公方傲睨兀放渾合天機嘯歌一室偃仰支

離凡人世所謂淹塞不平抑鬱無聊者則一寓之於酒而寄之於詩而絕未嘗有纖芥拂逆之意微見於顏面而稍介於胸臆嗚呼窮通得喪天實爲之自古聖賢莫之能離彼世之輕儇齷齪諂劣鄙者方且竊高位擁厚貲覷公之無藉而實貴不朘而名甚者曾不翅太山之於毫釐是故數奇而窮窮不爲怨任情而達達不爲畸方其舉觴浮白豪宕淋漓揮毫濡墨興致遄飛則固已泐生死齊得喪等蜉蝣于一氣無鵬鷃之可齊而又安知夫庸庸者析圭而擔爵與夫赫赫者之勒鼎而銘彝章等情均胄月臭託蘭芝慟九原之不作傷宿草之離披哀深楚些淚結冰澌而公方駕神馭載雲旗遊

於無何有之域而息於硫碭之歧其覼吾輩之尸而祝之社
而祭之者亦寧止夫塵垢與糠粃嗚呼哀哉

彭衡陬師祭文 彭衡山人名士商 萬年茂

嗚乎師爲天下善祭以黃河先古之人其學力雖各有獨得而不敢自没其淵源是故聲響谷應火盡薪傳此非徒以文而已惟意氣結性命之緣矧夫茂之於公蓋東坡之廬陵也而得力惟單始公鐸黃以癸卯距今凡十有八年而茂之受知也自甲辰來始遊霧飛雲而長從洗硯是時制藝競尚襞積不虞氏篪則王氏焛卽不然又有矯爲艱深滯澀以文其陋者抑亦軋茁之續而或譏於斬足掘棺惟公一根理要以

其朴雅蒼勁之作力迴狂瀾而年益劭學益粹益自慭於詩古文辭以横决古大家之籓壬子春重修楚志平越王公撫楚雅重公名特聘公以備客員公爲文善叙次最熟龍門體至其機軸自抒則天授者半心悟者半而古人有所不能言茂嘗謂昌黎學史記變曲爲直廬陵學昌黎變直爲曲之二公者體製雖殊而皆與龍門爲一原公又合曲直爲一者也故縱横百家點竄舊文洵所謂事增於古而文減於前茂侍公匪朝伊夕矣乃得一一悉其末顛自是以來茂寓中州客長安日風塵於奔走而遂不得旦暮長仰公之顏嗣後猥列詞垣一時名公卿無不欽公學問之淵博品誼之端嚴然後歎翼之教思固已方洛水名賢蒙之象曰剛中而應惟公有焉丁巳歲茂假歸謁公齊安公洫洫乎有餘望忻忻乎有餘歡謂宇宙之無所逃者二古今之不可朽者三勉乎行諸吾望爾以眉山茂慚不才然其兢兢奉師訓者未嘗一日而舍旃今秋復奉檄治嚴冀發軔時得上公堂重聆仁人之言嗚乎庸詎知刺末具於東萊訃已告於西川爲一席哭爲三踊卷奔泣靈座呼也誰還謂公不務生之所無者非所樂謂公不與死爲無終窮者將毋然傷哉公也茂將何以酬公於重泉臺之側斗之嶺公明光兮奎中天石虬踞墨蛟蟠公攜手兮結後先波兮下嶠兮巒公樂山水兮神流連芻一束馬一

鵑哭不成聲兮告公以心悁

勸修安國寺塔及踈濬城河文 李鈞簡

黃州自宋刺史王元之副使蘇子瞻莅兹土竹樓記赤壁二賦流傳至今近千年海內人士束髮受書卽莫不膾炙斯篇如神往其地者蓋江山勝跡地以人傳急雨密雪明月清風光景常新而文章不朽宜乎人之低徊不置至今古蹟遺基有關於士氣之盛衰民生之利弊必將爲之興廢舉墜以培其本而固其脉其亟宜修濬以垂諸久遠者又何如也郡城之南安國寺有南塔者亦稱文峯塔卽昔之青雲塔也自前明神宗時創始越三十餘年而壞其上五層飛入卯湖是塔

爲武昌漢陽諸郡上游水口作鎮又爲本郡之文星起峯詳具於當時晏考功泰徵序中今邑志僅載其文而後之踵事經營者已不可考郡城之水自城外出者明水三自城内出者暗水四皆拱衞環曲自右轉左滙於塔前又由塔溝達羅星湖以注之江是其形勢之相爲表裏固自然而無可易者塔之說余少時聞鄉先輩之言甚習數十年來衆議閧不同然因循少成事今則水之環流者直而衝水之順流者逆而汜去余曩時之所見又懸絶矣詩曰崧高維嶽生甫及申此卽峯之挺拔峻起者必有靈秀鍾毓之驗也又曰相其陰陽觀其流泉此卽正位奠居必審乎順逆向背之理也形家之

言近於術地理之訓本乎經豈不彰明較著哉於是塔之宜增高水之宜利導邑人士咸有志於斯役嘉慶庚午夏余將以服闋赴都道郡城因得謁郭伊齋觀察吳淦厓郡伯汪潔亭邑侯而爲之請皆欣然應曰斯舉也圖籌之久矣將先定其規模而後從事俾鈞一言以爲之引且爲閤郡勸當是時賢使君政和民理公暇諮詢方大有造於我邦而邑之人士又各竭其忱輸其力鼓舞踴躍而聽命焉豈非事之興舉有時不謀而合莫之然而然歟異時者塔之峩峩聳然而出於霄漢流之汩汩悠然而滙於蒲渠經始某年月日落成某年月日相與歌頌於勿諼輓之前賢當不僅登臨覽觀之樂爲可言也鈞不敏猶得援筆而記之

禱雨文　俞昌烈鴻甫

伏惟

尊神德配四靈澤敷萬彙緬清湫之醞釀有

命自天佇神瀵之霑濡祇承於

帝時維六月嘉禾待潤於靈根望切三農美種均資夫長養乃屯膏之莫逮且豊澤之難朞豈士民之愆積厥躬抑官吏之不共爾職紅雲四罩莫曝巫尩赤日三竿肆行旱魃竊念桑林步禱罔非報

國抒誠可堪梓澤隨流均是爲民請

命握篆甫經一載誰能蹈德咏仁心香上達

諸天祇願禦災捍患斐冠草履不辭泥淖之勞望杏瞻蒲曹冀雲霓之慰餉霎霆於前路役屏翳於塵寰一洗炎歊十分酣足農夫之慶不徒三日爲霖田祖有神應獲千倉是積敢

告

此俞邑侯步至大崎山禱雨文也侯於甲辰自黄梅量移吾邑明年夏旱赤地千里侯焚此文未及回城大雨如注士民歌舞不僅如歐陽公之以喜雨名亭也

雜著

宋

怪石供　蘇　軾

禹貢青州有鉛松怪石解者曰怪石似玉者今齊安江上往往得美石與玉無辨多紅黃白色其文如人指上螺精明可愛雖巧者以意繪畫有不能及豈古所謂怪石者耶凡物之醜好生於相形吾未知其果安在也使世間石皆若此則今之凡石覆爲怪矣海外有形語之國口不能言而相語以形其以形語也捷於口使吾爲之不已難乎故夫天機之動忽焉而成而人真以爲巧也自禹以來怪之矣齊安小兒浴於江時有得之者戲以餅餌易之既久得二百九十有八枚大者兼寸小者如棗栗菱芡其一如虎豹首有口鼻眼處以爲

羣石之長又得古銅盆一枚以盛石挹水注之粲然而廬山歸宗佛印禪師適有使者至遂以爲供禪師常以道眼觀一切世間混沌空洞了無一物雖夜光尺璧與瓦礫等而況此石雖然願受此供灌以墨池水强爲一笑使自今以往山僧野人欲供禪師而力不能辦衣服飲食卧具者皆得以淨水注石爲供蓋自蘇子瞻始元豐五年五月黃州東坡雪堂書

後怪石供　蘇　軾

蘇子既以怪石供佛印佛印以其言刻諸石蘇子聞而笑曰是安所從來哉予以餅易諸小兒者也以可食易無用予既足笑矣彼又從而刻之今以餅供佛印佛印必不刻也石與餅何異參寥子曰然供者幻也受者亦幻也刻其言者亦幻也夫幻何適而不可舉手而示蘇子曰供此而揖人人莫不喜戟此而詈人人莫不怒同是手也而喜怒異世未有非之者也子誠知供戟之皆幻則喜怒雖存而根亡刻與不刻無不可者蘇子大笑曰子欲之耶乃亦以供之凡二百五十并二石盤云

明

舊志志凡六條　茅瑞徵

學窮二酉方窺玉檢之藏識局五車剿易金根之字乃茲庭無間砉嘗鼎妄意全牛室乏賜書開卷每慚半豹縱問奇有

楊雄之癖而好事無范蔚之家誰得驪珠蠡測無資僭乘其捜魚蠹鏤塵勉事斬裁尙冀起予相期振我

羽毛瘡痏月旦多出嚬名索米受金雌黃豈皆符實故論定多喜在盧前而衡爽尤羞與噲伍宰誇水鏡自同一字之襃庶擬虛舟謹廩千人之指動譽隆茂宰必去後始識留棠縱望重人倫苟生前終嫌曲筆

斷編直擬碎金錯簡易成贗鼎淄澠誰辨亥豕多淆故知孟震以字襲名宋賢以丞代令科目則甲乙混置學官則守令同稱此皆前志之訛安免郢書之誚今從更定庶起膏肓

山川借色爰抽金石之詞魚鳥親人並叶宮商之韻但名家

既別有專集而郎事或無當編摩概録恐病濫竽博采惟求
抽腋儻文堪長價揚鑣直取其擅場若訓可索瘢裂紈亦念
爲藏拙
鉤要纂元義無取於冗雜參互攷訂詞不厭其浩繁此左邱
存君氏之文而正史踵郭公之舊言可兩存不妨譽矛功盾
事當層出何嫌探紫奪朱若乃錯舉以見微互文以標意名
姓間從附録遺文多寄筌蹄姿意取材敢言實録
川隰了無長物雕鏤未盡遺編若因飾陋以借名或起多求
而賈罪是以物非宜產不濫稗雅之篇書未殺青聽作茂林
之秘

國朝

志凡六則　董元俊

淵雲刺繡猶接武於三閭班范闡幽難繼徽於遷史是以厨
非郁氏虛掇拾於五鯖架匪鄴侯敢侈窺乎半豹事均覈實
疑責闕文言務彬彬旨歸秩秩雖仰觀俯察賴博雅之前人
而彰往昭來資老成之掌故勉茲譾陋肅附同文師古豈曰
邯鄲載筆允推南董河渠平準出自心裁地理天官一宗往
牒字非蝌蚪何煩難問之奇義列日星總屬易行之典是以
山川結秀披圖而並奏清音人物呈華考世而昭回炯鑒存
十一於千百立少觀多求德業於簡編以意逆志不期有譽
庶或無訛
金屑雖珍在眼亦爲臭腐芝蘭雖瑞當路亦等蒿萊文在而
用則不堪何資畫虎名留而實則匪是豈曰存羊方語無關
重輕止供笑謔禽言戲入詩句何涉地方縱有舊傳允宜刪
削
文未足以發難顯之情學未足以窮百家之籍識未足以周
萬象之異膽未足以空羣僞之非自問神明深慚大雅然聞
之不敢厭幽録之不忍棄賤尋常博採再四推求恪綜吏職
之見聞統入
皇猷之黼黻至若筆非秋而垂露才異水而湧泉謝曰不能

抑亦不敢
賦役均徭有憲簡而益明貞廉節孝無方嚴而勿漏父坐子
立庸庸爲百世之師報國捐糜烈烈定孤忠之準事該奇正
義合方圓若夫司馬八書不能辭蘇子由之譏歐陽五代亦
難免呂方叔之識但冀金針無慳玉尺
紳笏顯而耳食之頌與巖壑深而心賞之聲息況世既云遠
鶴鷺與雞鶩同銷地且莫稽玉石與蠙珠俱膺笑用三虓之
刺藏垢難揪豈慳一字之褒阿私增辱當年知罪敢曰麟經
此日是非無言鼠忌
黃岡縣卷之十九終

黃岡縣志卷之二十

知黃岡縣事宛平俞昌烈編輯

藝文志

詩賦

天下景會於心情感於物則往往發於有韻之文詩賦是也而景不足以動心情不足以起物則猶湮鬱而不彰於是又在地與人兼勝焉竹樓雪堂標領江山風月登焉覽焉忽不自知其意之何以遠而興之何以飛也況乎英哲踵生賢豪萃聚相與沐浴清化鼓吹休明而羇臣逸老之悲吟又或以時會激託於其間此其澹雅

之旨與夫幽豔之作所以斯愛斯傳軼於他州者也因次古文而旆賡之續之

賦

宋

前赤壁賦　蘇軾

壬戌之秋七月既望蘇子與客泛舟遊於赤壁之下清風徐來水波不興舉酒屬客誦明月之詩歌窈窕之章少焉月出於東山之上徘徊於斗牛之間白露橫江水光接天縱一葦之所如淩萬頃之茫然浩浩乎如馮虛御風而不知其所止飄飄乎如遺世獨立羽化而登仙於是飲酒樂甚扣舷而歌之歌曰桂棹兮蘭槳擊空明兮泝流光渺渺兮予懷望美人兮天一方客有吹洞簫者倚歌而和之其聲嗚嗚然如怨如慕如泣如訴餘音嫋嫋不絕如縷舞幽壑之潛蛟泣孤舟之嫠婦蘇子愀然正襟危坐而問客曰何為其然也客曰月明星稀烏鵲南飛此非曹孟德之詩乎西望夏口東望武昌山川相繆鬱乎蒼蒼此非孟德之困於周郎者乎方其破荆州下江陵順流而東也舳艫千里旌旗蔽空釃酒臨江橫槊賦詩固一世之雄也而今安在哉況吾與子漁樵於江渚之上侶魚鰕而友麋鹿駕一葉之扁舟舉匏尊以相屬寄蜉蝣於天地渺滄海之一粟哀吾生之須臾羨長江之無窮挾飛仙

以遨遊抱明月而長終知不可乎驟得託遺響於悲風蘇子曰客亦知夫水與月乎逝者如斯而未嘗往也盈虛者如彼而卒莫消長也蓋將自其變者而觀之則天地曾不能以一瞬自其不變者而觀之則物與我皆無盡也而又何羨乎且夫天地之間物各有主苟非吾之所有雖一毫而莫取惟江上之清風與山間之明月耳得之而為聲目遇之而成色取之無禁用之不竭是造物者之無盡藏也而吾與子之所共適客喜而笑洗盞更酌肴核既盡杯盤狼藉相與枕藉乎舟中不知東方之既白

後赤壁賦　蘇軾

是歲十月之望步自雪堂將歸於臨臯二客從予過黃泥之阪霜露既降木葉盡脫人影在地仰見明月顧而樂之行歌相答已而歎曰有客無酒有酒無殽月白風清如此良夜何客曰今者薄暮舉網得魚巨口細鱗狀如松江之鱸顧安所得酒乎歸而謀諸婦婦曰我有斗酒藏之久矣以待子不時之需於是攜酒與魚復遊於赤壁之下江流有聲斷岸千尺山高月小水落石出曾日月之幾何而江山不可復識矣予乃攝衣而上履巉巖披蒙茸踞虎豹登虬龍攀栖鶻之危巢俯馮夷之幽宮蓋二客不能從焉劃然長嘯草木震動山鳴谷應風起水涌予亦悄然而悲肅然而恐凜乎其不可留也

反而登舟放乎中流聽其所止而休焉時夜將半四顧寂寥適有孤鶴橫江東來翅如車輪玄裳縞衣戛然長鳴掠予舟而西也須臾客去予亦就睡夢一道士羽衣翩躚過臨臯之下揖予而言曰赤壁之遊樂乎問其姓名俛而不答嗚呼噫嘻我知之矣疇昔之夜飛鳴而過我者非子也耶道士顧笑予亦驚寤開戶視之不見其處

柯山賦　張耒

入東門而右回兮原迤靡以相屬拔磅礴以隆起兮是爲柯山之麓其上蕭森而晻靄兮冠萬竿之修竹下磽确而堅密兮拱高林與喬木散雞犬於危阨兮雜茅茨與夏屋通樵漁之溪逕兮路從橫而斷續很土石裂暗竇谷虛鳴鳥上下伏獸號呼俯江流之蕩潏招裂山之盤紆林巒作態而獻巧兮風雲效技而卷舒固可以開闔陰陽於一氣賓餞日月於天衢爰有窮人瞿然無歸聽四海無所投其足兮古帝命我於山之隈庇蓬茅之數椽兮撫枵腹而常飢時醉飽而自得兮亦杖履而遨嬉逾山而東席門草藩爰有君子於茲考槃自種自食鄉里莫干圖書滿家兒稚飢寒相見輒喜有時不冠寄萬事於一笑兮不知食糲而衣單吾不加物以一毫兮亦莫愛人燠寒悟紛華之多虞兮幸寂寞之至安飲我薄酒歡有餘啜我豆羹甘而腴隱几而休讀我書乃曳杖歌曰升柯

之巔明遠眺兮築我之庵可以老兮終古不忒天之道兮子于而行無喪吾寶兮

游東湖賦　張耒

紛不知吾之所如兮獨漫漫而若狂乘醉飽之餘力兮逐險巇而緣岡惟嚴冬之栗烈兮莽川澤之茫茫農功休乎場圃兮平陸散夫牛羊憫大木之百圍兮慘赤立而無裳鸛鶴羣鳴而下上兮雜篁竹之青黃忽平陸之既窮兮漸積水之汪洋曰是爲齊安之東湖兮右派合乎濤江荒灣寂寥而葭葦兮懸流瀉乎夕陽爲舉網而無獲兮嘉魚逝而洋洋弔林落之柴荆兮哀淮夷之咀荒呼徒侶吾還歸兮陰風振而塵揚

畏星昴之將中兮冒元夜之飛霜顧謂童子汝其賦詩爰有小子褎然致詞歌曰歲窮木落兮大澤空鴈宵征兮天北風曷不飲酒兮禦元冬歸來歸來兮樂未終余曰汝姑置之乃歌曰臨山川兮懷故鄉歲窮陰兮曾不暘升高堂兮潔余樽耿余思兮古之人

明

放龜賦有序　李夢陽

昔有二龜李坪驛衙長江之流目發育之溶溶怛然有傷於二物復思趙抃放龜事千載同懷爰放二龜於汀潭已作斯賦比興諸義聊抒鬱志非諷一而勸百者擬也諭兒

子亦作

精絪緼以游魂兮各含和而搆形何茲物之詭異兮獨神超而蘊靈準麟鳳之隱見兮呼吸陰陽而卷舒善伸縮以遠患兮匠神龍而水居嘆賦命之多蹇兮遇罝網而見執蒙君子之珍覡兮戒航舟而並畜仁人緗弗棄兮廼伊欽余之素質曰離籠豈林游若兮爰偉賢哲而用情嘗機礪之顧脫兮慮曳尾及而遲暮俯洪流以余縱兮蹬長江而徑步歌曰醜泥混以流形兮就厥龜而副嘉外負介以昭武兮內文彖而靜退體穹窿以則乾兮履坤方而袪慝鄙饕餮之諛世兮享吞浮而飲息沐澄浛以棲寂兮戢潭荷而保身文于列以衍象兮色蒼古而玢璘景至人之赴義兮將刳中以效誠怨穆卜之靡諧兮懼捐軀而莫明賡歌曰江滔滔以東下兮蒹葭莽而波濤幸已縻而終逝兮劃順泛而長逃念曩昔以中惕兮數惟拘縶之所殊思范檝以依徙兮願附孔而海浮鳥故林以悲鳴兮獸躑躅於前邱軫宿豢以迴透兮躍瀴溟而㳂流龜曰聖歟元龜戒朶頤兮十朋四靈榮以時兮淵潛罔洳出斯縻兮求仁見蔓厥無惑兮刳腸灼蠵爰奚益兮謐兮靡兮齊天地徜徉兮

擬赤壁賦有序　茅瑞徵

余向不作賦既量移齊安友人溫太史長卿書來道訊曰

黃州赤壁盛傳坡老兩作此自記體子令斯邑直須作賦余竊心許竟逡巡未遑也會歲丁未直指史公按部之暇原本山川以賦見屬茲乃不辭固陋僭為抽毫坡老可作應唯貂續

歷皇輿以退矚循南紀而騁武爰按轡以澄清乃周星而閱楚既縱目乎山椒遂弭節於江滸惟茲山之鬱盤標奇蹤兮終古夫其擁帶長薄苞舉層巒靈根競爽秀色堪餐象朝霞之軒舉雜落英而流丹盼赭岸於天末縈蘭渚之疑紈信山川其殊詭有今古騷人墨士之所悦忽而眙愕者矣若乃跨江潯眺漢汭選芳洲遡遠澨山如簪樹若薺遡樊浦之歸雲

阻三江於東逝望鄂渚兮中流辨西山兮新霽夫何形勢之巀嶭以崔嵬枕長江而作蔽爾其鷫鷞栖鴛崇墉列雉聽鼓角於嚴更拱金湯於西顧于門晨啟排閶闔而生雲萬甍宵凝捲簾櫳而舒霧面波濤之澎湃以下上兮大別注之滙彭蠡而張怒亦有征檣橫霧而奚進兮想舳艫之爭馳杖尺箠而飛渡至若軒楹顯敞以前闢亭榭紛披以層布𧺆樓百尺兮星臨雕檻三重兮綦峙枕流漱石既天劃而神鏤左江右湖亦龍驤而虎視此固夫震旦之仙都方隅之偉觀也當夫天氣肅零露瀼瀼龍火頹兔華上晚風清綺席張理瑤琴聽鬱蒼鐃庚公之佳興同蘇子而徜徉則有漁燈佛火兩兩相望

蘭槳桂檝傾彼壺觴引金樽而邀月弄涼夜之逸光亦有聲犯龜茲韻寫滄浪紫裘腰笛一曲徬徨鶴南飛兮歌裂石鵲遶樹兮夜何長爾乃感雄圖之延促徵往牒之興亡館橫江兮創塹洲得勝兮垂芳彼蒯恩既嘗吞吳而御敵暨劉冠軍之破桓元獨崢嶸於此方是皆號最勝之遺蹟又何空齒乎東風折戟之周耶爰有問鶴之亭放龜之渚留遺惠於千秋訪飛仙而儻止悟身名之浮漚而露電兮繄獨三不朽之流傳歷刼灰而可譜而亦誌夫磯頭之金甲兮井綆寒碧血剖竟矯矯乎凋英聲於鼎釜乃若抽彩毫之五色愴往事而摛詞粵有李白之韻杜牧之詩夫實趣兩賦以前步兮宮商沉振而互馳至於肇嘉名顯榛蕪定雄飛訂史圖吾又孰測當年之故物兮茲磊磊而懸崖夸厥土之赤墳盍嘗錯楚方而可數寧止連雲夢而爲三抑亦沿鄂洑而稱五彼聲名之奪朱徒赭堊乎凝質的歷丹邱目遇成色尚有霍州之南焉獨壽魚之兆物換星移沙青渚白目送手揮天空海闊勝以時顯地因人傑是耶非耶山川罔識吾將掞以問之寥廓竟嗒然而失答

讀書鐙檠賦有序　王一翥

王子終夜讀書寶一鐙檠婦曰苟富貴毋相忘遂爲賦之

爾其爲器也闇而能納盈而徐沖卷舒惟時萬戶其同燭龍

匿景蟾兔朧朧自非嘉德孰補昏蒙或照鏽幕或耀朱櫳伴愁助笑提攜不窮相其體鑒製自良工如金如錫以錯以雕莖擢蘭膏燄吐玉蟲籟青熒自圍暈旁逼佳人是告以筮吉凶孰若佐讀唔咿相從槐燧初鑽松燎始烘葦屏竹舍哲雨老風漁燈如星佛火如虹宝少木奴案乏青童丹黃丙夜形影孤蹤守此陶甕陋彼銅虹首推素侶實爲厥功嗟彼酣嬉舊業罔攻椒煙登進草籌蒙戎折耳敗足委棄壁龍我則安敢夙夜靖共照徹汗青以及女紅高炬熒熒各爾始終

國朝

赤鼻山賦　胡復亨

嶽鎮巍聳兮維天柱之高撐支條蜿蜒兮繫地氣之周旋驍足千里兮蹶起於西陵穿身百雉兮首出乎邾城羌蟠礴於水曲實苞育夫火精乃厥土之赤埴又其石如紫金儼丹沙之爲骨類臙脂之染形雨頻洗而彌耀日常暴以愈新撼飆風之勁疾無改麗質激怒浪之飱齧益試堅貞顧造化之肖物偏近取諸人身異焉哉髣髴古之隆準妙矣乎肇錫予以嘉名儷黄岡之舊號受赤鼻之殊稱方其胎息聚寶兮纍纍數指上之螺紋角立剪峰兮稜稜樹額間之崢嶸蘼蕪芽茁兮延蔓似趺坐於綠茵峩眉冰融兮驟漲如渴飲於黄泓既植體之特絶復景物之競呈則有水落而平原出牛馬牧兮

錯錦霜降而旅鴈呼颿檣過而乍驚旎以薄兮湖上之芰蔆縱橫解以脱兮窩中之菊英繽紛宛委定惠之院海棠綽約而春榮需衍橫江之館綠椰搖曳而秋青經時則熟地滿雪藕之白蓮應候而肥潛泳玉脂之鯉鱘況夫諸川環合羣湖洄濼沙巴南亘兮澄澄荻洲北擁兮汀汀右控三江之上游左漏徽泉於下清澗轉溪回滙玻瓈於衣帶葦航葉駕接西巘於門庭寒溪隱見兮仲謀避暑之離宫杯湖淨滌兮次山杯飲之宬尊凡盡態而鬭妍俱呈技以效命猶且壓踏毛寶之龜渚肘挾張耒之鴻軒玩月波之佳趣想見浩浩睹竹樓之巧制如聞丁丁摹木石於壁間寒耶何氏之堂得江山於

几席快哉張子之亭若夫前賢之輝映則魏公之與禹偁幽人之點綴則季常以及大臨於時草昧欲開天作奇緣氣機感召帝遣偉人才蹴趾於虎豹遂濯纓於滑淪攀危巢而長嘯放扁舟而酣吟因裁成夫兩賦兼吁嗟以千言假菀枯之已往抒巳心之不平約畧大夫之懷沙大都太傅之過秦既風流之駘宕尤意致之超騫悲夔契之莫用託莊列之幻行學嵇阮之曠達笑魏吴之鬭爭栩栩羽衣之翩躚渺渺孤鶴之飛鳴固將神遊於十洲揮斥於八紘夫何絶調之既出遽來文人之相輕或指沙羨之爪岸或云臨嶂之烏林謂摘詞之失據豈傾耳之知音抑有味乎寓言曷少念其感興兹企

懐於後代久抱歎夫斯情喜騷客以韻事兮掩霸業之雄能忱遺風之未遠兮寧勝蹟之勿珍倘遥步於往哲兮必見噬於山靈値姑洗之應律兮正勾芒之司辰看奇蹤之遶郭兮盼麥穗之映津尚桂酒之堪謀兮便蘭棹以再尋寒滸水之芳莛兮攜樊口之細鱗烹鳳棲之清泉兮按陸羽之茶經竊以踵巴人之下里匪敢續坡仙之餘勍固巳油油乎樂寥廓之厚載嘷嘷乎沐浩蕩之深仁

問津書院賦　　曹翰 尊江

繄問津之古院聳神明之故墟據翼軫之分野當楚蔡之通衢後碧嶂以環抱前清溪以盤紆上倚觀川之危石下臨滌

筆之汚瀦巍書城其坐擁帶院落以相於鐘鼓揚靈於河曲絃歌流韻於山隅因一日轍環之蹟作千秋考道之區粤自有唐杜牧廟建文宣宋之孟珙廣舍山巔仁夫龍氏大啟講筵逮有明之中葉迄萬歷之季年前有胡孫之創建繼有蕭王之改遷去舊廟之湫隘卽新宮之安閒上奉聖像道貌岸然左祀仲子沮溺右祀朱子儒先下及縉紳名宦有功斯土者皆得從祀於其間爾其爲狀也峩峩嶪嶪煒煒煌煌樹中天之華闕凌冠山之明堂方圓則法乎天地閶闔則象乎陰陽既星羅而碁布亦翼舒而箕張軼雲雨於天際迴虹蜺於崇岡爛兮若朝暾之激景皎兮若明月之流光遠而望之如

入丹青之室近而察之恍遊金碧之鄉其爲制也後爲寢殿牓曰大成重棨複棔畫棟雕甍虹梁煜爚藻井玢璘金釭銜璧玉瑱居楹飛欄翼以軒翥反宇轍以騫騰瓦獸躨跜於屋脊金爵上棲於觚棱張網戶以朱綴絡綸連以青縈仰靈宮之肅穆等仙禁之深沉殿外則重軒三階元墀釦砌蟠文螭於雲坳繞蛟龍於丹陛銅池承霤以矗落露臺臨虛而巘巇鋪磴道以綺錯攢危檐而鱗次覽曲檻以廊迴覺神眩而目眛中爲禮殿亦曰講堂建連屏之端正書聖經之琳琅皓壁曉曜以月照丹桂歘艶而電光勒禁楄以疎密承陽馬以圓方欒栱夭矯以交結欂櫨角落以高驤鴻爌熀而爣閬極崇

隆而堂皇納雲霞於戶牖吞日星於軒窗羌左平而右城夾馳道於中央歷九階以延佇指雙闕以翺翔啟南端之閶闔顏書院以問津夾左右之兩掖儆玉振與金聲修閣扇之壯麗釘浮漚之繽紛朱闕岧蕘兮金鋪燿日彤扉鵷軋兮獸鐶驚人厥有東廡堂曰問津耦耕齋曰潔粢奉牲綺疏露楄瑣闥雲蒸望衡對宇遙連乎飽德之亭又有西廡祠則文公諸儒館則齋宿藏書璇題月湛繡栭星錯連簃複閣直接乎從先之居由兩廡以各出夾中門而平分規隙地以立柵列畫戟以爲門兩坊對峙雙柱高擎德配天地道冠古今面牆一堵彩畫麒麟當櫺星而壁立覩天子之外屏院後四壁宮牆

縱橫儼衆星之拱極護賢關聖域以攸寧宮室既飭禮器斯彰開神廚而敷典檢祭庫以摟藏尊則全乎犧象瓚則備乎圭璋鼎則鼐鼒鉞鬲俎則梡蕨椇房簠簋共登鉶競美豆籩與爵勺交相象刻兼饕餮雲雷之古雕鏤極夔龍龜雀之光他若麾旛巾冪罍洗篚筐千態萬狀不可殫詳禮儀既備樂器孔昭考宮懸於殿陛察簨簴於堂坳鐘則鏞鎛笙頌鼓則楹足縣鼗磬則製泗濱之石笙則採曲沃之匏絲則瑶琴錦瑟竹則龍笛鳳簫木則柷敔互用塤則雅頌均調推之籥翟炳耀旌節飄搖靡不雲譎而波詭玉立而星標其釋奠則始以如甡之上丁後以緇元之旣望延守令丞博以主祼將合

縉紳先達以爲顯相或執豆而承籩或省牲而莅邑粢盛則黍稷馨香牲牢則牛羊茁壯禮九拜以肅雝樂六奏以和暢列佾舞於階東階西合聲歌於堂下堂上欽福則官師悉受其鴻釐頒胙則閭庖咸蒙夫異既彝章比閎里以差殊典禮較辟廱而無讓其講學則始於元季盛於明中本郡之儒紳畢集異方之師友來從軒蓋相望於道路皐比並列於儒宮派姚江者以致良知爲主學甘泉者以體天理爲宗奪席而戴憑倏至解頤而匡鼎初逢講道著河汾之盛談經追虎觀之雄戶外之坐席常滿橋門之觀聽雍容爭紹程朱之脉遠追鄒魯之風其會課或舉以二季或定以四時遐邇雲集生

徒影隨先之以制藝次之以賦詩排坐防濫監門絕私閶闔秩秩濟濟祁祁紛嘈兮似春蠶之食葉奮勇兮如戰士之銜枚競登壇而拔幟羣入海以探驪沿夜分而投卷逮試畢而彙齊司會則矢公矢愼衡文亦無詐無欺多士遂登龍之願眞才矜倚馬之奇癸卯復會於此日幾復再見於今玆至若師傅端居生童住宿終日孜孜窮年矻矻冬釭熘兮筆花紅春晝永兮窗草綠開絳帳以傳經下絹帷而課讀負笈皆英俊之流鼓篋盡衣冠之族執經問義者偕來絃瑟歌風者相勗親弟子之莭芹飽先生之苜蓿覺師嚴而道尊可化民而成俗是蓋以詩書爲堂奧以性命爲丕基以禮義爲門路以道德爲藩籬南國圖書之府西陵禮樂之司絃誦之風流未墜襄軒之日月於斯不獨嶽麓嵩陽不可及亦非鵝湖鹿洞所能幾矣千里之楚疆曾經幾代問七百之書社今屬阿誰曷若此問津片壤宮闕巍巍直與尼山洙泗相終始而無有窮期

孔子山賦

曹翰

歷皇輿以周覽得聖蹟於邾城據離明之正位符艮止之休聲氣磅礴而鬱積勢嶙峋以崝嶸襟江湖而帶倒峯控茲軼而揖巴衛因至人之游歷肇錫予以嘉名遂使士壤被素王之號而致山靈冒先聖之稱爰溯所自副嶽鍾祥厤胎灊霍

綿亘江黃擎天柱以脉落矗龜峯而首昂乍盤迴而過柏舉旋蜒蜿而入宣鄉聳大崎之峻極帶接天之混茫龍岡西走馬鞍南翔結五雲之華蓋作百城之保障延袤數十餘里巋然屹立於玆方千態萬狀詭跡殊蹤凹者成窪凸者成峯嶺騫騰而似鳳岡夭矯以如龍映日之芙蓉隱隱撐天之紫蓋重重擬齊雲兮縹緲侔偃月兮穹窿旣箕張而斗峻亦星拱而雲從儼卦疇之羅列而太極之在中後倚回車之古埠前俯問津之長河左挹顏港之雲樹右擁文崎之烟螺沖長沮而寥廓阪桀溺以陂陀耦耕之田紛其繡錯進步之石鬱以嵯峩上有講經之臺下有晒書之場繞以墨池之浩蕩襯以

硯石之光芒承以觀川之坐石翼以拱雉之山深丹崖舒霞碧嶂凝翠松檜參天蘇蘿交翳春雨空濛秋陰迢遞烟雲變幻於晨昏虹霓連蜷於晴霽谷脂而陰陽爲之晦冥林深而日月爲之虧蔽天晴則魚躍鳶飛夜靜則猿啼鶴唳㵎泉響而魯壁之絲竹長聆颸籟馳而泗水之絃歌未替東迤平麓則疑於矍相之圃西憑小市則似乎五父之衢講院巍峩兮闕里烟墩高傲兮舞雩青蓮峙尼山之五老黃林蔚緇帷之一區緬杏壇其未遠比孔里以何殊命杖履以徐步入烟巒之崔嵬度懸磴兮玲瓏指迷津兮遥滙歎人事之代謝幸山川之未改憶車聲兮如聞尋轍迹兮宛在知鳳德之未衰信

麟趾之可待而斯人吾與之懷永綿邈於千載

辭

宋

黃泥坂辭　蘇軾

出臨臯而東騖兮並叢祠而北轉走雪堂之坡陁兮歷黃泥之長坂大江洶以左繚兮渺雲濤之舒卷草木層累而右附兮蔚柯邱之葱蒨余旦往而夕還兮步徙倚而盤桓雖信美而不可居兮苟娛余於一眄余幼好此奇服兮襲前人之詭幻老更變而自哂兮悟驚俗之來患釋寶璐而被繒絮兮雜市人而無辨路悠悠其莫往來兮守一席而窮年時游步而遠覽兮路窮盡而旋反朝嬉黃泥之白雲兮暮宿雪堂之青煙喜魚鳥之莫余驚兮幸樵蘇之我嫚初被酒以行歌兮忽放杖而醉偃草爲茵而塊爲枕兮穆草堂之清讌紛墜露之溼衣兮升素月之團團感父老之呼覺兮恐牛羊之予踐於是蹶然而起起而歌曰月明兮星稀迎余往兮餞余歸歲旣晏兮草木腓歸來歸來兮黃泥不可以久嬉子瞻嘗自書詞後云余在黃州大醉中作此詞小兒輩藏去稾醒後不復見也前夜與黃魯直張文潛晁無咎夜坐三客飜倒几案搜索篋笥偶得之字半不可讀以意尋究乃得其全文潛喜甚手錄一本遺余持元本去明日得王晉卿書云吾日夕購子書不厭近又以三縑博兩紙子有近書當稍以遺我毋多費我絹也乃用澄心堂紙李承晏墨書此遺之

元

龍邱引擬楚龍邱子作　吳萊

春花兮亂開秋葉兮滿階時不再來兮我憂用老獨行懷思兮我歸無所鳥則有翼兮魚則有鬐瀟霍有岳兮江漢斯陂徘徊不進兮尼彼路歧僕夫告病兮饑馬齧其我夢之歸兮吾鄉我里門闕依稀兮墟墓則邇魂神惝怳兮一夕九徙父母何在兮敢及妻子天陰歲莫兮北風之寒曰我無衣兮坐不能飧我拊我膺兮摧我肺肝悶天嗟嗟兮唱其增歎

明

黃州謁蘇文忠祠　廖道南

歲闕逢兮涒灘邅吾道兮江干邅黃墟兮浩淼艤凫舟兮盤

桓逵靈祠兮擊鼓薦藴藻兮焚蘭悲伊人兮不作志坎壈兮
多艱抗危言兮逢紛履險機兮罹讒屈鳳鳥兮鴟鴞詆麒麟
兮貙豻擯璵琪兮瓦礫踐芝英兮草菅據蒺藜兮困石將孰
往兮奚安嚬赤鯶兮摘藻弄浦月兮潺湲駕一葦兮凌濤俯
江闊兮觀瀾謇予來兮歲暮木葉下兮驚湍仰遺容兮若在
鬱懭悢兮空山

寄贈萬退修　胡承諾

有美一人兮樂隱居十有七載兮碧溪之闕閉戶兮奚爲啟
南窻兮著書訶韶華兮方盛怪壯志兮未攄欲寄言兮王孫
冀招來兮我須𠱾不可兮坐失曷青紫兮往紆羌告我以不

暇兮又申之以異趨山四更兮吐月水三篙兮落渠縴寒蘭
兮障蠻漫春塘兮生魚辟野鹿兮巖屋放白鷗兮江湖林繽
紛兮獨往市竊塵兮亟遁書波瀾兮不起矯六翮兮誰敎人
之相知兮貴相知心聽君之言兮益縱君之所如

詩

五言古

南朝宋

王撫軍庾西陽集別 沈約宋書曰王宏監豫州之西陽新蔡諸軍事撫軍將軍江州刺史庾登之爲西陽太守入爲太子庶子集序曰謝還豫章太守庾被徵還都王送至湓口南樓作　謝瞻

祗召旋北京守官反南服方舟析舊知對筵曠明牧舉觴矜
飲餞指途念出宿來晨無定端別晷有成速頹陽照通津夕
陰曖平陸榜人理行艫輶軒命歸僕分手東城闉發櫂西江
澳離會雖相親逝川豈往復誰謂情可書盡言非尺牘

梁

赴荆州泊三江口　元帝

步江望行旅金鉦間綵旃水際含天色虹光入浪浮柳條恒
拂岸花氣盡薰舟叢林多故社單戍有危樓疊鼓隨朱鷺長
簫應紫騮蓮舟夾鶴氅畫舸覆緹油榜歌殊未息於茲泛安
流

登琴臺　簡文帝

燕階踐昔逕復想鳴琴遊音容萬卷罷高名千載留弱枝生
古樹舊石抗新流由來遞相嘆逝川終不收

宋

月波樓有序　王禹偁元之

月波之名不知得於誰氏圖綴故老皆無聞焉因作古詩
一章凡六百八十字陷於樓壁庶使茲樓之名得與詩俱
不泯也

郡城無大小雉堞皆有樓其間有名者不過十數州吹簫事
遼迥仙迹難尋求庾公在九江締構何風流謝守鎮宣城疊

嶂名有由東陽敞八詠吾聞沈隱侯白雪架郢中調高誰和酬黃鶴倚鄂渚仙去事悠悠贊皇謫滁上作賦懷嵩邱樓居出俗態澤國多勝遊好景不遇人安得名存留齊安古郡廢移此清江頭築城隨山勢屈曲伏環周茲樓最軒豁曠望西北陬武昌地如掌天末入雙眸平遠無林木一望同離婁山形如八字會合勢相勾東晉方士戴洋言武昌有山無林山形如八字勢不及九故孫權以黃武元年都武昌八年遷建業三國事既遠六朝名亦休近從唐末來爭奪互仇讎斯樓備矢石此地控咽喉終朝望烽燧連歲事戈矛可憐好詩景牢落無人收皇家統萬國遠邇盡懷柔三聖四十年蕩蕩文德修淮甸爲內地黃岡爲上游儒服假郡印踐更

若公卿況多辦職吏誰肯恣吟謳伊余何爲者竊慕騷人儔兩朝掌文翰十年侍冕旒去歲出西掖謫居抱窮愁日日江樓上風物得冥搜何人名月波此義頗爲優西南新桂魄初上懸玉鉤晚瀨清且淺漂蕩影沉浮三五金波滿夜光如暗投驪龍弄頷珠晃朗照汀洲滄臺披寶劍碎璧斬長虬冰輪曉入地推下赤金毬闌干四五星斜漢印清秋誰家上元燈而盛列[illegible]鼇此景吟不出謾使聲呦呦千里畫圖濶四時詩興幽野花媚宮纈芳草鋪碧䌷火雲照沙浦暴雨傾荒溝白亂蘆花散紅殷蓼穗稠簷冰垂若練雪片大於鷗江蘺煙漠漠宮柳雨颼颼舟子斜撾槳牧童倒騎牛水獺有時戲江豚頗能泅山鳥奏笙籟落霞展衾裯魚網雪離離酒旗風颼颼放懷雖自適詩物奈相尤右顧徐邈洞精靈如在不左瞰伍員廟荒隙令人羞樓中何所有官醞湛蚍蜉棋枰留客坐琴調待僧抽橘柚鄰藥鼎筆間茶甌平生性幽獨寂寞誰獻酬宦常已三黜懷抱罹百憂凭欄憶王粲望闕同子牟自甘成潦倒無復事聲猷身世喻泡幻衣冠如贅瘤放意無何鄉誰分親與仇寓形朝籍中毀譽任啁啾君恩無路報民瘼無術瘳惟慙戀祿俸未去耕田疇題詩郡樓上含毫思義猷功名非范蠡何必泛扁舟

涵輝樓　韓琦稚圭

臨江三四樓次第壓城首山光徧軒楹波影撼窗牖予兄天聖中向攝齊安守兄才無不宜吏治孰可偶公庭常寂然所樂在文酒

安國寺浴堂　蘇軾

老來百事懶身垢猶念浴衰髮不到耳尙煩月一沐山城足薪炭烟霧濛湯谷塵垢能幾何翛然脫羈梏披衣坐小閣散髮臨脩竹心困萬緣空身安一床足豈惟忘淨穢兼以謝榮辱默歸無多談此理觀要熟

定惠院顒師爲余竹下開嘯軒　蘇軾

啼鳩催天明喧喧相詆譙暗蛩泣夜永唧唧自相弔飲風蟬

玉潔長吟不改調食土蚓無腸亦自終夕叫鳶貪聲最鄙鵲喜意可料皆緣不平鳴慟哭等嬉笑阮生已疎狂孫子亦未妙道人開此軒清坐默自照衡風振河海不能號無竅累盡吾何言風來竹自嘯

遷居臨臯亭　蘇軾

我生天地間一蟻寄大磨區區欲右行不救風輪左誰云走仁義未免遲寒餓劍米有危炊鍼氈無穩坐豈無佳山水借眼風雨過歸田不待老勇決凡幾箇幸茲廢棄餘疲馬解鞍馱全家占江驛絕境天爲破饑貧相乘除未見可弔賀澹然無憂樂苦語不成些

東坡八首有序　蘇軾

余至黃二年日以困匱故人馬正卿哀余乏食爲於郡中請故營地數十畝使得躬耕其中地既久荒爲茨棘瓦礫之場而歲又大旱墾闢之勞筋力殆盡釋耒而歎乃作是詩自愍其勤庶幾來歲之入以忘其勞焉

廢壘無人顧頹然滿蓬蒿誰能捐筋力歲晚不償勞獨有孤旅人天窮無所逃端來拾瓦礫歲旱土不膏崎嶇草棘中欲刮一寸毛喟然釋耒歎我廩何時高

荒田雖浪莽高卑各有適下溼種秔稌東原蒔棗栗江南有蜀士桑果已許乞好竹不難栽便恐飄橫逸仍須卜佳處規以安我室家童燒枯草走報暗井出一飽未敢期瓢飲已可必

自昔有微泉來從遠嶺背穿城過聚落流惡壯蓬艾去爲柯氏陂十畝魚鰕會歲旱泉亦竭枯萍粘破塊昨夜南山雲雨到一犁外泫然尋故瀆知我理荒薈泥芹有宿根一寸嗟獨在雪芽何時動春鳩行可膾蜀人貴芹芽膾雜鳩肉作之

種稻清明前樂事我能數毛空暗春澤鍼水好聞語蜀人以細雨爲雨毛稻初生時農夫相語稻鍼水矣分秧及初夏漸喜風葉舉月明看露上一一珠垂縷秋來霜穗重顛倒相撐拄但聞畦隴間蚱蜢如風雨蜀中稻熟時蚱蜢羣飛田間如水蝗狀而不害稻新春便入甑玉粒照筐筥我久

食官倉紅腐等泥土行當知此味口腹已可許

良農惜地力幸此十年荒桑柘未及成一麥庶可望投種未逾月覆塊已蒼蒼農夫告我言勿使苗葉昌君欲富餅餌要須縱牛羊再拜謝苦言得飽不敢忘

種棗期可剝種松期可斲事在十年外吾計亦已慤十年何足道千載如風雹舊聞李衡奴此策疑可學我有同舍郎官居在潛岳李公擇也遺我三寸柑照座光卓犖百栽倘可致當及春冰渥想見竹籬間青黃垂屋角

潘子久不調沽酒江南村郭生本將種賣藥市西垣古生亦好事恐是押衙孫家有十畝竹無時容叩門我窮舊交絕三

子獨見存從我於東坡勞餉同一飧可憐杜拾遺事與朱阮論吾師卜子夏四海皆弟昆馬生本窮士從我二十年日夜望我貴求分買山錢我今反累生借耕輟茲田刮毛龜背上何時得成氈可憐馬生癡至今誇我賢衆笑終不悔施一當獲千

大寒步至東坡贈巢三　蘇軾

春雨如暗塵春風吹倒人東坡數間屋巢子與誰鄰空牀斂敗絮破竈鬱生薪相對不言寒哀哉知我貧我有一瓢酒獨飲良不仁未能赬我頰聊復濡子脣故人千鍾祿馭吏醉吐茵那知我與子坐作寒蛩聲努力莫怨天我爾皆天民行看

花柳動共享無邊春

浚井 即東坡暗井也　蘇軾

古井沒荒萊不食誰爲惻餅罌下兩綆蛙蚓飛百尺腥風散泥滓空響聞點滴上除青青芹下洗鑿鑿石沾濡愧童僕盃酒暖寒栗白水漸泓渟青天落寒碧云何失舊穢處事來新潔井在有無中無來亦無失

日日出東門 東坡圖云東門近東城之門也在乾明寺前五十步今無矣　蘇軾

日日出東門步尋東城遊城門抱關卒笑我此何求我亦無所求駕言寫我憂意適忽忘反路窮乃歸休懸知百歲後父老說故侯古來賢達人此路誰不由百年寓華屋千載歸山邱何事羊公子不肯過西州

元修菜 有序　蘇軾

菜之美者有吾鄉之巢故人巢元修嗜之予亦嗜之元修云使孔北海見當復云吾家菜耶因謂之元修菜余去鄉十有五年思而不可得元修適自蜀來見余於黃乃作是詩使歸致其子而種之東坡之下云

彼美君家菜鋪田綠茸茸豆莢圓且小槐芽細而豐種之秋雨餘擢秀繁霜中欲花而未萼一一如青蟲是時青裙女採擷何匆匆蒸之復湘之香色蔚其饛點酒下鹽豉縷橙芼薑

葱那知雞與豚但恐放箸空春盡苗葉老耕翻煙雨叢潤隨甘澤化暖作青泥融始終不我負力與糞壤同我老忘家舍楚音變兒童此物獨嫵媚終年繫予胸君歸致其子囊盛勿函封張騫移首蓿適用如葵菘馬援載薏苡羅生等蒿蓬懸之東坡下墝鹵化千鍾長使齊安人指此說兩翁

問大冶長老乞桃花茶栽東坡　蘇軾

周詩記苦荼茗飲出近世初緣厭粱肉假此雪昏滯嗟我五畝園桑麥苦蒙翳不令寸地閒更乞茶子蘖饑寒未知免已作大飽計庶將通有無農末不相戾春來凍地裂紫筍森已銳牛羊煩訶叱筐筥未敢睨江南老道人齒髮日夜逝他年

雪堂品尙記桃花脊

曉至巴河口迎子由　　蘇軾

去年御史府舉動觸四壁幽幽百尺井仰天無一席隔牆聞歌呼自恨計之失留詩不忍寫苦淚漬紙筆餘生復何幸樂事有今日江流鏡面淨烟雨輕冪冪孤舟如鳧鷖點破千頃碧聞君在磁湖欲見隔咫尺朝來好風色旗尾西北擲行當中流見笑眼清光溢此邦疑可老修竹帶泉石欲買柯氏林兹謀待君必

杭州故人信至齊安　　蘇軾

昨夜風月清夢到西湖上朝來聞好語叩戶得吳餉輕圓白

曬荔脆釅紅螺醬更將西菴茶勸我洗江瘴故人情義重說我必西向一年兩僕夫千里問無恙相期結書社故人相約釀錢僱僕夫一歲再至黃未怕供詩帳僕頃以詩得罪有旨移杭取境內所留詩杭州供數百首謂之詩帳還將夢魂去一夜到江漲江漲杭州橋名

陳季常見過二首　　蘇軾

仕宦常畏人退居還喜客君來輒館我未覺雞黍窄東坡有奇事已種十畝麥但得君眼青不辭奴飯白

送君四十里只使一帆風江邊千樹柳落我酒杯中此行非遠別此樂故無窮但願長如此來往一生同

寒食雨　　蘇軾

自我來黃州已過三寒食年年欲惜春春去不容惜今年又苦雨兩月秋蕭瑟臥聞海棠花泥汙臙脂雪暗中偷負去半夜眞有力何殊病少年病起頭已白

戲作種松　　蘇軾

我昔少年日種松滿東岡初移一寸根瑣細如插秧二年黃茅下一一攢麥芒三年出蓬艾滿山散牛羊不見十餘年想作龍蛇長夜風波浪碎朝露珠璣香我欲食其膏已伐百本桑人事多乖迕神藥竟渺茫堨來齊安野夾路鬚髯蒼會開龜蛇窟不惜斤斧創縱未得茯苓且當拾流肪釜盎百出入皎然散飛霜槁死三彭仇澡換五穀腸青骨凝綠髓丹田發

幽光白髮何足道要使雙瞳方却後五百年騎鶴還故鄉

題王黃州墨蹟後　　黃庭堅魯直

掘地與斷木智不如機舂聖人懷餘巧故爲萬物宗世有斲泥手或不待郢工往時王黃州謀國極匪躬朝聞不及夕百士避其鋒九鼎安磐石一身轉孤蓬浮雲當日月白髮照秋空諸君發蒙耳汲直與臣同

寄陳季常　　秦觀少游

一鉤五十牿始具任公釣揭竿趣灌瀆與爾不同調先生本西蜀俠氣見英妙哀憐世間兒細點似黃鵠侍童雙擢玉鬢髮光可照駿馬錦障泥相隨窮海嶠平生攜手好十七登廊

廟小生相吏耶徒枉尺書召暮年更折節學佛得心要謂馬
放阿樊幅巾對沈燎泠泠屋外泉兀兀原頭燒欲知山中樂
萬古同一笑

別黃州　張耒 文潛

扁舟發孤城揮手謝送者山回地勢卷天豁江面瀉中流望
赤壁石脚插水下昏昏煙霧嶺歷歷漁樵舍居此實三載鄰
里通借假別之豈無情老淚爲一洒篙工起鳴鼓輕艣健於
馬聊爲過江宿寂寂樊山夜

王立之大裘軒　謝逸 無逸

小人拙生事三冬臥無帳忍寒東窗底坐待朝曦上徐徐晨
光熙稍稍血氣暢薰然四體和恍若醉春釀此法秘勿傳不
易重稱養君胡得此法開軒亦東向蘇公名大裘意豈在萬
丈但觀名軒心人人如挾纊

燈下讀書　陸游 務觀

少年喜書策白首意未足幽窗燈一點樂處超五欲而況黃
州路小雨漁村宿蕭蕭蒹葭聲爲我洗暑毒琅然誦經史少
倦兒爲續何必效萊公長夜醉畫燭

泊三江口　陸游

遲明離武昌薄暮次黃岡勿言觸熱行一雨三日涼北窗菰
蕭蕭南窗江茫茫元雲一池墨碧綫半篆香尚無車馬塵況

復爭奪場徐行勿挂帆此樂殊未央

月下步至臨皐亭　陸游

芒鞵踏松陰迫此船未發清遊豈無伴三友風露月山川鬱
盤紆鷗鷺浩滅沒當年老先生想像散醉髮浮生等昨夢八
巳埋玉骨吾儕幸彊健何事拘簪笏

發黃州泊巴河遊馬祈寺　陸游

南望武昌山北望齊安城楚江萬頃綠著我畫舫橫雲帆不
須挂鼉鼓不須鳴淡然隱曲几山水相逢迎疎雨漏薄日非
陰亦非晴晚泊巴河市小陌聞屐聲紫髯刑馬地一怒江漢
清中原今何如感我白髮生

明

黃州演武廳晏集贈石帥　王廷相 子衡

屛氛出江郊選幽憩武館秋容巳淡沱雲物亦回綰江山佳
入矚聊爾憑一覽道悟見乃超志愜與不淺招邀子所敦襟
期我當欵雖値旅務迫不廢賓筵展會屢詎流連談劇非縱
誕窈窕漢上曲淸切江南管援壺按鼛鼓揮琴述中散居易
命可俟撫化慮始遣江崩赤壁磯岸折黃泥坂蘇公豪遊跡
咫尺竟莫辨賞心卽命觴庶達養生纂

舟及團風以事復回黃州　王廷相

遄發齊安城野憩團風坂簡書申巽命造次促櫂返中夜淩

迴江侵晨見南巘推篷納升旭覽勝紛可辨嵓桂霞影蕩江蘺露珠泫時物豈不麗滯旅與莫展鹿門逐耕稼太史樂遊衍高賢雖自許干祿竟澒溷重來日云積歸計路應緬長嘯行曠達偃臥戒憤懣勞謙業以廣止坎道乃善楚氛與日搆持此庶可遣

遊定惠院　王廷相

蔓蔓芳蕪郭杳杳青蓮宮隔陴睇瑤林亭午聞霜鐘雲霞紛綺麗木石遞玲瓏羈心愜蒼郊苦旅攄幽悰既登雲中閣復眺江上峯水沿狎鷗鳥洲學斂芙蓉巳協隱淪趣堪擬蓬壺逢惜非虎溪遊一笑證遠公濁世豈不厭妙道要可通妻孥

歸性眞宰丞亮天工義旨顧靡偕慨息方彌重獨有滅心垢可與淨者同

赤壁亭晏謝蔣子胡子　王廷相

適志在林邱所嗟嬰宦籍雖偶登嶽謠終爾煙霞隔日來有所期蘭尊荷時晢虛館俯江郊況覽豪賢跡鳴雷輕隔沛涼風近將夕遊禽屬啁啁落木方槭槭瑤草未堪贈佳人徒良覿遠心入洞庭曠覽狹夢澤事往情彌牽年衰感易迫巳悲王子車終返原生宅賞心非外慕懷賢亦屢積且逐俄頃懽爲君謝行役

乞罷南歸過黃岡次舊游韻四章　林大輅

雙睥紫氣横西郊寒飈廣伊懷西方人眷兹滄洲賞景曠融道情豈牽簪纓想仰高盼山椒東流大江朗渚鳴羣鷗飛煙舒獨鶴上胃予謝浮榮敢言愜疎放荒荒古木疎綿綿元雲長虛無只蓬瀛長公得眞象從之不可追試招漁人榜

投簪協遐思驅車游黃岡黃岡非我游所思赤壁長煙光連江滸石徑明宵霜林聲聞歌管鈎影横瓊觴策策羣飛鴉日暮鳴徜徉雲中鴈相呼萬里獨南翔斗酒呼歲華況乃滄海浪回首思佳人仙蹤今微茫問之元鶴夢何如炊黃粱

杲日照北林丹崖俯幽壑澄流碧於藍微風吹雲漠遠渚既縈紆層峯亦連絡樵路莽荆榛村樹棲烏雀緬彼達士懷形

骸非有託撫化薄浮名招搖千古樂我今巳明農重游宛如昨神曠物徒縈歲寒江猶廓縱談天壤間豈復知龍蠖巾舄偕樵漁聊謝世人度

昔者蘇長公淹留黃泥坂羈旅本無營簞瓢同歲晚武昌魚雖薄猶勝惠州飯赤壁對暮齡扁舟亦繾綣才高受者稀瓠落還混沌兩賦達元門萬事期寒暖二客者誰何時亦樂蕭遯張翰煙雲姿陳琳天趣遠方舟夾雙流淡日輝霜巘徃事眷深衷兹游亦嫵婉北風吹歸輿參斜林卧穩豈無他人懷江湖終偃蹇

赤壁泛舟　許宗魯　伯誠

輟翰去幽館揚舲泝洞淵澄瀾鏡羽葢倒影浮賓筵前眺霞壁麗側泛雲島妍窻颷扇微綃織魄流逼川岸姿媚嘉月水容漾遙天雜卉芬紫岫鮮葩耀碧泉躍鱗擲素波慧羽吟繁絃嘉朋艷簪盡時景臻華年淑氣怡賞情和春薄沖元擷芳縱泮渙命酒忍留連俯仰攬故蹟悵望懷昔賢雅抱良不窮既醉陳茲篇

擬矯志篇　王廷陳 稚欽

蛟龍雖困不資凡魚鸑鷟雖孤不配鶩雞雖有香草當戶必除雖有仁人在敵必誅狐白雖美夏暑必置舟車之用易地則棄蕙蘭不采無異蓬蒿干將不試世比鉛刀以驥捕鼠曾

不如貍鐵夫獲璧不如得糜郭生純臣魯連高士彼乃登臺此則蹈海寧直見伐無為曲全寧渴而死不飲盜泉

壯士篇　王廷陳

少年學劍術英風聞九州慷慨出門去辭家將遠遊遠遊欲何之爰荒為我仇昨聞遣飛將召募何時休國威有不揚無乃壯士羞奮身如迅湍拔距踰亭樓猛氣伏熊虎勝躍捉獼猴置身百戰場妻子不顧留性命良足憐聊以紓主憂揮戈盪蠻煙飲馬江漢流餘勇萬人賈雄傑無匹儔功成獻大庭賜爵位通侯

眺江閣述感　王廷陳

偶遣郎中步來眺江上閣樹裏呂王城草邊祢子郭遺宮隱莫尋往牒恍難託春深苦竹滋秋高白楊落故壘啼早鴉野田噪暮雀頗為樵牧資焉免狐鼠虐雍門哀有餘九原何可作

園亭言懷　王廷陳

駿死骨誰市象焚齒自累棄置悲團扇齟齬嘆方枘恥隨荊橘化樂與魏瓠棄素無金張援馬耶邱園賁農圃衍世業桑麻綜歲計寶蝕三士桃芳引八公桂春原露未晞秋皐霜已被偶緣物態感遂與神理契居度無能淹金石亦善敝願言齊得喪庶以紓勞瘁

赤壁圖　楊　慎 十四歲作

曹瞞下江陵江陵正危劇周郎美少年氣吞江漢窄水戰得上流火攻非下策臥龍東畧雄烏鵲南飛迫妖氛掩黃星倒戈回紫陌鼎足已成形鬼蜮俄覦魄王業聊偏安霸圖何赫奕懷哉玉堂仙逖矣黃州客文光貫斗牛天遊忘遷謫名姓識兒童畫圖燦金碧赤壁幾千秋山青江月白

留雲洞　陳宗虞

古洞解留雲不解留車馬笑此行路心又逐山亭下拂衣向前楹元雲夜堪把蒼狗與白衣出岫何為者為霖在九垓從龍亦瀟灑

登陽邏驛樓　郭鳳儀 桐岡

雄郡枕巨津，檣軒瞰木杪弭棹亦何嘗攀梯肆周眺長江浩無極連山青未了但覺去帆遲莫辨歸舟小參差遠樹迷歷亂輕鷗觿入夏暑雨盈是日炎蒸少吏道常局迫人事多紛擾逸興寄嵩麓滯跡猶江表愧無排虛翮臨風羨高鳥

遊赤壁　何遷

初冬歷陽坂浮景被繁林艮辰愜元矚靈境宛招尋連巖旣窈窕累樹亦蕭森乘扁登瀛閒虛無溢沖襟緬想秋夜遊川原幽且深孤清詎同懷勝跡乃在今因之發静嘯激楚有餘音飛仙邈難求撫化異浮沉何如盡超忽聊得山水心

鄒彥吉使君招飲赤壁　吳國倫 明卿

使君展高晏飛蓋臨江圻陟彼千仞石樓觀何崔巍下有蛟龍窟洪濤震漁磯古人一遺跡我來寧有期中庭見樊口浦樹相因依舊游日以新新知良不疑密坐恣歡酬情言旨如飴君但發高唱勿謂知音稀

王穉欽吉士 八子詩之一　吳國倫

維楚故有才誰爲穉欽偶早歲發天秀匠心應其手高視千載前左馬相先後寧操湘女瑟恥擊秦人缶調世如弄丸罵坐非使酒敖然詠新篇豈復聞師友遂爲禮法攻一官棄如垢傷彼荆山璞終焉不見剖

鄒彥吉使君招飲赤壁　方尚贇

高臺俯郡郭飛磴連崇岡古人跡未朽今復登斯堂南臨樊山樹西望漢水陽使君政多暇攜客聊相羊薰風蕩遲景黃鳥鳴且翔綺饌簇江鱗玉醴澄羽觴彬彬軒冕士燦燦翰墨場縫掖亦何貴賓席承芬芳登高歡有作爲樂戒無荒豈如晉山簡酩酊習池傍

和吳明卿方仲美赤壁讌集　鄒廸光 彥吉

畢景百尺崖仰眺千仞臺漢水泝洄薄樊山葱蒨開檣帆退浦樹惝恍失去來鶴煙信容與簫聲亦悠哉陽烏逝夕波蟾影印石苔有酒須自醉爲樂不用猜酡顔徵令德雅藻屬上

才山水有深聽寧爲知音哀

雪堂詠懷二首　鄒廸光

夙抱理人術亦懷憂民心如何事纓牽託志翰墨林薄雲逗疏牖當軒列遥岑喜絶人吏跡兼之鳥雀音對此坐偃仰南薰盪衣襟鳴琴不下堂古人寧所欽

魯連非吾尚子牟非吾師出處道自合囂寂理亦齊昔余剖符竹揭來湘之湄披牘掇朝雲露冕搴春蘺魏闕信微尠齊組豈土埃所以磬折間吏隱常在斯會似蒙莊子昔者歎爲犧

赤壁感懷　易倣之

曹氏握漢綱已得天下半奉詞下江東投鞭流可斷日行三百里水軍八十萬幕下客繽紛人人出長算猛虎恣咆哮黥黎盡塗炭當其橫槊時無枝思已亂周郎方弱齡豫州正奔竄起將白羽揮翼若春冰泮老死不敢東竟就分香願雖助始借劉鼎足猶存漢知非豚犬兒久識英雄冠故壘惟白雲孤城空赭岸仗偭終何爲悲哉供一粲三復飯牛歌長夜何時旦

崑山馬工部席中有古詩見貽賦答　陶允宜

會稽佳山水行吟足朝夕驅車一以遠投轄每不懌矦罪刺黃州賞心在赤壁爲呼府中僚出訪江頭石矯有壁立姿而

無斧痕劈穿向濁流邊獨作丹砂色人言三國時帝遺兩雄敵南軍勢不競東風借其力炎皇御燭龍雷車駐霹靂漫空朱鳥翔夾岸火雲赫大江蒸水氣洪爐煉金液樓船盡煨燼壁石皆燔炙譬彼昆岡焚詎免池魚厄素質獨不灰亮節久彌赤或者百萬兵乃其膏血激烏林夜渺渺雀臺春脈脈念此蘄黃間留彼英雄迹客稱工部郎腕掛堪輿籍爲道赤壁磯乃在嘉魚北寒濱軒冕稀古磧風濤蝕前賦或誣夸二客空評隲我愛山水趣但遣才情癖束手受拘攣搖唇費彈射四海幾軒臺九州多禹蹟異人偶邂逅往牒爭組織爲謝覗融君巧奪老瞞魄總是一江連初非兩地隔楚王失其弓亦復楚人得好將壘塊澆剖破藩籬塞蘇公自仙才陶子今同調片語誠可投千秋足相識賓主旣笑喧歌人亦塡溢戎粧鬪鶻鮮宮樣胭脂飾茜燭媚珊瑚香醪浮琥珀天際絳霞飛臺前紅雨積緗宇映葳蕤酡顏並愉適起立石壇高下望江流窄冠蓋各東西江山又今昔

赤壁陪胡茂承宴賦　王同軌

壁壘血赤乾霸氣中原散蘇公夫何爲復此弄文翰俱爲地借名俯壁開樓觀上欲礙飛雲下踞江之半回思故聲華何異暮與旦蘇公昔已悲翻爲後人歎我生室其旁君來自天畔踏蘚秋尊攜木葉紛已亂痴絕君不無一笑冠纓斷高窺

鸛鶴巢險坐黿鼉岸題詩擊鉢成字字珠光爛尊罍歡處饒年華暗中換却恐留歲音千秋益悲惋三益古所稱兩情殊泮渙江上山聯翩從君徧探玩

過孔子問津處　茅瑞徵

驅車循四履晴巒來遠矚一水不容刀征人戒勿遽褰裳往從之下流苦沮洳試扣此何爲云是問津處在昔鳳戢羽深心觸諸語屏營歧路側所過溺與沮避世不避人相對一何倨千載憑遺跡山川應可據我來出其傍玆行豈游豫六翮阻高飛九折空叱馭雖馳雲外想已作粘泥絮仰止步荒祠低回不能去

咏署中雙桷　　茅瑞徵

庭前有奇樹嬌嬌參天直古幹當勁風豐枝蔚其實閱世百年來朝華經幾草獨此雙珍木秀挺兩稱特豈必同衆芳所貴不朽德長夏落層陰赤日爲西匿高杪激清音遺芳故盈側雖無媚俗姿而有凌雲色吾拙久已徵偕爾宛相識遠植在及時令名永不忒

春日赤壁眺眺效謝康樂體二首　　呂元音　節之

步出城西隅翛然靈界敞輕陰澹夕暉涼風正飄蕩雨初綠野秀臺高白雲朗疊雉剌中流千颿落漭泱林煙曳翠綃澗霞披絳幌旣懽僻野性復挾滄洲賞振衣登前岡徘徊命吾黨愛此離埃氛且得脫羈鞅美酒滌煩囂劇談發神爽會須倚層樓一嘯衆山響

纖月掛東林羲和箭西弭遊目意未足緩步信所履逕轉石磴坼溪漲漁梁毀翠苕出水鮮朱櫻然林紫涓涓芳露潤淡淡行雲止野照光空明泉溜響清泚伊余邱壑姿眷兹景物美登眺豁幽襟俛仰忘悲喜凭高身以軒臨流耳堪洗泠泠御遠風悠悠得眞理塵世事俱非獨此逍遙是預愁還城市車馬紛如駛

臥病懷同好諸子　　劉養微　康谷

辭翰難割嗜好所鍾聊擬選體數章自娛寄當神遊

何韋長

周道有崩頹塵軫恣騰鶩鏤金理旣詘轂響念彌固伊余秉拙訥投足怯窘步譽尤非考祥雕飾慮蹉故猥以孤㢤姿親黨三益顧傾蓋樊山賞騁筵赤壁晤叙離仍萬端協懽匪一趣已悪德鄰比復慚文會與蘭茗沐芬芳瑰玫霑溫裕洵美平生遊胡寧離合遽解纜乖雲雨臥疴變朱素余淹桑梓墟子滯淮淝路箕風振曠野涼月麗高樹翩翩南雁翔悄悄西舟泝引領限河梁躑躅不得渡

何緘仲　　劉養微

臥疴尠懽趣感舊殷遙思豈伊擧歲月延佇無前期微躬慄淵冰寤歎恒在兹美人敦懿義夙昔夢音徽音徽日夜隔心賞何由追緬懷投情愫探道觀元微遵塗宏正軌忸顏隆萬規判璞不隻剖宋石必雙揮山川邈離異形影久參差昔别青陽徂今留白露滋涼飈盪清襟朗月耀光儀典玩瑤華音想像瓊樹枝投桃理空切盍簪願亦違古交媿漸磐詠什慙緇衣久要崇篤固達權貴推移

秋日赤壁眺眺　　陶國楨

落日散餘暉晴川斷煙爽丹楓映赭岸歷歷衆山朗征帆遡天末迴波激清響長鱗躍湍渚修羽翔深莽牧笛揚柳陰漁曲滄浪上極目萬里秋乘風起遐想浩歌振林飈松檜亦偃

仰睇玆夕霽澄殊愜泉壑賞飛霞幕層阿高懷將安倣

聞易曦侯罵賊死　吳應箕 次尾

憶昔泊荻港適有黃州船心疑此船中曦侯或在焉曦侯亦揖予問名見復然夜半猶沽酒高談驚客眠秦淮一月聚古今皆窮穿是時射策者四方多名賢時時來旣我相見出奇篇曦侯對我嘆就流物理然慎子震驚意一善俾終全每感良友規誦之中心鐫自君別我去濶晤已三年慇懃憑尺素綿邈借山川豈知君死賊遠有義聲傳君無一命寄君無百城專矻矻窮歲月閉廬絕市塵著書已滿屋次第國門懸奄忽遭焚掠貫繫索金錢謂君門下士何難質萬千君前爲致

說解甲便歸田賊怒不可遏君論自便便言窮益激厲髮指目睛圓大罵死狗奴爾罪已通天卽予老禿翁何惜須臾延頭可一刻斷氣常萬古鮮我也念疇昔五岳崩胸前骨鯁不在朝死綏不在邊區區徒步士曾此一髮牽招魂豈江上淚落如流泉

買山　官撫辰

何以見山深白雲路千曲何以謂高蹈瀑布濯吾足石頭半空垂開口如相告見謂斯世人名美卽甿毒含章自高貴何事明如玉聆此如蘭言嗒然驚幽獨

維摩堂過孝宣寺蘄水劉中尊雲龍聞信卽至　官撫辰

文公軍旅日勤禮大顯師君今政事暇清晝只歌詩詩中有禪意情境任參差以玆親我理舊爾過招提佛法無多子名聞未有私見君繩祖武動我舊時思今古同旦暮道岸無傍岐相彼浠流水棠陰無倦時

自團風鎮沿江西行　凌義渠

未及涉江去迴環此眺聽涼秋涵野曠雲物何洽洽浪偃磯初落風遲帆乍停芋田鋤後熟藍圃望中青挽呂依沙岸懸帘截水亭斷葦生遠響叢芷發微馨目極俄傷晚千山不一形霞光隱日脚青紫界蒼冥勞望會有極動者亦云寧吾行

適樂息催火出林坰

先奉常入祀雷陽旌忠名賢祠感頌四章　樊維甫

乾曜無終噓聖作乃物睹旣渙匪比羣旋殄二五耦薄海復昭回躬臣發幽菲黽勉附前修肸蠁歆列俎攀冠雖讓肩躋蘇武聯伍並受王明福實藉羣公剖

羣公敦懿好孤憤千載吐爲善豈近名庶以刮前垢昔有雍公孫臧秩十夫聚炎荒貌榮覯信公惜其羽熙朝曾一與繼此得再舉登高誠易招司直賴吾友

吾友直以諒僧昔同堂廡滑嘶君子澤海濱故鄉曾忍飽探

鯤魚鄧愠歌兕虎悠悠閱世交生死隔修阻一聞記宗功褎
筆惟恐後生竹出公安滸碑在峴首
生竹何精忱滸碑豈陟岵自有龍鸞奮焉用牛馬走大道已
爲公百神盡鼓舞先義雖菲薄於昭亦云補僾然仰榱桷顏
不蔽風雨眾正幸有託廣厦固不朽

遣懷　萬曰吉

淩晨勉櫛沐出門見輪蹄云是市闤門車馬常栖栖富貴非
可學安得强攀躋落花任天風隨分得高低所受有本限理
數何能齊聞見苟非是且得聽黃鸝

山中夢何絅卿　王一翥

籬穿睞斜月楓落餘枯井偕遊都邑倦訪度林阿永川霞黃
安塘（竛同事黃安吳敦之先生）寺鐘京國景客學有高騫遙仕無旋軫淪
悞多方嘆儒棄舌端省眡深酬斯論鶩廻共屬嶺肅風動哀
嗟先軌蹈難騁千古忖心中何代不堪忍

野田黃雀行寄魏雲菴　王一翥

儒者道不顯托名求神仙一日亂離逃千年壽豈鎸惟有闊
村靜魏子忘華軒俗人不相師如病畏藥言黃雀野田中銜
泥戲丹鉛

赤壁送孫魯山行　王一翥

江漢滙湛處宜有偲人船縣記與潛膺毫芒海市間往著固

塵遺前列亦依然生民㬥屬意窮友今隸牽九辨保幹讓七
諫廣靈荃南詢蒭莼岡西淩礐碓泉涓子每出沒江妃聊眇
圓洞鑿邸華葉冬霜展妙觀是時一卮酒爲我洲渚言復驚
採樵貌不在廬山原雞黍隱士讐始徵薄俗難蕭影訴沉滯
素暉野月鮮

登寶石山　龔鼎孳

捫蘿叩蒼扃雨蹬積苔蘚門射江潮潤湖帶錦屏右與峯盡
入抱越嶠遠來就雉堞炫表裏鱗甍吐層構杉栝俯若薺蒙
翳失横岫鈴鐸既風展金碧亦綠囿星崖延夕暉亂泉決春
溜崒嵂此浮居拔起六橋秀往者頗相忽凭檻若襟袖及玆

足目到高深乃奇奏拭壁讀殘碑陵谷幾與仆滄海豈不廣
詎信桑疇茂

寓園卽事三首之一　杜濬

暫歸不得息復來叩園扉掃榻恣偃仰深綠怡我情假寐遂
成夢夢醒聞流鶯爲時已中伏宛作春曉聲奈何雀與烏努
力方爭鳴衆雀旣嘈雜羣烏尤豪横坐令好音阻側耳不分
明三歎推枕起仰視天宇行

題張號泉公廬墓馴虎遺事　萬爾昌師二

漢史載歐子依墓結草室虎亂適奔觸襟覆得以逸慼承仁
孝意趨望竟如暱月爲致一鹿孝子供俎實千載有張翁踵

事適相匹虎亦爨其廬馴騶等卹勿此事除十紀黃叟遞稱
迹龍負蝘蜓視德至隨波没潮鱷肆吞噬投文遣以出驅使
奚能然兹理安可詰至性極昭格豈云同幻術其時諸賢喆
紀贊各鉅筆翁孫曰聚上表幽圖剞劂余也得寓目追誦齒
猶慄豈惟光家乘國史借芬苾誰續漢歐傳濡毫美無溢

問津河懷古二首　王士龍 水簾

江滸阻孔轍回馭經山阿涓涓澗底流悵然懷逝波騑倭周
道遲厤遐行露多青兕叫山壁元猿嘯谷蘿悼彼歲月邁道
阻且長何述精怯山霧曉曀滯雲窩停轡思東土一路山嵯
峩

林嘩耀夕霏光氣啓閟陬山川險阻經勇者誠足儔征車傷
行邁役車勤未休道旁蓑笠叟禾黍長田疇杳靄日氣佳沉
陰天風飀青蘿臥犬吠晴嵐栖鳥啾悵此素心侶依懷各有
由嘆息津渚間千載今悠悠

問津雜咏　王士龍

生不逢堯禪飲牛從上流緬緬葵藿志慨想陟層邱荇藻牽
我懷祓禊濯春洲鳥聲變芳林坐聽隨啾啾朝曦東壁曙夕
霞西山稠往來問津上長歌狎澗鷗

其二

我田不十畝在彼問津東我屋兩三間傾欹不遮風八口歎
終歲空廩愧年豐跛牀倚壁角缺釜泣露中幸有殘書笥日
開無塵封悅兒躭句讀稍稍義解通少君老且勤紡車聲達
蓬煮水迨其夜笑飲青燈紅

國朝

冬春題文昌閣　劉子壯 克猷

冬春宜晏起酬情享昏夢初日喚我窗破懶繞一動入事豈
能厭避之庶有中神足自多爽天閑志亦洞

同諸君望安寺餞曹檢討 宜溥　朱彝尊 竹垞

載酒入古寺梛林東湖頭將以送遠人豈惟恣讌遊精廬金
源舊香乳塗白牛二帝一宸妃遺像堂中留更問王萬石辭

榮返故邱傾城出祖餞於此聚行輈古來離別地草木常先
秋火雷焚怪柏霜葉鳴老楸雖乏斷碣存陳迹尚可求曹子
酒大戶十榼飲不休一朝忽言去無以申綢繆列席庭槐陰
日午風修修蓬藐截竹節主客互勸酬未知臨歧語達合古
人不坐久林鴉集斜照忽已流並馬歸道南明發期登舟一
帆挂楚澤百尺臥竹樓川涂日以邈何以寫我愁夢爲黃衣
蝶飛繞峥嶸洲

送陳舍人 大章 歸黃岡　朱彝尊 錫鬯

君姿玉山並君詩白雪高豈意采風人力不及楚騷策馬去
京國卻佩腰間刀深甃虎文韡短後茶色袍但愁別須臾何

用心鬱陶素業在黃岡湖田滿江皐烏犍三百尾種秫持作醪暇搜耆舊文筆禿猩猩毫少年能著書此事亦足豪可時涉夏澳共爾浮金舠

弔貞女陶足大　　程啓朱

江皐有貞女明粧立素月靜意慕孤芳緬焉懷往烈十四對流黃鳴機織秋夕媒氏何殷勤手持雙玉玦繫以蛺蝶羅紅絲千萬結女生願有家禍袂自此纈詎意狂飈生山摧梁木折梁木亦已零女蘿焉所適止水矢從夫百折心益決死義非死情不必曾頓頓再拜別慈親俯仰腸內裂魂魄今于歸九原有安宅世人競鉛華聲容隨煙滅卓哉岳瀆英流輝映

昔哲入夜起江濤今古聲悲咽

過問津河懷王生生孫素公孫斐臣　　陳肇昌扶昇

朝涉問津河微風飄霡霂解帶涼風亭停驂休我僕山徑蘿所經聽焉起遐矚磊砢栢十尋滃渤雲一谷古殿鬱嵯峨正容瞻肅穆平生望道心晚歲徒鹿鹿念昔同懷人紆餘散遊目坐石草芊芊經臺松謖謖俯仰三十年歲月如轉轂緬想竹溪遊悽斷山陽曲欲去復徘徊臨流空躑躅

黃州移寓白衣菴適風雨夜作　　葉封

頻年事行李復爲江上客奔走非夙情栖隣喜梵釋寒溪春正殘風雨夜殊劇濛濛竹樹中飛泉赴危石枯坐闕長哦懷古空陳迹書堂邈千秋寸陰嗟不惜凌晨渡江皐躑躅更塵役拜揖苦浹旬僧齋始清夕俄然風雨生其勢如疇昔雖微邱壑奇颯沓成幽僻是時羈旅心乃覺境曠適所念柴桑居松菊烟仍碧曩夜嘗相思問予新句獲挑燈茲何爲躭佳固性癖妙理發高吟寡儔廻風格用媿忘年交諭詩希莫逆

贈葉井叔　　王士正阮亭

作吏客伊洛門對嵩高山山色映終古客心長自閑朝看飛鳥沒夕對孤雲還聞昔王子喬吹笙碧落間揮手駕白鶴一往三千年至今緱山上逸響凌紫烟夫君有仙骨雲鶴如可攀游自憩嵐巔躡足升天關廬巖瀑布佳百丈聞琤潺懸流

濺冬雪密樾生夏寒何當蠟屐來與君躡飛湍

曉望雨華山　　孫錫蕃斐臣

晨嵐浣初日巖陰截當戶風疎竹聲乾澗長泉流怒草荒徧餘露木童不受斧煙動行人小蒼靜秋容古

安仁湖湖上　　孫錫蕃復菴

白白湖中水嫋嫋竿頭絲鯉魚不受釣素書來何時藻華開寂寞炤我長相思

相思復相思相思有已時相思不相思相思無盡期日落四山紅雲起四山悲四山此雲日起落何時須

遊西山寺望赤壁　　孫錫蕃

寺隱翠微半城倚夕陽脚澹瀲發風榛薇翳幽花蔓日來芽
苔高江起芙蓉削曠懷嶺上雲寶鼎長年藥扁舟邀赤壁埜
鷺並孤鶴海門島南來天漢星秋落鳳凰不肯鳴羽毛非燕
雀松柏不改柯性情老邱壑論交慎所許古人重然諾

懷子雲念菴鄰仙　奚祿貽

昔在亂離時猶得同栖酒氣岸凌五侯他人瞠乎後不惜酒
債多常恐墜厨柳落筆掃風霜珠玉時在口地下韜龍泉紫
花秀成士我歸芙蓉江浮雲知舊偶三傑合精光玉京逢善
友白虹吹萬城春花彼根荄去者杳層雲存者厭老醜安知
草間人自與風月厚莫自聞隣笛勞歌淚如溜何處是相思

枝上子規鳥叶丁柳切

洞萬師二別周舫錢由西港入江至陽邏宿　汪國濚

九峯山松煙入秋化皎月連袂別良朋輕舟於此發谿邊送
別人舟行歌未歇湖濶淚花平乘舟如乘筏雙槳夾谿流菊
華時翫薜籬落挂漁罾渡之于倏忽日暮江流急萬帆爭飛
越勸客凌逆波舉棹心尤戒市肆倚山阿孤燈時明沒客窗
更對語殘醉尤勃勃

冬日魏鶴臣見枉因登並埠山達曉即事　汪國濚

山水與幽人情事多參廓相對不苟歡神理慎所託與子登
高峰四顧生感怍暮壑栖賓鴻昏鴉四鳴躍何山不可登寘
賞恒虞略翹首瀏幽遐胸中具五嶽

代鶴南飛曲壽蘇小眉太守　王追騏

修翰翥北極翱翔指南隅憑高振清音流響聞天衢直扶雲
漢上長呼蓬萊徒霞明閬海夢月繞楚江圖凌霄俯塵壤凝
丹映冰壺軒舉復澹蕩新秋景物愉俛仰千歲松鳴和五雲
雛羽簇鳳鸞並仙家律呂殊戛然橫江聲蘇公與正娛

大士閣置酒遠眺還飲寶臣齋看月　顧景星　赤方

年少喜邊城愁心天上横今朝對荒嶺一片暮雲平雲平復

何處雉堞新無數飄疑城外山近是城內路城外復如何長
江空逝波風流赤壁盡秋蘆白楊多徘徊不能住言向招提
去半壑起松風殘陽在高樹憑高矚衆峯顧盼為誰雄手揮
三雅杯目送雙飛鴻可憐秋夜清三五月華明王生知我意
對月洗金觥

紀曹子先死孝　胡琎

入火不能焚上世言其理屆茲理亦無所以孝子死君堂有
老親年近八十矣寒暑迭相侵病痿不能起君久廢寢眠夜
深伺動止是日親粗安料君竊自喜親老健慈悲命公歸房
裏公堅不肯從側身傍床第孝親不干天仁義終成否靜夜

火忽來炎炎茅簷比兒告親急行親執不願徙反揮兒急去
兒曰安有是痛哭前致辭哀哀且拜跪一念猛然生正性無
議擬衣被裹嚴親蹈火雄步履雖得出全身焦頭封委靡三
日老親亡七日君身毁哀痛事方殷謳歌聲正美同儕走司
鐸藉以惕人子倏忽十餘年尚有待國史空山霜雪中魂清
夢及此稱君爲死孝死孝復何嘗悵悵記前因補綴愜所以
斯理本中庸竊莫疑弔詭

團風鎭避風用少陵萬丈潭韻　宋犖 牧仲

北風江上急濃陰忽如晦孤帆隨鷗鳥簸蕩洪濤内繫纜向
洲渚一水投煙靄咫尺見鄰舟哭兀柁樓大小船如蟻蝨絡

繹兩岸對港深波復平陽氣浮灒瀨雪花遠近飛著地明璣
碎荒村盡掩扉漁翁不在外驚心列戍多到處懸旌旆江樓
駐雄師聲名傳下瀨乾坤浩茫茫萍梗偕流輩百年境遇槃
適意誰能最緬懷川路紆顧景逢窻傒悵然念去春遊賞欣
吳會

詠洗墨池圖　宋犖

疇昔判黄州一官同泛梗江山樂清曠俯仰客懷永東坡洗
墨池蕪没無人境爬剔出神潰一泓浮翠荇豈惟存舊跡兼
可逐清景好風澹蕩吹几席淪漣影幽人對如鵲甌香時啜
茗蛙口食墨魚（楚放池蛙食墨口墨）臆說堪笑屏別來三紀餘幾思駕
烟艇

東齋作　宋犖

官衙類荒村高齋莽寥廓几席控江湖軒楹帶巖壑往往山
水音泠然座中作牆隅竹與蕉枝葉相參錯嚴霜旦夕來顔
色已非昨臨風步廣除顧念修名薄載咏素餐詩于焉發内
怍

赤壁　張叔珽

昔年讀兩賦仙風衣帶襲此日拜先生餘徽尚洋溢巉崖歷
虎豹江山不可識道士歸何處耿耿塡胸臆四顧轉蒼涼長
懷到壬戌

湖居五首　張仁熙 長人

朝登赤壁山暮宿磯邊寺山雲自往還獨與幽人遇蕭蕭坡
叟心淒淒毛公思（赤壁磯下有毛寶放龜處）水向今時流石老前朝字湖
山昔已遷日月誰能志但聞山氣佳漁艇時搖翠城荒亦避
俗籬落驚孤邃行李忽爲家旦晚發深喟

平生誰志得坐臥見江山況復秋冬中竹樓已成灣平林兼
島嶼物色會相關衆人各有作羌余獨解顔余心誠自遊聊
復時閒閒

寶山雖不高當湖爲日夕水落見漁梁光景胡歷歷呼兒採
怪石過雨山如滌始悟旅人懷形影出沙磧居民亦古初顧

盼生愉懌欣然已結隣荻徑連踈逖日暮有鐘聲古寺余夙
昔
夕陽浮野水漁舟始自歸寒城挂衰柳竹氣亦微微羇客愛
明月閒情無所依坦步入隣屋素髮坐漁磯清霜豈不嚴所
惜在裳衣不見古賢心臨流知魚肥
昔我有良朋相邀洗墨池何子安嘗邀遊東坡洞池邊何楚楚雪照東
坡時今我寓林皐斗酒忽如遺當年二客懷愴惻無人思洞
簫隔明月武昌亦在茲仙人不可遇草石今參差

恭謁問津書院　陳大章仲夔

去聖日以遠冥行類擿埴喤喤鐘鼓聲所習非所志恭惟問

津河傳是回車地麟洲昔創始著書此築室天臺播遺風講
壇樹閎秘魁儒宿望尊學子擔簦至當時諸老翁稠疊資鼓
吹道義溯淵源公卿連項背坐令一畝宮遥揭東林幟我行
傍祠堂循牆謹辟叫細草披蒙茸古柏摩蒼翠延階眺修椽
升堂閱禮器惕息拜袞衣彷彿瞻四氣束謁仲子祠沮溺列
配位前楹奉儒先爵里如鱗次厥西宏仁堂茲話儼居肆想
像昔人心經營寓深意聖道日中天有目皆得覩竊窺創蘖
牆小大隨所識涓滴助海流块塵補嶽積登枝無捐本培根
荄其實敬恭鄉啓鄉趨蹌俎豆事古賢迄未亡諸賢慎途塈
黽勉有同心修舉期勿墜

謁韓魏公祠呈許蓼齋太守　陳大章

荒城秋氣合寒露百草滋幾策南郊道言尋魏公祠賢守美
爲政修舉良在茲春草亭名餘結搆書堂煥楨題惟公不世才
間出當明時堂堂柱天手變化無端倪景祐治平閒呼吸定
嫌疑杓縣天北極盂覆地四維公神在宇內元氣浩淋漓黃
人每矜誇謂公實我私永嘉有遺集浪語非無稽宋薛季宣浪語集記
公在黃有靚女往來踰年言不涉私及去曰我屈原二女也公眞德士異日當推此意以澤天下正直留民
秉精誠格神祇昔謁相州廟載哦閱古詩在定州敘述追與詰
圖繪儼鬚眉請得搆妙手斧藻揚形儀錄公生平事附以斑
琰辭傳寫左右壁天宇爛虹霓乾坤多醜類忠一萬奸欺微

公豈有救英爽此昭垂今得拜遺像顧盼生忸怩風雨俾勿
壞殷薦謹常期匪惟慰邦人百世瞻師資

里中四賢詩

贈光祿少卿謚忠烈周公之訓　陳大章

周公戟鬚眉冷面骨高峙邊巡仕籍屯灑落詞翰美晚出崇
禎中合沓風塵起備兵濟南城萬騎森薄犄孤軍援路絕落
日戰鼓死同時張秉文布政鄧謙都司儲馮失名畫守分尺咫公獨當
其南張髯劇齧齒提戈憤一呼銜鋒斷雙髀烈哉三媵妾聯
袂赴井水悽惻太常誄稠疊尚方璽至今六十年舊讀傳鄉
里事失野乘蒐時亡實錄紀我昔攬遺文纂言痛垂髓癸亥修通

志載公殉難本末嗣明三館末大聲激充耳

聖朝無諱筆修明史有詔勿諱死事諸臣淪胥固有以何以慰忠魂遺責

在青史

故孝廉王公一翥

龍性本難馴鳳羽實高舉偉哉王孝廉清芬揚六宇憶昔撰

公詩捃拾得藏弆幽姿艷冰雪老力雕肺腑目無七子壇跡

掃竟陵軌叶於時東林微遺業紛咀茹落落布衣雄屹力相

撐拄慷慨嘉魚交正希悽咽臨川語千子亂本起衣冠羣雄恣豺

虎草履雨都穿丹心一寸腐人嗤杞人愚我憐精衛苦長嘯

隱廬山成名笑廣武爽氣不可攀逸躅渺前古朗吟乞食篇

脉脉增酸楚

故大名副使魏公公韓

鉤黨終禍漢閹豎迄覆唐太阿一倒授白日慘無光惟茲有

明季事勢何披猖三朝實同貫失道潰隄防正人既殄滅國

亦隨之亡魏公秉清鑒憤世懷激昂置身危亂際進退特周

詳一麾行解綬歸臥松山陽季鷹有先見子美多慨慷毎把

金石句大義何琳琅遺風溯高碩軼事徵左楊孤節屹萬仞

逸氣凌穹蒼兒童識舊德松柏表新岡九原不可作湖水日

洋洋

故孝廉萬公爾昌

誰謂子雲元劇秦甚諂諛誰謂阮公狂勸進何齷齪蹇予遊

四方少小慕奇卓頗交隱側徒矢口在巖壑朝爲泛渚鷗暮

作乘軒鶴迴首西山薇大笑絕冠索有美萬夫子聲名實噴

薄世局幾滄桑雄心甘寂寞偕隱日初平退修先生經史坐揚搉

胸次無拘牽篇章得灑落高尚五十年饑腸厭藜藿前歲升

公堂神明尚矍鑠頃來拜公墓荒草走狐貉服膺甲子詩痛

哭西堂作悵望武湖濱寒雲莽寥廓

舟過團洲懷鄭方南　陳大章

荒江盪夕陰秋色澹無豫沙洲昔未沉千室魚鱗聚故人休

沐歸吟釣有遺處結廬近何之四顧空雲樹廉吏亦可爲棲

泊隨所遇遙知高世心獨與古人晤閒歌紫芝篇或咏猗蘭

句堦前戲小同膝上坐文度適意且逍遙搔首各遲暮慷慨

平生言含情未能去

鸚鵡洲十五歲作　陳大華西嶽

漢祚日已非志士憤不已禰心固其常英氣亦何俾不見大

小兒捐生同一理長嘯俯大江日暮酸風起

夜泛赤壁　張光壁斗符

磯上西蜀人磯下西蜀水蜀水三峽來蜀人不再矣小艇放

瀟歌擊節中流駛此夕非壬戌渺渺烟波裏

水溢決堤　靖道謨果園

澤國苦沮洳築堤以爲衛長夏雨連朝頃成江海勢頗疑古女媧補天留空際致令蜿蜒堤嚙鈌如陴覡沉竈跳井蛙四野無涯涘嘆息此方民水災被連歲去年决程圩平陸成川逝方圩今又圮蟻穴不可閉三春原野開百草拔根蒂庶幾麥有秋盼望欲决背豈知秀油油徒供魚蝦甛河伯無乃忍胡爲此大戾眼看鳩鵲形昏墊絶生計緬想九年潦何以在帝世

冬晴獨登覽勝亭舊址在府城北　彭士商鶩鍛

雅不戀遊山忽忽逢輿會此輿曷從生問心殊憒憒風和天日暖林巒與酬對牛羊俱在牧上下鳶魚隊佳景殢風人閉

戶非所貴況値霜嚴時而與春光類登山一凝眸遐想入天際境迴理無睽人孤道逾貴遠水明深悰膚雲賑饑胃安卑聽官評躭幽絶內悔行藏適然耳豈曰甘放廢逝將攜雲水遺我同學輩

冬晴野眺憩大士閣郡城北覽勝亭下　彭士商

夜聽鐘聲乾晨興發幽思同遊約不渝健步鄙車騎迤邐城北隅崇岡邈然至山石若捞蒲山靈信多智聞昔東坡翁恠石尤標致貿白僮豎手所費但餅餌我圖獵取之不得其一二玆念亦齟齬何況名與利下山憩僧寮酒榼詢童稚斟酌不辭頻敲推良已醉霜葉留餘青酡顏染其翠亭午風更和疑是春光麗石隱與吏隱地殊心豈異緬昔供石人胸臆無沾滯

呂一石素遺余王補菴詩　彭士商

少時癖吟咏老不廢毛穎選詩聊企之初唐亦幾幸延之體膺哉康樂獨清迥若夫陳正字廣大而淵永曲江抒忠藎豈屑才華逞奈何浮薄士舍神而繪影影隨光轉移不復有實境先輩王補菴風騷之袖領遭遇亂離時執節殊森挺國恤思難忘家禍言逾硬桑柔多沉愴小宛匪虛警或苦誦其詩如霜凝雪冷豈知陶庾後遺山亦足鼎滯理留古情新機開衆瑩友人石素翁持此一相訂吾久嗜此詩此詩逼溟涬

搆小樓成呂石素畫卷阿之九章賦此奉酬　王道明雙崎

舊宅兩峙南新規讀書屋阯基倚坡陀締搆思古樸礎鶖鍛頑石梁櫪葦巖木無瓦且縛茅有垣惟編竹最喜四山環崢嶸而崒嵂膈卑不能納佳氣勞瞻矚汲版駕作樓勢敵諸峯矗豈曰壯吾居聊以暢幽獨感君寫生手遺我雙鸞鶯九苞奇采驚對舞神襟淑初日上碧梧如聞鳴足足德輝胡覽焉來下此林麓

盛世太和翔四靈以爲畜凡稱藹吉多許聽雌雄六翮翼雖未期題門詎貽辱憑闌展圖看孤情結遥目願言偕素交豐

羽文章勗

十月既望攜二子忠敬游赤壁以仰見明月爲韻四首

陳　浩紫瀾

坡公舊游處千載餘清賞怪石劈丹砂懸崖絶土壤大江走其下靜夜發奇響對岸武昌山寒烟亘林莽我攜二子來沿月蕩雙槳巵酒酹公祠高山心所仰

赤壁在黄州說者異聞見豈知博達人初不泥吏傳指揮周郎軍來與孟德戰公從壁上觀奮擊駭雷電一聲孤鶴鳴驚落白羽扇四顧寂無人江光皎如練

江風如此清江月如此明惟公不可見使我心屏營我欲乘

此月泠然御風行左攜羨門子右挹安期生飛渡紫沂海尋公白玉京握手一歡笑用慰千載情

千載復幾時往來人代閲今人與古人共此一輪月造物無盡藏江山此清絶更因文字奇不逐雲煙滅長嘯激松風豪吟灑蘭雪留與後來人捫苔摹斷碣

晚步聞鐘

王養愚可亭

日夕無所營徐步遣幽興白雲淡遠岑秋草萋前徑隔水暮鐘鳴悠然入清聽

醉吟篇

王養愚

無錢一身安有酒百事足既醉復長吟倚門歌一曲不敢妄求榮但期常不辱不敢自鳴高但期常不俗不辱與不俗便了半生局自歌還自罷夕陽春草緑

戊戌立春大雪觴諸友雪堂

楊　庚

黄州來五年光陰一瞬過回首四年前旱潦妨農課望雪復望春時屢百穀播雪倘先春來豐年可預賀宿麥滋培多蝗孽藉摧挫何止灞橋吟詎羨袁安臥坡翁搆堂成繪壁光映座我爲翁鄉人希蹤勉勿惰今年立春雪連日飛花大頻使雪中人都向春中坐一片冰壺心不着纖埃涴我既歌陽春願聽白雪和

題俞少府鴻甫昌烈本來面目圖

王德新

有客慰逼泉劍氣飛昆冶有吏況封邱狂歌孟諸野彼皆負奇姿豈沒塵埃下少府燕趙豪修幹顏渥赭朅來役齊安霞軒鶩廣厦見面已見心磊落英多者況復妙衆藝而能掩羣雅忽現息影身盲向瞿曇假邱壑了無著笠屐亦云捨廬山是耶非欲認空捉把噫嘻我知之精神藏龍馬以靜爲動根變化須臾也得路長風生得水時霖瀉他人藉榮名工費良金寫

黄岡縣志卷之二十終

黃岡縣志卷之二十一

知黃岡縣事宛平俞昌烈編輯

藝文志

詩

唐

赤壁送別歌　李白

二龍爭戰決雌雄赤壁樓船掃地空烈火張天照雲海周瑜於此破曹公君去滄江弄澄碧鯨鯢唐突留遺跡一一書來報故人我欲因之壯心魄

郡齋獨酌詩黃州作　杜牧

前年鬢生雪今年鬚帶霜時節序鱗次古今同雁行甘英窮

西海四萬到洛陽東南我所見北可計幽荒中畫一萬國角角棊布方地頑壓不穴天迴老不僵屈指百萬世過如霹靂忙人生落其內何者爲彭殤促束自繫縛儒衣寬且長旗亭雪中過敢問當壚娘我愛李侍中標標七尺强白羽八札弓胜壓綠檀槍風前畧橫陣紫髯分兩旁淮西萬虎士怒目不敢當功成賜宴麟德殿猨超鶻掠廣毬場三千宮女側頭看相排蹹碎雙明璫旌竿幖幖旗燿燿意氣橫鞭歸故鄉我愛朱處士三吳當中央罷亞稻名百頃稻西風吹半黃尚可活鄉里寧惟滿囷倉後嶺翠撲撲前溪碧泱泱霧曉起鳧雁日晚下牛羊叔舅欲飲我社甕爾來嘗伯姊子欲歸彼亦有壺漿西阡下柳塢東陌繞荷塘姻親骨肉舍煙火遙相望太守政如水長官貪似狼征輸一云畢任爾自存亡我昔造其室羽儀鸞鶴翔交橫碧流上竹映琴書牀出語無近俗堯舜禹武湯問今天子少誰人爲棟梁我曰天子聖晉公提紀綱聯兵數十萬附海正誅滄謂言大義小不義取易捲席如探囊犀甲吳兵鬬弓弩蛇矛燕騎馳鋒鋩豈知三載凡百戰鉤車不得望其牆答云此山外有事同胡羌誰將國伐叛話與釣魚郎溪南重迴首一逕出修篁爾來十三歲斯人未曾忘往往自撫已淚下神蒼茫御史詔分洛舉趾何猖狂闕下諫官業

拜疏無文章尋僧解幽夢乞酒緩愁腸豈爲妻子計未去山林藏平生五色線願補舜衣裳絃歌教燕趙蘭芷浴河湟腥膻一掃灑兇狠皆披攘生人但眠食壽域富農桑孤吟志在此自亦笑荒唐江郡雨初霽刀好截秋光池邊成獨酌擁鼻菊枝香醺酣更唱太平曲仁聖天子壽無疆

宋

寓居定惠院之東雜花滿山有海棠一株土人不知貴也　蘇軾

江城地瘴蕃草木只有名花苦幽獨嫣然一笑竹籬間桃李漫山總粗俗也知造物有深意故遣佳人在空谷自然富貴

出天姿不待金盤薦華屋朱脣得酒暈生臉翠袖捲紗紅映肉林深霧暗曉光遲日暖風輕春睡足雨中有淚亦悽愴月下無人更清淑先生食飽無一事散步逍遙自捫腹不問人家與僧舍拄杖敲門看修竹忽逢絕豔照衰朽歎息無言揩病目陋邦何處得此花無乃好事移西蜀寸根千里不易到銜子飛來定鴻鵠天涯流落俱可念爲飲一尊歌此曲明朝酒醒還獨來雪落紛紛那忍觸

定惠院夜月偶出　蘇軾

幽人無事不出門偶逐東風轉良夜參差玉宇飛木末繚繞香煙來月下江雲有態清自媚竹露無聲浩如瀉已驚弱柳

萬絲垂尚有殘梅一枝亞清詩獨吟還自和白酒已盡誰能借不辭青春忽忽過但恐懽意年年謝自知醉耳愛松風會揀霜林結茅舍浮浮大甑長炊玉溜溜小槽如壓蔗飲中眞味老更濃醉裏狂言醒可怕但當謝客對妻子倒冠落珮從嘲罵

次前韻

去年花落在徐州對月酣歌美清夜（去年徐州花下對月與張師厚王子中兄弟飲酒作蘋字韻詩）今年黃州見花發小院閉門風露下萬事如花不可期餘生似酒那禁瀉憶昔還鄉泝巴峽落帆樊口（在黃州南岸）高梔亞長江滾滾空自流白髮紛紛寧少借竟無五畝繼沮溺

空有千篇凌鮑謝至今歸計負雲山未免孤衾眠客舍少年辛苦眞食蓼老境清閒如啖蔗饑寒未至且安居憂患已空猶夢怕穿花踏月飲村酒免使醉歸官長罵

安國寺尋春　蘇軾

臥聞百舌呼春風起尋花柳村村同城南古寺脩竹合小房曲檻敧深紅看花歎老憶年少對酒思家愁老翁病眼不羞雲母亂鬢絲強理茶烟中遙知二月王城外玉仙洪福花如海薄羅勻霧蓋新粧快馬爭風鳴雜佩玉川先生眞可憐一生耽酒終無錢病過春風九十日獨抱添丁看花發

徐使君分新火　蘇軾

臨皋亭中一危坐三月清明改新火溝中枯木應笑人鑽灼不燃誰似我黃州使君憐久病分我五更紅一朵從來破釜躍江魚只有清詩嘲飯顆起攜蠟炬遶空屋欲事烹煎無一可爲公分作無盡燈照破十方昏暗鏁

石芝一首有序　蘇軾

元豐三年軾在黃州五月十一日癸酉夜夢游何人家開堂西門有小園古井井上皆蒼石石上生紫藤如龍枝葉如赤箭主人言此石芝也余率爾折食一枝衆皆驚笑其味如雞蘇而甘明日作此詩

空堂明月清且新幽人睡思來初勻了然非夢亦非覺有人

夜呼祁孔賓披衣相從到何許朱欄碧井開瓊戶忽驚石上堆龍蛇玉芝紫筍生無數鏘然敲折青珊瑚味如蜜藕和雞蘇主人相顧一拊掌滿堂坐客皆盧胡亦知洞府嘲輕脫終勝嵇康羨王烈神仙一合五百年風吹石髓堅如鐵

上巳日與二三子攜酒出遊隨所見輒作數句　蘇　軾

薄雲霏霏不成雨杖藜曉入千花塢柯丘海棠吾有詩獨笑深林誰敢侮三杯卯酒人徑醉一枕春睡日亭午竹間老人不讀書留我閉門誰教汝出簷蔌枳十圍大寫真素壁千蛟舞東坡作塘今幾尺攜酒一勞農工苦却尋流水出東門壞

垣古塹花無主臥聞桃李爲誰妍對立鵁鶄相媚嫵開畊薺草勸行路不惜春衫汙泥土褰裳共過春草亭叩門却入韓家圃轆轤繩斷井深碧鞦韆索掛人何所映簾空復小桃枝乞漿不見膺門女南上古臺臨斷岸雪陣翻空迷仰俯故人餽我玉葉羹火冷烟消誰爲煮崎嶇東緼下荒徑婭姹隔花聞好語更隨落景盡餘尊却傍孤城得僧宇主人勸我洗足眠倒牀不復聞鐘鼓明朝門外泥一尺始悟三更雨如許平生所向無一遂玆游何事天不阻固知我友不終窮豈弟君子神所予

次韻孔毅甫久旱已而甚雨　蘇　軾

去年東坡拾瓦礫自種黃桑三百尺今年刈草蓋雪堂日炙風吹面如墨平生懶惰今始悔老大勤農天所直沛然例賜三尺雨造化無心怳難測四方上下同一雲甘霔不爲龍所隔（俗有分龍雨）蓬蒿下濕迎曉耒燈火新涼催夜織老夫作罷得甘寢臥聽牆東人響屐奔流未已坑谷平折葦枯荷恣漂溺腐儒粗糲支百年力耕不受衆目憐破陂漏水不耐旱人力未至求天全會當作塘徑千步橫斷西北遮山泉四鄰相率助舉杵人人知我囊無錢明年共看決渠雨饑飽在我寧關天誰能伴我田間飲醉倒惟有支頭甎

送任伋通判黃州兼寄其兄孜　蘇　軾

吾州之豪任公子少年盛壯日千里無媒自進誰識之有才不用今老矣別來十年學不厭讀破萬卷詩愈美黃州小郡夾谿谷茆屋數家依竹葦知命無憂子何病見賢不薦誰當恥平原老令更可悲六十青衫貧欲死桐鄉遺老至今泣潁川大姓誰能箠因君寄聲問消息莫對黃鵠矜爪觜

陳季常自岐亭見訪郡中及舊州諸豪爭欲邀致之戲作陳孟公詩一首　蘇　軾

孟公好飲寧論斗醉後關門防客走不妨閑過左阿君百謫終爲賢太守老君閭里自浮沈笑問柏松何苦心忽然載酒從陋巷爲愛揚雄作酒箴長安富兒求一過千金壽君君笑

唖汝家安得客孟公從來只識陳驚坐

書王定國所藏烟江疊嶂圖王晉卿畫　蘇軾

江上愁心千疊山浮空積翠如雲烟山耶雲耶遠莫知烟空雲散山依然但見兩崖蒼蒼暗絶谷中有百道飛來泉縈林絡石隱復見下赴谷口爲奔川川平山開林麓斷小橋野店依山前行人稍度喬木外漁舟一葉江呑天使君何從得此本點綴毫末分清妍不知人間何處有此境徑欲往買一頃田君不見武昌樊口幽絶處東坡先生留五年春風揺江天漠漠暮雲捲雨山娟娟丹楓翻鴉伴水宿長松落雪驚醉眠桃花流水在人世武陵豈必皆神仙江山清空我塵土雖有

去路尋無緣還君此畫三歎息山中故人應有招我歸來篇

過江夜行武昌山聞黃州鼓角　蘇軾

清風弄水月銜山幽人夜渡吳王峴黃州鼓角亦多情送我南來不辭遠江南又聞出塞曲半雜江聲作悲健誰言萬方聲一概鼉憤龍愁爲予變我記江邊枯柳樹未死相逢真識面他年一葉泝江來還吹此曲相迎餞

雙井茶送子瞻　黃庭堅

人間風月不到處天上玉堂森寶書想見東坡舊居士揮毫百斛瀉明珠我家江南摘雲腴落磑霏霏雪不如爲公喚起黃州夢獨載扁舟向五湖

次韻文潛　黃庭堅

武昌赤壁弔周郎寒溪西山尋漫浪忽聞天上故人來呼船渡江不待餉我瞻高明少吐氣君亦懽喜失微恙生來魄祟覆三豪詞林根柢頗揺蕩天生大材竟何用只與千古拜闕像張侯文章殊不病歷險心膽元自壯江州鴻雁未安集風雪擁戶當寒向有人出手辦兹事政可隱几窮諸妄經行東坡眠食地拂拭寶墨生楚愴水清石見君所知此是吾家秘密藏

輸麥行　張耒

場頭雨乾場地白老稚相呼打新麥半歸倉廩半輸官免教

縣吏相催逼羊頭車子毛布囊淺泥易涉登前岡倉頭買券槐陰涼清嚴官吏兩平量出倉掉臂呼同伴旗亭酒美單衣換半醉扶車歸路涼月出到家妻具飯一年從此皆閒日風雨閉門公事畢射狐置兎歲蹉跎百壺社酒相經過

蘇叔黨召知止自許下見訪　張耒

三年齊安看江山可當中原故人面北來塵埃逢故人眼前却作江山見君似江山定不踈能出吾言世亦無蘇郎下筆妙無敵吕郎與談驚未識鳳雛驥子未宜輕囊空各有千金璧贈君錦繡英瓊瑤報我項珥金錯刀溪毛潢潦未相棄歲暮與君廿緼袍

久長驛書事　孔武仲

空堂深深悶燈燭羣奴鼾眠聲動屋豆肥草軟馬亦便嚼美只如蠶上簇天事由來不可量初更月出星煌煌須臾變作霏霏雨客枕不眠知夜長

自雪堂登四望亭因歷訪蘇公遺跡　陸游

我醉飛屐登孱顔拄杖出没風烟間三山葱蘢蛟鰐靜九關肅穆虎豹閑幾年金骨煉緑髓此日始得窮躋攀老僊歸侍紫皇案空有野水流淙潺蜿蜒羣阜圍緑野似嶺非嶺山非山向來龍蛇滿雪壁雷電下取何時還名花亦已天上去居人指是題詩處九十一翁不識公我抱此恨知無窮定惠院已廢海

棠亦不復在安國老僧景滋年九十一自言東坡去黃後四年方生

聞齊安雜詠板成從沈守求印數贈　薛季宣

軑縣西南弦子國使君昭代文章伯氣吞雲夢納東坡心在江湖輕赤壁月波蕩漾春山色崢嶸洲草芊芊碧政平訟簡暇居多杖屨逍遥神自適到眼風光看如畫覓畫溪邊舊游者高亭矗立畫不如坐嘯雲屏自天寫使君好客非春申一夔已足無餘人哦詩五百盡清警立使江山景物新江山景物古來有前賢相與天長久近來百草漸埋没頼有此詩爲一剖使君好善人如已鋟板巾箱波遠邇艮知何獨此麻城天下行聞爲商起我拘官禁僵杭葦跂望亭高衣帶水高唐想像賦神遊遊客言詩詩信美空書從學穆清風得見異書人見同解嘲不用潘邠老只在先生指顧中

月波樓　葉適　石林

下林百果春自花屋藏汀陰泉著沙光風膩雪誰安措煩紅密翠空歆斜愛君樓高出江上百里江山開四向峻屏森聳遠更寒紋練縈回靜猶浪孤潮夜卷西頭來海門推出氷崖嵬豈知星河遭映奪只使鵲雀常驚猜此村風俗淳且魯接樹移花今復古勸君種學化兒孫不須擁妓呈歌舞

黃州棲霞樓即景呈謝深道國正　戴復古　石屏

朝來欄檻倚晴空暮來烟雨迷飛鴻白衣蒼狗易改變淡粧

濃抹難形容蘆洲渺渺去無極數點斷山橫遠碧樊山諸峰立一壁非煙非霧籠秋色須臾黑雲如潑墨欲雨不雨不可得須臾雲開見落日忽展一機雲錦出一態未了一態生愈變愈奇人莫測使君抱酒索我詩索詩不得呼畫師要知作詩如作畫人力豈能窮造化

元

陽邏堡　傅與礪　若金

微雨瀟瀟濕行李馬頭即見長江水煙蒲明傍白鳥邊風帆亂入青雲裏望人南北久離居況復今年無素書明日重吟漢陽樹何須不食武昌魚

陽邏堡　陳剛中

陽邏殘堡高巑岏亂山勢如秋蛇蟠長江西來五千里雪濤怒濺秋風寒憶昔王師駐江上旌旗百萬騰江干江神俛首不敢喘鏡光浮碧無驚湍乾坤一統自此始坐見北極朝衣冠我來蘄陽望夏口彷彿但認煙波竿漁歌數聲起何處白鳥飛盡青天寬鱓公盈尺不論價脩然一笑生清歡興亡往事誰復問磯頭石老蒼苔乾津鼓急催渡江去又見曉日浮晴巒

題赤壁圖　王在中

我昔南游過赤壁曾上磯頭訪遺跡吳魏勝負了無聞一曲漁歌楚天碧黄岡遷客峨眉翁道同北海人中龍羈懷得酒逸興發扁舟夜泛空明中江山如許誰賓主醉挾飛仙夢中語只將天地等浮漚三國周郎曾比數神遊八極空畫圖開卷彷彿瞻眉鬚清風千古凛如在悠悠目斷江雲孤

月下泛赤壁　周北山

赤壁之山何峻嶒下有江水何清泠天空月出夜寥泬玻瓈萬頃涵秋冰爲問黄州雪堂老巧宦何如遷客好酒酣攜客夜挐舟憂思都將談笑了劃然長嘯來天風神游八極思慮空但見横江露華白舉袂欲挹浮邱公洞簫聲斷潛蛟舞月下清尊貯千古老瞞當日困周郎千里樓船鬬貔虎烟消水冷沉戈矛空餘野燐寒沙頭江上寂寞總陳蹟追憶往事覽風流勝遊到我知幾度感昔視今猶且暮乾坤何事老英雄滾滾長江自東去

明

赤壁歌　方孝孺正學

東夏口西武昌赤壁峭絶當中央奸雄將軍氣蓋世敗卒零落慚周郎得鱸魚沽美酒孰若黄州蘇子瞻謫向江湖動星斗噫吁嚱曹公氣勢蘇子文章人物銷鑠塵跡荒涼惟有江水千古萬古共流長

詠赤壁　藍潤

長江西來雨如霧赤壁蒼蒼風雨暮草木猶疑横槊時塵沙尚想焚舟處烏林渡口下舳艫曹瞞已料無全吳陣前部曲走劉備帳前談笑輕周瑜君臣謀合士鼓勇玉帳旌旗亦飛動樓櫓晴空烟焰高魚龍白日波濤湧荆門半落駐殘兵野曠不聞鼙鼓聲戰骨秋埋胡地草捷書夜報石頭城雄圖霸氣雨消歇地老天荒秋一葉石上殘碑過客題沙中古劍漁人得漢王祠枕碧山隅諸葛臺荒野烏呼千年忠義出師表萬古江山八陣圖

題赤壁圖有序　李東陽

沔鄂而東稱赤壁者不一繪圖獨以黄州不啻山水之佳

盍子贍二賦爲之增重也

荆州水軍八十萬鼓櫂揚旗下江漢江東將帥誰敢當年少周郎獨輕難漢家英雄本龍種怒指中原扼雙腕孔明决策討虜迎誓復深仇起相扞東風吹沙暗赤壁百里旌旗眼中亂烈炬爭馳疾若星南軍已在中流半黄蓋大呼老瞞走烏鵲翻飛過江岸攀緣失手勢兩孤一紙軍書萬人散賊兵未平壯士死猜疑已作蕭牆患唇亡齒寒不自知可惜衣冠盡塗炭乾坤無情歲月改千古兹山石不爛東坡老翁好奇古一官遠向黄州竄簫聲入秋木葉空此地經過獨腸斷高歌扣舷和者誰回首斯人亦凋換奸雄僭竊何足數青史離離

後人看爲君擊節歌此圖却立蒼茫倚長嘆

又　李東陽

磯頭赤壁當天倚下有山根插江底江風不動江水深會駕扁舟問蘇子憶昔揮毫載酒時俯視塵寰雙脫屣掀髯一嘯萬壑空夜叫黿鼉泣神鬼江山再到已不識異代興亡知有幾吳强魏走了莫聞萬古乾坤如此水天遣斯人作勝觀賦成却解驚人耳絶代文章不數公諸家圖畫空相似誰將意象入寥廓坐覺天涯來尺咫不信人間有卧游高堂素壁波濤起東莊先生好古客謂我作詩如作史三十年前舊品題山高水落依稀是老去方懷爲國憂少時誤作談兵喜卜居未遂頭已白不向東邦定南紀爲公復作赤壁歌莫笑風流非賦比

題赤壁圖　羅倫　整菴

赤壁一萬丈浮雲黯淡秋崢嶸蘇長公豪氣蓋九州東華塵土青袍涴摩弄雲海浮虛舟山高月小自今古小人蟲蛆君子龍虎東風赤壁一炬紅千載曹劉兩坵土我耳不欲聞何客吹洞簫山林杳冥鳥數悲號風塵澒洞欲拔腰間倚天劍陸剸蛇豕水斬鯨鮫手挾南溟鵬足躡飛雲履仰天發長嘯自把太虛旋轉眼五百年冷菴好畫止菴賦江西二妙世間無倒腔翻作蘇仙圖横江孤鶴夢若醒人間軒冕真泥塗

赤壁歌　何景明　大復

老瞞横槊江之皐眼中吳越一秋毫吳人發弩來江左江頭鳴笳晝舉火旌旗飄揚北風前舳艫化作江中烟英雄一去音塵滅斷水殘山弔詞客白雪堂寒烟草暮黄泥坂下臨皐路酒酣嘆客吹玉簫江風山月不須招昔時霸業那足數鶴夢悠悠渺千古回首東坡百世人畫圖蒼茫空有神

竹樓　何喬新

黄岡使君文中虎勁氣英英隘寰宇西清東觀莫容身又擁朱幡守江渚江雲山雨晝冥冥使君對此若爲情鶯濤厭見蛟鼉舞老樹愁聞猿狖鳴平生才名冠當世每吐忠言裨國

是㕭呫竊笑奸諂排一身南北長如寄使君知命不解愁竹樓闕起江之陬笑呼斗酒酬前哲風帆沙鳥任沉浮仙遊今在蓬萊島陳迹荒凉凄蔓草我來不見樓中人自酌寒泉薦蘋藻

定惠院步蘇公海棠詞韻　邵寶二泉

草堂三間倚林木如曾靈光巋然獨當時坡老賦海棠遂使荒邱頓超俗乾坤俯仰五百年多少高陵變深谷愛人及物自古然甘棠在野烏在屋誰將蔬圃一治之彼哉鄙夫徒食肉今之太守關西豪友盡今人猶未足况逢別駕是同鄉前日臺端望猶淑登臨弔古每賦詩萬丈紅光吐便腹清標旣

過雪堂雪雅韻還宜竹樓竹我持憲節東南行偶陟黄岡一遊目高山仰止同此懷如覩巍峩在西蜀雄篇可讀不可和白雪渺渺天邊鵠一株培植兩侯心酌酒酬公歌我曲願言折竹作新籬等閑莫遣羝羊觸

贈王稚欽　王廷相

休作梁甫吟發我千古萬古哀大道無徵賢聖隱至今心膽成寒灰嬌嬌馮敬通文章擅當代口語成禍胎禁錮老煙海賈誼才高更少年獻納多在王侯先誰云絳灌不相忌邦令流落長沙天吾宗學士難比數文炳龍鸞氣羆虎不逐長安齷齪兒低眉覥面求憐取心存匡濟人豪英白日未墮憂天傾閶闔九門不得入大叫直與蛟龍爭上帝不言閽者怒黜夜搶落芙蓉城芙蓉城闕隔星辰望美人兮江之濱三閭憔悴自多事五湖放浪眞賢人茫然鼓枻不知遠窈窕遊盡江南春紫清仙人笑相友不如且樂邱園身君今莫邪尙在無欲剸兕象須吾徒天馬之足果無恙刷雲看躍崑崙都里中小兒不省事鬭雞賭狗矜頭顱君不見朝歌屠叟稱偃蹇八十垂竿渭陽岸時來欻作明良師分土營邱未云晚

赤壁歌　王廷相

黄州先生碧霞客盡愛儋州老禿翁風神千古宛相似黑夜時有精靈通翁昔謫帝蓬萊宮承華承盼玉堂中醉來落筆

驚豪雄揄揚堯舜邁國風下直龍歸寶蓮炬退朝騎出天閑龍一朝飄落天涯去顧影飛蓬悲日暮長歌嘯傲凌雲誰識莊生曠達處長江流不息高興逐歸潮忽來感激古人事月明攜客搖輕舠舉頭望明月回橈蕩漣漪綺衾被冷洞天濶紫簫吹裂浮雲飛浮雲黄鶴不相待明月離離塵滄海長風吹翁入杳冥二客渺然失所在馮夷水仙波紫紆飛虬作梁鸞爲車七十樓臺映金闕三千珠黛鏘明珠仙人握手拾錦花玉田紫芝紛如麻天門空濛流雲霞歸來不覺道路賒山之壁高嵯峨江之水揚湍波昔人遺跡今人歌舊國已空凫雁多大江之篇白日高當時頗望周郎豪橫天叫嘯意難

盡逸興猶能念二喬望瑶臺挹清氛三十六帝不可聞下視
人界空蠓蚊黄金休鑄鴟夷子綵綵空繡平原君何如秋堂
突兀坐此老令人飛灑開心神

鴻輪篇送楚客南歸寄王稚欽　廖道南 鳴吾

鴻輪運元樞鶉曜旋朱明歊蒸藴隆冒慘黷有客今向河梁
行河梁泝風湍風湍清且淺岸芷汀蘭琴堪搴彈箏擊筑暫
徘徊置酒當歌歌宛轉宛轉歌且桑君昔上都遊春花豔桃
李春心鬱斗牛蓬萊獨謁金銀闕閶闔雙瞻虎豹遊朝趨赤
玉墀暮宿白雲司銀魚金馬相追隨元臺爲奏靈飛曲四照
花含五色芝五芝秀可餐四照渥如丹採花烟圃側採芝雲

林端倏忽青霓隔蓬島栖遲白日生羽翰淩霞長望楚宮陽
楚宮山色摩青蒼三湘時見鼉龜出四澤聊羈鸞鳳翔芳渚
浮丹荷松門裊緑蘿牽綵弱藻延蔓縈柯覓儔鶴侶奈爾何
奈爾歌白紵月挂層峰樹憐爾悠悠獨往心秋落黄岡牛江
雨

憶昔行寄茶陵張内翰　王廷陳

憶昔赤壁張華筵與君共醉長江邊白鳥飛隨金馬客蒼苔
坐嘯赤墀賢豈知雲雨歡不延尊前紅日墮山川亍逐白雲
歸楚澤君隨明月上青天天中謁聖人獻納爲近臣馬遷石
室羞前史方朔金門見後身鸚鵡洲邊忽分手鳳凰池上頻
回首但使心同各一方何須對面唧杯酒俱稱賦客異升沉
臨風三復白頭吟相如未逢楊得意漢室誰當奏上林

楚岸吟寄牟子　王廷陳

楚岸長楊垂至地百鳥嬌啼春欲醉晴絲冉冉墮碧空風光
頗爲遊人媚我家黄子國君往鄂王城大江東下雲霧接滔
滔應瀉故人情憶初同領南宫宴白馬青袍花映面本期霄
漢并翺翔寧知世路多更變我歸十年前君歸十年後榮華
顛倒若夢中人情翻覆無不有安能顧墮甑自今心不開陰
巖積古雪白日何當來我將振衣從子游請君洒掃鸚鵡洲
遲日經行桃竹杖煙波摇漾木蘭舟須令漢水變春酒更遣

大别爲糟邸蛟龍自吟鶴自舞仙人鐵笛沉高樓留連坐待
明月上翠娥懽飲來沙頭竹林諸賢真瑣瑣高陽酒從安足
儔吁嗟此會難卽得使我悵望無時休君不見楚宫寂寞臺
殿荒歲歲東風開野棠三間憔悴行吟處千古猶傳杜若香
丈夫眼底安足計君行采采莫相忘

冬日赤壁宴張水南太史次劉西陂韻　周　在 善卿

江閣崢嶸臨絕壁憶昨尋幽此停舶是時春暮落紅稀緑樹
陰陰啼蜀魄未能歸去還復來歲晚山空時序易木落難藏
栖鶻巢水收欲露潛蛟室幸逢朋舊共追游更把塵纓便抛
擲臺高石級亂峰層徑窄路防高岸坼雨餘凍滑老脚健青

[illegible]尚帶苔泥迹酒酣斜日下江亭笑弄潺湲甛漁石霸業間許吳魏爭文章翻賀王蘇謫感時懷古發孤嘯驚起水禽啼草草老夫心事鳥何知已許漁樵共爭席人生行樂須及時況乃桑榆暮齡迫請將勳業鏡中看誰復容顏如往昔此時不飲若醒歸祇聽山禽還笑客

古寺臨江倚山壁四面青峯攢似戟勝地偏娱康樂情絕巔不禠昌黎魄忽逢知已玉堂仙一别年光幾流易尋幽選勝復相同先謁靈祠後禪室良朋眼底不多遇美景尊前肯虛擲細柳衝寒眼欲舒甲梅迎氣腮先坼回首英雄萬古前烏去長安杳無迹惟有坡翁賦中景耳得聞聲目成色山川風

月總堪憐劇喜宦遊非貶謫茲辰況復際明時海内昇平寢兵革哀絲急管且須聽祖席離腸漫嫌廹感君臨别情未忘促膝綢繆話疇昔應念天涯老故人十年尚在窮途客

冬日赤壁次韻　應大桂

公餘置酒登石壁騶從放歸閑棨戟半酣散步横鶴亭下臨絕壑駭人魄春深草木盡敷榮日暮牛羊俱辟易清江一道浸寒空修竹千竿映虛室回首城隅新月升浮生光景如梭擲歌殘莫遣管絃停醉後真疑天地坼眼前風景只依舊高人何處尋行迹良宵相遇不盡懽桃李應笑辜春色丈夫襟懷貴灑蕩那論飛騰與遷謫憇予守土五月餘利猶未興弊未革偶因張子欲朝天暫撥塵縈陪祖席才微自合返故廬況復萱堂蔗境廹覽勝渾忘主共賓感時還慨今非昔官事相仍苦不休明朝又作遠行客

黃州逢張體信大行邀飲赤壁别之短篇

陳宗虞

昔爾作賦吳王臺西湖桃李不敢開我一見之欻飛動撫掌呼爾班揚才走馬還空冀北羣天街唾手揮青雲星槎一日浮江漢洞庭黃鶴生氤氳西來行路迷芳草豈謂相逢齊安道赤壁翻開歌舞筵百壺爲我攄懷抱懷抱悠悠笑此身文犀薏苡爾能明掉頭覆手何爲者青蠅貝錦喧謗聲世事寵

鶴樹榛棘華騮拳跼鳳齅食男兒六合無相知安得攢眉自摧抑去去高江隨片帆濯纓洗耳巴山巖當筵盡脫魚腸綬白眼青天寘佞讒江東雲渭城雨交情儘使傾今古楊朱泣楚狂歌逢君不醉將如何君不見赤壁磯頭一片月曾照英雄血戰時英雄已銷明月在煙波浩渺令人悲分明感激眼前事莫向人間問奕棋

王行父爲稚欽先生從子師事明卿爲古文辭甚工

王世貞

王郎買舟千里來相訪開卷珠璣光照地不見竹林狂客阮嗣宗得見阿咸差足慰武昌以東建詞壇吳叟首歃女捧盤

齊安赤壁一時快郢里白雪千秋寒三閭沉湘九辨作古人
未解今人樂多向維摩乞贈言不二門中無此樂

飲行甫蒼蒼閣醉題　吳國倫

臨臯萬戶充南郭中有詞人讀書閣野客能乘野興來一覽
山川窮二鄂山川佳氣鬱蒼蒼白雲黃鶴遥相將庾亮南樓
隔烟水春申故壘平林塘林塘烟水自今古吳魏分爭誰足武有
酒且醉醉且歌圖麟畫鳳俱塵土塵土從來易誤人偏君閉
閣甘沈淪爲問江鄉幾知已能令此地生精神

赤壁磯漫興　袁文伯

赤壁水落石粼粼我來石上投竿綸渭濱之璜那可釣白魚

吹浪如相徇衡門豪徐寄泌水忘饑豈食河之鯉罷釣浩歌
懷美人美人隔岸抬芳芷會須散步孤鶴洲問我何如壬戌
秋我思東坡月猶昨清風江上同悠悠顧我老非西蜀客沉
淪彿夢長安陌醉餘枕石蝴蝶飛覺來仰見東方白

遊赤壁書懷　邱仁

雲夢南來三赤壁獨此崢嶸如卓戟合沓迤邐錦繡林塹碧
下俯頭陀石枝獨樓船昔此經鏖兵戰壘人猶識武略應誇
顧曲人遊蹤更憶揮毫客佗傺聊爲汗漫遊夷猶不受揶揄
廹夢裏蹁躚道士來舟中枕藉東方白擲金詞賦尚煇煌逝
水年華易拋擲老我來停問石槎探奇一著登山屐醉邀風
月壯幽襟遥指蒙茸悲往迹英雄割據不足道墮地希賢曾
一笑酒杯到手是生涯且看滿眼秋山峭

醉中泛赤壁漫興　沈升

東山月出波皛皛有客載酒浮中流琉璃萬頃際空碧白露
横江澄素秋興來扣舷歌弔古情更傷英雄不盡意流恨與
江長當年曹孟德誰復識周郎舳艫千里來江東張目視吳
吳已空誰知死灰還復焰一霎吹起東南風我愛眉山翰墨
雄豪吟月下疇能同洞簫吹徹楚雲渺滄海一粟看浮蹤魏
氏經營代炎祚不及蘇家一辭賦銅臺舞榭久荆榛落葉紛
紛眼前墮君不見江上月古往今來幾圓缺又不見江中流

前人血戰後人遊文章事業總成幻天地萬物皆蜉蝣不如
投却蘇子筆不如折却曹公矛滄海魚已肥甕甕酒新篘木
蘭之檝沙棠舟但願金尊常盈月常滿夜夜來爲赤壁游醉
裏藏真足爲樂何須更夢臨皐鶴

夏日赤壁登眺　吳良吉

五月落梅吹未殘薰風南來新葛寒灌纓石邊水半落策杖
樹底重雲蟠鷗梟出沒下前渚蛟鼉鳴吼飛驚湍風前有酒
載蘇子月下無枝羞老瞞英雄至今生感慨功業未就詎能
安披襟對客已忘世放筆寫詩殊盡懽高懷已許寄墨跡開
口立譚披鐵冠層樓不盡登臨意可笑元龍眼孔寬

由龍山登兩耳山至赤壁作歌　王一鳴

聚寶山南一尊酒主勸賓酬不離手夜深霜露沾人衣洴洴長江峽中吼兩耳山高連石肘發興擕壺作狂走風逆難聞童稚呼雲迷翻訝藤蘿陡路細石古狐狸啼絕頂蒼茫一翹首班荊度地當開筵舉杯邀月呼青天野燒橫出狐松巔炙酒酒熱西風便明伯耳熱掀長髯若愚矜持禮法謙叔孝問詩猶細密轟飲恨少東溟添擡頭一望山巉巉赤壁半嶂滄波銜秋浪浩渺動樓榭天風空濶吟松杉十步五步山出沒東坡先生祠眼前造次留客何生賢雞酒陸續深林傳雞煮最憐白玉熟酒行滴作珍珠圓慇懃苦勸上客醉鬖鬖便擬

中山眠酒後坐起忘主客吟徧今古呈山川老僧空谷捲清磬漁子趁月撐歸船酒罷便作城南步鬱盤城郭籠煙霧月薄如霜紅蓼稀天高慣闞清風怒吁嗟乎英雄身世多轗軻今朝且樂樂奈何向平五嶽有消息看我淋漓醉掃青天歌

茅伯符招飲赤壁席間賦　楊師孔

赤壁磯頭一尊酒白龜波心一片月悠悠大醉五百年多少陰晴與圓缺江山有盡意無窮滔滔一派洗英雄有時載酒秋月白有時乘風軍火紅乘風載酒成何事霸圖不勾銷一醉十萬舳艫化作灰兩篇詞賦照天地憶昔周郎大破曹小喬初嫁氣雄豪老瞞今已隨流水回首東風亦羽毛獨有坡仙重茲土泛月抽毫駕千古至今詞人幾句詩不弔龍蛇弔豺虎豺虎食人白日見等閑天地風雲變孤鶴夢回蘭槳舟仙翁蛩下承明殿不譴仙人壁不高悟來世界等秋毫酡顏照壁心猶赤彩筆橫江起怒濤吁嗟乎我來赤壁游懷古欲千秋洞簫聲未歇烏鵲鳴啾啾賓主東南美乾坤日夜浮欲訪仙翁在何處清風明月一丹邱

龍蟠磯短歌　劉養微

江心古石盤樓閣二月水枯露石脚突兀翻鷩象馬騰躋攀忽與虬龍搏孤根倒插馮夷宮奔濤觸石不敢東波間毒龍啾啾語出沒無常挾風雨老僧慎莫伐鍾鼓震驚或恐攖其

怒公乎渡河公無渡

人日獅子巖訪楚上人雪盈丈　官撫辰

人日雪山去雪深不見人古徑尋之無人破何處人傳獅子聲聞聲信步步聲處到來聲盡說無生

五日臨皐江行胡去飛邀飲次日移湖閣　官撫辰

輕舟細浪掠江浦江光淡蕩自今古高人遠寄多古心聚客偏當五月五五月五日日氣揚坐深却迭寒溪雨把酒對雨兩相傾無端親故言平生二十年前今日事科頭信步盧山行白髮何爲不肯放空使風雲變萬狀興酣只任此留連移

澆湖心綠影圓非不安排今此樂江山豈與高人約

赤壁放歌　官撫辰

黃州江上峻嶒壁紅霞煉影空明擊楊柳橫斜出大堤小舫穿處鷺浮鷁遠公寒溪西山景倒映臨皐足深脊仙人駕鶴月中來坐深不覺東方炳誰將夢裏畫丹青非色非空形無形幾片湖光畫不著高懸虛白草元亭泝流光照神明宰政事心閒聽欵乃畫中有聲君莫聞藐姑射山人未改浠水西流汾水分堯由何異嶺頭雲隱顯無心天界外此物那堪持獻君

東坡赤壁　鄭元祐

奎星墮地不化石化作盤天老朐臆清禁森嚴著不得半夜吹簫過赤壁百萬蛟龍不敢聽萬古東流月華白

別易曦侯　錢旃

但看古來盛名下終日坎壈纏其身少陵之言有激耳今於易子信其眞文章日淪失敦龐交道日薄起鋒鱗易子慨然有憂之顧眉重遠迴迷津片語直提秦漢魄晶肝能戰秋露白手挽狂波歸崑崙一夫不獲如溝瘠力宏心苦神亦知玉刖珠矇天爲厄才人失意走四方搜奇披儁聯今昔三年之前游吳越與余痛哭灘頭月三年之後游金陵雨心黠欽翻成訥燕子磯前千尺濤不能淘盡英雄血桃葉渡頭酒如珠不能洗盡肝腸熱歌兒畫舫走如狂不能磨盡胸中鐵男兒有眼今古瑩男兒有手斯世挈百盤百錯百不迴有日風培看頡頏江干千里文心蕩恨不隨君叫奇絕吁嗟乎別君又是重午節

短歌贈族弟　萬爾昌

人生髮膚誰能久君曰致身親則否今來未見致身人猶以全歸資藉口如弟至孝發天懷雙倚高堂奉箕帚忽焉慈氏羅阽危肺腑難言醫輟手長潛承睫亦依眶兒顧頂踵皆何有此身原是二人身兒今折肉仍還母抆淚籲天天不聞却付羹湯佐瀡滫毋也食之倏然愈兒今痛定追怛後嗚呼世

人俛首讀詩書隧中隧外紛好醜誰云忠孝待推移問向詩書何所取

陶烈女　萬爾昌

楚江西來走千里有石巉巉東如砥應以異人副山川數百年來有女士女士珍育自陶門曰字于朱永所矢初學織素聽機鳴亦辨羹湯潔滫瀡忽有堂上歎息聲却向嬌顏不忍視微聞未肯向前詢側身似道朱家子從前鄭重羞爲言空嗟年少今已矣迴身解珮檢繡鍼細細剪刀親纖指小塒憐母大憐誰寧憶將心矢白水我心已决願從君多恐有聲難入耳何妨强語慰高堂訴向羅襦甘如旨昔聞大業託素屏

亦有悲笳空轉徙女也素不嫻詩書遑恤我躬蒲風史千縷
萬緒已分明一心端爲朱家死嗚呼世人誰不妬蛾眉不惜
蛾眉有如此我今作歌勿長言百年問氣猶憐爾

釜粒行　李之泌

吾黄里俗除夕潔釜浮燈祠竈覘歲候迨子半釜中見粒
或嘉或秕或有或無種物各以類應歲之豐歉物之饒乏
微兆於此往往確驗過時覘之則隱故人有知有不知者
昨夜家釜浮粒有七圓明肥潤諦覘衡蚕秈米無他種乃
爲釜粒行以紀之俾異日採風者收入歲時風俗志亦一
事也

歲畢人家祠竈主斂衽廚前淨滌釜蓂燈浮水蓂中央婦子
嘻嘻覘靈雨明年歲事今宵問皇天后土從來應爆竹聲停
夜將半微陽欲動天心靜一片光明照無翳浮釜晶瑩吐嘉
穟玉糝的皪浮空來自無而有眞怪事善敗良楛徵歲功種
物紛應以其類及時候之白粲粲大珠小珠浮水面粒光璀
璨掌中明諦覘詳推覈吹飯兒童競拾安包裹留取他時成
寶玩東家巧遘西家鬭靈物過時隱不見奇迹由來遇者稀
智或莫測愚多疑老農懃懇修風俗嬾婦張皇問是非造物
空虛善刻畫水耕火耨釜中窺誰知稼穡用天道他時鹵莽
今不肥元旦開門賀獻節東風拂面農心悅是刻東風俗占歲穩爲言

昨夜釜生粒歷歷秈香白若雪萬寶之成告在秋與與翼翼
先期說今年吉卜勝前年東家兒女西家說

國朝

歌贈杜于皇　陳維崧　其年

我昔住冶城家近石子岡魏收能弄戟敬則解拍張江東冠
蓋爭輻輳臺下山川本鬱蒼一代清流歸太學六朝豔曲有
諸郎玉尊晝坐黄金牀牙籤堆滿中書堂瑶星不動澄少海
二十八宿羅文昌肥牛大肉啖崔蔡輕軒細馬馱班揚中官
赤棒避文士布衣白帢多輝光杜陵二十游京國青春彩筆
增顏色豈惟公等增顏色僕亦翩翩有人識風塵澒洞羣僚

來華林賓客安在哉杜陵老大不得志頭白只向江頭哀蜀
岡柳絮正堪把邀君揚州古城下揚州酒價不肯低眼看高
樓淚如瀉君不見飛龍廄下諸小兒轟隱夾路青絲騎又不
見東家買得近蹤跛人奴詎受侯家笞天生此輩本俊物爾
曹嘆喟空爾爲

讀葉司城封嵩游草賦贈　朱彝尊　竹垞

客居逼潞春復冬有如饑鳥仍投籠平生夢寐在五岳垂老
未覩嵩陽峯峯頭玉女定笑我那不控鶴鞭癡龍瑶漿勿飲
良可惜白髮滿鏡徒愁容葉君昔年宰登封莓苔洗字辨石
淙霞梯高高八百丈筍輿踏徧青芙蓉廬巖瀑飛一匹布鐵

梁峽偃千年松仙人十六時相逢閒吹鵝管向明月有時髻
插三花穠漸州俞叟與君往來熟言君愛奇恒未足問筵爲
蒸玉面貍行樂曾騎雪色鹿測景還登測景臺逍遥宛在道
遥谷偶然長嘯百里聞每遇殘碑三日讀不見囊中金石編
何殊集古歐陽錄崇文門西車轂擊十里黄塵眯人目下馬
尋君道名姓一笑情親爲鄉曲投我嵩陽詠百篇勝聽哀絲
與豪竹近來海内工詩格新城王君最雄獨一見君詩許絶
倫同調由來賞心速君今司城名籍甚栗果少年齊足踏入
門廳事半栽花插架圖書尚連屋作吏如君良不俗開從巷
北期王君更許高齋醉醺酥巾箱圖畫恣卧遊豈必廬鴻草

堂宿

贈杜于皇　潘耒次耕

男兒無家復無國六合飄然一孤客客行落落雲出岑其去
無跡來無心山水佳處便淹泊偶然相逢不可尋黄岡豪士
世無偶胸吞雲夢者八九神鷹鎩翮不能飛丹霄碧海將安
歸三十年來泛江舸大塊無塵能著我商山須眉大澤袞遊
戲人間無不可往年訪友揚州城州人喧呼看歲星如雲冠
蓋趨門庭先生酣眠醉不醒醒來洗眼焦山青金焦如螺意
不快一葉翩然下江瀨青邱方壺不可期白龍赤鯉遥相待
我亦汗漫之遐方東髮結交多老蒼惟翁差池未識面江雲
關樹空相望錫山葉脱蠡湖闊散步禪房見筇杖怪來避地
已經年笑我勞勞逐塵鞅昆明刼火方洞然老鼇抃山波擾
天士偶桃仁莫相笑久客會有還山年先生無事但晏眠大
瓢滿酌清冷泉君不見君家杜陵喪家者茅屋秋風淚盈把
揮淚高歌洗兵馬

大江東去　孫錫蕃

蒼煙高寒靜練白大别北條黄河隔岷山南來幾千里夔荆
朝發淮陽夕激流奔湊若朝宗黑水流沙猶西逝天塹誰云
限北南巫山歌風怨楚客黄雲蔽日秋草枯佳人晚蘭在湘
澤我欲覓嵛探禹穴披髮採桐山之嵋長將海島掛釣鈎相

沒窅冥神寂寞手提雲漢倒江流四游升降分潮汐

菊以不落爲德俗傳介甫詩句謂黄州菊瓣落石城作
長歌不如其實無之乎適在黄賦君不見一章　顧景星

君不見屈平好奇餐落英（爾雅落始也）宏景晚服仙骨輕黄州何
如鄧州産霜中落瓣皆虚名圓花高懸準天極抱本不離君
子德臨川詩句偶流傳石城老子三太息君不見百榕聯黍
同一根栗大合抱母尚存木名女貞菊女節辭枝墜葉何䌌
䌌君不見伯姬堂上焚尾生抱柱死原嘗春陵六國時勢去
何人附公子花開花落直等閒色衰愛弛無嫌妍蕣華朝暮

何足道松柏歲寒眞可憐君不見花奴羯鼓環兒舞十二闌干㕧鸚鵡搖落徒傷秋士情飄零祇恨春風苦土鑪䃂熟青玻瓈淵明采采循東籬誌將百本階前種會看霜華經介時

赤壁吟贈操覲文　吳祿貽

赤壁猶然故鄉陌我欲從之行不得江上兜答幾度煙一片青春五湖白憶昔魏武西陵營舳艫東接孫劉城覆軍殺將分九鼎可憐赤伏終滬陵漳河帶甲三十萬百丈銅臺驕際天叶都鈞切美人巾舞紫玉笛身後孤墳猶上食北風捲斷輦雲旗七十二處狐狸泣往事今隨漢水流蘇公詞賦踞高樓子來不見萬中偈彩毫應動古人愁春秋往復年年似有時還

賦紅霞岫叶徐由切

嘯軒寓居用東坡先生定惠院月夜偶出韻　胡復亨

先生何事夜出門愛此迢迢明月夜緩步平疇曳杖屨蕭然聞行風露下江邊水雲及岸齊江水滔滔時自瀉玉宇淨洗浩無垠杳無一物誰相亞新思陡發眞清絕和入梅花不庸借卽令春去不能留剩有清思追陶謝既吟且和詠而歸遵前路兮反客舍飄飄霞舉興有餘玩味江湖如食蔗坦腹嘯軒天地寬萬慮盡蠲何所怕行吟澤畔人莫知城上將軍不能罵

紫蓋歌 樊雉城字紫蓋　吳亮思

紫蓋峯高插天起倒映瀟湘瀉江水絪縕鍾出大英雄三策天人敷治理一行作吏無邊幅謫向上林種桃李是時璫燄勢正張慷慨疏姦名姓揚詔佐司農掌錢穀小臣肝膽凜冰霜君至泉州多惠政不畏權門親百姓小兒竹馬快逢迎太守單車問民病三載清風六月寒曾無一字到長安黨人重伺東林隙海南不得靜波瀾拂衣歸去攜琴鶴赤壁東皋戴舊冠烽火連年思請纓幾番躍馬復盤桓舉朝泄沓成何事紈袴遭逢拜將官公懷經濟憂天墜四郊多壘甘同禍整衣東帶受兵刃正氣如山死猶坐君揥一死剖丹衷身騎箕尾步虛空摹君忠烈高無極回首南瞻紫蓋峯

醉後歌贈郭郡侯翔伯鳳儀　施閏章愚山

東坡後身今太守能飲黃州幾斛酒丈夫五馬二千石安得風流滿人口生計曾犂江上田宦遊用盡囊中錢公庭草綠東風暖吏舍人稀白鹿眠赤壁直從盃底出橫江坐嘯心茫然三分戰鬬都已矣兩賦崢嶸今尚傳惜哉雪堂成瓦礫竹樓亦野火請君莫廢千秋蹟詩成箕踞無不可但恨古人不見我

赤壁舊有蘇公遺像　徐惺

黃州江山天下奇巉巖矗立烟離披下瞰百丈臨江陂青青芳草生漣漪遠峯隔岸閒相窺日暮陰晴渾莫期布帆細雨

輕如絲習習不斷清風吹倏忽晴空月上眉大江照澈映玻璃世上凡流安得知曠哉蘇公千載思舉盃邀月高吟詩泛舟來往無停時吁嗟高山流水應如斯東坡先生豈我欺試問千載之後更有誰萬古風流眞在茲

何太守道岑宋別駕牧仲招游赤壁　曹鼎望

江山多勝概難覼如椽筆兩賦題前後赤壁千年屹丙午歲之冬仲月朔八日舟發漢川口瞬息黃岡踁江天雨零零霧重山形失澎湃洶波濤風勢寒而栗冒雨涉江干摳衣躡山級風雨蝕殘碑遺像儼石室斯地有斯人豈隨煙草畢別駕自風流太守復汎軼秉燭意何長笙歌連香飭噫嘻五侯七

貴何其富轉眼樓臺窟狐兔阿房銅雀何其雄燐燐鬼火泣西風何如此赤壁千年恒窣嵂上下古今理同心一登斯地者但覺月白而風清水秀而山逸

赤壁放歌　彭心錦

懸巖勢如削光燄當江開厥初造化手闢此何奇哉我來蹀躞轉山閣捫蘿藉草升石階紆徐一步一回折漸通幽處無塵埃平生衡嶽慣登躡茲遊歎息令心哀坡公生平歷坎坷牢騷跡尚留山崖公之官窮窮於詩公之人奇奇於才至今兩賦光萬丈照我顏色開幽懷青山不改壬戌歲吹簫客去空徘徊下視江濤在履底御風身漸高崔巍吁嗟乎我如青蓮登落雁身挾飛仙遊汗漫恨不攜來謝眺詩仰首長吟問霄漢又如退之登華山直踏玉女蓮花間垂書痛哭辭人世凌躡倒影思不還吁嗟乎安得祖龍鞭驅策南岡西山點點羅列大江間截斷瀰空波濤翻坐令戰艦飛不前我得縱飮山之巔直與坡老相周旋登虬踞虎隨沿緣胸中磈磊消萬千

桃源洞　胡珙

我憶桃源人來上桃源路惆悵佇烟寒溪水隨東注子驥當年未及尋後人碑碣此還樹當時洞中果有人子孫終於何處住當時洞中若無人姑妄言之曷以故淵明羲皇人自與

羲皇遇一念冥然山水佳閒來寫出深居趣長沙君解此不作鵩鳥賦汨羅若解此不逢漁父愬我來隨地看雲山君接高懷與吞吐流水淡宕去桃花爛漫開過眼山川忘時代誰言不自洞中來

赤壁懷古　二首　金德嘉

蘇公赤壁二賦留雪堂千年雲木空蒼蒼元豐以來一十一甲子何人江頭月下懷周郎憶昔仁宗手攬公制策云爲子孫得一宰相於巖廊英宗召試直史館解組僉判來鳳翔奇才奇才未進用神宗內殿明燭何煌煌太后感愴哲宗泣金蓮送院此眷都非常人臣遭逢累朝異數有如此安能模稜

腈聳隨剫行非骨稜稜兼翰藻其直如矢剛如鉎蝺頭草勅惠卿竄羣小側目逾鴟張舒亶楊畏先攘臂章惇蔡卞之徒不可當上誣宣仁下衆正元祐黨籍欺天閽新法蔓延其禍至此極甚於節甫亡漢溫亡唐是時我公飄零轉徙到儋耳樹下得句銘桄榔炎蒸蜑雨蒼顔老回首臨皋歲月眞茫茫滄桑易代已陳迹有客憑弔爲神傷把公詩句歌一闋安得中山松醪爲公堂下羞壺觴

赤壁今夜溶溶月猶照先生古時居先生一去雪堂虛何人堂上夜半呼斗酒往鱠巨口細鱗之江魚客子洞簫音寂寂水落石出白露初覽古長沙哀賈傅招魂汨水弔三閭男兒

此身隳地無不可有口莫讀萬卷書筆欲如椽墨爲沼造物混沌其厭諸先生雪堂注周易忘言忘象已蘧蘧後來上章道士邂逅先生天上直奎宿徽宗時事玉皇香案之書復何如古往今來世事不勝數藉手先生天問一起予前有倚馬萬言李供奉毋乃先生異代而同符海涵地負祗如此天之生才胡爲乎我思古人九原如可作沮溺耦耕爲最樂不然荷鉏鹿門去採藥

送陳仲夔歸松湖　梁佩蘭藥亭

君家松湖屋我家仙湖樓兩湖相隔六千里空涵一氣共清秋其中日月星辰落湖底沐浴吞吐光欲浮琉璃萬頃作譊譌推出城郭如銀洲就中亦有舴艋舟金沙鸂鶒雪片鷗楊柳芙蓉種湖尾石房書屋臨湖頭居湖之樂有如此君家松湖更難儔瞿塘五月峽水至虎鬚一倒洗豪牛江漢之大爭飛流天地浸灌不可収漁人刺船來沔口取錢賣魚爲生謀嘉魚似玉玉幾片銀鱗雪鬣光油油霜刀作膾縷縷細宜城美酒兼可求君也兄弟相唱酬慈母玉杖杖白鳩上壽進酒傳觥觥君之樂事亦已優我望仙湖歸不得登高遠念勞雙眸家人望我回湖月幾度垂銀鈎誰知欲行反裹猶羨君歸旆如飛鷙北方嚴寒青狐裘送君騎馬出白溝尋常相别已相念况乃一别將歲周我生凡事只任運文章千古夫何尤

一官老大意已足但不微巧爲棘猴君年方壯茂達猷翰林詞賦動天子八駿一日崑崙邱三生石上自記取聰明冰雪良有由始爲老生萬卷破不出蓬藋徒探搜復爲閩人少登第疏劾權相英氣遒黔陽遣戍地北極出入虎豹啼鵂鶹龍池刧灰會欲盡後歸古佛爲比邱至今清源古寺在廬嶽石壁彩翠林木稠楊循何人作引導大悲收攝吾欲投得無頭陀金色具妙相袈裟甬濕隨須臾蓮花香海試幻泡居向坎井原蛭蛸卽今平原射獵鷹臂韝少年陸博呼釆骰眼前各各不相謀與君並馬聯綢繆君行我住心悠悠幽州雪暗衡嶽霧歸去湖鳥鳴啁啾吾亦何時得歸去嶺上磔角聞鈎輈

仙湖芳草青可採仰天四顧歌四愁老生閩人至北邱楊循俱仲夔三生事

赤壁懷古　徐　梁

東坡何異著者蘇赤壁何常蘇老游滿天月光下斗牛一江風色浪蜉蝣老矋霸氣寒烟盡公瑾奇兵野水流惟有雪堂一斗酒淘盡今古幾多愁暫時寄與臨臯下任吾天地一扁舟扁舟宛在鶴安在大海秋風吹未休

問水長歌仿盧仝月蝕　呂德芝

為我致書陽侯與馮夷作惡太甚只恐天難欺去年夏秋漂沒我田畝十家九家二穗不穫無米可呼雞老弱饑餓展轉死溝壑丁壯男女顛連傾跛塞路爭流離蒿目一望空村落

剩有孑遺三五仰天號泣無涕洟天帝仁恕暫不加爾以誅殛今來怙惡較乃故態尤甚之嗟我農人枵腹事春作豺骨土色鼻息如絲吹更復陰霖十旬助爾為暴虐竈中蛙蚓且洳難為炊播種平原秧稻萬頃俱顆粟計日奄觀銍艾可以療朝饑劃然一聲遠近大小隄防俱決裂千畝萬畝浩浩蕩蕩無津涯更挾妖蛟毒龍與雷電飛濤激浪奔騰澎湃如山頹人民夜半夢中溺死幾千百安問兒女室廬器用財賄貲荒灣野蕩鳶烏相嘯聚殘柯斷梗牽挂浮屍衣傷哉民命何故如草芥連年殍死今還骿首塡沙泥上天好生百計相長養遭爾作祟傷殘橫暴竟如斯至今憑陵洶湧不肯退魚鼈闌入城市逐隊相游嬉昨我守土官司設爾祭剎羊封豕清酒還明粢爾飲食醉飽仍褻如充耳蕩漾千風夕照夜月清漣漪天一生爾原以潤萬物何事憑威肆虐成阽危況今聖明天子御極百神懷柔黃河千里澄清時惟爾江流之神桀驁不奉法不聞大禹泗州龜山鐵鎖巫支祈屠龍之技更有朱汗漫周處趙昱劍斬蛟螭如折枝更有錢王射潮弩萬殼鬼神當之亦洞骨與肌如肯悔過卷濤安流地中去蘊沉之祀仍不爾啟以時陳牲犧用是告爾爾其思

孤燕行為程節婦作　彭士商衡甽

雌燕義不雙來巢主人阿誰婦孀居漬面啼痕代膏沐痛妾

無夫夫有子趙氏孤兒纔頭角吁嗟乎死者不可忘生者劇堪傷孤燕底心性宛轉伴共姜燕春歸兮又秋去妾身歲歲空閨度

冬夜長為黃岡周烈婦張氏作　夏力恕

冬夜長新嫁娘欲瞑未瞑在夫牀鄰雞初號燈無光殮夫夫未亡篋內有衣裳夫亡妾先亡門外有橫塘橫塘一入天茫茫哀魂迸起相翱翔堂上無姑舅目瞽撫兒聽息不可數長呼新婦已終古翁之幼子曳翁行墓門雙鬼泣寒冰夜夜牽牛織女星

烈女行為歐彝臣女作　徐本仙

歐家有女額垂髮東丱已作徐家楊蟾蜍飽月勢團圞封姨不教花匼匝柳白鶯黃正早春兒家夫壻初長成可憐黃芽撲初鶯可憐弱草瘦零丁二豎巧向膏肓結藥下倉公攻不克氣似晨星乍有無弱雲狼籍無顏色海棠羞日暗藏秋欲往唁之不可得遥分病勢死莫起黷獨傷情而已矣伯姊諸姑走相勸言語未足逬道理寧作秋原霜下草莫作春花樹上好春花謝彼還開此秋草同根同節死頗疑截耳與斷臂猶是貪生心未止吾寧尺組赴冥關魂意心神從所使魂意追飛仗鬼燐黃昏已到夫家門女父男親怪相問此時不信謂飛魂此時夫命纔一線宛轉倉皇入相唁舉頭一顧乍銷

魂夫命旋亡女不見夫家悖遣女父回始識義亡輿櫬來墓上黃昏雙宿鳥至今重起青陵臺張雷神劍終當合化入平津兩龍躍何必會面始情親古人不侵爲然諾君不見照夜燈炬乍無膏添膏剔炬重相燒又不見楊柳之枝枝方折新枝還補舊枝缺請君試看籜中竹竹在籜中已有節

舟過陽邏石壁觀龍仁夫書　　秦樂天

陽邏磯頭秋水落石壁下瞰蛟龍潤上鐫四字大徑尺傳是龍仁夫所作我來停舟仰面觀咄咄逼人毛髮寒鐫拔剛斷出天授排奡思詰淩宜官風吹雨灑波淘汰信有鬼神呵護在迄今點畫尚分明更歷滄桑無損壞東望江流如建瓴古滕陰黑啼湘靈眼中若肯有人搨應勝焦山瘞鶴銘

月夜登赤壁東畔石刻形兩孝廉　　陳大章

長江斷岸千仞懸吳楚一氣相迴旋岩前虬虎萬奕兀怪藤老樹飛相攢窮秋靜夜莽蕭瑟而我支離攘臂乎其間舉頭不見橫江鶴明月直挂西南天我來吳會山水窟金庭玉室長留連到此劃然一長嘯運斤五岳輕人寰解衣醉倒呼玉局平地已作羽化仙燈火熹微人跡絶戍樓鼓角聲淒然張子工文室懸磬胡君授經廚無烟想見夜深耿不寐搜奇角勝聳兩肩徑擬襆被來問字嚴城咫尺尋無緣寒鳥啞啞棲復起病眼强合心悁悁明朝握手應大笑定詫老狂殊未痊

天寶鹿　　陳大章

康熙壬子歲于清端公成龍爲黃州同知駐岐亭野人獲鹿垂斃獻之其高如馬角而班公命作脯於項間剜得銀圜重一十七兩鐫天寶二年華清宮七字角下堅徹如瓊蓋所謂鹿玉也公以作帶環佩之友人黃安彭伯常在署親見其事屬予作歌

亁芊山前烽火起帚星下掃長安裏赤心一夕化豺狼唐家九廟皆荆杞夜雨愁埋劍閣雲春風恨滿溫泉水何來决驟華清鹿萬里中原行不速慣隨花鳥上陽宮親見玉環頻賜浴軀字深鐫太府金角痕碧沁瓐瓏玉未逐仙人上博臺却

遭牧豎充庖肉君不見梨園菊部霓裳舞宏農唱罷來華鼓鸚鵡曾聞問上皇舞馬猶知悲故主秦家宮闕漢家陵千年幾度生禾黍休將遺事吊開元漠漠寒烟翳平楚

節孝吟 爲節母王文學妻陳氏作　　靖道謨

北山松柏凌雪霜千古萬古摩穹蒼造物鍾靈原不偶盤錯鬱積乃森張淮西大郡有齊安扶輿毓秀自崎山崚嶒峭壁三千丈諸山都作培塿觀拔地倚天發間氣王氏節母生其間三歲背嚴父七歲失所恃十四適王家婉娩相夫子結褵十二年所天又崩圯藐焉七歲孤高堂急甘旨大旱蔾山川長炊無粒米集蓼茹堇茶苦心無此比之死矢靡他艱貞利

傾否辛勤送往復事居雛鳳振刷錦翼舒幾年畫荻兼對薦一日都邑騰名譽衆謂毋節宜上請正色却謝不肯居二十九年素木榻整衣端坐返太虛珠光玉氣寧久閟天子聞之表其閭蟠霓綽楔峙舊里崎山巍峩與之俱人生要當爭千古時窮節見傳於書滿堂珠翠空塵土甇然嫠婦今何如

憫青衣張烈婦　　劉揚烈 沱泉

劉家義奴名望楚主愛其勤僕得所買來一婢配與渠云是河南張家女張家有女未字人生長深閨十六春哭遭河決田廬沒米珠薪桂富者貧爺孃凍餒女弗忍鬻身助養心所允異鄉淪落豈前因時命自安殊堪憫六親斷絕依一夫結褵數月郎歸泉哭聲不停晝復夜比舍聞之都慘然主翁遣勸休如此待覓良家再嫁爾含悲掩泣回臥房更深嗚咽覺漸止日高如何夢未醒主人驚覗戶半扃撲窗一見齊駭異三尺絲懸竟雉經但見淚痕尚滿面週身上下密縫線緊縮鬟髻易新衣顏色如生渾未變從容就義少人知我爲墮淚寫哀辭迄今合葬河洲下墓前應長連理枝

王徙洲 鑾 移居高士莊索賦　　喻文鏊

席帽歸來幾萬里窮愁著述空山裏有泉可飲日君子有鄰可卜曰高士高士無名士益高斯人豈必終蓬蒿少年提槧

走閩越無諸臺古荒草沒褰衣一作黔陽行銅鼓蠻溪鑾有聲五年前渡扶胥口蜑子唱歌珠娘酒昨日之日不可留呼我重登黃鶴樓松喬桂父居上頭富貴不可期神仙那得遇芝草藟莪日應多流水桃花憶前度昨使平頭奴驅我轂觫車東野家具今何如大兒持書帙牙籤一一分甲乙小兒眼如漆不索梨栗索紙筆

竹樓月波樓遺址感王公元之　　喻文鏊

先生竟易得小畜雲夢澤南清壖足雙樓一記一題詩消受官齋月三斛謫居從古多煩憂竹樹煙雲當勝遊蘇占東坡公占郡至今都道王黃州

敖峯禱雨歌并序　　龍　澍肅齋

歲丙午官山左平陽春夏之交旱甚沐浴齋戒設壇龍神廟得雨數次未足也四月二十四日陟敖山頂俯伏哀號聲淚俱下幸邀神鑒大沛甘霖禾麥俱慶有秋爰作歌以紀之

平陽之東青雲山雲氣青青山之顔崇朝膚寸空際合岱兮敖兮澤一般環山古柏皆千尺盤根裂破山中石別有虬松骨未朽枯藤倒挂倚絶壁壁間佳氣鬱葱葱活水仙源出仙宫奇峯忽自天外落佳氣猶在半山中峯之巔兮有石屋雲之君兮常駐宿縹緲不見雲中君烟靄畫出春山緑傷哉斯

民數適屯三載不見雨傾盆我來撫事煎百慮遺老逐我祈山神蓬跣仰度山之半畏途巉巖未敢憚攀藤繞樹過鳥道奇鬼哭出當我面旁穿石穴路轉迷但聞山下鳥聲啼此身恍惚登雲梯不覺身與山峰齊長跪香銷古屋裏神兮憫我淚不已一聲霹靂邱巒崩滿眼山雲觸石起起看峰後一徑開山雲送我下山來須臾滂沱滿山澗一洗歸路無塵埃雨玉雨金原非偶凉德之躬亦何有惟神達天天好生鑒此雲霓望已久神功收斂寂若無依然東峙一峰孤君不見青雲之山常如此十日一雨自今始

晚過朱醒齋霞遠大令墓太平寺側　　王養愚

緜緜神理歸何處來過荒阡幾延竚百里勞塵屈鳳棲一坏宿草鄰祇樹人生隙影白駒如哭獨零落歎邱壚前輩風流不可作夕陽回首暝禽呼

倪氏節孝行　　陳　沆秋舫

黄州之南有長圻壞焉江水出其前四十里內其民淳樸而力田乃有劉氏之女倪氏之婦獨行貞節於其間其父劉文煊其壻倪文錦兩家居不遠兩小端且整一朝結良媒父老皆酩酊壻生十六時一病醫不治女奉父命來視疾病者相向不語但涕垂女來七日壻遂死死目不瞑意可知女念死者有父母子今死矣誰扶持無子有子是在婦我其爲之服

斬齊孝順阿翁與母慈壻之死也一殤耳女乃使之有饋有養有祭祀三年服除母念女歸望家門淚如雨有姨老矣劇相憐慰藉頻煩意吞吐女聞其語手塞耳姨奈何而言若此翻身哭拜父母前出門決絶姑與姊直至五十餘劉公劉母各八十女乃再駕省親車女死之時乾隆五十有四年苦節無人知縣官不聞名從子章福爲我流涕而言之章福爲人亦古貌里中父老稱純孝力田盡養忘其貧祇愛父母不愛身父死母殁廬厥墳六年之內一晨昏窮冬僵臥深雪裏母憐兒寒覆以魂夢中抱母不見母往往夜哭驚起村中人嗚呼忠孝天地理士大夫家愛其名其實有難言者矣今乃得

之農家子清節雙雙一門裏不有至性綱常死愚夫愚婦安可鄙此邦得之光青史作此者誰淅水陳子沆採風使者覘此章

紀嚴貞女　劉家麟

黄姑未會景已滅天孫耿耿淒欲絶除却空中孤月輪誰照貞女心頭血貞女系出富春家幼讀詩書明大節阿翁選壻得喻門繫定紅絲禰未結一夜玉樓天上傾郎君赴名都魂驚此身不能伴郎去有志還當事竟成入門舅姑悲且喜兒死得女兒未死厨下洗手作羹湯娣似長偕供甘旨女貞之葉何菁菁紫荆之樹邀冬榮冥冥天鑒貞女貞一朝阿嫂兒

孿生分得珠光照兩室栽成玉樹森階庭高堂自此含飴樂兒亦聰明能向學嚴慈兼盡倍關情離鸞遥慰緱山鶴郎今兒亦成童久父書琅琅能上口鄉人爭羨有餘慶道路聞之齊傾首主持風化有使君闡發幽光字如斗我亦吟成貞女篇採付輶軒傳不朽

謁杜茶村先生祠　徐上鏞　蓉舫

黄岡杜茶村先生少負才氣遭時不偶流寓金陵著書見志殁葬蔣山之側黄人士慕先生之義請於前郡守楊君星山郎先生故居建祠崇祀且詠歌其事以誌勿諼余來守是郡郡人士乞言於余爰書其略綴以短歌

滄海浮雲變莫測浩蕩乾坤老孤客文章志節垂光黄鐵鳳千秋有生色樊川後人茶村翁少鬱奇氣悲奇窮縱横游跡半吳楚廓然六合横胸中晚年歸臥蔣山麓千樹梅花數椽屋閉門謝絶冠履交一編自伴梅花讀落落風塵孰吾偶合向林泉終白首一抔鍾阜葬詩人人與青山同不朽風流淪落二百年瓣香梓里欽前賢近來赤壁訪遺址崇祠屹立鄰坡仙我來展拜頻欽仰變雅遺音誰嗣響鳳凰墩畔白雲飛髣髴英靈自來往吁嗟乎勝代人文半榛杞庾山合肥今已矣茶村當時老布衣俎豆馨香乃如此俎豆馨香良有以百世聞風且興起

潘貞女　龔斗南　小梁

郎命絶淚如血女性烈心如鐵未到郎家與郎訣郎死亦死死不得郎父郎母肝腸裂賴女如兒長在側九京郎正慰三年女忽亡彼蒼者天何茫茫道路聞之爲悲傷吁嗟乎潘貞女有女如此能不死世間誰是奇男子

蘇公塘井歌　朱兆斗　又韓

廣州古寺西泉冷端明鑿成得龜鼎至今嶺南誇勝概不誇石鼎誇蘇井豈知十有三年前瓢飲可必尤天然東坡茨棘瓦礫處枯草燒出涓涓泉知渠掘汲自何代蛙蚓不飛埋荒薈已覺造物非無心留與謫臣相灌溉雨過犁開稻田雲旱

歲好潤青青芹有時腥風被泥滓除蘚洗石石生紋自從量移汝州去過者一步一回顧梧桐影閣碧雲沉玉檻銀床深惜護豈必黃州井盡智絕似嶺南結古歡君不見當日臣心此井水清澄見底没波瀾

詩

五言律

唐

憶齊安郡　杜牧

平生睡足處雲夢澤南州一夜風欺竹連江雨送秋格卑常汩汩力學强悠悠終掉塵中手瀟湘釣漫流

黃州　方干

彈節齊安郡孤城百戰殘傍村林有虎帶郭縣無官暮角梅花怨清江桂影寒黍離緣底事撩我起長嘆

宋

雨晴後步至四望亭下魚池上遂自乾明寺前東岡上歸二首　蘇軾

雨過浮萍合蛙聲滿四鄰海棠真一夢梅子欲嘗新拄杖閑挑菜鞦韆不見人慇懃木芍藥獨自殿餘春

高亭廢已久下有種魚塘暮色千山入春風百草香市橋人寂寂古寺竹蒼蒼鸛鶴來何處號鳴滿夕陽

江上晚步　潘大臨 邠老

白鳥没飛煙微風逆上船江從樊口轉山自武昌連星日懸終古乾坤刱逝川羅浮南斗外黔府若何邊

臨江亭　晁補之 无咎

古木嘯寒禽層城帶夕陰梁園多綠樹楚岸盡楓林山際豈爲險江流長自深平生何所恨天地本無心

東坡　張安國 于湖

繫船看西日曳杖到東坡暗井蛙成部荒祠鳥作窠老仙騎鶴去稚子飯牛歌興廢何須問斯文自不磨

元

夜泛赤壁　楊惟中

暫艤清江舸來登赤壁山怒虬松偃蹇漱玉水潺湲明月尊前色丹崖戰後顏高城催暮角醉倚棹歌還

明

齊安卽事五首　陶安

初入黃州市蕭然綠樹村刈茅低縛屋剖竹密編門桃李花零落山川勢吐吞廛民來一二敬喜爲溫存

霧雨一城暗梨花三月天空梁春蟻墮疎壁暮蚊穿草密藏枯井苔荒蝕斷磚開門山色好飛翠落吟箋

江月簫聲遠城春竹色斑天文鶉鳥次地險虎頭關綰轂此

爲郡結茅先對山雨晴聞布穀鬬草未能閑

雨過山添色推嶺翠撲衣秧隨新水長蝶趁落花飛江近簷頭掛春從客裏歸沙乾聊可步倚杖綠陰肥

千村新雨過水滿綠苗生蠶麥收成速兵農賦役輕紛紛挈家室日到州城訟簡有公暇江山共此清

縱步　　陶安

傍市人家聚瀕江草徑通燕爭曾到屋魚候未來潮訪友聊乘興扶笻直過橋晚山烟外見重疊翠如澆

蘇子遊赤壁圖　　何景明大復

垂老黃州客高秋赤壁船三分留古跡兩賦到今傳落日寒

江動青山斷岸懸畫圖誰省識千載尚風煙

贈王稚欽　　何景明

王子萬人英詩名少日成驪珠眠自抱天馬傍誰行旅食青楓改秋吟素髮生過逢見汝意潦倒媿吾情

夏黃岡採古桐製琴四牀見遺　　許宗魯

單父君元是鍾期我未如遠傳哀玉片騈集草元居霞影飜牀豔松聲湧坐虛南薰音久歇遲子一吹噓

江上别夢澤王子　　許宗魯

沙岸移星舸雲汀𣈆夕筵水寒風色勁波淨月華妍酒與劉伶後詩名謝朓先江湖爲别地解纜各淒然

發齊安風雨有作　　王廷相子衡

纔喜風檣順俄驚雨脚斜過山猶作陣鳴壑已如麻江動潛蛟室天占上斗槎不須貪利涉隨意宿汀葭

赤壁感興　　方豪

曲磴孤亭抱危崖古木攢泉聲絃裏聽山翠畫中看往事悲蠻觸名賢惜羽翰登臨須拚醉洗琖向清瀾

山莊雜興十首　　王廷陳

老夫諳稼穡次第葺園廬對酒唯田父呼門絕里胥桑麻經雨後花竹宛秦餘如此生涯足何勞薦子虛

事去心逾壯年來迹轉孤濯纓臨漢沔安枕荷黃虞春潤偏

魚鳥秋窗近竹梧出逢鄰叟飲醉倩野童扶

避人開石戶覽物坐山堂湘柚寒增色江蘺晚更香卜居悲楚客招隱憶淮王寂寞吾甘守浮沉念總忘

計拙堪時棄謀生託野人鶯花無約束木石有比鄰溪上思龍蟄林間學鳥伸逢人無一語契即情親

天地一虛舟浮沉雙白鷗半生從失計萬事不關愁山月杯中映江雲几上流狂歌人莫測吾與屬滄洲

圃坐晴逾麗畦行晚更宜客從蘿逕入自笈葛巾欹果熟山禽戀林馴野鹿隨憑欄契物理衛足頗欽葵

樹古材墟僻江寒邑里秋過雲頻送目累月不梳頭廢禮緣

多病求仁未寡尤呼兒問網罟明發上漁舟
葉減山爭出林秋景故偏侯蟲喧冷砌過雁影晴川月酌沽
松露風吟雜澗泉何人會幽興寂寂自鳴絃
物換竟誰使朋來非我期曙光隨口薄秋籟入雲悲速婦開
新醖從兒論古詩自爲眞率飲忘却鬢成絲
蘿軒時散帙苔澗亦垂綸翠竹供詩徧蒼林佐酒頻岫重遲
見旭源曲易迷津早契沈冥理難爲俗子陳

江上贈夏明府　　王廷陳

令尹官初試江邦政已成節如秋壁峻心擬石潭清願契烹
鮮理無矜拔薤名操刀知善割愛助亦吾情

定惠院宴集二首　　王廷陳

石磴接巖扉行行上翠微賓朋花下至雲鳥竹邊飛韶景度
欲盡舊遊存苦稀蘇公何可作今古一沾衣
結侶乘暄出憑高望眼開閭閻深負渚阡陌曲侵臺展席春
雲映歸軒夕鳥催回看遽陳迹相送轉徘徊

遊龍蟠磯寺　　王廷陳

巨石表江心花宮傍太陰天寒龍臥穩雲迴雁飛深棟宇飄
明鏡汀洲響梵音慈航向夕渡轉覺戀祇林

宿龍蟠磯寺中　　王廷陳

龍象開靈嶼黿鼉戴法筵石間攢寶樹鏡裏湧紅蓮香氣潭
烟接燈光岸火連禪房風浪過永夜不成眠

贈張子三峰　張名濟宏治甲子舉人知嵩與清河縣以氣節稱　　王廷陳

自遂歸田臥何曾入郭行北鄰稀識面州郡祇知名但結漁
樵侶寧關婚嫁情溪潭垂釣處日見白鷗迎

自團江赴黃倏忽望見城郭　　王廷陳

野水平侵岸澄江穩放船櫓聲雜鼓吹檣影曳雲烟漫逐羣
鷗後俄驚百雉前長風如可假乘夕向遙天

黃州登赤壁亭　　廖道南鳴吾

亭倚石巖開風鳴萬樹哀人聞不知去鳥佬忽飛來江勢平
呑閣山形曲抱臺雲林秋色霽眞自可幽懷

訪王夢澤園亭　　廖道南

蚤謝承明署冥棲小隱園曲亭圍樹密斜圃植花繁江近吟
招鶴巖虛臥聽猿郎承宣室召禮樂待敷言

赤壁席上　　童承敘

磴曲城邊峻江清檻外浮天花籠佛閣巖竹過人頭摩詰瑤
編共文翁綺席留斷雲供徙倚此意更悠悠

赤壁和童内方韻　　崔　桐

巖壁凌秋淨江煙向夕浮賢豪總陳迹感慨一回頭亭爲披
雲起觴因遲月留登臨有餘興酬唱思悠悠

留別王夢澤　　崔　桐

赤壁迴孤棹黄城別曉雲情懸夢澤子昔是鳳池羣宋玉仍儔雅周南滯典墳今宵楊柳月江笛不堪聞

送蔡安父之黄州　徐　渭 文長

安父黄州去乃當中夏時榴花作火艷梅雨爛蠶絲研墨沄沄燥書窻葉葉吹今朝霽如此別馬快風斯

月下聽王稚欽彈琴　鄭善夫 繼之

邸文鼓絲綺六氣指間流王子梅花思飄飄下隴頭月華終勝雪商意自成秋今夕西方夢佳人不散憂

暮春共適軒小集　郭鳳儀 桐岡

壁峻臨修路亭虛俯近闗到籬江漢水隔岸武昌山簿領一

春過壺觴半日閒便須同二客酩酊棹歌還

過問津河　吳國倫 明卿

夫子南遊後山川不可名問津千古事環轍至今情雨洗沙茸淨波吹石髮輕惟應楚孺子下馬濯塵纓

登赤壁有感　吳國倫

風流蘇學士所志癖登臨赤壁雄荊楚滄江見古今石懸官閣外帆追女牆陰尚有垂竿者能知戀闕心

柯山園四首　吳國倫

買舟三百里江上見柯山古徑雙橋外方塘萬木閒入門花石喜留客水雲閒若與王猷共山陰那得還

性僻耽幽勝風雲奈汝何寄情都不淺乘興一相過宛轉看亭樹陰森坐薜蘿移尊從所適山鳥自爲歌

藂篁開作徑灌木不知年未解亭相錯飜疑地屢遷烹葵支舊鼎種樹續新編總失干時計端居亦晏然

散步出幽籬羣芳送酒卮隔城嚴漏下近寺與鐘遲秉燭雲生榻停歌月滿池不禁酬欲臥敢謂老能詩

冬日遊赤壁　雷　賀

城堞瞰江隈危樓雲氣回酒杯吹碧浪屐齒印蒼苔羽鶴橫空下松鱸入饌來高山應仰止作賦有雄才

同王憲伯再遊赤壁　蔣夢龍

江城初雨霽赤壁景逾幽雲斂山疑畫波明天若浮花香侵麝氣水色浸樓頭覽勝同延賞何妨醉碧甌

八月初五夜集赤壁二首　徐學謨

萬堞淩丹阜千家俯白雲雄圖餘戰伐清籟隔氛氳月色遠山盡江聲靜夜聞回鑣看斗直懸漏欲宵分

兩賦已陳迹諸公復勝游間年還應戌爲客正逢秋月隱蛟龍窟風將江漢流爽來重洗杓懷古思悠悠

病後登竹樓詠懷　鄒廸光

一室數椽小憑欄眼自寬井煙籠浦樹屏宇席江湍簾捲南薰入樽開北海寒人言吾貌瘦從此欲加餐

夏日過定惠院　　鄒廸光

不向空門往那知化日長江煙低佛座山翠濕僧房忍草侵
衣碧曇花上履香迦趺分半榻人境已微茫

王伯固邀遊赤壁　　邱齊雲

百折城西路臨江赤壁分經時憂積雨一日破層雲柳色望
中盡漁歌醉裏聞磯頭無駭浪還欲攬斜曛

赤壁　　石崑玉

樓憑丹嶂起浪作彩虹浮煙斷三朝堞風廻二客舟江渾龍
鬬日山靜鶴橫秋今夕非壬戌何人載酒遊

泊赤壁　　車大任

地是烏林舊名還赤壁留獨詢三國事空見一江流風落山
樵地霜凋楚客裘孤舟今夜夢明月冷沙鷗

齊安雨夜思歸　　鄧楚望

獻楚傷難遇在陳不可留停雲生遠夢聽雨亂鄉愁芳草客
中路春風江上樓無端羈旅思白髮戀滄洲

行白雲山中　　王同軌行父

雨餘林氣靜山晚日光斜野店依孤樹村橋臥斷槎馬嘶遥
澗水犬吠隔林花白首鉏雲者春風自一家

赤壁樓上同弟綏父陪劉維芳雨集　　王同軌

登樓披岫色尊酒暫從君檻集千峰雨窻流滿榻雲魚龍寒
自蟄鴻雁暮爲羣共醉空明上人間世界分

九日同張念茲諸子游赤壁　　吕應端

節霽情偏適山登客與同霞收千嶂雨江吼萬帆風倚醉調
沙鶴銜泥仗野童遠峰青未了莫遣暝煙籠

赤壁再泛　　祝世祿

水落磯頭石霜林紅欲然重來摩赤壁孤嘯破蒼煙雁下瀟
湘雨人歸雲夢田江山英爽在平挹一尊前

春日書舍八首　　王一鳴伯固

雲岫青天上山堂白水邊看花頻過日種樹不知年自咏陪
春酌無營費晝眠誰能悟瀟灑貧病接神仙

送目高城晚科頭小逕閒松筠團野日紫翠共春山座上尊
須滿人間事不關苦憐叢桂發招客一躋攀

卯壑乾坤大漁樵歲月徂長來鄰叟熟爛醉小童扶江漢封
春雨吟哦老豎儒一區潛自隱何必似王符

出門愁磬折用意買盤桓雲蘸水城豁天虛風竹寬試兒分
棗栗報客正衣冠事事堪幽絶何曾酒甕乾

近想郑城壘農家雨最霑地寬疎步屧圃老信腰鐮趁浪黄
魚肥經時紫蕨甜一尊斟細細身世或陶潛

去國孤臣遠憂時萬事新過雲凭几席迸淚濺松筠匕首纓
星急旄頭望氣真英雄混塵土誰念捉刀人

醒夢移高枕登危送短筇一邱兼一壑爲圖又爲農天晚愁
飛鳥江深想蟄龍怕逢漁父問枯槁近形容
報主身多病逃名計漸知築牆鄰借樹澆竹水乾池劃醬收
魚子釣簾試燕兒柴門有天地幽獨一題詩

過問津河　梅之煥 長公

每過問津處無愁魂自消門開蟬語寂路古馬塵囂細雨昏
殘碣輕煙罨斷橋耦耕人咫尺來往慰蕭條

同江石鐘勘災二首　茅瑞徵 五芝

楚甸頻多難茲方更疊災停輿問桑海到處覓蒿萊風借炎
蒸奪天舒鴻雁哀撫心吾有感誰屬救時才

同是勤民出非關載酒來穿林全竹覆掃路半沙憒野老烹
葵餉村籬待客開寄言肉食者何術讚康哉

游崎山　茅瑞徵

崎山高不極半嶺看雲低亂石紛排戟飛梁迥作梯天風傳
遠梵人籟出煙谿直擬捫蘿上攀躋境屢迷

如畫亭獨眺　王爾賢

獨倚高亭上環城客往來江搖雲影動風破浪聲開遠樹孤
帆過前汀一鳥回天然圖畫裏長覺似春臺

過問津河　操明德

適楚津猶問維車漲未消江萍空有兆田父竟難招雨色迷
殘碣波聲咽斷橋獨憐吾道在行李共蕭條

赤壁樓春望二首　曹士謨

平原千里目騁望更登樓春到凌崖樹風移上瀨舟殘陽明
峭壁倒影動澄流欲盡林泉勝蔗蘿一徑幽

着屐探幽徑微痕翠映苔雲低空野合岸狹遠江迴黯澹初
垂柳蕭疏半落梅遙天下明月清興夜歸來

癸未三月十六夜同樊紫蓋城守　曹士謨

風雨嚴城伴相逢咫尺迷暗途呼爾汝潦徑失東西倍莜燃
膏費參差列炬齊最憐鈴柝泉露立待聞雞

步放鶴亭　孫應鴻

長嘯答空響悲懷萬谷隨澗流松響冷鶴聽竹風吹山靜寒
蛩悅秋深落葉知登高望太古攜手柏皇時

安仁湖卜居　鄧雲程

居然一少伯寓跡五湖邊席挂簷懸月門開水浸天好風吹
暮雨短笛弄輕煙何處蛟龍鬭絲綸滿釣船

輓周忠烈大參　官撫辰

王事賢勞者生前總不羣名非重一死學豈著三軍魄散人
猶惘公媵姬聞難相率死之忠孤君未聞當事盡掩公以飾所私鬼神終莫掩野
史續遺文

過竹筵寺　官撫辰

不問當年寺稱名示阿誰行行人盡去得得路何之佛古泥
囿動光留電影遲沙彌錯相識笑下幾皆墀

寄龍夢先　官撫辰

爾也不隨俗余焉同一心從來身外想偏向病中尋草發故
根綠雲移何處深江流聲不斷應共虎溪吟

同方還青邱過之兒洽遊安國寺二首　王一翥

楚地悲風滿幽蘭釆已非爭燈魚市暗訪寺圃蔬肥塔裂前
朝恨經焚過客稀武昌多霸跡臨岸易歔欷
邂逅桐眠侶郊林慷慨行廊寥嗟久宦僻遠歎吾生龍井孤
亭在雪堂舊砌平徵君思往緒感不獨山城

李坪漫意　王一翥

凋傷鄉國後尚有古泉亭不見浣紗女誰鐫處士銘泉雲飄
不去獨樹亦能青別路惜殘語輿夫攜小瓶

同兒洽李坪飲朱小黃家　王一翥

借宿棲方渡攜兒過李坪荒江爭月艷柴壁逗沙明布被依
罇酒書幃接雁聲仰天輸舊願北斗向誰橫

哭汪愧孝二首　王一翥

幾年同隱約終母或隨君片晷行無跡孤心兩不分白頭誰
救水名士絕聲岡杖畫山雲細秋宵一卷焚
吟醉陶元亮誄哀王景元何人敢僞託惜汝太無年誦秘春
秋註神潛道德篇空山雲月影娟碧素心全

李坪　王一翥

盛世馳戎馬無非戰不庭只今鵲羽動萑見鬼燐青少婦停
針線書生罷考經饑能迫石隱安得守殘扃

智村答友　王一翥

入市非無事投巖好獨還長謠鷙鳥度冥泛喜燈開曉霧思
營騎春衣戀故山可憐鉦鼓急十載未開顏

重到郡城　王一翥

霜重殘松影塘迴過雁聲幾番遊子夢猶遶故宮行買酒壺
難借裝衣線不輕漢廷詞賦死抱甕老書生

簡奚蘇嶺　王一翥

誰地卜居好幸君知我貧畫輪淹古寺東飲仗東鄰孤鶴夜
啼怨綠蘿閒踏春椒漿瑤席近浣月釣魚綸

望下方廣寺二首有序　王一翥

記乙亥秋自白田至麻城獅子林弔死心禪師墓同其法
孫長樂返過此寺攜師遺笈在焉越一年武昌署中與仲
霖談及此數日後野行望此寺有寄

精舍藏山隱中途遇法孫寧知兵火逼不遣婦兒存魂夢求
空像丹青到墓門人間酬酢盡鐘磬代師言
綠字迎僊篇黃金結寶纓當年獅子座曾湧玉泉清著短羲

爻失師諸著畫燬人亡肇論成寺閱諸論在師身後韜光菴名黃御史稍可話

無生

寒食　萬日吉允康

東郊明日靜北郭暮煙遲燕不巢新幕花猶戀故枝嬾投分
內社羞逐鬭雞兒屏絕人間事緜田弔子推

旅感　萬日吉

上院疎鐘曉階積雨殘澤中鴻未集天下士宜寒種種數
莖髮勞勞一片肝窮途惟仗友應作古人看

寓大士菴三首　萬爾昌師二

微雨侵晨屐循苔接舊畦市囂重砌隔路僻短垣迷瓦石栖

難定蔬花徑欲齊老僧忘世久澹對肯招攜
野鷗尋知倦蕭然息此菴來雲窺曲牖迎旭逗重嵐密篠依
巖靜羣蜂趁蘂貪隨行會所適閒退倚孤龕
待暝閒扉閉春融氣若澄孤光涵靜夜遠塔湧諸燈幽意生
虛照空堂暗倚憑素甕供坐久竹露夕層層

江上逢王子雲　萬爾昌

江上逢人少崎嶇見老生聞知越嶠往只等看山行語習先
朝典詩求異代名如何攜壯子曾不話躬耕

七月十五歸自黃州夜泊趙磯　萬爾昌

斷岸沿江路維舟信所安風連葭影靜月偪水光寒盃冷呼
猶數更深語未闌幾朝慙褦襶贏得此宵寬

季夏留何元方南漪　杜鈺

訊渡晨光爛維橈岸草斑層波踏不沒流影射常閒風動微
侵席雲歸遠在山論文佐清供破睡不須刪

邢孟貞過黃州有作見懷感答　杜濬于皇

長江日夜流江岸有黃州是我十年夢輸君一日游山從樊
口密月對武昌愁處處邀篇翰殘黎豈解酬

哭李鄴仙李著有夙知錄　杜濬

事後論人品無如李鄴仙留身惟賣藥有子只耕田學道知
原夙安貧力更堅白雲山下路誰表少微阡

次團江　無名氏

下馬團江滸烏林舊戰場楚弓沙月白吳壘戍雲黃鑑影涵
天遠襟流東地長江聲疑有恨如欲訴興亡

晚泊黃州　無名氏

赤壁雲初暝烏林日漸紅波搖兩岸火人語隔江風夢鶴侵
蝴蝶燃犀逼水宮天寒遊子意清夜月明中

國朝

偶題文昌閣　劉子壯

常閒眞似旅爲累祇因官才盡方知拙貧長漸得安門深巢
鳥徧庭靜落花寬良友能頻過相忘不着冠

燒舊文　劉子壯

文字眞成累名山多厚顏在前殊足戀於世懼無關梨棗千秋恨篋箱一夕開祖龍眞有意難與後人删

雨花閣　劉子壯

小閣斷巖半古藤一徑通藏經黛跡裏煮茗雨聲中下鳥窺高樹開窻入遠峰悠悠江上路此地諒能容

赤壁　施閏章 愚山

敲石荒煙路千年人自游空青連赤岸虛白俯滄洲日氣鮫宮暖風聲漢水秋誰憐詞賦客今古一虛舟

秋夜泛舟赤壁　孫錫蕃

吳楚江烟裏深林一艇開桐疎識露重栁拂碍波回巘墮孤雲度山灣小月來論文在幽獨古色滿蒼苔

舟泊水月菴　孫錫蕃

巖影移村半梵鐘過小舟入開霜葉逕鳧宿露花邱夜永林烟寂寒深江月浮空山佳氣滿香積一燈秋

赤壁　施世綸

淩晨過赤壁昨夜宿黃州風物歸殊代江山重昔遊漁歌空互答客櫂自夷猶斷岸仍千尺蒼波去不留

雪中抵黃州　曹申吉

蒼茫天一色雪岸界中流帆影遥侵樹山光暗入舟風煙寒赤壁詞賦重黃州三楚經行偏春來倦遠遊

訃偕北上次李坪驛別家兄暨怡西昆季二首　葉封 井叔

行行此揮手能不作銷魂相送只垂淚孤征寧可論江聲趨故里客夢待荒村尚藉壺觴在銜杯未忍吞

行色誰云壯羈愁獨自經已難辭骨肉况復去零丁沙氣燕燕路寒雲暗楚汀江楓秖數葉霑淚下離亭

秋病　葉封

幽壑常相見茅齋久在茲梁泥傾燕壘梧葉碎蟲絲愁覺秋聲早饑嫌稽事遲茍安非得計戎馬欲何之

琴臺詩 三江口在樊口西南三十里或云古琴臺地　葉封

高秋憑一哭云是楚琴臺江樹空無際蘋花冷不開捐軀原世節 夫人父友軒公以建白顯名舅逸求公殉黠難 遺珮動今哀有鳳孤飛遠年年夢屢回

飲茶村精舍　熊賜履 敬脩

春陰吹不散此日恰新晴劇飲予非醉狂歌子獨清消祛塵俗慮想見古人情飽德非虛語如蘭句已成

春亭對雨柬于皇　熊賜履

草堂花意近風雨亂春晴修竹摇空冷殘梅入望清烟霞本故物邱壑自多情鹿鹿胡爲者輸君學晚成

黃州杜退思玫號蛻斯其音近而義別索詩爲贈　吳偉業梅村

述志賦秋蟲孤吟御遠風掇皮忘我相換骨失衰翁畫以逼靈妙詩因入悟空杜陵更字說不肯效韓公

中秋諸友小集雨中罷去已復月明起望　樊維翰

邀月期今夕留人坐二更雨方催客去月忽爲誰明天意矜恢復秋光苦戰爭有情還獨酌拈韻失同賡

同杜于皇李大有樊念菴夜集　奚祿貽蘇儀

少陵方用拙元亮早投簪詩律當秋警鄉心入夜深鱸魚看

楚味蟋蟀聽吳音衣薄凉風動蕭騷事滿襟

風泊龍口 白虎山名　奚祿貽克生

白虎連龍口前程十里賒北風爭繫纜荒戍不棲鴉天落雲垂草江翻水沒沙食鮭何處得寂寞兩三家

三江口　奚祿貽

衆水會夏汭三江趨海門煙寒邾子郭雨暗呂蒙墩避地行舟少防鬮舊址存烏啼深樹裏秋色正消魂

立秋郡邸　奚祿貽

炎蒸猶不退節物閱年愁旅食彫菰米倌房蟋蟀秋梧桐飄漢水烽火暗湘洲久閉蘇門跡還來問竹樓

杜于皇表兄見訪　奚祿貽

不以行藏異來操遠別人艱難如隔世涕淚共雙親笛裏梅花落江頭燕子新相看在逆旅豈是故園春

輓杜茶村先生　程瑞禴

病足艱難步扶余送出門論詩忘暮雨飲酒逼黃昏不盡詠諧興頻多肝膽言先生長不死身入在崑崙

舟過赤壁感懷　王承祜

艤舟赤壁下流覽舊山川亭閣皆新構詩題俱昔賢水天光一色雲樹影同懸不盡登臨興乘風破浪船

赤壁　張仁熙

孤城連赤壁高帶大江流魚艇千年事荒祠獨夜愁天晴堪去雁水落正芳洲久客經行地蕭蕭蘆荻秋

月夜懷王子雲先生　顧景星黃公

野水明北郭長林收晚曛尋常來舊雨咫尺賦停雲涵氣月中白叩舷山裏聞無繇共欣慰愁思遠紛紜

王子雲隱居廬山過訪清談半日　顧景星

只愁歸不易歸後轉饑寒知已十年別貧家一飯難白頭仍避地遠害肯投竿孰是鄭文子能令王憲寬 屢辭徵辟

泊長圻遇風雨　顧景星

泝流緣訪舊檥棹復如何身世浮泡外江湖夜雨多濤聲來

枕上橈響有漁過金錯囊全罄中宵獨寤歌
陽邏大士閣　顧景星
香磴倚巖阿雲根臥薜蘿長江迴地軸高閣入天河繫纜
湍少扁舟乘興過聽鐘夜方半何處起漁歌
馬鞍山迷道就飯田家　顧景星
紆迴路復迷複嶺萬松齊有舍有樵徑無山無鳥啼斷橋扶
野葛履石渡危溪寒食農家飯分餐過午雞
客樊憲副亢宗延坐園亭二首　劉醇驥
問業西樓竹亭開洞壑光寒山風雨樹倦客古今牀石凳敲
詩細松欄倚嘯長折麻誰獨契耆舊本江黄

燕園具風雅門閉更幽清止酒知心靜添書畏眼生長江奔
樹色萬井避秋聲閣外崖陰夕彈琴意未營
樊憲副席上贈王子雲二首　劉醇驥
羣彥推王粲雄人舊藝林書多傳劍履地少種桑陰江海短
秋鬢知交剩此心到門車馬客無暇問懸琴
良會堪遺俗聲名老未忘主賓答鐘鼓天地失風霜燈動壁
衣舞秋濃井葉香共來高邁侶誰厭阮生狂
元日諸公攜具招飲聚寶山　鄧之愈
夙性耽山趣貧來費未齊諸公不棄置元日肯招攜草刈行
厨集壺乾信步題因看人影亂舍北又相徯

江樓即事　王封濚
偶能逢愜意茶熟客來初知有盧仝癖因讐陸羽書物情閒
處辨世味淡中餘簷日翩翩下休言鶴去車
自聚寶山步至復宏菴　王封濚
濟勝乘方暇登高仗有秋節勞從緩步適景即凝眸雨後山
容攺風來草意柔載歸僧舍裏閒坐問林邱
宋賢祠題壁四首　宋犖 牧仲
地據黄州勝祠尊宋代賢崢嶸新書棟疏鑿舊清泉一院松
筠茂千年俎豆虔扶筇同老衲憑弔向春天
遂與羣賢遇依稀杖履傍樓成名不朽道在黨何妨吞墨傳

蛙口留書解橐裝江山相映帶今古鬱蒼蒼
一片池邊石傳來文敏書披尋從瓦礫光彩重璠璵勝賞晨
昏得傷心戰伐餘游人談赤壁風景定何如
移徙堂亭上飛梁結搆牢萍香飄曲檻鳥語出夭桃文彩蘇
門盛聲望楚地高臨風添嚮往行矣寸心勞
望龍磻磯　宋犖
孤嶼排空起波濤萬頃連蛟龍留窟宅殿閣自江天法鼓聞
山縣神鴉送客船沙頭開極目斜日起蒼烟
步宋賢祠題壁四首之一　王澤宏 昊盧
石橋烟樹外蘭若雨花旁地近城偏靜官休隱不妨疏齋同

野祠書史屬歸裝宿世君來此山川尚鬱蒼

贈周櫟園　王澤宏

虛堂披豁久靜氣若山深家剩千秋史身存百折心著書忘歲月積晝當登臨舊恨渾無憶怡然託素琴

歲在壬申岡邑熯旱公賑已畢民猶有饑爰歷鄉墟勸好義者捐貲至諸生易爲泰家諭作頌袖因贈以詩　王輔

匹馬寒山裏村墟一一過鴈鴻飛漸集鳩鵠餒猶多無術慚爲守相瞻望匪他秀才天下任桑梓誼如何

秋夕湖上　於心匡

長嘯柴門外行居影自從晚風來爽氣野水度疏鐘壁古蟲因穴沙寒雁少容宵闌人未臥殘月尚臨峰

暮秋過白沙灣　於心匡

赤壁遶三里白沙第一家徑橫彭澤菊籬掛邵平瓜祇覺風吹面安知露濕靴傾來茶碗數巒岫散朝霞

赤壁秋雨　彭一卿

清秋臨赤壁細雨濕空堦野樹迷山翠江風鎖岸霾行舟停晝舫歸路躡芒鞋罷釣看漁父振蓑立水涯

赤壁晚眺　彭一卿

餘照覆城陰登臨散素襟暮烟橫陌上明練織江心雁陣分歸路烏棲返舊林漁燈依岸晚相對且聯吟

[illegible]臨皐　朱如辰斗嶷

薄暮臨皐驛蕭疏客鬢斑雲端迷夏口煙際認樊山噴壑聞鼉吼投林羨鳥閒龍湖有茅舍松月應常關

孟秋客中　王追騏雪洲

秋飛一葉後人在萬山中遠笛荒村月孤衾野店風樹衰容自老蟲細語偏雄知我今宵夢蕭蕭北地鴻

遊赤壁　梁斗巖

千秋傳赤壁屹立俯江根岸坼波濤險山高虎豹蹲文章悲斷碣風雨拜精魂我亦傷心客傾盃掩淚痕

陪聶按臺遊赤壁　王顯

覽勝到山亭雲煙靄畫屏心丹映壁赤節勁比松青呼岫搭河嶽文章燦斗星龍魚濡雨露變化滿江汀

赤壁懷古　胡之太

振衣千仞上江水自東流吳楚壤相接孫曹戰未休臨風悲巨艦對月憶層樓望古多遺集賢名雅好遊

夜發三江口　陳芳烈

日落停棲纜安流坐可乘寒汀秋唳雁遠寺夜飛燈帆月虛陰度江霜客面凝風輕人籟寂漁火宿孤燈

赤壁　蔡履豫

赤壁古黃州蘇公愛此遊畫船秋色裏明月大江頭斷岸生龍虎空山臥斗牛至今吟二賦千載認風流

晚泊雙流次　宋敏道 白山

水落森危石溪流一綫天漲痕高岸迴月影暮山連野燒分樵徑歸人入暝烟卅心何所適吟望淺沙邊

辰溪道中　宋敏道

叢篠牽危磴枯榕挂女蘿鳥言行不得客意竟如何澗道陰雲合海門煙霧多望中天近遠斜日暮山阿

登武磯山　王鎮邦

峭壁臨磯上江黃一塹分秋高開遠樹濤急帶飛雲客笛空山應漁歌隔浦聞情隨流水遠不覺近斜曛

大士閣　王鎮邦

紺閣凭江起風霜老檻楹窗中山翠入足下水雲橫寶樹明珠火寒空響梵聲千秋巖石上堪亞普陀名

小崎山中　張光壁 斗符

山中日正午雲氣上衣裳花閉空林豔風經隔水香古橋還壓壓村舍亦堂堂為性耽幽石逢人笑我忙

秋夜同王叔餘話魏孝山庄　汪國溁

夜靜談初洽露寒秋愈深一庭明月影千載故人心時論忘追逐孤懷任嘯吟更闌還剪燭聊以託知音

登赤壁　汪國溁

岝崿臨江路春殘試一登徵風吹客舫遠水挂魚罾崖有歸栖鳥門無識面僧更尋前後賦荒草蔓層層

槩括蘇賦十首　賈鉉

我來登赤壁挾友共凌風山色蒼茫上江流浩渺中幾盤休洞口一瞬喜天空彼美蘇安往長歌四顧雄

鬱蒼皆抱戶唯少桂千章窈窕出孤壑徘徊周上方武昌噫自見夏口岸相望白鷺詩成處南遊舊共藏

予懷緲已破羨此半川清千里江陵接長艫落日明秋吹波驟立風震谷潛鳴葉脫時方肅飛霜凜欲生

肴核既能攝歲時將亦消何人知屬賦有侶適攜簫目斷幽蘭婷憑烏鵲飄扁舟今可就婦子託漁樵

徐泛盈匏酌用斯遺世遊踞巖驚虎豹橫槊笑蜉蝣名姓海中粟旌旗江上秋坐來悲孟德西去困荊州

雪堂巉絕地白道識臨皐草木久無主魚鰕各得曹登攀窮造化俯仰寄秋毫東問黃泥坂峻宮暮獨高

翩躚元鶴舞餘響應滄龍水降石橫渚山虛月湧松危巢音戛擊鱗木影蒙茸籍酒與登嘯謂阮籍蘇登也終需二士從

吾衣披羽似吾履御風如放艇倚為枕安行步是車呼樽醜斗酒洗盞縷鱸魚反笑昔遊者牛山歎逝虛

馮歌誠固耳白飲盡寥焉用彈鋏生及吟先生傳事醉在客乃謀室舉杯
會樂天鹿麋游渺渺山水遇仙仙魚綱名紙開千尺須留待巨
然巨然僧擅畫
扣舷風細甚光起一輪和正取清聲答不禁良夜過飛星嘗
動酒栖鶴也聽歌小棹輕槳掠薄言歸泝波

櫽括二賦詩十首　　張　楠耕石

予過黃泥坂相從二客偕孤舟凌萬頃明月出東山舉網魚
會得危巢鶻可攀劃然發長嘯人影斗牛間
舳艫千里盡一葉駕扁舟浩浩憑虛御飄飄遺世遊霜催木
葉脫風渙大江流是歲杯盤樂無殊壬戌秋

赤壁之遊樂茫然縱所如元裳縞衣鶴巨口細鱗魚逝者未
嘗往流光信有諸惟斯水與月相對識盈虛
有客若無酒如茲良夜何直將樽槳氣都付扣舷歌窈窕美
人遠蹁躚道士過清風江上起無水不興波
東望武昌遠江流夜有聲匏樽來薄暮蘭槳擊空明客有吹
簫者秋從斷岸生偶然相顧笑休問姓和名
行歌互相答直上履巉崖幽窒潛蛟舞橫江孤鶴來山川俱
寥寂天地此徘徊疇昔旌旗影而今安在哉
白露橫江下天光接水光予懷愁渺渺山色鬱蒼蒼崖劃裳
茸影詩歌窈窕章攝衣還獨立把酒酹周郎
感此蜉蝣寄不知何所終漁樵於渚上枕席乎舟中造物藏
無盡長江羨莫窮飛仙難驟得遺響託悲風
四顧寂寥裏清風動縞衣大江自東去烏鵲忽南飛水落石
仍出月明星漸稀凜乎難久駐步自雪堂歸
正襟危坐久予亦悄然悲十月霜應降東方白不知杯盤狼
籍裏風露復遊時寄謝車輪客從今友鹿麋

對雨懷張涵萬　　張　楠

尺書容易寫無雁倩誰傳人遠春波外山寒暮雨前別離如
隔世著作各編年頭白期相信長吟企喻篇

白村秋夜　　張　楠

蟲響江樓夕鳴蟬晝不如露生時浸襪葉落欲平除散髮坐
秋夜焚香讀道書涼風有餘好瀟灑白村居

陽邏阻風　　孫　鍠

晴江入望迴歸路一孤舟風急揮蘆過濤狂挾岸流陰氛迷
落日沙草息鷺鷗夜泊荒岑下飄蓬雨不休

夜發陽邏　　王心敬

帶月發江鄉歸程爭未央晨雞鳴遠岸晝檝泝流光曉色緣
窻入江風透體涼却憐閒覽勝也自犯星霜

薄暮再抵黃州謁李華西先生祠　　王心敬

樊山江外暗赤壁柳邊黃此夜月如晝西州路久荒故人乘

箕尾吾道日蒼涼十載隔生死西風欲斷腸

黃州城北一覽亭　陳大章仲夔

孤亭如戴笠睥睨出林垧江瀉盤龍影山奔萬馬形荒城圍宿霧萬井落遙青徙倚飛鴻外狂歌答渺冥

雨中赤壁　王材升

到來將一月赤壁已三過風雨皆詩料江山足笑歌路偏通鳥道衣好伴漁蓑莫話興亡事豐碑字總磨

晚登赤壁偶成　蔡震升

晚風嘗艤首牽纜傍沙洲不惜黃泥滑來尋赤壁遊江山如話舊詩酒亦分憂鶴夢今宵穩中天月一鉤

赤壁重新　王言

闢破嶔崎路平原遠斷垠山橫樊口障柳鎖渡頭春舊日耽遊客當年作賦人風流賢太守江月一時新

冬日同杜伯緘夜飲赤壁　王子中

峭壁枕北郭危樓嵌水涯蓼花開劫火石岫斂雲霞月起號羣雁風高落暮鴉遙看半明滅燈火是漁家

赤壁阻風　王世芳

烈風遲客路寒樹寂鶯鳴斷岸黿鼉辨孤蓬定亦驚催人頻結纜戒僕莫營艣相識阿誰在空傳驛外聲

題黃岡廟樓　彭士商

樓迴環春霧隱虛納宿雲甘芳茶鼎沸颯沓磬聲聞鳥喚征夫夢僧隨野鹿羣無心出世好公事正紛紜時奉檄盤查黃岡諸鄉社倉穀

自黔中歸果園　靖道謨

予役頻經歲林鴉報客回艸當楓葉落歸及柳花開對鏡添蒼鬢循堦長綠苔籬邊舊時菊雨過更須栽

赤壁　劉承啓

獨擅江山勝臨流枕楚黃朝霞生戶牖倒影入帆檣讀賦思樊口鏖兵重武昌何由起蘇子載詠月明章

暮歸　呂德芝石棻

秋山二十里夕照帽簷紅野寺一聲磬歸驢兩耳風衰年幸

小健晚稻喜重豐燈火衡門近飛還倦鳥同

秋泊聞砧　呂德芝

村舍鳴砧急聲聲到客舟長江自東下大火正西流雨露均維歲桑麻貢有秋鄉關警寒信應爲授衣謀

九日喜周五淑塵田四仲舍見過二首　呂德之

二子清無敵同過黃葉齋既因尋菊到何不抱琴來風淡茶香遠煙空奇色開前山可登眺相與計尊罍

餘桂猶堪折殘荷尚可卮一年記好景老友託清時酒許衰顏壯秋憐瘦骨知赤龍與白鶴笑爾學仙癡

靖果園先生輓詩　胡紹鼎牧亭

大用窮經得高言實事餘哲人今已沒論者復何如若祭當於社將傳信此書顧瞻思往路霜葉曉風初

十五年前別三十里外遊月明廬阜夜木落洞庭秋爾日遲相問艮辰遂不留寄言懷孝子後起見貽謀

赤壁　戴喻讓

未必功成後山痕便刼灰千年無戰伐此地有樓臺夢醒人俱古天空鶴自回深情吟兩賦江上幾人來

蘇文忠祠　喻文鏊 石農

亭憶臨皋古坡公此滯留江雲明窈窕祠樹足清幽已矣熙豐事飄然壬戌秋夕陽聊騁目沙鳥滿滄洲

歲試黃州較射　鮑桂星 覺生

拂柳旌旗出分花騎隊開角聲從地起山色過江來赤壁風濤壯黃門霹靂催挽强兼命中誰是軼羣材

己卯重九蔣晴山大令招飲覽勝亭時同鄭雪堂閭府曾古棠二尹易可園巡政錢豫堂少尉　劉輿藻 少泉

不上北山頂安知秋氣高孤亭越飛鳥萬里見奔濤烏帽風頻落青山首自搔驚人應有句笑我負詩豪

仙尹行厨好朋簪聚令辰况逢黃菊酒恰送白衣人蔣晴山門人王緒壇遣人送酒逸興忘賓主高歌動鬼神似聞來日別洗酌肯辭頻

鴻軒懷張文潛　王乃斌 香雪

一卷柯山集千秋黨籍名死生交誼重得失宦途輕輸麥邀鄰酒浮雲慨帝京欲尋三到處江上雁鴻驚

黄岡縣志卷之二十二

知黄岡縣事宛平俞昌烈編輯

藝文志

詩

七言律

唐

齊安郡晚秋　杜牧 牧之

柳岸風來影漸疎使君家似野人居雲容水態還堪賞嘯意歌懷亦自如雨暗殘燈棊散後酒醒孤枕雁來初可憐赤壁爭雄渡惟有蓑翁坐釣魚

即事黄州　杜牧

因思上黨三年戰閒詠周公七月詩竹帛未聞書死節丹青空見畫靈旗蕭條井邑如魚尾早晚干戈識虎皮莫笑一麾東下計滿江秋浪碧參差

齊安早秋　趙嘏

流年堪惜又堪驚砧杵春來滿郡城高鳥過時秋色動征帆落處暮雲平思家正歎江南景聽角仍含塞北情此日沾襟念歧路不知何處是前程

赤壁懷古　崔塗

漢室山河鼎勢分勤王誰肯顧元勳不知征伐由天子那許英雄共使君江上戰餘陵是谷渡頭春在草連雲分明勝敗無尋處空聽漁歌到夕曛

宋

十二月二十九日蒙國恩責受檢校水部員外郎黄州團練副使　蘇軾

平生文字爲吾累此去聲名不厭低塞上縱歸他日馬城東不鬭少年雞休官彭澤貧無酒隱几維摩病有妻堪笑睢陽老從事爲予投檄向江西

初到黄州　蘇軾

自笑生平爲口忙老來事業轉荒唐長江遶郭知魚美好竹

連山覺筍香逐客不妨員外置詩人例作水曹郎只慚無補絲毫事尚費官家壓酒囊

子由復至齊安以詩迎之　蘇軾

驚塵急雪滿貂裘淚灑東風別宛邱又向邯鄲枕中見却來雲夢澤南求睽離動作三年計牽挽當爲十日留早晚青山映黄髮相看萬事一時休

雪後到乾明寺遂宿　蘇軾

門外山光馬亦驚階前屐齒我先行風花誤入長春苑雪月長臨不夜城未許牛羊傷至潔且看鴉鵲弄新晴更須攜被留僧榻待聽摧簷瀉竹聲

姪安節遠來夜坐　蘇軾

南來不覺歲崢嶸，坐撥寒灰聽雨聲。遮眼文書元不讀，伴人燈火亦多情。嗟予潦倒無歸日，令汝蹉跎已半生。免使韓公悲世事，白頭還對短燈檠。又嘗記云：元豐辛酉冬至，僕在黃州，姪安節不遠千里來省，飲酒樂甚，使作黃鍾梁州，仍令小童快舞一曲，醉後書此以識一時之事。

太守徐君猷通守孟亨之皆不飲詩以戲之　蘇軾

孟嘉嗜酒桓溫笑，徐邈狂言孟德疑。公獨未知其趣爾，臣今時復亦中之。風流自有高人識，通介寧隨薄俗移。二子有靈應撫掌，吾孫還有獨醒時。

正月二十日往岐亭郡人潘古郭三人送余於女王城東禪莊院　蘇軾

十日春寒不出門，不知江柳已搖村。稍聞決決流冰谷，盡放青青沒燒痕。數畝荒園留我住，半瓶濁酒待君溫。去年今日關山路，細雨梅花正斷魂。

與潘郭二生出郊尋春忽記去年是日同至女王城作詩乃和前韻　蘇軾

東風未肯出東門，走馬還尋去歲村。人似秋鴻來有信，事如春夢了無痕。江城白酒三盃釅，野老蒼顏一笑溫。已約年年爲此會，故人不用賦招魂。

六年同日復出東門仍用前韻　蘇軾

亂山環翠水侵門，身在淮南盡處村。五畝漸成終老計，九重新掃舊巢痕。豈惟見慣沙鷗熟，已覺來多釣石溫。長與東風約今日，暗香先返玉梅魂。

別黃州　蘇軾

病瘡老馬不任鞿，猶向君王得敝幃。桑下豈無三宿戀，尊前聊與一身歸。長腰尚載撐腸米，濶領先裁蓋癭衣。投老江湖終不失，來時莫遣故人非。

舟次慈湖以風浪留二日不得進子瞻以詩見寄作二篇答之　蘇轍子由

慙愧江淮東北風，扁舟千里得相從。黃州不到六十里，白浪俄生百萬重。自笑一生渾類此，可憐萬事不由儂。夜深魂夢先飛去，風雨對牀聞曉鐘。

西歸猶未有菟裘，擬就南遷買一邱。舟楫自能通蜀道，林泉眞欲老黃州。魚多釣戶應容貰，酒熟鄰翁便可留。從此莫言身外事，功名畢竟不如休。

自黃州還江州　蘇轍

身浮一葉返湓城，凌犯風濤日夜行。把酒獨斟從睡重，還家漸近覺身輕。岸回樊口依稀見，日出廬山紫翠橫。家住庾公樓下泊，舟人遙指岸如頳。

答王立之惠書　潘大臨 邠老

歸自江南即定居漫勞親友問何如剛腸肯為藜羹轉病骨聊憑竹杖扶南圃土腴千樹橘東湖春水百金魚明年生計應堪說待倩君侯買與書

望西山懷洪駒父　李彭

去歲湖湘賦凜秋聞君江國大刀頭百年會面知幾過十事欲言還九休眼眼遙岑落懷袖過眉拄杖立汀洲莫言青山淡吾慮誰料却能生遠愁

過馬鞍山　孔武仲 常父

足歷黃州百疊山更無平地只岡巒物皆枯槁非人世石最

崔嵬是馬鞍畏日流金紅豔豔亂沙堆雪白漫漫崎嶇出盡聊休息喜有松聲六月寒

黃州　孔武仲

客路深秋一轉蓬淮天牢落此將窮城開雲水蒼茫處人在茅簷掩映中對岸武昌風月近千年赤壁是非空悠悠陳迹慵開口謾把釣竿伴釣翁

蘇子瞻雪堂　孔武仲

古縣東邊仄徑開先生曾此劚蒿萊鸞凰一去應不返花柳當年肯自栽畫壁蒼茫留水墨朱欄剝落長莓苔鄰翁笑我來何暮檢點風煙興盡回

和魏衍同登快哉亭　陳師道

經時不出此同臨小徑新催草舊侵欲傍江山看日落不堪花鳥已春深來牛去馬中年眼明月清風萬里心故着連峰當極目回看幽徑進雙林

發安化回望黃州山　張耒 文潛

流落江湖四見春天恩復與兩朱輪幾年魚鳥真相得從此江山是故人碧落已瞻新日月故園好在舊交親此生可免嘲傖父莫避北風京洛塵

宿黃岡　楊萬里

我豈忘懷一畝居誰令愛讀數行書秋南春北雁相似柳思

花情鶯不如上市魚鰕村店酒帶花菘芥晚春蔬長亭一醉非難事造物相撩莫管渠

侯思孺將至黃州見簡　韓駒

未用船頭報水程為君持酒打愁城青山久負當年約白髮多從客路生點檢轉工新句法揣磨難減舊風情小留莫道無供給一味東籬有落英

登赤壁磯　韓駒

緩尋翠竹白沙游更挽藤梢到上頭豈有危巢尚棲鶻亦無陳蹟但飛鷗經營二頃將歸去眷戀羣山為少留百日使君何足道空遺詩句滿江樓

寄張文潛右史　秦　觀 少游

解手亭皋纔幾月春風已復動林塘稍遷右史公何忝初閱除書國爲狂日出想鶯儒發家風行應罷女爭桑東坡手種干株柳聞說邦人比召棠

黃州　陸　游

局促常悲類楚囚遷流還嘆學齊優江聲不盡英雄恨天地無私草木秋萬里羈愁添白髮一帆寒日過黃州君看赤壁終陳迹生子何須萬戶侯

病後登快哉亭　賀　鑄 方回

經雨清蟬得意鳴紅塵開處見歸程病來把酒不知厭夢後

倚樓無限情鵶帶殘枝投古剎草將野色入荒城故園又負黃華約但覺秋風鬢上生

黃州偶成　戴復古 石屏

雁叫淮南欲雪天倚樓無味抱愁眠算從滄海白雲際行到黃州赤壁邊萬事思於懷壯志一生窮爲聳吟有鬢間白者休教鑷要使天知老可憐

黃州竹樓呈謝國正　戴復古

每日黃堂事了時一心惟恐上樓遲發揮天地讀周易管領江山歌杜詩切戒吏來呈簿歷常邀客至共琴碁風流太守誰其似半似元之半牧之

寄何立可提刑　劉克莊 後村

故人握節守齊安聞說邊頭事愈難赤手募丁修險隘白頭擐甲禦風寒半腰城甫包圍畢一把兵皆點摘殘收得去年書在架憶君燈下展來看

聞何立可李茂欽訃二首　劉克莊

初聞邊報暗吞聲想見登譙與敵爭世俗今猶疑許遠君王元未識眞卿傷心百口同臨穴極目孤城絕救兵多少虎臣提將印誰知戰死是書生

何老長身李白鬚傳聞死尚握州符戰場便合營雙廟太學今方出二儒史館何人徵逸事羽林無日訪遺孤病夫疇昔

曾同幕西望關山涕自濡 二君皆舊同官

赤壁　李　晃

贏得功名兩鬢秋巉巇登處說夷猶鄉關地迥三千里金闕天高十二樓鶴影伴雲飛渺渺水光浮日去悠悠憑誰喚起東坡叟攜酒中流夜泛舟

讀赤壁賦二首　文天祥

昔年仙子謫黃州赤壁磯頭汗漫遊今古興亡眞過影乾坤俯仰一虛舟人間憂患何曾少天上風流更有不我亦洞簫吹一曲不知身世是蜉蝣

一嘯滄波浩浩流隻雞斗酒更扁舟八龍寫作詩中案孤鶴

來爲夢裏遊楊柳遠煙籠北府蘆花新月對南樓玉仙來往
清風夜還識江山似舊不

元

樊口隱居　丁鶴年

萬里雲霄斂翼回掛冠高臥大江隈春深門巷先生柳雪後
園林處士梅翠擁樊山邀杖履綠浮漢水映金罍誰能領取
坡仙鶴月下吹簫共往來

明

團湖鏡心樓　劉基伯溫

團湖四面開明鏡中有高樓接太清絳氣往來蟾影入碧光

浮動日華生雲間威鶴孤飛下湖底游魚作隊行安得翠軿
呼弄玉金銀臺上坐吹笙

邾城懷古　劉基

孤城寥落徧蒿萊萬里蕭條近楚符鵶帶夕陽歸舊壘雁將
秋色下平湖遺墟渺渺生禾黍古木蒼蒼接里閭故事豈勞
重借問漢江流水自縈紆

赤壁懷古　無名氏

武昌東下次江皐赤壁磯頭巘畫橈廢壘烟消荒草合横江
鶴去碧天遥岸邊漁火疑殘炬水底龍吟憶洞簫往事千年
增感慨荻花楓葉晩蕭蕭

受命知黄岡縣事作詩送使者　徐誼

紅旗招颭歷滄溟畫舸長驅上洞庭百萬生靈新撫納九重
天語自丁寧猿啼山月灘聲咽鼉吼江風水氣腥好語湖湘
諸將帥漢家信誓重丹青

赤壁　杜庠公序

水軍東下本雄圖千里長江隘舳艫諸葛心中空有漢曹瞞
眼底已無吳兵消炬影東風猛夢斷簫聲夜月孤過此不堪
回首處荒磯鷗鳥滿煙蕪

和秦武昌赤壁懷古　李東陽賓之

楚雲荆樹擁嵯峨一棹曾衝萬里波時代不同嗟我晩江山

如此奈人何地從割據終全盛天遣文章爲不磨聞說宦游
兼弔古鶴樓東下水聲多

舟泊團風驛李盤濱憲長見過　崔桐東洲

李白過逢江上舟談詩呼酒共寒流慚予豈解吟黄鶴羨子
眞能賦紫裘烏鵲遠林涼月細魚龍吹浪暮煙愁相看更惜
蒼茫别燭剪黄昏坐未休

夜酌龍蟠磯頭　王廷陳

大江之半石嵯峨石上樓臺蕩碧波沙淨鳧鷖依檻泊月明
舟楫遥筵過中流擬接鮫人室深夜猶聞漁父歌危坐轉驚
銀漢上幽棲翻厭碧山阿

秋夜宿龍蟠磯寺中　王廷陳

三山海上但虛聞兹境真憐禮佛勤石勢參差蟠水府金光縹緲出江雲龍宮深壓黿鼉窟鷲嶺孤回鸛鶴羣向夕繩牀難假寐天花汀葉鬭繽紛

秋泛三台河同魏范諸子　王廷陳

賦客蕭晨此並來衰年勝地幾傳杯蒹葭水落魚龍冷島嶼風驚雁鶩哀漁艇縱橫秋岸合游軒雜沓暝原迴疎林忽送青天月沙色波光萬里開

過元妙觀有贈　王廷陳

神君樓閣枕江濆鐘磬時時霄漢聞仙至忽逢青鳥使賓來

頻舉白鷺羣當筵揮灑皆成雨煮鼎飛煙盡化雲雙髩向衰渾欲盡洞天石髓若爲分

宴集赤壁書懷　王廷陳

春深遊興屬芳洲選地張筵對狎鷗赤壁徑盤危磴出青天城抱大江流乾坤久厭三分業山水仍含萬古愁客散晴沙樓閣晚佛燈漁火共悠悠

竹樓重修落成答郭桐岡使君有序　王廷陳

竹樓之廢其來久矣桐岡君治黃之二年百姓之急旣紓境內之廢漸舉遂因才力之餘新而葺之覆易以陶榜仍其舊匪乖作者之意聊爲可久之圖蓋精蘊之求嗣豈色象之是泥哉君每退食自公則登兹延客或憑欄寓目或抽翰泄悰湍瀨滿聽蒼翠潰几乃知江海之與悉歸屏宇之間魚鳥之娛雅佐羔羊之節兹吏隱之攸寄非塵坌之能遠也況登高能賦共推大夫之才而欲報不成將難郢曲之和乎

竹樓占勝城頭出郭子爲邦海內聞仍貫舊題應不改治絲新政自無棼雲霄懸榻緣高士島嶼開簾近使君誰信喧囂官舍裏烟霞與客日平分

贈桐岡郭侯　王廷陳

依依山郭枕江流藉藉專城頌細侯高士獨過頻下榻公御竹樓

爲禮賢堂復扁其下曰下榻處自公多暇一登樓深恩久結黃人愛苦節真分漢主憂躍馬忽看朝帝去攀轅何計望君留

赤壁　方逢時行之

危磯巇嶮倚高江人道曹劉舊戰場往事已隨寒浪滅遺堂惟有暮山長雲霞尚帶當年赤蘆荻空餘落日黃欲弔英雄千古恨漁歌蕭瑟弄斜陽

夜泊赤壁　羅洪先念菴

五百年來此勝游水光依舊接天浮徘徊今夜東山月彷彿當年壬戌秋有客得魚來赤壁無人載酒出黃州吟成一嘯四山寂孤鶴橫江掠小舟

雪中遊赤壁　翁大立 儒參

江左西來總勝遊雪堂風景又黃州梅花亂點周郎壁玉樹平連蘇子樓山勢倚天開佛閣雲光度水落漁舟坐中亦有吹簫者試問何如壬戌秋

禮賢堂倡和　郭鳳儀 桐岡

昔賢遺構治西頭突兀簷楹傲素秋聊爭網塵供下榻非耽雲物快登樓肩輿肯爲尋常至步屧纔須咫尺遊爲報南州高士道吏情原不遠滄洲

赤壁感懷　商廷試

赤壁磯頭水自東洞簫吹向夕陽中行看積翠塵心遠坐挹

中流灝氣通煙盡江空浮夜月夢回鶴去動秋風霸圖文藻俱消歇唯有驚濤撼故宮

赤壁懷古　皇甫汸 子循

人留勝地臨江上客有高軒得並過雲起楚臺聯石壁水從湘浦接烟波漫因明月傷千里更遣迴風入九歌自愧清時承遠譴可無辭賦擬東坡

遊赤壁二首　王世貞 元美

賓主西南勝事并此遊端足慰平生盃仍七月稱秋望賦是雙珠可夜明戰血至今高壁色詞源終古大江聲與君聊釋盈虛意忽聽山城漏五更

將壇文苑代稱雄指點千年感慨同名在江山翻借色事過天地竟何功鄉心暫託烹鱸後客夢都拋別鶴中秋月偶圓風自好坐來羣緒爲君空

邱少宗伯邀顧大參王侍御及予雪後登赤壁作　徐中行 子與

鳴珂舊接五雲班釃酒平臨七澤間霜落高天銜赤壁雪晴隔岸出青山狂來意氣堪橫槊老去風塵復賜環不是蘇公能放逐誰將二賦壯江關

赤壁望雪　徐中行

憑高千里絕塵氛驟若濤驅白鷺羣西域化城翻易幻中原

色界總難分光搖鄂渚樓前月彩散巫山賦裏雲此日武陵迷欲盡采蘭何處問湘君

北征次赤壁別兄　吳國倫 川樓

北風何意攬征裘無奈浮生寄遠游江湧亂雲蒸赤壁客乘疎雨過黃州尊前涕淚三湘暮別後音書九塞秋我向燕臺望鄉國飛鴻落木使人愁

武昌李司理過訪赤壁舟中即席同王行父程孟孺賦　吳國倫

午風飛蓋出江濆卻喜孤舟共李君平楚蘼蕪春浩蕩遠城烟水日氤氲旋移書卷供鋪席細倒樽罍欵論文西日漸從

樊口落蓬窗猶接萬山雲

登嘯臺　在定惠院　　吳國倫

千里江山一坐收異時何客此風流沙邊萬樹浮高浪天際孤雲入素秋寺僻斜連郏子邑軒空遥俯庾公樓醉來長嘯不知處豈必蘇門是勝遊

遊赤壁萬仭堂　　王惟中

高磯哭兀俯江流氣壓元龍百尺樓萬里風濤接瀛海千年詞賦壯山邱疎星淡月魚龍夜老木清霜鴻雁秋倚劍長空一盃酒浮雲西北是神州

赤壁漫興　　邱岳

倚天傑閣俯江城徑入巉巗躡蘚行把酒斷虹開霽色凭欄飛瀑送潮聲孤舟曾挾登仙興峭壁應高破虜名天晚徘徊漁唱起幽襟颯爽醉還醒

招王司徒稚表遊赤壁　　陳省

青雀欲開風色寒千峯止向坐中看三分事往江山在兩賦名高歲月殘隔水簫聲飛碧落半空鶴影下林端重來二客應無厭攜酒曾魚與未闌

王司徒招飲定惠院　　陳省

古刹高臺鼓吹繁沙邊綠樹萬家村江流倒出青天影山色晴含白雨痕田罷還堪誇楚澤嘯來誰復辨蘇門花亭處處王孫草落日從教北海尊

陽邏堡懷古　　袁福徵　太冲

江雄隄扼武磯城留井虛傳女子營山際張筵風土別寨東開鏡冶文星吳屯寶鼎收全牧楚塞金旌潰晚盟漲水遥嗣多杳渺興亡徒見草基平

黄州留别袁履善　　陳宗虞

一官何意竹樓居顛頓還同澤畔漁千載能忘燕市筑八年不寄洞庭書匣中流水誰堪聽臺上黄金爾自疎却是平津開閣日豈令詞賦失相如

雨中遊赤壁邀同遊不至　　鄧楚望

縹緲雲山四野通衰殘誰與一尊同雪開遠嶂濤聲外煙鎖層臺柳色中客思半庭懸暮雨世情幾度换春風江城近日多機事誰是園居抱甕翁

過陽邏蓬萊寺江眺　　鄧楚望

鴈聲嘹唳度江洲僧舍蕭然嘆滯留苦思吟邊飛落葉悲風起處見行舟愁心忽悟空王法久客真慚故國秋爲問奔濤何日返欲將心事語東流

赤壁感興　　李得陽

峭壁臨江控上遊登高懷古一停舟曹瞞霸業寒烟盡公瑾勛名野水流山鳥似啼當日恨東風猶作舊時秋坡仙辭賦

多悲慨弁入江雲黯結愁

夏讌赤壁　邱齊雲長孺

移尊五月大江亭柳外蟬聲不可聽雷雨驟飜波浪白峯巒遥入酒杯青狂呼鷗鷺忘爲客醉倚蘼蕪轉畏醒不向人間論二賦風塵何以慰沉冥

赤壁同諸弟讌集　王同道

匏尊相屬復清秋覽勝聊爲汗漫游明月忽疑人是鶴滄江今以葉爲舟巖前鳴瀑蛟淚林際晴雲結蜃樓覓醉不堪悲往事爲誰擊檝向中流

雪夜赤壁次徐憲使韻　胡蕡

巉巖乘雪獨躋攀玉柱冰壺掩映間漫說霸圖銷赤壁且招寒月過青山峩眉夢遠留詞藻銅雀春殘冷珮環清賞未窮壬戌與更攜元鶴扣禪關

春日過赤壁席上分韻二首　李維禎本寧

孤亭絶壁亦奇哉學士風流此地來東望拍天江自迴南飛啼月鵲堪哀但令詞客名千古不盡遊人酒一杯最羨使君能吏隱追歌清夜共徘徊

高歌急管促行觴莫問金門與玉堂估客舟從波上下美人家自水中央壁銜煙嶼殘陽赤洲枕春江宿露黄忽有東風生四座應知不爲便周郎

雨中遊赤壁　張元忭

不因風雨暫淹留勝地那成竟日游千里舳艫空赤壁兩篇詞賦擅黄州磯邊花落香猶在江上煙深翠欲浮莫道尊前少明月殘星幾點動漁舟

赤壁晚眺　鄒迪光

斗酒披襟坐石頭武昌煙景入黄州風高火戰灰初冷賦就月明簫半愁烏鵲夜來殘葉暝舳艫東下峭帆秋江山千古長壬戌才子何人續舊遊

赤壁席上賦　朱期至

清尊迢遞寄遊蹤面面岩巒氣吐虹戰後紫髯聲藉甚賦存

白雪調誰工磨烟飛閣虛無裏沉醉新題爛漫中沙暝烏棲回首急一江秋色屬漁翁

赤壁　石崑玉

斷岸樓臺倒影清城闉不是舊連營魚燈映月疑烽火鯨浪翻風洗甲兵赤羽已灰餘壁色紫簫猶咽亂江聲獨傳詩賦人何在鵲自南飛鶴自横

人日過赤壁　王同軌行甫

今年人日條風柔邀客把酒臨江樓青陽乍驚七日復赤壁尚帶三分愁窺魚鷺立斷冰遠炙背僧臥孤石幽入眼烟波動遊興那能長繫木蘭舟

冬日赤壁宴集　王一鳴伯固

坐來赤壁下斜曛亦有登臨二客羣澤畔烟霞渾不斷城邊江漢欲平分千山黯淡原非雨幾處氤氳似是雲人散水濱樓閣晚諸天鐘磬夜深聞

九月十日同劉明伯叔孝攜酒龍山　王一鳴

年年重九趁登臺爲愛龍山約再來渺渺大江秋月吐冥冥高閣野雲開幸同杖履諸公在肯放乾坤一日廻忽憶賀蘭兵馬亂西風金鼓暮天哀

歸故園作　王一鳴

朔雪朔風日日顛孤帆遠客淮東旋入門忽聞掠雲雁隔樹更有浮江天晴節五柳貧猶活義方雙桐清可憐開樽不愁不爛醉奈少沽酒青銅錢

赤壁　黃仁榮

磯頭風急水生文懷古憑軒自不羣座繞空潭青似案壁留殘照赭如雲寒皐八月人思鶴夜夢三江鶴是君歌罷洞簫聲和處滿林商意見秋分

九日同諸寮遊聚寶山　茅瑞徵

每逢佳節得追懽此日相攜啫色闌三徑已看含菊紫兩峯初見落楓丹坐深涼月侵衣薄人散堆雲抱石寒盈把茱萸爲誰插醉來羞倩一彈冠

登將軍山絕頂　茅瑞徵

非關性僻耽邱壑何事猿騰絕頂過千嶺遙𧷤紅日出萬松深護白雲拖雄圖尚說爭蠻觸猛氣驚看印薜蘿（崖上足趾宛然俗傳將軍跡）滿耳嶢巘烟霧冷好將談笑釋干戈

赤壁懷古　黃建衷

嵯峨樓閣半凌虛霽景清筵眼乍舒往代衣冠消玉後名邦形勝扼吭餘雲中秋色盤雙鶻笛裏梅花起夜魚嘆息坡翁稱遇主鄉人唯說馬相如

赤壁西湖有序　熊養中

蘇公寓黃時江湖合流有赤壁而無西湖至元末江生夾洲水漲入湖環遶城西宛若錢塘羅浮之勝真可名西湖也余與邱少宗伯徐方伯易∴叅杜刺史暨諸交游宴會遂洲湖陰徘徊囑景興思天開此勝其補蘇公當年之缺亦爲我輩今日之遊哉詩以紀之

當年遷客縱遊地此日西湖負郭西赤壁已今況霸跡綠楊猶自傍蘇堤雲開樊口羣峯出浪捲磯頭雙鷺棲人代風流元不乏頻邀吾侶一尊攜

出郊過赤壁　袁希變

春水縈隄綠帶橫鳥歌鶯柳變新聲步隨野老忙猶緩瘦感山僧病亦清江上人家多不俗蠟阿桃李若含情風和日永

心無事一杖逍遥樂此生

贈倪氏節孝　姚履素

貞心千載憶共姜萊子斑衣更有光節孝並堪標棹楔恩褒重見下巖廊歌殘黃鵠操如雪賦就南陔鬢亦霜好把姓名傳信史江天漢水共滂洋

别官暘谷太常時之江右臬任　周之訓 日臺

重陽風雨正沈沈握别其如越鳥吟每悔出山成小草還思退步有長林憂時各灑英雄淚異地相懸大隱心廬嶽高臨彭蠡上何年三笑訪知音

黃泥坂别鄧翁歸 同舉業師　王一翥 補菴

故舊沉冥想像中浮雲高舉蓀幽叢耦耕春畝嗟長别歸鳥寒條卜再逢登望赤潭惟澗草蹐跟黃坂信東風微晨靜女甘窮處谿谷悲歌老婦同

舟過琴臺不及南岸　王一翥

長亭人復夢長亭移向孤舟醒復聽垂死喚名眞痛絕還鄉重述記幽冥月留寒影沙明岸春點殘燈樹放星欲向南荒區九辨鄰巫短笛鬧湘靈

團風别裴臣因憶壬戌於此别堅公　王一翥

團風江上送袁公解脫貞懷世所雄雨雪飄蕭三十載琴書元漢少年容槳催白浒霜濤急燈逗烏林戰火紅不是玉凰

經宿酒翻疑劍俠走長空

九日登聚寶山　鄧雲程 扶風

寶山山畔一停車風雨歸來笑傲廬赤脚紅雲僧送酒斷巖絕磴鳥傳書數莖愁髮垂垂白累劫名根漸漸除唱晚踏莎舒老眼江湖留得幾樵漁

桃花洞　鄧雲程

漢上諸姬付水流蛾眉誰許更千秋但能一死堪全節不至無言强事仇石洞蒼烟迷舊國桃花紅雨泛新愁總然盡日端凝坐相對何曾是息侯

秋日飲赤壁　王祉

赤壁登臨正及秋賞心展席對清流三分鼎業孤城在千古鴻名兩賦留誰復磯邊逢獨鶴自甘沙際狎羣鷗山間有月莫嫌小曾照遊人幾白頭

赤壁重逢至愚道人　劉養微

昔曾相識大羅山十載風塵苦未閒破衲江湖容爾輩出門煙火是人間月明古渡壺天靜雲落空亭鶴夢還前度劉郎長記否許將大藥駐紅顏

白蓮池　劉養微

我聞西嶽泰華峰玉井蓮開十丈紅飛灑南天作洪雨飄颻萬里隨長風託根因悟清淨理化白忽與雲烟同明月墮地

光契水素波含華色是坐

定惠院野步　王用予

博得清閒又一年樵漁相對轉相憐秋深人與山消瘦江漲天和水接連名宿海棠何自採卭陵石馬不須鞭此時弔古忘歸去曲徑還多薜荔牽

迷春草亭　王用予

身返黃州必頓寬古亭憑眺快瞻韓閒遊不向愁中住久客渾如夢裏看藹藹春光無俗礙青青草色是奇觀名賢隨地留芳蹟賦就新詩再倚欄

問津處詠懷　官撫辰

仍向津邊一問津碧流幽澗柳垂陰乘輿自有爲周夢封社猶虛適楚心魚樂江湖遊浩渺雲霾龍虎慮高深古來消息都如此獨坐胡然深甫吟

次韻答王子雲　官撫辰

年年獨臥他山月昨夜同攜月裏人聽爾草元清冷句感吾虛自空閒身病餘只覺聲猶似聽起翻思夢逼眞呼喚任從春至鳥認誰是主是誰賓

送念菴弟赴任　樊維翰

臨歧何以贈知蘭愛士憂民此大端牙角肯容喧坐鼠羽毛須記飭鵷鸞官清夢絕錢癖易吏弊明懸鏡炤難闕說頻年

瘨旱後朔簷風景日凋殘

夏旱喜雨　樊維翰

吏治但能驅碩鼠雷神亦合捕乖龍旱知花草天相惜誰謂江湖帝所封稻水問人高下足茅檐補我兩三重明朝騎竹扶犂輩到處應多笑口逢

張儒僧寄贈茶拄杖　樊維翰

宜輕宜直此孤莖老至吾將用則行時以向空書怪事幾堪荷篠學躬耕未須鳩鳥爲之飾亦復蛟龍莫與爭但使百錢常掛在登臨隨處有逢迎

飲赤壁　王承祜

削成危磴瞰淸流跨堞梯雲天際樓身在畫中難自繪杯飛鏡裏不知愁貔貅未許爭赤壁翰墨何年識古邱千載幾人能作賦獨留蘇子兩番遊

安國寺　洪周禄

荒草城南吳昔時獨留頽寺帶殘碑何緣不日成金碧想屬前生借護持塔影半斂寒月塢鐘聲遙度晚烟湄江秋雨岸安禪地悲仰雲居法雨垂

蓮花草堂　王士龍

柴門禿鬢老漁灘深渡雲溪夢影寒一自衣冠成鹵莽遂令吾道屬艱難貧餐脫粟三旬飽風爆厨烟半竈酸痛讀離騷

空憶酒起看星月白團團

赤壁卽事　孫廣鴻

託足深林步落香藤崖狹道坐幽篁雲移峭壁浮松翠雨洗斜苔卧石牀散髮虬龍人夢鶴悲歌銅雀角飛羌臨皐尚有佳山在不盡江聲晝夜長

適何元方南漪　杜　鈺子堅

小堤風定落花輕賡唱時煩折屐迎俱爲青山愁冷落每從白髮卜陰晴門前未許荒三徑案上何須假百城把袂不知殘照盡尚隨芳草踏春行

旅齊安晤秦明維話舊　萬爾昌

天涯偶對接孤魂隱几蕭蕭意可雙君賦陶辭歸自好我懷彌刺去難降幾登快艕爭風檝誰息閒扉靜月幢惆悵舊遊看廢堞不堪日暮倚寒江

黄州早發殢霧　萬爾昌

客裏鳴雞動曉栖參差蹀躞趁霜蹄烟含瞑瞑三江合樹擁濛濛萬堞迷帶酒呼童看夕照披氅尋友望朝隮依稀赤壁人如夢回首滄桑憶舊題

輓李鄴仙三首　陳師泰

雲白山深似舊時遺民一去竟何歸醫方自隱名猶震詩句人傳和更稀世上公卿知不屑山中松桂復誰依少微那意遭眞犯朱淚難禁對客啼

李肵自壽顏淵夭編曲仍當爲子歌劍折青萍斷虹影江拋素練咽霜波茂林修竹生非乏白蝗青蠅死更多虎賁無人可拉飲冀于清夢幸相過

塵荒戈戟剩九天詎有王孫計萬年岐路敢因新約改陳人獨受古帷憐繫羈苦趣麟無恙翔集深衷雉有權寄語黄壚資一笑五湖煙水正悠然

赤壁　鄭先慶

雨賦千年壯石磯崇臺今見石崔嵬環江風月留丹岫抱郭雲霞護翠微坐卧好山來面面往來閒鳥自飛飛端明一向

耽游興鶴羽猶疑振客衣

求放還山　馮雲路澌卿

堪歎危城尚管絃杜鵑啼月血痕鮮呼天不應空舌倣拯溺無權愧我援所賴聖明威德遠莫教草野聽聞偏處分諒有東山在借箸何勞孺子前

眉州殉節留題　蔡馨明

澄清板蕩是男兒大廈難將一木支父子酬恩思主德全家殉難想天知芙蓉城陷誰階禍大雅堂前獨卧屍萬里黄岡魂莫往好爲明聖護峩眉

國朝

送宋牧仲別駕歸黃州　王士禛 阮亭

詞賦梁園憶勝遊一麾雲夢澤南州三分誰似周郎少九辨深知宋玉愁烏鵲南飛河漢轉大江東去古今流山川如此容高嘯羨汝黃泥坂下舟

次蕭文起韻輓王子雲　熊伯龍 次侯

信美人間未易才有才無命使人哀峥嵘桓武封前碣殘剩陰何襪後灰死去只如耽久客生榮應已厭重回從今酒社詩籤裏那得忘機老友來 子雲先世為司徒

入小崎道中作二首　王澤宏 涓來

結伴尋幽入畫圖杪秋山色客同癯葉疑花發兼黃紫月似燈昏乍有無歧路巋叢悲老馬孤巢風樹感慈烏餘生得共

崖雲臥忽憶君恩賜鏡湖

莫訝躋攀廢歲年多生行腳遍山川風飛黃葉如蝴蝶霜巧青林作杜鵑秋與暮雲歸欲盡客隨殘月影相連低回馬首吾何願獨臥孤峰病叟禪

聚寶山尋石　王澤宏

不管陰晴每日來畫中路轉更峰回未能懷寶棲幽谷直欲搜奇躡古苔錦繡已經天造就精華猶望雨澆開女媧去後何人煉只我詩篇借石催

秋日赤壁公讌　宋犖 牧仲

飛蓋眞成爛漫遊孤亭如笠俯黃州褰衣盡有滄洲興對酒寧無白雪謳斷岸霜風吹草樹寒江煙雨凍鳧鷗中宵漸吐東山月揮手還登百尺樓

陽邏大士閣　宋犖

陽邏江邊赤石磯峥嵘高閣帶斜暉千帆風雨當窗過萬頃煙波傍檻圍白鳥銜魚棲佛座紅桃映水出禪扉宋元戰伐傳來久弔古悲歌幾振衣

贈何葦長　劉醇驥

柯山園北嶼磯東代有高人未數窮種樹承蜩違夙昔斷碑殘冢得洪通揮毫嶽瀆諸侯譜避世羲皇六月風拱揖久忘

偏好客寒城濁酒夕陽紅

晚步赤壁　吳升東

勝蹟依然念舊遊月光初放映江流石蹲虎豹行人路帆掛東西過客舟雨賦碑從兵燹毀千家煙共晚霞浮坡公有夢如相待孤鶴橫飛正暮秋

登赤壁酹江亭　向古

孤亭高廠四筵開無價江風正亂來掃石不容塵到席盪胸好泛月盈杯舊時仙吏專風雅故國芳蹤半草萊慚負泰平慳勝概空教白浪洗蒼苔

赤壁　程啓朱

赤壁巉巖扼武昌山川今古鬱蒼蒼清風明月嗟無主碧水煙波冷未央蘇子文章垂宇宙魏皇覇業付滄桑凄涼異代空成跡憑弔興懷水一方

九日同華子锡泰怡西赤壁即事　葉封

一片江山舊眼看十年徙倚勝游難風嘶牧馬行衰草霜點閒鷗下急湍佳節漫餘叢菊淚酣歌誰念腐儒餐空憐城郭秋如畫不似深溪有釣竿

月夜登赤壁　王追騏

水面雲霞拂檻飛快遊不醉定無歸暮風江上飄秋影新月

尊前映落暉地勝早空塵外夢心閒應見靜中機登臨豈是悠悠者搔首青冥一振衣

東坡故居　王追騏

君恩難負學躬耕卜築東坡便得名幽谷韻成花有豔峩眉雪汴水多情逍遙誰識文章樂飄泊能令憂患輕秋夜汎舟江上望臨皋亭下月猶明

舟次陽邏　王封潆

望裏柴門倚岸開炊煙斷處客帆來數行山影爭南出千里江流折北迴日迴磯頭遲返照波驚石脚隱輕雷陽林鐘響蓬萊寺半和殘雲落酒杯

過定惠院　奚祿詒

松摧竹劃海棠軒野草漫天舊路昏有宋文章花落盡兩植華表鶴驚喧長江嗚咽孤城戍故國殷憂白髮存廿載重來心緒亂斷碑叢裡見忠魂

孤鶴橫江　孫錫蕃

楚水蒼茫萬頃東煙波山下釣竿同不留華表仙人跡尚有錢塘處士風浮去山光連海外帶來雲影落秋空若懷長嘯鳴星漢散入洞楓兩岸紅

報恩二殿落成　孫錫蕃

崢嶸萬象出虛無曠劫長憑灝氣扶風動雲幡留俊句鳥銜

仙果種層圖聞因半偈知天近悟徹三生指月殊劫火已過輪奐美僧儀嚴寂咽音敷

平湖野望　林之華

薄暮平湖野望宜雙柑有伴聽黄鸝忽來遠客澄江句正值鄰家漉酒時烏鵲顧巢栖樹早牛羊戀草下山遲眼前一幅真圖畫付與丹青總未知

雪夜泊赤壁　汪國潆

江城今始命孤航漁火分燈照客牀戍鼓衝寒聲近遠冰花搖影碧茫橫空野鶴裳都縞夾岸疎林草不黄風正一帆銀漢廣莫依宵月照微霜

丙戌春日崇祀問津書院賦呈同志　汪國灤

古堂新闢敞林邱掩映溪雲靜碧流更睹衣冠伸九拜爲留塗轍與千秋樵蘇喜見威儀在鐘磬身隨殿宇幽珍重吾徒堅晚節人心何日不東周

宋牧仲使君新建亭閣洗墨池上　張仁熙

荒坡瓦礫年年拾峻閣何緣此地雄捉筆舊知勞夢鶴呼尊近欲傍飛鴻殷勤蛙口池邊月宛轉桃花檻外風惟有南堂箋易處尚留餘墨濺江東

寄賈黃州　鉉　朱彝尊　錫鬯

近聞南紀賈黃州到日題詩滿竹樓晝永清香凝列戟月明赤壁愛停舟棘針花鳥真無敵水墨雲山不易求別後相思意何限可能尺幅寄輕郵

讀樊奉常請告疏　金德嘉　會公

直諫當年動九天乞骸一疏倍淒然風霜地過三千里違灖身垂六十年詔下殊恩心更惻夢殘往事淚猶漣故園剩有茆堂在赤壁清風江水邊

竹樓　金德嘉

月波名蹟已荒邱城角猶營古竹樓檻外冥冥赤壁雨窗間漭漭滄江流地容拙宦居偏勝天入寒溪望轉幽此日登臨惟載酒風帆沙鳥舊黃州

九日遊山暮從七星塘入城　王材升

登高直欲送斜暉緩步城南帶月歸可惜池荷都朽敗好看籬菊漸芳菲笑歌小閣聊酣酒凉冷全家未授衣怪殺碧天鴻雁過京華書不寄柴扉

秋日偕宓草遊赤壁　王材升

梅片烹茶幾度斟況攜老友共登臨舊時碑碣歸何處今日江山知我心蘆荻稀疎樵擔遠菰蒲蕭瑟釣竿沉一聲鐘急秋雲破料得潛蛟入夜吟

秋晚登郡城眺江　黃文蘇

江城獨眺古今橫秋色迢遙晚更清雲拂水痕漁浦暗日沉林畔浪花明浮漚豈謂身同幻囊土誰能事竟成可是魚龍驚得起欲吹長笛兩三聲

赤壁二首　王材任　擔人

樓臺寥落頁山頭峭壁嶙峋截上流嵐色遠含千嶂霧湖光平映一欄秋古今長是天無際才命何如賦獨留我亦解知坡老意欲將天地寄蜉蝣

亂石山頭蘇子亭懸崖重疊出奇形滿城炊起烟中閣入檻峰生畫裏屏湖水斂波時漾月遠村如繡自零星隔江最喜孤僧舍夜半鐘聲萬想停

寄方伯徐公　王材任

征南幕府杜荆州迢遞無因奉勝遊蜀道淚消巫峽險楚江雲淨洞庭秋風前草木無戎馬天末音書望斗牛見說政成多唱和近參悔不在樓頭

登黄州新城樓呈太守于公　　王材任

蒼莽連雲百尺樓凭欄東望見行舟澤吞雲夢通三楚地壓徐淮據上游赤壁磯前煙樹曉崢嶸洲畔荻蘆秋諸君臨眺開詩思沙鳥翻飛散積憂

銓部需次還里即事　　王材任

昔年我亦爲鴻鵠今日人先變鳳凰五品一官經十載二毛兩鬢返三湘身辭薊北春將暮路入江南草漸長從此生涯

何所託黄泥坂下自農桑

坡亭即事次張石虹韻　　胡之太

爲仰芳蹤踏草蕪蘇公原亦愛遺軀蕭條異代頻廻首寂寞何人更拂鬚軼世鴻才終不朽橫江鶴影望來孤揮毫嘯詠應如昔杖屨逍遥客共扶

朱賢祠　　張希良石虹

夢鶴已傳赤壁古食蛙誰記墨池春摩挲松雪碑中字端賴梅花賦裏人蒼水藏書非故穴元亭坐酒亦封塵江山樓閣關興廢二十年來感慨頻

赤壁感懷二首　　張希良

問鶴亭前偶振衣滄桑舉目事都非三江葉落琴臺冷一騎塵高羽檄飛烏鵲竟棲何處樹魚龍空守舊時磯梅花開徧寒山路折盡南枝歸未歸

釀酒酬江眺雪峰湖山落落入孤筇雨荒留井迷金甲城覆空堆隱雪龍雲夢地連春草濶古今人換水煙重多情一片黄泥月猶向橫江館下逢

弔邏江杜烈女　　陳芳烈子揚

四塞平沙霧雨濛誰家巢卵碎江空靡笄呼母湘波黑釁血留詩海樹紅明月珠沉巫峽水黄姑星墜大王風哀魂何事長銜木不許遺名蔡琰同

竹樓煙雨　　金德崇

獨目層樓景自幽千峰煙雨望中收漁沉前浦江流杳鳥失平林過影愁憑檻遠迎雲夢澤捲簾疑即洞庭秋臨皐薄暮多蕭瑟今夜何人泛酒籌

赤壁懷古　　熊開楚

倚棹偏從絕壑邊登臨每自憶戍連嵐光曉白雉城霧波影遙清雀舫煙羈旅秋風人幾輩江天詞賦客經年臨皐極目多惆悵擊節中流酹昔賢

安國寺　　楊允禎

香臺飄落殿蕭蒿前度人還續後勞捨宅姓名曾不改塗丹

歲月正逍遥三神湧出金輪實千佛飛來碧海濤共指禪心
誓安國麟圖獅座兩峰高

赤壁懷古二首　　徐惺

清秋爽氣滿江湖有客登臨興不孤落日正宜坡老棹寒雲
且入宋家圖山連隔岸煙巒出潮擁平沙暮雁呼却憶前賢
成韻事蒼凉作賦那能無

懷古當年跡未疎扁舟載酒莫躊躇雖然戰伐原非此眼底
江山總不殊斷岸任看天外鳥臨淵却羨水中魚乾坤今昔
同寥落放眼蒼茫只自如

赤壁　　詹士懿

性癖芳蹤放櫂過城頭巉磴影嵯峨危樓徑曲雲爭度古石
苔封字不磨天爲黄州留勝蹟人從赤壁想東坡披襟斗酒
臨江渚十載風流寄薜蘿

赤壁王公講樓落成偕諸同學往觀　　杜士默

樓成雅續戌年遊挈伴登臨最上頭兩賦自能窺造化三韓
曾不讓風流枕山製作巍千仞濟世經綸重九邱軼蹟豈惟
光片石詩篇爭羨萬人酬

清明集飲赤壁于公祠　　杜士默

薄霭輕陰二月天攜樽竟日坐危巔飲逢赤壁偏多興景到
清明分外妍四野風光瞻舊澤一椽縹緲接飛仙江山好識

閒中趣杖履追隨莫計年

九日龍山次韻聚寶亦名龍山　　杜士默

時序成功退步寬怡逢九日共尋歡攜樽未許長彈鋏落帽
何須再整冠勝友追隨腸自熱深秋容易谷生寒茱萸插遍
山將紫一路楓林帶醉看

秋日同曹中巒張崑石呂石素赤壁　　杜士默

臨風把酒競飛觴秋水蒹葭望淼茫兩賦文章懸斷岸三分
戰氣鎖空堂星星漁火參差見嫋嫋菱歌宛轉長更酌自應
頻洗盞莫辭衣露淨琴張

聚寶山泉　　張騏

端重巍峩浮翠烟山亦名翠浮山有碑含輝聚秀歎甘泉漫誇怪石生
孤岫還喜層巒鎮巨川玉几西横供畫屏大江東去掛波牋
每覘瑞色干銀漢固識齊安世寶賢

過洗墨池有感　　孫寓

城南曲巷步遲遲步入荒凉洗墨池滅跡已無亭載酒斷遊
那有杜題詩僧家藝圃爲功課民戶挑泥喜潤滋惜此半規
香瀋涸石梁空跨畔斜欹

登武磯頭看月　　周士健

嶙峋䆷磴鎖江頭有客相牽眺晚秋拍岸濤聲穿石罅隔沙
檣影傍煙浮茫茫事業滔滔逝渺渺愁心欵欵流遥憶月明

乘好與拂衣歸去思悠悠

赤壁晚眺　孫朝宗

丹梯何必九霄邊只此遨遊已是仙亭樹凌虛賓雁過江湖沉碧蟄虬眠光涵遠浦回殘照暮近平蕪黯細煙千載垂名團練使長留小影郡西偏

邑中古蹟詩八首　陳大章

新河口

日落呼舟古渡頭鬢華霜影兩經秋山横八字天開鐵水滙三江地欲浮三國樓船餘王氣六朝裘屐自風流黄公壘下白龜渚只送寒潮打石頭

武磯山

風吹綠樹影參參獨上危磯倚夕嵐萬竈寒灰迷古戍一江秋色自淮南孫劉霸業灰飛盡晉宋遺墟落照酣楚尾吳頭爭割據太平開共老農談

香爐峰

虎擲龍拏迭戰爭蒼茫四顧楚山青投鞭目已無江左横草誰堪抗虜庭金幣倘能延旦夕衣冠重慶小朝廷如何隻手遮天日空使羈囚困郝經

沙蕪口

新郢長驅朔氣横淪河東指岸如蘋三千鐵騎疑飛渡兩戒山河一蹴平大野雲沉沙洑口長江樹接漢陽營可憐僕國咸淳相不救襄陽救鄂城

陽邏堡

白鵠千艘百勝强孤軍力盡與存亡雙埋碧血縣青史手揭雲旗護國殤剩有張陳殉社稷應同巡遠祀睢陽荒陬舊蹟無人記時見昏鴉繞戰場

龍仁夫墓

一曲琵琶怨未終棄官投老此山中苔荒馬鬣三秋雨樹暝烏啼萬壑風衰草不生亡國夢夕陽依舊大江東問津臺北東華谷家祭誰知告乃翁

柳夫人廟

琳瑯虛想七星文綠鬢垂垂未化雲尚有烏鴉來下食每從龜卜驗靈氛人間巾幗餘生氣物外神仙見古墳一盞椒漿千陌紙歲時兒女自紛紜

雙姑廟

永嘉國勢漸崩分繡甲提戈自一軍見說英雄多粉黛誰從保障策功勛鏡開明月重湖水旗捲西風巫峽雲寂寞三閭香火地高涼廟貌愴前聞

崎山紀遊二首　萬爲懌

暫逢野老揖丹顔指點交看霧裏山遠寺徧荆妨客到亂鴻

依石見魚還傍樓燕掠花飛急逗澗風將葉落問桃李誰家渾欲放枝枝纖軟覆柴關
峰轉千盤一徑微游韉塵撲意遲遲猿啼杉杪愁難聽鸞雜村煙到始知澗草避陽留宿露石蘿銜霽曳新絲自嫌頹放無佳器漫道藏身穩待時

赤壁書懷　徐子芳

登臨莫爲古今愁浩渺江山煙景浮是處便佳尋赤壁四時皆好更清秋月明霄漢波心墮人在虛空頂上游詞賦干戈都滯迹惟餘魚酒一孤舟

晚過楓香橋　王式丹 樓村

迢遞山城結隊齊初冬朔吹已淒淒寒鴉下隴排牛背衰草連岡送馬蹄鄂渚直依平野北楚宮遥在亂峯西行行小住楓香路紅葉飄零白日依

西爽亭冬杪漫興 亭在黃州署中亭上　王式丹

觚稜亭子冠山城日日登臨倦眼明天影南垂千嶂合浪花東捲一江橫留連平楚斜陽在寂歷虛簷朔吹生怪底白頭搔更短思鄉懷古劇關情

白雲山懷古　張楠 耕石

白雲山下路淒其東入低徊策馬遲誰把土封苛士塚但逢人問列仙詩烏啼井幕傷征戰牛臥天壇憶別離擬築草堂重注易幾年腸斷政和碑

重泛白湖　張楠

雲陰漠漠草芊芊渡口東風蹴淡天三月客衣方脫絮一湖春水欲生烟夭桃穠李無端發浴鷺浮鷗自在眠多少詩情消不得又攜樽上木蘭船

拜王補菴先生墓　張楠

火爐沙草石潭烟歲歲春深哭杜鵑萬歷時人名尚在智林村稿世無傳銅仙垂淚西辭漢代馬嘶風北向燕欲降巫咸問消息上清歸路冷多年

題吳公祠 公諱國禮甲寅冬討山賊陣亡土人哀其忠立祠祀之　張楠

亂山處處叫寒鵑想見英雄授命時戰地土枯凝碧血譙壇穴冷斷青祠棟梁有婦空知禮羊祜無兒久爲悲只恐史官書不到數行淡墨紀新碑

龍仁夫墓　陳大章

昔封馬鬣倚孤岑渺渺忠魂歎陸沉明月好看江練白琵琶不作別船心武磯躋躡流瀾障松柏風霜壘靄深悵望黃華空灑淚一天秋色自蕭森

赤壁即事　趙宏恩

孤鶴西飛事渺然流風吹送碧波烟淚銜斷岸枯魚泣時以按問來黃水落平沙冷雁眠節概人亡存兩賦江天秋老自千年振

衣笑問黃花落雨霽斜陽十月天

黃州蘇文忠公祠　張鵬翮

宋室用人術更疏賢臣往往滯幽居橫江孤鶴偏多賞載酒揮毫秪自如彷彿東山依舊在徘徊夜月已非初唯留氣節文章美高並雲峰萬仞餘

赤壁懷古　高誠

蘇子才名著上林謫居此地蔵華深𢧐將赤壁爭雄處賦就青雲感慨心萬里江天懷往事千秋水月覓知音詞人一去風流遠猶憶黃花色似金

黃州赤壁　陳樹翰

二賦強於十萬軍能令壁赤不須焚三江口絕阿瞞跡六百年如坡老云曠覽名賢多借景紛爭霸業等浮雲升沉却笑江山異偏是嘉魚少妙文

臨皋　黃利通　懷亭

十年路不向臨皋故國雲山笑二毛鶴掠寒江歸夢勾鵲飛深夜戴星勞梵鐘響落崖千尺漁火洲攢水半篙訪舊幾人顏似昔尊前還作少時豪

三江口　黃利通

落照三江古渡頭人烟簇處片帆收上弦月傍星光潔入夜風連樹影秋幾點酒燈青荻岸一竿佛火碧沙洲誰誇烈士心千里水面凉生作臥遊

登赤壁　麥如煥　椅海

皃時眼熟蘇公賦覿面緣慳惡客顏半壁樓臺高斗極千秋文藻此江山簫聲寂寞濤聲散雲影依稀鶴影還又聽舟行鉦鼓發回頭沙渚羨鷗閒

赤壁懷古五首之二　彭士商　衡颿

高低亭子地相宜斷岸垂檐瞰更危石勢陂陀侵杳靄雲根深穩護披離臨皋十月原無夢赤壁千年總費辭秋月一江江水白扁舟客去酒醒時

鄂渚之南三百里周郎曾此破曹兵却從北宋東坡後別有

黃州赤壁名褰展喧闐游客興亭臺高下縣官營將軍自古稱英發未抵流連兩賦情

得黃岡杜茶杜未刻三種二首　夏力恕　觀川

江南遺稿竟凋殘變雅堂從舊里看孤客有家啼鳥換三江無火夜螢寒野雲流破生前夢滄海橫飛筆下瀾況是楚風淪落盡把君詩卷一加餐

蕭蕭夾道寒江水六朝人夢覺秦淮雙槳月氿瀾誰家樓閣曾倚金陵北郭看草堂無路百花殘女墻疊疊孤藤蔓翁仲能消受猶共當年野客餐

蘇白堂偶作　陳大喻　紫山

筆囊禿盡紫毫端五夜搜遺燭影殘漏鼓驚心宵不寂江風入幕夏猶寒綠紗冰鏡一輪月赤壁文峰百丈巒蘇白堂虛塵境隔此來毋負玉清官

夜泊雙流夾　　蕭道漢

萬里江清月亦清寒光搖漾旅人情驚看拍岸濤何壯細數郵亭夜幾更三徑尚存邱壑趣百年都似觸蠻爭當時六一東坡去此地曾問訖客程

寄松湖陳松屏（陳名大名晚年工詩）　　彭湘懷

松湖湖上松花妍松湖湖中菱葉鮮松屏老人無一事日起開門放釣船養素漸幾活潑境參元時到清虛天未識近來

何所作應尋白石煮新泉

留別黃州士民　　錢塏

江黃舊事記前賢暫領名都意惘然豈有風流誇五馬更無勞勣報三遷文園年喜書平屋瑞穎終輸麥在田幾許關心懷往蹟一亭春草尚芊芊（時修韓魏公書院未成）

赤壁　　袁枚子才

一面東風百萬軍當年此處定三分漢家火德終燒賊池上蛟龍竟得雲江水自流秋渺渺漁燈猶照荻紛紛我來不共吹簫客烏鵲寒聲靜夜聞

赤壁　　趙翼雲松

依然形勝扼荊襄赤壁山前故壘長烏鵲南飛無魏地大江東去有周郎千秋人物三分國一片山河百戰場今日經過已陳迹月明漁父唱滄浪

臨皋亭　　趙翼

臨皋亭迥倚江隈玉局曾經謫宦來海內頻年傳死信宮中深夜歎奇才江山故宅鴻泥在風月扁舟鶴夢回到此始憐生也晚履綦不及一追陪

會岡邑踏勘蘆洲　　李有朋（武昌令）

雨楫雲帆處處留楚江波上覓新洲分開蘆荻尋鴻雁踏破蘼蕪見牧牛沙漲移來誰沃土風濤推入又浮漚眼前盈縮

渾難計烟柳橫堤結暮愁

恭和

御製駕幸翰林院賜宴分韻聯句後復得七言律詩四首并示諸臣元韻　進呈　　萬年茂

尺五堯天露灑春三層懸圃玉皆珍蓬山駐蹕張軒樂虎觀橫經訪素臣垂咏早披星日爛飛文還睹錦霞新蘭臺石室千官集拜舞從容始一巡

庭有儀鴻陛有鸞葳蕤紺組映華冠鳳凰池上珊瑚聚光祿筵前玳瑁看宴罷四廂風律轉詩成七寶月華團遙知宸藻秋颸迅處處香生墨海瀾

文物周官備六聯虞廷仍喜和新篇延英東觀開閣築苑
西京說望賢綺織花梭明絳雪書囊黄錦護非煙瑶堦分
賜承恩澤茗椀清芬更得仙
文明天下仰昭融萬國熙恬託
膺衷冠代篇章引韓愈濟時人物待姚崇應知刻瑑流光久
未許泥金讓德同御詩有不取升中之旨愧乏鴻才比枚馬校書長
在石渠中

重赴秋闈

恩宴紀事二首乾隆壬子　萬年茂

解組歸來五十年此心甘老向林泉忽聞折簡傳開府也喜
簪花赴上筵謠避乘驄空底事歌聽鳴鹿尚依然漫猜席帽
離身日白首重叨
湛露緣
八十垂頭又六年那隨光氣躍龍泉
恩傳桂殿陪芳宴快說瓊林近綺筵多士秋風新薦後故人
漳浦獨翹然算同科第同庚甲謬附褒推二老緣

秋月泛舟望赤壁　胡紹鼎牧亭

山頭城勢逼山低城外山亭更不齊却向周郎傳赤壁又聞
蘇子過黄泥一聲野鶴此時去三匝驚烏何處栖從古秋光
人共望大江滾滾月平西

寄懷萬南泉侍御　黄自芳資沐

霜生諫草舊丹心先生以彈劾權要罷官歸里兩鬢能無許雪侵別後高
名驚海内歸來清詠動淮陰蘭臺曉日烏棲冷芸閣春風鶴
夢深兩向問津詢逸況尊大阮履素公主講問津書院得詢先生近況何時遊屐[illegible]
荒林

弔郝城吳左丞廟並序　黄自芳

左丞名汝字國棟爲元順帝左丞相紅巾賊作亂奉勅守
郝累立戰功及陳友諒擾郝丞父子弟兄力戰百餘兵敗
不屈死之明太祖與友諒戰鄱陽時見丞立空中白馬紅
袍助戰封爲護國忠臣顯靈王廟祀於郝過而有感弔之
以詩
孤城百戰答君恩碧血流光萬古存丞相有魂依屋社忠臣
無命哭軍門紅袍白馬狩前忿紫電青霜及後昆廟祀莫嫌
空一滴坐聽樵牧說淵源

懷吳石梁先生辛溪南下五里許有石磯名曰石梁吳先生艮吉常釣其上因號石梁　黄自芳

百尺長竿老釣磯常披風雨著荷衣情容偶見知非殼先生學宗主敬在邑庠侍文宗側見其搔頸斥爲不敬
名理深參自不違綠埜紅林行弔古
青樽黄卷坐忘機淡蝦麥飯清如許飽殺天臺兄弟歸先生性恬淡黄安耿天臺兄弟過訪遇霖雨瀑漲不得歸者數日先生日以淡鰕麥飯餉之

步臥石牛山原韻　陳際昌

獨枕荒原竟日眠巨靈遺像是何年塡殘東海難爲動排盡南山未可牽李子好橫全漢帙蘇郎空憶洛陽田江南布穀催耕急辜負春三二月天

黃州同曙上人　陳際昌

乍出燕京罷繡鞍黃州風雨劇相看論心共證三生話竟日長攜七返丹棋局漫分青史案詩情遥指白雲寒應知後會非萍梗別緒愁縈且自寬

龍仁夫墓　靖乃勳

故園寂寞讀書臺覆釜猶傳江上堆麥飯一盂虛節序都城

千戶少雲來曾悲塚側麒麟臥不見洲沉鸚鵡才遥望山前留講席清風時復繞蓬萊

題覽勝亭　王心敬

覽勝昔曾懸夢想（昔賈可齋觀察嘗爲余言此亭之勝）凌風今竟躋亭櫳凭欄杲見楚天盡仰睇眞疑帝座通漢水新添春浪白樊山遥現瑞雲紅兒童竹馬官街滿爲是前辰迓郭公

赤壁　汪家禎

磯頭脈脈接龍山亭閣流丹映水間夏口只浮殘照裏武昌猶在野雲間風高歸棹催銀浪雨後懸巖點翠斑萬古勝游君莫負還須斟酌醉朱顏

壬戌秋赤壁懷古　王世芳

舊時崖壑舊秋光壬戌重過引興長作賦亭前懷杖履鏖兵江上話滄桑野塘楓絢驚人豔羽客舟飛醉月觴物態不隨今古易玉堂仙去景蒼涼

過杜茶村故里　王一煌

吳楚詩人命不猶自來詞賦獨悲秋天將故老存文獻道爲先民甘放流青塚碑應銘處士白頭義弗學留侯招魂三閭家何在痛哭江南淚未收

赤壁　王一煌

一山曲曲抱江濆誰喚東風色染熏只爲黃州留兩賦錯教

赤壁說三分人才落筆無今古異代傳奇隔見聞二客不知何處去水光依舊接天垠

雨後同官登赤壁二首　項樟

稱心霖雨慶民依覽勝城西興不違紅襯夕陽山欲瞑綠抽萬井水初肥壁間石刻摩眞去檻外風帆帶濕歸雅愛同官新識賞清歌次第譜琴徽

泠泠蟬韻弄晴初漏轉迴廊屐齒徐猶憶舊題亭上雨可能薄暮網中魚山餘翠色依江淨月破輕雲到閣虛二賦風流今在否欲從鶴夢探眞如

竹嘯軒次龍臯韻　杜秉時（蘭圃）

種竹空門引鳳鸞臨風清嘯倚闌干無心自合離塵劫有節偏能耐歲寒曉護蓮臺雲萬朶夜吟天籟月千竿生來本色長如此只許人間慧眼看

赤壁　喻文鏊石農

堂堂歲月幾經過歷磴依然舊薜蘿江上不妨兩赤壁人間那有百東坡軃縉大布生涯好暖翠浮嵐隔岸多惆悵神仙招不得峩嵋雪水漲春波

赤壁于清端公祠　喻文鏊

鉦鼓遥聞縛逆職五關氣讋探丸兒誰知六纛班春日總是黃虀有味時曾讀政書傳史氏況因氣節傍蘇祠千秋遭際

如公少清畏人知遇

主知

坡仙坊傳是東坡遺址　喻文鏊

犖犖确确江之濱十畝五畝新畬新買山不了馬生債破竈誰爲巢子鄰從此但署居士號故應長是黃州人忠州種花黃州麥前後兩字相依因

弔王公稚欽　喻文鏊

夢澤先生不可招滿城風雨颯蕭蕭殿庭抗疏龍鱗逆館閣留題烏毋謠四海覓容才子座一官累折酒徒腰百七人中人已老紅衫窄袖未歸朝

暮春淡雲軒即事　黃元亮

繞屋松篁麗景舒明窗几坐暖飄襦曉昏檐雨呼鳩婦春老庭階駐鼠姑屐齒頻看深印地壚痕時覺淡縈幮莫誇絲竹華林勝鼓瑟當風緬魯儒

懷萬蔚亭困學紀聞箋註之作　王鑾徙洲

照閣青藜漢牒新畫門赤帛孔圖眞秘文墜簡今何地窮谷深山尚有人如此纂修非小補不關榮利是奇珍羣兒腹笥空如洗北面應師井大春

遊聖泉山寺　歐陽賢敬亭

踏破苔蹊上翠微清遊初悟壯遊非碁殘半局看花落有仙人圍

碁鳥磬響中天聽水飛有飛泉二道香篆細縈諸佛座白雲閒補老僧衣無言薄暮枝頭鳥也向深山學息機

贈胡侍衛定泰　潘紹經箬舟

鶡冠年少奉

恩初感衛將軍盡不如脫下鈿刀隨

御仗騎來龍馬報邊書千緹舊屬輪班傾五節新官計日除獨有儒生輸早達相期金縷對垂魚

留別河東書院諸生　吳之勷淦崖

青綬垂腰十六年齊安何幸結深緣遶城山色開圖畫比戸書聲當管絃睡足未能師小杜嘯餘時復酹坡仙輇材老去

懸適分又奉
恩綸下日邊
鹿洞遺規洛下箴八城士集講堂深大魁今此探花宴小慰
年來種樹心爲語書窗勤鐵擿况逢皐座度金鍼徘徊公暇
論文地一聽驪歌思不禁

先大夫入祀黃岡縣鄉賢祠恭成述德紀　李鈞簡 秉和
恩詩四首

顯揚誰不願榮親疊荷
君恩寵
錫頻少尹沒堪祭於社彥方生已畏其神行成早入先賢傳

先大夫行略入湖北通志論定今爲不朽人遠紹楚材從祀者　宮牆列
廡有任秦先賢公孫龍任不齊秦商皆楚人
當年里譽重黃童此日鄉名指鄭公松野自留三徑菊先大夫山
居種松百餘株因號松村棣灣人愛一村楓村屬棠棣灣社十數年前近宅先塋自生楓樹數株里中
人以爲瑞力田孝弟鋤經裏載道文章槖筆中廟食若無眞行業
偶題居士亦祠叢
儒稱美並政聲傳滄海東隅華嶽巔江蘇寶山縣陝西同州府入祀名宦祠　桑
梓敬深鄉黨日黍苗歌到子孫年初心未遂歸田錄舊德難
忘有道所昨夜夢中仰遺像分明泉壤拜
恩延家慶荷禮部具奏前夕夢先大夫來聖恩幽明不隔也

蓬萊三下謫仙班身世回思總汗顏勉效迂庸辜
聖代鈞簡歷任倉督府尹皆以失察奸蠹獲譴空談著作負名山閒來教子詩書
重老去爲農稼穡艱奉祀得歸持俎豆
天恩無處不春還

冬至後六日游赤壁　周凱 芸皐

亭皐木葉下蕭蕭且與登臨破寂寥我到不須重作賦客來
隨處好吹簫英雄夢斷江山在風月情多魂礧消攜得東坡
一樽酒夕陽閒倚聽寒潮

風雨夜泊　楊庚 星珊

勞勞人世歎浮生底事官程又客程小港雨回孤舫夢大江

風挾萬濤聲野多禾黍須無恙身似萍蓬總不驚獨有燈花
仍送喜來朝登岸快新晴

七夕感懷　楊庚

一鉤新月大江孤江上秋風響碧梧應免魚龍驚赤子不妨
烏鵲渡黃姑去年蓬島居仍舊今夕瓜筵續也無忽指鄉村
紅樹岸此間何處話蓴鱸

黃州中秋　楊庚

半年慄慄守黃州敢學坡翁樂此遊故國四千餘里路他鄉
三十六中秋魚龍漲退江隄鞏鴻雁聲嗷廪粟謀省識同僚
籌畫苦銜杯漫對月當頭

重九不登高時在黃州試院　楊庚

三年鞅掌住黃州，欲學坡仙未暇遊。況領童軍嚴日課，敢因官守說風流。眼中山好光初霽，脚底雲開氣亦秋。萬卷圍身紛落葉，幾人聳翠遠峰頭。

快哉亭晚眺　楊庚

但看東去大江流，江景還從眼底收。岸遠火明漁艇暮，城低烟上女牆秋。賣魚人正歸樊口，倦鳥時方集樹頭。縱說登臨多勝蹟，休憑詩酒助閒遊。

留別黃岡士民四首　金雲門

頻年宦蹟逐萍浮，泛泛桃溪更竹樓（由崇陽調署）。長吏每邀青眼顧（上憲垂青甚至），同人劇喜素心投（同寅及紳士頗浹洽）。民稀訟牘風還古（告期投詞十減其七），天不屯膏歲有秋（禱雨輒應）。那料著名衝要地（縣屬附郭，又爲吳楚衝途），轉容迂令拙如鳩。

隱之差敢飲貪泉，烹治還虞悞小鮮。斷獄美思書四百（勸民息訟，頗覺信從），掄才細爲校三千（季考三千人，校閱頗慎）。織簾貧待資鱗士（河東書院經費不給，束脩膏火半係捐發），祭塚文堪仿惠連（城外荒塚多暴露，與少尉魯君合力掩埋，府憲以下捐俸有差）。莫訝化爲柔繞指，此邦那俟示蒲鞭（余治崇以嚴肅，而岡邑爲楚中文物區，覓非訴宜施也）。

興役何須鼓擊鼛，紛然畚揭各爭操。江流曲抱重城固（郡城坍塌，合郡士商捐金脩復），地勢全收一塔高（邑有青雲塔，係全楚文峯，年久傾圮，各憲倡議脩復，自督撫以

下內外官紳士商捐金各有差，委余督脩）。拜禮崇祠新棟宇（脩葺文昌宮、明倫堂、蘇文忠公祠、于清端公祠、蔣轟村棠舍），追思古蹟翦蓬蒿（重建韓魏公讀書堂及春草亭）。急公自是民情厚（辦理各工，捐輸踴躍，紳士監脩，自備薪水），當局豈矜尺寸勞。

登高明日許婆娑（陞補隨州，以九月八日卸篆），屈指瓜期一載過（余以去年七月到任）。報最那能三異著，待恩轉覺四窮多（捐資以助育嬰，並重脩養濟院，口糧之外隨時賙給，然無依者多不能遍及也）。更番送額勞虛獎（紳士耆民屢次送額），疊次來賓快飲和（紳士因公進見，每留共飲）。況復羣黎攀臥切（出署時餞送盈路），別情無奈付驪歌。

詩

五言排律

唐

寄李岳州黃州作　杜牧

城高倚絕巘，地勝足樓臺。朔漠暖鴻去，瀟湘秋水來。縈盈幾多思，掩抑若爲裁。返照三聲角，寒香一樹梅。烏林芳草遠，赤壁健帆開。往事堪遺憾，東流豈不迴。分符潁川政，弔屈洛陽才。拂匣調弦柱，磨鉛勘玉杯。棋翻小窟勢，爐撥凍醪醅。此興予非薄，何時得奉陪。

宋

春日書懷　潘大臨

舟楫臨潭水，風濤接蠡湖。龍媒成跬步，驪頷脫微軀。樂土供

游戲深文苦藝拘腕中蹝魂磊牆外或歌呼老去嵇生懶歸來谷子愚干鍾眞臭腐十畝借高腴春雨何曾密園花竟自都小橋藏細柳方沼出新蒲酒熟拈巾漉經傳帶雨鋤行盤隨所有坐客幾時無日轉槐陰暮門通小徑迂仰頭看哺轂引手亦將雛撫事盆爨藹勞生戶轉樞形骸浮大塊毛髮燎洪爐世論幾膠柱人心盡好竽屠龍非至計射雉屈良圖借箸方隆漢推枰已滅吳從渠畫麟閣吾自著潛夫

明

自三台河泛舟至鳳巖　王廷陳

嘗蓄水雲興乘茲風日和纜牽仍擊汰棹殺且隨波竊慕太

公釣猶欽孺子歌野風吹蘭杜潭影翳藤蘿曲岸行逾近支流入轉多蟲魚銜艇躍鵝鸛狎人過漸覺旁洲退迴看遠岫羅詭容緣爽出逸思向空摩巖子瀨如此秦人源匪他再來津恐失歸路奈愁何

季夏遊赤壁偕子言諸公　王廷陳

六月軒楹敞三分割據雄江迴城抱日艦過岸餘風詞賦留天上旌旗在眼中霸圖今已歇幽賞幾回同檻外鳧鷗亂尊邊雲霧通松杉盤虎穴臺榭接龍宮早歲辭朱紱茲遊感數公願言攜桂楫常此狎漁翁

初歸故園作　王廷陳

結髮負奇志辭家作遠游一言侵絳灌萬死脫幽囚倚仗虛疑鵩光芒隱射牛敢云疲漢戟實已敝秦裘習隱希元豹忘機對白鷗生涯惟素業吾道已滄洲

夏日安國寺禪僧有作　呂禧

勝域依城矗幽尋入夏偏更攜方外侶來上度師巖色羣峰接江聲萬里連徑荒餘古柏地僻喿叢蟬忍草經行茂曇花拂翠鮮尼珠閒映日篆縷靜騰煙寶鐸鳴虛籟金沙溜細泉涼宜甘露灑香似逆風傳馴鴿窺人舞靈虬隱鉢眠禪通千界外身寄五居前盡了塵中幻翻憎定後緣誦經饑貝葉轉語吐青蓮小品籤從下波旬說與捐冥心超有漏觀世徹

無邊等等忘諸相寥寥證象先但看抽牡鑰已自脫魚筌野老能參偈山狐亦解禪刼灰離火宅法路引人天操筏知誰極燃燈信有年幸逢龍樹客笑擬虎谿還

馬岐寺次邱過之韻　王一鶚

甕牖塡荒草筐籃避碧廊前朝留古綠鄰菜逗微香巴水原無水黃岡自有岡膾苴酬乞士凍餒供空王豈復南征馬徒懷夜月梁漁歌非楚些市唱詎西凉邂逅單刀會陂陀賈客舫靡顏修幕阻誰繞美人腸

懷何氏閑繡堂三十二韻　劉養微

窈窕空山曲檀欒藍竹光刈墉新莿槿開繡舊名堂望覺心

神迴登矜羽翰揚啟屏延廣陌遐矚散高岡宇宙何寥廓江
湖入渺茫堰沙聯鵠鶴墟落散牛羊浦樹搖烟綠畦花開麥
黃悠悠江帆遠脈脈楚雲長蘭芷瀟湘意塤篪伯仲行洗天
占象緯徹夜矚光芒奎壁羅文苑（堂階西直）珠璣落錦囊蘿蓬開
蔣徑高閣胥徐卉憶我蒙深眷同人得遠將聯轡過赤壁攜
手上橫塘意愜狂無忌交新樂詎央綠濤分梲落青案淨琴
張徑筍穿苔砌闌花映葯房枝枝低綴子陌陌豔承筐壘燕
銜簾入巢烏出樹翔深心推物理思職戒居荒比石聊攻玉
吹笙遂鼓簧如何臨別浦不道滯歸艎小住期連茹平陂遽
復陞長卿元病肺遁豈欲居盲瀕仰成今昨呻吟度煥涼循

形翹綴帶遁臆紊思纕鴻雁書千里蒹葭水一方虛窗新儗
孟蝦櫂舊懸王且戢滄溟翼姑裁薜荔裳剝卉餘碩果休否
繫苞桑靜默存吾道優游付彼蒼獨餘看月意耿耿憶空梁

郭黃州邀飲赤壁　翁溥

昔賢餘勝事此地一追遊山帶平蕪合江邊灝氣浮虛亭凌
翠巘絕頂訝丹邱巫峽雲初散湘潭雨乍收孤煙逼夢澤返
照下芳洲天迴橫雲鶴沙晴泛水鷗帆輕飛樹杪高棟掛城
頭古俗存黃國清風滿竹樓近郊登黍稷逸響接歌謳詞賦
懷蘇子風流見細侯萬峰齊逸興千載共清秋酒為波光盡
車因月色留多君握熒玖桃李若為投

郡侯桐岡邀飲赤壁漫賦　陶珪

亭敞因崖峻江空縱目遙郊遊陪後乘羨岨想前朝山氣秋
逾爽波光晚更饒林端停五馬雲際下雙鵰縱酒金罍倒聞
歌翠管調文星今正朗霜葉向誰驕已愜懸車臥寧煩折簡
招高情忘酩酊醉眼入空寥

國朝

恭紀
殊恩詩　汪煉南

廿載趨華省終朝侍禁帷步行贈
聖近前度受知遲身被庸才滯名甘國士遺恭聞

天語降綸綍命摘詞寶笈開龍窟瑕函啟鳳池代言寧得體
分草或無疑測影慚窺管探囊且效錐謬叨公輔奏云是小
臣為但憶儒堪問敢稱文在茲餅條宣
紫禁
溫旨下丹墀幸際
天顏喜傳呼宰執隨褒嘉猶過望賞賚況殊施霞錦來藏府
冰蠶出內司陸離皎日麗璀璨列星移蟬翼榮懷抱鴛文增
羽儀凝霜晶奪目取火豔交頤五兩
君王賜三盆
聖母慈煌煌驚夢想處處失支持答效微臣忝聰明

宸聽卑珍羅九有貢德飽一人私拜闕朝華勤歸軒夕照垂
文章難報
國鄉爾獻先資

赤壁懷古　王承祜

勝跡留舟壁江城接晚霞逕穿高閣曉影落鏡湖斜遠岸迎
帆過孤汀宿鳥譁舉杯山月下攀石野篁遮鶴羽依秋葉簫
聲瀉白沙樽開寒雨濕榻受曉風賒望望思仙客淒淒感物
華東來道士夢時復數歸鴉

答劉克猷　顧景星

七稔吳閶別風塵望杳茫飛騰何迅速彷彿料行藏（曾約山隱）故

友多林壑高名獨廟廊余書石作室君草玉爲堂幾緉還思
著雙魚寄莫忘尋仙終五嶽志士各津梁

贈曹倘白　顧景星

憐君不得意載筆早從戎雨雪綈袍外江湖劍影中流離牛
馬走漂泊雁鳧同袖筆援無倦客刀佩在躬雨行鶯鶴落雙
背妙猿遍顏（能左腕作米書）多藝才稱絕高譚理發蒙吳春梅耀在
趙曲李奇工壇好埋名桀杯緣引興空越天霜練白僧院火
鑪紅片語憐知已浮名本至公莫愁貝路逆休泣阮途窮君
去如眞隱南山訪桂叢

詩

七言排律

國朝

赤壁懷古　余國楷

臨皐古岸好尋幽蘇子從前兩度遊浪皺穀紋風有迹天懸
寶鏡月當頭龍吟吹徹三更笛仙侶招攜一葉舟豈必嘉魚
徵往蹟但憑赤壁話奇謀孫曹百戰圖分鼎瑜亮同時展運
籌漫道火攻原下策儘教霸業付東流賦詩橫槊人何在把
酒臨江韻待酬老鶴巉開還警露孤鴻沙際尚鳴秋雄才蓋
世烟塵盡遷客遺文石碣留落落亭臺殘照隱蕭蕭蘆荻雨
聲愁銷兵已值光天會破敵何須故壘求禾黍近郊牧馬

旌旗遠戍下舳艫帆迴碧浦誰家客檣颭青帘幾處洲夏口
舊傳弦子國武昌長憶庾公樓漁歌欸乃渾無礙嵐影微茫
並若浮適意風波偏愛鷺忘機天地任盟鷗江南江北勞相
望人去人來苦未休千尺怒濤翻舊恨九章哀郢著離憂也
知白雪能張楚更把清樽學醉侯沅芷澧蘭隨地有搜奇何
必定黃州

攝令黃岡述懷八韻　郎錦騏（牧雲）

無邊風月古黃州未許凝兒了事遊權宰非同員外置竭愚
難謝局中憂催科逋賦年形拙鞭撻蚩氓日對羞好不易除
如拔薤弊纔差杜又生蟊口含瓦礫從人笑甑積塵埃敢自

謀求理每懷賢至室遣疲聊共客登樓往來明歲知何處功業夕陽嗟欲流祠祀清端鄉老近政書一讀一低頭

詩

五言絶句

唐

黄州竹逕　杜牧

竹岡蟠小逕屈折鬬蚍來三年得歸去知遶幾千迴

宋

赤壁山　王安石

日淨山如染風暄草欲熏梅殘數點雪麥漲一溪雲

送安節姪　蘇軾

索漠齊安郡從來着放臣如何風雪裏更送獨歸人

宿黄州觀音院鐘樓上　黄庭堅

鐘鳴山川曉露下星斗濕老夫梳白頭潘何塡箎集

黄州集杜　文天祥

始謂虜以襄陽船自漢入江後乃知虜之未渡蘄黄已先降故其渡也襄漢蘄黄之船皆在焉

桓桓陳將軍東屯大江北化作虎與豺楚星南天黑

元

黄州赤壁　丁鶴年

横槊英聲遠聞簫逸興長至今風月夜鶴夢遶黄岡

明

壓波亭　吳琳

漢水連天潤江雲護晩寒青青山數點正好倚欄看

赤壁　黄鞏

坡仙天下士聲跡重江湖借問夢中鶴何如遶樹烏

黄州　李夢陽獻吉

日落清江遠光搖赤壁山無人說吳魏來往釣舟閒

至李坪驛始見竹筏上居民連亘三十餘家云隨流上下作箽治板行販　王世貞元美

何必問故鄉浮家任儂住一夜便風來盡呼鄰里去

入黄州　王世貞

青山叟地行雙眼鼻端看此豈翫世人憐爲世人翫

赤壁懷古　王同軌

來遊赤壁山不識鏖兵處山南片片雲飛落崖前樹

睡仙亭　秋水道人

我醉憑爾眠我醒扣爾歌瑳瑳白玉几賴爾樂情多

冬日過赤壁書所見二首　茅瑞徵

水落江全窄煙消山半晴漸看秋月上鵲帶遶枝横

磯前浸寒月磯上留殘碣柳色媄晴沙閒鷗出還没

過宏化庵四首　茅瑞徵

開每郊外游載酒山前寺幾處寒雲生雲臥人時至

蕉影横窻綠鐘聲引梵長坐看秋色老簾外月如霜

曲徑風敲竹前軒月轉廊此中棲託好清興得誰嘗

寒到青谿水長吟白社詩還同眞率會剩有酒盈巵

維摩堂外十景　官撫辰

火宅藏華種海心湧石蓮黑風雖鼓浪不打石蓮船　石蓮菴

夜半雞爭曉因風越天表逆勢截横流平蕪青不了　金雞山

萬樹江聲起千山松影移碧空浮野水終古接盲龜　松濤菴

敲空時作響特發海潮音指顧江天外誰來密爾尋　聽潮菴

見說龍無耳誰知鼻準空雖無雁蕩水時有漢王風　龍鼻石

崎山天畔落東印轉身迎採薇石洞下高枕悟無生　石牀巖

松翠五峯間珍珠撒玉帳剪尺任後人裁雲時立量　誌公塔院

是山皆有虎孰敢近前來退舍門庭後遊人每見猜　誌公灘院

羚羊沒蹤跡角掛半天東亦有雲生處推移到鏡中　白羊山

春寒香噴雪夏煖實垂陰游子不能到幽人彈素琴　梅盎塢

別白雲山二首　王一翥

零落豈堪念愚藏智亦慚古來荒草地歌舞會當還

想雲屍割袖撥琵莫聽砧須念遷東澗清缸剔到明

國朝

送葉井叔歸黃州二首　王士禎　貽上

秋盡黃州路千峰送馬蹄夢迴山館裏落月汝南雞

斷岸黃泥坂寒江千尺流羨君歸去好雲夢澤南州

送王涓來侍讀歸楚　王士禎

解纜銅陵江是向黃州路不見雪堂人江關遶烟樹

黃州除夕三首　宋犖

歲除官愈閒不復親文牒長嘯向高齋磨墨寫門帖

弟作燕山客兒爲漢水遊高堂當此夕兩地思悠悠

何限鄉關思天涯獨倚樓最憐小兒女談笑說黃州

登小崎山頂　王澤宏　涓來

蒼崖綠芙蓉大江一綫雪願作崎山農更耡萬古月

河東書院送喻石農渡江　許兆椿　秋巖

日落帆初掛江寒潮未生秋心將別思同到武昌城

江干送客　王養愚

送客大江干記取江干樹他日再經過思君從此去

詩

七言絶句

唐

齊安郡後池　杜牧

菱透浮萍綠錦池夏鶯千囀弄薔薇盡日無人看微雨鴛鴦

相對浴紅衣

齊安郡中偶題　杜　牧

兩竿落日溪橋上半縷輕烟柳影中多少綠荷相倚恨一時迴首背西風

赤壁　杜　牧

折戟沉沙鐵未銷自將磨洗認前朝東風不與周郎便銅雀春深鎖二喬

題橫江館　杜　牧

孫家兄弟晉龍驤馳騁功名業帝王事竟江山誰是主苔磯空屬釣魚郎

題齊安城樓　杜　牧

嗚軋江樓角一聲微陽瀲瀲落寒汀不用憑欄苦回首故鄉七十五長亭

宋

壬戌正月晦復至齊安　王安石

風暖柴荊處處開雪乾沙淨水洄洄意行却得前年路看盡梅花看竹來

南堂五首　蘇　軾

江上西山半隱堤此邦臺館一時西南堂獨有西南向臥看千帆落淺溪

暮年眼力嗟猶在多病顛毛却未華故作明窗書小字便開幽室養丹砂

他時雨後困移牀坐厭愁聲點客腸一聽南堂新瓦響似聞東塢小荷香

山家爲割千房蜜稚子新畦五畝蔬更有南堂堪著客不憂門外故人車

掃地焚香閉閤眠簟紋如水帳如烟客來夢覺知何處挂起西窗浪接天

東坡　蘇　軾

雨洗東坡月色清市人行盡野人行莫嫌犖确坡頭路自愛

鏗然曳杖聲

李委吹笛　蘇　軾

元符五年十二月十九日東坡生日也置酒赤壁磯下踞高峰俯鵲巢酒酣笛聲起於江上客有郭古二生頗知音謂坡曰笛聲有新意非俗工也使人問之則進士李委聞坡生日作新曲曰鶴南飛以獻呼之使前則青巾紫裘腰笛而已既奏新曲又快作數弄嘹然有穿雲裂石之聲坐客皆引滿醉倒委袖出嘉紙一幅曰吾無求於公得一絕句足矣坡笑而從之

山頭孤鶴向南飛載我南游到九嶷下界何人也吹笛可憐

時復犯龜茲

少年嘗過一村院見壁上有詩云夜涼疑有雨院靜似無僧不知何人詩也宿黃州禪智寺寺僧皆不在夜半雨作偶記此詩故作一絶　蘇軾

佛燈漸暗饑鼠出山雨忽來修竹鳴知是何人舊詩句已應知我此詩情

次韻子瞻臨臯新葺南堂五首　蘇轍

江聲六月撼長堤雪嶺千重過屋西一葉軒昂方斷渡南塘蕭散夢寒溪

旅食三年已是家堂成非陋亦非華何方道士知人意授與

爐中一粒砂

北牖清風正滿牀東坡野菜漫无腸華池自有醍醐味丈室仍聞薝蔔香

鄰人漸熟容賒酒故客親留為種蔬住穩不論歸有日船通何患出無車

客去知公醉欲眠酒醒寒月墮江煙牀頭復有三升蜜貧困相資恐是天

戲答陳季常寄黃州山中連理松枝　黃庭堅

故人折松寄千里想聽萬壑風泉音誰言五鬣蒼煙面猶作人間兒女心

君子泉　黃庭堅

雲夢澤南君子泉水無名字託人賢兩蘇翰墨相為重來刻他山世已傳

次韻文潛立春　黃庭堅

渺然今日望歐梅已發黃州首更回試問淮南風月主新年桃李為誰開

同次韻　晁補之无咎

誰憐舊日青錢選不立春風玉筍班傳得黃州新句法老夫端欲把降幡

柯山雜詩二首　張耒

幽人睡足岸綸巾策杖開門卯酒醺黃葉滿山烏鵲噪江城秋日少人行

蕭蕭茆屋土山前翁媼關門去穫田朝日滿簷雞犬靜荻籬深處散炊煙

絶句九首之六　張耒

天高列岫出林外霜落大江流地中晚日橋邊數歸牧牛羊部分聽兒童

樹頭三唱雞賓日門外斜行雁寄書十月江城霜霰薄滿山林葉亂藍朱

曉起山鴉噪作團西園霜木倚空寒風高斷雁呼前伴雨止

歸雲赴舊山

千林黃葉總飛霜寂歷疏梅未肯粧誰信輪囷臥山木心知

九地有微陽

空山風雨冷蓬茅晨起幽人理縕袍深閉衡門且無出濕雲

如墨怒江號

黃葉桑林赤土岡蓬茅小徑度牛羊似聞流冗之唐汝歎息

何人爲發倉黃州年旱饑流民就食唐汝

齋中列酒數壺皆齊安村醪也今且亦强飲數杯戲成

絕句奉呈邠老昆仲　張耒

曾嘗玉帝碧琳腴不醉長安市上酤作史官時歲節賜御醪飲濕先生

今已矣啜醨留得與門徒東坡三年黃州城乏酒但飲濕

東堂初寒創意作竹屏障門二首屏脚偶得朽梅株截用之完固質野有可喜者　張耒

丈室新屏用此君碧瑊玗插古槎根白雲一片當空下護此

寒堂宴坐人

簡册林中老蠹魚年來窮譎尚耽書竹屏風下憑烏几晝作

柯山居士圖

晚過黃州　楊萬里

數峰殘日祟將銷一片新秧綠未交道是今年春水小漲痕

也到岸花梢

晚度東坡　薛季宣

浮生萬事盡塵埃瑞慶堂今榜快哉惟有東坡舊煙柳道人

猶解指蒼苔

黃州道中　崔鶠

莫愁微雨落輕雲十里長亭未整巾流水小橋山下路馬頭

無處不逢春

元

秋日登赤壁二首　張以寧

赤壁江寒葉漸稀黃泥坂靜鷺斜飛洞簫聲裏當時月應照

千年化鶴歸

赤壁鏖兵迹已陳長公曾此寄閒身只今歲歲秋崖下誰是

扁舟泛月人

赤壁　龍仁夫

踏呂擢袁虎視耽曹瞞氣勢捲江南磯頭一霎東風轉天下

江山自此三

明

武磯山　無名氏

寂寞武磯山上樹蕭條邏阜水中天垂楊不管人間事猶自

青青兩岸邊

過擱江磯即茶房石在陽邏江中　陶安

朝來東北好風生吹得雲帆似葉輕穩向擱江磯箭過怒濤噴薄不須驚

過黃州　李東陽 賓之

江上兵回烈炬空都將成敗付東風千年赤壁無尋處辛苦英雄一戰中

赤壁　吳寬 匏菴

西飛孤鶴記何詳有客吹簫楊世昌當日賦成誰與註數行石刻舊曾藏 世昌綿竹道士與東坡同游赤壁賦所謂吹洞簫者也

贈黃州守　李夢陽 獻吉

黃州江北使君清赤壁山留萬古名黃州小兒騎竹馬來時

相送去時迎

東坡　盧濬

梅影橫斜雪影清縱然磽确也堪行于今筆硯知何在試聽池頭洗墨聲

登赤壁　蔡汝楠

干戈滿眼渡重關客路還登赤壁山誰似周郎年少日孤舟戰捷笑談間

浮翠亭　何遷

天畔孤亭背郭開楚宮風思此登臺千年秀色江中見一郡浮煙霽後來

齊安驛樓春眺　郭鳳儀 桐岡

春風幾日到黃州碧柳綠蕪滿舊洲欲下層梯重回首水光山色共悠悠

舟中望赤壁　王世貞 元美

越州蘭亭千載奇黃州赤壁今半之若使舟人不解說一拳頑石草迷離

夜宿蘇長公洗墨池亭戲作　趙貞吉

江空草綠酒旗風半醉黃州烟雨中五百年前曾洗墨依稀猶記雪堂東

次赤壁　陳文燭

東山月出最良宵學士風流久寂寥此去扣舷歌窈窕臨皐有客為吹簫

元旦出郭至柯山園觀梅　陶允宜

一年不到避喧堂庭竹蕭疎砌草荒幸有小梅三百樹春風無恙倚新粧

雙柳夾　劉養微

孤鴻落盡暮雲高楊柳蒹葭傍客舠一片旅魂銷欲盡夜深風雨漢江濤

南漪山房作　劉養微

竹林深樹午鳴鳩何限浮雲天際流待得月明秋似水玉笙

鸞鶴到峰頭

登宏化庵　易登瀛

荒凉野寺小山阿面挹江城景色多最喜四郊籬落滿秋風禾黍聽農歌

山中聞於文言信　王一翥

南昌沙岸舊隄荒凝盼虔州掩劍光只剩文山千點淚寒雲壓作柹頭霜

過黃州　王一翥

綠楊啼鳥不曾來只築荒城莫築臺夜半江聲聽不盡尚書宅後野棠開

樊允宗城隅別業　官撫辰

愛靜鑿池邀月小支亭當檻引風長隔江數點峰如碧掩映城頭不肯藏

團洲江上二首　李之泌鄴仙

老漁家住滄洲岸日日風波常在眼十年三千六百釣幾見蓬萊水清淺

射石曾自射鵰還故李將軍亦偶然猿臂雙收閒數雁却回漢上打魚船

遺谷　杜濬

山裏尋山山更清尚嫌遺谷未遺名老僧不作閒功課槌磬一聲幽鳥鳴

礀邊　杜濬

紅葉無風猶著樹青松媚日自生煙鐘聲出塢清如水早有幽人立礀邊

雙柑園　杜岕些山

無復遺書似長卿雙柑久已絕聞鶯梅花苦竹層層老留與詩人嘆一聲

遺典　樊維師

四壁清陰冷薜蘿晏溫低臥養天和恰宜雲氣當牕在無奈鐘聲到枕何

國朝

雪堂　劉子壯

四壁泠泠畫雪圖到來應有古心俱未知堂上登臨者得似當年二客無

花園鋪俗傳尚書詹同所治　劉子壯

舊有園亭列石茵尚書曾此樂芳春即今花草都無在何況當時游賞人

雜咏　曹本榮木欣

盧橘新傳罷漢中尚衣聞道減洮戕諸州節使休蠲助望主清心在合宮

乙卯春題書雪堂　　于成龍 北溟

竹筍纔生黃犢角蕨芽初放小兒拳試尋野菜和香飯便是黃州二月天

將毋樓郎事三首　　宋　犖 牧仲

危樓百尺向江開把酒登臨日幾迴隔岸樊山能好我故將青翠入窗來

雨過山光翠且重一輪新月掛長松吏人散盡家僮睡坐聽寒溪古寺鐘

聚寶山頭日已曛閒尋怪石踏飛雲牧童樵子相傳說拾得應來獻使君

賠杜于皇　　王追騏

隋隄佳景竟誰傳春月秋花盡可憐雨度邗溝尋樂事一年一見杜樊川

撥棹雜咏　　周體觀

不見當年劉克猷西風吹淚過黃州舊時江路能來否落日招魂古驛樓

王夢澤先生故里四首　　金德嘉 會公

先賢騷雅古壇在軼事傳聞今孰能避客踰垣王太史草閒邂逅領中丞

二客周旋王裕州江村五月也披裘騎牛跨馬朝朝出不絕豪游絕貴游

雷轟電激發臨臯尺牘熊熊亦自豪豈為窮居多佗傺楚才自合續離騷

撫臣奉詔紀典都授簡歸田楚大夫直筆書成清議許雷同張桂豈通儒（領中丞聘公修輿獻藩邸志隨州顏公木京山王公格同事志成不稱旨士論賢之）

王子雲先生故里四首　　金德嘉

竹苑樓前乘舴艋康王谷底臥斜曛柴桑依舊晉居士有字羞同楊子雲（先生圖石日與漢李曇同字曇陳蕃疏薦五處士之一徵辟不就者也）

智林村裏著麻衣回首鄉園萬事非書寄貧交黃御史釣臺慟哭雨中歸

五老峰頭墨不乾棱訾嘗怕後生難餞驅偶出烟霞窟皂帽峨峨管幼安

疑獄平反只片言當筵立雪故人寃盧桐徐渭吞聲日壇坫何人此義存（先生客潘司李衛齋會廣濟吳幼甫亮思牽連詿牒司李怒其偶深文案之先生厲聲曰是嘗以明經三上書劾宰相侍郎者今老矣又善病豈能殺人者耶司李悔悟事竟得解）

赤壁雜詠十首　　張　楠

片石猶存霸業空斷艋折戟散東風精靈來往無人見銷盡雄心一戰中（赤壁在嘉魚此名赤鼻見東坡外集何叔甃著辨謂黃州乃鏖兵處雜引羣書云有確據）

滸子灘高落照橫竹堂蕪沒石天傾千年惟有長江水依舊東流黃歇城（滸子灘在山之西北五里○竹堂晏元洲別墅在白蓮池左○山之北面懸崖中有一孔鋪大上）

如碟游其下者皆仰首觀天里人相傳名爲碟兒天洪半石書石天二字於其上即所謂斷岸千尺是也今崩〇黃邑傳春申君故封之地
鼠竄荒亭古苑斑吾邱粉版落人間憑誰喚起文徵仲煙水
蒼茫寫此山 醉江亭舊有徐逸史書振衣千仞額〇文衡山先生有赤壁圖傳世
古木千章盡斧柯樓臺空倚石嵯峨登臨漫憶虬龍註一樹
冬青點綴多 山之上皆有大樹數千 國朝初爲戍卒斫伐殆盡今僅存冬青樹一株在玩月臺南〇蘇賦登虬龍註虬龍古木也
詞曲原非學士長袁綯評語亦荒唐銅琶鐵綽風流甚肯許
屯田獨擅場
陵谷遷移不勝嗟橫江館外盡漁家仙人一去無消息零落

滿林豐本花 橫江館在山之南晉蒯恩建宋王元之重新今廢〇山北有磯與赤壁並峙洪半石題曰紅霞岫上有韭傳爲仙人所種冬夏不枯今崩
飛雲古洞闕清暉赤壁柯山景亦非參政過江作記後布帆
捲雨一船歸 明吳明卿有過江游三山記見甔甀洞稿三山赤壁柯山飛雲洞柯山在城東即張文潛故居飛雲洞在西塞山唐元結讀書處中有顏魯公碑
山光娟秀水清奇想見鍾譚泊舫時天壤王郎投刺入六年
前刻夢中碑 譚友夏嘗夢與鍾伯敬登一嶺伯敬曰此閩中山水也上有王子雲碑後伯敬官閩中學使友夏送至黃州舟泊赤壁在山水影中臨發王子雲忽投刺相顧恍然故友夏詩云今君官與地前五六年知並此舟中容鐫成夢裏碑
坡老印文埋野草思翁書法化灰塵白頭袁顧凋零後遺事

能傳有幾人 于清端公守黃時於二賦堂之陰得一墨品印章上鐫渭北春天樹江東日暮雲何時一樽酒重與細論文旁有東坡二字〇洪半石有樓在山之東北牓曰洗煩樓樓下有館牓曰棲霞館皆董思翁書癸未三月燬于火〇二事載袁三山顧黃公兩先生雜錄
孤城橫壓三層閣野水潛通九眼橋閒與老僧談往事半龕
佛火夜寥寥 山之巔有留坡閣今改爲于清端公祠〇九眼橋即登山之級江水舊遶其下又名清風橋

臨皋晚發　周士健

青鋪岸草色芊芊風飽輕帆掛錦還山下半村留夕照又添
好月在江天

江天一覽亭　王必敬

江城雨霽春風閒樹裏樓臺江外山莫道茅亭官舍近城頭

姑射此亭間

新州二首　陳大章 雨山

新州曾是古邾城遺事空傳故址平莫道長沙封最小儘將
功業讓韓彭
齊安名郡自蕭齊廢苑人耕鳥亂啼一線長江天設險至今
貽笑庾征西

齊安舟中　彭湘懷 念堂

黃泥坂上烟初生赤壁磯頭浪正平朝日推蓬開望古垂楊
深處水禽鳴

秋夜醉歸　呂德芝

王氏山頭路絶塵漱流巷外月如銀蒼蒼莽莽渾無際萬樹秋聲一醉人

漫興　呂德芝

久因種菜休彈鋏時爲歌風學理琴又是黄梅好時節書簾坐擁落花深

六月一絶呈李庠師芸莊　呂德芝

六月曾經十度雨晩秔早稻壓西疇鶺鴒自笑生原小啄得堯天幾顆秋

田家婦　呂德芝

桑柘陰稀蠶事成清晨又挈饁筐行城中少婦羅幃裏猶道東方尚未明

春草亭　陳大華

萋萋春草漾春風緬想當年燈火紅鐘鼎三朝垂盛烈勳名只在蠹書中

赤壁五絶之二　鄭昱

曲檻危欄步步幽波光雲影四窻收星槎一葉浮天上髣髴當年壬戌秋

水環磯下勝常時浩淼煙波溢兩儀安得桐江千尺線垂綸天半釣蛟螭

緑楊池　胡之太

東坡高唱震滄川醉臥楊橋今尚傳（蘄邑亦有緑楊橋）若使經過見堤柳也應欹枕詠池邊

步瀛橋　胡之太

步瀛橋下水潺湲才士登臨欲擬元裘馬翩翩行遠道誰人肯復老田園

月夜自楓臺步歸五首　萬爲恪

楓青獨步碧雲流爲愛晴光滿十洲幾掬愁心天萬里因風散作五湖秋

野煙正傍晩鐘輕樹白巒蒼到處明一盼平原驚落葉長空雁唳恰三更

溪邊吹笛憶誰憐零舞多情曲裏傳無限東風吹不轉淒清一片落溪前

銀霄玉漢並星流松響山空起白鷗衆動自潛蘋自緑微波蕩漾一扁舟

北斗平臨近可呼澄瀾遠浸數峰孤塵氛淨盡身如玉天水無分總畫圖

南堂　鄭可格

郡人何事築南堂爲愛山高與水長坡老流風堪擬似至今游息憶吾黄

竹樓　鄭可格

自昔元之結一椽此君相契信夙緣謫居勝槪傳千古江瀨山光湧翠煙

畫竹碑立坡仙亭　賈鉝

寫此凌霜玉兩竿稜稜傲骨耐嚴寒坡公梅樹萊公柏許作同心三友看

赤壁口號　胡紹鼎 牧亭

周郎一炬破曹公如此勳勞亦自雄赤壁不知何處是年年江上費東風

臥次過黃州　吳省欽 白華

著屐徑須登赤鼻挂帆笑未泊黃州臨皋道士如相問月小

山高付夢遊

題陶北窗濯足圖 北窗智林村道人　周凱 芸皋

踏破芒鞋萬里天嶺梅蜀雪悟前緣江湖看飽風波惡靜閑丹房跂足眠

題汪彝仲上舍 士倫 挹雲書屋聽經圖　龔斗南 小梁

十載春風侍講堂座中人是魯靈光 謂王菊門先生 后山朋舊知多少祗爲南豐爇瓣香

潭水桃花深復深踏歌江上別離音傳神也有龍眠筆難寫高山嚮往心

黃州雜事詩三十首　陶樑 鳧薌

騎馬京華謁選忙偶同吟侶探春芳誰知古寺留詩讖眞到黃州看海棠 道光壬寅三月余在京師偕葉駕部東卿徐侍御星伯遊崇效寺看牡丹用東坡定惠院海棠韻賦詩紀事是秋出任湘南旋奉有量移之命遂來齊安不可謂非詩讖云

開憑戰壘說孫劉弔古還來赤壁遊不管興亡多少事大江日夜向東流 赤壁在漢川門外距城數武蘇子瞻遊此作賦遂指爲吳魏鏖戰之地山上樓閣頗多明末悉燬嗣經屢次修葺今已漸復舊觀矣

讀書堂好傍叢林環珮空勞月夜臨比似維摩方丈室散花天女試禪心 讀書堂在安國寺宋韓琦侍兄琚守黃時嘗于西廡讀書又天女事見宋薛季瑄二女篇序

朱欄畫檻俯江流題壁元之好句留夜靜水光搖萬頃何人會上月波樓 月波樓宋王禹偁詩序曰月波之名不知得於誰氏故老皆無聞焉因作古詩一章凡六百八

十字嵌於樓壁云

隔江隱隱樹青葱聞說吳王有故宮暮靄朝煙看不盡西山日在浪花中 西山在武昌縣境內相傳三國時孫權避暑於此上有宮殿與黃州城隔江對峙

渡頭芳草碧痕深鼓枻遙傳隔浦音應識靈均憔悴甚采蘭澤畔慣行吟 蘭谿驛

文酒肩隨笑語同涵暉名在舊樓空集編花萼尋常事勳業何人似魏公 涵暉樓在縣西南宋張安國書其額曰無盡藏韓魏公有詩臨江三四樓次第壓城首山光徧軒楹波影撼窗牖余兄天墀中向攝齊安守兄才無不宜吏治孰可偶公庭常寂然所樂在文酒

名重人呼作黨魁一重公案在烏臺湖州不幸黃州幸題徧江山要此才 按先生年譜元豐二年七月在湖州因到任謝表得罪追攝赴臺十二月十九日責授黃州團

練副使

篴音遥辨俗工非識酒人來舊石磯難得扁舟逢李委新詞一曲鶴南飛紀年錄十二月十九東坡生日也置酒赤壁磯下踞高峯俯鵲巢酒酣篴聲起於江上客有郭古二生頗知音謂坡曰篴聲有新意非俗工也使人問之則進士李委聞坡生日作新曲鶴南飛以獻呼之使前則青巾紫裘腰篴而已既奏新曲又快作數弄嘹然有穿雲裂石之聲坐客皆引滿醉倒委求詩作一絶句王郎以詩見慶次其韻

犖确坡頭路未平營田覓得試躬耕阿誰隴上同勞苦廿載相從馬正卿東坡八首詩序余至黃州二年日以困匱故人馬正卿哀余乏食爲於郡中請故營地數十畝使得躬耕其中地既久荒爲茨棘瓦礫之場而歲又大旱墾闢之勞筋力殆盡釋耒而歎乃作是詩末首云馬生本窮士從我二十年日夜望我貴求分買山錢我今反累生借耕輟茲因

雞黍頻邀玉局仙豪游爭識廣公賢方山去後風流盡寂寞岐亭五百年東坡詩集陳季常自岐亭過訪郡中及舊州諸豪爭欲邀致之有戲作陳孟公詩又有季常見過詩云君來輒館我未覺雞黍窄

空中神語是耶非一逕通幽掩竹扉憂患從來緣識字好憑天篆悟元機東坡詩集是日偶至野人汪氏之居有神降於其室自稱天人李全字德通善篆字用筆奇妙而字不可識云天篆也

松寮茅舍傍雲根隨意開尋近郭邨我比坡公多束縛不曾日日出東門東坡詩有日日出東門步尋東城游城門抱關卒笑我此何求

半載山城苦索居東家問徧苦無書何人得似王齊萬散盡黃金買百車東坡詩集有王齊萬秀才詩君家稻田冠西蜀擣玉揚珠三萬斛塞江流栿起書樓碧瓦朱欄照山谷傾家取樂不論命散盡黃金如轉燭惟餘舊書一百車方舟載入荆江曲江上青山亦何有伍洲遥望劉郎藪明朝寒食當過君請殺耕牛壓私酒與君飲酒細論文酒酣訪古江之濆仲謀公瑾不須弔一酹波神英烈君

五載栖遲卽故鄉借他邠老過重陽蠻煙瘴雨南遷日倍覺歸心負雪堂按東坡圖云郡人潘邠老及弟大觀俱以詩知名多從先生游先生去以雪堂付之邠老因以居焉又先生有貶英州五絶云萬古仇池穴歸心負雪堂

舊院迴車路儼然南堂遺址剩荒煙西來消盡峨嵋雪春水生時浪接天齊安拾遺夏澳口之側本水驛有亭曰臨皋郡人以驛之高陂上築南堂爲先生游息郡志臨皋亭在縣之南瀕江乃古之迴車院也蘇軾曾寓居嘗曰亭下大江半是峨嵋雪水爲築南堂於此

一谿明月景偏饒譜就新聲引鳳簫嘶過玉驄芳草地醉眠記得綠楊橋東坡綠楊橋西江月詞遍野瀰瀰淺浪橫空曖曖微霄障泥未解玉驄驕我醉欲眠芳草可惜一谿明月莫教踏破瓊瑤解鞍攲枕綠楊橋杜宇數聲春曉按郡志綠楊橋在城東蘇軾曾醉臥其上作綠楊橋詞因名

淪落天涯悔已遲奇才畢竟九重知憐君曠世還相感爲洗蒼苔讀舊碑按先生安國寺碑記建於元豐七年今在寺中

傲罷闍黎比挂單觀空便欲借蒲團慣來小院留遺蔭修竹森森綠萬竿安國寺東院有竹甚茂傳爲坡公憩息之所額曰般若舟

一泓止水瞻泉通挹注原知用不窮五百年前曾洗墨硯池還在雪堂東洗墨池在今府治雪堂東首

四望亭邊一杖攜悠然碧水浸深池浮萍合處蛙聲滿又是斜陽過雨時東坡詩集有雨晴後步至四望亭下魚池上詩云雨過浮萍合蛙聲滿四鄰

宿草離離認故阡遺書猶在感前賢山中近日紛傳說採藥

會逢李鄴仙郡志李之泌字鄴仙黃岡諸生精王弼京房之學屢徵不起著有夙知錄

鍾山深處掩蓬門海內空傳處士尊香火年年祠廟在梅花時飾與招魂縣志杜濬字于皇一號茶邨流寓金陵隱居不仕近日黃郡紳士爲建祠堂於學宮旁正月十七日祀之蓋茶邨誕日也

人間兩見娑羅樹淨土相依歲月深連茁三株原一本凌雲直幹已千尋娑羅樹在安國寺旁一本分三株結子纍纍據醫家云可治肝胃疾徐蓉舫太守云南京亦有此樹在燕子磯廣濟寺內高尚不及此樹之半云

閱歷深知蜀道難要將片石砥迴瀾宦途更比川江險行到中流怕激湍郡志迴瀾石在城南蘇軾鐫激湍二字其上明成化間知縣潘珏因建迴瀾亭

土風荆楚傳來舊除夕家家祀竈同御怪歲時偏失記浮燈

潔釜卜年豐郡志載李之泌詩序云吾黃里俗除夕潔釜浮燈祠竈祠竈迨子半釜中見粒或黍或稷或有或無種物各以類應歲之豐歉物之饒乏徵兆於此往往確驗過時視之則隱故人有知有不知者昨夜家釜浮粒有七圓明肥潤諦視真蚤秈米無他種乃爲釜粒行以紀之裡異日採風者收入歲時風俗志亦一事也

喧傳價貴洛陽箋換比桃符一色鮮聞得新留招利市裁成五彩帖門前黃俗每於歲首剪彩紙門邊牆腳遍帖之他郡未之見也

遺來俗客種常留豆莢槐芽滿地收帶得霜濃論擔賣至今老圃說元修東坡詩集元修菜詩引曰菜之美者有吾鄉之巢故人巢元修嗜之余亦嗜之元修云使孔北海見當復云吾家菜耶因謂之元修菜余去鄉十有五年思而不可得元修適自蜀來見余於黃乃作是詩使歸致其子而種之東坡之下云彼美君家菜鋪田綠茸茸豆莢圓且小槐芽細而豐種之秋雨餘擢秀繁霜中

羹材早已食單儲舉網人來慣趁墟怪底登盤滋味美新從樊口獲鯿魚郡志鯿魚出樊口者佳

手擘黃甘欲薦新素羅香惹淚沾巾回頭三十年前事恩賚曾叨侍從臣按東坡集有黃州食甘詩云一雙羅帕未分珍林下先嘗愧逐臣憶嘉慶乙亥余以講官扈蹕　兩陵仰蒙　寵賚　君橘回首不禁泫然

詩餘

宋

水龍吟公舊註云閭邱大夫孝直公顯嘗守黃州作棲霞樓爲郡中勝絕元豐五年予謫居黃正月十七日夢扁舟渡江中流回望樓中歌樂雜作舟中人言公顯方會客也覺而異之作此詞　蘇軾

小舟橫截春江卧看翠壁紅霞起雲間笑語使君高會佳

人半醉危柱哀絲艷歌餘響遶雲縈水念故人老大風流未減獨回首煙波裏　推枕惘然不見但空江月明千里五湖聞道扁舟歸去仍攜西子雲夢南州武昌南岸昔游應記料多情夢裏端來見我也參差是

水調歌頭快哉亭作　蘇軾

落日繡簾捲亭下水連空知君爲我新作窗戶濕青紅長記平山堂上攲枕江南煙雨杳杳沒孤鴻認得醉翁語山色有無中　一千頃都鏡淨到碧峰忽然浪起掀舞一葉白頭翁堪笑蘭臺公子未解莊生天籟剛道有雌雄一點浩然氣千里快哉風

念奴嬌 赤壁懷古 蘇軾

大江東去浪淘盡千古風流人物故壘西邊人道是三國周郎赤壁亂石穿空驚濤拍岸捲起千堆雪江山如畫一時多少豪傑 遥想公瑾當年小喬初嫁了雄姿英發羽扇綸巾談笑間檣櫓灰飛煙滅故國神游多情應笑我早生華髮人間如夢一樽還酹江月

西江月 黄州中秋 蘇軾

世事一場大夢人生幾度秋涼夜來風葉已鳴廊看取眉頭鬢上 酒賤常愁客少月明多被雲妨中秋誰與共孤光把酒淒然北望

南鄉子 重九涵輝樓呈徐君猷 蘇軾

霜降水痕收淺碧鱗鱗露遠洲酒力漸消風力軟颼颼破帽多情却戀頭 佳節若爲酬但把清樽斷送秋萬事到頭都是夢休休明日黄花蝶也愁

好事近 送君猷 蘇軾

紅粉莫悲啼俯仰半年離别看取雪堂坡下老農夫淒切明年春水漾桃花柳岸隘舟楫從此滿城歌吹看黄州闐咽

江神子 公舊註云陶淵明以正月五日游斜川臨流班坐顧瞻南阜愛曾城之獨秀乃作斜川詩至今使人想見其處元豐壬戌之春余躬耕於東坡築雪堂居之南挹四望亭之後邱西控北山之微泉慨然而嘆此亦斜川之遺也 蘇軾

夢中了了醉中醒只淵明是前生走遍人間依舊却躬耕昨夜東坡春雨足烏鵲喜報新晴 雪堂西畔暗泉鳴北山傾小溪横南望亭邱孤秀聳曾城都是斜川當日境吾老矣寄餘齡

哨遍 公舊序云陶淵明賦歸去來有其辭而無其聲余治東坡築雪堂於其上人俱笑其陋獨鄱陽董毅夫過而悅之有卜鄰之意乃取歸去來辭稍加檃括使就聲律以遺毅夫使家僮歌之時相從於東坡釋耒而和之扣牛角而爲之節不亦樂乎

爲米折腰因酒棄家口體交相累歸去來誰不遣君歸覺從前皆非今是露未晞征夫指予歸路門前笑語喧童稚嗟舊菊都荒新松暗老吾年今已如此但小窻容膝閉柴扉策杖

看孤雲暮鴻飛雲出無心鳥倦知還本非有意 噫歸去來兮我今忘我兼忘世親戚無浪語琴書中有真味步翠麓崎嶇泛青溪窈窕涓涓暗谷流春水觀草木欣榮幽人自感吾生行且休矣念寓形宇内復幾時不自覺皇皇欲何之委吾心去留誰計神仙知在何處富貴非吾願但知臨水登山嘯咏自引壺觴自醉此生天命更何疑且乘流遇坎還止

浣溪沙 十一月二日雨後微雪太守徐君猷攜酒見過坐上作 蘇軾

覆塊青青麥未蘇江南雲葉暗隨車臨皋煙景世間無 雨脚半收簷斷綫雪林初下瓦疏珠歸來冰顆亂粘鬚

滿庭芳 中呂公舊序云元豐七年四月一日余將自黄移汝留别雪堂鄰里二三君子　　蘇軾

歸去來兮吾歸何處萬里家在岷峨百年强半來日苦無多坐見黄州載閏兒童盡楚語吳歌山中友雞豚社飲相勸老東坡　云何當此際人生底事來往如梭待閑看秋風洛水清波好在堂前細柳應念我莫剪柔柯仍傳語江南父老時與曬漁蓑

行香子　　蘇軾

清夜無塵月色如銀酒斟時須滿十分浮名浮利休苦勞神似隙中駒石中火夢中身　雖抱文章開口誰親且陶陶樂

取天眞幾時歸去作個閑人背一張琴一壺酒一溪雲

臨江仙　　蘇軾

九十日春都過了貪忙何處追遊三分春色一分愁雨聊偷莢陣風捲柳花毬　閬苑先生須自責蟠桃動是千秋不知人世苦厭求東皇不拘束肯爲使君留 以上三詞俱先生眞蹟勒石赤壁

元

百子令　　滕賓

柳幕花圍把人間恩怨樽前傾盡何處飛來雙比翼眞是同聲相應寒玉嘶風香雲捲雪一串驪珠引元郎去後有誰著意題品　誰料濁羽清商繁絃急管猶自餘風韻莫是紫鸞天上曲兩兩玉童相並白髮梨園青衫老傳試與留連聽可人何處滿庭霜月清冷

明

念奴嬌 赤壁舟中詠雪　　張綖

中流鼓楫浪花舞正見江天飛雪遠水長空連一色使我吟懷逸發寒峭千峰光搖萬象四野人蹤滅孤舟垂釣漁蓑眞個清絶　遥想溪上風流悠然乘興獨棹山陰月爭似楚江帆影淨一曲浩歌空濶禁體詞成過眉酒熱把唾壺敲缺馮夷驚道坡翁無此赤壁

蝶戀花 借董舒二太守游赤壁韻　　盧濬

日浸江波波潑柳赤壁人家白蘋横渡口偷閒載酒邀朋舊白鳥幾聲山影瘦　萬眼爭看三郡守緩棹歡歌惹薰風兩袖須信願連到處有策勛各展經綸手

次韻　　舒崑山

帆陰斜渡江邊柳官酒頻斟風味清人口神明太守思僚舊肯惜酡顔爲詩瘦　坐有中丞曾作守亦挽蘭舟共襲香連袖舟楫鹽梅公獨有調羹先試拏船手

國朝

滿江紅 登赤壁醉江亭題　　賈鉉 可齋

秀結江山果天地鍾靈奇特憑試問是神工鑿是仙遊窟遠

揑平鋪雲萬疊低臨斷岸波千尺自坡翁賞後更何人檣如
織　眼欲似江同白心欲似山同赤始登臨無負者般顔色
但取清風攜兩袖山靈許我真相識莫匆匆宰了勝遊時齊
安客

赤壁八景 浪淘沙　　黃有道

二賦堂

堂倚白雲邊兩賦蹁躚宏文偉麗古今傳作賦仙人何處也
留蹟霞巔　水月助波瀾筆底雲烟江流直與表奇觀題盡
騷人多少句難與爭妍

玩月臺

江上夕陽斜風掃殘霞少焉東郭吐光華蕩漾湖光連碧漢
幾處吹笳　賞月轉情賒呼酒頻加登臺不減夜乘槎好把
金樽相對酌此樂無涯

睡仙亭

仙子已高騰石枕猶存等閒何事臥烟雲道士羽衣當日夢
無處追尋　遥想夢中身別有乾坤黃粱此地亦能成何必
瀟湘雲夢澤掃卻紅塵

剪刀峯 相傳飛來峯

何處女風流飛到黃州孤峯壁立大江頭繡閣玉人無覓處
久傍仙樓　黛石結爲儔牙尺焉求機中多少別離愁裁就
雲霞鋪錦繡付與詩翁

放龜亭

亭踞大江東人去亭空白龜此處樂無窮放蕩烟波風浪裏
笑別漁翁　誰想這奇逢舊地成功將軍足下報恩洪記得
磯頭當日事恨煞英雄

白蓮池

粉質發幽光撲鼻清香丰姿秀潔鎖鴛鴦十里薰來渾不見
赤壁磯旁　色不染衣裳淡掃容妝曾叨君子贊名芳自去
濂溪知己少空傍池塘

酹江亭

峭閣傍磯頭雲水悠悠湖光瀲灩映江樓酹對烟波無限樂
不必瀛洲　曲曲赴東流飄蕩閒鷗此身何必苦營謀一首
新詞一首賦酹盡金甌

坡仙梅

玉骨雪爭輝占盡花魁坡公何意把春回圖畫冰肌懸峭壁
幾度傳盃　仙筆至今垂和靖風微歲寒誰與鬭芳菲踏雪
知音何日遇展卻愁眉

黃岡縣志卷之二十二終

黄岡縣志卷之二十三

知黄岡縣事宛平俞昌烈編輯

雜志

祥異

春秋書災異不書祥瑞示警也纂志與修史同與作經畧殊例皆得備書焉夫精祲有以相盪美惡有以相推事作乎人者象動乎天地大則關於國家小亦關於一郡一邑可誇言吉而諱言凶乎邑之災祥有普及者有特見者皆踵舊志詳著於篇

吳

永安元年三月西陵言赤烏見

晉

大興元年西陽地震水涌山裂晉書

宋

元嘉十五年秋八月白雀見西陽江州刺史南譙王義宣以獻宋書

南齊

永明十年齊安郡民王攝掘地得四文大錢一萬二千七百十枚品製如一齊書

唐

貞觀十四年黄州進紫芝白兎

嗣聖十四年旱

中和二年春三月天鳴若轉磨無雲而雨

宋

乾德四年縣民段贇屋柱生芝一本三莖知縣鄧守忠以獻是年黄州進白兎

太平興國七年知黄州裴仁鳳獻芝草

淳化元年黄州刺史魏丕獻芝草

至道三年黄州麥秀二三穟

咸平元年冬黄州西北雷震　二年瑞草生知黄州張鑑以獻　冬震雷十二月長蘄省志作槨村二虎夜鬬一死食之殆半　三年秋八月羣雞夜鳴至冬不止　冬十月雷聲如夏

大中祥符元年黄州獻異竹一本雙莖

明道元年黄州竹及橘木柹木連枝

淳熙七年大旱

嘉定十四年春正月地夜震

元

至元三年大水　七年大水

大德三年旱秋九月有流星色赤尾長尺餘墜地聲如雷

十年七月饑
延祐七年旱
至順元年饑
至元元年冬十二月地震　二年夏四月縣民周氏婦產一男狗頭人身卽死咸以爲旱魃云　是年旱　秋七月蝗
至正七年大水　十二月大旱人相食　十三年大旱疫
明
洪武四年冬十月大霧北風寒勁雨黑雪草木竹柏皆枯
宣德三年夏六月隕霜殺稼

宏治六年興王之藩舟至黃州有烏數萬繞舟明史　十一年自冬十月至明年正月不雨有鴉銜火集人屋以翼扇之居民露宿　十三年夏大水　十四年柳子港有虎害
正德元年大旱　三年大旱　四年夏旱　六年七年八年連年大旱民窮盜起流亡衆多　十年滸子灘水怪出知府盧濬滅之　十三年大水饑女王城有虎害　十四年夏五月雨雹如雞卵壞民舍
嘉靖元年春三月地震　二年五六月不雨苗盡槁奏免田租有差　九年秋大水有星如月流西北聲如雷　二十三年大旱饑　二十九年雨霾　三十二年大水道觀河水怪見大雨水溢民多溺死　三十三年大水　三十四年冬十二月地震　三十五年民謝姓家豕生三子並一角牛尾馬蹄　三十九年秋大水傷稼
萬歷元年春三月田鼠食禾蕁自斃虎食人於郊　二年春二月地震　十三年清源門災　十五年夏大雨城壞　十六年大旱人食木皮多饑死團風鎮火延數百家　十七年大旱饑虎入市　十八年夏四月雨雹如磚大疫人相食　十九年大有年　二十四年府學文廟災　三十一年團風河西岸崩舟人多斃　三十二

年府治災　三十三年春二月地震　三十四年大水　三十五年彗星見昏東晨西夏六月水白陽山蛟見　三十六年夏大水舟入城　四十二年大旱四月初二地震　四十五年大水滸子灘水怪傷人　四十七年秋八月地震
天啟元年冬大雪自十一月至於二年春四十八日鳥鵲死路無行人　二年大旱斗米千錢
崇禎二年三月地震一日五震有聲如雷屋瓦搖墮夏又震十月又震　六年地震　七年地震　晝晦如夜　八年鵲咸羣投河　冬地大震　十年雨蟲色黑大如

萩食苗盡　十一年秋野彘入城　十二年夏五月鼠食禾渡江五六日不絶　城南門流血五日　十三年秋八月地震聲如雷民舍壞　十四年夏六月飛蝗食苗盡入城陰翳障天是年大疫　十五年冬十月二日日食晝晦是年鴨蛋洲有飛鵲萬餘枚投蘄州南城濠死　十六年春二月清源門五日夜鬼哭　十七年春正月初四日大雨雹

國朝

順治三年春正月生員李遐齡妻一産三男　九年春正月朔旦大雪十五日上伍鄉雨黑水如墨汁自正月至

二月地屢震六月一字門外災是歲大旱斗米四百錢　十二年大有年　十三年教場有白氣起平地蜿蜒如龍至空不見　十四年旱

康熙元年夏四月白燕來巢秋旱　二年復旱秋七月十五日城内外火焚民舍十之九八月大水　三年冬十月彗星見翼軫分五十餘日　五年夏四月雨雹　六年春夏旱　七年夏六月地震　九年五月雨黑米黑豆　十一年冬十一月生員李宏妻張氏一産三男宏父遐齡兩世皆有三男之瑞事見順治三年　十四年夏多虎害通判宋犖除之　十五年六月大水　十七年大有年　十八年大旱　二十四年大水　二十七年夏四月十七日白雪銀光見翼軫間層疊圓結中有五色氣如斷虹　二十八年田鼠食禾及秋化爲魚　二十九年旱饑　三十二年夏大旱　三十三年旱　三十五年秋八月大水　三十九年春大雨地震三月十六日地震　四十年夏六月大水　四十五年夏五月大雨江水驟長五尺西陽河馬家潭蛟見姚二渡箭堤鈌西瓜舖魚博但家店諸山市民居漂没有溺者　四十七年春二月地震秋旱　四十八年秋旱赤山潭居民掘地得鮑擊殺之遂雨　四十九年八月初三日

地震　五十一年春二月雨雹斃物大風伐屋夏蝗官捕之數日盡秋大熟　五十三年夏旱　五十四年至五十九年秋大熟　五十七年冬十二月雷電雨雪　五十八年夏五月有虎傷人於城南三日乃去　六十年秋旱　六十一年秋大熟

雍正四年夏大水　五年夏大水秋大疫　七年夏四月佗鷴洲有蝗官撲滅之秋大熟　九年夏四月赤壁山下麥穗五歧　十年夏六月大水　十一年夏四月地震鴨蛋洲麥穗四歧五月大雨江水溢但店出蛟水淹民居　十二年秋大熟　十三年春旱夏六月雨

乾隆元年秋大熟　二年夏大水　六年秋大熟　八年夏大水　二十年三月雨雹自鐵冶至柳林三十餘里大者盈尺　二十一年至二十三年秋大熟　二十九年大水　三十二年三十四年大水　四十三年旱　四十八年大水　五十年大旱賑飽湖底有自然穀纂義鄉人採食甚衆　五十二年春東鄉蝗有雀千萬食之間化爲蝦是歲大熟　五十三年大水近清源門纂義鄉人見江心湧出破船浪高數丈聲如雷踰時沒

嘉慶七年夏旱　二十年椰子港蛟水被害人百四十餘口沖沒廬墓無數冬纂義鄉麻陽灣有豹土人黃啟萬

斃之　二十一年大水淋頭畈有虎患土人巴維太斃之

道光三年大水　五年夏飽湖南麥三岐　六年馬跑嘴芝草生　八年牛車河雙河口雷擊異獸似驢一肩兩首四蹄鷹爪　十年冬震雷　十一年大水至清源門　十三年大水　十五年旱蝗　十六年蝗　十九年至二十二年大水　二十七年冬震雷　二十八年大水至清源門

兵事

黃岡地介江淮南北之所必爭自吳晉迄梁陳金鼓之聲相聞將吏被介胄而睡殆史不絕書而其最蹂躪者莫如宋元之鬭及明季之寇亂焉

聖代鼎興餘氛未靖以次削平

德化淪洽迄今百七八十年兵氣銷爲日月光矣涵濡膏澤而佚能惟始安不忘危必將有以消未萌備不虞是賴

明察之長慈惠之師

周

惠王二十二年爲魯僖公之八年楚鬭穀於菟滅弦弦子

奔黃於是江黃道柏方睦於齊皆弦姻也弦子恃之而不事楚又不設備故亡左傳

按各代地理志江國在汝寧府新息縣西南八十里安陽故城黃國在今光州界或以江夏黃岡二縣爲古江黃二國非也府志

漢

永和二年江夏盜殺邾長茅志

魏

太和二年滿寵領豫州刺史三年春降人稱吳大嚴揚聲獵江北孫權欲自出寵度其必襲西陽而爲之備權聞

之退還（魏志滿寵傳）

後漢

後主延熙二年吳陸遜取魏邾以兵三萬戍之（時吳赤烏四年見通志）

晉

泰始九年七月吳將魯淑圍弋陽征虜將軍王渾擊敗之（晉武帝本紀）

泰康元年王濬督軍臨江吳牙門將孟泰以蘄春邾二縣降（續大事記）

太興初陶侃爲武昌太守時天下饑荒山夷多斷江刼略

侃令諸將詐爲商船以誘之刼果至生獲數人西陽王羕之左右也侃卽遣兵逼羕令出向賊侃整陣於釣臺爲後繼羕縛送帳下二十人侃斬之自是水陸肅清（晉書陶侃傳）

咸和初陶侃以荊江二州刺史鎭武昌議者以武昌北岸有邾城宜分兵鎭之侃每不答而言者不已侃乃渡水獵引將佐語之曰我所以設險而禦寇正以長江耳邾城隔在江北内無所倚外接羣夷夷中利深晉人貪利夷不堪命必引寇虜乃致禍之由非禦寇也且吳時此城乃三萬兵守今縱有兵守之亦無益於江南若羯虜有可乘之會此又非所資也及庾亮戍之果大敗（晉書陶侃傳）

咸和五年鄧嶽爲西陽太守時郭默之殺劉應大司馬陶侃使嶽將西陽之衆討平之（晉書鄧嶽傳）

咸康五年毛寶爲豫州刺史與西陽太守樊峻以萬人守邾城石季龍惡之乃遣其子鑒與其將夔安李菟等五萬人來寇張貉度二萬人攻邾城寶求救於庾亮亮以城固不時遣軍城遂陷寶峻等率左右突圍出赴江死者六千人寶亦溺死（晉書毛寶傳）

元興三年五月劉道規與劉毅何無忌攻桓元西走江陵

留郭銓等守湓口乃大聚兵衆召水軍造樓船器械率衆二萬浮江東下與冠軍將軍劉毅相遇於崢嶸洲時兵不滿萬人衆憚之欲退守潯陽道規不可麾衆而進毅等從之大破元軍郭銓與元單舸走江陵不復能守（宋劉道規傳）

宋

元嘉二十八年西陽蠻緣江爲寇殺南川令劉臺並其家口時亡命司馬黑石廬江叛吏夏侯方進在西陽五水煽動羣蠻十月太祖遣太子步兵校尉沈慶之率江荊雍豫諸州軍討之使武陵王駿總統衆軍三十年正月

武陵王出次西陽之五洲慶之自巴水至洲諮受軍略柳元景率所領進西陽會伐五水蠻世祖初元西陽蠻田益之等起義攻郢州及末年遣沈慶之討西陽蠻大尅獲而還 宋書

孝建元年臧質反兵敗走至潯陽載妓妾西奔使所寵何文敬領兵居前至西陽西陽太守魯方平質之黨也至是誑文敬文敬棄衆走六月戊辰質走武昌爲人所斬傳首京師 宋書臧質傳

齊

昇明元年沈攸之反圍郢州遣中兵參軍公孫方平馬步

三千攻武昌西陽太守王毓奔於盆口方平因據西陽以劉懷珍持節督豫司二州郢州之西陽軍事遣建寧太守張謨遊擊將軍裴仲穆帥蠻漢萬人出西陽破方平軍數千人收其器甲 南齊書劉懷珍傳

永元中西陽馬榮率衆緣江寇抄商旅斷絶刺史蕭遥欣遣弘農太守鄧元起率衆討平之 梁書鄧元起傳

中興元年四月梁高祖出沔命長史王茂冠軍將軍蕭穎達等進軍逼郢州五月東昏侯遣寧朔將軍吳子陽軍主光子衿等十三軍救郢州進據巴口西臺諸將議欲分兵以襲西陽武昌高祖曰西陽武昌取便得耳得便應鎮守守兩城不減萬人糧儲稱是卒無所出脫賊軍有萬人攻一城兩城勢不得相救若我分軍應援則首尾俱弱如其不遣孤城必陷一城既没諸城相次土崩天下大事去矣若郢州既拔席捲沿流西陽武昌自然風靡何遽分兵散衆自貽其憂子陽等進軍武口高祖命衆軍乘流攻之大潰七月郢州下兩郡俱降 梁書武帝本紀

梁

天監三年夏侯夔假節西陽太守普通八年夔帥將軍裴之禮任思祖出義陽攻魏三關克之 梁書本傳

太清二年侯景遣兄子思穆據守齊安西陽太守周炅率

驍勇襲破思穆擒斬之時炅據武昌西陽二郡招聚卒徒甲兵甚盛與寧州長史徐文盛擊任約於樊山 陳書周炅傳

太寶元年世祖猶稱太清四年九月侯景將任約進寇西陽武昌世祖遣左衛將軍徐文盛等下武昌拒約文盛入貝磯任約率水軍逆戰文盛大破之斬其儀同叱羅子通等傳首江陵仍進軍大舉口十二月壬辰世祖又遣護軍將軍尹悅巴州刺史王珣西荊州刺史杜幼安帥衆助文盛别攻武昌拔之約退保西陽文盛進據蘆洲二年正月任約告急於景三月景率衆二萬西上援

約四月次西陽渡蘆洲上流以壓文盛等文盛不敢戰杜幼安宋遵等率所領獨進與景戰大破之獲其舟艦以歸世祖以王僧辯代文盛率巴州刺史淳于量定州刺史杜龕等俱赴西陽會景襲陷郢僧辯留巴陵景軍圍之世祖遣平北將軍胡僧祐率兵二千赴援王揚浦景遣任約率銳卒五千據白塔遵以待之僧祐由別路西上約急追之及於南安芊口僧祐潛引御至赤沙亭會信州刺史陸法和至並軍擊約大破之擒約送江陵景聞之遁梁簡文帝元帝本紀徐文盛杜幼安侯景傳

陳

大建五年西陽太守周炅隨吳明徹北討所向克捷齊遣尚書左丞陸騫以眾二萬出自巴蘄與炅相遇炅留羸弱輜重設疑兵以當之身率精銳由閒道邀其後大敗騫軍虜獲器械馬驢不可勝數進攻巴州克之於是江北諸城並誅渠帥以城降進炅散騎常侍追炅入朝初蕭詧定州刺史田龍升以城降陳以為鎮遠將軍定州刺史封赤亭王及炅入朝龍升以江北六州七鎮叛入於齊齊遣高景安帥師應之於是令炅為江北道大都督總統眾軍以討龍升龍升使弋陽太守田龍琰帥眾二萬陣於亭川高景安營於木陵陰山為其聲援龍升引軍別營山谷炅乃分兵各當其軍身率驍勇先擊龍升龍升大敗龍琰望塵而奔並追斬之高景安遁走盡復江北之地陳書周炅傳

隋

開皇九年以周法尚為黃州總管上降密詔使經略江南伺候動靜及伐陳之役以行軍總管隸秦孝王率舟師三萬出於樊口陳城州刺史熊門起出師拒戰擊破之擒起於陣隋書周法尚傳

唐

興元元年李希烈反淮南泝江徇地江西節度使嗣曹王

皋討之遣將伊慎為先鋒與賊夾江陣賊柵蔡山不可拔皋聲言西取蘄引兵艦循厓泝江上賊聞以羸卒保柵悉軍行江北與皋直西去蔡山三百里皋遣步士悉登舟順流下攻蔡山拔之遂取蘄州降其將李良平黃州兵益振天子在梁州包佶轉東南財糧次蘄口賊遣驍將杜少誠以兵萬人遏江道不得西慎選士七千列三屯相望偃旗以待少誠分圍之未合慎自中屯鼓之諸屯悉出奮擊賊亂破之於黃岡少誠遁走斬別將許少華漕無留難拜慎為安黃節度使貞元末詔安黃為奉義軍即為奉義節度唐書曹王皋傳及權德輿伊慎碑

乾符末黃巢亂江西出入蘄黃杭州刺史路審中爲董昌所拒走客黃州中和末入鄂州以守光啟二年爲安陸賊周通所攻亡去鄂州人杜洪乘虛入鄂自爲節度留後永興民吳討據黃州乾寧元年春三月黃州刺史吳討舉州附於吳夏五月武昌節度使杜洪攻黃州楊行密遣行營都指揮使朱延壽救之（按唐杜洪傳永興民吳討據黃州駱殷據永興二人皆隸土團者也故軍剽甚洪雖得節制而附朱全忠乾寧初身自將擊討乞師淮南楊行密遣朱延壽救之洪引還延壽拔黃州俘討京師駱殷棄永興走行密取其地與此畧異今從通鑑所載俱見十國春秋）十二月吳討畏杜洪之逼納印請代行密以先鋒指揮使瞿章權知黃州（或作翟章瞿璋皆非今從吳録見十國春秋）

乾寧四年夏四月朱全忠將朱友恭攻黃州吳遣右黑雲都指揮使馬珣等救黃州以樓船精兵助章守黃州刺史瞿章聞友恭至棄城擁眾南保武昌寨五月辛巳友恭爲浮梁於樊港進攻武昌寨壬午拔之遂陷黃州刺史瞿章死之馬珣收散卒三百自黃州間道走（十國春秋）

後梁

乾化四年楚岳州都指揮使王環襲吳徐溫黃州夜分南風暴起乘風趨黃州以繩登城徑奔州署執吳刺史馬鄴展旗鳴鼓揚帆過鄂而歸（十國春秋）

後周

顯德三年周遣齊藏珍攻唐黃州未下命司超遥領刺史五年世宗南征臨江遣水軍擊唐兵破之二月唐主遣使獻舒廬蘄黃四州地畫江以爲界周師引還（通鑑）

宋

建炎初賊閻瑾犯黃州縱掠而去鄂州通守趙令宬渡江存撫之黃人乃安（宋史趙令宬傳）

是年賊張遇過黃州城下知黃州趙令宬出城見之遇飲以酒一舉而盡曰固知飲此必死願勿殺軍民遇驚曰先以此試公耳更取毒酒沃地地裂有聲乃引軍去未幾丁進李成兵迭至令宬俱擊却之（宋史趙令宬傳）

二年正月東平府兵馬鈐轄孔彥舟反引兵渡淮圍黃州守臣趙令宬率兵民固守拒之凡六日乃解（宋史高宗本紀趙令宬傳）

三年金人犯黃州守臣趙令宬以內艱去詔起復已還在道郡卒得金人木筏鑿箭浮江告急令宬疾趨夜半入城金人力攻翼日城陷金人欲降之大罵不屈金人怒鞭之流血被面罵不絕口而死事聞贈徽猷閣待制謚曰愍忠初城破都監王逵判官吳源巡檢劉卓皆以不屈死焉（宋史趙令宬傳）

乾道間江湖大旱流民北渡江宰相虞允文白遣薛季宣

行淮西收以實邊季宣爲表廢田相原隰立二十二莊於黃州故治東並邊歸來者振業之季宣謂人曰吾非爲今日利也黃州地直蔡衢諸莊輯則西道有屏蔽矣宋史薛季宣傳

嘉定十二年二月金人分兵自光州犯黃州之麻城十四年己巳金將僕散安貞犯五關壬申治舟於團風弗克濟遂以十餘萬衆圍黃州丁丑詔李全救蘄黃三月丁亥金人破黃州淮西提刑知州事何大節自沉於江按大節殉難見宋史忠義李誠之傳本紀以爲棄城遯死誤也遂陷蘄州前後殺掠無筭癸丑金人退師鄂州副都統扈再興擊敗之於久長鎮

宋史寧宗本紀

端平二年正月詔孟珙主管侍衛馬軍司公事暫駐黃州措置邊防三年珙至黃增埤浚隍蒐討軍實邊民來歸者日以千數爲屋三萬間居之厚加賑貸又慮兵民雜處因高阜爲齊安鎮淮二砦以居諸軍創章家山毋家山兩堡爲先鋒虎翼飛虎營兼主管內安撫司公事節制蘄黃光信陽四郡軍馬十月元答思復出鄧州遂至蘄黃珙遣兵解蘄州圍宋史理宗本紀及孟珙傳

嘉熙元年授孟珙諸軍都統制十月元將口溫不花別略黃州張柔自光州進趨黃州破三山寨至大湖中得戰艦沿江接戰壁於黃州之西北隅時蘄光舒三守或遁或降元將遂合三郡人馬糧械攻黃有乘舟出者柔曰此偵我也夜必襲吾不備分軍爲三以待之二鼓時宋師果至柔邀擊俘數百人攻其東門矢如雨注軍少郤柔率死士奮戈大呼所向仆踣黃守王鑑江帥萬文勝戰不利柔執俘而還及珙入城軍民喜曰吾父來矣駐帳城樓指畫戰守全其城斬逗留者四十九人以徇諸將士彌日苦戰病傷者相屬珙遣醫視療士皆感泣宋史孟珙及元史張柔口溫不花傳

淳祐四年命分兵三千備齊安孟珙言黃州與壽昌三江

口隔一水耳須兵即渡何必預遣先一日則有一日之費無益有損萬一上遊有警我兵已疲非計之得也孟珙傳

開慶元年八月元世祖入大勝關次黃陂得宋沿江制置司榜有云今夏諜聞北兵會議取黃陂民船繫械出陽邏堡以渡會於鄂州世祖曰此事前所未有願如其言辛丑晦元將董文炳下臺山寨師次陽邏堡九月甲辰世祖登香爐山俯瞰大江宋兵築堡於岸以大舟扼江渡水陸軍容甚盛世祖遣兵奪二大舟夜遣木魯花赤張文卿等具舟楫以通援兵絕宋往來路文炳言於世

祖曰長江天險宋恃爲國勢必死守不奪其氣不可臣請嘗之卽與敢死士當其前率弟文用文忠鼓棹急趨李穀以一旅先諸軍揚旗伐鼓叫呼畢奮三道竝進天徐霽與宋師接戰者三文炳麾衆搏之殺獲甚衆徑達南岸時世祖方駐香爐峯因策馬下山問戰勝狀扶鞍起立竪鞭仰指曰天也進圍鄂州張勝堅守不下死之會世祖北還乃命史權總兵鎭江北之武磯山宋理宗元世祖本紀董文炳張柔李守賢史天倪傳

景定元年宋宣撫大使賈似道奏蘄草坪與元兵大戰進至黃州元大帥兀良哈解率湖南兵北歸守將張傑作

浮梁於新生磯賈似道自鄂趨黃與元回軍相遇用劉整計攻斷浮梁殺殿兵百七十八遂上表言夏貴等戰新生洲進至自虎磯身自督戰有功宋史理宗元史世祖本紀及賈似道傳

二年元命鄂州青石磯滸黃灘所招新民遷至江北者設官領之元史世祖紀時元中統二年

咸淳二年元阿朮略地蘄黃俘獲萬許元世祖本紀時元至元三年

十年元至元十一年十二月丙午伯顏軍自蔡店次於漢口宋淮西制置使夏貴都統高文明劉儀以戰船萬艘分據諸隘都統王達守陽邏堡荊湖宣撫朱禩孫以遊擊軍扼中流師不得進用千戸馬福計自漢口開垻引船會淪元史作淪河口先遣萬戸阿剌罕以兵拒沙蕪口逼近武磯巡視陽邏城堡逕趨沙蕪入大江壬子戰艦萬計相踵而至屯布蒙古漢軍數十萬騎於江北遂修攻具進軍陽邏堡伯顏遣人招之其將士皆曰我輩受宋厚恩戮力戰死此其時也安有叛逆歸降者伯顏攻之三日不克乃與阿朮謀夜以鐵騎三千泛舟上流爲擣虛計詰旦渡江襲南岸乙卯分遣右丞阿里海牙督萬戸張宏範等攻武磯堡堡四面皆水總管李庭決其水而攻之夏貴以兵來援元阿朮率萬戸晏徹兒等四翼軍乘雪

夜對青山磯泊丙辰萬戸史格以一軍先渡爲宋荊鄂諸軍都統制程鵬飛所敗總管史塔剌渾等率衆赴敵血戰中流鵬飛敗歸鄂州都統高邦憲屯馬家渡棄舟走被執元軍進軍沙洲抵觀音山遂得南岸阿朮與鎭撫何瑋等攀岸步鬬宋軍起浮橋成列而渡兵十萬舟二千迎戰橫截江上阿里海牙遣張榮實解汝楫等軍舳艫相銜直抵夏貴麾戰北岸獲宋大船二十俘二百斬宋將呂文信千戸隋世昌舍舟師率蒙古哈必赤軍步戰斬其一將宋師潰都統劉成以定海水軍戰死夏貴僅以身免走青山磯沿江縱兵大掠歸廬州伯顏遂

破陽邏堡武定都統制王達戰死丁巳伯顏登武磯山望大江南北禖孫奔江陵鵬飛以鄂州降伯顏將大軍水陸東下俾阿朮先據黃州庚午鵬飛以北兵徇黃州宋沿江制置副使知黃州陳奕降都統米立潰圍出走江西被執不屈死明年正月癸酉元兵入黃州（宋史度宗元史世祖本紀及伯顏阿朮諸臣列傳）

德祐二年宋淮民張德興起兵殺太湖縣丞王德顒據司空山與野人原寨主劉源司空山寨民傅高攻下黃州壽昌軍七月丁巳遇元宣慰使鄭鼎戰樊口鼎墜水死元宣慰使奥魯赤調兵攻司空山復黃州九月元陷壽

昌軍德興死之黃州復歸元（宋史瀛國公本紀及文天祥集）

元

至元十三年興國軍毛遇順等作亂權軍事陳天祥撫之及天祥去復變大江南北多殺守將以應宣慰使鄭鼎臣帥兵討之至樊口兵敗死黃州遂聲言攻陽邏堡鄂州大震天祥言於參政賈居正曰陽邏堡依山爲壘素有守備彼若來攻我之利也且南人浮躁輕進易退官軍憑高據險而遏之烏合之衆與之相敵不二三日死傷必多遁逃者十八九我出精兵以擊之惟疾走者乃始得脫乘此一勝則大勢已定然後取黃州壽昌如摧枯拉朽耳居正深然之聞至陽邏堡乃引兵宿於青山明日大敗其衆皆如天祥所料擒其長斬於鄂州市遣諭其徒歸里（元史陳天祥傳）

十四年黃州復叛命宣武將軍管軍總管齊秉節討之斬余總轄於陣（元史齊秉節傳）

至正十一年羅田徐壽輝兵起九月陷黃州路敗威順王寬徹不花十三年淮西元帥咬住進討蘄黃十六年八月卜顏帖木兒守禦蘄黃等處十七年倪文俊謀弒壽輝不克遂自漢陽奔黃州壽輝僞將陳友諒襲殺之并其兵（元史順帝本紀明史徐壽輝傳）

二十三年八月明太祖敗陳友諒於江州克其城分兵徇蘄黃皆下（明史本紀）

明

正德六年僉事郭詔督兵追劉惠趙鐩等至油河擒獲三百餘人焚死二百餘人又天雨山水驟溢溺死者千人（明世法錄）

七年五月河北賊劉六等走湖廣自河南取道麻城至團風奔舟入江殺都御史馬炳然於爛泥鋪登陸焚漢口爲指揮滿弼等追及劉六中流矢與子仲淮赴水死劉七齊彥名率五百人舟行自黃州順流抵鎮江至通州

颶風大作棄舟走保狼山官軍蹙之劉七亦赴水死明史陸完傳

正德中劇賊徐九齡嘯聚建昌醴源出没江湖間積三十年黄州等處咸被害江南巡撫俞諫討平之俞諫傳

崇禎九年流賊張獻忠出太湖連蘄黄焚邑楓香橋一帶邑文學鄧雲程兜甲執鐵鞭率鄉兵數千格鬬退之是年獻賊駐邑之白楊山遂抵西北邑民被殺者六七萬人吏部郎中晏清率父老請兵於巡撫王夢尹夢尹不應董志

十二年流賊賀一龍賀錦犯黄州與楊嗣昌官軍相持

十六年春三月二十四日獻忠破黄州城内外官民房舍悉燬居民盡逃乃驅婦女剗城尋殺之以填塹至四月二十八日破鴨蛋洲殺居民五月五日遂渡江陷武昌居之蘄黄等二十一州悉附於是白雲寨長易道三與監軍道王瓆沔陽知州章曠武昌生員程天一起兵討賊蘄黄漢陽三州府皆返正明史流賊傳

國朝

順治三年土賊圍黄州先是明季賊亂郡城殘破居民多據險結砦以守合黄岡蘄水羅田麻城共四十八寨在黄岡者王光叔易明甫楊維佾等各據一寨英王自九江傳檄諭之不下副將綫維綺破之寨遂廢至是陳子藻王接骨等煽亂圍黄州副將唐國臣固守把總鄧克剛自蘄水赴援賊衆敗逃入東山及小李之亂鄖陽用兵檄調黄協兵往援千總田龍見素有異志鄧克剛亦以前功未賞至葉家洲激其衆叛與東山賊合所至擄掠巡撫遣兵至黄會討明年克之府志

十年東山李有實等倡亂攻黄州諸堡同知白秉正招撫之遂於石人寨設立千總領兵駐防尋罷府志

康熙十三年麻城東山劉青藜倡言官激民變程鎮邦鮑洪功陳恢恢李子茂等附之先是妖人黄金龍亡匿青

藜家潛結河南賊渠譚以從等私立名號約以七月爲亂事覺青藜恐遂於五月擁衆數千掠曹家河黄守將王宗臣率所部兵駐興福寺麻城知縣屈振奇率鄉勇駐白杲進討之劉君孚者青藜之從父素黠者也夜遣七旗砍黄軍鄉勇潰賊勢益張同知于成龍聞警自陽邏兼程進諭散其黨羽因以二人從徑抵君孚營示以至誠君孚素知成龍威信遂率其衆三百人獻傾心向化旗又招洪功恢恢子茂等齎安家樂業旗以降於是程鎮邦出山乞撫盡降其衆金龍遁黄麻解嚴于清端政書

秋七月黄金龍鄒君升復據麻城之紙棚河脅良助亂李

家集賊方公孝等附之知府于成龍同知佟養俊麻城知縣屈振奇黄岡知縣李經政次岐亭徵鄉勇三千人進討至望花山武舉陶之琇貢生彭喆諸人及麻城紳士從之舊官程鎮邦獻地圖成龍乃令生員蕭命福蕭士蓁劉君孚鄭丹施之瑞率其鄉勇集白杲生員劉青藜武童董錫董天祿拒寒坡岔唐殿袁興明何見子等拒塔兒岡劉以廷同伯卜等拒腦中山生員林斗文鄉保羅甸臣截其糧路夏仲昆余公俊以鄉兵伏布袋垱大崎山僧貫識伺賊於山後龍王墩區長王方遠等守賊出入隘口貢生吳晉爵生員戴宗禮程士極蔡作楫

助軍糧於是生員吳之鄒貢生龔相旦領衆進勦駐鄒家河賊聞風夜遁追及油河王方遠獲方公孝斬之夏仲昆等生擒鄒君升於項家廟斬首四十餘級士民四面攻擊殺賊無算黄金龍二十八夜走馬鞍山伏兵皆起盡擒之斬其首餘黨撫定凡六日亂平政書

冬十月麻城東山李公茂陳頓徹鮑世榮擁衆數千據白水畈陳鼎業合逃兵由陽邏掠驛馬何士榮自示寄鄉應之賊勢大熾先是士榮與其兄士勝從吳逆士勝死士榮潛歸脅艮爲亂鄉紳熊爾忠上其變時鎮兵隨大軍征湖南議者欲退守麻城知府于成龍力持不可計先取士榮餘賊自潰諜知士榮據黄土坳乃遣諸生張本恕等徵集鄉勇分守山隘别遣知縣李經政同生員楊瓊枝陶大定密擒鼎業父子陽邏平十一月成龍率諸生二十二人次但店黄協千總李茂昇把總羅登雲吳之蘭百總涂魁凡杜保以所部五十人來會各區鄉勇至者二千人乃遣武舉張尚聖及登雲以偏師出黄岡廟茂昇之蘭程鎮邦驛丞李德等大隊進發下春鄉勇五千大集管箔金寨下八日黎明士榮率賊數萬人自牧馬巖分兩路來攻成龍分令弁士各率其屬戰於黄土坳之蘭中鎗死茂昇陷陣射賊旗墜馳之馬斃遂

徒步殺二人奪馬進戰李德揮鐵棍從之是時登雲尚聖自石山東路追賊越崇嶺數重衆軍齊合大敗之生擒四十八人殺賊無算士榮挾矛走左臂斷猶力戰陷泥中獲之餘黨解散遂乘勝抵呂王城白水畈至飩山河駐定慧寺時周鐵爪萬野于及公茂世榮頓徹據麻城之石壁賊衆數百人將入什子寨兵進戰獲野于公茂於是生員朱愷活擒周鐵爪劉青藜活擒世榮頓徹賊平東山悉定政書

二十七年五月二十二日督標裁兵夏逢龍叛陷省城旋陷漢陽黄陂六月朔日賊舟蔽江下寇黄州遂入城誘

民從賊割辮爲識搜掠富戶近城數十里多被其害越兩月走金口爲提督徐治都所敗奔武昌其將胡耀乾不納復至黃州八月鎮武將軍瓦岱引兵至賊將迎降逢龍逃白雲山里人縛送軍門磔於城東五里墩黃州平府志

墓域

古者葬取其藏不欲人見也而許由之冢故在比干之墓可封展禽隴禁采樵季札碑題十字蓋不獨橋陵弓劍禹穴衣冠矣茲邑賢士大夫與夫高人羈彥之幽棲舊志皆著其鄉識其所所以明靈爽無不之而體魄猶當愛護使骨亦與名俱不朽焉後之人豈徒過而思哀乎其亦拜而生敬也夫

周

黃歇墓舊志云在縣中誤也歇故封在毘陵墓在江陰縣碑見存

漢

樊噲墓舊志在縣西北府志漢書樊噲傳噲食邑舞陽薨當於其地張太史希良格物編云黃州城北二十里楓香橋北有樊墓世訛以對江之樊口爲噲封耳噲墓在關中而樊口本以古樊楚得名不因樊墓也又晉咸和中西陽太守樊峻守邾城爲石虎將所陷死焉疑卽峻墓未知是否

南朝宋

謝晦墓在縣西俗云謝鐵籠墓按晦在劉宋爲荆州刺史嘗過岳州黃州顧瞻久之及卒柩過黃山不肯去遂葬黃山非黃州也黃山民立祠祀之宋封顯應公府舊志云今漢川門外止有一鐵淋墓近年嘗有鐵在其曰鐵籠者訛也然不考爲何人墓

宋

蘇軾乳母任氏墓銘云生有以養之不必其子也死有以葬之不必其里也我祭其從與享之其魂氣無不之也墓在治南長塘街乾隆十年邑人曹紹烈爲置塋垣免樵牧之侵

贈龍圖閣大學士趙令歲墓在樊口吉祥寺側並見武昌縣志

知府程澤墓在杏花園今名槐樹崗碑載景定間進士官黄州知府其子孫居興國地方墓有祭地道光二年被佔有控案息銷

元

贈正奉大夫護軍南陽郡侯吳普顯墓在邱陂湖毛家山離郡城南八里許

龍仁夫墓在陽邏華山之陽有祠

明

吏部尚書吳琳墓在中和上鄉官溪勅葬

學士詹同墓在城北九十里雷公山

布政司徐本墓在磻石橋側

定襄伯郭登墓在東絃鄉邱家衚

指揮使黄榮墓在洪山寨西半里許勅葬

指揮使黄省二墓在還和鄉吐蕊山

清平知縣郭慶墓在度安鄉郭家新寨象山

御史杜遇春墓在縣東七里螺螄湖勅葬衣冠

都御史謝杲墓在楓香橋勅葬

黄州知府何晩齡墓縣東十五里蔡家潭近名何家山

遼東都指揮使王應昇墓在永寧鄉戚柱山硤石冲勅葬

贈光祿卿奚世亮墓在定惠院左勅葬

刑部尚書王廷瞻在寶珠墩勅葬

肇慶同知黄一中墓在還和鄉黑溝灣

崑山知縣樊玉衝墓在還和鄉桐梓岡

恭誠伯陶仲文墓在陶家潭勅葬

將仕郎葉夢陽墓在還和鄉廟兒山下乾隆二年墓地有誌略云先世蘇州人官於黄因家焉夢陽幼習儒業壯仕公室在官則仁恕存心居家則孝友制行上民爲封其墓歲時祭之

給事中王廷陳墓在還和鄉烊火山側虎山

正議大夫邱仁墓在樟松湖之青草嘴勅葬

廣東按察司僉事周文卿墓在上伍鄉横坡

太常卿樊玉衡墓在慕義鄉對泉嶺

太僕卿杜伸墓在東絃鄉杜家花園勅葬

贈太僕卿王追阜墓在還和鄉王家板倉

德陽知縣樊偶遇墓在還和鄉飲馬陂

贈太僕少卿王一桂墓在東絃鄉明家堰烏鴉地

御史曹儀墓在上伍重鄉朱家山

桃源知縣陶珂墓在上伍鄉新屋壪

定遠知縣曹士彦墓在東絃鄉照魚山曹家苑

巡撫方任墓在紅沙埗東雞公社

四會知縣曹之建墓在慕義鄉小石門

御史曹光德墓在下伍鄉大星山

贈光祿卿周之訓墓在中和鄉萬松山之凱蓬嶺勅葬衣冠

指揮使郭以重墓在呂陽城外屯山

御史李植墓在東弦鄉百丈嘴

副使樊維城墓在東絃鄉東望城崗

河南布政僉事嚴師範墓在東絃鄉土橋

贈尚書甄善墓在三台河倪家嘴

贈尚書甄其賢墓在中和鄉八里畈

刑部尚書甄淑墓在三台河倪家嘴

黃州通判王爾賢墓在城東石牛山有碑

黃岡知縣孫自一墓在楊家湖側離城十五里自一殉獻賊亂藁葬

教授徐顯揚墓在城東石牛山顯揚房縣人明季癸未獻賊陷黃州死之郡人收葬於此

杜烈女墓在陽邏迴峰山之陽女名小英辰州人明末虜於軍將軍者不知何姓名欲娶之女紿言願三月終母喪以稍慰孝思將軍聞其言惻然至漢口別置民房守之有頃守者懈不知其欲死也女使守者言將除服乞筆墨爲文祭母於江將軍喜許之女乃自述其遭亂殉節之情裹文於肘投江而死尸浮於陽邏里人收之得其所爲文乃葬焉

衛孝女墓在陽邏伏象山下女自言陝西人從父之官至是舟覆全家盡沒女浴岸呼號自投於江而死數日負父屍出里人江之鰲收葬之

國朝

敕葬贈左都督王宗臣墓在還和鄉楊家坂邑士龔可全與其孫炳率同本地紳耆於乾隆間及道光十一年先後清界立碑有案

敕葬禮部侍郎王封瀠墓在清淮門外

修撰劉子壯墓在府城北慕義鄉湯家墩俗名鐵金鈎

學士曹本榮墓在府城外山川壇

敕葬贈按察使司僉事汪基遠墓在下伍重鄉黃林墅

鄧雲程墓在洗馬池左岸

烈婦任何氏墓在赤壁磯下

隱士曹大濩墓在鼓樓山南曹家園離城五十里

禮部尚書王澤宏墓在中和鄉周山舖西二里王家山

敕葬殉難游擊劉志高墓在庾安鄉赤土坡西北風箏岡右

吏部主事范基祚墓在迴龍山清水塘子同知元灝附

晉封榮祿大夫吏部侍郎李長青墓在中和鄉周山舖龍王墩夏大村西二里

吏部侍郎李鈞簡墓在中和鄉米篩湖上岸

資陽知縣范朝綱墓在東絃鄉陸家嘴

義塚附

漏澤園舊有五處俱在東關外五里墩一係康熙辛未知府王輔置一係康熙丁酉知府蔣國祥置一係康熙己亥知縣鍾輦置一係邑士魏永綠永經捐置一係乾隆戊午知縣吳瑛置

附郭義園一在元妙觀左側一在教場右首俱附貢魏廷増捐置一在忠顯廟側邑人王家駒捐施一段邑紳公置一段一在古火王廟後監生盧萬青捐置一段典商邵源和孫復豐捐置一段一在桐梓崗紅花園署但店司巡檢章淑捐置一段又邑紳公置一段一在洗馬池下首左側監生王灝捐置一在山川壇左側邑紳士公置

東絃鄉義園在劉家樓監生范起鳳捐置

還和鄉義園一在仙姑廟壁巖山北一在大塘角俱邑人
張得勝捐置一在黄家舖西職員黄宗璐捐
置一在東樹店北監生秦先畧捐置一在羅家舖東白
家塝監生周世隆及管姓合置一在馬曹廟右邑人賈
景康捐置一在賀家灣對門山上邑人林界玉捐
置一在郭家冲邑人江泰興江恒太江廣興捐置
慕義鄉義園一在寺便湖側舉人張毓桱等捐置一在焦
家坂一在沙坂一在汪祟堆俱監生靖厚炳
捐置
庶安鄉義園一在晉水壋一在走馬堤一在李家崗一在
白樓灣一在王家寨一在孔家石橋俱邑人
徐貢朝捐置一在烏龜石一在龜山俱封職胡敌華捐
置一在紅家塘上岸大山厚本堂捐置一在文布寺南
監生徐濟寬捐置
中和鄉義園在周山舖倪家山生員揭炳芳等捐置
京都黄岡義園在北京沙窩門內萬柳堂西北地名板廠
屬東城兵馬司副指揮分轄明隆慶時邑
紳士置以葬貧而客死者南園東西計一十九丈南北
之西計一十五丈三尺南北之東計一十三丈北園東
西計一十丈南北計三十丈六尺後園戶徐人保護
不力乾隆十九年四月初十日存案察院立有界石

黄岡縣志卷之三十三終

黄岡縣志卷之三十四

知黄岡縣事宛平俞昌烈編輯

外志

仙釋 寺觀附

二氏之説虛無雄誕駈天下智愚皆入無用其誣民實
甚而寺觀極土木之華塗膏釁血又害之易見者
聖代正學昌明異端自絀故夫緇黄之勢微矣然亦不加禁
絶者豈無意哉詭世之徒驅而放之以安其性天窮之
子借得庇焉以全其生是亦不啻上之養之也而梵宮
琳宇其法無遮鄉人可以歲時觀游旅人可以望門投

止是亦不啻設之街亭郵館也事固有因貽爲功者又
何必亟亟火其書廬其居哉用是粗述兹邑之仙釋而
連及寺觀其人與地間著靈怪姑存而不論

晉

葛洪字稚川句容人咸寧中爲散騎常侍通神仙導引術
以交趾出丹砂求爲句漏令號抱朴子世傳其鍊丹處
凡十有三今元妙觀有井其遺蹟也

梁

宋益青州人番禺刺史棄官隱黄之黄鵠洞有仙術能役
鬼神救疾疫後人祠之嘗有應唐封顯應侯宋加封靈

濟侯 按黃梅志謂即福主神

唐

浮屠道沏邑人唐中宗時與侍郎張敬之善敬之子冠宗以父蔭宜入三品私詣有司言狀沏坐閒忽曰君無煩求三品也敬之大驚已而知出冠宗意嘗爲燕國公張說市宅戒無穿東北隅他日見曰宅氣索然云何視東北隅穿丈餘矣沏驚曰富貴一世而已諸子將不終後果如其言

齊安深通禪理每說偈從當境點悟有偈云猛熾焰中人有路旋風頂上屹然棲鎮常有刼誰差覺杲日無言運照齊人莫能識

壽禪師居護國院弟子問如何是一路涅槃門師曰寒松青有千年色一徑風飄四季香問如何是靈山一會師曰如來纔一顧迦葉便低眉後證果尸解

德嵩居黃州柏子山栖真院嘗上堂舉寒山撫掌欣欣拾得哈哈大笑大衆問二古聖何笑嵩良久更大笑曰蓮花一朶再逢逢不知腕中是何境界也

張憨子行止如狂見人輒罵云放火賊見紙輒書鄭谷雪詩人使力作終日不辭時從人乞予之錢不受冬夏一布褐三十年不易

宋

丐者趙生高安人蓬垢好飲酒見人輒言宿疾與所爲善否元豐中蘇轍謫筠生語以養生治性時年百二十有七矣久之來黃州謁蘇軾留半載軾歸從至興國爲騾踶死與國守楊繪葬之後有蜀僧法震至京謁軾云遇於雲安酒家詢其狀良是與國人發瘞視之惟一杖及兩脛骨存

明

柳夫人其先蜀人祖秉忠父正皆仕元夫人生而靈異幼年遭賊刃無所傷稍長好道家言歸龍氏有子父謀抗

明兵止之不聽與壻敗死家俘焉洪武初放還夫人泝舟江上至武磯愛其林巒洲渚請地於官許之因入山績麻七日有老叟袖書一卷授之是夕風雷拔木鷙獸潛藏乃剪荆榛而居焉時將軍鄧愈討麻陽道過陽邏微服雜衆人往見夫人獨指之曰將軍何不輿乎且將軍無輕敵脫有難吾當助之見羣鴉銜陣則我來也愈進兵果敗且急聞鴉聲接羽而過則夫人緋衣躍馬風霆迸折沙石如射遂克麻陽事聞賜封妙真夫人建祠武磯上後年九十餘卒子才七葬於武磯之陰世爲柳姓舟商祭曰水神鄉人以爲痘神皆祀之

楊師失其名住鐵爐寺言事輒驗鄉俗歲上元設諸天會爭得師至期皆有師在鄉人鄭賈將之彭蠡師送之曰行有難然無害也一日與人奕忽睡俄而覺履襪盡濡及鄭賈歸云是日大風舟幾覆見師以足鎮舟遂得濟年百餘歲化去有二女皆修行一住鐵爐寺一住彌陀菴後不知所往

荷鐘禪師俗名拗鐘不知何許人明萬歷時師以傘柄荷大鐘至聖泉寺山下耕夫十餘人見而訝之師曰僧力倦矣檀越爲我送上山可乎衆欣然齊扛之不能移有頃僧仍自荷至寺中今鐘猶存有遺像祀之

釋死心明末諸生袁文煒也遊京師祝髮於崇國寺公安袁宏道招之作吳越遊已而歸愛大別山水遂住藏經閣更築室以養母

國朝

僧谷庵邑人棄儒爲浮屠嘗主郡城報恩寺勝國時杖錫遊白下及維揚十餘年始返則寺廢於兵燹乃摩頂重趼獨力募脩邑中汪冶夫學士洪半石太守陳公瑜儀曹韋莪斯銀臺及諸名士爲作疏及題詞皆書之募册藏弆於僧徒後二百年邑人王藏賓重募其小影並原書册子珍藏之

僧靈野不知何許人崇禎末忽來大雅沖危坐石崖下渴飲澗水饑餐山果年餘不出居人爲建小庵野日夜誦經不輟有一虎一犬伏座下居人糾貲建得雲寺歲大旱野以錫杖指崖旁令工掘之清泉湧出今名卓錫泉後虎犬斃野爲建塔瘞之土人疑年問之不答一夕坐化約在百歲上也

僧靜悟張家畈王氏子少孤與弟晤容學九龍仙化去靜悟師雙臺得臨濟之旨面壁長嘴庵二十年後游麻城之東山就虎洞而居土人恐謀逐虎勸止之久亦不怪也既而歸省父母塚鐫文於石初不識文字至是能爲

文復還洞韜菘葉十餘年卒相傳有肉身在焉

僧亂峯住五雲山言笑不苟精解禪理工詩有老卒識之曰明末鴻臚寺堂上官也忘其姓名其徒自性名明斯麻城人嚴守戒律參悟有得住白虎寺禱雨立應

僧晦山名戒顯明末江南諸生或云太倉王元達張采之門人自江西雲居山來黄舟過西塞有大魚負之舟人皆懼戒顯爲摩頂説戒而去住安國寺以詩文見稱其登黄鶴樓詩云誰知劫火憑陵後猶得重登黄鶴樓煙樹已隨人事散長江依舊大荒流楚王宮殿銅駝恨仙客乾坤鐵笛秋極目蒼茫悲慨遠一瓢歸挂亂雲頭書

法二王入爭寶之

釋此山康熙間結茅安國寺南募積成廟雨華林凤通慧悟知在家人過去未來事不妄言時時與衆僧說偈遇高士輙講禪有贈邑士嚴湣詐詩頗超脫則餘技也黄之人以爲金堡一流雍正初一笑而逝

法楷倉子埠大覺寺僧持修初無甚異乾隆二十四年中和鄉旱鄉紳耆禱雨不應法楷臨壇作法未畢輙沛然雨降歲大熟知縣蔡韶清旌以道同元濟額

宏道居團風善濟寺日夜持誦法華經忽語衆僧曰十五日吾當圓寂及期沐浴更衣焚香索筆書偈曰堂堂無

去亦無來體露真風絶點埃七十一年端的事好隨流水入天臺擲筆端坐而逝

釋葱航歷主叢林方丈晚駐錫上巴河之法王寺嘗閉戶入定窺者見頂上有光數點聚散如燈邑舉王方山與結方外交圓寂時飲檀香水七日壽八十餘

陶光斗號北窗新建諸生作幕百粤舟覆遇援遂掃棄簪修鄂渚間襄鄖吳觀察守黄時招來住王補菴智林遂駐鼎焉鶴髮童顔時與山左冷芝岩司馬燕山李樸園太守富陽周芸皐觀察相酬唱溆士王香雪爲刻其北窗詩存後孑然去不知所終

僧能善住持劉婆岩寺中性恬淡有戒行幼未讀書經典懵如也然夏月或旱必虔誠祈禱科頭跣足曝岩待雨人問雨期言之輙驗

僧祖清武昌人棄家落髮於邑之脩静菴日夜掩關趺坐誦經不輟積十餘年其坐處夕輙有光後潛徃庵後積薪舉火自焚人驚視之烈焰中猶誦經如故

僧蓮池文畝寺住持也有戒行談休咎多奇中一日有操生過寺適會食聲擊木魚遽詰曰清淨法門因何敲魚下飯池應曰只爲他不跳龍門故須敲打不數月生果因事株連被縣責後入邑庠池年九十八坐化

僧克阿東絃鄉龍氏子性好善日以放生爲事壯年祝髮於安國寺日以擔水爲事與人言多奇中道光辛卯元旦阿擔寺池水與江水互易羣怪問之答曰二水終必合是年果江水暴漲無涯岸人益奇之徃問者無虛日然有應有不應也

寺觀附

報恩天寧禪寺在青雲路巷唐貞觀五年郡人曹仁濟捐基僧乘禪師建明洪武八年僧繼法重建錫名報恩寺内有天啟五年所鑄銅佛及羅漢像崇禎時重脩燬於兵燹國朝順治初僧谷庵募建康熙初知縣徐鎬復建地藏觀音二殿於大殿之東鎬有落成詩凡五重乾隆初中二殿漸傾圯五十四年僅存山門前二重及地藏殿五十八年知府先福以黄無

萬壽宮向於寺奉
龍牌相朝賀寺圯移奉河東書院未足以昭虔肅請於觀察率各屬牧令捐廉於舊佛殿供奉
龍牌更名爲報恩
萬壽寺有邑士秦能泗代撰重脩碑道光二十八年知府祁宿藻知縣俞昌烈率闔屬紳士重脩

安國泰平講寺 在城東南二里唐顯慶二年郡人張大用捐基僧惠立建宋蘇軾記云寺立於南唐保大二年始名護國嘉祐八年賜今名未詳孰是東坡志林云昨日太守楊寀通判張規邀余出遊安國寺並名刹也明洪武初及萬歷戊戌再葺之
國朝順治中黃州協副總兵張大治重脩鼎建藏經閣邑紳孫錫蕃有疏記嗣亦間有脩葺歲月不可考乾隆中知府先福重新前殿嘉慶中蘄州知州顧澍等重新觀音閣住持僧樂超客禪等募建圍牆復葺前後殿

大雲寺 在城南五顯廟右今廢

承天寺 在大雲寺前今廢郎東坡月夜訪張懷民處也

乾明寺 在城東定惠院內今廢

永興寺 在城南近大江岸宋刺史王禹偁有記今廢

南塔寺 在安國寺前道光戊申闔郡官紳士商因修塔餘資拓基添建廟宇墻垣餘詳古蹟及後文峯塔

天王寺 在屏坊鄉長樂堤奉銅佛二十餘尊明萬歷時提舉方一盛建

板塔寺 在城內今廢

太平寺 在梅家湖葦家涼亭東北有木佛溯流至楓香渡土人迎祀之

定香寺 在東絃鄉距縣三十里古刹僧性天重建門臨湖水內有蓮池宋碑尚存佛像亦宋時塑

雨山寺 在東絃鄉唐武德九年建

盂鉢寺 在東絃鄉明萬歷時建廟側有何白雲憩樹詳古蹟

覺皇寺 一名朝陽寺在東絃鄉明萬歷時重脩

延齡寺 在東絃鄉道人湖北岸

淨慧寺 在東絃鄉孫家嘴

朝天寺 在還和鄉明永樂甲戌鄭秀蘭建

竹陂寺 在還和鄉

法王寺 在還和鄉上巴河唐武德二年僧査際建乾隆三十年僧慈航募衆重脩

白楊寺 在還和鄉白楊山今廢

白虎寺 在還和鄉白虎山梁時勅建本名興善寺明成化七年僧懷遠重脩後僧自性重脩康熙時知縣鍾葦易名百福寺道光七年寺僧募衆重脩

慈恩寺 在還和鄉明司李樊維師捨宅建

梵泉寺 在還和鄉樂養山今廢

橫溪寺 蓬萊寺 俱在還和鄉

三間寺 在還和鄉馬家潭明洪武時馬興隆建

御風寺 在永寧鄉元至順間建徐壽輝嘗欲毀之感鳴鴉數萬環翔而止

悟空寺 在永寧鄉京省通衢宦轍萃止

漆園寺 在永寧鄉林家山西相傳明嘉靖時建佛殿蘄山園漆樹爲梁寺遂以漆梁名後更爲漆園峯巒迴複松竹蒼翠頗具清幽之致

安寧寺 在永寧鄉簸箕巖孤峯峻絕下臨深壑有石箕棋盤在焉

經緯寺 在永寧鄉

萬壽寺 在永寧鄉五雲山相傳梁僧寶誌入定之所塔碑猶存明成化時僧可信重建康熙初僧淑明重脩

能仁寺 在大崎山唐密雲禪師脩行之所明成化七年僧常惠住持道光二十六年知縣俞昌烈禱雨有驗

重加修葺

東山寺 在大崎山南明成化七年僧修信重修

寶華寺 在永寧鄉白雲山右

禪寂寺 在團風鎮明洪武九年僧崇慶建天順間僧福亮重修

圓通寺 一在團風鎮郭家灣古刹明洪武六年僧淨倉重建一在陶山舖南古刹元初林遠捐建

獅峯山寺 在伍重鄉古刹明成化六年僧國秀重建

五雲山寺 在伍重鄉距縣九十里

紫霞寺 在道觀河北唐時古刹

戒圓寺 在上伍重鄉新集街北舊志誤作解元寺

得雲寺 舊名無盡燈寺在舊街之東詳見古蹟大雅沖

永濟寺 在上伍重鄉易家河道光六年因舊址重修

慶福寺 在下伍重鄉舊街中爲東嶽廟左爲文昌宮右爲關帝廟其餘凡數十楹頗極壯麗

永虹寺 在伍重鄉

騰雲寺 在伍重鄉詳山川騰雲山

勝龍寺 在伍重鄉地極幽邃

清風寺　清涼寺 俱在伍重鄉

風火寺 在伍重鄉風火山地勢雄秀廟亦壯濶

華嚴寺 在伍重鄉背水面山頗擅形勝

龍潭寺 在伍重鄉赤山上基勢高聳四望可數十里

文岐寺 在伍重鄉黃林壟西

新興寺 在上伍重鄉謝家凉亭原名古靈刹係謝姓香火廟側有文昌閣亦謝姓於道光辛巳公建

上方廣寺 在金錨山北明初建寺踞大山山前有石如口俗呼獅子口口內滴泉雖大旱不竭

下方廣寺 在金錨山東明嘉靖庚戌年建前後二塔又有呂仙祠呂仙洞洞乃後人掘地得之不知始於何時深五尺濶四尺其門如竇

化樂寺 在舊州城古刹明天順五年重建同知袁福徵有記

静安寺 在庶安鄉長河岸古刹

吉祥寺 一在厢坊鄉庾家灣舊名吉陽寺一在庶安鄉安仁村里人蔡中和及僧常昱建

演教寺 一名文布寺在庶安鄉柳子港河西岸明景泰間僧大休結庵於此成化七年僧文布重建前有梨水清洌異常寺內有牡丹一本相傳爲東坡手植今尚存左爲新輝書院道光辛丑建祀文昌神邑士胡延瑞捐建客堂爲祭祀齋宿之所黃陂御史金光杰有碑記勒石

西峯寺 在庶安鄉明邑人邱縉建

覺林寺 在庶安鄉安仁村古刹明成化三年僧祖超重修

寶禪寺 在庶安鄉僧元俊重建寺側梵王宮僧應蓮建

準提寺 在庶安鄉並阜山明洪武時建

興隆寺 在庶安鄉河南坂左

勝蓮寺 在庶安鄉明時建

如意寺 在庶安鄉童家壩東岸古刹

寶蓋寺 在樟松湖北岸大林山明正統十二年僧智定建一在永寧鄉

彌陀寺 在陽邏鎮蓬萊山即蓬萊寺明景泰五年曾祖直重修成化丙午泰和劉文輝捐修大雄殿

鐵爐寺 在中和鄉畢家舖東五里明初建邑人程汝遷讀書其中匾號木庵有學行士人呼寺爲木庵云

雙林寺在中和鄉感化村古刹明正統元年僧直廣重建

香山寺在中和鄉亭子塝僧鏡智建

湖山寺在中和鄉

鎖龍寺在中和鄉賽雨山乾隆丁丑韓姓建修

古東華寺在中和鄉即楊裴廟宋時建明萬歷時重修

古觀音寺詳後鐵樹觀

淨麓寺在陽邏西北黃土坡

保堤寺在中和鄉王家集

白雲寺在中和鄉孫鑽埠

青蓮寺在陽邏鎮明戶部郎中江沛然所建法華庵舊地康熙辛酉改建

院基寺在中和鄉明萬歷時建

隆興寺在中和鄉西馮集

二聖寺在雙柳鋪唐貞觀時建

恒河寺在龍口下

龍川寺在汪家鋪上

闗帝廟一在青雲路街詳見祠祀志一在一字門外織染橋側一在清源門甕城內一在北樓窪一在元妙觀右九鄉所在皆有不備載

老君廟在城內十三坡

馬王廟一在協鎮署前一在城南東嶽廟左

南嶽廟在漢川門內高阜上

張桓侯廟在青雲路街報恩寺右道光戊申知縣俞昌烈建

瘟神廟在韓宋二公祠後詳見祠祀志

將軍廟在清淮門內祀明諸生劉雲程

藥王廟在道署後

東嶽廟在城南二里許九鄉所在皆有不備載

南堂廟　華光廟俱在團風鎮後街明洪武十八年居民祝茂先建

忠義廟在東絃鄉許子口

馬曹廟　仙姑廟俱在還和鄉

大王廟在上伍重鄉土名蜂城元末陳友亮之亂賊兵過此有仙人撒土成蜂以禦賊賊退土人立廟祀之呼為大王一在赤壁下郎江神廟詳見祠祀志

晏公廟在東港里人王廣文等募建餘詳祠祀志

張公礄廟在庶安鄉廟後石礄昔為張公所建故立廟祀之

塞口廟舊名大覺寺在陽邏鎮街北康熙時知縣鍾葦改建街南以塞水口故名寺左為文昌閣邑紳李鈞簡有記

蓮花菴一在城外陶家巷舊在真武觀後乾隆中蘄州管姓改建今廢道光丁未重建一在東絃鄉陽陸嶺明崇禎時建

百子菴在府城隍廟後嘉慶時邑士游豐元重修

白衣菴在青雲街闗帝廟後

百福菴在城濠

大平菴在河東書院後

牛偈菴　趙州菴 俱在長圻壕

雨華菴 在淋山河僧僚水建

翔雲菴 在淋頭畈

眠雲菴 在龍崗山中天晴霽時山光連雲玉色映帶

觀音菴 在團風鎮史壩橋明宏治間邑人孫子華建

廣福菴 明洪武時范勝三建東有蓮花也西有亭爲行人憩息之所

般若菴 在東絃鄉黄土壠

惠香菴 在東絃鄉牛馬崗

天乙菴 在東絃鄉

翼明菴 在還和鄉烽火山明天啟癸亥建

廣嗣菴 在還和鄉汪伯麟建

朝陽菴 在永寧鄉戚住山硤石沖明萬歷時王之朝建

甘露菴 在城外永豐亭康熙時方北奎重脩

萬緣菴 在蘆洲灣

普渡菴 在得勝洲

脩靜菴 在金鋪山東北上下兩方廣寺之間

極樂菴 在庶安鄉係前明郭姓建

大悲菴 一名總持菴在庶安鄉係前明余姓建

觀音堂 在街埠市舊志即古興化寺明洪武十八年里民張玉田募脩

維摩堂 在還和鄉城山下宮撫辰隱居處

鐵觀音堂 在伍重鄉舊街河上乾隆初河中浮出鐵觀音一座高丈餘居人於岸側結庵祀之

普安堂 在伍重鄉王兩公建餘詳古蹟

大士閣 一在城北覽勝亭下邑紳杜應芳建康熙時守備梁家植重新一在龍蟠磯上詳見古蹟一在陽邏閣下有磯甚險知縣鍾葦捐銀三百鑿石開徑行旅便之

準提閣 郎東樓閣在一字門外濠旁康熙時郡守于成龍建並撥濠田收租以奉香火其東爲智林村門首有字藏爲焚化字紙之處道光二十七年廩生許汝梅弟兄叔姪公捐長圻壕地一段付廟祝收租以資經費

觀音閣 在城西北赤壁磯明洪武八年僧智圓建正統六年通判黄容建今廢

玉皇閣 在元妙觀後明邑紳甄淑王同軌重建

梓潼閣 在漢川門外郎橫江館今廢爲民居

文昌閣 在縣西北四十里鴨蛋洲有劉子壯讀書遺蹟九鄉所在皆有不備載

元妙觀 在清源門外唐貞觀間道士李雲外建內有葛洪煉丹井宋爲天慶觀即東坡作易傳與論語處明置道紀司於內邑人王同觀脩葺勅賜今名額爲邑紳洪周祿書

國朝順治初郡丞白秉貞重脩邑紳孫錫蕃有記

真武觀 一在城南隅舊爲岳忠武廟後改今名詳祠祀志一在磐石橋

清水觀 郎古東華觀唐貞觀中建元末兵燬基存

鐵樹觀 在辛家衝古刹明宏治中建其後爲古觀音寺

凌虛觀 在三臺河明嘉靖時勅建

呂仙洞 在還和鄉火柴港祠前有古柳係數百年物

四官殿 在城外會同巷

華光古刹 在庶安鄉安仁湖西岸

協毓宫在庶安鄉石屋山頂宫後有仙人洞並有石牛古蹟

雷鼓墩在庶安鄉明時周姓建

文峯塔即青雲塔在城東南形家言羣山左翔長江東下此爲巽方與武昌樊山西山對峙爲鄂會以下水口闗鎖明萬歷二年邑紳李時芳黄士元募建原祀地藏五嶽諸神道光二十七年改建石塔祀文昌奎星於其中戸部尚書壽陽祁嶲藻書筆補造化額勒石餘詳古蹟

雨華林在青雲塔下首邑紳楊允禎常讀書於此其題額猶存

摭聞

所聞異辭所傳聞異辭盖亦謂見諸文與獻者至於摭拾得之則疑信難居矣惟是扣缶擊轅有應風雅街談塗說或入稗官况非特咫聞乎前志綴之不爲濫附兹亦采獲以殿全編

郭郡守鳳儀邀唐比部樞遊赤壁郭問天下兩府峙立武昌漢陽一府一縣峙立黄州武昌何謂唐云天下守法有據依據無據依援按晉陶侃在武昌不肯分兵北岸鎮邾城（語詳兵事中）盖邾城東晉時密爾羣蠻所以不可置戍與今不同宋李宗勉建言荆襄殘破淮西正當南北之交齊安與武昌對欲保江南先守江北正謂聲勢可應援耳

天聖中韓魏公居所生憂從其兄琚守齊安即安國寺西廡爲書堂以居恒有二女子夜至衣冠高古容裝麗甚公恬不以爲怪及去二女告曰妾非人也亦非仙人鬼魅遊處再歲而言不及亂公德士也即推此澤天下讀齊安記屈原之死二女孝慈亦於此投江故武昌郡以五月五日競渡投角黍迎神舟上二女非仙人鬼魅豈靈均二子之靈爽耶（浪語集）

東坡遊赤壁者三今人知其二者由其有二賦也余嘗讀

其跋龍井題名記云予謫黃州參寥使人示以題名時去中秋十日秋濤方漲水面千里月出房心間風露浩然所居去江無十步獨與兒子邁拏小舟至赤壁望武昌山谷喬木蒼然雲濤際天因録以寄元豐三年八月記今古文赤壁賦注謂誚赤壁者三非此之謂乎據二賦在六年此則第一遊也七脩類稿

元豐七年二月一日東坡居士與徐得之參寥子步自雪堂並柯池入乾明寺觀竹林謁乳姥任氏墳鋤治茶圃遂造趙氏園採梅堂至尚氏第觀老枳偃蹇如龍蛇形憩定惠僧舍飲茶任公亭師中菴乃歸且約後日攜酒

尋春於此東坡志林

東坡嘗記黃鄂之風云近聞黃州小民貧者生子多不舉江南尤甚聞之不忍黃之士古耕道雖椎魯無他長然頗誠實喜爲善乃使率黃人之富者歲出十金如願過此者亦聽使耕道掌之多買米布絹絮使安國寺僧繼連書其出入訪閭里田野有貧甚不舉子者輒少遺之若活得百箇小兒亦閑居一樂事也吾雖貧亦當出十千

志林載東坡曰余來黃州聞黃人二三月皆羣聚謳歌其詞固不可解而其音亦不中律呂但宛轉其聲往返高下如雞唱爾與廟堂中所聞雞人傳漏微似土人謂之山歌云又曰舊傳陽關三疊今歌者每句再疊而已通一首言之又是四疊或每語三唱以應三疊之說則叢然無復節奏余在密州有文勛長官自云得古本陽關其聲宛轉淒斷每句皆再唱而第一不疊乃唐本三疊蓋如此及在黃州偶讀樂天對酒詩云相逢且莫推辭醉新唱陽關第四聲注第四聲勸君更進一杯酒以此驗之則第一句不疊審矣

唐房千里竹室記稱環堵所棲率用竹以結其四角植者爲柱楣撐者爲榱桷王元之竹樓記蓋其餘意秦人亦

有板屋詩各從其俗也今江上多以竹代瓦每苦延燒云今黃州無竹屋

東坡與李通叔詩豪寄示雪堂篆字筆勢茂美足爲郊藪之光則雪堂扁當屬通叔筆今傚印章成字實出前守上海潘公伯明妮古録載其事稍異

夏文莊竦謫守黃州時龐穎公籍爲掾嘗疾屬文莊後事文莊親臨之曰異日當爲貧宰相亦有年壽疾非所憂龐語已爲宰相豈得貧耶文莊曰但於一等人中爲貧耳故龐晚年退老詩述其事曰田園貧宰相圖史富書生石林燕語載龐嘗在告數日忽吏報死矣文莊大駭

曰此當爲宰相安得便死吏言其家已發哀文莊仰自往取燭視面語醫曰此陽證傷寒汝等治誤爾亟取承氣湯灌之有頃蘇

王禹偁嘗作三黜賦見志後知制誥忤時相出知黃州蘇易簡知貢舉適榜下放孫何等三百餘人奏禹偁禁林宿儒欲將全榜諸生送於郊上可之禹偁作詩曰綴行相送我何榮老鶴乘軒愧谷鸎三入承明不知舉看人門下放諸生至郡未幾二虎鬬於境一死羣雞夜鳴冬雷而雹司天奏守土者當其咎即命徙蘄州謝表云宜室鬼神之問不望生還茂陵封禪之文止期身後帝深

詫異促召還臺未行竟卒

子瞻還黃岡時曾子固居憂臨川死焉京師盛傳子瞻同日僊去如李長吉故事神廟以問左丞蒲宗孟嘆息久之故後量移汝州謝表有云疾病連年人皆相傳爲已死飢寒併日臣亦自厭其餘生避暑録云子瞻在黃病赤眼踰月不出過客遂傳以爲死矣有語范景仁於許昌者景仁絶不冥疑即舉袂大慟遣人賙其家子弟徐言此傳聞未審當先書問安否得實恤之未晚乃走僕以往子瞻發書大笑東坡云平生所得毁譽殆皆此類也

子瞻謫黃布衣芒屩出入阡陌多挾彈擊江水每旦起不招客語必出訪客所與游亦不盡擇各隨其人高下談諧放蕩不復爲畛域有不能者強之說鬼曰姑妄言之數日必一汎舟江上乘興或入旁郡界嘗與客飲夜歸江面際天風露浩然乃作辭所謂夜闌風靜縠紋平小舟從此逝江海寄餘生者大歌數過而散翌日喧傳子瞻掛冠江邊拏舟長嘯去矣郡守徐君猷聞之懼州失罪人急命駕往則子瞻鼻鼾如雷

東坡至黃州邀一隱士相見但視傳舍不言而去東坡曰豈非以身世爲傳舍相戒乎贈以詩末云士廉豈識桃

椎妙妄意稱量未必然此蓋用朱桃椎故事高士廉備禮請見與之語不答瞪目而去士廉再拜曰祭酒其使我以無事治蜀耶乃簡條目州遂大治東坡集有張先生詩序云先生不知其名黃州故縣人本姓盧爲張氏所養陽狂垢汙往來者欲見之多不能致余試使人召之欣然而來旣至立而不言不應使之坐不可但俯仰熱視傳舍久之而去疑即張憨子

蘇公謫黃始稱東坡居士蓋亦慕白樂天而然白刺忠州有東坡種花諸詩蘇在黃與白忠州相似嘗有詩云出處依稀似樂天敢將衰朽較前賢則東坡名非偶因地稱也蘇又嘗柬王定國云近於左側荒地數十畝買牛一具躬耕其中欲自號鏖糟陂裏陶靖節外紀東坡一牛病呼醫療

之不識證王夫人曰此牛發豆班瘡法當以青蒿粥啖之而效後舉似章子厚云自謫居後便作老農豈知老妻猶能接疊牡丹也

東坡和王鞏詩我來黃岡下欹枕江流碧江南武昌山向我如咫尺春蔬黃土軟凍笋蒼崖折此行我累君乃反得安宅他日與趙晦之云謫居既久安土忘懷一如本是黃州人元不出仕而已又與王定國云在彭城作黃樓今得黃州欲換武遂作團練皆先識

子瞻在黃州嘗書云東坡居士自今已往早晚不過一爵一肉有尊客盛饌則三之可損不可增有召我者預以此告之自言有三養曰安分以養福寬胃以養氣省費

以養財與李公擇書云口腹之慾無窮每加節約亦惜福延壽之道乃日用錢不過百五十每月朔取錢四千五百斷爲三十塊掛梁上每日用畫叉挑取一塊以竹筒貯用不盡者以待賓客云此賈耘老法也

東坡在黃州鄰郡送酒合置一器爲雪堂義尊又嘗以蜜爲釀作蜜酒歌真珠爲漿玉爲醴六月田夫汗流泚不知春甕自生香蜂爲耕耘花作米一日小沸魚吐沫二日眩轉清光活三日開甕香滿城快瀉銀缾不須撥百錢一斗濃無聲甘露微濁醍醐清君不見南園採花蜂似雨天教釀酒醉先生先生年來窮到骨問人乞米何曾得世間萬事真悠悠蜜蜂大勝監河侯序云西蜀道士楊世昌善作蜜酒絕醇釅余既得其方作此歌遺之戲與吳君采云近日黃州捕私酒甚急犯者門戶立木以表之臨皋之東有犯者獨不立木怪之以問酒友曰爲賢者諱吾何嘗爲此但作蜜酒爾

蘇長公在黃州鄰近四五郡皆送酒長公合置一器名曰雪堂義鐏後試墨三十六丸掄十餘品佳者擣合一品亦名曰雪堂義墨

黃州人造私酒俗謂之壓茅柴坡詩三年黃州城飲酒但飲濕我如更揀擇一醉豈易得幾思壓茅柴禁網日夜

急韓子蒼茅柴酒詩三年逐客卧江皋自與田工釀小糟飲慣茅柴諸苦硬不知如蜜有香醪蓋亦謂差勝他酒爾張耒雜志直稱黃州酒可亞瓊液陳州酒名而差薄爲謫官中一幸豈陸待御所云適有佳匠也

黃州東南三十里爲沙湖亦曰螺師店東坡將買田其間因往相田得疾聞麻橋人龐安時善醫遂往求療安時聾而穎悟絕人以指畫字輒了人深意坡戲云予以手爲口君以眼爲耳

東坡序聖散子方云得之於眉山人巢君穀謫居黃州比年時疫合此藥散之所活不可勝數巢初約不傳人指

水為盟余竊臨之乃以傳蘄水龐君安時避暑録云聖散子方初不見於世凡傷寒不問證候一以是治無不愈子瞻奇之為作序比之孫思邈三建散雖安常不敢非也乃附所著傷寒論中天下信以為然疾之毫釐不可差無甚於傷寒安有不問證候而可用者宣和後此藥盛行京師殺人無數巢穀本任俠好奇從韓存寶出入兵間不得志客黄州子瞻與之遊以穀奇俠而取其方天下以子瞻文章而信其言事本不相因而趨名者又至於忘性命而試其藥人之惑盖有至是也東坡蒼朮録云黄州山中蒼朮至多就野買一斤數錢耳此長生藥也人以為易不復貴重至以熏蚊子此亦可為太息 摭聞

東坡在黄州而王文甫家東湖公每乘輿必訪之一日逼歲除至其家見方治桃符公戲書一聯於其上云門大要容千騎入堂深不覺百男歡 墨莊漫録

賀元嘗於黄州訪東坡談論娓娓自云生於石晉仕為水部員外郎計年近二百歲東坡寄元詩云舊傳老父晉郎官已作飛騰變化看聞道東蒙有居處願供薪火看燒丹

東坡赤壁賦客有吹洞簫者不著姓字吳匏菴有詩云西飛一鶴去何祥有客吹簫楊世昌當日賦成誰與註數行石刻舊曾藏據此則客乃楊世昌也按東坡次孔毅父韻不如西州楊道士萬里隨身只兩膝又云楊生自言識音律洞簫入手清且哀則世昌之善吹簫可知匏菴藏帖信不妄也按世昌綿竹道士字子京見王註蘇詩 陔餘叢考

舒王在鍾山有客自黄州來公曰東坡近日有何妙語客曰東坡宿于臨皐亭醉夢起作成都聖像藏記千餘言點定纔一兩字有寫本留舟中公遣人取至時月出東南林影在地公展讀風簷喜見眉鬚曰子瞻人中龍也然有一字未穩曰勝日貧不若曰日勝日負爾東坡聞之拊手大笑亦以公為知言 摭聞

野客叢談載王荆公詠菊句歐陽公稱之而元人小說謂子瞻以菊花被謫今黄州無落瓣之菊子瞻謫黄乃舒亶李定所為時荆公已退居金陵不與朝政小說真夢夢也 張希良格物編

米元章自湖南從事過黄州初見子瞻酒酣貼觀音紙壁上起作兩行枯樹怪石各一為贈有高遊潘岐能作坡書亂真山谷云東坡書彭城以前猶可偽至黄州後掣筆極有力可望而知其真贋也

石林詩話云海棠詩為東坡先生最得意之作嘗喜寫人間刻石有五六本邑農人於古墓掘得其一為鉏钁所

壞僅存百字有先生自繪像巾鶴拄杖正與詩意相發今石本存王同軌家妮古錄稱東坡海棠詩山谷書之倣長沙縱筆特爲奇逸可喜

東坡詩話曰吾有詩云日日出東門步尋東城游又云駕言寫我憂章子厚謂參寥曰前步而後駕何其上下紛紛也僕聞之曰吾以尻爲輪以神爲馬何曾上下乎參寥曰子瞻文過有理似孫子荆曰所以枕流欲洗其耳所以漱石欲礪其齒

謝無逸溪堂集云亡友潘邠老有滿城風雨近重陽之句今去重陽四日而風雨大作遂用廣爲三絕其一滿城風雨近重陽無奈黄花惱意香雪浪翻天迷赤壁令人

西望憶潘郎其二滿城風雨近重陽不見修文地下郎想得武昌門外柳垂垂老葉半青黄其三滿城風雨近重陽安得斯人共一觴欲問小馮今健否雪中孤雁不成行

黄庭堅有謝何十三送蟹絶句三首何十三名覲邑人又東坡亦有書贈何聖可曰歲云暮矣風雨淒然紙窗竹室燈火青熒輙於此間得少佳趣今分一半寄與黄岡何聖可若欲同享須擇佳客不審聖可又何人也

東坡在雪堂一日讀阿房宫賦且讀且嘆賞夜分不寐給事者二老兵皆陝人甚苦之一人曰知他有甚好處一人曰他有兩句好其人大怒曰你理會得甚麼對曰我愛人道天下人不敢言而敢怒坡聞之笑曰不意斯人有此見識

東坡書夢祭句芒文云余在黄州夢黒肥吏以一幅紙請祭春牛文予笑而從之云三陽既至庶草將興爰出土牛以戒農事衣被丹青之好本出泥塗成毀須臾之間誰爲愠喜傍有一吏云此兩句會有愠者參寥能具道乃復録之

何斯舉云壬寅正月雨雪連旬忽爾開霽閭里貧嫗相呼賀曰黄綿襖子出矣因作歌以紀之此名甚新但所作

歌未甚愜人意乃更爲補作一絶句云范叔綈袍暖一身大裘只蓋洛陽人九州四海黄綿襖誰似天公賜與均鶴林玉露

黄州董助教甚富大觀己丑歲歉董爲飯以食饑者又爲糗餌飼小兒輩方羅列分俵飢人如牆而近不復可制董仆于地頗被毆踐家人咸咎之董不介意明日又爲具但設欄楯以序進退時或紛然迄月餘了無倦色省志

八景詩載郡舊志中斷文蠹簡多不可讀今摭其可咏者得鄉吏部亮詩四首聊復志此齊安地連雲夢澤迤邐岡巒帶阡陌故壘蕭條古戍荒爲弔英雄訪陳迹蹤林

烟雨秋溟濛宿雲忽開天宇空長江繞郭淨如練沙鳥風帆圖畫中黃岡曉霽絕巘凝烟掃空碧天塹橫分限南北舳艫灰冷戰氣消岸草汀花自春色沉沙鐵戟悲前朝割據英雄魂莫招與來釃酒酬明月醉倚酡顏吹洞簫赤壁春暉朝宗門外西風晚臨臯館前烟景遠爲憶秦家生寧馨煥盡蒼生竟忘返露洗明月光欲流曾照人間千古愁褰衣徐步踏花影老鶴一聲天地秋臨臯月皎硯池水煖龍睛泣墨花暗冷金壺汁蝌蚪浮波翠藻紋香雲醮影淋漓濕坡翁騎鶴上青冥誰復籠鵞寫道經踈雨淡烟人不到舊時行迹莓苔青洗墨雲生

宋奎章閣侍書學士虞集父汲爲黃岡尉乃右丞相允文四世孫汲僑居臨川娶國子祭酒楊文仲女楊以理學名家其女深通其義生集及弟槃受教内庭從父寓黃時稱爲一家之學槃著有非非國語

宋嘉定辛卯金師圍黃州守何大節召僚佐曰諸君親老且非守土臣可無死各以差檄使爲去計自誓不屈城陷沉於江時蘄守李誠之亦以城陷自殺朝廷爲立廟而寧宗紀乃書大節棄城遁劉潛夫詩云淮堧便合營雙廟太學今方出二儒二人皆出太學又云世俗今猶疑許遠君王元未識真卿蓋爲大節白寃

黃尚書由蜀中閣乃胡給事晉臣之女過雪堂行書赤壁賦于壁間劉改之從後題一闋其詞云按轡徐驅兒童聚觀神仙畫圖正芹塘雨過泥香路軟金蓮自折小小藍輿傍柳題詩穿花覓句嗅蘂攀條得自如經行處有蒼松夾道不用傳呼清泉怪石盤紆信風景江淮各異殊想東坡賦就紗籠素壁西山句好簾捲晴珠白玉堂深黃金印大無此文君載後車揮毫處看淋漓雪壁眞草行書後黃知爲劉所作厚有饋貺游宦紀聞

子瞻故有洗墨池尋判黃之二年梅川張子長人言墨池就湮獨趙文敏手書三字猶存瓦礫中尋聞大喜命輿人移置東齋又三年爲康熙己酉始從坡里芳求墨池遺址得之於是甃以文石周以欄檻跨池爲橋翼爲亭而取文敏字揭之楣西陂類稿

中大夫安詠信可宣和初守齊安下車訪東坡雪堂遺址雖存堂宇已爲兵馬都監折爲教場亭子信可命復新之信可善爲詩有云萬古戰場餘赤壁一時形勝屬黃岡

黃州西北百餘里有歐陽院院僧蓄一古編鐘云得之耕者發地獲四鐘斸破其二一爲鑄銅者取去獨其一聲空瓏饒古意見子瞻集又元豐四年正月子瞻自岐亭

泛舟還古黄州獲一鏡周尺有二寸銅色如漆背銘云漢有善銅出白陽取爲鏡清如明左龍右虎俌之字如菽大雜篆隸甚精妙嘗以示蘇子容子容以博名世曰此禹鼎象物之遺法白陽疑南陽白水之陽漢人而如通用鏡微凸照人微小道家聚形鏡也

盧公濬嘗浮舟江上陽侯風起舟師頻呼楠木大王問故以妖對公歸撰文牒水府其畧曰象窮魍魎轉深鑄鼎之思誠格神明欲下然犀之照雖川靈之失綱故令尾大者不掉彼風師亦助虐其與首惡者何殊越三日忽一木自焚口王命縛之登岸時修學宫以爲左柱後燬

於火

黄州南門外安國寺舊有睢陽張公祠正德初太守盧濬徧毁神祠暴公于烈日中一輿卒目不識丁神附其口罵曰爾以我爲何人走筆書云皇天生我兮男兒君王用我兮能罷力拔山兮風雷氣貫日兮虹霓月正明兮拔鎗將劍星不落兮擊鼓掀旗搗賊室兮焚寨鬻賊肉兮充饑食馬草兮旣盡殺妻妾兮心悲誓與死戰兮身披鐵甲願爲厲鬼兮手執金鎚是張巡兮在世與許遠兮同時漫濡毫而染翰俾世人兮皆知太守惝惺舁神歸座焉 現果隨録

紫潭李翁洪産俱盛嘗卜地得吉相者曰主出飛來金帶後浙有孝廉某北上阻雪過其家翁觴之屢日孝廉見傳餐小婢貌秀整悅之因人語翁欲購爲妾翁許之與偕行後孝廉登第歷任大司馬其夫人暨諸姬皆無子獨此姬生二男二女夫人歿遂續爲夫人夫人念其翁媪甚潛屬其門吏於黄岡人問翁媪消息是時翁媪歿已久家亦淪替如洗莫有知之者忽翁之子以解軍赴遼陽經都下過大司馬宅門與門吏詳語知爲黄岡人以聞於夫人夫人訊之其兄也大爲之慟餽贈甚盛夫人益不悦日淌泣曰能富貴人者公也今待妾家若此

乎且何以令諸兒女有外家也時有侯李氏絶嗣而山東人奏請襲者叙功績不合其功績册在所司庫公無能解於其夫人陰以册示李子令熟之亦奏請襲下所司辨之李子語合得襲侯今紫潭稱李侯家是也後復絶獨其家綽楔在焉相者稱飛來金帶始驗 耳談

顧桂岩諸客傳云五百歲翁不知何許人語鄭重舉止亦慎雪天厚衣裘纊不圍爐謂渴火烘乾人體液又不沐浴或燀湯請洗曰子不見羊豕乎負塗結毳以爲生而鬅毛溉膩以爲死也卒於黄岡碑曰五百歲翁家 白茅堂集

長圻塅有老圃蓄一瓜最鉅將獻豪門丐者挾籬入竊食

之老圃擊之斃即瘞其地明年瓜復盛有一大如斗會令購瓜剖之皆血令大疑掘視根出死人口中推訊得丐者狀遂伏法

邑人歐普祥從徐壽輝以燒香起兵爲帥稱歐道人引兵掠江西攻袁州陷新喻諸縣據之壽輝加普祥左丞大司徒袁國公陳友諒弒壽輝徵其兵普祥不應一云友諒襲壽輝併其軍自稱帝都邾城即新州是也後友諒滅徙其雉堞益郡城今故址尚在

明洪武年間有書生犯夜知府問其何處人生答云舟泊蘆花淺水涯故人邀我飲金巵因歌赤壁兩篇賦不覺

黃州半夜時城上將軍原有禁江南士子本無知黃堂若問真消息舊有聲名在鳳池識者謂爲解春雨也　堅瓠集

穆侍御天顏性至孝少貧甚父客死於蜀兄弟自黃奔喪附客舟晝夜哭舟中一老賈感之助以貲糧將抵夔老賈曰吾去此不遠約某日吾挈囊來待公過此也既而天顏扶柩走叢山中夜雨如注視電而行乞宿旅人不納至冶店老嫗憐而飯之明日抵夔老賈至果贈以多金且爲之祭而哭乃曰與尊府素無交但念年老無子若客死誰爲奔喪者及天顏貴入蜀訪之賈尚無恙且有子矣於是厚酬之亦贈冶店嫗以百金後天顏巡按四川賈已死其子年十六補弟子員

王恩旻少爲吏多陰德有鄉民誣陷重辟者以百金救之事已未一見也後官泰州歸卜地山中乞漿於村舍見其家祀以恩人牌位詰其故則向所平反者民因出子孫羅拜且日山前後里許一皆我有若卜地請擇之果得地即今邑中所稱赤膊龍是也恩旻事詳宦蹟志

王刑部同鼎有知人鑑一日見書生荷於道上異之曰此人必爲御史問之則穆秀才天顏鄉人稱孝子者也遂成相識重以婚姻既而謂之曰他日過飲君家時穆未

有屋乃就所居搆屋二重時昇酒肴雅集焉

樊憲副夫人易氏賢德逮下尤善應變乙亥春賊寇黃州夫人有内姪時昇妻汪氏以貞烈死於賊其僕承用者與賊通賊委之兵著以銅鐵二械械固賊之章服也著鐵者領數十人著銅者倍其製範金爲圈兩頭作龍共啣圓珠合則無縫量背大小繫之承用遂奉賊指揮入郡城爲奸細先獨至其主家將應羣寇攻掠夫人聞承用歸遂匿多人於門外而呼之來見好語之曰聞爾在寇中何以放歸承用猶辭以逃命夫人曰爾主母死而爾歡笑此爲寇來非逃命也聞爲寇使者有銅鐵械盍

示我承用推阻夫人命從人索之捉裏不見將發其衣饗而出之臂夫人詭曰此物罕覯付外觀之門外數十人齊出縛承用送官賊失内應不敢攻城遂遁去一城賴以安全者夫人之功居多也冷賞

易道昌道旦道暹兄弟友愛特至道昌善飲兩弟則勺飲不入口旦暹每侍兄飲未嘗不極其量凡有事三人坐議怡怡然也如弟外出兄代主行弟歸宜仍之不復置問婢僕雖有分主而無分權役使隨其所便有過徑扑責之不以相告三人無日不促膝坐談内助俱化爲一德不分彼此有無兄或有疾弟終夜坐牀側視藥不倦弟病兄亦如之道昌字文我旦字瞻明暹字曦侯楚黃

之東鄉人省志

汪烈婦者爲易文學時昇妻賦性孝敬婉娩生子甫週有婢陳乳之同居黃岡之天井畈昇辭婦將適舍館汪曰丈夫自有四方志但聞流寇披猖如此至當以死報君耳因涕泣而別寇至屠戮繫擄鄉無居人以其庄爲寨入見汪容色豔麗廹之脅以刃罵不從斷其臂不動再斷其臂又不動始刃之陳抱子爲哀籲賊有愛婦子見之喜竟就其懷賊歸見之亦喜遂得無恙既而賊與婦欲將其子行陳叩頭曰吾爲易家婢若干年矣夫婦爲善僅此一子今其母喪伊父亦未識死所幸哀之婦爲代請賊亦恤其子而憐陳之順也因得與子俱歸且饋脡焉汪以烈烈舍生而陳能爲存孤有丈夫所難者汪之祖爲刺史起雲萬歷乙酉冠楚闈其墨藝清超秀出至今傳誦省志

流寇掠黃之東鄉女子抗節而死者於易姓得六人汪烈婦之外有方爾文妻易氏賊至日方自祖居奔山庄遇賊於途被絷大罵賊賊脅以刃罵愈甚至刃無完膚尚罵不絕口一爲易伯昇妻王氏并其女俱爲賊絷迫之走過塘偕投水中賊擊以石破腦沉水而不悔一爲易

吉甫妻陳氏聞賊將至卽以麻遍束其身及爲賊掠令之治爨夜深賊呼睡陳曰此身可殺睡不可得也賊叢紙作炷焚之愈焚罵聲愈烈直至焚死一爲何石矣妻易氏被絷不出剮死省志

樊伯栝齊宏憲副公之長君也祖母熊太恭人暮年焚修事大士惟謹五十五尚無孫次年祈得伯栝甚憐愛之辛未夏偕所親往武昌歸至三江口舟覆伯栝足爲同溺者抱持幾不能出忽水來衝擊如有稱大士以救者足遂得脫而身在壞船底與俱漂流十五里遇一人破舟出之衣仍不濡省志

黄州被流冦之禍備極慘毒而其兆不止一二先見甲戌三月二十七日巳刻有聲自西北來如雷地爲之動坐立之人揺揺如在舟中房屋皆震黄州城傾數桀武昌諸處皆然横亘凡二千餘里又黄之東北百里曰林家山避冦者多匿其處乙亥三月十六日將夕有大風雷如天崩地湧數圍大木拉如枯朽屋瓦皆飛行人盡騰起逾更次始定又數年前黄州大江中有黒水一道流至三日乃絶此俱希有之變也聞黄邑東鄉有山曰馬坡賊至鄉民團聚其上投石拒之賊不能攻乃遍搜山之前後得男女近百人引至大塘盡殺而投之水一男子自知不免手拉一賊偕投水中俱溺死後鄉人涸穴

漉屍見男子與賊尚紐結不解此人亦豪矣哉省志

易曦侯好接引後進多所成就自是黄人士爭爲善恥言財利鄉紳薦士多拔淹滯及一時名譽不欲專爲利媒士相見必汲引某貧而才出其文章相推奬引見其人相晉接以得士多者爲榮既而曦侯遇流冦同其子爲璉罵賊死易用王哀辭有曰戈矢滿空偏中其鳳獵矢滿山偏中其麟或謂遊曦侯之門如被褐以入衣錦而出良然省志

己巳歲黄州大祲小民有不謀朝夕者易曦侯思賑之無其具與兩兄謀曰鄉之富人不信小民而信我輩一言曷不迂其身以爲質乎乃立券富室貸穀聘資貧者富人以曦侯義士因薄其息貧人息薄易償而一鄉之人遂得舉火待新矣省志

陶廉憲家貧嗜酒爲諸生時偕任生讀書城隍廟陶赴友席夜半任猶咿唔不輟牕外忽有聲曰任某汝苦讀不過一道士耳試看陶廉使吟風弄月來也後陶成進士官至廣西觀察任次年以事被黜去而爲巫役鬼頗驗省志

萬歷戊午秋黄岡樊憲副維城方在諸生偕何蘧宿閔中汪闇夫煜南應試武昌寓止洪山寺小巷菴有千葉蓮

擅而不花樊浴其庭見之僧云從未開花自公至之日始蓓蕾數日後當開耳明日復浴則已敷鮮枝頭數之正得三朶樊公戲謂蘧宿闇夫曰此三花應吾三人及第兆也蘧宿以爲然闇夫笑曰異哉二人顛乎誕乎樊公曰予先折一枝供案上如萎則已茂則兆也既而果茂蘧宿亦自摘供之閱三月樊之花盡何之花方茂汪獨不摘任花自槁枝上及榜放三人皆中式然樊聯捷去何至壬戌始第汪止孝廉卒崇禎乙亥樊以憲副投閒何方轉學憲花若得氣之先矣冷賞

王御史同道夢澤雲澤之從子也少落魄不羈鄉人揶揄之遂發憤讀書再入省闈不見收自爲文告于城隍之神一夕夢神人謂之曰汝志固可取奈命運何同道再懇之神曰惟有一事尚可通融汝願之否汝命中本有兩子若少生一子尚可得乙榜至于甲科則不能也又懇曰生所願在甲科一洒鄉人之辱誠得之雖無子願亦足矣明日謁神復禱如前後果中式萬歷壬戌進士入爲御史巡按廣東罷歸竟無嗣少宗伯愼菴說 居易錄

劉克猷初登鄉薦夢一人語之曰爾須朱之弼做房考方

中春榜及到京時偶出寓散步見數童子攜書包經其門一童子最秀出遂拉其手與談見其書上寫學名乃朱之弼也大驚隨之至其家見其父乃開柴廠主人因與款曲將筆墨數事贈之後遭流寇之難屢次不赴春官及己丑會試朱公已爲禮垣分校得首卷即克猷也又康熙壬戌金德嘉在楚作教不肯會試俄夢劉克猷以門弟帖拜之因北上是年朱公禮闈總裁而金儼然會元始信夢兆之異 述異記

涓來少宗伯說劉修撰克猷中明崇禎庚午舉人因千公車至順治己丑赴會試初入京居黃岡會館是夜夢一神人自空而下類人間所繪畫魁星者連呼狀元劉鶚起遜謝顧曰數定矣何遜謝爲是科遂捷南宮殿試果及第第一既入翰林又一夕夢人告曰君雖狀元及第然官不過五品年不過五十時遇覃恩加一級爲從五品急請告歸歸未久病卒年四十有三卒時命家人洞開牕戶仰視曰天樂迎我我逝矣又曰我東華眞君第三弟子也今召復故位耳劉生平力守功過格制行不滅古人 居易錄

王子雲一翥雲澤尚書曾孫崇禎庚午舉人楚名士也亂後隱廬山講學五老峯下一日與諸生同觀瀑布忽發

問曰逝者如斯夫汝等作何解諸生不能對遂拂衣歸素與龔端毅公善龔使東粵過黃州相見賦詩極懽或曰上巳時佳黃州地佳子雲人佳公詩不得不佳 省志

王昊廬宗伯未第時自黃岡赴京應試路過廬山宿於蓮花宮內因次日仍欲啓行未晩便睡夢身坐大殿之上面供齋果下有袈裟百輩環拜誦佛因隨手取面前棗子偶啖數枚遂醒醒時口中有餘味正驚訝間忽見住房外燈燭煇煌几筵肆設衆僧方膜拜宛然夢中光景啓戶問之是日乃此庵已故淨月上人忌辰衆方祭祀宗伯大異起視所供盤中之棗其頂微缺如少二三枚

者恍然自己前身乃此庵長老也故終身奉佛甚虔先是宗伯父用予公崇禎翰林殉節廬山故自號昊廬取昊天罔極之義子不語

黄岡王大宗伯昊廬由運河赴都水次舟淺篙師入水袪游覺有石隱亘舟底探取之石縱横二尺有奇厚三寸許舁至舟中摩挲久之漸露字跡告諸宗伯宗伯見石質瑩潤拂拭審視乃唐太宗命褚河南摹蘭亭本宋米友仁跋爲小板蘭亭第一碑驚喜過望寳而藏之雖連城璧不易也抵都有索觀者輙飾辭拒之久漸播揚來觀者衆乃裹囊置輿中命嫗載之歸藏於家及解組旋

里建堂顔曰繩武嵌石於壁非親寄者不輕以相示宗伯歿後家中落田産鬻且盡乃折堂而貨其材前一夕聞堂中隱隱有悲泣聲即之聲出石間無何爲一老明經持十斛麥易去明經故子孫亦不知珍惜乾隆癸巳武昌吳明府世雯聞而購得之丙申致仕攜歸今不知存否吳需化人也秋燈叢話

王昊廬宗伯捐貲贖甲寅難婦百餘口沈方舟用濟贈以詩云紅淚千行濺鐵衣傾家不惜拔重圍揮金欲笑曹瞞吝只贖文姬一个歸隨園詩話

康熙癸卯七月望日黄州城内外火延及江船獨善人數家如楊雲峰任季先等皆火逼險極竟無損時朱衣巷一茅舍賣豆腐家當火衝無恙有司問之家姓凌夫婦事老父極孝養惜逸其名桼現果隨録

杜濬歿於江南家貧不能葬蘇州知府陳鵬年解組時知之爲典狐青裘得三十金付蘄州徐琮營地於坌路口以葬之

何天申前志載其宿古廟夢判官以幘贈之後居官三十年不離判官

于清端公官黄州發奸摘伏如神有大盜窟宅野廟中公微衣廟入爲伍變姓名曰楊二旬日内盡得其行劫狀

密召捕役擒之盜見進乃大驚服罪

盜湯卷者陽爲捕役于清端公知其橐中有盜籍欲得之每進見賜以酒肉久之詢以大小盜數卷唯唯不盡言乃乘其醉微服從之得聞卷密與其從語明日召之飲盡發其狀搜得橐中盜籍姓名乃誅卷遂按籍追緝無不悉得諸盜屏跡

易爲泰多行善事有某生携子以歲飢客於易病篤曰公厚恩莫報有方竹以付公表念壬午赴省試夜寢有盜至舉刃砍之方竹當其上得不死後避亂樊口舟覆沉水若有掖之登岸者蓋積善之報也

邑人賀士煥病其妻熊侍事至三載病劇熊私禱神願以身代遂乘夜赴水死明日家人見其身卓立水面衣帶不亂夫病果愈繼娶生子嗣續得不絶

汪文淵官金華時有吴生百朋幼聘勢宦女宦以其貧遂寒盟訟於公文淵訊其女願歸吴乃具袍帶綵輿送女至吴成婚禮而還是歲百朋冠童子試補諸生舉於鄉明年登第後官至禮部侍郎浙人豔稱之

馬炳然正統間宰嘉魚羣盜刼藏去而欽召報適至以盜不得阻行始盜入馬於暗處稽其數三十人有長而鬍者魁也因密屬捕者懸賞期必得會陽邏鎮渡江人數

及一鬍人正如盜狀縛之虐訊皆誣服馬始就道後豫章獲盜稱賊出嘉魚移楚臬守以是罷囚皆死獄中正德間馬建中丞節過楚入閩楚正戒嚴馬至陽邏與劇盜劉六劉七等遇磔其屍虜其女家屬死者三十人人謂冤報時郡守余公貴橐千金具牒屬青衿方勇等往贖其女追及於潯江還之余具車馬以老嫗護女送還蜀邸

黄州村民閆邱十五富積米穀每幸凶年閉廩騰價細民苦之既老病不能復飲食獨嗜羊矢家人憐之糗置粉餌如羊矢狀使食之入手即投地須真矢乃咽歷數月死

山西志載譚章齊安人洪武初靜樂縣丞建置縣署多善政任滿回京民爲立碑按齊安古黄岡名疑即邑人

徐亦史授黄岡令蒞任次遭民間回祿火後躬往編戶貲名及二千家遂罄家中所挈二千金散民搭蘆席棚暫令棲止未久徵國課四千金入覲在衙明晨即起解大盜知之夜統五六十人從城頭突入衙内斬劈箱篋蕩無所有以救應賊遁次日呼解夫進衙銀乃在堂前露地以蘆席覆蓋盜不知也現果隨録

萬一奇任開封推官摘法如神有夜行經柳林以胠篋告

命刈柳鞫之期某日至訊柳比讞察觀者一人色動訊之服罪又行部風旋輿蓋以去跡其所至得骷髏青草出眶内因命捕殺人骨青果得之亦具獄伏法郡有宅扃鐍舊傳包孝肅宅上鐫萬人開三字見之曰謂我耳啓視闃然爲一榻冷風肅肅而已不擇出數日而卒人謂孝肅後身云

擔水夫偉軀幹力能肩重順治間來柳子港傭於市沉默似憨子衆易之不問爲何許人時難平人樂市中演戲賽神議唱新出鍼冠圖院本夫聞懇請於長老曰何忍觀此而諸少年叱退之乃演至煤山之慘夫適擔水過

見慟哭弛擔走至中和橋下觸石而死一市盡驚乃醵錢禮葬之噫此君者孤憤耶抑觸痛耶可哀也已舊有塚在河壖近年大水坍没

邑西富民游燕后家貲巨萬有二子少名衡周納粟監生雍正癸丑秋燕后同其長子與佃人某角口致鬭衡周在塾聞之力勸其父兄而止佃者歸其子怨父不能圖賴推之仆脇枕舂杵數日死遂以毆殺告縣縣令某少年從政其父兄貪戾不檢每假貸於士民嘗向燕后借穀不應銜之而佃適來控檢驗時親手撈屍汁中得骨屑半豆許非屍身所有也强湊之脇間詳請定罪游氏

父子三人皆論絞游破數千金援例納贖部議以燕后及其長子愚民無知許贖伊少子則監生也知律故犯不准檄下就決監生大呼曰爾以穀故誣我一家死罪三尺天可欺耶令急命塞其口竟絞以死不兩月而令以他事罷將與其父兄就訊移寓報恩寺忽患疔毒徧體腫爛數日死年尚未三十且無子鄉愚傳以爲游監生索命云 節録晉旭堂遺集

萬嵤雅淡洲文昌閣記劉稚川父養吾公闢書屋於居之偏屋後水繞如環面桃花洞三山穩見一日天門周侍即過此闖然欵門見養吾曰咄咄怪事昨檥三江口夢一人導余遊平楚間周遭八到約數百畝村中書聲咿唔其人云後玉帶水前筆架山此中可出公孤鼎甲徐伸一指書空作文昌閣三字適覯此地形勢惟肖時稚川年十二已入庠摩其首曰好頭角兆乎夢者此子也已而養吾公夢亦與之協因捨書屋搆文昌閣適其步之八到者指之事在天啟丙戌書上棟曰侍即某建蓋因夢而屬之也鴨蛋洲本名雅淡俗呼譌耳 三峯文集

黄岡縣志卷之二十四終